最新会计管理
操作实务全案

中华第一财税网 编著

电子工业出版社.
Publishing House of Electronics Industry
北京·BEIJING

内 容 简 介

为了帮助全国广大企业搞好会计管理，建立健全各项会计管理制度、再造会计管理流程，由我国著名财会专家贺志东担任主编、智董集团旗下中华第一财税网（又名"智董网"，www.tax.org.cn）组织编写了《最新会计管理操作实务全案》一书。全书共 12 章，内容包括会计组织系统（机构、人员）管理，会计凭证管理、会计账簿管理、财务报表管理、资产会计管理、负债会计管理、所有者权益会计管理、收入会计管理、成本核算管理、利润管理、会计电算化管理等方面的管理操作实务。书中包含了大量会计管理岗位职责、职务说明范本，会计管理制度、办法范本，会计管理表格、单据范本，会计管理流程范本以及其他会计管理文书范本等。

本书为读者精心传授会计管理的知识和技巧，提供齐全、实用的会计管理方面岗位职责、制度、表格、单据、流程等范本，为企业实现会计管理科学化、精细化、规范化提供强大的"武器"和"工具"。读者在实际会计管理工作中若遇到问题，一般只要轻松一翻即可找到书中相应的内容。

本书适用对象：企业管理人员、会计人员、财务人员、内部审计人员、国家审计人员、注册会计师等财税人士。

图书在版编目（CIP）数据

最新会计管理操作实务全案 / 中华第一财税网编著. —北京：电子工业出版社，2018.1
（新政策下财会管理全案丛书）
ISBN 978-7-121-32942-5

Ⅰ.①最… Ⅱ.①中… Ⅲ. ①会计学—手册 Ⅳ.①F230

中国版本图书馆 CIP 数据核字(2017)第 259230 号

策划编辑：杨洪军
责任编辑：杨洪军
印　　刷：三河市华成印务有限公司
装　　订：三河市华成印务有限公司
出版发行：电子工业出版社
　　　　　北京市海淀区万寿路 173 信箱　　邮编 100036
开　　本：787×1092　1/16　印张：57.25　字数：1578 千字
版　　次：2018 年 1 月第 1 版
印　　次：2018 年 1 月第 1 次印刷
定　　价：138.00 元

凡所购买电子工业出版社图书有缺损问题，请向购买书店调换。若书店售缺，请与本社发行部联系，联系及邮购电话：(010) 88254888，88258888。

质量投诉请发邮件至 zlts@phei.com.cn，盗版侵权举报请发邮件至 dbqq@phei.com.cn。

本书咨询联系方式：(010) 88254199，sjb@phei.com.cn。

前　言

会计是以货币为主要计量单位，反映和监督一个单位经济活动的一种经济管理工作。

会计通过一系列确认、计量、记录和报告程序，能够为投资者、债权人以及其他各个方面提供有关会计主体财务状况、经营成果和现金流量的重要信息，是有关各方据以进行经济决策和宏观经济管理的重要依据，是考核管理层受托责任的履行情况、加强经营管理、提高经济效益的重要保证。

为了帮助全国广大企业搞好会计管理，建立健全各项会计管理制度、再造会计管理流程，由我国著名财会专家贺志东担任主编、智董集团旗下中华第一财税网（又名"智董网"，www.tax.org.cn）组织编写了《最新会计管理操作实务全案》一书。全书共12章，内容包括会计组织系统（机构、人员）管理、会计凭证管理、会计账簿管理、财务报表管理、资产会计管理、负债会计管理、所有者权益会计管理、收入会计管理、成本核算管理、利润管理、会计电算化管理等方面的操作实务。书中包含了大量的会计管理岗位职责、职务说明范本，会计管理制度、办法范本，会计管理表格、单据范本，会计管理流程范本以及其他会计管理文书范本。

本书为读者精心传授会计管理的知识和技巧，提供齐全、实用的会计管理方面岗位职责、制度、表格、单据、流程等范本，为企业实现会计管理科学化、精细化、规范化提供强大的"武器""工具"。读者在实际会计管理工作中若遇到问题，只要轻松一翻即可在书中找到相应的查阅、参考"工具"。

本书主要特色如下：

（1）高度的操作性、实用性。本书除有会计管理方面知识和技巧的讲解外，还包括许多文案范本，提供的每一套范本都特别实用，而且有立竿见影之功效，是广大企业管理以及财会工作者的"绝妙武器"。

（2）资料详尽、丰富、具体，会计管理制度示例、表格范本多达上百份。

（3）专业性和严肃性。由全国著名财税专家主持编写，近20年来数易其稿，精益求精。

（4）新颖性。本书依据最新的《企业会计准则》、《企业财务通则》、《审计准则》、内控体系、税法体系、《企业产品成本核算制度（试行）》（财会〔2013〕17号）等编写。

（5）条理清晰，查阅方便。

（6）标准性和通用性。本书提供的范本综合了企业的共性，适合各个企业。

本书适用对象：企业管理人员、会计人员、财务人员、内部审计人员、国家审计人员、注册会计师等财税人士。

本书仅作为学习参考之用，不作为决策建议或执法依据等。囿于学识、科研经费、编写时间等方面原因，书中倘有不足之处，请读者不吝批评指正，以便今后再版时修订（E-mail:jianyi@tax.org.cn）。

在本书编写过程中，我们参考和借鉴了国内外一些相关文献资料。本书的出版得到了电子工业出版社领导和编辑们以及智董集团旗下中华第一财税网的大力支持和帮助，在此均深表谢意！

【特别提示】　建议各位读者关注中华第一财税网官方微信（公众号：zhdycsw，亦可用手机扫描右侧二维码）；关注成功后，请发送或回复"会计文案"四个字，即可获取随书附赠文案资料电子文档。

目 录

第一章

会计管理、制度设计综述

第一节 会计管理

会计工作的基本任务是向财务会计报告使用者提供与企业财务状况、经营成果和现金流量等有关的会计信息。

一、会计信息质量要求

会计信息质量的高低是评价会计工作成败的标准。

（一）客观性

企业应当以实际发生的交易或者事项为依据进行会计确认、计量和报告，如实反映符合确认和计量要求的各项会计要素及其他相关信息，保证会计信息真实可靠、内容完整。

（二）相关性

企业提供的会计信息应当与财务会计报告使用者的经济决策需要相关，有助于财务会计报告使用者对企业过去、现在或者未来的情况做出评价或者预测。

（三）明晰性

企业提供的会计信息应当清晰明了，便于财务会计报告使用者理解和使用。

（四）可比性（含一致性）

企业提供的会计信息应当具有可比性。同一企业不同时期发生的相同或者相似的交易或者事项，应当采用一致的会计政策，不得随意变更。确需变更的，应当在附注中说明。不同企业发生的相同或者相似的交易或者事项，应当采用规定的会计政策，确保会计信息口径一致、相互可比。

（五）实质重于形式

企业应当按照交易或者事项的经济实质进行会计确认、计量和报告，不应仅以交易或者事项的法律形式为依据。

（六）重要性

企业提供的会计信息应当反映与企业财务状况、经营成果和现金流量等有关的所有重要交易或者事项。

（七）谨慎性

企业对交易或者事项进行会计确认、计量和报告应当保持应有的谨慎，不应高估资产或者收益、低估负债或者费用。

（八）及时性

企业对于已经发生的交易或者事项，应当及时进行会计确认、计量和报告，不得提前或者延后。

二、会计核算要求

（一）会计核算的基本原则

1. 配比

配比原则是指根据收入与费用的内在联系，将一定时期内的收入与为取得收入所发生的费用在同一期间进行确认和计量。

在会计核算工作中坚持配比原则有两层含义：

（1）因果配比。将收入与其对应的成本相配比，如将主营业务收入与主营业务成本相配比，将其他业务收入与其他业务成本相配比。

（2）期间配比。将一定时期的收入与同时期的费用相配比，如将当期的收入与销售费用、管理费用、财务费用等期间费用相配比等。

2. 划分资本性支出和收益性支出

企业的会计处理应当合理划分收益性支出与资本性支出的界限。

凡支出的效益仅及于本会计期间的，应当作为收益性支出；凡支出的效益及于几个会计期间的，应当作为资本性支出，以便正确计算各会计期间的损益。

（二）会计核算的一般要求

各单位应当按照《中华人民共和国会计法》和国家统一会计制度的规定建立会计账册，进行会计核算，及时提供合法、真实、准确、完整的会计信息。

各单位的会计核算应当以实际发生的经济业务为依据，按照规定的会计处理方法进行，保证会计指标的口径一致、相互可比和会计处理方法的前后各期相一致。

会计年度自公历 1 月 1 日起至 12 月 31 日止。

会计核算以人民币为记账本位币。收支业务以外国货币为主的单位，也可以选定某种外国货币作为记账本位币，但是编制的财务报表应当折算为人民币反映。境外单位向国内有关部门编报的财务报表，应当折算为人民币反映。

各单位根据国家统一会计制度的要求，在不影响会计核算要求、财务报表指标汇总和对外统一财务报表的前提下，可以根据实际情况自行设置和使用会计科目。事业行政单位会计科目的设置和使用，应当符合国家统一事业行政单位会计制度的规定。

会计凭证、会计账簿、财务报表和其他会计资料的内容和要求必须符合国家统一会计制度的规定，不得伪造、变造会计凭证和会计账簿，不得设置账外账，不得报送虚假财务报表。

各单位对外报送的财务报表格式由财政部统一规定。

实行会计电算化的单位，对使用的会计软件及其生成的会计凭证、会计账簿、财务报表和其他会计资料的要求，应当符合财政部关于会计电算化的有关规定。

各单位的会计凭证、会计账簿、财务报表和其他会计资料，应当建立档案，妥善保管。会计档案建档要求、保管期限、销毁办法等依据《会计档案管理办法》的规定进行。实行会计电算化的单位，有关电子数据、会计软件资料等应当作为会计档案进行管理。

会计记录的文字应当使用中文，少数民族自治地区可以同时使用少数民族文字。中国境内的外商投资企业、外国企业和其他外国经济组织也可以同时使用某种外国文字。

三、会计政策与会计估计

（一）会计政策概述

会计政策是指企业在会计确认、计量和报告中所采用的原则、基础和会计处理方法。企业采用的会计计量基础也属于会计政策。

1. 宏观会计政策

宏观会计政策一般由国家政府机关或有权制定会计准则的权力机构通过会计制度或会计准则予以发布。

宏观会计政策的主要类型有如下几项：

（1）合并政策，是指编制合并财务报表所纳的原则，如母公司与子公司的会计年度不一致的处理原则，合并范围的确定原则，母公司和子公司所采用会计政策是否一致等。

（2）外币折算政策，是指外币折算所采用的方法，以及汇兑损益的处理。例如，外币报表折算是采用现行汇率法，还是采用时态法或其他方法。

（3）收入确认政策，是指收入确认的原则。例如，建造合同是按完成合同法确认收入，还是按完工百分比法或其他方法确认收入。

（4）存货政策，是指企业存货的计价方法。例如，企业的存货是采用历史成本法，还是采用成本与市价孰低法；对历史成本法是采用先进先出法，还是采用其他允许的计价方法，如个别辨认法、加权平均法等。

（5）周转材料的摊销，是指包装物和低值易耗品的价值转移方法，是采用一次摊销法，还是采用分次摊销法，或五五摊销法。

（6）坏账损失政策，是指坏账损失的具体会计处理方法。例如，企业的坏账损失是采用直接转销法，还是采用备抵法。如果采用备抵法，是采用赊销余额百分比法，还是采用应收账款余额百分比法，或账龄分析法等。

（7）长期股权投资的核算，是指长期股权投资的具体会计处理方法。例如，企业对被投资单位的股权投资是采用成本法，还是采用权益法。

（8）固定资产折旧政策，是采用直线折旧法，还是采用加速折旧法。如果采用加速折旧法，是采用双倍余额递减法，还是年限总和法等。

（9）借款费用政策，是指借款费用的处理方法，是采用资本化，还是采用费用化。

（10）资产减值准备政策，是指长期投资项目在会计期末计提减值准备时所采用的方法。

（11）其他政策，包括无形资产的计价及摊销方法、财产损溢的处理方法、研究与开发费用的处理方法等。

2. 企业会计政策

企业会计政策也称微观会计政策，是指在宏观会计政策的指导和约束下，企业根据自身情况所选择的适合本单位使用、有利于最恰当地反映本单位财务状况和经营成果的会计政策。

企业会计政策的选择既要受到宏观会计政策的约束，随宏观会计政策的改变而变更，又要受本单位经营环境、经营策略和经营目标的影响，当原有的会计政策不再能够最恰当地反映企业的财务状况和经营成果时，就应在不违反宏观会计政策的前提下，变更原有会计政策，去选择能够最恰当地表达企业财务状况和经营成果的新会计政策。

（二）会计政策变更

会计政策变更是指企业对相同的交易或者事项由原来采用的会计政策改用另一会计政策的行为。

一般情况下，企业采用的会计政策，在每一会计期间和前后各期应当保持一致，不得随意变更，否则，势必削弱会计信息的可比性。

（1）会计政策变更累积影响数。会计政策变更累积影响数，是指按照变更后的会计政策对以前各期追溯计算的列报前期最早期初留存收益应有金额与现有金额之间的差额。

会计政策变更的累积影响数可以分解为以下两个金额之间的差额：

① 在变更会计政策当期，按变更后的会计政策对以前各期追溯计算，所得到的列报前期最早期初留存收益金额。

② 在变更会计政策当期，列报前期最早期初留存收益金额。

上述留存收益金额，包括法定盈余公积、任意盈余公积以及未分配利润各项目，不考虑由于损益的变化而应当补分配的利润或股利。例如，某企业由于会计政策变化，增加了以前期间可供分配的利润，该企业通常按净利润的20%分派股利。但在计算调整会计政策变更当期期初的留存收益时，不应当考虑由于以前期间净利润的变化而需要分派的股利。

在财务报表只提供列报项目上一个可比会计期间比较数据的情况下，上述第②项在变更会计政策当期，列报前期最早期初留存收益金额，即为上期资产负债表所反映的期初留存收益，可以从上年资产负债表项目中获得；需要计算确定的是第①项，即按变更后的会计政策对以前各期追溯计算所得到的上期期初留存收益金额。

累积影响数通常可以通过以下各步计算获得：

第一步，根据新会计政策重新计算受影响的前期交易或事项；

第二步，计算两种会计政策下的差异；

第三步，计算差异的所得税影响金额；

第四步，确定前期中的每一期的税后差异；

第五步，计算会计政策变更的累积影响数。

（2）追溯调整法。追溯调整是指对某项交易或事项变更会计政策，视同该项交易或事项初次发生时，即采用变更后的会计政策，并以此对财务报表相关项目进行调整的方法。

追溯调整法的运用通常由以下几步构成：

第一步，计算会计政策变更的累积影响数；

第二步，编制相关项目的调整分录；

第三步，调整列报前期最早期初财务报表相关项目及其金额；

第四步，附注说明。

采用追溯调整法时，对于比较财务报表期间的会计政策变更，应调整各期间净损益各项目和财务报表其他相关项目，视同该政策在比较财务报表期间一直采用。对于比较财务报表可比期间以前的会计政策变更的累积影响数，应调整比较财务报表最早期间的期初留存收益，财务报表其他相关项目的数字也应一并调整。因此，追溯调整法是将会计政策变更的累积影响数调整列报前期最早期初留存收益，而不计入当期损益。

（3）不切实可行的判断。不切实可行是指企业在采取所有合理的方法后，仍然不能获得采用某项规定所必需的相关信息，而导致无法采用该项规定，则该项规定在此时是不切实可行的。

对于以下特定前期，对某项会计政策变更应用追溯调整法或进行追溯重述以更正一项前期差错是不切实可行的：

1）应用追溯调整法或追溯重述法的累积影响数不能确定。

2）应用追溯调整法或追溯重述法要求对管理层在该期当时的意图做出假定。

3）应用追溯调整法或追溯重述法要求对有关金额进行重大估计，并且不可能将提供有关交易发生时存在状况的证据（如有关金额确认、计量或披露日期存在事实的证据，以及在受变更影响的当期和未来期间确认会计估计变更的影响的证据）和该期间财务报表批准报出时能够取得的信息这两类信息与其他信息客观地加以区分。

在某些情况下，调整一个或者多个前期比较信息以获得与当期会计信息的可比性是不切实可行的。例如，某个或者多个前期财务报表有关项目的数据难以收集，而要再造会计信息则可能是不切实可行的。

对根据某项交易或者事项确认、披露的财务报表项目应用会计政策时常常需要进行估计。本质上，估计是主观行为，而且可能在资产负债表日后才做出。当追溯调整会计政策变更或者追溯重述前期差错更正时，要做出切实可行的估计更加困难，因为有关交易或者事项已经发生了较长一段时间，要获得做出切实可行的估计所需要的相关信息往往比较困难。

在前期采用一项新会计政策或者更正前期金额时，不论是对管理层在某个前期的意图做出假定，还是估计在前期确认、计量或者披露的金额，都不应当使用"后见之明"。例如，《企业会计准则第 22 号——金融工具确认和计量》规定，企业对于原先划归为持有至到期投资的金融资产计量的前期差错，即便管理层随后决定不将这些投资持有至到期，也不能改变它们在前期的计量基础，即该项金融资产应当仍然按照持有至到期投资进行计量。

（4）未来适用法。未来适用法，是指将变更后的会计政策应用于变更日及以后发生的交易或者事项，或者在会计估计变更当期和未来期间确认会计估计变更影响数的方法。

在未来适用法下，不需要计算会计政策变更产生的累积影响数，也无须重编以前年度的财务报表。企业会计账簿记录及财务报表上反映的金额，变更之日仍保留原有的金额，不因会计政策变更而改变以前年度的既定结果，并在现有金额的基础上再按新的会计政策进行核算。

（5）会计政策变更的会计处理方法。会计政策变更根据具体情况，分别按照以下规定处理。

1）法律、行政法规或者国家统一的会计制度等要求变更的情况下，企业应当分别按以下情况进行处理：

① 国家发布相关的会计处理办法，则按照国家发布的相关会计处理规定进行处理。

② 国家没有发布相关的会计处理办法，则采用追溯调整法进行会计处理。

2）会计政策变更能够提供更可靠、更相关的会计信息的情况下，企业应当采用追溯调整法进行会计处理，将会计政策变更累积影响数调整列报前期最早期初留存收益，其他相关项目的期初余额和列报前期披露的其他比较数据也应当一并调整。

3）确定会计政策变更对列报前期影响数不切实可行的，应当从可追溯调整的最早期间期初开始应用变更后的会计政策。

4）在当期期初确定会计政策变更对以前各期累积影响数不切实可行的，应当采用未来适用法处理。例如，企业因账簿、凭证超过法定保存期限而销毁，或因不可抗力而毁坏、遗失，如火灾、水灾等，或因人为因素，如盗窃、故意毁坏等，可能使当期期初确定会计政策变更对以前各期累积影响数无法计算，即不切实可行，在这种情况下，会计政策变更应当采用未来适用法进行处理。

需要注意的是，按照会计政策、会计估计变更和差错更正准则规定对以前年度损益进行追溯调整或追溯重述的，应当重新计算各列报期间的每股收益。

（三）会计政策的选择

1．选择会计政策的原则

（1）合法和合规性原则。企业选择会计政策，必须符合宏观会计政策的要求。

（2）适用性原则。企业在进行会计政策选择时，必须从企业自身情况出发，从企业当前面临的经济环境、所制定的经营目标和所建立的经营理念出发。

（3）成本效益原则。在选择会计政策时，应权衡会计信息的提供成本与效益之间的关系，避免因盲目追求会计信息的质量而忽视信息提供成本，也要避免过分强调降低成本而忽视会计信息质量等偏激行为，力争做到在不影响会计信息有用性的前提下，尽量选取成本较低的会计政策。

（4）相对稳定原则。一般情况下，企业应保持会计政策在不同会计期间的连续性，不应也不能随意变更会计政策。否则，既会使会计信息失去可比性，给信息使用者带来困难，影响其正确决策，又容易造成企业利用会计政策随意操纵利润，使会计信息缺乏可靠性。

但必须指出，强调会计政策在前后会计期间的一致性，并不完全否定会计政策的变更，因为经济环境是复杂多变的，当国家法律或会计制度发生变化，或会计政策的变更有利于提供有关企业财务状况、经营成果和现金流量等更可靠、更相关的会计信息时，企业应及时变更会计政策。

2．选择会计政策的立场

会计政策的选择立场，是指企业站在哪个利益集团的角度选择会计政策。

（1）如何选择正确的会计政策，需要各职权部门的大力协作与密切配合。会计政策的选择绝不是一个简单的会计问题，也不仅仅是会计部门或会计人员的事情，企业内部各权力层都与之密切相关。

例如，按照稳健原则，采用加速折旧法计提固定资产折旧、使用备抵法处理坏账损失、使用成本与市价孰低法确定期末存货的价值、在物价上涨时采用后进先出法计算期末存货发出成本等，就会减少企业当期的应纳税所得额，减少国家的税收和投资者的收益。如果企业此时有准备上市、增发股票或发行企业债券的筹资计划的话，还会因利润额的下降而影响其筹资计划的落实，从而影响了企业的利益。

（2）各利益集团在使用会计信息时，必须搞清企业选择会计政策的立场，以防决策失误。由于会计信息是各利益集团进行决策的主要依据，不同的会计政策下产生的会计信息还可能导致各利益集团做出不同的决策。

例如，在通货膨胀时期，采用先进先出法确定期末存货发出成本，很可能使投资者认为企业的盈利能力强，而向企业投入资本；反之，采用后进先出法或成本与市价孰低法进行计量，则可能会使投资者改变投资方向。

同样，企业在选择制定自己的会计政策时，也应首先明确所持立场，以保证会计信息的透明度和清晰性，有效地为信息使用者服务。

选择是带有一定的倾向性的，何况会计政策的选择又涉及多方利益集团的利益。基于现代企业所涉及的利益集团，会计政策的选择立场可分为五种类型。

1）投资者立场。这是以企业投资者或公司股东为主要考虑对象，服从投资者利益，以投资者或股东的投资收益最大化为选择会计政策的出发点和目标，一般在社会资金紧张、以社会筹资为主要筹资方式时较多采用。

2）经营者立场。这是以经营管理者为主要考虑对象，立足于解除经营者的受托责任而选择会计政策，在经营者由行政指派，且经营者的报酬和其个人发展前途与上报利润数字有密切关系的情况下较多采用。

3）国家立场。这是以国家利益为主要考虑对象，选择有利于满足国家税收要求、扩大税源、增加国家财政收入的会计政策，一般在国家控制企业会计事务，且国家财政吃紧，税收任务较重时较多采用。

4）劳动者立场。这是以企业职工利益为主要考虑对象，选择的会计政策将有利于增加企业职工的收入、提高职工的福利待遇，以调动企业职工的工作积极性，它在劳动力短缺或劳资关系紧张时较多采用。

5）企业立场。以企业的生存和发展为主要考虑对象，立足于保存企业财务实力、减少企业经营风险、促进企业长期稳定发展而选择会计政策。

3．我国企业选择会计政策应持有的立场

企业只能根据自身实际情况和所处的内外部经济环境，确立某一立场，选择会计政策。任何一项会计政策都很难做到兼顾各方利益，达到双赢或多赢，我们只能尽最大努力做到"突出重点，兼顾一般"。

任何一个利益主体，其利益的最终实现都不可避免地要建立在企业长期稳定和持续发展的基础之上，撇开企业的生存和发展，去追求个别利益主体的经济利益是没有现实意义的，也是不会长久的。

4．选择会计政策应处理好的几个关系

为保证按照企业立场所选择的会计政策，既能实现企业的持续稳定发展，又能得到与企业有关的各利益集团的理解和支持，企业在选择会计政策时，必须妥善处理以下几个关系。

（1）中立性与倾向性的关系。站在企业立场选择会计政策，无疑或多或少地伤及其他利益集团的经济利益，过分强调企业利益，将可能引发其他利益集团的反对，使企业出现危机，阻碍正常的生产经营，上市公司尤其如此。因此，如何合理把握倾向性与中立性的关系至关重要。

（2）稳定性与调整性的关系。会计政策既不能绝对稳定不变，也不能朝令夕改，只能在一定时期和一定环境下保持相对稳定不变。

我国允许企业在国家法律或统一会计制度发生变动，或变更的会计政策能够提供有关企业财务状况、经营成果和现金流量等更可靠、更相关的会计信息时予以变更。对于前一种原因，由于纯属客观原因，企业很好把握，但对于后者，纯属主观原因，完全依靠主观判断，企业在变更时机的把握上会有一定的难度。因为频繁变更会有操纵利润之嫌，墨守成规则可能导致会计信息失真。

因此，企业必须妥善处理会计政策的稳定与调整之间的关系，要求企业在变更任何会计政策时应严格遵守谨慎性、重要性和实质重于形式原则的要求。

（3）成本与效益的关系。一般而言，会计信息的提供受两个因素的制约：一是信息提供成本，必须解决好信息所产生的效益与提供该信息所费之间的关系，避免因盲目追求会计信息的质量而导致会计信息提供成本太大的现象发生；二是误差，由于会计分期假设的存在，使得一些会计业务必须依靠职业判断来进行，还有一些会计业务不能取得精确值，只能取近似值，因此，会计信息中是允许有一定误差的，只要这种误差不致扭曲企业的真实情况，不降低会计信息的使用价值，不影响决策的正确性就是允许的。

正确理解会计信息质量的两个制约因素，有利于企业在制定会计政策时权衡信息提供的成本与效益，以免在一些会计政策的制定上争论不休，徒耗精力。

（四）会计估计变更

会计估计变更是指由于资产和负债的当前状况及预期经济利益和义务发生了变化，从而对资产或负债的账面价值或者资产的定期消耗金额进行调整。

1. 会计估计变更的情形

会计估计变更的情形包括：

（1）赖以进行估计的基础发生了变化。企业进行会计估计，总是依赖于一定的基础。如果其所依赖的基础发生了变化，则会计估计也应相应发生变化。

（2）取得了新的信息、积累了更多的经验。企业进行会计估计是就现有资料对未来所做的判断，随着时间的推移，企业有可能取得新的信息、积累更多的经验，在这种情况下，企业可能不得不对会计估计进行修订，即发生会计估计变更。

会计估计变更，并不意味着以前期间会计估计是错误的，只是由于情况发生变化，或者掌握了新的信息，积累了更多的经验，使得变更会计估计能够更好地反映企业的财务状况和经营成果。如果以前期间的会计估计是错误的，则属于会计差错，按会计差错更正的会计处理办法进行处理。

2. 会计估计变更的会计处理

企业对会计估计变更应当采用未来适用法处理，其处理方法为：

（1）会计估计变更仅影响变更当期的，其影响数应当在变更当期予以确认。

（2）会计估计变更既影响变更当期又影响未来期间的，其影响数应当在变更当期和未来期间予以确认。会计估计变更的影响数应计入变更当期与前期相同的项目中。为了保证不同期间的财务报表具有可比性，会计估计变更的影响如果以前包括在企业日常经营活动的损益中，则以后也应包括在相应的损益类项目中；如果会计估计变更的影响数以前包括在特殊项目中，则以后也相应作为特殊项目反映。

（3）企业应当正确划分会计政策变更和会计估计变更，并按不同的方法进行相关会计处理。企业通过判断会计政策变更和会计估计变更划分基础仍然难以对某项变更进行区分的，应当将其作为会计估计变更处理。

四、财产清查

（一）财产清查的基础知识

财产清查，也称"盘存"，是通过对各项财产的盘点和核对，确定各项财产物资、货币资金、债务、债权的实存数，并与各项财产的账面结存数核对，借以查明账存数与实存数是否相符的一种会计核算方法。

财产清查的目的是保护财产完整、维护财经纪律、提高经济效益、确保财务报表的质量。

1. 财产清查的分类

企业的财产包括货币资金、存货、固定资产和各项债权债务，当进行财产清查时要针对不同要求对各项财产进行相应的清查。

财产清查按照不同的分类标准可以进行不同的划分。

（1）按财产清查的对象和范围分类。

1）全面清查。全面清查是指对某企业的所有财产物资、货币资金和各种债权债务进行全面盘点和核对。一般工业企业全面清查的对象为货币资金（包括库存现金、银行存款等）、固定资产（包括厂房、建筑、设备等）、存货（包括原材料、在产品、在途产品、委托其他单位加工的材料或保管的产品、商品等）和债权债务（包括应收、应付账款和票据等）。

全面清查的范围广，工作内容多，清查时间长，耗费成本大，参加的部门和人员多，有时甚至会影响企业的正常生产经营活动，所以非特定要求并不需要频繁进行全面清查。一般在下列情况下才进行全面清查：

① 年终决算之前，为了确保年终决算所需的会计信息的真实可靠，每年都需要进行一次全面清查。

② 企业进行资产评估之前，需要进行全面清查。

③ 企业倒闭、合并或改变所有权时，需要进行全面清查。

④ 中外合资、国内联营，需要进行全面清查。

⑤ 开展清产核资，需要进行全面清查。

⑥ 单位主要负责人调离工作岗位时，需要进行全面清查。

2）局部清查。局部清查是指针对特定的需要对企业的一部分财产进行的清查。局部清查的对象一般为变动性较大的财产物资，所以要定时进行清查，以确保准确的财产价值，如货币资金、存货、债务债权等。

局部清查的范围窄，工作内容少，清查时间短，耗费成本不大，参加的人员少，一般都在相关员工的工作范围之内，所以不会影响企业的正常生产经营活动。需要进行局部清查的财产如下：

① 库存现金一般由出纳员每日盘点一次。

② 银行存贷款应由相关会计人员每月至少核对一次。

③ 对各种存货除在年度清查外，还应该根据不同存货的不同流动情况相应进行重点清查。

④ 债权债务应在每个会计年度至少核对一到两次，特殊情况下应及时核对。

（2）按照财产清查的时间分类。

1）定期清查。定期清查是指根据财产管理制度的规定或者预先计划安排的时间对财产所进行的清查。这种清查一般根据清查对象的具体特征而规定不同的时间间隔进行定期清查，可以是全面清查也可以是局部清查，通常在年末、季末或者月末结账前进行。

2）不定期清查。不定期清查是指根据特定需要对特定财产所进行的临时清查。例如，更换出纳员时须要对货币资金进行清查；更换仓库保管员时需要对其所管辖的存货进行清查；发生非常损失时需要对受损财产进行清查；法定部门根据需要对某企业进行审计查账时，企业撤销、合并或改变隶属关系时需要进行财产清查等。

（3）按照财产清查的执行主体分类。

1）内部清查。内部清查是指本企业的相关人员对本企业的财产进行的清查。这是企业内部管理控制的手段之一，通过这种自查可以提高企业自身的管理效力，同时还可以有效地防止员工不道德行为和违法行为的发生，保护了企业的权益。

2）外部清查。外部清查是指由企业外部的相关部门或人员根据法律制度的规定对某企业所进行的财产清查。这是一种外部监督机制，如审计机构或人员对某企业的审计工作就是一种典型的外部清查。

2. 财产清查前的准备工作

为保证财产清查工作的顺利进行，应成立专门的财产清查小组，即在上级主管的领导下，成立由财会部门牵头，由物资保管、技术、生产及各相关部门人员组成的财产清查小组，具体负责财产清查工作。在清查前必须做好以下准备工作。

（1）制定财产清查计划，确定清查对象、范围，配备清查人员，确定盘点编组，依据盘点种类、项目编排"盘点人员编组表"，经批准后公布实施，以明确清查任务。

（2）会计部门要将总账、明细账等有关资料登记齐全，核对正确，结出余额。各项财务账册应于盘点前登记完毕，如因特殊原因无法完成时，应由会计部门将尚未入账的有关入库单、领料单、物品领用单等单据进行结存调整。财务部门应提前准备好各种表册、银行对账单以及所需要的各种盘点表格等。

（3）保管部门对所保管的各种财产物资应挂上标签，标明品种、规格、数量，以备查对。存货的堆置应力求整齐、集中、分类，并置标示牌；库存现金、有价证券及租赁契约等应按类别整理并列出清单；各项财产登记卡或登记册依编号顺序排列；盘点期间已收到各种物料而未办妥入账手续的，应另行分别存放并予以标示。

（4）财产清查小组的工作人员应组织各有关部门准备好各种计量器具，并进行提前校验，以保证清查结果的正确性。

3. 财产清查结果的处理

通过财产清查发现的账实不符的各种情况，应按照国家的法律、法规及有关会计制度严肃认真地加以处理。财产清查中发现的盘盈、盘亏、毁损和变质等情况应在核实数字后，按照规定的程序上报，经研究批准后再行处理。对长期不清或有争议的财产项目，应指定专人负责查明原因，并限期清理。

财产清查结果应按一定的步骤进行会计处理。

（1）核实清查结果，查明原因。财产清查的结果通常填列在"实存账存对比表"等有关表中。在进行有关的处理之前，应对这些原始凭证中所记录的货币资金、财产物资及债权债务的盈亏数字进行全面的核实，并对各项差异产生的原因进行分析，以便明确经济责任；针对不同原因所造成的盈亏结果提出合理的处理意见，并呈报有关领导和部门批准；对于债权债务在核对过程中出现争议的账目应尽快查明原因，对于长期欠账应由专人重点催收，以减少坏账的发生；对于发现超库存积压物资，则应加强实物财产的日常管理。

（2）调整账簿记录，实现账实相符。在核实结果、查明原因的基础上，就可以根据"实存账存对比表"等原始凭证编制记账凭证，并据以登记入账，调整各项财产物资、货币资金、债权债务的账面结存数，使之与实际结存数相符。调整账簿的原则是以"实存"为准，当盘盈时，调增账面记录；当盘亏时，调减账面记录。然后将所编制的"实存账存对比表"及针对清查结果编写的报告按规定的程序一并报送有关部门和领导批准。

（3）报请批准，并按批准结果进行相应的账务处理。当有关部门和领导对所呈报的财产清查结果提出处理意见后，企业应按照批复意见编制有关记账凭证，进行批准后的账务处理，登记有关账簿。对因不同原因造成的财产损失应做出相应的会计处理，对因个人原因造成的损失应追究个人的责任。

（二）财产清查的方法

对于不同的财产物资应该采用合理的盘存制度。在财产清查过程中，清查人员应根据财产物资的存在形态和性质决定应采用的清查方法，以保证清查工作的顺利进行。

1. 存货的清查

企业的存货通常包括各类材料、在产品、半成品、产成品、商品以及包装物、低值易耗品、委托代销商品等。

存货具有明显的流动性和较强的变现能力，又因为存货种类多样，所以对存货进行财产清查应当要明确存货的账面结存数额和实际结存数，再通过账存数额与实存数额的比较来确定账实是否相符。

（1）确定存货账面结存的盘存制。对存货的实存数量进行盘存是企业日常工作的一部分，同时也是存货清查的重要环节，所以应当建立一定的盘存制度来使存货的盘存工作顺利进行。

一般来说存货的盘存制度有两种：永续盘存制和实地盘存制。

1）永续盘存制。永续盘存制又称账面盘存制，是指企业平时对各项存货的实收和发出数，都要根据原始凭证在有关账簿中进行连续登记，并随时结出各种存货的账面余额的一种方法。它可以及时地反映库存实有数量，也可以方便地计算发出成本。在这种制度下，存货明细账的存货结存数额的计算公式如下：

$$账面期末余额 = 账面期初余额 + 本期增加额 - 本期减少额$$

但采用这种盘存制度，仍要定期或者不定期地、全面或者局部地对存货进行实地盘存，且至少每年实地盘存一次，这也就是在所谓的永续盘存制下的存货清查。具体的清查方法下文将阐述。

2）实地盘存制。实地盘存制又称定期盘存制，是指企业平时只根据会计凭证在账簿中登记各种存货的增加数，不登记减少数，而在期末通过实地盘存来确定各种存货的数额，进而计算出本期存货减少的一种盘存制度。在这种制度下，存货明细账的存货结存数额的计算公式如下：

$$本期减少数 = 账面期初余额 + 本期增加数 - 期末实际结存数$$

显然，在实地盘存制中，期末的实地盘存实际就是一种存货清查，所以也可以说实地盘存制在某种意义上就是一种定期清查。每期期末对各项存货实地盘存的结果，将是本期存货变动的主要依据。

3）两种盘存制度的比较。无论是永续盘存制还是实地盘存制都要确定存货的数量与金额。二者的区别主要在于存货数量的盘存，对于存货的金额与选择的计价方法有关，在这里就不多作讨论。下面重点论述两种盘存制度在确定存货数量方面的比较。

① 永续盘存制的优缺点。永续盘存制的优点：首先，在永续盘存制下要求存货的变动都需要严密的凭证，同时记录过程连续清晰，这样有利于进行会计监督。其次，永续盘存制可以及时反映存货的变动和结存状况，便于随时掌握存货的占用情况及其动态，有利于加强存货的管理。永续盘存制的缺点：首先，根据存货变动凭证记账时可能发生账实不符的情况；其次，永续盘存制在存货的明细分类核算工作中的工作量较大，需要花费更多的人力、物力和财力。

② 实地盘存制的优缺点。实地盘存制的优点是工作较简单，工作量较小。但同时它也存在一定的缺点：首先，在实地盘存制下对各项库存的变动情况没有严密的凭证，同时通过倒轧得到的库存的变动数额中成分比较复杂，除了正常耗用外，可能存在很多非正常因素，不便于实行会计监督。其次，由于一般是在期末进行盘存，所以对存货的变动不能及时反映，这样就会导致缺乏制订存货计划的依据，降低存货管理的效果。

通过上述比较我们可以看出实地盘存制的使用范围比较小，所以它比较适用于品种杂、数量多、单价低、交易频繁的商品，如零售业使用范围比较小。而永续盘存制在控制和保护存货财产的安全和完整方面更有优势，所以一般的工业企业和现行的多数企业多采用永续盘存制。

（2）存货清查的方法。虽然在上述两种盘存制度中也会发生一些存货的清查工作，但它们的主要目的是得到存货的账面结存数额，这一结果在必要的存货清查过程中需要与清查的结果相比较，进而检查账实是否一致。

具体的清查方法如下：

1）实地盘点法。实地盘点法是指在存货堆放现场逐一清点数量或用计量仪器确定实存数的一种方法。例如，清点包装好的材料、产成品和库存商品，以及用秤计量原料的重量等。这种方法多用于范围广、要求严格的清查，这种清查方法得到的数字往往更为准确可靠，清查质量较高，但工作量很大。

2）技术推算法。技术推算法是指利用技术方法对财产的实存数进行推算的方法。例如，量方计尺等推算存货的数额。其优点在于工作量较小，但不精确，比较适用于散装的、成堆的化肥、饲料之类的存货。

3）抽样盘存法。抽样盘存法是指对于数量较多、重量均匀的存货可以抽取其中的一部分进行清查，然后再根据一定方法确定存货的实有数额。这种方法比较适用于类似的且较多的存货的清查。

4）函证核对法。函证核对法是指对于委托外单位加工或保管的存货，可以采用向对方单位发函调查来确定实存数额，然后再与本单位账项相对比的方法。这种方法适用于存在于企业之外的存货，但是需要一定的时间，而且有可能存在虚假的回函。

对不同的存货可以采用不同的方法进行清查。为了明确经济责任，在进行存货的盘点时，存货保管人员必须在场，并参加盘点工作。对于各项存货的盘点结果应逐一如实地登记在"盘存单"（见表 1-1）上，并由盘点人和保管人同时签章方能生效。"盘存单"是记录存货实存数额的书面证明，也是财产清查工作的原始凭证。

表 1-1　（单位名称）盘存单

财产类别：　　　　　　　　　　存放地点：　　　　　　　　编号：　年　月　日

序　号	名　称	规　格	计量单位	实存数量	单　价	金　额	备　注

盘点人签章：　　　　　　　　　　　　　　　保管人签章：

盘点完毕后，将"盘存单"中所记录的存货的实存数额与账面结存余额核对。如果发现存在账实不符的情况，应根据"盘存单"和相关账簿记录来填制"实存账存对比表"（见表 1-2）。该表是财产清查的重要报告，根据该表显示的盘盈数或盘亏数来分析查找原因，并调整账面记录，明确经济责任。

表 1-2　（单位名称）实存账存对比表

　　　　　　　　　　　　　　　　　　　　　　　　　　　　　年　月　日

财产类别：

编号	名　称	规格型号	计量单位	单价	实　存		账　存		实存与账存对比				备注
					数量	金额	数量	金额	盘　盈		盘　亏		
									数量	金额	数量	金额	
	合计金额												

盘点人签章：　　　　　　　会计签章：　　　　　　　单位负责人签章：

2. 固定资产的清查

固定资产的清查工作包括核实固定资产的实物数量、分布情况、使用状况、完好程度和入账与否等情况。在清查固定资产的同时除了对固定资产的数量进行清查，还包括对固定资产价值的确定。

在每年年度终了时，企业应当对固定资产的使用寿命、预计净残值和折旧方法进行复核。同时当企业发生合并或者变卖固定资产等情况时，也就是企业进行全面清查的时候必须进行固定资产的清查。

固定资产的清查就是检查固定资产的实存值是否与账面值相符。所以这一清查必不可少的几个方面就是：实地盘点固定资产的实存数量、固定资产的使用寿命和折旧情况。

（1）固定资产的实存数量。对固定资产的数量进行盘存，类似于对存货的盘存，不过大多数情况都是使用实地盘点方法。然后将盘点的结果与账上所登记的项目核对，看是否存在账实不符。如果存在问题，即可能存在已经入账的固定资产，但实际并没有购置，或者已经购置的固定资产还未入账，也或者固定资产在使用过程中发生意外损失等多种可能的情况。这些都是企业管理中需要注意的问题。

（2）固定资产的使用寿命和折旧情况。对于固定资产来说，在购置时首先就要估计出固定资产的使用寿命和剩余净残值，然后根据相关法规和企业相同或相近固定资产折旧的一贯的方法对其进行折旧。

由此可见，固定资产的折旧情况是在初始时对使用寿命预算的基础上进行的，而在现实中，可能由于多种因素造成的有形损耗或者由于技术、汇率等造成的无形损耗，使得固定资产的使用寿命、折旧额、净残值发生非正常变化，所以定期或者当有某种特殊需要时对固定资产的使用情况进行清查，有助于及时调整固定资产的折旧，做到账实相符。这种清查往往通过技术检测固定资产的性能，或者根据计算固定资产的公允价值来实现，然后根据清查后实际的变化来调整账上项目，同时调整折旧。

类似于存货的清查，在固定资产清查完后，同样需要填写"盘存单"和"实存账存对比表"，这两个表是调整账上项目的原始凭证，所以如果要在清查完后做到账实相符，就必须如实、认真、准确地填写上述两表。

3. 库存现金的清查

库存现金的清查方法是实地盘点法。由于企业现金的收支业务十分频繁，容易出现差错，因此在日常工作中现金出纳员应当每日清点库存现金实有数额，并及时与现金日记账相核对。这种清查实际上是出纳员的分内职责。

原则上现金、有价证券的盘点应该在盘点当日的上班前或下班后进行。盘点前应将现金存放处封锁，并于核对账册后开启核对。在由专门清查人员进行的清查工作中，清查前出纳员应将现金收付款凭证全部登记入账。为了明确经济责任，清查时出纳人员必须在场。清查人员要认真审核收付款凭证和账簿记录，检查经济业务的合理性和合法性，现钞应逐张查点，一切借条、白条、收据不允许抵充现金，并查明库存现金是否超过限额，有无坐支现金等问题。然后根据盘点结果编制"库存现金盘点报告表"，该表是重要的原始凭证，它既具有实物财产清查的"盘存单"作用，又有"实存账存对比表"的作用。"库存现金盘点报告表"填制完毕，应由盘点人和出纳员共同签章方能生效。"库存现金盘点报告表"的格式如表1-3所示。

表 1-3　库存现金盘点报告表

单位名称：　　　　　　　　　　　　　年　月　日

实存金额	账存金额	实存与账存对比结果		备　注
		盘盈（长款）	盘亏（短款）	

盘点人（签章）:　　　　　　　　　　　　　　　出纳员（签章）:

有价证券主要包括国库券、其他金融债券、公司债券、股票等，其清查方法与现金相同。

4．银行存款的清查

银行存款的清查与实物、库存现金的清查方法不同。银行存款清查的基本方法是采用银行存款日记账与开户银行的"对账单"相核对的方法，即将单位登记的"银行存款日记账"与银行送来的"对账单"逐笔核对每笔增减数额和同一日期的余额。通过核对，往往会发现双方账目不一致，其主要原因有两个：一是正常的"未达账项"，即一方已经入账，另一方由于凭证传递时间影响没有入账；二是双方账目可能发生不正常的错账、漏账。

在同银行对账之前，应首先对本单位的银行存款日记账进行检查。如果发现错账、漏账，应及时查明更正，力求银行存款日记账的准确与完整，然后与银行送来的对账单逐笔核对。对于未达账项，应于查明后编制"银行存款余额调节表"，以检查双方的账目是否相符。

总的来说，未达账项有两大类型：一是企业已经入账而银行尚未入账的款项；二是银行已经入账而企业尚未入账的款项。具体有以下几种情况。

（1）有些账项，企业已经入账，但银行尚未入账，具体包括：企业已经作银行存款增加入账，但银行尚未入账，如企业存入的款项；企业已作银行存款减少入账，但银行尚未入账，如企业开出的支票。

（2）有些账项，银行已经入账，但企业尚未入账，具体包括：银行已作企业存款的增加入账，但企业尚未入账，如委托银行代收的款项；银行已作企业存款的减少入账，但企业尚未入账，如银行直接代付的款项。

上述任何一种情况的发生都会使双方的账面余额不一致。为了消除未达账项的影响，企业应根据核对后发现的未达账项，编制"银行存款余额调节表"，据以检查双方账面余额是否相符。

"银行存款余额调节表"如表 1-4 所示。

表 1-4　银行存款余额调节表

单位：元

企业银行存款日记账	金　额	银行对账单	金　额
企业银行存款日记账余额		银行对账单余额	
加：银行已入账、企业尚未入账的代收款项		加：企业已入账、银行未入账的款项	
减：银行已入账、企业未支付的款项		减：企业已支付、银行未支付的款项	
调节后的余额		调节后的余额	

需要注意的是对未达账项的会计处理。按照有关规定，对于未达账项不能以银行存款余额调节表为原始凭证来调整银行存款的账面记录，对于各项未达账项只能等到收到实际收付款原

始凭证时方可入账。编制银行存款余额调节表只起对账的作用，不能将其作为调整账面记录的依据。

上述清查方法也适用于其他货币资金和银行借款。

5. 债权债务的清查

债权债务的清查一般主要指对应付、应收款的清查，通过对实际债权债务和账上记录核对，便可以检测出是否存在坏账、死账，或者是否存在"白条入库"的情况，所以有利于对债权债务的管理。

债权债务的清查一般采用"函证核对法"，即通过电函、信函或面询等方式与业务往来企业核对账目的方法。清查时，清查单位应在其各种往来款项记录准确的基础上，按照每一个业务往来企业编制"往来款项对账单"（见表1-5）（一式两份，其中一份作为回联单），寄发或派人送交业务往来公司进行核对。经对方核对相符后，在回联上加盖公章寄回表示已经核对；如果对方核对不符时，对方应在回联单上注明情况，或另外抄一份对账单退回本企业。当发生不符的情况时，企业应进一步查明原因，再进行核对，直到相符为止。

表1-5　往来款项对账单

————单位：

贵单位于2017年9月18日在我单位购入A产品1 280件，已付货款16 800元，尚有6 000元货款未付，请核对后将回联单寄回。

清查单位：（盖章）

2017年11月22日

……沿虚线剪开，将以下回联单寄回! ---------------------------------------

往来款项对账单

————清查单位：

贵单位寄来的"往来款项对账单"已经收到，经核对相符无误。

××单位（盖章）

年　　月　　日

（三）财产清查结果的会计处理

财产清查的结果无非就是盘盈或者盘亏，抑或存在不良的债权债务。在财产盘盈或者盘亏的情况下，要按照上述会计清查结果的处理程序进行，同时设置"待处理财产损溢"账户，该账户属于双重性质账户，包括"待处理流动资产损益"和"待处理固定资产损益"两个明细分类账户，前者适用于货币资金和存货等财产的清查结果处理，后者适用于固定资产清查结果的处理。

1. 财产盘盈情况的会计处理

财产盘盈，即在各项财产保管的过程中，由于管理制度不健全、计量不准确等原因发生实际盘存数额大于账面数额的情况。对其进行会计处理时，要设置"待处理财产损溢"账户，然后对各项待处理财产的盘盈净值，在上报待批前记入该账户的贷方，同时在相应账户上调整实盘数额（见表1-6，以库存现金为例）；在上级批准后，结转已批准处理的财产和物资的盘盈数，记录在该账户的借方，同时将盘盈的数额记入管理费用或者营业外收入（见表1-7，以库存现金为例）。

表 1-6　待处理财产损溢

	发生待批准处理财产盘盈数
	库存现金
盘盈现金的数额	

表 1-7　待处理财产损溢

结转已批准待处理财产盘盈数	发生待批准处理财产盘盈数
	营业外收入
	结转已批准待处理现金盘盈净额

2. 财产盘亏情况的会计处理

财产盘亏，即在财产清查过程中，发现各项财产由于管理不善、非常损失等原因造成实际盘存数额小于账面数额的情况。对其进行会计处理时，和财产盘盈一样要设置"待处理财产损溢"账户，然后对各项待处理财产的盘亏净值，在上报待批前记入该账户的借方，同时在相应账户上调整实盘数额（见表 1-8，以现金为例）；在上级批准后，结转已批准处理的财产的盘亏数，记录在该账户的贷方，同时将盘亏的数额根据具体情况记入相应账户上的借方。例如，在盘亏的财产数额中，属于自然损耗产生的定额内的合理损耗，经批准后可转作管理费用账户；属于自然灾害造成的非常损失，经批准后可转作营业外支出账户；属于需要保险公司或者责任人进行赔偿的损失，经批准后记入其他应收款账户（见表 1-9，以库存现金为例）。

表 1-8　待处理财产损溢

发生待批准处理财产盘亏的数额	
	库存现金
	盘亏现金数额

表 1-9　待处理财产损溢

发生待批准处理财产盘亏的数额	结转已批准待处理财产盘亏数额
	其他应收款
结转已批准待处理现金盘亏净额	

3. 不良债权债务清查结果的处理

不良债权债务的清查结果通常指的都是无法收回或者无法支付的坏账。当清查结果显示并经查明确实存在坏账的情况下，在未上报批准前不作会计处理，待将核实情况上报后，经上级指示再作相应会计处理，所以在上报待批前不需要设置"待处理财产损溢"账户。

（1）应收账款清查结果的处理。在对债权进行财产清查的过程中，可能发现同一笔应收款项长期挂账的情况，这就是所谓的坏账损失。在对其进行会计处理时，未上报审批前不作任何会计处理，待上级审批后予以转销，所以不需要通过"待处理财产损溢"账户调整账项。

待上级批准后通常有两种处理方法：一种方法是直接转销法，按照这种方法对坏账损失进行处理时，在得到上级审批后，直接将坏账损失记入"管理费用"账户来冲抵应收款项；另一种方法是备抵法，这种方法通常要求企业提前计提一定数额的坏账准备，当发生坏账情况时，按规定程序上级批准后，借记"坏账准备"账户，贷记"应收账款"账户。目前，根据我国《企业会计准则》的规定，在我国的会计实务中只允许使用备抵法。

（2）应付账款清查结果处理。在对债务进行财产清查的过程中，可能发现因某种原因造成的长期应付而无法支付的款项，对这些款项进行处理时，同样不需要通过"待处理财产损溢"账户，而是直接把清查结果上报，待批准后，按照上级要求，将无法支付的应付款项转作"资本公积"账户进行处理。

 文案范本

资产盘点管理制度

1. 目的

为加强公司财务管理，使盘点事务处理有所遵循，并保证其存货及财产盘点的准确性，明确相关人员的管理职责，特制定本制度。

2. 盘点范围

2.1　存货盘点

包括原料、物料、在制品、制成品、商品、零件保养材料、外协加工料品、下脚品的盘点。

2.2　财务盘点

包括现金、票据、有价证券、租赁契约的盘点。

2.3　财产盘点

包括固定资产、保管资产、保管品等的盘点。

2.3.1　固定资产，包括土地、建筑物、机器设备、运输设备、生产器具等资本支出购置的资产。

2.3.2　保管资产，凡属固定资产性质，但以费用报支的杂项设备。

2.3.3　保管品，以费用购置的资产。

3. 盘点规定

3.1　盘点方式

3.1.1　年中、年终盘点：

（1）存货，由资产部或经管部会同财务部于年（中）终时，实施全面总清点一次。

（2）财务，由财务部与会计室共同盘点。

（3）财产，由经管部会同财务部于年（中）终时，实施全面总清点一次。

3.1.2　月末盘点：每月末所有存货，由经管部会同财务部实施全面清点一次（经管项目500项以上时，应采取重点盘点）。

3.1.3　月份检查：由检核部（总经理室）或财务部会同经管部，做存货随机抽样盘点。

3.2　人员及职责

3.2.1　总盘人，由总经理担任，负责盘点工作的总指挥，督导盘点工作的进行及其异常事项的裁决。

3.2.2　主盘人，由各部门主管担任，负责盘点的实际工作。

3.2.3　复盘人，由总经理室视需要指派事业部、经管部的主管，负责盘点的监督。

3.2.4　盘点人，由各事业部、财务部、经管部指派，负责点计数量。

3.2.5　会点人，由财务部指派（人员不足时，间接部门支援），负责会点并记录，与盘点人分段核对数据工作。

3.2.6　协点人，由各事业部、财务部、经管部指派，负责盘点时料品搬运及整理工作。

3.2.7　特定项目按月盘点及不定期抽点的盘点工作，也应设置盘点人、会点人、抽点人，其职责亦同。

3.2.8　监点人，由总经理室派人员担任。

3.3　准备工作

3.3.1　盘点编组由财务部主管于每次盘点前，依盘点种类、项目编排"盘点人员编组表"（略），呈总经理核定后，公布实施。

3.3.2　经管部将应盘点的财物及盘点用具，预先准备妥当，并由财务部准备盘点表格。

（1）存货的堆置，应力求整齐、集中、分类，并予以标示。

（2）现金、有价证券及租赁契约等，应按类别整理并列清单。

（3）各项财产卡依编号顺序，事先准备妥当，以备盘点。

（4）各项财务账册应于盘点前登载完毕，如因特殊原因无法完成时，应由财务部将尚未入账的有关单据（如缴库单、领料单、退料单、交运单、收料单等），利用"结存调整表"（略）一式两联，将账面数调整为正确的账面结存数后，第一联送经管部，第二联由财务部自存。

3.3.3　盘点期间已收料而未办妥入账手续者，应另行分别存放，并予以标示。

3.4　年中、年终全面盘点

3.4.1　财务部经总经理批准，签发盘点通知，并负责召集各部门的盘点负责人召开盘点协调会后，拟订盘点计划表，通知各有关部门，限期办理盘点工作。

3.4.2　盘点期间除紧急用料外，暂停收发料，各生产单位于盘点期间所需用的领料、材料可不移动，但必须标示出。

3.4.3　原则上应采取全面盘点方式，特殊情况应呈报总经理核准后，方可改变方式进行。

3.4.4　盘点应尽量采用精确的计量器，避免用主观的目测方式，每项财务数量应于确定后，再继续进行下一项，盘点后不得更改。

3.4.5　盘点物品时，会点人应依据盘点人实际盘点数，翔实记录"盘点统计表"（略），每小段应核对一次，无误者于该表上互相签名确认后，将该表编列同一流水号码，各自存一联备日后查核。若有出入者，必须再重点。盘点完毕，盘点人应将"盘点统计表"汇总编制"盘存表"（略）一式两联，第一联由经管部自存，第二联送财务部，供核算盘点盈亏金额。

3.5　不定期抽点

3.5.1　由总经理室根据实际需要，随时指派人员抽点。可由财务部填制"财物抽点通知单"（略）于呈报总经理核准后办理。

3.5.2　盘点日期及项目，原则是不预先通知经营部。

3.5.3　盘点前应由会计室利用"结存调整表"将账面数先行调整至盘点的实际账面结存数，再行盘点。

3.5.4　不定期抽点应填列"盘存表"。

3.6　盘点报告

3.6.1　财务部应根据"盘存表"编制"盘点盈亏报告表"（略）一式三联，送经管部填列差异原因的说明及对策后，送回财务部汇总转呈总经理签核，第一联送经管部，第二联转送总经理室，第三联自存财务部作为账项调整的依据。

3.6.2 不定期抽点，应于盘点后一星期内将"盘点盈亏报告表"呈报上级核实。年中、年终盘点，应由财务部于盘点后两星期内将"盘点盈亏报告表"呈报上级核实。

3.6.3 盘点盈亏金额，平时仅列入暂估科目，年终时始以净额转入本期营业外收入的"盘点盈余"或营业外支出的"盘点亏损"。

3.7 现金、票据及有价证券盘点

3.7.1 现金、银行存款、零用金、票据、有价证券、租赁契约等项目，除年中、年终盘点时，应由财务部会同经管部共同盘点外，平时总经理室或财务部至少每月抽查一次。

3.7.2 现金及票据的盘点，应于盘点当日上下班未行收支前，或当日下午结账后进行。

3.7.3 盘点前应先将现金存放处封锁，并于核对账册后开启，由会点人与经管人员共同盘点。

3.7.4 会点人根据实际盘点数翔实填列"现金（票据）盘点报告表"（略）一式三联，经双方签认后呈核，第一联经管部存，第二联财务部存，第三联送总经理室。

3.7.5 有价证券及各项所有权等应确定核对认定，会点人根据实际盘点数翔实填列"有价证券盘点报告表"（略）一式三联，经双方签订后呈核。第一联经管部存，第二联财务部存，第三联送总经理室，如有出入，应即呈报总经理批示。

3.8 存货盘点

3.8.1 存货的盘点，应于当月最后一日进行。

3.8.2 存货原则上采用全面盘点，如因成本计算方式无须全面盘点，或实施上有困难者，应呈报总经理核准后方可改变盘点方式。

3.9 其他项目盘点

3.9.1 外协加工料品：由各外协加工料品经办人员，会同财务人员，共同赴外盘点，其"外协加工料品盘点表"（略）一式三联，应由代加工厂商签认。第一联存经管部，第二联存财务部，第三联送总经理室。

3.9.2 销货退回的成品，应于盘点前办妥退货手续，含验收及列账。

3.9.3 经管部应将新增加土地、房屋的所有权证的复印件，送交财务部核查。

3.10 注意事项

3.10.1 所有参加盘点工作的盘点人员，必须深入了解本身的工作职责及应行准备事项。

3.10.2 盘点人员盘点当日一律停止休假，必须依规定时间提早到达指定的工作地点，向该组复盘人报到，接受工作安排。如有特殊事情而觅妥代理人，应该事先报备核准，否则以旷职论处。

3.10.3 所有盘点财务都以静态盘点为原则，所以盘点开始后应停止财务的进出及移动。

3.10.4 盘点使用的单据、报表内所有栏位若遇修改处，须经盘点人员签认方能生效，否则应查究其责任。

3.10.5 所有盘点数据必须以实际清点、磅秤或换算的确定资料为依据，不得以猜想数据、伪造数据登记。

3.10.6 盘点人员超时工作时间，可报加班或经主管核准轮流编排补休。

3.10.7 盘点开始至工作终了期间，各组盘点人员均受复盘人指挥监督。

3.10.8 盘点终了，由各组复盘人向主盘人报告，经核准后方可离开工作岗位。

3.11 奖惩

3.11.1　盘点工作事务人员须依照本办法的规定，切实遵照办理。表现优异者，经主盘人签报，给予奖励。

3.11.2　违反本办法的，视其情节轻重，由主盘人签报人力资源部议处。

3.12　账载错误处理

3.12.1　账载数量如因漏账、记错、算错、未结账或账面记载不清者，记账人员应视情节轻重予以警告以上处分，情节严重者，应呈报总经理议处。

3.12.2　账载数字如有涂改、未盖章、签章、签证等凭证可查，凭证未整理难以查核或有虚构数字者，均由直接主管签报总经理议处。

3.13　赔偿处理

财、物料管理人员、保管人有下列情况之一者，应呈报总经理议处或赔偿相同的金额。

3.13.1　未尽保管责任或由于过失致使财物遭受盗窃、损失或盘亏者。

3.13.2　对所保管的财物有盗卖、调换或化公为私等营私舞弊者。

3.13.3　对所保管的财务未经报准而擅自移转、拨借或损坏不报告者。

 文案范本

盘盈盘亏明细表

公司名称							制表时间			
执行日期							单位：万元			
编　号	名　称	规格型号	单　位	单　价	盘点时间	盘点数 数量	盘点数 金额	实物数量	库存数量	记　录
合　计										
财务部意见 签字　盖章 年　月　日					总经理意见 签字　盖章 年　月　日					
备　注										

库存现金盘点报告表

编制日期：　　　　　　　　　　　　　　　　　　　　　　　　　　页次：

单位名称							编制人		
审计项目		现　金					复核人		
清点现金						核对账目			
货币面额	张（枚）数	金　额	年	月	日	项　目		金　额	备　注
100元						现金账面余额			
50元						加：收入凭证未记账			
10元						减：付出凭证未记账			
5元						调整后现金账余额			
1元						实点现金			
5角						长款（＋）			
1角						短款（－）			
5分									
1分									
实　点	合　计					折合人民币			

企业负责人：　　　　　会计主管：　　　　　出纳人员：　　　　　盘点人：

存货盘点报告

一、盘点基准日

_____年___月___日。

二、盘点时间

_____年___月___日。

三、抽点时间

_____年___月___日。

四、盘点范围

公司的所有存货。

五、盘点实施情况

（一）盘点人员

1. 总盘人：由总经理或财务总监担任，负责盘点工作总指挥，督导盘点工作的进行及异常事项的裁决。

2. 主盘人：由各经管部门主管担任，负责实际盘点工作的推动及实施。

3. 复盘人：由总盘人视需要指派及各经管部门的主管，负盘点监督之责。

4. 盘点人：由各经管部门指派，负责点计数量。

5. 会点人：由财务部门指派（人员不足时，间接部门支援），负责会点并记录，与盘点人分段核对、确实数据工作。

6. 监点人：由总经理或财务总监派员担任。

（二）盘点方式

全面盘点。

（三）盘点结果

账面数额与此次初盘的实际数量存在差异。

1. 初盘结果：略。

2. 账面数额：略。

六、盘点差异分析及处理

（一）盘点差异分析

1. 盘点中商品编码记录有误，造成漏盘、误盘等。

2. 盘点时计量、记录出现错误。

3. 盘点结果录入时出现差错。

（二）盘点差异处理

财务部已组织人员对出现差异的部门进行复盘，最终盘点结果将于近期得出。

 文案范本

存货盘点报告表

盘点区号：　　　　　　　盘点日期：　　　　　　　年　　月　　日

组别：

□ 原料：	编号：
□ 在制品：	品名：
□ 废料：	规格：
□ 成品：	单位：

盘点时本物位置：

盘点数量：　　　　　　更正：

存货状况： □ 良料 □ 废料 □ 其他	备注

复核员	记录员	盘点员

注：本单应事先编号，以利控制。

为了保护企业存货的安全完整，做到账实相符，企业必须对存货进行定期或不定期清查。存货清查常采用实地盘点的方法，将存货的种类、数量、规格以及存货的变动情况——进行记录，据以编制"存货盘点报告表"，按规定程序，并报请有关部门批准。

文案范本

存货盘点实施方案

一、目的

为明确存货盘点方法，规范物资盘点工作，便于及时掌握存货的准确数量，保证仓储物资的安全和完整，特制定本方案。

二、适用范围

本方案适用于本公司物资的初盘、复盘、盘点数据处理等工作事项。

三、盘点工作原则

存货盘点工作遵循的原则如下所示：

1. 实事求是，不弄虚作假；

2. 科学准确，注重细节；

3. 分工明确，各司其职；

4. 团队协作，提高效率。

四、职责划分

1. 总盘人

由仓储部负责人担任，负责盘点工作的统一领导和督查盘点工作的有效进行，以及盘点异常事项的处理。

2. 主盘人

由仓储部主管担任，负责盘点工作的推动和实施。

3. 盘点员

由仓储部和财务部相关人员共同担任，负责具体执行盘点工作。

五、盘点方式

根据不同的划分依据，存货盘点的方式有所不同，具体说明如下表所示。

存货盘点方式一览表

划分依据	盘点方式	相关说明
从时间上划分	定期盘点	主要是指在月末、年中、年底的固定日期盘点，它能够对库存物资进行全面盘点，盘点准确性高，但是盘点时必须停止仓库作业 根据所采用的盘点工具不同，可以分为盘点单盘点法、盘点签盘点法、货架签盘点法等
	临时盘点	可以根据公司的需要随时进行
从工作需要上划分	全面盘点	对柜组全部商品逐一盘点
	部分盘点	对有关商品的库存进行盘点

根据上表所述盘点方式的不同，公司不同时间、不同形式的盘点说明如下。

1. 年终盘点和年中盘点

年终盘点和年中盘点原则上应采取全面盘点方式，若因特殊原因无法全面盘点时，则应呈报总经理核准后，可改换其他方式进行。

2. 月末盘点

对于月末存货，由主管部门和财务部实施盘点。

3. 临时盘点

（1）临时盘点由总经理视实际需要随时指派人员抽点。

（2）临时盘点原则上不应事先通知经营部门，组织工作可适当简化。

六、实施盘点

1. 盘点应按顺序进行，采取科学的计量方法，每项财物数量应于确认后再进行下一项盘点，盘点后不得更改。

2. 盘点物品时，盘点人员应依据盘点实际数量做好详细记录。一名盘点人员应按事先确定的方法进行盘点，另一名盘点人员要做好协助和监察工作。

3. 盘点期间原则上暂停收发物料，对于各生产单位在盘点期间所需用料，经相关领导批准后，可以做特殊处理。

4. 初盘完成后，将初盘数量记录于盘点统计表上，将盘点表转交给复盘人员。

5. 复盘时，由初盘人员带领复盘人员到盘点地点，复盘人员不应受到初盘的影响。

6. 盘点结果必须经相关人员签名确认，一经确认不得更改。

7. 盘点完毕，盘点人员应将盘点统计表汇总并编制盘存表。盘存表一式两联，第一联由经管部门自存，第二联送财务部，供其核算盘点盈亏金额。盘存表格式如下表所示。

盘存表

编号：	仓库号：		盘点区号：		盘点日期：　年　月　日	
物资分类	□ 原料		□ 在制品		□ 废料	□ 成品
编　　号						
品　　名						
规　　格			单　　位			
盘点时所在位置						
盘点数量			更　　正			
存货状况	□ 良料		□ 呆滞料		□ 废料	□ 其他
备　　注						
盘点人员		复核人员			记录人员	

七、盘点的注意事项

1. 盘点工作必须统一领导，事先制订计划，做好组织工作。

2. 负责盘点的有关人员在进行盘点前要明确自身职责和工作任务，事先做好准备。

3. 盘点工作要连续进行，原则上负责盘点的有关人员不准请假，有事需离开时，应事先请假，获准后方可离开，各有关人员不得擅自离开岗位。

4. 所有盘点事项都以静态盘点为原则。

5. 盘点应精确计量，避免用主观的目测方式，应于确定每种商品的数量后再继续进行下一项，盘点后不得随意更改。

6. 盘点使用报表内所有栏目，若有修改处，须经盘点有关人员签字确认后生效，否则应追究其责任。

7. 盘点数据必须真实和可靠，盘点方法必须科学，程序必须规范。

8. 盘点开始至工作结束期间，各组盘点人员均受盘点负责人指挥和监督。

9. 盘点结束后由各组负责人向主盘人报告，经核准后才能离开岗位。

10. 在盘点各项工作结束后，相关部门需打印出盘点盈亏报告表（一式三联），填写完数额差异原因的说明和对策后，呈报总经理签核，第一联送财务部，第二联呈报总经理，第三联相关部门自存作为库存调整的依据。

存货盘点业务管理流程

1. 初点

（1）若于营业中盘点，则先将当日有营业的收银机全部读出"×账"，同时，盘点作业人员要注意不可高声谈论影响企业正常营业，或阻碍顾客通行。

（2）盘点作业人员应先点仓库、冷冻库、冷藏库。

（3）盘点作业人员盘点冷冻、冷藏柜时，要依由左而右、由上而下的次序进行。

（4）盘点作业人员应将每一台冷冻、冷藏柜均视为独立单位，使用单独的盘点表。

（5）盘点单上的数字要填写清楚，不可潦草。

（6）进行盘点作业时，最好两人一组，一人点、一人写；若在非营业中清点，可将事先准备好的自粘纸或小纸张拿出，写上数量后，放置在商品前方。

（7）如果写错数字，要涂改彻底。

① 规格化商品，清点其最小单位的数量。

② 生鲜商品若尚未处理，则以原进货单位盘点，如重量、箱数等；若已加工处理尚未发出，则以包装形式，如包、束、袋、盒等。

③ 散装而未规格化的商品，以重量为单位。

④ 盘点时，顺便观察商品有效期限，过期商品应随即取下并记录。

（8）负责人要掌握盘点进度，机动调度人员支援，并巡视各部门盘点区域，发掘死角及易漏盘点区域。

（9）盘点作业人员对于无法查知商品编号或商品售价的商品，应立即取下，事后追查归属。

2. 复点

（1）复盘时，复点者要先检查盘点配置图与实际现场是否一致，是否有遗漏的区域。

（2）若使用小粘纸方式，则应先巡视有无遗漏未标示小粘纸的商品。

（3）复点可于初点进行一段时间后，即开始进行，复点者须手持初点者已填好的盘点表，依序检查，再将复点的数字，记入复点栏内；并计算出差异，填入差异栏。

（4）复点者须使用红色圆珠笔。

（5）复点准确后再将小粘纸拿下。

3. 抽点

（1）抽点者同复点者一样，也要先检查盘点配置图与实际现场是否一致，是否有遗漏的区域。

（2）抽点者抽点商品时，可选择卖场内的死角或不易清点的商品，或单价商品、数量多的商品，以及盘点表上金额较大的商品。

（3）抽点者要对初点与复点差异较大的数字，进行实地确认。

（4）抽点者同复点者一样，也须使用红色圆珠笔。

 文案范本

存货盘点异常处理方案

一、目的

为合理消除存货盘点时发生的异常情况，保证仓储货品完好无损、账物相符，确保生产正常进行，特制定本方案。

二、适用范围

本方案适用于盘点异常的确定和消除，以及责任人员处理等事项。

三、明确盘点差异

1. 盘点结束时，盘点人员应将盘点表单汇总并加以整理。

2. 盘点人员核对发现所得数据与账簿资料不符时，计算出报表中应盘盈、盘亏数量。

3. 盘点主管应将盘点差异信息反馈至仓储部和财务部，财务部协同仓储部共同组织对盘点差异情况进行分析讨论。

四、差异处理

（一）存货盘盈的处理

公司发生存货盘盈时，财务部会计人员应借记"原材料""库存商品"等科目，贷记"待处理财产损溢"科目；再按管理权限报经批准后，借记"待处理财产损溢"科目，贷记"管理费用"科目。

（二）存货盘亏的处理

1. 存货发生的盘亏或毁损，应作为待处理财产损溢进行核算。

2. 按管理权限报经批准后，根据造成存货盘亏或毁损的原因，分别按以下情况进行处理。

（1）属于计量收发差错和管理不善等原因造成的存货短缺，应先扣除残料价值、可以收回的保险赔偿和过失人赔偿，将净损失计入管理费用。

（2）属于自然灾害等非常原因造成的存货毁损，应先扣除处置收入（如残料价值）可以收回的保险赔偿和过失人赔偿，将净损失计入营业外支出。

（三）账单处理

1. 盘点人员对盘点表单进行调整，填写呆滞品统计表、废品统计表、盘点差异表等表单，使账、卡、物相统一，并汇总存档。

2. 盘点主管应进行盘点盈亏汇总，组织制作盘点盈亏汇总表，该表的具体格式如下表所示。

盘点盈亏汇总表

编号：　　　　　　　　　　　　　　　　　　　　　　　　　填写日期：　　年　　月　　日

类别	品名及规格	单位	单价	调整后账面数量	盘点数量	盘　盈		盘　亏		差异原因	对策
						数量	金额	数量	金额		

主管副总：　　　　　　财务经理：　　　　　　　仓储部经理：　　　　　　制表人：

3. 财务部根据批准处理的盘点报表进行调账，实现账物一致。

五、完善相关财务制度

财务部对账务处理制度和账簿数据进行解释说明，并对账务处理制度出现不足之处进行修

改完善。

六、责任人员处理

财务部协助仓储部共同组织对因玩忽职守、隐瞒事实等原因造成盘点异常的员工进行调查，并根据相关制度和规定对造成盘点差异的责任人员进行惩罚。

存货盘点与账面调节表

盘点单编号	存货编号	品名	规格	单位	库存数量				单价	金额	账面数量	差异			备注
					盘点	加	减	调整后				数量	单价	金额	

固定资产盘点制度

第一条　为了全面、准确地掌握本企业仪器设备固定资产投入及使用的现状，以便加强资产管理，有效地进行资源整合，逐步提高投资效益，特制定本制度。

第二条　组织机构及职责。为达到上述目的，企业特成立企业分管领导为组长，职能部门负责人为副组长，抽调职能部门有关人员为组员的盘点领导小组，其职责如下。

1. 制订工作方案。
2. 督查各工作小组开展工作。
3. 听取工作进展情况回报，研究解决清查过程中发现的重大问题。
4. 按有关要求进行账、物核对。
5. 建立和完善部门仪器设备固定资产账、卡等档案资料。

第三条　准备动员阶段（_____月_____日以前）。

准备资产清查工作文件，打印仪器设备台账，制作资产清查相关表格，召开资产清查工作动员会，对参加资产清查工作的相关人员进行业务培训。

第四条　自查自纠阶段（_____月_____日至_____月_____日）。

各部门制订资产清查工作方案，对照公司下发的固定资产台账逐一进行核查，对账物相符的设备要标明用途分类、存放地点、领用人等，对有账无物和有物无账的情况要如实填写并说明情况。_____月_____日前将自查结果报资产管理部。

第五条　汇总总结阶段（_____月_____日至_____月_____日）。

汇总实物盘点结果，统计盘盈、盘亏情况，调整仪器设备管理账目，按要求使用资产清查报表管理系统，完成资产清查结果的上报工作。

第六条　盘点相关要求。

1. 企业应当配备合格的人员办理固定资产业务。
2. 企业应当对固定资产业务建立严格的授权批准制度，明确授权批准的方式、权限、程序、责任和相关控制措施，规定经办人的职责范围和工作要求。严禁未经授权的机构或人员办理固定资产业务。
3. 审批人应当根据固定资产业务授权批准制度的规定，在授权范围内进行审批，不得超越审批权限。

4. 经办人在职责范围内，按照审批人的批准意见办理固定资产业务。对于审批人超越授权范围审批的固定资产业务，经办人员有权拒绝办理，并及时向上级部门报告。

5. 企业应当制定固定资产业务流程，明确固定资产投资预算编制、取得与验收、使用与维护、处置等环节的控制要求，并设置相应的记录或凭证，如实记载各环节业务，开展情况。

6. 各部门认真组织学习有关仪器设备使用管理规章制度和本次清查工作的有关要求，要求企业所有员工积极主动配合，确保本次工作圆满完成。

7. 认真做好设备清查培训工作，明确每个环节的工作要求和标准，清查人员必须严格按要求开展工作。

第七条 事后处理。

经过实地盘点后，若出现账实不符，应按照《企业会计准则》相关规定进行账务处理。

文案范本

固定资产盘点管理流程

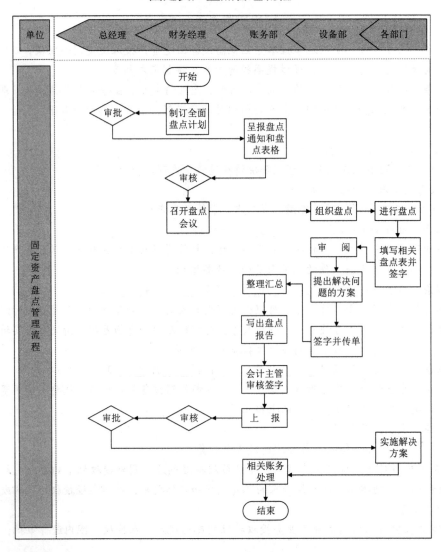

 **文案范本**

盘点统计表

经管部门：　　　　　　　　　　　　年　月　日　　　　　　　　　　编号：

名　称	编　号	单　位	数　量	数　量	数　量	数　量	数　量	合　计

复盘人：　　　　　　　　　会点人：　　　　　　　　　　　　盘点人：

文案范本

资产盘点统计表

被盘点部门（区域、库位）：　　　　　年　月　日　　　　　　　　第　页

品　名	编　号	单　位	数　量	数　量	数　量	数　量	数　量	合　计

复盘人：　　　　　　　　　会点人：　　　　　　　　　　　　盘点人：

注：1. 同一物品堆置不同地方或分次点计时，根据数量栏内逐一列计，事后再加以合计。

2. 盘点时，由盘点人点数称重，由会点人填记。

3. 盘点人同会点人签章（复写），再送盘点人及其主管（复盘人）签认。

4. 盘点人应将盘点统计数量，转记入盘存表。

文案范本

资产盘点报告表

部门（区域、库位）：　　　　　　　　　年　月　日　　　　　　　　第　页

品名	资产编号	规格	单位	单价	账面数量	盘点数量	盘盈		盘亏		差异原因说明	拟处理对策及建议
							数量	金额	数量	金额		

主管审核：　　　　　　　　　　　　　　　　　　　　报告人：

注：本表一式三联，分别按下列程序报送：

　　1. 财务部门—经管部门—财务部门—总经理—经管部门（白色）。

　　2. 财务部门—经管部门—财务部门—总经理—财务部门（红色）。

五、会计工作交接

设计会计工作的交接制度，应主要对交接前的移交准备、交接程序和内容以及监交等做出具体的规定。

（一）关于移交准备工作的规定

会计人员因故离职时，必须向接替人员办理正式的会计移交手续，在移交手续未办妥前不得离职。移交人员因故不能承办移交手续时，经领导批准，可委托他人代办移交，但移交中的责任仍须由本人承担。在正式办理移交手续前，移交人必须做好以下准备工作：

（1）对已经受理但尚未填制凭证的经济业务事项，应填制相应的凭证并登记入账。

（2）对尚未登账的会计凭证应登记完毕，并在最后一笔余额后加盖印章。

（3）对全部移交资料分类整理，做到账证相符、账账相符、账表相符、账实相符。

（4）对未了会计事项应写出书面材料，说明其内容、原因、处理办法及相关责任。

（二）关于交接程序和内容的规定

会计工作的交接，应按移交清册逐项进行，接替人员应对移交内容逐项核对后再予以接收，包括：

（1）现金、有价证券必须根据账簿余额盘点验收，账实不符时，移交人员应按规定时间和要求负责查清。

（2）会计凭证、账簿、财务报告等各种会计档案必须完整无缺，发现资料短缺时应由移交人员查清原因。

（3）银行存款账户余额要与银行对账单核对相符，各种资产、债权债务的账面余额应与实物或对方账户的余额核对相符。

（4）移交人所使用的各种图章、印鉴必须齐全并交接清楚。

会计主管人员办理移交手续时，除了移交所经管的会计事项外，还应将全部财会工作、重大财务收支、会计人员状况、下属单位的有关财会情况，与本单位财务往来密切的单位及人员情况等，向接替人员作详细介绍，以便接替人员尽快熟悉情况，开展工作。

在会计交接过程中，移交人员有责任解答接替人员对有关交接事项提出的质疑，且不得以任何理由、任何形式借故推延移交时间和移交项目。同样，接替人员也不得以任何借口推诿不接替。对双方均不解的会计事项应立据说明，并由移交人签字负责。

办理交接手续后，接替人员原则上应继续使用移交的账簿，不许自行另立新账，以保持会计记录的连续性。如果接替人员认为前任会计的有关会计处理不符合相关会计制度的规定，在征得会计机构负责人或单位负责人同意后，方可另行建立新账，并按有关规定办理更换账簿手续。

（三）关于监交的规定

会计人员办理交接时，必须有监督人员参加，以严格交接手续，分清是非，明确责任，保证交接工作的顺利进行。一般会计人员交接时，应由会计主管人员监交；会计主管人员交接时，应由单位负责人监交，必要时还可由上级部门派人会同监交。

会计工作交接完毕后，移交人员、接替人员和监交人员都必须在移交清册上签章，并注明单位名称、交接日期、交接人员姓名、职务及其他需要说明的事项和意见。移交清册一般一式三份，交接双方各执一份，存档一份。此外，负责监交的人员在会计交接完毕后，还应将交接情况向单位主管领导汇报。

文案范本

会计工作交接制度

第一条 办理好会计工作交接，有利于保障会计工作的连续性，明确交接双方的职责，及时发现和解决遗留问题。为保证会计交接工作的顺利进行，特制定本制度。

第二条 需要办理会计工作交接的情形。

1. 会计人员在调动工作或离职时必须办理会计工作交接，没有办清交接手续不得调动或离职。

2. 会计人员临时离职或因病不能工作，需要接替或代理的，会计部负责人须指定专人接替或者代理，并办理会计工作交接手续。

3. 临时离职或因病不能工作的会计人员恢复工作时，应当与接替或代理人员办理交接手续。

第三条 会计人员办理移交手续前，必须及时做好以下五项移交准备工作。

1. 已经受理的经济业务尚未填制会计凭证，应当填制完毕；尚未回复的事项，应予以答复处理。

2. 尚未登记的账目，应当登记完毕，并在最后一笔余额后加盖经办人印章。

3. 整理应该移交的各项资料，对未了事项写出书面材料。

4. 编制移交清册，列明应当移交的会计凭证、会计账簿、会计报表、印章、现金、有价证券、支票簿、发票、文件、其他会计资料和物品。从事会计电算化工作的移交人员还应当在移交清册中列明会计软件及密码、会计软件数据磁盘及有关资料、实物等内容。

5. 会计机构负责人移交时，应将财务会计工作、重大财务收支问题和会计人员的情况等向接替人员介绍清楚。

第四条 会计人员办理移交手续时，必须有专人负责监交。一般会计人员交接由会计主管人员监交或委托会计师监交；会计主管人员交接，由部门领导人负责监交。

第五条 会计人员在进行工作交接时，由交接双方在规定的期限内，按照移交清册列明的内容逐项进行交接。

1. 现金、有价证券要根据账面余额清点移交。如发生账实不一致时，要在规定的期限内解决。

2. 银行存款账户余额要与银行对账单核对，如不一致，应该编制银行存款账户余额调整表调节至相符，银行对账单的余额调整表必须经银行签证；未达账项，必须单证齐全或已在截止期后做会计处理。

3. 会计凭证、账簿、报表和其他会计资料必须完整无缺，不得遗漏，如有短缺，要查明原因，并在移交清册中注明，由移交人负责。

4. 各明细账户余额与总账及有关账户必须核对相符，各种财产物资账面数与实物要相符，如发生账实不符应查清原因，并在移交清册中注明。

5. 公章、收据、空白支票、发票等物品必须交接清楚。

6. 实行会计电算化的单位，交接双方应在电子计算机上对有关数据进行实际操作，确认有关数字正确无误后，方可交接。

第六条 交接后的有关事宜。

1. 会计工作交接完毕后，交接双方和监交人在移交清册上签名或盖章，并应在移交清册上注明单位名称、交接日期、交接双方和监交人的职务及姓名、移交清册页数以及需要说明的问题和意见等。

2. 接管人员应继续使用移交前的账簿，不得擅自另立账簿，以保证会计记录前后衔接，内容完整。

3. 移交清册一般应填制一式三份，交接双方各执一份，存档一份。

第七条 其他注意事项。

1. 交接表要写清楚，交接表上的内容要与事实相符。

2. 对于移交的未了会计事宜，由接替人继续办理。

 **文案范本**

会计工作交接管理办法

第一章 总 则

第一条 目的

为了规范会计工作，保证会计资料的真实、完整，保障会计工作的连续性，防止因会计人员的更换出现账目不清、财务混乱等现象，特制定本办法。

第二条 适用范围

本办法适用于对本公司会计工作交接各事项进行规范，所有涉及该项工作的人员都应遵守，并严格按照本办法的规定开展工作。

第二章 会计工作交接范围

第三条 会计人员暂时离职

会计人员临时离职或因病暂时不能工作，需要接替或代理的，会计主管必须指定专人接替或者代理，并安排办理会计工作交接手续。

第四条 会计人员离职

会计人员因工作调动等原因从本公司离职的，应提前一个月以书面形式通知本公司。会计主管需为其另行安排工作，提前办理工作交接。

第五条 临时离职人员恢复工作

临时离职或因病不能工作的会计人员恢复工作时，应当与接替或代理人员办理交接手续。

第六条 组织结构变动

因本公司组织结构调整，各分公司、部门撤销、合并或分立的，必须由财务部指派会计人员会同有关部门人员办理清理工作。未移交前，该分公司或部门的会计人员不得离岗。

第七条 会计人员不能亲自交接

移交人员因病或其他特殊原因不能亲自办理移交手续的，经单位负责人批准，可由移交人委托他人代办交接，但委托人应当对所移交的原始凭证、记账凭证、会计账簿、财务报告和其他相关资料的真实性、完整性承担责任。

第三章 交接监督工作

第八条 设立专人负责监交

1. 为了明确责任，会计人员办理工作交接时，必须有专人负责监督，以保证交接双方都按照国家有关规定认真办理交接手续。

2. 保证交接双方处在平等的法律地位上享有权利和承担义务，不允许任何一方以大压小、以强凌弱，或采取非法手段进行威胁。

3. 移交清册应当经过监交人员审查、签名和盖章，作为交接双方明确责任的证件。

第九条 监交人员的选择

1. 一般会计人员办理交接手续，由会计主管监交。

2. 会计主管办理交接手续，由部门经理监交，必要时财务总监可以派人会同监交。

3. 财务监交人员应具有会计从业资格，熟悉单位的各项财务规章制度、财务管理有关知识及被监交的财务工作。

第十条 监交人员具体职责

1. 监交人员在监交过程中必须在场，如因工作原因或发现问题，可决定暂停移交。

2. 监交人员应对监交中的遗留问题及发现的不适当的账务处理提出书面意见。

3. 监交人员负责对移交过程进行监督，对移交中的争执进行裁决，对移交中的缺项要求进行弥补。

4. 监交人员应督促移交人员及时整理资料，在规定时间内尽快完成移交工作。

第四章 实施工作交接

第十一条 会计工作交接准备

会计人员在办理会计工作交接前，必须做好以下准备工作。

1. 已受理的经济业务尚未填制记账凭证的应当填制完毕。

2. 已受理尚未登记完成的账目应当登记完毕，结出余额，并在最后一笔余额后加盖经办人印章。

3. 整理好应该移交的各项资料，对未了事项和遗留问题要写出书面说明材料。

4. 编制移交清册，列明应该移交的会计凭证、会计账簿、财务会计报告、公章、现金、有价证券、支票簿、发票、文件、其他会计资料和物品等内容。

5. 会计电算化人员，应在移交清册上列明会计软件及密码、数据盘、磁带及存档文件索引等内容。

6. 会计主管移交工作时，应将财务会计工作、重大财务收支问题和会计人员等情况向财务部经理说明清楚。

第十二条　移交点收

会计人员离职前，必须将本人经管的会计工作，在规定的期限内全部向接管人员移交清楚。接管人员应认真按照移交清册逐项点收。具体包括以下七个方面的工作。

1. 现金要根据会计账簿记录余额进行当面点交，不得短缺，接替人员发现账实不一致或"白条抵库"现象时，移交人员在规定期限内负责查清处理。

2. 有价证券的数量要与会计账簿记录一致。有价证券面额与发行价不一致时，应按照会计账簿余额交接。

3. 记账凭证、会计账簿、财务报告和其他会计资料必须完整无缺，不得遗漏。如有短缺，必须查清原因，并在移交清册中加以说明，由接管人员进行审核。

4. 银行存款账户余额要与银行对账单核对相符，如有未达账项，应编制"银行存款余额调节表"调节相符。

5. 各种财产物资和债权债务的明细账户余额，要与总账有关账户的余额核对相符；对重要实物要实地盘点，对余额较大的往来账户要与往来单位、个人核对。

6. 公章、收据、空白支票、发票、科目印章以及其他物品等必须交接清楚。

7. 会计电算化人员办理交接时，交接双方需在计算机上对有关数据进行实际操作确认无误后，方可交接。

第十三条　交接后的有关事宜

1. 会计工作交接完毕后，交接双方和监交人在移交清册上签名或盖章，并应在移交清册上注明的内容有：部门名称，交接日期，交接双方和监交人的职务、姓名，移交清册页数以及需要说明的问题和意见等。

2. 接管人员应继续使用移交前的账簿，不得擅自另立账簿，以确保会计记录前后衔接，内容完整。

3. 移交清册一般应填制一式三份，交接双方各执一份，存档一份。

第十四条　交接注意事项

1. 移交人员对所移交的记账凭证、会计账簿、财务报表和其他资料的真实性、合法性承担责任。

2. 即使接替人员在交接时因工作疏忽没有发现所交接会计资料在真实性、合法性、完整性等方面的问题，如事后发现仍应由原移交人员负责，原移交人员不得以会计资料已移交为由而推脱责任。

3. 接替人员对接替以前不清楚的问题，由移交人员将问题查清楚，一时难以查清的问题，应将情况及时上报会计主管。

第五章　附　　则

第十五条　本办法由财务部制定，财务部负责对其进行解释和修订。

第十六条　本办法自颁布之日起实施。

会计人员交接书

移交人_____因工作调动，经_____财务部门决定，将其担任的_____岗位工作移交给_____接替。现按《会计人员工作规则》的规定，办理如下交接手续：

（一）移交前已受理的全部核算业务会计凭证，已由移交人填制完毕。

（二）截至交接之日，凡应登记的账簿，已登记完毕，并在明细账最后一笔余额之处加盖了移交人印章，以示负责。

（三）对尚未处理的业务，已开列出明细表，并写出相关情况说明（附后，略）。

（四）对_____合同登记簿中_____合同与_____合同，均按顺序逐笔交代清楚。

（五）本月末各种明细账记载数据经与总账、项目账核对，均完全相符。

（六）印鉴章_____枚，经点交无误。

（七）移交的账簿凭证等有：

1. _____账本

2. _____账本

3. _____账本

4. _____账本

5. 装订好的凭证本（附详细说明，略）

（八）其他相关备注事项。

（九）移交人对会计核算程序、工作中应注意的问题等，在移交过程中已向交替人做了详细介绍。

（十）移交后，移交人对移交日期前的会计业务负责，移交日后发生的会计业务由接管人负责。

（十一）本交接书一式四份。移交人、接管人、监交人各执一份，送档案存档一份。

移交人：（签章）

接管人：（签章）

监交人：（签章）

总会计师：（签章）

财务部：（公章）

交接日期： 年 月 日

离职交接单

_____部_____岗位_____先生/女士自____年__月__日申请离职，请按公司有关规定办理交接手续。

（离职手续办理流程：1. 向人力资源部提出离职申请；2. 部门经理批准：交还公司财物及相关文件资料，办理工作交接，并经相关部门确认；3. 人力资源部批准；4. 总经理签字；5. 财务部结算薪酬；6. 正式离职。）

续表

所在部门负责人确认：	行政负责人、网管确认：
业务档案及客户资料	办公家具、设备及办公用品等
技术资料	计算机硬件配置
计算机软件文件等	门、桌、柜钥匙
其他	公司担保租借的手机
签字：	其他
年　月　日	签字：
	年　月　日
档案室负责人确认：	财务部负责人确认：
资料、书籍	借款、经办支票、汇票、发票等
软件文件等	其他应清算款项
其他	其他
签字：	签字：
年　月　日	年　月　日

工作交接情况：（附工作总结及交接说明）

今将所经手的工作转交给＿＿＿＿＿＿＿＿＿＿＿＿＿＿＿＿＿＿＿＿＿＿＿＿＿＿同志，包括＿＿＿＿＿＿＿＿＿＿＿＿＿＿＿＿＿＿＿＿＿＿＿＿＿＿＿＿＿＿＿＿＿＿＿＿＿

＿＿＿＿＿＿＿＿＿＿＿＿＿＿＿＿＿＿＿＿＿＿＿。

接手人签字：

年　月　日

备忘录：

离职原因：＿＿＿＿＿＿＿＿＿＿＿＿＿＿＿＿＿＿＿＿＿＿＿＿＿＿＿＿＿＿＿

承诺离职后：

1. 保守公司的商业秘密，且一年内不从事与公司有利益冲突的工作；

2. 保证不做出有损于公司利益的言行；

3. 其他未尽事项，按国家法规和公司规定办理。

当事人签字：

年　月　日

人力资源部意见：

签字：

年　月　日

总经理意见：

签字：

年　月　日

工资结算：

工资结算至＿＿年＿＿月＿＿日，抵扣各项欠款、违约金后，实际结算金额为＿＿＿＿＿＿＿元。

财务部签字：　　　人力资源部签字：　　　当事人签字：

正式离职日期：　　年　月　日

 **文案范本**

票据交接清单

编号：　　　　　　　　　　填写日期：　　　　　　　　年　月　日

票据号码	票据名称	单位（张）	合计金额								
			百	十	万	千	百	十	元	角	分
合计：佰　拾　万　仟　佰　拾　元　角　分											

移交人：　　　　　　　　　　接收人：

注：本单一式三联，第一联财务会计室留存，第二联返给移交人，第三联由移交人报财务部。

 **文案范本**

会计人员交接工作流程

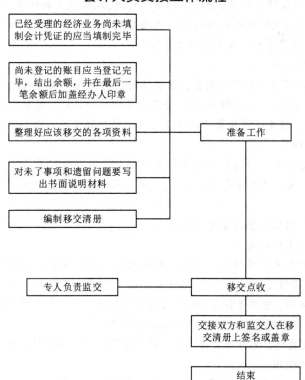

六、印章管理

请参阅如下相关文案范本。

文案范本

财务印章管理制度

一、目的：为了确保财务印章使用的合法性、严肃性和可靠性，有效地维护公司利益，杜绝违规行为的发生；同时为了规范财务印章管理程序，统一财务印章管理部门，监督财务印章使用流程，特制定本制度。

二、适用范围：适用于公司所有财务印章的管理。

三、主体

（一）财务印章的刻制

1. 公司刻制财务印章（包括预留银行印鉴、合同专用章、发票专用章、财务专用章）应填写"印章刻制、销毁申请表"（见附件1），经财务总监、报董事长终审后，凭相关材料统一到当地指定机关办理刻制手续，并在报销时提供印样。

2. 财务印章的形状和规格应按国家有关规定执行。

（二）财务印章的启用

1. 领取已刻制完成的财务印章，填写"财务印章启用/停用登记表"（见附件2），注明启用时间并告知用印范围及注意事项，完善各项手续后完善各项手续后留取印样，保存备查；如果变更财务印章应及时收回旧印章，登记停用印章时间，及时换发新印章，做好新旧衔接工作。

2. 财务印章启用应及时发布启用通知，注明启用日期、发放单位和使用范围，同时函告各客户单位，并列明启用原因、日期等相关事项。

（三）财务印章的保管

1. 所有财务印章都必须由专人保管，配套使用的财务印章应分人保管。财务印章保管人必须填写"印章管理登记表"（见附件3），登记财务印章的名称、枚数、交存日期、交存人、保管人的签名等信息，财务印章保管必须安全可靠，须加锁保存。重要的财务印章必须放在保险柜，如预留的财务印鉴。

2. 预留银行财务印鉴。预留银行财务印鉴分为企业财务专用章（方形）和法人章，财务专用章存于＿＿＿＿＿＿处，法人章存于＿＿＿＿＿＿处，而支票存于出纳处，三者分属不同岗位保管，可相互监督制约。

3. 财务专用章（圆形）合同专用章均存于＿＿＿＿＿＿处。

4. 发票专用章存于出纳处。

5. 财务印章保管人出差或休假，应临时移交给指定人员保管，不得影响印鉴的使用；移交时应填写"财务印章移交登记表"（见附件4），注明财务印章名称、保管部门、移交人、接收人、监收人、移交时间、印样等信息，按移交日期归档保存，移交期间财务印章使用不当的，临时保管人负直接责任，保管人、部门负责人负连带责任。

6. 当保管人有变更时，需办理交接手续，同上填写"财务印章移交登记表"并归档保存。

（四）财务印章的使用

1. 网上银行钥匙、预留银行财务印鉴：出纳根据审批完整的付款单，开具转账支票或录入网银付款凭证，经总账会计和财务经理审核后，加盖银行预留印鉴章或授权网银，完成付款手续。

2. 合同专用章：与外部单位签订合同需加盖合同专用章时，由需求部门填写"合同审批表"（见附件5），按合同审批权限（见附件6）审批手续齐备后，加盖合同章。

3. 财务专用章（圆形）：用于收款、个人借款还款开立收据时盖章，所有收据由出纳统一领用管理，建立收据使用记录；出纳在领用收据时，需在收据使用记录表上登记领用的收据编号、领用日期，并签字确认；在领用的收据上盖财务专用章后，根据业务发生的需要逐一开立收据。财务总监负责审核收据的真实性、有效性。

4. 发票专用章：用于对外开立各类发票。

5. 对外报送各项资料，需要加盖财务用章时，由需求部门填写"用印申请表"（见附件7），经部门负责人→财务→总经理→董事长审批签字后方可盖章。

6. 使用财务印章时，保管人应审核用印手续并填写"印章使用登记表"（见附件8），发现问题及时请示有关领导，妥善解决。

7. 财务印章保管人应对"用印申请表"按用章时间保存归档。

8. 严禁在空白的信笺、介绍信、合同上用印，加盖财务印章时，要加盖在底稿上有文字符号处。

9. 所有签订的合同、对外报送的资料等都必须加盖骑缝章。

10. 财务印章原则上不可带出公司，确因工作需要，需将财务印章带出使用时，应填写"借印申请表"（见附件9）提出申请，注明盖章事项、带出原因及带出天数，经财务总监签字批准后方可带出。

（五）财务印章的停用与上交

1. 公司变动或名称变更、财务印章使用损坏、部门负责人决定停用等情况下，财务印章应立即停止使用，并交由董事长注销，在"财务印章启用/停用登记表"上注明"停用日期"。

2. 董事长应及时收回停用印鉴，按规定上交工商行政管理部门，如不需上交，需及时封存。

3. 所有财务印章丢失或毁损，财务印章保管人应及时向董事长报告，经董事长批准后，向公安机关等部门报失并对外公告作废。

（六）财务印章控制：所有财务印章的刻制、领用、启用、停用、封存及上交，均应在"财务印章控制表"（见附件10）中登记相应时间及相关表单的序号，便于管理及查询。

四、关键控制点：对财务印章的刻制、领用、启用、使用、停用、封存及上交等操作，均应做好详细登记，并同时在财务印章控制表中记录，便于管理及查询。

五、效力：从本制度生效之日起。

六、解释权限：制度由财务部负责解释和修订。

七、附件：

1. 印章刻制、销毁申请表

2. 财务印章启用/停用登记表

3. 印章管理登记表

4. 财务印章移交登记表

5. 合同审批表

6. 合同审批权限表

7. 用印申请表

8. 印章使用登记表

9. 借印申请表

10. 财务印章控制表

附件1：

印章刻制、销毁申请表

直属部门 （申请人）				申请日期	年　月　日		
申请类型	□刻制		□销毁				
印章名称	1.		2.			枚数	
用印属性	□公章		□部门章	□项目章	□合同章		□其他
	□新增		□替换				
刻制、销毁原因	附加说明： 签名/日期：						
经办人签名		部门经理签名			财务部签名		
总经理签名		董事长签名			财务总监签名		
授权刻制、销毁经办人签名/日期			新刻印章保管人签收/日期				

附件2：

财务印章启用/停用登记表

领用部门		领用人		领用时间	
启用印模			启用时间：　　年　　月　　日 用印范围： 批准人：		
停用印模			停用时间：　　年　　月　　日 用印范围： 批准人：		

附件3：

印章管理登记表

序　号	印章名称	枚　数	交存人	交存日期	保管人签名	作废日期	销废日期

制表人：

附件 4：

财务印章移交登记表

财务印章名称		保管部门	
移交人		移交时间	
接收人		接收时间	
监收人		监收时间	

附件 5：

合同审批表

合同标题	
合同主要内容	
合同草拟人、部门	
合同草拟部门负责人审核意见	签名/日期：
财务部审核意见	签名/日期：
总经理审核意见	签名/日期：
董事长审核意见	签名/日期：
备注	

附件6：

合同审批权限表

审批权限＼审批人　合同类别	部门经理/各店负责人	会　计	总经理	财务总监	董事长
1. 广告合同					
2. 固定资产采购合同					
3. 商品采购合同					
4. 经营性租赁合同					
5. 车辆合同					
6. 建造、工程合同					
7. 融资协议					
8. 投资担保协议					
9. 招聘、培训合同					
10. 劳务协作合同					
11. 商品分销合同					
12. 工程销售合同					
13. 商品采购合同					
14. 运输合同					
15. 摊位租赁合同					
16. 装饰装修工程施工合同					
17. 其他合同或协议					

附件7：

用印申请表

直属部门（申请部门）		申请日期	年　月　日
印章管理类型	□印章管理者统一保管	□直属部门自行保管	
印章名称	1.	2.	盖印份数
	3.	4.	
用印属性	□公章　　□部门章　　□项目章　　□合同章　　□其他		
文件属性			
文件名称	□对内文件　□对外公函类文件　□对外协议合同类法律文件　□其他		
文件类别			
内容摘要			

续表

印鉴留存		审批记录	
		部门负责人	
		财务负责人	
		总经理	
		董事长	
备注			

注：本表须由印章保管部门留存备案。

附件8：

印章使用登记表

序　号	日　期	印章名称	文件名称	份　数	经办人签名	审批人	备　注

制表人：

附件9：

借印申请表

借用部门/借用人		借用日期	
印章名称		印章枚数	
借印原因			
借用时限		部门负责人签字	
总经理审批		董事长审批	
借用人 接印/时间		财务人员/其他部门人员 外出签名	
保管人收回印章/时间			

附件10：

财务印章控制表

财务印章名称	刻制时间	批准人	刻制数量	领用时间	领用人	启用时间	保管人	停用时间	停用原因	封存时间	封存原因	上交时间	备注

 **文案范本**

支票及印鉴管理细则

第一章　总　　则

第一条　目的。为加强与货币资金相关的支票管理，明确支票在购买、保管、领用、背书转让、注销等各个环节的职责、权限和程序，防止空白支票的遗失和被盗用，特制定本管理细则。

第二条　支票的定义。

支票是指出票人签发的，委托办理存款业务的银行或其他金融机构，在见票时无条件支付确定的金额给收款人或持票人的票据。

第三条　管理范围。本细则适用于人民币现金支票和人民币转账支票的管理。

1. 现金支票是由存款人签发用于到银行为本公司提取现金，或签发给其他单位和个人用来办理结算或者委托银行代为支付现金给收款人的支票。现金支票只能用于支取现金。

2. 转账支票是由存款人给同一城市范围内的收款单位划转款项，以办理商品交易、劳务供应、清偿债务和其他往来款项结算的支票。转账支票只能用于转账结算。

第二章　现金支票管理

第四条　现金支票一律由出纳员或总经理指定专人保管，不得转交他人。

第五条　现金支票使用时，需有"借款单"（如已有发票，则直接填写"支出凭单"），经总经理批准签字后，然后将支票按批准金额封头，加盖印章、填写日期、用途、登记号码，领用人在"现金支票领用簿"上签字备查。

第六条　现金支票付款后凭发票存根，发票由经办人签字、会计核对（购置物品由保管员签字）、总经理审批。填写金额要准确无误，完成后交出纳员。出纳员统一编制凭证号，按规定登记日记账，原支票领用人在"现金支票领用单"及登记簿上注销。

第七条　采用现金支票结算方式时，对于收到的现金支票，应在收到当日填制"进账单"连同现金支票送存银行，根据银行盖章退回的"进账单"第一联和有关原始凭证编制收款凭证。

第八条　现金支票大小写金额必须填写齐全，不得涂改，如发生书写错误，应及时加盖"作废"戳记，另行签发正确的支票。

第九条　现金支票一律为记名式，不得用于转账使用。

第十条　收到客户交来的空额（空白）支票，收票人首先检查支票上有无交换号码和签发单位的印鉴，应当面填齐结算金额及用途，留下客户单位电话、经办人姓名和身份证号码。对预留密码的现金支票，应由客户将密码填写清楚。

第十一条　对于客户开好的现金支票，收票人要仔细审查支票的内容，自签发之日起有效期为 10 天（到期日为节假日的顺延），业务项目与支票用途应一致，大小写金额应一致，数字无涂改，支票与发票相符；上述内容若有不符或支票残破，不能收取。

第十二条　现金支票起点为___元，低于该结算起点的业务或交易可用现金进行结算。

第十三条　准确无误地填写和保管收取的支票，不得遗失和毁损。

第十四条　业务人员、技术人员收取的现金支票应及时送交财务部出纳员，出纳员则应根据规定及时将现金支票存入银行。

第三章　转账支票管理

第十五条　领用转账支票时，应填写"借款单"，注明用途、金额，依照有关审批权限履行审批手续。

第十六条　凡签出的转账支票，一律填写收款单位名称、时间、用途、金额（或限额），不准签发空白支票或空额支票，对预留密码的支票，出票同时填写密码。

第十七条　需要报账的转账支票，由经办人填写"支出凭单"，审批后方可办理报账手续。已经结账的支票，应将支票根连同有关原始凭证附在一起制证、记账。支票签出后，业务人员在规定时间内办理报账手续，签出未使用的支票在 10 日内交回财务部。

第十八条　如果已签发支票有被误退的，应与其支票根一同加盖"作废"戳记，与正确支票附在一起入账，以备待查。

第四章　空白支票及银行印鉴管理

第十九条　空白支票与银行印鉴分别保管，分人保管，不得事先将空白支票加盖银行预留印鉴和填写支票预留密码。

第二十条　空白支票一律存入保险柜，出纳员必须妥善保管保险柜钥匙。

第二十一条　企业之间的资金拆借业务，履行转款手续的同时，应附借款协议。

第二十二条　企业财务部应当加强对银行印鉴的管理。

1. 财务专用章应由专人保管，个人名章必须由本人或其授权人员保管。
2. 严禁由一人保管支付款项所需的全部印章。
3. 按规定需要有关负责人签字或盖章的经济业务，必须严格履行签字或盖章手续。

文案范本

股东更换印鉴申请书

本人前留贵公司存证之印鉴，自即日起停止使用，事后有关支息、过户、出资、挂失或其他股票事务均以本申请书所盖新印鉴为凭。谨此新印鉴卡及印鉴证明书各一份，并申请将以前存档旧印鉴卡注销，即请照章办理为荷。

此 致

公司

新印鉴		旧印鉴	

申请人：　　　　签章

户号：

住址：

经办会计：

经办时间：　　年　　月　　日

文案范本

印章使用登记表

序号	日期	部门	姓名	印章类别	用途	份数	是否留底	部门经理签字	总经理签字	备注

印章使用范围明细表

种类	区 分	股票及公司债券	支票及银行兑现凭证	合同及其他重要文件	订货单及日常业务文件	各类对外文件	辞令	请示	收据	人事关系及有关证明	职员存款账目	委任状
公司名称印章	公司名章（1名）											
	公司名章（2名）											
	公司（股份公司专用）											
	部门名章											
	分公司名章											
职务名章	董事长名章											
	董事（股份公司专用）											
	其他高级职员专章											
	财务部经理名章											
	××研究所长章											
	分公司经理章											

印章借用登记表

序号	借用日期	部门	姓名	印章类别	用途	份数	是否留底	归还日期	总经理签字	备注

印章使用申请表

申请部门		申请日期	
经办人		用印日期	
用印事由	1. 文件名称： 2. 文件内容：		
拟用印章/鉴	□公章　□法人章　□合同专用章　□财务专用章　□负责人名章		
批准	部门经理审核：	总经理审批：	
印章管理员			

七、会计档案管理

请参阅如下相关文案范本。

 **文案范本**

会计档案管理办法

第一条　为了加强会计档案管理，有效保护和利用会计档案，根据《中华人民共和国会计法》《中华人民共和国档案法》等有关法律和行政法规，制定本办法。

第二条　国家机关、社会团体、企业、事业单位和其他组织（以下统称单位）管理会计档案适用本办法。

第三条　本办法所称会计档案是指单位在进行会计核算等过程中接收或形成的，记录和反映单位经济业务事项的，具有保存价值的文字、图表等各种形式的会计资料，包括通过计算机等电子设备形成、传输和存储的电子会计档案。

第四条　财政部和国家档案局主管全国会计档案工作，共同制定全国统一的会计档案工作制度，对全国会计档案工作实行监督和指导。

县级以上地方人民政府财政部门和档案行政管理部门管理本行政区域内的会计档案工作，并对本行政区域内会计档案工作实行监督和指导。

第五条　单位应当加强会计档案管理工作，建立和完善会计档案的收集、整理、保管、利用和鉴定销毁等管理制度，采取可靠的安全防护技术和措施，保证会计档案的真实、完整、可用、安全。

单位的档案机构或者档案工作人员所属机构（以下统称单位档案管理机构）负责管理本单位的会计档案。单位也可以委托具备档案管理条件的机构代为管理会计档案。

第六条　下列会计资料应当进行归档：

（一）会计凭证，包括原始凭证、记账凭证；

（二）会计账簿，包括总账、明细账、日记账、固定资产卡片及其他辅助性账簿；

（三）财务会计报告，包括月度、季度、半年度、年度财务会计报告；

（四）其他会计资料，包括银行存款余额调节表、银行对账单、纳税申报表、会计档案移交清册、会计档案保管清册、会计档案销毁清册、会计档案鉴定意见书及其他具有保存价值的会计资料。

第七条　单位可以利用计算机、网络通信等信息技术手段管理会计档案。

第八条　同时满足下列条件的，单位内部形成的属于归档范围的电子会计资料可仅以电子形式保存，形成电子会计档案：

（一）形成的电子会计资料来源真实有效，由计算机等电子设备形成和传输；

（二）使用的会计核算系统能够准确、完整、有效接收和读取电子会计资料，能够输出符合国家标准归档格式的会计凭证、会计账簿、财务会计报表等会计资料，设定了经办、审核、审批等必要的审签程序；

（三）使用的电子档案管理系统能够有效接收、管理、利用电子会计档案，符合电子档案的长期保管要求，并建立了电子会计档案与相关联的其他纸质会计档案的检索关系；

（四）采取有效措施，防止电子会计档案被篡改；

（五）建立电子会计档案备份制度，能够有效防范自然灾害、意外事故和人为破坏的影响；

（六）形成的电子会计资料不属于具有永久保存价值或者其他重要保存价值的会计档案。

第九条　满足本办法第八条规定条件，单位从外部接收的电子会计资料附有符合《中华人民共和国电子签名法》规定的电子签名的，可仅以电子形式归档保存，形成电子会计档案。

第十条　单位的会计机构或会计人员所属机构（以下统称单位会计管理机构）按照归档范围和归档要求，负责定期将应当归档的会计资料整理立卷，编制会计档案保管清册。

第十一条　当年形成的会计档案，在会计年度终了后，可由单位会计管理机构临时保管一年，再移交单位档案管理机构保管。因工作需要确需推迟移交的，应当经单位档案管理机构同意。

单位会计管理机构临时保管会计档案最长不超过三年。临时保管期间，会计档案的保管应当符合国家档案管理的有关规定，且出纳人员不得兼管会计档案。

第十二条　单位会计管理机构在办理会计档案移交时，应当编制会计档案移交清册，并按照国家档案管理的有关规定办理移交手续。

纸质会计档案移交时应当保持原卷的封装。电子会计档案移交时应当将电子会计档案及其元数据一并移交，且文件格式应当符合国家档案管理的有关规定。特殊格式的电子会计档案应当与其读取平台一并移交。

单位档案管理机构接收电子会计档案时，应当对电子会计档案的准确性、完整性、可用性、安全性进行检测，符合要求的才能接收。

第十三条　单位应当严格按照相关制度利用会计档案，在进行会计档案查阅、复制、借出时履行登记手续，严禁篡改和损坏。

单位保存的会计档案一般不得对外借出。确因工作需要且根据国家有关规定必须借出的，应当严格按照规定办理相关手续。

会计档案借用单位应当妥善保管和利用借入的会计档案，确保借入会计档案的安全完整，并在规定时间内归还。

第十四条　会计档案的保管期限分为永久、定期两类。定期保管期限一般分为 10 年和 30 年。

会计档案的保管期限，从会计年度终了后的第一天算起。

第十五条　各类会计档案的保管期限原则上应当按照本办法附表执行，本办法规定的会计档案保管期限为最低保管期限。

单位会计档案的具体名称如有同本办法附表所列档案名称不相符的，应当比照类似档案的保管期限办理。

第十六条　单位应当定期对已到保管期限的会计档案进行鉴定，并形成会计档案鉴定意见书。经鉴定，仍需继续保存的会计档案，应当重新划定保管期限；对保管期满，确无保存价值的会计档案，可以销毁。

第十七条　会计档案鉴定工作应当由单位档案管理机构牵头，组织单位会计、审计、纪检监察等机构或人员共同进行。

第十八条　经鉴定可以销毁的会计档案，应当按照以下程序销毁：

（一）单位档案管理机构编制会计档案销毁清册，列明拟销毁会计档案的名称、卷号、册数、起止年度、档案编号、应保管期限、已保管期限和销毁时间等内容。

（二）单位负责人、档案管理机构负责人、会计管理机构负责人、档案管理机构经办人、会计管理机构经办人在会计档案销毁清册上签署意见。

（三）单位档案管理机构负责组织会计档案销毁工作，并与会计管理机构共同派员监销。

监销人在会计档案销毁前，应当按照会计档案销毁清册所列内容进行清点核对；在会计档案销毁后，应当在会计档案销毁清册上签名或盖章。

电子会计档案的销毁还应当符合国家有关电子档案的规定，并由单位档案管理机构、会计管理机构和信息系统管理机构共同派员监销。

第十九条 保管期满但未结清的债权债务会计凭证和涉及其他未了事项的会计凭证不得销毁，纸质会计档案应当单独抽出立卷，电子会计档案单独转存，保管到未了事项完结时为止。

单独抽出立卷或转存的会计档案，应当在会计档案鉴定意见书、会计档案销毁清册和会计档案保管清册中列明。

第二十条 单位因撤销、解散、破产或其他原因而终止的，在终止或办理注销登记手续之前形成的会计档案，按照国家档案管理的有关规定处置。

第二十一条 单位分立后原单位存续的，其会计档案应当由分立后的存续方统一保管，其他方可以查阅、复制与其业务相关的会计档案。

单位分立后原单位解散的，其会计档案应当经各方协商后由其中一方代管或按照国家档案管理的有关规定处置，各方可以查阅、复制与其业务相关的会计档案。

单位分立中未结清的会计事项所涉及的会计凭证，应当单独抽出由业务相关方保存，并按照规定办理交接手续。

单位因业务移交其他单位办理所涉及的会计档案，应当由原单位保管，承接业务单位可以查阅、复制与其业务相关的会计档案。对其中未结清的会计事项所涉及的会计凭证，应当单独抽出由承接业务单位保存，并按照规定办理交接手续。

第二十二条 单位合并后原各单位解散或者一方存续其他方解散的，原各单位的会计档案应当由合并后的单位统一保管。单位合并后原各单位仍存续的，其会计档案仍应当由原各单位保管。

第二十三条 设单位在项目建设期间形成的会计档案，需要移交给建设项目接受单位的，应当在办理竣工财务决算后及时移交，并按照规定办理交接手续。

第二十四条 单位之间交接会计档案时，交接双方应当办理会计档案交接手续。

移交会计档案的单位，应当编制会计档案移交清册，列明应当移交的会计档案名称、卷号、册数、起止年度、档案编号、应保管期限和已保管期限等内容。

交接会计档案时，交接双方应当按照会计档案移交清册所列内容逐项交接，并由交接双方的单位有关负责人负责监督。交接完毕后，交接双方经办人和监督人应当在会计档案移交清册上签名或盖章。

电子会计档案应当与其元数据一并移交，特殊格式的电子会计档案应当与其读取平台一并移交。档案接受单位应当对保存电子会计档案的载体及其技术环境进行检验，确保所接收电子会计档案的准确、完整、可用和安全。

第二十五条 单位的会计档案及其复制件需要携带、寄运或者传输至境外的，应当按照国家有关规定执行。

第二十六条 单位委托中介机构代理记账的，应当在签订的书面委托合同中，明确会计档案的管理要求及相应责任。

第二十七条 违反本办法规定的单位和个人，由县级以上人民政府财政部门、档案行政管理部门依据《中华人民共和国会计法》《中华人民共和国档案法》等法律法规处理处罚。

第二十八条 预算、计划、制度等文件材料，应当执行文书档案管理规定，不适用本办法。

第二十九条 不具备设立档案机构或配备档案工作人员条件的单位和依法建账的个体工商户，其会计档案的收集、整理、保管、利用和鉴定销毁等参照本办法执行。

　　第三十条　各省、自治区、直辖市、计划单列市人民政府财政部门、档案行政管理部门、新疆生产建设兵团财务局、档案局，国务院各业务主管部门，中国人民解放军总后勤部，可以根据本办法制定具体实施办法。

　　第三十一条　本办法由财政部、国家档案局负责解释，自 2016 年 1 月 1 日起施行。1998 年 8 月 21 日财政部、国家档案局发布的《会计档案管理办法》（财会字〔1998〕32 号）同时废止。

　　附表：

　　1. 企业和其他组织会计档案保管期限表

　　2. 财政总预算、行政单位、事业单位和税收会计档案保管期限表

　　附表 1：

企业和其他组织会计档案保管期限表

序　号	档案名称	保管期限	备　注
一	会计凭证		
1	原始凭证	30 年	
2	记账凭证	30 年	
二	会计账簿		
3	总账	30 年	
4	明细账	30 年	
5	日记账	30 年	
6	固定资产卡片		固定资产报废清理后保管 5 年
7	其他辅助性账簿	30 年	
三	财务会计报告		
8	月度、季度、半年度财务会计报告	10 年	
9	年度财务会计报告	永久	
四	其他会计资料		
10	银行存款余额调节表	10 年	
11	银行对账单	10 年	
12	纳税申报表	10 年	
13	会计档案移交清册	30 年	
14	会计档案保管清册	永久	
15	会计档案销毁清册	永久	
16	会计档案鉴定意见书	永久	

　　附表 2：

财政总预算、行政单位、事业单位和税收会计档案保管期限表

序号	档案名称	保管期限			备　注
		财政总预算	行政单位事业单位	税收会计	
一	会计凭证				

续表

序号	档案名称	保管期限			备 注
		财政总预算	行政单位事业单位	税收会计	
1	国家金库编送的各种报表及缴库退库凭证	10年		10年	
2	各收入机关编送的报表	10年			
3	行政单位和事业单位的各种会计凭证		30年		包括：原始凭证、记账凭证和传票汇总表
4	财政总预算拨款凭证和其他会计凭证	30年			包括：拨款凭证和其他会计凭证
二	会计账簿				
5	日记账		30年	30年	
6	总账	30年	30年	30年	
7	税收日记账（总账）			30年	
8	明细分类、分户账或登记簿	30年	30年	30年	
9	行政单位和事业单位固定资产卡片				固定资产报废清理后保管5年
三	财务会计报告				
10	政府综合财务报告	永久			下级财政、本级部门和单位报送的保管2年
11	部门财务报告		永久		所属单位报送的保管2年
12	财政总决算	永久			下级财政、本级部门和单位报送的保管2年
13	部门决算		永久		所属单位报送的保管2年
14	税收年报（决算）			永久	
15	国家金库年报（决算）	10年			
16	基本建设拨、贷款年报（决算）	10年			
17	行政单位和事业单位会计月、季度报表		10年		所属单位报送的保管2年
18	税收会计报表			10年	所属税务机关报送的保管2年
四	其他会计资料				
19	银行存款余额调节表	10年	10年		
20	银行对账单	10年	10年	10年	
21	会计档案移交清册	30年	30年	30年	
22	会计档案保管清册	永久	永久	永久	
23	会计档案销毁清册	永久	永久	永久	
24	会计档案鉴定意见书	永久	永久	永久	

注：税务机关的税务经费会计档案保管期限，按行政单位会计档案保管期限规定办理。

文案范本

会计档案管理岗位责任制

1. 负责财务经营处会计档案（会计凭证、会计账簿、会计报表及报告的装订、磁带、磁盘、光盘等）归档、整理与保管工作。

2. 负责保管现存会计档案和会计档案的查阅工作，认真做好记录，保证会计档案规范、及时、安全、完整。

3. 负责会计档案移交工作，开列清册，填写交接清单，审核无误后签章移交档案部门保管。

4. 认真执行国家关于会计档案管理的各项规定，会计档案的管理要符合会计基础工作规范要求。

文案范本

会计档案员岗位职责

	基本要求	相关说明
任职资格	1. 学历：大专及以上学历，财会类专业 2. 专业经验：一年以上相关工作经验 3. 个人能力要求：具备必要的专业知识及技能，熟悉国家有关法律法规、规章制度	1. 能熟练使用 Office 办公软件，熟悉会计档案管理知识 2. 工作积极主动，性格开朗，讲求效率，责任心强 3. 服从工作安排，具有较强的团队协作意识
职责内容	1. 按照《会计法》及《会计档案管理办法》的规定和要求，参与制定会计档案立卷、归档、保管调阅和销毁等管理制度，报经批准后，负责监督执行 2. 定期整理装订会计凭证、会计账簿、会计报表及其他相关资料 3. 对已装订的会计凭证、账簿、报表及有关资料进行立卷和归档，登记会计档案台账 4. 负责会计档案的日常管理，按要求办理会计档案的借阅、归还登记工作 5. 保管会计档案，协助安全保卫人员做好档案的防水、防火、防盗、保密工作 6. 定期对超过档案管理期限的会计凭证和有关辅助资料进行清理，并按财务制度规定登记后予以销毁 7. 按时完成领导交办的其他相关工作	
	考核说明	结果应用
考核指引	1. 考核频率：月度、年度 2. 考核主体：稽核主管 3. 考核指标：会计资料装订及时率、会计资料归档及时率、会计档案管理差错率、超期会计档案清理及时率、会计档案完好率、违反会计档案管理制度的次数	1. 考核结果作为薪酬发放依据 2. 考核得分低于 2 分者，将受到口头警告处分 3. 考核得分高于 4 分（含 4 分）者，将获得"月度优秀员工"的荣誉称号

文案范本

会计档案管理制度

一、目的：为了加强会计档案管理，规范会计档案管理办法，保证会计档案更好地为公司经营和财务管理服务，根据国家有关规定，结合实际，特制定本制度。

二、适用范围：公司财务部门。

三、会计档案内容：会计档案是指会计凭证、会计账簿和财务报告等会计核算专业资料，是记录和反映公司经济业务的重要史料和证据，具体包括：

（一）会计凭证类：原始凭证、记账凭证、汇总凭证、其他会计凭证。

1. 原始凭证是指在经济业务发生时，由业务经办人员直接取得或者填制，用以表明某项经济业务已经发生或其完成情况并明确有关经济责任的一种凭证。原始凭证是填制记账凭证或登记账簿的原始依据，是重要的会计核算资料。原始凭证包括外来原始凭证和自制原始凭证两种。

2. 记账凭证是对经济业务按其性质加以归类，确定会计分录，并据以登记会计账簿的凭证。公司根据会计核算的一般要求和集团的实际情况设置统一、通用的记账凭证。

3. 汇总凭证是指将许多同类记账凭证逐日或定期汇总后填制的凭证。

4. 其他会计凭证是指以上凭证之外的凭证。

（二）会计账簿类：以会计凭证为依据，全面、连续地记录一个单位的经济业务，对大量分散的数据或资料进行分类归集整理，逐步加工成有用的会计信息的工具。会计账簿由具有一定格式的账页组成。会计账簿包括总账、明细账、日记账、固定资产卡片、辅助账簿、其他会计账簿。

（三）财务报告类：用来反映会计实体财务状况和事业发展成果（经营成果）的总结性书面文件，分为月度、季度、年度财务报告，包括会计报表、附表、财务说明书及合并底稿等。

（四）其他类：包括银行存款余额调节表、银行对账单、财务会计软件使用说明、会计科目和项目编码及使用说明、会计电算化处理授权登记或使用权限备案表、其他应当保存的会计核算专业资料、会计档案移交清册、会计档案保管清册、会计档案销毁清册、各种财务数据软盘及有关经济合同等其他应归档的会计核算专业资料。

（五）财务部门采用电子计算机进行会计核算的，应当保存打印出的纸质会计档案，并应同时将光盘、移动硬盘等作为会计档案保存。

四、日常管理：财务部负责会计档案管理的指导及监督工作，负责会计档案的日常管理，具体包括会计档案的收集、整理、分类、装订、立卷、保管、交接、查阅利用、期满销毁等工作。财务部需指定专人负责会计档案的管理。

五、归档时间：当年形成的会计档案，在会计年度终了后，由财务部门保管一年，期满之后，由财务部指定专人编制移交清册交董事长保管，不得自行封包保存，更不得推诿拒绝。

六、会计档案的整理：

（一）各类会计凭证，应每月进行整理和装订。财务部门应根据会计凭证的数量每天或定期（最长不超过一周）及时进行整理和装订，防止凭证的散乱和遗失。作为档案的会计凭证应按照规定的内容填制齐全，审核人员、出纳人员应在办理完审核、复核或收付款手续后在凭证上签名和盖章。

（二）应将各种记账凭证按凭证号顺序整理、组成一卷或多卷，每卷不超过 200 页，厚度 2cm 为宜，采用两孔一线的装订方法，粗线装订成册，卷内材料左下方对齐，在左侧装订。若装订线处有重要的批注者，须进行贴边处理。一个月内会计凭证装订数册时，每册都要加编册号，注明本月共×册，本册是第×册，以便查找。

（三）会计账簿上应载明账簿名称、所属会计年度、记账或管理人员、账簿启用和起止日期，并加盖单位公章和分管财务的负责人（会计主管人员）的签章。采用电算化处理自动生成的账簿，应按年打印出纸质会计档案，也应载明账簿名称及所属年度、管理人员，并加盖公司公章、公司财务负责人或会计主管人员的签章。

（四）对各类财务报告，应分别财务报告的性质按照月、季、年度保存。作为会计档案的各类财务报告应加盖公司公章，财务负责人及填报或者编制人应在报告上签章。

七、会计档案的编号：

（一）档号包括：全宗号—分类号—目录号—案卷号。

（二）全宗号：立档单位的代号，如智董家居有限公司——ZDJJ（为智董家居的拼音缩写）。

（三）分类号：公司档案分类序列中的类别顺序号，分为四类：凭证、账簿、报告、其他。

（四）目录号：案卷目录的代号，会计档案按此档案经济事项的发生期间设置案卷目录号。

（五）案卷号：案卷在其所在目录中的顺序号，应以本、册为单位，一本或一册编一个案卷号。

（六）例如，智董20×8年6月第2册会计凭证的档案编号：ZDJJ—凭证—20×8年6月—第2册共3册，以此类推；智董20×8年第1册账簿的档案编号：ZDJJ—账簿—20×8年—第1册共4册，以此类推；智董20×8年2月会计报表的档案编号：ZDJJ—报表—20×8年2月—第1册共1册，以此类推。

八、会计档案的登记：

（一）对归档保存的会计档案，在整理立卷的基础上，要编造会计档案保管清册（详见附件2），在清册中要做到同类会计档案在一起登记，登记顺序为凭证—账簿—报告—其他，财务部按年度编制清册。

（二）会计档案保管清册要逐项填写清楚。每一卷（册）档案分别填写一条目录。流水号从0001开始；类别处应填写凭证类、账簿类、报告类、其他类；要包括单位名称、归档时间和会计档案名称；保管期限要填写期限和起止年月。

（三）会计档案要妥善保管，严防损坏和丢失，做好防火、防盗、防潮、防霉、防鼠，确保会计档案的安全。财务部的会计档案，由专人负责保管和归档，并逐年编造清册，上报董事长备案。

九、会计档案的移交：移交会计档案时，由财务部门填写移交清单，交接双方逐份清点无误后，履行签字手续。对移交公司财务部的会计档案，原则上保持原卷册的封装，如个别需要拆封重新整理，应经财务总监批准并由交接双方的经办人员共同拆封整理，以分清责任。

十、会计档案的保管期限：根据国家颁布的《会计档案保管期限表》规定，分为永久、定期两类。具体保管期限按《中华人民共和国会计档案管理办法》办理（详见附件1），保管期限的计算从会计年度终了后第一天起计算。

十一、会计档案的鉴定及销毁：

（一）会计档案保管期满，需要销毁时，由财务部门、董事长指定专人组成鉴定小组，严格审查，提出销毁意见，编造销毁清册（详见附件3），报董事长准销毁，并在销毁清册上签名或盖章。"会计档案销毁清册"要长期保存。

（二）对应销毁的会计档案中如有未结清的债权债务或未结案原始凭证，应单独抽出立卷，保管到未了事项完结时为止。

（三）对应销毁的会计档案中，仍具有保存价值的重要档案，应将其抽出，另行整理立卷，单独长期保存。单独抽出立卷的会计档案，应在会计档案销毁清册和会计档案保管清册中列明。

十二、效力：从本制度生效之日起，以前颁布的与会计档案管理有关的规定同时废止。

十三、生效日期：本制度自发布之日起试行。

十四、解释权限：本制度由财务部负责解释和修订。

十五、附件：

1. 会计档案保管期限表（略）

2. 会计档案保管清册

3. 会计档案销毁清册

附件 2：

会计档案保管清册

单位名称：　　　　　　　　　　　　　　　　　　　　归档日期：

流水号	类 别	档案编号	档案名称	保管期限	保管起止年月	备 注

附件 3：

会计档案销毁清册

单位名称：

序号	销毁日期	档案名称	档案编号	财务部人员	监审人	批准 人	销毁人员	备注

年度会计档案移交清册

财务报告　　卷		永久	卷
工资单　　　卷		25 年	卷
总账、银行日记账、现金日记账　　卷		15 年	卷
明细账　　卷　　年		10 年	卷
会计凭证　　卷　　年		5 年	卷
		3 年	卷

移交单位：

移交人：　　　　　　　　接收单位：

交接时间：　　年　月　日　　　　　接收人：

会计档案移交清单

年　度	分类号	案卷号	案卷标题	张数	记账凭证号码	保管期限	备　注

立卷移交人签字：	档案室接收人签字：	交、接部门负责人签字：
年　月　日	年　月　日	年　月　日

注：本清单一式两份，一份立卷人存查，一份档案室归档。

会计档案借阅制度

一、凡需借阅档案者，必须持有介绍信予以办理借阅手续，并登记借阅台账。归还时，必须如实登记使用情况。

二、借阅档案一般不得超过一个月，如继续使用，需办理续借手续，逾期不办，每超过一个月罚款 50 元。

三、外单位查阅档案，只能在室内查阅。如需外借，须经单位领导批准，并酌情收费。

四、借阅档案者必须保证案卷完整、安全，不得拆散、涂改、画线、抽换丢失。归还档案时须进行检查，如发现上述情况根据性质酌情罚款，并追究责任；情节严重者，建议行证或纪检部门给予纪律处分。

 文案范本

档案借阅申请表

部　门		借阅人		日　期	
借阅事由：					
档案号：			档案名称：		
档案级别：	□ 密级		□ 非密级		
部门负责人审核：			总经理审批：		
档案管理员签字：			归还日期：		
归还签字：			备注：		

 文案范本

会计档案借阅登记表

借阅日期	归还日期	档案名称	档案数量	事　由	借阅人签字	总经理批准	备　注

文案范本

会计档案销毁清册

单位名称：

序号	类别	题名	起止年月日	目录号	案卷号	原期限	已保管期限	页数	备注

财务负责人签字：　　　　　　　　　档案负责人签字：　　　　　　　　　　　　　　年　月　日

文案范本

会计档案销毁申请表

序　号	档案编号	档案类别	保存期限	申请部门	申请人	经理核准	总经理指示

文案范本

会计档案销毁清册审批表

销毁单位盖章：　　　　　　　　　　　　　　　　　　　　　　　　　年　　月　　日

销毁会计档案总计（卷）	会计凭证（卷）	起止年度	会计账簿（卷）	起止年度	财务报告（卷）	起止年度	其他核算材料（卷）	起止年度	备　注
销毁原因									

主管领导意见：	档案部门意见：	财务部门意见：	监销人：
签字： 　　年　月　日	签字： 　　年　月　日	签字： 　　年　月　日	签字： 　　年　月　日

 文案范本

档案管理工作流程

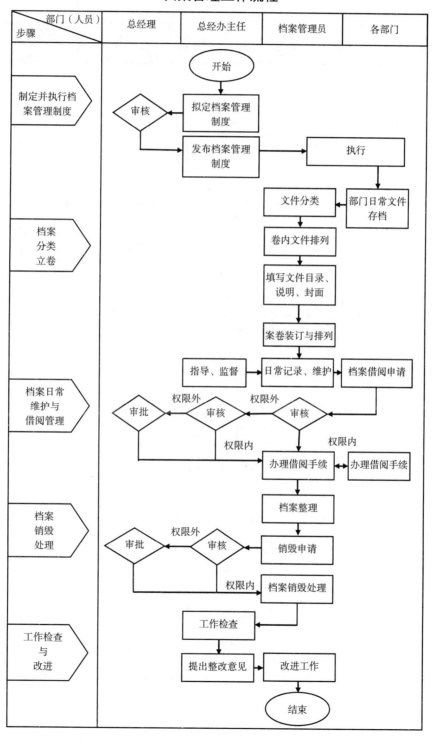

文案范本

信息化会计档案管理流程

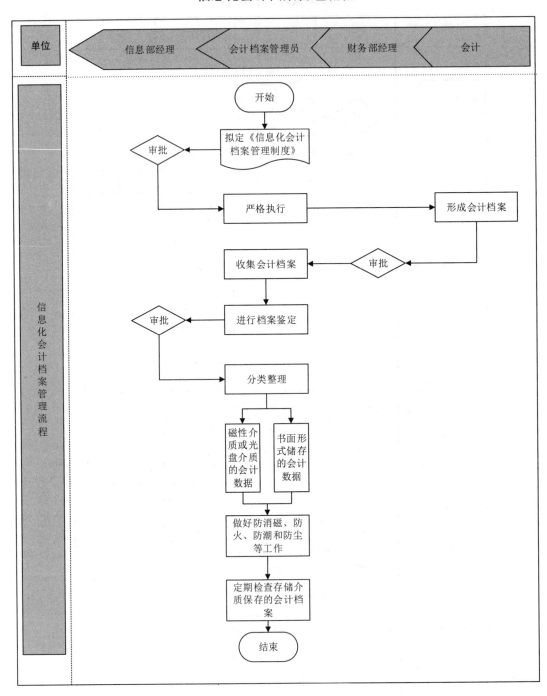

会计档案调阅作业流程

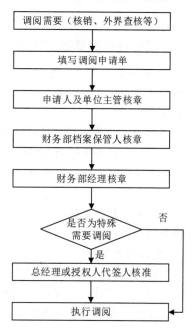

会计档案清理销毁作业流程

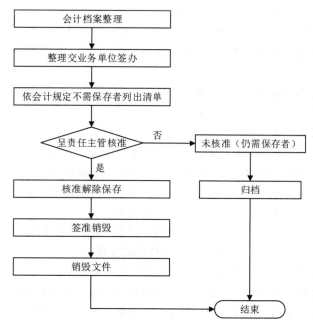

八、会计核算基础工作方面综合文案

请参阅如下相关文案范本。

××公司会计核算基础工作规范

第一章　总　则

第一条　为做好会计核算的基础工作，规范会计核算作业，发挥会计在反映和监督公司生产经营活动方面的作用，特制定本规定。

第二条　公司会计科目的运用及账户的设置按国家规定执行，不得任意更改或自行设置，因业务需要新增科目时，需报公司总经理和财务主管副总审批。

第三条　会计人员必须加强会计业务、财务政策等方面的学习，切实按照国家法律法规和公司的具体规定做好会计核算的基础工作。

第二章　会计凭证的编制

第四条　会计人员编制各项原始凭证要做到以下三点。

1. 日期、名称、单价、数量、金额的大写和小写准确、清楚。

2. 公章齐全，经手人背书、审核人和主管人的签章齐全完备。

3. 在报销列账后，应分别加盖"收讫""付讫""转讫"等图章。

第五条　从外单位取得的原始凭证，必须盖有填制单位的公章。

第六条　对外开出的原始凭证，必须加盖本公司的公章。

第七条　从个人处取得的原始凭证，必须有填制人员的签名或者盖章。

第八条　原始凭证不得涂改、挖补，如果发现原始凭证有错误、需重开或者更正的，应当在更正处加盖开列公司的公章，但金额有误的不可更正，只能作废重开。

第九条　原始凭证遗失，按下列规定办理。

1. 从外单位取得的原始凭证遗失，一般应取得原填制单位证明（在记账联复印件上加盖公章，并注明原来的原始凭证的号码、经济业务内容及金额），由单位负责人批准后，方可代作原始凭证。

2. 对于确实无法取得证明的（如车船、轮船、飞机票等凭证），应由当事人写出详细情况，由经办部门负责人批准后，方可代作原始凭证。

第十条　编制记账凭证（包括汇总记账凭证）要做到日期、会计科目编号及名称、对方科目名称、金额大写和小写、各有关人员签章及收付手续齐全，证证相符。

第十一条　会计人员需根据一定时期的全部记账凭证，按照相同科目归类，定期（天）汇总每一会计科目的借方本期发生额和贷方本期发生额，填写在记账凭证汇总表的相关栏内，以反映全部会计科目的借方本期发生额和贷方本期发生额。

第十二条　各项凭证粘贴、装订要牢固、整齐，封面、封脊书写明白，装订成册，以便查核。

第三章　会计记账管理

第十三条　记账需根据审核过的会计凭证进行，公司规定除按照会计核算要求进行转账时需用记账人员写的转账说明作记账依据外，其他记账凭证都必须以合法的原始凭证为依据。

第十四条　没有合法的凭证不能登记账簿，且每张记账凭证必须由制单、复核、记账、会计主管分别签名，不得省略。

第十五条　记账所附原始凭证张数需准确，原始凭证张数的确定如下。

1. 一般应以原始凭证的自然张数为准。

2. 零散票据可粘贴在一张原始凭证粘贴纸上，作为一张原始凭证。

3. 如果一张原始凭证涉及几张记账凭证的，可以把原始凭证附在一张主要的记账凭证后面，并在其他记账凭证上注明该原始凭证的记账凭证编号，并附该原始凭证复印件。

4. 对于数量过多的原始凭证，可以单独装订保管，在凭证封面上注明记账凭证日期、编号、种类，同时在记账凭证所附的原始凭证汇总表上注明"附件另订"和原始凭证的名称及编号。

第十六条 记账凭证和账簿上的会计科目以及子、细目用全称，不得随意简化或使用代号。

第十七条 记账必须及时，要做到内容完整、数字真实、摘要明白、便于查阅，坚决防止漏记账、记错账、重复记账和积压账目。

第十八条 每本账簿启用时，应在账簿内列表载明单位名称、开始使用日期、共计页数（活页式账簿应在装订成册后记明页数）和记账人员姓名，加盖单位公章，并由记账人员签章。

第十九条 调换记账人员时，应在表内注明接办人姓名和交接日期，并由接办人签章，以明确责任，保证账簿记录的合法性。

第二十条 为使账簿记录清楚整洁，防止篡改，记账要用蓝黑墨水钢笔，不得使用圆珠笔。红色墨水只能在画线、改错冲账时使用。

第二十一条 账簿必须依照编定的页码连续登记，不得隔行、跳页。

第二十二条 总分类账和各种明细分类账都应事前编列目录，记明每一科目的名称和页次。

第二十三条 记账后，应将记账凭证或汇总凭证的编号记入账簿内，同时在记账凭证或汇总凭证上注明账簿页码，表示已经登记入账。

第二十四条 在每页账页登记完毕需要转入新账页时，要在最后一行加计总数，结出余额，在摘要栏内注明"转次页"，并在新账页摘要栏内注明"承前页"，同时将上页金额总数记入新账页金额栏的第一行。

第二十五条 记账发生错误的更正方法如下表所示。

记账错误的更正方法

序 号	记账错误类型	更正、处理方法
1	记账前发现记账凭证有错误	1. 先更正或重制记账凭证 2. 在错误的全部数字正中画红线，表示注销 3. 由经办人员加盖小图章后，将正确的数字写在应记的栏或行内
2	记账后发现记账凭证中会计科目、借贷方式、金额错误	1. 用红字填制一套与原用科目、借贷方向和金额相同的记账凭证，以冲销原来的记录，然后重新填制正确的记账凭证，一并登记入账 2. 如果会计科目和借贷方向正确，只是金额错误，也可另行填制记账凭证，增加或冲减相差的金额 3. 更正后应在摘要中注明原记账凭证的日期和号码，以及更正理由和依据
3	报出会计报表后发现记账差错	1. 如不需要变更原来报表，则可以填制正确的记账凭证，一并登记入账 2. 如果会计科目和借贷方向正确，只是金额错误，也可另行填制记账凭证，增加或冲减相差的金额 3. 更正后应在摘要中注明原记账凭证的日期和号码，以及更正的理由和依据

第四章 核算工作管理

第二十六条 记账人员应依法建账，合理设置会计科目，做到脉络清晰，资金使用情况一目了然，支出科目按照财务部统一规定设置。

第二十七条 会计业务需及时处理，当天受理业务当天制单，三天内复核完毕。

第二十八条 公司每月、季、年度末，记完账后应办理结账。为便于结转成本和编制会计报表，需要发生额的账户，应分别结出月份季度和年度发生额，在摘要栏注明"本月合计""本季合计"和"本年合计"的字样，在月结、季结数字上端和下端均画单红线，在年结数字下端画双红线。

第二十九条 结总的数字本身均不得用红字书写，发生笔数不多的账户，也可不结总。

第三十条 不需要加计发生额的账户，应随时结出余额，并在月份、季度余额下端画单红线，在年度余额下端画双红线。

第三十一条 会计人员及时做好账目核对工作，即将会计账簿记录的有关数字与库存实物、货币资金、有价证券、往来单位或者个人等进行相互核对，保证账证相符、账账相符、账实相符。

第五章 会计报表管理

第三十二条 会计报表必须根据核对无误的账簿记录和经过审核的各项有关资料编制，以保证会计报表的真实性。

第三十三条 会计报表的编制要及时，做到严格遵守规定时间报送会计报表。

第三十四条 报表数字必须真实，绝对不可将估计数字填入会计报表。

第三十五条 会计报表之间、会计报表各项目之间，凡有对应关系的数字，应当相互一致。

第三十六条 会计报表除加盖公章外，部门负责人、记账会计应签名并盖章。

第六章 会计档案管理

第三十七条 会计凭证装订的相关规定如下。

1. 记账凭证装订工作应在次月＿＿日前完毕。

2. 应将记账凭证连同所附原始凭证按照编号顺序折叠整齐，按期装订成册，加具封面，封面上注明年度、月份、起讫日期、编号和起止号码，并在装订线封签处加盖装订人的印章。

3. 记账凭证装订要美观、整齐、牢固，装订均采取左、下靠齐。

4. 原始凭证需装订在装订线以里，重要内容不要完全覆盖。

5. 记账凭证归档按照公司统一规划进行，凭证封皮上的内容应填盖完整，脊背上的内容填列整齐。

第三十八条 会计账簿装订相关规定如下。

1. 打印保存的纸质会计账簿为总账和各会计科目的二级及最末一级明细账。

2. 除专款支出明细账使用宽行打印纸外，其他均用窄行打印纸打印。

3. 打印的会计账簿必须连续编号，经审核无误后装订成册，并由记账人员、会计主管人员签字或者盖章。

4. 在账簿封面上注明公司名称和账簿名称，并填写账簿"启用表"及"账目目录"。

（1）启用表主要内容包括启用日期、账簿起止页数、记账人员和会计机构负责人、会计主管人员姓名等，并加盖名章和单位公章。

（2）账目目录内容包括账目名称、起止页数等。

（3）当记账人员工作调动时，也要在"启用表"上注明交接日期、接办人员和监交人员姓名，并由交接双方签字或者盖章。

第三十九条 会计报表装订的相关规定如下。

公司将年度内填制的报表按分管部门分别独立装订成册，装订内容包括月报、季报、决算报表及其他应保留报表、文字材料。

第四十条 会计档案保管的相关规定如下。

1. 会计凭证、账簿和报表在次年___月___日前送公司档案室。

2. 公司设置专人负责会计档案的管理工作，注意档案的安全、完整、保密并便于查找。

第四十一条 会计档案查阅的相关规定如下。

公司保存的会计档案不得借出，如有特殊需要，经部门负责人和财务部经理批准，可以提供查阅和复制，并履行相关手续，财务部任何人不得自行对外提供会计资料。

1. 对于保存在财务部的会计档案，应填写"会计档案查阅登记表"，经会计主管、记账人员签字后复印和借阅。

2. 对于保存在档案室的会计档案，应填写"会计档案查阅登记表"，经财务部经理、会计主管、记账人员签字后复印、借阅，并在会计档案查阅清册上记录备查。

第七章 会计工作移交管理

第四十二条 会计人员工作变动或者因故离职必须将本人所经管的会计工作全部移交给接替人员，未办清交接手续不得调动或者离职。

第四十三条 会计人员临时离职或因病暂不能工作而由别人代替或者代理的，以及重新恢复工作时均应办理交接手续。

第四十四条 移交前准备工作的相关规定如下。

1. 已经受理的经济业务尚未填制会计凭证的，应当填制完毕。

2. 尚未登记账目的，应当登记完结，并在最后一笔余额后加盖经办人员印章。

3. 整理应当移交的各项资料，对未了事项写出书面说明等。

4. 编制移交清册，列明应当移交的会计凭证、会计账簿、会计报表、现金、有价证券、印章、其他会计资料和物品等内容。

第四十五条 会计主管人员移交工作时，应将全部财务会计工作、重大财务收支和会计人员的情况等，向接管人员详细介绍清楚，需要移交的遗留问题，应当写出书面材料。

第四十六条 会计工作交接双方需按照移交清册列明的内容逐项进行交接，具体移交工作操作如下。

1. 现金、有价证券要根据会计账簿有关记录进行点交，并要保持账实相符，不相符的，移交人员必须限期查清。

2. 银行存款账户余额与银行对账单核对，如不一致，应当编制银行存款余额调节表调节相符，各种财产物资和债权债务的明细账户余额要与总账有关账户余额核对相符，必要时，抽查个别账户余额，与实物核对，或者与往来单位、个人核对清楚。

3. 会计凭证、账簿、报表和其他会计资料必须完整无缺，如有短缺，必须查明原因，并在移交清册中注明，由移交人员负责。

4. 移交人保管的票据、印章和其他实物等，必须交接清楚。

5. 移交人从事会计电算化工作的，应当移交会计软件及密码、会计软件数据磁盘（磁带）及有关资料等，并在移交清册中列明，同时要将有关电子数据在实际操作状态下进行交接。

6. 姓名、移交清册页数以及需要说明的问题和意见等。

7. 移交清册应填制一式三份，交接人员双方各留一份，财务部存档一份。

第四十七条 交接监督相关规定如下。

为保证会计交接工作的顺利进行，由财务部经理监督交接工作。在办理交接手续时，需坚持原则、秉公执行，确保会计交接工作手续完备、责任明确，确保会计工作具有连续性和稳定性。

第四十八条 移交人需对其经办且已移交的会计凭证、账簿、报表和其他有关资料的合法性、真实性承担法律责任，不能因为会计资料已移交而推托责任。

第四十九条 为保持会计记录的连续性，接替人员应当继续使用移交的会计账簿，正常会计年度内不得另设新账。

第五十条 会计交接工作应在工作安排公布后____个工作日内结束。

第八章 附 则

第五十一条 本规范由财务部编制，解释权、修改权归财务部所有。

第五十二条 本规范经总经理审批通过后自发布之日起执行。

九、会计管理法规、法律责任

（一）会计规范基础知识

会计规范是以会计为对象的约定俗成或明文规定的标准与范式，是从事会计职业或进行会计工作所需依据的一种客观尺度或标准。

1. 会计规范体系的构成

会计规范可以从不同的角度进行分类认识。

（1）从形成和来源方式看。

1）在会计实践中自发形成的会计规范，是在长期实践中逐步形成的各种会计惯例、规则，它是非强制性的，一般与具体的技术方法有关，如账户结构中左借右贷这种不成文的规则。自发形成的会计规范一般是非条理化的，缺乏严格的体系，但并非是非理性化的。各种具体的会计方法、规则之所以能成为惯例，是因为包含有合理的内核，并经过实践检验。

2）人们通过一定形式有意识地制定的会计规范，通常是在自发形成的惯例基础上经过归纳、提炼、抽象、引申后形成的，其条理性、严谨性、清晰性、权威性等方面要高于自发形成的规范，也就具有更强的可操作性。会计法规、会计准则或会计制度都属于人们通过各种形式制定的会计规范。从主要来源看，这些通过一定形式制定的会计规范可以由会计学者、专家归纳制定，也可以由会计专业团体或作为会计主体的单位制定，还可以由国家立法机构、执行机构及授权机构制定。

可以认为，在自发形成的惯例起主要作用的阶段，标志着会计尚处于低级发展阶段；而当人们自觉制定各种规范来约束会计行为时，则表明会计已走向成熟阶段。

（2）从内容看。

1）会计工作组织机构规范，主要是对会计工作机构的设置与运行给予约束的规定。在现代社会中，一个单位会计工作的完成与会计信息的提供通常需要一个群体，这个群体的组合及其成员的分工协作需要一定的标准，为此而产生了会计工作组织机构规范的需求。对会计组织机构的规范包括：机构、工作岗位的设置，以及相应的任务、要求，为完成一定会计任务的权限范围、授权程序、任免事项等。

2）会计人员素质规范，是对会计人员的业务水平与道德品质给予约束的规定。对会计人员素质衡量通常通过专业考试、业绩评价、工作考核及履历审查和学历鉴定等多种手段来进行。为了使这些工作逐步实现规范化，现代社会创立了一系列资格审定的程序与方法，通过资格审定授予相应的职称或资格。会计师考试制度、会计师的职业道德准则、我国会计法律法规中关于会计人员的职责与权限规定等都属于这类规范。

3）会计信息生成与质量规范，主要是对会计信息生成的原则、程序、方法以及质量的约束。会计准则或会计制度就属于这类规范。这类规范通常表现为两种形式：一种是硬性规定；另一种是有多个方法可供选择，规范则给出一个具体的选择标准。

4）为会计监督和控制提供标准的规范，包括国家的各种税法、财政、财务法规，以及与会计工作有关的其他经济法规等。这种规范不同于前三种规范，它具有双重性，即对于当事人来说是行为准则，对于会计人员来说是评价标准，同时也是行为标准。会计人员要根据这些规范来判别所发生的经济业务是否合法，会计人员若不能正确履行这种合法性监督的职能，要负连带的法律责任。

在上述四类规范中，前两类是保证会计工作达到预期目标的前提；后两类则对会计工作过程的有序与会计信息的质量提供保证。

（3）从制约动力看。

1）强制性会计规范，是借助外来力强制推行的，又可称他律性会计规范。在我国这类规范有两种：一种是借助国家机器来强制推行的会计法律、法规及其他有关规定；另一种是借助单位的行政力量来强制贯彻推行的有关单位管理制度，如财务会计制度、内部会计控制制度等。这类规范一般具有高度清晰明确的标准，用以界定合法与不合法的界限，由有效的监督或评价体系进行检查或考核。

2）内化性会计规范，是由外在的要求转化为会计人员的内在意识目标，通过会计人员的自律来起作用的规范，又可称为自律性会计规范。这类规范一般具有内在逻辑的合理性，会计人员能理解为什么要如此做。

3）他律与自律结合的会计规范，是既有他律因素在起作用，又受到某种自律因素影响的会计规范。会计职业道德规范就属于此类会计规范。通常这类会计规范标准的宽容度较大，规范化程度也就低于前两类会计规范。

（4）从实际作用方式看。

1）会计法律规范，是国家政权以法律法规形式制定的调整会计关系的行为规范，是一种以法律力量保证施行的强制型会计规范。通常，各单位根据会计的法律规范再根据自身的环境条件来制定自己的会计工作规范，以保证国家会计法律规范的有效实施。

2）会计职业道德规范，是由会计职业界自发形成的调整会计关系的行为规范，是一种以道德力量引导执行的舆论约束型会计规范。会计职业道德规范与会计法律规范具有密切的联系，会计职业道德规范的一些内容通过提炼可能为会计法律规范所吸收，从而成为会计法律规范的组成部分。

3）会计惯例，通常是一些不成文的规范，是人们在长期的会计实践工作中形成的，为大家所公认的常规和做法。会计惯例遍及整个会计系统，涉及会计计量、确认、记录和报告的各个方面。会计惯例一方面会被抽象为会计理论，另一方面会受会计理论研究的影响。例如，会计根据资产取得日的原始交易价格入账的习惯做法形成了历史成本原则，而在历史成本原则的制约下又产生了资产计价的许多方法。会计惯例始终经历着一个从自发的、分散的渐进演变过程，进入人为的、有组织的扬弃过程，会计准则就是经过人为筛选的会计惯例，或者说，是人为制定的标准会计惯例。

2．国际会计规范

国际上比较有影响的会计规范有两大类：一类为以美、英等国为代表的英美法系国家的会计规范；另一类为以法、德等国为代表的大陆法系国家的会计规范。目前，这两种法系的会计规范不断进行协调，有共同认同和遵循《国际财务报告准则》的趋势。

3. 我国的会计规范

我国会计规范的特点整体上偏向于大陆法系国家。

我国的会计规范可以分成不同的层次。

（1）最高层次的会计规范，体现于国家颁布的一系列法律文件中，如《宪法》《会计法》《注册会计师法》《审计法》《公司法》《证券法》等法律法规都直接或间接地对会计做出了规范。

《会计法》是直接规范会计业务和会计行为的最高法律规范，是会计工作的根本大法；其他法律则从不同的角度部分或间接地对会计工作做出规定和要求，对会计行为造成影响，也是会计规范的组成部分。各个单位及其会计人员在从事会计工作时都应该遵循这些规范。

（2）第二个层次的会计规范，是一些与会计工作有关的法律和规章。这个层次中比较重要的会计规范是《企业会计准则》《审计准则》。

就会计核算和会计报表的编报而言，企业会计准则始终是极其重要的会计规范。从性质上看，会计准则是约束和规范财务会计行为、指导财务报表编制的规范。

第二个层次的重要会计规范还有《审计准则》和《公开发行股票公司信息披露的内容与格式准则》。

（3）第三个层次的会计规范，是在国家会计法律和法规、会计准则和规则，以及信息披露准则等指导下，由企业根据自身的经营管理需要而制定的适用于本企业内部财务与会计管理的工作规范和管理制度。

这些规范和制度在不同企业之间具有较大的差异，但是它们在保证会计工作质量方面的作用是相同的。

我国的会计法律规范是一种以《会计法》为中心、全国统一的会计制度为基础的相对完整的法律规范体系，这一体系由会计法律、会计行政法规、会计规章三个层次构成。

（二）会计法律

会计法律是由国家政权以法律形式调整会计关系的行为规范。在我国，最主要的会计法律是《会计法》与《注册会计师法》。

1.《中华人民共和国会计法》

会计法是指调整会计法律关系的法律，有广义和狭义之分。广义的会计法是指国家颁布的有关会计方面的法律、法规和规章的总称，狭义的会计法是专指全国人民代表大会常务委员会通过的《中华人民共和国会计法》（简称《会计法》）。这里所述的是狭义的会计法。

《会计法》于 1985 年 1 月 12 日由第六届全国人民代表大会常务委员会第九次会议通过，1993 年 12 月 29 日第八届全国人民代表大会常务委员会第五次会议对该法作了通过修正，1999 年 10 月 31 日第九届全国人民代表大会常务委员会第十二次会议做出《关于修改〈中华人民共和国会计法〉的决定》，对《会计法》再次作了修改。新修改的《会计法》共 7 章 52 条，主要对会计工作总的原则、会计核算、会计监督、会计机构、会计人员和法律责任等作了详细规定。

 小资料

全国人大常委会关于修改《中华人民共和国会计法》等十一部法律的决定

（2017 年 11 月 4 日第十二届全国人民代表大会常务委员会第三十次会议通过）

一、对《中华人民共和国会计法》作出修改

（一）将第三十二条第一款第四项修改为："（四）从事会计工作的人员是否具备专业能力、

遵守职业道德。"

（二）将第三十八条修改为："会计人员应当具备从事会计工作所需要的专业能力。

"担任单位会计机构负责人（会计主管人员）的，应当具备会计师以上专业技术职务资格或者从事会计工作三年以上经历。

"本法所称会计人员的范围由国务院财政部门规定。"

（三）将第四十条第一款中的"不得取得或者重新取得会计从业资格证书"修改为"不得再从事会计工作"。

删去第二款。

（四）将第四十二条第三款修改为："会计人员有第一款所列行为之一，情节严重的，五年内不得从事会计工作。"

（五）将第四十三条第二款、第四十四条第二款中的"对其中的会计人员，并由县级以上人民政府财政部门吊销会计从业资格证书"修改为"其中的会计人员，五年内不得从事会计工作"。

……

2.《中华人民共和国公司法》

（2005年10月27日中华人民共和国主席令第四十二号公布，自2006年1月1日起施行）

关于公司财务、会计的规定：

"**第八章　公司财务、会计**

第一百六十四条　公司应当依照法律、行政法规和国务院财政部门的规定建立本公司的财务、会计制度。

第一百六十五条　公司应当在每一会计年度终了时编制财务会计报告，并依法经会计师事务所审计。

财务会计报告应当依照法律、行政法规和国务院财政部门的规定制作。

第一百六十六条　有限责任公司应当依照公司章程规定的期限将财务会计报告送交各股东。

股份有限公司的财务会计报告应当在召开股东大会年会的二十日前置备于本公司，供股东查阅；公开发行股票的股份有限公司必须公告其财务会计报告。

第一百六十七条　公司分配当年税后利润时，应当提取利润的百分之十列入公司法定公积金。公司法定公积金累计额为公司注册资本的百分之五十以上的，可以不再提取。

公司的法定公积金不足以弥补以前年度亏损的，在依照前款规定提取法定公积金之前，应当先用当年利润弥补亏损。

公司从税后利润中提取法定公积金后，经股东会或者股东大会决议，还可以从税后利润中提取任意公积金。

公司弥补亏损和提取公积金后所余税后利润，有限责任公司依照本法第三十五条的规定分配；股份有限公司按照股东持有的股份比例分配，但股份有限公司章程规定不按持股比例分配的除外。

股东会、股东大会或者董事会违反前款规定，在公司弥补亏损和提取法定公积金之前向股东分配利润的，股东必须将违反规定分配的利润退还公司。

公司持有的本公司股份不得分配利润。

第一百六十八条　股份有限公司以超过股票票面金额的发行价格发行股份所得的溢价款以及国务院财政部门规定列入资本公积金的其他收入，应当列为公司资本公积金。

第一百六十九条　公司的公积金用于弥补公司的亏损、扩大公司生产经营或者转为增加公司资本。但是，资本公积金不得用于弥补公司的亏损。

法定公积金转为资本时,所留存的该项公积金不得少于转增前公司注册资本的百分之二十五。

第一百七十条　公司聘用、解聘承办公司审计业务的会计师事务所,依照公司章程的规定,由股东会、股东大会或者董事会决定。

公司股东会、股东大会或者董事会就解聘会计师事务所进行表决时,应当允许会计师事务所陈述意见。

第一百七十一条　公司应当向聘用的会计师事务所提供真实、完整的会计凭证、会计账簿、财务会计报告及其他会计资料,不得拒绝、隐匿、谎报。

第一百七十二条　公司除法定的会计账簿外,不得另立会计账簿。

对公司资产,不得以任何个人名义开立账户存储。"

3.《中华人民共和国注册会计师法》

《中华人民共和国注册会计师法》(简称《注册会计师法》)是有关注册会计师工作的一部单行法,于1993年10月31日经第八届全国人民代表大会常务委员会第四次会议通过,于1994年1月1日施行。《注册会计师法》由"总则""考试和注册""业务范围和规则""会计师事务所""注册会计师协会""法律责任"与"附则"七章构成,计46条。

(1)立法宗旨与适用范围。立法宗旨是为了发挥注册会计师在社会经济活动中的鉴证和服务作用,加强对注册会计师的管理,维护社会公共利益和投资者的合法权益,促进市场经济的健康发展;适用范围是注册会计师和会计师事务所。

(2)注册会计师的性质和管理机关。注册会计师是依法取得注册会计师证书并接受委托从事审计和会计咨询、会计服务业务的执业人员。注册会计师执行业务,应当加入会计师事务所。国务院财政部门和省、自治区、直辖市人民政府财政部门,依法对注册会计师、会计师事务所和注册会计师协会进行监督、指导。

(3)注册会计师的考试和注册。国家实行注册会计师全国统一考试制度,具有高等专科以上学校毕业的学历,或者具有会计或相关专业中级以上技术职称的中国公民,可以申请参加注册会计师全国统一考试;具有会计或相关专业高级技术职称的人员,可以免予部分科目的考试。参加注册会计师全国统一考试成绩合格,并从事审计业务工作两年以上的,可以向省、自治区、直辖市注册会计师协会申请注册。准予注册的申请人,由注册会计师协会发给国务院财政部门统一制定的注册会计师证书。

(4)注册会计师的业务范围。注册会计师从事的审计业务主要包括:审查企业会计报表,出具审计报告;验证企业资本,出具验资报告;办理企业合并、分立、清算事宜中的审计业务,出具有关的报告;法律行政法规规定的其他审计业务。注册会计师执行审计业务出具的报告具有法定证明效力,注册会计师对其报告承担法律责任。注册会计师也可以承办会计咨询、会计服务业务。

(5)注册会计师的工作规则。注册会计师执行审计业务,必须按照执业准则、规则确定的工作程序出具报告。注册会计师应恪守公正、客观、实事求是的原则,对所出具的报告书内容的正确性、合法性负责。注册会计师从事审计业务必须保持高度的独立性,注册会计师如果与委托人存在利害关系必须回避。

(6)会计师事务所。会计师事务所是依法设立并承办注册会计师业务的机构。会计师事务所可以有合伙会计师事务所和负有限责任的会计师事务所两种方式。设立会计师事务所,由国务院财政部门或者省、自治区、直辖市人民政府财政部门批准,会计师事务所设立分支机构,须经分支机构所在地的省级财政部门批准。会计师事务所受理业务,不受行政区域、行业的限制,在经济上实行自收自支、独立核算、依法纳税,按照国务院财政部门的规定建立职业风险基金，办理职业保险。

（7）注册会计师协会。注册会计师协会是由注册会计师组成的社会团体。中国注册会计师协会是注册会计师的全国组织，省、自治区、直辖市注册会计师协会是注册会计师的地方组织。注册会计师应当加入注册会计师协会。中国注册会计师协会依法拟订注册会计师执业准则、规则，报国务院财政部门批准后施行。注册会计师协会应当支持注册会计师依法执行业务，维护其合法权益，向有关方面反映其意见和建议；应当对注册会计师的任职资格和执业情况进行年度检查。

（8）法律责任。注册会计师、会计师事务所负有行政责任、民事责任和刑事责任三种法律责任。行政责任主要有省级以上人民政府财政部门给予警告、罚款、暂停执行业务、撤销会计师事务所或吊销注册会计师证书等；民事责任是注册会计师、会计师事务所给委托人、其他利害关系人造成损失的应依法予以经济赔偿；会计师事务所、注册会计师故意出具虚假的审计报告、验资报告构成犯罪的，将追究其刑事责任。

（三）会计行政法规

会计行政法规是根据会计法律制定的，是对会计法律的具体化或对某个方面的补充，一般称为条例，具体可分为全国性会计行政法规和地方性会计行政法规两类。

全国性会计行政法规是指由国务院制定发布或由国务院有关部门制定，经国务院批准发布的会计规范性文件，如《企业财务会计报告条例》《总会计师条例》等。全国性会计行政法规的制定以《会计法》为依据。

地方性会计行政法规是指由有权立法的地方人民代表大会及其常务委员会依据宪法和国家法律与法规的规定，根据法律和法规授权以及地方管理的需要制定与发布，仅在本行政区域内实施，在本行政区域内有效的有关会计方面的规范性文件。

会计行政法规在整个会计法律规范体系中占有重要的地位，它介于会计法律和会计规章之间，起到承上启下的作用。

1.《企业财务会计报告条例》

《企业财务会计报告条例》由国务院于2000年6月21日发布，自2001年1月1日起实施。《企业财务会计报告条例》由"总则""财务会计报告的构成""财务会计报告的编制""财务会计报告的对外提供""法律责任"与"附则"六章构成，计46条。

（1）制定目的、制定依据与适用范围。制定目的是规范企业财务会计报告，保证财务会计报告的真实、完整；制定依据是《会计法》；适用范围是企业（包括公司）。

（2）编制与对外提供财务会计报告的基本要求。企业应按规定编制和对外提供财务会计报告，不得编制和对外提供虚假的或者隐瞒重要事实的财务会计报告；企业负责人对本企业财务会计报告的真实性、完整性负责。

（3）财务会计报告的构成。财务会计报告分为年度、半年度、季度和月度财务会计报告，年度、半年度财务会计报告应当包括会计报表、会计报表附注与财务情况说明书，会计报表应当包括资产负债表、利润表、现金流量表及相关附表。

（4）财务会计报告的编制。企业应当根据真实的交易、事项以及完整、准确的账簿记录等资料，并按照国家统一的会计制度规定的编制基础、编制依据、编制原则和方法编制财务会计报告；应当依照该条例和国家统一的会计制度规定，对会计报表中各项会计要素进行合理的确认和计量；应当依照有关法律、行政法规和该条例规定的结账日进行结账；在编制年度财务会计报告前，应当按照规定，全面清查资产、核实债务；应当按照国家统一的会计制度规定的会计报表格式和内容，根据登记完整、核对无误的会计账簿记录和其他有关资料编制会计报表；会计报表附注和财务情况说明书应当按照该条例和国家统一的会计制度的规定，对会计报表中需要说明的事项做出真实、完整、清楚的说明。

（5）财务会计报告的对外提供。企业应当依照法律、行政法规和国家统一的会计制度有关财务会计报告提供期限的规定，及时对外提供财务会计报告。财务会计报告须经注册会计师审计的，企业应当将注册会计师及其会计师事务所出具的审计报告随同财务会计报告一并对外提供。

（6）法律责任。违反该条例，随意改变财务会计报告编制原则与方法、编制或对外提供虚假的财务会计报告的，要承担行政责任或刑事责任。

2.《总会计师条例》

《总会计师条例》由国务院于 1990 年 12 月 31 日发布，自发布之日起实施。《总会计师条例》由"总则""总会计师的职责""总会计师的权限""任免与奖惩"与"附则"五章构成，计 23 条。

《总会计师条例》的制定目的是确定总会计师的职权和地位，发挥总会计师在加强经济管理、提高经济效益中的作用。《总会计师条例》规定了总会计师在单位中的地位、任务，总会计师的职责，总会计师的权限，总会计师的任免与奖惩等。

总会计师是在单位主要领导人的领导者下，主管本单位的会计工作、进行会计核算、实行会计监督工作的负责人。建立总会计师制度，是我国在企业管理中加强财务管理、成本管理，充分发挥会计核算、会计监督职能，促进企业经济效益不断提高的一项重要经验。《会计法》第三十六条规定："国有的和国有资产占控股地位或者主导地位的大、中型企业必须设置总会计师。总会计师的任职资格、任免程序、职责权限由国务院规定。"《会计基础工作规范》对设置总会计师问题作了三个方面的规定：①大、中型企业应当根据《会计法》《总会计师条例》等规定设置总会计师。总会计师由具有会计以上专业技术资格的人员担任。对于总会计师的具体任职资格，《总会计师条例》做了具体规定。②设置总会计师的单位，总会计师应当行使《总会计师条例》规定的职责、权限。③总会计师任命（聘任）免职（解聘）依照《总会计师条例》和有关法律的规定办理，即国有大、中型企业总会计师的任免执行《总会计师条例》第十五条规定：企业的总会计师由本单位主要行政领导人提名，政府主管部门任命或聘任；免职或者解聘程序与任命或者聘任程序相同。

《总会计师条例》中规定总会计师的任职资格（具备的条件）与会计机构负责人、会计主管人员的条件基本相同。总会计师的职责具体包括四个方面的内容：①编制和执行预算、财务收支计划、信贷计划，拟订资金筹措和使用方案，开辟财源，有效地使用资金；②进行成本费用预测、计划、控制、核算、分析和考核，督促企业有关部门降低消耗、节约费用、提高经济效益；③建立、健全经济核算制度，利用财务会计资料进行经济活动分析；④承办企业主要行政领导人交办的其他工作。

总会计师主要有五个方面的权限：①对违反国家财经法律、法规、方针、政策、制度和有可能在经济上造成损失、浪费的行为，有权制止或者纠正；②有权组织企业各职能部门、直属机构的经济核算、财务会计和成本管理方面的工作；③主管审批财务收支工作，除一般的财务收支可以由总会计师授权的财会机构负责人或者其他指定人员审批外，重大的财务收支，须经总会计师审批或者由总会计师报企业主要行政领导人批准；④预算、财务收支计划、成本和费用计划、信贷计划、财务专题报告、会计决算报表，须经总会计师签署，涉及财务收支的重大业务计划、合同等在企业内部须经总会计师会签；⑤对会计人员的任用、晋升、调动、奖惩提出意见，考核财会机构负责人或者会计主管人员的人选。

小资料

总会计师条例

第一章　总　则

第一条　为了确定总会计师的职权和地位，发挥总会计师在加强经济管理、提高经济效益中的作用，制定本条例。

第二条　全民所有制大、中型企业设置总会计师；事业单位和业务主管部门根据需要，经批准可以设置总会计师。

总会计师的设置、职权、任免和奖惩，依照本条例的规定执行。

第三条　总会计师是单位行政领导成员，协助单位主要行政领导人工作，直接对单位主要行政领导人负责。

第四条　凡设置总会计师的单位，在单位行政领导成员中，不设与总会计师职权重叠的副职。

第五条　总会计师组织领导本单位的财务管理、成本管理、预算管理、会计核算和会计监督等方面的工作，参与本单位重要经济问题的分析和决策。

第六条　总会计师具体组织本单位执行国家有关财经法律、法规、方针、政策和制度，保护国家财产。

总会计师的职权受国家法律保护。单位主要行政领导人应当支持并保障总会计师依法行使职权。

第二章　总会计师的职责

第七条　总会计师负责组织本单位的下列工作：

（1）编制和执行预算、财务收支计划、信贷计划，拟订资金筹措和使用方案，开辟财源，有效地使用资金；

（2）进行成本费用预测、计划、控制、核算、分析和考核，督促本单位有关部门降低消耗、节约费用、提高经济效益；

（3）建立、健全经济核算制度，利用财务会计资料进行经济活动分析；

（4）承办单位主要行政领导人交办的其他工作。

第八条　总会计师负责对本单位财会机构的设置和会计人员的配备、会计专业职务的设置和聘任提出方案；组织会计人员的业务培训和考核；支持会计人员依法行使职权。

第九条　总会计师协助单位主要行政领导人对企业的生产经营、行政事业单位的业务发展以及基本建设投资等问题做出决策。

总会计师参与新产品开发、技术改造、科技研究、商品（劳务）价格和工资奖金等方案的制订；参与重大经济合同和经济协议的研究、审查。

第三章　总会计师的权限

第十条　总会计师对违反国家财经法律、法规、方针、政策、制度和有可能在经济上造成损失、浪费的行为，有权制止或者纠正。制止或者纠正无效时，提请单位主要行政领导人处理。

单位主要行政领导人不同意总会计师对前款行为的处理意见的，总会计师应依照《中华人民共和国会计法》第十九条的规定执行。

第十一条　总会计师有权组织本单位各职能部门、直属基层组织的经济核算、财务会计和成本管理方面的工作。

第十二条 总会计师主管审批财务收支工作。除一般的财务收支可以由总会计师授权的财会机构负责人或者其他指定人员审批外，重大的财务收支，须经总会计师审批或者由总会计师报单位主要行政领导人批准。

第十三条 预算、财务收支计划、成本和费用计划、信贷计划、财务专题报告、会计决算报表，须经总会计师签署。

涉及财务收支的重大业务计划、经济合同、经济协议等，在单位内部须经总会计师会签。

第十四条 会计人员的任用、晋升、调动、奖惩，应当事先征求总会计师的意见。财会机构负责人或者会计主管人员的人选，应由总会计师进行业务考核，依照有关规定审批。

第四章　任免与奖惩

第十五条 企业的总会计师由本单位主要行政领导人提名，政府主管部门任命或者聘任；免职或者解聘程序与任命或者聘任程序相同。

事业单位和业务主管部门的总会计师依照干部管理权限任命或者聘任；免职或者解聘程序与任命或者聘任程序相同。

第十六条 总会计师必须具备下列条件：

（1）坚持社会主义方向，积极为社会主义建设和改革开放服务；

（2）坚持原则，廉洁奉公；

（3）取得会计师任职资格后，主管一个单位或者单位内一个重要方面的财务会计工作时间不少于三年；

（4）有较高的理论政策水平，熟悉国家财经法律、法规、方针、政策和制度，掌握现代化管理的有关知识；

（5）具备本行业的基本业务知识，熟悉行业情况，有较强的组织领导能力；

（6）身体健康，能胜任本职工作。

第十七条 总会计师在工作中成绩显著，有下列情形之一的，依照国家有关企业职工或者国家行政机关工作人员奖惩的规定给予奖励：

（1）在加强财务会计管理，应用现代化会计方法和技术手段，提高财务管理水平和经济效益方面，取得显著成绩的；

（2）在组织经济核算，挖掘增产节约、增收节支潜力，加速资金周转，提高资金使用效果方面，取得显著成绩的；

（3）在维护国家财经纪律，抵制违法行为，保护国家财产，防止或者避免国家财产遭受重大损失方面，有突出贡献的；

（4）在廉政建设方面，事迹突出的；

（5）有其他突出成就或者模范事迹的。

第十八条 总会计师在工作中有下列情形之一的，应当区别情节轻重，依照国家有关企业职工或者国家行政机关工作人员奖惩的规定给予处分：

（1）违反法律、法规、方针、政策和财经制度，造成财会工作严重混乱的；

（2）对偷税漏税，截留应当上交国家的收入，滥发奖金、补贴，挥霍浪费国家资财，损害国家利益的行为，不抵制、不制止、不报告，致使国家利益遭受损失的；

（3）在其主管的工作范围内发生严重失误，或者由于玩忽职守，致使国家利益遭受损失的；

（4）以权谋私，弄虚作假，徇私舞弊，致使国家利益遭受损失，或者造成恶劣影响的；

（5）有其他渎职行为和严重错误的。

总会计师有前款所列行为，情节严重，构成犯罪的，由司法机关依法追究刑事责任。

第十九条 单位主要行政领导人阻碍总会计师行使职权的，以及对其打击报复或者变相打击报复的，上级主管单位应当根据情节给予行政处分。情节严重，构成犯罪的，由司法机关依法追究刑事责任。

第五章 附 则

第二十条 城乡集体所有制企业事业单位需要设置总会计师的，参照本条例执行。

第二十一条 各省、自治区、直辖市，国务院各部门可以根据本条例的规定，结合本地区、本部门的实际情况制定实施办法。

第二十二条 本条例由财政部负责解释。

第二十三条 本条例自发布之日起施行。1963 年 10 月 18 日国务院批转国家经济委员会、财政部《关于国营工业、交通企业设置总会计师的几项规定（草案）》、1978 年 9 月 12 日国务院发布的《会计人员职权条例》中有关总会计师的规定同时废止。

（四）会计规章

会计规章是依据会计法律与会计行政法规，因某一项会计工作的规范需要而制定的，具体也可分为全国性的会计规章与地方性的会计规章两类。

全国性的会计规章是由财政部或国务院其他各部、委，依据会计法律及会计法规的规定所制定颁布的在全国具有法律效力的有关会计方面的规范性文件，如《企业会计准则》《会计基础工作规范》《会计档案管理办法》等。

地方性的会计规章是由地方人民政府根据法律、法规授权，结合本地实际情况所制定的、仅在本行政区域内具有法律效力的规范性文件。

依据目前的规定，地方性法规与地方性规章的制定，仅限于各省级人大与政府，各省会级市人大与政府，以及经国家批准的较大城市的人大与政府，其他地方人大与政府尚没有此权力。

会计规章对会计的具体工作与会计核算提供直接的规范。

1．会计准则

会计准则是就各单位发生的经济业务的会计处理方法和会计核算程序做出的规定，为各单位的会计核算行为提供规范。

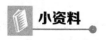 小资料

企业会计准则体系

2006 年 2 月 15 日财政部发布了《企业会计准则——基本准则》《企业会计准则第 1 号——存货》等 38 项具体准则，2006 年 10 月 30 日财政部又发布了《企业会计准则——应用指南（财会〔2006〕18 号）》，自 2007 年 1 月 1 日起在上市公司范围内施行，鼓励其他企业执行。执行新会计准则的企业不再执行原准则、《企业会计制度》《金融企业会计制度》、各项专业核算方法和问题解答。

新企业会计准则体系包括基本准则、具体准则和应用指南三个部分，这三个部分是一个有机整体。

（1）基本准则

在新企业会计准则体系中，基本准则是纲，处于第一层次，是"准则的准则"。基本准则涉及整个企业会计工作和整个企业会计准则体系的指导思想和指导原则，对 41 个具体准则起统御和指导作用，各具体准则的基本原则均来自基本准则，不得违反基本准则的精神。

现行的 41 个具体准则基本上涵盖了现阶段各类企业经济业务的一般情况，但是企业中可能存在某些特殊的经济业务。随着经济发展，还可能会出现新的经济业务，这些业务暂时没有具体准则来规范。在这种情况下，会计人员可以根据基本准则的精神对经济业务进行判断和处理。

（2）具体准则

具体准则是目，处于企业会计准则体系的第二层次，是根据基本准则制定的，用来指导企业各类经济业务确认、计量、记录和报告的具体规范。

具体会计准则可以分为一般业务准则、特殊行业的特定业务准则和报告准则三类。

1）一般业务准则，主要规范各类企业普遍适用的一般经济业务的确认和计量要求，包括存货、会计政策、会计估计变更和差错更正、资产负债表日后事项、建造合同、所得税、固定资产、租赁、收入、职工薪酬、股份支付、政府补助、外币折算、借款费用、长期股权投资、企业年金基金、每股收益、无形资产、资产减值、或有事项、投资性房地产、企业合并等准则项目。

2）特殊行业的特定业务准则，主要规范特殊行业的特定业务的确认和计量要求，如石油天然气开采、生物资产、金融工具确认和计量、金融资产转移、套期保值、金融工具列报、原保险合同、再保险合同等准则项目。

3）报告准则，主要规范普遍适用于各类企业的报告类准则，如财务报表列报、现金流量表、合并财务报表、中期财务报告、分部报告、关联方披露等准则项目。

（3）应用指南

应用指南是补充，处于企业会计准则体系的第三层次，是根据基本准则和具体准则制定的、指导会计实务的操作性指南。

企业会计准则应用指南主要解决在运用具体准则处理经济业务时所涉及的会计科目、账务处理、会计报表及其格式，类似于以前的企业会计制度。

企业会计准则应用指南由两部分组成：第一部分为会计准则解释，第二部分为会计科目和主要账务处理。

企业会计准则解释主要对具体准则中的重点、难点和关键点做出解释性规定。

会计科目和主要账务处理，主要根据具体准则中涉及确认和计量的要求，规定了 156 个会计科目及其主要账务处理，基本涵盖了所有企业的各类交易或事项。

1）企业会计准则解释。在准则解释中，《企业会计准则第 30 号——财务报表列报》解释包含了资产负债、利润表和所有者权益变动表格式及其附注，《企业会计准则第 31 号——现金流量表》解释包含了企业现金流量表格式及其附注，《企业会计准则第 33 号——合并财务报表》解释包含了企业合并报表格式及其附注。

这样安排有助于提升企业财务报表的地位，因为财务报表是综合反映企业实施会计准则形成的最终会计信息，会计信息使用者主要通过财务报表了解企业的财务状况、经营成果和现金流量情况，以便做出决策。这样规定与国际财务报告准则的理念也是一致的。

2）会计科目和主要账务处理。会计科目和主要账务处理涵盖了各类企业的各种交易或事项，是以会计准则中确认、计量原则及其解释为依据所做的规定。会计科目和主要账务处理规定了会计的确认、计量、记录和报告中记录的规定。

近年来我国对企业会计准则进行了两次（2014 年、2016—2017 年）大规模的修订和增补。

近年修订或新发布企业会计准则一览表

准则名称	初次发布时间	修订时间	备　注
《企业会计准则——基本准则》	2006 年 2 月 15 日	2014 年 7 月 23 日	修订后自 2014 年 7 月 23 日起施行
《企业会计准则第 2 号——长期股权投资》	2006 年 2 月 15 日	2014 年 3 月 13 日	修订后自 2014 年 7 月 1 日起施行
《企业会计准则第 9 号——职工薪酬》	2006 年 2 月 15 日	2014 年 1 月 27 日	修订后自 2014 年 7 月 1 日起施行
《企业会计准则第 14 号——收入》	2006 年 2 月 15 日	2017 年 7 月 5 日	修订后自 2018 年 1 月 1 日起施行
《企业会计准则第 16 号——政府补助》	2006 年 2 月 15 日	2017 年 5 月 10 日	修订后自 2017 年 6 月 12 日起施行
《企业会计准则第 22 号——金融工具确认和计量》	2006 年 2 月 15 日	2017 年 3 月 31 日	修订后自 2018 年 1 月 1 日起施行
《企业会计准则第 23 号——金融资产转移》	2006 年 2 月 15 日	2017 年 3 月 31 日	修订后自 2018 年 1 月 1 日起施行
《企业会计准则第 24 号——套期会计》	2006 年 2 月 15 日	2017 年 3 月 31 日	修订后自 2018 年 1 月 1 日起施行；改名为《企业会计准则第 24 号——套期会计》
《企业会计准则第 30 号——财务报表列报》	2006 年 2 月 15 日	2014 年 1 月 26 日	修订后自 2014 年 7 月 1 日起施行
《企业会计准则第 33 号——合并财务报表》	2006 年 2 月 15 日	2014 年 2 月 17 日	修订后自 2014 年 7 月 1 日起施行
《企业会计准则第 37 号——金融工具列报》	2006 年 2 月 15 日	2014 年 6 月 20 日和 2017 年 5 月 2 日两次修订	修订后自 2018 年 1 月 1 日起施行
《企业会计准则第 39 号——公允价值计量》	2014 年 1 月 26 日	新发布	自 2014 年 7 月 1 日起施行
《企业会计准则第 40 号——合营安排》	2014 年 2 月 17 日	新发布	自 2014 年 7 月 1 日起施行
《企业会计准则第 41 号——在其他主体中权益的披露》	2014 年 3 月 14 日	新发布	自 2014 年 7 月 1 日起施行
《企业会计准则第 42 号——持有待售的非流动资产、处置组和终止经营》	2017 年 4 月 28 日	新发布	自 2017 年 5 月 28 日起施行
……	……	……	……

2.《会计基础工作规范》

《会计基础工作规范》是在财政部于 1984 年 4 月发布的《会计人员工作规则》基础上修订，并于 1996 年 6 月 17 日重新发布的一项重要会计规章，对会计基础工作方面的有关内容做出了较为系统的规定。《会计基础工作规范》由"总则""会计机构和会计人员""会计核算""会计监督"内部会计管理制度"与"附则"六章构成，计101条。

《会计基础工作规范》的制定目的是加强会计基础工作，建立规范的会计工作秩序，提高会计工作水平；制定依据是《会计法》；适用范围是国家机关、社会团体、企业、事业单位、个体工商户和其他组织。

《会计基础工作规范》规定的内容包括：会计基础工作的管理，会计机构的设置和会计人员的配备与聘用，会计岗位设置，会计职业道德，会计工作交接，会计核算一般要求，会计凭证填制，会计账簿登记，财务会计报告编制与对外报送，会计监督，包括内部会计管理体系、会计人员岗位责任制度、账务处理程序制度、内部牵制制度、稽核制度、原始记录管理制度、定额管理制度、计量验收制度、财产清查制度、财务收支审批制度、成本核算制度、财务会计分析制度在内的单位内部会计管理制度等。

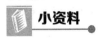

会计基础工作规范

国家机关、社会团体、企业、事业单位、个体工商户和其他组织的会计基础工作，应当符合本规范的规定。

各单位应当依据有关法律、法规和本规范的规定，加强会计基础工作，严格执行会计法规制度，保证会计工作依法有序地进行。

单位领导人对本单位的会计基础工作负有领导责任。

各省、自治区、直辖市财政厅（局）要加强对会计基础工作的管理和指导，通过政策引导、经验交流、监督检查等措施，促进基层单位加强会计基础工作，不断提高会计工作水平。国务院各业务主管部门根据职责权限管理本部门的会计基础工作。

1. 实施要求

为了加强会计基础工作，建立规范的会计工作秩序，不断提高会计工作水平，财政部制定了《会计基础工作规范》（简称《规范》，财会字〔1996〕19号）。

实施中的有关要求如下：

（1）要广泛宣传学习《规范》

《规范》是各单位和广大会计人员开展会计基础工作的基本标准，也是各级财政部门、业务主管部门检查会计基础工作情况的重要依据。因此，要结合《规范》的实施，广泛宣传加强会计基础工作的重要性和必要性，宣传会计基础工作各个方面的基本要求，统一各级领导和广大会计人员对会计基础工作的认识，使各单位的会计人员了解和掌握会计基础工作的各项要求，做好会计基础工作。

（2）要把实施《规范》与整顿会计工作秩序、实现会计基础工作规范化结合起来

各级财政部门、业务主管部门要根据《国务院关于整顿会计工作秩序进一步提高会计工作质量的通知》精神，督促各单位按照《规范》的要求建账。同时，把贯彻《规范》的各项规定、促进会计基础工作规范化作为一项经常性工作，抓紧抓好。各单位的会计人员应当经常对照《规范》的要求进行自我检查和整改，以扎实、有序的会计基础工作，保证会计工作质量的提高和职能作用的有效发挥。

2. 会计机构和会计人员

（1）会计机构设置和会计人员配备

1）各单位应当根据会计业务的需要设置会计机构；不具备单独设置会计机构条件的，应

当在有关机构中配备专职会计人员。

事业行政单位会计机构的设置和会计人员的配备，应当符合国家统一事业行政单位会计制度的规定。

设置会计机构，应当配备会计机构负责人；在有关机构中配备专职会计人员，应当在专职会计人员中指定会计主管人员。本规范所称会计主管人员，是指不设置会计机构，只在其他机构中设置专职会计人员的单位行使会计机构负责人职权的人员。

会计机构负责人、会计主管人员的任免，应当符合《中华人民共和国会计法》和有关法律的规定。

2）会计机构负责人、会计主管人员应当具备下列基本条件：

① 坚持原则，廉洁奉公；

② 具有会计专业技术资格；

③ 主管一个单位或者单位内一个重要方面的财务会计工作时间不少于两年；

④ 熟悉国家财经法律、法规、规章和方针、政策，掌握本行业业务管理的有关知识；

⑤ 有较强的组织能力；

⑥ 身体状况能够适应本职工作的要求。

3）没有设置会计机构和配备会计人员的单位，应当根据《代理记账管理办法》委托会计师事务所或者持有代理记账许可证书的其他代理记账机构进行代理记账。

4）大中型企业、事业单位、业务主管部门应当根据法律和国家有关规定设置总会计师。总会计师由具有会计师以上专业技术资格的人员担任。

总会计师行使《总会计师条例》规定的职责、权限。

总会计师的任命（聘任）免职（解聘）依照《总会计师条例》和有关法律的规定办理。

5）各单位应当根据会计业务需要配备持有会计证的会计人员。未取得会计证的人员，不得从事会计工作。

6）各单位应当根据会计业务需要设置会计工作岗位。

会计工作岗位一般可分为会计机构负责人或者会计主管人员、出纳、财产物资核算、工资核算、成本费用核算、财务成果核算、资金核算、往来结算、总账报表、稽核、档案管理等。开展会计电算化和管理会计的单位，可以根据需要设置相应工作岗位，也可以与其他工作岗位相结合。

7）会计工作岗位，可以一人一岗、一人多岗或者一岗多人。但出纳人员不得兼管稽核、会计档案保管和收入、费用、债权债务账目的登记工作。

8）会计人员的工作岗位应当有计划地进行轮换。

9）会计人员应当具备必要的专业知识和专业技能，熟悉国家有关法律、法规、规章和国家统一会计制度，遵守职业道德。本规范所称国家统一会计制度，是指由财政部制定，或者财政部与国务院有关部门联合制定，或者经财政部审核批准的在全国范围内统一执行的会计规章、准则、办法等规范性文件。会计人员应当按照国家有关规定参加会计业务的培训。各单位应当合理安排会计人员的培训，保证会计人员每年有一定时间用于学习和参加培训。

10）各单位领导人应当支持会计机构、会计人员依法行使职权；对忠于职守，坚持原则，做出显著成绩的会计机构、会计人员，应当给予精神的和物质的奖励。

11）国家机关、国有企业、事业单位任用会计人员应当实行回避制度。

单位领导人的直系亲属不得担任本单位的会计机构负责人、会计主管人员。会计机构负责人、会计主管人员的直系亲属不得在本单位会计机构中担任出纳工作。

需要回避的直系亲属为：夫妻关系、直系血亲关系、三代以内旁系血亲以及配偶亲关系。

（2）会计人员职业道德

会计人员在会计工作中应当遵守职业道德，树立良好的职业品质、严谨的工作作风，严守工作纪律，努力提高工作效率和工作质量。

会计人员应当热爱本职工作，努力钻研业务，使自己的知识和技能适应所从事工作的要求。

会计人员应当熟悉财经法律、法规、规章和国家统一会计制度，并结合会计工作进行广泛宣传。

会计人员应当按照会计法律、法规和国家统一会计制度规定的程序和要求进行会计工作，保证所提供的会计信息合法、真实、准确、及时、完整。

会计人员办理会计事务应当实事求是、客观公正。

会计人员应当熟悉本单位的生产经营和业务管理情况，运用掌握的会计信息和会计方法，为改善单位内部管理、提高经济效益服务。

会计人员应当保守本单位的商业秘密。除法律规定和单位领导人同意外，不能私自向外界提供或者泄露单位的会计信息。

财政部门、业务主管部门和各单位应当定期检查会计人员遵守职业道德的情况，并作为会计人员晋升、晋级、聘任专业职务、表彰奖励的重要考核依据。会计人员违反职业道德的，由所在单位进行处罚；情节严重的，由会计证发证机关吊销其会计证。

（3）会计工作交接

1）会计人员工作调动或者因故离职，必须将本人所经管的会计工作全部移交给接替人员。没有办清交接手续的，不得调动或者离职。

2）接替人员应当认真接管移交工作，并继续办理移交的未了事项。

3）会计人员办理移交手续前，必须及时做好以下工作：

① 已经受理的经济业务尚未填制会计凭证的，应当填制完毕。

② 尚未登记的账目，应当登记完毕，并在最后一笔余额后加盖经办人员印章。

③ 整理应该移交的各项资料，对未了事项写出书面材料。

④ 编制移交清册，列明应当移交的会计凭证、会计账簿、会计报表、印章、现金、有价证券、支票簿、发票、文件、其他会计资料和物品等内容；实行会计电算化的单位，从事该项工作的移交人员还应当在移交清册中列明会计软件及密码、会计软件数据磁盘（磁带等）及有关资料、实物等内容。

4）会计人员办理交接手续，必须有监交人负责监交。一般会计人员交接，由单位会计机构负责人、会计主管人员负责监交；会计机构负责人、会计主管人员交接，由单位领导人负责监交，必要时可由上级主管部门派人会同监交。

5）移交人员在办理移交时，要按移交清册逐项移交；接替人员要逐项核对点收。

① 现金、有价证券要根据会计账簿有关记录进行点交。库存现金、有价证券必须与会计账簿记录保持一致。不一致时，移交人员必须限期查清。

② 会计凭证、会计账簿、会计报表和其他会计资料必须完整无缺。如有短缺，必须查清原因，并在移交清册中注明，由移交人员负责。

③ 银行存款账户余额要与银行对账单核对，如不一致，应当编制银行存款余额调节表调节相符，各种财产物资和债权债务的明细账户余额要与总账有关账户余额核对相符；必要时，要抽查个别账户的余额，与实物核对相符，或者与往来单位、个人核对清楚。

④ 移交人员经管的票据、印章和其他实物等，必须交接清楚；移交人员从事会计电算化

工作的，要对有关电子数据在实际操作状态下进行交接。

6）会计机构负责人、会计主管人员移交时，还必须将全部财务会计工作、重大财务收支和会计人员的情况等，向接替人员详细介绍。对需要移交的遗留问题，应当写出书面材料。

7）交接完毕后，交接双方和监交人员要在移交清册上签名或者盖章。并应在移交清册上注明：单位名称，交接日期，交接双方和监交人员的职务、姓名，移交清册页数以及需要说明的问题和意见等。

移交清册一般应当填制一式三份，交接双方各执一份，存档一份。

8）接替人员应当继续使用移交的会计账簿，不得自行另立新账，以保持会计记录的连续性。

9）会计人员临时离职或者因病不能工作且需要接替或者代理的，会计机构负责人、会计主管人员或者单位领导人必须指定有关人员接替或者代理，并办理交接手续。

临时离职或者因病不能工作的会计人员恢复工作的，应当与接替或者代理人员办理交接手续。

移交人员因病或者其他特殊原因不能亲自办理移交的，经单位领导人批准，可由移交人员委托他人代办移交，但委托人应当承担相应的责任。

10）单位撤销时，必须留有必要的会计人员，会同有关人员办理清理工作，编制决算。未移交前，不得离职。接收单位和移交日期由主管部门确定。

单位合并、分立的，其会计工作交接手续比照上述有关规定办理。

11）移交人员对所移交的会计凭证、会计账簿、会计报表和其他有关资料的合法性、真实性承担法律责任。

3. 会计核算

（1）会计核算的一般要求

各单位应当按照《中华人民共和国会计法》和国家统一会计制度的规定建立会计账册，进行会计核算，及时提供合法、真实、准确、完整的会计信息。

各单位发生的下列事项，应当及时办理会计手续、进行会计核算：

① 款项和有价证券的收付；

② 财物的收发、增减和使用；

③ 债权债务的发生和结算；

④ 资本、基金的增减；

⑤ 收入、支出、费用、成本的计算；

⑥ 财务成果的计算和处理；

⑦ 其他需要办理会计手续、进行会计核算的事项。

各单位的会计核算应当以实际发生的经济业务为依据，按照规定的会计处理方法进行，保证会计指标的口径一致、相互可比和会计处理方法的前后各期相一致。

会计年度自公历1月1日起至12月31日止。

会计核算以人民币为记账本位币。收支业务以外国货币为主的单位，也可以选定某种外国货币作为记账本位币，但是编制的会计报表应当折算为人民币反映。境外单位向国内有关部门编报的会计报表，应当折算为人民币反映。

各单位根据国家统一会计制度的要求，在不影响会计核算要求、会计报表指标汇总和对外统一会计报表的前提下，可以根据实际情况自行设置和使用会计科目。事业行政单位会计科目的设置和使用，应当符合国家统一事业行政单位会计制度的规定。

会计凭证、会计账簿、会计报表和其他会计资料的内容和要求必须符合国家统一会计制度的规定，不得伪造、变造会计凭证和会计账簿，不得设置账外账，不得报送虚假会计报表。

各单位对外报送的会计报表格式由财政部统一规定。

实行会计电算化的单位，对使用的会计软件及其生成的会计凭证、会计账簿、会计报表和其他会计资料的要求，应当符合财政部关于会计电算化的有关规定。

各单位的会计凭证、会计账簿、会计报表和其他会计资料，应当建立档案，妥善保管。会计档案建档要求、保管期限、销毁办法等依据《会计档案管理办法》的规定进行。实行会计电算化的单位，有关电子数据、会计软件资料等应当作为会计档案进行管理。

会计记录的文字应当使用中文，少数民族自治地区可以同时使用少数民族文字。中国境内的外商投资企业、外国企业和其他外国经济组织也可以同时使用某种外国文字。

（2）填制会计凭证

1）各单位办理一事项，必须取得或者填制原始凭证，并及时送交会计机构：

① 款项和有价证券的收付；

② 财物的收发、增减和使用；

③ 债权债务的发生和结算；

④ 资本、基金的增减；

⑤ 收入、支出、费用、成本的计算；

⑥ 财务成果的计算和处理；

⑦ 其他需要办理会计手续、进行会计核算的事项。

2）原始凭证的基本要求是：

① 原始凭证的内容必须具备：凭证的名称；填制凭证的日期；填制凭证单位名称或者填制人姓名；经办人员的签名或者盖章；接受凭证单位名称；经济业务内容；数量、单价和金额。

② 从外单位取得的原始凭证，必须盖有填制单位的公章；从个人取得的原始凭证，必须有填制人员的签名或者盖章。自制原始凭证必须有经办单位领导人或者其指定的人员签名或者盖章。对外开出的原始凭证，必须加盖本单位公章。

③ 凡填有大写和小写金额的原始凭证，大写与小写金额必须相符。购买实物的原始凭证，必须有验收证明。支付款项的原始凭证，必须有收款单位和收款人的收款证明。

④ 一式几联的原始凭证，应当注明各联的用途，只能以一联作为报销凭证。

一式几联的发票和收据，必须用双面复写纸（发票和收据本身具备复写纸功能的除外）套写，并连续编号。作废时应当加盖"作废"戳记，连同存根一起保存，不得撕毁。

⑤ 发生销货退回的，除填制退货发票外，还必须有退货验收证明；退款时，必须取得对方的收款收据或者汇款银行的凭证，不得以退货发票代替收据。

⑥ 职工公出借款凭据，必须附在记账凭证之后。收回借款时，应当另开收据或者退还借据副本，不得退还原借款收据。

⑦ 经上级有关部门批准的经济业务，应当将批准文件作为原始凭证附件。如果批准文件需要单独归档的，应当在凭证上注明批准机关名称、日期和文件字号。

3）原始凭证不得涂改、挖补。发现原始凭证有错误的，应当由开出单位重开或者更正，更正处应当加盖开出单位的公章。

4）会计机构、会计人员要根据审核无误的原始凭证填制记账凭证。

记账凭证可以分为收款凭证、付款凭证和转账凭证，也可以使用通用记账凭证。

5）记账凭证的基本要求是：

① 记账凭证的内容必须具备：填制凭证的日期；凭证编号；经济业务摘要；会计科目；金额；所附原始凭证张数；填制凭证人员、稽核人员、记账人员、会计机构负责人、会计主管

人员签名或者盖章。收款和付款记账凭证还应当由出纳人员签名或者盖章。

以自制的原始凭证或者原始凭证汇总表代替记账凭证的，也必须具备记账凭证应有的项目。

② 填制记账凭证时，应当对记账凭证进行连续编号。一笔经济业务需要填制两张以上记账凭证的，可以采用分数编号法编号。

③ 记账凭证可以根据每一张原始凭证填制，或者根据若干张同类原始凭证汇总填制，也可以根据原始凭证汇总表填制。但不得将不同内容和类别的原始凭证汇总填制在一张记账凭证上。

④ 除结账和更正错误的记账凭证可以不附原始凭证外，其他记账凭证必须附有原始凭证。如果一张原始凭证涉及几张记账凭证，可以把原始凭证附在一张主要的记账凭证后面，并在其他记账凭证上注明附有该原始凭证的记账凭证的编号或者附原始凭证复印件。

一张原始凭证所列支出需要几个单位共同负担的，应当将其他单位负担的部分，开给对方原始凭证分割单，进行结算。原始凭证分割单必须具备原始凭证的基本内容：凭证名称、填制凭证日期、填制凭证单位名称或者填制人姓名、经办人的签名或者盖章、接受凭证单位名称、经济业务内容、数量、单价、金额和费用分摊情况等。

⑤ 如果在填制记账凭证时发生错误，应当重新填制。

已经登记入账的记账凭证，在当年内发现填写错误时，可以用红字填写一张与原内容相同的记账凭证，在摘要栏注明"注销某月某日某号凭证"字样，同时再用蓝字重新填制一张正确的记账凭证，注明"订正某月某日某号凭证"字样。如果会计科目没有错误，只是金额错误，也可以将正确数字与错误数字之间的差额，另编一张调整的记账凭证，调增金额用蓝字，调减金额用红字。发现以前年度记账凭证有错误的，应当用蓝字填制一张更正的记账凭证。

⑥ 记账凭证填制完经济业务事项后，如有空行，应当自金额栏最后一笔金额数字下的空行处至合计数上的空行处画线注销。

6）填制会计凭证，字迹必须清晰、工整，并符合下列要求：

① 阿拉伯数字应当一个一个地写，不得连笔写。阿拉伯金额数字前面应当书写货币币种符号或者货币名称简写和币种符号。币种符号与阿拉伯金额数字之间不得留有空白。凡阿拉伯数字前写有币种符号的，数字后面不再写货币单位。

② 所有以元为单位（其他货币种类为货币基本单位，下同）的阿拉伯数字，除表示单价等情况外，一律填写到角分；无角分的，角位和分位可写"００"，或者符号"——"；有角无分的，分位应当写"０"，不得用符号"——"代替。

③ 汉字大写数字金额如零、壹、贰、叁、肆、伍、陆、柒、捌、玖、拾、佰、仟、万、亿等，一律用正楷或者行书体书写，不得用〇、一、二、三、四、五、六、七、八、九、十等简化字代替，不得任意自造简化字。大写金额数字到元或者角为止的，在"元"或者"角"字之后应当写"整"字或者"正"字；大写金额数字有分的，分字后面不写"整"或者"正"字。

④ 大写金额数字前未印有货币名称的，应当加填货币名称，货币名称与金额数字之间不得留有空白。

⑤ 阿拉伯金额数字中间有"０"时，汉字大写金额要写"零"字；阿拉伯数字金额中间连续有几个"０"时，汉字大写金额中可以只写一个"零"字；阿拉伯金额数字元位是"０"，或者数字中间连续有几个"０"、元位也是"０"但角位不是"０"时，汉字大写金额可以只写一个"零"字，也可以不写"零"字。

7）实行会计电算化的单位，对于机制记账凭证，要认真审核，做到会计科目使用正确，数字准确无误。打印出的机制记账凭证要加盖制单人员、审核人员、记账人员及会计机构负人、会计主管人员印章或者签字。

8）各单位会计凭证的传递程序应当科学、合理，具体办法由各单位根据会计业务需要自行规定。

9）会计机构、会计人员要妥善保管会计凭证。

① 会计凭证应当及时传递，不得积压。

② 会计凭证登记完毕后，应当按照分类和编号顺序保管，不得散乱丢失。

③ 记账凭证应当连同所附的原始凭证或者原始凭证汇总表，按照编号顺序，折叠整齐，按期装订成册，并加具封面，注明单位名称、年度、月份和起讫日期、凭证种类、起讫号码，由装订人在装订线封签外签名或者盖章。

对于数量过多的原始凭证，可以单独装订保管，在封面上注明记账凭证日期、编号、种类，同时在记账凭证上注明"附件另订"和原始凭证名称及编号。

各种经济合同、存出保证金收据以及涉外文件等重要原始凭证，应当另编目录，单独登记保管，并在有关的记账凭证和原始凭证上相互注明日期和编号。

④ 原始凭证不得外借，其他单位如因特殊原因需要使用原始凭证时，经本单位会计机构负责人、会计主管人员批准，可以复制。向外单位提供的原始凭证复制件，应当在专设的登记簿上登记，并由提供人员和收取人员共同签名或者盖章。

⑤ 从外单位取得的原始凭证如有遗失，应当取得原开出单位盖有公章的证明，并注明原来凭证的号码、金额和内容等，由经办单位会计机构负责人、会计主管人员和单位领导人批准后，才能代作原始凭证。如果确实无法取得证明的，如火车、轮船、飞机票等凭证，由当事人写出详细情况，由经办单位会计机构负责人、会计主管人员和单位领导人批准后，代作原始凭证。

（3）登记会计账簿

1）各单位应当按照国家统一会计制度的规定和会计业务的需要设置会计账簿。

会计账簿包括总账、明细账、日记账和其他辅助性账簿。

2）现金日记账和银行存款日记账必须采用订本式账簿。不得用银行对账单或者其他方法代替日记账。

3）实行会计电算化的单位，用计算机打印的会计账簿必须连续编号，经审核无误后装订成册，并由记账人员和会计机构负责人、会计主管人员签字或者盖章。

4）启用会计账簿时，应当在账簿封面上写明单位名称和账簿名称。在账簿扉页上应当附启用表，内容包括启用日期、账簿页数、记账人员和会计机构负责人、会计主管人员姓名，并加盖名章和单位公章。记账人员或者会计机构负责人、会计主管人员调动工作时，应当注明交接日期、接办人员或者监交人员姓名，并由交接双方人员签名或者盖章。

启用订本式账簿，应当从第一页到最后一页顺序编定页数，不得跳页、缺号。使用活页式账页，应当按账户顺序编号，并须定期装订成册。装订后再按实际使用的账页顺序编定页码。另加目录，记明每个账户的名称和页次。

5）会计人员应当根据审核无误的会计凭证登记会计账簿。登记账簿的基本要求是：

① 登记会计账簿时，应当将会计凭证日期、编号、业务内容摘要、金额和其他有关资料逐项记入账内，做到数字准确、摘要清楚、登记及时、字迹工整。

② 登记完毕后，要在记账凭证上签名或者盖章，并注明已经登账的符号，表示已经记账。

③ 账簿中书写的文字和数字上面要留有适当空格，不要写满格；一般应占格距的二分之一。

④ 登记账簿要用蓝黑墨水或者碳素墨水书写，不得使用圆珠笔（银行的复写账簿除外）或者铅笔书写。

⑤ 下列情况，可以用红色墨水记账：

A. 按照红字冲账的记账凭证，冲销错误记录；

B. 在不设借贷等栏的多栏式账页中，登记减少数；

C. 在三栏式账户的余额栏前，如未印明余额方面的，在余额栏内登记负数余额；

D. 根据国家统一会计制度的规定可以用红字登记的其他会计记录。

⑥ 各种账簿按页次顺序连续登记，不得跳行、隔页。如果发生跳行、隔页，应当将空行、空页画线注销，或者注明"此行空白""此页空白"字样，并由记账人员签名或者盖章。

⑦ 凡需要结出余额的账户，结出余额后，应当在"借或贷"等栏内写明"借"或者"贷"等字样。没有余额的账户，应当在"借或贷"等栏内写"平"字，并在余额栏内用"Q"表示。

现金日记账和银行存款日记账必须逐日结出余额。

⑧ 每一账页登记完毕结转下页时，应当结出本页合计数及余额，写在本页最后一行和下页第一行有关栏内，并在摘要栏内注明"过次页"和"承前页"字样；也可以将本页合计数及金额只写在下页第一行有关栏内，并在摘要栏内注明"承前页"字样。

对需要结计本月发生额的账户，结计"过次页"的本页合计数应当为自本月初起至本页末止的发生额合计数；对需要结计本年累计发生额的账户，结计"过次页"的本页合计数应当为自年初起至本页末止的累计数；对既不需要结计本月发生额也不需要结计本年累计发生额的账户，可以只将每页末的余额结转次页。

6）实行会计电算化的单位，总账和明细账应当定期打印。

发生收款和付款业务的，在输入收款凭证和付款凭证的当天必须打印出现金日记账和银行存款日记账，并与库存现金核对无误。

7）账簿记录发生错误，不准涂改、挖补、刮擦或者用药水消除字迹，不准重新抄写，必须按照下列方法进行更正：

① 登记账簿时发生错误，应当将错误的文字或者数字画红线注销，但必须使原有字迹仍可辨认；然后在画线上方填写正确的文字或者数字，并由记账人员在更正处盖章。对于错误的数字，应当全部画红线更正，不得只更正其中的错误数字。对于文字错误，可只画去错误的部分。

② 由于记账凭证错误而使账簿记录发生错误，应当按更正的记账凭证登记账簿。

8）各单位应当定期对会计账簿记录的有关数字与库存实物、货币资金、有价证券、往来单位或者个人等进行相互核对，保证账证相符、账账相符、账实相符。对账工作每年至少进行一次。

① 账证核对。核对会计账簿记录与原始凭证、记账凭证的时间、凭证字号、内容、金额是否一致，记账方向是否相符。

② 账账核对。核对不同会计账簿之间的账簿记录是否相符，包括：总账有关账户的余额核对，总账与明细账核对，总账与日记账核对，会计部门的财产物资明细账与财产物资保管和使用部门的有关明细账核对等。

③ 账实核对。核对会计账簿记录与财产等实有数额是否相符，包括：现金日记账账面余额与现金实际库存数相核对；银行存款日记账账面余额定期与银行对账单相核对；各种财物明细账账面余额与财物实存数额相核对；各种应收、应付款明细账账面余额与有关债务、债权单位或者个人核对等。

9）各单位应当按照规定定期结账。

① 结账前，必须将本期内所发生的各项经济业务全部登记入账。

② 结账时，应当结出每个账户的期末余额。需要结出当月发生额的，应当在摘要栏内注

明"本月合计"字样，并在下面通栏划单红线。需要结出本年累计发生额的，应当在摘要栏内注明"本年累计"字样，并在下面通栏划单红线；12月末的"本年累计"就是全年累计发生额。全年累计发生额下面应当通栏划双红线。年度终了结账时，所有总账账户都应当结出全年发生额和年末余额。

③ 年度终了，要把各账户的余额结转到下一会计年度，并在摘要栏注明"结转下年"字样；在下一会计年度新建有关会计账簿的第一行余额栏内填写上年结转的余额，并在摘要栏注明"上年结转"字样。

上述关于填制会计凭证、登记会计账簿的规定，除特别指出外，一般适用于手工记账。实行会计电算化的单位，填制会计凭证和登记会计账簿的有关要求，应当符合财政部关于会计电算化的有关规定。

（4）编制财务报告

各单位必须按照国家统一会计制度的规定，定期编制财务报告。财务报告包括会计报表及其说明。会计报表包括会计报表主表、会计报表附表、会计报表附注。

各单位对外报送的财务报告应当根据国家统一会计制度规定的格式和要求编制。单位内部使用的财务报告，其格式和要求由各单位自行规定。

会计报表应当根据登记完整、核对无误的会计账簿记录和其他有关资料编制，做到数字真实、计算准确、内容完整、说明清楚。任何人不得篡改或者授意、指使、强令他人篡改会计报表的有关数字。

会计报表之间、会计报表各项目之间，凡有对应关系的数字，应当相互一致。本期会计报表与上期会计报表之间有关的数字应当相互衔接。如果不同会计年度会计报表中各项目的内容和核算方法有变更的，应当在年度会计报表中加以说明。

各单位应当按照国家统一会计制度的规定认真编写会计报表附注及其说明，做到项目齐全、内容完整。

各单位应当按照国家规定的期限对外报送财务报告。对外报送的财务报告，应当依次编定页码，加具封面，装订成册，加盖公章。封面上应当注明：单位名称，单位地址，财务报告所属年度、季度、月度，送出日期，并由单位领导人、总会计师、会计机构负责人、会计主管人员签名或者盖章。单位领导人对财务报告的合法性、真实性负法律责任。

根据法律和国家有关规定应当对财务报告进行审计的，财务报告编制单位应当先行委托注册会计师进行审计，并将注册会计师出具的审计报告随同财务报告按照规定的期限报送有关部门。

如果发现对外报送的财务报告有错误，应当及时办理更正手续。除更正本单位留存的财务报告外，并应同时通知接受财务报告的单位更正。错误较多的，应当重新编报。

4．会计监督

各单位的会计机构、会计人员对本单位的经济活动进行会计监督。

会计机构、会计人员进行会计监督的依据是：

① 财经法律、法规、规章；

② 会计法律、法规和国家统一会计制度；

③ 各省、自治区、直辖市财政厅（局）和国务院业务主管部门根据《中华人民共和国会计法》和国家统一会计制度制定的具体实施办法或者补充规定；

④ 各单位根据《中华人民共和国会计法》和国家统一会计制度制定的单位内部会计管理制度；

⑤ 各单位内部的预算、财务计划、经济计划、业务计划等。

会计机构、会计人员应当对原始凭证进行审核和监督。对不真实、不合法的原始凭证，不予受理。对弄虚作假、严重违法的原始凭证，在不予受理的同时，应当予以扣留，并及时向单位领导人报告，请求查明原因，追究当事人的责任。对记载不明确、不完整的原始凭证，予以退回，要求经办人员更正、补充。

会计机构、会计人员对伪造、变造、故意毁灭会计账簿或者账外设账行为，应当制止和纠正；制止和纠正无效的，应当向上级主管单位报告，请求做出处理。

会计机构、会计人员应当对实物、款项进行监督，督促建立并严格执行财产清查制度。发现账簿记录与实物、款项不符时，应当按照国家有关规定进行处理。超出会计机构、会计人员职权范围的，应当立即向本单位领导报告，请求查明原因，做出处理。

会计机构、会计人员对指使、强令编造、篡改财务报告行为，应当制止和纠正；制止和纠正无效的，应当向上级主管单位报告，请求处理。

会计机构、会计人员应当对财务收支进行监督。

① 对审批手续不全的财务收支，应当退回，要求补充、更正。

② 对违反规定不纳入单位统一会计核算的财务收支，应当制止和纠正。

③ 对违反国家统一的财政、财务、会计制度规定的财务收支，不予办理。

④ 对认为是违反国家统一的财政、财务、会计制度规定的财务收支，应当制止和纠正；制止和纠正无效的，应当向单位领导人提出书面意见请求处理。

单位领导人应当在接到书面意见起十日内做出书面决定，并对决定承担责任。

⑤ 对违反国家统一的财政、财务、会计制度规定的财务收支，不予制止和纠正，又不向单位领导人提出书面意见的，也应当承担责任。

⑥ 对严重违反国家利益和社会公众利益的财务收支，应当向主管单位或者财政、审计、税务机关报告。

会计机构、会计人员对违反单位内部会计管理制度的经济活动，应当制止和纠正；制止和纠正无效的，向单位领导人报告，请求处理。

会计机构、会计人员应当对单位制定的预算、财务计划、经济计划、业务计划的执行情况进行监督。

各单位必须依照法律和国家有关规定接受财政、审计、税务等机关的监督，如实提供会计凭证、会计账簿、会计报表和其他会计资料以及有关情况、不得拒绝、隐匿、谎报。

按照法律规定应当委托注册会计师进行审计的单位，应当委托注册会计师进行审计，并配合注册会计师的工作，如实提供会计凭证、会计账簿、会计报表和其他会计资料以及有关情况，不得拒绝、隐匿、谎报，不得示意注册会计师出具不当的审计报告。

5. 内部会计管理制度

各单位应当根据《中华人民共和国会计法》和国家统一会计制度的规定，结合单位类型和内容管理的需要，建立健全相应的内部会计管理制度。

各单位制定内部会计管理制度应当遵循下列原则：

① 应当执行法律、法规和国家统一的财务会计制度。

② 应当体现本单位的生产经营、业务管理的特点和要求。

③ 应当全面规范本单位的各项会计工作，建立健全会计基础，保证会计工作的有序进行。

④ 应当科学、合理，便于操作和执行。

⑤ 应当定期检查执行情况。

⑥ 应当根据管理需要和执行中的问题不断完善。

各单位应当建立内部会计管理体系。主要内容包括：单位领导人、总会计师对会计工作的领导职责；会计部门及其会计机构负责人、会计主管人员的职责、权限；会计部门与其他职能部门的关系；会计核算的组织形式等。

各单位应当建立会计人员岗位责任制度。主要内容包括：会计人员的工作岗位设置；各会计工作岗位的职责和标准；各会计工作岗位的人员和具体分工；会计工作岗位轮换办法；对各会计工作岗位的考核办法。

各单位应当建立账务处理程序制度。主要内容包括：会计科目及其明细科目的设置和使用；会计凭证的格式、审核要求和传递程序；会计核算方法；会计账簿的设置；编制会计报表的种类和要求；单位会计指标体系。

各单位应当建立内部牵制制度。主要内容包括：内部牵制制度的原则；组织分工；出纳岗位的职责和限制条件；有关岗位的职责和权限。

各单位应当建立稽核制度。主要内容包括：稽核工作的组织形式和具体分工；稽核工作的职责、权限；审核会计凭证和复核会计账簿、会计报表的方法。

各单位应当建立原始记录管理制度。主要内容包括：原始记录的内容和填制方法；原始记录的格式；原始记录的审核；原始记录填制人的责任；原始记录签署、传递、汇集要求。

各单位应当建立定额管理制度。主要内容包括：定额管理的范围；制定和修订定额的依据、程序和方法；定额的执行；定额考核和奖惩办法等。

各单位应当建立计量验收制度。主要内容包括：计量检测手段和方法；计量验收管理的要求；计量验收入员的责任和奖惩办法。

各单位应当建立财产清查制度。主要内容包括：财产清查的范围；财产清查的组织；财产清查的期限和方法；对财产清查中发现问题的处理办法；对财产管理人员的奖惩办法。

各单位应当建立财务收支审批制度。主要内容包括：财务收支审批人员和审批权限；财务收支审批程序；财务收支审批人员的责任。

实行成本核算的单位应当建立成本核算制度。主要内容包括：成本核算的对象；成本核算的方法和程序；成本分析等。

各单位应当建立财务会计分析制度。主要内容包括：财务会计分析的主要内容；财务会计分析的基本要求和组织程序；财务会计分析的具体方法；财务会计分析报告的编写要求等。

6. 会计基础工作规范化管理办法

为了加强会计基础工作，不断提高会计工作水平，巩固整顿会计工作秩序成果，进一步推动会计基础工作规范化的广泛开展，财政部制定了《会计基础工作规范化管理办法》(简称《办法》，财会字〔1997〕23 号)。

（1）实施要求

1）提高认识，切实重视和加强会计基础工作。会计基础工作是会计工作和财政经济工作的基本环节。从 1996 年以来整顿会计工作秩序所暴露的问题看，一些单位放松对会计基础工作的管理，造成了会计基础工作不同程度的削弱、滑坡甚至混乱，助长了会计工作秩序的混乱，影响了单位经营管理的开展，削弱了会计职能作用的有效发挥。加强会计基础工作，不断提高会计工作水平，逐步实现会计基础工作规范化，是各级财政部门、业务主管部门和各单位的一项重要任务，也是建立正常会计工作秩序的重要突破口，必须切实抓紧抓好。

2）明确目标，有计划、有步骤地实现会计基础工作规范化。会计基础工作规范化的总体目标是：通过 3~5 年的努力，实行独立核算的各单位会计基础工作符合《会计法》和《会计基础工作规范》的要求，内部会计管理制度建立健全，记账、算账、报账工作符合制度要求，会计工作秩序规范有序，会计工作水平稳步提高。

各地区、各部门要在摸清本地区、本部门会计基础工作现状的基础上，制定规划和具体实施措施，有计划、有步骤地推进各基层单位的会计基础工作逐步实现规范化。各基层单位应当根据《会计法》和《会计基础工作规范》的要求进行检查、整改，健全内部各项会计管理制度，规范记账、算账、报账工作，建立良好的会计工作秩序。

3）要把抓会计基础工作与维护国家财经纪律结合起来。各地区、各部门在组织开展会计基础工作规范化中，要注意对基层单位遵守国家财经纪律情况的检查和考核。要把申请考核单位近两年是否存在违反国家财经纪律问题作为重要否决指标之一，列入考核检查标准中，并严格执行。

4）加强管理和指导，保证会计基础工作规范化取得实效。

① 统一领导，分级管理。各省、自治区、直辖市、计划单列市财政厅（局）负责本地区各单位会计基础工作规范化的组织实施；国务院各业务主管部门负责直属单位会计基础工作规范化的组织实施。会计基础工作规范化考核、确认、发证、复查的管理权限，由各省、自治区、直辖市、计划单列市财政厅（局）和国务院各业务主管部门根据实际情况确定。在开展会计基础工作规范化中，要积极取得税务、工商等部门的支持和配合。

② 加强管理，搞好服务。各地区、各部门要本着坚持质量和注重实效的原则，严格考核标准，规范工作程序，认真抓好考核、确认、复查等工作。对《办法》第四条规定的考核要求，各地区、各部门可以根据实际情况进一步细化和量化。要严格执行《办法》第八条关于否决指标的规定。同时，要抓好基层单位规范化前的整改和规范化后的巩固、提高等环节的工作，指导基层单位不断提高会计基础工作水平。在会计基础工作规范化考核、确认、发证、复查等工作中，严禁向基层单位乱收费、乱摊派。

③ 抓好基础，促进提高。会计基础工作规范化是会计工作最基本的要求。从我国会计基础工作的实际状况出发，当前应当集中精力抓好会计基础工作规范化建设。会计基础工作较好或者规范化工作进展迅速的地区和部门，可以在《办法》基础上制定旨在进一步提高会计工作水平的更高考核层次和考核标准。

④ 建立联系点和信息交流制度。各级财政部门、业务主管部门要及时了解基层单位会计基础工作的开展和整改情况，对好的做法和经验要进行认真总结，广泛宣传和推广。各省、自治区、直辖市、计划单列市财政厅（局）和国务院各业务主管部门应当根据实际情况选择3~5个基层单位作为会计基础工作联系点，定期了解基础工作开展情况，听取对加强会计基础工作的意见。同时，要加强会计基础工作规范化方面的情况沟通和信息交流。

（2）会计基础工作规范化管理办法

国家机关、社会团体、企业、事业单位、其他经济组织和应当依法建账的个体工商户（简称各单位）应依据本办法的规定，加强会计基础工作，实现会计基础工作规范化。

各省、自治区、直辖市、计划单列市财政厅（局）负责本地区会计基础工作规范化的组织实施；国务院业务主管部门负责直属单位会计基础工作规范化的组织实施。各地区会计基础工作规范化考核、确认、发证、复查等的管理权限，由各省、自治区、直辖市、计划单列市财政厅（局）根据实际情况确定；国务院业务主管部门直属单位的会计基础工作规范化考核、确认、发证、复查等管理权限，由国务院业务主管部门确定。

各单位会计基础工作达到下列要求的，可以向负责考核确认的财政部门或者业务主管部门（简称考核确认部门）申请取得会计基础工作规范化资格：

1）法律规定必须建账的单位，应当根据有关法律和国家统一会计制度的规定设置总账、明细账、日记账和其他辅助性账簿，认真进行会计核算。经县以上税务机关核准可以不建账的单位不在此限。根据《代理记账管理办法》的规定委托会计师事务所（审计师事务所）或者持有代理记账许可证书的其他代理记账机构进行代理记账的单位，应当视同建账。

2）原始凭证的格式、内容、填制方法、审核程序等符合国家统一会计制度的规定。

3）记账凭证的内容、填制方法、所附原始凭证以及更正错误凭证方法等符合国家统一会计制度的规定，经有关责任人员审核签章，字迹工整，摘要清楚，装订整齐。

4）总账、明细账、日记账和其他辅助性账簿的设置、启用、登记、结账、更正错误方法等符合国家统一会计制度的规定，记账及时，关系对应，数字准确。

5）各项经济业务通过单位统一的会计核算。

6）账证、账账、账表、账实相符。现金和银行日记账按日逐笔顺序登记，结出余额，银行存款账与银行对账单及时核对、经调整无误。

7）对外报送的财务报告根据登记完整、核对无误的会计账簿记录和其他有关资料编制，数字真实、计算准确、内容完整、说明清楚、报送及时，并经单位领导人、总会计师、会计机构负责人或者会计主管人员审阅签章。

8）会计档案按照国家统一会计制度规定定期整理归档，妥善保管，调阅和销毁符合规定手续。

9）建立并执行内部控制制度和其他内部会计管理制度，保证会计工作有序进行。

10）会计人员持有会计证。会计工作交接手续符合国家统一会计制度的规定。

各单位应当根据《会计法》《会计基础工作规范》和本办法规定的要求进行对照检查和自行整改，在此基础上，向考核确认部门申请考核，并向考核确认部门提供下列资料：

1）会计基础工作规范化规划和实施方案；

2）对照标准进行检查整改的工作报告；

3）考核确认部门要求提供的其他有关资料。

考核确认部门应当定期分批组织对申请考核单位的会计基础工作进行考核。考核程序应当符合下列要求：

1）考核确认部门应当组织会计基础工作规范化考核小组。考核小组成员应当挑选坚持原则、作风正派、业务素质和政策水平较高的人员组成，并明确分工，实行质量责任制。

2）制订考核计划，明确考核重点。考核小组要认真阅读申请单位提供的资料，全面了解申请单位的会计基础工作情况。在此基础上，深入现场作实地考核。对实行二级核算或者三级核算的单位进行考核确认时，对其二级核算单位的抽查考核面应达到50%，对三级核算单位的抽查考核面应达到20%。

3）考核小组考核工作结束后，应当提出书面考核意见。考核意见的内容包括：申请单位会计基础工作的基本情况；考核中发现的主要问题及改进意见；考核结论；考核小组负责人签章等。

4）考核小组的考核意见应当通知申请单位。

5）申请单位对考核小组提出的改进意见，应当在限期内整改完毕，并经考核小组复核。

经考核或者复核符合会计基础工作规范化条件的单位，由考核确认部门验发会计基础工作规范化证书。会计基础工作规范化证书由各省、自治区、直辖市、计划单列市财政厅（局）和国务院各业务主管部门印制。证书应当载明证书接受单位、验发证书部门、发证日期、证书编号等内容。

对申请考核单位会计基础工作存在下列情形之一的，不得确认为会计基础工作规范化单位：

1）法律规定应当建账而没有建账，或者虽建账但长期不记账、不对账，造成账目严重混乱的；

2）会计凭证不真实、不合法、不准确、不完整，情节严重的；

3）账外设账，情节严重的；

4）财务报告严重虚假，与有关会计账簿记录不对应，给国家和社会公众利益造成损失的；

5）申请考核前两年内经政府有关部门检查确认有重大违反财经纪律问题的。

已经取得会计基础工作规范化证书的单位，由考核确认部门每两年进行一次复查。对会计基础工作明显削弱、达不到本办法规定要求的单位，由考核确认部门责令其在3~6个月内进行整改；在规定期限内整改仍未取得明显成效的，由考核确认部门取消其会计基础工作规范化，收回会计基础工作规范化证书。

根据各省、自治区、直辖市、计划单列市财政厅（局）和国务院各业务主管部门的规划，凡是列入当年会计基础工作规范化范围而没有取得会计基础工作规范化单位证书的单位，当年不得参与先进会计工作集体和先进会计工作者评选，不得颁发其会计人员荣誉证书，不得参加高级会计师专业任职资格评审。

考核确认部门在考核确认和复查中发现申请考核单位或被检单位存在以下情形，经为期3~6个月的整改仍未取得明显成效的，对负有直接责任的会计人员，可由当地财政部门做出或建议做出取消其会计证、会计专业技术任职资格的决定。被取消会计证、会计专业技术任职资格的会计人员，两年内不得重新参加会计证考试和会计专业技术任职资格考试或评审。

1）法律规定应当建账而没有建账，或者虽建账但长期不记账、不对账，造成账目严重混乱的；

2）会计凭证不真实、不合法、不准确、不完整，情节严重的；

3）账外设账，情节严重的；

4）财务报告严重虚假，与有关会计账簿记录不对应，给国家和社会公众利益造成损失的；

5）申请考核前两年内经政府有关部门检查确认有重大违反财经纪律问题的。

对取得会计基础工作规范化证书、成效显著的单位，由负责组织考核确认的地区或部门给予精神和物质的奖励，表彰奖励成绩突出的有关人员。

考核确认部门应当建立会计基础工作规范化考核业务档案，记载考核确认、验发证书、复查等情况。

已经采取其他形式考核确认会计基础工作的地区和部门，由其省、自治区、直辖市、计划单列市财政厅（局）和国务院业务主管部门根据本办法的要求和原则制定衔接办法。

3．企业内部会计控制规范

2010年4月26日，财政部会同证监会、审计署、国资委、银监会、保监会等部门发布了《企业内部控制配套指引》。该配套指引连同2008年5月发布的《企业内部控制基本规范》，共同构建了中国企业内部控制规范体系，自2011年1月1日起首先在境内外同时上市的公司施行，自2012年1月1日起扩大到在上海证券交易所、深圳证券交易所主板上市的公司施行；在此基础上，择机在中小板和创业板上市公司施行。同时，鼓励非上市大中型企业提前执行。执行企业内部控制规范体系的企业，必须对本企业内部控制的有效性进行自我评价，披露年度自我评价报告，同时聘请会计师事务所对其财务报告内部控制的有效性进行审计，出具审计报告。配套指引由21项应用指引、《企业内部控制评价指引》和《企业内部控制审计指引》组成。

以下内部会计控制规范对企业搞好内控仍有较大参考价值。

（1）内部会计控制规范——基本规范。内部会计控制是指单位为了提高会计信息质量，保护资产的安全、完整，确保有关法律法规和规章制度的贯彻执行等而制定和实施的一系列控制方法、措施和程序。

单位负责人对本单位内部会计控制的建立健全及有效实施负责。

1）内部会计控制的目标和原则。内部会计控制应当达到以下基本目标：

① 规范单位会计行为，保证会计资料真实、完整。

② 堵塞漏洞、消除隐患，防止并及时发现、纠正错误及舞弊行为，保护单位资产的安全、完整。

③ 确保国家有关法律法规和单位内部规章制度的贯彻执行。

内部会计控制应当遵循以下基本原则：

① 内部会计控制应当符合国家有关法律法规和本规范，以及单位的实际情况。

② 内部会计控制应当约束单位内部涉及会计工作的所有人员，任何个人都不得拥有超越内部会计控制的权力。

③ 内部会计控制应当涵盖单位内部涉及会计工作的各项经济业务及相关岗位，并应针对业务处理过程中的关键控制点，落实到决策、执行、监督、反馈等各个环节。

④ 内部会计控制应当保证单位内部涉及会计工作的机构、岗位的合理设置及其职责权限的合理划分，坚持不相容职务相互分离，确保不同机构和岗位之间权责分明、相互制约、相互监督。

⑤ 内部会计控制应当遵循成本效益原则，以合理的控制成本达到最佳的控制效果。

⑥ 内部会计控制应随着外部环境的变化、单位业务职能的调整和管理要求的提高，不断修订和完善。

2）内部会计控制的内容。内部会计控制的内容主要包括货币资金、实物资产、对外投资、工程项目、采购与付款、筹资、销售与收款、成本费用、担保等经济业务的会计控制。

单位应当对货币资金收支和保管业务建立严格的授权批准制度，办理货币资金业务的不相容岗位应当分离，相关机构和人员应当相互制约，确保货币资金的安全。

单位应当建立实物资产管理的岗位责任制度，对实物资产的验收入库、领用、发出、盘点、保管及处置等关键环节进行控制，防止各种实物资产被盗、毁损和流失。

单位应当建立规范的对外投资决策机制和程序，通过实行重大投资决策集体审议联签等责任制度，加强投资项目立项、评估、决策、实施、投资处置等环节的会计控制，严格控制投资风险。

单位应当建立规范的工程项目决策程序，明确相关机构和人员的职责权限，建立工程项目投资决策的责任制度，加强工程项目的预算、招投标、质量管理等环节的会计控制，防范决策失误及工程发包、承包、施工、验收等过程中的舞弊行为。

单位应当合理设置采购与付款业务的机构和岗位，建立和完善采购与付款的会计控制程序，加强请购、审批、合同订立、采购、验收、付款等环节的会计控制，堵塞采购环节的漏洞，减少采购风险。

单位应当加强对筹资活动的会计控制，合理确定筹资规模和筹资结构、选择筹资方式，降低资金成本，防范和控制财务风险，确保筹措资金的合理、有效使用。

单位应当在制定商品或劳务等的定价原则、信用标准和条件、收款方式等销售政策时，充分发挥会计机构和人员的作用，加强合同订立、商品发出和账款回收的会计控制，避免或减少坏账损失。

单位应当建立成本费用控制系统，做好成本费用管理的各项基础工作，制定成本费用标准，分解成本费用指标，控制成本费用差异，考核成本费用指标的完成情况，落实奖罚措施，降低成本费用，提高经济效益。

单位应当加强对担保业务的会计控制，严格控制担保行为，建立担保决策程序和责任制度，明确担保原则、担保标准和条件、担保责任等相关内容，加强对担保合同订立的管理，及时了解和掌握被担保人的经营和财务状况，防范潜在风险，避免或减少可能发生的损失。

3）内部会计控制的方法。内部会计控制的方法主要包括不相容职务相互分离控制、授权批准控制、会计系统控制、预算控制、财产保全控制、风险控制、内部报告控制、电子信息技术控制等。

不相容职务相互分离控制要求单位按照不相容职务相分离的原则，合理设置会计及相关工作岗位，明确职责权限，形成相互制衡机制。不相容职务主要包括授权批准、业务经办、会计记录、财产保管、稽核检查等职务。

授权批准控制要求单位明确规定涉及会计及相关工作的授权批准的范围、权限、程序、责任等内容，单位内部的各级管理层必须在授权范围内行使职权和承担责任，经办人员也必须在授权范围内办理业务。

会计系统控制要求单位依据《会计法》和国家统一的会计制度，制定适合本单位的会计制度，明确会计凭证、会计账簿和财务会计报告的处理程序，建立和完善会计档案保管和会计工作交接办法，实行会计人员岗位责任制，充分发挥会计的监督职能。

预算控制要求单位加强预算编制、执行、分析、考核等环节的管理，明确预算项目，建立预算标准，规范预算的编制、审定、下达和执行程序，及时分析和控制预算差异，采取改进措施，确保预算的执行。预算内资金实行责任人限额审批，限额以上资金实行集体审批。严格控制无预算的资金支出。

财产保全控制要求单位限制未经授权的人员对财产的直接接触，采取定期盘点、财产记录、账实核对、财产保险等措施，确保各种财产的安全完整。

风险控制要求单位树立风险意识，针对各个风险控制点，建立有效的风险管理系统，通过风险预警、风险识别、风险评估、风险分析、风险报告等措施，对财务风险和经营风险进行全面防范和控制。

内部报告控制要求单位建立和完善内部报告制度，全面反映经济活动情况，及时提供业务活动中的重要信息，增强内部管理的时效性和针对性。

电子信息技术控制要求运用电子信息技术手段建立内部会计控制系统，减少和消除人为操纵因素，确保内部会计控制的有效实施；同时要加强对财务会计电子信息系统开发与维护、数据输入与输出、文件储存与保管、网络安全等方面的控制。

4）内部会计控制的检查。单位应当重视内部会计控制的监督检查工作，由专门机构或者指定专门人员具体负责内部会计控制执行情况的监督检查，确保内部会计控制的贯彻实施。内部会计控制检查的主要职责是：

① 对内部会计控制的执行情况进行检查和评价。

② 写出检查报告，对涉及会计工作的各项经济业务、内部机构和岗位在内部控制上存在的缺陷提出改进建议。

③ 对执行内部会计控制成效显著的内部机构和人员提出表彰建议，对违反内部会计控制的内部机构和人员提出处理意见。

　　单位可以聘请中介机构或相关专业人员对本单位内部会计控制的建立健全及有效实施进行评价，接受委托的中介机构或相关专业人员应当对委托单位内部会计控制中的重大缺陷提出书面报告。

　　（2）内部会计控制规范——货币资金。货币资金是指单位所拥有的现金、银行存款和其他货币资金。

　　单位负责人对本单位货币资金内部控制的建立健全和有效实施以及货币资金的安全完整负责。

　　1）岗位分工及授权批准。单位应当建立货币资金业务的岗位责任制，明确相关部门和岗位的职责权限，确保办理货币资金业务的不相容岗位相互分离、制约和监督。出纳人员不得兼任稽核、会计档案保管和收入、支出、费用、债权债务账目的登记工作。单位不得由一人办理货币资金业务的全过程。

　　单位办理货币资金业务，应当配备合格的人员，并根据单位具体情况进行岗位轮换。办理货币资金业务的人员应当具备良好的职业道德，忠于职守，廉洁奉公，遵纪守法，客观公正，不断提高会计业务素质和职业道德水平。

　　单位应当对货币资金业务建立严格的授权批准制度，明确审批人对货币资金业务的授权批准方式、权限、程序、责任和相关控制措施，规定经办人办理货币资金业务的职责范围和工作要求。

　　审批人应当根据货币资金授权批准制度的规定，在授权范围内进行审批，不得超越审批权限。经办人应当在职责范围内，按照审批人的批准意见办理货币资金业务。对于审批人超越授权范围审批的货币资金业务，经办人员有权拒绝办理，并及时向审批人的上级授权部门报告。

　　单位应当按照规定的程序办理货币资金支付业务。

　　① 支付申请。单位有关部门或个人用款时，应当提前向审批人提交货币资金支付申请，注明款项的用途、金额、预算、支付方式等内容，并附有效经济合同或相关证明。

　　② 支付审批。审批人根据其职责、权限和相应程序对支付申请进行审批。对不符合规定的货币资金支付申请，审批人应当拒绝批准。

　　③ 支付复核。复核人应当对批准后的货币资金支付申请进行复核，复核货币资金支付申请的批准范围、权限、程序是否正确，手续及相关单证是否齐备，金额计算是否准确，支付方式、支付单位是否妥当等。复核无误后，交由出纳人员办理支付手续。

　　④ 办理支付。出纳人员应当根据复核无误的支付申请，按规定办理货币资金支付手续，及时登记现金和银行存款日记账。

　　单位对于重要货币资金支付业务，应当实行集体决策和审批，并建立责任追究制度，防范贪污、侵占、挪用货币资金等行为。

　　严禁未经授权的机构或人员办理货币资金业务或直接接触货币资金。

　　2）现金和银行存款的管理。单位应当加强现金库存限额的管理，超过库存限额的现金应及时存入银行。

　　单位必须根据《现金管理暂行条例》的规定，结合本单位的实际情况，确定本单位现金的开支范围。不属于现金开支范围的业务应当通过银行办理转账结算。

　　单位现金收入应当及时存入银行，不得用于直接支付单位自身的支出。因特殊情况需坐支现金的，应事先报经开户银行审查批准。

　　单位借出款项必须执行严格的授权批准程序，严禁擅自挪用、借出货币资金。

单位取得的货币资金收入必须及时入账，不得私设"小金库"，不得账外设账，严禁收款不入账。

单位应当严格按照《支付结算办法》等国家有关规定，加强银行账户的管理，严格按照规定开立账户，办理存款、取款和结算。单位应当定期检查、清理银行账户的开立及使用情况，发现问题，及时处理。单位应当加强对银行结算凭证的填制、传递及保管等环节的管理与控制。

单位应当严格遵守银行结算纪律，不准签发没有资金保证的票据或远期支票，套取银行信用；不准签发、取得和转让没有真实交易和债权债务的票据，套取银行和他人资金；不准无理拒绝付款，任意占用他人资金；不准违反规定开立和使用银行账户。

单位应当指定专人定期核对银行账户，每月至少核对一次，编制银行存款余额调节表，使银行存款账面余额与银行对账单调节相符。如调节不符，应查明原因，及时处理。

单位应当定期和不定期地进行现金盘点，确保现金账面余额与实际库存相符。发现不符，及时查明原因，做出处理。

3）票据及有关印章的管理。单位应当加强与货币资金相关的票据的管理，明确各种票据的购买、保管、领用、背书转让、注销等环节的职责权限和程序，并专设登记簿进行记录，防止空白票据的遗失和被盗用。

单位应当加强银行预留印鉴的管理。财务专用章应由专人保管，个人名章必须由本人或其授权人员保管。严禁一人保管支付款项所需的全部印章。按规定需要有关负责人签字或盖章的经济业务，必须严格履行签字或盖章手续。

4）监督检查。单位应当建立对货币资金业务的监督检查制度，明确监督检查机构或人员的职责权限，定期和不定期地进行检查。

货币资金监督检查的内容主要包括：

① 货币资金业务相关岗位及人员的设置情况。重点检查是否存在货币资金业务不相容职务混岗的现象。

② 货币资金授权批准制度的执行情况。重点检查货币资金支出的授权批准手续是否健全，是否存在越权审批行为。

③ 支付款项印章的保管情况。重点检查是否存在办理付款业务所需的全部印章交由一人保管的现象。

④ 票据的保管情况。重点检查票据的购买、领用、保管手续是否健全，票据保管是否存在漏洞。

对监督检查过程中发现的货币资金内部控制中的薄弱环节，应当及时采取措施，加以纠正和完善。

（3）内部会计控制规范——采购与付款。各单位应当根据国家有关法律法规和本规范，结合部门或系统有关采购与付款内部控制的规定，建立适合本单位业务特点和管理要求的采购与付款内部控制制度，并组织实施。

单位负责人对本单位采购与付款内部控制的建立健全和有效实施以及采购与付款业务的真实性、合法性负责。

1）岗位分工与授权批准。单位应当建立采购与付款业务的岗位责任制，明确相关部门和岗位的职责、权限，确保办理采购与付款业务的不相容岗位相互分离、制约和监督。

采购与付款业务不相容岗位至少包括：请购与审批；询价与确定供应商；采购合同的订立与审计；采购与验收；采购、验收与相关会计记录；付款审批与付款执行。

单位不得由同一部门或个人办理采购与付款业务的全过程。

　　单位应当配备合格的人员办理采购与付款业务。办理采购与付款业务的人员应当具备良好的业务素质和职业道德。单位应当根据具体情况对办理采购与付款业务的人员进行岗位轮换。

　　单位应当对采购与付款业务建立严格的授权批准制度，明确审批人对采购与付款业务的授权批准方式、权限、程序、责任和相关控制措施，规定经办人办理采购与付款业务的职责范围和工作要求。

　　审批人应当根据采购与付款业务授权批准制度的规定，在授权范围内进行审批，不得超越审批权限。经办人应当在职责范围内，按照审批人的批准意见办理采购与付款业务。对于审批人超越授权范围审批的采购与付款业务，经办人员有权拒绝办理，并及时向审批人的上级授权部门报告。

　　单位对于重要和技术性较强的采购业务，应当组织专家进行论证，实行集体决策和审批，防止出现决策失误而造成严重损失。

　　严禁未经授权的机构或人员办理采购与付款业务。

　　单位应当按照请购、审批、采购、验收、付款等规定的程序办理采购与付款业务，并在采购与付款各环节设置相关的记录、填制相应的凭证，建立完整的采购登记制度，加强请购手续、采购订单（或采购合同）验收证明、入库凭证、采购发票等文件和凭证的相互核对工作。

　　2）请购与审批控制。单位应当建立采购申请制度，依据购置物品或劳务类型，确定归口管理部门，授予相应的请购权，并明确相关部门或人员的职责权限及相应的请购程序。

　　单位应当加强采购业务的预算管理。对于预算内采购项目，具有请购权的部门应当严格按照预算执行进度办理请购手续；对于超预算和预算外采购项目，具有请购权的部门应对需求部门提出的申请进行审核后再行办理请购手续。

　　单位应当建立严格的请购审批制度。对于超预算和预算外采购项目，应当明确审批权限，由审批人根据其职责、权限以及单位实际需要等对请购申请进行审批。

　　3）采购与验收控制。单位应当建立采购与验收环节的管理制度，对采购方式确定、供应商选择、验收程序等做出明确规定，确保采购过程的透明化。

　　单位应当根据物品或劳务等的性质及其供应情况确定采购方式。一般物品或劳务等的采购应采用订单采购或合同订货等方式，小额零星物品或劳务等的采购可以采用直接购买等方式。单位应当制定例外紧急需求的特殊采购处理程序。

　　单位应当充分了解和掌握供应商的信誉、供货能力等有关情况，采取由采购、使用等部门共同参与比质比价的程序，并按规定的授权批准程序确定供应商。小额零星采购也应由经授权的部门事先对价格等有关内容进行审查。

　　单位应当根据规定的验收制度和经批准的订单、合同等采购文件，由独立的验收部门或指定专人对所购物品或劳务等的品种、规格、数量、质量和其他相关内容进行验收，出具验收证明。对验收过程中发现的异常情况，负责验收的部门或人员应当立即向有关部门报告；有关部门应查明原因，及时处理。

　　4）付款控制。单位应当按照《现金管理暂行条例》《支付结算办法》等规定办理采购付款业务。

　　单位财会部门在办理付款业务时，应当对采购发票、结算凭证、验收证明等相关凭证的真实性、完整性、合法性及合规性进行严格审核。

　　单位应当建立预付账款和定金的授权批准制度，加强预付账款和定金的管理。

　　单位应当加强应付账款和应付票据的管理，由专人按照约定的付款日期、折扣条件等管理应付款项。已到期的应付款项须经有关授权人员审批后方可办理结算与支付。

单位应当建立退货管理制度，对退货条件、退货手续、货物出库、退货货款回收等做出明确规定，及时收回退货款。

单位应当定期与供应商核对应付账款、应付票据、预付账款等往来款项。如有不符，应查明原因，及时处理。

5）监督检查。单位应当建立对采购与付款内部控制的监督检查制度，明确监督检查机构或人员的职责权限，定期或不定期地进行检查。

单位监督检查机构或人员应通过实施符合性测试和实质性测试检查采购与付款业务内部控制制度是否健全，各项规定是否得到有效执行。

采购与付款内部控制监督检查的内容主要包括：

① 采购与付款业务相关岗位及人员的设置情况。重点检查是否存在采购与付款业务不相容职务混岗的现象。

② 采购与付款业务授权批准制度的执行情况。重点检查大宗采购与付款业务的授权批准手续是否健全，是否存在越权审批的行为。

③ 应付账款和预付账款的管理。重点审查应付账款和预付账款支付的正确性、时效性和合法性。

④ 有关单据、凭证和文件的使用和保管情况。重点检查凭证的登记、领用、传递、保管、注销手续是否健全，使用和保管制度是否存在漏洞。

对监督检查过程中发现的采购与付款内部控制中的薄弱环节，单位应当采取措施，及时加以纠正和完善。

（4）内部会计控制规范——销售与收款。单位负责人对本单位销售与收款内部控制的建立健全和有效实施以及销售与收款业务的真实性、合法性负责。

1）岗位分工与授权批准。单位应当建立销售与收款业务的岗位责任制，明确相关部门和岗位的职责、权限，确保办理销售与收款业务的不相容岗位相互分离、制约和监督。

单位应当将办理销售、发货、财会三项业务的部门（或岗位）分别设立。

① 销售部门（或岗位）主要负责处理订单、签订合同、执行销售政策和信用政策、催收货款。

② 发货部门（或岗位）主要负责审核销售发货单据是否齐全并办理发货的具体事宜。

③ 财会部门（或岗位）主要负责销售款项的结算和记录、监督管理货款回收。

单位不得由同一部门或个人办理销售与收款业务的全过程。

有条件的单位应当建立专门的信用管理部门或岗位，负责制定单位信用政策，监督各部门信用政策执行情况。信用管理岗位与销售业务岗位应分设。

单位应当配备合格的人员办理销售与收款业务。办理销售与收款业务的人员应当具备良好的业务素质和职业道德。单位应当根据具体情况对办理销售与收款业务的人员进行岗位轮换。

单位应当对销售与收款业务建立严格的授权批准制度，明确审批人员对销售与收款业务的授权批准方式、权限、程序、责任和相关控制措施，规定经办人的职责范围和工作要求。

审批人应当根据销售与收款授权批准制度的规定，在授权范围内进行审批，不得超越审批权限。经办人应当在职责范围内，按照审批人的批准意见办理销售与收款业务。对于审批人超越授权范围审批的销售与收款业务，经办人员有权拒绝办理，并及时向审批人的上级授权部门报告。

对于超过单位既定销售政策和信用政策规定范围的特殊销售业务，单位应当进行集体决策，防止决策失误而造成严重损失。

严禁未经授权的机构和人员经办销售与收款业务。

2）销售和发货控制。

① 单位对销售业务应当建立严格的预算管理制度，制定销售目标，确立销售管理责任制。

② 单位应当建立销售定价控制制度，制定价目表、折扣政策、付款政策等并予以执行。

③ 单位在选择客户时，应当充分了解和考虑客户的信誉、财务状况等有关情况，降低账款回收中的风险。

④ 单位应当加强对赊销业务的管理。赊销业务应遵循规定的销售政策和信用政策。对符合赊销条件的客户，应经审批人批准后方可办理赊销业务；超出销售政策和信用政策规定的赊销业务，应当实行集体决策审批。

⑤ 单位应当按照规定的程序办理销售和发货业务。

A. 销售谈判。单位在销售合同订立前，应当指定专门人员就销售价格、信用政策、发货及收款方式等具体事项与客户进行谈判。谈判人员至少应有两人以上，并与订立合同的人员相分离。销售谈判的全过程应有完整的书面记录。

B. 合同订立。单位应当授权有关人员与客户签订销售合同。签订合同应符合《中华人民共和国合同法》的规定。金额重大的销售合同的订立应当征询法律顾问或专家的意见。

C. 合同审批。单位应当建立健全销售合同审批制度。审批人员应对销售价格、信用政策、发货及收款方式等严格把关。

D. 组织销售。单位销售部门应按照经批准的销售合同编制销售计划，向发货部门下达销售通知单，同时编制销售发票通知单；并经审批后下达给财会部门，由财会部门根据销售发票通知单向客户开出销售发票。编制销售发票通知单的人员与开具销售发票的人员应相互分离。

E. 组织发货。发货部门应当对销售发货单据进行审核，严格按照销售通知单所列的发货品种和规格、发货数量、发货时间、发货方式组织发货，并建立货物出库、发运等环节的岗位责任制，确保货物的安全发运。

⑥ 销货退回。单位应当建立销售退回管理制度。单位的销售退回必须经销售主管审批后方可执行。

销售退回的货物应由质检部门检验和仓储部门清点后方可入库。质检部门应对客户退回的货物进行检验并出具检验证明；仓储部门应在清点货物、注明退回货物的品种和数量后填制退货接收报告。

财会部门应对检验证明、退货接收报告以及退货方出具的退货凭证等进行审核后办理相应的退款事宜。

⑦ 单位应当在销售与发货各环节设置相关的记录、填制相应的凭证，建立完整的销售登记制度，并加强销售合同、销售计划、销售通知单、发货凭证、运货凭证、销售发票等文件和凭证的相互核对工作。

销售部门应设置销售台账，及时反映各种商品、劳务等销售的开单、发货、收款情况。销售台账应当附有客户订单、销售合同、客户签收回执等相关购货单据。

3）收款控制。单位应当按照《现金管理暂行条例》《支付结算办法》等规定，及时办理销售收款业务。

单位应将销售收入及时入账，不得账外设账，不得擅自坐支现金。销售人员应当避免接触销售现款。

单位应当建立应收账款账龄分析制度和逾期应收账款催收制度。销售部门应当负责应收账款的催收，财会部门应当督促销售部门加紧催收。对催收无效的逾期应收账款可通过法律程序予以解决。

单位应当按客户设置应收账款台账，及时登记每一客户应收账款余额增减变动情况和信用额度使用情况。单位对长期往来客户应当建立起完善的客户资料，并对客户资料实行动态管理，及时更新。

单位对于可能成为坏账的应收账款应当报告有关决策机构，由其进行审查，确定是否确认为坏账。单位发生的各项坏账，应查明原因，明确责任，并在履行规定的审批程序后做出会计处理。

单位注销的坏账应当进行备查登记，做到账销案存。已注销的坏账又收回时应当及时入账，防止形成账外款。

单位应收票据的取得和贴现必须经由保管票据以外的主管人员的书面批准。单位应当有专人保管应收票据，对于即将到期的应收票据，应及时向付款人提示付款；已贴现票据应在备查簿中登记，以便日后追踪管理。单位应制定逾期票据的冲销管理程序和逾期票据追踪监控制度。

单位应当定期与往来客户通过函证等方式核对应收账款、应收票据、预收账款等往来款项。如有不符，应查明原因，及时处理。

4）监督检查。单位应当建立对销售与收款内部控制的监督检查制度，明确监督检查机构或人员的职责权限，定期或不定期地进行检查。单位监督检查机构或人员应通过实施符合性测试和实质性测试检查销售与收款业务内部控制制度是否健全，各项规定是否得到有效执行。

销售与收款内部控制监督检查的内容主要包括：

① 销售与收款业务相关岗位及人员的设置情况。重点检查是否存在销售与收款业务不相容职务混岗的现象。

② 销售与收款业务授权批准制度的执行情况。重点检查授权批准手续是否健全，是否存在越权审批行为。

③ 销售的管理情况。重点检查信用政策、销售政策的执行是否符合规定。

④ 收款的管理情况。重点检查单位销售收入是否及时入账，应收账款的催收是否有效，坏账核销和应收票据的管理是否符合规定。

⑤ 销售退回的管理情况。重点检查销售退回手续是否齐全、退回货物是否及时入库。

对监督检查过程中发现的销售与收款内部控制中的薄弱环节，单位应当采取措施，及时加以纠正和完善。

4.《会计档案管理办法》

《会计档案管理办法》由财政部、国家档案局于 1984 年 6 月 1 日联合发布，自公布之日起执行。2015 年 12 月 11 日，财政部部务会议、国家档案局局务会议修订，自 2016 年 1 月 1 日起施行。

《会计档案管理办法》的制定目的是加强会计档案管理，统一会计档案制度，更好地为发展社会主义市场经济服务；制定依据是《会计法》和《档案法》；适用范围是国家机关、社会团体、企业、事业单位、按规定应当建账的个体工商户和其他组织。

《会计档案管理办法》的内容主要包括：会计档案的范围与类别，会计档案的归档、保管、整理制度，会计档案查阅、复制制度，会计档案的保管期限，会计档案保管期满的销毁等。

（五）违反会计法的法律责任

1．不依法进行会计管理、核算和监督的法律责任

违反《会计法》的规定，有下列行为之一的，由县级以上人民政府财政部门责令限期改正，

可以对单位并处 3 000 元以上 5 万元以下的罚款；对其直接负责的主管人员和其他直接责任人员，可以处 2 000 元以上 2 万元以下的罚款；属于国家工作人员的，还应当由其所在单位或者有关单位依法给予行政处分：

（1）不依法设置会计账簿的。一是依法应当设置会计账簿而不设置会计账簿的；二是虽然设置了会计账簿，但未按规定的要求设置会计账簿的。

（2）私设会计账簿的。不按国家规定的要求私设会计账簿的行为，多为在依法设置的会计账簿之外，另设会计账簿进行核算的行为。

（3）未按照规定填制、取得原始凭证或者填制、取得的原始凭证不符合规定的。原始凭证是反映各单位经济业务最基本的证据，填制、取得原始凭证或者填制、取得的原始凭证都必须符合国家规定。例如，原始凭证的内容必须具备凭证的名称，填制凭证的日期，填制凭证单位名称或者填制人姓名，经办人员的签名或者盖章，接受凭证单位名称，经济业务内容，数量、单价和金额。从外单位取得的原始凭证，必须盖有填制单位的公章；从个人取得的原始凭证，必须有填制人员的签名或者盖章。自制原始凭证必须有经办单位领导人或者其指定的人员签名或者盖章。对外开出的原始凭证，必须加盖本单位公章。凡填有大写和小写金额的原始凭证，大写与小写金额必须相符。购买实物的原始凭证，必须有验收证明。支付款项的原始凭证，必须有收款单位和收款人的收款证明。原始凭证不得涂改、挖补。发现原始凭证有错误的，应当由开出单位重开或者更正，更正处应当加盖开出单位的公章。

（4）以未经审核的会计凭证为依据登记会计账簿或者登记会计账簿不符合规定的。各单位必须对原始凭证进行审核，确认其符合规定，才能作为依据登记会计账簿。对不真实、不合法的原始凭证，不予受理。对弄虚作假、严重违法的原始凭证，在不予受理的同时，应当予以扣留，并及时向单位领导人报告，请求查明原因，追究当事人的责任。对记载不准确、不完整的原始凭证，予以退回，要求经办人员更正、补充。登记会计账簿也必须按照规定进行。

（5）随意变更会计处理方法的。会计处理方法是指在进行会计核算时所采用的具体核算方法，如会计确认方法、会计计量方法、会计记录方法和会计报告方法等。各单位采用的会计处理方法，前后各期应当一致，不得随意变更，确有必要变更的，应当按照国家统一的会计制度的规定变更，并将变更的原因、情况及影响在财务会计报告中说明。

（6）向不同的会计资料使用者提供的财务会计报告编制依据不一致的。财务会计报告应当根据经过审核的会计账簿记录和有关资料编制，并符合本法和国家统一的会计制度关于财务会计报告的编制要求、提供对象和提供期限的规定；其他法律、行政法规另有规定的，从其规定。财务会计报告由会计报表、会计报表附注和财务情况说明书组成。向不同的会计资料使用者提供的财务会计报告，其编制依据应当一致。

（7）未按照规定使用会计记录文字或者记账本位币的。会计记录的文字应当使用中文。在民族自治地方，会计记录可以同时使用当地通用的一种民族文字。在中华人民共和国境内的外商投资企业、外国企业和其他外国组织的会计记录可以同时使用一种外国文字。

（8）未按照规定保管会计资料，致使会计资料毁损、灭失的。各单位对会计凭证、会计账簿、财务会计报告和其他会计资料，应当建立档案，妥善保管。

（9）未按照规定建立并实施单位内部会计监督制度或者拒绝依法实施的监督或者不如实提供有关会计资料及有关情况的。各单位必须按照规定建立并实施单位内部会计监督制度，必须依照有关法律、行政法规的规定，接受有关监督检查部门依法实施的监督检查，如实提供会计凭证、会计账簿、财务会计报告和其他会计资料以及有关情况，不得拒绝、隐匿、谎报。

（10）任用会计人员不符合本法规定的。从事会计工作的人员，必须取得会计从业资格证书。担任单位会计机构负责人（会计主管人员）的，除取得会计从业资格证书外，还应当具备会计师以上专业技术职务资格或者从事会计工作 3 年以上经历。根据《会计法》的规定，具有上述行为之一，构成犯罪的，依法追究刑事责任。会计人员有上述所列行为之一，情节严重的，由县级以上人民政府财政部门吊销会计从业资格证书。有关法律对上述所列行为的处罚另有规定的，依照有关法律的规定办理。

2. 伪造、变造、编制虚假会计资料的法律责任

各单位都必须保证会计资料的真实、完整，伪造、变造会计凭证、会计账簿和其他会计资料，提供虚假财务会计报告的行为，都是违法行为。会计机构和会计人员不得伪造、变造会计凭证、会计账簿和其他会计资料，提供虚假财务会计报告。

根据《会计法》第四十三条的规定，伪造、变造会计凭证、会计账簿，编制虚假财务会计报告，构成犯罪的，依法追究刑事责任。根据我国《刑法》的规定，伪造、变造会计凭证、会计账簿，编制虚假财务会计报告，如果是向股东和社会公众提供虚假的或者隐瞒重要事实的财务会计报告，严重损害股东或者其他人利益的，对其直接负责的主管人员和其他直接责任人员，处 3 年以下有期徒刑或者拘役，并处或者单处 2 万元以上 20 万元以下罚金。由于实施伪造、变造会计凭证、会计账簿，编制虚假财务会计报告行为的目的不同，因此将可能构成虚报注册资本罪，虚假出资、抽逃罪，妨害清算罪，徇私舞弊低价折股、出售国有资产罪，偷税罪，逃避追缴欠税罪等。例如，根据我国《刑法》第二百零一条的规定，纳税人采取伪造、变造、隐匿、擅自销毁账簿、记账凭证，在账簿上多列支出或者少列、不列收入，经税务机关通知申报而拒不申报或者进行虚假的纳税申报的手段，不缴或者少缴应纳税款，偷税数额占应纳税额的 10%~30%并且偷税数额在 1 万元以上不满 10 万元的，或者因偷税被税务机关给予二次行政处罚又偷税的，处 3 年以下有期徒刑或者拘役，并处偷税数额 1 倍以上 5 倍以下罚金；偷税数额占应纳税额的 30%以上并且偷税数额在 10 万元以上的，处 3 年以上 7 年以下有期徒刑，并处偷税数额 1 倍以上 5 倍以下罚金。伪造、变造会计凭证、会计账簿，编制虚假财务会计报告尚不构成犯罪的，由县级以上人民政府财政部门予以通报，可以对单位并处 5 000 元以上 10 万元以下的罚款；对其直接负责的主管人员和其他直接责任人员，可以处 3 000 元以上 5 万元以下的罚款；属于国家工作人员的，还应当由其所在单位或者有关单位依法给予撤职直至开除的行政处分；对其中的会计人员，并由县级以上人民政府财政部门吊销会计从业资格证书。

3. 隐匿或者故意销毁依法应当保存的会计资料的法律责任

隐匿或者故意销毁依法应当保存的会计凭证、会计账簿、财务会计报告，构成犯罪的，依法追究刑事责任。

《刑法》第一百六十二条规定："隐匿或者故意销毁依法应当保存的会计凭证、会计账簿、财务会计报告，情节严重的，处 5 年以下有期徒刑或者拘役，并处或者单处 2 万元以上 20 万元以下罚金。单位犯此罪的，对单位判处罚金，并对其直接负责的主管人员和其他直接责任人员，处 5 年以下有期徒刑或者拘役，并处或者单处 2 万元以上 20 万元以下罚金。"根据《刑法》第二百零一条的规定，采用隐匿或者故意销毁依法应当保存的会计凭证、会计账簿、财务会计报告偷税的，还将构成偷税罪等。尚不构成犯罪的，由县级以上人民政府财政部门予以通报，可以对单位并处 5 000 元以上 10 万元以下的罚款；对其直接负责的主管人员和其他直接责任人员，可以处 3 000 元以上 5 万元以下的罚款；属于国家工作人员的，还应当由其所在单位或者有关单位依法给予撤职直至开除的行政处分；对其中的会计人员，并由县级以上人民政府财政部门吊销会计从业资格证书。

4. 授意、指使、强令会计机构、会计人员及其他人员伪造、变造、编制、隐匿、故意销毁会计资料的法律责任

《会计法》第五条规定，任何单位或者个人都不得以任何方式授意、指使、强令会计机构、会计人员伪造、变造会计凭证、会计账簿和其他会计资料，提供虚假财务会计报告，授意、指使、强令会计机构、会计人员及其他人员伪造、变造会计凭证、会计账簿，编制虚假财务会计报告或者隐匿、故意销毁依法应当保存的会计凭证、会计账簿、财务会计报告，构成犯罪的，依法追究刑事责任；尚不构成犯罪的，可以处 5 000 元以上 5 万元以下的罚款；属于国家工作人员的，还应当由其所在单位或者有关单位依法给予降级、撤职、开除的行政处分。

5. 单位负责人对会计人员进行打击报复的法律责任

会计人员应当依法履行职责，坚决抵制违反会计法的行为，任何单位或者个人都不得对会计人员进行打击报复，这是我国《会计法》对会计人员依法行使职权进行保护的一项重要保护性条款。

根据这一条款，任何单位或者个人如果对会计人员由于严格依法办事实行打击报复，都属违法行为。单位负责人对依法履行职责、抵制违反会计法规定行为的会计人员以降级、撤职、调离工作岗位、解聘或者开除等方式实行打击报复，构成犯罪的，依法追究刑事责任。

我国《刑法》第二百五十五条规定："公司、企业、事业单位、机关、团体的领导人，对依法履行职责、抵制违反会计法、统计法行为的会计、统计人员实行打击报复，情节恶劣的，处 3 年以下有期徒刑或者拘役。"尚不构成犯罪的，由其所在单位或者有关单位依法给予行政处分。对受打击报复的会计人员，应当恢复其名誉和原有职务、级别。

6. 其他违反会计法的法律责任

其他违反会计法的法律责任主要指两种情况。

（1）财政部门及有关行政部门的工作人员在实施监督管理中滥用职权、玩忽职守、徇私舞弊或者泄露国家秘密、商业秘密，构成犯罪的，依法追究刑事责任。

我国《刑法》第三百九十七条规定："国家机关工作人员滥用职权或者玩忽职守，致使公共财产、国家和人民利益遭受重大损失的，处 3 年以下有期徒刑或者拘役；情节特别严重的，处 3 年以上 7 年以下有期徒刑。""国家机关工作人员徇私舞弊，犯前款罪的，处 5 年以下有期徒刑或者拘役；情节特别严重的，处 5 年以上 10 年以下有期徒刑。本法另有规定的，依照规定。"我国《刑法》第三百九十八条规定："国家机关工作人员违反保守国家秘密法的规定，故意或者过失泄露国家秘密，情节严重的，处 3 年以下有期徒刑或者拘役；情节特别严重的，处 3 年以上 7 年以下有期徒刑。非国家机关工作人员犯前款罪的，依照前款的规定酌情处罚。"尚不构成犯罪的，依法给予行政处分。

（2）违反《会计法》第三十条规定，将检举人姓名和检举材料转给被检举单位和被检举人个人的，由所在单位或者有关单位依法给予行政处分。

我国《会计法》第三十条规定："任何单位和个人对违反本法和国家统一的会计制度规定的行为，有权检举。收到检举的部门有权处理的，应当依法按照职责分工及时处理；无权处理的，应当及时移送有权处理的部门处理。收到检举的部门、负责处理的部门应当为检举人保密，不得将检举人姓名和检举材料转给被检举单位和被检举人个人。"

违反《会计法》规定，同时违反其他法律规定的，由有关部门在各自职权范围内依法进行处罚。

第二节　会计制度设计

一、会计制度设计综述

会计制度是指政府、会计职业组织或企业按照一定程序制定和实施的、具有强制性的、用于规范和管理特定范围之内会计工作的规则、程序和方法。会计制度是会计规范体系的重要组成部分。

企业内部会计制度是由特定的会计主体制定的、进行企业会计工作所应遵循的规则、程序和方法；同时，它也是企业会计管理工作的规则、标准和依据。

（一）会计制度的主要内容

会计制度主要包括以下方面的内容：

（1）会计组织机构的设置，其内部各部门的职责范围。

（2）会计人员的配备标准和方法，会计岗位的职责分工。

（3）会计科目体系，各科目的核算内容和使用说明。

（4）各种会计凭证的格式、取得或填制、审核、传递凭证的程序和要求，填制说明（有时还附上凭证体系示意图等）。

（5）各种会计账簿的格式，设置和登记账簿的规则和程序，账簿体系及其钩稽关系的说明。

（6）财务报表的种类和格式，财务报表体系及其钩稽关系，财务报表的编制方法和要求。

（7）会计期间的确定，结账规则和程序。

（8）账务处理的基本程序。

（9）按经营业务循环特点分类的各类业务（如货币资金业务、职工薪酬业务、固定资产业务、无形资产业务、采购业务、存货业务、成本计算业务、销售业务、收益分配及纳税业务、对外投资业务、筹资业务和电算化会计业务等）的会计处理方法、程序和要求，有时还包括各类业务的内部控制规则（如费用控制规则、电算化系统的防范错弊的规则等）程序和要求。

（10）财产清查业务、会计工作交接业务、会计档案管理业务等方面的工作规则和要求。此外，有时还包括企业内部核算规则和要求，责任会计工作的内容、核算与分析方法和要求等。

其中，第（3）、（4）、（5）、（6）点（会计核算中的"建账"部分）是企业内部会计制度的核心。

一般来说，企业内部会计制度至少应该包括这四个方面的内容，并通过第（8）点（会计处理的基本程序）将它们联结成一个比较完整的企业内部会计核算体系。

（二）会计制度的分类

1. 按照会计制度提供的信息划分

（1）财务会计制度。财务会计制度是特定会计主体为其外部利益相关者披露会计信息必须遵循的规则、方法和程序的逻辑结合，是用来处理特定主体财务会计的规范和准绳。

通常它包括会计科目及其使用方法的制度，会计凭证、会计账簿、会计核算形式以及记账方法的制度，有关货币资产、应收及预付款项、存货等具体经济业务核算方法的制度，有关财产清查的制度以及财务会计报告制度，有关会计交接、档案保管和销毁办法制度等。

由于财务会计制度要按照公司法、证券法等规定向外部披露财务信息和会计政策，具有一定的外向性，故可称其为外向型会计制度。

（2）纳税会计制度。纳税会计，也叫企业税务会计、涉税会计，是社会经济发展到一定阶段而从财务会计中分离出来的，融税收法律、法规、规章及其他规范性文件和会计核算于一体的一门特种专业会计。它是以纳税人为会计主体，以国家现行税收法律、法规、规章及其他规范性文件为依据，以货币为主要计量单位，运用会计学的基本理论和方法，连续、系统、全面地对涉税活动引起的资金运动进行反映和监督的专业会计。它主要包括涉税会计记账、算账、报账，以及对会计与税法差异的纳税调整两个方面。

（3）管理会计制度。管理会计制度是特定主体为加强经济管理、提高经济效益，侧重于为其管理当局披露内部信息而自行制定的会计制度。

通常它包括有关资金、成本、利润等预测分析、决策分析、计划编制及财务分析制度，企业内部结算制度，企业内部经济核算、责任会计制度等。

它是内向型会计制度，不属会计行政法规范畴。

2. 按照会计制度的设计权限划分

（1）统一会计制度。统一会计制度是指由财政部根据会计法制定的关于会计核算、会计监督、会计机构和会计人员以及会计工作管理的规范性文件。

《中华人民共和国会计法》第八条规定："国家实行统一的会计制度。国家统一的会计制度由国务院财政部门根据本法制定并公布。"这里所说的"统一的会计制度"包括：

1）统一的会计核算制度，如《企业会计准则》（包含基本准则和具体准则）。

2）统一的会计监督制度，这类制度散见于相关的会计制度之中，如《会计基础工作规范》中对于会计监督的规定。

3）统一的会计机构和会计人员制度，如《会计从业资格管理办法》《会计人员继续教育规定》等。

4）统一的会计工作管理制度，如《会计档案管理办法》《会计电算化管理办法》等。

（2）基层单位会计制度/企业内部会计制度。

1）基层单位会计制度，是指会计主体根据国家的会计法律、法规、会计规章和国家统一的会计制度，结合单位内部实际情况制定的会计工作规范。这种制度具有适用性强和适用面窄的特点。

2）企业内部会计制度，指企业自行制定的内部会计制度。为满足加强经济管理、会计核算与监督，及时提供会计信息，管好、用好资金，保护好企业资产，改善经营管理，提高经济效益的要求，一些企业依据国家统一会计制度（企业会计准则），制定了企业内部会计制度。

3）两者主要区别。

① 制定机构不同。统一会计制度一般由主管全国会计工作的部门——财政部制定，而单位内部会计制度则由企事业单位财会机构制定。

② 适用范围不同。统一会计制度在全国范围内或国民经济的某个部门内通用，具有普遍的指导意义，而内部会计制度只适用于其制定单位，只具有特定的指导意义。

③ 施行要求不同。统一会计制度的施行带有较大的强制性，一般情况下基层单位必须无条件地贯彻执行，而内部会计制度在施行中则相对灵活，可由会计人员根据实际情况的变化具体选择和把握。

④ 调整对象不同。统一会计制度用来调整国民经济各部门经济活动中各方面的会计关系，而内部会计制度只能用来调整其制定主体经济活动中的会计关系。

必须指出，内部会计制度按其具体内容和提供信息的目的不同，又可分为外向型的财务会计制度和内向型的管理会计制度。前者主要规定对外披露会计信息的要求和标准，后者主要规定单位内部信息披露的要求和标准。但多数情况下，两种制度是交织在一起的，不能也不应该截然分开。

（三）会计制度设计的任务

1．设置会计机构，配备会计人员，明确会计机构和会计人员责任

会计要对企业经济业务活动进行核算与监督，必须设置会计机构，配备一定数量的会计人员来完成。

为了保证他们独立履行会计职权，不受其他部门的干扰，应当根据企业的生产经营规模、内部管理体制及业务量大小，设置会计机构，配备会计人员，明确其内部分工和责任，有组织、有领导地进行会计工作，完成工作任务。

另外，为保证会计制度的执行，还应根据会计法规规定明确企业负责人和职工执行和遵守会计制度的责任。

2．设计科学的会计指标体系

设计会计指标体系应考虑以下几方面的需要：为国家宏观调控服务的综合性指标的需要；为企业所有者、债权人、未来投资者及其他会计信息需要者服务的外向型指标的需要；为企业管理当局和经营者决策服务的内向型指标的需要。以上各种指标相互联系、互相补充、相辅相成地构成一套会计指标体系。

3．设计适用的会计核算制度

会计核算制度内容主要包括会计科目的设置、会计凭证和会计账簿的设计、财务报表的设计以及会计核算形式的设计。

由于会计核算涉及的内容和范围非常广泛，工作量很大，科学的会计核算制度能够及时、准确、全面地提供会计信息，因此必须适应本单位经济活动的实际与管理的需要。

4．设计系统严密、切实可行的内部控制制度

为确保会计信息质量和企业会计工作顺利的开展，杜绝违法、违规行为，保证企业财产物资的安全与完整，应设计货币资金、存货、固定资产等内部控制制度。

会计制度包括的内容很多，但是为了保证会计工作任务的完成，在会计制度中还必须明确单位负责人以及会计机构负责人和会计人员必须遵守的职责，设计一套科学完整的会计指标体系。科学适用的会计核算制度和健全的内部控制制度是做好会计工作的重要保证。

（四）企业会计制度设计的目标

企业会计制度设计的目标是保证及时提供高质量的会计信息，有效达成企业财务会计之目的和企业内部会计控制之目的。

（五）会计制度设计的指导思想

会计制度设计要吸收外国会计的经验和科研成果。要坚持辩证唯物主义和历史唯物主义，用发展的观点看问题，从实际出发，具体问题具体分析，透过现象看本质，认清事物发展的规律，多作调查研究，多作试点，坚持真理、修正错误，使会计制度内容既符合企业经营管理的要求，又能为宏观调控服务，从而更好地指导会计工作。

另外，会计是经济管理中的一个信息与控制系统，运用"系统论、信息论和控制论"作为指导，对会计制度设计也具有十分重要的现实意义。

（六）会计制度设计的原则

1. 合法合规性原则

它要求企业会计制度必须符合国家有关法律、法规和政策，必须与会计法、会计准则的有关规定一致。

会计准则一般不涉及会计组织机构的设计、会计凭证和会计账簿的设计、会计事务的处理程序和处理方法设计以及内部会计控制制度的设计等。因此，需要通过企业内部会计制度的设计予以补充和完善。

在目前国家仍然实施统一企业会计制度的情况下，企业设计的内部会计制度还必须符合国家统一会计制度的有关规定和要求。

2. 确保会计信息质量原则

保证高质量的会计信息是会计制度设计的基本要求。确保会计信息质量原则又包括相关性原则、可靠性原则、可比性原则和重要性原则等。

（1）相关性原则。它要求企业会计制度必须确保企业会计信息形成机制的完整性和有效性，为会计报告使用者及时提供对其决策有用的信息。这里的"相关性"是指企业所提供的会计信息与财务报表使用者的决策需要相关，即会计信息的决策有用性。因此，企业提供的会计信息必须及时并具有预测价值和反馈价值等特征，能够满足会计报告使用者进行相关决策的需要。

提供与会计报告使用者决策相关的高质量的会计信息是企业会计制度设计的基本要求。

（2）可靠性原则。它要求企业会计制度必须充分考虑会计信息能够真实、客观、完整地反映企业的经营状况的要求，并具有可验证性。会计人员按照会计制度规定的程序和方法进行核算后，所得的会计信息能够恰当、公允地反映企业的财务状况、经营成果和现金流量等情况，没有歪曲或掩饰，不抱偏见。

（3）可比性原则。它要求会计制度设计必须充分考虑同类企业会计信息的横向可比性和企业上下各期会计信息的纵向可比性的要求。

因此，企业会计制度规定的会计核算程序和方法必须符合会计准则和国家统一会计制度的有关规定和要求，使同类企业会计指标口径一致，相互可比；而且，会计制度必须明确规定会计处理方法前后各期应当一致，不得随意变更；若确有必要变更，应当将变更的情况、变更的原因及其对企业财务状况和经营成果的影响，在财务报告附注中加以披露。

（4）重要性原则。它要求企业会计制度设计必须充分考虑会计信息对会计报告使用者决策的影响程度，对于重要的经济业务应当单独核算，详细反映；对于次要的经济业务应当简化核算，总括反映。

3. 真实性原则

企业在进行会计制度设计时，对会计核算的依据、会计核算的内容和基本程序的设计等必须符合法律规定有关信息生成和披露的规定，以规范会计核算秩序，保证会计信息真实、完整。

4. 科学性原则

（1）系统性。即设计会计制度时要从整体上考虑。设计出的会计制度与其他制度必须口径一致，相互协调，互为补充，并与之构成一个有机的制度体系。各项内部控制制度之间也应相互照应，协调一致。

（2）合理性。即设计出的会计制度既有利于提高会计工作质量，又简便易行；既符合会计理论，又有利于会计实践；既适应手工操作，又能适应会计电算化要求。

5. 针对性原则

企业会计制度设计一定要从实际出发，针对单位的具体实际来进行设计。设计会计制度，必须符合客观实际，才能行之有效。

针对性原则要求企业会计制度必须能够适应其自身的生产经营规模、特点和管理要求，以保证企业会计管理工作有规可循、有章可依。正是由于针对性原则的要求，尽管财政部已经制定和颁布了国家统一的企业会计制度，许多现代企业还制定和实施了其内部会计制度，结合其生产经营规模、特点和管理要求将国家统一企业会计制度予以具体化、明确各项要求的实施细则、建立有关会计工作的岗位责任制和内部会计控制制度等。

6. 内部控制原则

企业会计制度设计，一定要根据企业规模大小、业务繁简，将内部控制运用到会计制度的各个部分。单位负责人应对本单位内部会计控制的建立、健全和有效实施负责。

企业内部会计控制制度是为了提高会计信息质量，保护资产的安全与完整，确保有关法律、法规、规章制度的贯彻执行等而制定和实施的一系列控制方法、措施和程序，包括职务分离控制、授权批准控制、文件记录控制、财产保全控制、业绩报告控制、人员素质控制和内部审计控制等。其基本目标包括规范会计行为，保证会计资料真实完整；及时发现、纠正和防止错弊，保护资产的安全与完整；确保法律、法规、规章制度的贯彻执行。因此，在设计企业会计制度时，必须对企业会计组织机构、会计核算程序和会计报告等关键性环节，设置必要的具有预防性功能和自查自纠性功能的内部控制方法、措施和程序。也就是说，在会计信息的输入、处理和输出过程中，均有相应的事先控制措施予以检查，预防错弊；同时，在预防措施失效时，能在会计信息的处理过程中及时发现错弊，并能按规定和要求予以纠正。

7. 效益性原则

进行会计制度设计时，应在目前的经济发展水平和经济政策下，通过制度收益和制度成本的比较来选择制度效益最大的设计方案。一要尽量节约设计费用，例如，能自行设计，不要聘请注册会计师或咨询顾问，能小范围修订，就不要全面铺开；二要充分考虑会计制度运行的经济性，例如，一项会计信息用一个指标能反映出来，就不要设计两个。因此，在进行会计制度设计时，要尽量以最少的花费取得最佳的监督、核算效果。

效益性原则要求企业会计制度必须以提高企业的经济效益、维护企业持续、稳定发展为中心。因此，应该通过建立与完善其经济核算制，调动企业各方的生产经营、技术开发与研究等方面的积极性和创新精神，促进企业合理地增收节支、增源节流，并在妥善处理好企业相关利益者的经济利益关系的基础上，实现企业价值最大化。同时，由于任何制度的制定和实施，都要发生制定成本和运行成本，因此还应注意会计制度的制定、运行成本与其带来的利益之间的比较，使企业会计制度的设计符合成本效益原则的要求。

8. 合理性原则

它要求企业的会计制度既要符合现代会计理论，又要适应会计主体的具体情况和要求，有利于会计工作和企业生产经营活动的顺利展开；既要有利于加强企业的经营管理和内部控制，又要尽可能地简便易行，提高工作效率；既满足企业会计工作的当前需要，又要满足企业会计工作未来发展的需要。企业会计制度的设计，不能搞形式主义、教条主义或照搬其他企业的做法，应该切合实际情况，合理可行。

9. 统一性原则

它要求企业会计制度必须在会计主体范围内统一，无论会计主体的机构多么复杂或分散，对性质相同或相似的经济业务的会计处理方法应力求一致，以便会计资料的汇总与分析。如果会计主体下属分公司或分厂，对某些会计事项的处理方法与总公司或总厂不一致，应于编制财务报表时予以调整，以保证企业会计信息的有用性。

10．弹性原则

它要求企业会计制度必须具有一定的弹性，当企业发生会计事项变更或会计业务范围变化时，不至于变更整个企业会计制度的基本框架。当然，弹性也不宜过大，否则可能增加企业的会计管理成本，影响会计信息质量。

11．系统化原则

系统化原则要求把会计制度作为一个信息提供系统来对待，进行设计时，必须考虑方方面面的问题和要求，既要防止疏漏和短缺，又要避免重复和冲突。

在进行会计制度设计时，要通盘考虑各种会计信息之间的纵向联系和横向联系，要考虑信息在部门与部门之间的联系和共享范畴，以及信息共享权限的分配。在系统分析的基础上构建制度的结构和体系，在纵、横交错的牵制网络和点、面结合的控制路线中体现制度的全面性、关联性、层次性和整体性。

12．信息化原则

设计单位会计制度应有充分考虑会计信息的产生、加工、处理、存储、传输、反馈和信息的使用等过程。运用信息理论和方法，揭示会计信息的本质属性及规律。从会计制度设计上保证会计信息的有效性、流畅性和准确性。根据信息反馈过程以及各阶段的特性，实行职能分设、职责分工、事务分管，以明确各部门和各岗位的责、权、利，确保会计信息提供得正确而及时，并使各自业务相应的部门和岗位在授权范围内能够合理、及时地利用会计信息。

为此，有必要建立合理的业务处理与凭证传递程序，以保证信息反馈过程的流畅，避免信息堵塞与呆滞；在信息反馈过程的关键点实行严格的控制程序，建立经常性的核对和检查制度，以避免并及时发现差错；建立分析和报告制度，以便于采取纠正措施，确保会计信息的准确性和及时性。

13．适应性原则/相对稳定性原则/稳定性与灵活性相结合原则

相对稳定性原则要求企业会计制度必须在一定时期内保持相对稳定，不能朝令夕改。会计制度是会计人员的职业行为规范，如果其内容和要求朝三暮四，既会影响其严肃性，又会使会计人员无所适从。为了确保企业会计制度内容和要求的相对稳定性，设计企业会计制度时，既要注意其科学性、完整性和有效性，又要对未来可能出现的新情况（如经济业务、机构设置和核算要求等发生变化）进行深入的调查和研究，并反映在拟定的会计制度之中。此外，还应使制度规定的核算内容明确、指标口径一致，使不同时期的会计制度保持一致。

但是，由于企业会计制度的设计，受当时国家的企业管理体制等外部环境因素、企业治理结构状况等内部环境因素和人们的有限理性的限制，许多会计制度的内容迟早都会过时或不适应会计工作的新环境和要求，因此必须及时予以修改。

14．实用性原则

设计会计制度的直接目的是指导企事业单位的会计工作，规范其会计行为，此外，对完善单位内部的经营管理制度也起着不可忽视的作用。要想保证上述目的的实现和作用的发挥，必须针对单位的生产经营特点和经营管理要求设计会计制度。特别是企业设计内部会计制度时，必须充分考虑企业的经营规模、经营范围、生产工艺过程和管理要求等方面的具体情况。在此基础上，设计出符合企业实际、可操作性强的会计制度。各企业之间只能借鉴吸收而不能简单

模仿。如果忽视这一点，企业设计的会计制度必然是适应性弱、指导性差，甚至将企业的会计工作引入歧途，导致事倍功半。例如，企业的生产类型不同，使用的成本计算方法就不一样，如果一个单步骤大批量生产的企业，硬去照搬连续式加工大批量生产企业的成本计算方法，其结果必然是人力、财力、物力的浪费。又如，一个只有产品销售收入的企业，如果简单模仿具有多种经营收入企业的会计科目，结果只能是画蛇添足。

15．前瞻性原则

会计制度的稳定只能是相对的，固定不变的会计制度终将不能适应会计工作的发展变化。因此，设计会计制度必须具有超前意识，要能够科学预测未来会计领域的发展趋向和工作内容的扩充，相应设计出当前会计工作虽不需要，但不远的将来可能使用的会计制度，并与其他会计制度内容协调一致。只有这样，才能确保会计制度在较长时期的稳定，并最大限度地发挥其作用。

此外，为了有利于修改会计制度，不经常改变制度的基本框架结构，在设计会计制度时，最好对各项规定留有适当的余地。例如，会计科目的分类编号，应当留有一些空号，以便在业务扩展需要增设会计科目时，不改变原有的编号系统即可予以解决，同时，有效节约设计费用和提高设计的工作效率。

（七）会计制度设计的依据

会计制度设计的依据是指会计制度设计人员在设计会计制度内容时所据以确定的根据。

1．会计制度设计依据的种类

会计制度设计依据按其性质和内容可进行如下分类。

（1）国家法律。法律是由国家立法机关，依照立法程序制定和颁布，由国家强制保证执行的高层次的国家规范的总称，如宪法、刑法、民法、会计法、注册会计师法、审计法、预算法、税收征管法、海关法、各种税法、金融法、公司法、合同法、证券法等。

（2）行政法规、部门规章及其他规范性文件。法规是指由国家行政机关制定的各种法令、条例、规定等，如外汇管理条例、价格管理条例、总会计师条例、企业会计准则等。

另外，还有部门规章及其他规范性文件。例如，由国务院各部委根据法律和国务院的行政法规制定的部门规章制度。

（3）企业规章。由各企业制定的各种规章，如公司章程、工作手册、内部会计制度、岗位责任制度等。

另外，企业制定的业务规范、技术经济标准，如原材料消耗定额、工时定额、能源消耗定额、人员配备定额、设备利用定额等也属企业规章范畴，但也有人主张把此类业务技术规章单独列作一类。

国家法律、行政法规、企业规章、业务规范都是制定企业会计制度的依据，其中与制定企业会计制度直接有关的重要法律法规是国家法律、行政法规、企业会计准则和企业规章。

2．会计制度设计依据的选用

会计制度是依法建立的，会计制度规定内容的依法执行是会计制度合法性的基本内容。虽然国家法律、行政法规、企业规章都是设计会计制度的依据，但是最主要、最直接的依据是会计法和企业会计准则。

（八）会计制度设计的内容

设计会计制度，要求根据会计工作的一般原理，用系统的理论和方法将会计科目、会计凭证、会计账簿、财务报表的种类和格式以及内部控制制度、成本核算制度、会计核算形式等加以规范化，组成一套可以实施的会计程序和方法。

为此，组织和从事会计工作所需要的一切规定、标准和要求，都属于会计制度设计的内容。

在企业里，应当设计哪些会计制度主要取决于两个因素：一是企业会计活动内容的简繁；二是企业会计管理要求的程度。

一般来说，会计内容复杂、管理要求高的企业，需要设计的会计制度内容就较多，反之则较简单。由于会计活动的范围、内容与会计管理的要求受企业经营规模和企业管理水平的决定，所以会计制度的设计内容与企业规模和经营管理要求直接相关。

1. 第一种分类

在一般企业里，需要设计的会计制度内容包括三个大的方面。

（1）会计工作基本条件方面的制度。作为企业会计工作的基础和主要内容的会计核算，必须具备一定的条件才能展开。也就是说，只有设计好会计科目、会计凭证、会计账簿等方面的制度，才能为开展会计工作提供基本条件和依据。具体地讲，属于这方面设计的制度内容主要有：

1）会计科目及其使用说明。这要求规定企业所需要的总分类科目和明细科目的名称、类别、编号、核算内容和使用方法。

2）会计凭证（包括原始凭证和记账凭证）。这要求对会计工作中所使用的各种凭证的格式、联次、用途、传递程序、填制要求、保管方法等做出规定。

3）会计账簿。会计账簿的种类、格式及各种账簿之间的钩稽关系的规定，建立严密完善的会计账簿体系和使用保管制度。

4）财务报表（主要是内部财务报表）的规定。这要求明确规定内部财务报表的种类、格式、内容、用途及编制方法和报送对象等，并将内部报表的有关指标与外送报表衔接起来，内外结合，形成完整的财务报表体系。

此外，使用何种记账方法也应在会计制度设计时予以说明。

（2）会计组织方面的制度。要想合理利用会计工作的基本条件，妥善组织会计工作，就要设计会计组织方面的制度。其主要内容包括：

1）关于账务处理程序的规定。这要求对企业采用何种账务处理程序以及由此决定所需要的凭证和账簿做出明确规定，保证企业的会计核算在高效低耗的基础上进行。

2）关于核算工作组织形式的规定。企业采用集中核算形式还是分散核算形式，采用某种形式时有哪些具体要求，会计部门与车间核算之间的关系如何确定，在设计企业会计制度时都应做出明确的规定。

3）关于会计机构内部组织及人员分工的规定。这要求合理规定内部组织结构，划分工作岗位，妥善配备各个岗位上的会计人员数量和技术职称，制定各工作岗位的职责权限和各岗位之间的协调方式。

4）关于会计档案管理和会计工作交接的规定。这要求对会计档案的保管、调阅和销毁以及会计工作如何交接做出明确规定，保证会计档案的完整性和安全性、会计交接的有序性和责任感。

（3）会计管理方面的制度。会计管理制度主要是针对企业的会计决策、会计控制、会计分析、会计检查等内容做出的规定。设计这方面的会计制度，目的在于强化会计的管理功能，提高会计管理水平，并保证会计核算工作的质量。这方面需要设计的会计制度内容比较广泛，且层次较高，企业之间的差别较大。一般来说，应当考虑以下几方面的内容：

1）内部控制制度。它要求对经济活动实施会计控制的目的、方法、程序、手续等做出严密的规定，确保各种经济活动的有序运行，从制度上堵塞业务处理过程中可能出现的各种漏洞，杜绝营私舞弊行为的发生。

2）责任会计制度，或称内部结算制度。这是指为了加强企业内部的经济核算，完善岗位责任制，调动各部门、各车间的工作积极性并考核其工作业绩而设计的会计制度。

3）成本核算和成本管理制度。它要求根据企业的具体情况，确定成本计算对象、成本计算期、成本项目、费用的归集和分配程序、成本计算方法以及成本管理方面的规章制度，保证成本核算的准确性和客观性，促进成本管理工作。

4）其他有关的制度。如会计预测、会计决策、会计分析、会计考核、会计检查等方面的制度，这是企业会计制度中层次较高的内容。各企业可根据自身的管理要求和会计工作现状确定是否设计，在小型企业里可不予考虑。

除上述外，进行财产清查、实行会计电算化以及企业破产清算等，都需要设计相应的会计制度。

需要指出，由于各单位的情况不同，会计制度设计的内容也不完全相同。各行政事业单位必须针对自身情况，实事求是，并注意借鉴成功的经验，才能设计出科学合理的会计制度。

2. 第二种分类

会计制度的设计需要根据会计工作的实际情况，运用一定的理论和方法进行。会计制度设计的内容应区分全面性的会计制度设计和局部性的会计制度设计来进行。

（1）全面性的会计制度设计内容。

1）设计会计科目。即规定总分类会计账户和二级账户的名称、类别、编号、核算内容以及使用方法。

2）设计会计凭证。即对会计工作中所涉及的原始凭证和记账凭证的格式、联次、用途、填制要求等进行设计。

3）设计会计账簿。即对企业所需的会计账簿的种类、格式等进行设计，建立完善的会计账簿体系。

4）设计会计核算形式。即确定会计凭证、会计账簿、财务报表以及会计核算方法、程序有机结合起来的方式。

5）制定各项经济业务的会计处理程序和手续。包括各种业务的各种表格的传递程序和会计处理方法等。

6）设计财务报表及其编制说明。包括对内（外）报表的种类、格式以及内容、用途和编制方法等。

7）设计会计机构及会计岗位。即在单位内部设置从事会计工作的职能部门以及会计工作岗位，明确会计人员分工及职责，建立各个会计岗位的岗位职责制。

8）确定预测分析、决策分析、计划编制和财务分析制度。

（2）局部性的会计制度设计内容。

1）内部控制制度设计。包括货币资金、存货、固定资产、期间费用的内部控制等制度的设计。

2）成本核算和成本管理制度设计。主要包括成本核算制度、成本计划编制等制度的设计。

3）责任会计制度设计。包括责任中心、编制责任预算、责任核算、责任控制、责任报告和责任考评等制度的设计。

3. 第三种分类

（1）建立和完善企业内部会计管理体制。企业内部会计管理体制规定企业内部各项会计行为的运行方式，确定企业内部各级、各部门之间的会计信息处理和管理关系。

设计企业内部会计管理体制时，必须将其与企业生产经营特点、规模大小、管理要求和会计工作基础状况相适应。

通常，企业内部会计管理体制大体可分为以下两种方式。

1）集中会计信息处理方式。集中会计信息处理方式是指企业会计信息的处理主要集中于企业会计部门（或总公司、总厂的会计管理部门），由企业会计部门统一进行记账、算账和报账，统一核算业务成本和盈亏；二级单位和其他部门一般只负责管理、登记所使用的各项财产物资，记录直接开支的费用，不单独核算业务成本和盈亏，不单独编制内部财务报表。

它主要适用于规模不大、会计信息处理比较简单的小型企业。

2）分级会计信息处理方式。分级会计信息处理方式是指企业会计信息的处理的一部分基础工作分散于企业二级单位（如分公司、分厂、车间等），二级单位或其他部门不仅负责管理、登记所使用的各项财产物资，记录直接开支的费用，而且按内部成本或收益核算要求单独核算其业务成本，甚至需要单独计算盈亏，单独编制内部财务报表。这时，企业内部各单位之间的经济往来，通常需要按内部价格进行计价结算。企业会计部门（或总公司、总厂的会计管理部门）主要负责二级单位和其他部门核算内容以外的各项经济业务的会计信息处理工作，并根据其核算资料与二级单位、其他部门上报的内部财务报表进行汇总，计算整个企业的业务成本和盈亏，编制整个企业的财务报表。同时，企业会计部门（或总公司、总厂的会计管理部门）还负责整个企业的会计信息处理的指导、分析和会计监控工作。

它主要适用于规模较大、会计信息处理比较复杂并需要建立企业内部经济核算制的大中型企业。

（2）建立和健全企业内部会计机构，合理配备会计人员。科学设置企业内部会计机构、合理配备会计人员是加强企业会计管理、保证企业各项会计工作顺利进行、实现企业会计目标的前提条件。

企业内部会计机构的设置是整个社会会计管理体制的重要组成部门。从全国范围来说，会计机构的设置包括各级政府会计管理机构的设置、财政总预算会计机构的设置、企事业单位会计机构的设置等。由于不同范围、不同单位的会计信息处理特点和管理要求存在着较大差异，其会计机构的设置要求和结果往往是不同的。

企业内部会计人员的配备，应该按精简、高效的要求进行。设计内容包括会计人员的数量、各类会计人员的素质要求、会计岗位责任制、会计人员的职责权限、会计人员的职责分工与协调方式及会计人员的职业道德等。

企业内部会计机构的设置、会计人员的配备，必须与企业的生产经营类型、规模大小、业务繁简、企业组织形式和管理要求等相适应，明确其职权、责任和具体工作内容，防止岗位重叠、人浮于事，并创造高效率的工作环境。

（3）建立和健全企业内部会计信息处理系统，保证会计信息质量。企业内部会计制度设计的重要内容之一就是明确会计信息的处理程序、方法和要求，并使之规范化、制度化。其设计内容包括财务会计信息的收集、确认与计量、整理、加工处理、输出等的程序、方法及其处理规则。

在设计会计信息处理系统时，首先应明确和规范原始凭证、记账凭证、会计账簿、财务报表的种类、内容、格式、工作程序、处理规则、相互之间的钩稽关系等，使之成为一个有机整体。

财务会计信息的确认设计，是保证财务会计信息客观真实、准确的基础环节，包括通过对财务会计信息的判断与鉴别，从性质上加以确认；通过对相关数据的复核与计算，从数量上加以确认。

财务会计信息的计量设计主要包括两方面的内容：

1）计量方式的设计，明确是采用货币计量模式、实物计量模式，还是采用时间计量模式，或者采用双重计量模式。

2）计量方法与计量手段的设计，应确保入账金额和结转金额的合法、合规、合理和会计信息流的公允性。例如，确定增加和减少存货、固定资产和无形资产等的计价方法，确定各种费用的归集与分配方法、业务成本的计算方法、各项资产期末计价方法等。

（4）建立和健全企业内部会计控制系统，确保有关法律、法规和规章制度的有效实施。内部会计控制是指各单位为了提高会计信息质量，保护资产的安全、完整，确保有关法律法规和规章制度的贯彻执行而制定和实施的一系列控制方法、措施和程序。

内部会计控制是财务治理和公司治理的基础，各单位应站在公司治理高度建立内部会计控制，应以财务治理为核心健全公司治理，并建立内部会计控制与财务治理的相机控制机制，综合运用内部会计控制、财务治理与公司治理，切实提高单位的经营管理水平和会计信息质量。

内部会计控制设计的主要内容包括货币资金业务的内部会计控制、职工薪酬业务的内部会计控制、固定资产业务的内部会计控制、存货业务的内部会计控制、采购与付款业务的内部会计控制、成本费用的内部会计控制、销售与收款业务的内部会计控制、投资与筹资业务的内部会计控制、担保业务的内部会计控制、工程项目的内部会计控制和电算化会计信息系统的内部会计控制等。

4. 第四种分类

运用系统的理论和方法，充分体现加强内部控制的精神，将会计科目、会计凭证、会计账簿、财务报表、成本核算制度、会计核算组织形式等规范化地组成一套可以实施的会计程序和方法是会计单位制度设计的主要任务。

在一个企业里，会计制度设计主要取决于单位经济业务的特点和单位会计管理要求两个方面。一般来说，单位经济业务复杂、管理要求的信息划分细致的企业会计制度设计的内容就会多而复杂一些，反之，就会少而简单一些。

总体来看，一般企业需要设计的会计制度由以下几个方面组成。

（1）财务会计制度设计。具体包括会计科目设计、会计凭证设计、会计账簿设计、财务报表设计和会计核算程序设计。

（2）成本核算制度设计。具体包括成本会计凭证设计、制造成本方法体系设计和制造成本会计事务处理程序设计。

（3）管理成本会计制度设计。具体包括标准成本会计制度设计和责任会计制度设计等。

（4）内部会计控制制度设计。具体包括货币资金内部控制制度设计、采购与付款内部控制制度设计、销售与收款内部控制制度设计、存货内部控制制度设计和投资内部控制制度设计等。

（5）会计工作组织设计。具体包括账务处理程序设计、单位（集团）内部会计核算工作组织形式设计、会计机构设置设计、会计岗位及人员分工设计、会计档案和会计工作交接制度等。

（九）会计制度设计的种类

1. 按会计制度的内容不同进行分类

（1）综合性会计制度设计。综合性会计制度是指规范全国会计工作的法规和制度，如《会计法》《注册会计师法》《企业会计准则——基本准则》《会计档案管理办法》等。这些制度具有指导全国会计工作的普遍意义，要求各单位和所有的会计从业人员执行。这类会计制度的特点是：

① 普遍适用性。例如，《会计法》适用于国内不同地区、不同行业、不同所有制成分的各会计单位，而不能强调地区差别、经济文化发展程度差别不执行此项制度。

② 制度内容的概括性和原则性。考虑到全国各地区和不同行业会计工作存在的差别，这类制度就不可设计得太具体，否则就影响其普遍执行，具体的内容由其他制度来补充，即在制定和设计这类制度时要留有余地。

③ 强制性。这类制度多以法律或行政法规的方式出现，因而是一种强制执行的会计制度，违背它们就要受到一定的制裁，负一定的法律责任。

（2）业务性会计制度设计。业务性会计制度是指规范会计核算业务的处理方法和程序方面的制度。例如，各项企业会计准则具体准则就是业务性会计制度。

这类制度的特点是：

① 适用于不同属性的单位或组织的不同类型的业务。

② 可操作性强。业务性会计制度如同操作手册，因此，其规定必须具体和详细，尤其是对不同情况下应选择的不同处理方法要做出具体规定。

③ 技术性强。由于这类制度是对会计业务的具体处理规范，所以，各项处理具有很强的方法性和技术性，这些方法和技术成为会计区别于其他学科的重要标志。

④ 规范对象是会计工作的客体，即具体的会计对象如何确认、计量、记录和报告等方法。

（3）会计人员制度设计。会计人员制度是指用来规范会计工作人员行为和会计人才选拔、管理方面的制度。这类制度是专门规范会计人员的职责、权限、奖惩、选拔办法、管理体制的。例如，《会计人员职责条例》《总会计师条例》《会计人员继续教育规定》等法规以及各单位制定的会计人员任职资格及考核办法等，均属会计人员制度。

这类制度的特点是：

① 规范对象是会计行为主体，而不是会计业务。

② 它体现一个国家、企业、团体对会计人员的管理模式和要求。

2. 按会计制度设计的范围不同进行分类

（1）全面性会计制度设计。全面性会计制度设计是指对会计工作所应遵循的制度进行整体设计，形成一套完整的会计制度体系。

（2）局部性会计制度设计。局部性会计制度设计是指对会计工作的部分规范、部分经济业务的会计处理程序和方法进行的设计。

在分析管理层的信息需求之后，对单位的经济业务进行科学分类，拟定会计科目体系（包括总账科目和明细科目）；设计经济业务的原始凭证体系；设计会计账簿体系；设计财务报表体系；设计会计业务处理程序；选定成本核算方法，设计成本核算流程；设计内部控制制度体系；设计单位内部管理制度体系等。

一般是原有制度体系中尚未包括的部分。多为单位经营规模扩大、经营范围拓宽、经营方式改变或管理要求的提高等引起。例如，企业设立多个分支机构或子公司，就要设计分（子）公司管理制度体系；由手工会计系统改为计算机会计系统时就要设计会计电算化会计制度等。

3. 按会计制度设计的基础进行分类

（1）重新性会计制度设计。重新性会计制度设计是指在原有会计制度基础上为单位重新设计一套会计制度。

（2）修订性会计制度设计。修订性会计制度设计是对单位原有会计制度作适当的修改补充而设计的会计制度。通过对原有会计制度部分内容的更新，使其更符合现实的需要。

（十）会计制度的设计方式

根据企业会计人员的业务素质、知识水平状况，会计制度的设计可以采用不同的方式。

1. 自行设计

自行设计是指由本企业的会计人员独立组织进行的设计，这是设计会计制度的主要方式。

优点是设计人员了解企业的各方面情况，熟悉企业供、产、销各种业务和人、财、物各种要素，容易得到企业各职能部门和各有关人员的支持和配合，且能够节省设计时间和减少设计费用，便于会计制度的贯彻落实。

缺点是设计人员容易受传统习惯的影响，不利于大胆革新，不利于借鉴吸收新知识、新经验、新做法。如果设计人员的学识水平达不到要求，难以提高会计制度的质量。

2. 委托设计

委托设计是指设计会计制度的企业委托会计师事务所等中介机构为企业设计会计制度。无论是国内还是国外，无论是现在还是将来，为企业设计会计制度都是会计师事务所的一项重要业务。

委托设计的优点是设计人员对国家的法规制度理解较深刻，业务水平较高，知识面较宽，革新精神较强，便于通过制度的设计促进企业的会计工作。

缺点是不易得到企业各方面人员的配合，对企业的了解较少，难免使制度的某些内容脱离企业的实际，从而削弱会计制度的实用性。

3. 联合设计

联合设计是指以企业的会计人员为基础，聘请会计制度设计专家作为指导共同设计企业的会计制度。

这样做，有利于充分发挥自行设计和委托设计的优点，克服各自的缺点，相互配合，取长补短，使企业会计制度设计得更加科学、完善，把会计发展的最新动向和相关知识与企业的实际情况充分体现在企业的会计制度设计中。

（十一）会计制度设计的方法

1. 文字说明法

用文字说明会计制度的有关内容，这是会计制度设计中使用最多的方法。

该方法在使用时可用文字单独说明，如会计制度的总体说明、会计科目及其使用说明、内部控制要点等；也可以文字辅以图示说明，如对会计组织结构及岗位职责、凭证、账簿、报表的使用说明，对各类业务会计处理程序的说明等。

不论如何应用文字说明法，都要能恰当表达有关内容，行文要规范，定义要严谨，语句要确切。以文字说明法表示的会计制度的内容要注意排列得体，同一层次的语句段落要采用相同的字号排列；不同层次的语句段落要采用合适的编号形式，如一、（一）、1.、（1）等。

2. 表格法

用表格形式反映会计制度中使用的凭证、账页和报表格式。

应用表格法主要应掌握以下三方面要求。

（1）表格尺寸统一。表格尺寸统一也就是会计凭证、账页和报表用纸格式的统一。统一会计凭证用纸大小，有利于会计凭证的编制及装订和保管；统一账页用纸大小，便于账页的登记和装订保管；而统一报表用纸大小，则既便于编制装订保管又便于阅读。总之，便于装订保管是统一会计凭证、账页和报表用纸的共同目的。便于会计凭证、账号的编制和登记，是会计人员自身工作的要求，但便于财务报表的阅读，则是从使用人的角度来考虑的。

为了保证表格用纸规格统一、节约而有效，有关主管部门应确立用纸规格，以便设计人员能在相对集中的用纸规格中选择适合的纸张尺寸。

（2）表格画线标准。在会计工作中所使用的表格，其画线方法通常有以下要求。

1）表格空边的画线。表格一般由表首、表体和表尾组成。表首反映表的名称、日期等内容；表体以线条划分项目、金额等内容；表尾说明表格经办人员等情况。表格空边则是表体与纸张边缘的空间，设计时，要对表格空边做出统一规定，通常表格装订部分空边和表格表首部分空边要留宽一些。另外，表体部分的画线也要统一规定，例如表体外围线用粗线，表体内部标题线用次级粗线，表体内部空格线用细线。有条件的，亦可对表格画线的颜色做出规定，以规范醒目。

2）表格栏次的画线。表格中分为几个大部分的垂直线应该是最显著的线。例如，用垂直线将账页的金额栏划分为借方、贷方及余额栏。在金额栏中不同货币单位的线也应有所区别。例如，元与角之间、百元与千元之间、十万元与百万元之间等可用粗线，其他可用细线，以便记账人员定位。表格中的横线在较多、较密的情况下，可每隔五条线采用一条较粗的线，这样可以防止记录串行，也便于统计记录的笔数。

（3）表格制作控制。会计业务中的表格数量，在企业所有管理用表格中一般占有较大的比例。为了降低表格制作成本，提高表格使用效率，应对表格制作予以控制。其方法就是表格制作、修改及废止的申请审批程序。其具体做法是，首先，凡表格制定、修改和废止，均须填制申请单。随后连同表格样本，送会计主管审核。表格审核要点主要有：表格是否确实需要，表格内容是否与其他表格有重复或冲突之处；表格制定和修改对有关部门是否有影响；使用是否经济有效；表格联数、尺寸及印数是否经济合算；表格废止理由是否正当，其相关业务是否已不存在或其内容已由其他表格代替或合并等。其次，申请单位审核批准后，对制定、修改后的表格予以编号，并将其样本及其使用说明向有关部门或人员公布，对废止的表格要限期及时收回、集中处理。最后，会计主管部门要定期检查表格使用情况，作为表格使用、改进及审查的依据，为此，定期编制表格控制报告。

3. 流程图法

流程图法是会计制度中用一定图形反映各项业务的处理程序。

该方法反映业务处理程序要比文字说明法容易为人们所了解和掌握。使用流程图有利于提高工作效率，能为会计电算化创造条件，同时也有助于审计人员进行内部控制测试，从而确定审计重点和需予审查的详细程度。

流程图有多种类型，常见的有以下两种。

（1）框图式流程图。它是用矩形框图和直线组成的一种流程图。框图内反映所处理的内容，直线反映信息及其载体的传递；框图亦可反映信息及其载体，直线反映处理要求。它常用于简单的业务处理流程，如会计核算形式图、业务处理主要环节图等。

（2）符号式流程图。它是用具有一定意义的符号，形象反映业务处理过程的图表。它比框图式流程图反映更直观全面，不仅能反映业务处理部门、人员，还能反映信息传递、变换的过程和信息载体生成、传递、记录、存档的情况，所以它被广泛用于业务处理程序设计中。符号式流程图要事先规定符号及其意义，并规定绘制规则，现分别述之。

1）符号及其含义。目前，用于流程图的符号，国际会计界没有专门统一，但在某些国家已有专门规定，如美国、澳大利亚、日本等均由国家、行业或协会专门规定流程图符号。我国尚未制定出统一的业务流程图符号。

2）绘制方式。业务流程图的绘制方式一般有两种：一种是纵式流程图；另一种是横式流程图。纵式流程图的绘制方法是：将一项业务处理过程按照次序先后，用一条主线垂直串联起来，业务处理过程中发生的单据、凭证以及凭证的分类、记录、归集、汇总等处理步骤，都用具体图式描绘出来。这种纵式流程图的一个显著特点是：对每个处理步骤都有相应的注释，以简明扼要的文字阐明各步骤的工作内容、控制性质和特点。这种方式较易为人理解，但难以反映各部门之间的联系。横式流程图的绘制方法，则以业务处理过程中各部门的控制和实施范围以及部门之间的联系为基础，横向表示凭证、单据在部门之间和部门内部的传递、分配、记录、归档等步骤。这种方式可系统地、完整地反映业务处理过程中各职能部门之间的联系，但不便于对各步骤的活动做出简单的文字叙述。如果业务内容过于复杂，或图形符号过多时，就较难明了整个业务的控制系统。

（十二）会计制度设计的程序

1. 准备阶段

设计工作的准备阶段是基本程序的第一个环节，要达到预期的目的，在很大程度上取决于设计的准备工作是否做得充分、细致、周全。这一阶段应做好如下工作。

（1）确定会计制度设计的类型、内容和目的。企业会计制度的设计，按其工作要求的不同，可分为创建性会计制度设计（或重新设计）和修订性会计制度设计两大类。

创建性会计制度设计是指为新设立企业的经济业务及其所体现的资金运动设计整套会计制度，为现有企业新增的不同类型经济业务所进行的补充设计，以及由于企业进行会计制度的全面更新或根本性改革所进行的会计制度的重新设计（再设计）。

对于创建性会计制度设计，还可按其设计范围的不同，进一步分为全面性会计制度设计和局部性会计制度设计两类。全面性会计制度设计是指为企业的全部经济业务所进行的设计。通常，新创立的企业需要进行全面性会计制度设计；合并、改组后的企业需要进行全面性会计制度的重新设计。局部性会计制度设计是指对企业新增性质不同的经济业务的会计处理程序和方法等所进行的设计。通常，开始实施多元化经营的企业就需要进行局部性会计制度的设计。

修订性会计制度设计是指对原有的会计制度进行全面性或局部性修改时所进行的设计。由于企业的生产经营规模、特点和管理要求，经常处于不断变化之中，经过一定时期后现有会计制度的某些内容可能逐步变得过时或不切实际，因此不得不进行必要的修订。

对于不同类型、不同内容的会计制度在设计上有不同的要求。

因此，在设计之前，首先要明确设计的内容和设计的目的，以便更合理地安排设计工作，提高工作效率。

（2）制订设计方案和设计规划。制订设计方案，即拟定设计的计划。其内容一般包括以下几方面。

1）确定设计的时间安排。时间安排要根据设计类型来确定，如全面设计，时间要长一些，否则可短一些，要有一个进度表。

由于企业会计制度设计是一项非常复杂的、系统性很强的工作，容易出现重复、遗漏、矛盾和不切实际等问题，因此在设计的准备阶段应根据设计内容、规律和要求，拟定设计大纲，安排设计工作的进度，并认真编制"会计制度设计工作日程表"。

在"会计制度设计工作日程表"中，应列示每一项设计内容、完成的时间和先后顺序。在时间的安排上，既要力求节约，尽快完成设计任务，又要考虑周密，留有一定的余地，保证会计制度的设计质量，使所设计的会计制度切合实际并行之有效。

通常，一项全面性的企业内部会计制度的设计，需要 3～4 个月；一项局部性企业会计制度的重新设计，也需要 1~2 个月。

2）明确设计的内容。所谓设计的内容，是指设计什么项目。例如，全面设计要求列出一个设计清单，列明所要设计的项目。局部设计则应列出设计所涉及的具体部分及这些部分所涉及的具体项目。修订性设计要列清修改的项目和修改的内容。

3）配备一定的设计人员。企业自行设计会计制度时，既要吸收会计人员参加，也要吸收其他业务和技术部门的有关管理人员参加。委托外单位（会计师事务所、会计咨询公司或高等院校）或有关专家设计会计制度时，本企业的有关会计人员和其他管理人员也应参与其中。

无论是自行设计还是委托设计，会计制度设计人员必须具有丰富的理论知识、过硬的业务素质和良好的思想品质。参与设计的人员必须通晓会计理论、会计和经济管理知识；熟悉会计法、企业会计准则、国家统一的企业会计制度、公司法、税法等相关法规制度；具有一定的会计工作经验或企业会计制度设计经验，非常了解企业会计实务中的一般会计处理程序、方法和要求；对本企业的主要业务流程、特点和管理要求有比较全面的了解；工作踏实细心，责任感强。

（3）进行调查研究并收集有关的资料。调查研究是设计会计制度的基础。只有在充分调查研究的基础上，才能设计高质量的会计制度。调查研究的内容一般包括以下几方面。

1）了解企业生产经营的实际情况。会计制度设计的工作人员主要应调查企业的性质与规模、产品的特点、生产工艺过程与特点、原材料供应情况、市场情况与产品销售情况、生产设备情况、职工人数、筹资方式与资本构成情况、盈利和利润分配情况、机构设置与人员配备情况、定额管理情况、历年的生产经营情况和经济效益等。凡与会计制度设计有关的所有生产经营情况，均须详细调查，作为会计制度设计的参考。

2）调查企业现有的各项管理制度。如资金管理、购销管理、产品质量管理、物资管理、设备管理、投融资管理和人事管理等，分析其执行情况、合理性及存在的问题和漏洞。

3）充分了解管理层对制度设计的要求。通过分头或集中召开大型、小型及个别形式的座谈会了解、领会各层次管理者对各种管理信息的需求。召开设计小组成员会议，汇集座谈收集的信息。

在充分调研的基础上，分析调研资料并汇总制度体系涉及的业务流程、业务关键控制点、检查点、业务指标，明确各业务的经办部门、关键岗位、控制措施、检查措施等信息。

4）了解企业现行会计制度的执行情况。工作人员可以选择几个主要问题进行调查：材料采购、验收、货款结算情况；存货的收、发、结存、清查盘存情况；销售的开票、发货、运输与结算情况；生产费用核算与成本计算方法；内部核算情况以及固定资产、工资、货币资金、往来款项的核算情况等。要了解现行会计制度的基本内容、特点、存在的问题和缺陷；科目、报表（包括内部报表）凭证、账簿的设置及其格式；原始记录的设置及实施情况；主要产品的成本核算方法；成本核算组织体系及有关凭证表单格式；内部控制制度的主要内容及其实施情况等。

5）征询意见。征询企业领导、各职能部门特别是会计部门以及主要会计人员对新设计的会计制度的要求和意见。例如，材料按什么成本价格进行日常核算，采用什么产品成本核算方法，是否实行定额成本法，实行定额成本法是否具备条件，对内部控制制度的要求，对内部报表指标的要求等。

6）调查其他相关情况。

① 了解目前统计核算、业务核算的实施情况，存在的主要问题，所用凭证、表单、原始记录的种类及其格式等。

② 了解组织机构与人员情况，主要了解企业各职能部门与财会部门的机构与人员情况和

分工情况、岗位责任情况等。

③ 收集本企业的有关规章制度，如厂规、技术操作规程等，分析其与企业会计制度设计的关系，了解财务、统计、业务核算的实施情况和存在的问题，作为设计会计制度的参考。

④ 熟悉企业会计准则等国家颁发的有关统一会计制度和财经法令等内容，特别要了解和掌握国家最近颁布的有关法律、法令、制度和准则，作为设计会计制度的依据。

⑤ 收集同行业先进企业的会计制度。设计会计制度时，要注意收集同行业先进企业的各种会计制度，作为设计本企业会计制度的参考。

7）分析论证。设计人员经过设计调查，取得了大量的调查资料，有些与制度设计联系很紧密的资料要重新进行归类整理，有些与制度设计联系不大的资料要进行一定的舍弃。整理后进行分析和论证，分析论证设计项目在经济上的合理性、技术上的可行性以及实施环境上的适应性，从而确定设计项目的可行性。如果项目可行，应立即投入设计；如果项目还存在一定的问题，应暂缓设计或修改原项目方案；如果项目不可行，应停止设计项目。

2．设计阶段

（1）拟订设计大纲。一般来说，会计制度的设计大纲应当包括下列内容：根据国家统一会计制度的要求初步拟定本企业的会计科目，初步拟定账簿组织系统图、主要产品成本流程图、主要业务工作流程图、原始记录流程图，关于采购、销售、筹资、投资、成本和利润等的核算方法与要求，会计管理工作的总体思路，会计制度设计的进度计划。

（2）进行设计。

1）设计程序。企业可以按下列先后顺序具体实施会计制度的设计工作：

① 设计企业的会计机构和人员配备，以及机构人员之间的控制与相互制约制度。

② 设计企业所采用的会计核算程序。

③ 设计收入、成本、费用的核算和控制制度。

④ 设计资金、财产的核算和控制制度。

⑤ 系统设计确定会计科目、原始记录、会计凭证、会计账簿和财务报表。

⑥ 进行全面综合整理，修繁补缺，形成一个完整体系。

⑦ 写成正式的书面会计制度草案。

2）设计分类。根据会计制度设计的工作计划，利用设计调查取得的相关资料，结合设计的内容，按照会计制度设计的各项原则，进行会计制度的设计工作。

① 总体设计。总体设计是对要设计的会计制度进行全面的规划，确定出会计制度的性质、目标和具体范围，确定各个具体设计项目的内容和要求。总体设计是具体设计的依据。

② 具体设计。具体设计是指按照总体设计提出的各具体项目设计的内容和要求，采用恰当的文字、图表等形式，为会计制度编写出具体的规范，从而实现会计制度设计的预期目标，指导会计工作的实践。

在进行具体设计时，设计人员最好经常与相关部门的人员及时沟通，以便增强会计制度设计的适用性，有利于相关部门的人员尽快熟悉会计制度，为日后会计制度的顺利实施奠定良好的基础。

具体设计的主要内容如下：

A．充分考虑小企业和大企业的差异、现金交易的多和少的差异、单位管理层要求提供信息的详细和简略的差异。选择适合单位业务特点和管理要求的会计核算组织形式。

B．充分考虑会计机构设置得简单和复杂的差异，明确总机构与分支机构职责与权限的划分，明确各会计工作岗位的分立或合并，明确会计机构的职责与权限，明确各会计工作岗位职责与权限。设计合理的会计组织体系。

C. 构建以设计会计科目、凭证、账簿、报表和设计各项经济业务的账务处理方法为主要内容的财务会计制度体系。

D. 构建以规划各种业务记录单据的内容、格式、填制要求、汇总上报程序，各种内部管理表格的内容、格式、填制要求、汇总上报程序，各种分析指标的计算方法等为主要内容的管理会计制度体系。

E. 构建以划分各项财务管理业务、明确各项财务管理指标的计算口径、各种财务管理分析报告的基本格式与要求等为主要内容的财务管理制度体系。

3）设计会计制度时应注意的问题：

① 要贯彻国家的方针、政策和法规。

② 要符合企业会计准则的规定。

③ 各项会计制度要具体、全面、准确，满足本企业的需要，但不要脱离企业实际，更不能模棱两可。同时，要防止简单化，只有原则，没有具体内容。

④ 要适应企业内部控制的要求。设计会计制度要充分体现出内部控制的要求，以利于控制，提高管理水平。

⑤ 正确处理各部门的关系。设计会计制度时，要注意处理好会计部门与其他各有关业务部门的关系，相互配合，积极支持，以便共同搞好企业生产经营管理。

⑥ 正确处理会计制度与其他制度的关系。设计会计制度时，要注意正确处理会计制度与其他制度的关系，应该从一盘棋出发，相互配合。

3. 试行和修正阶段

会计制度设计不可能一次设计就很完善，因为会计制度涉及面广，难免有考虑不周到之处，因此，必须检查验证。

由于会计制度正式实施以后，在相当长的一段时间要保持稳定，因此对于会计制度设计的质量要求就非常高。会计制度设计完毕以后一般要先进行试运行，即使设计十分规范、严密的会计制度，也必须先试行，防止出现所设计的会计制度内容与实际脱节或过于烦琐或过于简单或出现与会计制度有关内容衔接不当，不能满足实际工作需要等现象的发生。

在会计制度试行一段时间以后，在实际工作中，要全面总结设计的会计制度，看其在实际工作中的有效性和适用性，检验其存在的问题，及时进行修订，要保证所设计的会计制度语言详略得当，对实际工作具有很强的指导作用。对于存在的问题，必须及时进行修订，以使会计制度日趋完善后正式实施，保证会计工作的顺利开展。

会计制度草案形成后，应当组织人员到一些企业单位进行试点，通过实践检验，较深入地发现一些问题，再进一步修改定稿，然后发布实施。

另外，国家统一会计制度还有一个定稿发布阶段。即在统一会计制度方案形成后，需召开全国会议广泛征求意见。会后根据代表们提出的意见，修改定稿，再经部领导审查后，发布实施。

内部会计制度设计的程序一般也分为上述组织准备、调查研究、设计编写和试点修改四个阶段。但是企业内部会计制度设计由于组织设计的方式不同，其会计制度设计程序也就不尽一致。

（十三）会计制度设计的基本要求

1. 应与国家财经法规要求相适应

由于企业会计行为涉及社会经济活动诸多领域，所以会计制度设计不仅要以会计法、会计准则作为依据，会计制度的内容还要与金融法规、证券法规、财政、税务法规、外经外贸法规、企业法、公司法以及其相关财经法规的规定要求相适应，以促进市场经济健康发展。

2. 应与经济管理体制相适应

在社会主义市场经济体制下，经济管理体制改革以后，国家只授权财政部制发统一会计制度，其他专业不再制发统一会计制度。集团公司和大型企业等，可在其系统内部制定内部会计制度。

3. 应与所有制形式相适应

由于所有制不同，企业所有者与企业经营者之间的经济权利与经济利益关系就有所不同，并各具有一定的特点，企业可在不违背财政部制发的统一会计制度要求下，拟定自己的企业内部会计制度。

4. 应与经济管理要求相适应

在社会主义市场经济体制下，实行现代企业制度，体现"政企分开，产权明晰，权责明确，管理科学"十六字特征，建立了自主经营、自负盈亏、自我约束、自我发展的经营机制，企业必须做到以收抵支、有所盈利才能生存和发展。这些经济管理要求的不同，就决定了会计制度核算内容之间的差异。

5. 应与社会各方所需会计信息要求相适应

在市场经济体制下，企业通过财务报表向企业所有者、企业经营者、债权人、未来投资者、政府财政部门、工商行政部门、国家证监机构和社会其他方面提供所需会计信息。

（十四）会计制度设计人员的要求

会计制度设计人员要具备较高的政策水平、全面的理论知识、扎实的业务实践能力。

1. 具有深厚的会计理论基础和处理业务能力

会计制度设计人员只有通晓会计理论、会计方法，熟悉会计工作的具体情况，了解会计未来发展的趋势，能够熟练地运用会计理论指导和解决会计实践，才能很好地解决在会计制度设计过程中出现的一些问题，从而使会计制度设计工作得以顺利开展。

2. 要熟悉国家有关会计法律、法规和规章以及有关的政策规定

会计制度设计人员必须熟悉会计、审计、税法、证券投资、工资等各方面的法规和政策，只有这样才能保证设计出的会计制度与相关法律法规相协调。

会计制度设计人员应对企业各部门以及各个业务环节的管理知识有一定的了解和掌握，对各个部门的职责以及与财会部门的关系要了如指掌，确保在进行会计制度设计时能够兼顾各个方面，使各部门在经济业务的处理上能够相互协调和制约，使所设计出来的会计制度具有较强的适用性。

3. 通晓会计制度设计的理论、方法和审计知识

在进行内部会计制度设计时，必须考虑到所设计的会计制度是否符合制度设计的要求，是否符合审计的要求，是否有利于会计工作的开展，是否会影响到审计工作的开展，是否强化了审计的监督。

因此，会计制度设计人员必须掌握会计制度设计的理论和方法以及有关的审计知识。

4. 具有较高的语言文字表达能力

为了便于阅读、理解和操作，在进行会计制度设计时，主要运用文字、图示和表格的方式，对所要设计的内容都是运用文字进行表述。这就要求会计制度设计人员设计出来的会计制度要语言简练、意思表达清楚、结构严密、用词恰当。

因此，设计人员必须具备相当的语言文字能力，善于运用语言文字，设计出既通俗易懂又具有相当理论水平的会计制度。

二、会计制度总体设计

总体设计是指对某一确指单位所要设计会计制度的内容及其设计工作做出的全面安排及规划。总体设计涉及两个方面的问题：一是对本企业会计制度设计中涉及的设计内容勾画出总体框架，经过论证后确定最终的设计方案；二是对本企业会计制度设计的工作程序、所需人员、设计经费、设计进度和设计时间等做出安排。

完成总体设计的一般程序是：首先，进行企业调查工作；其次，在企业调查的基础上进行综合分析，提出各种可供选择的总体方案；最后，会同有关人员、专家学者分析、对比各种总体设计方案，从中选出并确定较优的一个。

总体设计方案一经确定，应保持其相对稳定，尽量避免频繁的、大幅度的调整和修改。当然，在具体设计过程中如果客观环境发生了变化，或者出现了未曾预料到的新情况、新问题，应当及时调整总体设计方案。

（一）会计制度设计调查

1. 会计制度设计调查的要求

会计制度设计调查是会计制度设计人员按照会计制度设计的内容和要求，运用一定的方法，了解掌握会计制度设计的有关情况，发现问题并为会计制度设计提供资料的过程。

设计调查是整个会计制度设计的基础，它在会计制度设计的不同阶段，其内容和详细程度有所不同，具体分为初步调查和详细调查。一般来说，初步调查是为总体设计服务的，应由项目负责人完成。详细调查是为具体设计服务的，应由各分项设计人员完成。初步调查与详细调查并无严格的界限划分，往往可以交错在一起进行。

无论是哪种调查，其要求主要有以下方面：

（1）拟订调查提纲，明确调查的内容。

（2）采用适当的调查方法。

（3）深入实际，掌握企业第一手资料。

（4）融合管理者需要。

（5）收集一些与设计会计制度有关的文件、法规和公司章程、现行制度中的各种凭证、账簿和报表等。各种调查结果要形成文字资料。

2. 会计制度设计调查的内容

设计调查的内容和范围取决于设计的类型。就全面性会计制度设计的内容而言，一般包括以下内容。

（1）基本情况的调查。包括：企业性质，所属行业，企业的规模，企业经营方式和经营范围，企业内部组织机构及职责权限的规定，企业的资产、负债和所有者权益的构成情况，产品生产的组织方式和工艺技术特点，企业的材料商品、采购方式和产品销售方式，企业的自动化水平，企业内部的经济核算形式及要求，企业的远期规划和近期目标，等等。

（2）企业会计系统现状的调查。包括：会计机构的设置和会计人员的配备情况，会计人员的素质情况，会计账户的设置和会计核算形式，会计凭证、账簿、报表体系，会计系统的主要功能，计算机在会计上的应用程度，等等。

（3）各类业务会计处理程序的调查。包括：货币收支业务、职工薪酬业务、固定资产业务、采购业务、生产成本业务、销售业务、投资和筹资业务、分配业务等。

（4）其他情况的调查。包括同行业会计实务的处理规定调查、国家有关财经法规和指导性规范的调查，以及干部、会计人员、职工对完善管理制度和会计制度的建议和意见的调查等。

3. 设计调查提纲的拟订方法

设计人员经过设计调查，会取得大量资料。这些资料大部分与所设计的会计制度有关，也可能有少数资料与设计会计制度关系不大。为了使调查工作深入、细致，使调查内容不重不漏，使设计工作能顺利进行，调查人员应在调查前拟出调查提纲，列出需要调查的项目，依次进行调查和记录。

调查提纲的拟订需要注意以下问题：

（1）根据调查的目的来确定调查提纲的范围和详细程度，同时在调查提纲中应列出为会计制度设计所必需的项目，调查内容既不能重复，也不能遗漏。

（2）列入调查提纲的项目，应尽可能详细、具体，问题明了，并对项目作必要的分类，便于调查人员分工和调查资料的分析整理。

（3）调查提纲可以用文字形式表达，也可以用表格形式反映，还可以根据调查内容同时使用两种形式。调查提纲如表 1-10 所示。

表 1-10　调查提纲

被调查单位　　　　　　　　　　　　　　　　　　　　　　　　　年　　月　　日

调查项目	内　容	备　注	被调查人
一、基本情况			
1. 企业性质			
2. 所属行业			
3. 企业的规模			
4. 企业经营方式和经营范围			
5. 企业内部组织机构及职责权限的规定			
6. 企业的资产、负债和所有者权益构成情况			
7. 产品生产的组织方式和工艺技术特点			
8. 企业的材料（商品）采购方式和产品销售方式			
9. 企业的自动化水平			
10. 企业内部的经济核算形式及要求			
11. 企业的远期规划和近期目标			
……			
二、会计系统现状			
……			

4. 设计调查的方法

（1）查阅法。查阅法是设计人员收集和查阅与会计制度有关的文件、表格等文字资料，并做出适当的记录，如查阅有关的凭证、账簿、报表、公司章程、国家有关法律法规等。查阅时，要摘录或复制与设计会计制度有关的内容，作为设计时的依据。这种方法的特点是客观、具体，是会计制度设计的重要依据。

（2）访问法。访问法是设计者向会计制度执行者或其他人员口头提出问题，由被调查者回答，并做出适当的记录。访问法可以采用召开座谈会进行访问，也可以个别访问。这种方法的特点是：调查问题比较集中，意见比较广泛；便于设计者了解实际情况，并与被调查者相互交流，灵活、深入；调查需要较多时间。

（3）调查表法。调查表法是设计人员将需要调查的问题预先设计成表格，然后要求被调查者根据实际情况填写。对调查问题的提问方式可以采用以下几种：是否问答式、选择问答式、一般问答式。这种方法的特点是：不便于交流，要预先说明填列要求及填列方法；容易发生遗漏；调查结果的准确性取决于被调查者的合作态度及业务水平；可以节省调查时间。

（4）现场调查法。现场调查法是设计人员亲自到有关部门参加和观察了解会计制度的执行工作，并做出相应记录。这种方法的特点是：可以取得最直接的第一手资料；调查结果比较准确客观，但需要较多的时间；调查者要熟悉专业业务。

在实际工作中，以上调查方法应结合应用，以取得较好的调查结果。在调查工作中，无论采用何种调查方法，调查人员对调查的资料都要进行必要的记录，并整理和分析，以此作为会计制度设计的依据。

（二）会计制度总体设计的内容

经过设计调查，并对资料进行整理分析后，就可以进行总体设计。

总体设计的内容有以下几点。

1．确定会计制度设计的性质、目标和范围

（1）确定会计制度设计的性质，就是要确定会计制度设计是全面性设计还是局部性设计，是重新性设计还是修订性设计。

（2）确定会计制度设计的目标，就是确定会计制度设计应达到的目的和总体要求。最初的设计目标通常是由会计制度执行单位负责人提出的，往往比较含糊，缺乏具体性和明确性，一般不能直接作为设计目标。这就要求设计人员接受设计任务后，根据初步提出的要求进行调查，会同会计制度执行单位的有关人员反复磋商后，将设计目标具体化，进而形成明确的设计目标。

（3）明确会计制度总体设计的范围，就是明确会计制度设计的内容。不同性质的会计制度设计的设计内容是不同的。例如，全面性会计制度设计的设计范围是比较广泛的，它是围绕整个会计核算过程所进行的设计，主要包括会计机构和会计人员配备的设计、会计科目设计、会计核算形式设计、财务报表设计、主要核算业务处理程序设计等诸多方面；而局部性会计制度设计则针对上述诸多方面中的某一部分或几个部分进行设计。通过明确会计制度设计的范围便于安排不同的会计制度设计人员进行分工设计。

2．确定各分项设计的内容及要求

确定各分项设计的内容及要求是在确定会计制度设计范围的基础上提出各分项设计的具体条目及要求。

例如，对会计核算形式的设计应列示的内容主要包括：原始凭证的审核，记账凭证的填制、审核、汇总，会计账簿的登记、核对，会计档案的管理，会计核算业务处理程序等。其设计要求是：采用科目汇总表账务处理程序；绘制账务处理核算业务流程图；设计记账凭证和总账表格；编制记账凭证填制、汇总等业务处理的文字说明材料及账务处理内部控制要点；账务处理程序应符合法律、法规及国家统一会计制度的规定等。

（三）会计制度总则的设计

会计制度的总则是指会计制度最前面的概括性的适用于会计工作各个环节的总的原则。总则有时也称为总说明。

1. 总则的内容和特点

在规章条例中，设计总则一章，不仅是对规章条例基本内容的概括，也对规章条例的实施提出了基本要求。其内容一般包括会计制度制定的前提、会计工作一般原则规定和会计基础工作的要求三部分。

会计制度总则一般有下列特点：

（1）适用性。总则内容涉及范围很广，而各条规定又都是概括表述，必须简明易懂、切实可行。规定要求偏低则达不到加强经济管理的要求；反之，要求偏高则难以做到，会给会计制度执行带来一定的困难。所以在设计总则内容时，应考虑使其具有一定的适用性。

（2）针对性。针对性是指总则内容的规定，应在充分体现一般会计规律性的要求的同时，必须适应实施单位的实际情况和业务特点，即要求它有较强的现实针对性，以保证会计制度的有效实施。

（3）统一性。统一性是会计制度设计一条重要原则，需要在总则中加以明确。统一性主要体现在会计制度的依法制定、依法实施、依法处理会计事项，这是会计制度统一性的最高尺度，以保证国民经济宏观管理与调控所需的会计信息。其次，体现在部门、企业集团、公司内部，统一要求融合于总则之中，即在设计会计制度总则时，应当体现企业规章的基本要求。

（4）灵活性。灵活性是指在坚持统一性的前提下，应允许保持一定的灵活性。总则中做出的一些原则规定，其中须体现统一性的要求，也应结合会计制度实施单位的业务情况与特点，给予一定的弹性，以利灵活处理一些会计事务。例如，在坚持权责发生制的同时，对某些业务允许用收付实现制原则进行处理等。

2. 总则内容的设计

（1）总则的主要内容。

1）会计制度制定的前提。会计制度制定的目的、依据、实施的范围和要求。会计制度是企业会计工作规范，是为达到一定的目的而制定的。制定单位可以是政府部门、企业集团（或股份公司），也可以是企业单位。由于制定会计制度的单位不同，管理要求不同，会计制度制定时代不同，制定会计制度的目的也就不一样。

会计制度制定的目的虽然由制定单位提出，但会计制度必须依法制定。不同时期国家法律不同，会计制度设计的依据也就不同，必须由设计者择情而定，但依法制定是一个重要前提。

会计制度制定的目的通过执行单位的具体实施来实现的。因此，会计制度执行单位又是会计制度存在的又一前提或基础，在会计制度总则中必须对其实施范围、执行单位做出明确规定。

会计制度实施靠人来执行。会计制度虽然是工作规范，但必须由执行单位负责人有组织、有领导地实施，企业领导人和职工对执行会计制度也负有一定的责任，乃至法律责任。这些实施要求必须在总则中加以规定。我国新《会计法》规定单位负责人是会计责任主体，并在第四、五条明确规定"单位负责人对本单位的会计工作和会计资料的真实性和完整性负责"，"会计机构、会计人员依照本法规定进行会计核算，实行会计监督"。

2）会计工作的一般原则规定。会计准则是会计核算工作的规范。它是指会计工作得以正常进行，保证会计核算质量，达到经济管理的要求，而必须遵循的一些准则。会计基本准则精神虽然要体现在会计制度各部分之内，但在总则中应当有所反映。总则中会计工作的一般原则规定，就是依据会计基本准则而规定的。例如：

① 将企业会计准则第一章总则中，第四、五、六、七条中规定的会计主体、持续经营、会计分期、货币计价等四项会计基本前提加以表述。

② 将第八条记账方法加以转述。

③ 将第二章一般原则中包括的真实性、合法性、统一性、相关性、及时性、明晰性、重要性、一致性、收入与费用配比、权责发生制、按历史成本核算、划分收益性支出与资本性支出等十二条原则，作为指导会计核算工作的基本规范加以体现。

3）会计基础工作的要求。会计制度是指导会计工作的准则和规范。虽然在会计制度各章中都体现了对会计核算的具体要求，但在会计制度中应根据不同时期，会计制度实施单位会计基础工作的具体情况，针对存在的问题，提出一些原则要求。主要包括：会计记录工作的要求、会计记录质量的要求、财务报表的要求。

（2）会计制度制定前提的表述。

1）目的和依据。目的和依据是制定会计制度的主要前提。举例说明如下：

① 新企业会计准则："为了规范企业会计确认、计量和报告行为，保证会计信息质量，根据《中华人民共和国会计法》和其他有关法律、行政法规，制定本准则。"

② 在某企业制定的内部会计制度的总则第一条的说明是："为了加强企业会计工作，改善经营管理，提高经济效益，适应市场经济发展，根据《中华人民共和国会计法》《企业会计准则》，特制定本制度。"这段说明体现市场经济体制下，实行现代企业制度的企业单位制定内部会计制度的目的和依据。

2）实施范围和要求。会计制度实施范围和对实施企业的要求，是会计制度存在的另一个前提条件，没有这个条件，会计制度也就没有存在的必要。

① 新企业会计准则："本准则适用于在中华人民共和国境内设立的企业（包括公司，下同）。"

② 企业内部会计制度的实施范围及执行单位应依据企业具体情况自行规定，对企业总会计师、会计主管人员及企业负责人对组织贯彻会计制度的工作责任以及违反会计制度应承担的法律责任，应按会计法的有关规定进行说明。

（3）会计工作的一般原则规定的表述。会计工作的一般原则规定，主要体现企业会计基本准则在总则中的应用。

1）会计四项基本前提的应用。除了规定会计制度实施单位，确定会计主体原则之外，还需用下列方式，规定其他三项会计基本前提（或称会计基本假设）的表述方法。

① 会计年度采用历年制。自1月1日起至12月31日止为一个会计年度，依公历纪元之年次为会计年度名称，依月次之顺序每三个月为一会计季度，每月开始至月终为一会计月度；每月度终了结算一次，每一会计年度终了办理全年度决算。本条反映了会计分期假设的要求，也是持续经营假设分期考核的一种对照。

② 本制度规定会计核算以人民币为记账本位币，以元为金额单位，元以下记至分位，但单价的计算可以小数点计算。

另外规定"外币收支及以实物计算的债券债务，应折合成人民币记账"，本条反映了货币计价假设。

③ 会计事项以复式簿记借贷方式进行记录。本条反映了复式簿记的假设（或复式簿记原则）。

④ 在一些企业会计制度中这样规定，为了正确计算损益、收入和支出，应当坚持权责发生制、收入与相关成本费用配比原则和划分收益支出和资本性支出原则，并应保持会计处理方法先后期的一致性，以便分析比较。

2）会计工作一般原则规定的说明。企业应当按照《企业会计准则》的规定要求进行核算，在不违背其原则下，可结合本公司的具体情况，制定本公司的会计制度。

（4）会计基础工作要求的表述。企业应当根据会计核算基本规范的要求设置会计机构，配备会计人员，明确会计人员的职责，并建立会计人员岗位责任制。

1）会计记录工作的要求。企业应按《中华人民共和国会计法》和国家统一会计制度规定建立会计账册，进行会计核算，及时提供真实、完整的会计信息。企业应按本制度规定，设置和使用会计科目。统一规定的科目编号不要随便打乱重编。

2）会计记录的质量要求。

① 会计核算应当以实际发生的经济业务为依据，按照规定的会计处理方法进行，保证会计指标口径一致、相互可比和会计处理方法的前后期相一致。

② 会计凭证、会计账簿、财务报表和其他会计资料的内容和要求，必须符合国家统一会计制度规定，不得伪造、变造会计凭证、会计账簿，不得设置账外账，不得报送虚假财务报表。

企业内部会计制度如已将会计法和统一会计制度规定纳入并取得一致，也可用"必须符合本制度规定"语句进行表述。

3）财务报表的要求。在总则中应对财务报表提出一些原则要求：

① 企业单位必须按照会计制度规定定期编制财务报表。

② 财务报表应当根据登记完整、核对无误的会计账簿记录和其他有关资料编制，做到数字真实、计算准确、内容完整、说明清楚。任何人不得篡改或者授意、指使、强令他人篡改财务会计报告数字。

③ 财务报表之间、财务报表各项目之间，凡有对应关系的数字，应当相互一致。

因为会计制度中财务报表为独立一章，总则中只宜作一些原则规定，提出基本要求。一般不宜过细，以免前后重复。

在《企业会计准则——基本准则》中，对财务报告的内容作了比较详细的说明。

第十章 财务会计报告

第四十四条 财务会计报告是指企业对外提供的反映企业某一特定日期的财务状况和某一会计期间的经营成果、现金流量等会计信息的文件。

财务会计报告包括会计报表及其附注和其他应当在财务会计报告中披露的相关信息和资料。会计报表至少应当包括资产负债表、利润表、现金流量表等报表。

小企业编制的会计报表可以不包括现金流量表。

第四十五条 资产负债表是指反映企业在某一特定日期的财务状况的会计报表。

第四十六条 利润表是指反映企业在一定会计期间的经营成果的会计报表。

第四十七条 现金流量表是指反映企业在一定会计期间的现金和现金等价物流入和流出的会计报表。

第四十八条 附注是指对在会计报表中列示项目所作的进一步说明，以及对未能在这些报表中列示项目的说明等。

另外，会计档案管理也属会计基础工作的一部分，在总则中也应加以反映。有些企业会计制度在总则中规定："会计文书是重要的档案资料，应按《会计档案管理办法》严格进行管理。"

此外，关于经济责任原则在各种企业会计制度中反映也不一样。所谓经济责任，主要是指对经管财产物资负有一定的经济责任，如果发生损失，经济责任承担者应负一定的经济赔偿责任乃至法律责任。对于这项内容有的规定得宽一些，有的窄一些。所谓宽一些，即规定"凡企业经管财产物资人员及会计人员在工作变动时，必须严格办理交接手续后，方准离职"。有些人认为会计制度总则只宜规范会计人员的会计行为，不宜涉及面太宽。因此，主张在会计制度总则中，只宜规定："会计部门主管人员和其他会计人员在工作变动时，必须严格办理交接手续后，方准离职。"这条内容应由企业管理当局确定，会计制度设计人员只负有表达责任。但在实际工作中经管财产物资人员涉及面很宽，离任交接必须由企业领导人来组织，否则会计人员难以执行，承担不了监交责任。

最后，在总则末尾，附列说明主要写明会计制度执行时间从某年某月某日开始和会计制度的解释权。有时，将会计制度的发布和执行日期另拟文件通知，不再附列说明。

3. 会计工作任务的设计

会计工作任务既是会计工作的具体要求，又是会计工作的具体目的，也是评价会计工作质量的重要依据。

当前我国会计界很多人倾向于在会计制度中提出会计工作任务。我国会计工作的主要任务是按照现行财经法规、财会制度及国家、单位经济管理的客观需要：

（1）进行会计核算；

（2）实行会计监督；

（3）预测经济前景；

（4）参与经营决策；

（5）考核经济责任。

上述五条任务既反映了会计核算与监督两项基本职能，也体现了会计的六项具体职能；同时也得到了会计界许多人士的共识。至于是否结合会计核算真实、完整性的要求和会计监督的目的具体表述，可视具体情况而定。

另外，鉴于会计工作任务一般只进行原则概括的表述，而且既要反映会计本身具有的职能，又要反映不同时期对会计工作的要求，且带有一定的主观性，在制定企业会计制度时，针对当时的情况对会计工作任务提出要求，可做如下表述：

（1）进行会计核算，保证会计工作和会计资料的真实、完整。如果发现企业违反法规行为比较突出，也可提出"真实、合法、完整"三项要求。

（2）实行会计监督，严格按照会计法规的要求进行内部会计监督。

（3）预测经济前景，在搞好会计核算、反映经济情况的同时，应进行经济活动分析，为预测经济前景提供信息。

（4）参与经营决策，结合预测经济前景，提供信息，提出建议，参与经营决策。

（5）考核经济责任，在反映经营成果、财务状况的基础上，分析经济效果，考核经济责任者的业绩，按规定向有关方面提供信息。

以上仅是一般举例，进行会计工作任务设计时可视具体情况进行增删。

会计制度总则篇幅并不大，其内容主要是对会计制度主要内容和一些原则性问题进行概括性的表述，具有相当的难度，如果执笔人不具有较高会计理论和业务水平，是难以胜任的。所以，总则的设计一般多由会计制度设计小组的组长或副组长承担，这样做也有利于与其他各部分执笔人的工作相衔接。

第二章

会计组织系统（机构、人员）管理操作实务

第一节　会计组织

一、会计管理组织形式

由于各个企业的性质、规模以及内部模式等差别很大，其各自设立的财务管理机构也自然不相同。

目前，我国企业财务会计机构的常见组织形式主要有两种（见表 2-1）。

表 2-1　财务会计机构的组织形式

组织形式	具体操作	优缺点
财务与会计为一体的组织形式	在这种形式下，企业的财务管理和会计两套机构合并在一起，这是目前我国多数企业所采取的形式。一般情况下，企业只设一个财务科室，由总会计师和主管企业经济活动的副总经理来领导，负责整个企业的财务和会计两方面的管理工作	这种一体化的财务会计组织形式的优点在于关系简单明了，便于财会业务集中管理，并能提高工作效率。但是，随着经济发展，企业所面临的理财环境越来越复杂，财务管理的内容也越来越丰富，财务管理对企业的重要性日益增强，在这种情况下，这种一体化的组织形式有些跟不上目前财务管理的发展形势
财务与会计分设不同管理机构的平行组织形式	在这种形式下，企业将一体化的财务、会计分开，设置独立机构，各司其职。在这种平行组织结构中，会计主任主管会计核算的所有工作，如编制预算、业绩评价和业务咨询，并负责内部会计控制、会计核算，办理纳税，编制财务报告、会计报表等，而财务主任则统管全盘财务管理工作	这种平行的组织机构设置在实际运行中，有利于财务、会计各自发挥各自的作用，权责明确，既保证了财务工作又保证了会计工作，可以适应市场经济现代管理的要求

表 2-2 就会计机构和财务机构的分设与合设进行了比较，从中可以看出两种办法的主要区别以及各自的优缺点。

表2-2　财会机构分设与合设比较表

设置办法	分　设		合　设
机构名称	会计科	财务科	财会科
机构负责人	会计科科长	财务科科长	财会科科长
组成人员	记账员、稽核员、成本核算员、工资核算员、材料核算员、报表编审员等	出纳员、资金管理员、利润管理员等	会计部门和财务部门的全体工作人员
主要工作内容	资金营运过程及结果的确认、记录、计算、报告和分析	资金的筹集、调拨、使用、分配、归集和保护	会计、财务的全部工作
优点	分工明确，各司其职，各负其责 防止重核算、轻管理的现象 便于加强内部控制制度		密切财务会计联系，便于协调工作 会计记录及时、直接 减少信息传递，提高工作效率
缺点	信息传递慢，工作手续增多，协调相对困难，费用加大		难免造成职责不清；内控减弱；忙于事务，忽视管理
适用范围	大型企业		中小型企业

二、会计工作组织制度的内容

会计工作组织制度包含的内容主要有：

（1）会计机构的设置与内部的岗位分工以及岗位责任制的建立；

（2）会计人员的配备与职责划分以及任免；

（3）会计档案的保管、查询以及销毁；

（4）会计工作的交接；

（5）会计核算的组织形式及账务处理程序；

（6）会计工作中的其他组织制度。

上述六个方面的制度并不是完全独立的，它们往往交织在一起，共同保障会计工作的有序运行。

三、会计管理组织机构设置

会计机构的内部组织是指在会计机构内部，如何根据各种会计业务及其相互之间的联系，进行合理的分工和组合，使机构内部形成若干相对独立的工作小组，专门负责某类经济业务的会计处理。

以大中型工业企业为例，按照会计机构与财务机构合设的要求，财会业务大致可以分为固定资产、采购及应付款、工资、成本、销售及应收款、出纳、投资、稽核和总账报表、税金和利润等不同类型。因此，会计机构内部应大致分成八个组（见表2-3）。

表2-3　会计机构的内部组成

设备组	负责固定资产和在建工程的日常核算与管理
材料组	负责原材料、低值易耗品、包装物等存货的核算和应付账款的核算
成本组	负责各种生产费用的核算和产品成本的计算

续表

工资组	负责工资的计算、分配、发放及相应的核算
销售组	负责产成品、销售、应收账款以及税金、利润等业务的核算
出纳组	负责现金、银行存款等货币资金的核算与管理
资金组	负责筹资业务和对外投资业务的核算与管理
综合组	负责凭证汇总、总账登记、报表编制、报送以及稽核等工作

上述各组最少应由一人专门负责，在总会计师的监督和财会科长（处长）的直接领导下实行分工协作，形成一个以总会计师为首，以财会科长为主管，包括若干专门小组的财会机构组织体系（见图2-1）。

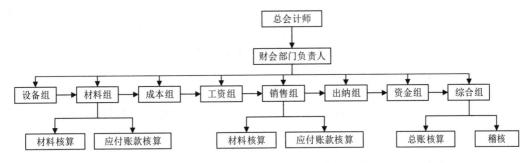

图 2-1　会计管理组织机构设置

四、会计机构设置的原则

1．要与企业业务类型和规模相适应

企业的业务类型和规模不仅是设计企业组织系统的依据，也是会计机构设置的依据。企业的业务类型和经营规模决定经济业务的内容和数量，也影响组织会计工作的方法和会计机构的内部分工。工业企业、商业企业和旅游企业的业务类型不同，对会计机构的要求也就不同。另外，如果经营过程复杂，业务量大，会计机构就要相应地大一些，内部分工也要细一些；反之，经营过程比较简单，业务量很小，则会计机构也可以小一些，内部分工也可以粗一些。例如，大饭店和小饭店以及大商店和小商店的会计机构设置会有很大差别。

不具备会计机构设置条件的，也可在有关机构中设置会计人员。

2．内部分工要明确具体

会计机构是企业内部管理系统的一个分支。而会计机构本身又是一个有机整体，尤其内部各部门的组成，为保证其有效地运作，每个部门和工作人员应有明确的职权、责任和具体的工作内容，做到部门之间、人员之间职责清楚、责任明确，以有利于实行岗位责任制。同时，在内部分工中，要贯彻内部控制制度，做到在工作中相互制约、相互促进、相互监督，以防止工作中的失误和弊端。

3．要有利于提高工作效率

会计机构是为搞好会计工作和经济管理工作服务的，目的是促进生产和经营业务发展。因此，一定要根据工作的实际需要和精简的原则合理设置。

五、财会部门会计管理权责

（1）负责企业各种日常财务活动的计划、组织、指挥、控制，并对企业内部各种财务关系进行协调和处理。

（2）在财务主管领导下，执行财务管理、会计核算职能，明确分工，相互合作。如果采取财会合一的模式，要做到职能不混同，人员有专职。

（3）根据企业领导决策，具体执行企业理财自主权，负责自主筹集资本金、统一调剂资金使用与处置资产及选择核算办法。

（4）运用科学的财务预测与决策方法，按企业领导及财务主管确定的最佳生产经营方案负责编制企业财务预算，并组织财务预算的执行、检查和分析。

（5）根据《企业财务通则》及相关会计制度的规定，结合企业自身生产经营特点和管理需要，具体制定企业内部会计管理方法，建立企业内部会计管理的良好工作秩序，并负责组织、指导、监督基层单位贯彻实施。

（6）以提高企业经济效益、保证资产保值增值为中心目标，研究制定财务战略，参与企业经营管理，加强资金管理，优化资源配置，预测财务风险，遵守国家财经纪律，如实反映本单位的经营成果财务和财务状况，并依法进行委托责任审计和接受政府部门的审核。

（7）具体负责企业财务收支，依法纳税，并向有关方面报送财务决算，分配投资人应得收益，清收应收债权，偿还应付债务。

（8）具体组织企业各职能部门、车间、班组进行经济核算和成本管理工作，分解、下达成本指标，全面控制成本开支。

六、会计机构设置的核算形式

从核算角度看，会计工作的具体组织有集中核算和非集中核算两种形式。

集中核算是将整个单位的会计工作全部集中在会计部门进行。如图 2-2 所示，在集中核算形式下，单位内部的其他职能部门和下属业务单元只对其发生的经济业务填制或取得原始凭证或原始凭证汇总表，定期送交会计部门集中核算。这一核算形式便于减少核算的中间环节，提高工作效率。但如果企业职能部门机构庞大，生产复杂，则会计部门工作量就会增加，反而会降低工作效率。集中核算一般适合中小型单位。

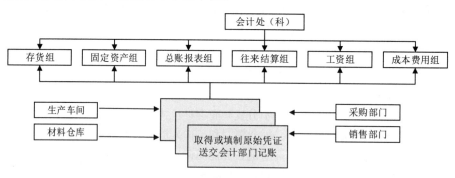

图 2-2　集中核算形式

非集中核算是将会计核算的部分工作分散在单位内部其他职能部门及所属业务单元进行。如图 2-3 所示，在非集中核算形式下，其他职能部门及下属业务单元在会计部门的统一组织下各自进行一定业务的明细分类核算，定期将明细核算资料送交会计部门进行审核和对账。这种核算组织形式有利于下属各职能部门和各业务单元及时利用核算资料，进行日常考核与分析，及时地解决本部门出现的各种实际问题。但该核算形式层次多，可能影响会计核算质量。非集中核算形式一般适用于大型企业。

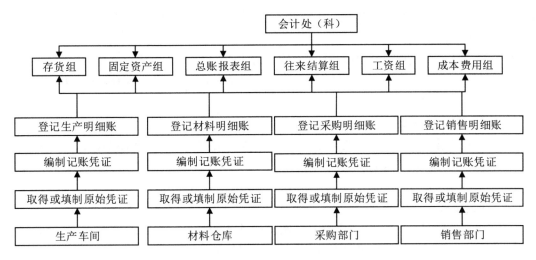

图 2-3　非集中核算形式

　　值得注意的是，不论采用哪种核算形式，企业对外的现金往来、债权债务、工资费用、固定资产等都应由会计部门集中办理。会计机构的设置应与单位采取的会计核算形式相适应。对应集中核算和非集中核算，会计机构的设置也有集中设置和非集中设置之分。集中设置是将会计工作全部集中在单位一级的会计机构，内部各职能部门和业务单元不设置会计机构和会计人员。非集中设置，也称分级设置，除了在单位一级设置会计机构外，在下属业务单元也相应设置会计机构，配备会计人员，办理本级别范围内相应的会计业务。

七、会计机构总体设计

　　会计机构总体设计是指企业会计机构从总会计师、会计机构负责人以及会计机构内部组织的整体设计。

　　根据我国《会计法》的规定，国有的和国有资产占控股地位或主导地位的大中型企业必须设置总会计师。财务会计人员在总会计师和财会科长领导下，实行分工协作。或者以总会计师为首，其次在财务科长、会计科长下分若干小组的财务会计体系。

八、会计机构内部组织分工设计

　　设计会计机构和内部分工时，应考虑企业规模、业务特点、管理要求和会计信息需要。

　　在大型企业的会计科下，一般设置以下几个小组。

1．采购和应付款组

　　负责反映和监督采购业务，查核全部采购原始凭证是否已经过采购部门和主管会计人员批准。核算采购成本，反映在途商品（材料）登记应付款明细账。经审核的发票在本组填付款单，由财务部门负责人签署后支付。

2．销售和应收款组

　　负责反映和监督销售业务，审核销售发票及有关凭证并按编号顺序登记，同时负责收货款和发出商品，并经常或定期向有关部门反映应收账款的明细情况和编制商品销售分析报告。

3．工资核算组

　　负责监督工资基金、控制工资奖金支出总额，审查和核算职工工资额，编制工资单。另外，根据成本计算的要求，将工资总额按其类别进行分类，编制出工资分配表。

4．仓库核算组

负责审核各仓库的收发领退商品材料、物资的凭证，检查账存与实存是否相符。其核算范围包括原材料、辅料、燃料、低值易耗品、产成品以及商品的收、发、储存记录，并定期进行盘点，保证账实相符。

5．固定资产核算组

负责登记企业厂房设备及其他固定资产的分类账和折旧账以及在建工程有关账户。凡属企业添置和减少固定资产有关业务，如新建、购置、大修理、更新重置和调出报废等，都由该组核算。

6．成本核算组

负责计算、登记基本生产、辅助生产、制造费用和管理费用等明细分类账簿，按期编制生产成本报表，反映各种产品的单位成本，并进行成本分析。

7．对外投资核算组

负责登记企业对外的长期投资和短期投资的有关账簿，投资的付出、收回及投资效益的分析等由该组核算。

8．总账报表组

本组负责汇总记账凭证的登记、总账的登记以及报表的编制。本组还负责月终结账、利润结转等工作。

上述各组人数视工作需要而定。少者一人，多者若干人。在分工中应贯彻内部控制原则，便于相互制约。

另外，有些大中型企业设有稽核组，或者在总账报表组内设稽核员。

九、集团公司会计机构的设置

集团公司是由母公司、子公司、参股公司及其他成员共同组成的企业法人联合体。集团公司通常拥有众多的生产、经营机构，一般都经营着规模庞大的资产，管辖着众多的生产经营单位，并且在许多其他企业中拥有自己的权益。

集团公司中的控股子公司是独立法人单位，集团公司通过控股权参与其管理，子公司的生产经营和管理活动相对独立，其会计机构的设置可参照上述独立企业的设置要求来确定。集团总部可实行会计委派制，向子公司派驻总会计师或会计机构负责人，以加强对子公司的会计监管及管理控制。关于集团公司总部及其分公司、分支机构会计机构的设置如图 2-4 所示，与大中型企业有相似之处，也有不同之处。总部一般设计划财务部、内部审计部、制度法规部等职能部门，由总会计师或分管副总经理领导。在计划财务部下设会计、财务、预算、税务、稽核等职能科室，履行集团总部的会计核算、投资理财、纳税事务、合并报表编制、内部结算等职责。在各产品分公司、各经营分公司、各地区分支机构中设置相应的财会室，负责本业务单元的财务与会计工作，及时上报相关数据，并在业务上接受总部计划财务部的指导和监督。

集团公司会计机构运作的关键之一是要强调政策的一致性，如统一核算体制、统一考核标准、统一记账币值、统一会计政策等，使各分公司及分支机构的会计资料具有可比性。

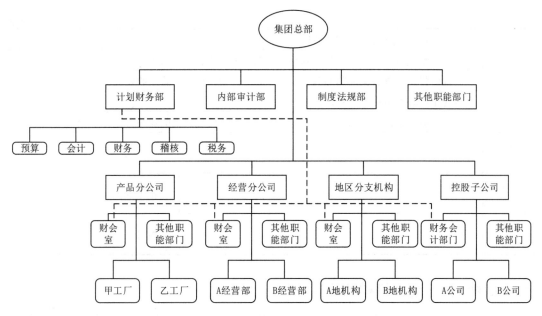

图 2-4　适合大型企业集团运作的会计机构

文案范本

综合型集团企业会计部组织结构与责权

部门		部门负责人		直属领导	
部门组织结构图					部门编制

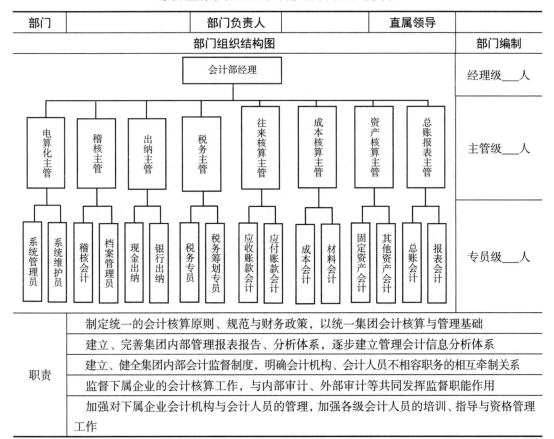

部门		部门负责人		直属领导	
职责	制定统一的会计核算原则、规范与财务政策，以统一集团会计核算与管理基础				
	建立、完善集团内部管理报表报告、分析体系，逐步建立管理会计信息分析体系				
	建立、健全集团内部会计监督制度，明确会计机构、会计人员不相容职务的相互牵制关系				
	监督下属企业的会计核算工作，与内部审计、外部审计等共同发挥监督职能作用				
	加强对下属企业会计机构与会计人员的管理，加强各级会计人员的培训、指导与资格管理工作				

续表

权力	有对企业对外支付款项的审核权			
	有权拒绝执行弄虚作假、营私舞弊、欺骗上级等违法乱纪行为			
	有权监督、检查有关部门的财务收支、资金使用和财产保管与收发等情况			
	有对企业各类型资产的管理权			
	有权对集团会计机构与会计人员进行管理，考核任职人员的业绩			
相关说明				
编制人员		审核人员		批准人员	
编制日期		审核日期		批准日期	

十、大中型企业会计机构的设置

大中型企业经济活动复杂，经济关系点多面广，管理组织结构通常采用"直线—职能式"，即将供、产、销各经营环节的人、财、物的管理由各职能部门分别负责，各职能部门下设职能组，深入生产经营的各个环节。各职能部门既有一条纵深的管理路线，又有各职能部门间横向的业务联系，从而形成企业经营管理的网络。在这种体系下，财务与会计既可作为两个职能部门分设，也可作为一个职能部门合设。不管是合设还是分设，都应对财务和会计进行分工，各负其责。

图 2-5、图 2-6、图 2-7 分别列示了几种适合大中型企业会计机构设置的组织框架图。

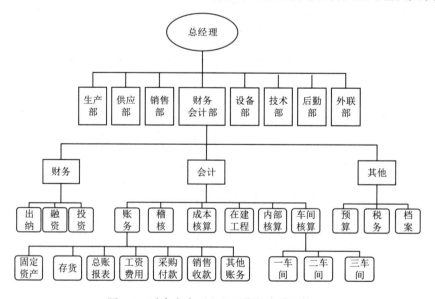

图 2-5　适合大中型企业运作的会计机构一

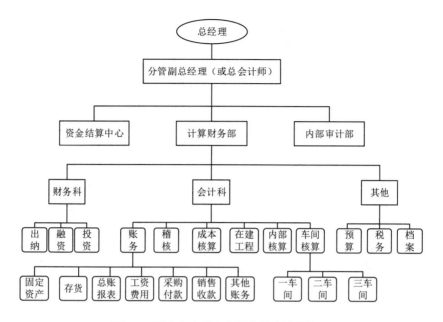

图 2-6　适合大中型企业运作的会计机构二

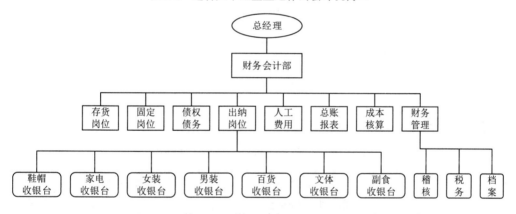

图 2-7　适合大中型商业零售企业运作的会计机构

大中型企业会计机构的设置有如下特点：

（1）会计机构较为庞大且层次较多，一般应设置总会计师。

（2）会计与财务工作通常分设，也可两套班子，人员也可以有重叠或交叉。

（3）会计机构内部分工较细，通常设置出纳、会计核算、成本管理、稽核检查、内部结算、预算管理、纳税事务、档案管理、制度管理等科室或工作岗位。

（4）会计系统是企业管理和内部控制的基础与手段，会计机构在内部控制和价值管理中扮演着重要角色，发挥着重要作用。

（5）由于大中型企业组织结构的复杂性，建立畅通有效的信息传递与沟通渠道至关重要。

十一、小型企业会计机构的设置

小型企业经营规模小，生产工艺和管理方法简单，在经营管理上一般采用简单的"直线式"组织结构，即厂部—车间—班组—岗位。如图 2-8 所示，小型企业的管理职能主要集中在厂部，而会计只是厂部管理组织中的岗位设置，会计机构内部不必下设职能小组，只是对从事会计工作的人员做些岗位分工，如出纳、总账、明细账会计等，会计主管既可单设也可兼总账会计。有些小型企业甚至不单独设置会计机构，而是在本单位有关机构（如办公室或行政科）中设置专职的会计人员，并指定会计主管人员。小型企业会计机构虽然不设内部职能小组，甚至只设人员不设机构，但在运行过程中仍应遵循基本的会计操作规程，特别应注意下面几点：

（1）出纳与其他岗位的会计应分别由专人任职，明确职责范围，贯彻内部牵制原则。

（2）根据生产经营情况和工艺流程，设定会计凭证的传递程序，按规范计量、记录，保证会计资料的真实、完整。

（3）要经常进行对账工作，保证账证、账账、账实、账表相符，提高会计信息质量。

（4）要由熟悉会计业务的人担任会计主管，以监督会计工作的正常进行。

（5）配备必要的出纳、会计代职人员，以保证出纳或会计缺岗较长时，会计工作能继续进行。

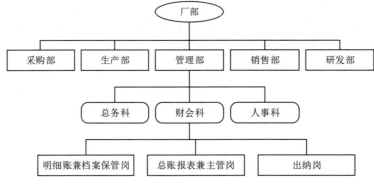

图 2-8　小型企业的会计机构

中小型企业会计部组织结构与责权

部　门		部门负责人		直属领导	
部门组织结构图				部门编制	
				经理级＿＿人	
				专员级＿＿人	
职责	根据国家财政部颁发的会计准则，制定企业内部财务会计制度和工作程序，组织实施并监督执行				
	编制企业的财务收支计划、成本费用计划等各项财务计划并监督执行				
	负责企业资金管理，加强资金的使用管理与现金作业管理，提高资金使用效果				
	负责企业会计核算及会计监督等工作的组织、管理与改进				
	编制企业会计报表，审查对外提供的会计资料				
权力	对违反国家法律法规和企业财务会计管理制度的行为有拒绝权、制止权和处罚建议权				
	有对各项费用开支的监督检查权				
	有向相关部门索取业务数据、财务资料的权力				

续表

权力	有对会计部员工和各项业务工作的管理权				
	有对财会人员的任用和调配的建议权				
相关说明					
编制人员		审核人员		批准人员	
编制日期		审核日期		批准日期	

十二、相关会计组织管理综合制度

请参阅如下相关文案范本。

会计部部门职能

部门名称： 会计部

上级部门： 财务中心

下属岗位： 总账会计、成本会计、销售会计、制证会计、出纳

部门本职： 会计核算和会计监督

主要职能：

（1）参与制定公司财务规章制度。

（2）设置凭证、科目、账簿、报表体系，设置与公司相符的业务表格。

（3）资产、负债、所有者权益、收入利润等项目核算。

（4）会计监督和内部稽核，保证账账、账表、账实相符。

（5）负责应收、应付款项的核算和管理。

（6）会计报表、内部核算报表的编制、上报。

（7）办理存货、固定资产盘盈、盘亏和毁损的财务处理。

（8）负责经营性和资本性支出业务的审核。

（9）参与纳税筹划的制定，负责销售资料收集，纳税资料的申报，按规定时间纳税。

（10）会同库管部进行存货和在途材料的清查、盘点工作。

（11）公司的现金管理，办理款项的收付。

（12）会计档案的管理，保密工作。

财务会计部部门职能

部门名称： 财务会计部

上级部门： 财务中心

下属部门： 会计室、财务室

部门本职： 组织公司会计核算、会计监督和财务管理工作

主要职能：

（1）执行国家规定的会计准则、财务通则和有关的统一财经制度，制定公司内部财务、会计制度和工作程序，经批准后组织实施并监督执行。

（2）按制度规定组织进行各项会计核算工作，按时编报各类财会报表，保证及时、准确反映公司财务状况和经营成果。

（3）定期进行财务分析，为公司经营管理决策提供翔实依据。

（4）贯彻执行财经法纪，组织进行会计控制和监督，保护公司财产安全。

（5）定期组织进行公司存货、财产、财务的盘点工作，保证账证、账卡、账实相符。

（6）根据公司年度经营计划组织编制财务收支计划、信贷计划和成本费用计划。

（7）组织进行对公司资金运作的预测、组织、协调、分析和控制，保证有效筹集、分配和合理使用资金。

（8）组织考核、分析预算、财务收支计划的执行情况，督促公司各部门降低成本和消耗，节约费用，提出管理上增加效能及减少不经济支出的建议。

（9）根据公司业务状况，事前制订纳税筹划方案，并及时进行业务形成过程和利润形成过程的纳税筹划工作，创建公司税收良好的外部环境和内部节税意识。

（10）指导、监督、检查公司各内部独立核算单位的财会工作。

（11）参与拟订相关的经济计划、业务计划，监督经济合同的执行。

（12）办理其他财务、会计事务。

（13）配合培训部组织进行财会人员的政治业务素质培训与考核活动。

（14）组织做好会计凭证、账簿、报表等以及其他会计资料和财务资料的保管与定期归档工作。

（15）组织做好保密工作。

管辖范围：

（1）财务会计部员工。

（2）财务会计部所属办公场所、卫生责任区。

（3）财务会计部所属办公用具、设施设备。

财务核算部部门职能

部门名称： 财务核算部

上级部门： 会计部

下属岗位： 会计员

部门本职： 财务核算工作

主要职能：

（1）会计凭证的审核、编制、核签。

（2）材料、成本、费用项目的分摊、记录、复核及核算。

（3）有关财务核算报表的审核、汇总。

（4）固定资产及其他财产的核算。

（5）往来账项的核算与管理。

（6）生产经营过程中所发生的其他经济业务的核算。

（7）登记各项账簿，及时与相关部门对账。

（8）定期编制、呈报会计报表。

（9）各项税金的计算与报缴。

（10）财产台账的登记、核对、保管。

（11）财产的清查、盘点。

（12）会计资料、凭证、账簿的保管与定期归档。

（13）做好保密工作。

管辖范围：

（1）财务核算部所属员工。

（2）财务核算部办公场所及卫生责任区。

（3）财务核算部办公用具、设施、设备。

文案范本

会计室部门职能

部门名称： 会计室

上级部门： 财务会计部

下属岗位： 材料会计、往来会计、税务会计、电算会计、出纳

部门本职： 会计核算与会计监督工作

主要职能：

（1）执行国家规定的会计准则、财务通则和有关的统一财经制度，参与制定公司财务会计制度及规定。

（2）按照制度及规定进行会计核算，及时准确反映公司经营成果和财务状况。

（3）正确设置会计科目和会计账簿，编制审核凭证、登记账簿、编制报表，进行分析和检查。

（4）严格按照国家有关现金管理和银行结算制度的规定，做好出纳业务管理，做到情况清楚，手续完备，数据准确，处理及时。

（5）按规定实行会计监督，保证公司财产安全。

（6）管理公司财产，并定期与有关部门对账，进行财产清查、盘点工作，保证账簿记录与实物、款项相符。

（7）办理流动资产盘盈、盘亏和毁损的审批手续，并根据批件进行账务处理。

（8）积极应用现代会计方法和技术手段，提高会计电算化水平。

（9）参与纳税筹划方案的制订，并按照既定的方案组织实施。

（10）具体指导、监督检查各内部独立核算单位的会计核算与会计监督工作，定期与其对账。

（11）按规定向有关部门报送相关报表与资料。

（12）组织参加培训和考核活动。

（13）组织做好会计凭证、会计账簿、会计报表和其他会计资料的保管和定期归档工作。

（14）组织做好保密工作。

（15）办理其他会计事务。

管辖范围：

（1）会计室员工。

（2）会计室办公场所及卫生责任区。

（3）会计室办公用具、设施、设备。

第二节 会计人员

一、会计人员综合管理

请参阅如下相关文案范本。

企业会计管理岗位责任

会计工作是一项十分细致而复杂的工作，要做好这项工作，会计机构的内部就必须有合理的分工和协作。会计机构内通常可设以下七个岗位。

（1）会计主管岗位

具体领导管理本企业的会计工作，组织、制定本企业的各项会计规章制度，组织编制和实施本企业的财务计划，参与经营决策。

（2）出纳岗位

主管现金收付和银行结算业务，登记现金和银行存款日记账，保管库存现金和各种有价证券，保管与其工作相关的印章、空白收据和空白支票。

（3）存货会计岗位

负责各种存货采购成本的核算、存货的明细核算和相关的往来结算。

（4）成本费用会计岗位

负责建立、健全企业各项原始记录、消耗定额和计量检验的制度；制定各种费用、成本计划；加强各种成本和费用管理的基础工作；负责审核各项费用开支，并要正确计算产品成本，编制成本报表等。

（5）总账报表岗位

主要负责登记总账，编制资产负债表、利润表和现金流量表等，负责管理会计凭证和各种报表。

（6）稽核岗位

这一岗位的主要职责是审查各项财务收支，并复核会计凭证和账表。

（7）综合分析岗位

这一岗位主要负责综合分析企业的财务状况和经营成果，编写财务状况说明书，并进行财务预测和决策，为经营活动提供分析资料和决策依据。

在岗会计人员管理规定

1. 总则

为了加强财务人员管理，提高在岗会计人员的业务素质，根据集团公司会计岗位情况，特制定本规定。

2. 适用范围

本规定适用于集团公司在岗会计人员的管理工作。

3. 岗位管理

3.1 担任集团公司计划财务部负责人，需要业务能力较强，一般具有中级以上技术资格证书或有会计类专业本科以上学历，并从事会计工作三年以上；专科会计类学历需要从事本职工作满五年以上。

3.2 集团公司计划财务部聘用的会计人员，一般要求具备大专以上（含大专）会计类专业学历（或学位），或具有会计中级职称。

3.3 会计岗位必须是直接从事经营核算的，虽有会计从业资格证书和技术资格但不在直接从事经营核算的人员，暂不作为会计人员管理。内部二级单位核算员，各单位、部门的报账员，单位内部审计人员不属于会计岗位。

4. 登记制度

对在岗会计人员和非在岗持有从业资格证书的人员，集团公司计划财务部实施每年一次的登记制度。

5. 会计人员教育

5.1 为了提高会计人员的业务技能、职业道德水平，集团鼓励财务人员通过各种方式学习财务知识，如会计职称考试、注册会计师等。各单位要积极支持财务人员的业务学习，妥善安排时间，有条件的可以组织会计人员走出去，接受最新的会计知识和理念，为培养优秀的会计人员队伍予以支持。

5.2 集团公司按照财政厅××××年关于《××省会计从业资格管理实施办法》的要求，每年组织所有会计人员参加继续教育，同时，组织一次内部学习，请外面的财务专家授课。

 **文案范本**

会计岗位职责

一、按照《企业会计准则》，正确使用会计科目、设置账户，依法建立会计总账、明细账及其他必要的辅助账，全面、连续、系统地记录经济业务。

二、严格审查原始凭证。确保原始凭证的真实性、合法性、准确性、完整性，防止弄虚作假、营私舞弊的行为。

三、准确、及时地做好账务和结算工作，正确进行会计核算，按照财会制度的规定，对认真审核确属无误的原始凭证要准确地录入记账凭证，输出记账凭证并进行会计数据处理。记账凭证所附原始凭证张数、金额必须相符。对款项和有价证券的收付，财务的收发、增减和使用，资产基金增减和经费收支进行核算。

四、正确计算收入、费用、成本，正确计算和处理财务成果，具体负责编制公司月度、年度会计报表、年度财务情况及附注说明和利润分配核算工作。

五、负责公司固定资产的财务管理，按月正确计提固定资产折旧，定期或不定期地组织清产核资工作。

六、负责公司税金的计算、申报和解缴工作，协助有关部门开展财务审计和年检。

七、建立往来款项清算手续制度，对暂收、暂付、应收、应付、备用金等往来款项必须明细清算制度，加强分户管理，及时清算。

八、加强往来款项的结算业务，对各种应收、暂付款项，要及时催收结算，对应付暂收款项要抓紧清算。对确实无法收回的应收款项和无法支付的应付款项，应查明原因，按照规定分别申报，经批准后进行账务处理。

九、负责计算会计核算数据的月末处理及数据维护工作。确保财务数据和财务软件的安全、保密。对财务数据要双备份，负责更换、升级财务软件，保证财务数据的连续性。对电算化会计档案做好防火、防磁、防尘、防潮工作。

十、及时做好会计凭证、账册、报表等财会资料收集、汇编、归档等会计档案管理工作。

十一、负责对系统所有录入数据进行正确性、一致性复核，操作会计软件，登记机内账簿，对打印输出的账簿、报表进行确认。

十二、负责接洽有关部门和人员查询经费使用情况，提供相关资料。

十三、主动积累各项有关资料，对会计资料进行分析，为财务报表做好基础工作，随时、准确地向领导提供有关统计资料。

十四、按照要求准确、及时编制月、季、年度会计报表。

1. 编制资产负债表，根据总账期末余额分析填制，正确反映企业资产、负债、所有者权益的情况。

2. 编制利润表，根据主营业务收入、主营业务成本、营业税金及附加、管理费用、财务费用、投资收益、营业外收支、以前年度损益调整的发生额填列，正确反映当期利润的实现情况。认真进行利润实现的分析和考核，找出偏离计划的原因，预测经营活动情况及利润前景，提出增收节支、增加利润的建议和措施。

3. 编制现金流量表，正确反映公司在年度内的现金流入、流出情况。

4. 编制其他有关方面的会计报表。

5. 确保报表的真实、完整、及时清晰性，会计报表必须与其他账表相衔接，有关对应的数字必须保持一致，核对无误后，将各种会计报表按顺序连同财务情况说明书加封成册，提交领导审核，加盖公章后按规定时间及时报出。

十五、完成领导交给的各项工作。

文案范本

会计人员岗位责任制

第一条　任职资格

1. 从事会计工作的人员，必须取得会计从业资格，新进人员必须持有会计从业资格。

为确保会计从业资格，会计人员必须每年接受不少于 24 课时的后续教育，并取得相应的证明。

2. 担任会计机构的负责人应具备会计师以上的技术职务资格。

3. 单位不得任用《会计法》第四十条提及的禁入人员担任会计工作。

第二条　工作岗位的设置

1. 会计机构应设置的工作岗位如下：会计机构负责人；出纳岗位；总账及报表核算岗位；固定资产、存货及其他财产物资核算岗位；工资及社会保险核算岗位；收入、支出、成本以及财务成果核算岗位；应收、应付及资金核算岗位；稽核岗位；纳税岗位。根据单位实际情况，实施一员多岗，但必须以不违反内部牵制和不相容职务分离原则为前提。

2. 会计机构内部应当建立稽核制度。指定专人担任稽核工作，也可以由会计机构负责人兼任稽核工作。

3. 会计工作人员回避制度，单位负责人的配偶及直系亲属不得担任本单位的会计机构负责人，会计机构负责人的配偶及直系亲属不得在本单位担任出纳工作。

第三条　工作岗位的职责

一、会计机构负责人

1. 负责主持会计机构的日常管理工作，按照《会计法》及国家统一的会计制度要求组织单位的会计核算工作。

2. 设计、拟订单位的会计管理与监督制度，并在单位负责人领导下组织实施该制度。

3. 编制单位财务收支计划和资金运作计划，并在单位负责人领导下实施计划。

4. 搞好财务会计分析，参与经营决策。

5. 组织编制单位的财务会计报告，并予签字、盖章。

6. 组织对会计人员的考核，参与对会计人员的任用、调配等人事安排。

二、出纳岗位

1. 严格审核原始凭证，把好报销关，发现不真实、不合法的原始凭证，拒绝办理或通过汇报领导进行处理，对不符合规定要求的原始凭证有权要求更正、修改。

2. 按照国家有关现金管理制度和银行结算制度的规定，办理现金收、付、存和银行结算业务。

3. 做好现金和银行收付日报表，做到日清月结，平时与计算机记账核对，每月末要核对银行对账单以求账实相符。

4. 出纳人员不得兼管稽核、会计档案和收入、费用、债权债务账目的登记工作，不得一人掌管全部银行印鉴。

三、总账及报表核算岗位

1. 按照科目汇总表及时登记总分类账。

2. 做好总分类账与明细账。

3. 在账表一致的前提下及时正确编制有关会计报表。

四、固定资产、存货及其他财产物资核算岗位

1. 根据国家统一会计制度规定，正确划分固定资产、存货及其他财产物资之间的界限，据以确认入账。

2. 根据制度规定结合单位实际，建立固定资产明细账，逐笔登记固定资产的增加与减少事项，有关固定资产的购建、投入、转移、报废、毁损、盘盈、盘亏等事项都按必须规定程序办理必要手续，方可进行登记入账或调整账面。

3. 根据会计制度确定固定资产使用年限，正确计提固定资产折旧费用。

4. 定期将固定资产账与本单位管理固定资产部门核对数量、金额，固定资产管理部门核对卡、物数量与存放使用地点，以确保账、卡、物三相符。

5. 根据单位的实际情况设置存货及物资明细账，并确定有关存货计算方式，在办妥规定手续后，按照验收入库、出库等原始凭证登记有关增加或减少事项。

6. 督促指导财产物资保管部门应建立相应的存货及其财产明细账，包括数量与金额。每月编制收发、存汇总表以与会计账面数核对，确保账账相符、账实相符。

7. 对低值易耗品建立收、发、存有关手续，采用一次摊销的低值易耗品要建立辅助登记，加强对在用低值易耗品的管理，对两用物品（单位和家庭都能使用）以及价值较大的更要加强实物管理。

五、收入、支出及财务成果（包括结余、基金）核算岗位

1. 根据销售部门开具发票以及业务部门通知开具收据等确认收入，确认收入同时并结转相关的成本。

2. 遵守国家有关规定，做好发票、收据的购买与管理工作，包括办理申领、收回、核销的登记查验等手续。

3. 编制材料耗费等各种分配明细表以及有关收入、支出、成本费用的转账凭证，登记有关收入及成本费用明细账，根据国家规定计算各种应交款。

4. 编制各类有关收入、支出、成本、效益的报表供上级或有关部门需要，为单位组织经济考核提供必要的会计数据。

5. 做好年终结算工作，结转结余、计提各项基金，做好记账凭证。

六、应收、应付及资金核算岗位

1. 根据有关合同和协议审核有关应收、应付及借款、投资事项的凭证与资料。

2. 做好应收账款、应付账款、其他应付款以及投资等转账记账凭证和各种明细账。

3. 每月检查上述有关债权债务往来以及融资、投资项目的履行情况，定期编制未办理清转的事项清单，督促有关销售、采购等业务部门抓紧清理工作。

七、稽核岗位

1. 审核原始凭证必须具备的基本要素：凭证名称，填制日期、单位或填制人姓名，接受凭证单位名称，经办人员的签字、盖章，经济业务的内容、数量、单价和金额等。基本要素是否真实、完整、合法、合规，发现有错误的情况是否按规定更正或重办，对一些特殊情况下的原始凭证是否具备一定的附加条件。

2. 审核记账凭证必需的基本要素：填制日期，凭证编号，经济业务摘要，会计科目及借贷方向、金额、所附原始凭证张数，填制凭证人员、记账人员、会计机构负责人签字或盖章是否真实、完整、合法、合规。

3. 审核账簿的设置和启用是否完备、合规，是否按照经审核的凭证登记账簿，审核账簿的记载、更正及结账是否合规，总账、明细账、日记账之间是否保持正确的钩稽关系。

4. 审核报表的编制及签署是否符合制度规定及政府主管部门的规定要求，账表之间、表表之间是否保持正确的钩稽关系，财务报告是否完备、合规。

5. 其他须经稽核的事项

八、纳税岗位

1. 纳税人员必须取得税务部门发放的纳税员证件。

2. 正确及时编报、申报各种流转税、企业所得税、个人所得税以及税收附加申报表等。

3. 及时办理申报免税、退税申报工作。

4. 对违反税收政策的行为及时向领导做出汇报。

 文案范本

账务会计岗位说明书

岗位名称	账务会计	岗位编号	AE-ACC-009
直属上级	财务会计主管	所属部门	财务部
工资级别		直接管理人数	
岗位目的	日常账务处理，会计报表编制，登记及保管各类账簿		

工作内容：

1. 负责公司的会计核算业务，正确设置会计科目和会计账簿；

2. 负责公司日常账务处理，审查原始单据，整理会计凭证，编制记账凭证；

续表

3. 负责编制公司的会计报表及财务分析报告；

4. 负责编制细化的公司财务分析报告，报领导备案决策；

5. 负责总分类账、明细分类账、费用明细账、固定资产账簿的登记与保管；

6. 负责分摊各种费用，计提固定资产折旧，核算各项税金；

7. 负责企业资产管理，并编制管理报表，做好固定资产账务盘点；

8. 定期对账，发现差异查明原因，处理结账时有关的账务调整事宜；

9. 审核、装订及保管各类会计凭证；

10. 完成上级交办的其他事项。

工作职责：

1. 对记账凭证填制的正确性、及时性、完整性负责；

2. 对会计报表及财务报告编制的真实性、准确性负责；

3. 对分管账簿登记工作的正确性、完整性、及时性负责；

4. 对会计档案资料的完整性、安全性负责；

与上级的沟通方式：

接受财务总监和财务部经理的口头及书面指导。

同级沟通：

部门员工

给予下级的指导：

岗位资格要求：

- 教育背景：大专以上学历，会计及财务相关专业，初级以上会计师职称。

- 经验：5 年以上财会工作经验。

岗位技能要求：

- 专业知识：熟悉国家会计法规、税务相关政策。

- 能力与技能：良好的沟通能力和职业操守，很强的责任心，工作踏实，做事严谨认真，细致认真，人品正直，能够承受较大的压力；熟练使用财务软件及办公软件。

 文案范本

综合会计岗位职责

第一条 本岗位员工应全面熟悉有关财经法律、法规和政策，熟悉并掌握公司生产经营情况；协助会计主管管理好企业财务并按会计制度规定，设置会计科目、会计凭证和会计账簿；在会计主管指导下，会同各会计岗位人员拟定本企业有关会计核算的各项规章制度；设置与掌管总分类账簿。

第二条 负责设计本公司的会计核算形式，建立会计凭证的传递程序；进行有关业务的综合汇总工作，定期编制总账科目汇总表试算平衡；核对各级明细账和日记账，确保账账相符，记账、结账工作符合规定要求。

第三条 定期调整账项，在应结账户结清的基础上，依据账簿记录和有关资料，编制资产负债表和财务状况变动表；结合企业的有关计划资料和生产经营的趋势，对企业财务运行状况

进行总体分析；按制度规定撰写财务分析资料。

第四条　依据财务分析资料，编写财务状况说明书，并连同规定的全部会计报表加具封面装订成册，报经会计主管、总会计师审阅签署后，按期报送指定单位。

第五条　协助会计主管运用现代化管理和会议方法进行各种财务预测（包括目标销售收入预测、目标利润预测、存货预测、资金需要量预测、保本点预测、投资回收期和投资收益率预测），以及市场容量预测、市场占有率预测和市场价格预测等，以为公司投资决策和生产经营提供可靠的依据。

第六条　参与规划本公司中长期远景工作，并按照总会计师、会计主管的委托对企业改扩建、更新改造工程的可行性研究进行科学论证和审查，确保各项可行性研究的效益，避免损失和浪费。

第七条　依据有关会计岗位提供的数据和财务预测，编制或汇总全公司月份、季度和年度的财务计划。

第八条　执行会计档案管理有关法规，对保存在会计部门的会计档案统一管理；按法规要求，科学分类，造册登记，集中保管；并建立借阅、保密以及保护档案安全完整的制度；在移交档案部门时，须编制移交清册，认真办理移交手续。

第九条　承办总会计师、会计主管交办的其他工作。

 **文案范本**

会计岗位轮换制度

1. 目的

为了培养和锻炼会计人员全面熟悉业务，丰富工作经验，加强队伍廉政建设，特制定本制度。

2. 适用范围

适用于公司各会计岗位人员。

3. 管理规定

3.1　原则和内容

坚持会计岗位轮换不相容职务的原则，要求实行职务分管、职务轮换、内部稽核。内容包括：

（1）授权与执行职务分开。

（2）执行与审查职务分开。

（3）保管与记账职务分开。

（4）保管与核对职务分开。

（5）出纳不得兼管稽核、会计档案保管和收入、费用、债权、债务账目的登记。

3.2　轮换方式与轮换时间

会计人员岗位轮换方式有整个岗位轮换和岗位部分工作轮换。每两年轮换一次，个别岗位轮换时间视具体情况而定。

4. 轮换办法

轮换办法由财务科拿出意见，报经中心领导同意后执行。

文案范本

会计人员管理规定

第一章 总 则

第一条 为建设一支具有良好职业道德和较高专业技术水平的高素质的会计队伍，为企业的发展和经济效益的提高做出应有的贡献，特制定本规定。

第二条 企业会计人员的管理体制。

1. 会计人员由企业财务部统一管理，企业内部需要进行独立或相对独立核算的部门，由企业财务部委派会计人员负责该部门的会计工作。

2. 会计机构负责人的任免。

（1）会计机构负责人的任免由企业领导会议经过研究讨论后决定。

（2）会计人员的任免、调动、聘用、解聘由财务部提出意见，并报企业领导批准后方可办理任免、调动、聘用、解聘手续。

第二章 会计机构与会计人员任职资格

第三条 会计机构设置。

1. 单独设置会计机构的单位，应配备会计机构负责人。

2. 未单独设置会计机构的单位，应在有关机构中配备专职会计人员，并在专职会计人员中指定会计主管人员。

3. 会计工作岗位设置。结合本单位实际情况，会计工作岗位可采用一人一岗、一人多岗、一岗多人，但必须符合会计内部牵制制度的要求。出纳人员不得兼管稽核、会计档案保管和收入、费用、债权债务账簿的登记工作。单位的空白支票和有关财务印章不得由同一人保管。

第四条 会计人员任职条件。

1. 企业会计人员应持有相关资格证书。

2. 应具备必要的专业知识和专业技能，能正确处理各种财务会计事项。

3. 熟悉国家有关法律、法规、规章及国家统一会计制度。

4. 具备良好的职业道德，主要包括以下五个方面。

（1）敬业爱岗，即会计人员应当热爱本职工作，努力钻研业务，使自己的知识和技能适应所从事工作的要求。

（2）熟悉法规，即会计人员应当熟悉财经法律、法规，国家统一会计制度和本单位财务会计管理制度，并结合会计工作进行广泛宣传。

（3）依法办事，即会计人员应当按照会计法律、法规、规章、制度、规定的程序和要求进行会计工作，保证所提供的会计信息合法、真实、准确、及时、完整。

（4）客观公正，即会计人员办理会计事务应当实事求是，客观公正。

（5）保守秘密，即会计人员应当保守本企业的商业秘密，除法律规定和企业领导同意外，不能私自向外界提供或者泄露单位的会计信息。

5. 身体条件，即要求身体状况能适应本职工作的要求。

第三章 会计人员日常工作管理

第五条 会计核算制度。

1. 各单位应当按照《中华人民共和国会计法》和国家统一会计制度的规定建立会计账册，进行会计核算，及时提供合法、真实、准确、完整的会计信息。

2. 根据国家统一会计制度的要求，在不影响会计核算要求、会计报表指标汇总和对外统一会计报表的前提下，企业可以根据实际情况自行设置和使用会计科目。

3. 各单位的会计核算应当以实际发生的经济业务为依据，按照规定的会计处理方法进行，保证会计指标的口径一致、相互可比和会计处理方法的前后各期相一致。

第六条　会计人员轮岗制度。

1. 会计人员的工作岗位可以采取根据工作需要临时调换和有计划地定期进行轮换，以促进会计人员全面熟悉业务，不断提高业务素质。

2. 会计人员的轮岗期限限定为每＿＿＿年进行一次，如有特殊情况可具体对待。

3. 会计人员在轮岗时应将原分管的工作情况向接交人员详细介绍，必要时写出书面材料移交并存档。

第七条　会计工作交接制度。

1. 会计人员工作调动、轮岗或者因故离职，都必须按企业《会计工作交接管理标准》的规定及时办清交接手续，否则不得调动、轮岗或者离职。

2. 对于会计人员临时离职或者因病因事暂时不能工作，需要有人接替或者代理工作的，应当按照《会计工作交接管理标准》办理交接手续；同样，临时离职或者因病因事暂离岗的会计人员恢复工作的，也要与临时接替或者代理人员办理交接手续。

3. 会计机构负责人应督促经办人员按有关规定及时办理手续。

第八条　会计人员培训制度。

1. 大力加强对会计人员的教育培训工作，逐步建立一支熟悉生产过程，懂得生产经营，素质高、作风硬、业务精的会计队伍。

2. 做好在职会计人员的培训工作，不断充实和更新会计人员的知识，把思想政治教育、职业道德教育同专业知识培训结合起来，促进会计人员素质的全面提升。

3. 会计人员应当按照国家有关规定参加会计业务的培训。各单位应当合理安排会计人员的培训，保证会计人员每年有一定的时间用于学习和参加培训。

4. 建立业务学习制度，日常业务学习应有计划、有检查、有考核。

5. 企业鼓励会计人员的在职业务学历学习和会计专业技术资格考试。

第九条　会计人员考核制度。

1. 考核依据

根据会计人员在被考核期间的出勤状况、优质服务、核算质量、内控管理效果、业务学习和其他工作表现情况为依据，会计结算部领导、营业机构主管对所属员工平时工作情况随时记录，严格考核。

2. 考核要求

考核要求客观公正，考核执行人对所属员工的考核尽可能用客观指标来衡量，尽量避免因各类弹性考核指标的不当运用而使员工工作实绩和能力考核出现结果失真，造成不公平现象。

文案范本

会计人员工作总结

各位领导、同事们：

20＿＿＿年，在部门经理的带领下以及财务部全体同事的支持下，通过我自身的不断努力探索，完成了各项财务工作任务，较好地履行了会计职能，为保证公司财务工作顺利进行发挥了积极的作用。现将我这一年的工作情况汇报如下。

一、完成的工作

1. 认真完成了各会计凭证的合法性、准确性等的审核，尤其是对各个记账凭证进行了严格的把关，禁止以不合法的记账凭证为依据登记会计账簿。

2. 严格按照会计账簿记账要求及时准确地完成各月记账、结账和账务处理工作。

3. 及时准确地填报各类月度、季度、年度统计报表，按时向各部门报送。

4. 以认真的态度积极参加××市财政局集中所得税培训，做好财务软件记账及系统的维护。

5. 对各类会计档案，进行了整理、分类、装订、归档等工作。

二、个人修养和综合素质的提升

1. 通过报刊、网络和电视新闻等媒体，加强政治思想和品德修养。

2. 认真学习财经方面的各项规定，自觉按照国家的财经政策和程序办事。

3. 努力钻研业务知识，积极参加相关部门组织的各种业务技能培训，始终把增强服务意识作为一切工作的基础；始终把工作放在严谨、细致、扎实、求实上，脚踏实地地工作。

4. 不断改进学习方法，讲求学习效果，坚持学以致用，注重融会贯通，理论联系实际，用新的知识、新的思维和新的启示，巩固和丰富综合知识，让知识伴随年龄增长，使自身综合能力得到不断提高。

三、存在的不足及改进的措施

尽管我完成了20___年的各项工作任务，同时，我也看到了工作中存在的不足。20___年，工作中的不足之处以及相应的改进措施说明如下。

1. 忙于应付事务性工作的时候多，深入探讨、思考、认真地研究财务管理办法、工作制度的时候少，工作虽有广度，但缺乏深度。因此，在今后的工作中，我应合理分配工作时间，在完成日常事务性工作的同时，认真学习、积极与同事探讨，深入掌握工作制度及财务管理办法等，从而提高工作技能。

2. 忙于工作，不善于总结，使得工作与收效不成比例，事倍功半的现象时有发生。从今以后，我应逐步学习用科学的方法，善总结、勤思考，逐步达到事半功倍的效果。

3. 由于公司新增经营项目，财务会计工作的力度和难度都有所加大。导致我的业务知识相对匮乏，因此，在今后的工作中应系统学习与新增项目有关的会计知识，努力提升自身的会计工作技能。

四、总结

20___年是我公司快速发展的一年，也是行业竞争更加激烈的一年，机遇和挑战的共存将会进一步激发我和财务部全体人员的斗志和工作热情。在今后的财务会计工作中我将不断地学习新知识、努力地提高思想境界和业务素质，并将一如既往的团结、奉献。

总结人：

年　月　日

二、会计从业资格、能力管理

《全国人民代表大会常务委员会关于修改〈中华人民共和国会计法〉等十一部法律的决定》已由中华人民共和国第十二届全国人民代表大会常务委员会第三十次会议于2017年11月4日通过，以中华人民共和国主席令第八十一号公布，自2017年11月5日起施行。新《会计法》删除了关于从事会计工作的人员必须取得会计从业资格证书等规定，对会计人员应当具备从事会计工作所需要的专业能力并遵守职业道德、违法会计人员五年内不得从事会计工作或者不得再从事会计工作等作出了规定。

2017 年 11 月 5 日起，从事会计工作不再需要取得会计从业资格证书了，会计从业资格证正式退出历史舞台。

为什么取消？国务院曾解释，是考虑到目前涉及会计执业能力评价的考试较多，会计人员可以通过参加其他会计类考试证明执业能力，还可以通过接受继续教育、业务培训、学历教育等方式来提高专业能力和水平。

　文案范本

会计人员任职条件规定

1. 职位设置

（1）财务部经理。

（2）会计主管。

（3）会计。

（4）出纳。

2. 任职条件

（1）财务部经理任职条件

① 具有良好的职业道德，能坚持原则，做到廉洁奉公，并具备一定的组织能力。

② 具有大学本科以上学历，有会计师职称或注册会计师资格，五年以上公司财务管理工作经验。

③ 熟悉财务管理工作，精通公司会计核算，熟知国家的财经法律、法规、规章制度和方针政策，掌握本行业业务管理方面的相关知识。

④ 能熟练操作计算机。

⑤ 有良好的对外交际能力。

（2）主管会计岗位任职条件

① 坚持原则，廉洁奉公，具备良好的职业道德。

② 具有本科以上会计专业学历或会计师、注册会计师以上职称，有三年以上会计工作经验。

③ 熟悉国家的财经法律、法规、规章制度和方针、政策，掌握本行业业务管理方面的相关知识。

④ 具备一定的组织能力、协调能力、综合分析能力。

⑤ 服从上级工作安排。

⑥ 能熟练操作计算机。

（3）会计岗位任职条件

① 具有大专以上学历，助理会计师以上职称，两年以上会计工作经验。

② 具备必要的专业知识和专业技能。

③ 熟悉国家有关法律、法规、规章和国家统一会计制度，遵守职业道德。

④ 熟悉会计核算业务，熟练操作计算机。

（4）出纳岗位任职条件

① 具有良好的职业道德，遵纪守法，认真负责，无工作过失记录。

② 具有中专以上学历，会计员以上证书，一年以上出纳工作经验，熟悉出纳业务。

③ 服从上级工作安排。

三、会计从业人员基本信息

请参阅如下相关文案范本。

 **文案范本**

会计从业人员基本信息表

姓名		单位性质	
身份证号		联系电话	
性别		会计电算化	
出生日期		取得日期	
所属民族		证书号码	
学历		珠算等级	
毕业院校		证书号码	
毕业时间		IC 卡号	
所学专业		从业资格证号	
现任行政政务		发证机关	
专业技术职务		发证日期	
取得方式		注册日期	
取得时间		财会工作日期	
证书或批文号		工作会计岗位	
现任技术职务		资格有效日期	
聘任时间		定期登记结果	
工作单位		定期登记日期	
会计从业期间诚信档案		会计从业资格管理部门意见	
		（盖 章）	

四、会计专业技术人员继续教育规定

为了加强会计专业技术人员继续教育的管理，规范会计专业技术人员继续教育活动，保障会计专业技术人员合法权益，不断提高会计专业技术人员素质，根据《中华人民共和国会计法》和《专业技术人员继续教育规定》（人力资源和社会保障部令第 25 号），财政部制定了《会计专业技术人员继续教育规定》。

本规定所称的会计专业技术人员，包括：

（1）持有会计专业技术资格证书的会计人员；

（2）持有会计从业资格证书且从事会计工作的会计人员；

（3）其他从事会计工作的会计人员。

国家机关、社会团体、企业、事业单位和其他组织（以下统称用人单位）的会计专业技术人员继续教育，适用本规定。

会计专业技术人员继续教育应当紧密结合经济社会发展和会计行业发展要求，以能力建设为核心，突出针对性、实用性和前瞻性，为经济社会和会计行业发展提供人才保证和智力支持。

会计专业技术人员继续教育工作应当遵循下列基本原则：

（1）以人为本，按需施教。把握会计行业发展趋势和会计专业技术人员从业基本要求，突出提升会计专业技术人员专业胜任能力，引导会计专业技术人员更新知识、拓展技能，提高解决实际问题的能力。

（2）突出重点，提高能力。会计专业技术人员继续教育面向会计专业技术人员，全面提高会计专业技术人员整体素质，进一步改善会计专业技术人员知识结构。

（3）加强指导，创新机制。在统筹规划的前提下，有效利用各方面教育资源，引导社会办学单位参与会计专业技术人员继续教育，并不断丰富继续教育内容，创新继续教育方式，整合继续教育资源，提高继续教育质量，逐步形成政府部门规划指导、社会单位积极参与、用人单位支持督促的会计专业技术人员继续教育新格局。

会计专业技术人员享有参加继续教育的权利和接受继续教育的义务。

取得会计专业技术资格的人员，应当自取得资格的次年开始参加继续教育，并在规定时间内取得规定学分。

各省、自治区、直辖市财政厅（局）、新疆生产建设兵团财务局会同本地区人力资源社会保障部门可根据本规定制定具体实施办法，并报财政部、人力资源和社会保障部备案。

（一）管理体制

会计专业技术人员继续教育工作实行统筹规划、分级负责、分类指导的管理体制。

人力资源社会保障部负责对全国会计专业技术人员继续教育工作进行综合管理和统筹协调，财政部负责制定全国会计专业技术人员继续教育政策，监督指导全国会计专业技术人员继续教育工作的组织实施。县级以上地方人民政府人力资源社会保障部门负责对本地区的会计专业技术人员继续教育工作进行综合管理和统筹协调，县级以上地方人民政府财政部门负责组织实施和监督检查本地区的会计专业技术人员继续教育工作。

用人单位应当保障本单位会计专业技术人员参加继续教育的权利。会计专业技术人员应当适应岗位需要和职业发展的要求，积极参加继续教育，完善知识结构、增强创新能力、提高专业水平。

（二）内容与形式

会计专业技术人员继续教育内容包括公需科目和专业科目，主要包括会计理论、政策法规、业务知识、技能训练和职业道德等。

（1）会计理论继续教育，重点加强会计基础理论和应用理论的培训，提高会计专业技术人员用理论指导实践的能力；

（2）政策法规继续教育，重点加强会计法规制度及其他相关法规制度的培训，提高会计专业技术人员依法从事会计工作的能力；

（3）业务知识和技能训练继续教育，重点加强履行岗位职责所必备的会计准则制度等专业知识、内部控制、会计信息化等方面的培训，提高会计专业技术人员的实际工作能力和业务技能；

（4）职业道德继续教育，重点加强会计职业道德的培训，提高会计专业技术人员职业道德水平。

会计专业技术人员可以自愿选择参加继续教育的形式。

会计专业技术人员继续教育的形式主要有：

（1）参加县级以上地方人民政府财政部门、人力资源社会保障部门、新疆生产建设兵团财务局、人力资源社会保障局（简称继续教育管理部门）组织的会计专业技术人员继续教育师资培训、会计脱产培训、远程网络化会计培训；

（2）参加继续教育管理部门公布的会计专业技术人员继续教育机构（简称继续教育机构）组织的会计脱产培训、远程网络化会计培训；

（3）参加继续教育管理部门公布的会计专业技术人员所在单位组织的会计脱产培训、远程网络化会计培训；

（4）参加财政部组织的全国会计领军人才培训；

（5）参加财政部组织的大中型企事业单位总会计师素质提升工程培训；

（6）参加各省、自治区、直辖市财政厅（局）、新疆生产建设兵团财务局（简称省级财政部门）、国家机关事务管理局、中共中央直属机关事务管理局（简称中央有关部门）组织的高端会计人才培训；

（7）参加中国注册会计师继续教育培训；

（8）参加继续教育管理部门组织的其他形式培训。

继续教育管理部门应当按照管理权限，定期公布继续教育机构或会计专业技术人员所在单位名称等相关信息。

除上述继续教育形式外，会计专业技术人员继续教育的形式还包括：

（1）参加财政部组织的全国会计领军人才考试，以及省级财政部门、中央有关部门组织的高端会计人才考试；

（2）参加会计、审计专业技术资格考试，以及注册会计师、资产评估师、税务师考试；

（3）参加国家教育行政主管部门承认的会计类专科以上学位学历教育；

（4）承担继续教育管理部门或其认可的会计学术团体的会计类研究课题，或在有国内统一刊号（CN）的经济管理类报刊上发表会计类论文；

（5）公开出版会计类书籍；

（6）参加省级以上财政部门、中央有关部门、省级以上人力资源社会保障部门组织或其认可的会计类知识大赛；

（7）继续教育管理部门认可的其他形式。

继续教育机构应当根据会计专业技术人员的从业要求，综合运用讲授式、研究式、案例式、模拟式、体验式等教学方法，提高培训效果和质量。

继续教育管理部门应当积极推广网络教育、远程教育、电化教育等方式，提高会计专业技术人员继续教育教学和管理的信息化水平。

（三）学分管理

会计专业技术人员参加继续教育采取学分制管理制度，每年参加继续教育取得的学分不得少于 90 学分，其中，专业科目一般不少于总学分的三分之二。会计专业技术人员参加继续教育取得的学分，在全国范围内有效。

会计专业技术人员参加规定的一般继续教育形式，继续教育学分计量标准如下：

（1）参加继续教育管理部门组织的会计专业技术人员继续教育师资培训、会计脱产培训、远程网络化会计培训，考试或考核合格的，每学时折算为 1 学分；

（2）参加继续教育管理部门公布的继续教育机构组织的会计脱产培训、远程网络化会计培训，考试或考核合格的，每学时折算为 1 学分；

（3）参加继续教育管理部门公布的会计专业技术人员所在单位组织的会计脱产培训、远程网络化会计培训，考试或考核合格的，每学时折算为 1 学分；

（4）参加财政部组织的全国会计领军人才培训，考试或考核合格的，每学时折算为 1 学分；

（5）参加财政部组织的大中型企事业单位总会计师素质提升工程培训，考试或考核合格的，每学时折算为 1 学分；

（6）参加省级财政部门、中央有关部门组织的高端会计人才培训，考试或考核合格的，每学时折算为 1 学分；

（7）参加中国注册会计师继续教育培训，经所属注册会计师协会确认的，每学时折算为 1 学分。

会计专业技术人员参加规定的其他继续教育形式，继续教育学分计量标准如下：

（1）参加财政部组织的全国会计领军人才考试，以及省级财政部门、中央有关部门组织的高端会计人才考试，被录取的，折算为 60 学分；

（2）参加会计、审计专业技术资格考试，以及注册会计师、资产评估师、税务师考试，每通过一科考试，折算为 60 学分；

（3）参加国家教育行政主管部门承认的会计类专科以上学位学历教育，通过当年度一个学习科目考试或考核的，折算为 60 学分；

（4）独立承担继续教育管理部门或其认可的会计学术团体的会计类研究课题，课题结项的，每项研究课题折算为 60 学分；与他人合作完成的，每项研究课题的第一作者折算为 60 学分，其他作者每人折算为 30 学分；

（5）独立在有国内统一刊号的经济管理类报刊上发表会计类论文的，每篇论文折算为 60 学分；与他人合作发表的，每篇论文的第一作者折算为 60 学分，其他作者每人折算为 30 学分；

（6）独立公开出版会计类书籍的，每本会计类书籍折算为 60 学分；与他人合作出版的，每本会计类书籍的第一作者折算为 60 学分，其他作者每人折算为 30 学分；

（7）参加省级以上财政部门、中央有关部门、省级以上人力资源社会保障部门组织或其认可的会计类知识大赛，成绩合格或受到表彰的，折算为 60 学分。

会计专业技术人员参加继续教育取得的学分，均在当年度有效，不得结转下年度。

会计专业技术人员所属继续教育管理部门跨省级管辖范围发生变化的，当年度继续教育学分可合并计算。

会计专业技术人员参加未经继续教育管理部门公布的继续教育机构组织开展的会计专业技术人员继续教育，继续教育管理部门不为其办理继续教育事项登记。会计专业技术人员参加未经继续教育管理部门公布的会计专业技术人员所在单位组织开展的会计专业技术人员继续教育，继续教育管理部门不为其办理继续教育事项登记。

（四）机构管理

继续教育管理部门应当加强继续教育机构建设，构建分工明确、优势互补、布局合理、竞争有序的会计专业技术人员继续教育体系。会计专业技术人员继续教育应当充分发挥国家会计学院、中国会计学会、县级以上地方人民政府财政部门会计人员培训基地（中心）、人力资源社会保障部门专业技术人员继续教育基地等教育资源的主渠道作用，鼓励、引导高等院校、科研院所等单位参与会计专业技术人员继续教育工作。

继续教育机构必须同时符合下列条件：

（1）具备承担培训工作相适应的教学场所和教学设施；

（2）拥有与承担培训工作相适应的师资队伍和管理力量；

（3）制定完善的教学培训计划、管理制度和其他相关制度；

（4）能够完成所承担的培训任务，保证培训质量；

（5）符合有关法律法规的规定。

继续教育机构应当认真实施继续教育教学计划，向社会公开继续教育的范围、内容、收费项目及标准等情况。

继续教育机构应当建立健全会计专业技术人员继续教育培训档案，根据考试或考核结果如实出具会计专业技术人员参加继续教育的证明，并在培训结束后及时将有关情况报送所在地继续教育管理部门。

（五）师资与教材

继续教育机构应当按照专兼职结合的原则，聘请具有丰富实践经验、理论水平高的业务骨干和专家学者，建设继续教育师资队伍。

继续教育管理部门应当加强会计专业技术人员继续教育教材建设，逐步形成会计专业技术人员继续教育教材体系，以适应会计专业技术人员继续教育的需要。

会计专业技术人员继续教育教材的建设应当坚持开发与利用相结合，加强教材开发的针对性和实用性。提倡会计专业技术人员继续教育教材开发社会化，鼓励社会上有能力的部门和单位参与编制会计专业技术人员继续教育教材。

继续教育管理部门应当加强对会计专业技术人员继续教育教材的编写、评估、推荐、出版、发行、使用情况的管理和监督。

任何部门、单位和个人不得向会计专业技术人员强行推销、搭售继续教育教材。

（六）监督与检查

会计专业技术人员继续教育管理实行登记制度。

会计专业技术人员办理继续教育事项登记，可以通过以下两种途径：

（1）会计专业技术人员参加继续教育经考试或考核合格后，应当在3个月内持相关证明材料向所属继续教育管理部门办理继续教育事项登记；

（2）继续教育管理部门根据公布的继续教育机构或会计专业技术人员所在单位报送的会计专业技术人员继续教育信息，为会计专业技术人员办理继续教育事项登记。

继续教育管理部门应当建立会计专业技术人员继续教育信息管理系统，如实记载会计专业技术人员接受继续教育情况。

会计专业技术人员由于病假、在境外工作、生育等原因，无法在当年完成继续教育取得规定学分的，应当提供合理证明，经继续教育管理部门审核确认后，其没有取得的继续教育学分可以顺延至下一年度取得。

用人单位应当建立本单位会计专业技术人员继续教育与使用、晋升相衔接的激励机制，把会计专业技术人员参加继续教育情况作为会计专业技术人员考核评价、岗位聘用的重要依据。会计专业技术人员参加继续教育情况，应当作为聘任会计专业技术职务或者申报评定上一级会计专业技术资格的重要条件。

继续教育管理部门应当加强对会计专业技术人员继续教育情况的监督与检查，并将监督、检查结果作为会计专业技术人员参加先进会计工作者评选的依据之一。对未按规定参加继续教育或者参加继续教育未取得规定学分的会计专业技术人员，继续教育管理部门应当责令其限期改正。

继续教育管理部门应当定期对所在地继续教育机构进行检查、评估。

继续教育机构不得有下列行为：

（1）采取虚假、欺诈等不正当手段招揽生源的；

（2）以会计专业技术人员继续教育名义组织境内外公费旅游或者进行其他高消费活动的；

（3）违反国家有关规定擅自印发与会计专业技术人员继续教育相关培训证书的；

（4）以会计专业技术人员继续教育名义乱收费或者只收费不培训的。

继续教育管理部门应当将各单位会计专业技术人员继续教育情况作为《会计法》执行情况检查的内容。

五、企业领导岗位

请参阅如下相关文案范本。

企业领导会计管理权责

（1）企业领导依法行使企业的理财自主权，并对企业的盈亏负直接经营责任。

（2）企业领导在企业的财务管理工作中居于中心地位，全面负责企业财务工作的决策、指挥、控制和监督，遵守国家相关法律、法规，决定企业财务预算方案并组织实施，保证企业财务目标的实现。

（3）企业领导决定企业财务管理机构的设置，根据企业生产经营规模及工作基础，选定企业所要采取的具体核算方式。

（4）企业领导者有权组织制定企业内部财务管理的具体办法，切实遵循《企业财务通则》《企业会计准则》及国家相关财务法规，并确保在企业内有效实施。

（5）企业领导有权依法聘任、解聘、奖励或惩罚企业的财务负责人，包括财务总监（或财务经理）和行使财务总监（或财务经理）职权的财务副厂长（副经理）等人员。

（6）企业领导要宏观管理企业财务管理和会计核算，保证核算资料合法、真实、准确、完整，在企业财务报告上签名或盖章。

（7）企业领导负责提出资金分配、工资调整方案、福利基金使用方案和其他有关职工生产福利和重大事宜的建议，提交职工代表大会审查决定。

（8）企业领导对职代会或董事会负责，行使理财权，并接受企业内部审计及国家财政、税务、审计机关的监督，并依法委托独立审计机构进行委托责任审计。

单位负责人会计职责

单位负责人，是指单位法定代表人或者法律、行政法规规定代表本单位行使职权的主要负责人。根据《会计法》和《会计基础工作规范》的规定，单位负责人主要承担以下会计责任：

（1）单位负责人对本单位会计工作和会计资料的真实性、完整性负责。

（2）单位负责人应当在单位财务会计报告上签名并盖章；单位负责人应当保证财务会计报

告真实、完整。

（3）单位负责人应当保证会计机构、会计人员认真执行会计法律、法规、规章、制度，依法履行职责，不得授意、指使、强令会计机构、会计人员违法办理会计事项。

（4）单位负责人对本单位内部会计控制的建立健全及有效实施负责。

（5）对忠于职守，做出显著成绩的会计人员进行表彰奖励。

六、总会计师岗位

请参阅如下相关文案范本。

文案范本

总会计师工作职责管理

企业总会计师工作职责管理，适用本办法。

本办法所称总会计师是指具有相应专业技术资格和工作经验，在企业领导班子成员中分工负责企业会计基础管理、财务管理与监督、财会内控机制建设、重大财务事项监管等工作，并按照干部管理权限通过一定程序被任命（或者聘任）为总会计师的高级管理人员。

《中央企业总会计师工作职责管理暂行办法》所称总会计师工作职责是指总会计师在企业会计基础管理、财务管理与监督、财会内控机制建设，以及企业投融资、担保、大额资金使用、兼并重组等重大财务事项监管工作中的职责。

企业及其各级子企业应当按规定建立和完善总会计师管理制度，明确总会计师的工作权限与责任，加强总会计师工作职责履行情况的监督管理。

国资委依法对企业总会计师工作职责履行情况进行监督管理。

各企业可结合本企业实际情况，制定总会计师工作职责管理具体实施细则。

《中央企业总会计师工作职责管理暂行办法》自 2006 年 5 月 14 日起施行。

一、职位设置

企业应当按照规定设置总会计师职位，配备符合条件的总会计师有效履行工作职责。符合条件的各级子企业，也应当按规定设置总会计师职位。

（1）现分管财务工作的副总经理（副院长、副所长、副局长），符合总会计师任职资格和条件的，可以兼任或者转任总会计师，人选也可以通过交流或公开招聘等方式及时配备。

（2）设置属于企业高管层的财务总监、首席财务官等类似职位的企业或其各级子企业，可不再另行设置总会计师职位，但应当明确指定其履行总会计师工作职责。

企业总会计师的任免按照国资委有关规定办理：

（1）已设立董事会的国有独资公司和国有控股公司的总会计师，应当经董事会审议批准，并按照有关干部管理权限与程序任命。

（2）未设立董事会的国有独资公司、国有独资企业的总会计师，按照有关干部管理权限与程序任命。

企业可以按照有关规定对其各级子企业实施总会计师或者财务总监委派等方式，积极探索完善总会计师工作职责监督管理的有效途径和方法。

担任企业总会计师应当具备以下条件：

（1）具有相应政治素养和政策水平，坚持原则、廉洁奉公、诚信至上、遵纪守法；

（2）大学本科以上文化程度，一般应当具有注册会计师、注册内部审计师等职业资格，或者具有高级会计师、高级审计师等专业技术职称或者类似职称；

（3）从事财务、会计、审计、资产管理等管理工作 8 年以上，具有良好的职业操守和工作业绩；

（4）分管企业财务会计工作或者在企业（单位）财务、会计、审计、资产管理等相关部门任正职 3 年以上，或者主管子企业或单位财务、会计、审计、资产管理等相关部门工作 3 年以上；

（5）熟悉国家财经法规、财务会计制度，以及现代企业管理知识，熟悉企业所属行业基本业务，具备较强组织领导能力，以及较强的财务管理能力、资本运作能力和风险防范能力。

具有下列情形之一的，不得担任总会计师：

（1）不具备以上条件规定的；

（2）曾严重违反法律法规和国家有关财经纪律，有弄虚作假、贪污受贿、挪用公款等重大违法行为，被判处刑罚或者受过党纪政纪处分的；

（3）曾因渎职或者决策失误造成企业重大经济损失的；

（4）对企业财务管理混乱、经营成果严重不实负主管或直接责任的；

（5）个人所负企业较大数额债务到期未清偿的；

（6）党纪、政纪、法律法规规定的其他情形。

具有下列情形之一的，总会计师任职或者工作应当回避：

（1）按照国家关于干部任职回避工作有关规定应当进行任职回避的；

（2）除国资委或公司董事会批准外，在所在企业或其各级子企业、关联企业拥有股权，以及可能影响总会计师正常履行职责的其他重要利益的；

（3）在重大项目投资、招投标、对外经济技术合作等工作中，涉及与本人及本人亲属利益的。

二、职责权限

1. 企业应当结合董事会建设，积极推动建立健全内部控制机制，逐步规范企业主要负责人、总会计师、财务机构负责人的职责权限，促进建立分工协作、相互监督、有效制衡的经营决策、执行和监督管理机制。

2. 总会计师的主要职责包括企业会计基础管理、财务管理与监督、财会内控机制建设和重大财务事项监管等。

3. 企业会计基础管理职责主要包括：

（1）贯彻执行国家方针政策和法律法规，遵守国家财经纪律，运用现代管理方法，组织和规范本企业会计工作；

（2）组织制定企业会计核算方法、会计政策，确定企业财务会计管理体系；

（3）组织实施企业财务收支核算与管理，开展财务收支的分析、预测、计划、控制和监督等工作，组织开展经济活动分析，提出加强和改进经营管理的具体措施；

（4）组织制定财会人员管理制度，提出财会机构人员配备和考核方案；

（5）组织企业会计诚信建设，依法组织编制和及时提供财务会计报告；

（6）推动实施财务信息化建设，及时掌控财务收支状况。

4. 企业财务管理与监督职责主要包括：

（1）组织制定企业财务管理规章制度，并监督各项财务管理制度执行情况；

（2）组织制定和实施财务战略，组织拟订和下达财务预算，评估分析预算执行情况，促进企业预算管理与发展战略实施相连接，推行全面预算管理工作；

（3）组织编制和审核企业财务决算，拟订公司的利润分配方案和弥补亏损方案；

（4）组织制定和实施长短期融资方案，优化企业资本结构，开展资产负债比例控制和财务安全性、流动性管理。

（5）制订企业增收节支、节能降耗计划，组织成本费用控制，落实成本费用控制责任；

（6）制订资金管控方案，组织实施大额资金筹集、使用、催收和监控工作，推行资金集中管理；

（7）及时评估监测集团及其各级子企业财务收支状况和财务管理水平，组织开展财务绩效评价，组织实施企业财务收支定期稽核检查工作；

（8）定期向股东会或者出资人、董事会、监事会和相关部门报告企业财务状况和经济效益情况。

5. 企业财会内控机制建设职责主要包括：

（1）研究制定本企业财会内部控制制度，促进建立健全企业财会内部控制体系；

（2）组织评估、测试财会内部控制制度的有效性；

（3）组织建立多层次的监督体制，落实财会内部控制责任，对本单位经济活动的全过程进行财务监督和控制；

（4）组织建立和完善企业财务风险预警与控制机制。

6. 企业重大财务事项监管职责主要包括：

（1）组织审核企业投融资、重大经济合同、大额资金使用、担保等事项的计划或方案；

（2）对企业业务整合、技术改造、新产品开发及改革改制等事项组织开展财务可行性论证分析，并提供资金保障和实施财务监督；

（3）对企业重大投资、兼并收购、资产划转、债务重组等事项组织实施必要的尽职调查，并独立发表专业意见；

（4）及时报告重大财务事件，组织实施财务危机或者资产损失的处理工作。

7. 企业应当赋予总会计师有效履行职责的相应工作权限，具体包括对企业重大事项的参与权、重大决策和规章制度执行情况的监督权、财会人员配备的人事建议权，以及企业大额资金支出联签权。

8. 总会计师对企业重大事项的参与权是指总会计师应参加总经理办公会议或者企业其他重大决策会议，参与表决企业重大经营决策，具体包括：

（1）拟定企业年度经营目标、中长期发展规划以及企业发展战略；

（2）制订企业资金使用和调度计划、费用开支计划、物资采购计划、筹融资计划以及利润分配（派）亏损弥补方案；

（3）贷款、担保、对外投资、企业改制、产权转让、资产重组等重大决策和企业资产管理工作；

（4）企业重大经济合同的评审。

9. 总会计师对重大决策和规章制度执行情况的监督权具体包括：

（1）按照职责对董事会或总经理办公会议批准的重大决策执行情况进行监督；

（2）对企业的财务运作和资金收支情况进行监督、检查，有权向董事会或者总经理办公会提出内部审计或委托外部审计建议；

（3）对企业的内部控制制度和程序的执行情况进行监督。

10. 财会人员配备的人事权是指企业财务部门负责人的任用、晋升、调动、奖惩，应当事先征求总会计师的意见。企业总会计师应当参与组织财务部门负责人或下一级企业总会计师的业务培训和考核工作。

11. 总会计师大额资金支出联签权是指企业按规定对大额资金使用，应当建立由总会计师与企业主要负责人联签制度；对于应当实施联签的资金，未经总会计师签字或者授权，财会人员不得支出。

12. 企业行为有下列情形之一的，总会计师有权拒绝签字：

（1）违反法律法规和国家财经纪律；

（2）违反企业财务管理规定；

（3）违反企业经营决策程序；

（4）对企业可能造成经济损失或者导致国有资产流失。

13. 总会计师对企业做出的重大经营决策应当发表独立的专业意见，有不同意见或者有关建议未被采纳可能造成经济损失或者国有资产流失的情况，应当及时向国资委报告。

三、履职评估

为督促企业总会计师正确履行工作职责，应当建立规范的企业总会计师工作履职评估制度。

总会计师履职评估工作分为年度述职和任期履职评估。年度述职应当结合企业年度财务决算工作和下一年度财务预算工作，对总会计师年度履职情况予以评估；任期履职评估应当结合经济责任审计工作，对总会计师任职期间的履职情况进行评估。

设立董事会的公司，总会计师应当在会计年度终了向董事会述职，董事会应当对总会计师工作进行履职评议，董事会评议结果及总会计师述职报告应当抄报股东会或者出资人备案；未建立董事会的企业，总会计师应当将述职报告报送出资人，出资人根据企业财会管理状况对总会计师工作进行履职评估。

总会计师年度述职报告应当围绕企业当年重大经营活动、财务状况、资产质量、经营风险、内控机制等全面报告本人的履职情况，对本人在其中发挥的监督制衡作用进行自我评价，并提出改进措施。

企业应当按照人事管理权限，做好对其各级子企业总会计师履职评估工作。

对总会计师履职情况评估，应当根据总会计师在企业中的职责权限，全面考核总会计师职责的履行情况，具体应当包括以下内容：

（1）企业会计核算规范性、会计信息质量，以及企业财务预算、决算和财务动态编制工作质量情况；

（2）企业经营成果及财务状况，资金管理和成本费用控制情况；

（3）企业财会内部控制制度的完整性和有效性，企业财务风险控制情况；

（4）在企业重大经营决策中的监督制衡情况，有无重大经营决策失误；

（5）财务信息化建设情况；

（6）其他需考核的事项。

为充分发挥企业总会计师财务监督管理作用，建立健全企业内部控制机制，企业应当保障总会计师相应的工作权限。

四、工作责任

企业主要负责人对企业提供和披露的财务会计报告信息的真实性、完整性负领导责任；总会计师对企业提供和披露的财务会计报告信息的真实性、完整性负主管责任；企业财务机构负责人对企业提供和披露的财务会计信息的真实性、完整性负直接责任。对可能存在问题的财务会计报告，总会计师有责任提请总经理办公会讨论纠正，有责任向董事会、股东会（出资人）报告。

企业总会计师对下列事项负有主管责任：

（1）企业提供和披露的财务会计信息的真实性、完整性；

（2）企业会计核算规范性、合理性以及财务管理合规性、有效性；

（3）企业财会内部控制机制的有效性；

（4）企业违反国家财经法规造成严重后果的财务会计事项。

总会计师对下列事项负有相应责任：

（1）企业管理不当造成的重大经济损失；

（2）企业决策失误造成的重大经济损失；

（3）企业财务联签事项形成的重大经济损失。

企业总会计师应当严格遵守国家法律法规规定。对于企业出现严重违反法律法规和国家财经纪律行为的，以及企业内部控制制度存在严重缺陷的，应当依法追究企业总会计师的工作责任；造成重大损失的，应当追究其法律责任。

在企业财务会计工作中，对于违反国家法律法规和财经纪律行为，总会计师不抵制、不制止、不报告的，应当依法追究总会计师工作责任；造成重大损失的，应当追究其法律责任。

企业总会计师未履行或者未正确履行工作职责，致使出现下列情形之一的，应当引咎辞职：

（1）企业财务会计信息严重失真的；

（2）企业财务基础管理混乱且在规定时间内整改不力的；

（3）企业出现重大财务决策失误造成重大资产损失的。

在企业重大经营决策过程中，总会计师未能正确履行责任造成失误的，根据情节轻重，给予通报批评、经济处罚、撤职等处分，或给予职业禁入处理；涉嫌犯罪的，依法移交司法机关处理。企业总会计师认真履行职责，成绩突出的，由本企业或者由本企业建议国资委给予表彰奖励。

对于企业总会计师玩忽职守，造成企业财务会计工作严重混乱的，或以权谋私、滥用职权、徇私舞弊以及其他渎职行为致使国有资产遭受损失的，依照国家有关规定给予相应纪律处分；涉嫌犯罪的，依法移交司法机关处理。

在追究总会计师工作责任时，发现企业负责人、财务审计部门负责人和其他有关人员应当承担相关责任的，一并进行工作责任追究。

企业未按规定设置总会计师职位，或者未按规定明确分管财务负责人及类似职位人员兼任总会计师并履行总会计师工作职责的，或者企业总会计师未被授予必要管理权限有效履行工作职责的，《中央企业总会计师工作职责管理暂行办法》第三十五条、第三十六条、第三十七条、第三十八条规定的工作责任应当由企业主要负责人承担。

文案范本

总会计师委派管理办法

第一章 总   则

第一条 为行使××股份有限公司（简称母公司）作为出资者的权益，强化财务监督与管理，保证会计信息质量，建立健全内部约束机制和会计监督体系，根据有关法律法规及公司章程，特制定本办法。

第二条 委派总会计师是母公司作为子公司的出资人，向子公司派出的总会计师，由子公司董事会聘任、母公司财务部门统一管理。

第三条 委派总会计师在母公司财务部和派驻子公司的双重领导下，负责派驻子公司的企业会计基础管理、财务管理与监督、财会内控机制建设、重大财务事项监管等工作。

第四条　本办法适用于母公司控制的所有全资子公司和控股子公司。

第二章　委派总会计师的任职资格

第五条　委派总会计师必须具备以下任职资格。

1. 遵守职业道德，树立良好的职业品质、严谨的工作作风，坚持原则，严守工作纪律。

2. 熟悉财经法律法规，按照国家统一会计制度规定的程序和要求进行会计工作，保证所提供的会计信息合法、真实、准确、及时、完整。

3. 熟悉母、子公司的生产经营和业务管理情况，运用掌握的会计信息和会计方法，为改善企业内部管理、提高经济效益服务。

4. 身体健康，适应岗位工作需要，持有注册会计师证书，具备任职所需要的工作能力、经验、学历及会计职称的要求。

5. 与派驻子公司管理人员符合近亲回避原则。

6. 母公司规定的其他任职资格要求。

第六条　有下列情形之一的不得担任委派总会计师。

1. 不具备本办法第五条规定的任职资格。

2. 曾因渎职或者决策失误对企业造成重大经济损失。

3. 严重违反财经纪律，有弄虚作假、贪污受贿等违法违纪行为。

4. 曾在因经营不善而破产清算的企业中担任财务主管及以上职务，且对该企业的破产负有个人责任的，自该企业破产清算完结之日起未逾3年。

5. 个人负债数额较大到期未清偿。

6. 有直系亲属担任其他出资方或者能够控制派驻子公司。

7. 其他法律法规及母公司规定不允许担任此类职务的情况。

第三章　委派总会计师的任免程序

第七条　总会计师由母公司总经理或财务部提名，经董事会审批后任命，受子公司总经理的直接领导；总会计师任命后，须与母公司签订委派责任书，由母公司董事会颁发"总会计师委派证"。

第八条　除以上程序外，母公司也可面向社会采用公开竞聘、招聘、选聘的方式，择优产生委派总会计师。公开招聘委派总会计师的规则由母公司管理层或财务部门拟制，报董事会批准，母公司人力资源部门具体实施。

第九条　总会计师实行定期轮岗制度，在同一子公司连续任职不超过3年。

第十条　母公司已决定实行会计委派制的子公司，不得再另行任命或聘任总会计师、副总会计师或相当级别的财务管理人员。

第十一条　委派总会计师在其任职期间不得被随意撤换，如因工作需要或确实不适合该工作需要撤换、调离、解聘的，由母公司财务管理部门审核，经母公司董事会批准，方可办理有关手续。

第十二条　委派总会计师任职期间有下列情形之一的，将取消其任职资格。

1. 患病不能正常履行岗位职责。

2. 经母公司或子公司考核不称职。

3. 工作中有违法违纪、渎职失职行为，造成重大失误。

4. 执业期间违反会计人员职业道德，有弄虚作假、贪污受贿、徇私舞弊等行为。

5. 本人申请获准辞职。

6. 公司规定的其他不宜担任总会计师的情形。

第四章 委派总会计师的职权

第十三条 总会计师的职责包括但不限于以下 11 个方面。

1. 贯彻执行母公司的财务目标、财务管理政策、财务管理制度、章程，并依此编制和执行子公司的预算、财务收支计划、信贷计划等。

2. 进行成本费用预测、计划、控制、核算、分析和考核，督促子公司有关部门降低消耗、节约费用、提高经济效益。

3. 建立、健全经济核算制度，利用财务会计资料进行经济活动分析，协助子公司管理层作好各项重大财务决策。

4. 负责子公司财会机构的设置和财务会计人员的配备；组织会计人员的业务培训和考核。

5. 审批子公司重大的财务收支或者上报母公司会签。

6. 审核子公司对外报送的财务报表、报告，确认其真实性、合法性和准确性。

7. 参与子公司年度财务预决算、利润分配、弥补亏损等方案和费用开支、筹资融资计划的拟订。

8. 参与贷款担保、对外投资、产权转让、资产重组等重大决策活动，签署审核意见并对其实施过程及结果进行监督。

9. 积极参与子公司生产经营，对违反法律、法规、方针、政策、制度和有可能在经济上造成损失的经济行为予以制止或者纠正，并及时上报母公司。

10. 定期向母公司汇报派驻子公司的生产经营及财务状况，及时报告经营活动中的重大问题。

11. 在会计年度终了时向母公司董事会述职，报告子公司当年的重大经营活动、财务状况、资产质量、经营风险、内控机制等内容以及本人的履职情况。

第十四条 为有效履行职责，委派总会计师具有以下权限。

1. 有权参加子公司总经理办公会议或者其他重大决策会议，参与表决子公司的重大经营决策。

2. 有权监督子公司重大决策和规章制度的执行情况。

3. 有权对子公司财会人员的人事管理提出意见并参与业务培训和考核工作。

4. 具有大额资金支出联签权，对于应当实施联签的资金，未经总会计师签署授权，会计人员不得支出。

5. 对子公司有重大缺陷、偏离、违背以致损害母公司总体目标和利益的决策行为，有权提出重新论证并进行复议。

第五章 委派总会计师的考核和奖惩

第十五条 结合本人工作情况、子公司财务状况及工作中的有关问题，总会计师每年向母公司财务部至少做一次述职报告。根据述职报告及工作实际情况由母公司财务部对其进行业务考核。

第十六条 每年年终由母公司董事会组织有关部门等进行全面的工作考核。具体考核办法参见母公司董事会通过的《委派子公司高级管理人员绩效薪酬制度》。

第十七条 委派总会计师的薪酬由母公司统一发放，总会计师不得在派驻子公司获取任何经济利益和报销与工作无关的费用。

第十八条 委派总会计师执行会计法律、法规和会计制度成绩显著，或检举、抵制违法违纪行为事迹突出者，由母公司给予表彰和奖励。

第十九条 委派总会计师凡违反《中华人民共和国会计法》等国家相关法律法规，导致派驻子公司出现违法、违纪现象，或在其主管的工作范围内发生严重失误，或由于玩忽职守导致子公司及母公司遭受损失等情形的，根据情节轻重，依照有关规定给予处分。

第六章　附　则

第二十条　本办法未尽事宜，按有关法律法规、公司章程及其他规范性文件的规定执行。

第二十一条　本办法由母公司董事会审议批准后生效。

第二十二条　本办法由母公司董事会负责解释。

 文案范本

总会计师职位说明书

单位：	职位名称：总会计师		签字日期：								
部门：厂办公室	任职人：		任职人签字：								
编号：	直接主管：厂长		直接主管签字：								

任职条件	学历：本科	资格证书：会计师证	外语水平：
	经历：相关财会工作七年以上		
	专业知识：工业会计		
	业务了解范围：企业战略方针、目标/计划、经营/生产组织体系、财务核算体系、经营管理制度、产品设计、研发、生产、经销路线、相关财经政策、法律/法规、国内外同行业财务管理状况		

职位目的：根据企业的经营发展需要，在总经理的授权范围内，贯彻财经政策，履行财务预算、成本控制、制度建立、内部财务审计等组织工作，并参与决策/建议，建立有效的资本运营模式，对企业有效经营和重大财务失误承担相应责任，最大限度地维护企业利益

沟通关系		内　部						外　部					
		发展计划部	资本运营部	资产能源管理部	生产部	技术部	研究所	兵种财务局	军方部门	财监办	国工办	银行	税务保险
类型	简单										★		
	较难	★		★	★	★	★	★	★			★	★
	复杂		★							★			
频率	偶尔		★	★		★	★	★	★	★	★	★	★
	经常	★			★								
	频繁												

下属人员

人数	直接		类别	管理人员	
	间接			专业人员	
	合计			其他人员	

职责范围 说明：按职责重要程度列出每项职责及其目的	责任程度	衡量标准
1. 执行政策 组织学习、把握、贯彻国家财经政策、相关法规，定期实施监督检查，完善企业内部财务管理机制，严格财经纪律，合法合规运营，维护国家/企业利益	全责	合法、合规
2. 预算/控制 依据企业战略目标，组织编制/审核企业年/季度财务预算，为总经理提供决策依据，并实施费用控制、组织监督、检查、考核，降低成本，提高效益	全责	计划实现率

续表

职责范围	责任程度	衡量标准
说明：按职责重要程度列出每项职责及其目的		
3．资金筹集 依据企业的经营实施状况和财务制度，组织财务分析，提出财务报告和资金平衡建议，筹集资金来源，保证经营/生产需要	全责	及时/保证
4．制度建设 依据相关法规和企业营运需要，组织制定和完善财务规章制度和控制体系建立，提出机构设置和人员配置，保证有效运行	全责	切实/有效
5．财务审计 依据财务审计制度和企业内部审计规定，适时组织内部财务审计，工程项目立项、实施过程跟踪、完工审计，并执行中层以上干部的任职/离任审计，维护企业利益	全责	合规/达标
6．参与决策 根据企业生产经营方针，为生产、经营、投资改造等重大决策提出可行性建议，并参与新品开发、技改项目、科研计划、价格制定，重大经济合同/协议的研究、立案和审查，为总经理决策提出依据	全责	及时/可靠
7．接受授权 根据总经理授权，负责服务公司的全权代表及经营管理，制订经营财务计划，健全组织架构，完善营销/生产制度，保证各厂经营有效运行和发展	全责	经营效益
8．员工管理 根据公司人力资源管理规定，对其直接领导的属员，组织/实施岗位设置、聘任、调动、考核、奖惩、晋升的建议权，并实施专业培训/指导，弘扬团队精神，充分调动其积极性，创造性保证企业财务绩效目标实现	全责	员工满意度

七、会计经理岗位

请参阅如下相关文案范本。

会计经理岗位职责

会计经理主要负责本企业会计基础建设、会计核算制度的设计拟订、会计核算管理、会计报表及财务报告编送等工作。其岗位职责如下表所示。

序　号	职责内容
1	完善企业会计核算体系，制定会计核算制度及财务管理制度，并监督执行
2	负责企业会计基础的建设工作，组织编制企业内部控制相关制度，并监督执行情况
3	负责企业日常的会计核算业务、集团公司会计报表合并工作
4	负责编制企业会计报表和财务报告，并负责向企业其他部门、管理层及董事会呈报
5	定期组织资产清查盘点工作，保证财产安全
6	向政府税务机构申报税收报表、统计报表等及相关会计资料，并负责这些资料的解释工作

续表

序　号	职责内容
7	定期清理往来账户，组织做好及时催收和清偿款项、账务核对工作
8	负责对企业成本费用开支、合同执行以及其他财会政策的执行情况进行监督
9	向企业年度经营效益、财务收支、投资项目等各个审计项目提供协助
10	完成上级领导交办的其他工作

文案范本

会计部经理岗位描述

岗位名称：会计部经理

直接上级：财务总监

直接下级：总账会计、成本会计、销售会计、制证会计、出纳

本职工作：组织会计核算和纳税筹划工作

直接责任：

日常工作

1. 定期组织稽核工作，保证账物、账证、账账相符，发现问题及时上报处理。

2. 对销售业务的会计核算进行指导和监督、检查。

3. 及时向财务总监报送会计报表，审查后上报董事会、总经理。

4. 及时向有关部门报送相关业务报表及资料。

5. 组织进行产品的成本核算工作。

6. 检查公司现金的管理工作。

7. 检查公司的款项收付业务。

周工作

1. 协调与银行及其他相关机构的关系。

2. 检查下属各个部门周工作计划的执行情况，汇总结果，为月度绩效考核积累基础数据。

3. 组织进行财务核算，向财务总监提交成本报表。

4. 向财务总监提交财会报表。

5. 每周五下午亲自或委托下级部门检查会计部所属办公及责任区域的卫生情况，并在检查结果单上签字。

月度工作

1. 会同库管部进行财产清查盘点工作。

2. 负责办理资产盘盈、盘亏和毁损的报批手续，根据批件组织账务处理。

3. 负责纳税筹划方案的制订，并组织实施。

4. 定期与财务管理部、固定资产使用部门对在用固定资产进行账、卡、物的核对及账务处理。

5. 对公司款项的收付的趋势及时向财务总监汇报。

6. 组织编制公司的会计报表、内部核算报表，并进行审核。

7. 负责税务报表的审核。

年度工作

1. 参与公司会计制度的修订工作。
2. 组织做好年度预算计划资料的准备工作。
3. 负责选择和修订公司的会计核算体系，报财务总监审核。
4. 负责公司年度所有经济活动的核算，编制年度会计报告。
5. 按照财会制度及规定组织会计核算工作，及时、准确反映公司经营成果和财务状况。
6. 负责检查和保管公司的财会档案。

领导责任：

1. 对会计核算工作的规范、合法性负责。
2. 对会计监督的有效性负责。
3. 对上报的各种会计报表的真实性、准确性、及时性负责。
4. 对各种会计资料的妥善保管与定期归档负责。

主要权力：

1. 对不符合财经法规和财会制度的原始凭证有拒绝入账权。
2. 对会计凭证、账簿有审核、检查权。
3. 对不合理的费用开支有监督权和建议处理权。

管辖范围：

1. 会计部所属员工。
2. 会计部所属办公场所及卫生责任区。
3. 会计部所属办公用具、设施设备。
4. 会计档案资料。

八、会计核算部长、科长岗位

请参阅如下相关文案范本。

会计核算部部长流程

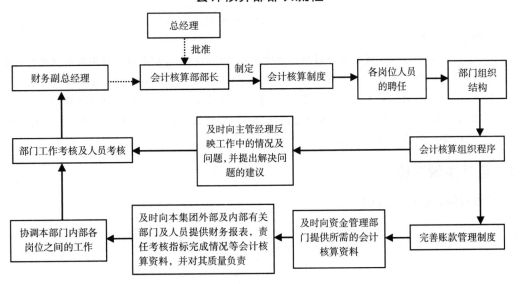

会计核算科科长岗位责任制

1. 在主管处长领导下，熟练掌握国家的财经法规、财务制度、会计制度、严格遵守和执行国家的各项财经政策，坚持原则，秉公办事。

2. 负责会计核算科全面工作，并负责指导分公司及其所属合作公司的财务会计核算工作，对主管处长负责；负责公司会计电算化的应用，指导分公司及所属合作公司的电算化工作。

3. 指导分公司及合作公司的财务管理及会计核算工作，制定分公司及所属合作公司会计核算办法，并对其是否依法进行会计核算进行监督、检查。

4. 编制公司财务收支计划和预算指标。

5. 负责原始凭证的审核和会计凭证的编制工作以及会计凭证、会计账簿、会计报表等会计档案的管理工作。

6. 规范会计凭证传递程序，坚持不相容岗位相分离原则，充分发挥会计监督职能，为基层单位提供优质服务。

7. 负责对各项经济业务的合法性、合规性和真实性进行审核把关。

8. 负责做好所属公司的会计报表合并工作，并指导编制会计报表说明书、报表附注和财务情况说明书。

9. 协助处长对本科会计人员的德、能、勤、绩进行考核，并妥善保管有关印鉴。

10. 完成领导交办的其他任务。

会计核算科副科长岗位责任制

1. 在科长领导下做好科内的各项工作。

2. 做好分公司及所属合作公司的会计核算基础规范工作。

3. 参与科内各项工作计划、规章制度的制定，落实监督岗位责任制的实施，做好各项工作的落实。

4. 根据现行的会计法规和制度对各种原始凭证进行认真审核，对不完整、不合法违规的原始票据拒绝受理。

5. 掌握机关各部门及所属分公司经费年度预算指标，对无计划或超标准用款有权拒绝办理。

6. 指导总账会计月度、年度账的结转、记账和结账工作，并及时对会计科目进行整理。

7. 协调科内各岗位关系，督促、落实各岗位工作完成情况，并及时向部门领导汇报。

8. 负责会计档案的整理、归档和保管以及会计资料的借阅登记，并保证会计档案的完整性。

9. 完成部门领导交办的其他工作。

九、会计主管岗位

请参阅如下相关文案范本。

文案范本

会计主管职位说明书

职位名称	会计主管	职位代码		所属部门	财务部
职　　系		职等职级		直属上级	财务经理
薪金标准		填写日期		核 准 人	

职位概要：

分析、研究会计数据，准备财务报告，向管理层提供财务信息。

工作内容：

- 协助财务总监制定业务计划、财务预算、监督计划；
- 核签、编制会计凭证，整理保管财务会计档案；
- 登记保管各种明细账、总分类账；
- 定期对账，如发现差异，查明差异原因，处理结账时有关的账务的调整事宜；
- 设计、修订会计制度、会计表单，分析财务结构，编制会计报告、报表；
- 具体执行资金预算及控制预算内的经费支出，管理往来账、应收、应付款、固定资产、无形资产，每月计提核算税金、费用、折旧等费用项目；
- 完成财务经理交办的其他工作。

任职资格：

教育背景：

- 会计、财务、审计或相关专业本科以上学历。

培训经历：

- 受过管理学、经济法、产品知识等方面的培训。

经验：

- 3年以上企业财务工作经验，有丰富财务处理工作经验，有中级会计师以上职称。

技能技巧：

- 精通国家财税法律规范、财务核算、财务管理、财务分析、财务预测等财务制度和业务；
- 熟悉国家会计法规，了解税务法规和相关税收政策；
- 熟悉银行业务和报税流程；
- 良好的口头及书面表达能力；
- 熟练应用财务软件和办公软件；
- 熟练的英文读写能力。

态度：

- 敬业、责任心强、严谨踏实、工作仔细认真；
- 有良好的纪律性、团队合作以及开拓创新精神。

工作条件：

工作场所：办公室。

环境状况：舒适。

危险性：基本无危险，无职业病危险。

直接下属_____　间接下属_____

晋升方向_____　轮转岗位_____

会计主管工作职责

岗位名称	会计主管		所属部门	财务部
上　级	财务经理		下　级	
任职资格	学历、专业知识：具有大学本科以上学历，掌握财务管理、统计、审计、金融、法律、外汇等方面的专业知识			
	工作经验：具有 3 年以上财务工作经验，助理会计师以上职称			
	业务了解范围：熟悉国家财务法规、税法、金融政策，熟悉银行、税务等方面的工作，了解企业的内部业务、工作流程，熟练使用财务软件			
工作职责	职责细分			
核算体系建设	协助财务总监和财务经理管理好企业财务工作，并按会计准则规定设置会计科目、会计凭证和会计账簿			
	拟订本企业有关会计核算的各项规章制度，设置与掌管总分类账簿			
	设计本企业的会计核算形式，建立会计凭证的传递程序			
会计核算管理	严格、认真复核本部人员所做的会计凭证的完整性，审核会计凭证与所附的原始单据是否齐全、一致，审批手续是否齐全			
	进行有关业务的综合汇总工作，汇总会计凭证，发现问题及时解决，定期编制总账科目汇总表并进行试算平衡			
	组织下属人员登记明细账和总分类账，核对各级明细账、日记账及总分类账，确保账账相符；记账、结账等工作符合规定要求			
编制财务报表	负责编报"现金流量表""资产负债表""利润表"等财务会计报表			
	负责组织填报"经济效益月报表""统计报表"，每月按时上报有关领导			
财务分析	随时掌握本企业在各个银行存款的余额情况，提出合理的调用资金方案			
	根据财务报表，定期或不定期地协助财务经理做好企业的财务分析，编写财务状况说明书，为企业制定经营政策提供依据			
	进行各种财务预测、市场容量预测、市场占有率预测和市场价格预测等，为企业的投资决策和生产经营提供可靠的依据			
会计档案管理	遵守会计档案管理的有关法规，对会计档案进行科学分类，造册登记，对保存在财务部门的会计凭证、会计账簿、会计报表和其他会计资料统一进行管理			
	建立借阅、保密以及保护档案安全、完整的制度，在移交档案部门时，须编制移交清册，认真办理移交手续			

会计主管绩效考核方案

一、考核目的

　　为了加强酒店对会计工作的管理，提高会计主管的工作绩效，促使其带领下属按时按质地完成会计工作，保证酒店财务管理目标的实现，特制订本方案。同时，本方案为会计主管的职位晋升、薪资调整、培训与发展提供依据。

二、考核频率

对会计主管的考核采用季度考核和年度考核相结合的考核方式。

三、考核标准

酒店对会计主管的考核内容与评估标准见下表。

会计主管考核内容与评估标准表

考核项目	考核内容	评估标准
会计核算	会计核算质量	每出现一次差错，扣____分
	会计凭证填制	1. 记账凭证内容不完整，每发现一次，扣____分 2. 记账凭证的填制方法不符合会计规范要求，每发现一次，扣____分 3. 记账凭证不按规定的方法更正错误，每出现一次，扣____分 4. 记账凭证不按规定签章装订，每出现一次，扣____分
账务处理	及时性	每出现一次延误的情况，扣____分
	会计报表编制准确性	每出现一处错误，扣____分
资产盘点	盘点的及时性与准确性	1. 未按计划进行资产盘点，扣____分/次 2. 盘点数据有误，扣____分/处
会计资料管理	—	1. 未按规定进行定期收集、整理、立卷、归档，扣____分 2. 会计电算化资料未按规定分别保存，扣____分 3. 调阅会计档案无手续，扣____分 4. 销毁会计档案不符合规定或手续不全，视情节轻重扣分
业务知识	—	1. 掌握会计基础知识，得____分 2. 熟悉财务规章制度，得____分 3. 熟悉会计操作、会计核算流程与管理，得____分
成本意识	—	1. 成本意识强，积极节省，避免浪费，得____分 2. 具备成本意识，尚能节省，得____分 3. 缺乏成本意识，稍有浪费，得____分 4. 成本意识欠缺，常有浪费，得____分

四、考核结果的应用

1. 考核等级

会计主管岗位的考核结果可分为五个等级。

会计主管考核结果划分

考核得分	90分以上	80～89分	70～79分	60～69分	60分以下
等级划分	优	良	好	合格	不合格

2. 结果运用

（1）考核结果为"优"者，发放绩效工资的____%作为季度奖金；考核结果为"良"者，发放绩效工资的____%作为季度奖金；考核结果为"好"者，发放绩效工资的____%作为季度奖金；考核结果为"合格"者，发放绩效工资的____%作为季度奖金。

（2）一年中有两个季度考核结果为"不合格"者，视情况予以降职处分，并安排其参加岗位技能提升培训。

（3）如一年中有三个季度考核结果为"优"，另一季度为"良"或全年四个季度都为"优"者，则将其列为晋级对象，并最终由总经理决定职务或薪资等级的提升。

会计核算主管岗位职责

会计核算主管的岗位职责是协助会计经理建立健全本企业的会计核算体系，完善与会计核算有关的各项规章制度，具体如下表所示。

序　号	职责内容
1	制定与会计核算有关的各项规章制度，随时检查各项财务制度的执行情况，对其中出现的问题及时制止、纠正
2	协助会计经理做好会计核算管理工作，定期编制会计报表
3	指导会计人员核算业务，改善工作质量和服务态度，做好绩效考核工作
4	进行成本费用核算的预测、计划、控制、分析和考核，督促各部门降低消耗、节约费用
5	整理各类原始资料，制定会计资料的使用办法及规定，组织做好会计档案的管理工作
6	完成主管领导交办的其他工作

主管会计岗位工作职责

一、在经理的直接领导下，主持财务部门日常工作，认真贯彻执行财经法纪和各项规章制度，定期研究、分析布置、检查总结财务工作。积极认真宣传贯彻执行国家财经政策、法令、制度，遵守财经纪律，按时参加各种有关会议。

二、参与编制财务计划，落实完成财务计划的措施，对执行中存在的问题提出改进措施。

三、进行经济活动分析，提供有关分析资料，提出增收节支，挖掘改造的意见及措施。定期提供财务状况和经营成果报告。

四、会同有关部门和有关人员合理核定资金定额，加强对固定资产和流动资产的管理，严格遵守国家有关结算制度，控制预付货款的范围、比例和期限，减少资金占用，加速资金周转，提高资金使用效果。

五、督促遵守执行国家财经政策，按期定额上交各种税费。

六、根据国家规定的财务制度，对会计人员编制的记账凭证、现金（银行）日报表和银行对账单进行复核，检查会计分录、科目是否正确等，检查记账凭证记载的内容和实际收支的内容是否相等，检查记账凭证上的印章是否齐全，发现问题应及时更正，对审核人员所审核的原始凭证所记录的一些不合理开支或原始凭证不符合规范的，应通知有关人员更正。

七、组织会计人员学习政治和业务技术，有计划地培训会计人员；组织制定本公司会计核算和财务管理制度，力求与国家的有关法规、制度相衔接。

八、组织指导、综合协调本公司的统计工作，共同完成国家统计调查、部门统计调查和地方统计调查任务，制定、实施本公司的统计工作计划和统计制度，执行统计法规和统计制度，监督检查法规和统计制度的实施。

九、负责会计监督。根据规定的成本、费用开支范围和标准，审核原始凭证的合法性、合理性和真实性，审核费用发生的审批手续是否符合公司的规定。

十、根据国家有关规定和公司劳动合同以及公司对各职工、计划外用工的工资发放规定，审核工资、工资计算表、代扣款项、工资薪金和所得税代扣计算等的正确性。

十一、根据国家的有关规定，审核职工福利费、工会经费、待业保险金等社会保险金的提取和缴拨的核算。

十二、完成领导交给的各项工作。

主管会计岗位责任制

1. 坚持原则，廉洁奉公，严格按照《会计法》《企业财务通则》《企业会计准则》等规定办事，遵守公司各项规章制度。

2. 依法建账，严格按照《会计电算化》规程处理各项经济业务，办理会计事项。

3. 对原始凭证的真实性、合法性、完整性进行认真审核，报批程序符合各项规章制度要求。

4. 记账凭证必须内容完整，使用科目正确，摘要简洁明了，所附原始凭证真实、准确、更正错误的方法符合会计制度的要求。

5. 严格按照《会计基础工作规范化》要求，办理会计业务，做到自律自洁、不徇私舞弊，账务处理及时、公允，各往来账项清晰明了，账务核对及时，不与客户发生争吵。

6. 定期对各项财产物资进行清查，做到账证、账实、账账相符。对涉及重大会计事项的业务和经济内容必须设立备查账簿。

7. 对外报送、发布的财务报告数字真实，计算准确，内容完整，说明清楚，报送及时，并经单位领导、财务负责人审阅签章。

8. 每一会计期间结束，必须对会计资料整理归档，妥善保管。调阅和销毁符合规定手续，对电子账务定期复制存盘，拷贝保管。

9. 协助财务负责人，逐步引导各车间、科室参与全民成本管理，降耗增效。

10. 积极参与各项业务培训，钻研业务知识，提高自身业务素质，勇于同违纪舞弊行为做斗争，爱岗敬业，保守企业商业秘密。

11. 团结同志，分工协作，精益求精，搞好本职工作。

十、主办会计岗位

请参阅如下相关文案范本。

主办会计岗位职责

根据国家财务会计法规和行业会计规定，结合公司特点，负责拟订公司会计核算的有关工作细则和具体规定，报经领导批准后组织实施。

参与拟订财务计划，审核、分析、监督预算和财务计划的执行情况。

在部长领导下，准确、及时地做好账务和结算工作，正确进行会计核算，填制和审核会计凭证，登记明细账和总账，对款项和有价证券的收付，财物的收发、增减和使用，资产基金增减和经费收支进行核算。

正确计算收入、费用、成本，正确计算和处理财务成果，具体负责编制公司月度、年度会计报表、年度会计决算及附注说明和利润分配核算工作。

负责公司固定资产的财务管理，按月正确计提固定资产折旧，定期或不定期地组织清产核资工作。

负责公司税金的计算、申报和解缴工作，协助有关部门开展财务审计和年检。

负责会计监督。根据规定的成本、费用开支范围和标准，审核原始凭证的合法性、合理性和真实性，审核费用发生的审批手续是否符合公司规定。

负责社会集团购买力的审查和报批工作。

及时做好会计凭证、账册、报表等财会资料的收集、汇编、归档等会计档案管理工作。

主动进行财会资讯分析和评价，向领导提供及时、可靠的财务信息和有关工作建议。

协助部长做好部门内务工作，完成财务部部长临时交办的其他任务。

 **文案范本**

主办会计工作岗位考核表

年　　月　　日

项　　目	考核标准	分数（50）	扣分	实得分数
工作质量标准	（1）熟悉国家有关财经法规、制度 （2）负责账务核算；按月核对总账、明细账 （3）根据审核后的科目汇总表登记总账、二级明细账，账账相对，及时正确地编制会计报表 （4）管理固定资产账；配合总务处对固定资产及物资进行核算管理，做好账实核对工作 （5）及时整理装订会计凭证并传递给会计档案管理人 （6）配合财务主管管理财务事项，努力提高财务管理水平 （7）配合项目办做好专款经费使用情况报送工作 （8）完成处里交给的其他工作			
劳动纪律工作态度	遵守本单位有关规定，热爱本职工作，忠于职守。热情服务，对内团结协作，完成领导交办的各项任务			
造成工作损失或者失职	贯彻执行各项财经纪律，制度不严，处理业务不当，检查监督不严			

十一、会计员岗位

请参阅如下相关文案范本。

文案范本

会计员岗位说明书

职位名称	会计员	职位代码		所属部门	财务部
直属上级	各财务专门部门	管辖人数		职等职级	
晋升方向	部门经理	候选渠道		轮转岗位	
薪金标准		填写日期		核准人	

工作内容

- 协助财务总监制定业务计划、财务预算，监督计划；
- 负责财务核算、审核、监督工作，按照公司及政府有关部门要求及时编制各种财务报表并报送相关部门；
- 负责员工报销费用的审核、凭证的编制和登账；
- 对已审核的原始凭证及时填制记账凭证并记账；
- 寻求降低成本的途径和方法，控制公司各项费用支出及公司税务；
- 执行财务经理和财务总监委派的各类财务工作；
- 处理与银行相关的事务；
- 对月度现金流量进行预测、成本核算及准备预测的相关报告；
- 管理和监督出纳人员的工作。

任职资格

教育背景：

会计、财务、审计或相关专业大专以上学历。

培训经历：

受过经济法、管理学基本原理、计算机操作、公司产品一般知识等方面的培训。

经验：

有 3 年以上企业财务工作经验；

具有丰富的账务处理、税务处理、银行贷款等财务实践经验；

有在会计师事务所工作经验，有审计、收购、融资、公司上市工作经验。

技能：

熟悉中西方财务制度、财务管理、财务分析和管理会计；

熟悉国家会计法规和相关税收政策，熟悉税务制度；

熟悉国家福利、税收制度方面的法规、规定；

熟悉银行业务和报税流程；

深入领会各项税务、财政政策，并能在工作中运用；

能帮助公司制定财务制度并能够进行较全面的财务分析、财务预测和总结；

熟练应用财务软件和计算机操作，英语读写流利。

个性特征：

具有良好的团队合作精神和沟通能力；

严谨、踏实、稳重并对工作认真负责。

工作环境

办公室。

工作环境舒适，基本无职业病危险。

十二、委派会计岗位

请参阅如下相关文案范本。

文案范本

委派会计暂行条例

第一章 总 则

第一条 为贯彻落实集团实行财务统一管理和会计统一委派的决定,明确委派会计的职责和职权,特制定本条例。

第二条 对集团的全资单位以及集团投资控股或相对控股的单位,实行会计委派制度。

第三条 委派会计的设置、职权、职责、任免、管理和奖惩,依照本条例的规定执行。

第四条 委派会计根据《会计法》《企业会计准则》等相关法规和制度的规定,组织实施本单位的财务管理、成本管理、预算管理、会计核算和会计监督等方面工作。

第五条 委派会计列席所在单位有关经营管理决策、财务管理及相关会议,并对重要经济活动做出分析、发表意见,协助单位负责人工作,直接对集团和单位负责人负责。

第二章 委派会计的职责

第六条 委派会计负责配合单位组织实施下列工作:

(一)编制和监督执行财务预算、收支计划、信贷计划、投资项目计划,拟订资金筹措和使用方案,开辟财源,有效地使用资金;

(二)进行成本费用预测、计划、控制、核算、分析和考核,监控投资项目的运行,督促本单位有关部门降低消耗、节约费用、提高经济效益;

(三)建立健全经济核算制度,利用财务会计资料进行经济活动分析;

(四)加强会计基础工作,规范外部单位及单位部门之间的会计资料传递和账务处理工作,及时、准确反映会计数据;

(五)负责定期向本单位负责人报告财务工作和企业经营成果,按时向集团和有关部门报送会计报表;

(六)委派会计负责组织落实会计档案的保管工作;

(七)负责本单位会计人员调动的交接工作;

(八)配合各类审计、纳税检查工作,提供相关资料。

(九)承办集团和单位领导交办的其他工作。

第七条 委派会计对国家新发布的财经法律、法规、方针、政策、制度和集团的相关文件,负有及时向单位负责人报告的责任并落实相关文件精神,配合本单位有关部门制定和完善经营政策和相关制度。

第八条 委派会计协助单位负责人对企业的生产经营、业务发展以及投资计划、融资计划、资本运营等问题做出决策;参与技术改造、新产品开发、商品(劳务)价格和工资奖金等方案的制订;参加重大经济合同和协议的拟订及审查。

第九条 委派会计配合有关部门建立财产清查制度,定期会同有关部门进行财产清查,保障资产的安全。

第十条 委派会计负责对本单位财会机构的设置和会计人员的配备提出方案,组织会计人员进行业务学习,支持会计人员依法行使职权。

第三章　委派会计的权限

第十一条　委派会计对违反国家财经法律、法规、方针、政策、制度和有可能在经济上造成损失、浪费的行为，有权制止或纠正。制止或纠正无效时，提请单位领导处理。

第十二条　委派会计根据单位负责人的授权，组织本单位各职能部门、直属基层组织落实年度预决算、会计核算、财务和成本管理方面的工作。

第十三条　对超预算的重大财务收支，委派会计有权提出意见并上报单位负责人审批。

第十四条　财务预决算、收支计划、成本和费用计划、信贷计划、投资计划、财务专题报告、会计报表，须经单位负责人和委派会计共同签字。涉及财务收支的业务计划、经济合同、合作协议等须经委派会计会签。

第十五条　定期向集团汇报单位财务会计工作情况，反映工作中的重大事项和存在的问题。

第四章　任免、管理和奖惩

第十六条　根据工作需要和被委派单位的经济规模，委派会计分为财务总监、主管会计和会计。财务总监由集团人事部和财务部提名，按照集团有关规定进行考核，由集团审批和聘任；集团委派的主管会计和会计由集团人事部和财务部考核提名，报集团分管财务的领导和人事部核准，由人事部和财务部发文委派。

第十七条　委派会计必须具备下列条件：

（一）掌握国家财经法律、法规、方针、政策、制度；

（二）坚持原则，廉洁奉公；

（三）取得会计师任职资格或从事会计主管工作三年以上者；

（四）具备本行业的基本业务知识，熟悉行业情况，有较强的组织领导和协调能力。

第十八条　委派会计统一由集团财务部集中管理，享受集团制定的薪金和福利待遇。薪金和福利待遇以及工作中发生的其他费用，由集团财务部统一发放和支付，委派会计不得在工作单位支取或变相支取任何报酬。

第十九条　集团对委派会计的工作考核分为定期和任期考核，以考核结果作为对委派会计奖惩和评聘的依据。委派会计工作单位的领导要按时填报委派会计工作考核表，并对填报内容的真实性负责。

第二十条　建立委派会计轮换制度。集团根据工作需要将委派会计在所属单位之间进行流动。委派会计因个人原因要求调出集团工作，必须提前三个月提出书面申请报告，待批准后办理有关手续。

第二十一条　对委派会计执行回避制度。即集团各级领导班子成员的亲属不得在本单位担任委派会计和现金出纳工作。

第二十二条　委派会计在工作中成绩显著，有下列情形之一的，依照集团规定予以奖励：

（一）在加强财务会计管理，应用现代化会计方法和技术手段提高财务管理水平和经济效益方面，取得成绩的；

（二）在组织经济核算，挖掘增产节约、增收节支潜力，加速资金周转，提高资金使用效果方面，取得成绩的；

（三）在维护国家财经纪律，抵制违法行为，保护国家财产，防止或者避免国家财产遭受损失方面，有突出贡献的；

（四）在廉政建设方面，事迹突出的；

（五）在会计基础工作评比中取得成绩的；

（六）有其他方面做出成就或者模范事迹的。

相应奖励标准由人事部、财务部提出，并报集团主要负责人和集团主管财务工作领导批准。

第二十三条 委派会计在工作中，有下列情形之一的，依照国家和集团规定给予处分：

（一）违反法律、法规、方针、政策和财经制度，造成财会工作严重混乱的；

（二）对偷税漏税、截留应当上交国家的税费和集团的收入、滥发奖金补贴、挥霍浪费国家财产、损害国家和单位利益的行为，不抵制、不报告，致使国家和单位利益遭受损失的；

（三）在其职责范围内出现严重失误，或者由于玩忽职守，致使国家和单位利益遭受损失的；

（四）以权谋私、弄虚作假、徇私舞弊，致使国家和单位利益遭受损失，或者造成恶劣影响的；

（五）有其他渎职行为和严重错误的。

委派会计有前款所列行为，情节严重，构成犯罪的，根据国家法律由司法机关依法追究刑事责任。

第二十四条 集团成员单位领导人有阻碍委派会计行使正当职权，对其进行打击报复或者变相打击报复的，集团根据情节给予行政处分。情节严重构成犯罪的，交由司法机关依法追究刑事责任。

第五章 附 则

第二十五条 本条例自印发之日起实施。

第二十六条 本条例由集团人事部和财务部负责解释和修订。

附件：

委派会计工作考核细则

第一章 总 则

第一条 为配合《委派会计暂行条例》的执行，特制定本考核细则。

第二条 考核实行百分制，按考核条款评分。考核分为良好、合格和不合格。

第三条 考核小组成员由集团人事部、财务部、审计室和用人单位组成。

第四条 获得本年度考核前列的人员将获得集团授予的奖励，考核不合格的人员取消委派会计任职资格，由于委派会计工作的失误造成单位经济损失，将根据情节追究当事人员的经济责任。

第二章 建立健全内部会计管理制度的考核

第五条 委派会计应当根据《会计法》和会计准则、制度的规定以及集团的要求，结合本单位内部管理的需要，建立健全相应的内部会计管理制度。主要内容包括：

（一）建立预算控制制度。委派会计人员应根据单位领导班子下达的年度经营指标编制财务预算，制定成本费用标准，分解成本费用指标，控制成本费用差异，及时分析、考核预算的执行情况，提出改进措施。

（二）建立财务收支审批制度和资金流动分析汇报制度。明确财务收支审批人员、审批权限及审批程序。实现控制和调配资金流向，配合业务部门及时进行资金的回收，对资金使用和流动状况进行分析。

（三）建立会计人员岗位责任制度。明确委派会计和会计人员的岗位、职责、权限以及考核办法。

（四）建立内部牵制和稽核制度。记账人员与经济业务事项和会计事项的审批人员、经办人员、财物保管人员以及稽核人员的职责权限应当明确，并互相分离、相互制约。防止因权利集中，职务重叠而造成的贪污、舞弊和财产损失。

（五）建立财务工作分析制度。明确财务会计分析的主要内容、具体方法，财务会计分析报告的编写要求。

（六）建立财务工作报告制度。按月、季、年度向单位领导和集团管理部门报告财务状况和财务分析情况。根据工作需要及时向有关领导报告工作中出现的问题，防范财务风险。

（七）建立财务工作总结制度。通过工作总结，肯定成绩，发现工作中存在的问题，明确工作方向，有效发挥财务人员在经营管理和财务管理工作中的作用。

第三章 会计核算工作的考核

第六条 各单位要按照《会计法》和会计准则、会计制度的有关规定，建立会计账册，进行会计核算，及时提供真实、准确和完整的会计信息。

（一）各单位应当根据国家的会计制度以及集团的具体要求，设置和使用会计科目。在不影响集团会计报表指标汇总和对外报送会计报表的前提下，可以根据实际情况设置和使用会计科目。

（二）进行会计核算时，收入与成本费用应当相互配比，同一会计期间内的各项收入和与其相关的成本费用，应当在该会计期间内确认并进行账务处理。

（三）单位的会计核算方法前后各期应当保持一致，不得随意变更。如有必要变更，应当将变更的内容和理由、变更的累计影响数以及累计影响数不能合理确定的理由等，报集团财务部审批，并在日后的会计报表附注中予以说明。

（四）单位的会计核算应当以权责发生制为基础。凡是当期已经实现的收入和已经发生或应当负担的费用，不论款项是否收付，都应当作为当期的收入和费用；凡是不属于当期的收入和费用，即使款项已在当期收付，也不应当作为当期的收入和费用。

（五）单位提供的会计信息应当清晰明了，准确反映企业的财务状况、经营成果和现金流量，以满足会计信息使用的理解和需要。

（六）会计核算的制证、账表的填制和会计档案的管理按照财政部制定的《会计基础工作规范》及相关文件执行。

第四章 会计监督工作的考核

第七条 委派会计应当根据集团《委派会计暂行条例》的规定，列席所在工作单位的经营管理决策和财务管理的会议，对重大事项做出分析、发表意见。参与经济合同或协议的起草和签订工作，并监督经济合同、协议的执行。

第八条 对不合规、不合法的原始凭证不予受理，对记载不准确、不完整的原始凭证予以退回，要求经办人更正、补充。

第九条 对财务收支进行监督。内容包括：

（一）对审批手续不全的财务收支，应当退回，要求补充。

（二）对违反规定不纳入单位统一核算的财务收支，应当制止和纠正。

（三）对违反国家统一财政、财务、会计制度规定的财务收支活动以及违反单位内部会计管理制度的经济活动应当制止和纠正；对制止和纠正无效的，应及时向单位领导人或者集团领导人报告，请求处理。报告可采用口头和书面两种形式。

单位领导人应当在接到报告10日内做出书面决定，并对决定承担责任。

（四）对单位制定的预算和业务计划的运行进行跟踪分析，对影响其执行的原因及时进行协调和纠正，必要时报告单位领导人，同时提出改进办法。

（五）对实物、款项进行监督。督促单位建立并执行财产清查制度。发现账簿记录与实物、款项不符时，应当按照国家有关规定进行处理。超出会计人员职权范的，应当立即报告本单位领导，请求查明原因，做出处理。

第五章　财务会计报告工作的考核

第十条　各单位应当按照国家统一会计制度的规定，定期编制和对外提供财务会计报告。财务会计报告是指企业对外提供的反映企业某一特定日期的财务状况和某一会计期间的经营成果、现金流量等会计信息的文件。

（一）财务会计报告包括会计报表及其附注和其他应当在财务会计报告中披露的相关信息和资料。会计报表至少应当包括资产负债表、利润表、现金流量表等报表。

（二）资产负债表是指反映企业在某一特定日期的财务状况的会计报表；利润表是指反映企业在一定会计期间的经营成果的会计报表；现金流量表是指反映企业在一定会计期间的现金和现金等价物流入和流出的会计报表；附注是指对在会计报表中列示项目所作的进一步说明，以及对未能在这些报表中列示项目的说明等。

（三）母公司应当编制合并财务报表。

（四）单位对外提供的财务会计报表应当按规定期限报送，并对报表依次编定页码，加具封面，装订成册，加盖公章。封面上应当注明单位名称、报表所属年度和月份，并由企业负责人和主管会计工作的负责人及会计主管人员签名并盖章。

第六章　评分办法

第十一条　委派会计的考核从下面四个方面进行量化打分：

（一）建立健全内部会计管理制度工作的考核 15 分；

（二）会计核算工作的考核 40 分；

（三）会计监督工作的考核 25 分；

（四）财务会计报告工作的考核 20 分。

第十二条　考核小组将对考核情况及时反馈当事人和相关人员，考核资料将作为集团对委派会计上岗资格、职称评聘、职务任免的依据。

十三、总账会计岗位

请参阅如下相关文案范本。

文案范本

总账主管岗位职责

一、岗位名称：总账核算员

二、岗位职责

1. 负责长期投资相关科目的核算及管理。

2. 负责所有者权益相关科目的核算及管理。

3. 负责月末结转损益。

4. 负责制作上报集团的各种报表（包括月报、季报和年报）。

5. 负责财务分析工作。

6. 负责完成领导交办的其他工作。

三、岗位职责实施细则（另附，略）

四、岗位工作业务流程（图表说明）

五、参照文件及台账资料

（一）参照相关文件

1.《中华人民共和国会计法》

2.《会计基础规范》

（二）台账资料

各类报表的归档。

六、岗位必须具备的业务技术和培训要求（另附，略）

总账会计岗位概述

一、总账会计任职资格

在实际工作中，总账会计通常兼任会计主管，它泛指企业财务会计部门的负责人，是各单位会计工作的具体领导者和组织者。我国《会计法》第三十八条第二款对会计机构负责人的任职资格做了明确规定："担任单位会计机构负责人（会计主管人员）的，除取得会计从业人员资格证书外，还应当具备会计师以上专业技术职务资格或者从事会计工作三年以上经历。"依据《会计基础工作规范》，总账会计（会计主管人员）除应具有一定会计专业技术资格外，还应具备以下基本条件。

基本条件	具体要求
职业道德	客观公正：严格遵守各项财经法律、法规，在工作中坚持原则，廉洁奉公
	对企业忠诚：除履行法律责任外，不得泄露工作过程中所获得的任何机密资料；视企业利益高于个人利益，不做任何不利于企业发展的事情；自觉维护企业形象，为企业发展出谋划策
	忠于职守、敬业爱岗：自觉、认真地履行各项职责，有强烈的事业心和责任感，不擅权越位，不掺杂私心，不渎职
	不断提高业务水平：加强业务学习，不断提高业务水平和工作能力，为企业的发展出谋献策
工作经历	主管一个单位或者单位内某个重要方面的财务会计工作时间不少于两年
政策业务水平	熟悉国家的财经法律、法规、规章制度和方针、政策，掌握本行业业务管理的有关知识
组织能力	具有较强的组织能力，包括协调能力、综合分析能力等
身体条件	身体状况能够适应本职工作的要求

二、总账会计岗位职责

总账会计的岗位职责取决于承担的具体工作内容。由于各单位的组织形式、生产经营规模等方面制约着会计机构的设置及会计人员的具体分工，总账会计的岗位职责在不同单位有着较大差异。以下分别就小型企业、中型企业会计主管岗位职责的基本内容进行列表说明。

（一）小型企业

小型企业往往只设置一个会计主管岗位和一个出纳岗位，所以总账会计兼当会计主管，全盘负责会计核算事项。其岗位职责主要包括以下几个方面。

主要职责	工作内容及具体要求
会计核算	审核原始凭证，及时做好记账凭证的编制工作 登记总账及各个明细账，并编制试算平衡表 月末进行账证、账表、账账核对，确保核算结果的正确性 编制会计报表，确保账账、账实、账表相符 按月做好纳税申报工作
会计监督	对各种财产和资金进行监督，以保证财产、资金的安全完整与合理使用 对财务收支进行监督，以保证财务收支符合财务制度的规定 对成本费用进行监督，以保证用尽可能少的投入，获得尽可能多的产出 对经济合同、经济计划及其他重要经营管理活动进行监督，以保证经济管理活动的科学、合理
会计管理	做好货币资金内控管理，按月和出纳对账，编制银行存款余额调节表，确保货币资金安全 定期或不定期做好往来款对账工作，及时催收各种应收款。配合各经营管理部门，及时清理债权债务，加速资金周转 组织固定资产的定期盘点，做到账、卡、物相符 对存货定期做好盘点工作，防范库存积压，提高存货周转率

（二）中型企业

中型企业总账会计的岗位职责主要包括以下几个方面。

主要职责	工作内容及具体要求
内部控制	制定企业财务会计制度：根据国家颁布的《企业会计准则》，结合本企业的生产经营特点，制定适合本企业的各项财务会计制度 组织实施会计内部控制制度：按照《会计法》的要求，建立、健全本单位的会计内部控制制度和内部会计监督制度，并组织实施 组织纳税申报：根据国家颁布的税收法律及相关法规，按时报送各种税务报表 定期组织财务分析：分析计划的完成情况，提出改善经营管理的建议和措施；分析经营效果，预测经济前景，参与经营决策、参与审查合同，加强事前监督 提出财务报告：按照有关规定，认真审查对外提供的会计报表，保证会计资料的真实可靠 组织会计人员学习培训：制定对会计人员的考核办法，参与研究会计人员的任用和调配
资产管理	货币资金管理：加速资金周转，提高资金利用效率 应收账款管理：在保证销售市场的同时，控制呆账和坏账的发生 存货管理：制定出合理的存货量，加速存货的周转
损益管理	（1）成本管理：建立费用的审批制度，定期预测成本水平，通过计划成本严格控制各项支出 （2）销售收入管理：制定销售策略及相应的收款政策，加速货款的收回 （3）利润管理：建立利润形成与分配的审批制度，协调企业的财务关系

文案范本

微机管理兼总账会计职务说明书

岗位名称：微机管理兼总账会计			员工姓名：	
所属部门：财务部			到任本职日期：	
工资级别范围：　等　级至　等　级			目前工资级别：	
薪酬类型：			岗位分析日期：　　年　月	
岗位编号：			岗位定员：	现有人数：
直接上级：管理组组长			直接下属部门/岗位：	

岗位设置目的：

　　负责解决财务系统软件、硬件、网络、数据库及财务软件的所有技术问题，打印科目汇总表，登记总分类账，保证会计数据的连续性和安全性

职责与工作任务：

		职责描述：负责财务部会计电算化软件的管理、应用和维护工作	工作时间百分比：30%
职责一	工作任务	对会计电算化档案进行整理、保管	频次：日常
		对会计数据和会计软件的安全保密，防止会计数据泄密，杜绝非软件管理人员修改会计数据，确保会计资料的安全	频次：日常
		办理会计人员的计算机操作授权与管理，负责数据库的管理	频次：日常
		定期对计算机病毒进行检测和消除	频次：日常
		负责对软件进行升级	频次：不定期
		负责财务软件与相关软件的数据协调	频次：日常
		负责财务部及二级相关单位的财务软件安装与维护	频次：不定期
		职责描述：负责对计算机及其附属设备的日常管理和维护	工作时间百分比：20%
职责二	工作任务	办理计算机及其附属设备实物台账的登记工作	频次：日常
		向相关部门报送计算机及其附属设备购置计划	频次：日常
		定期检查计算机及其附属设备的使用情况	频次：不定期
		负责本部门的计算机及其附属设备的配置与安装，对设备进行合理的调配	频次：日常
		负责本部门计算机及其附属设备的维修与报废	频次：日常
		职责描述：负责财务部财务网及广域网的维护与管理	工作时间百分比：15%
职责三	工作任务	根据要求组建财务部会计电算化网络	频次：不定期
		负责财务部广域网的上网申请与网络设置	频次：日常
		对财务网和广域网进行日常维护，保证网络畅通	频次：日常
		对财务软件的网络管理提出分析建议	频次：不定期
		协助集团公司进行财务软件的集团联网工作	频次：不定期
		职责描述：负责打印有关账簿，管理总账	工作时间百分比：10%
职责四	工作任务	打印总账账簿、明细账簿、现金及银行存款日记账	频次：日常
		对会计凭证进行汇总，打印科目汇总表	频次：日常
		管理公司的总账	频次：日常

续表

		职责描述：负责计算员工住房公积金和住房补贴并进行登记	工作时间百分比：5%
职责五	工作任务	计算员工的住房公积金和住房补贴	频次：日常
		登记住房公积金和住房补贴台账	频次：日常
职责六		职责描述：负责财务部计算机及其附属设备耗材的购置等事务	工作时间百分比：5%
	工作任务	负责购买本部门所需使用的各类办公软件及各种存储盘	频次：日常
		负责购买本部门的各种打印机耗材，申领本部门办公用纸张	频次：日常
		办理财务部有关文件资料的打印工作	频次：日常
职责七		职责描述：负责对财务软件应用人员和二级单位进行培训和业务指导	工作时间百分比：10%
	工作任务	对会计电算化软件应用人员和操作人员进行培训	频次：日常
		对二级单位进行财务软件的业务指导	频次：日常
职责八	职责描述：完成上级交办的其他工作		工作时间百分比：5%

相关权限：

- 有权制止未经授权人员操作使用会计软件
- 对会计软件修改、升版的监督权
- 本领域（专业）获取信息、知识的工具的使用权
- 学习、研究权和接受再教育、培训的权利
- 办公工具和劳动工具的使用权
- 相关事情的知情权

汇报关系：

- 以上职责，向_____汇报

工作协作关系：

- 公司内部：本部门
- 公司外部：设备和软件供应商

工作环境：

- 一般工作环境

使用工具设备：

- 一般办公自动化设备

工作时间特征：

- 正常工作时间，偶尔加班

任职资格：

最低学历要求：

- 大学专科

所需学校专业背景：

- 财务会计相关专业

所需资格证书：

- 会计从业资格证书
- 助理会计师
- 会计电算化中级资格证

所需工作经验：

- 两年以上相关工作经验

所需培训的科目：
- 财务管理、税法、金融

所需熟悉的知识面：
- 会计、财务管理、金融、经济法、税法、法律

所需工作技能：
- 掌握计算机及网络设备的日常维护和维修技术
- 掌握计算机网络的安装、调试及其他安全规定
- 掌握财务软件应用知识，熟练使用办公软件
- 判断能力
- 计划与执行能力
- 目标设置能力
- 流程管理能力
- 解决问题能力
- 化解冲突能力
- 人际沟通技巧
- 书面/口头表达能力
- 时间管理能力

个人素质要求：
- 人际敏感性
- 团队合作
- 适应能力
- 充满自信
- 创新精神
- 正直诚实
- 知识分享
- 创业精神

文案范本

总账会计岗位描述

岗位名称：总账会计

直接上级：会计部经理

本职工作：负责公司总分类核算、报表工作。

工作责任：

1. 认真执行公司各项规章制度和工作程序，服从直接上级指挥和有关人员的监督检查，保质保量按时完成工作任务。

2. 负责根据国家的有关规定，合理地设置会计核算科目。

3. 负责各科目的总分类核算。

4. 负责公司无形资产、长期待摊费用核算。

5. 负责公司损益类明细科目的核算。

6. 负责未分配利润和投入资本金、资本公积、盈余公积等所有者权益的核算。

7. 负责更新改造工程支出核算。

8. 编制转账凭证并交会计部经理复核后据以记账。

9. 审核记账凭证的正确性，编制汇总表并登记总账。

10. 根据结账后各科目余额和发生额，编制资产负债表、利润表、现金流量表及财务情况说明书工作底稿，交财务总监审核后编制正式报表。

11. 保守公司秘密。

12. 积极参加培训活动，努力钻研本职工作，主动提出合理化建议。

13. 做好会计档案的保管或移交工作。

14. 完成直接上级交办的其他工作任务并及时复命。

总账、报表岗位责任制

1. 根据《企业会计准则》规定正确设置会计科目，建立会计账簿管理体系，做好会计核算基础工作；汇总记账凭证，编制总账科目余额表并进行试算平衡，登记总账并与明细账进行核对，保证账账、账实、账证相符。

2. 审核所有原始凭证和记账凭证。

3. 负责月末及年度账的结转、记账和结账工作，并对及时对会计科目进行整理。

4. 负责编制本部财务报表，汇总合并所属分公司报表并及时上报集团公司；对内对外提供公司的报表及数据，填制对外报出的临时性报表。

5. 负责计算机服务器、财务软件的日常维护，负责财务报表数据和会计账务数据的备份、存档工作。

6. 完成部门领导交办的其他工作。

总账会计岗位职责

总账会计的岗位职责是协助会计经理完善本企业的会计核算体系，正确、及时地进行会计业务综合、汇总工作。具体如下表所示。

序　号	职责内容
1	审核记账凭证，据实登记各类明细账，并根据审核无误的记账凭证汇总、登记总账
2	负责设置本企业会计科目、会计凭证和会计账簿，并指导会计人员做好记账、结账和对账工作
3	定期对总账与各类明细账进行结账，并进行总账与明细账的对账，保证账账相符
4	月底负责结转各项期间费用及损益类凭证，并据以登账
5	编制各种会计报表，编写会计报表附注，进行财务报表分析并上报高层管理人员
6	为企业贷款及企业基础资料汇编工作提供财务数据、合并会计报表

续表

序　号	职责内容
7	为企业预算编制及管理提供财务数据，为统计人员提供相关财务数据
8	为会计事务所审计工作提供各明细账情况表及相关审计资料
9	完成上级交付的临时工作及其他任务

十四、明细账会计岗位

请参阅如下相关文案范本。

文案范本

明细账会计岗位职位职责

1. 熟悉和掌握有关财会会计法规，登记、填写企业各营业部门的各种会计明细账、会计报表和装订会计凭证等工作。

2. 对各经营科目的经济事项办理收支结算时，按财务管理制度和开支标准等有关规定严格进行审查，包括内容、用途、审批手续和原始单据金额的大小等，并填制相对应的会计科目的记账凭证。

3. 认真按照记账规定和审定的会计凭证进行登记，做到数字真实、内容完整、账物相符，并定期结账。

4. 账务记载必须日清月结，不得积压，借贷发生额每页账上均须有累计数，余额必须及时结出，月终必须做账上的月结工作。

5. 经管财产账务的人员，每季按账核对实物，做到账物相符，发现不符时必须查明情况并向上级报告。

6. 经营的各科目明细账，每月终结时，均须做出科目余额表。

7. 记账凭证的摘要一栏必须抓住重点，简明扼要又能说明问题。

8. 严格执行财务管理制度，遵守财经纪律，按照规定，填写各种明细账簿账目。

9. 严格遵守企业各项规章制度，工作时间不擅离职守，业务上精益求精，不断提高工作水平和工作能力。

10. 参与企业财务部的清查盘点工作。

十五、综合会计岗位

请参阅如下相关文案范本。

文案范本

综合会计岗位职责

第一条　本岗位员工应全面熟悉有关财经法律、法规和政策，熟悉并掌握公司生产经营情况；协助会计主管管理好企业财务并按会计制度规定，设置会计科目、会计凭证和会计账簿；在会计主管指导下，会同各会计岗位人员拟定本企业有关会计核算的各项规章制度；设置与掌管总分类账簿。

第二条 负责设计本公司的会计核算形式，建立会计凭证的传递程序；进行有关业务的综合汇总工作，定期编制总账科目汇总表试算平衡；核对各级明细账和日记账，确保账账相符，记账、结账工作符合规定要求。

第三条 定期调整账项，在应结账户结清的基础上，依据账簿记录和有关资料，编制资产负债表和财务状况变动表；结合企业的有关计划资料和生产经营的趋势，对企业财务运行状况进行总体分析；按制度规定撰写财务分析资料。

第四条 依据财务分析资料，编写财务状况说明书，并连同规定的全部会计报表加具封面装订成册，报经会计主管、总会计师审阅签署后，按期报送指定单位。

第五条 协助会计主管运用现代化管理和会议方法进行各种财务预测（包括目标销售收入预测、目标利润预测、存货预测、资金需要量预测、保本点预测、投资回收期和投资收益率预测），以及市场容量预测、市场占有率预测和市场价格预测等，以为公司投资决策和生产经营提供可靠的依据。

第六条 参与规划本公司中长期远景工作，并按照总会计师、会计主管的委托对企业改扩建、更新改造工程的可行性研究进行科学论证和审查，确保各项可行性研究的效益，避免损失和浪费。

第七条 依据有关会计岗位提供的数据和财务预测，编制或汇总全公司月份、季度和年度的财务计划。

第八条 执行会计档案管理有关法规，对保存在会计部门的会计档案统一管理；按法规要求，科学分类，造册登记，集中保管；并建立借阅、保密以及保护档案安全完整的制度；在移交档案部门时，须编制移交清册，认真办理移交手续。

第九条 承办总会计师、会计主管交办的其他工作。

 **文案范本**

综合管理会计岗位职责细化

一、岗位名称：综合管理会计

二、岗位职责

1. 负责会计凭证的装订与保管。

2. 负责会计账簿的装订与保管。

3. 负责会计报表及管理制度的装订与保管。

4. 负责会计档案资料移交公司档案室归档。

三、岗位职责实施细则（另附，略）

四、岗位工作业务流程（另附，略）

五、参照文件及台账资料

（一）参照文件：

1.《中华人民共和国会计法》

2. ……

（二）台账资料：

1. 会计凭证目录

2. 会计账簿归档清单

六、岗位须具备的业务技术和培训要求（另附，略）

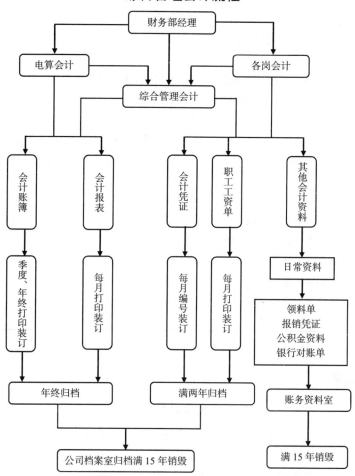

综合管理会计流程

十六、资金会计岗位

请参阅如下相关文案范本。

资金管理会计岗位职责

职位名称	资金管理	所属部门	财务部
直属上级	财务主管		
直属下级	无		
职务宗旨	在财务主管的领导下，负责本企业的资金管理工作		

岗位职责	• 负责编制集团公司年度资金预算，并控制公司年度资金预算的执行 • 负责编制集团公司资金筹集计划，并监督筹措资金的使用情况 • 负责编制集团公司流动资金计划，并分析资金的使用情况 • 不定期检查各出纳员的库存，确保钱账相符 • 负责记录、保管各种有价证券 • 负责与财务高度有关的其他事项 • 分析集团公司资金的使用效益并按期提供分析报告 • 分析资金项目的投入情况 • 完成上级领导交办的其他工作任务
任职资格	• 会计、财务或相关专业本科以上学历，或具有中级会计师以上职称 • 具有全面的财务专业知识，熟悉国际和国内会计准则以及相关的财务、税务等法律法规 • 三年以上大中型企业财务工作经验或金融单位工作经验 • 熟悉资本市场，熟悉银行等金融单位工作流程 • 熟练操作计算机，熟练操作财务软件 • 具有良好的社会关系网、出色的人际沟通能力 • 忠于职守，廉洁奉公 • 作风严谨，工作认真仔细 • 富有团队合作精神

文案范本

货币资金会计岗位职责

第一条 负责管理库存现金、银行存款、其他货币资金及各种外币，并在现金管理规定的范围内使用现金。依照银行结算规定，办理转账结算业务。

第二条 依据会计制度规定，设置掌管现金日记账、银行存款日记账及其他货币资金明细账，并进行总分类核算；反映各项货币资金的收付结存情况，做到现金日记账日清月结、账款相符；严格遵守核定的库存现金限额，做到不任意坐支；不以白条抵充库存现金；不保管账外现金，保证银行存款日记账每日结出余额；月终逐笔核对账面余额与银行对账单，如有错记漏记，应查明原因，及时更正；如有未达账项，应按月编制"银行存款余额调节表"调节相符，逐笔列示未达账项并及时查询。对其他货币资金明细账，应按制度规定设置明细账户，做到及时登记、经常核对、定期结账。

第三条 遵守有关财会法规，不兼管稽核、会计档案保管和收入、费用、债权债务账目的登记工作；不受理不真实、不合法和违反会计制度的收支业务。

第四条 根据经审核无误的收付凭证，办理款项收付业务。坚持复核制度，办理款项收付必须根据稽核岗位审核编制并签章的收付款凭证，进行复核后再行办理。重大开支项目要严格执行授权人审批制度。整理装订经办的收付凭证及有关会计资料，定期移交保管会计档案的岗位。

第五条 确保库存现金、外币、有价证券和经批准代为保管的贵重物品的安全完整。严守保险柜密码的秘密，不任意将保险柜钥匙交给他人。

第六条 妥善保管和按规定使用有关印章，按制度规定，对签发票据所使用的全部印章妥善保管。

第七条 加强对空白支票和空白收据的管理，专设备查簿，登记票据领用和注销手续。票据作废加盖作废戳记后与存根一起保存。支票遗失时，应按银行规定办理挂失手续。

第八条 按规定负责办理外币的收付、折算和保管业务。依据会计制度规定，设置和掌管各种外币的银行存款日记账，进行序时及明细核算，保证日清月结、账款相符。

专项资金管理会计岗位职责

	基本要求	相关说明
任职资格	1. 学历：本科及以上学历，会计、财务管理等相关专业 2. 专业经验：两年以上相关工作经验 3. 个人能力要求：系统学习并掌握会计核算知识，熟练掌握资金管理、分析等方面的方法和工具	1. 具有会计从业资格 2. 接受过财务管理、资金管理等方面的专业培训 3. 熟练操作办公软件和财务软件
职责内容	1. 根据上级主管部门的专项资金管理制度，做好专项资金使用监督与管理工作 2. 会同有关部门拟定更新改造大型修理基金的使用和管理具体办法，参与专项工程项目的研究，编制专项资金收支计划 3. 负责专项资金的明细核算：针对各专项资金按其来源和支出的不同用途进行明细核算，正确核算工程成本，随时向各归口管理单位报告专项资金的使用情况 4. 对专项资金的往来款项定期对账，及时清算 5. 定期编制专项资金使用报表，正确反映各专用资金、专项拨款的开支结余情况 6. 按时编制专项资金使用报告，分析、考核专项资金的使用效果及获得的经济效益 7. 按时完成领导交办的其他相关工作	
	考核说明	结果应用
考核指引	1. 考核频率：月度、年度 2. 考核主体：会计经理 3. 考核指标：专项资金核算差错率、专项资金核算按时完成率、专项资金对账工作及时率、专项资金报表提交及时率、专项资金使用效益报告分析准确率	1. 考核结果作为薪酬发放依据 2. 考核得分低于2分者，将受到口头警告处分 3. 考核得分高于4分（含4分）者，将获得"月度优秀员工"的荣誉称号

资金会计岗位说明书

岗位名称	资金会计	岗位编号	AE-ACC-007
直属上级	财务会计主管	所属部门	财务部

续表

工资级别		直接管理人数	
岗位目的		资金核算，编制资金需求与使用情况报表，应付账款工作统筹，内部账务处理	

工作内容：

1. 负责公司资金核算，按月编制公司资金需求预算报表；

2. 拟定公司资金管理办法，制定资金使用计划，并监督实施；

3. 负责应收账款、应付账款的管理与核算，以及承发包工程款项的结算与支付；

4. 及时清理债权债务，按权责发生制做好各项应收、应付款项的挂账工作；

5. 统筹应付账款工作，复核应付账款报表，进行应付账款的账龄分析；

6. 协助应付账款会计结账，定期与供应商、账务会计对账；

7. 负责编制内部财务管理所需的各类费用、成本报表；

8. 负责内部账务处理，单据保管、整理、装订成册和归档保管工作；

9. 审核收付款单据，监督收付款情况；

10. 完成上级交办的临时任务。

工作职责：

1. 对资金需求和资金使用情况报表编制的真实性、准确性、及时性负责；

2. 对内部财务管理各类费用、成本报表编制的及时性、准确性负责；

3. 对应付账款统计分析的准确性负责；

4. 对内部报表及凭证的保密性、安全性负责。

与上级的沟通方式：

接受财务总监和财务部经理的口头及书面指导。

同级沟通：

部门员工。

给予下级的指导：

岗位资格要求：

- 教育背景：中专以上学历，会计相关专业。

- 经验：三年以上财会工作经验。

岗位技能要求：

- 专业知识：熟悉会计核算和会计法规。

- 能力与技能：良好的与内部和外部客户的沟通技巧，很强的责任心，工作细致认真，善于思考，良好的计算能力、统计能力，具备一定的判断力，能承受一定工作压力，计算机操作熟练。

十七、融资会计岗位

请参阅如下相关文案范本。

融资会计岗位职责

管理层级：直接上级——分管副部长

任职要求：负责集团、股份公司贷款融资手续的办理，及时按要求提供相关资料；办理其他相关事务。

主要工作内容：

一、负责与各专业分行之间联络，协调银企关系。

二、熟悉贷款办理流程，贷款到期前提请相关领导办理相应手续。

三、办理银行保函、资金证明等资料。

四、根据贷款、还款原始凭据正确编制融资业务相关记账凭证。

五、积极收集整理相关贷款资料，做好贷款资料档案归集存档工作。

六、从会计制度公司规范和节税原则，审核会计记账凭证和原始凭证。

七、配合做好月度会计凭证装订工作。

八、月末自下而上收集信息编制下月资金收支计划，对上月收支进行统计分析并出具文字报告，每月6日前完成上述工作；每年12月负责编制下年度财务收支预算。

九、完成领导交办的其他工作。

会计科目：长期借款、短期借款

十八、外汇管理会计岗位

请参阅如下相关文案范本。

文案范本

外汇管理会计岗位职责

	基本要求	相关说明
任职资格	1. 学历：本科及以上学历，财务、金融相关专业 2. 专业经验：两年以上会计相关工作经验 3. 个人能力要求：熟练掌握会计、金融结算知识，熟悉法律、税务等知识，具备外汇管理等基本知识	1. 具有初级会计师资格 2. 参加过金融英语、外汇业务、会计准则等专业培训 3. 能阅读英文财务专业资料，具有良好的英语会话能力
职责内容	1. 审核业务部门提供的外汇业务原始凭证的真实性、合法性与完整性 2. 根据审核无误的原始凭证，填制记账凭证 3. 审核整理有关外汇核销、结汇、购汇单据，登记外汇分类明细账 4. 根据外汇记账凭证汇总表登记外汇总账 5. 对外汇总账、分类明细账进行结账，并进行总账与明细账的对账，保证账账相符 6. 根据外汇管理局的报表要求收集相关信息，编制报表并上报外管局 7. 办理外汇银行存款汇款、划款等银行结算业务 8. 定期与银行进行对账，填写银行对账单，编制银行余额调节表 9. 对开出的保函和信用证做出详细记录并录入数据库 10. 填制、发送、归类保存与银行的各类信函和电函 11. 按时完成领导交办的其他相关工作	

续表

考核说明	结果应用
考核指引 1. 考核频率：月度、年度 2. 考核主体：会计经理 3. 考核指标：原始凭证审核准确率，外汇明细账登录及时率，外汇账目对账、结账按时完成率，银行余额调节表编制及时率，信用证资料完备率	1. 考核结果作为薪酬发放依据 2. 考核得分低于2分者，将受到口头警告处分 3. 考核得分高于4分（含4分）者，将获得"月度优秀员工"的荣誉称号

外汇核算会计岗位职责

	基本要求	相关说明
任职资格	1. 学历：本科及以上学历，财务、金融相关专业 2. 专业经验：一年以上会计相关工作经验 3. 个人能力要求：熟练掌握会计、金融结算知识，具备外汇、法律、税务，懂得金融专业英语等基本知识	1. 有合资或外资企业工作经验者优先 2. 接受过金融专业英语、外汇业务、金融知识等培训 3. 善于与人沟通，工作富有激情，具备良好的学习能力
职责内容	1. 负责办理银行外汇开户开证、汇兑、提现等业务 2. 负责根据企业外币资金用款计划，合理调度企业各外币账户的外币资金头寸 3. 负责安排对外付款项目的出款账号，根据付款的需求调度境内外各账户间的资金 4. 负责与境内外银行洽谈外币定存、购汇事宜，争取最优惠的报价，并负责具体实施 5. 编制企业外币资金流量表，反映外币资金用款计划完成情况，并报送相关人员报送 6. 负责与有关单位进行沟通，协调好外币资金的转入和转出，并向相关人员报送可投资金头寸 7. 负责及时与有关单位沟通并向银行报送大额付款信息，以保证银行头寸充足 8. 负责分析外汇走势，及时提出调度外汇存款的建议 9. 负责办理外汇银行存款汇款、划款等银行结算业务，定期与银行进行对账 10. 按时完成领导交办的其他相关工作	
	考核说明	结果应用
考核指引	1. 考核频率：月度、年度 2. 考核主体：财务部经理、资金主管 3. 考核指标：外币资金流量表编制及及时率，外币定存、购汇业务及时完成率，外币账户管理出错次数	1. 考核结果作为薪酬发放依据 2. 考核得分低于2分者，将受到口头警告处分 3. 考核得分高于4分（含4分）者，将获得"月度优秀员工"的荣誉称号

十九、往来会计岗位

请参阅如下相关文案范本。

 文案范本

往来会计主管岗位职责

	基本要求	相关说明
任职资格	1. 学历：大专及以上学历，会计、财务管理等相关专业 2. 专业经验：两年以上相关工作经验 3. 个人能力要求：系统学习并掌握会计核算实务知识，具有良好的沟通能力，熟练使用财务软件和办公软件	1. 具有初级会计师资格证书 2. 熟悉会计准则，熟悉会计核算实务 3. 敬业、责任心强，严谨踏实，工作认真仔细，有良好的纪律性及团队合作精神
职责内容	1. 建立健全企业往来账务管理制度及应收、应付账款管理系统，并做好基础资料的收集、录入工作 2. 负责销售资金回笼管理工作，将回笼资金及时入账并送财务部，监控资金回笼是否按月平衡 3. 及时核销应收账款，适时准确地提供应收账款余额表，为领导决策提供科学依据 4. 监控久未收回的应收账款，适时与有关部门定期核对，如有不符，及时查明原因并做相应调整 5. 做好应收账款的账龄分析及监控工作，预防发生呆死账 6. 核对往来账目和应付、应收账款，进行往来账务分析 7. 按时完成领导交办的其他相关工作	
	考核说明	结果应用
考核指引	1. 考核频率：月度、年度 2. 考核主体：会计经理 3. 考核指标：应收账款数据录入准确率、销售转账单办理差错率、往来账核对及时率、往来账账龄分析报告按时提交率	1. 考核结果作为薪酬发放依据 2. 考核得分低于2分者，将受到口头警告处分 3. 考核得分高于4分（含4分）者，将获得"月度优秀主管"的荣誉称号

 文案范本

职位名称	往来会计	所属部门	财务部
直属上级	会计主管		
直属下级	无		
职务宗旨	负责本企业的往来账款核算和管理工作		
岗位职责	• 根据国家统一的会计制度规定，结合企业的生产经营特点，会同有关职能部门，拟定往来款项结算制度 • 根据规定的方法和程序，及时准确地办理往来各种款项结算业务 • 定期或不定期地对应收账款进行分析，并提交分析报告 • 建立并登记往来相关台账，定期与客户对账，并签订对账确认书 • 监督收款情况，协助相关单位催缴应收款项，防止坏账损失		

续表

岗位职责	• 对确实无法回收的应收款项及无法支付的款项，应及时查明原因，提出处理意见，按照规定经批准后执行 • 配合法务部门整理应收账款老款的清收资料 • 负责集团公司各种借款及清偿的账务处理工作 • 协助建立客户信用档案 • 完成上级领导交办的其他工作任务
任职资格	• 具有会计、财务或相关专业本科以上学历，或具有中级会计师以上职称 • 具有全面的财务专业知识，熟悉会计准则以及相关的财务、税务等法律法规 • 熟悉客户管理知识、信用管理知识 • 熟悉国内、国际各种结算方式和相关流程 • 熟练操作计算机，熟练操作财务软件 • 良好的人际沟通能力 • 良好的判断和分析能力 • 忠于职守，廉洁奉公 • 作风严谨，工作认真仔细 • 富有团队合作精神

往来账核算岗位责任制

1. 负责公司本部及分公司外部单位往来款项的会计核算。
2. 负责往来账监督、催要、清理，并填制催款通知单。
3. 按时核对往来账款，建立对账记录，填写往来账项询证函，及时处理发现的问题。
4. 完成部门领导及总账会计交办的其他工作。

内部往来、费用、综合分析会计岗位职责

管理层级：直接上级——分管副部长

工作要求：费用报销凭证的审核编制，内部往来的核对，对三项费用的统计分析，每月结合实际经营情况及时进行财务综合分析。

主要工作内容：

• 负责费用类现金收支凭证的编制，配合出纳核对现金账。
• 负责每月关联单位以及其他应收款、其他应付款相关单位账务核对工作，其中与关联公司对账要形成对账确认函。
• 负责单项成本预算资料归档工作，对于成本预算、完工、验收、决算等资料及时存档，整理形成卷宗。
• 每月对本部三项费用统计制表，进行对比分析。
• 及时编制月度财务分析报告。

- 负责公司及部门内部文件签收传阅存档工作。
- 完成领导交办的其他工作。

会计科目：其他应收款、其他应付款、管理费用、销售费用、财务费用等。

文案范本

应收账款会计岗位职责

	基本要求	相关说明
任职资格	1. 学历：大专及以上学历，会计、财务管理等相关专业 2. 专业经验：一年以上相关工作经验 3. 个人能力要求：系统学习并掌握会计核算知识，熟悉会计准则	1. 具有会计从业资格证书 2. 具有较强的学习能力、独立工作能力和一定的财务分析能力，能熟练使用Excel电子表格
职责内容	1. 监控指定账户的应收账款子系统 2. 分析并按政策调整应收账款账户的交易与数据 3. 审核应收账款清单，调查应收账款的差异及产生差异的原因 4. 每月准备月度应收账款统计报表，并向销售管理人员提供详细的应收账款清单 5. 通过账款分析，对超期应收账款提出具体的处理建议 6. 依据会计准则和有关规定，记录会计系统中与应收账款有关的财务活动 7. 为审计人员的应收账款审计工作提供资料支持及相关配合 8. 按时完成领导交办的其他相关工作	
	考核说明	结果应用
考核指引	1. 考核频率：月度、年度 2. 考核主体：会计经理 3. 考核指标：应收账款账户数据差错率、应收账款差异调查完成率、应收账款清单提供及时率、账款审计配合的有效投诉次数、应收账款报表按时提交率	1. 考核结果作为薪酬发放依据 2. 考核得分低于2分者，将受到口头警告处分 3. 考核得分高于4分（含4分）者，将获得"月度优秀员工"的荣誉称号

文案范本

应收账款会计岗位规范

基本情况	职位名称	应收账款账务会计	职位编号	
	所属部门	财务部	薪金级别	
	直接上级	财务总监	直接下属	
	设置目标			
职责	应收账款的账龄分析及核对			
	审核运费发票（付款买单）			
	收集、整理相关的基础报表及数据			

职责				
	负责对外统计报表的编制和报送			
	登记应收账款余额的报关单号、手册号			
	……			
	日常工作	1. 应收账款的核对，调整 2. 审核并登记运费 3. 汇总、分析相关的数据信息并登记入册，建间统计台账 4. 查找及登记应收账款的报关单号和手册号	定期工作	1. 每月编制应收账款的账龄分析明细表 2. 定期与相关部门及专人进行应收账款的核对 3. 汇总登记统计台账 4. 编制并报送统计月报、季报、年报及其他不定期所需的报表 5. 登记并建立应收账款报关单号和手册号台账

职权	
	应收账款收汇信息的查阅权
	前年度和本年度相关账务数据及其他部门相关信息的查阅
	核销单、报关单及手册号的查问

工作条件	办公室、计算机、电话

关键业绩指标（KPI）	考核指标	指标权重

工作关系	内部工作关系	汇报	定期向直接上级提交本岗位工作总结和工作计划 定期向直接上级及其他相关部门提供应收账款核对明细表和应收账款变动分析 定期向直接上级和其他相关部门提供统计数据、报表 不定期向直接上级口头汇报工作
		督导	
		协调	与单证部就应收账款事项进行核对 不定期与业务瓶相关人员进行对账
	外部工作关系		不定期向统计局就统计数据、报表等相关问题进行查询及沟通 不定期接受海关对公司规范化要求的检查

任职资格	学历		专业		
	年龄		性别		
	性格				
	工作经验				
	岗位所需知识				
	岗位技能要求		岗位技能培训要求	科目名称	课时数
	职前培训				

续表

职业	可晋升的职位				
发展	可转换的职位				
修订	修订时间	修订内容	修订者	审核者	审批者
履历					

文案范本

应付职工薪酬核算会计岗位任职条件与职责

	基本要求	相关说明
任职资格	1. 学历：专科及以上学历，会计、财务管理等相关专业 2. 专业经验：两年以上相关工作经验 3. 个人能力要求：系统掌握会计核算知识，认真细致，具有强烈的责任心和较强的人际沟通能力	1. 具有助理会计师及以上职称，能比较熟练地应用有关会计软件及办公自动化软件 2. 敬业，责任心强，严谨踏实，工作仔细认真 3. 有良好的纪律性、团队合作意识和开拓创新精神
职责内容	1. 会同有关部门拟定薪酬管理与核算办法 2. 根据员工实有人数、工资等级和工资标准，审核人力资源部编制的工资计算表，办理五险、个人所得税等代扣代缴款项，计算实发工资 3. 根据考勤记录、员工工资升降级别变动标准通知单审核工资和奖金分配表，审核无误后，按照各部门的实有人数归类，编制工资分配表和汇总表 4. 编制会计凭证进行工资、奖金、津贴、职工福利费等的明细核算，及时录入财务信息系统 5. 待工资发放完毕后，及时收回工资计算表，装订成册，妥善保管 6. 根据国家有关规定，每月按工资总额计提工会经费和教育经费等 7. 负责编制人力资源成本有关报表，配合人力资源总监做好人力资源成本分析工作 8. 根据企业年度人力资源成本预算，会同人力资源部掌握工资和各种奖金的支付情况，对于违反工资政策不按规定滥发津贴、奖金的现象要予以制止，并及时向相关领导报告 9. 装订、保管（限当年）相关会计凭证、工资报表，定期送财务档案管理人员保管	

二十、银行结算会计岗位

请参阅如下相关文案范本。

文案范本

银行结算会计岗位职责

	基本要求	相关说明
任职资格	1. 学历：大专及以上学历，财会、银行结算等相关专业 2. 专业经验：2 年上财务相关工作经验 3. 个人能力要求：熟练操作财务软件，具有较强的团队合作精神，能担负较大工作压力	1. 具有会计从业资格 2. 熟悉国家有关银行结算的政策和实务 3. 具备高度的工作责任感和敬业精神
职责内容	1. 每月月初，根据往来账反映的各供应商账面余额和企业资金状况，编制月供应商付款申请计划，报上级领导审批 2. 根据本月资金预算，合理调配资金，及时向银行贷款和还款，保证资金正常周转 3. 每日填制银行收款凭证和付款凭证，凭证登记银行日记账、其他货币资金账并结清余额，在此基础上编制日资金情况表 4. 月末核对"银行日记账"的余额和总分类账"银行存款"科目的余额 5. 月末结出本月收入、支出合计数和月末结存数，并同银行取得的银行对账单逐笔进行核对，如有未达必须查明原因，编制"银行存款未达账项调节表" 6. 协调好和各银行的关系，确保银行能及时开立企业商务洽谈所需的各类银行保函 7. 按时完成领导交办的其他相关工作	
	考核说明	**结果应用**
考核指引	1. 考核频率：月度、年度 2. 考核主体：会计经理 3. 考核指标：付款工作按时完成率、月度供应商付款计划一次性通过率、银行资金调配差错率、银行对账单及时核对率	1. 考核结果作为薪酬发放依据 2. 考核得分低于 2 分者，将受到口头警告处分 3. 考核得分高于 4 分（含 4 分）者，将获得"月度优秀员工"的荣誉称号

二十一、基建会计岗位

请参阅如下相关文案范本。

文案范本

基建会计岗位职责

	基本要求	相关说明
任职资格	1. 学历：本科及以上学历，会计、财务管理等相关专业 2. 专业经验：三年以上本行业会计工作经验 3. 个人能力要求：具有较好的财务会计核算能力、经济分析能力、业务协调能力等	1. 具有会计从业资格 2. 思维逻辑性和数字敏感性强，工作细致、严谨 3. 恪守职业道德，坚持原则，能承受较大工作压力

续表

职责内容	1. 负责基建会计政策的研究和制定，加强基建财务管理 2. 负责基建会计核算工作，并编制、上报基建会计报表及相关统计报表 3. 参与基建贷款的申报和资料准备工作，按规定用途合理使用贷款资金，接受银行的监督检查 4. 负责建设项目专项资金的银行账户管理工作，做好对账及核算工作 5. 对项目竣工前资金流转进行动态监督，及时核算已完工项目成本，及时结转固定资产，保证资产账实相符 6. 登记、保管建设项目合同，按规定与施工单位核对往来账目，做好在建工程往来款项的核算与清理工作 7. 负责基建财务印鉴、证（卡）、基建会计资料的保管与归档等工作	
考核指引	**考核说明**	**结果应用**
	1. 考核频率：月度、年度 2. 考核主体：会计经理 3. 考核指标：报账工作差错率，因审核不力而导致的费用超标的笔数、金额，财务报表编制错漏率，转账凭证、银行对账单、利息单取得的及时率	1. 考核结果作为薪酬发放依据 2. 考核得分低于2分者，将受到口头警告处分 3. 考核得分高于4分（含4分）者，将获得"月度优秀员工"的荣誉称号

二十二、制证会计岗位

请参阅如下相关文案范本。

制证会计岗位描述

岗位名称：制证会计

直接上级：会计部经理

本职工作：编制会计凭证

工作责任：

- 认真执行公司各项规章制度和工作程序，服从直接上级指挥和有关人员的监督检查，保质保量按时完成工作任务。
- 核对每笔经济业务的审批手续是否符合公司的规定。
- 根据审核无误的原始凭证，编制记账凭证。
- 严格按公司规定进行差旅费的审核。
- 登记备用金、期间费用的明细账。
- 月末将所记明细账与总账进行核对，保证账账相符。
- 负责车队、食堂的成本核算。
- 参与定期与借款人对账。
- 积极参加培训活动，努力钻研本职工作，主动提出合理化建议。
- 保守公司秘密。

- 做好业务记录以及记录的保管或移交工作。
- 完成直接上级交办的其他工作任务并及时复命。

二十三、会计政策岗位

请参阅如下相关文案范本。

会计政策岗位职责

1. 根据企业的实际情况决定采取何种存货计价政策，分析不同的存货计价政策对企业财务状况及损益的影响。

2. 分析不同的折旧方法对企业财务状况及损益的影响，决定采取何种固定资产折旧方法；

3. 分析不同的提取坏账准备的方法对企业财务状况及损益的影响，决定采取何种坏账准备提取标准。

4. 对会计账务处理中采取的会计政策进行检查与监督。

二十四、项目会计岗位

请参阅如下相关文案范本。

项目会计工作岗位考核表

项　目	考核标准	分　数	扣　分	实得分
工作质量标准	熟悉国家有关财经法规、制度 负责项目账务核算，按月核对项目总账、明细账，及时正确地编制项目会计报表 配合财务科长管理项目财务事项，努力提高财务管理水平 配合项目办做好专款经费使用情况报送工作 负责各项资金收付及出纳记账工作 准确及时办理各种有关税务核算及税金缴纳工作 完成科里交给的其他工作			
劳动纪律工作态度	遵守本单位有关规定，热爱本职工作，忠于职守。热情服务，对内团结协作，完成领导交办的各项任务			
造成工作损失或者失职	贯彻执行各项财经纪律，制度不严，处理业务不当，检查监督不严			

二十五、税务会计岗位

请参阅如下相关文案范本。

文案范本

税务主管岗位职责

	基本要求	相关说明
任职资格	1. 学历：本科及以上学历，财务管理、税务等相关专业 2. 专业经验：一年以上相关工作经验 3. 个人能力要求：熟悉企业税务法规和国家相关税收政策，具备良好的纳税筹划能力、财务监察能力	1. 能够及时发现工作中存在的问题，并快速采取行动 2. 善于学习创新，具备良好的团队合作精神 3. 对企业有着较高的忠诚度
职责内容	1. 负责企业纳税筹划工作，参与企业日常经营模式的税务管理，建立整体节税模式 2. 及时收集及分析税务信息，并在企业内部进行合理的安排，为企业争取最大利益 3. 对企业日常经营活动定期审查，消除日常税务风险 4. 对重大涉税事项实施专项审计 5. 对企业财务部及其他部门提出的税务问题及时提供咨询 6. 组织并指导税务会计做好税务申报工作 7. 协助年度审计、内部审计，负责税务审计过程中相关问题的回复 8. 参与企业并购重组、资产交易等重大经营业务，提出税务意见与建议 9. 按时完成领导交办的其他相关工作	
	考核说明	结果应用
考核指引	1. 考核频率：季度、年度 2. 考核主体：会计经理 3. 考核指标：纳税筹划工作按时完成率、税务审计工作及时率、税务问题未解决项数、税务咨询提供的满意度、年度有效合理避税额度	1. 考核结果作为薪酬发放依据 2. 考核得分低于2分者，将受到口头警告处分 3. 考核得分高于4分（含4分）者，将获得"季度优秀主管"的荣誉称号

文案范本

税务会计岗位职责

管理层级：直接上级——分管副部长

工作要求：负责公司涉税业务的核算和管理，负责公司各种发票的领取、使用和保管工作；负责记账凭证的装订；负责各项统计报表的填报。

主要工作内容：

一、负责增值税发票、普通发票、建安劳务发票等各种发票领购、保管，按规定及时登记发票领购簿。

二、正确及时地开具增值税发票、普通发票、建安劳务发票，对异地纳税要开出外出经营活动证明并做登记备查。

三、严格对各种发票特别是增值税专用发票进行审核，及时进行发票认证。

四、规范本地、异地各项涉税事项的核算、管理流程，对发现的问题及时反映。

五、负责编制国税、地税需要的各种报表，每月按时进行纳税申报，用好税收政策，规避企业涉税风险，依法纳税；负责减免税、退税的申报。

六、做好股份公司的统计工作，填报公司涉税的各种统计报表。

七、负责营业税金及附加、应交税费、所得税科目凭证填制及明细账登记、核对。

八、负责记账凭证的及时装订，税务相关资料的装订存档。

九、每月对纳税申报、税负情况进行综合分析，提出合理化建议。

十、完成领导交办的其他工作。

会计科目：营业税金及附加、应交税费、所得税费用。

文案范本

（税务会计）岗位规范

基本情况	职位名称	税务会计	职位编号	
	所属部门	财务部	薪金级别	
	直接上级	综合会计主管	直接下属	
	设置目标	规范公司税务流程和管理		
职责	负责税务管理的日常工作			
	保证公司税务资金的及时回笼与缴纳			
	全面负责税务处理工作			
	负责涉税数据的录入、抽取和税务报表的编制和报送			
	负责各公司出口退税事项，并制定、修改各公司的税务操作流程			
	根据各公司税务环境和内部转账情况进行有效的纳税筹划			
	负责检查核对涉税数据，做好年度税务清算的配合工作			
	与税务部门做好日常的沟通、联系、税务政策定期咨询工作			
	日常工作	将进项税额发票审核输入专用申报程序 收集整理核对退税所需单据 保证日常税务信息的有效性和准确性 开具内销售发票	定期工作	报送、编制税务报表 检查、核对账务块涉税数据 制定、修改公司税务操作流程 配合税务清算工作,对纳税筹划提出合理化建议 税务政策的反馈和咨询工作
职权	要求有关部门提供必要的税务处理原始资料			
	对公司纳税筹划的政策及工作提出合理化建议			
工作条件	办公室、计算机、电话			
关键业绩指标（KPI）	考核指标		指标权重	
	财务账上准确性			
	完成任务及时性			
	报表数据的差错率			
	提供数据的及时性			

续表

工作关系	内部工作关系	汇报	定期向财务主管上交工作总结 提出工作疑问 定期汇报财税政策			
		督导	督导各项税务资料的准确性			
		协调	协调公司与财税之间的关系			
	外部工作关系					
任职资格	学历		专科以上	专业	会计专业	
	年龄		28~40 岁	性别	不限	
	性格		工作仔细、耐心尽责			
	工作经验		3 年以上同等岗位经历			
	岗位所需知识		会计准则、财务制度、国家财税政策 会计实物操作，电算化应用			
	岗位技能要求		熟悉国家税法 工作主动性强，有一定账务分析能力	岗位技能培训要求	科目名称	课时数
					财务软件	半天
					保税软件	3 天
					ERP	根据公司
					岗位再培训	15 天
	职前培训		新员工入职培训			
职业发展	可晋升的职位		综合账务主管、副经理			
	可转换的职位		主办会计			
修订履历	修订时间		修订内容	修订者	审核者	审批者

文案范本

税务核算会计岗位职责

税务核算会计的岗位职责是负责本企业营业收入的统计、核算与分析，根据实际收入办理纳税业务等工作，具体如下表所示。

序 号	职责内容
1	审核各种收入的原始凭证，确保各项收入计算准确、内容合法、构成完整
2	区分各项收入，正确计算本期应缴的流转税费，包括消费税、城市维护建设税、资源税、教育费附加及各种地方税费等
3	清查各种经济合同、产权转移数据、营业账簿和权利许可证等，正确计算应缴纳税款

续表

序　号	职责内容
4	根据员工工资级别及国家相关税收政策，代扣代缴员工的个人所得税
5	负责申请办理坏账的核销及有关税款缓减事项
6	完成领导交办的其他工作

 文案范本

税务专员岗位职责

	基本要求	相关说明
任职资格	1. 学历：大专及以上学历，财税类相关专业 2. 专业经验：一年以上本行业税务工作经验 3. 个人能力要求：熟悉企业税务法律法规，能独立分析并解决问题，具有良好的沟通协调能力	1. 能熟练操作计算机及相关软件 2. 有良好的职业道德，保守企业秘密 3. 工作耐心细致，责任感强，具有良好的沟通能力、团队协作精神
职责内容	1. 按税收政策规定正确计算、申报、缴纳、管理增值税，负责增值税相关变更、登记、注销的管理工作 2. 负责国税税务登记和一般纳税人申请、变更、年检、注销的管理工作 3. 负责企业国税发票的购入、发出、保管、检查、开具及管理工作 4. 负责企业国税税控系统的使用、维护、管理及数据的备份工作 5. 按税收政策规定正确计算和缴纳企业所得税，进行企业所得税管理工作 6. 核对增值税进项、销项，保证账账、账票相符，并按月填报《应交增值税明细表》 7. 负责内部单位统一结算发票信息录入，增值税专用发票等抵扣信息录入、认证工作 8. 配合接受税务稽查工作，配合会计师事务所的税务审计工作 9. 按时完成领导交办的其他相关工作	
	考核说明	结果应用
考核指引	1. 考核频率：月度、年度 2. 考核主体：会计经理 3. 考核指标：应缴税目按时缴纳率、国税发票管理差错率、增值税账目核对及时率、"应交增值税明细表"填报及时率、税务资料归档及时率	1. 考核结果作为薪酬发放依据 2. 考核得分低于2分者，将受到口头警告处分 3. 考核得分高于4分（含4分）者，将获得"月度优秀员工"的荣誉称号

二十六、内部稽核岗位

请参阅如下相关文案范本。

 文案范本

稽核岗位责任制

1. 遵循国家有关财政法规和财务制度，实施稽核工作。
2. 财务收支计划、目标承包计划的稽核。

3. 对各项财务收支业务的审查。

4. 原始凭证审核，记账凭证、账簿、报表的复核。

5. 根据财务会计制度的规定，审查复核会计报表的编制是否做到数字真实、计算准确、内容完整、上报及时、说明清楚。

6. 负责编制现金、银行存款日报表并按时上报。

7. 经常与银行核对余额，如有未达账项，应按月编制"银行存款余额调节表"，并调节相符，对未达账项逐笔列示，并及时查询。

**文案范本**

稽核主管岗位职责

	基本要求	相关说明
职责资格	1. 学历：大专及以上学历，会计、财务管理等相关专业 2. 专业经验：两年以上相关工作经验 3. 个人能力要求：系统并掌握会计核算知识，熟悉会计准则及财务会计管理制度	1. 具有会计从业资格证书 2. 思维清晰、敏捷，逻辑分析能力强，具备高度的工作责任感和敬业精神，有良好的职业操守
职责内容	1. 草拟稽核工作计划和目标，定期组织财务稽查工作 2. 审查外来的各类凭证是合法、合规 3. 审核各类记账凭证的准确性、合法合规性 4. 编制总账科目余额平衡表，并与有关明细账进行核对 5. 负责会计凭证、账簿及会计报表的管理工作 6. 审查企业各单位的收入、成本费用情况，并审查财务成本计划及其执行情况 7. 按时完成领导交办的其他相关工作	
	考核说明	结果应用
考核指引	1. 考核频率：季度、年度 2. 考核主体：会计经理 3. 考核指标：稽核工作计划完成率、外来凭证审核差错率、记账凭证审核准确率、财务成本计划审核工作完成率	1. 考核结果作为薪酬发放依据 2. 考核得分低于2分者，将受到口头警告处分 3. 考核得分高于4分（含4分）者，将获得"季度优秀主管"的荣誉称号

**文案范本**

稽核员岗位职责

第一条　严格按《企业会计准则》《企业财务通则》的要求，认真执行《会计法》《关于违反财政法规处罚的暂行规定》以及其他有关规定，对一切经济事项，要逐笔审核，对计划外的或不符合规定的收支，应提出意见，向领导汇报，积极采取措施进行处理。

第二条　按照企业方针目标的要求，审查各项计划指标的计算是否正确，指标间是否衔接平衡，计划是否切实可行，对审查中发现的问题，要提出修正意见和建议。

第三条　协助会计主管人员建立健全稽核办法等与稽核相关的内部会计控制制度。

第四条　核查重要会计印章的保管和使用情况。

第五条　稽核原始凭证的真实、合法、准确、完整，稽核记账凭证、会计账簿、会计报表等会计资料的真实性、完整性。

第六条　督促有关人员及时纠正与处理稽核中发现的问题；并对稽核中发现的问题及处理结果做出记载。稽核中发现的重大问题或疑问，要及时查明原因，并向会计主管人员报告；发现的不真实、不合法问题应立即向会计主管人员和公司领导报告。

第七条　总结稽核中发现问题根源及其规律，提出进一步完善内部会计控制制度或改善会计工作的建议。

 **文案范本**

稽核会计岗位职责

	基本要求	相关说明
任职资格	1. 学历：大专及以上学历，会计、财务管理等相关专业 2. 专业经验：一年以上相关工作经验 3. 个人能力要求：熟悉会计准则，熟悉企业会计核算及财务管理，熟悉相关行业稽核管理流程操作	1. 具有会计从业资格证书 2. 具有较强的独立思考、分析并解决问题的能力，熟练使用办公软件
职责内容	1. 在稽核主管的领导下，做好原始凭证、记账凭证及报表的稽核工作 2. 从合法性、真实性、手续是否完备等方面对原始凭证进行认真复核 3. 复核记账凭证是否真实地反映了原始凭证的内容，会计科目及金额、记账是否正确 4. 复核账簿登记是否符合规定，内容是否与原始凭证、记账凭证相符 5. 对各项财务收支进行稽核，审核其是否符合财务收支计划，对严重超计划者要审核其合理性 6. 从数字衔接性方面定期对财务报表进行稽核 7. 对稽核中发现的问题，要及时汇报主管采取措施进行解决，妥善处理 8. 在已稽核的会计资料上盖章，并随时做好稽核记录	
	考核说明	结果应用
考核指引	1. 考核频率：月度、年度 2. 考核主体：会计经理、稽核主管 3. 考核指标：稽核制度违反次数、凭证复核差错率、会计账簿复核差错率、财务收支审核及时率、定期报表稽核及时率、稽核问题完全解决率	1. 考核结果作为薪酬发放依据 2. 考核得分低于2分者，将受到口头警告处分 3. 考核得分高于4分（含4分）者，将获得"月度优秀员工"的荣誉称号

 **文案范本**

稽核职务说明书

岗位名称：稽核	员工姓名：
所属部门：财务部	到任本职日期：
工资级别范围：　　等　级至　　等　级	目前工资级别：

续表

薪酬类型：		岗位分析日期：	
岗位编号：		岗位定员：	现有人数：
直接上级：管理组组长		直接下属部门/岗位：	

岗位设置目的：

　　负责对实际发生的各项经济业务或财务收支进行审查、复核，防止会计核算差错和人员舞弊，提高会计核算质量

职责与工作任务：

职责一		职责描述：负责对会计凭证、会计账簿、会计报表和其他会计资料进行复核，纠正或制止会计核算工作中的错误，提高会计核算质量		工作时间百分比：80%
	工作任务	审查各项实际发生的经济业务或财务收支的合规性		频次：日常
		复核原始凭证的内容、手续是否真实、完备		频次：日常
		复核记账凭证的会计处理是否符合会计规范的要求		频次：日常
		审核会计账簿、会计报表及其他会计资料的内容的合法性、真实性、完整性		频次：日常
		对复核中发现的问题和差错，通知有关人员及时查明，限期更正和处理		频次：日常
		对不符合规定或计划外的收支，如发现问题，应及时提出并采取措施加以制止和纠正		频次：日常
		对审核出的问题定期向有关领导提出书面报告或建议		频次：定期
职责二		职责描述：负责对资产管理的真实性、合法性、准确性进行审核		工作时间百分比：10%
	工作任务	审核各项财产物资的增减变动和结存情况		频次：日常
		审核各项财产物资账实是否相符，并配合有关部门或人员查明原因		频次：日常
		对审核出的问题定期向有关领导提出书面报告或建议		频次：定期
职责三		职责描述：完成上级交办的其他工作		工作时间百分比：10%

相关权限：

- 会计工作检查监督权
- 对违反财务制度和财经纪律的行为及经济业务处理有制止权和纠正权
- 对不符合规定或计划外的收支的制止权和纠正权
- 本领域（专业）获取信息、知识的工具的使用权
- 学习、研究权和接受再教育、培训的权利
- 办公工具和劳动工具的使用权
- 相关事情的知情权

汇报关系：

- 以上职责，向管理组组长汇报

工作协作关系：

- 公司内部：各车间和部门
- 公司外部：无

工作环境：
● 一般工作环境

使用工具设备：
● 一般办公自动化设备

工作时间特征：
● 正常工作时间，偶尔加班

任职资格：

最低学历要求：

- 大学专科

所需学校专业背景：

- 财务会计相关专业

所需工作经验：

- 两年以上相关工作经验

所需资格证书：

- 会计从业资格证书
- 助理会计师
- 会计电算化初级资格证

所需培训的科目：

- 财务管理、税法、金融

所需熟悉的知识面：

- 会计、财务管理、金融、经济法、税法、法律

所需工作技能：

- 判断能力
- 计划与执行能力
- 目标设置能力
- 预算管理能力
- 解决问题能力
- 化解冲突能力
- 人际沟通技巧
- 书面/口头表达能力
- 时间管理能力
- 计算机网络运用能力
- 熟练使用财务软件和办公软件

个人素质要求：

- 团队合作
- 适应能力
- 充满自信
- 正直诚实
- 知识分享
- 创业精神

二十七、会计档案员岗位

请参阅如下相关文案范本。

会计档案员岗位职责

	基本要求	相关说明
任职资格	1. 学历：大专及以上学历，财会类专业 2. 专业经验：一年以上相关工作经验 3. 个人能力要求：具备必要的专业知识及技能，熟悉国家有关法律法规、规章制度	1. 能熟练使用 Office 办公软件，熟悉会计档案管理知识 2. 工作积极主动，性格开朗，讲求效率，责任心强 3. 服从工作安排，具有较强的团队协作意识
职责内容	1. 按照《会计法》及《会计档案管理办法》的规定和要求，参与制定会计档案立卷、归档、保管调阅和销毁等管理制度，报经批准后，负责监督执行 2. 定期整理装订会计凭证、会计账簿、会计报表及其他相关资料 3. 对已装订的会计凭证、账簿、报表及有关资料进行立卷和归档，登记会计档案台账 4. 负责会计档案的日常管理，按要求办理会计档案的借阅、归还登记工作 5. 保管会计档案，协助安全保卫人员做好档案的防水、防火、防盗、保密工作 6. 定期对超过档案管理期限的会计凭证和有关辅助资料进行清理，并按财务制度规定登记后予以销毁 7. 按时完成领导交办的其他相关工作	
	考核说明	结果应用
考核指引	1. 考核频率：月度、年度 2. 考核主体：稽核主管 3. 考核指标：会计资料装订及时率、会计资料归档及时率、会计档案管理差错率、超期会计档案清理及时率、会计档案完好率、违反会计档案管理制度的次数	1. 考核结果作为薪酬发放依据 2. 考核得分低于 2 分者，将受到口头警告处分 3. 考核得分高于 4 分（含 4 分）者，将获得"月度优秀员工"的荣誉称号

会计档案管理岗位责任制

1. 负责财务经营处会计档案（会计凭证、会计账簿、会计报表及报告的装订、磁带、磁盘、光盘等）归档、整理与保管工作。

2. 负责保管现存会计档案和会计档案的查阅工作，认真做好记录，保证会计档案规范、及时、安全、完整。

3. 负责会计档案移交工作，开列清册，填写交接清单，审核无误后签章移交档案部门保管。

4. 认真执行国家关于会计档案管理的各项规定，会计档案的管理要符合会计基础工作规范要求。

会计档案管理办法

总　则

第一条　为加强公司会计档案管理，统一公司会计档案管理工作，尽可能保护公司涉及财务方面的商业秘密，更好地为公司发展服务，根据《中华人民共和国会计法》和《中华人民共和国档案法》的规定，结合本公司的经营特点，制定本办法。

第二条　各单位必须加强对会计档案管理工作的领导，建立会计档案的立卷、归档、保管、查阅和销毁等管理制度，保证会计档案妥善保管，有序存放，方便查阅，严防毁损、散失和泄密。

第三条　本规定适用于集团公司及下属各单位的会计档案管理。

第一章　会计档案的起围

第四条　会计档案是指会计凭证、会计账簿、财务报告等会计核算专业资料，是记录和反映单位经济业务的重要史料和证据。具体包括：

（1）会计凭证类：原始凭证、记账凭证、汇总凭证、其他会计凭证。

（2）会计账簿类：总账、明细账、日记账、固定资产卡片、辅助账簿、其他会计账簿。

（3）财务报告类：月度、季度、年度财务报告，包括会计报表、附表、附注及文字说明，其他财务报告。

（4）其他类：银行存款余额调节表、银行对账单、其他应当保存的会计核算专业资料、会计档案移交清册、会计档案保管清册、会计档案销毁清册、查账报告、验资报告、财务会计制度以及与经营管理和投资者权益有关的其他重要文件，如合同、章程、董事会计等各种会计资料。

第五条　以上所指的会计档案资料包含纸质档案资料和计算机存储的档案资料（元电子版的除外）。

第六条　会计档案管理包括会计档案的立卷、归档、保管、调阅、复制和销毁等管理制度。

第二章　会计档案的整理

第七条　各单位每年形成的会计档案，应当由会计机构按照归档要求，负责整理立卷，装订成册，编制会计档案保管清册。

第八条　对于凭证类的会计档案，各单位需在会计月度结束后 15 日内将该月的记账凭证打印（手工账的需整理编号且签名或盖章），并将记账凭证、原始凭证整理后装订成册。定本的会计凭证作为会计档案资料管理。

第九条　对于账本类的会计档案，各单位需在会计年度结束后 30 个工作日内将会计账簿整理（计算机账的须打印）并装订成纸质账本，在首页签字盖章后作为档案资料管理。

第十条　对于财务报告类的会计档案，各单位需在年度会计报表报出后 30 个工作日内将该年度内所有会计报表资料整理并作为档案资料管理。

第十一条　对于其他会计档案，由具体经办的财务人员在月度结束后 15 日内将已操作完毕的财务资料整理编号并作为档案资料管理。

第三章　会计档案的归档

第十二条　总部财务档案在统一归档前，由各具体负责该类财务事项的会计人员管理；在会计年度结束后两个月内，办理会计档案移交清册并将会计档案移交会计文员统一保管。

第十三条　各分公司财务档案在统一归档前，由各分公司财务主管管理；在会计年度结束后一个半月内办好档案移交消册并转交总部，由总部按照总部财务档案统一保管。

第十四条　各子公司财务档案由子公司负责保管。

第四章　会计档案的保管

第十五条　当期的会计档案资料应与非财务资料适当分开；以往会计年度的档案资料必须专柜存放，并由会计文员编制财务档案存放索引表以便查找。

第十六条　会计档案资料存放地必须保障其安全性，保管人员交接时须移交所有相关钥匙或必要时进行换锁。

第十七条　会计档案应妥善保管，存放有序，查找方便，严格执行安全和保密制度，不得随意堆放，严防毁损、散失和泄密。

第十八条　对于计算机存储的财务档案资料，其重要程度及管理责任等同于纸质档案资料，应将其与业务等其他资料严格分开，不准将财务档案资料与业务等其他资料混同在一台计算机中存储。对于计算机中存储的财务档案资料，必须设置由财务人员专管的查询密码或开机的口令。

第十九条　各种会计档案的保管期限，可分为永久、定期两类（详见会计档案保管期限表）。保管期限从会计年度终了后的第一天起算。

第五章　会计档案的借用

第二十条　集团公司董事会、财务总监、被检查岗位、部门、分公司、子公司的上级财务人员检查时，经授权检查的审计人员知会集团财务负责人时，应出示财务档案。

第二十一条　会计档案为本单位提供利用，原则上不得借出，有特殊需要外借须经上级主管单位或单位领导、会计主管人员批准。

第二十二条　外部借阅会计档案时，应持有单位正式介绍信，经会计主管人员或单位领导人签字批准后，方可办理借阅手续。

第二十三条　单位内部人员借阅会计档案时，应经会计主管人员或单位领导人批准后，办理借阅手续。借阅人应认真填写"档案借阅登记簿"，将借阅人姓名、单位、借阅日期、数量、内容、归还日期等情况登记清楚。

第二十四条　借阅会计档案人员不得在档案资料中乱画、标记，拆散原卷册，也不得涂改抽换、携带外出或复制原件（如有特殊情况，须经公司授权领导批准后方能携带外出或复制原件）。

第二十五条　借出的会计档案，会计档案管理人员要按期如数收回，并办理注销借阅手续。

第六章　会计档案的销毁

第二十六条　会计档案保管期满，需要销毁时，由财务部门提出销毁意见，会同审计部门共同鉴定，严格审查，编制会计档案销毁清册。

第二十七条　会计档案保管期满，但期中未了结的债权债务的原始凭证，应单独抽出，另行立卷，由档案部门保管到结清债权债务时为止。

第二十八条　建设单位在建设期间的会计档案，不得销毁。

第二十九条　未完成的合同档案在执行期间，不得销毁。

第三十条　各单位按规定销毁会计档案时，应由集团财务部门和审计部门共同派员监销。

第三十一条　监销人在销毁会计档案以前，应按会计档案销毁清册所列的项目逐一清查核对；销毁后，应在销毁清册上签名盖章，并将监销情况报告集团财务负责人与集团公司副总裁或以上级别领导。

附　则

第三十二条　本办法自 2008 年 1 月 1 日起执行。

第三十三条　本办法解释权归公司财务部。

附件：会计档案保管期限表（略）

二十八、管理会计岗位

请参阅如下相关文案范本。

管理会计岗位职责

第一条　预算财务成本，提出决策分析数据。

1．应用本量利分析和数据统计的方法，进行成本、销售和利润预测。

2．参与生产经营短期决策和长期投资决策，并提出有关决策分析的数据。

第二条　编制全面预算，确定各项财务目标。

1．依据生产经营目标，编制全面预算，确定目标成本和目标利润。

2．制定出增收节支的措施，保证成本目标和利润目标的实现。

第三条　对财务成本进行控制，进行价值分析。

1．建立财务成本控制系统，控制资金和成本，保证生产经营目标和利润目标的实现。

2．对产品零部件进行价值分析，按部门进行利润的敏感性分析，以挖掘降低目标成本的潜力。

第四条　评价经济业绩，考核责任单位实绩和成果。

1．建立成本和利润责任中心，编制责任预算，实行责任会计，保证公司生产经营目标的实现。

2．通过对比各责任中心业绩报告的实现数与预算数，考核评价各责任中心的工作业绩和经营效果。

管理会计岗位责任制

1．对财务成本进行预算，提出决策分析数据

（1）应用本量利分析和数据统计的方法，进行成本、销售和利润的预测。

（2）参与生产经营短期决策和长期投资决策，提出有关决策分析的数据。

2．编制全面预算，确定各项财务目标

（1）根据生产经营目标，编制企业的全面预算，确定目标成本和目标利润。

（2）提出增收节支的措施，保证成本目标和利润目标的实现，提高经济效益。

3．对财务成本进行控制，开展价值分析

（1）建立财务成本控制体系，对成本和资金进行控制，保证生产经营目标和利润目标的完成。

（2）对产品零部件进行价值分析，按部门进行利润的敏感性分析，以挖掘降低目标的潜力。

4. 评价经济业绩，考核责任单位实绩和成果

（1）建立成本和利润责任中心，编制责任预算，实行责任会计，保证企业生产经营目标的实现。

（2）通过对各责任中心业绩报告的实际数与预算数的对比，考核评价各责任中心的工作实绩和经营效果。

管理会计岗位描述

岗位名称：管理会计

直接上级：财务管理部经理

本职工作：根据公司会计资料进行财务分析

工作责任：

1. 认真执行公司各项规章制度和工作程序，服从直接上级指挥和有关人员的监督检查，保质保量按时完成工作任务。

2. 协助预算计划员进行预算控制。

3. 按月编制成本费用计划和财务收支计划，对各部门的成本费用进行监控。

4. 根据会计报表和销售报表以及有关的会计核算资料进行经营活动的分析。

5. 组织召开进行公司经营经济分析会。

6. 负责公司物资采购的比价。

7. 根据公司的经营状态，定期进行趋势分析。

8. 管理跨年度会计档案。

9. 负责固定资产账目处理工作。

10. 保守公司秘密。

11. 积极参加培训活动，努力钻研本职工作，主动提出合理化建议。

12. 做好业务记录以及记录的保管或移交工作。

13. 完成直接上级交办的其他工作任务并及时复命。

管理会计职务说明书

岗位名称：管理会计	员工姓名：	
所属部门：财务部	到任本职日期：	
工资级别范围： 等 级至 等 级	目前工资级别：	
薪酬类型：	岗位分析日期： 年 月	
岗位编号：	岗位定员：	现有人数：
直接上级：管理组组长	直接下属部门/岗位：	

续表

岗位设置目的：

    负责组织编制财务预算并监控预算执行情况，进行财务分析，组织财务检查并对二级单位财务指标和会计工作进行考核，以健全财务管理体系，优化财务结构，防范财务风险

职责与工作任务：

职责一		职责描述：负责组织财务管理和会计核算工作检查	工作时间百分比：25%
	工作任务	组织对部门规章制度的制定、修订	频次：偶尔
		对部门内部财务管理和会计核算工作质量检查	频次：定期
		组织检查成本核算及费用控制单位的会计基础工作，检查二级单位会计报表的规范化、真实性	频次：定期
		组织检查成本核算及费用控制单位的财经纪律	频次：定期
		组织对库存现金不定期进行抽查、盘点	频次：不定期
		按照《会计档案管理标准》，负责对会计资料销毁的鉴定、监销工作	频次：定期
职责二		职责描述：负责组织编制财务预算，监控预算执行情况	工作时间百分比：25%
	工作任务	根据公司经营计划，汇总各部门的业务预算，制订年度财务收支计划，汇总编制公司财务预算草案	频次：每年一次
		指导二级单位、控股子公司编制单位财务预算	频次：每年一次
		财务预算草案报领导和各部门修改完善，经上级批准后下达	频次：每年一次
		跟踪财务预算的执行，对预算执行情况进行综合分析，发现经营管理中存在的问题，及时向上级反映情况并提出建议	频次：定期
		组织财务预算执行情况的考核	频次：定期
		根据上级决议，编制预算调整方案	频次：偶尔
职责三		职责描述：负责公司财务分析，促进财务结构优化，防范财务风险	工作时间百分比：30%
	工作任务	建立财务分析评价指标体系，确定财务分析工具及分析方法	频次：偶尔
		收集整理相关财务统计、分析资料	频次：日常
		对公司主要经济成本、财务指标及经营成果进行分析，撰写经济活动分析报告，为领导决策提供支持	频次：每月一次
		进行财务预警方面的分析研究工作，防范财务风险	频次：不定期
		进行专项分析	频次：不定期
职责四		职责描述：负责对二级单位财务指标完成情况和会计基础工作进行考核	工作时间百分比：10%
	工作任务	提供成本费用指标的考核系数	频次：每月一次
		提供绩效考核的成本系数、产量系数等数据	频次：每月一次
		提供公司考评会的相关财务数据	频次：每月一次
		对二级单位提出考核建议	频次：每月一次
		组织成本责任制等单位会计基础工作和财务预算执行情况的考核	频次：每月一次
职责五		职责描述：完成上级交办的其他工作	工作时间百分比：10%

相关权限：

- 财务预算草案的编制权
- 对各单位财务预算执行情况的监督、检查权
- 对违反财经规定的行为的制止权和纠正权
- 对各项费用开支的监督检查权
- 产品主要消耗定额和物资储备定额的审查权
- 对业务范围内的问题有权处理
- 本领域（专业）获取信息、知识的工具的使用权
- 学习、研究权和接受再教育、培训的权利
- 办公工具和劳动工具的使用权
- 相关事情的知情权

汇报关系：

- 以上职责，向管理组组长汇报

工作协作关系：

- 公司内部：各车间和部门
- 公司外部：财政局等相关部门与单位

工作环境：

- 一般工作环境

使用工具设备：

- 一般办公自动化设备

工作时间特征：

- 正常工作时间，偶尔加班

任职资格：

最低学历要求：

- 大学本科

所需学校专业背景：

- 财务会计相关专业

所需资格证书：

- 会计从业资格证书
- 会计师或经济师
- 会计电算化初级资格证

所需工作经验：

- 三年以上相关工作经验

所需培训的科目：

- 财务管理、税法、金融

所需熟悉的知识面：

- 会计、财务管理、金融、经济法和税法等相关法律

所需工作技能：

- 判断能力
- 组织能力

续表

- 计划与执行能力
- 目标设置能力
- 流程管理能力
- 预算管理能力
- 解决问题能力
- 化解冲突能力
- 人际沟通技巧
- 书面/口头表达能力
- 时间管理能力
- 计算机网络运用能力
- 熟练使用财务软件和办公软件

个人素质要求：

- 人际敏感性
- 团队合作
- 适应能力
- 充满自信
- 创新精神
- 正直诚实
- 知识分享
- 创业精神

二十九、会计人员绩效考核岗位

请参阅如下相关文案范本。

会计人员考核方案

一、考核目的

（一）帮助会计部经理明确了解会计的工作状况

通过对会计人员的工作绩效进行评估，会计部经理能充分了解本部门的人力资源状况，有针对性地提出改进措施，有利于提高本部门的工作效率。

（二）帮助提升会计人员的工作能力与工作质量

通过对会计人员工作绩效进行管理与评估，提高会计人员的工作能力和工作质量，从而提高企业整体工作效能，最终实现企业的战略目标。

二、考核原则

（一）公平公开原则

1. 考评标准、考评程序和考评责任都应当有明确的规定且对企业内部全体员工公开。

2. 考评一定要建立在客观事实的基础上，尽量避免掺入主观因素和感情色彩。

3. 同一岗位的考核执行相同的标准。

（二）客观化原则

绩效考核是用事实说话，评价判断建立在事实基础上。

（三）时效性原则

绩效考核是对考核期内工作成果的综合评价，不应将本考核期之前的表现强加于本次的考核结果中，也不能取近期的业绩或比较突出的一两个成果来代替整个考核期的业绩。

三、考核内容

（一）工作业绩考核（60%）

1. 费用核算会计工作业绩考核表。费用核算会计主要负责对编制的收付凭证和费用进行审核及其他项目的制证等工作。对费用会计工作业绩的具体考核内容见下表。

费用核算会计工作业绩考核表

考 核 项	考核内容	分值	考核得分
管理费用预算	管理费用预算的合理性与完整性		
管理费用中的差旅费、电话费等报销制作凭证	记账凭证拖延编制的次数		
管理费用统计	管理费用统计的准确性		
管理费用分析	管理费用分析的合理性及提供有效建议的情况		
相关账务处理	记账凭证拖延编制的次数、数据的准确性		

2. 税务会计工作业绩考核表。税务会计主要办理与税务相关的各种业务及会计核算工作，对其工作业绩的具体考核内容见下表。

税务会计工作业绩考核表

考 核 项	考核内容	分值	考核得分
各种应纳税款的计算	应纳税款计算的准确性		
纳税申请表的编制	编制的及时性与准确性		
纳税申报	纳税申报的及时性		
纳税业务会计核算	核算的及时性与准确性		
出口退税办理	办理的及时性与准确性		
对有关部门税务检查的配合力度	相关部门对企业税务检察业务配合工作抱怨和投诉的次数		

3. 成本会计工作业绩考核表。成本会计主要负责核算企业各项成本及费用，监督各部门的费用支出，加强企业成本控制。成本会计工作业绩考核表见下表。

成本会计工作业绩考核表

考 核 项	考核内容	分 值	考核得分
提供各类成本报表及核算明细表	成本报表和明细表提交的及时性、数据的准确性		
提供相关产品、配件价格建议表	提交的及时准确、数据的准确性		
企业各种原始凭证和会计凭证的审核	对相关凭证审核的准确性与错漏率		

续表

考 核 项	考核内容	分　值	考核得分
大额订单的生产、采购计划的成本费用评估	① 是否遵守成本费用开支标准与范围 ② 因审核不力而导致的费用超标笔数		
成本预算与费用控制情况	成本预算与费用是否在可控指标内		
项目、部门决算	决算的准确性、及时性		
提交成本分析报告	① 报告提交的及时性 ② 报告的质量		
完成相关制证工作	相关凭证填制是否完整、准确、清晰；凭证保管是否完好		

4. 核算会计工作业绩考核表。核算会计主要负责会计凭证审核、企业日常会计核算等工作。对其工作业绩考核内容具体见下表。

核算会计工作业绩考核表

考核项	考核内容	分　值	考核得分
结算单据的审核	审核后的财务数据出错率		
会计核算	凭证编制的及时性与数据的准确性		
年度合并报表及企业财务状况说明书的编制	报表提交的及时性、会计报表出错率		
对企业库存情况进行账实核对	未按时结账、对账的次数		
财务决算资料准备	资料准备的及时性、完整性		
财务分析报告编制	报告编制的及时性、全面性、准确性		
会计档案保管	档案保管的及时性、完整性		

（二）工作能力考核（20%）

1. 专业知识及相关业务技能，即对会计专业知识及相关业务技能的熟悉与应用程度。
2. 敏感性，即对数字的敏感程度。
3. 沟通力，即进行口头沟通与书面沟通的能力。
4. 综合分析能力。
5. 判断决策能力。

（三）工作态度考核（10%）

对会计人员工作态度的具体考核内容见下表。

工作态度考核表

考核指标	相关说明	得分
主动性	工作中是否积极主动，能够发现问题并主动寻求解决办法	
团队合作精神	是否具有团队合作精神，工作中与同事和谐共事	
缜密性	工作是否认真细致，耐心处理账表与账目	
诚实性	是否具有良好的个人品质，遵从客观实际，不弄虚作假，有良好的职业操守	

（四）日常考核（10%）

1. 考勤：月出勤率低于____%，该项得分为 0 分；其中，迟到、早退一次，扣____分；旷工一天，扣____分。

2. 奖惩情况。

（1）出现警告一次，扣____分；记小过一次，扣____分；记大过一次，扣____分。

（2）表扬一次，加____分；记小功一次，加____分；记大功一次，加____分。

四、考核实施

（一）考核时间

1. 月度考核

每月的____日对会计进行月度考核。

2. 季度考核

每季度第一个月的____日对会计进行季度考核。

3. 年度考核

第二年 1 月____日对会计进行年度考核。

（二）考核主体及方式

考核采取直接上级会计部主管与间接上级会计部经理综合评议的方式。其中，会计部主管的考核评议占70%，会计部经理的考核评议占30%。

五、考核面谈及结果应用

（一）考核面谈

1. 考核结束后，会计部主管接到考核反馈后与被考核会计进行面谈，共同分析被考核会计工作中的长处与不足，寻找工作中存在不足的原因以及探讨如何更有效地改进工作中的不足与缺点，更好地发挥工作中的长处。

2. 被考核者在收到考核反馈时，如果对考核结果不满意或感到不公平，可以向人力资源部进行申诉。申诉活动必须在接到考核反馈后的____个工作日内进行。人力资源部接到员工的绩效申诉时，必须在____个工作日内给予答复。

（二）考核结果应用

1. 了解员工对企业的贡献，为员工的任用、晋级、加薪、奖励等提供依据和参考。

2. 检查企业管理的各项政策和制度是否存在失误，如人员配置、员工培训等，并制定相应的措施加以改进。

3. 为企业的人力资源规划提供基础信息。

文案范本

直线单位会计员账款作业绩效评核办法

第一条　为激励营业单位会计员努力协助营业人员催收账款，以加速账款回收，并借以评其账款作业绩效，特制定本办法。

第二条　营业单位会计员应依账款管理办法的规定，切实执行账款作业，务必使该营业单位每月的应收账款比率保持在30%以下，且无逾期账款的记录，并应逐日或每周提供单位主管有关各员未收款情况的资料，确保各笔账款的安全。

第三条　由各营业单位达成月份业绩目标，而其当月底的应收账款比率（月底未收款余额）在20%以下者，该单位会计员应予奖励见下表。

当月的销货净额与月底应收账款比率	会计员奖金（元）
10%以下者	500
15%以下者	300
20%以下者	200

第四条 营业单位会计员因努力协助催收账款，而使该单位应收款比率连续三个月维持在30%以下者，一律另予嘉奖一次；反之若因账款控制不佳，导致账款比率连续两个月超过50%以上者，则应予告诫一次连带处分。

第五条 凡合乎前两条规定的营业单位，当月底止或第三个月底止的逾期账款在5笔以上或其逾期账款总额在5万元以上者，该单位会计员不予奖励，但逾期账款经事先以书面呈报执行副总经理核准者，不得列入计算。

第六条 凡收回的支票，票期逾授权期限而未经请示核准者，该支票的票面金额视为未收款。

第七条 本办法由财务部呈总经理核准后公布实施，修订时同此。

文案范本

会计人员绩效考核表

部门：　　　　职位：　　　　姓名：　　　　考核时段：

等级划分：A级：90~100分；B级：80~89分；C级：70~79分；D级：60~69分；E级：60分以下。
（每项条款评分若高于该考核项目最高分值的80%或低于最低分值的40%，需在评分后做出说明。）

类别	项目	考核标准与要求	权重	自评/阐述	上级/阐述	行政/阐述	单项分	类别分
月度KPI 30%	月度重点工作							
日常工作40%	工作流程与标准执行6%	严格按照工作流程标准执行，无任何疏忽错漏	6					
		基本按照工作流程标准执行，偶尔有疏忽，但能及时改正	4					
		工作流程标准执行流于形式，执行不到位，经常让上级指正，改正态度一般	2					
		经常不按流程作业，我行我素	0					
	日常工作效率与准确性6%	高质量、高效率、高准确性地提前做好本职工作，无任何疏忽错漏	6					
		按时完成本职工作，偶尔有疏忽失误，但能及时补救，不影响大局	4					

续表

类别	项　目	考核标准与要求	权重	自评/阐述	上级/阐述	行政/阐述	单项分	类别分
日常工作 40%	日常工作效率与准确性 6%	工作有拖拉和疏忽遗漏现象，过后经纠正能改过，对本职工作有一定的影响	2					
		工作经常遗漏，未能及时补救，造成严重影响	0					
	财务登记与会计稽查 4%	账目登记与核算正确无误，整理归档，日常各种会计单据稽查严格，通过上级审核无误	4					
		疏忽大意，稽查不严，以致款项有所偏差，但能及时发现并修正	2					
		工作沟通协调不力，稽查松懈，款项有所偏差，未及时更正	0					
	编制会计报表及其他各种报表 4%	成本核算、财务报表编制准确无误，定时、及时上交	4					
		成本核算、财务报表编制疏忽大意，但能在上交之前及时更正	2					
		内外协调不力，成本核算与财务报表编制错误未及时更正	0					
	债权债务清算 4%	与供应商、客户清算工作及时，准确无误	4					
		疏忽大意以致款项有所偏差，但能及时发现并修正	2					
		与内外相关人员/单位协调不力，导致债权债务清算工作延误	0					
	凭证填制及时与准确性 4%	根据会计准则及时、准确填制记账凭证、摘要明了，工作日清日结	4					
		未能准确填制记账凭证、摘要明了或工作累积到一周才进行	2					
		未能准确填制记账凭证、摘要明了，且工作累积到月底才进行	0					
	ERP 债权、债务核对 4%	每日及时、认真、准确核对数据，做到发现差错及时指导调整	4					
		核对工作不认真，但经提醒，能及时补救	2					
		未核对，且对已指出的错误未能进行相应的指导调整	0					
	纳税申报 4%	申报及时，准确无误	4					
		疏忽大意或协调不力，未能及时申报	0					

续表

类别	项目	考核标准与要求	权重	自评/阐述	上级/阐述	行政/阐述	单项分	类别分
日常工作40%	领导交办任务4%	高效、高质完成领导交办的各项工作，领导满意	4					
		按时完成工作，执行效果基本能达到上级要求	2					
		故意找借口、找理由推脱工作或者交代的任务没有执行	0					
行为表现30%	工作态度10%	每天精神饱满，热爱工作，积极主动承担，责任感强，严守岗位职责与职业道德。	10					
		工作热情时高时低，被动工作，主人翁意识一般	6					
		将自己的个人情绪带到工作中，影响工作及周边的同事	3					
		找借口、找理由推卸责任，态度恶劣	0					
	团结协作8%	与同事融洽相处，团结和睦，互帮互助，积极配合、参与各项集体活动。	8					
		偶有争执发生，但能很快化解，和睦如常	5					
		有自己的小圈圈，只与自己投契的人相处得来	3					
		钩心斗角，公报私仇	0					
	上进心（学习能力）8%	经常主动学习，且能学以致用，提升自身岗位工作技能与素养	8					
		学习的主动性和积极性不高，未能快速提高自己的能力和素质	5					
		被动学习	3					
		喊口号，基本上很少学习或不学习	0					
	行为举止4%	无违背道德及违反员工手册、文明礼仪等一切公司规章制度行为	4					
		偶尔犯规能够及时改正	2					
		经常犯规，屡教不改	0					

日常扣分/惩处记录：

奖励记录：

分歧调解：

上级评语：

总结：该员本月/年度总评分为（　　），总评等级为（　　）。

考核人签字：

文案范本

项目会计工作岗位考核表

年 月 日

项 目	考核标准	分数（50）	扣分	实得分数
工作质量标准	（1）熟悉国家有关财经法规、制度 （2）负责项目账务核算；按月核对项目总账、明细账，及时正确地编制项目会计报表 （3）配合财务主管管理项目财务事项，努力提高财务管理水平 （4）配合项目办做好专款经费使用情况报送工作 （5）负责各项资金收付及出纳记账工作 （6）准确及时办理各种有关税务核算及税金缴纳工作 （7）完成处里交给的其他工作			
劳动纪律工作态度	遵守本单位有关规定，热爱本职工作，忠于职守。热情服务，对内团结协作，完成领导交办的各项任务			
造成工作损失或者失职	贯彻执行各项财经纪律，制度不严，处理业务不当，检查监督不严			

会计凭证管理操作实务

第一节　会计凭证及设计综述

会计凭证，是指记录经济业务的发生情况，明确经济责任的书面证明。它是登记账簿的重要依据。

正确地填制和严格地审核会计凭证，保证会计凭证的合法性，既是会计核算的起点，也是会计监督的第一道"关口"。

《中华人民共和国会计法》第十四条规定，会计凭证包括原始凭证和记账凭证。对下列经济业务事项，必须填制或者取得原始凭证并及时送交会计机构：

（1）款项和有价证券的收付。

（2）财物的收发、增减和使用。

（3）债权债务的发生和结算。

（4）资本、基金的增减。

（5）收入、支出、费用和成本的计算。

（6）财务成果的计算和处理。

（7）需要办理会计手续，以及进行会计核算的其他事项。

会计机构、会计人员必须按照国家统一的会计制度的规定对原始凭证进行审核，对不真实、不合法的原始凭证有权不予接受，并向单位负责人报告；对记载不准确、不完整的原始凭证予以退回，并要求按照国家统一的会计制度的规定更正补充。

原始凭证记载的各项内容均不得涂改；原始凭证有错误的，应当由出具单位重开或者更正，更正处应当加盖出具单位印章。原始凭证金额有错误的，应当由出具单位重开，不得在原始凭证上更正。

记账凭证应当根据经过审核的原始凭证及有关资料填制。

科学地设计各种类型的原始凭证和记账凭证，建立健全会计凭证体系，并明确规定它们的作用和使用方法，是会计制度设计的重要一环。

一、会计凭证的分类

会计凭证按照编制的程序和用途不同，分为原始凭证和记账凭证两类。

（一）原始凭证

原始凭证又称单据，是在经济业务发生或完成时取得或填制的，用以记录或证明经济业务的发生或完成情况的原始凭据。原始凭证是会计核算的原始资料和重要依据。

由于经济业务的种类和内容不同，经营管理的要求不同，原始凭证的格式和内容也千差万别。但无论何种原始凭证，都必须做到所载明的经济业务清晰、经济责任明确，一般应具备如下基本内容（也称原始凭证要素）：原始凭证名称；填制原始凭证的日期；接受原始凭证单位名称；经济业务内容（含数量、单价、金额等）；填制单位签章；有关人员签章；凭证附件。

实际工作中，根据经营管理和特殊业务的需要，除上述基本内容外，可以增加必要的内容。对于不同单位经常发生的共同性经济业务，有关部门可以制定统一的凭证格式。例如，中国人民银行统一制定的银行转账结算凭证，标明了结算双方单位名称、账号等内容；中国铁路总公司统一制定的铁路运单，标明了发货单位、收货单位、提货方式等内容。

（二）记账凭证

记账凭证是会计人员根据审核无误的原始凭证，按照经济业务的内容加以归类，并据以确定会计分录后所填制的会计凭证。它是登记账簿的直接依据。

记账凭证又称记账凭单，是根据复式记账法的基本原理，确定了应借、应贷的会计科目及其金额，将原始凭证中的一般数据转化为会计语言，是介于原始凭证与账簿之间的中间环节，是登记明细分类账户和总分类账户的依据。

记账凭证作为登记账簿的依据，因其所反映经济业务的内容不同、各单位规模大小及其对会计核算繁简程度的要求不同，其格式亦有所不同。但为了满足记账的基本要求，记账凭证应具备以下基本内容或要素：记账凭证的名称，如"收款凭证""付款凭证""转账凭证"，填制记账凭证的日期；记账凭证的编号；经济业务的内容摘要；经济业务所涉及的会计科目（包括一级科目、二级或明细科目）及其记账方向；经济业务的金额；记账标记；所附原始凭证张数；会计主管、记账、审核、出纳、制单等有关人员签章。

二、会计凭证设计的原则

（1）会计凭证的设计，要能完整、全面、详细地反映经济业务情况。会计凭证是会计核算的基本依据，必须能够提供完整、详细的第一手资料。因此，设计会计凭证就要求能把经济业务发生的时间、地点、内容、条件、责任等基本情况都记载下来，为会计核算的后续步骤打下良好的基础。

（2）会计凭证的设计，要满足企业加强会计核算和经济管理的需要，体现内部控制要求。设计的会计凭证要便于进行各种核算、控制、分析和检查，便于明确各经办部门、人员职责的履行情况。设计会计凭证，特别是设计原始凭证时，通过设计经办人员签名把各自的职责加以明确，同时把制证、审批、执行和复核人员的权限加以分割，以便相互制约、相互验证，这就促使各有关经办人员认真履行自己的职责，严格手续，相互督促，从而减少差错，防止舞弊，贯彻内部控制制度。

（3）会计凭证的设计，要具有相对统一的用途和标准格式，填制要求尽可能简单明了，具有可操作性。根据凭证适用范围不同，要规定相对统一的格式，以便识别和填制，促使凭证格式设计标准化。根据业务需要设计不同的原始凭证，不同凭证的用途要明确，不要轻易变更。

三、会计凭证管理制度设计

会计凭证管理制度的设计主要包括原始凭证处理规则、记账凭证处理规则以及会计凭证保管制度的设计。

（一）原始凭证处理规则的设计

原始凭证处理规则设计的基本要求是：要保证会计部门及时、完整地收集有关原始凭证，严格、有效地审核其真实性、全面性以及合法合规情况。

其设计主要包括以下内容：

（1）企业原始凭证的范围；

（2）有效原始凭证的内容；

（3）原始凭证的取得及填制要求；

（4）原始凭证审核处理要求。

（二）记账凭证处理规则的设计

记账凭证处理规则设计的基本要求是：要保证全面反映经济业务全貌和资金的来龙去脉，并联系原始记录和账簿记录，加强会计内部控制。

其设计主要包括以下内容：

（1）记账凭证的编制依据；

（2）记账凭证必须具备的基本内容；

（3）记账凭证的填制要求；

（4）记账凭证审核处理要求。

（三）会计凭证保管制度的设计

会计凭证保管制度设计的基本要求是：要保证会计凭证保管措施得当，便于本单位随时检查和调用，也便于上级领导机关和审计机关检查和评价。

其设计主要包括以下内容：

（1）会计凭证保管的基本要求；

（2）会计凭证的保管期限，凭证保管期满才能销毁；

（3）确定会计凭证的保管人员，非保管人员不得私自接触归档的凭证等。

四、会计凭证的填制要求

填制会计凭证有以下几点要求：

（1）字迹必须清晰、工整。

（2）阿拉伯数字应当一个一个地写，不得连笔写。阿拉伯金额数字前面应当书写货币币种符号或者货币名称简写和币种符号。币种符号与阿拉伯金额数字之间不得留有空白。凡阿拉伯数字前写有币种符号的，数字后面不再写货币单位。

（3）所有以元为单位（其他货币种类为货币基本单位，下同）的阿拉伯数字，除表示单价等情况外，一律填写到角分；无角分的，角位和分位可写"00"，或者符号"－"；有角无分的，分位应当写"0"，不得用符号"－"代替。

（4）汉字大写数字金额如零、壹、贰、叁、肆、伍、陆、柒、捌、玖、拾、佰、仟、万、亿等，一律用正楷或者行书体书写，不得用〇、一、二、三、四、五、六、七、八、九、十等简化字代替，不得任意自造简化字。大写金额数字到元或者角为止的，在"元"或者"角"字之后应当写"整"字或者"正"字；大写金额数字有分的，分字后面不写"整"或者"正"字。

（5）大写金额数字前未印有货币名称的，应当加填货币名称，货币名称与金额数字之间不得留有空白。

（6）阿拉伯金额数字中间有"0"时，汉字大写金额要写"零"字；阿拉伯数字金额中间连续有几个"0"时，汉字大写金额中可以只写一个"零"字；阿拉伯金额数字元位是"0"，或者数字中间连续有几个"0"、元位也是"0"但角位不是"0"时，汉字大写金额可以只写一个"零"字，也可以不写"零"字。

实行会计电算化的单位，对于机制记账凭证，要认真审核，做到会计科目使用正确，数字准确无误。打印出的机制记账凭证要加盖制单人员、审核人员、记账人员及会计机构负责人、会计主管人员印章或者签字。

五、会计凭证订立与审批控制

请参阅如下相关文案范本。

会计凭证订立与审批控制流程

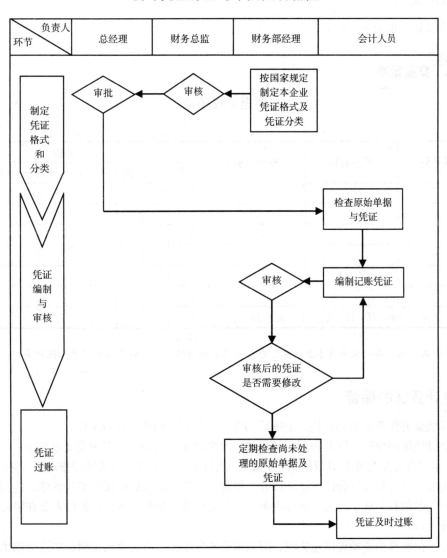

六、会计凭证的传递

会计凭证的传递是指从会计凭证的取得或填制时起至归档保管过程中,在单位内部有关部门和人员之间的传送程序。

会计凭证的传递是会计核算得以正常、有效进行的前提。会计凭证的传递,要求能够满足内部控制制度的要求,使传递程序合理有效,同时尽量节约传递时间,减少传递的工作量。

企业生产组织特点、经济业务的内容和管理要求不同,会计凭证的传递也有所不同。为此,企业应根据具体情况制定每种凭证的传递程序和方法。例如,收料单的传递中应规定,材料到达企业后多长时间内验收入库,收料单由谁填制,一式几联,各联次的用途是什么,何时传递到会计部门,会计部门由谁负责收料单的审核工作,由谁据以编制记账凭证、登记账簿、整理归档等。会计凭证的传递是否科学、严密、有效,对于加强企业内部管理、提高会计信息的质量具有重要的影响。

七、票据交接

请参阅如下相关文案范本。

 文案范本

票据交接清单

编号: 填写日期: 年 月 日

票据号码	票据名称	单位(张)	合计金额								
			百	十	万	千	百	十	元	角	分
合计: 佰 拾 万 仟 佰 拾 元 角 分											

移交人: 接收人:

注:本单一式三联,第一联由财务会计室留存,第二联返给移交人,第三联由移交人报财务部。

八、会计凭证的保管

会计凭证的保管是指会计凭证记账后的整理、装订、归档和存查工作。

对会计凭证的保管,既要做到完整无缺,又要便于翻阅查找。其主要要求如下。

(1)会计凭证应定期装订成册,防止散失。会计部门在依据会计凭证记账以后,应定期(每天、每旬或每月)对各种会计凭证进行分类整理,将各种记账凭证按照编号顺序,连同所附的原始凭证一起加具封面、封底,装订成册,并在装订线上加贴封签,由装订人员在装订线封签处签名或盖章。

从外单位取得的原始凭证遗失时,应取得原签发单位盖有公章的证明,并注明原始凭证的号码、金额、内容等,由经办单位会计机构负责人、会计主管人员和单位负责人批准后,才能

代作原始凭证。若确实无法取得证明的，如车票丢失，则应由当事人写明详细情况，由经办单位会计机构负责人、会计主管人员和单位负责人批准后，代作原始凭证。

（2）会计凭证封面应注明单位名称、凭证种类、凭证张数、起止号数、年度、月份、会计主管人员、装订人员等有关事项，会计主管人员和保管人员应在封面上签章。

会计凭证封面的一般格式如表 3-1 所示。

表 3-1　会计凭证封面的一般格式

年 月 第 册	（企业名称）
	收款　　　　　年　　月　　　　共××册第××册
	付款　　　　　凭证第××号至××号　共××张
	转账　　　　　附：原始凭证××张
	会计主管：　　　　　　　保管：

（3）会计凭证应加贴封条防止抽换凭证。原始凭证不得外借，其他单位如有特殊原因确实需要使用时，可以复制。向外单位提供的原始凭证复制件，应在专设的登记簿上登记，并由提供人员和收取人员共同签名、盖章。

（4）原始凭证较多时，可单独装订，但应在凭证封面注明所属记账凭证的日期、编号和种类，同时在所属的记账凭证上应注明"附件另订"及原始凭证的名称和编号，以便查阅。对各种重要的原始凭证，如押金收据、提货单等，以及各种需要随时查阅和退回的单据，应另编目录，单独保管，并在有关的记账凭证和原始凭证上分别注明日期和编号。

（5）每年装订成册的会计凭证，在年度终了时可暂由单位会计机构保管一年，期满后应当移交本单位档案机构统一保管；未设立档案机构的，应当在会计机构内部指定专人保管。出纳人员不得兼管会计档案。

（6）严格遵守会计凭证的保管期限要求，期满前不得任意销毁。

第二节　原始凭证及设计

原始凭证是会计信息处理的最基础的资料，因此，原始凭证设计是会计凭证设计不可缺少的内容。

原始记录管理制度

为了规范原始记录，明确责任，使原始记录能够真实、完整反映经济业务的本质，提高会计基础工作水平，保证会计信息的真实和完整，特制定本管理制度。

一、原始记录的内容

原始记录是记录经济业务发生的书面凭据，是会计核算工作的基础，是会计信息的源泉。它的内容包括：经济业务的文字描述，如注明经济业务的实际内容和性质；计量方面的记载，如数量、单价、金额等；法定的印鉴公章，如外来发票必须有税务鉴制章、单位（企业）的财务（发票）专用章、属于行政事业收费的必须有财政部门鉴制章等；经济业务发生的具体时间；具体责任人，如经办人、验收证明人、负责人等。

二、原始记录的填制方法

1. 根据单位负责人授权批准，在原始记录上如实填列经济业务事项及内容，应与客观实际情况、会议记录、生产经营决定、授权范围等相关资料相对应，符合相关法律、法规、制度的有关规定。

2. 填制原始记录时，内容应完整、规范，符合会计核算的要求。原始记录填制内容包括：单位名称，填制日期，经济业务内容，填制人姓名及经办人、证明人、领受人、授权批准人的签名或盖章，数量、单价和金额，各种对外法定公章（如发票专用章、财务结算章及法人代表章），其他需要说明的事项等。

3. 原始记录记录真实、计算准确。在填制时，要进行认真检查和复核，保证与实际经济业务的内容相符，品种、数量、单价填写准确，大小写金额相符等，如发现问题要及时更正。

4. 原始记录内容不得涂改，如需更正，按有关会计制度和会计基础工作规范的要求进行更正，并有修改人签名或盖章，以明确责任。

三、原始记录的格式

原始记录，如经济合同及协议、发票、存货验收单、领料及用料单、固定资产交验表、收入明细统计表、商品销售单、存货盘点单、购料及用料计划、材料数量金额账本、工程预算与结算单、职工考勤表、工资奖金发放单、会议记录等，按总公司规定统一的格式（注：同一系统具有可比性），或使用国家有关部门规范的格式，内容和要素齐备，符合国家法律、法规及会计制度的要求，符合会计审核、会计档案、会计基础工作、内控制度、经营管理的有关规定。不得擅自使用临时性、不规范的原始记录格式。

四、原始记录的审核

1. 对原始记录的真实性、合法性进行审核。主要是对经办人是否经过授权或在授权范围内填制内容；是否在形式和内容上符合法律、法规、规范、制度的有关要求；对外来发票必须审核是否真实，有无假发票、过期发票或发票是否符合规定；是否符合总公司和中心内控制度、会计基础工作等的要求。

2. 对原始记录记载的数字计算准确性进行审核。主要对原始记录内容各要素的审查，金额与合同是否相符，如不规范填列、内容和要素不齐全、数字不准确、大小写不相符等。

3. 对原始记录的完整性进行审核。主要按照会计基础工作规范化的要求进行审查，如相关人员是否签字盖章等。

五、原始记录填制人的责任

1. 对原始记录的真实性、合法性负责，对所填制的原始记录所造成的影响、经济损失负责。

2. 不得超越单位负责人授权范围填制原始记录，原始记录应符合经济业务基本情况，与其他经济记录如合同、协议、申请批准单等有对应、钩稽的关系。

3. 填制原始记录时，要准确明了地描述经济业务，便于相关人员理解、操作、管理和核算。

4. 填制原始记录时格式要规范，内容要齐全，数字计算要准确，文字描述要清楚。

六、原始记录的签署、传递、汇集要求

（一）原始记录的签署。一般情况由经办人或填制人凭原始记录，与相关业务进行相应检查签名后，按单位内控制度的要求，交相关人员进行审核、验收、签名或盖章后，报到主管领导签署意见。

（二）原始记录的传递。经办人根据发生的经济内容如实填制原始记录，与相关人员进行审核、检查、验收，再传递到部门负责人签署意见，报主管领导或单位负责人同意后，形成有价证券或原始记录，到本单位的财务部门或其他职能部门办理报销和其他业务，或提供给往来单位作为经济业务发生的凭据。

（三）原始记录的汇集要求。

1. 原始记录的汇集要遵守相关法律、法规、会计基础工作规范、单位内控制度、经济业务管理和分析的有关规定，汇集数据便于单位领导人和职能部门决策、分析。

2. 反映同类经济业务使用相同的原始记录格式，连续编号，按月、季、年度编制汇总表或相关统计报表。

3. 原始记录由经办人进行台账管理，按不同经济业务进行分类统计、汇总数量、金额。

4. 反映不同经济业务的原始记录可以由财务部门使用不同会计科目进行归集、汇总。

5. 任何人不得随意改变原始记录的经济性质，随意分类汇集原始记录。

一、原始凭证的种类

按不同的标准，可对原始凭证进行不同分类。

（一）按取得来源分类

按取得来源的不同，原始凭证可分为外来原始凭证和自制原始凭证。

（1）外来原始凭证，是指在经济业务发生时从外单位取得的凭证，如购货发票、付款收据等。

（2）自制原始凭证，是由企业内部有关部门和经办人员在经济业务发生或完成时自行填制的凭证。自制原始凭证还可分为：自制对外原始凭证，如销货发票、收款收据等；自制对内凭证，如领料单、各种成本费用分配凭证等。外来原始凭证不在企业会计制度设计的范围之内，因此，后面述及的原始凭证的设计侧重于自制原始凭证的设计。

（二）按用途分类

按用途的不同，原始凭证可分为通知凭证、执行凭证、转账手续凭证、联合凭证和套写凭证。

（1）通知凭证，是指关于进行某项经济业务的通知或指示的凭证，如调拨单、出库通知单、扣款通知单等。

（2）执行凭证，是指具体经办某项业务的凭证，如商品、材料、产品入库单、领料单、销售发票、收款收据等。

（3）转账手续凭证，是为进行内部转账手续或指明数据计算过程所必须具备的凭证，如各种费用分配表、成本计算单等。

（4）联合凭证，是一种同时具备上述两种以上用途的凭证，如限额领料单、工资计算表等。

（5）套写凭证，是指兼具原始凭证和记账凭证双重功能的会计凭证，如银行的各种票据、注明会计分录的各种费用分配表等。

（三）按记录经济业务次数和时限分类

按记录经济业务的次数和时限的不同，原始凭证可分为一次凭证和累计凭证。

（1）一次凭证，是只使用一次、只记录一笔业务的凭证，如一次性领料单。

（2）累计凭证，可在一定期限内（如一个月）多次使用，即在同一凭证上连续多次记录同一业务，如限额领料单。

（四）按包括的业务量和法律效力分类

按包括的业务量和法律效力的不同，原始凭证可分为直接凭证、汇总凭证和分割凭证。

（1）直接凭证，是在业务执行过程中直接取得或填制的凭证，如领料单、外来的进货发票、收款收据等。

（2）汇总凭证，是根据若干同类的原始凭证定期汇总而编制的凭证，如收料汇总表、耗用材料汇总表等。

（3）分割凭证，是几个单位联合采购物资，其有关运杂费凭证一般是共同的，由主办单位按协议标准进行分配所填制的费用分割通知单。

（五）按格式适用性分类

按格式适用性的不同，原始凭证可分为通用凭证和专用凭证。

（1）通用凭证，是指对不同单位、不同行业、不同部门、不同地区普遍适用的凭证，如销货发票、收款收据等。

（2）专用凭证，是指只适用于本企业单位专门业务的凭证。

二、原始凭证格式设计的内容和要点

（一）原始凭证格式设计的内容

1. 反映业务活动内容的要素

（1）凭证的名称；

（2）填制的日期；

（3）业务执行的日期或时间；

（4）接受单位名称或个人名称（通常叫抬头）及地址；

（5）基本业务内容、业务计量，如数量、单位、单价、金额和合计金额（包括大、小写金额）。

2. 反映业务执行责任的要素

（1）填制单位的公章，如外来原始凭证或对外原始凭证的单位公章；

（2）凭证有关人员的签章，如凭证填制人、审核人、业务部门责任人、单位负责人以及业务经手人（领料人、发料人、收款人等）的签章；

（3）凭证的编号；

（4）凭证编制的依据，有些凭证是根据有关附件填制或汇总的，须注明附件的号码、件数等；转账手续凭证，如费用分配表，还要注明分配标准的计量依据；需经过审批的业务凭证，还应注明审批意见和审批人的签章，以明确责任。

设计反映业务活动内容的要素，主要是为了利于全面详细地反映经济业务活动情况。设计反映业务执行责任的要素，主要是为了加强对经济业务活动的控制与监督。

（二）原始凭证格式设计的要点

1. 反映经济业务全貌，并突出重点

栏目拟定要做到全面、准确，易于填制。全面是说项目能全面反映特定的经济业务的内容；准确是指每个项目含义明确；易于填制，要求尽量设计可量化的项目，如数量、单价、金额……

不能量化的项目，要求设计规范，便于填制。一张原始凭证上全部项目排列的设计，要求突出重点，反映项目之间的内在联系，与业务处理和凭证流转程序相适应。

2．尺寸规格大小适中

一张原始凭证尺寸规格大小要适中，尽量与记账凭证尺寸相当，以便记账凭证的整理与装订。

3．纸质厚薄与颜色合理，线条粗细协调

一张原始凭证所用的纸质厚薄与颜色的设计，要根据原始凭证反映的经济业务的内容来具体确定。例如，现金支票等重要凭证的纸质要好，如多联复写的原始凭证，要求纸质有韧性而且薄。一张原始凭证上线条粗细与颜色设计，从美观上要求线条粗细协调、均匀，从作用上看，通常粗线条用于重点项目和凭证外框线，线条的颜色应与纸色相区别。

4．一式多联的凭证，应有区分

多联复写原始凭证各联要用不同颜色的纸或不同颜色的油墨印制，以便区别；并在各联注明各联的用途，如存根联、发票联、记账联等。

三、原始凭证设计的基本任务

1．规划原始凭证的种类

规划原始凭证的种类，首先必须明确企业经济业务活动的种类以及各种经济业务活动之间的联系，然后根据经济业务活动内容确立设计的原始凭证的种类，使各种凭证构成一个有机的系统，不重不漏，相互配合。

2．设计原始凭证的格式

根据业务需要，具体设计每种原始凭证的格式。有的是采用全社会通用的格式，如现金支票、转账支票、增值税专用发票等凭证，无须自行设计格式。对于本单位的专用凭证，应根据实际需要，设计合理、适用的格式。

3．规定原始凭证的流转程序

原始凭证流转程序，是指凭证从填制取得起，经审核、办理业务手续、整理，直到会计部门记账、装订、保管等凭证处理和运行的全部过程。规定原始凭证的流转程序，是原始凭证设计的一项重要任务。只有规定科学合理的凭证流转程序，才能充分发挥原始凭证在会计管理中的作用。凭证流传程序设计包括三方面的内容：

（1）凭证流转的路线，包括流经的环节以及各环节的先后顺序；

（2）凭证在各环节的时限，确定的依据是各环节工作量的大小；

（3）确定各环节之间的凭证交接手续。

四、原始凭证的填制

原始凭证的填制必须符合下列要求。

1．记录要真实

原始凭证所填列的经济业务内容和数字，必须真实可靠，符合实际情况。

2．内容要完整

原始凭证所要求填列的项目必须逐项填列齐全，不得遗漏和省略。需要注意的是，年、月、日要按照填制原始凭证的实际日期填写；名称要齐全，不能简化；品名或用途要填写明确，不

能含混不清；有关人员的签章必须齐全。

3．手续要完备

单位自制的原始凭证必须有经办业务的部门和人员签名盖章；对外开出的原始凭证必须加盖本单位公章等；从外部取得的原始凭证，必须盖有填制单位的公章。总之，取得的原始凭证必须符合手续完备的要求，以明确经济责任，确保凭证的合法性、真实性。

4．书写要清楚、规范

原始凭证要按规定填写，文字要简明，字迹要清楚，易于辨认，不得使用未经国务院公布的简化汉字。大小写金额必须相符且填写规范。

5．编号要连续

各种凭证要连续编号，以便查考。如果凭证已预先印定编号，如发票、支票等重要凭证，在写坏作废时，应加盖"作废"戳记，妥善保管，不得撕毁。

6．不得涂改、刮擦、挖补

原始凭证有错误的，应当由出具单位重开或更正，更正处应当加盖出具单位印章。原始凭证金额有错误的，应当由出具单位重开，不得在原始凭证上更正。

7．填制要及时

各种原始凭证一定要及时填写，并按规定的程序及时送交会计机构、会计人员进行审核。

五、原始凭证的审核

（一）原始凭证的审核内容

1．审核原始凭证的真实性

原始凭证作为会计信息的基本信息源，其真实性对会计信息的质量具有至关重要的影响。其真实性的审核包括凭证日期是否真实，业务内容是否真实，数据是否真实等内容的审查。对外来原始凭证，必须有填制单位公章和填制人员签章；对自制原始凭证，必须有经办部门和经办人员的签名或盖章。此外，对通用原始凭证，还应审核凭证本身的真实性，以防假冒。

2．审核原始凭证的合法性

审核原始凭证所记录经济业务是否有违反国家法律法规的情况，是否履行了规定的凭证传递和审核程序，是否有贪污腐化等行为。

3．审核原始凭证的合理性

审核原始凭证所记录经济业务是否符合企业生产经营活动的需要，是否符合有关的计划和预算等。

4．审核原始凭证的完整性

审核原始凭证各项基本要素是否齐全，是否有漏项情况，日期是否完整，数字是否清晰，文字是否工整，有关人员签章是否齐全，凭证联次是否正确等。

5．审核原始凭证的正确性

审核原始凭证各项金额的计算及填写是否正确，包括：阿拉伯数字分位填写，不得连写；小写金额前要标明"￥"字样，中间不能留有空位；大写金额前要加"人民币"字样，大写金额与小写金额要相符；凭证中有书写错误的，应采用正确的方法更正，不能采用涂改、刮擦、挖补等不正确方法。

6. 审核原始凭证的及时性

原始凭证的及时性是保证会计信息及时性的基础。为此，要求在经济业务发生或完成时及时填制有关原始凭证，及时进行凭证的传递。审核时应注意审查凭证的填制日期，尤其是支票、银行汇票、银行小票等时效性较强的原始凭证，更应仔细验证其签发日期。

原始凭证的审核是一项十分重要、严肃的工作，经审核的原始凭证应根据不同情况处理：

（1）对于完全符合要求的原始凭证，应及时据以编制记账凭证入账。

（2）对于真实、合法、合理但内容不够完整、填写有错误的原始凭证，应退回给有关经办人员，由其负责将有关凭证补充完整、更正错误或重开后，再办理正式会计手续。

（3）对于不真实、不合法的原始凭证，会计机构、会计人员有权不予接受，并向单位负责人报告。

（二）原始凭证的审核要求

1. 合规性审核

根据有关的法令、制度、政策等，审核原始凭证所记录的经济业务是否合规、合法，有无违反法令、制度的行为；审核经济业务是否按规定的程序予以办理，对于弄虚作假、涂改或经济业务不合法的凭证，应拒绝受理，并报请上级有关人员处理。

2. 完整性审核

根据原始凭证的要素，逐项审核原始凭证的内容是否完整，原始凭证的各项目是否按规定填写齐全，是否按规定手续办理。若原始凭证的内容填写不全，手续不完备，应退经办人员补办完整后，才予以受理。

3. 技术性审核

根据原始凭证的填写要求，审核原始凭证的摘要和数字及其他项目是否填写正确，数量、单价、金额、合计是否填写正确，大、小写金额是否相符。若有差错，应退经办人员予以更正。

六、主要原始凭证的设计与样本

（一）货币资金业务原始凭证的设计与样本

货币资金业务原始凭证主要包括企业通过银行办理的收付结算凭证、企业通过现金办理的收付结算凭证，以及办理银行收付结算的内部申请等原始凭证。第一种凭证是外来凭证，是银行设计的专门凭证，后两种是企业内部设计的凭证。企业设计货币资金原始凭证时尤其要注意，经济业务说明、资金金额大小写、有关责任人齐全的签章，如果是涉及外单位的资金往来，要在原始凭证中要求加盖外单位的公章和财务章。货币资金业务原始凭证的样本如表 3-2 至表 3-6 所示。

付款申请单一般设计一式两联：

（1）存根联，请款部门留存；

（2）记账联，作为会计人员记账的依据。

表 3-2　付款申请单

年　月　日　　　　　　　　　　　　　编号：

请款部门		款项说明	付款计划号	
收款单位			付款期限	

续表

支付方式	□ 现金　　□ 转账（户名：　　　　银行及账号：　　　　　　　　　）		
付款金额（大写）	万 仟 佰 拾 元 角 分（￥　　　）		
业务性质	□ 无合同预付款	□ 有合同预付款 （合同号：　）	
	□ 未结算付款	□ 已结算到期付款	□ 已结算提前付款

部门主管（签章）：　　　　出纳（签章）：　　　　审核（签章）：　　　　经办（签章）：

　　收款收据一般设计一式三联：

（1）存根联，作为存根备查；

（2）收据联，交给付款人；

（3）记账联，作为会计人员记账的依据。

表 3-3　收款收据
年　月　日　　　　　　　　　　　　编号：

交款单位（或付款人）		交款方式	
收款事由			
交款金额（大写）	佰 拾 万 仟 佰 拾 元 角 分（￥　　　）		

收款单位（章）：　　　　财务主管（签章）：　　　　出纳（签章）：

审核（签章）：　　　　经办（签章）：

　　借款申请单一般设计一式两联：

（1）记账联，作为会计人员记账的依据；

（2）核销联，在借款人报账后退还借款人。

表 3-4　借款申请单
年　月　日　　　　　　　　　　　　编号：

借款人（签章）		所属部门		部门代码	
借支金额（大写）	万 仟 佰 拾 元 角 分（￥　　　）				
借支原因					
借款人所在部门负责人意见	年　月　日		财会部门负责人意见	年　月　日	
支付方式	□现金　　□转账（户名：　　　银行及账号：　　　　　　　）				
会计核定	□核定限额内　□超出限额			账面借款余额	￥
	万 仟 佰 拾 元 角 分（￥　　　）				

会计：　　　　　　　　出纳：　　　　　　　　制单：

　　差旅费报销单一般只设计一联，由报销人填写，并经相关管理者审核批准。

表 3-5　差旅费报销单
年　月　日　　　　　　　　　　　附单据　张

所属部门		姓名		出差事由				
日期		起止地址	交通费	住宿费	杂费	备注	出差补贴		小计
起	止						天数	金额	

金额合计（大写）		万 仟 佰 拾 元 角 分（￥ ）	
预支金额		应交回金额	应补付金额
报销人（签章）：		审核人（签章）：	

内部缴款单一般设计一式三联：

（1）存根联，留作存根备查；

（2）记账联，作为会计人员记账的依据；

（3）交缴款单位。

表3-6　内部缴款单

缴款单位：　　　　　　　　　　　　　　　　　　年　月　日　　　　　　　　　　　编号：

款项类别	张　数	金　额
1. 现金		
2. 转账支票		
3. 银行送款回单		
合计金额（大写）		（￥　　　）

出纳（签章）：　　　　　审核（签章）：　　　　　缴款员（签章）：

（二）采购业务原始凭证的设计与样本

采购业务涉及请购、采购计划、进行采购、验收入库等环节。涉及这类业务的原始凭证有请购单、月度采购计划表、材料采购成本计算单、材料（商品）入库单等。在设计这类凭证时尤其要注意，要有所采购物资的名称、规格、数量、价格等内容，并应设计经办人的签章栏，便于查明责任，明确购销关系。另外，此类凭证涉及的部门相对较多，在设计时，应将各联用不同的颜色区分开来。采购业务原始凭证的样本如表3-7至表3-10所示。

月度采购计划表一般只设计一联，由采购部门人员填写，并经部门经理审核批准。

表3-7　月度采购计划表

年　月　　　　　　　　　　　第　页/共　　页

序　号	物资名称	库存量	计划采购量	标准用量	预计用料日期	备　注

编制人：　　　　　　　　　　　　　　　　核准人：

年　月　日　　　　　　　　　　　　　年　月　日

请购单一般设计一式两联：

（1）送采购部门；

（2）请购部门留存。

表 3-8　请购单

年　月　日　　　　　　　　　　　　　　　　　编号：

请购部门		物资名称			
类型及规格	单位	数量	需用日期	请购原因及用途	备注
请购部门填制			采购部门填制		
经办人：　　请购主管：　　核准人：			接收人：　　编制订单人：		
年　月　日　年　月　日　年　月　日			年　月　日　年　月　日		

材料采购成本计算单一般只设计一联。

表 3-9　　材料采购成本计算单

材料名称：　　　　　　　　　　　　　　年　月　日　　　　　　　　　　编号：

规格型号	买价	采购费用	增值税（进项）	合　计	备　注

会计主管（签章）：　　　　审核（签章）：　　　　　制单（签章）：

验收交接入库单一般设计一式四联：

（1）验收员留存联；

（2）报销联；

（3）记账联；

（4）仓库留存联。

表 3-10　验收交接入库单

收料仓库：　　　　　　　　　　　　年　月　日

供应单位			发票号码		运单号		
					车　号		
品　名	规格	单位	数　量		金　额		
					实　际		计　划
			原发	实发	单价	金额	单价	金额
附注								

验收员：　　　　　　　　仓库保管员：

（三）存货业务原始凭证的设计与样本

存货业务涉及存货的收入、存储、发出和盘点等环节。涉及这类业务的原始凭证有领料单、限额领料单、产品入库单、退货单、收发料汇总表、存货盘点报告表等。设计这些凭证时，必须与企业的生产经营特点相结合，满足内部各个部门管理的需要。存货业务原始凭证的样本如表 3-11 至表 3-16 所示。

领料单是材料的主要出库凭证，一般设计一式三联：

（1）仓库记账联；

（2）材料核算联；

（3）用料单位留存联。

表 3-11 领料单

领料单位：　　　　　　　发料日期：　年　月　日　　　　　　仓库编号：

材料名称	规格	单位	数　　量		计划价格		用　　途
			请发	实领	单价	金额	
备　注							

材料员：　　　　　发料员：　　　　　　　领料人：

产品入库单一般设计一式三联：

（1）生产部门留存联；

（2）仓库留存联；

（3）记账联，交会计部门。

表 3-12 产品入库单

车间：　　　　班组：　　　　　年　月　日　　　　　　编号：

产品名称	规　格	鉴定等级	计量单位	交库数	实收数	单位成本	总成本

制单人：　　　　交库人：　　　　仓库验收人：　　　　记账人：

限额领料单适用于经常领用并有消耗定额的材料，用于记录在规定限额和有效期间（通常为一个月）内多次领用的材料。一般设计一式三联：

（1）领料部门留存联；

（2）仓库留存联；

（3）记账联，交会计部门。

表 3-13 限额领料单

年　月　日

领料部门：　　　　　　编号：　　　　　材料名称：

用途（或订单号）：　　　　　　　　　发料仓库：

材料编号	规格型号		计量单位	领用限额	实际领用			
					数量	单价		金额
领用日期	请领		实发			退回		限额结余
	数量	领料单位负责人签章	数量	发料人签章	领料人签章	数量	发料人签章	领料人签章

生产计划部门负责人：　　　　供应部门负责人：　　　　仓库负责人：

退货单一般设计一式五联：

（1）采购部门留存联；

（2）交供应单位联（由会计部门按合同计算赔偿金后，与"代垫运费清单"一起寄供应单位）；

（3）记账联，交会计部门；

（4）仓库留存联；

（5）交运输部门联，以便据以发运货物。

表 3-14　××公司退货单

单位名称：　　　　　　　　　　　年　月　日　　　　　　　　　　　编号：

发票号码				合同号码	
货物名簿及规格	发票数量	退货数量	单价	退货总金额	退货原因

备注：

发运日期： 　年　月　日	运输经办人： 　年　月　日	编制人： 　年　月　日	单位盖章： 　　　年　月　日

商品进销存日报表一般设计一式两联：

（1）部门留存联；

（2）记账联，交会计部门。

表 3-15　商品进销存日报表

编报部门：　　　　　　　　　　　年　月　日　　　　　　　　　　　编号：

收入项目			付出项目		
项　目 昨日结存 本日进货 本日调入 提价增值 盘点溢余	本日数	本月累计数	项　目 本日销货 本日调出 降价减值 盘存短缺 本日结存	本日数	本月累计数
合计			合计		

进销差价：　　　　本日增加　　　　　本日减少　　　　　本日余额

本月销售计划　　　累计完成　　%　　　附单据　　张

实物负责人（签章）：　　　　审核（签章）：　　　　　制表（签章）：

存货盘盈盘亏报告单一般设计一式三联：

（1）清查小组留存联；

（2）使用（保管）部门存查联；

（3）记账联，交会计部门。

表 3-16 存货盘盈盘亏报告单

年 月 日　　　　　　　　　　　　编号：

存货编号	存货名称及规格	计量单位	数 量		计划单价	盘 盈		盘 亏		材料成本差异（%）	盈亏原因
			账面	实盘		数量	金额	数量	金额		

盘点负责人（签章）：　　　　　　　盘点经手人（签章）：

（四）固定资产业务原始凭证的设计与样本

固定资产业务主要涉及固定资产的取得、折旧计提、报废、盘点等，为分别反映固定资产各项业务的发生及完成情况，需要设计固定资产验收单、固定资产折旧计算表、固定资产内部转移单、固定资产报废单、固定资产盘盈盘亏报告单等原始凭证。由于固定资产业务比较复杂，需要在凭证上反映的内容较多，因此，在设计这类凭证时需要与固定资产管理部门共同协商，满足固定资产管理的需要。固定资产业务原始凭证的样本如表 3-17 至表 3-22 所示。

固定资产验收单主要用于投资者投入或企业购进不需要安装的固定资产业务，一般设计一式两联：

（1）验收部门留存联；

（2）记账联，交会计部门。

表 3-17 固定资产验收单

使用部门：　　　　　　　　　　　　年 月 日　　　　　　　　　　编号：

固定资产名称		结构规格		计量单位	
来源					
原始价值		记账凭证		年 月 日 证号：	
资产情况及附属设备					
存放地点			保管人		

质检部门：　　　　　　　　　　　　财会部门：

固定资产内部转移单一般设计一式四联：

（1）调出部门存查联；

（2）调入部门存查联；

（3）固定资产管理部门留存联；

（4）记账联，交会计部门。

表 3-18 固定资产内部转移单

调出部门：

调入部门：　　　　　　　　　　　　年 月 日　　　　　　　　　　编号：

固定资产名称		编号		规格及型号	
转移原因：		附属设备	名称	规格及型号	数量
调出部门（签章）	调入部门（签章）	管理部门（签章）		财会部门（签章）	
年 月 日	年 月 日	年 月 日		年 月 日	

固定资产报废申报单一般设计一式三联：

（1）使用部门留存联；

（2）固定资产管理部门存查联；

（3）记账联，交会计部门。

表 3-19　固定资产报废申请单

申报单位：　　　　　　　　　　年　月　日　　　　　　　　　固定资产编号：

固定资产名称		出厂时间		出厂编号	
规格及型号		交付使用时间		计量单位	
制造企业		预计使用年限		使用部门	
原价（元）		已使用年数		净值（元）	
已提折旧（元）				残值（元）	

报废原因：

报告人：

年　月　日

固定资产管理部门意见	年　月　日	主管领导意见	年　月　日

固定资产盘盈盘亏报告单一般设计一式三联：

（1）清查小组留存联；

（2）使用（保管）部门存查联；

（3）记账联，交会计部门。

表 3-20　固定资产盘盈盘亏报告单

年　月　日　　　　　　编号：

固定资产编号	名称及规格	计量单位	数量		盘盈		盘亏			毁损			盈亏原因
			账面	实盘	数量	金额	数量	原价	已提折旧	数量	原价	已提折旧	

盘点负责人（签章）：　　　　　　　　　盘点经手人（签章）：

固定资产登记卡一般设计一式三联：

（1）设备管理部门存查联；

（2）设备使用部门留存联；

（3）会计部门存查联。

表 3-21　固定资产登记卡（正面）

编号：

固定资产名称		编号		规格型号			
建造日期		附属设备	名称	规格型号	数量	金额	
验收日期							

续表

验收凭证号码						
原值			日期	使用部门	存放单位	管理部门
其中：安装费		使用记录				
预计残值						
预计清理费用						
预计使用年限						
月折旧额		原值变动记录	日期	凭证字号	增加	减少
月分类折旧率						
投入使用日期						

表 3-22 固定资产登记卡（反面）

折旧记录			停用记录			恢复使用记录	
年度	本年计提	累计提取	日期	凭证字号	原因	日期	凭证字号

大修理记录				报废清理记录		
日期	凭证字号	摘要	金额	清理日期	报废清理原因	
				累计折旧额	批准文号	
				清理费用	实际使用年限	
				残值变现收入		
备注：					设卡日期	
					注销卡片日期	
					卡片登记人	

（五）成本核算业务原始凭证的设计与样本

成本核算业务主要涉及生产费用的发生和分配，以及生产产品等业务。为了正确计算成本，往往需要设计材料费用分配表、工薪费用分配表、制造费用分配表、废品报告单、产品成本计算单等。这些凭证中绝大多数都要企业根据自身的生产特点自行设计，在业务发生或费用分配时由成本核算人员填制。成本核算业务原始凭证的样本如表 3-23 至表 3-25 所示。

材料费用分配表主要对某会计期间所耗材料按其用途和方向进行分配，由成本核算人员根据领料凭证先行编制材料发出汇总表，然后在月底进行材料费用分配后编制而成。一般设计一式一联，为套写凭证，即兼具原始凭证和记账凭证双重功能，注明了会计分录。

表 3-23 材料费用分配表

年　　月　　日　　　　　　　　　　　　　　　　编号：

应借科目		成本或费用项目	直接计入	分配计入	材料费用合计
总账科目	明细科目				
合　　计					

会计主管（签章）：　　　　　复核（签章）：　　　　　制单（签章）：

制造费用分配表主要反映车间管理部门为组织管理生产而发生的各种间接费用的分配情况，由成本核算人员根据车间的制造费用情况按一定的分配标准分配计入各产品成本。一般设计一式一联，为套写凭证，即兼具原始凭证和记账凭证双重功能，注明了会计分录。

表 3-24　制造费用分配表

年　　月　　日　　　　　　　　　　　　　　编号：

应借科目		分配标准	分配率	分配金额
总账科目	明细科目			
合　计				

会计主管（签章）：　　　　　　复核（签章）：　　　　　　制单（签章）：

产品成本计算单是按产品名称计算企业各种完工产品成本的常用原始凭证，一般设计一式一联。

表 3-25　产品成本计算单

产品名称：　　　　　　　　　年　　月　　日　　　　完工产品产量：

项　目	直接材料	直接人工	制造费用	合　计
期初在产品成本				
本期发生生产费用				
生产费用累计				
完工产品成本				
完工产品单位成本				
月末在产品成本				

成本核算员（签章）：　　　　　会计主管（签章）：　　　　　制单（签章）：

（六）销售业务原始凭证的设计与样本

销售业务涉及产品销售、代垫运费、销货退回等方面。原始凭证主要包括发票、代垫运杂费清单、提货单、销货退回收款单及销货日报表等。其中，发票因销售方式不同和销售者所具备的纳税人类别不同，其内容和格式也有较大差别，一般不由基层单位自行设计，而要向税务机关购买相应的发票。只有在极个别的情况下，如分期付款方式销售商品的发票，经批准可由企业自行设计。销售业务原始凭证的样本如表 3-26 至表 3-28 所示。

分期付款发票一般设计一式三联：

（1）交款凭证联，在未交款前，此联作为购货人分期交款的凭证；每期交款及出纳员盖"收讫"章后，则作为收据；

（2）销售部门留存联；

（3）记账联，交会计部门。

表 3-26　分期付款发票

年　　月　　日　　　　　　　　　　　　　　编号：

购货单位（或姓名）		结算方式		身份证号码	
单位（或家庭）地址		开户银行及账号		电话	

本发票所列分期付款有关内容，购货人完全同意，并承诺遵守不误。

购货单位（或个人）签章　　　　　　　　　　　　　　　　　　年　　月　　日

商品名称及规格		购买数量		分期付款时间表		
生产厂家		单价		第三期	付款日期：	
附属设备		全部货款	（大写）		金额：	
购买时付款额（%）			（小写）	第二期	付款日期：	
分期付款协议：					金额：	
				第一期	付款日期：	
				（购货时）	金额：	

代垫运杂费清单一般设计一式三联：

（1）交购货单位联，加盖公章后，随同运输单位开具的货物运输收费单交购货单位；

（2）销售部门存查联；

（3）记账联，交会计部门。

表 3-27　代垫运杂费清单

购货单位：　　　　　　　　　　　　年　　月　　日　　　　　　　　编号：

商品类别及名称		发票号		计量单位		数量	
承运单位		运单号		托运日期		起讫地点	
代垫费项目		凭证张数		金额		备注	
合　　计							

注：本凭证无销货单位公章无效

业务负责人（签章）：　　　　会计主管（签章）：　　　　制单（签章）：

提货单往往是企业采用提货制商品交接方式对外销售时需要采用的，一般设计一式四联：

（1）仓库留存联；

（2）销售部门存查联；

（3）门卫放行联；

（4）记账联，交会计部门。

表 3-28　提货单

购货单位名称：　　　　　　　　　　　年　　月　　日　　　　　　　编号：

合同号码		发票号码			
包装形式					
产品名称及规格	计量单位	数量	重量	附件名称及重量	

销售部门负责人（签章）：　　　　提货人（签章）：　　　　仓库（签章）：

七、票据管理

请参阅如下相关文案范本。

文案范本

商业票据管理办法

第一条　为了促进公司对应收票据进行规范化管理，严格监督应收票据取得、票款收回等经济业务，防范应收票据的风险，特制定本办法。

第二条　本办法所称商业票据，是指公司因销售商品而收到的商业汇票，包括商业承兑汇票和银行承兑汇票。

第三条　公司对商业票据管理遵循核准、记录和保管职能相互分离原则。

第四条　客户商业汇票应直接寄送至财务部，销售人员不得经手。因情况特殊确需销售人员从客户直接收取票据的，应报销售副总审批，并由财务部负责监督。销售人员取得票据后，应及时送交财务部。

第五条　财务部出纳人员接受商业票据时，应对下列事项进行审核：

1. 票据的真实性、合法性。
2. 票据到期日是否符合规定。
3. 票据非客户开具的，是否有客户背书。
4. 背书清晰、准确，各印鉴之间无压边现象。
5. 票面文字记载及盖印是否清晰。
6. 票面金额是否准确。

第六条　出纳审核发现客户票据开具不符合规定或票期超过交易条件，应与客户协调更改或重开事宜。

第七条　出纳人员应按照票据到期日顺序妥善保管票据，编制应收票据备查簿，记录商业汇票的种类、交易合同号、票据编号、签发日期、到期日期、票面金额、付款单位、承兑单位等相关内容。

第八条　应收票据备查簿由主管会计进行审核，确保出纳所管票据的张数、金额与备查簿记载相符。

第九条　票据到期后，出纳人员应报财务部经理审批后到开户银行办理托收手续。

第十条　票据兑现后，出纳人员应更新票据备查簿记录，并将相关单据交给经办会计制作记账凭证。

第十一条　票据在未到期之前，公司若因资金需求需要对其贴现或背书转让的，由财务部提出申请，经财务副总、总经理审批后，由出纳人员办理贴现、背书转让业务。

第十二条　票据兑现、贴现、背书转让后，出纳人员应更新应收票据备查簿记录，并将相关单据交给经办会计制作记账凭证。

第十三条　票据背书转让、银行托收过程中，出现因客户提供商业汇票不符合要求被退回的，财务部应通知销售人员及时与客户联系解决。

第十四条　商业汇票保管应与库存现金保管相同，出纳应于每日下班前将票据存放于保险柜中，防止票据丢失。

第十五条　票据发生毁损、丢失、被盗的，应立即报告财务部经理，以便及时采取挂失止付、公示催告、提起诉讼进行补救。

第十六条 票据补救过程中发生的费用，由丢失、毁损票据的责任人承担，未及时上报造成的损失由责任人全额承担。

第十七条 财务部设置应收票据明细账，并对商业汇票实施定期盘点。

第十八条 盘点工作由出纳、会计人员实施，财务部经理负责监督，出具盘点报告。如有不符，查明原因，提出处理建议，报财务副总、总经理审批后处理。

第十九条 本办法由财务部制定、修订，最终解释权归财务部所有。

票据领用管理流程

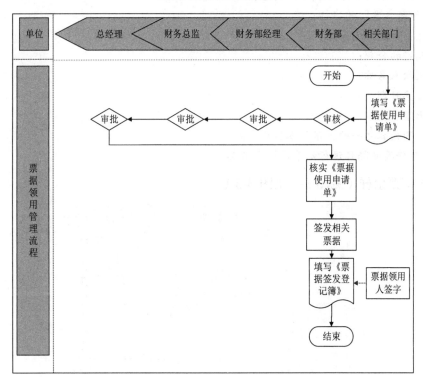

银行本票会计管理制度（范本）

银行本票是由银行签发的，并承诺自己在见票时无条件支付确定金额给收款人或者持票人的一种票据。

银行本票结算是指利用银行本票来办理款项往来结算和支取现金的一种结算方式。

同其他支付结算方式相比，银行本票结算具有如下特点：

（1）使用灵活、方便。

（2）保证兑付，信誉很高。

（3）见票即付，方便流通。

银行本票结算的有关规定如下：

1. 银行本票只能用于同城结算。

2. 银行本票按其金额是否固定可分为不定额本票和定额本票两种。定额本票的票面金额分为1 000元、5 000元、10 000元和50 000元。

3. 银行本票一律记名，不准涂改，但允许背书转让。需支取现金的应填"库存现金"字样。

4. 本票的提示付款期限自出票日起最长不超过2个月，不分月大月小，统一按次月对日计算。逾期本票，兑付银行有权不予受理，但可以在签发银行办理退款。

5. 银行本票见票即付，不予挂失。但遗失的不定额本票在付款期满后一个月确未被冒领的，可以办理退款手续。

6. 银行本票的出票人，应为经中国人民银行当地分支行批准可办理银行本票业务的银行机构。签发银行本票必须记载下列内容：

（1）"银行本票"的字样；

（2）无条件支付的承诺；

（3）确定的金额；

（4）收款人名称；

（5）出票日期；

（6）出票人签章。

欠缺上列内容之一的，银行本票均无效。

7. 不允许签发隔日银行本票及远期本票。

（一）汇票票样（见图3-1至图3-3）

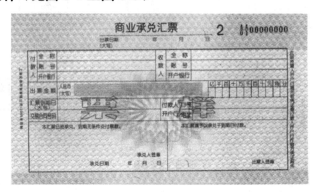

图3-1　商业承兑汇票票样

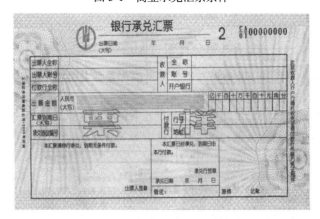

图3-2　银行承兑汇票票样

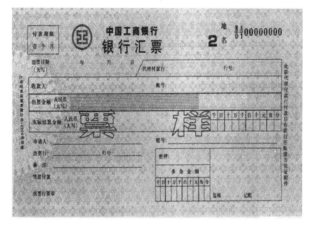

图 3-3　中国工商银行银行汇票票样

（二）商业汇票（见表3-29）

表 3-29　商业承兑汇票

签发日期：　　年　　月　　日　　　　　　　　　　　　　　　　　　　　　　　　　　　　第　　号

收款人	全称			付款人	全称									
	账号				账号									
	开户银行		行号		开户银行				行号					
汇票金额	人民币（大写）					千	百	十	万	千	百	十	元	角	分
汇票到期日			年　月　日	交易合同号码										

本汇票已经本单位承兑，到期日无条件支付票款，此致 （收款人） 　　（付款人盖章） 负责人　　　经办人 　　　　　年　　月　　日	（汇票签发人盖章） 负责人　　　　　　经办人

此联收款人开户行随结算凭证寄付款人开户行作为付出传票附件。

（三）银行汇票（见表3-30）

表 3-30　银行承兑汇票

汇票号码

签发日期：　　年　月　日　　　　　　　　　　　　　　　　　　　　　　　　　　　第　　号

收款人	全称			申请承兑人	全称								
	账号				账号								
	开户银行		行号		开户银行		行号						
汇票金额	人民币（大写）				千	百	十	万	千	百	十	元	角	分
汇票到期日			年　月　日										

本汇票送请你行承兑，并确认《银行结算办法》和承兑协议的各项规定。 　此致 承兑银行　　　　承兑申请人盖章 　　　　　　　　　　年　月　日	承兑协议编号	交易合同号码
	汇票签发人盖章 负责　　经办	科目（借） 对方科目（贷） 转账 日期　年　月　日 复核　记账
本汇票经本行承兑，到期日由本行付交。 承兑银行盖章 　　　　　　　　　　年　月　日		

支票签发控制流程

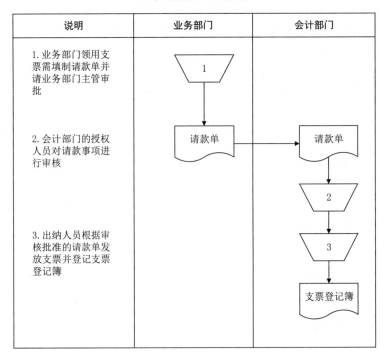

接收支票登记单

单号：　　　　　　　　制单日期：　　　年　月　日　　　　　　　　金额单位：元

序　号	支票类型	支票日期	支票金额	开具单位

支票使用登记簿

日期		支票	银行	支票	用途	到期日	开具人	使用人	备注
月	日	号码	名称	金额					

支票使用登记表

公司名称									
领用者基本信息			用途	支票编号	使用日期	拟注销日期	注销日期	借出者	出纳确认
姓名	所属部门	职务							

部门负责人签字	财务部签字	使用者签字
盖章	盖章	
年 月 日	年 月 日	年 月 日

备注	

 文案范本

支票退票理由书

出票单位：

票据号码：　　　　　　　　　　年　　月　　日

项　目	内　容	退票理由（√）
账户款项不足	1. 存款不足	
	2. 超过放款批准度或限额	
内容填写	3. 非用墨汁或碳素墨水填写	
	4. 金额大小写不全，不清楚	
	5. 未填写收款单位或收款人	
	6. 未填写款项用途或用途填写不明	
	7. 属于按照国家政策规定不能支付的款项	
日期	8. 出票日期已过有效期限	
	9. 非即期支票	
背书签字	10. 背书人签章不清、不全、空白	
	11. 背书人签章与预留银行印鉴不符	
涂改	12. 支票大小写金额和收款人名称涂改	
	13. 日期、账号等涂改处未盖预留银行印鉴	
其他	14. 此户已结清，无此账户	
	15. 已经出票人申请止付	
	16. 非本行承付支票	
	17. 非该户领用此支票	

文案范本

内部现金支票

签发日期：　　　年　　月　　日

收款单位（人）名称													
金额													
用途													
签发单位账号													
金额		千	百	十	万	千	百	十	元	角	分		
	大写												
	小写												

收款人签收：　　　　　　　　　　　签发单位：

　　　　年　月　日　　　　　　　　　　　　签章

现金支票填制要求

第一条　在填写现金支票时，应按有关规定认真填写支票中的有关栏目。

第二条　现金支票需要填写的内容有收款人和开户银行名称、支票号码、签发日期、签发人账号、大小写金额、用途等项目，填写时必须要素齐全、内容真实、数字正确、字迹清晰，做到标准、规范，防止涂改。

第三条　签发日期应填写实际出票日期，支票正联出票日期必须使用中文大写，支票存根部分出票日期可用阿拉伯数字书写。在支票正联填写出票日期时，为防止变造的出票日期，在填写月、日时应注意：

1. 日、月为壹至玖的，应在其前加"零"。

2. 日为拾至拾玖的，应在其前加"壹"。

第四条　现金支票收款人可写本单位名称，现金支票背面被背书人栏内加盖本单位的财务专用章和法人章，之后收款人可凭现金支票直接到开户银行提取现金。

第五条　大写金额应紧接"人民币"书写，不得留有空白，以防加填；大小写金额要对应，要按规定书写。

第六条　阿拉伯小写金额数字前面，均应填写人民币符号"￥"。阿拉伯小写金额数字要认真填写，不得连写。

第七条　如实写明用途，存根联与支票正联填写的用途应一致。

第八条　在签发人签章处按预留银行印鉴分别签章，签章不能缺漏。

第九条　现金支票签发后，将支票从存根联与正联之间骑缝线剪开，正联交给收款人办理提现，存根联留下作为记账依据。

第十条　签发支票应使用蓝黑墨水或碳素墨水填写，未按规定填写，被涂改冒领的，由签发人负责。

第十一条　支票大小写金额和收款人不得更改。如有错误，不得更改，必须作废重填。

空白支票管理制度

第一条　为了使企业规范使用空白支票，特制定本制度。

第二条　本企业存有的空白支票，必须明确指定专人妥善保管。要贯彻票、印分管的原则，空白支票和印章不得由一人负责保管。

第三条　空白支票由出纳人员向银行购买，并按顺序填入支票备查簿，然后将备查簿交会计人员保管，签发支票所需的财务章由主管会计保管，人名章可由出纳保管。

第四条　出纳人员根据经领导批准的"支票领用单"按规定要求签发支票，并登记"空白支票签发登记簿"。支票领用人应在支票领用之日起 10 日内到财务部办理报销手续，其程序与现金支出报销程序相同。

第五条　支票领用人应妥善保管已签发的支票，如有丢失应立即通知财务部门并对造成的后果承担责任。

第六条　为方便外出采购等工作，经单位领导批准后，准许领用半空白结算支票，但必须填明收款人名称、签发日期，受票单位全称、用途，只空出金额栏，并注明最高限额。同时。一个人领用的支票不得超过两张。凡领用半空白支票者必须在办完事后回到公司的第二天即报账。

第七条　经单位领导批准，会计人员签发空白支票后，应在"支票领用登记簿"上加以登记。

第八条　领用人领取支票时要在"空白支票签发登记簿""领用人"栏里签名或盖章，领用人将支票存根（已使用支票）或未使用支票交回时，应在"销号"栏销号，并注明销号日期。

第九条　会计人员不得在支票签发前预先加盖签发支票的印章，签发支票时必须按编号顺序使用，对签错的支票或退票必须加盖"作废"戳记并与存根一起保管。

第十条　单位存款账户结清时，必须将全部剩余空白支票交回银行注销。

 **文案范本**

支票票期统计表

公司名称					制表时间		

单位：万元

序号	兑现日期	张数	平均票额	合计票额	百分比（%）	最高三张支票票额	统计日期
合计							
备注							

 **文案范本**

支票结算的基本程序

第一条　现金支票结算的基本程序。

1. 开户单位用现金支票提取现金时，由单位出纳人员签发现金支票并加盖银行预留印鉴后，到开户银行提取现金。

2. 开户单位用现金支票向外单位或个人支付现金时，由付款单位出纳人员签发现金支票并加盖银行预留印鉴和注明收款人后交收款人，收款人持现金支票到付款单位开户银行提取现金，并按照银行的要求交验相关证件。

第二条　转账支票结算的基本程序。

1. 由签发人交收款人办理结算，其结算程序为：

（1）付款人签发转账支票交收款人；

（2）收款人持票并填进账单到开户行办理入账；

（3）银行间办理划拨；

（4）收款人开户银行下收款通知。

2. 由签发人交签发人开户银行办理结算，其结算程序如下：

（1）签发转账支票并填进账单办理转账；

（2）银行间办理划拨；

（3）收款人开户银行下收款通知。

第三条 定额支票结算的基本程序。

1. 将款项交存银行申请签发定额支票，银行签发后交给付款人。

2. 付款人将定额支票交收款人。

3. 收款人将定额支票交银行。

4. 收款人为个人的，银行支付给收款人现金；收款人为单位的，通过银行划拨。

企业票据管理办法

第一章 总 则

第一条 为提高企业票据的规范化管理水平，加强对票据的传递和保管，控制票的有效使用，根据《票据法》的相关规定，结合本企业的实际情况，特制定本办法。

第二条 本办法所称票据是指与企业日常经营相关的各种有价证券和凭证，包括发票、支票、汇票等。

第三条 企业各部门在开展与票据相关的各项业务时，均应遵守本办法的相关规定。

第二章 发票管理

第四条 发票领购

1. 企业财务部指定专人向当地税务机关领购发票，本企业的发票指税务机关监制印刷的"增值税专用发票"和"普通发票"。

2. 申请领购发票时，财务部指定人员应当提前准备经办人身份证明、税务登记证以及财务印章或者发票专用章的印模，以备主管税务机关审核。

3. 主管税务机关审核相关资料和证件后，财务部指定人员领取"发票领购簿"，按照税务机关核准的发票种类、发票数量从主管税务机关处领购发票。

第五条 发票开具

1. 企业开具发票必须按发票号码顺序填开，应确保填写项目齐全、内容真实、数字准确、字迹清楚，全部联次一次性开具，并加盖企业财务印章或发票专用章。

2. 企业严禁涂改、挖补或撕毁发票；发票不得转借、转让、倒买倒卖，不得为其他单位或个人代开。

3. 如发票开具后发现错误，要取得发票联加盖"作废"章整份保存，已整本填开的发票必须及时收回并妥善保管。

4. 如发现遗失发票或有违反发票管理行为的情况要及时报告企业财务部及税务机关，以便及时处理，使企业免遭损失。

第六条 企业销售商品或从事其他经营活动，对外发生经营业务支付款项时应向收款方索取发票；取得发票时，不得要求变更品名和金额。

第七条 发票登记

企业须建立发票使用登记制度，通过"发票登记簿"对发票的使用情况进行登记，并定期向主管税务机关报告发票使用情况。

第八条　发票保管

企业按照税务机关的规定存放和保管发票，不得损毁。已开具的发票存根联和"发票登记簿"应当保存5年。

第九条　发票使用检查

财务部门应当定期对其从税务机关领购的发票和从其他机构获得的发票进行检查。

第十条　企业要建立健全发票（收据）登记制度，领购、使用、核销发票（收据）要严格按照税务机关的规定，在发票领购簿、"发票登记簿"上进行详细登记。

第十一条　企业财务部指定专人保管发票，发票需存放在保险箱内，妥善保管，不得丢失。发生发票丢失的，将追究有关人员的责任。

第三章　支票管理

第十二条　企业各部门需要领用支票时，必须填写"支票使用申请单"，经所在部门经理审核、总经理审批后，方可向财务部领取。

第十三条　领用支票必须填写"支票领用登记表"，并经主管该业务的财务人员签字后方可到出纳处领取，经财务部经理批准签字，加盖印章，填写日期、用途，登记号码，领用人在"支票领用登记表"上签字备查。

第十四条　企业财务部办理支票领用手续时，按照支票号进行逐笔登记和签收，并负责填妥支票签发日期、用途、金额等；如金额难以确定时需在用途栏加盖限额章，并确定最高限额加以控制。

第十五条　企业的支票和印鉴由两人分开保管，实行票章分离。支票填妥后由印鉴保管者加盖印鉴。对领取的所有支票，需在支票上注明"不允许转让"的字样。

第十六条　支票的使用

1. 外出采购物品携带的支票，确实无法确定具体受票单位的，受票单位空白；但日期、用途、金额必须注明。

2. 支票在使用后按期报账，逾期不报不得领用新支票。

第十七条　支票付款后，支票领用人将支票存根和付款发票交会计核对并报请总经理审批，审批后交出纳，出纳统一编制凭证号，按规定登记银行账号。

第十八条　支票管理的注意事项

1. 签发支票必须在银行账户余额范围内按规定向收款人签发，严禁签发空头、远期支票，严禁出租支票或将支票转让给其他单位或个人使用，严禁将支票交收款单位代签。

2. 不准携带空白支票外出，确需带空白支票外出的，经主管领导和财务主管批准，并登记清楚用途及限额后，方可携带外出。

3. 支票领用人发生支票遗失时应及时与财务部联系，由财务部相关人员到开户银行办理挂失；如果发生无法挽回的损失，则由领用人负责全额赔偿。

4. 已签发支票的存根连同原始发票均需附在记账凭证上作为记账依据。

第十九条　支票的收取

收取外单位支票时，出纳要认真审核有效期及各项内容的填写是否符合银行要求。有银行密码的支票不得遗漏密码，及时送存银行。如支票被银行退回，出纳要尽快通知经办人向出票单位索换。

第四章　汇票管理

第二十条　汇票包括银行汇票和商业汇票。

第二十一条 汇票的签发和审核

1. 企业各部门在业务开展过程中需对外使用汇票时，必须填写"汇票付款申请书"，注明款项用途、金额、收款单位、付款内容及所需票据种类等内容，经所在部门经理签字确认后，报请总经理审批，总经理审批通过后到财务部门办理。

2. 财务部门收到"汇票付款申请书"后，必须对申请书的内容进行复核，无误后及时办理汇票签发手续。要严格按照票据的格式签发，不得缺项或漏项，防止票据无效或作废。在签发汇票时，需要重点检查汇票的金额、付款人名称、付款日期、收款人名称、出票日期是否齐全及出票人是否在票据上签章。

3. 汇票签章的规定

（1）银行汇票的出票人的签章，为该银行的汇票专用章加本公司法定代表人（或者其授权的代理人）的签名或者盖章。

（2）商业汇票出票人的签章，可以是该单位的财务专用章（或公章）加法定代表人（或其授权的代理人）的签名或者盖章。

第二十二条 已经签发并交付收款方的汇票，出纳必须及时登记"应付票据登记簿"，详细记录汇票的种类、收款单位、金额、签发日期、到期时间等信息。

第二十三条 所收汇票的管理

1. 各业务部门在经济活动过程中所收取的汇票，必须及时交财务部的银行出纳。

2. 出纳必须对所收票据的真实性、合法性、有效性进行审核。对金额较大或有疑问的票据，应向签发单位开户行进行核实，确认无误后向对方开具收款收据。

3. 出纳将所收票据进行复印，并将复印件及收据交由会计处理，会计复核无误后制单入账。

4. 出纳对所收汇票需在"应收票据登记簿"上进行登记，详细记录所收汇票的种类、金额、到期日、付款单位等内容，同时将收到的汇票存放到保险柜中妥善保管。

5. 所收汇票如不慎遗失，必须按照《票据法》的有关规定及时办理挂失止付及公示催告等手续，因遗失而造成的损失由相关责任人承担。

第二十四条 汇票的背书

1. 企业相关部门和人员可以根据业务需要，经总经理审批后对汇票进行背书，转让汇票权力，支付款项。

2. 汇票的背书，一定要严格按照《票据法》的规定进行，防止背书无效。背书（或接受背书）时应检查背书人签章、背书日期、被背书人名称是否齐全。

3. 被拒绝承兑的汇票、拒绝付款的汇票和超过付款提示期限的汇票不得背书。

4. 汇票背书后，应及时在"应收票据登记簿"中进行登记。

第二十五条 汇票的贴现

1. 根据企业资金周转状况和对流动资金的需求量，经审批后可以按照《票据法》的有关规定向银行申请对所收汇票进行贴现。

2. 对已贴现的汇票必须及时在"应收票据登记簿"中进行登记。

第五章 附 则

第二十六条 本办法自＿＿＿＿年＿＿＿＿月＿＿＿＿日起实行。

第二十七条 本办法由企业财务部负责解释，修改权归企业财务部。

第二十八条 相关文件表单

1.《票据法》"发票领用簿""发票登记簿"。

2. "支票使用申请单""支票领用登记表"。

3. "汇票付款申请书""应付票据登记簿"。

八、发票管理

发标的种类如表 3-31 所示。

表 3-31　发票的种类

发票的种类		发票的使用范围
增值税专用发票		增值税一般纳税人
普通发票	行业发票	增值税小规模纳税人
	专用发票	增值税一般纳税人不能开具专用发票
专业发票		金融、保险企业的存贷、汇兑、转账凭证
		国有邮政、电信企业的邮票、邮单、话务、电报收据
		国有铁路、民用航空企业和交通部门、国有公路、水上运输企业的客票、货票等

发票的领购方式如表 3-32 所示。

表 3-32　发票的领购方式

发票的领购方式	含　义	适用范围
批量供应	税务机关根据用票单位业务量对发票需求量的大小，确定一定时期内的合理领购数量，用量大的可以按月提供，用量不太大的可以按季领购	经营规模较大、经营范围单一、财务管理制度健全、依法履行纳税义务、发票管理规范的单位
交旧购新	用票单位交回旧的（已填用过的）发票存根联，经主管税务机关审核后留存，才允许领购新发票	个体工商业户，但对外省、自治区、直辖市来本辖区从事临时性经营活动纳税人除实行发售担保方式发售发票外，同时实行交旧购新
验旧购新	用票单位将已使用过的发票存根交由主管税务机关审核，在主管税务机关审核无误后，才能领购新发票	财务制度不健全、经营流动性大或无固定经营场所、较易发售短期经营行为、纳税意识不强、发票保管条件不具备的单位和个体工商户

文案范本

发票（收据）管理办法

总　　则

第 1 条　为规范财务收支凭证，根据《中华人民共和国发票管理办法》，结合本集团公司会计核算和监督的具体要求，特制定本规定。

第 2 条　本规定适用于集团公司及各下属单位的发票（收据）管理。

第一则　发票（收据）的开具

第 3 条　公司业务人员在正常经营活动及业务中，向收款单位付款后，应向收款单位及时索取发票。

第 4 条　对于不符合规定的发票,即未经税务机关监制的发票,项目不齐全,内容不真实,字迹不清楚的发票;没有加盖财务印章或者发票专用章的发票;伪造、作废以及其他不符合税务机关规定的发票,业务人员一律拒收。

第 5 条　公司向客户销售商品时凭发货单及收款单据,由专人到开票处开具发票(收据)。发票(收据)的开具必须有真实的交易单证并获取开票或结算清单,开票额不得超过结算金额。

第 6 条　开具增值税专用发票,须由客户提供增值税一般纳税人证明资料,并严格按有关规定开具。对个人、小规模纳税人销售,一律开具普通销售发票。

第 7 条　除赊销款项外,原则上先收款后开具发票。开具发票(收据)时,对已收款项应加盖"现金收讫"或"银行收讫"章。

第 8 条　禁止发票(收据)的开具人员直接收取现金或现金支票。发票(收据)的开具和款项收取的人员必须分开。收据收取的款项为现金或现金支票时,必须由出纳人员收取款项,并在收据上盖"现金收讫"章。

第 9 条　各单位的发票(收据)必须逐本按序(按编号)开具,禁止多本同时开具,禁止拆本使用,禁止不按编号顺序开具收据。

第 10 条　在开具发票(收据)时,必须做到按号码顺序逐一填开,全部联次一次性复写,并在发票联加盖发票专用章,增值税专用发票须在发票联和抵扣联加盖单位发票专用章。

第 11 条　发票(收据)上填写的付款单位应与实际付款单位相符。发票中的项目名称、单位、数量、金额、合计金额、日期、开票人姓名及其他发票内容要填写齐全。

第 12 条　发票(收据)中的大小写金额要相符,金额合计(小写)数前要加符号"¥"封顶。大小写金额不一致的发票(收据)须作为作废收据处理。

第 13 条　开具发票(收据)的字迹要清晰,不得有涂改、刮擦痕迹。

第 14 条　发票专用章应使用红色印泥。

第 15 条　开具增值税专用发票应严格按照《增值税专用发票使用规定》开具。

第二则　发票(收据)的管理

第 16 条　各单位应建立发票(收据)使用登记制度,设置发票(收据)登记簿,记录发票的领购、使用、结存等情况。

第 17 条　发票(收据)应由财务部门指定专人购买和保管,并且保管人和开具人必须分开。

第 18 条　发票(收据)只准在规定的使用区域内,按规定的用途使用。

第 19 条　各单位必须建立发票(收据)领用存登记簿,每次领用时须及时登记领用的发票(收据)的编号范围、领用的本数,并有领用人签字。

除第一次领用发票(收据)外,其他每次领用发票(收据)时,均须交回原领用的已开具完毕的定本发票(收据)存根,经核对无误后方可领用新发票(收据)。

第 20 条　未经批准,任何人不得拆本使用发票(收据),不得擅自扩大发票(收据)使用范围。

第 21 条　发票(收据)使用后应以旧换新,交回存根,票据管理人员要逐页检查。

第 22 条　任何单位和个人不得转借、转让、代开、虚开发票(收据)。

第 23 条　空白发票(收据)何时使用何时盖章,不得事前盖章。

第 24 条　作废的发票(收据)应整份保存,并注明"作废"字样。

第 25 条　已开具的收据存根作为会计档案资料管理,其管理及销毁方式遵照会计档案管理办法执行。

第 26 条 使用发票（收据）的单位应当妥善保管发票，以防丢失。发票（收据）不得随便放置，下班时应放入保险箱内。如发票（收据）丢失，应于第一时间向集团财务部书面报告，并同时向税务机关报告。

第 27 条 票据管理人员调离岗位时，应办好交接手续，并由部门负责人监交。

第三则 内部收据的管理

第 28 条 内部收据自公司财务部门统一印制或购买，并且指定专人保管详细记录收据的领购、使用、结存等情况。

第 29 条 内部收据应严格按公司规定的使用范围开具，经过规定审批同意后方可加盖印章。

第 30 条 内部收据的领用必须以旧换新，交回存根，并且核对开出的收据和入账金额是否一致，杜绝开收据收款后不入账的行为发生。

附 则

第 31 条 本规定未尽事宜，依照《中华人民共和国发票管理暂行办法》《增值税专用发票使用规定》及其《实施细则》执行。

第 32 条 本规定自××××年 1 月 1 日起执行。

第 33 条 本规定解释权归公司财务部。

发票管理制度

为加强企业发票和资金往来专用发票的管理，结合企业具体情况，制定本制度。

第一条 发票和资金往来专用发票的购买

根据业务需要，所需要发票和资金往来专用发票由行政部向税务部门提出申请，编制购买计划，凭税务部门核发的"发票和资金往来专用票购领凭单"，到税务部门购买。

第二条 发票和资金往来专用发票的印刷办法

商店发票和资金往来专用票使用量较大或因经营业务特殊需要编制使用特定格式和多联发票及资金往来专用发票式样时，由有关部门提出，交企业财务审计部审查后，转行政部向税务部门申请并持税务部门核发的"印刷发票和资金往来专用发票通知书"，到指定的印刷厂印刷。

第三条 发票和资金往来专用发票的领取

1. 企业所需的发票和资金往来专用发票的领取，统一由财会人员到行政部领取，其他人员不得领取。

2. 企业行政部应加强对发票和资金往来专用发票的管理，严格执行领用手续，建立"发票和资金往来专用发票领用登记簿"。

第四条 发票和资金往来专用发票的登记办法

1. 购买、自印、发出时，要对数并按号码顺序登记，以便备查。按季向所在税务部门报送"企业使用发货票和资金往来专用发票情况报表"。

2. 企业会计组对营业部门使用的发票，要核定固定本数，原则上每个营业部门一本，并以旧发票到会计室换取新发票。

第五条 发票和资金往来专用发票的使用

1. 发票和收据必须复写，按照号码顺序使用，内容必须填写齐全，抬头如不写单位，应画横线；文字数字必须端正、清楚，开票人必须签全名。如果发现错开、错写必须作废，应另开一份，并将作废的一份贴在原存根联上一并保存，同时，在作废票上写清"作废"字样或加盖"作废"图章。

2. 营业部对已使用完的发票存根，由主任按照发票顺序号码，逐号进行检查，是否有空白发票、短联和短号。经主任检查准确后，用旧发票到企业会计室办理换取新发票手续，同时在旧发票封面上签字盖章。

第六条　发票和资金往来专用发票的管理办法

1. 企业会计室应责成专人对营业部的发票领取、使用、保管等情况进行经常的检查核对。

2. 企业会计室对营业部门交来的旧发票，按日、号码归类整理打捆，妥善保管。

3. 发票、资金往来专用发票存根保管期为五年。销毁发票存根，必须造册登记，并向所在税务部门提出书面申请，经税务部门批准后，方可销毁。

4. 商店营业部门变动时，财会人员和营业部门主任应将未使用和已使用的发票收回。交商店财会人员注销，统一管理。

第七条　个人销售凭证的使用和管理办法

1. 个人销售凭证的使用和管理，应按照发票的有关规定办理。

2. 个人销售凭证统一由行政部印刷；企业财务人员领取、发放，并按照领取的数量、编号顺序进行登记。

3. 对每个营业部门的个人销售凭证，加强管理，妥善保存，防止丢失。

4. 个人销售凭证是个人购买商品的一种证明，所以不得加盖任何公章。

第八条　增值税专用发票的管理、使用

1. 对本企业购领的增值税专用发票，应视同现金管理一样，建立账簿，严格领、发、存手续。

2. 销售给其他单位和个人均不得开具专用发票。一般纳税人到商店购买商品，如需开具专用发票，必须出示盖有一般纳税人认定专章的税务登记证副本，由商店会计室负责办理。

3. 填开给购货方的发票注意事项：

（1）要填列单位名称，购销双方的税务登记号；

（2）交易价格与税款分别填列；

（3）专用发票金额栏是不含税的金额，若为含税价格则应用下列公式换成不含税价格；

$$不含税价格 = \frac{含税价格}{1 + 增值税税率}$$

（4）金额栏与税额栏合计必须与价税合计栏（大写）相等；

（5）按照规定专用发票的开户银行及账号栏和购销双方的电话号码也要填写清楚。

4. 厂家开具的专用发票有以下情形之一者，不得入账：

（1）没有填列售货方或购货方增值税纳税人登记号码；

（2）填列的纳税登记号与购货方或销货方的真实号码不相符；

（3）单联填写或上下联金额、增值税额等内容不一致；

（4）交易价格与税款计算有差错；

（5）适用税率与税款计算有差错；

（6）抵扣联没有加盖规定的印章。

以上规定，采购、合同、物价、财会各个环节都要认真执行，严格把关，避免疏漏。

文案范本

普通发票领购簿申请审批表

纳税人识别号：

纳税人名称：

发票名称	联　次	金额版	文字版	数　量	每月用量

申请理由： 　　　　　　申请人（签章） 办税人员：　　　　　　年　月　日	申请人财务专 用章或发票专 用章印模

以下由税务机关填写

发票名称	规　格	联　次	金额版	文字版	数　量	每次限购数量
购票方式			保管方式			

主管税务机关发票管理环节审批意见：

　　　　　　　　　　　　　　　　　　　　　　　　　　（公章）

负责人：　　　经办人：　　　　　年　月　日

注：1. 本表系纳税人初次购票前及因经营范围变化等原因，需增减发票种类数量时填写；

　　2. 税源管理部门审核同意后，应将有关发票内容填写在《普通发票领购簿》中；

　　3. 此表不作为日常领购的凭据；

　　4. 本表一式二份，一份纳税人留存，一份税务机关留存。

本表为 A4 型竖式。

文案范本

领购发票的业务流程

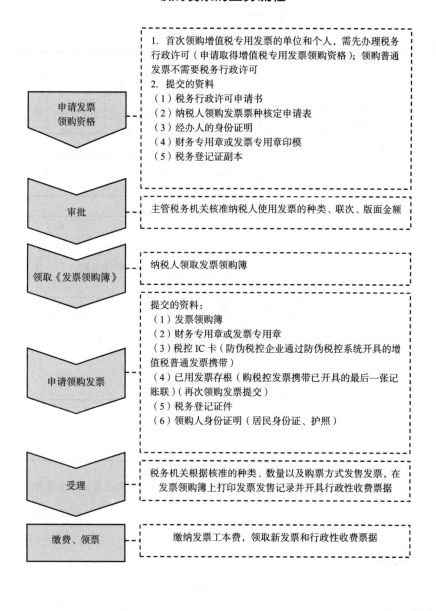

申请发票领购资格	1. 首次领购增值税专用发票的单位和个人，需先办理税务行政许可（申请取得增值税专用发票领购资格）；领购普通发票不需要税务行政许可 2. 提交的资料 （1）税务行政许可申请书 （2）纳税人领购发票票种核定申请表 （3）经办人的身份证明 （4）财务专用章或发票专用章印模 （5）税务登记证副本
审批	主管税务机关核准纳税人使用发票的种类、联次、版面金额
领取《发票领购簿》	纳税人领取发票领购簿
申请领购发票	提交的资料： （1）发票领购簿 （2）财务专用章或发票专用章 （3）税控 IC 卡（防伪税控企业通过防伪税控系统开具的增值税普通发票携带） （4）已用发票存根（购税控发票携带已开具的最后一张记账联）（再次领购发票提交） （5）税务登记证件 （6）领购人身份证明（居民身份证、护照）
受理	税务机关根据核准的种类、数量以及购票方式发售发票，在发票领购簿上打印发票发售记录并开具行政性收费票据
缴费、领票	缴纳发票工本费，领取新发票和行政性收费票据

文案范本

冠名企业发票印制申请审批表

纳税人识别号：

纳税人名称：

生产经营地址			行业类别				联系电话				邮政编码		
发票名称	单位	数量	每本份数	金额版	文字版	规格	联次	纸质	装订方式	起始号码	终止号码	备注	

申请印制发票理由

（签章）

法定代表人： 发票经办人： 申请日期： 年 月 日

以 下 由 税 务 机 关 填 写

	交货日期	收款日期	销售单价	销售金额	印制单价	印制金额
主管税务机关发票管理环节审批意见						
	（公章）					
	主管局长： 负责人： 经办人： 年 月 日					
上级税务机关发票管理环节审批意见						
	（公章）					
	主管局长： 负责人： 经办人： 年 月 日					

注：1. 本表适用范围：印刷机外发票及带有纳税人名称的冠名发票。

2. 本表一式二份，一份主管税务机关发票管理环节留存，一份上级税务机关发票管理环节存查。本表为 A4 型横式。

文案范本

发票领用申请表

公司名称		日 期			
申领发票名称		数量（本）		起止号码：	
				起止号码：	
退回存根发票名称		数量（本）		起止号码：	
				起止号码：	
财务负责人		申领人			

企业自印发票申请表

企业名称		企业主管部门	
地址		经济性质	
税务登记证号		营业执照号	
财务负责人		办税人员		电话	
发票名称		使用范围	
首印或续印		规 格	
印制数量	共印 本 每本 份 每份 联		
字轨号码	字 号起至 号止		
申请单位盖章 年 月 日	主管税务所意见 年 月 日	征管科意见 年 月 日	市局征管处意见 年 月 日

丢失增值税专用发票已报税证明单

公司名称		制表时间	
执行日期			

丢失增值税专用发票基本信息

销售方		购买方		发票代码	发票号码	货物名称	单价	数量	金额	税额	摘要
名称	税务登记代码	名称	税务登记代码								

报关及纳税申请情况

报税日期	纳税申报时间	经办人	负责人	主管税务机关名称	公章	日期

备注	本证明单一式三联，第一联由销售方主管税务机关留存；第二联由销售方留存；第三联由购买方主管税务机关留存。

九、单证管理

请参阅以下相关文案范本。

材料请领单

领料单位：　　　　　　　　　　　　　　　　　　　　凭证编号：

用途：　　　　　　　　　　　年　月　日　　　　　发料仓库：

| 材料类别 | 材料编号 | 材料名称及规格 | 计量单位 | 数　量 | | 单　价 | 金额（元） |
				请　领	实　发		
备　注						合　计	

主管（签章）：　　　记账（签章）：　　　发料人（签章）：　　　领料人（签章）：

注：本单一式三联，一联留领料部门备查；一联留仓库，据以登记材料物资明细账和材料卡片；一联转财务部或月末经汇总后转财务部据以进行总分类核算。

材料入库单

仓库名称：　　　　入库单编号：　　　　　　　　入库日期：　　　　　年　月　日

材料编号	材料名称	规格型号	计量单位	数　量	计划单价	金　额

注：1. 本单一式两联，第一联为仓库记账联，第二联交采购员办理付款并作为财务记账联。

　　2. 本单适用于成品以外的物品入库。

产成品入库单

交库单位　　　　　　　　　　年　月　日　　　　　　编　号

| 产品编号 | 产品名称 | 规　格 | 单　位 | 交付数量 | 检验结果 | | 实收数量 | 单　价 | 金　额 |
					合格	不合格			
备　注									

记账：　　　　检验：　　　　　仓库：　　　　　经手：

第

联

文案范本

产品入库单

编号：　　　　　　　　　　　　　　　　　　　　　　　　日期：　年　月　日

品　　名	型　　号	包装规格	数　　量	生产日期	批　　号	检验单号

入库人：　　　　　　　　复核人：　　　　　　　　　　　库管员：

注：本单一式三联，一联为成品库存根，一联交生产部，一联交财务部。

文案范本

商品领用单

领用部门：　　　　　　　　　　　　　　　　　　　　　日期：　年　月　日

品　　名	规格型号	数　　量	单　价	金　　额	用　途	备　注

领用部门经理：　　　　批准人：　　　　　　领用人：　　　　　　库管员：

注：1. 本单一式三联，一联作仓库存根，一联报财务核算部，一联由领用部门存查。

　　2. 此单为通用单，适用于领用除原材料以外的物品。

文案范本

出差旅费报销单

部门：厂（部）科　　　　　　　　年　月　日

月　日	地　点		车　费	膳　费	住　宿	其　他	合　计	说　明
	起	讫						

旅费总额		暂支旅费额		应付（收）额	

经理：　　　　　　会计：　　　　　　主管：　　　　　　出差人：

支出证明单

部门：　　　　　　　　　　　年　月　日

项　目	支出事由	金　额	单　据

合　计	（大写）	￥

董事长		总经理		财务总监	
系统总监		财务审核		部门审核	

领款人：　　　　　　　　　　　出纳：

注：本单一式两联，第一联会计室留存，第二联申报部门留存，由申报部门指定人员据以登记本部门费用开支。

请款单

申请部门：　　　　　　　　　　　年　月　日

项　目	验收日期	客户名称	付款摘要	金　额	开户行	账　号	备　注

批　准		财务总监核准		会计部经理		部门经理	

申请人：

注：本单一式两联，第一联申请部门自存，第二联交总出纳。

付款申请单

编号：　　　　　　　　　　　年　月　日

收款单位（人）			厂商代码	
说明				
银行	开户行			
信息	账号			

续表

付款方式	转账支付/现金支付/支票支付/电汇/其他			
发票号码				
付款金额	大写：			
	小写：			
到期日		核销借款	借款人： 借款单编号：	
附件数		备注		
总经理	副总经理	部门经理	处室经理	经办人

 **文案范本**

缴款单

编号： 日期： 年 月 日

交款单位											
总计金额	（大写）			百	十	万	千	百	十	元	角	分
摘 要												

卷别	把数	金额	卷别	把数	金额	（收款单位章）
百元			一元			
五十元			角			
十元			分			
五元						

缴款人： 复核： 出纳：

注：本单一式三联，第一联会计室留存，第二联返缴款人，第三联由缴款人报缴款单位财会室。

 **文案范本**

冲账单

编号： 日期： 年 月 日

冲账项目	冲账金额（元）	备 注
总计（大写）		
经办人		审核人

代扣代收税款凭证

纳税人	名称			扣除义务人				
	经济类型			税款所属时间				
税种	纳税项目	课税数量	计税金额	税率或单位税额	扣除额	实缴金额		
金额合计	（大写）	佰　拾　万　仟　佰　拾　元　角　分						
主管税务机关（盖章）		扣缴义务人（盖章）		填票人（章）		备注		

注：本凭证一式三联：第一联为存根联，扣缴义务人留存；第二联为收据联，交纳税人作完税凭证；第三联为报查联，由扣缴义务人办理扣缴税款申报时送主管税务机关备查。

十、原始凭证管理方面综合制度、办法

请参阅以下相关文案范本。

原始凭证管理制度

第一条　原始凭证是会计核算的依据和基础。为了能够正确、及时、清楚地反映各项经济业务的真实情况，保证会计核算的质量，特制定本制度。

第二条　原始凭证的种类。

1. 外来原始凭证，是指同外部单位发生经济往来关系时，从外部单位取得的原始凭证，如发货票、收据等。

2. 自制原始凭证，由本企业内部经办经济业务的部门或人员在办理经济业务时所填制的凭证。具体包括以下四种类别：

（1）一次凭证，是指凭证的填制手续一次完成，用以记录一项或若干项同类性质经济业务的原始凭证，如领用单、借款单、提货单等。

（2）累计凭证，需要在一张凭证中连续、累计填制在某一时期内不断重复发生而分次进行的特定业务的具体情况，如收发存报表、盘点表等。

（3）记账编制凭证，根据账簿记录而填制的原始凭证，如毁损报废单、税收交款表等。

（4）汇总原始凭证，在实际工作中，为了集中反映某项经济业务的总括情况并简化记账凭证的填制工作，往往将一定时期内若干记录同类性质经济业务的原始凭证汇总编制成一张原始凭证，如收货汇总表、商品销货汇总表、发出材料汇总表等。

第三条　原始凭证的填制要求。

1. 原始凭证的各项内容必须根据实际情况详尽填写，各项信息需填写齐全，不得遗漏，以确保原始凭证所反映的经济业务真实可靠、符合实际。

2. 凡填有大写和小写金额的原始凭证，大写和小写金额必须相符。

3. 一式几联的原始凭证，必须用双面复写纸套写，并连续编号。必须注明各联的用途，以一联作为报销凭证。作废时应当加盖"作废"戳记，连同存根一起保存，不得撕毁。

4. 职工公出借款凭据，必须附在记账凭证之后，收回借款时，应当另开收据或者退还借据副本，不得退还原借款收据。

5. 经领导批准的经济业务应将批准文件作为原始凭证附件。如批文需单独归档，应在凭证上注明批文机关名称，日期和文件字号及附件存于何处。

6. 对于过多的原始凭证可以单独装订保管，但在记账凭证上要注明附件另放和编号，同时在附件的封面上注明原始凭证的名称、编号、种类和日期。

7. 原始凭证要用蓝色或黑色笔填写，文字、数字书写要规范。

8. 原始凭证不得随意涂改、刮擦、挖补。若填写错误需要更正时，需画线更正，即将写错的文字或数字，用红线画掉，再将正确的数字或文字写在画线部分的上方，并加盖经手人印章。

第四条 原始凭证的审核。

1. 原始凭证的审核内容包括审核凭证对应的经济业务和内容是否填写齐全，数字计算是否正确，手续是否完备，书写是否清晰。

2. 对记载不正确、不完整、不符合规定的原始凭证，应退回补填或更正；对伪造、涂改或经济业务不合法的原始凭证，应拒绝受理，并及时报告领导。

第五条 原始凭证的传递应根据各项经济业务的特点和流程及有关部门人员的分工来定，并要便于分析、追踪和监督，不得积压和滞留。

第六条 原始凭证的报销要求。

1. 原始凭证填制的基本要素应齐全，内容要真实。

2. 原始凭证必须盖有填制单位的公章（财务专用章、发票专用章等）。

3. 大写金额和小写金额必须相符。

4. 原始凭证所记载的各项内容均不得涂改，若记载的内容有错误，应由出具单位重开或更正，更正后必须由出具单位在更正处加盖公章。如金额出现错误则不得更正，只能重开。

第七条 原始凭证丢失的处理规定。

外来发票或收据丢失，经办人必须取得开票单位盖有财务专用章的证明。该证明必须说明原发票或收据的开具日期、发票编号，原发票所列货物的名称、数量、单价、金额等内容。经办人取得证明后需经单位主管和分管领导批准，方能作为报销凭证。

第八条 本制度自颁布之日起实施。

第三节 记账凭证及设计

一、记账凭证的种类

（一）按反映经济业务的方式分类

1. 单式记账凭证

单式记账凭证是在一张凭证上只记录一个会计科目的记账凭证。一笔经济业务涉及几个会计科目，就填制几张记账凭证。

2. 复式记账凭证

（1）通用记账凭证，是指适用于所有经济业务的复式记账凭证。企业采用通用复式记账凭证时，对各项经济业务都使用统一格式的记账凭证，一般一笔业务编制一张。

（2）专用记账凭证，是指只适用于某一类经济业务的复式记账凭证。按其反映经济业务的内容不同，专用记账凭证又分为收款凭证、付款凭证和转账凭证三类。收款凭证是专门用以反映货币资金收入业务的记账凭证。付款凭证是专门用以反映货币资金支出业务的记账凭证。转账凭证是用以反映与货币资金收付无关的转账业务的记账凭证。

（二）按其是否经过汇总分类

1．非汇总记账凭证

未经过汇总，根据原始凭证编制的记账凭证均为非汇总记账凭证。

2．汇总记账凭证

将某一期间的记账凭证按一定的依据加以汇总而填制的记账凭证。按汇总方式的不同，又可分为分类汇总记账凭证和全部汇总记账凭证两种。分类汇总记账凭证是定期根据收款凭证、付款凭证、转账凭证分别汇总编制汇总收款凭证、汇总付款凭证、汇总转账凭证。全部汇总记账凭证是将一定时期内编制的记账凭证全部汇总在一张记账凭证汇总表（科目汇总表）上。

二、记账凭证设计的基本任务

1．确定记账凭证的种类

首先，确定单式或复式记账凭证，是在具体设计记账凭证格式之前必须解决的基本设计问题。应结合被设计单位的经济活动情况、会计核算情况以及各种可供选择的不同记账凭证的优缺点及适用范围等综合加以考虑。

其次，确定设计记账凭证的具体种类。一个企业到底设计几种记账凭证，没有一个绝对的标准，基本原则是要适合单位的具体情况，有利于会计核算工作。确定设计记账凭证的种类，就复式记账凭证而言，通常有下列几种方式：

（1）只设计一种通用的记账凭证；

（2）设计收款凭证、付款凭证、转账凭证三种；

（3）设计现金收款凭证、现金付款凭证、银行存款收款凭证、银行存款付款凭证、转账凭证五种。如果采用科目汇总表核算形式和汇总记账凭证核算形式，还需设计相应的汇总记账凭证。

2．设计记账凭证的基本项目

尽管采用的记账凭证种类不同，所设计的记账凭证的格式也有所不同，但记账凭证的基本项目是相同的。其基本项目包括：记账凭证的名称（如××公司转账凭证），填制日期，经济业务简要说明，应记会计科目（包括一级、二级和明细科目），记账方向及金额，记账符号，凭证编号，附件张数（所附原始凭证的张数，反映数据的来源），以及填制、审核、出纳、记账和会计主管人员的签章等。

3．设计每种记账凭证的具体格式

记账凭证的格式设计是记账凭证设计中的关键环节，其设计得合理与否会直接影响到记账凭证的填写、汇总和记账。根据确定的记账凭证种类，在进行记账凭证格式设计时，要做到基本内容完整，重点内容突出，各栏目排列合理，行次适当，既要便于填写和记账，也要便于复核、查账和审计。

4．规定记账凭证的用途和管理制度

对各种记账凭证的用途、使用方法以及注意事项等应做出明确的规定，以确保各种记账凭

证的合理使用。而且，由于记账凭证是对原始凭证内容的分类整理和会计加工，反映了经济业务发生后对企业的影响，因此，也是重要的会计资料，必须建立完善的管理制度。

三、记账凭证设计的基本要求

（1）记账凭证的内容包括：填制凭证的日期，凭证编号，经济业务摘要，会计科目，金额，所附原始凭证张数，填制凭证人员、稽核人员、记账人员、会计机构负责人、会计主管人员签名或者盖章。收款和付款记账凭证还应当由出纳人员签名或者盖章。以自制的原始凭证或者原始凭证汇总表代替记账凭证的，也必须具备记账凭证应有的项目。

（2）填制记账凭证时，应当对记账凭证进行连续编号。一笔经济业务需要填制两张以上记账凭证的，可以采用分数编号法编号。

（3）记账凭证可以根据每一张原始凭证填制，或者根据若干张同类原始凭证汇总填制，也可以根据原始凭证汇总表填制。但不得将不同内容和类别的原始凭证汇总填制在一张记账凭证上。

（4）除结账和更正错误的记账凭证可以不附原始凭证外，其他记账凭证必须附有原始凭证。如果一张原始凭证涉及几张记账凭证，可以把原始凭证附在一张主要的记账凭证后面，并在其他记账凭证上注明附有该原始凭证的记账凭证的编号或者附原始凭证复印机。

一张原始凭证所列支出需要几个单位共同负担的，应当将其他单位负担的部分，开给对方原始凭证分割单，进行结算。原始凭证分割单必须具备原始凭证的基本内容：凭证名称，填制凭证日期，填制凭证单位名称或者填制人姓名，经办人的签名或者盖章，接受凭证单位名称、经济业务内容、数量、单价、金额和费用分摊情况等。

（5）如果在填制记账凭证时发生错误，应当重新填制。已经登记入账的记账凭证，在当年内发现填写错误时，可以用红字填写一张与原内容相同的记账凭证，在摘要栏注明"注销某月某日某号凭证"字样，同时再用蓝字重新填制一张正确的记账凭证，注明"订正某月某日某号凭证"字样。如果会计科目没有错误，只是金额错误，也可以将正确数字与错误数字之间的差额，另编一张调整的记账凭证，调增金额用蓝字，调减金额用红字。发现以前年度记账凭证有错误的，应当用蓝字填制一张更正的记账凭证。

（6）记账凭证填制完经济业务事项后，如有空行，应当自金额栏最后一笔金额数字下的空行处至合计数上的空行处画线注销。

四、记账凭证核算组织程序

请参阅如下相关文案范本。

文案范本

记账凭证核算组织程序

第一条 根据一定时期的所有原始凭证和汇总原始凭证，编制记账凭证（包括收款凭证、付款凭证、转账凭证）。

第二条 根据记账凭证中的收、付款凭证，逐笔登记现金和银行存款日记账。

第三条 根据原始凭证、汇总原始凭证和记账凭证，登记明细分类账。

第四条 根据记账凭证，登记总分类账。

第五条 月末，将现金日记账、银行存款日记账、明细分类账与总分类账进行核对，确定各种账簿记录是否相符。

第六条　根据核对无误的总分类账和明细分类账记录，编制会计报表。

文案范本

记账凭证账务处理工作流程

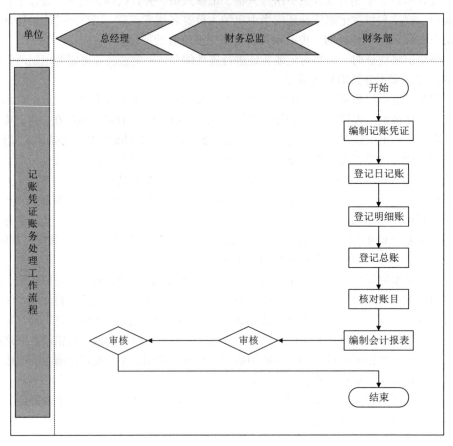

五、汇总记账凭证核算组织程序

请参阅如下相关文案范本。

文案范本

汇总记账凭证核算组织程序

第一条　根据原始凭证填制各种记账凭证。

第二条　根据收、付款凭证，逐笔登记现金和银行存款日记账。

第三条　根据原始凭证和记账凭证，登记各种明细分类账。

第四条　根据记账凭证汇总编制汇总记账凭证。

第五条　根据汇总记账凭证登记总分类账

　　第六条　月末，将上述账目的余额与总分类账的有关账户余额进行核对，并根据总分类账和明细分类账的资料编制账务报表。

**文案范本**

<h2 align="center">汇总记账凭证账务处理工作标准</h2>

任务名称	任务程序、重点及标准	时　限	相关资料
编制记账凭证	程序		原始凭证 原始凭证汇总表
	• 正确合理地黏附原始凭证	业务发生时	
	• 尽可能地将同类原始凭证编制成原始凭证汇总表	业务发生时	
	• 根据原始凭证或者原始凭证汇总表，编制记账凭证	2 个工作日内	
	重点		
	• 编制记账凭证		
	标准		
	• 记账凭证		
登记日记账	程序		收款凭证 付款凭证
	• 根据收款凭证、付款凭证登记现金日记账	即时	
	• 根据收款凭证、付款凭证登记银行存款日记账	即时	
	重点		
	• 登记现金日记账和银行存款日记账		
	标准		
	• 现金日记账和银行存款日记账		
登记明细账	程序		原始凭证 原始凭证汇总表 记账凭证
	• 根据编制的记账凭证		
	• 根据原始凭证或者原始凭证汇总表		
	• 登记各种明细账	2 个工作日内	
	重点		
	• 登记各种明细账		
	标准		
	• 原材料明细账等各种明细分类账		
编制汇总记账凭证	程序		收款凭证 付款凭证
	• 根据记账凭证编制汇总记账凭证	根据企业情况	
	• 除设置收款凭证、付款凭证和转账凭证外，还应设置汇总收款凭证、汇总付款凭证和汇总转账凭证		
	• 汇总收款凭证和汇总付款凭证应当按照"库存现金""银行存款"科目分别设置，并根据收款（付款）凭证按贷方（借方）科目归类		
	• 定期汇总填列 1 次	5 个工作日	

任务名称	任务程序、重点及标准	时　　限	相关资料
编制汇总记账凭证	重点		收款凭证 付款凭证
	• 编制汇总记账凭证		
	标准		
	• 编制的汇总记账凭证		
根据汇总记账凭证登记总账	程序		汇总收款凭证 汇总付款凭证
	• 根据原始凭证汇总表编制记账凭证	2个工作日内	
	• 根据记账凭证登记汇总记账凭证	2个工作日内	
	• 根据汇总记账凭证登记总分类账	1个工作日内	
	重点		
	• 进行总账的登记		
	标准		
	• 登记的总分类账		
核对账目	程序		现金日记账 银行存款日记账 明细分类账 总账
	• 总账各账户余额的核对	根据企业情况	
	• 总账与明细账的核对	月末	
	• 总账与日记账的核对	月末	
	重点		
	• 进行账账核对		
	标准		
	• 核对日记账、明细账与总分类账		
编制会计报表	程序		资产负债表 利润表
	• 登记总账及明细账	2个工作日内	
	• 收集整理其他有关会计资料	1个工作日内	
	• 编制会计报表	2个工作日内	
	重点		
	• 编制会计报表		
	标准		
	• 编制的资产负债表、利润表		
审核审批	程序		资产负债表 利润表
	• 财务总监负责对财务部会计人员编制的会计报表进行审核	1个工作日内	
	• 审核通过提交总经理	1个工作日内	
	• 总经理对于会计报表进行审批，审批通过提交董事会，上市公司财务会计报表要对外公开	根据企业情况	
	重点		
	• 审核审批会计报表		
	标准		
	• 审核的会计报表		

汇总记账凭证账务处理工作流程

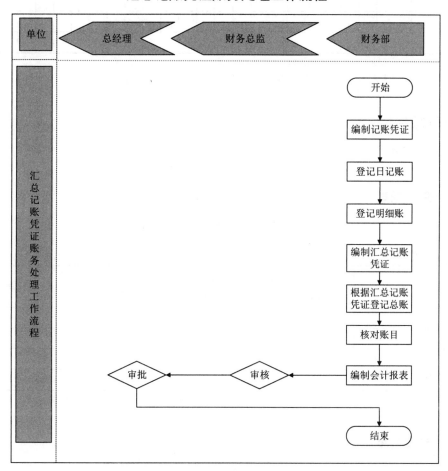

六、转账凭证

请参阅如下相关文案范本。

转账凭证

年　　月　　日　　　　　　凭证编号：

摘要	总账科目	明细科目	√	借方金额										√	贷方金额										附单据张
				千	百	十	万	千	百	十	元	角	分		千	百	十	万	千	百	十	元	角	分	

续表

摘要	总账科目	明细科目	√	借方金额										√	贷方金额										附单据
				千	百	十	万	千	百	十	元	角	分		千	百	十	万	千	百	十	元	角	分	
合　计																									张

财务主管　　　　记账　　　　　出纳　　　　　审核　　　　　　制单
（签章）：　　　（签章）：　　（签章）：　　（签章）：　　　（签章）：

七、收付款凭证

请参阅如下相关文案范本。

付款凭证

贷方科目：库存现金　　　　　　年　　月　　日　　　　　凭证编号：

摘　要	借方科目		金　额	记账符号	附单据
	总账科目	明细科目			
					张
合　计					

会计主管：　　　　记账：　　　　　　制单：　　　　　出纳：

收款凭证

借方科目：　　　　　　　　　　　年　　月　　日　　　　　凭证编号：

摘　要	贷方科目	金　额	记账符号	附单据
				张

会计主管：　　　　记账：　　　　　　制单：　　　　　出纳：

八、记账凭证的审核

1. 内容是否真实

审核记账凭证是否有原始凭证为依据，所附原始凭证的内容与记账凭证的内容是否一致，记账凭证汇总表的内容与其所依据的记账凭证的内容是否一致等。

2. 项目是否齐全

审核记账凭证各项目的填写是否齐全，如日期、凭证编号、摘要、会计科目、金额、所附原始凭证张数及有关人员签章等。

3. 科目是否正确

审核记账凭证的应借、应贷科目是否正确，是否有明确的账户对应关系，所使用的会计科目是否符合国家统一的会计制度的规定等。

4. 金额是否正确

审核记账凭证所记录的金额与原始凭证的有关金额是否一致，计算是否正确，记账凭证汇总表的金额与记账凭证的金额合计是否相符等。

5. 书写是否正确

审核记账凭证中的记录是否文字工整、数字清晰，是否按规定进行更正等。

此外，出纳人员在办理收款或付款业务后，应在凭证上加盖"收讫"或"付讫"的戳记，以避免重收重付。

九、记账凭证交接和系统操作管理

请参阅如下相关文案范本。

文案范本

记账凭证交接和系统操作管理制度

第一条　制证人员必须依据国家有关法规、财务基础工作和系统技术要求审核原始凭证、编制记账凭证，并及时交审核员审核。

第二条　审核员应认真审核记账凭证，审核无误后在记账凭证上用打号机打连续号码，并对现金凭证填写消号单；将编好号码的凭证交出纳员。

第三条　出纳员每天按时将记账凭证整理好，在"记账凭证传递及系统操作记录表"（简称"交接表"）上填写凭证类型和起止凭证编号，并交微机管理员。

第四条　微机管理员将出纳员交来的记账凭证与"交接表"所填份数进行核对，验收无误后在"交接表"上签章并及时将记录输入微机，将列印出的凭证清单交账务管理员校对。

第五条　账务管理员收到记账凭证清单，验收份数无误后，及时校对记账凭证与清单内容是否相符，如有不符的情况，应将其凭证编号填入"交接表"有关栏目，并在凭证清单上更正，最后在"交接表"上签章。

第六条　微机管理员根据账务管理员反馈回来的数据，录入日记账及其他操作并将现金、银行日记账交出纳员。

第七条　档案管理员将账务管理员交来的凭证进行验收，确认无误后在"交接表"上签章，并装订存档。

第八条　为严格记账凭证的审核，尽可能地减少编制、输入记账凭证的差错，实行逐级把关的责任制，即编制、审核、输入、校对各岗位的人员，除对本岗位工作负主要责任外，对其以前工作流程的工作质量负一定的责任。

十、主要记账凭证设计样本的比较

1. 单式记账凭证与复式记账凭证样本的比较

表 3-33 是借贷复式记账凭证通常设计样本，表 3-34 和表 3-35 是借贷单式记账凭证通常设计样本。

表 3-33　记账凭证

年　月　　　　　　　　　　　　　第　号

摘　要	科　目	子　细　目	借方金额	贷方金额
合　计				

财会主管：　　　记账：　　　出纳：　　　复核：　　　制单：

表 3-34　借项记账凭证

年　月　日　　　　　　　　　　　第　号

借方科目：			
二级或明细科目	摘　要	账　页	金　额
对方科目：	合　计		

财会主管：　　　记账：　　　出纳：　　　复核：　　　制单：

表 3-35　贷项记账凭证

年　月　日　　　　　　　　　　　第　号

贷方科目：			
二级或明细科目	摘　要	账　页	金　额
对方科目：	合　计		

财会主管：　　　记账：　　　出纳：　　　复核：　　　制单：

单式记账凭证的优点主要在于便于按科目汇总，有利于分工填制和记账。其局限性在于未在一张凭证上反映经济业务的全貌，出现差错时不易查找，而且在人工记账时编制记账凭证的工作量较大，且这种设计记账凭证使用数量多，原始凭证依附不便。复式记账凭证的优点在于能够清晰地反映经济业务的全貌和资金运动的来龙去脉，便于检查和审核。其局限性在于不便于人工记账的分工，复式记账凭证汇总也没有单式记账凭证方便。

2. 几种借贷复式记账凭证样本的比较

表 3-36 至表 3-47 等 12 张记账凭证，均属借贷复式记账凭证的设计样本。

表 3-36 至表 3-39 是某厂设计使用的借贷复式记账凭证，共 4 种，一种收款凭证、一种付款凭证、两种转账凭证。其设计特点是：收款凭证增设了"缴款人（单位）""交款人签章"栏和金额大写及事由，付款凭证增设了"受款人（单位）""领款人签章"栏和金额大写及用途。

这样，对收付款业务的反映更全面详细，便于审核与监督。

表 3-36　收款凭证（红色）　　　　　　　　　　　　出纳编号：

缴款人（单位）：　　　　　　　　　　　　　　　　收款时间：　年　月　日

金额（大写）：　　　拾　万　仟　佰　拾　元　角　分

事由：

应记借方的账户		√	应记贷方的账户		√	金额								交款人签章	附
一级账户	明细账户		一级账户	明细账户		十	万	千	百	十	元	角	分		单
															据
															张

主管：　　　出纳：　　　稽核：　　　审核：　　　　　　　填证：

表 3-37　付款凭证（蓝色）　　　　　　　　　　　　出纳编号：

受款人（单位）：　　　　　　　　　　　　　　　　付款时间：　年　月　日

金额（大写）：　　　拾　万　仟　佰　拾　元　角　分

事由：

应记借方的账户		√	应记贷方的账户		√	金额								领款人签章	附
一级账户	明细账户		一级账户	明细账户		十	万	千	百	十	元	角	分		单
															据
															张

主管：　　　出纳：　　　稽核：　　　审核：　　　　　　　填证：

表 3-38　借方转账凭证（黑色）

年　月　日　　　　　　　　　凭证编号：

应记借方的账户		√	应记贷方的账户		√	摘要	金额								附
一级账户	明细账户		一级账户	明细账户			十	万	千	百	十	元	角	分	单
															据
															张

主管：　　　稽核：　　　审核：　　　　　　　填证：

表 3-39　贷方转账凭证（黑色）

年　月　日　　　　　　　　　凭证编号：

应记借方的账户		√	应记贷方的账户		√	摘要	金额								附
一级账户	明细账户		一级账户	明细账户			十	万	千	百	十	元	角	分	单
															据
															张

主管：　　　稽核：　　　审核：　　　　　　　填证：

表 3-40 至表 3-42 是某厂设计使用的借贷复式记账凭证，共 3 种，一种收款凭证、一种付款凭证和一种转账凭证。其设计特点是：收款凭证设计有"交款人"栏，付款凭证设计有"收款人"栏，转账凭证不分借项、贷项。这样设计重点突出，简明扼要。

表 3-40　收款记账凭证（红色）

借方科目：　　　　　　　　　　年　月　日　　　　　　　　　　凭证编号：

经济业务简要说明	贷方科目		记账	金　额								附单据张
	一级科目	明细科目		十	万	千	百	十	元	角	分	
交款人：　　　　合计												

财会科长：　　　　　　审核：　　　　　　　　出纳：　　　　　　制单：

表 3-41　付款记账凭证（蓝色）

贷方科目：　　　　　　　　　　年　月　日　　　　　　　　　　凭证编号：

经济业务简要说明	借方科目		记账	金　额								附单据张
	一级科目	明细科目		十	万	千	百	十	元	角	分	
收款人：　　　　合计												

财会科长：　　　　　　审核：　　　　　　　　出纳：　　　　　　制单：

表 3-42　转账记账凭证（黑色）

年　月　日　　　　　　　　　　凭证编号：

借方科目		贷方科目		记账	金　额								附单据张
一级科目	明细科目	一级科目	明细科目		十	万	千	百	十	元	角	分	
简要说明：													

财会科长：　　　　　　审核：　　　　　　　　制单：

表 3-43 是收（付）款凭证设计样本，表 3-44 至表 3-47 是转账凭证设计样本。表 3-43 与表 3-40、表 3-41 相比较，属于同一种设计类型，但不同的是：前者"金额"栏分"一级科目""二级科目（明细）"两栏，后者"会计科目"栏分"一级科目""明细科目"两小栏。表 3-44 与表 3-45 相比较，后者是"摘要"栏居中，借项、贷项分列两边，前者是借项、贷项分列两边，设双"摘要"栏，区别于表 3-45 的会计科目分设"总账科目""子目"两小栏，对于会计科目的反映更清楚。表 3-46 与表 3-47 相比较，前者对金额的反映较为详细具体，突出金额；后者对会计科目的反映较为详细具体，突出会计科目。

表 3-43 （企业名称）收（付）款凭证

借（贷）方科目　　　　　　　　　　　　年　月　日　　　　　　　　　字第　　号

摘　要	贷（借）方科目	金　额		√	附
		一级科目	二级科目（明细）		件
合　计					张

会计主管：　　　　记账：　　　　出纳：　　　　审核：　　　　填制：

表 3-44 （企业名称）转账凭证

总号：　　　　　　　　　　　　　年　月　日　　　　　　　　　　分号：

摘　要	总账科目及子目	金额	√	摘　要	总账科目及子目	金　额	√	附
								件
合　计				合　计				张

会计主管：　　　　记账：　　　　复核：　　　　　　填制：

表 3-45 （企业名称）转账凭证

　　　　　　　　　　　　　　年　月　日　　　　　　　　　第　号

借　方				摘要	贷　方				附
总账科目	子目	金额	√		总账科目	子目	金额	√	件
				合计					张

会计主管：　　　　　　　记账：　　　　　　　填制：

表 3-46 （企业名称）转账凭证

　　　　　　　　　　　　　　年　月　日　　　　　　　　字第　号

摘　要	会计科目	借方金额		贷方金额		√	附
		一级	二级或明细	一级	二级或明细		件
合计							张

会计主管：　　　　记账：　　　　审核：　　　　填制：

表 3-47 （企业名称）转账凭证

　　　　　　　　　　　　　　年　月　日　　　　　　　　字第　号

摘　要	借方科目		贷方科目		金　额	√	附
	一级	二级或明细科目	一级	二级或明细科目			件
合计							张

会计主管：　　　　记账：　　　　审核：　　　　填制：

3．几种汇总记账凭证样本的比较

表 3-48 至表 3-52 是借贷记账法下的汇总记账凭证的设计样本。其中表 3-48、表 3-49、表 3-50 三种汇总记账凭证是配套使用的，其特点在于：对于收款凭证、付款凭证、转账凭证要分别汇总并编制汇总收款凭证、汇总付款凭证、汇总转账凭证；在汇总凭证中要反映会计科目的对应关系，以便反映经济业务的来龙去脉。

表 3-48　汇总收款凭证

借方科目：库存现金　　　　　　　　　　20××年 12 月

贷方科目	金　额				总账页数	
	1—10 日 凭证 1～30 号	1—10 日 凭证 1～30 号	1—10 日 凭证 1～30 号	合计	借方	贷方
其他应收款						
主营业务收入						
其他业务收入						
合计						

表 3-49　汇总付款凭证

贷方科目：银行存款　　　　　　　　　　20××年 12 月

借方科目	金　额				总账页数	
	1—10 日 凭证 1～30 号	1—10 日 凭证 1～30 号	1—10 日 凭证 1～30 号	合计	借方	贷方
应付账款						
材料采购						
固定资产						
合计						

表 3-50　汇总转账凭证

贷方科目：原材料　　　　　　　20××年 12 月　　　　　　　第 15 号

借方科目	金　额				总账页数	
	1—10 日 凭证 1～30 号	1—10 日 凭证 1～30 号	1—10 日 凭证 1～30 号	合计	借方	贷方
生产成本						
制造费用						
管理费用						
合计						

表 3-51 的设计与表 3-52 的设计具有相同点，都是按一定时间汇总科目的借贷发生额，不反映会计科目之间的关系。两者区别在于表 3-52 的汇总期短，可以 1 天、3 天、5 天、10 天汇总一次，填一张科目汇总表。表 3-51 的汇总期长，表中每旬汇总一次，全月合计，每月汇总填制一张记账凭证汇总表，既可依据其数据每旬登记一次总账，也可每月登记一次总账。

表 3-51 记账凭证汇总表

年 月 第×号

会计科目	1—10 日		11—20 日		21—30 日		合 计		总账页数
	借方	贷方	借方	贷方	借方	贷方	借方	贷方	
合 计									

表 3-52 科目汇总表

年 月 日至 日 汇字 号

会计科目	借方发生额	贷方发生额	√	记账凭证起止号
合 计				

会计主管： 记账： 复核： 填制：

十一、记账凭证规范化管理制度

请参阅如下相关文案范本。

 文案范本

记账凭证规范化管理制度

第一条 凡不规范或不合法的原始凭证不得作为登记记账凭证的根据。

第二条 记账凭证的编制，应根据原始凭证进行。

第三条 应该具备原始凭证而事实上没有原始凭证或原始凭证无法取得的会计事项，应由经办人员签报，并经主管各层的核准及主管会计的会签，送与部主管部门批准后，才可以编制记账凭证。事后如取得原始凭证时应检附。

第四条 记账凭证内所记载的会计事项及金额，均应与原始凭证内所表示者相符。原始凭证的余额，如不以分位为止，应将分位以下的数字四舍五入记入记账凭证。

第五条 凡从一科目转入其他科目时，借贷双方的会计科目虽属相同，而会计事项的内容并不相同，或总分类科目虽属相同，而明细分类账科目并不相同者，均应根据项目记账凭证转正。但属于成本计算科目另有规定处理方法者不在此限。

第六条 现金、票据、证券及财产增减、保管、转移，应随时根据合法的原始凭证填具记账凭证。但有关生产成本已随时根据合法的原始凭证而直接记入明细分类账者，须按期分类汇总填具记账凭证。

第七条 记账凭证有下列情形者，视为不合法的凭证，应更正。

1. 记账凭证根据不合法的原始凭证填制者。

2. 未依规定程序编制者。

3. 记载内容与原始凭证不符者。

4. 会计法规定应行记载事项未记明者。

5. 依照规定，应经各级人员签章，但未经其签名盖章者。

6. 有记载、抄写、计算错误而未遵照规定更正者。

7. 其他与法令、公司规章不合者。

第四节　会计凭证管理制度、办法范本

请参阅如下相关文案范本。

会计凭证管理办法

第一章　目的

第一条　为保证财务报告编制工作的顺利开展，确保财务报告数据的准确性，会计人员需按本办法的相关要求，做好会计凭证的取得、填制与保管工作。

第二条　本办法适用于对本企业及控股子公司会计人员取得、填制与保管会计凭证工作的管理。

第三条　会计凭证的相关界定。

1. 会计凭证包括原始凭证和记账凭证，而记账凭证又分为现金凭证、银行凭证和转账凭证。

2. 企业各部门及下属单位处理每一项经济业务时，都必须填制或取得各种会计凭证，并及时送交财务部。

第二章　原始凭证管理要求

第四条　原始凭证的内容必须具备下列要素。

1. 凭证名称。

2. 填制凭证的日期。

3. 填制凭证单位名称或填制人姓名、经办人签名或盖章。

4. 接受凭证的单位名称与经济内容。

5. 数量、单价、金额。

第五条　原始凭证的印章必须齐全，其要求如下。

1. 从外单位取得的原始凭证必须盖有填制单位的财务专用章或发票专用章、业务公章、结算专用章。

2. 从个人处取得的原始凭证，必须由经办人、验收人、业务主管人员签名或盖章。

3. 自制原始凭证必须有经办单位负责人或指定人员的签名或盖章。

第六条　原始凭证记录要真实，计算要准确，具体要求如下。

1. 凭证名称与经济业务内容相符。

2. 凭证填制日期与经济业务发生日期相符。

3. 经济业务与合同、协议、订货单等相符。

4. 品种、数量、单价填写正确。

5. 大写和小写金额相符等。

第七条　一张原始凭证所列支出需要几个单位共同负担的，应将其他单位负担的部分开给对方原始凭证分割单进行结算。分割单应包括四个方面的内容。

1. 原始凭证的名称、编号、金额及所依附的记账凭证编号。

2. 填制原始凭证单位的名称和日期。

3. 填制分割单的单位名称、填制日期、分担金额。

4. 填制单位的财务专用章，会计主管人员、经办人的签名或盖章。

各分割单的内容、数量、金额应与原始凭证相符。

第八条　原始凭证记载的各项内容均不得涂改；原始凭证有错误的，应由出具单位重开或更正，更正处应当加盖出具单位印章。其中原始凭证金额有错误的，应当由出具单位重开，不得在原始凭证上更正。

第九条　原始凭证不得外借，其他单位如因特殊原因需要使用原始凭证时，经财务部经理批准后可以复制。向外单位提供的原始凭证复印件，应在专设的登记簿上进行登记，并由提供人员和收取人员共同签名或盖章。

第十条　原始凭证遗失时，应取得原开具单位盖有公章的证明，并注明原凭证的编号、内容、数量和金额等，由财务经理和主管领导批准后，该证明才能代作原始凭证。如果确实无法取得证明的，应由经办人写出详细情况，经财务经理和主管领导批准后，代作原始凭证。

第三章　记账凭证的基本要求

第十一条　会计人员应根据审核无误的原始凭证填制记账凭证。

第十二条　记账凭证应具备下列内容。

1. 填制凭证的日期。
2. 填制凭证单位名称。
3. 凭证的名称和编号。
4. 经济内容摘要。
5. 会计科目。
6. 金额及其合计数。
7. 附件张数。
8. 填制凭证人员、记账人员、稽核人员、主管人员签名或盖章。
9. 现金、银行凭证必须有出纳人员的签名或盖章，并在所附全部原始凭证空白处由出纳人员加盖"收讫""付讫"戳记。

第十三条　记账凭证日期的填写。

记账凭证的日期应按编制当天日期填写。有些属于当月经济业务，如费用的分配或成本、利润的结转等调整分录和结账分录的记账凭证，需要到以后月份才能编制凭证的，应填写当月月末的日期。

第十四条　记账凭证编号的填写。

记账凭证的编号可以分为现金凭证凭证、银行凭证和转账凭证三类分别进行编号。如果一笔业务需填制两张以上凭证时，可采取分数编号。

第十五条　记账凭证摘要的填写。

1. 经济业务摘要必须清楚、简明扼要，购买多种物品时应写明主要物品的名称。
2. 往来业务的凭证、借款和报销业务摘要应具备对方单位名称或个人姓名及所属部门。
3. 向银行提取现金需注明原因。
4. 收支的结转和费用预提摊销应注明相应期间。

第十六条　记账凭证除结账和改错外都应附有原始凭证。如果一张原始凭证涉及几张记账凭证，应将原始凭证附在一张主要的记账凭证后面，并在其他记账凭证上注明附有该原始凭证的记账凭证的编号或者附原始凭证复印件。

第十七条　记账凭证的更正。

1. 在过账前发现填制的记账凭证错误时应重新填制。
2. 在过账后的当年内发现填制的记账凭证错误可用红字填写一张与原内容相同的凭证，

同时再用蓝字重新填写一张正确的记账凭证。如果会计科目没有错误，只是金额错误，也可根据其差额另编一张调整的记账凭证。

3. 若发现以前年度记账凭证错误的，应用蓝字填制一张更正的记账凭证。现金、银行凭证原则上不能出现红字，发生科目错误应用转账凭证进行更正。

第十八条 记账凭证连同其原始凭证，应按编号顺序装订成册，加具封面。在封面上应注明单位名称、年度、月份和起讫日期、凭证种类、起讫号码等，并由装订人在装订线处盖章。

第四章 附 则

第十九条 本制度由财务部负责制定和解释。

第二十条 本制度报财务总监（总经理）审核批准后实施，修订时亦同。

第四章

会计账簿管理操作实务

第一节　会计账簿管理及设计综述

一、会计账簿的种类

1. 按用途可分为序时账簿、分类账簿和备查账簿

（1）序时账簿，是指按照经济业务发生时间的先后顺序逐日逐笔登记经济业务的账簿，故称日记账。

按其记录的内容不同，又分为普通日记账和特种日记账。普通日记账是用来登记全部经济业务发生情况的日记账，如日记总账和凭单日记账；特种日记账是用来记录某一类经济业务发生情况的日记账，如现金日记账和银行存款日记账。

（2）分类账簿，是指对全部经济业务按照总分类账户和明细分类账户进行分类登记的账簿。分类账簿有总分类账簿和明细分类账簿两种。按照总分类账户进行登记的分类账，称为总分类账或总账；按照明细分类账户登记的分类账，称为明细分类账或明细账。

（3）备查账簿，是指对某些在序时账簿和分类账簿中未能记载的经济业务事项进行补充登记的账簿。

此外，还有一种联合账簿。它是将序时账簿和分类账簿结合在一起的账簿，如日记总账。

2. 按账簿的外表形式可分为订本式账簿、活页式账簿和卡片式账簿

（1）订本式账簿，是指把许多账页装订成册的账簿。这种账簿的账页固定，不能增减抽换，可防止账页散失和抽换账页的现象。由于账页固定，使用起来欠灵活，必须预先估计每个账户所需要的账页，否则，账页多了浪费；少了不够用，影响账户的连续性。

（2）活页式账簿，是指账簿页数不固定，采用活页的形式。这种账簿的页数可以根据需要来确定。由于账簿的页数不固定，可能出现散失或被抽换。

（3）卡片式账簿，是指印有专门格式的卡片组成的登记各种经济业务的账簿。卡片不固定在一起，数量可根据业务需要量增减。

账簿的分类如图 4-1 所示。

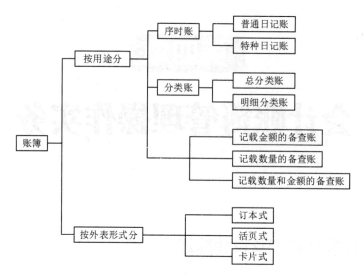

图 4-1　账簿的分类

二、会计账簿的基本构成

计账簿的格式多种多样，一般由封面、扉页和账页构成（见表 4-1）。

表 4-1　会计账簿的格式

封面	主要用来载明账簿的名称
扉页	主要用来登载经管人员一览表，其主要内容是单位名称、账簿名称、起止页数、启用日期、单位领导人、会计主管人员、经管人员、移交人和移交日期以及接管人和接管日期等
账页	账簿的主体。在每张账页上，应载明账户名称、记账日期栏、记账凭证的种类和号数、摘要栏、金额栏、总页次和分页次

文案范本

账簿启用和经管人员一览表

账簿名称：　　　　　　　　　　　　　单位名称：

账簿编号：　　　　　　　　　　　　　账簿册数：

账簿页码：　　　　　　　　　　　　　启用日期：

会计主管（签章）：　　　　　　　　　记账员（签章）：

移交日期			移交人		接管日期			接管人		会计主管	
年	月	日	姓名	签章	年	月	日	姓名	签章	姓名	签章

三、会计账簿的设计原则

1．适应企业的规模和特点

账簿的种类和数量要与企业的经济业务数量和管理要求相适应。一般业务量大、管理要求细的，可以设置单独的账簿进行登记。业务量多、核算工作量大的，就要考虑会计分工，从而要进行账簿的分工。因此，经济业务数量是决定账簿设计的关键因素之一。

2．适应财务报表的要求

账簿是编制财务报表的依据。财务报表的主要数据源于账簿，因此，在设计账簿种类和明细项目时，除了考虑企业规模外，还应尽可能地与财务报表的项目口径一致，以便加快报表编制速度，提高财务报表数据的质量。

3．简明实用，满足业务需要

在满足业务需要的前提下，在设计账簿时应当把握：账页的格式简单明了，账本的册数不宜过多，账页的尺寸不宜过大，栏次不宜过多。

4．便于审核、查阅和保管

在设计账簿的内容时，一方面应与报表相对应，另一方面应与会计凭证相对应，以便账簿的审核；在设计账簿的形式时，应考虑账簿的查阅和保管。

四、分类账的设计

分类账分为总分类账（简称总账）、明细分类账（简称明细账）和备查账三种。设计分类账的多少，取决于以下几个因素：

- 企业规模和业务特点。在企业中，经济业务越多，越复杂，涉及的账户则越多，反之则越少。因此，账户的多少直接涉及所需要设计的分类账的多少。
- 管理的需要。设计分类账的目的之一在于为管理提供信息。因此，在设计分类账时，要考虑管理的要求。一般来说，管理越细，要求设计的账户越多，反之则越少。
- 总账和明细账的关系。总账对下设的明细账起控制作用，明细账则是对总账起补充说明作用。一般地，总账对明细账控制的数量可以是没有限制的，但考虑到会计工作的便利和取得某些指标的需要，可以直接设置明细账或中间控制账户，即设计二级账或三级账。

（一）一般分类账格式的设计

1．总账格式的设计

在设计总账格式时应考虑两个方面：一是登记方法。通常有逐笔登记法、汇总登记法、汇总登记与逐笔登记相结合登记法和以表代账法。二是账户的对应关系。在理论上，对是否在总账中保持账户间的对应关系，有两种不同的观点。一种观点认为，在总账中保持账户的对应关系，有助于分析经济业务内容，了解发生额的变动原因。按照这种观点，在总账中需要有"对应账户"栏。另一种观点认为，总账只提供总括指标，作为汇总、核对、编表之用，如果通过总账来进行经济业务的分析，深度广度有限，意义不大，因此，没有必要在总账中设置"对应账户"。

（1）三栏式总账。这是分类账的传统格式，是总账的基本格式。其特点是在账页上设置借方、贷方和余额三个金额栏。其格式如表 4-2 所示。

表 4-2　三栏式总账

账户名称（会计科目）　　　　　　　　　　　　　　　　　　　　　　　　　　　　　第　　页

年		凭证		摘　要	借　方	贷　方	借或贷	余　额
月	日	字	号					

（2）双栏式总账。它在账页中只设借方发生额和贷方发生额两个金额栏。双栏式总账仅适用于期末没有余额的账户。如损益类账户，期末没有余额。这种总账的优点在于可以通过借贷方进行对比分析发生额的变动情况。其格式如表 4-3 所示。

表 4-3　营业收入总账

　　　　　　　　　　　　　　　　　　　　　　　　　　　　　　　　　　　　　　第　　页

年		凭证		摘　要	借　方	贷　方
月	日	字	号			

（3）日记总账式。这是指日记账和总账结合设计的联合账簿，主要适用于小型企业。其格式如表 4-4 所示。

表 4-4　日记总账

　　　　　　　　　　　　　　　　　　　　　　　　　　　　　　　　　　　　　　第　　页

年		凭证号	摘要	××科目		××科目		××科目		（下略）	
月	日			借方	贷方	借方	贷方	借方	贷方	借方	贷方

（4）多栏式总账。它是将企业全部账户集中于一张账页中，设置期初余额、借方、贷方和期末余额，依据汇总记账凭证登记总账，从而减少过账工作量。其格式如表 4-5 所示。

表4-5 多栏式总账

年 月 日 　　　　　　第 页

账号	会计科目	上月余额	1—10日			凭证号	11—20日			凭证号	21—30日			凭证号
			借方	贷方	余额		借方	贷方	余额		借方	贷方	余额	

表4-3中是按每十天登记一次设计的。在实际工作中，可根据企业的具体情况确定记账日期，设计总账账页。

（5）科目对应账户式总账。它是为在总账中保持账户对应关系而设置的，主要适用于汇总记账凭证登记总账。其格式如表4-6所示。

表4-6 对应账户式总账

账户名称（会计科目） 　　　　　　第 页

年		凭证号	摘要	对应账户	借方	贷方	借或贷	余额
月	日							

（6）以表代账格式。即以改进的科目汇总表代替总账，以简化总账的登记工作。其格式如表4-7所示。

表4-7 科目汇总表（代总账）

年 月 日

会计科目	月初余额		本月发生余额		本年累计发生额		月末余额	
	借方	贷方	借方	贷方	借方	贷方	借方	贷方

2．明细账格式的设计

明细账格式的设计必须适应不同业务特点和管理的需要，在设计明细账时应考虑三方面因素：
- 账簿形式。根据记账手段的性质，手工记账一般采用活页式和卡片式，而在计算机记账时，只能采用活页式。

- 登记方式。根据明细账户的多少决定分户登记还是分栏登记。通常，明细账户多的企业应采用分户登记，少的采用分栏登记。
- 简化实用。在企业中，有些明细账可能重复，在满足业务的前提下应考虑简化实用。有些明细账可以以单代账而不失其控制监督作用，并为管理上提供资料的，可以考虑简化问题。

（1）三栏式明细账。三栏式明细账主要用于登记金额类的明细账，如应收账款、应付账款明细账等。

数量金额式明细账是在三栏式明细账上增加数量、单价栏而形成的。它适用于既要核算金额，又要核算数量的存货类账户。其格式如表 4-8 所示。

表 4-8　数量金额式明细账

编号：　　　　　　　名称：　　　　　　　规格：　　　　　　　计量单位：
储存定额：　　　　　最高储存量：　　　　最低储存量：　　　　　　　　第　页

年		凭证		摘要	收入			发出			结存		
月	日	种类	编号		数量	单价	余额	数量	单价	余额	数量	单价	余额

（2）多栏式明细账。又称分析式明细账。它主要是在借、贷两栏或单栏增设专栏，以提供分析资料或编制明细账的资料。多栏式明细账包括借贷式和合计式两种。借贷式主要用于资产、负债和所有者权益账户，其格式是在借贷项下再设专栏，以起到分析和控制作用，如应交税费明细账（见表 4-9）。合计式主要用于成本类和损益类，是对经济事项进一步分类，简化记账手续，如制造费用明细账（见表 4-10）。

表 4-9　应交税费——应交增值税明细账

科目：　　　　　　　　　　　　　　　　　　　　　　　　　　　　　　　第　页

年		凭证		摘　要	借　方		贷　方			借或贷	余额
月	日	种类	编号		进项税额	已交税金	销项税额	出口退税	进项转出		

表 4-10 制造费用明细账

科目： 第 页

年		凭证号数	摘 要	折旧费	办公费	修理费	水电费	工资福利	合 计
月	日								

（二）特殊分类账格式的设计

在许多账户中，由于其业务特性、管理需要，在设计分类账时，需要增加一些栏目，来完整反映业务过程或提供完整的会计信息。例如，应收账款账户需要提供每笔应收账款的回收情况，应收票据账户需要提供票据到期、票款收回或贴现情况，固定资产账户要求增设使用年限和折旧率，外币业务账户需要提供汇率情况等。在设计分类账时，可以根据业务和管理需要，增设一些栏目来反映这些信息。

现以应收账款明细账和外币业务明细账为例说明如下。

1. 应收账款明细账

要求对同一笔业务的发生和注销情况分别登记在借方和贷方的同一行中，以便逐项检查、控制和分析，如表 4-11 所示。

表 4-11 应收账款明细账

年		凭证号数	摘要	户名	金额	年		凭证号数	摘要	金额	转销（√）
月	日					月	日				

2. 外币业务明细账

我国会计准则规定，人民币为记账本位币。因此，涉及外币业务时，应在普通明细账的基础上，增加外币种类、汇率和外币栏，以完整反映经济业务。以三栏式为例，其参考格式如表 4-12 所示。

表 4-12　外币式明细账

年		凭证号数	摘要	外汇类别	汇率	借　方		贷　方		余　额	
月	日					外币	人民币	外币	人民币	外币	人民币

（三）专用的备查账格式的设计

有些会计事项在日记账和分类账中不予或无法记录，但管理上需要加以控制或掌握情况，通常用备查账来记录，以弥补日记账和分类账的不足。

备查账的数量和格式可以根据实际需要来设计。在企业中，备查账主要有以下几种。

1．代管财产物资登记簿

对于一些所有权不属于企业，但企业负有保管责任的财产物资，需要通过备查账来登记反映，如借入或临时租入固定资产、代管商品物资等。

2．账外财产登记簿

对于一些所有权属于企业，但不在企业日记账和分类账保留其价值的财产物资。例如，企业采用一次性摊销的低值易耗品，需要设置账外财产登记簿，记录领用日期、领用人、领用数量、报废日期等情况，以加强财产的控制。

3．其他登记簿

对某些不纳入总账核算范围，而业务上需要掌握的事项，均可根据需要设计登记簿，如重要空白凭证、合同执行情况、固定资产使用情况等。

备查簿的设计特点是，强调业务和管理的需要，不过于强调资金的平衡关系和记账方法。以租入固定资产备查簿和空白凭证备查簿为例，其格式如表 4-13 和表 4-14 所示。

表 4-13　租入固定资产备查簿

资产名称	规　格	合同号	租出单位	租入日期	租　期	租　金	使用地点	备　注

表 4-14　空白凭证备查簿

购入日期	凭证类型	起止号码	领用日期	领用人	领用号	交回记录

五、日记账的设计

（一）日记账设计的种类

设计日记账主要从日记账用作过账和不用作过账两方面考察。

1. 用作过账媒介的日记账设计

在日记账中，用作过账的日记账主要有普通日记账和特种日记账两种。

（1）普通日记账的设计。普通日记账用来序时地、全面地登记一个企业的经济业务发生情况。它由原始的日记账簿和分录账簿相结合而成，是最基本的序时账，其他日记账则是在此基础上发展起来的特殊形式。

普通日记账主要有账户式、顺序式和多栏式三种。

① 账户式普通日记账。它是将某一科目的金额，按借贷方向分别设计账页的左右两边，分别记录。这种账簿具有结构严谨、借贷对比明显、反映业务全面等优点。但要求逐笔记录分类账，工作量大。其格式如表 4-15 所示。

② 顺序式普通日记账。又称分录簿，它是将账户式普通日记账借、贷两方相同的经济内容合并设置，并将金额栏分借方、贷方两栏。它能反映会计分录的时间顺序，同时简化了前一种账页格式。其格式如表 4-16 所示。

表 4-15 （账户式）普通日记账

借方								贷方							第　页
年		凭证		摘要	会计科目	账页	金额	年		凭证		摘要	会计科目	账页	金额
月	日	字	号					月	日	字	号				

表 4-16 （顺序式）普通日记账

年		凭证		摘　要	账　页	会计科目	借方金额	贷方金额	第　页
月	日	字	号						

③ 多栏式普通日记账。它是在顺序式日记账的基础上，对于经常出现的会计科目设计专栏，集中记录经济业务，月末根据合计数登记总账。对于不常涉及的经济业务集中在"其他业务"栏，逐笔登汇总账。这种日记账中的账户对应关系明确，可以减少主要业务过总账的工作量。同时，还因为设计会计科目专栏而简化了记账工作量。但这种账簿受账页限制，在科目较多的情况下不宜使用。其账页格式如表 4-17 所示。

表 4-17　（多栏式）普通日记账

第　　页

年		凭证		摘	现金		银行存款		销售费用		××科目	
月	日	字	号	要	借方	贷方	借方	贷方	借方	贷方	借方	贷方

（2）特种日记账的设计。在经济业务大量发生的情况下，为了解决会计分工的问题，必须分割日记账，把大量重复的同类经济业务集中在一本日记账中登记。因此我们把专门反映某些重要的经常发生的业务，从普通日记账中逐步分离出来的日记账称为特种日记账。

特种日记账一般包括现金日记账、银行存款日记账、采购和销售日记账等，分别记录现金、银行存款、采购和销售业务。

1）现金日记账的设计。根据现金业务的复杂程度不同，企业可以单设现金日记账，也可以将现金收入和支出分开，设计现金收入日记账和现金支出日记账。现金日记账和现金收入日记账、现金支出日记账的格式如表 4-18、表 4-19 和表 4-20 所示。

表 4-18　现金日记账

第　　页

年		凭证		摘	收　入			支　出			金额
月	日	字	号	要	贷方科目		收入合计	借方科目		支出合计	

表 4-19　现金收入日记账

第　　页

年		凭证		摘要	借方科目								支出合计	账页	转出数
月	日	字	号												

表 4-20 现金支出日记账

第 页

年		凭证		摘要	贷方科目						支出合计	账页	转出数
月	日	字	号										

2）银行存款日记账的设计。企业可以根据业务需要单设银行存款日记账，也可根据银行存款收入、支出业务分开设计。设计方法与现金日记账基本相同，不同之处在于为了方便同银行对账，在银行存款日记账上应增设"结算凭证"栏。银行存款日记账格式如表 4-21 所示。

表 4-21 银行存款日记账

第 页

年		凭证		摘要	结算凭证		收 入		支 出		金 额
月	日	字	号		种类	号数	贷方科目	收入合计	借方科目	支出合计	

3）购货日记账的设计。购货业务较多的企业，对采购业务的发生及完成情况要设置购货日记账。企业购货业务按结算方式分为两种：付现和赊购。因此，设计购货日记账也有两种方法。如果企业在现金、银行存款日记账中设有材料采购栏，在购货日记账中只反映赊购业务，在购货日记账中只设"应付账款"或"应付票据"科目；如果在现金、银行存款日记账中没有设材料采购栏，在购货日记账中要全面反映付现和赊购业务，在账页项目栏中还应增设"库存现金""银行存款"科目。两种购货日记账的格式设计分别如表 4-22 和表 4-23 所示。

表 4-22 购货日记账（只反映赊购）

年		凭证		摘要	应付账款明细科目	账页	××材料	××材料	××材料	合 计
月	日	字	号							

表 4-23 购货日记账（付现和赊购）

年		凭证		摘要	应付账款明细科目	现金科目	银行存款科目	账页	××材料	××材料	××材料	合 计
月	日	字	号									

4）销售日记账的设计。它是专门用来反映企业销售业务的一种日记账。销售业务按结算

方式分也有现销和赊销两种，因此设置销售日记账也有两种方法。一种是由于在现金、银行存款日记账中已反映现销业务，因此在销售日记账中只反映赊销业务，在日记账中设"应收账款"或"应收票据"科目；另一种是在现金、银行存款日记账中没有设销售收入栏，在销售日记账中应全部反映销售业务，即在销售日记账中应增设"库存现金"和"银行存款"科目。其格式分别如表 4-24 和表 4-25 所示。

表 4-24　销售日记账（只反映赊销）

年		凭证		摘要	应收账款明细科目	账页	××产品			××产品			××产品		
月	日	字	号				数量	单价	金额	数量	单价	金额	数量	单价	金额

表 4-25　销售日记账（现销和赊销）

年		凭证		摘要	应收账款明细科目	现金科目	银行存款科目	账页	××产品			××产品		
月	日	字	号						数量	单价	金额	数量	单价	金额

2. 不用作过账媒介的日记账设计

当企业采用记账凭证或汇总记账凭证过账，而不以日记账作过账媒介时，可以不设日记账。但出于对货币资金管理的需要，会计制度要求设置现金日记账和银行存款日记账。这种账簿的账页一般采用"收入""支出"和"结余"三栏式，可随时计算出现金和银行存款账户余额。

现金日记账和银行存款日记账格式如表 4-26 和表 4-27 所示。

表 4-26　现金日记账

第　　页

年		凭证		摘　要	应对科目	收　入	支　出	结　余
月	日	字	号					

表 4-27　银行存款日记账

第　　页

年		凭证		结算凭证		摘　要	对应科目	收　入	支　出	结　余
月	日	字	号	种类	编号					

如果企业货币资金业务量大，也可以将现金、银行存款按其收入和付出设现金（银行存款）收入日记账和现金（银行存款）付出日记账。其格式可参照特种日记账中的现金收入（支出）日记账。

从以上两种类型的日记账可以看出，作为过账媒介的日记账与不作为过账媒介的日记账的区别体现在两方面：第一，作为过账的日记账要求设置"账页"栏，表示过入总账的账页；第二作为过账媒介的日记账必须反映科目之间的对应关系。因为它是连接原始凭证和分类账的桥梁，必须对原始凭证反映的经济业务做出会计分录，并据以登记分类账。因此，在账簿设计上要求将对应科目列示出来。而不作为过账媒介的日记账，则可根据对账和分析的需要，列出或不列出对应科目。

（二）日记账格式的设计

为了进一步掌握日记账的设计，下面专门讨论日记账格式设计问题。

1. 日记账的一般格式

以日记账涉及的金额划分，日记账一般格式有三种，即一栏式日记账、两栏式日记账和三栏式日记账。

（1）一栏式日记账，指专门用来序时、逐笔地反映某类业务的日记账，只设一个金额栏。设计这种日记账的主要目的是：用于对某项经济业务进行参考和备查，不能起到入账的作用。如一栏式"销货日记账"，其格式如表 4-28 所示。

表 4-28　销货日记账

| 年 | | 凭　证 | | 结算凭证 | | 摘　要 | 对方科目 | 数　量 | 单　价 | 金　额 |
月	日	字	号	种类	编号					

销货日记账中的对方科目主要指"库存现金""银行存款"或"应收账款"科目。

（2）两栏式日记账，专门用来序时分类地记录经济业务涉及的会计科目借、贷方金额，设置借方金额栏和贷方金额栏。格式如"账户式普通日记账"，它是最原始、最基本的账页格式，其他账页都是在此基础上发展起来的。根据原始凭证逐笔记入分录类日记账，再定期将业务的金额按有关会计科目过入总分类账与明细分类账，并将过入总账的页数记入日记账，便于对账与查错。由于这种格式需要逐笔登账与过账，不利于分工，目前很少采用。

（3）三栏式日记账，指专门反映某一科目借方发生额、贷方发生额和余额的账簿，是当前日记账的标准格式。如现金日记账和银行存款日记账。

2. 日记账的专用格式

随着管理对会计的要求越来越高，日记账自身不断发展，日记账的设计已突破了上述三种格式，与业务和管理需要结合得越来越紧密，从而日记账的专用格式也随之产生。日记账的专用格式是指为了满足某些特殊记录的需要，在日记账的栏目设计中采用专栏或多栏的形式，使具有特殊目的的指标可以单独登记的一种账簿格式。这种格式可以解决企业管理、记账过程中的一些特殊需要，但格式比较复杂，设计难度较大。主要适用于：

- 直接获取某类经济业务的汇总资料，如现金的收入与支出。
- 为节省人力，将企业某方面经营活动所发生的会计事项的记录工作集中管理。

- 为取得某些经济业务的详细信息，通过专用日记账取得进行控制和分析所需要的信息，编制工作日报，如出纳日报、进销存日报等。

以"出纳日记账"和"购销日记账"为例，对专用日记账格式设计说明如下。

（1）出纳日记账。在企业中，出纳员管理现金和银行存款日记账。

为了便于记账，可将现金科目和银行存款科目设在同一账页上，即银行存款日记账和现金日记账合二为一，便于提高工作效率。其参考格式如表 4-29 所示。

表 4-29 出纳日记账

第　　页

年		凭　　证		摘要	会计科目	现　　金			银行存款			账页
月	日	种类	编号			收入	付出	余额	收入	付出	余额	

（2）购销日记账。它是指将购销业务情况分部门、按购销方式在同一账页上反映，进行序时记录的一种日记账。在设计时将购货日记账、销货日记账结合在一起，便于考核各部门的购销业务情况。其参考格式如表 4-30 所示。

表 4-30 购（销）日记账

第　　页

年		凭　　证		摘要	会计科目	现　　金			银行存款			账页
月	日	种类	编号			甲部	乙部	丙部	甲部	乙部	丙部	

（三）日记账装订形式的设计

按照会计规范的要求，现行现金日记账和银行存款日记账必须采用订本式账簿，不得以银行对账单或者其他方式代替日记账。

 文案范本

日记总账

年		凭证		摘　要	发生额	现金	银行存款	应收账款	其他应收款	材料	……
月	日	字	号								
			发生额合计及月末余额								

日记总账核算组织程序

（1）根据原始凭证填制各种记账凭证。

（2）根据收、付款凭证登记现金日记账和银行存款日记账。

（3）根据原始凭证和各种记账凭证登记各种明细分类账。

（4）根据各种记账凭证及现金日记账、银行存款日记账登记日记总账。

（5）月末，将上述账目的余额与总分类账的有关账户余额核对。

（6）根据日记总账和各种明细分类账编制会计报表。

会计账簿规范化管理制度

第一条　除公司另有规定外，会计人员均应依据记账凭证登记会计账簿。

第二条　根据记账凭证登记账簿时，总分类账应先汇编"日记余额试算表"，然后根据该表转入，其明细分类账应根据记账凭证登记。

第三条　登记时，其账簿内所记载的会计科目、金额及其他事项，均应与记账凭证内所载者相同。

第四条　日记余额试算表的编制及各种账簿的登记，应每日进行。

第五条　账簿有以下情形者，视为不合法的账簿，应予更正。否则，不得据以编制会计报告。

1. 不依据正确的记账凭证或原始凭证进行登记的账簿。

2. 日记试算表及账簿的内容与计账凭证或原始凭证不符，或总分类账的内容与日记试算表不符的。

3. 记载、抄写、计算等错误，不依规定更正者。

4. 其他不合法的情况。

第六条　总分类账及明细账，原则上均应按日结算借贷的余额，如果事实上无须此要求，可根据实际情况改为每周进行。但每月终了时，必须办理一次结总，计算各账户"本月合计"和"截至本月累计"，以利于月报的编制。

第七条　公司有以下情况之一时，应办理结账：

1. 会计年度终了时。

2. 公司改组合并时。

3. 公司解散时。

4. 主管部门认为公司有需要或配合利润中心的制度实施时，每三个月需结账一次。

第八条　结账前要对下列各项整理分录：

1. 所有预付、预收、应收、应付各科目及其他权责已发生而尚未入账的各项事务的整理分类。

2. 折旧、坏账及其他属于本结账期内的费用整理记录。

3. 材料、成品等实际存量与账面不符的整理记录。

4. 其他应列为本结账期内的损益和截至本结账期结束已发生的债权债务而尚未入账的。

第九条 账簿和重要备查簿内记载错误而当时被发现，应由原记账人员画双红线注销更正，并于更正处盖章证明，不得挖补、刮擦或用药水涂抹。

如事后才发现错误，而其错误不影响结款的，应由发现人员将情况呈明主管人员更正；若其错误影响结款或相对账户的余额者，应另制传票更正。数字书写错误，无论写错一位或数位，均应将该错误数据全部用双红线画去，另行书写正确数字，并由记账人员盖章证明。

第十条 账簿及重要备查簿内有重揭两页产生空白页时，应将空白页画斜红线注销，如跳过一行或两行，应将误空的行画红线注销，画线注销的账页空行均应由记账人员盖章证明。

第十一条 各种账簿总的首页，应列启用单，说明公司名称或各厂名称、账簿名称、年度、册次页数、启用日期，并由负责人和主办会计盖章。各种账簿的末页，应附经营人员一览表，填明记账人员的姓名、职别、经管日期。凡经管账簿人员遇有职务调离时，须将各项账簿由原经管人员与接管人员在账簿"经营人员一览表"内写明交接年、月、日，并盖章证明。

第十二条 各种账簿账页的编号，除订本式应按账页顺序编号外，活页式账簿应按各账户所用的账页顺序编号，年度终了时应予装订成册，总分类账和明细分类账应在各账本前加一目录。

第十三条 各种账簿除已经用尽外，在决算期前不得更换新账簿。其可长期连续记载的，在决算期后，不用更换。

第十四条 各种账簿在使用前应检查页数编号，并贴足印花税票，其主要账簿应送当地税务机构检印。

第二节 会计记账管理

一、会计科目

《企业会计准则》规定："会计科目和主要账务处理依据企业会计准则中确认和计量的规定制定，涵盖了各类企业的交易或者事项。企业在不违反会计准则中确认、计量和报告规定的前提下，可以根据本单位的实际情况自行增设、分拆、合并会计科目。企业不存在的交易或者事项，可不设置相关会计科目。对于明细科目，企业可以比照本附录中的规定自行设置。会计科目编号供企业填制会计凭证、登记会计账簿、查阅会计账目、采用会计软件系统参考，企业可结合实际情况自行确定会计科目编号。"

（一）会计科目的设计原则

1. 全面反映经济业务活动
全面反映经济业务活动是会计科目设计的首要原则。

2. 满足经济管理的需要
会计科目设计要满足经济管理的需要，主要体现在：

（1）会计科目提供的信息既要满足国家宏观调控对会计信息的需要，又要满足企业微观经济管理的要求，所以，会计科目设计既要坚持统一性，又要注意微观管理需要的灵活性。

（2）会计科目核算内容要反映企业经济业务特点和生产经营全过程。例如，工业企业的生产经营活动、商业企业的商品购销和租赁活动、服务业的收支活动对经济管理都提出不同的要求，会计科目设计就应有所差别，否则难以满足经济管理的需要。

（3）会计科目设计要按企业规模大小、经济管理的不同需要而区别对待。例如，大中型企业经济业务活动错综复杂，业务量大，应当细一些；反之，小型企业业务量小，业务性质比较单纯，应当力求简易。

另外，由于企业生产经营和科技水平高低的不同，经济管理上也应有所差异，进行会计科目设计也应适当加以注意。

3. 恰当地处理科目与子、细目的关系

会计科目设计要求不能有所遗漏，但会计科目数量又不宜过多，否则会使财务报表项目大量增加，也会增加会计核算的工作量。会计科目既然是分门别类地反映经济业务的户头，其内容就应当具有一定的专一性，否则不利于经济管理。工业企业材料采购业务，如果只用一个"材料"科目进行反映，将材料采购成本计算和在途材料的内容均包括在内，则不利于了解上述两种业务的情况，因此，需要单设"材料采购"科目，反映上述两项业务内容。又如，工商企业对材料和库存商品，需要了解其中大类、小类、具体品种的增减变化，需要设置明细科目来解决，在会计实务中习惯于将会计科目的二级明细科目称为子目，三级明细科目称为细目。因此，会计科目、子目、细目的设计应根据经济管理的需要和工作条件的可能性，适当安排其比例关系，使之成为一个会计科目体系，这样就可以防止会计科目过多。

4. 科目名称内容含义清楚、简明实用

会计科目是分门别类地反映经济业务活动的，因此会计科目的名称必须与其反映的经济业务内容相一致。为了日常工作方便，会计科目名称不宜过长，要力求准确，以便了解和记忆。所以在自行设计会计科目名称或学习外国经验时，应力求名称准确，含义清楚。同时科目核算范围和内容的表述也应达到合法、规范、通俗易懂、简明实用的要求。

5. 便于为社会各方提供会计信息

会计科目设计既要考虑企业内部生产和经营的需要，又要考虑企业外部的需要；既要考虑企业正常经营管理的需要，又要考虑特殊情况的需要。社会各方面需要的会计信息，将通过会计科目的总账科目、明细科目、特殊科目以及一般明细科目和特殊明细科目的设置来解决。

（二）会计科目设计的注意事项

设计会计科目时，除遵循上述基本原则外，还应注意以下各点。

1. 科目名称要简明扼要，含义确切

科目名称是日后编制记账凭证的依据，也是资产负债表和利润表中各个项目的依据，这两大报表中许多项目是直接利用科目名称的，因此为便于编制记账凭证和会计报表，科目名称应简明扼要，含义确切。

2. 科目设计力求做到标准化

这包括两方面的意思：一是，设计者为某基层单位设计会计科目时，其有关名称要尽量与统一会计制度中规定的名称或本行业其他单位通用的名称一致，避免自己生造；二是，国家有关部门在制定统一会计制度时，不同行业但经济内容相同的会计科目名称要力求一致。

3. 注意对称科目的设计

许多会计科目的运用是对称的，反映在资金上也是如此，有资金运用必有其来源，有应收款也会有应付款，所以，在科目设计上要考虑这种对称关系。

4．要编制科目使用说明

会计科目设计完后，还必须编制科目使用说明。科目使用说明是对每个科目的经济含义和使用方法做出的解释。

（三）会计科目的设计方法

1．会计科目设计的一般方法

在确定会计科目设计步骤的基础上，为了取得事半功倍的效果，应当根据具体情况和设计的要求，选定一般设计方法。

（1）借鉴设计法。根据授权或委托单位的要求，建立新的会计制度体系，或为新成立的企业单位设计会计科目时，可以根据企业会计准则要求，借鉴本单位原有的会计制度、外国的会计制度以及相关企业会计制度中会计科目设计经验和科学成果，这样不仅有助于会计科目名称、内容的标准化、通用化，又可节约设计成本，但必须与现时会计科目使用单位的情况和要求相适应，防止照搬照抄、脱离实际和基本国情。

（2）补充修订法。这种方法适用于原有会计制度基本可用，只是由于经济业务有新的变化或经营管理有新的要求，做局部修改补充情况下使用。使用该方法，首先需要对原有会计科目进行分析，了解哪些会计科目可用，哪些不可用，确定留用或取消，对会计科目及其内容进行修改或补充，以适应新的要求，使新会计科目能够适应国家财经法规和企业经济业务经营与管理的要求。

（3）归纳合并法。在市场经济体制下，企业之间合并或兼并时有发生。新的企业集团的建立或原有企业集团的扩张，对原有会计制度都需要进行修改，为此类单位设计或修订会计制度时，应对原有各单位会计科目体系进行分析，对其中相同或相通的会计科目加以归类、合并，设计能适应其核算与管理要求的新的会计科目体系。

（4）经济业务推导法。根据企业生产经营过程各环节的经济业务核算与管理的要求，提出应当设置的会计科目。例如，工业企业在材料采购过程中要计算材料采购成本，反映在途材料、支付材料价款、采购费用、处理相互债务，需要设置"材料采购""银行存款""应付账款"等科目。

会计科目设计无论使用上述哪种方法，都必须以国家财经法规和会计法规作为指导，本着创新要求，才能推动会计科目设计不断前进，会计工作水平不断提高。

2．会计科目的具体设计方法

（1）会计科目的分类。会计科目的分类是按照企业经济管理的需要和会计核算的要求对会计科目进行科学的分类。在会计学原理中曾介绍过按科目的经济业务内容和账户结构两种分类方法，但在会计科目设计时，使用的是按经济业务内容进行分类的方法，这样做，对会计科目使用者掌握其经济内容，搞好核算与管理具有重要意义。

会计科目按其提供指标的详细程度的不同分为总账科目和明细科目。明细科目是从属于总账科目的。所以会计科目的分类，首先是对总账会计科目的分类（见图4-2）。我国当前实行的是企业会计准则和企业统一会计制度并行的做法。所谓按科目的经济业务内容进行分类，也就是按照会计对象具体内容进行分类。我国现行企业会计准则将会计对象要素（简称会计要素）分为资产、负债、所有者权益、收入、费用和利润六项；但根据不同行业企业的经济性质、经营方式、经济活动范围和产权关系的不同，对会计科目分类也就不一样。

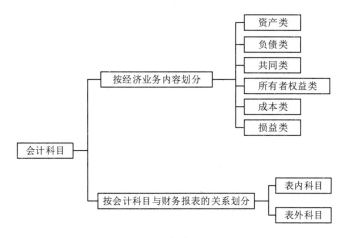

图 4-2　会计科目的分类

（2）会计科目的设置。会计科目设置是根据会计对象要素分类项目设置会计科目。企业会计对象可用资金运动及其成果进行表述。资金是一个运动的概念，根据资金运动过程和结果，虽然可以把会计科目分为财务状况和生产经营过程两大类，但实际上这两类经济业务是交错进行的，有着密切的联系。所以在研究会计科目设置时，以经济业务为主，把两者结合起来进行考察设置会计科目。

（3）特殊会计科目的设置。为了加强核算、管理与监督，对企业特殊业务需要、经营管理特定要求和一定时期经济管理的需要，还要设置一些特殊会计科目。

1）根据特殊业务需要设置会计科目。企业根据国家安排，为国家特准需要而储备的物资，这种物资都有特定用途，未经批准不得移作其他用途。由于储备物资与一般库存商品不同，又有专门资金来源，所以应当设置"特准储备物资"和"特准储备资金"科目。

2）根据经营管理特定要求设置会计科目。外贸企业经营进出口业务多使用国际信用证结算方式。国际信用证存款较多，为了加强信用证的管理，可以设置"国际信用证存款"科目，用以反映企业国际信用证存款的增减变化及结存情况。但在编制"资产负债表"时，还应将其余额并入"其他货币资金"项目，以与统一会计制度保持一致。

又如，商品流通企业会计制度设置"商品采购"科目，用以核算企业的购入商品的采购成本，还可用它统计商品购进总额，以了解商品进货规律。而在企业规模较小，商品种类较少，不需要通过"商品采购"科目统计商品购进总额时，可以根据需要设置"在途商品"科目，用以核算企业购进在途商品的增减变化及结存情况。

再如，供销合作社企业根据规定对某些农副产品实行预购，发放预购定金时，由于预购定金的管理要求与一般预付账款不同，也可以单独设置"农副产品预购定金"科目，用以核算预购农副产品预购定金的增减变化及结存情况。

此外，企业根据具体情况，还可设置一些表外科目，如"外汇额度""临时租入固定资产"等科目。

3）根据一定时期经济管理需要设置会计科目。在一般情况下，企业经营的商品价格是比较稳定的，但是，由于种种原因商品价格变动较大，按原进价难以销售，有时需作削价处理。为使商品削价损失得到合理负担，企业可以设置"商品削价准备"科目。以核算企业对库存商品预计可能发生的削价损失而从成本中提取的削价准备金的增减变化情况，提取和冲销商品削价准备时，都借记或贷记"商品销售成本"科目。

另外，企业如果有对外投资业务，还须设置"交易性金融资产""长期股权投资""持有至到期投资"和"投资收益"等科目。

从上述情况可以看出,设置会计科目要注意企业一般业务情况,但也要注意特殊业务情况,才能使设计的会计科目满足企业经济管理的需要。

(4)明细科目的设置。总账科目只能总括地反映经济活动情况,而经营管理还需要比较明细的核算资料,为此需要在总账科目下设置明细科目。明细科目一般分设二级、三级,如有特殊需要可以设置四级明细科目,以便形成完整的科目级别体系。由于统一会计制度对明细科目不做详细规定,只提一般要求,所以对明细科目的设计应当予以重视,特做如下说明。

1)一般明细科目的设置。明细科目是对总账科目的核算内容做进一步分类,所以它的内容和使用方法要与总账科目保持一致。由于企业经营管理对总账科目反映的经济内容和用途的不同,对明细科目设置的要求也就不一样。

① 实物资产按种类和品名设置明细科目。企业的各种存货和固定资产科目的用途是划分类别标准之一,还应划细反映各种资产的增减变动情况及其结存额,用以检查资产的实有数,揭示其盘盈和盘亏情况。因此,必须按资产的种类、品名设置明细科目,以便为加强管理、明确经济责任提供会计信息。

例如,工业企业存货中的"原材料""周转材料""生产成本""库存商品""材料采购"和"固定资产"科目等。商品流通企业与工业企业基本相同,只是由于库存商品种类多,其明细科目划分层次更细。例如,文具是大类,金笔是小类,"英雄"金笔是商品名称。

此外,如果按品种核算盈亏,"主营业务收入"和"主营业务成本"等科目也应按品名分设明细账。

② 债权、债务类资产或负债科目按单位名称或个人名设置明细科目。企业的债权、债务类科目的用途是反映各种债权、债务事项的发生、收回或偿付以及结存情况,属于结算类科目,各种债权、债务须按户清结,所以应当按照债权、债务单位或个人名称设置明细科目。例如,"应收账款""应付账款""预付账款""预收账款""其他应收款""应付职工薪酬——工资"等科目应按单位户名或人名设置明细科目。

企业对成本和费用者实行计划管理,因此须按计划管理与会计核算的需要,按项目设置明细账户。在大中型企业内部都设几个部门和若干车间,为了加强管理,分清责任,考核业绩,还需要结合部门设置明细账户。例如,工业企业的"制造费用""辅助生产"等科目可以按车间设置明细科目,"项目"用多栏式账反映。商品流通企业的"经营费用""管理费用"和"财务费用"虽然按项目设置明细科目,但在实行分项目管理责任制时,也要结合部门设置明细科目。另外,实行售价金额核算的零售企业的"库存商品"科目,还应按实物负责人分设明细科目。

③ 成本计算科目按对象设置明细科目。企业的"生产成本"是按成本计算对象归集和分配费用而确定承受费用的产品,按成本计算对象设置明细科目。例如,工业企业用这种方法计算各种产品或工程成本,考核成本计划的执行情况。除"生产成本"科目外,"在建工程""专项工程支出"等科目也用此法设置明细科目。

④ 一些收入和支出科目按业务种类和项目设置明细科目。工商企业的"其他业务收入""其他业务成本""营业外收入"和"营业外支出"以及不实行分项目归口负责管理的企业的"管理费用""财务费用"等科目都应按业务种类或费用项目设置明细科目的,用以反映收入和支出的情况,扩大收入,控制支出。

2)特殊明细科目的设置。关于一般明细科目的设置方法已如上所述,但有时也根据特殊需要设置一些明细科目。例如,"待处理财产损溢"可根据需要设置"待处理财产短缺"和"待处理财产溢余"两个明细科目。又如,企业为编制"现金流量表"提供数据,可以在"应收账款""应收票据""预收账款"等科目下，设置"价款""销项税额""代垫运杂费"等明细科目。再如，一些学习邯钢经验的企业实行成本否决制，把成本指标分解到车间、班组和个人，也需要根据管理要求设账进行明细核算。

（四）会计科目设计的步骤

会计科目是会计核算内容各项经济业务分类的项目的名称。会计科目设计的步骤就是对企业的经济业务进行分类，根据每类经济业务的性质和核算的内容确定会计科目的性质和名称，规定用途和使用方法以及进行会计科目的编号。会计科目设计的具体步骤是：

① 对经济业务进行科学分类；

② 确定会计科目名称和主要内容；

③ 对会计科目进行编号；

④ 编写会计科目的使用说明；

⑤ 列出主要业务会计分录；

⑥ 试行和修订会计科目。

上述会计科目设计是指一般情况和步骤，具体进行时，可以根据不同情况进行取舍。因为无论是统一会计制度的制定，还是会计师事务所受托设计企业会计制度，在任务确定后，都应当对会计制度执行企业进行全面调查，全面了解企业情况，包括经济性质、经营方式、组织形式、经营规模、业务特点、筹资渠道以及各有关利益团体对会计核算的要求，当前生产经营情况和财务状况（包括资金的筹集、财产物资的增减、货币资金的收付、往来款项的结算以及对外投资等）。在调查研究基础上，按步骤进行设计。

1. 对经济业务进行科学分类，选定会计科目

根据会计核算要求，对企业经济业务可做多种分类。

（1）根据经济业务性质、企业会计准则、财务通则和统一会计制度规定，可将企业经济业务划分为财务状况和生产经营过程两大类。企业财务状况是由资产的取得及其增减变化、负债的形成与偿还、资本的投入与增减变动等经济业务活动组成的。根据产权关系又可将其划分为资产类经济业务、负债类经济业务、资本类经济业务。生产经营过程是由材料物资的采购、材料投产与资金耗费、成本费用的发生、资金的收回及利润的形成和分配等业务活动组成，所以又可分为采购供应类经济业务、成本费用类经济业务、收入和利润类经济业务。

（2）将资产、负债、资金各类经济业务中的材料物资采购、材料投产与资金耗费、成本费用发生、资金收回及利润形成等经济业务做进一步划细，如资产可以分为流动资产和非流动资产。

（3）再将各小类经济业务划细，如流动资产还可划分为货币资金、交易性金融资产、应收款项、存货等小类，小类还可划到接近会计科目名称，如货币资金为核算与管理的需要可以定名为库存现金、银行存款、其他货币资金，选定会计科目就是在经济业务分类基础上产生的。由于会计是国际商业通用语言，会计科目名称应力求简明、规范。

2. 对会计科目进行编号

在会计科目分类、定名的基础上，设计会计科目的代号，主要是便于使用者了解、掌握和运用会计科目。另外，按照会计科目编号顺序设计会计科目表，以便使用者了解会计科目体系。

3. 编写会计科目使用说明

会计科目使用说明是对每个会计科目的使用范围、核算内容、经济用途、核算方法、主要会计事项的处理等进行文字表述，要求简练明确，以便会计人员学习理解和执行。

一般来说，会计科目的分类和会计科目的确定及会计科目的编号多是由会计制度设计组研究确定的，而会计科目使用说明则是由会计制度设计组成员分工进行的，这是一项复杂而艰巨的工作。此项工作成功与否，是衡量会计制度质量的一个重要标准。

4．列出主要业务会计分录

将企业可能发生的重要经济业务的会计分录进行举例，便于会计科目使用者学习和参考。如果单独设计主要业务监控与核算，也可不进行主要业务会计分录举例，以免重复。

（五）会计科目的修订与补充

会计科目是会计制度的重要组成部分，应当力求稳定以利于执行。但是由于客观事物在不断发展变化，会计科目也要不断地进行修改和补充，使之能更好地适应经济管理的需要。

会计科目修订与补充的原因如下：

（1）经营管理体制的变化。例如，国有企业实行改革，国有独资企业改为股份责任公司或股份有限公司，企业的"实收资本"科目就应改为"股本"，同时还应设置"资本公积"等科目，各科目的明细科目也应做相应变更。

（2）财税管理体制的变化。在传统计划经济体制下，国有企业与财政体制关系极为密切，建立现代企业制度之后，实行政企分开，企业照章纳税，自负盈亏，使有关资金、贷款、税款交纳的科目，也应做相应变更。

（3）信贷结算制度的变化。相应改变会计科目的设置，会计科目核算的内容也应相应修改。

（4）业务经营政策的变化。企业如实行分期收款销售业务，就需要增设"发出商品"科目，允许削价处理商品，就需增设"商品削价准备"科目。

（5）经营管理工作的变化。如企业实行经营目标责任制就需要建立责任会计。例如，学习邯钢经验实行成本否决制，就需要将有关产品成本和产品销售费用等指标进行逐级分解，落实到车间、班组和个人，企业的明细核算就需要做出相应修改或补充。

另外，国家统一会计制度修改与补充也要求企业会计制度相应修改加以适应。

（六）会计科目使用说明的设计

1．会计科目使用说明设计要点

（1）规定会计科目核算内容和核算范围，例如，"'库存现金'科目，核算的内容是企业的库存现金"。"明确科目核算范围：指出企业内部各部门使用的备用金，在'其他应收款'科目核算或独立设'备用金'科目"。

（2）规定核算方法，不仅要规定本科目借方和贷方应记会计事项，还应指出贷记或借记的相关科目，必要时可指出重点会计处理事项。

（3）规定核算应遵守的会计准则，或账目登记、财产计价或成本计算与结转的要求。

（4）规定特殊会计事项的处理，对特殊会计事项的处理予以规定。

（5）规定科目明细核算的要求，指明明细科目的设计要求及具体核算方法。

上述五个要点可以简化合并为四个，也可分细为六个或七个。例如，"银行存款"科目的使用说明：

本科目核算企业存入银行的各种存款，企业存入其他金融机构的存款也在本科目核算。

企业的外埠存款、银行本票存款、银行汇票存款、国际信用证存款在"其他货币资金"科目核算，不记入本科目。（规定核算内容和范围）

企业将款项存入银行或其他金融机构时，借记本科目，贷记"库存现金"等有关科目；提取和支付存款时，借记"库存现金"等有关科目，贷记本科目。（规定核算方法）

企业应按开户银行和其他金融机构、存款种类等分别设置银行存款日记账，由出纳人员根据收付款凭证，按照业务发生的顺序逐步登记，每日终了应结出余额。"银行存款日记账"应定期与"银行对账单"核对，至少每月核对一次。如果企业账面结余余额与银行对账单余额之间有差额，必须逐笔查明原因进行处理，并应按时编制"银行存款余额调节表"调节相符。(规定明细科目的开户方法，序时登记和对账要求)

企业有外币存款的业务时，应分别按人民币和各种外币设置"银行存款日记账"进行明细核算或增设"外汇存款"科目进行核算。(规定外币业务核算原则)

企业发生的外币银行存款业务，应当将有关外币金额折合为人民币记账，并登记外国货币金额和折合率。所有外币账户的增加、减少，一律按国家外汇牌价折合为人民币记账。外币金额折合为人民币记账时，可按业务发生时的国家外汇牌价(原则上采用中间价)，作为折合率，也可按业务发生当期期初的国家外汇牌价，作为折合率。月份或季度、年度终了，企业应将外币账户余额按期末国家外汇牌价折合为人民币，作为外币账户的期末人民币余额。汇率变动后的各外币账户人民币余额与原账面余额的差额，作为汇兑损益处理。外币现金以及外币结算的各债权债务，均应比照银行存款的方法记账。(规定款项业务的明细核算方法)

在外汇调剂市场买入外币的业务，买入外币取得的外币存款仍应按国家外汇牌价折合为人民币记账，对外汇调剂价与国家外汇牌价的差价的差额，增设外汇差价科目。买入外币时，按国家外汇牌价折合为人民币，借记本科目(××外币户)(同时登记外币金额折合率)，按照调剂与国家外汇牌价的差额记入"外汇差价"科目。

企业如在外汇市场购入外汇额度支付的人民币，也在"外汇差价"科目核算。购入外汇额度再度出让时，取得的收入应先冲减外汇差价，差额部分列入汇兑损益。(规定特殊业务的会计事项的处理)

以上表述符合科目说明设计要点的要求，如认为有必要可将第四条分开作为四、五两条，第五条改为第六条，有的会计事务处理还可规定得细一些。

另外，从第一条规定的核算内容和范围可以看出，"其他货币资金"科目核算的内容，在编写该科目的核算内容和范围时，还需说明在途货币资金及其他货币资金也在本科目核算。但是"其他货币资金"科目的明细核算是按各专项存款种类分设明细账户的，限于篇幅不再详述。

2．企业会计准则下的会计科目说明

（1）资产类。

1001　库存现金

一、本科目核算企业的库存现金。

企业有内部周转使用备用金的，可以单独设置"备用金"科目。

二、企业增加库存现金，借记本科目，贷记"银行存款"等科目；减少库存现金做相反的会计分录。

三、企业应当设置"现金日记账"，根据收付款凭证，按照业务发生顺序逐笔登记。每日终了，应当计算当日的现金收入合计额、现金支出合计额和结余额，将结余额与实际库存额核对，做到账款相符。

四、本科目期末借方余额，反映企业持有的库存现金。

1002　银行存款

一、本科目核算企业存入银行或其他金融机构的各种款项。银行汇票存款、银行本票存款、信用卡存款、信用证保证金存款、存出投资款、外埠存款等，在"其他货币资金"科目核算。

二、企业增加银行存款，借记本科目，贷记"库存现金""应收账款"等科目；减少银行存款做相反的会计分录。

三、企业可按开户银行和其他金融机构、存款种类等设置"银行存款日记账"，根据收付款凭证，按照业务的发生顺序逐笔登记。每日终了，应结出余额。"银行存款日记账"应定期与"银行对账单"核对，至少每月核对一次。企业银行存款账面余额与银行对账单余额之间如有差额，应编制"银行存款余额调节表"调节相符。

四、本科目期末借方余额，反映企业存在银行或其他金融机构的各种款项。

1003 存放中央银行款项

一、本科目核算企业（银行）存放于中国人民银行（简称"中央银行"）的各种款项，包括业务资金的调拨、办理同城票据交换和异地跨系统资金汇划、提取或缴存现金等。

企业（银行）按规定缴存的法定准备金和超额准备金存款，也通过本科目核算。

二、本科目可按存放款项的性质进行明细核算。

三、企业增加在中央银行的存款，借记本科目，贷记"吸收存款""清算资金往来"等科目；减少在中央银行的存款做相反的会计分录。

四、本科目期末借方余额，反映企业（银行）存放在中央银行的各种款项。

1011 存放同业

一、本科目核算企业（银行）存放于境内、境外银行和非银行金融机构的款项。企业（银行）存放中央银行的款项，在"存放中央银行款项"科目核算。

二、本科目可按存放款项的性质和存放的金融机构进行明细核算。

三、企业增加在同业的存款，借记本科目，贷记"存放中央银行款项"等科目；减少在同业的存款做相反的会计分录。

四、本科目期末借方余额，反映企业（银行）存放在同业的各种款项。

1012 其他货币资金

一、本科目核算企业的银行汇票存款、银行本票存款、信用卡存款、信用证保证金存款、存出投资款、外埠存款等其他货币资金。

二、企业增加其他货币资金，借记本科目，贷记"银行存款"科目；减少其他货币资金，借记有关科目，贷记本科目。

三、本科目可按银行汇票或本票、信用证的收款单位，外埠存款的开户银行，分别"银行汇票""银行本票""信用卡""信用证保证金""存出投资款""外埠存款"等进行明细核算。

四、本科目期末借方余额，反映企业持有的其他货币资金。

1021 结算备付金

一、本科目核算企业（证券）为证券交易的资金清算与交收而存入指定清算代理机构的款项。企业（证券）向客户收取的结算手续费、向证券交易所支付的结算手续费，也通过本科目核算。企业（证券）因证券交易与清算代理机构办理资金清算的款项等，可以单独设置"证券清算款"科目。

二、本科目可按清算代理机构，分别"自有""客户"等进行明细核算。

三、结算备付金的主要账务处理。

（一）企业将款项存入清算代理机构，借记本科目，贷记"银行存款"等科目；从清算代理机构划回资金做相反的会计分录。

（二）接受客户委托，买入证券成交总额大于卖出证券成交总额的，应按买卖证券成交价的差额加上代扣代交的相关税费和应向客户收取的佣金等之和，借记"代理买卖证券款"等科目，贷记本科目（客户）"银行存款"等科目。按企业应负担的交易费用，借记"手续费及佣金支出"科目，按应向客户收取的手续费及佣金，贷记"手续费及佣金收入"科目，按其差额，借记本科目（自有）"银行存款"等科目。

接受客户委托，卖出证券成交总额大于买入证券成交总额的，应按买卖证券成交价的差额减去代扣代交的相关税费和应向客户收取的佣金等后的余额，借记本科目（客户）"银行存款"等科目，贷记"代理买卖证券款"等科目。按企业应负担的交易费用，借记"手续费及佣金支出"科目，按应向客户收取的手续费及佣金，贷记"手续费及佣金收入"科目，按其差额，借记本科目（自有）"银行存款"等科目。

（三）在证券交易所进行自营证券交易的，应在取得时根据持有证券的意图等对其进行分类，比照"交易性金融资产""持有至到期投资""可供出售金融资产"等科目的相关规定进行处理。

四、本科目期末借方余额，反映企业存在指定清算代理机构的款项。

1031　存出保证金

一、本科目核算企业（金融）因办理业务需要存出或交纳的各种保证金款项。

二、本科目可按保证金的类别以及存放单位或交易场所进行明细核算。

三、企业存出保证金，借记本科目，贷记"银行存款""存放中央银行款项""结算备付金""应收分保账款"等科目；减少或收回保证金时做相反的会计分录。

四、本科目期末借方余额，反映企业存出或交纳的各种保证金余额。

1101　交易性金融资产

一、本科目核算企业为交易目的所持有的债券投资、股票投资、基金投资等交易性金融资产的公允价值。企业持有的直接指定为以公允价值计量且其变动计入当期损益的金融资产，也在本科目核算。

企业（金融）接受委托采用全额承购包销、余额承购包销方式承销的证券，应在收到证券时将其进行分类。划分为以公允价值计量且其变动计入当期损益的金融资产的，应在本科目核算；划分为可供出售金融资产的，应在"可供出售金融资产"科目核算。

衍生金融资产在"衍生工具"科目核算。

二、本科目可按交易性金融资产的类别和品种，分别"成本""公允价值变动"等进行明细核算。

三、交易性金融资产的主要账务处理。

（一）企业取得交易性金融资产，按其公允价值，借记本科目（成本），按发生的交易费用，借记"投资收益"科目，按已到付息期但尚未领取的利息或已宣告但尚未发放的现金股利，借记"应收利息"或"应收股利"科目，按实际支付的金额，贷记"银行存款""存放中央银行款项""结算备付金"等科目。

（二）交易性金融资产持有期间被投资单位宣告发放的现金股利，或在资产负债表日按分期付息、一次还本债券投资的票面利率计算的利息，借记"应收股利"或"应收利息"科目，贷记"投资收益"科目。

（三）资产负债表日，交易性金融资产的公允价值高于其账面余额的差额，借记本科目（公允价值变动），贷记"公允价值变动损益"科目；公允价值低于其账面余额的差额做相反的会计分录。

（四）出售交易性金融资产，应按实际收到的金额，借记"银行存款""存放中央银行款项""结算备付金"等科目，按该金融资产的账面余额，贷记本科目，按其差额，贷记或借记"投资收益"科目。同时，将原计入该金融资产的公允价值变动转出，借记或贷记"公允价值变动损益"科目，贷记或借记"投资收益"科目。

四、本科目期末借方余额，反映企业持有的交易性金融资产的公允价值。

1111 买入返售金融资产

一、本科目核算企业（金融）按照返售协议约定先买入再按固定价格返售的票据、证券、贷款等金融资产所融出的资金。

二、本科目可按买入返售金融资产的类别和融资方进行明细核算。

三、买入返售金融资产的主要账务处理。

（一）企业根据返售协议买入金融资产，应按实际支付的金额，借记本科目，贷记"存放中央银行款项""结算备付金""银行存款"等科目。

（二）资产负债表日，按照计算确定的买入返售金融资产的利息收入，借记"应收利息"科目，贷记"利息收入"科目。

（三）返售日，应按实际收到的金额，借记"存放中央银行款项""结算备付金""银行存款"等科目，按其账面余额，贷记本科目、"应收利息"科目，按其差额，贷记"利息收入"科目。

四、本科目期末借方余额，反映企业买入的尚未到期返售金融资产摊余成本。

1121 应收票据

一、本科目核算企业因销售商品、提供劳务等而收到的商业汇票，包括银行承兑汇票和商业承兑汇票。

二、本科目可按开出、承兑商业汇票的单位进行明细核算。

三、应收票据的主要账务处理。

（一）企业因销售商品、提供劳务等而收到开出、承兑的商业汇票，按商业汇票的票面金额，借记本科目，按确认的营业收入，贷记"主营业务收入"等科目。涉及增值税销项税额的，还应进行相应的处理。

（二）持未到期的商业汇票向银行贴现，应按实际收到的金额（即减去贴现息后的净额），借记"银行存款"等科目，按贴现部分，借记"财务费用"等科目，按商业汇票的票面金额，贷记本科目或"短期借款"科目。

（三）将持有的商业汇票背书转让以取得所需物资，按应计入取得物资成本的金额，借记"材料采购"或"原材料""库存商品"等科目，按商业汇票的票面金额，贷记本科目，如有差额，借记或贷记"银行存款"等科目。涉及增值税进项税额的，还应进行相应的处理。

（四）商业汇票到期，应按实际收到的金额，借记"银行存款"科目，按商业汇票的票面金额，贷记本科目。

四、企业应当设置"应收票据备查簿"，逐笔登记商业汇票的种类、号数和出票日、票面金额、交易合同号和付款人、承兑人、背书人的姓名或单位名称、到期日、背书转让日、贴现日、贴现率和贴现净额以及收款日和收回金额、退票情况等资料。商业汇票到期结清票款或退票后，在备查簿中应予注销。

五、本科目期末借方余额，反映企业持有的商业汇票的票面金额。

1122 应收账款

一、本科目核算企业因销售商品、提供劳务等经营活动应收取的款项。

企业（保险）按照原保险合同约定应向投保人收取的保费，可将本科目改为"1122 应收保费"科目，并按照投保人进行明细核算。

企业（金融）应收取的手续费和佣金，可将本科目改为"1124 应收手续费及佣金"科目，并按照债务人进行明细核算。

因销售商品、提供劳务等，采用递延方式收取合同或协议价款、实质上具有融资性质的，在"长期应收款"科目核算。

二、本科目可按债务人进行明细核算。

三、企业发生应收账款，按应收金额，借记本科目，按确认的营业收入，贷记"主营业务收入""手续费及佣金收入""保费收入"等科目。收回应收账款时，借记"银行存款"等科目，贷记本科目。涉及增值税销项税额的，还应进行相应的处理。

代购货单位垫付的包装费、运杂费，借记本科目，贷记"银行存款"等科目。收回代垫费用时，借记"银行存款"科目，贷记本科目。

四、企业与债务人进行债务重组，应当分别债务重组的不同方式进行处理。

（一）收到债务人清偿债务的款项小于该项应收账款账面价值的，应按实际收到的金额，借记"银行存款"等科目，按重组债权已计提的坏账准备，借记"坏账准备"科目，按重组债权的账面余额，贷记本科目，按其差额，借记"营业外支出"科目。

收到债务人清偿债务的款项大于该项应收账款账面价值的，应按实际收到的金额，借记"银行存款"等科目，按重组债权已计提的坏账准备，借记"坏账准备"科目，按重组债权的账面余额，贷记本科目，按其差额，贷记"资产减值损失"科目。

以下债务重组涉及重组债权减值准备的，应当比照此规定进行处理。

（二）接受债务人用于清偿债务的非现金资产，应按该项非现金资产的公允价值，借记"原材料""库存商品""固定资产""无形资产"等科目，按重组债权的账面余额，贷记本科目，按应支付的相关税费和其他费用，贷记"银行存款""应交税费"等科目，按其差额，借记"营业外支出"科目。涉及增值税进项税额的，还应进行相应的处理。

（三）将债权转为投资，应按享有股份的公允价值，借记"长期股权投资"科目，按重组债权的账面余额，贷记本科目，按应支付的相关税费和其他费用，贷记"银行存款""应交税费"等科目，按其差额，借记"营业外支出"科目。

（四）以修改其他债务条件进行清偿的，应按修改其他债务条件后债权的公允价值，借记本科目，按重组债权的账面余额，贷记本科目，按其差额，借记"营业外支出"科目。

五、本科目期末借方余额，反映企业尚未收回的应收账款；期末如为贷方余额，反映企业预收的账款。

1123 预付账款

一、本科目核算企业按照合同规定预付的款项。预付款项情况不多的，也可以不设置本科目，将预付的款项直接记入"应付账款"科目。企业进行在建工程预付的工程价款，也在本科目核算。企业（保险）从事保险业务预先支付的赔付款，可将本科目改为"1123 预付赔付款"科目，并按照保险人或受益人进行明细核算。

二、本科目可按供货单位进行明细核算。

三、预付账款的主要账务处理。

（一）企业因购货而预付的款项，借记本科目，贷记"银行存款"等科目。

收到所购物资，按应计入购入物资成本的金额，借记"材料采购"或"原材料""库存商品"等科目，按应支付的金额，贷记本科目。补付的款项，借记本科目，贷记"银行存款"等科目；退回多付的款项做相反的会计分录。涉及增值税进项税额的，还应进行相应的处理。

（二）企业进行在建工程预付的工程价款，借记本科目，贷记"银行存款"等科目。按工程进度结算工程价款，借记"在建工程"科目，贷记本科目、"银行存款"等科目。

（三）企业（保险）预付的赔付款，借记本科目，贷记"银行存款"等科目。转销预付的赔付款，借记"赔付支出""应付分保账款"等科目，贷记本科目。

四、本科目期末借方余额，反映企业预付的款项；期末如为贷方余额，反映企业尚未补付的款项。

1131 应收股利

一、本科目核算企业应收取的现金股利和应收取其他单位分配的利润。

二、本科目可按被投资单位进行明细核算。

三、应收股利的主要账务处理。

（一）企业取得交易性金融资产，按支付的价款中所包含的、已宣告但尚未发放的现金股利，借记本科目，按交易性金融资产的公允价值，借记"交易性金融资产——成本"科目，按发生的交易费用，借记"投资收益"科目，按实际支付的金额，贷记"银行存款""存放中央银行款项""结算备付金"等科目。

交易性金融资产持有期间被投资单位宣告发放的现金股利，按应享有的份额，借记本科目，贷记"投资收益"科目。

（二）取得长期股权投资，按支付的价款中所包含的、已宣告但尚未发放的现金股利，借记本科目，按确定的长期股权投资成本，借记"长期股权投资——成本"科目，按实际支付的金额，贷记"银行存款"等科目。

持有期间被投资单位宣告发放现金股利或利润的，按应享有的份额，借记本科目，贷记"投资收益"（成本法）或"长期股权投资——损益调整"科目（权益法）。

被投资单位宣告发放的现金股利或利润属于其在取得本企业投资前实现净利润的分配额，借记本科目，贷记"长期股权投资——成本"等科目。

（三）取得可供出售的金融资产，按支付的价款中所包含的、已宣告但尚未发放的现金股利，借记本科目，按可供出售金融资产的公允价值与交易费用之和，借记"可供出售金融资产——成本"科目，按实际支付的金额，贷记"银行存款""存放中央银行款项""结算备付金"等科目。

可供出售权益工具持有期间被投资单位宣告发放的现金股利，按应享有的份额，借记本科目，贷记"投资收益"科目。

（四）实际收到现金股利或利润，借记"银行存款"等科目，贷记本科目等。

四、本科目期末借方余额，反映企业尚未收回的现金股利或利润。

1132 应收利息

一、本科目核算企业交易性金融资产、持有至到期投资、可供出售金融资产、发放贷款、存放中央银行款项、拆出资金、买入返售金融资产等应收取的利息。

企业购入的一次还本付息的持有至到期投资持有期间取得的利息，在"持有至到期投资"科目核算。

二、本科目可按借款人或被投资单位进行明细核算。

三、应收利息的主要账务处理。

（一）企业取得的交易性金融资产，按支付的价款中所包含的、已到付息期但尚未领取的利息，借记本科目，按交易性金融资产的公允价值，借记"交易性金融资产——成本"科目，按发生的交易费用，借记"投资收益"科目，按实际支付的金额，贷记"银行存款""存放中央银行款项""结算备付金"等科目。

（二）取得的持有至到期投资，应按该投资的面值，借记"持有至到期投资——成本"科目，按支付的价款中包含的、已到付息期但尚未领取的利息，借记本科目，按实际支付的金额，贷记"银行存款""存放中央银行款项""结算备付金"等科目，按其差额，借记或贷记"持有至到期投资——利息调整"科目。

资产负债表日，持有至到期投资为分期付息、一次还本债券投资的，应按票面利率计算确定的应收未收利息，借记本科目，按持有至到期投资摊余成本和实际利率计算确定的利息收入，贷记"投资收益"科目，按其差额，借记或贷记"持有至到期投资——利息调整"科目。

持有至到期投资为一次还本付息债券投资的，应于资产负债表日按票面利率计算确定的应收未收利息，借记"持有至到期投资——应计利息"科目，按持有至到期投资摊余成本和实际利率计算确定的利息收入，贷记"投资收益"科目，按其差额，借记或贷记"持有至到期投资——利息调整"科目。

（三）取得的可供出售债券投资，比照（二）的相关规定进行处理。

（四）发生减值的持有至到期投资、可供出售债券投资的利息收入，应当比照"贷款"科目相关规定进行处理。

（五）企业发放的贷款，应于资产负债表日按贷款的合同本金和合同利率计算确定的应收未收利息，借记本科目，按贷款的摊余成本和实际利率计算确定的利息收入，贷记"利息收入"科目，按其差额，借记或贷记"贷款——利息调整"科目。

（六）应收利息实际收到时，借记"银行存款""存放中央银行款项"等科目，贷记本科目。

四、本科目期末借方余额，反映企业尚未收回的利息。

1201　应收代位追偿款

一、本科目核算企业(保险)按照原保险合同约定承担赔付保险金责任后确认的代位追偿款。

二、本科目可按被追偿单位（或个人）进行明细核算。

三、应收代位追偿款的主要账务处理。

（一）企业承担赔付保险金责任后确认的代位追偿款，借记本科目，贷记"赔付支出"科目。

（二）收回应收代位追偿款时，按实际收到的金额，借记"库存现金""银行存款"等科目，按其账面余额，贷记本科目，按其差额，借记或贷记"赔付支出"科目。已计提坏账准备的，还应同时结转坏账准备。

四、本科目期末借方余额，反映企业已确认尚未收回的代位追偿款。

1211　应收分保账款

一、本科目核算企业（保险）从事再保险业务应收取的款项。

二、本科目可按再保险分出人或再保险接受人和再保险合同进行明细核算。

三、再保险分出人应收分保账款的主要账务处理。

（一）企业在确认原保险合同保费收入的当期，按相关再保险合同约定计算确定的应向再保险接受人摊回的分保费用，借记本科目，贷记"摊回分保费用"科目。

（二）在确定支付赔付款项金额或实际发生理赔费用而冲减原保险合同相应未决赔款准备金、寿险责任准备金、长期健康险责任准备金余额的当期，按相关再保险合同约定计算确定的应向再保险接受人摊回的赔付成本金额，借记本科目，贷记"摊回赔付支出"科目。

（三）在因取得和处置损余物资、确认和收到应收代位追偿款等而调整原保险合同赔付成本的当期，按相关再保险合同约定计算确定的摊回赔付支出的调整金额，借记或贷记"摊回赔付支出"科目，贷记或借记本科目。

（四）计算确定应向再保险接受人收取纯益手续费的，按相关再保险合同约定计算确定的纯益手续费，借记本科目，贷记"摊回分保费用"科目。

（五）在原保险合同提前解除的当期，按相关再保险合同约定计算确定的摊回分保费用的调整金额，借记"摊回分保费用"科目，贷记本科目。

（六）对于超额赔款再保险等非比例再保险合同，在能够计算确定应向再保险接受人摊回的赔付成本时，按摊回的赔付成本金额，借记本科目，贷记"摊回赔付支出"科目。

四、再保险接受人应收分保账款的主要账务处理。

（一）企业确认再保险合同保费收入时，借记本科目，贷记"保费收入"科目。

（二）收到分保业务账单时，按账单标明的金额对分保费收入进行调整，按调整增加额，借记本科目，贷记"保费收入"科目；按调整减少额做相反的会计分录。

按照账单标明的再保险分出人扣存本期分保保证金，借记"存出保证金"科目，贷记本科目。按账单标明的再保险分出人返还上期扣存分保保证金，借记本科目，贷记"存出保证金"科目。

（三）计算存出分保保证金利息，借记本科目，贷记"利息收入"科目。

五、再保险分出人、再保险接受人结算分保账款时，按应付分保账款金额，借记"应付分保账款"科目，按应收分保账款金额，贷记本科目，按其差额，借记或贷记"银行存款"科目。

六、本科目期末借方余额，反映企业从事再保险业务应收取的款项。

1212　应收分保合同准备金

一、本科目核算企业（再保险分出人）从事再保险业务确认的应收分保未到期责任准备金，以及应向再保险接受人摊回的保险责任准备金。

企业（再保险分出人）可以单独设置"应收分保未到期责任准备金""应收分保未决赔款准备金""应收分保寿险责任准备金""应收分保长期健康险责任准备金"等科目。

二、本科目可按再保险接受人和再保险合同进行明细核算。

三、应收分保合同准备金的主要账务处理。

（一）企业在确认非寿险原保险合同保费收入的当期，按相关再保险合同约定计算确定的相关应收分保未到期责任准备金金额，借记本科目，贷记"提取未到期责任准备金"科目。

资产负债表日，调整原保险合同未到期责任准备金余额，按相关再保险合同约定计算确定的应收分保未到期责任准备金的调整金额，借记"提取未到期责任准备金"科目，贷记本科目。

（二）在提取原保险合同未决赔款准备金、寿险责任准备金、长期健康险责任准备金的当期，按相关再保险合同约定计算确定的应向再保险接受人摊回的保险责任准备金金额，借记本科目，贷记"摊回保险责任准备金"科目。

（三）在确定支付赔付款项金额或实际发生理赔费用而冲减原保险合同相应未决赔款准备金、寿险责任准备金、长期健康险责任准备金余额的当期，按相关应收分保保险责任准备金的相应冲减金额，借记"摊回保险责任准备金"科目，贷记本科目。

（四）在对原保险合同未决赔款准备金、寿险责任准备金、长期健康险责任准备金进行充足性测试补提保险责任准备金时，按相关再保险合同约定计算确定的应收分保保险责任准备金的相应增加额，借记本科目，贷记"摊回保险责任准备金"科目。

（五）在原保险合同提前解除而转销相关未到期责任准备金余额的当期，借记"提取未到期责任准备金"科目，贷记本科目。

在原保险合同提前解除而转销相关寿险责任准备金、长期健康险责任准备金余额的当期，按相关应收分保保险责任准备金余额，借记"摊回保险责任准备金"科目，贷记本科目。

四、本科目期末借方余额，反映企业从事再保险业务确认的应收分保合同准备金余额。

1221　其他应收款

一、本科目核算企业除存出保证金、买入返售金融资产、应收票据、应收账款、预付账款、应收股利、应收利息、应收代位追偿款、应收分保账款、应收分保合同准备金、长期应收款等以外的其他各种应收及暂付款项。

二、本科目可按对方单位（或个人）进行明细核算。

三、采用售后回购方式融出资金的，应按实际支付的金额，借记本科目，贷记"银行存款"科目。销售价格与原购买价格之间的差额，应在售后回购期间内按期计提利息费用，借记本科目，贷记"财务费用"科目。按合同约定返售商品时，应按实际收到的金额，借记"银行存款"科目，贷记本科目。

四、企业发生其他各种应收、暂付款项时，借记本科目，贷记"银行存款""固定资产清理"等科目；收回或转销各种款项时，借记"库存现金""银行存款"等科目，贷记本科目。

五、本科目期末借方余额，反映企业尚未收回的其他应收款项。

1231　坏账准备

一、本科目核算企业应收款项的坏账准备。

二、本科目可按应收款项的类别进行明细核算。

三、坏账准备的主要账务处理。

（一）资产负债表日，应收款项发生减值的，按应减记的金额，借记"资产减值损失"科目，贷记本科目。本期应计提的坏账准备大于其账面余额的，应按其差额计提；应计提的坏账准备小于其账面余额的差额做相反的会计分录。

（二）对于确实无法收回的应收款项，按管理权限报经批准后作为坏账，转销应收款项，借记本科目，贷记"应收票据""应收账款""预付账款""应收分保账款""其他应收款""长期应收款"等科目。

（三）已确认并转销的应收款项以后又收回的，应按实际收回的金额，借记"应收票据""应收账款""预付账款""应收分保账款""其他应收款""长期应收款"等科目，贷记本科目；同时，借记"银行存款"科目，贷记"应收票据""应收账款""预付账款""应收分保账款""其他应收款""长期应收款"等科目。

对于已确认并转销的应收款项以后又收回的，也可以按照实际收回的金额，借记"银行存款"科目，贷记本科目。

四、本科目期末贷方余额，反映企业已计提但尚未转销的坏账准备。

1301　贴现资产

一、本科目核算企业（银行）办理商业票据的贴现、转贴现等业务所融出的资金。企业（银行）买入的即期外币票据，也通过本科目核算。

二、本科目可按贴现类别和贴现申请人进行明细核算。

三、贴现资产的主要账务处理。

（一）企业办理贴现时，按贴现票面金额，借记本科目（面值），按实际支付的金额，贷记"存放中央银行款项""吸收存款"等科目，按其差额，贷记本科目（利息调整）。

（二）资产负债表日，按计算确定的贴现利息收入，借记本科目（利息调整），贷记"利息收入"科目。

（三）贴现票据到期，应按实际收到的金额，借记"存放中央银行款项""吸收存款"等科目，按贴现的票面金额，贷记本科目（面值），按其差额，贷记"利息收入"科目。存在利息调整金额的，也应同时结转。

四、本科目期末借方余额，反映企业办理的贴现、转贴现等业务融出的资金。

1302　拆出资金

一、本科目核算企业（金融）拆借给境内、境外其他金融机构的款项。

二、本科目可按拆放的金融机构进行明细核算。

三、企业拆出的资金，借记本科目，贷记"存放中央银行款项""银行存款"等科目；收回资金时做相反的会计分录。

四、本科目期末借方余额，反映企业按规定拆放给其他金融机构的款项。

1303　贷款

一、本科目核算企业（银行）按规定发放的各种客户贷款，包括质押贷款、抵押贷款、保证贷款、信用贷款等。

企业（银行）按规定发放的具有贷款性质的银团贷款、贸易融资、协议透支、信用卡透支、转贷款以及垫款等，在本科目核算；也可以单独设置"银团贷款""贸易融资""协议透支""信用卡透支""转贷款""垫款"等科目。

企业（保险）的保户质押贷款，可将本科目改为"1303　保户质押贷款"科目。企业（典当）的质押贷款、抵押贷款，可将本科目改为"1303　质押贷款""1305　抵押贷款"科目。企业委托银行或其他金融机构向其他单位贷出的款项，可将本科目改为"1303　委托贷款"科目。

二、本科目可按贷款类别、客户，分别"本金""利息调整""已减值"等进行明细核算。

三、贷款的主要账务处理。

（一）企业发放的贷款，应按贷款的合同本金，借记本科目（本金），按实际支付的金额，贷记"吸收存款""存放中央银行款项"等科目，有差额的，借记或贷记本科目（利息调整）。

资产负债表日，应按贷款的合同本金和合同利率计算确定的应收未收利息，借记"应收利息"科目，按贷款的摊余成本和实际利率计算确定的利息收入，贷记"利息收入"科目，按其差额，借记或贷记本科目（利息调整）。合同利率与实际利率差异较小的，也可以采用合同利率计算确定利息收入。

收回贷款时，应按客户归还的金额，借记"吸收存款""存放中央银行款项"等科目，按收回的应收利息金额，贷记"应收利息"科目，按归还的贷款本金，贷记本科目（本金），按其差额，贷记"利息收入"科目。存在利息调整余额的，还应同时结转。

（二）资产负债表日，确定贷款发生减值的，按应减记的金额，借记"资产减值损失"科目，贷记"贷款损失准备"科目。同时，应将本科目（本金、利息调整）余额转入本科目（已减值），借记本科目（已减值），贷记本科目（本金、利息调整）。

资产负债表日，应按贷款的摊余成本和实际利率计算确定的利息收入，借记"贷款损失准备"科目，贷记"利息收入"科目。同时，将按合同本金和合同利率计算确定的应收利息金额进行表外登记。

收回减值贷款时，应按实际收到的金额，借记"吸收存款""存放中央银行款项"等科目，按相关贷款损失准备余额，借记"贷款损失准备"科目，按相关贷款余额，贷记本科目（已减值），按其差额，贷记"资产减值损失"科目。

对于确实无法收回的贷款，按管理权限报经批准后作为呆账予以转销，借记"贷款损失准备"科目，贷记本科目（已减值）。按管理权限报经批准后转销表外应收未收利息，减少表外"应收未收利息"科目金额。

已确认并转销的贷款以后又收回的，按原转销的已减值贷款余额，借记本科目（已减值），贷记"贷款损失准备"科目。按实际收到的金额，借记"吸收存款""存放中央银行款项"等科目，按原转销的已减值贷款余额，贷记本科目（已减值），按其差额，贷记"资产减值损失"科目。

四、本科目期末借方余额，反映企业按规定发放尚未收回贷款的摊余成本。

1304　贷款损失准备

一、本科目核算企业（银行）贷款的减值准备。计提贷款损失准备的资产包括贴现资产、拆出资金、客户贷款、银团贷款、贸易融资、协议透支、信用卡透支、转贷款和垫款等。企业（保险）的保户质押贷款计提的减值准备，也在本科目核算。企业（典当）的质押贷款、抵押贷款计提的减值准备，也在本科目核算。企业委托银行或其他金融机构向其他单位贷出的款项计提的减值准备，可将本科目改为"1304　委托贷款损失准备"科目。

二、本科目可按计提贷款损失准备的资产类别进行明细核算。

三、贷款损失准备的主要账务处理。

（一）资产负债表日，贷款发生减值的，按应减记的金额，借记"资产减值损失"科目，贷记本科目。

（二）对于确实无法收回的各项贷款，按管理权限报经批准后转销各项贷款，借记本科目，贷记"贷款""贴现资产""拆出资金"等科目。

（三）已计提贷款损失准备的贷款价值以后又得以恢复，应在原已计提的贷款损失准备金额内，按恢复增加的金额，借记本科目，贷记"资产减值损失"科目。

四、本科目期末贷方余额，反映企业已计提但尚未转销的贷款损失准备。

1311　代理兑付证券

一、本科目核算企业（证券、银行等）接受委托代理兑付到期的证券。

二、本科目可按委托单位和证券种类进行明细核算。

三、代理兑付证券的主要账务处理。

（一）委托单位尚未拨付兑付资金而由企业垫付的，在收到客户交来的证券时，应按兑付金额，借记本科目，贷记"银行存款"等科目。向委托单位交回已兑付的证券并收回垫付的资金时，借记"银行存款"等科目，贷记本科目。

（二）收到客户交来的无记名证券时，应按兑付金额，借记本科目，贷记"库存现金""银行存款"等科目。向委托单位交回已兑付证券时，借记"代理兑付证券款"科目，贷记本科目。

四、本科目期末借方余额，反映企业已兑付但尚未收到委托单位兑付资金的证券金额。

1321　代理业务资产

一、本科目核算企业不承担风险的代理业务形成的资产，包括受托理财业务进行的证券投资和受托贷款等。企业采用收取手续费方式受托代销的商品，可将本科目改为"1321　受托代销商品"科目。

二、本科目可按委托单位、资产管理类别（如定向、集合和专项资产管理业务）贷款对象，分别"成本""已实现未结算损益"等进行明细核算。

三、代理业务资产的主要账务处理。

（一）企业收到委托人的资金，应按实际收到的金额，借记"存放中央银行款项""吸收存款"等科目，贷记"代理业务负债"科目。

（二）以代理业务资金购买证券等，借记本科目（成本），贷记"存放中央银行款项""结算备付金——客户""吸收存款"等科目。

将购买的证券售出，应按实际收到的金额，借记"存放中央银行款项""结算备付金——

客户""吸收存款"等科目，按卖出证券应结转的成本，贷记本科目（成本），按其差额，借记或贷记本科目（已实现未结算损益）。

定期或在合同到期与委托客户进行结算，按合同约定比例计算代理业务资产收益，结转已实现未结算损益，借记本科目（已实现未结算损益），贷记"代理业务负债"（委托客户的收益）、"手续费及佣金收入"（本企业的收益）等科目。

（三）发放受托的贷款，应按实际发放的金额，借记本科目（本金），贷记"吸收存款""银行存款"等科目。

收回受托贷款，应按实际收到的金额，借记"吸收存款""银行存款"等科目，贷记本科目（本金），按其差额，贷记本科目（已实现未结算损益）等。

定期或在合同到期与委托单位结算，按合同规定比例计算受托贷款收益，结算已实现未结算的收益，借记本科目（已实现未结算损益），贷记"代理业务负债"（委托客户的收益）、"手续费及佣金收入"（本企业的收益）等科目。

（四）收到受托代销的商品，按约定的价格，借记"受托代销商品"科目，贷记"受托代销商品款"科目。

售出受托代销商品后，按实际收到或应收的金额，借记"银行存款""应收账款"等科目，贷记"受托代销商品"科目。计算代销手续费等收入，借记"受托代销商品款"科目，贷记"其他业务收入"科目。结清代销商品款时，借记"受托代销商品款"科目，贷记"银行存款"科目。

四、本科目期末借方余额，反映企业代理业务资产的价值。

1401　材料采购

一、本科目核算企业采用计划成本进行材料日常核算而购入材料的采购成本。采用实际成本进行材料日常核算的，购入材料的采购成本，在"在途物资"科目核算。委托外单位加工材料、商品的加工成本，在"委托加工物资"科目核算。

购入的工程用材料，在"工程物资"科目核算。

二、本科目可按供应单位和材料品种进行明细核算。

三、材料采购的主要账务处理。

（一）企业支付材料价款和运杂费等，按应计入材料采购成本的金额，借记本科目，按实际支付或应支付的金额，贷记"银行存款""库存现金""其他货币资金""应付账款""应付票据""预付账款"等科目。涉及增值税进项税额的，还应进行相应的处理。

（二）期末，企业应将仓库转来的外购收料凭证，分别下列不同情况进行处理：

1. 对于已经付款或已开出、承兑商业汇票的收料凭证，应按实际成本和计划成本分别汇总，按计划成本，借记"原材料""周转材料"等科目，贷记本科目；将实际成本大于计划成本的差异，借记"材料成本差异"科目，贷记本科目；实际成本小于计划成本的差异做相反的会计分录。

2. 对于尚未收到发票账单的收料凭证，应按计划成本暂估入账，借记"原材料""周转材料"等科目，贷记"应付账款——暂估应付账款"科目，下期初做相反分录予以冲回。下期收到发票账单的收料凭证，借记本科目，贷记"银行存款""应付账款""应付票据"等科目。涉及增值税进项税额的，还应进行相应的处理。

四、本科目期末借方余额，反映企业在途材料的采购成本。

1402　在途物资

一、本科目核算企业采用实际成本（或进价）进行材料、商品等物资的日常核算、货款已付尚未验收入库的在途物资的采购成本。

二、本科目可按供应单位和物资品种进行明细核算。

三、在途物资的主要账务处理。

（一）企业购入材料、商品，按应计入材料、商品采购成本的金额，借记本科目，按实际支付或应支付的金额，贷记"银行存款""应付账款""应付票据"等科目。涉及增值税进项税额的，还应进行相应的处理。

（二）所购材料、商品到达验收入库，借记"原材料""库存商品"等科目，贷记本科目。

库存商品采用售价核算的，按售价，借记"库存商品"科目，按进价，贷记本科目，进价与售价之间的差额，借记或贷记"商品进销差价"科目。

四、本科目期末借方余额，反映企业在途材料、商品等物资的采购成本。

1403 原材料

一、本科目核算企业库存的各种材料，包括原料及主要材料、辅助材料、外购半成品（外购件）修理用备件（备品备件）包装材料、燃料等的计划成本或实际成本。

收到来料加工装配业务的原料、零件等，应当设置备查簿进行登记。

二、本科目可按材料的保管地点（仓库）材料的类别、品种和规格等进行明细核算。

三、原材料的主要账务处理。

（一）企业购入并已验收入库的材料，按计划成本或实际成本，借记本科目，按实际成本，贷记"材料采购"或"在途物资"科目，按计划成本与实际成本的差异，借记或贷记"材料成本差异"科目。

（二）自制并已验收入库的材料，按计划成本或实际成本，借记本科目，按实际成本，贷记"生产成本"科目，按计划成本与实际成本的差异，借记或贷记"材料成本差异"科目。

委托外单位加工完成并已验收入库的材料，按计划成本或实际成本，借记本科目，按实际成本，贷记"委托加工物资"科目，按计划成本与实际成本的差异，借记或贷记"材料成本差异"科目。

（三）生产经营领用材料，借记"生产成本""制造费用""销售费用""管理费用"等科目，贷记本科目。出售材料结转成本，借记"其他业务成本"科目，贷记本科目。发出委托外单位加工的材料，借记"委托加工物资"科目，贷记本科目。采用计划成本进行材料日常核算的，发出材料还应结转材料成本差异，将发出材料的计划成本调整为实际成本。

采用实际成本进行材料日常核算的，发出材料的实际成本，可以采用先进先出法、加权平均法或个别认定法计算确定。

四、本科目期末借方余额，反映企业库存材料的计划成本或实际成本。

1404 材料成本差异

一、本科目核算企业采用计划成本进行日常核算的材料计划成本与实际成本的差额。企业也可以在"原材料""周转材料"等科目设置"成本差异"明细科目。

二、本科目可以分别"原材料""周转材料"等，按照类别或品种进行明细核算。

三、材料成本差异的主要账务处理。

（一）入库材料发生的材料成本差异，实际成本大于计划成本的差异，借记本科目，贷记"材料采购"科目；实际成本小于计划成本的差异做相反的会计分录。

入库材料的计划成本应当尽可能接近实际成本。除特殊情况外，计划成本在年度内不得随意变更。

（二）结转发出材料应负担的材料成本差异，按实际成本大于计划成本的差异，借记"生产成本""管理费用""销售费用""委托加工物资""其他业务成本"等科目，贷记本科目；实际成本小于计划成本的差异做相反的会计分录。

发出材料应负担的成本差异应当按期（月）分摊，不得在季末或年末一次计算。发出材料应负担的成本差异，除委托外部加工发出材料可按期初成本差异率计算外，应使用当期的实际差异率；期初成本差异率与本期成本差异率相差不大的，也可按期初成本差异率计算。计算方法一经确定，不得随意变更。材料成本差异率的计算公式如下：

本期材料成本差异率=（期初结存材料的成本差异+本期验收入库材料的成本差异）÷（期初结存材料的计划成本+本期验收入库材料的计划成本）×100%

期初材料成本差异率=期初结存材料的成本差异÷期初结存材料的计划成本×100%

发出材料应负担的成本差异=发出材料的计划成本×材料成本差异率

四、本科目期末借方余额，反映企业库存材料等的实际成本大于计划成本的差异；贷方余额反映企业库存材料等的实际成本小于计划成本的差异。

1405　库存商品

一、本科目核算企业库存的各种商品的实际成本（或进价）或计划成本（或售价），包括库存产成品、外购商品、存放在门市部准备出售的商品、发出展览的商品以及寄存在外的商品等。

接受来料加工制造的代制品和为外单位加工修理的代修品，在制造和修理完成验收入库后，视同企业的产成品，也通过本科目核算。

企业（房地产开发）的开发产品，可将本科目改为"1405 开发产品"科目。

企业（农业）收获的农产品，可将本科目改为"1405 农产品"科目。

二、本科目可按库存商品的种类、品种和规格等进行明细核算。

三、库存商品的主要账务处理。

（一）企业生产的产成品一般应按实际成本核算，产成品的入库和出库，平时只记数量不记金额，期（月）末计算入库产成品的实际成本。生产完成验收入库的产成品，按其实际成本，借记本科目、"农产品"等科目，贷记"生产成本""消耗性生物资产""农业生产成本"等科目。

产成品种类较多的，也可按计划成本进行日常核算，其实际成本与计划成本的差异，可以单独设置"产品成本差异"科目，比照"材料成本差异"科目核算。

采用实际成本进行产成品日常核算的，发出产成品的实际成本，可以采用先进先出法、加权平均法或个别认定法计算确定。

对外销售产成品（包括采用分期收款方式销售产成品），结转销售成本时，借记"主营业务成本"科目，贷记本科目。采用计划成本核算的，发出产成品还应结转产品成本差异，将发出产成品的计划成本调整为实际成本。

（二）购入商品采用进价核算的，在商品到达验收入库后，按商品进价，借记本科目，贷记"银行存款""在途物资"等科目。委托外单位加工收回的商品，按商品进价，借记本科目，贷记"委托加工物资"科目。

购入商品采用售价核算的，在商品到达验收入库后，按商品售价，借记本科目，按商品进价，贷记"银行存款""在途物资"等科目，按商品售价与进价的差额，贷记"商品进销差价"科目。委托外单位加工收回的商品，按商品售价，借记本科目，按委托加工商品的账面余额，贷记"委托加工物资"科目，按商品售价与进价的差额，贷记"商品进销差价"科目。

对外销售商品（包括采用分期收款方式销售商品），结转销售成本时，借记"主营业务成本"科目，贷记本科目。采用进价进行商品日常核算的，发出商品的实际成本，可以采用先进先出法、加权平均法或个别认定法计算确定。采用售价核算的，还应结转应分摊的商品进销差价。

（三）企业（房地产开发）开发的产品，达到预定可销售状态时，按实际成本，借记"开发产品"科目，贷记"开发成本"科目。期末，企业结转对外转让、销售和结算开发产品的实际成本，借记"主营业务成本"科目，贷记"开发产品"科目。

企业将开发的营业性配套设施用于本企业从事第三产业经营用房，应视同自用固定资产进行处理，并按营业性配套设施的实际成本，借记"固定资产"科目，贷记"开发产品"科目。

四、本科目期末借方余额，反映企业库存商品的实际成本（或进价）或计划成本（或售价）。

1406　发出商品

一、本科目核算企业未满足收入确认条件但已发出商品的实际成本（或进价）或计划成本（或售价）。采用支付手续费方式委托其他单位代销的商品，也可以单独设置"委托代销商品"科目。

二、本科目可按购货单位、商品类别和品种进行明细核算。

三、发出商品的主要账务处理。

（一）对于未满足收入确认条件的发出商品，应按发出商品的实际成本（或进价）或计划成本（或售价），借记本科目，贷记"库存商品"科目。

发出商品发生退回的，应按退回商品的实际成本（或进价）或计划成本（或售价），借记"库存商品"科目，贷记本科目。

（二）发出商品满足收入确认条件时，应结转销售成本，借记"主营业务成本"科目，贷记本科目。采用计划成本或售价核算的，还应结转应分摊的产品成本差异或商品进销差价。

四、本科目期末借方余额，反映企业发出商品的实际成本（或进价）或计划成本（或售价）。

1407　商品进销差价

一、本科目核算企业采用售价进行日常核算的商品售价与进价之间的差额。

二、本科目可按商品类别或实物管理负责人进行明细核算。

三、商品进销差价的主要账务处理。

（一）企业购入、加工收回以及销售退回等增加的库存商品，按商品售价，借记"库存商品"科目，按商品进价，贷记"银行存款""委托加工物资"等科目，按售价与进价之间的差额，贷记本科目。

（二）期（月）末分摊已销商品的进销差价，借记本科目，贷记"主营业务成本"科目。销售商品应分摊的商品进销差价，按以下公式计算：

商品进销差价率=期末分摊前本科目余额÷（"库存商品"科目期末余额+"委托代销商品"科目期末余额+"发出商品"科目期末余额+本期"主营业务收入"科目贷方发生额）×100%

本期销售商品应分摊的商品进销差价=本期"主营业务收入"科目贷方发生额×商品进销差价率

企业的商品进销差价率各期之间比较均衡的，也可以采用上期商品进销差价率计算分摊本期的商品进销差价。年度终了，应对商品进销差价进行核实调整。

四、本科目的期末贷方余额，反映企业库存商品的商品进销差价。

1408　委托加工物资

一、本科目核算企业委托外单位加工的各种材料、商品等物资的实际成本。

二、本科目可按加工合同、受托加工单位以及加工物资的品种等进行明细核算。

三、委托加工物资的主要账务处理。

（一）企业发给外单位加工的物资，按实际成本，借记本科目，贷记"原材料""库存商品"等科目；按计划成本或售价核算的，还应同时结转材料成本差异或商品进销差价。

（二）支付加工费、运杂费等，借记本科目，贷记"银行存款"等科目；需要交纳消费税的委托加工物资，由受托方代收代交的消费税，借记本科目（收回后用于直接销售的）或"应交税费——应交消费税"科目（收回后用于继续加工的），贷记"应付账款""银行存款"等科目。

（三）加工完成验收入库的物资和剩余的物资，按加工收回物资的实际成本和剩余物资的实际成本，借记"原材料""库存商品"等科目，贷记本科目。

采用计划成本或售价核算的，按计划成本或售价，借记"原材料"或"库存商品"科目，按实际成本，贷记本科目，按实际成本与计划成本或售价之间的差额，借记或贷记"材料成本差异"或贷记"商品进销差价"科目。

采用计划成本或售价核算的，也可以采用上期材料成本差异率或商品进销差价率计算分摊本期应分摊的材料成本差异或商品进销差价。

四、本科目期末借方余额，反映企业委托外单位加工尚未完成物资的实际成本。

1411　周转材料

一、本科目核算企业周转材料的计划成本或实际成本，包括包装物、低值易耗品，以及企业（建造承包商）的钢模板、木模板、脚手架等。

企业的包装物、低值易耗品，也可以单独设置"包装物""低值易耗品"科目。

二、本科目可按周转材料的种类，分别"在库""在用"和"摊销"进行明细核算。

三、周转材料的主要账务处理。

（一）企业购入、自制、委托外单位加工完成并已验收入库的周转材料等，比照"原材料"科目的相关规定进行处理。

（二）采用一次转销法的，领用时应按其账面价值，借记"管理费用""生产成本""销售费用""工程施工"等科目，贷记本科目。

周转材料报废时，应按报废周转材料的残料价值，借记"原材料"等科目，贷记"管理费用""生产成本""销售费用""工程施工"等科目。

（三）采用其他摊销法的，领用时应按其账面价值，借记本科目（在用），贷记本科目（在库）；摊销时应按摊销额，借记"管理费用""生产成本""销售费用""工程施工"等科目，贷记本科目（摊销）。

周转材料报废时应补提摊销额，借记"管理费用""生产成本""销售费用""工程施工"等科目，贷记本科目（摊销）；同时，按报废周转材料的残料价值，借记"原材料"等科目，贷记"管理费用""生产成本""销售费用""工程施工"等科目；并转销全部已提摊销额，借记本科目（摊销），贷记本科目（在用）。

（四）周转材料采用计划成本进行日常核算的，领用等发出周转材料时，还应同时结转应分摊的成本差异。

四、本科目期末借方余额，反映企业在库周转材料的计划成本或实际成本以及在用周转材料的摊余价值。

1421　消耗性生物资产

一、本科目核算企业（农业）持有的消耗性生物资产的实际成本。消耗性生物资产发生减值的，可以单独设置"消耗性生物资产跌价准备"科目，比照"存货跌价准备"进行处理。

二、本科目可按消耗性生物资产的种类、群别等进行明细核算。

三、消耗性生物资产的主要账务处理。

（一）外购的消耗性生物资产，按应计入消耗性生物资产成本的金额，借记本科目，贷记

"银行存款""应付账款""应付票据"等科目。

（二）自行栽培的大田作物和蔬菜，应按收获前发生的必要支出，借记本科目，贷记"银行存款"等科目。自行营造的林木类消耗性生物资产，应按郁闭前发生的必要支出，借记本科目，贷记"银行存款"等科目。自行繁殖的育肥畜、水产养殖的动植物，应按出售前发生的必要支出，借记本科目，贷记"银行存款"等科目。

（三）取得天然起源的消耗性生物资产，应按名义金额，借记本科目，贷记"营业外收入"科目。

（四）产畜或役畜淘汰转为育肥畜的，按转群时的账面价值，借记本科目，按已计提的累计折旧，借记"生产性生物资产累计折旧"科目，按其账面余额，贷记"生产性生物资产"科目。已计提减值准备的，还应同时结转减值准备。

育肥畜转为产畜或役畜的，应按其账面余额，借记"生产性生物资产"科目，贷记本科目。已计提跌价准备的，还应同时结转跌价准备。

（五）择伐、间伐或抚育更新性质采伐而补植林木类消耗性生物资产发生的后续支出，借记本科目，贷记"银行存款"等科目。林木类消耗性生物资产达到郁闭后发生的管护费用等后续支出，借记"管理费用"科目，贷记"银行存款"等科目。

（六）农业生产过程中发生的应归属于消耗性生物资产的费用，按应分配的金额，借记本科目，贷记"农业生产成本"科目。

（七）消耗性生物资产收获为农产品时，应按其账面余额，借记"农产品"科目，贷记本科目。已计提跌价准备的，还应同时结转跌价准备。

（八）出售消耗性生物资产，应按实际收到的金额，借记"银行存款"等科目，贷记"主营业务收入"等科目。按其账面余额，借记"主营业务成本"等科目，贷记本科目。已计提跌价准备的，还应同时结转跌价准备。

四、本科目期末借方余额，反映企业消耗性生物资产的实际成本。

1431 贵金属

一、本科目核算企业（金融）持有的黄金、白银等贵金属存货的成本。企业（金融）为上市交易而持有的贵金属，比照"交易性金融资产"科目进行处理。

二、本科目可按贵金属的类别进行明细核算。

三、贵金属的主要账务处理。

（一）企业购买的贵金属，借记本科目，贷记"存放中央银行款项"等科目。

（二）出售的贵金属，应按实际收到的金额，借记"存放中央银行款项"等科目，贷记"其他业务收入"科目。按其账面余额，借记"其他业务成本"科目，贷记本科目。

四、本科目期末借方余额，反映企业持有贵金属存货的成本。

1441 抵债资产

一、本科目核算企业（金融）依法取得并准备按有关规定进行处置的实物抵债资产的成本。企业（金融）依法取得并准备按有关规定进行处置的非实物抵债资产（不含股权投资），也通过本科目核算。

二、本科目可按抵债资产类别及借款人进行明细核算。抵债资产发生减值的，可以单独设置"抵债资产跌价准备"科目，比照"存货跌价准备"科目进行处理。

三、抵债资产的主要账务处理。

（一）企业取得的抵债资产，按抵债资产的公允价值，借记本科目，按相关资产已计提的减值准备，借记"贷款损失准备""坏账准备"等科目，按相关资产的账面余额，贷记"贷款"

"应收手续费及佣金"等科目，按应支付的相关税费，贷记"应交税费"科目，按其差额，借记"营业外支出"科目。如为贷方差额，应贷记"资产减值损失"科目。

（二）抵债资产保管期间取得的收入，借记"库存现金""银行存款""存放中央银行款项"等科目，贷记"其他业务收入"等科目。保管期间发生的直接费用，借记"其他业务成本"等科目，贷记"库存现金""银行存款""存放中央银行款项"等科目。

（三）处置抵债资产时，应按实际收到的金额，借记"库存现金""银行存款""存放中央银行款项"等科目，按应支付的相关税费，贷记"应交税费"科目，按其账面余额，贷记本科目，按其差额，贷记"营业外收入"科目或借记"营业外支出"科目。已计提抵债资产跌价准备的，还应同时结转跌价准备。

（四）取得抵债资产后转为自用的，应在相关手续办妥时，按转换日抵债资产的账面余额，借记"固定资产"等科目，贷记本科目。已计提抵债资产跌价准备的，还应同时结转跌价准备。

四、本科目期末借方余额，反映企业取得的尚未处置的实物抵债资产的成本。

1451 损余物资

一、本科目核算企业（保险）按照原保险合同约定承担赔偿保险金责任后取得的损余物资成本。

二、本科目可按损余物资种类进行明细核算。

损余物资发生减值的，可以单独设置"损余物资跌价准备"科目，比照"存货跌价准备"科目进行处理。

三、损余物资的主要账务处理。

（一）企业承担赔偿保险金责任后取得的损余物资，按同类或类似资产的市场价格计算确定的金额，借记本科目，贷记"赔付支出"科目。

（二）处置损余物资时，按实际收到的金额，借记"库存现金""银行存款"等科目，按其账面余额，贷记本科目，按其差额，借记或贷记"赔付支出"科目。已计提跌价准备的，还应同时结转跌价准备。

四、本科目期末借方余额，反映企业承担赔偿保险金责任后取得的损余物资成本。

1461 融资租赁资产

一、本科目核算企业（租赁）为开展融资租赁业务取得资产的成本。

二、本科目可按承租人、租赁资产类别和项目进行明细核算。

三、融资租赁资产的主要账务处理。

（一）企业购入和以其他方式取得的融资租赁资产，借记本科目，贷记"银行存款"等科目。

（二）在租赁期开始日，按租赁开始日最低租赁收款额与初始直接费用之和，借记"长期应收款"科目，按未担保余值，借记"未担保余值"科目，按融资租赁资产的公允价值（最低租赁收款额与未担保余值的现值之和），贷记本科目，按发生的初始直接费用，贷记"银行存款"等科目，按其差额，贷记"未实现融资收益"科目。融资租赁资产的公允价值与其账面价值有差额的，还应借记"营业外支出"科目或贷记"营业外收入"科目。

四、本科目期末借方余额，反映企业融资租赁资产的成本。

1471 存货跌价准备

一、本科目核算企业存货的跌价准备。

二、本科目可按存货项目或类别进行明细核算。

三、存货跌价准备的主要账务处理。

（一）资产负债表日，存货发生减值的，按存货可变现净值低于成本的差额，借记"资产减值损失"科目，贷记本科目。

已计提跌价准备的存货价值以后又得以恢复，应在原已计提的存货跌价准备金额内，按恢复增加的金额，借记本科目，贷记"资产减值损失"科目。

发出存货结转存货跌价准备的，借记本科目，贷记"主营业务成本""生产成本"等科目。

（二）企业（建造承包商）建造合同执行中预计总成本超过合同总收入的，应按其差额，借记"资产减值损失"科目，贷记本科目。合同完工时，借记本科目，贷记"主营业务成本"科目。

四、本科目期末贷方余额，反映企业已计提但尚未转销的存货跌价准备。

1501　持有至到期投资

一、本科目核算企业持有至到期投资的摊余成本。

二、本科目可按持有至到期投资的类别和品种，分别"成本""利息调整""应计利息"等进行明细核算。

三、持有至到期投资的主要账务处理。

（一）企业取得的持有至到期投资，应按该投资的面值，借记本科目（成本），按支付的价款中包含的已到付息期但尚未领取的利息，借记"应收利息"科目，按实际支付的金额，贷记"银行存款""存放中央银行款项""结算备付金"等科目，按其差额，借记或贷记本科目（利息调整）。

（二）资产负债表日，持有至到期投资为分期付息、一次还本债券投资的，应按票面利率计算确定的应收未收利息，借记"应收利息"科目，按持有至到期投资摊余成本和实际利率计算确定的利息收入，贷记"投资收益"科目，按其差额，借记或贷记本科目（利息调整）。

持有至到期投资为一次还本付息债券投资的，应于资产负债表日按票面利率计算确定的应收未收利息，借记本科目（应计利息），按持有至到期投资摊余成本和实际利率计算确定的利息收入，贷记"投资收益"科目，按其差额，借记或贷记本科目（利息调整）。

持有至到期投资发生减值后利息的处理，比照"贷款"科目相关规定。

（三）将持有至到期投资重分类为可供出售金融资产的，应在重分类日按其公允价值，借记"可供出售金融资产"科目，按其账面余额，贷记本科目（成本、利息调整、应计利息），按其差额，贷记或借记"资本公积——其他资本公积"科目。已计提减值准备的，还应同时结转减值准备。

（四）出售持有至到期投资，应按实际收到的金额，借记"银行存款""存放中央银行款项""结算备付金"等科目，按其账面余额，贷记本科目（成本、利息调整、应计利息），按其差额，贷记或借记"投资收益"科目。已计提减值准备的，还应同时结转减值准备。

四、本科目期末借方余额，反映企业持有至到期投资的摊余成本。

1502　持有至到期投资减值准备

一、本科目核算企业持有至到期投资的减值准备。

二、本科目可按持有至到期投资类别和品种进行明细核算。

三、资产负债表日，持有至到期投资发生减值的，按应减记的金额，借记"资产减值损失"科目，贷记本科目。

已计提减值准备的持有至到期投资价值以后又得以恢复，应在原已计提的减值准备金额内，按恢复增加的金额，借记本科目，贷记"资产减值损失"科目。

四、本科目期末贷方余额，反映企业已计提但尚未转销的持有至到期投资减值准备。

1503 可供出售金融资产

一、本科目核算企业持有的可供出售金融资产的公允价值，包括划分为可供出售的股票投资、债券投资等金融资产。

二、本科目按可供出售金融资产的类别和品种，分别"成本""利息调整""应计利息""公允价值变动"等进行明细核算。

可供出售金融资产发生减值的，可以单独设置"可供出售金融资产减值准备"科目。

三、可供出售金融资产的主要账务处理。

（一）企业取得可供出售的金融资产，应按其公允价值与交易费用之和，借记本科目（成本），按支付的价款中包含的已宣告但尚未发放的现金股利，借记"应收股利"科目，按实际支付的金额，贷记"银行存款""存放中央银行款项""结算备付金"等科目。

企业取得的可供出售金融资产为债券投资的，应按债券的面值，借记本科目（成本），按支付的价款中包含的已到付息期但尚未领取的利息，借记"应收利息"科目，按实际支付的金额，贷记"银行存款""存放中央银行款项""结算备付金"等科目，按差额，借记或贷记本科目（利息调整）。

（二）资产负债表日，可供出售债券为分期付息、一次还本债券投资的，应按票面利率计算确定的应收未收利息，借记"应收利息"科目，按可供出售债券的摊余成本和实际利率计算确定的利息收入，贷记"投资收益"科目，按其差额，借记或贷记本科目（利息调整）。

可供出售债券为一次还本付息债券投资的，应于资产负债表日按票面利率计算确定的应收未收利息，借记本科目（应计利息），按可供出售债券的摊余成本和实际利率计算确定的利息收入，贷记"投资收益"科目，按其差额，借记或贷记本科目（利息调整）。

可供出售债券投资发生减值后利息的处理，比照"贷款"科目相关规定。

（三）资产负债表日，可供出售金融资产的公允价值高于其账面余额的差额，借记本科目（公允价值变动），贷记"资本公积——其他资本公积"科目；公允价值低于其账面余额的差额做相反的会计分录。

确定可供出售金融资产发生减值的，按应减记的金额，借记"资产减值损失"科目，按应从所有者权益中转出原计入资本公积的累计损失金额，贷记"资本公积——其他资本公积"科目，按其差额，贷记本科目（公允价值变动）。

对于已确认减值损失的可供出售金融资产，在随后会计期间内公允价值已上升且客观上与确认原减值损失事项有关的，应按原确认的减值损失，借记本科目（公允价值变动），贷记"资产减值损失"科目；但可供出售金融资产为股票等权益工具投资的（不含在活跃市场上没有报价、公允价值不能可靠计量的权益工具投资），借记本科目（公允价值变动），贷记"资本公积——其他资本公积"科目。

（四）将持有至到期投资重分类为可供出售金融资产的，应在重分类日按其公允价值，借记本科目，按其账面余额，贷记"持有至到期投资"科目，按其差额，贷记或借记"资本公积——其他资本公积"科目。已计提减值准备的，还应同时结转减值准备。

（五）出售可供出售的金融资产，应按实际收到的金额，借记"银行存款""存放中央银行款项"等科目，按其账面余额，贷记本科目（成本、公允价值变动、利息调整、应计利息），按应从所有者权益中转出的公允价值累计变动额，借记或贷记"资本公积——其他资本公积"科目，按其差额，贷记或借记"投资收益"科目。

四、本科目期末借方余额，反映企业可供出售金融资产的公允价值。

1511　长期股权投资

一、本科目核算企业持有的采用成本法和权益法核算的长期股权投资。

二、本科目可按被投资单位进行明细核算。

长期股权投资采用权益法核算的，还应当分别"成本""损益调整""其他权益变动"进行明细核算。

三、长期股权投资的主要账务处理。

（一）初始取得长期股权投资

同一控制下企业合并形成的长期股权投资，应在合并日按取得被合并方所有者权益账面价值的份额，借记本科目，按享有被投资单位已宣告但尚未发放的现金股利或利润，借记"应收股利"科目，按支付的合并对价的账面价值，贷记有关资产或借记有关负债科目，按其差额，贷记"资本公积——资本溢价或股本溢价"科目；为借方差额的，借记"资本公积——资本溢价或股本溢价"科目，资本公积（资本溢价或股本溢价）不足冲减的，借记"盈余公积""利润分配——未分配利润"科目。

非同一控制下企业合并形成的长期股权投资，应在购买日按企业合并成本（不含应自被投资单位收取的现金股利或利润），借记本科目，按享有被投资单位已宣告但尚未发放的现金股利或利润，借记"应收股利"科目，按支付合并对价的账面价值，贷记有关资产或借记有关负债科目，按发生的直接相关费用，贷记"银行存款"等科目，按其差额，贷记"营业外收入"或借记"营业外支出"等科目。非同一控制下企业合并涉及以库存商品等作为合并对价的，应按库存商品的公允价值，贷记"主营业务收入"科目，并同时结转相关的成本。涉及增值税的，还应进行相应的处理。

以支付现金、非现金资产等其他方式（非企业合并）形成的长期股权投资，比照非同一控制下企业合并形成的长期股权投资的相关规定进行处理。

投资者投入的长期股权投资，应按确定的长期股权投资成本，借记本科目，贷记"实收资本"或"股本"科目。

（二）采用成本法核算的长期股权投资

长期股权投资采用成本法核算的，应按被投资单位宣告发放的现金股利或利润中属于本企业的部分，借记"应收股利"科目，贷记"投资收益"科目；属于被投资单位在取得本企业投资前实现净利润的分配额，应作为投资成本的收回，借记"应收股利"科目，贷记本科目。

（三）采用权益法核算的长期股权投资

1. 长期股权投资的初始投资成本大于投资时应享有被投资单位可辨认净资产公允价值份额的，不调整已确认的初始投资成本。长期股权投资的初始投资成本小于投资时应享有被投资单位可辨认净资产公允价值份额的，应按其差额，借记本科目（成本），贷记"营业外收入"科目。

2. 根据被投资单位实现的净利润或经调整的净利润计算应享有的份额，借记本科目（损益调整），贷记"投资收益"科目。被投资单位发生净亏损做相反的会计分录，但以本科目的账面价值减记至零为限；还需承担的投资损失，应将其他实质上构成对被投资单位净投资的"长期应收款"等的账面价值减记至零为限；除按照以上步骤已确认的损失外，按照投资合同或协议约定将承担的损失，确认为预计负债。发生亏损的被投资单位以后实现净利润的，应按与上述相反的顺序进行处理。

被投资单位以后宣告发放现金股利或利润时，企业计算应分得的部分，借记"应收股利"科目，贷记本科目（损益调整）。收到被投资单位宣告发放的股票股利，不进行账务处理，但应在备查簿中登记。

3. 在持股比例不变的情况下，被投资单位除净损益以外所有者权益的其他变动，企业按持股比例计算应享有的份额，借记或贷记本科目（其他权益变动），贷记或借记"资本公积——其他资本公积"科目。

（四）长期股权投资核算方法的转换

将长期股权投资自成本法转按权益法核算的，应按转换时该项长期股权投资的账面价值作为权益法核算的初始投资成本，初始投资成本小于转换时占被投资单位可辨认净资产公允价值份额的差额，借记本科目（成本），贷记"营业外收入"科目。

长期股权投资自权益法转按成本法核算的，除构成企业合并的以外，应按中止采用权益法时长期股权投资的账面价值作为成本法核算的初始投资成本。

（五）处置长期股权投资

处置长期股权投资时，应按实际收到的金额，借记"银行存款"等科目，按其账面余额，贷记本科目，按尚未领取的现金股利或利润，贷记"应收股利"科目，按其差额，贷记或借记"投资收益"科目。已计提减值准备的，还应同时结转减值准备。

采用权益法核算长期股权投资的处置，除上述规定外，还应结转原记入资本公积的相关金额，借记或贷记"资本公积——其他资本公积"科目，贷记或借记"投资收益"科目。

四、本科目期末借方余额，反映企业长期股权投资的价值。

1512　长期股权投资减值准备

一、本科目核算企业长期股权投资的减值准备。

二、本科目可按被投资单位进行明细核算。

三、资产负债表日，长期股权投资发生减值的，按应减记的金额，借记"资产减值损失"科目，贷记本科目。

处置长期股权投资时，应同时结转已计提的长期股权投资减值准备。

四、本科目期末贷方余额，反映企业已计提但尚未转销的长期股权投资减值准备。

1521　投资性房地产

一、本科目核算企业采用成本模式计量的投资性房地产的成本。

企业采用公允价值模式计量投资性房地产的，也通过本科目核算。

采用成本模式计量的投资性房地产的累计折旧或累计摊销，可以单独设置"投资性房地产累计折旧（摊销）"科目，比照"累计折旧"等科目进行处理。

采用成本模式计量的投资性房地产发生减值的，可以单独设置"投资性房地产减值准备"科目，比照"固定资产减值准备"等科目进行处理。

二、本科目可按投资性房地产类别和项目进行明细核算。

采用公允价值模式计量的投资性房地产，还应当分别"成本"和"公允价值变动"进行明细核算。

三、采用成本模式计量投资性房地产的主要账务处理。

（一）企业外购、自行建造等取得的投资性房地产，按应计入投资性房地产成本的金额，借记本科目，贷记"银行存款""在建工程"等科目。

（二）将作为存货的房地产转换为投资性房地产的，应按其在转换日的账面余额，借记本科目，贷记"开发产品"等科目。已计提跌价准备的，还应同时结转跌价准备。

将自用的建筑物等转换为投资性房地产的，应按其在转换日的原价、累计折旧、减值准备等，分别转入本科目、"投资性房地产累计折旧（摊销）""投资性房地产减值准备"科目。

（三）按期（月）对投资性房地产计提折旧或进行摊销，借记"其他业务成本"科目，贷记"投资性房地产累计折旧（摊销）"科目。取得的租金收入，借记"银行存款"等科目，贷记"其他业务收入"科目。

（四）将投资性房地产转为自用时，应按其在转换日的账面余额、累计折旧、减值准备等，分别转入"固定资产""累计折旧""固定资产减值准备"等科目。

（五）处置投资性房地产时，应按实际收到的金额，借记"银行存款"等科目，贷记"其他业务收入"科目。按该项投资性房地产的累计折旧或累计摊销，借记"投资性房地产累计折旧（摊销）"科目，按该项投资性房地产的账面余额，贷记本科目，按其差额，借记"其他业务成本"科目。已计提减值准备的，还应同时结转减值准备。

四、采用公允价值模式计量投资性房地产的主要账务处理。

（一）企业外购、自行建造等取得的投资性房地产，按应计入投资性房地产成本的金额，借记本科目（成本），贷记"银行存款""在建工程"等科目。

（二）将作为存货的房地产转换为投资性房地产的，应按其在转换日的公允价值，借记本科目（成本），按其账面余额，贷记"开发产品"等科目，按其差额，贷记"资本公积——其他资本公积"科目或借记"公允价值变动损益"科目。已计提跌价准备的，还应同时结转跌价准备。

将自用的建筑物等转换为投资性房地产的，按其在转换日的公允价值，借记本科目（成本），按已计提的累计折旧等，借记"累计折旧"等科目，按其账面余额，贷记"固定资产"等科目，按其差额，贷记"资本公积——其他资本公积"科目或借记"公允价值变动损益"科目。已计提减值准备的，还应同时结转减值准备。

（三）资产负债表日，投资性房地产的公允价值高于其账面余额的差额，借记本科目（公允价值变动），贷记"公允价值变动损益"科目；公允价值低于其账面余额的差额做相反的会计分录。

取得的租金收入，借记"银行存款"等科目，贷记"其他业务收入"科目。

（四）将投资性房地产转为自用时，应按其在转换日的公允价值，借记"固定资产"等科目，按其账面余额，贷记本科目（成本、公允价值变动），按其差额，贷记或借记"公允价值变动损益"科目。

（五）处置投资性房地产时，应按实际收到的金额，借记"银行存款"等科目，贷记"其他业务收入"科目。按该项投资性房地产的账面余额，借记"其他业务成本"科目，贷记本科目（成本）贷记或借记本科目（公允价值变动）；同时，按该项投资性房地产的公允价值变动，借记或贷记"公允价值变动损益"科目，贷记或借记"其他业务收入"科目。按该项投资性房地产在转换日记入资本公积的金额，借记"资本公积——其他资本公积"科目，贷记"其他业务收入"科目。

五、投资性房地产作为企业主营业务的，应通过"主营业务收入"和"主营业务成本"科目核算相关的损益。

六、本科目期末借方余额，反映企业采用成本模式计量的投资性房地产成本。企业采用公允价值模式计量的投资性房地产，反映投资性房地产的公允价值。

1531　长期应收款

一、本科目核算企业的长期应收款项，包括融资租赁产生的应收款项、采用递延方式具有融资性质的销售商品和提供劳务等产生的应收款项等。

实质上构成对被投资单位净投资的长期权益，也通过本科目核算。

二、本科目可按债务人进行明细核算。

三、长期应收款的主要账务处理。

（一）出租人融资租赁产生的应收租赁款，在租赁期开始日，应按租赁开始日最低租赁收款额与初始直接费用之和，借记本科目，按未担保余值，借记"未担保余值"科目，按融资租赁资产的公允价值（最低租赁收款额和未担保余值的现值之和），贷记"融资租赁资产"科目，按融资租赁资产的公允价值与账面价值的差额，借记"营业外支出"科目或贷记"营业外收入"科目，按发生的初始直接费用，贷记"银行存款"等科目，按其差额，贷记"未实现融资收益"科目。

（二）采用递延方式分期收款销售商品或提供劳务等经营活动产生的长期应收款，满足收入确认条件的，按应收的合同或协议价款，借记本科目，按应收合同或协议价款的公允价值（折现值），贷记"主营业务收入"等科目，按其差额，贷记"未实现融资收益"科目。涉及增值税的，还应进行相应的处理。

（三）如有实质上构成对被投资单位净投资的长期权益，被投资单位发生的净亏损应由本企业承担的部分，在"长期股权投资"的账面价值减记至零以后，还需承担的投资损失，应以本科目中实质上构成了对被投资单位净投资的长期权益部分账面价值减记至零为限，继续确认投资损失，借记"投资收益"科目，贷记本科目。除上述已确认投资损失外，投资合同或协议中约定仍应承担的损失，确认为预计负债。

四、本科目的期末借方余额，反映企业尚未收回的长期应收款。

1532　未实现融资收益

一、本科目核算企业分期计入租赁收入或利息收入的未实现融资收益。

二、本科目可按未实现融资收益项目进行明细核算。

三、未实现融资收益的主要账务处理。

（一）出租人融资租赁产生的应收租赁款，在租赁期开始日，应按租赁开始日最低租赁收款额与初始直接费用之和，借记"长期应收款"科目，按未担保余值，借记"未担保余值"科目，按融资租赁资产的公允价值（最低租赁收款额的现值和未担保余值的现值之和），贷记"融资租赁资产"科目，按融资租赁资产的公允价值与账面价值的差额，借记"营业外支出"科目或贷记"营业外收入"科目，按发生的初始直接费用，贷记"银行存款"等科目，按其差额，贷记本科目。

采用实际利率法按期计算确定的融资收入，借记本科目，贷记"租赁收入"科目。

（二）采用递延方式分期收款、实质上具有融资性质的销售商品或提供劳务等经营活动产生的长期应收款，满足收入确认条件的，按应收的合同或协议价款，借记"长期应收款"科目，按应收的合同或协议价款的公允价值，贷记"主营业务收入"等科目，按其差额，贷记本科目。涉及增值税的，还应进行相应的处理。

采用实际利率法按期计算确定的利息收入，借记本科目，贷记"财务费用"科目。

四、本科目期末贷方余额，反映企业尚未转入当期收益的未实现融资收益。

1541　存出资本保证金

一、本科目核算企业（保险）按规定比例缴存的资本保证金。

二、企业存出的资本保证金，借记本科目，贷记"银行存款"等科目。

三、本科目期末借方余额，反映企业缴存的资本保证金。

1601　固定资产

一、本科目核算企业持有的固定资产原价。建造承包商的临时设施，以及企业购置计算机硬件所附带的、未单独计价的软件，也通过本科目核算。

二、本科目可按固定资产类别和项目进行明细核算。融资租入的固定资产，可在本科目设置"融资租入固定资产"明细科目。

三、固定资产的主要账务处理。

（一）企业购入不需要安装的固定资产，按应计入固定资产成本的金额，借记本科目，贷记"银行存款"等科目。购入需要安装的固定资产，先记入"在建工程"科目，达到预定可使用状态时再转入本科目。

购入固定资产超过正常信用条件延期支付价款、实质上具有融资性质的，按应付购买价款的现值，借记本科目或"在建工程"科目，按应支付的金额，贷记"长期应付款"科目，按其差额，借记"未确认融资费用"科目。

（二）自行建造达到预定可使用状态的固定资产，借记本科目，贷记"在建工程"科目。已达到预定可使用状态、但尚未办理竣工决算手续的固定资产，应按估计价值入账，待确定实际成本后再进行调整。

（三）融资租入的固定资产，在租赁期开始日，按应计入固定资产成本的金额（租赁开始日租赁资产公允价值与最低租赁付款额现值两者中较低者，加上初始直接费用），借记本科目或"在建工程"科目，按最低租赁付款额，贷记"长期应付款"科目，按发生的初始直接费用，贷记"银行存款"等科目，按其差额，借记"未确认融资费用"科目。

租赁期届满，企业取得该项固定资产所有权的，应将该项固定资产从"融资租入固定资产"明细科目转入有关明细科目。

（四）固定资产存在弃置义务的，应在取得固定资产时，按预计弃置费用的现值，借记本科目，贷记"预计负债"科目。在该项固定资产的使用寿命内，计算确定各期应负担的利息费用，借记"财务费用"科目，贷记"预计负债"科目。

（五）处置固定资产时，按该项固定资产账面价值，借记"固定资产清理"科目，按已提的累计折旧，借记"累计折旧"科目，按其账面原价，贷记本科目。已计提减值准备的，还应同时结转已计提的减值准备。

四、本科目期末借方余额，反映企业固定资产的原价。

1602　累计折旧

一、本科目核算企业固定资产的累计折旧。

二、本科目可按固定资产的类别或项目进行明细核算。

三、按期（月）计提固定资产的折旧，借记"制造费用""销售费用""管理费用""研发支出""其他业务成本"等科目，贷记本科目。处置固定资产还应同时结转累计折旧。

四、本科目期末贷方余额，反映企业固定资产的累计折旧额。

1603　固定资产减值准备

一、本科目核算企业固定资产的减值准备。

二、资产负债表日，固定资产发生减值的，按应减记的金额，借记"资产减值损失"科目，贷记本科目。处置固定资产还应同时结转减值准备。

三、本科目期末贷方余额，反映企业已计提但尚未转销的固定资产减值准备。

1604　在建工程

一、本科目核算企业基建、更新改造等在建工程发生的支出。在建工程发生减值的，可以单独设置"在建工程减值准备"科目，比照"固定资产减值准备"科目进行处理。企业（石油天然气开采）发生的油气勘探支出和油气开发支出，可以单独设置"油气勘探支出""油气开发支出"科目。

二、本科目可按"建筑工程""安装工程""在安装设备""待摊支出"以及单项工程等进行明细核算。

三、企业在建工程发生的管理费、征地费、可行性研究费、临时设施费、公证费、监理费及应负担的税费等，借记本科目（待摊支出），贷记"银行存款"等科目。

四、企业发包的在建工程，应按合理估计的发包工程进度和合同规定结算的进度款，借记本科目，贷记"银行存款""预付账款"等科目。将设备交付建造承包商建造安装时，借记本科目（在安装设备），贷记"工程物资"科目。

工程完成时，按合同规定补付的工程款，借记本科目，贷记"银行存款"科目。

五、企业自营在建工程的主要账务处理。

（一）自营的在建工程领用工程物资、原材料或库存商品的，借记本科目，贷记"工程物资""原材料""库存商品"等科目。采用计划成本核算的，应同时结转应分摊的成本差异。涉及增值税的，还应进行相应的处理。

在建工程应负担的职工薪酬，借记本科目，贷记"应付职工薪酬"科目。

辅助生产部门为工程提供的水、电、设备安装、修理、运输等劳务，借记本科目，贷记"生产成本——辅助生产成本"等科目。

在建工程发生的借款费用满足借款费用资本化条件的，借记本科目，贷记"长期借款""应付利息"等科目。

（二）在建工程进行负荷联合试车发生的费用，借记本科目（待摊支出），贷记"银行存款""原材料"等科目；试车形成的产品或副产品对外销售或转为库存商品的，借记"银行存款""库存商品"等科目，贷记本科目（待摊支出）。

（三）在建工程达到预定可使用状态时，应计算分配待摊支出，借记本科目（××工程），贷记本科目（待摊支出）；结转在建工程成本，借记"固定资产"等科目，贷记本科目（××工程）。

在建工程完工已领出的剩余物资应办理退库手续，借记"工程物资"科目，贷记本科目。

（四）建设期间发生的工程物资盘亏、报废及毁损净损失，借记本科目，贷记"工程物资"科目；盘盈的工程物资或处置净收益做相反的会计分录。

由于自然灾害等原因造成的在建工程报废或毁损，减去残料价值和过失人或保险公司等赔款后的净损失，借记"营业外支出——非常损失"科目，贷记本科目（建筑工程、安装工程等）。

六、企业（石油天然气开采）在油气勘探过程中发生的各项钻井勘探支出，借记"油气勘探支出"科目，贷记"银行存款""应付职工薪酬"等科目。属于发现探明经济可采储量的钻井勘探支出，借记"油气资产"科目，贷记"油气勘探支出"科目；属于未发现探明经济可采储量的钻井勘探支出，借记"勘探费用"科目，贷记"油气勘探支出"科目。

企业（石油天然气开采）在油气开发过程中发生的各项相关支出，借记"油气开发支出"科目，贷记"银行存款""应付职工薪酬"等科目。开发工程项目达到预定可使用状态时，借记"油气资产"科目，贷记"油气开发支出"科目。

七、本科目的期末借方余额，反映企业尚未达到预定可使用状态的在建工程的成本。

1605 工程物资

一、本科目核算企业为在建工程准备的各种物资的成本，包括工程用材料、尚未安装的设备以及为生产准备的工器具等。

二、本科目可按"专用材料""专用设备""工器具"等进行明细核算。工程物资发生减值的，可以单独设置"工程物资减值准备"科目，比照"固定资产减值准备"科目进行处理。

三、工程物资的主要账务处理。

（一）购入为工程准备的物资，借记本科目，贷记"银行存款""其他应付款"等科目。

（二）领用工程物资，借记"在建工程"科目，贷记本科目。工程完工后将领出的剩余物资退库时做相反的会计分录。已计提减值准备的，还应同时结转减值准备。

（三）工程完工后剩余的工程物资转作本企业存货的，借记"原材料"等科目，贷记本科目。

四、本科目期末借方余额，反映企业为在建工程准备的各种物资的成本。

1606　固定资产清理

一、本科目核算企业因出售、报废、毁损、对外投资、非货币性资产交换、债务重组等原因转出的固定资产价值以及在清理过程中发生的费用等。

二、本科目可按被清理的固定资产项目进行明细核算。

三、固定资产清理的主要账务处理。

（一）企业因出售、报废、毁损、对外投资、非货币性资产交换、债务重组等转出的固定资产，按该项固定资产的账面价值，借记本科目，按已计提的累计折旧，借记"累计折旧"科目，按其账面原价，贷记"固定资产"科目。已计提减值准备的，还应同时结转减值准备。

（二）清理过程中应支付的相关税费及其他费用，借记本科目，贷记"银行存款""应交税费——应交增值税"等科目。收回出售固定资产的价款、残料价值和变价收入等，借记"银行存款""原材料"等科目，贷记本科目。应由保险公司或过失人赔偿的损失，借记"其他应收款"等科目，贷记本科目。

（三）固定资产清理完成后，属于生产经营期间正常的处理损失，借记"营业外支出——处置非流动资产损失"科目，贷记本科目；属于自然灾害等非正常原因造成的损失，借记"营业外支出——非常损失"科目，贷记本科目。如为贷方余额，借记本科目，贷记"营业外收入"科目。

四、本科目期末借方余额，反映企业尚未清理完毕的固定资产清理净损失。

1611　未担保余值

一、本科目核算企业（租赁）采用融资租赁方式租出资产的未担保余值。

二、本科目可按承租人、租赁资产类别和项目进行明细核算。

未担保余值发生减值的，可以单独设置"未担保余值减值准备"科目。

三、未担保余值的主要账务处理。

（一）出租人融资租赁产生的应收租赁款，在租赁期开始日，应按租赁开始日最低租赁收款额与初始直接费用之和，借记"长期应收款"科目，按未担保余值，借记本科目，按融资租赁资产的公允价值（最低租赁收款额和未担保余值的现值之和），贷记"融资租赁资产"科目，按发生的初始直接费用，贷记"银行存款"等科目，按其差额，贷记"未实现融资收益"科目。

（二）租赁期限届满，承租人行使了优惠购买选择权的，企业（租赁）按收到承租人支付的购买价款，借记"银行存款"等科目，贷记"长期应收款"科目。存在未担保余值的，按未担保余值，借记"租赁收入"科目，贷记本科目。

承租人未行使优惠购买选择权，企业（租赁）收到承租人交还租赁资产，存在未担保余值的，按未担保余值，借记"融资租赁资产"科目，贷记本科目；存在担保余值的，按担保余值，借记"融资租赁资产"科目，贷记"长期应收款"科目。

（三）资产负债表日，确定未担保余值发生减值的，按应减记的金额，借记"资产减值损失"科目，贷记"未担保余值减值准备"科目。未担保余值价值以后又得以恢复的，应在原已计提的未担保余值减值准备金额内，按恢复增加的金额，借记"未担保余值减值准备"科目，贷记"资产减值损失"科目。

四、本科目期末借方余额，反映企业融资租出资产的未担保余值。

1621　生产性生物资产

一、本科目核算企业（农业）持有的生产性生物资产原价。

二、本科目可按"未成熟生产性生物资产"和"成熟生产性生物资产"，分别生物资产的种类、群别、所属部门等进行明细核算。

生产性生物资产发生减值的，可以单独设置"生产性生物资产减值准备"科目，比照"固定资产减值准备"科目进行处理。

三、生产性生物资产的主要账务处理。

（一）企业外购的生产性生物资产，按应计入生产性生物资产成本的金额，借记本科目，贷记"银行存款"等科目。

（二）自行营造的林木类生产性生物资产、自行繁殖的产畜和役畜，应按达到预定生产经营目的前发生的必要支出，借记本科目（未成熟生产性生物资产），贷记"银行存款"等科目。

（三）天然起源的生产性生物资产，应按名义金额，借记本科目，贷记"营业外收入"科目。

（四）育肥畜转为产畜或役畜，应按其账面余额，借记本科目，贷记"消耗性生物资产"科目。已计提跌价准备的，还应同时结转跌价准备。

产畜或役畜淘汰转为育肥畜，按转群时的账面价值，借记"消耗性生物资产"科目，按已计提的累计折旧，借记"生产性生物资产累计折旧"科目，按其账面余额，贷记本科目。已计提减值准备的，还应同时结转减值准备。

（五）未成熟生产性生物资产达到预定生产经营目的时，按其账面余额，借记本科目（成熟生产性生物资产），贷记本科目（未成熟生产性生物资产）。已计提减值准备的，还应同时结转减值准备。

（六）择伐、间伐或抚育更新等生产性采伐而补植林木类生产性生物资产发生的后续支出，借记本科目，贷记"银行存款"等科目。生产性生物资产达到预定生产经营目的后发生的管护、饲养费用等后续支出，借记"管理费用"科目，贷记"银行存款"等科目。

（七）处置生产性生物资产，应按实际收到的金额，借记"银行存款"等科目，按已计提的累计折旧，借记"生产性生物资产累计折旧"科目，按其账面余额，贷记本科目，按其差额，借记"营业外支出——处置非流动资产损失"科目或贷记"营业外收入——处置非流动资产利得"科目。已计提减值准备的，还应同时结转减值准备。

四、本科目期末借方余额，反映企业生产性生物资产的原价。

1622　生产性生物资产累计折旧

一、本科目核算企业（农业）成熟生产性生物资产的累计折旧。

二、本科目可按生产性生物资产的种类、群别、所属部门等进行明细核算。

三、企业按期（月）计提成熟生产性生物资产的折旧，借记"农业生产成本""管理费用"等科目，贷记本科目。处置生产性生物资产还应同时结转生产性生物资产累计折旧。

四、本科目期末贷方余额，反映企业成熟生产性生物资产的累计折旧额。

1623　公益性生物资产

一、本科目核算企业（农业）持有的公益性生物资产的实际成本。

二、本科目可按公益性生物资产的种类或项目进行明细核算。

三、公益性生物资产的主要账务处理。

（一）企业外购的公益性生物资产，按应计入公益性生物资产成本的金额，借记本科目，贷记"银行存款"等科目。

（二）自行营造的公益性生物资产，应按郁闭前发生的必要支出，借记本科目，贷记"银行存款"等科目。

（三）天然起源的公益性生物资产，应按名义金额，借记本科目，贷记"营业外收入"科目。

（四）消耗性生物资产、生产性生物资产转为公益性生物资产的，应按其账面余额或账面价值，借记本科目，按已计提的生产性生物资产累计折旧，借记"生产性生物资产累计折旧"科目，按其账面余额，贷记"消耗性生物资产""生产性生物资产"等科目。已计提跌价准备或减值准备的，还应同时结转跌价准备或减值准备。

（五）择伐、间伐或抚育更新等生产性采伐而补植林木类公益性生物资产发生的后续支出，借记本科目，贷记"银行存款"等科目。林木类公益性生物资产郁闭后发生的管护费用等其他后续支出，借记"管理费用"科目，贷记"银行存款"等科目。

四、本科目期末借方余额，反映企业公益性生物资产的原价。

1631　油气资产

一、本科目核算企业（石油天然气开采）持有的矿区权益和油气井及相关设施的原价。企业（石油天然气开采）可以单独设置"油气资产清理"科目，比照"固定资产清理"科目进行处理。企业（石油天然气开采）与油气开采活动相关的辅助设备及设施在"固定资产"科目核算。

二、本科目可按油气资产的类别、不同矿区或油田等进行明细核算。

三、油气资产的主要账务处理。

（一）企业购入油气资产（含申请取得矿区权益）的成本，借记本科目，贷记"银行存款""应付票据""其他应付款"等科目。

（二）自行建造的油气资产，在油气勘探、开发工程达到预定可使用状态时，借记本科目，贷记"油气勘探支出""油气开发支出"等科目。

（三）油气资产存在弃置义务的，应在取得油气资产时，按预计弃置费用的现值，借记本科目，贷记"预计负债"科目。在油气资产的使用寿命内，计算确定各期应负担的利息费用，借记"财务费用"科目，贷记"预计负债"科目。

（四）处置油气资产，应按该项油气资产的账面价值，借记"油气资产清理"科目，按已计提的累计折耗，借记"累计折耗"科目，按其账面原价，贷记本科目。已计提减值准备的，还应同时结转减值准备。

四、本科目期末借方余额，反映企业油气资产的原价。

1632　累计折耗

一、本科目核算企业（石油天然气开采）油气资产的累计折耗。

二、本科目可按油气资产的类别、不同矿区或油田进行明细核算。

三、企业按期（月）计提油气资产的折耗，借记"生产成本"等科目，贷记本科目。处置油气资产时，还应同时结转油气资产累计折耗。

四、本科目期末贷方余额，反映企业油气资产的累计折耗额。

1701　无形资产

一、本科目核算企业持有的无形资产成本，包括专利权、非专利技术、商标权、著作权、土地使用权等。

二、本科目可按无形资产项目进行明细核算。

三、无形资产的主要账务处理。

（一）企业外购的无形资产，按应计入无形资产成本的金额，借记本科目，贷记"银行存款"等科目。

自行开发的无形资产，按应予资本化的支出，借记本科目，贷记"研发支出"科目。

（二）无形资产预期不能为企业带来经济利益的，应按已计提的累计摊销，借记"累计摊销"科目，按其账面余额，贷记本科目，按其差额，借记"营业外支出"科目。已计提减值准备的，还应同时结转减值准备。

（三）处置无形资产，应按实际收到的金额等，借记"银行存款"等科目，按已计提的累计摊销，借记"累计摊销"科目，按应支付的相关税费及其他费用，贷记"应交税费""银行存款"等科目，按其账面余额，贷记本科目，按其差额，贷记"营业外收入——处置非流动资产利得"科目或借记"营业外支出——处置非流动资产损失"科目。已计提减值准备的，还应同时结转减值准备。

四、本科目期末借方余额，反映企业无形资产的成本。

1702　累计摊销

一、本科目核算企业对使用寿命有限的无形资产计提的累计摊销。

二、本科目可按无形资产项目进行明细核算。

三、企业按期（月）计提无形资产的摊销，借记"管理费用""其他业务成本"等科目，贷记本科目。处置无形资产还应同时结转累计摊销。

四、本科目期末贷方余额，反映企业无形资产的累计摊销额。

1703　无形资产减值准备

一、本科目核算企业无形资产的减值准备。

二、本科目可按无形资产项目进行明细核算。

三、资产负债表日，无形资产发生减值的，按应减记的金额，借记"资产减值损失"科目，贷记本科目。处置无形资产还应同时结转减值准备。

四、本科目期末贷方余额，反映企业已计提但尚未转销的无形资产减值准备。

1711　商誉

一、本科目核算企业合并中形成的商誉价值。商誉发生减值的，可以单独设置"商誉减值准备"科目，比照"无形资产减值准备"科目进行处理。

二、非同一控制下企业合并中确定的商誉价值，借记本科目，贷记有关科目。

三、本科目期末借方余额，反映企业商誉的价值。

1801　长期待摊费用

一、本科目核算企业已经发生但应由本期和以后各期负担的分摊期限在1年以上的各项费用，如以经营租赁方式租入的固定资产发生的改良支出等。

二、本科目可按费用项目进行明细核算。

三、企业发生的长期待摊费用，借记本科目，贷记"银行存款""原材料"等科目。摊销长期待摊费用，借记"管理费用""销售费用"等科目，贷记本科目。

四、本科目期末借方余额，反映企业尚未摊销完毕的长期待摊费用。

1811　递延所得税资产

一、本科目核算企业确认的可抵扣暂时性差异产生的递延所得税资产。

二、本科目应按可抵扣暂时性差异等项目进行明细核算。根据税法规定可用以后年度税前利润弥补的亏损及税款抵减产生的所得税资产，也在本科目核算。

三、递延所得税资产的主要账务处理。

（一）资产负债表日，企业确认的递延所得税资产，借记本科目，贷记"所得税费用——递延所得税费用"科目。资产负债表日递延所得税资产的应有余额大于其账面余额的，应按其差额确认，借记本科目，贷记"所得税费用——递延所得税费用"等科目；资产负债表日递延所得税资产的应有余额小于其账面余额的差额做相反的会计分录。

企业合并中取得资产、负债的入账价值与其计税基础不同形成可抵扣暂时性差异的，应于购买日确认递延所得税资产，借记本科目，贷记"商誉"等科目。

与直接计入所有者权益的交易或事项相关的递延所得税资产，借记本科目，贷记"资本公积——其他资本公积"科目。

（二）资产负债表日，预计未来期间很可能无法获得足够的应纳税所得额用以抵扣可抵扣暂时性差异的，按原已确认的递延所得税资产中应减记的金额，借记"所得税费用——递延所得税费用""资本公积——其他资本公积"等科目，贷记本科目。

四、本科目期末借方余额，反映企业确认的递延所得税资产。

1821 独立账户资产

一、本科目核算企业（保险）对分拆核算的投资连接产品不属于风险保障部分确认的独立账户资产价值。

二、本科目可按资产类别进行明细核算。

三、独立账户资产的主要账务处理。

（一）向独立账户划入资金，借记本科目（银行存款及现金），贷记"独立账户负债"科目。

（二）独立账户进行投资，借记本科目（债券、股票等），贷记本科目（银行存款及现金）。对独立账户投资进行估值，按估值增值，借记本科目（估值），贷记"独立账户负债"科目；估值减值的做相反的会计分录。

（三）按照独立账户计提的保险费，借记"银行存款"科目，贷记"保费收入"科目。同时，借记"独立账户负债"科目，贷记本科目（银行存款及现金）。

对独立账户计提账户管理费，借记"银行存款"科目，贷记"手续费及佣金收入"科目。同时，借记"独立账户负债"科目，贷记本科目（银行存款及现金）。

（四）支付独立账户资产，借记"独立账户负债"科目，贷记本科目（银行存款及现金）。

四、本科目期末借方余额，反映企业确认的独立账户资产价值。

1901 待处理财产损溢

一、本科目核算企业在清查财产过程中查明的各种财产盘盈、盘亏和毁损的价值。物资在运输途中发生的非正常短缺与损耗，也通过本科目核算。企业如有盘盈固定资产的，应作为前期差错记入"以前年度损益调整"科目。

二、本科目可按盘盈、盘亏的资产种类和项目进行明细核算。

三、待处理财产损溢的主要账务处理。

（一）盘盈的各种材料、产成品、商品、生物资产等，借记"原材料""库存商品""消耗性生物资产"等科目，贷记本科目。

盘亏、毁损的各种材料、产成品、商品、生物资产等，盘亏的固定资产，借记本科目，贷记"原材料""库存商品""消耗性生物资产""固定资产"等科目。材料、产成品、商品采用计划成本（或售价）核算的，还应同时结转成本差异（或商品进销差价）。涉及增值税的，还应进行相应处理。

（二）盘亏、毁损的各项资产，按管理权限报经批准后处理时，按残料价值，借记"原材料"等科目，按可收回的保险赔偿或过失人赔偿，借记"其他应收款"科目，按本科目余额，贷记本科目，按其借方差额，借记"管理费用""营业外支出"等科目。

盘盈的除固定资产以外的其他财产，借记本科目，贷记"管理费用""营业外收入"等科目。

四、企业的财产损溢，应查明原因，在期末结账前处理完毕，处理后本科目应无余额。

（2）负债类。

2001　短期借款

一、本科目核算企业向银行或其他金融机构等借入的期限在一年以下（含一年）的各种借款。

二、本科目可按借款种类、贷款人和币种进行明细核算。

三、企业借入的各种短期借款，借记"银行存款"科目，贷记本科目；归还借款做相反的会计分录。资产负债表日，应按计算确定的短期借款利息费用，借记"财务费用""利息支出"等科目，贷记"银行存款""应付利息"等科目。

四、本科目期末贷方余额，反映企业尚未偿还的短期借款。

2002　存入保证金

一、本科目核算企业（金融）收到客户存入的各种保证金，如信用证保证金、承兑汇票保证金、保函保证金、担保保证金等。

二、本科目可按客户进行明细核算。

三、企业收到客户存入的保证金，借记"银行存款""存放中央银行款项""应付分保账款"等科目，贷记本科目；向客户归还保证金做相反的会计分录。

资产负债表日，应按计算确定的存入保证金利息费用，借记"财务费用""利息支出"等科目，贷记"银行存款""存放中央银行款项"等科目。

四、本科目期末贷方余额，反映企业接受存入但尚未返还的保证金。

2003　拆入资金

一、本科目核算企业（金融）从境内、境外金融机构拆入的款项。

二、本科目可按拆入资金的金融机构进行明细核算。

三、企业应按实际收到的金额，借记"存放中央银行款项""银行存款"等科目，贷记本科目；归还拆入资金做相反的会计分录。资产负债表日，应按计算确定的拆入资金的利息费用，借记"利息支出"科目，贷记"应付利息"科目。

四、本科目期末贷方余额，反映企业尚未归还的拆入资金余额。

2004　向中央银行借款

一、本科目核算企业（银行）向中央银行借入的款项。

二、本科目可按借款性质进行明细核算。

三、企业应按实际收到的金额，借记"存放中央银行款项"科目，贷记本科目；归还借款做相反的会计分录。资产负债表日，应按计算确定的向中央银行借款的利息费用，借记"利息支出"科目，贷记"应付利息"科目。

四、本科目期末贷方余额，反映企业尚未归还中央银行借款的余额。

2011　吸收存款

一、本科目核算企业（银行）吸收的除同业存放款项以外的其他各种存款，包括单位存款（企业、事业单位、机关、社会团体等）个人存款、信用卡存款、特种存款、转贷款资金和财政性存款等。

二、本科目可按存款类别及存款单位，分别"本金""利息调整"等进行明细核算。

三、吸收存款的主要账务处理。

（一）企业收到客户存入的款项，应按实际收到的金额，借记"存放中央银行款项"等科目，贷记本科目（本金），如存在差额，借记或贷记本科目（利息调整）。

（二）资产负债表日，应按摊余成本和实际利率计算确定的存入资金的利息费用，借记"利息支出"科目，按合同利率计算确定的应付未付利息，贷记"应付利息"科目，按其差额，借记或贷记本科目（利息调整）。实际利率与合同利率差异较小的，也可以采用合同利率计算确定利息费用。

（三）支付的存入资金利息，借记"应付利息"科目，贷记本科目。支付的存款本金，借记本科目（本金），贷记"存放中央银行款项""库存现金"等科目，按应转销的利息调整金额，贷记本科目（利息调整），按其差额，借记"利息支出"科目。

四、本科目期末贷方余额，反映企业吸收的除同业存放款项以外的其他各项存款。

2012 同业存放

一、本科目核算企业（银行）吸收的境内、境外金融机构的存款。

二、本科目可按存放金融机构进行明细核算。

三、企业增加存款，应按实际收到的金额，借记"存放中央银行款项"等科目，贷记本科目。减少存款做相反的会计分录。

四、本科目期末贷方余额，反映企业吸收的同业存放款项。

2021 贴现负债

一、本科目核算企业（银行）办理商业票据的转贴现等业务所融入的资金。

二、本科目可按贴现类别和贴现金融机构，分别"面值""利息调整"进行明细核算。

三、贴现负债的主要账务处理。

（一）企业持贴现票据向其他金融机构转贴现，应按实际收到的金额，借记"存放中央银行款项"等科目，按贴现票据的票面金额，贷记本科目（面值），按其差额，借记本科目（利息调整）。

（二）资产负债表日，按计算确定的利息费用，借记"利息支出"科目，贷记本科目（利息调整）。

（三）贴现票据到期，应按贴现票据的票面金额，借记本科目（面值），按实际支付的金额，贷记"存放中央银行款项"等科目，按其差额，借记"利息支出"科目。存在利息调整的，也应同时结转。

四、本科目期末贷方余额，反映企业办理的转贴现等业务融入的资金。

2101 交易性金融负债

一、本科目核算企业承担的交易性金融负债的公允价值。企业持有的直接指定为以公允价值计量且其变动计入当期损益的金融负债，也在本科目核算。衍生金融负债在"衍生工具"科目核算。

二、本科目可按交易性金融负债类别，分别"本金""公允价值变动"等进行明细核算。

三、交易性金融负债的主要账务处理。

（一）企业承担的交易性金融负债，应按实际收到的金额，借记"银行存款""存放中央银行款项""结算备付金"等科目，按发生的交易费用，借记"投资收益"科目，按交易性金融负债的公允价值，贷记本科目（本金）。

（二）资产负债表日，按交易性金融负债票面利率计算的利息，借记"投资收益"科目，贷记"应付利息"科目。

资产负债表日，交易性金融负债的公允价值高于其账面余额的差额，借记"公允价值变动损益"科目,贷记本科目(公允价值变动);公允价值低于其账面余额的差额做相反的会计分录。

(三)处置交易性金融负债,应按该金融负债的账面余额,借记本科目,按实际支付的金额,贷记"银行存款""存放中央银行款项""结算备付金"等科目,按其差额,贷记或借记"投资收益"科目。同时,按该金融负债的公允价值变动,借记或贷记"公允价值变动损益"科目,贷记或借记"投资收益"科目。

四、本科目期末贷方余额,反映企业承担的交易性金融负债的公允价值。

2111　卖出回购金融资产款

一、本科目核算企业(金融)按照回购协议先卖出再按固定价格买入的票据、证券、贷款等金融资产所融入的资金。

二、本科目可按卖出回购金融资产的类别和融资方进行明细核算。

三、卖出回购金融资产款的主要账务处理。

(一)企业根据回购协议卖出票据、证券、贷款等金融资产,应按实际收到的金额,借记"存放中央银行款项""结算备付金""银行存款"等科目,贷记本科目。

(二)资产负债表日,按照计算确定的卖出回购金融资产的利息费用,借记"利息支出"科目,贷记"应付利息"科目。

(三)回购日,按其账面余额,借记本科目、"应付利息"科目,按实际支付的金额,贷记"存放中央银行款项""结算备付金""银行存款"等科目,按其差额,借记"利息支出"科目。

四、本科目期末贷方余额,反映企业尚未到期的卖出回购金融资产款。

2201　应付票据

一、本科目核算企业购买材料、商品和接受劳务供应等开出、承兑的商业汇票,包括银行承兑汇票和商业承兑汇票。

二、本科目可按债权人进行明细核算。

三、应付票据的主要账务处理。

(一)企业开出、承兑商业汇票或以承兑商业汇票抵付货款、应付账款等,借记"材料采购""库存商品"等科目,贷记本科目。涉及增值税进项税额的,还应进行相应的处理。

(二)支付银行承兑汇票的手续费,借记"财务费用"科目,贷记"银行存款"科目。支付票款,借记本科目,贷记"银行存款"科目。

(三)银行承兑汇票到期,企业无力支付票款的,按应付票据的票面金额,借记本科目,贷记"短期借款"科目。

四、企业应当设置"应付票据备查簿",详细登记商业汇票的种类、号数和出票日期、到期日、票面金额、交易合同号和收款人姓名或单位名称以及付款日期和金额等资料。应付票据到期结清时,在备查簿中应予注销。

五、本科目期末贷方余额,反映企业尚未到期的商业汇票的票面金额。

2202　应付账款

一、本科目核算企业因购买材料、商品和接受劳务等经营活动应支付的款项。

企业(金融)应支付但尚未支付的手续费和佣金,可将本科目改为"2202　应付手续费及佣金"科目,并按照对方单位(或个人)进行明细核算。

企业(保险)应支付但尚未支付的赔付款项,可以单独设置"应付赔付款"科目。

二、本科目可按债权人进行明细核算。

三、企业购入材料、商品等验收入库,但货款尚未支付,根据有关凭证(发票账单、随货同行发票上记载的实际价款或暂估价值),借记"材料采购""在途物资"等科目,按应付的款项，贷记本科目。

接受供应单位提供劳务而发生的应付未付款项，根据供应单位的发票账单，借记"生产成本""管理费用"等科目，贷记本科目。支付时，借记本科目，贷记"银行存款"等科目。

上述交易涉及增值税进项税额的，还应进行相应的处理。

四、企业与债权人进行债务重组，应当分别债务重组的不同方式进行处理。

（一）以低于重组债务账面价值的款项清偿债务的，应按应付账款的账面余额，借记本科目，按实际支付的金额，贷记"银行存款"科目，按其差额，贷记"营业外收入——债务重组利得"科目。

（二）以非现金资产清偿债务的，应按应付账款的账面余额，借记本科目，按用于清偿债务的非现金资产的公允价值，贷记"主营业务收入""其他业务收入""固定资产清理""无形资产""长期股权投资"等科目，按应支付的相关税费和其他费用，贷记"应交税费""银行存款"等科目，按其差额，贷记"营业外收入——债务重组利得"科目。

抵债资产为存货的，还应同时结转成本，记入"主营业务成本""其他业务成本"等科目；抵债资产为固定资产、无形资产的，其公允价值和账面价值的差额，记入"营业外收入——处置非流动资产利得"或"营业外支出——处置非流动资产损失"科目；抵债资产为可供出售金融资产、持有至到期投资、长期股权投资等的，其公允价值和账面价值的差额，记入"投资收益"科目。

（三）以债务转为资本，应按应付账款的账面余额，借记本科目，按债权人因放弃债权而享有股权的公允价值，贷记"实收资本"或"股本""资本公积——资本溢价或股本溢价"科目，按其差额，贷记"营业外收入——债务重组利得"科目。

（四）以修改其他债务条件进行清偿的，应将重组债务的账面余额与重组后债务的公允价值的差额，借记本科目，贷记"营业外收入——债务重组利得"科目。

五、本科目期末贷方余额，反映企业尚未支付的应付账款余额。

2203　预收账款

一、本科目核算企业按照合同规定预收的款项。预收账款情况不多的，也可以不设置本科目，将预收的款项直接记入"应收账款"科目。

企业（保险）收到未满足保费收入确认条件的保险费，可将本科目改为"2203 预收保费"科目，并按投保人进行明细核算；从事再保险分出业务预收的赔款，可以单独设置"预收赔付款"科目。

二、本科目可按购货单位进行明细核算。

三、预收账款的主要账务处理。

（一）企业向购货单位预收的款项，借记"银行存款"等科目，贷记本科目；销售实现时，按实现的收入，借记本科目，贷记"主营业务收入"科目。涉及增值税销项税额的，还应进行相应的处理。

（二）企业（保险）收到预收的保费，借记"银行存款""库存现金"等科目，贷记本科目。确认保费收入，借记本科目，贷记"保费收入"科目。

从事再保险业务转销预收的赔款，借记本科目，贷记"应收分保账款"科目。

四、本科目期末贷方余额，反映企业预收的款项；期末如为借方余额，反映企业尚未转销的款项。

2211　应付职工薪酬

一、本科目核算企业根据有关规定应付给职工的各种薪酬。企业（外商）按规定从净利润中提取的职工奖励及福利基金，也在本科目核算。

二、本科目可按"工资""职工福利""社会保险费""住房公积金""工会经费""职工教育经费""非货币性福利""辞退福利""股份支付"等进行明细核算。

三、企业发生应付职工薪酬的主要账务处理。

（一）生产部门人员的职工薪酬，借记"生产成本""制造费用""劳务成本"等科目，贷记本科目。应由在建工程、研发支出负担的职工薪酬，借记"在建工程""研发支出"等科目，贷记本科目。管理部门人员、销售人员的职工薪酬，借记"管理费用"或"销售费用"科目，贷记本科目。

（二）企业以其自产产品发放给职工作为职工薪酬的，借记"管理费用""生产成本""制造费用"等科目，贷记本科目。

无偿向职工提供住房等固定资产使用的，按应计提的折旧额，借记"管理费用""生产成本""制造费用"等科目，贷记本科目；同时，借记本科目，贷记"累计折旧"科目。

租赁住房等资产供职工无偿使用的，按每期应支付的租金，借记"管理费用""生产成本""制造费用"等科目，贷记本科目。

（三）因解除与职工的劳动关系给予的补偿，借记"管理费用"科目，贷记本科目。

（四）企业以现金与职工结算的股份支付，在等待期内每个资产负债表日，按当期应确认的成本费用金额，借记"管理费用""生产成本""制造费用"等科目，贷记本科目。在可行权日之后，以现金结算的股份支付当期公允价值的变动金额，借记或贷记"公允价值变动损益"科目，贷记或借记本科目。企业（外商）按规定从净利润中提取的职工奖励及福利基金，借记"利润分配——提取的职工奖励及福利基金"科目，贷记本科目。

四、企业发放职工薪酬的主要账务处理。

（一）向职工支付工资、奖金、津贴、福利费等，从应付职工薪酬中扣还的各种款项（代垫的家属药费、个人所得税等）等，借记本科目，贷记"银行存款""库存现金""其他应收款""应交税费——应交个人所得税"等科目。

（二）支付工会经费和职工教育经费用于工会活动和职工培训，借记本科目，贷记"银行存款"等科目。

（三）按照国家有关规定缴纳社会保险费和住房公积金，借记本科目，贷记"银行存款"科目。

（四）企业以其自产产品发放给职工的，借记本科目，贷记"主营业务收入"科目；同时，还应结转产成品的成本。涉及增值税销项税额的，还应进行相应的处理。

支付租赁住房等资产供职工无偿使用所发生的租金，借记本科目，贷记"银行存款"等科目。

（五）企业以现金与职工结算的股份支付，在行权日，借记本科目，贷记"银行存款""库存现金"等科目。

（六）企业因解除与职工的劳动关系给予职工的补偿，借记本科目，贷记"银行存款""库存现金"等科目。

五、本科目期末贷方余额，反映企业应付未付的职工薪酬。

2221　应交税费

一、本科目核算企业按照税法等规定计算应交纳的各种税费，包括增值税、消费税、所得税、资源税、土地增值税、城市维护建设税、房产税、土地使用税、车船税、教育费附加、矿产资源补偿费等。

企业代扣代交的个人所得税等，也通过本科目核算。

二、本科目可按应交的税费项目进行明细核算。应交增值税还应分别"进项税额""销项税额""出口退税""进项税额转出""已交税金"等设置专栏。

三、应交增值税的主要账务处理。

（一）企业采购物资等，按应计入采购成本的金额，借记"材料采购""在途物资"或"原材料""库存商品"等科目，按可抵扣的增值税额，借记本科目（应交增值税——进项税额），按应付或实际支付的金额，贷记"应付账款""应付票据""银行存款"等科目。购入物资发生退货做相反的会计分录。

（二）销售物资或提供应税劳务，按营业收入和应收取的增值税额，借记"应收账款""应收票据""银行存款"等科目，按专用发票上注明的增值税额，贷记本科目（应交增值税——销项税额），按确认的营业收入，贷记"主营业务收入""其他业务收入"等科目。发生销售退回做相反的会计分录。

（三）出口产品按规定退税的，借记"其他应收款"科目，贷记本科目（应交增值税——出口退税）。

（四）交纳的增值税，借记本科目（应交增值税——已交税金），贷记"银行存款"科目。

企业（小规模纳税人）以及购入材料不能抵扣增值税的，发生的增值税计入材料成本，借记"材料采购""在途物资"等科目，贷记本科目。

四、企业按规定计算应交的消费税、资源税、城市维护建设税、教育费附加等，借记"营业税金及附加"科目，贷记本科目。实际交纳时，借记本科目，贷记"银行存款"等科目。

出售不动产计算应交的这增值税，借记"固定资产清理"等科目，贷记本科目（应交增值税）。

五、企业转让土地使用权应交的土地增值税，土地使用权与地上建筑物及其附着物一并在"固定资产"等科目核算的，借记"固定资产清理"等科目，贷记本科目（应交土地增值税）。土地使用权在"无形资产"科目核算的，按实际收到的金额，借记"银行存款"科目，按应交的土地增值税，贷记本科目（应交土地增值税），同时冲销土地使用权的账面价值，贷记"无形资产"科目，按其差额，借记"营业外支出"科目或贷记"营业外收入"科目。实际交纳土地增值税时，借记本科目，贷记"银行存款"等科目。

企业按规定计算应交的房产税、土地使用税、车船税、矿产资源补偿费，借记"管理费用"科目，贷记本科目。实际交纳时，借记本科目，贷记"银行存款"等科目。

六、企业按照税法规定计算应交的所得税，借记"所得税费用"等科目，贷记本科目（应交所得税）。交纳的所得税，借记本科目，贷记"银行存款"等科目。

七、本科目期末贷方余额，反映企业尚未交纳的税费；期末如为借方余额，反映企业多交或尚未抵扣的税费。

2231 应付利息

一、本科目核算企业按照合同约定应支付的利息，包括吸收存款、分期付息到期还本的长期借款、企业债券等应支付的利息。

二、本科目可按存款人或债权人进行明细核算。

三、资产负债表日，应按摊余成本和实际利率计算确定的利息费用，借记"利息支出""在建工程""财务费用""研发支出"等科目，按合同利率计算确定的应付未付利息，贷记本科目，按其差额，借记或贷记"长期借款——利息调整""吸收存款——利息调整"等科目。

合同利率与实际利率差异较小的，也可以采用合同利率计算确定利息费用。实际支付利息时，借记本科目，贷记"银行存款"等科目。

四、本科目期末贷方余额，反映企业应付未付的利息。

2232　应付股利

一、本科目核算企业分配的现金股利或利润。

二、本科目可按投资者进行明细核算。

三、企业根据股东大会或类似机构审议批准的利润分配方案，按应支付的现金股利或利润，借记"利润分配"科目，贷记本科目。实际支付现金股利或利润，借记本科目，贷记"银行存款"等科目。董事会或类似机构通过的利润分配方案中拟分配的现金股利或利润，不做账务处理，但应在附注中披露。

四、本科目期末贷方余额，反映企业应付未付的现金股利或利润。

2241　其他应付款

一、本科目核算企业除应付票据、应付账款、预收账款、应付职工薪酬、应付利息、应付股利、应交税费、长期应付款等以外的其他各项应付、暂收的款项。

企业（保险）应交纳的保险保障基金，也通过本科目核算。

二、本科目可按其他应付款的项目和对方单位（或个人）进行明细核算。

三、企业采用售后回购方式融入资金的，应按实际收到的金额，借记"银行存款"科目，贷记本科目。回购价格与原销售价格之间的差额，应在售后回购期间内按期计提利息费用，借记"财务费用"科目，贷记本科目。按照合同约定购回该项商品等时，应按实际支付的金额，借记本科目，贷记"银行存款"科目。

四、企业发生的其他各种应付、暂收款项，借记"管理费用"等科目，贷记本科目；支付的其他各种应付、暂收款项，借记本科目，贷记"银行存款"等科目。

五、本科目期末贷方余额，反映企业应付未付的其他应付款项。

2251　应付保单红利

一、本科目核算企业（保险）按原保险合同约定应付未付投保人的红利。

二、本科目可按投保人进行明细核算。

三、企业按原保险合同约定计提应支付的保单红利，借记"保单红利支出"科目，贷记本科目。向投保人支付的保单红利，借记本科目，贷记"库存现金""银行存款"等科目。

四、本科目期末贷方余额，反映企业应付未付投保人的红利。

2261　应付分保账款

一、本科目核算企业（保险）从事再保险业务应付未付的款项。

二、本科目可按再保险分出人或再保险接受人和再保险合同进行明细核算。

三、再保险分出人应付分保账款的主要账务处理。

（一）企业在确认原保险合同保费收入的当期，按相关再保险合同约定计算确定的分出保费金额，借记"分出保费"科目，贷记本科目。

在原保险合同提前解除的当期，按相关再保险合同约定计算确定的分出保费的调整金额，借记本科目，贷记"分出保费"科目。对于超额赔款再保险等非比例再保险合同，按相关再保险合同约定计算确定的分出保费金额，借记"分出保费"科目，贷记本科目。

（二）发出分保业务账单时，按账单标明的扣存本期分保保证金，借记本科目，贷记"存入保证金"科目。按账单标明的返还上期扣存分保保证金，借记"存入保证金"科目，贷记本科目。

按期计算的存入分保保证金利息，借记"利息支出"科目，贷记本科目。

四、再保险接受人应付分保账款的主要账务处理。

（一）企业在确认分保费收入的当期，按相关再保险合同约定计算确定的分保费用金额，借记"分保费用"科目，贷记本科目。

收到分保业务账单时，按账单标明的金额对分保费用进行调整，按调整增加额，借记"分保费用"科目，贷记本科目；按调整减少额做相反的会计分录。

（二）计算确定应向再保险分出人支付纯益手续费的，按相关再保险合同约定计算确定的纯益手续费金额，借记"分保费用"科目，贷记本科目。

（三）收到分保业务账单的当期，按账单标明的分保赔付款项金额，借记"赔付支出"科目，贷记本科目。

五、再保险分出人、再保险接受人结算分保账款时，按应付分保账款金额，借记本科目，按应收分保账款金额，贷记"应收分保账款"科目，按其差额，借记或贷记"银行存款"科目。

六、本科目期末贷方余额，反映企业从事再保险业务应付未付的款项。

2311 代理买卖证券款

一、本科目核算企业（证券）接受客户委托，代理客户买卖股票、债券和基金等有价证券而收到的款项。

企业（证券）代理客户认购新股的款项、代理客户领取的现金股利和债券利息、代理客户向证券交易所支付的配股款等，也在本科目核算。

二、本科目可按客户类别等进行明细核算。

三、代理买卖证券款的主要账务处理。

（一）企业收到客户交来的款项，借记"银行存款——客户"等科目，贷记本科目；客户提取存款做相反的会计分录。

（二）接受客户委托，买入证券成交总额大于卖出证券成交总额的，应按买卖证券成交价的差额加上代扣代交的相关税费和应向客户收取的佣金等之和，借记本科目等，贷记"结算备付金——客户""银行存款"等科目。

接受客户委托，卖出证券成交总额大于买入证券成交总额的，应按买卖证券成交价的差额减去代扣代交的相关税费和应向客户收取的佣金等后的余额，借记"结算备付金——客户""银行存款"等科目，贷记本科目等。

（三）代理客户认购新股，收到客户交来的认购款项，借记"银行存款——客户"等科目，贷记本科目。将款项划付证券交易所，借记"结算备付金——客户"科目，贷记"银行存款——客户"科目。客户办理申购手续，按实际支付的金额，借记本科目，贷记"结算备付金——客户"科目。证券交易所完成中签认定工作，将未中签资金退给客户时，借记"结算备付金——客户"科目，贷记本科目。企业将未中签的款项划回，借记"银行存款——客户"科目，贷记"结算备付金——客户"科目。企业将未中签的款项退给客户，借记本科目，贷记"银行存款——客户"科目。

（四）代理客户办理配股业务，采用当日向证券交易所交纳配股款的，当客户提出配股要求时，借记本科目，贷记"结算备付金——客户"科目。采用定期向证券交易所交纳配股款的，在客户提出配股要求时，借记本科目，贷记"其他应付款——应付客户配股款"科目。与证券交易所清算配股款，按配股金额，借记"其他应付款——应付客户配股款"科目，贷记"结算备付金——客户"科目。

四、本科目期末贷方余额，反映企业接受客户存放的代理买卖证券资金。

2312 代理承销证券款

一、本科目核算企业（金融）接受委托，采用承购包销方式或代销方式承销证券所形成的、应付证券发行人的承销资金。

二、本科目可按委托单位和证券种类进行明细核算。

三、企业承销记名证券的主要账务处理。

（一）通过证券交易所上网发行的，在证券上网发行日根据承销合同确认的证券发行总额，按承销价款，在备查簿中记录承销证券的情况。

（二）与证券交易所交割清算，按实际收到的金额，借记"结算备付金"等科目，贷记本科目。

（三）承销期结束，将承销证券款项交付委托单位并收取承销手续费，按承销价款，借记本科目，按应收取的承销手续费，贷记"手续费及佣金收入"科目，按实际支付给委托单位的金额，贷记"银行存款"等科目。

（四）承销期结束有未售出证券、采用余额承购包销方式承销证券的，按合同规定由企业认购，应按承销价款，借记"交易性金融资产""可供出售金融资产"等科目，贷记本科目。承销期结束，应将未售出证券退还委托单位。

四、企业承销无记名证券，比照承销记名证券的相关规定进行处理。

五、本科目期末贷方余额，反映企业承销证券应付未付给委托单位的款项。

2313 代理兑付证券款

一、本科目核算企业（证券、银行等）接受委托代理兑付证券收到的兑付资金。

二、本科目可按委托单位和证券种类进行明细核算。

三、代理兑付证券款的主要账务处理。

（一）企业兑付记名证券，收到委托单位的兑付资金，借记"银行存款"等科目，贷记本科目。收到客户交来的证券，按兑付金额，借记本科目，贷记"库存现金""银行存款"等科目。兑付无记名证券的，还应通过"代理兑付证券"科目核算。

（二）收取代理兑付证券手续费收入，向委托单位单独收取的，按应收或已收取的手续费，借记"应收手续费及佣金"等科目，贷记"手续费及佣金收入"科目。

手续费与兑付款一并汇入的，在收到款项时，应按实际收到的金额，借记"结算备付金"等科目，按应兑付的金额，贷记本科目，按事先取得的手续费，贷记"其他应付款——预收代理兑付证券手续费"科目。兑付证券业务完成后确认手续费收入，借记"其他应付款——预收代理兑付证券手续费"科目，贷记"手续费及佣金收入"科目。

四、本科目期末贷方余额，反映企业已收到但尚未兑付的代理兑付证券款项。

2314 代理业务负债

一、本科目核算企业不承担风险的代理业务收到的款项，包括受托投资资金、受托贷款资金等。企业采用收取手续费方式收到的代销商品款，可将本科目改为"2314 受托代销商品款"科目。

二、本科目可按委托单位、资产管理类别（如定向、集合和专项资产管理业务）等进行明细核算。

三、代理业务负债的主要账务处理。

（一）企业收到的代理业务款项，借记"银行存款""存放中央银行款项""吸收存款"等科目，贷记本科目。

定期或在合同到期与委托客户进行结算，按合同约定比例计算代理业务资产收益，结转已实现未结算损益，借记"代理业务资产——已实现未结算损益"科目，按属于委托客户的收益，贷记本科目，按属于企业的收益，贷记"手续费及佣金收入"科目。

按规定划转、核销或退还代理业务资金，借记本科目，贷记"银行存款""存放中央银行款项""吸收存款"等科目。

（二）收到受托代销的商品，按约定的价格，借记"受托代销商品"科目，贷记"受托代销商品款"科目。

售出受托代销商品后，按实际收到或应收的金额，借记"银行存款""应收账款"等科目，贷记"受托代销商品"科目。计算代销手续费等收入，借记"受托代销商品款"科目，贷记"其他业务收入"科目。结清代销商品款时，借记"受托代销商品款"科目，贷记"银行存款"科目。

四、本科目期末贷方余额，反映企业收到的代理业务资金。

2401　递延收益

一、本科目核算企业确认的应在以后期间计入当期损益的政府补助。

二、本科目可按政府补助的项目进行明细核算。

三、递延收益的主要账务处理。

（一）企业收到或应收的与资产相关的政府补助，借记"银行存款""其他应收款"等科目，贷记本科目。在相关资产使用寿命内分配递延收益，借记本科目，贷记"营业外收入"科目。

（二）与收益相关的政府补助，用于补偿企业以后期间相关费用或损失的，按收到或应收的金额，借记"银行存款""其他应收款"等科目，贷记本科目。在发生相关费用或损失的未来期间，按应补偿的金额，借记本科目，贷记"营业外收入"科目。用于补偿企业已发生的相关费用或损失的，按收到或应收的金额，借记"银行存款""其他应收款"等科目，贷记"营业外收入"科目。

四、本科目期末贷方余额，反映企业应在以后期间计入当期损益的政府补助。

2501　长期借款

一、本科目核算企业向银行或其他金融机构借入的期限在一年以上（不含一年）的各项借款。

二、本科目可按贷款单位和贷款种类，分别"本金""利息调整"等进行明细核算。

三、长期借款的主要账务处理。

（一）企业借入长期借款，应按实际收到的金额，借记"银行存款"科目，贷记本科目（本金）。如存在差额，还应借记本科目（利息调整）。

（二）资产负债表日，应按摊余成本和实际利率计算确定的长期借款的利息费用，借记"在建工程""制造费用""财务费用""研发支出"等科目，按合同利率计算确定的应付未付利息，贷记"应付利息"科目，按其差额，贷记本科目（利息调整）。

实际利率与合同利率差异较小的，也可以采用合同利率计算确定利息费用。

（三）归还的长期借款本金，借记本科目（本金），贷记"银行存款"科目。同时，存在利息调整余额的，借记或贷记"在建工程""制造费用""财务费用""研发支出"等科目，贷记或借记本科目（利息调整）。

四、本科目期末贷方余额，反映企业尚未偿还的长期借款。

2502　应付债券

一、本科目核算企业为筹集（长期）资金而发行债券的本金和利息。企业发行的可转换公司债券，应将负债和权益成分进行分拆，分拆后形成的负债成分在本科目核算。

二、本科目可按"面值""利息调整""应计利息"等进行明细核算。

三、应付债券的主要账务处理。

（一）企业发行债券，应按实际收到的金额，借记"银行存款"等科目，按债券票面金额，贷记本科目（面值）。存在差额的，还应借记或贷记本科目（利息调整）。

发行的可转换公司债券，应按实际收到的金额，借记"银行存款"等科目，按该项可转换公司债券包含的负债成分的面值，贷记本科目（可转换公司债券——面值），按权益成分的公允价值，贷记"资本公积——其他资本公积"科目，按其差额，借记或贷记本科目（利息调整）。

（二）资产负债表日，对于分期付息、一次还本的债券，应按摊余成本和实际利率计算确定的债券利息费用，借记"在建工程""制造费用""财务费用""研发支出"等科目，按票面利率计算确定的应付未付利息，贷记"应付利息"科目，按其差额，借记或贷记本科目（利息调整）。对于一次还本付息的债券，应于资产负债表日按摊余成本和实际利率计算确定的债券利息费用，借记"在建工程""制造费用""财务费用""研发支出"等科目，按票面利率计算确定的应付未付利息，贷记本科目（应计利息），按其差额，借记或贷记本科目（利息调整）。实际利率与票面利率差异较小的，也可以采用票面利率计算确定利息费用。

（三）长期债券到期，支付债券本息，借记本科目（面值、应计利息）"应付利息"等科目，贷记"银行存款"等科目。同时，存在利息调整余额的，借记或贷记本科目（利息调整），贷记或借记"在建工程""制造费用""财务费用""研发支出"等科目。

（四）可转换公司债券持有人行使转换权利，将其持有的债券转换为股票，按可转换公司债券的余额，借记本科目（可转换公司债券——面值、利息调整），按其权益成分的金额，借记"资本公积——其他资本公积"科目，按股票面值和转换的股数计算的股票面值总额，贷记"股本"科目，按其差额，贷记"资本公积——股本溢价"科目。如用现金支付不可转换股票的部分，还应贷记"银行存款"等科目。

四、企业应当设置"企业债券备查簿"，详细登记企业债券的票面金额、债券票面利率、还本付息期限与方式、发行总额、发行日期和编号、委托代售单位、转换股份等资料。企业债券到期兑付，在备查簿中应予注销。

五、本科目期末贷方余额，反映企业尚未偿还的长期债券摊余成本。

2601 未到期责任准备金

一、本科目核算企业（保险）提取的非寿险原保险合同未到期责任准备金。再保险接受人提取的再保险合同分保未到期责任准备金，也在本科目核算。

二、本科目可按保险合同进行明细核算。

三、未到期责任准备金的主要账务处理。

（一）企业确认原保费收入、分保费收入的当期，应按保险精算确定的未到期责任准备金，借记"提取未到期责任准备金"科目，贷记本科目。

（二）资产负债表日，按保险精算重新计算确定的未到期责任准备金与已确认的未到期责任准备金的差额，借记本科目，贷记"提取未到期责任准备金"科目。

（三）原保险合同提前解除的，按相关未到期责任准备金余额，借记本科目，贷记"提取未到期责任准备金"科目。

四、本科目期末贷方余额，反映企业的未到期责任准备金。

2602 保险责任准备金

一、本科目核算企业（保险）提取的原保险合同保险责任准备金，包括未决赔款准备金、寿险责任准备金、长期健康险责任准备金。

再保险接受人提取的再保险合同保险责任准备金，也在本科目核算。

企业（保险）也可以单独设置"未决赔款准备金""寿险责任准备金""长期健康险责任准备金"等科目。

二、本科目可按保险责任准备金类别、保险合同进行明细核算。

三、保险责任准备金的主要账务处理。

（一）企业确认寿险保费收入，应按保险精算确定的寿险责任准备金、长期健康险责任准备金，借记"提取保险责任准备金"科目，贷记本科目。

投保人发生非寿险保险合同约定的保险事故当期，企业应按保险精算确定的未决赔款准备金，借记"提取保险责任准备金"科目，贷记本科目。

对保险责任准备金进行充足性测试，应按补提的保险责任准备金，借记"提取保险责任准备金"科目，贷记本科目。

（二）原保险合同保险人确定支付赔付款项金额或实际发生理赔费用的当期，应按冲减的相应保险责任准备金余额，借记本科目，贷记"提取保险责任准备金"科目。

再保险接受人收到分保业务账单的当期，应按分保保险责任准备金的相应冲减金额，借记本科目，贷记"提取保险责任准备金"科目。

（三）寿险原保险合同提前解除的，应按相关寿险责任准备金、长期健康险责任准备金余额，借记本科目，贷记"提取保险责任准备金"科目。

四、本科目期末贷方余额，反映企业的保险责任准备金。

2611　保户储金

一、本科目核算企业（保险）收到投保人以储金本金增值作为保费收入的储金。企业（保险）收到投保人投资型保险业务的投资款，可将本科目改为"2611 保户投资款"科目。企业（保险）应向投保人支付的储金或投资款增值，也在本科目核算。

二、本科目可按投保人进行明细核算。

三、企业收到投保人交纳的储金，借记"银行存款""库存现金"等科目，贷记本科目。向投保人支付储金做相反的会计分录。

四、本科目期末贷方余额，反映企业应付未付投保人储金。

2621　独立账户负债

一、本科目核算企业（保险）对分拆核算的投资连接产品不属于风险保障部分确认的独立账户负债。

二、本科目可按负债类别进行明细核算。

三、独立账户负债的主要账务处理。

（一）向独立账户划入资金，借记"独立账户资产——银行存款及现金"科目，贷记本科目。

（二）对独立账户投资进行估值，按估值增值，借记"独立账户资产"科目，贷记本科目；估值减值的做相反的会计分录。

（三）按照独立账户计提的保险费，借记"银行存款"科目，贷记"保费收入"科目；同时，借记本科目，贷记"独立账户资产"科目。对独立账户计提账户管理费，借记"银行存款"科目，贷记"手续费及佣金收入"科目；同时，借记本科目，贷记"独立账户资产"科目。

（四）支付独立账户资产，借记本科目，贷记"独立账户资产"科目。

四、本科目期末贷方余额，反映企业确认的独立账户负债。

2701　长期应付款

一、本科目核算企业除长期借款和应付债券以外的其他各种长期应付款项，包括应付融资租入固定资产的租赁费、以分期付款方式购入固定资产等发生的应付款项等。

二、本科目可按长期应付款的种类和债权人进行明细核算。

三、长期应付款的主要账务处理。

（一）企业融资租入的固定资产，在租赁期开始日，按应计入固定资产成本的金额（租赁开始日租赁资产公允价值与最低租赁付款额现值两者中较低者，加上初始直接费用），借记"在建工程"或"固定资产"科目，按最低租赁付款额，贷记本科目，按发生的初始直接费用，贷记"银行存款"等科目，按其差额，借记"未确认融资费用"科目。

按期支付的租金，借记本科目，贷记"银行存款"等科目。

（二）购入有关资产超过正常信用条件延期支付价款、实质上具有融资性质的，应按购买价款的现值，借记"固定资产""在建工程"等科目，按应支付的金额，贷记本科目，按其差额，借记"未确认融资费用"科目。

按期支付的价款，借记本科目，贷记"银行存款"科目。

四、本科目期末贷方余额，反映企业应付未付的长期应付款项。

2702　未确认融资费用

一、本科目核算企业应当分期计入利息费用的未确认融资费用。

二、本科目可按债权人和长期应付款项目进行明细核算。

三、未确认融资费用的主要账务处理。

（一）企业融资租入的固定资产，在租赁期开始日，按应计入固定资产成本的金额（租赁开始日租赁资产公允价值与最低租赁付款额现值两者中较低者，加上初始直接费用），借记"在建工程"或"固定资产"科目，按最低租赁付款额，贷记"长期应付款"科目，按发生的初始直接费用，贷记"银行存款"等科目，按其差额，借记本科目。

采用实际利率法分期摊销未确认融资费用，借记"财务费用""在建工程"等科目，贷记本科目。

（二）购入有关资产超过正常信用条件延期支付价款、实质上具有融资性质的，应按购买价款的现值，借记"固定资产""在建工程"等科目，按应支付的金额，贷记"长期应付款"科目，按其差额，借记本科目。

采用实际利率法分期摊销未确认融资费用，借记"在建工程""财务费用"等科目，贷记本科目。

四、本科目期末借方余额，反映企业未确认融资费用的摊余价值。

2711　专项应付款

一、本科目核算企业取得政府作为企业所有者投入的具有专项或特定用途的款项。

二、本科目可按资本性投资项目进行明细核算。

三、企业收到或应收的资本性拨款，借记"银行存款"等科目，贷记本科目。将专项或特定用途的拨款用于工程项目，借记"在建工程"等科目，贷记"银行存款""应付职工薪酬"等科目。

工程项目完工形成长期资产的部分，借记本科目，贷记"资本公积——资本溢价"科目；对未形成长期资产需要核销的部分，借记本科目，贷记"在建工程"等科目；拨款结余需要返还的，借记本科目，贷记"银行存款"科目。

上述资本溢价转增实收资本或股本，借记"资本公积——资本溢价或股本溢价"科目，贷记"实收资本"或"股本"科目。

四、本科目期末贷方余额，反映企业尚未转销的专项应付款。

2801　预计负债

一、本科目核算企业确认的对外提供担保、未决诉讼、产品质量保证、重组义务、亏损性合同等预计负债。

二、本科目可按形成预计负债的交易或事项进行明细核算。

三、预计负债的主要账务处理。

（一）企业由对外提供担保、未决诉讼、重组义务产生的预计负债，应按确定的金额，借记"营业外支出"等科目，贷记本科目。由产品质量保证产生的预计负债，应按确定的金额，借记"销售费用"科目，贷记本科目。

由资产弃置义务产生的预计负债，应按确定的金额，借记"固定资产"或"油气资产"科目，贷记本科目。在固定资产或油气资产的使用寿命内，按计算确定各期应负担的利息费用，借记"财务费用"科目，贷记本科目。

（二）实际清偿或冲减的预计负债，借记本科目，贷记"银行存款"等科目。

（三）根据确凿证据需要对已确认的预计负债进行调整的，调整增加的预计负债，借记有关科目，贷记本科目；调整减少的预计负债做相反的会计分录。

四、本科目期末贷方余额，反映企业已确认尚未支付的预计负债。

2901　递延所得税负债

一、本科目核算企业确认的应纳税暂时性差异产生的所得税负债。

二、本科目可按应纳税暂时性差异的项目进行明细核算。

三、递延所得税负债的主要账务处理。

（一）资产负债表日，企业确认的递延所得税负债，借记"所得税费用——递延所得税费用"科目，贷记本科目。资产负债表日递延所得税负债的应有余额大于其账面余额的，应按其差额确认，借记"所得税费用——递延所得税费用"科目，贷记本科目；资产负债表日递延所得税负债的应有余额小于其账面余额的做相反的会计分录。

与直接计入所有者权益的交易或事项相关的递延所得税负债，借记"资本公积——其他资本公积"科目，贷记本科目。

（二）企业合并中取得资产、负债的入账价值与其计税基础不同形成应纳税暂时性差异的，应于购买日确认递延所得税负债，同时调整商誉，借记"商誉"等科目，贷记本科目。

四、本科目期末贷方余额，反映企业已确认的递延所得税负债。

（3）共同类。

3001　清算资金往来

一、本科目核算企业（银行）间业务往来的资金清算款项。

二、本科目可按资金往来单位，分别"同城票据清算""信用卡清算"等进行明细核算。

三、同城票据清算业务的主要账务处理。

（一）提出借方凭证，借记本科目，贷记"其他应付款"科目。发生退票，借记"其他应付款"科目，贷记本科目。已过退票时间未发生退票，借记"其他应付款"科目，贷记"吸收存款"等科目。提出贷方凭证，借记"吸收存款"等科目，贷记本科目；发生退票做相反的会计分录。

（二）提入借方凭证，提入凭证正确无误的，借记"吸收存款"等科目，贷记本科目。因误提他行凭证等原因不能入账的，借记"其他应收款"科目，贷记本科目。再提出时，借记本科目，贷记"其他应收款"科目。

提入贷方凭证，提入凭证正确无误的，借记本科目，贷记"吸收存款"等科目。因误提他行票据等原因不能入账的，借记本科目，贷记"其他应付款"科目。退票或再提出时，借记"其他应付款"科目，贷记本科目。

（三）将提出凭证和提入凭证计算轧差后为应收差额的，借记"存放中央银行款项"等科目，贷记本科目；如为应付差额做相反的会计分录。

四、发生的其他清算业务，收到的清算资金，借记"存放中央银行款项"等科目，贷记本科目；划付清算资金时做相反的会计分录。

五、本科目期末借方余额，反映企业应收的清算资金；本科目期末贷方余额，反映企业应付的清算资金。

3002　货币兑换

一、本科目核算企业（金融）采用分账制核算外币交易所产生的不同币种之间的兑换。

二、本科目按币种进行明细核算。

三、货币兑换的主要账务处理。

（一）企业发生的外币交易仅涉及货币性项目的，应按相同币种金额，借记或贷记有关货币性项目科目，贷记或借记本科目。

（二）发生的外币交易同时涉及货币性项目和非货币性项目的，按相同外币金额记入货币性项目和本科目（外币）；同时，按交易发生日即期汇率折算为记账本位币的金额记入非货币性项目和本科目（记账本位币）。结算货币性项目产生的汇兑差额计入"汇兑损益"科目。

（三）期末，应将所有以外币表示的本科目余额按期末汇率折算为记账本位币金额，折算后的记账本位币金额与本科目（记账本位币）余额进行比较，为贷方差额的，借记本科目（记账本位币），贷记"汇兑损益"科目；为借方差额的做相反的会计分录。

四、本科目期末应无余额。

3101　衍生工具

一、本科目核算企业衍生工具的公允价值及其变动形成的衍生资产或衍生负债。衍生工具作为套期工具的，在"套期工具"科目核算。

二、本科目可按衍生工具类别进行明细核算。

三、衍生工具的主要账务处理。

（一）企业取得衍生工具，按其公允价值，借记本科目，按发生的交易费用，借记"投资收益"科目，按实际支付的金额，贷记"银行存款""存放中央银行款项"等科目。

（二）资产负债表日，衍生工具的公允价值高于其账面余额的差额，借记本科目，贷记"公允价值变动损益"科目；公允价值低于其账面余额的差额做相反的会计分录。

（三）终止确认的衍生工具，应当比照"交易性金融资产""交易性金融负债"等科目的相关规定进行处理。

四、本科目期末借方余额，反映企业衍生工具形成资产的公允价值；本科目期末贷方余额，反映企业衍生工具形成负债的公允价值。

3201　套期工具

一、本科目核算企业开展套期保值业务（包括公允价值套期、现金流量套期和境外经营净投资套期）套期工具公允价值变动形成的资产或负债。

二、本科目可按套期工具类别进行明细核算。

三、套期工具的主要账务处理。

（一）企业将已确认的衍生工具等金融资产或金融负债指定为套期工具的，应按其账面价值，借记或贷记本科目，贷记或借记"衍生工具"等科目。

（二）资产负债表日，对于有效套期，应按套期工具产生的利得，借记本科目，贷记"公允价值变动损益""资本公积——其他资本公积"等科目；套期工具产生损失做相反的会计分录。

（三）金融资产或金融负债不再作为套期工具核算的，应按套期工具形成的资产或负债，借记或贷记有关科目，贷记或借记本科目。

四、本科目期末借方余额，反映企业套期工具形成资产的公允价值；本科目期末贷方余额，反映企业套期工具形成负债的公允价值。

3202 被套期项目

一、本科目核算企业开展套期保值业务被套期项目公允价值变动形成的资产或负债。

二、本科目可按被套期项目类别进行明细核算。

三、被套期项目的主要账务处理。

（一）企业将已确认的资产或负债指定为被套期项目，应按其账面价值，借记或贷记本科目，贷记或借记"库存商品""长期借款""持有至到期投资"等科目。已计提跌价准备或减值准备的，还应同时结转跌价准备或减值准备。

（二）资产负债表日，对于有效套期，应按被套期项目产生的利得，借记本科目，贷记"公允价值变动损益""资本公积——其他资本公积"等科目；被套期项目产生损失做相反的会计分录。

（三）资产或负债不再作为被套期项目核算的，应按被套期项目形成的资产或负债，借记或贷记有关科目，贷记或借记本科目。

四、本科目期末借方余额，反映企业被套期项目形成资产的公允价值；本科目期末贷方余额，反映企业被套期项目形成负债的公允价值。

（4）所有者权益类。

4001 实收资本

一、本科目核算企业接受投资者投入的实收资本。股份有限公司应将本科目改为"4001 股本"科目。企业收到投资者出资超过其在注册资本或股本中所占份额的部分，作为资本溢价或股本溢价，在"资本公积"科目核算。

二、本科目可按投资者进行明细核算。企业（中外合作经营）在合作期间归还投资者的投资，应在本科目设置"已归还投资"明细科目进行核算。

三、实收资本的主要账务处理。

（一）企业接受投资者投入的资本，借记"银行存款""其他应收款""固定资产""无形资产""长期股权投资"等科目，按其在注册资本或股本中所占份额，贷记本科目，按其差额，贷记"资本公积——资本溢价或股本溢价"科目。

（二）股东大会批准的利润分配方案中分配的股票股利，应在办理增资手续后，借记"利润分配"科目，贷记本科目。

经股东大会或类似机构决议，用资本公积转增资本，借记"资本公积——资本溢价或股本溢价"科目，贷记本科目。

（三）可转换公司债券持有人行使转换权利，将其持有的债券转换为股票，按可转换公司债券的余额，借记"应付债券——可转换公司债券（面值、利息调整）"科目，按其权益成分的金额，借记"资本公积——其他资本公积"科目，按股票面值和转换的股数计算的股票面值总额，贷记本科目，按其差额，贷记"资本公积——股本溢价"科目。如有现金支付不可转换股票，还应贷记"银行存款"等科目。

企业将重组债务转为资本的，应按重组债务的账面余额，借记"应付账款"等科目，按债权人因放弃债权而享有本企业股份的面值总额，贷记本科目，按股份的公允价值总额与相应的实收资本或股本之间的差额，贷记或借记"资本公积——资本溢价或股本溢价"科目，按其差额，贷记"营业外收入——债务重组利得"科目。

（四）以权益结算的股份支付换取职工或其他方提供服务的，应在行权日，按根据实际行权情况确定的金额，借记"资本公积——其他资本公积"科目，按应计入实收资本或股本的金额，贷记本科目。

四、企业按法定程序报经批准减少注册资本的，借记本科目，贷记"库存现金""银行存款"等科目。

股份有限公司采用收购本公司股票方式减资的，按股票面值和注销股数计算的股票面值总额，借记本科目，按所注销库存股的账面余额，贷记"库存股"科目，按其差额，借记"资本公积——股本溢价"科目，股本溢价不足冲减的，应借记"盈余公积""利润分配——未分配利润"科目；购回股票支付的价款低于面值总额的，应按股票面值总额，借记本科目，按所注销库存股的账面余额，贷记"库存股"科目，按其差额，贷记"资本公积——股本溢价"科目。

五、企业（中外合作经营）根据合同规定在合作期间归还投资者的投资，借记本科目（已归还投资），贷记"银行存款"等科目；同时，借记"利润分配——利润归还投资"科目，贷记"盈余公积——利润归还投资"科目。

中外合作经营清算，借记本科目、"资本公积""盈余公积""利润分配——未分配利润"等科目，贷记本科目（已归还投资）"银行存款"等科目。

六、本科目期末贷方余额，反映企业实收资本或股本总额。

4002 资本公积

一、本科目核算企业收到投资者出资额超出其在注册资本或股本中所占份额的部分。直接计入所有者权益的利得和损失，也通过本科目核算。

二、本科目应当分别"资本溢价（股本溢价）""其他资本公积"进行明细核算。

三、资本公积的主要账务处理。

（一）企业接受投资者投入的资本、可转换公司债券持有人行使转换权利、将债务转为资本等形成的资本公积，借记有关科目，贷记"实收资本"或"股本"科目、本科目（资本溢价或股本溢价）等。

与发行权益性证券直接相关的手续费、佣金等交易费用，借记本科目（股本溢价）等，贷记"银行存款"等科目。经股东大会或类似机构决议，用资本公积转增资本，借记本科目（资本溢价或股本溢价），贷记"实收资本"或"股本"科目。

（二）同一控制下控股合并形成的长期股权投资，应在合并日按取得被合并方所有者权益账面价值的份额，借记"长期股权投资"科目，按享有被投资单位已宣告但尚未发放的现金股利或利润，借记"应收股利"科目，按支付的合并对价的账面价值，贷记有关资产科目或借记有关负债科目，按其差额，贷记本科目（资本溢价或股本溢价）；为借方差额的，借记本科目（资本溢价或股本溢价），资本公积（资本溢价或股本溢价）不足冲减的，借记"盈余公积""利润分配——未分配利润"科目。

同一控制下吸收合并涉及的资本公积，比照上述原则进行处理。

（三）长期股权投资采用权益法核算的，在持股比例不变的情况下，被投资单位除净损益以外所有者权益的其他变动，企业按持股比例计算应享有的份额，借记或贷记"长期股权投资——其他权益变动"科目，贷记或借记本科目（其他资本公积）。

处置采用权益法核算的长期股权投资，还应结转原记入资本公积的相关金额，借记或贷记本科目（其他资本公积），贷记或借记"投资收益"科目。

（四）以权益结算的股份支付换取职工或其他方提供服务的，应按照确定的金额，借记"管理费用"等科目，贷记本科目（其他资本公积）。

在行权日，应按实际行权的权益工具数量计算确定的金额，借记本科目（其他资本公积），按计入实收资本或股本的金额，贷记"实收资本"或"股本"科目，按其差额，贷记本科目（资本溢价或股本溢价）。

（五）自用房地产或存货转换为采用公允价值模式计量的投资性房地产，按照"投资性房地产"科目的相关规定进行处理，相应调整资本公积。

（六）将持有至到期投资重分类为可供出售金融资产，或将可供出售金融资产重分类为持有至到期投资的，按照"持有至到期投资""可供出售金融资产"等科目的相关规定进行处理，相应调整资本公积。

将可供出售金融资产重分类为采用成本或摊余成本计量的金融资产的，对于原记入资本公积的相关金额，还应分别不同情况进行处理：有固定到期日的，应在该项金融资产的剩余期限内，在资产负债表日，按采用实际利率法计算确定的摊销金额，借记或贷记本科目（其他资本公积），贷记或借记"投资收益"科目；没有固定到期日的，应在处置该项金融资产时，借记或贷记本科目（其他资本公积），贷记或借记"投资收益"科目。

可供出售金融资产的后续计量，按照"可供出售金融资产"科目的相关规定进行处理，相应调整资本公积。

（七）股份有限公司采用收购本公司股票方式减资的，按股票面值和注销股数计算的股票面值总额，借记"股本"科目，按所注销的库存股的账面余额，贷记"库存股"科目，按其差额，借记本科目（股本溢价），股本溢价不足冲减的，应借记"盈余公积""利润分配——未分配利润"科目；购回股票支付的价款低于面值总额的，应按股票面值总额，借记"股本"科目，按所注销的库存股的账面余额，贷记"库存股"科目，按其差额，贷记本科目（股本溢价）。

（八）资产负债表日，满足运用套期会计方法条件的现金流量套期和境外经营净投资套期产生的利得或损失，属于有效套期的，借记或贷记有关科目，贷记或借记本科目（其他资本公积）；属于无效套期的，借记或贷记有关科目，贷记或借记"公允价值变动损益"科目。

四、本科目期末贷方余额，反映企业的资本公积。

4101 盈余公积

一、本科目核算企业从净利润中提取的盈余公积。

二、本科目应当分别"法定盈余公积""任意盈余公积"进行明细核算。

外商投资企业还应分别"储备基金""企业发展基金"进行明细核算。

中外合作经营在合作期间归还投资者的投资，应在本科目设置"利润归还投资"明细科目进行核算。

三、盈余公积的主要账务处理。

（一）企业按规定提取的盈余公积，借记"利润分配——提取法定盈余公积、提取任意盈余公积"科目，贷记本科目（法定盈余公积、任意盈余公积）。

外商投资企业按规定提取的储备基金、企业发展基金、职工奖励及福利基金，借记"利润分配——提取储备基金、提取企业发展基金、提取职工奖励及福利基金"科目，贷记本科目（储备基金、企业发展基金）、"应付职工薪酬"科目。

（二）经股东大会或类似机构决议，用盈余公积弥补亏损或转增资本，借记本科目，贷记"利润分配——盈余公积补亏""实收资本"或"股本"科目。

经股东大会决议，用盈余公积派送新股，按派送新股计算的金额，借记本科目，按股票面值和派送新股总数计算的股票面值总额，贷记"股本"科目。

中外合作经营根据合同规定在合作期间归还投资者的投资，应按实际归还投资的金额，借记"实收资本——已归还投资"科目，贷记"银行存款"等科目；同时，借记"利润分配——利润归还投资"科目，贷记本科目（利润归还投资）。

四、本科目期末贷方余额，反映企业的盈余公积。

4102　一般风险准备

一、本科目核算企业（金融）按规定从净利润中提取的一般风险准备。

二、企业提取的一般风险准备，借记"利润分配——提取一般风险准备"科目，贷记本科目。用一般风险准备弥补亏损，借记本科目，贷记"利润分配——一般风险准备补亏"科目。

三、本科目期末贷方余额，反映企业的一般风险准备。

4103　本年利润

一、本科目核算企业当期实现的净利润（或发生的净亏损）。

二、企业期（月）末结转利润时，应将各损益类科目的金额转入本科目，结平各损益类科目。结转后本科目的贷方余额为当期实现的净利润；借方余额为当期发生的净亏损。

三、年度终了，应将本年收入和支出相抵后结出的本年实现的净利润，转入"利润分配"科目，借记本科目，贷记"利润分配——未分配利润"科目；如为净亏损做相反的会计分录。结转后本科目应无余额。

4104　利润分配

一、本科目核算企业利润的分配（或亏损的弥补）和历年分配（或弥补）后的余额。

二、本科目应当分别"提取法定盈余公积""提取任意盈余公积""应付现金股利或利润""转作股本的股利""盈余公积补亏"和"未分配利润"等进行明细核算。

三、利润分配的主要账务处理。

（一）企业按规定提取的盈余公积，借记本科目（提取法定盈余公积、提取任意盈余公积），贷记"盈余公积——法定盈余公积、任意盈余公积"科目。

外商投资企业按规定提取的储备基金、企业发展基金、职工奖励及福利基金，借记本科目（提取储备基金、提取企业发展基金、提取职工奖励及福利基金），贷记"盈余公积——储备基金、企业发展基金""应付职工薪酬"等科目。

企业（金融）按规定提取的一般风险准备，借记本科目（提取一般风险准备），贷记"一般风险准备"科目。

（二）经股东大会或类似机构决议，分配给股东或投资者的现金股利或利润，借记本科目（应付现金股利或利润），贷记"应付股利"科目。

经股东大会或类似机构决议，分配给股东的股票股利，应在办理增资手续后，借记本科目（转作股本的股利），贷记"股本"科目。

用盈余公积弥补亏损，借记"盈余公积——法定盈余公积或任意盈余公积"科目，贷记本科目（盈余公积补亏）。

企业（金融）用一般风险准备弥补亏损，借记"一般风险准备"科目，贷记本科目（一般风险准备补亏）科目。

四、年度终了，企业应将本年实现的净利润，自"本年利润"科目转入本科目，借记"本年利润"科目，贷记本科目（未分配利润），为净亏损的做相反的会计分录；同时，将"利润分配"科目所属其他明细科目的余额转入本科目"未分配利润"明细科目。结转后，本科目除"未分配利润"明细科目外，其他明细科目应无余额。

五、本科目年末余额，反映企业的未分配利润（或未弥补亏损）。

4201　库存股

一、本科目核算企业收购、转让或注销的本公司股份金额。

二、库存股的主要账务处理。

（一）企业为减少注册资本而收购本公司股份的，应按实际支付的金额，借记本科目，贷记"银行存款"等科目。

（二）为奖励本公司职工而收购本公司股份的，应按实际支付的金额，借记本科目，贷记"银行存款"等科目，同时做备查登记。

将收购的股份奖励给本公司职工属于以权益结算的股份支付，如有实际收到的金额，借记"银行存款"科目，按根据职工获取奖励股份的实际情况确定的金额，借记"资本公积——其他资本公积"科目，按奖励库存股的账面余额，贷记本科目，按其差额，贷记或借记"资本公积——股本溢价"科目。

（三）股东因对股东大会做出的公司合并、分立决议持有异议而要求企业收购本公司股份的，企业应按实际支付的金额，借记本科目，贷记"银行存款"等科目。

（四）转让库存股，应按实际收到的金额，借记"银行存款"等科目，按转让库存股的账面余额，贷记本科目，按其差额，贷记"资本公积——股本溢价"科目；为借方差额的，借记"资本公积——股本溢价"科目，股本溢价不足冲减的，应借记"盈余公积""利润分配——未分配利润"科目。

（五）注销库存股，应按股票面值和注销股数计算的股票面值总额，借记"股本"科目，按注销库存股的账面余额，贷记本科目，按其差额，借记"资本公积——股本溢价"科目，股本溢价不足冲减的，应借记"盈余公积""利润分配——未分配利润"科目。

三、本科目期末借方余额，反映企业持有尚未转让或注销的本公司股份金额。

（5）成本类。

5001　生产成本

一、本科目核算企业进行工业性生产发生的各项生产成本，包括生产各种产品（产成品、自制半成品等）自制材料、自制工具、自制设备等。

企业（农业）进行农业生产发生的各项生产成本，可将本科目改为"5001 农业生产成本"科目，并分别种植业、畜牧养殖业、林业和水产业确定成本核算对象（消耗性生物资产、生产性生物资产、公益性生物资产和农产品）和成本项目，进行费用的归集和分配。

企业（房地产开发）可将本科目改为"5001 开发成本"科目。

二、本科目可按基本生产成本和辅助生产成本进行明细核算。

基本生产成本应当分别按照基本生产车间和成本核算对象（产品的品种、类别、订单、批别、生产阶段等）设置明细账（或成本计算单，下同），并按照规定的成本项目设置专栏。

三、生产成本的主要账务处理。

（一）企业发生的各项直接生产成本，借记本科目（基本生产成本、辅助生产成本），贷记"原材料""库存现金""银行存款""应付职工薪酬"等科目。

各生产车间应负担的制造费用，借记本科目（基本生产成本、辅助生产成本），贷记"制造费用"科目。

辅助生产车间为基本生产车间、企业管理部门和其他部门提供的劳务和产品，期（月）末按照一定的分配标准分配给各受益对象，借记本科目（基本生产成本）"管理费用""销售费用""其他业务成本""在建工程"等科目，贷记本科目（辅助生产成本）。

企业已经生产完成并已验收入库的产成品以及入库的自制半成品，应于期（月）末，借记"库存商品"等科目，贷记本科目（基本生产成本）。

（二）生产性生物资产在产出农产品过程中发生的各项费用，借记"农业生产成本"科目，贷记"库存现金""银行存款""原材料""应付职工薪酬""生产性生物资产累计折旧"等科目。

农业生产过程中发生的应由农产品、消耗性生物资产、生产性生物资产和公益性生物资产共同负担的费用，借记"农业生产成本——共同费用"科目，贷记"库存现金""银行存款""原材料""应付职工薪酬""农业生产成本"等科目。

期（月）末，可按一定的分配标准对上述共同负担的费用进行分配，借记"农业生产成本——农产品""消耗性生物资产""生产性生物资产""公益性生物资产"等科目，贷记"农业生产成本——共同费用"科目。

应由生产性生物资产收获的农产品负担的费用，应当采用合理的方法在农产品各品种之间进行分配；如有尚未收获的农产品，还应当在已收获和尚未收获的农产品之间进行分配。

生产性生物资产收获的农产品验收入库时，按其实际成本，借记"农产品"科目，贷记本科目（农产品）。

四、本科目期末借方余额，反映企业尚未加工完成的在产品成本或尚未收获的农产品成本。

5101　制造费用

一、本科目核算企业生产车间（部门）为生产产品和提供劳务而发生的各项间接费用。企业行政管理部门为组织和管理生产经营活动而发生的管理费用，在"管理费用"科目核算。

二、本科目可按不同的生产车间、部门和费用项目进行明细核算。

三、制造费用的主要账务处理。

（一）生产车间发生的机物料消耗，借记本科目，贷记"原材料"等科目。

（二）发生的生产车间管理人员的工资等职工薪酬，借记本科目，贷记"应付职工薪酬"科目。

（三）生产车间计提的固定资产折旧，借记本科目，贷记"累计折旧"科目。

（四）生产车间支付的办公费、水电费等，借记本科目，贷记"银行存款"等科目。

（五）发生季节性的停工损失，借记本科目，贷记"原材料""应付职工薪酬""银行存款"等科目。

（六）将制造费用分配计入有关的成本核算对象，借记"生产成本（基本生产成本、辅助生产成本）""劳务成本"等科目，贷记本科目。

（七）季节性生产企业制造费用全年实际发生额与分配额的差额，除其中属于为下一年开工生产做准备的可留待下一年分配外，其余部分实际发生额大于分配额的差额，借记"生产成本——基本生产成本"科目，贷记本科目；实际发生额小于分配额的差额做相反的会计分录。

四、除季节性的生产性企业外，本科目期末应无余额。

5201　劳务成本

一、本科目核算企业对外提供劳务发生的成本。企业（证券）在为上市公司进行承销业务发生的各项相关支出，可将本科目改为"5201　待转承销费用"科目，并按照客户进行明细核算。

二、本科目可按提供劳务种类进行明细核算。

三、企业发生的各项劳务成本，借记本科目，贷记"银行存款""应付职工薪酬""原材料"等科目。建造承包商对外单位、专项工程等提供机械作业（包括运输设备）的成本，借记本科目，贷记"机械作业"科目。结转劳务的成本，借记"主营业务成本""其他业务成本"等科目，贷记本科目。

四、本科目期末借方余额，反映企业尚未完成或尚未结转的劳务成本。

5301　研发支出

一、本科目核算企业进行研究与开发无形资产过程中发生的各项支出。

二、本科目可按研究开发项目，分别"费用化支出""资本化支出"进行明细核算。

三、研发支出的主要账务处理。

（一）企业自行开发无形资产发生的研发支出，不满足资本化条件的，借记本科目（费用化支出），满足资本化条件的，借记本科目（资本化支出），贷记"原材料""银行存款""应付职工薪酬"等科目。

（二）研究开发项目达到预定用途形成无形资产的，应按本科目（资本化支出）的余额，借记"无形资产"科目，贷记本科目（资本化支出）。

期（月）末，应将本科目归集的费用化支出金额转入"管理费用"科目，借记"管理费用"科目，贷记本科目（费用化支出）。

四、本科目期末借方余额，反映企业正在进行无形资产研究开发项目满足资本化条件的支出。

5401　工程施工

一、本科目核算企业（建造承包商）实际发生的合同成本和合同毛利。

二、本科目可按建造合同，分别"合同成本""间接费用""合同毛利"进行明细核算。

三、工程施工的主要账务处理。

（一）企业进行合同建造时发生的人工费、材料费、机械使用费以及施工现场材料的二次搬运费、生产工具和用具使用费、检验试验费、临时设施折旧费等其他直接费用，借记本科目（合同成本），贷记"应付职工薪酬""原材料"等科目。发生的施工、生产单位管理人员职工薪酬、固定资产折旧费、财产保险费、工程保修费、排污费等间接费用，借记本科目（间接费用），贷记"累计折旧""银行存款"等科目。

期（月）末，将间接费用分配计入有关合同成本，借记本科目（合同成本），贷记本科目（间接费用）。

（二）确认合同收入、合同费用时，借记"主营业务成本"科目，贷记"主营业务收入"科目，按其差额，借记或贷记本科目（合同毛利）。

（三）合同完工时，应将本科目余额与相关工程施工合同的"工程结算"科目对冲，借记"工程结算"科目，贷记本科目。

四、本科目期末借方余额，反映企业尚未完工的建造合同成本和合同毛利。

5402　工程结算

一、本科目核算企业（建造承包商）根据建造合同约定向业主办理结算的累计金额。

二、本科目可按建造合同进行明细核算。

三、企业向业主办理工程价款结算，按应结算的金额，借记"应收账款"等科目，贷记本科目。

合同完工时，应将本科目余额与相关工程施工合同的"工程施工"科目对冲，借记本科目，贷记"工程施工"科目。

四、本科目期末贷方余额，反映企业尚未完工建造合同已办理结算的累计金额。

5403　机械作业

一、本科目核算企业（建造承包商）及其内部独立核算的施工单位、机械站和运输队使用自有施工机械和运输设备进行机械作业（包括机械化施工和运输作业等）所发生的各项费用。

企业及其内部独立核算的施工单位，从外单位或本企业其他内部独立核算的机械站租入施工机械发生的机械租赁费，在"工程施工"科目核算。

二、本科目可按施工机械或运输设备的种类等进行明细核算。

施工企业内部独立核算的机械施工、运输单位使用自有施工机械或运输设备进行机械作业所发生的各项费用，可按成本核算对象和成本项目进行归集。

成本项目一般分为：人工费、燃料及动力费、折旧及修理费、其他直接费用、间接费用（为组织和管理机械作业生产所发生的费用）。

三、机械作业的主要账务处理。

（一）企业发生的机械作业支出，借记本科目，贷记"原材料""应付职工薪酬""累计折旧"等科目。

（二）期（月）末，企业及其内部独立核算的施工单位、机械站和运输队为本单位承包的工程进行机械化施工和运输作业的成本，应转入承包工程的成本，借记"工程施工"科目，贷记本科目。对外单位、专项工程等提供机械作业（包括运输设备）的成本，借记"劳务成本"科目，贷记本科目。

四、本科目期末应无余额。

（6）损益类。

6001　主营业务收入

一、本科目核算企业确认的销售商品、提供劳务等主营业务的收入。

二、本科目可按主营业务的种类进行明细核算。

三、主营业务收入的主要账务处理。

（一）企业销售商品或提供劳务实现的收入，应按实际收到或应收的金额，借记"银行存款""应收账款""应收票据"等科目，按确认的营业收入，贷记本科目。

采用递延方式分期收款、具有融资性质的销售商品或提供劳务满足收入确认条件的，按应收合同或协议价款，借记"长期应收款"科目，按应收合同或协议价款的公允价值（折现值），贷记本科目，按其差额，贷记"未实现融资收益"科目。

以库存商品进行非货币性资产交换（非货币性资产交换具有商业实质且公允价值能够可靠计量）债务重组的，应按该产成品、商品的公允价值，借记有关科目，贷记本科目。

本期（月）发生的销售退回或销售折让，按应冲减的营业收入，借记本科目，按实际支付或应退还的金额，贷记"银行存款""应收账款"等科目。

上述销售业务涉及增值税销项税额的，还应进行相应的处理。

（二）确认建造合同收入，按应确认的合同费用，借记"主营业务成本"科目，按应确认的合同收入，贷记本科目，按其差额，借记或贷记"工程施工——合同毛利"科目。

四、期末，应将本科目的余额转入"本年利润"科目，结转后本科目应无余额。

6011　利息收入

一、本科目核算企业（金融）确认的利息收入，包括发放的各类贷款（银团贷款、贸易融资、贴现和转贴现融出资金、协议透支、信用卡透支、转贷款、垫款等）与其他金融机构（中央银行、同业等）之间发生资金往来业务、买入返售金融资产等实现的利息收入等。

二、本科目可按业务类别进行明细核算。

三、资产负债表日，企业应按合同利率计算确定的应收未收利息，借记"应收利息"等科目，按摊余成本和实际利率计算确定的利息收入，贷记本科目，按其差额，借记或贷记"贷款——利息调整"等科目。

实际利率与合同利率差异较小的，也可以采用合同利率计算确定利息收入。

四、期末，应将本科目余额转入"本年利润"科目，结转后本科目无余额。

6021　手续费及佣金收入

一、本科目核算企业（金融）确认的手续费及佣金收入，包括办理结算业务、咨询业务、担保业务、代保管等代理业务以及办理受托贷款及投资业务等取得的手续费及佣金，如结算手续费收入、佣金收入、业务代办手续费收入、基金托管收入、咨询服务收入、担保收入、受托贷款手续费收入、代保管收入，代理买卖证券、代理承销证券、代理兑付证券、代理保管证券、代理保险业务等代理业务以及其他相关服务实现的手续费及佣金收入等。

二、本科目可按手续费及佣金收入类别进行明细核算。

三、企业确认的手续费及佣金收入，按应收的金额，借记"应收手续费及佣金""代理承销证券款"等科目，贷记本科目。实际收到手续费及佣金，借记"存放中央银行款项""银行存款""结算备付金""吸收存款"等科目，贷记"应收手续费及佣金"等科目。

四、期末，应将本科目余额转入"本年利润"科目，结转后本科目无余额。

6031 保费收入

一、本科目核算企业（保险）确认的保费收入。

二、本科目可按保险合同和险种进行明细核算。

三、保费收入的主要账务处理。

（一）企业确认的原保险合同保费收入，借记"应收保费""预收保费""银行存款""库存现金"等科目，贷记本科目。

非寿险原保险合同提前解除的，按原保险合同约定计算确定的应退还投保人的金额，借记本科目，贷记"库存现金""银行存款"等科目。

（二）确认的再保险合同分保费收入，借记"应收分保账款"科目，贷记本科目。

收到分保业务账单，按账单标明的金额对分保费收入进行调整，按调整增加额，借记"应收分保账款"科目，贷记本科目；调整减少额做相反的会计分录。

四、期末，应将本科目余额转入"本年利润"科目，结转后本科目无余额。

6041 租赁收入

一、本科目核算企业（租赁）确认的租赁收入。

二、本科目可按租赁资产类别进行明细核算。

三、企业确认的租赁收入，借记"未实现融资收益""应收账款"等科目，贷记本科目。取得或有租金，借记"银行存款"等科目，贷记本科目。

四、期末，应将本科目余额转入"本年利润"科目，结转后本科目无余额。

6051 其他业务收入

一、本科目核算企业确认的除主营业务活动以外的其他经营活动实现的收入，包括出租固定资产、出租无形资产、出租包装物和商品、销售材料、用材料进行非货币性交换（非货币性资产交换具有商业实质且公允价值能够可靠计量）或债务重组等实现的收入。

企业（保险）经营受托管理业务收取的管理费收入，也通过本科目核算。

二、本科目可按其他业务收入种类进行明细核算。

三、企业确认的其他业务收入，借记"银行存款""其他应收款"等科目，贷记本科目等。

四、期末，应将本科目余额转入"本年利润"科目，结转后本科目应无余额。

6061 汇兑损益

一、本科目核算企业（金融）发生的外币交易因汇率变动而产生的汇兑损益。

二、采用统账制核算的，各外币货币性项目的外币期（月）末余额，应当按照期（月）末汇率折算为记账本位币金额。按照期（月）末汇率折算的记账本位币金额与原账面记账本位币金额之间的差额，如为汇兑收益，借记有关科目，贷记本科目；如为汇兑损失做相反的会计分录。

采用分账制核算的，期（月）末将所有以外币表示的"货币兑换"科目余额按期（月）末汇率折算为记账本位币金额，折算后的记账本位币金额与"货币兑换——记账本位币"科目余额进行比较，为贷方差额的，借记"货币兑换——记账本位币"科目，贷记"汇兑损益"科目；为借方差额的做相反的会计分录。

三、期末，应将本科目的余额转入"本年利润"科目，结转后本科目应无余额。

6101　公允价值变动损益

一、本科目核算企业交易性金融资产、交易性金融负债，以及采用公允价值模式计量的投资性房地产、衍生工具、套期保值业务等公允价值变动形成的应计入当期损益的利得或损失。

指定为以公允价值计量且其变动计入当期损益的金融资产或金融负债公允价值变动形成的应计入当期损益的利得或损失，也在本科目核算。

企业开展套期保值业务的，有效套期关系中套期工具或被套期项目的公允价值变动，也可以单独设置"6102　套期损益"科目核算。

二、本科目可按交易性金融资产、交易性金融负债、投资性房地产等进行明细核算。

三、公允价值变动损益的主要账务处理。

（一）资产负债表日，企业应按交易性金融资产的公允价值高于其账面余额的差额，借记"交易性金融资产——公允价值变动"科目，贷记本科目；公允价值低于其账面余额的差额做相反的会计分录。

出售交易性金融资产时，应按实际收到的金额，借记"银行存款""存放中央银行款项"等科目，按该金融资产的账面余额，贷记"交易性金融资产"科目，按其差额，借记或贷记"投资收益"科目。同时，将原计入该金融资产的公允价值变动转出，借记或贷记本科目，贷记或借记"投资收益"科目。

（二）资产负债表日，交易性金融负债的公允价值高于其账面余额的差额，借记本科目，贷记"交易性金融负债"等科目；公允价值低于其账面余额的差额做相反的会计分录。

处置交易性金融负债，应按该金融负债的账面余额，借记"交易性金融负债"科目，按实际支付的金额，贷记"银行存款""存放中央银行款项""结算备付金"等科目，按其差额，贷记或借记"投资收益"科目。同时，按该金融负债的公允价值变动，贷记或借记本科目，借记或贷记"投资收益"科目。

（三）采用公允价值模式计量的投资性房地产、衍生工具、套期工具、被套期项目等形成的公允价值变动，按照"投资性房地产""衍生工具""套期工具""被套期项目"等科目的相关规定进行处理。

四、期末，应将本科目余额转入"本年利润"科目，结转后本科目无余额。

6111　投资收益

一、本科目核算企业确认的投资收益或投资损失。

企业（金融）债券投资持有期间取得的利息收入，也可在"利息收入"科目核算。

二、本科目可按投资项目进行明细核算。

三、投资收益的主要账务处理。

（一）长期股权投资采用成本法核算的，企业应按被投资单位宣告发放的现金股利或利润中属于本企业的部分，借记"应收股利"科目，贷记本科目；属于被投资单位在取得本企业投资前实现净利润的分配额，应作为投资成本的收回，借记"应收股利"等科目，贷记"长期股权投资"科目。

长期股权投资采用权益法核算的，应按根据被投资单位实现的净利润或经调整的净利润计算应享有的份额，借记"长期股权投资——损益调整"科目，贷记本科目。被投资单位发生净亏损的，比照"长期股权投资"科目的相关规定进行处理。

处置长期股权投资时，应按实际收到的金额，借记"银行存款"等科目，按其账面余额，贷记"长期股权投资"科目，按尚未领取的现金股利或利润，贷记"应收股利"科目，按其差额，贷记或借记本科目。已计提减值准备的，还应同时结转减值准备。

处置采用权益法核算的长期股权投资，除上述规定外，还应结转原记入资本公积的相关金额，借记或贷记"资本公积——其他资本公积"科目，贷记或借记本科目。

（二）企业持有交易性金融资产、持有至到期投资、可供出售金融资产期间取得的投资收益以及处置交易性金融资产、交易性金融负债、指定为以公允价值计量且其变动计入当期损益的金融资产或金融负债、持有至到期投资、可供出售金融资产实现的损益，比照"交易性金融资产""持有至到期投资""可供出售金融资产""交易性金融负债"等科目的相关规定进行处理。

四、期末，应将本科目余额转入"本年利润"科目，本科目结转后应无余额。

6201　摊回保险责任准备金

一、本科目核算企业（再保险分出人）从事再保险业务应向再保险接受人摊回的保险责任准备金，包括未决赔款准备金、寿险责任准备金、长期健康险责任准备金。

企业（再保险分出人）也可以单独设置"摊回未决赔款准备金""摊回寿险责任准备金""摊回长期健康险责任准备金"等科目。

二、本科目可按保险责任准备金类别和险种进行明细核算。

三、摊回保险责任准备金的主要账务处理。

（一）企业在提取原保险合同保险责任准备金的当期，应按相关再保险合同约定计算确定的应向再保险接受人摊回的保险责任准备金，借记"应收分保合同准备金"科目，贷记本科目。

对原保险合同保险责任准备金进行充足性测试补提保险责任准备金，应按相关再保险合同约定计算确定的应收分保保险责任准备金的相应增加额，借记"应收分保合同准备金"科目，贷记本科目。

（二）在确定支付赔付款项金额或实际发生理赔费用而冲减原保险合同相应保险责任准备金余额的当期，应按相关应收分保保险责任准备金的相应冲减金额，借记本科目，贷记"应收分保合同准备金"科目。

（三）在寿险原保险合同提前解除而转销相关寿险责任准备金、长期健康险责任准备金余额的当期，应按相关应收分保保险责任准备金余额，借记本科目，贷记"应收分保合同准备金"科目。

四、期末，应将本科目余额转入"本年利润"科目，结转后本科目无余额。

6202　摊回赔付支出

一、本科目核算企业（再保险分出人）向再保险接受人摊回的赔付成本。企业（再保险分出人）也可以单独设置"摊回赔款支出""摊回年金给付""摊回满期给付""摊回死伤医疗给付"等科目。

二、本科目可按险种进行明细核算。

三、摊回赔付支出的主要账务处理。

（一）企业在确定支付赔付款项金额或实际发生理赔费用而确认原保险合同赔付成本的当期，应按相关再保险合同约定计算确定的应向再保险接受人摊回的赔付成本金额，借记"应收分保账款"科目，贷记本科目。

（二）在因取得和处置损余物资、确认和收到应收代位追偿款等而调整原保险合同赔付成本的当期，应按相关再保险合同约定计算确定的摊回赔付成本的调整金额，借记或贷记本科目，贷记或借记"应收分保账款"科目。

（三）对于超额赔款再保险等非比例再保险合同，计算确定应向再保险接受人摊回的赔付成本的，应按摊回的赔付成本金额，借记"应收分保账款"科目，贷记本科目。

四、期末，应将本科目余额转入"本年利润"科目，结转后本科目无余额。

6203 摊回分保费用

一、本科目核算企业（再保险分出人）向再保险接受人摊回的分保费用。

二、本科目可按险种进行明细核算。

三、摊回分保费用的主要账务处理。

（一）企业在确认原保险合同保费收入的当期，应按相关再保险合同约定计算确定的应向再保险接受人摊回的分保费用，借记"应收分保账款"科目，贷记本科目。

（二）计算确定应向再保险接受人收取的纯益手续费的，应按相关再保险合同约定计算确定的纯益手续费，借记"应收分保账款"科目，贷记本科目。

（三）在原保险合同提前解除的当期，应按相关再保险合同约定计算确定的摊回分保费用的调整金额，借记本科目，贷记"应收分保账款"科目。

四、期末，应将本科目余额转入"本年利润"科目，结转后本科目无余额。

6301 营业外收入

一、本科目核算企业发生的各项营业外收入，主要包括非流动资产处置利得、非货币性资产交换利得、债务重组利得、政府补助、盘盈利得、捐赠利得等。

二、本科目可按营业外收入项目进行明细核算。

三、企业确认处置非流动资产利得、非货币性资产交换利得、债务重组利得，比照"固定资产清理""无形资产""原材料""库存商品""应付账款"等科目的相关规定进行处理。

确认的政府补助利得，借记"银行存款""递延收益"等科目，贷记本科目。

四、期末，应将本科目余额转入"本年利润"科目，结转后本科目无余额。

6401 主营业务成本

一、本科目核算企业确认销售商品、提供劳务等主营业务收入时应结转的成本。

二、本科目可按主营业务的种类进行明细核算。

三、主营业务成本的主要账务处理。

（一）期（月）末，企业应根据本期（月）销售各种商品、提供各种劳务等实际成本，计算应结转的主营业务成本，借记本科目，贷记"库存商品""劳务成本"等科目。

采用计划成本或售价核算库存商品的，平时的营业成本按计划成本或售价结转，月末，还应结转本月销售商品应分摊的产品成本差异或商品进销差价。

本期（月）发生的销售退回，如已结转销售成本的，借记"库存商品"等科目，贷记本科目。

（二）确认建造合同收入，按应确认的合同费用，借记本科目，按应确认的合同收入，贷记"主营业务收入"科目，按其差额，借记或贷记"工程施工——合同毛利"科目。合同完工时，已计提存货跌价准备的，还应结转跌价准备。

四、期末，应将本科目的余额转入"本年利润"科目，结转后本科目无余额。

6402 其他业务成本

一、本科目核算企业确认的除主营业务活动以外的其他经营活动所发生的支出，包括销售材料的成本、出租固定资产的折旧额、出租无形资产的摊销额、出租包装物的成本或摊销额等。

除主营业务活动以外的其他经营活动发生的相关税费，在"营业税金及附加"科目核算。

采用成本模式计量投资性房地产的，其投资性房地产计提的折旧额或摊销额，也通过本科目核算。

二、本科目可按其他业务成本的种类进行明细核算。

三、企业发生的其他业务成本，借记本科目，贷记"原材料""周转材料""累计折旧""累计摊销""应付职工薪酬""银行存款"等科目。

四、期末，应将本科目余额转入"本年利润"科目，结转后本科目无余额。

6403　营业税金及附加

一、本科目核算企业经营活动发生的消费税、城市维护建设税、资源税和教育费附加等相关税费。房产税、车船税、土地使用税、印花税在"管理费用"科目核算，但与投资性房地产相关的房产税、土地使用税在本科目核算。

二、企业按规定计算确定的与经营活动相关的税费，借记本科目，贷记"应交税费"科目。

三、期末，应将本科目余额转入"本年利润"科目，结转后本科目无余额。

6411　利息支出

一、本科目核算企业（金融）发生的利息支出，包括吸收的各种存款（单位存款、个人存款、信用卡存款、特种存款、转贷款资金等）与其他金融机构（中央银行、同业等）之间发生资金往来业务、卖出回购金融资产等产生的利息支出。

二、本科目可按利息支出项目进行明细核算。

三、资产负债表日，企业应按摊余成本和实际利率计算确定的利息费用金额，借记本科目，按合同利率计算确定的应付未付利息，贷记"应付利息"科目，按其差额，借记或贷记"吸收存款——利息调整"等科目。

实际利率与合同利率差异较小的，也可以采用合同利率计算确定利息费用。

四、期末，应将本科目余额转入"本年利润"科目，结转后本科目无余额。

6421　手续费及佣金支出

一、本科目核算企业（金融）发生的与其经营活动相关的各项手续费、佣金等支出。

二、本科目可按支出类别进行明细核算。

三、企业发生的与其经营活动相关的手续费、佣金等支出，借记本科目，贷记"银行存款""存放中央银行款项""存放同业""库存现金""应付手续费及佣金"等科目。

四、期末，应将本科目余额转入"本年利润"科目，结转后本科目无余额。

6501　提取未到期责任准备金

一、本科目核算企业（保险）提取的非寿险原保险合同未到期责任准备金和再保险合同分保未到期责任准备金。

二、本科目可按保险合同和险种进行明细核算。

三、提取未到期责任准备金的主要账务处理。

（一）企业在确认原保费收入、分保费收入的当期，应按保险精算确定的未到期责任准备金，借记本科目，贷记"未到期责任准备金"科目。

（二）资产负债表日，应按保险精算重新计算确定的未到期责任准备金与已确认的未到期责任准备金的差额，借记"未到期责任准备金"科目，贷记本科目。

（三）原保险合同提前解除的，应按相关未到期责任准备金余额，借记"未到期责任准备金"科目，贷记本科目。

（四）在确认非寿险原保险合同保费收入的当期，按相关再保险合同约定计算确定的相关应收分保未到期责任准备金金额，借记"应收分保合同准备金"科目，贷记本科目。

资产负债表日，调整原保险合同未到期责任准备金余额的，按相关再保险合同约定计算确定的应收分保未到期责任准备金的调整金额，借记本科目，贷记"应收分保合同准备金"科目。

四、期末，应将本科目余额转入"本年利润"科目，结转后本科目无余额。

6502　提取保险责任准备金

一、本科目核算企业（保险）提取的原保险合同保险责任准备金，包括提取的未决赔款准备金、提取的寿险责任准备金、提取的长期健康险责任准备金。

再保险接受人提取的再保险合同保险责任准备金，也在本科目核算。

企业（保险）也可以单独设置"提取未决赔款准备金""提取寿险责任准备金""提取长期健康险责任准备金"等科目。

二、本科目可按保险责任准备金类别、险种和保险合同进行明细核算。

三、提取保险责任准备金的主要账务处理。

（一）企业确认寿险保费收入，应按保险精算确定的寿险责任准备金、长期健康险责任准备金，借记本科目，贷记"保险责任准备金"科目。

投保人发生非寿险保险合同约定的保险事故当期，企业应按保险精算确定的未决赔款准备金，借记本科目，贷记"保险责任准备金"科目。对保险责任准备金进行充足性测试，应按补提的保险责任准备金，借记本科目，贷记"保险责任准备金"科目。

（二）原保险合同保险人确定支付赔付款项金额或实际发生理赔费用的当期，应按冲减的相应保险责任准备金余额，借记"保险责任准备金"科目，贷记本科目。

再保险接受人收到分保业务账单的当期，应按分保保险责任准备金的相应冲减金额，借记"保险责任准备金"科目，贷记本科目。

（三）寿险原保险合同提前解除的，应按相关寿险责任准备金、长期健康险责任准备金余额，借记"保险责任准备金"科目，贷记本科目。

四、期末，应将本科目余额转入"本年利润"科目，结转后本科目无余额。

6511　赔付支出

一、本科目核算企业（保险）支付的原保险合同赔付款项和再保险合同赔付款项。企业（保险）可以单独设置"赔款支出""满期给付""年金给付""死伤医疗给付""分保赔付支出"等科目。

二、本科目可按保险合同和险种进行明细核算。

三、赔付支出的主要账务处理。

（一）企业在确定支付赔付款项金额或实际发生理赔费用的当期，借记本科目，贷记"银行存款""库存现金"等科目。

（二）承担赔付保险金责任后应当确认的代位追偿款，借记"应收代位追偿款"科目，贷记本科目。

收到应收代位追偿款时，应按实际收到的金额，借记"库存现金""银行存款"等科目，按应收代位追偿款的账面余额，贷记"应收代位追偿款"科目，按其差额，借记或贷记本科目。已计提坏账准备的，还应同时结转坏账准备。

（三）承担赔偿保险金责任后取得的损余物资，应按同类或类似资产的市场价格计算确定的金额，借记"损余物资"科目，贷记本科目。

处置损余物资，应按实际收到的金额，借记"库存现金""银行存款"等科目，按损余物资的账面余额，贷记"损余物资"科目，按其差额，借记或贷记本科目。已计提跌价准备的，还应同时结转跌价准备。

（四）再保险接受人收到分保业务账单的当期，应按账单标明的分保赔付款项金额，借记本科目，贷记"应付分保账款"科目。

四、期末，应将本科目余额转入"本年利润"科目，结转后本科目无余额。

6521　保单红利支出

一、本科目核算企业（保险）按原保险合同约定支付给投保人的红利。

二、本科目可按保单红利来源进行明细核算。

三、企业按原保险合同约定计提应支付的保单红利，借记本科目，贷记"应付保单红利"科目。

四、期末，应将本科目余额转入"本年利润"科目，结转后本科目无余额。

6531　退保金

一、本科目核算企业（保险）寿险原保险合同提前解除时按照约定应当退还投保人的保单现金价值。

企业（保险）寿险原保险合同提前解除时应当退还投保人的不属于保单现金价值的款项，以及非寿险原保险合同提前解除时应当退还投保人的款项，在"保费收入"科目核算。

二、本科目可按险种进行明细核算。

三、企业寿险原保险合同提前解除的，应按原保险合同约定计算确定的应退还投保人的保单现金价值，借记本科目，贷记"库存现金""银行存款"等科目。

四、期末，应将本科目余额转入"本年利润"科目，结转后本科目无余额。

6541　分出保费

一、本科目核算企业（再保险分出人）向再保险接受人分出的保费。

二、本科目可按险种进行明细核算。

三、分出保费的主要账务处理。

（一）企业在确认原保险合同保费收入的当期，应按再保险合同约定计算确定的分出保费金额，借记本科目，贷记"应付分保账款"科目。

在原保险合同提前解除的当期，应按再保险合同约定计算确定的分出保费的调整金额，借记"应付分保账款"科目，贷记本科目。

（二）对于超额赔款再保险等非比例再保险合同，应按再保险合同约定计算确定的分出保费金额，借记本科目，贷记"应付分保账款"科目。调整分出保费时，借记或贷记本科目，贷记或借记"应付分保账款"科目。

四、期末，应将本科目余额转入"本年利润"科目，结转后本科目无余额。

6542　分保费用

一、本科目核算企业（再保险接受人）向再保险分出人支付的分保费用。

二、本科目可按险种进行明细核算。

三、分保费用的主要账务处理。

（一）企业在确认分保费收入的当期，应按再保险合同约定计算确定的分保费用金额，借记本科目，贷记"应付分保账款"科目。

收到分保业务账单，按账单标明的金额对分保费用进行调整，借记或贷记本科目，贷记或借记"应付分保账款"科目。

（二）计算确定应向再保险分出人支付的纯益手续费的，应按再保险合同约定计算确定的纯益手续费，借记本科目，贷记"应付分保账款"科目。

四、期末，应将本科目余额转入"本年利润"科目，结转后本科目无余额。

6601 销售费用

一、本科目核算企业销售商品和材料、提供劳务的过程中发生的各种费用，包括保险费、包装费、展览费和广告费、商品维修费、预计产品质量保证损失、运输费、装卸费等以及为销售本企业商品而专设的销售机构（含销售网点、售后服务网点等）的职工薪酬、业务费、折旧费等经营费用。

企业发生的与专设销售机构相关的固定资产修理费用等后续支出，也在本科目核算。

企业（金融）应将本科目改为"6601 业务及管理费"科目，核算企业（金融）在业务经营和管理过程中所发生的各项费用，包括折旧费、业务宣传费、业务招待费、电子设备运转费、钞币运送费、安全防范费、邮电费、劳动保护费、外事费、印刷费、低值易耗品摊销、职工工资及福利费、差旅费、水电费、职工教育经费、工会经费、会议费、诉讼费、公证费、咨询费、无形资产摊销、长期待摊费用摊销、取暖降温费、聘请中介机构费、技术转让费、绿化费、董事会费、财产保险费、劳动保险费、待业保险费、住房公积金、物业管理费、研究费用、提取保险保障基金等。

企业（金融）不应设置"管理费用"科目。

二、本科目可按费用项目进行明细核算。

三、销售费用的主要账务处理。

（一）企业在销售商品过程中发生的包装费、保险费、展览费和广告费、运输费、装卸费等费用，借记本科目，贷记"库存现金""银行存款"等科目。

（二）发生的为销售本企业商品而专设的销售机构的职工薪酬、业务费等经营费用，借记本科目，贷记"应付职工薪酬""银行存款""累计折旧"等科目。

四、期末，应将本科目余额转入"本年利润"科目，结转后本科目无余额。

6602 管理费用

一、本科目核算企业为组织和管理企业生产经营所发生的管理费用，包括企业在筹建期间内发生的开办费、董事会和行政管理部门在企业的经营管理中发生的或者应由企业统一负担的公司经费（包括行政管理部门职工工资及福利费、物料消耗、低值易耗品摊销、办公费和差旅费等）工会经费、董事会费（包括董事会成员津贴、会议费和差旅费等）、聘请中介机构费、咨询费（含顾问费）、诉讼费、业务招待费、房产税、车船税、土地使用税、印花税、技术转让费、矿产资源补偿费、研究费用、排污费等。

企业（商品流通）管理费用不多的，可不设置本科目，本科目的核算内容可并入"销售费用"科目核算。企业生产车间（部门）和行政管理部门等发生的固定资产修理费用等后续支出，也在本科目核算。

二、本科目可按费用项目进行明细核算。

三、管理费用的主要账务处理。

（一）企业在筹建期间内发生的开办费，包括人员工资、办公费、培训费、差旅费、印刷费、注册登记费以及不计入固定资产成本的借款费用等在实际发生时，借记本科目（开办费），贷记"银行存款"等科目。

（二）行政管理部门人员的职工薪酬，借记本科目，贷记"应付职工薪酬"科目。

（三）行政管理部门计提的固定资产折旧，借记本科目，贷记"累计折旧"科目。

发生的办公费、水电费、业务招待费、聘请中介机构费、咨询费、诉讼费、技术转让费、研究费用，借记本科目，贷记"银行存款""研发支出"等科目。

按规定计算确定的应交矿产资源补偿费、房产税、车船税、土地使用税、印花税，借记本科目，贷记"应交税费"科目。

四、期末，应将本科目的余额转入"本年利润"科目，结转后本科目无余额。

6603　财务费用

一、本科目核算企业为筹集生产经营所需资金等而发生的筹资费用，包括利息支出（减利息收入）汇兑损益以及相关的手续费、企业发生的现金折扣或收到的现金折扣等。

为购建或生产满足资本化条件的资产发生的应予资本化的借款费用，在"在建工程""制造费用"等科目核算。

二、本科目可按费用项目进行明细核算。

三、企业发生的财务费用，借记本科目，贷记"银行存款""未确认融资费用"等科目。发生的应冲减财务费用的利息收入、汇兑损益、现金折扣，借记"银行存款""应付账款"等科目，贷记本科目。

四、期末，应将本科目余额转入"本年利润"科目，结转后本科目无余额。

6604　勘探费用

一、本科目核算企业（石油天然气开采）在油气勘探过程中发生的地质调查、物理化学勘探各项支出和非成功探井等支出。

二、本科目可按勘探项目进行明细核算。

三、企业油气勘探过程中发生的各项非钻井勘探支出，借记本科目，贷记"银行存款""累计折旧""应付职工薪酬"等科目。油气勘探过程中发生的各项钻井勘探支出中属于未发现探明经济可采储量的钻井勘探支出，借记本科目，贷记"油气勘探支出"科目。

四、期末，应将本科目余额转入"本年利润"科目，结转后本科目无余额。

6701　资产减值损失

一、本科目核算企业计提各项资产减值准备所形成的损失。

二、本科目可按资产减值损失的项目进行明细核算。

三、企业的应收款项、存货、长期股权投资、持有至到期投资、固定资产、无形资产、贷款等资产发生减值的，按应减记的金额，借记本科目，贷记"坏账准备""存货跌价准备""长期股权投资减值准备""持有至到期投资减值准备""固定资产减值准备""无形资产减值准备""贷款损失准备"等科目。

在建工程、工程物资、生产性生物资产、商誉、抵债资产、损余物资、采用成本模式计量的投资性房地产等资产发生减值的，应当设置相应的减值准备科目，比照上述规定进行处理。

四、企业计提坏账准备、存货跌价准备、持有至到期投资减值准备、贷款损失准备等，相关资产的价值又得以恢复的，应在原已计提的减值准备金额内，按恢复增加的金额，借记"坏账准备""存货跌价准备""持有至到期投资减值准备""贷款损失准备"等科目，贷记本科目。

五、期末，应将本科目余额转入"本年利润"科目，结转后本科目无余额。

6711　营业外支出

一、本科目核算企业发生的各项营业外支出，包括非流动资产处置损失、非货币性资产交换损失、债务重组损失、公益性捐赠支出、非常损失、盘亏损失等。

二、本科目可按支出项目进行明细核算。

三、企业确认处置非流动资产损失、非货币性资产交换损失、债务重组损失，比照"固定资产清理""无形资产""原材料""库存商品""应付账款"等科目的相关规定进行处理。

盘亏、毁损的资产发生的净损失，按管理权限报经批准后，借记本科目，贷记"待处理财产损溢"科目。

四、期末，应将本科目余额转入"本年利润"科目，结转后本科目无余额。

6801　所得税费用

一、本科目核算企业确认的应从当期利润总额中扣除的所得税费用。

二、本科目可按"当期所得税费用""递延所得税费用"进行明细核算。

三、所得税费用的主要账务处理。

（一）资产负债表日，企业按照税法规定计算确定的当期应交所得税，借记本科目（当期所得税费用），贷记"应交税费——应交所得税"科目。

（二）资产负债表日，根据递延所得税资产的应有余额大于"递延所得税资产"科目余额的差额，借记"递延所得税资产"科目，贷记本科目（递延所得税费用）"资本公积——其他资本公积"等科目；递延所得税资产的应有余额小于"递延所得税资产"科目余额的差额做相反的会计分录。

企业应予确认的递延所得税负债，应当比照上述原则调整本科目、"递延所得税负债"科目及有关科目。

四、期末，应将本科目的余额转入"本年利润"科目，结转后本科目无余额。

6901　以前年度损益调整

一、本科目核算企业本年度发生的调整以前年度损益的事项以及本年度发现的重要前期差错更正涉及调整以前年度损益的事项。企业在资产负债表日至财务报告批准报出日之间发生的需要调整报告年度损益的事项，也可以通过本科目核算。

二、以前年度损益调整的主要账务处理。

（一）企业调整增加以前年度利润或减少以前年度亏损，借记有关科目，贷记本科目；调整减少以前年度利润或增加以前年度亏损做相反的会计分录。

（二）由于以前年度损益调整增加的所得税费用，借记本科目，贷记"应交税费——应交所得税"等科目；由于以前年度损益调整减少的所得税费用做相反的会计分录。

（三）经上述调整后，应将本科目的余额转入"利润分配——未分配利润"科目。本科目如为贷方余额，借记本科目，贷记"利润分配——未分配利润"科目；如为借方余额做相反的会计分录。

三、本科目结转后应无余额。

（七）会计科目编号和会计科目表

1. 会计科目编号的作用

会计科目编号是确定会计科目的号码。具体地说，就是根据会计科目的经济内容及其在会计科目体系中的地位和特点进行分类，为每个会计科目确定两个号码作为科目的代号，一经确定不得随意变更。以编码的形式，体现会计科目的分类和每类中各科目的排列次序，能使会计科目体系得以科学的、系统的表现，有利于做好会计核算工作。

为使会计科目编号发挥作用，必须达到以下要求：

（1）编号应具专一性，一个号码只能代表一个科目；

（2）简单明了便于记忆；

（3）科目编号应排列有序，层次分明，根据科目编号就能判断会计科目的经济内容；

（4）有一定伸缩性，会计科目留存余地，适当留有空号，便于增加新科目；

（5）使科目分类合理化。

2．会计科目编号的方法

会计科目编号方法有很多，如数字分组法、数字顺序法、汉语拼音法、字母组合法。多年实践证明有些编号方法均达不到以上要求，所以一般都使用数字分组法。新中国成立以后，主要使用过以下三种方法。

（1）四位数字编号法。这种方法在会计科目较多时使用。前两位数表示科目所属类别，后两位数表示科目本身位置。1954 年制定的《国营商业企业统一会计制度》共设计了 195 个会计科目，当时费用项排队在第二类，而且按企业类型设置科目。例如，0201 批发商品流转费，前两位"02"表示科目大类，后两位"01"表示批发商品流转费科目本身。子目编号在科目四位数字后加.01 表示运费，如 0201.01 为批发商品流转费——运费子目的代号。这种编号数字位数太多，若子目不多时，可用 0201.1 表示。

（2）三位数字编号法。这种方法是将数字划为若干组；从某数起到某数止为一组，作为某类会计科目的号码。由于类别不多，可用首位数字代表。例如，工业企业将会计科目分作五大类，定为五组，"1"资产、"2"负债、"3"所有者权益、"4"成本和"5"损益；商品流通企业无成本类，只有四类，故"4"为损益类，前三组与工业企业同。再对会计科目作进一步分组。例如，流动资产的第一小组为货币资金，第二小组为应收款项，而货币资金下又分为现金、银行存款和其他货币资金。所以，"101"现金、"102"银行存款、"109"其他货币资金，"02"～"09"之间为机动空号。又如，"111"每期投资、"112"应收票据、"121"材料采购，可见三位数中的"0""1""2"即代表小类，即货币资金、应收账项和存货。第一位数代表科目本身，合起来"101"即代表现金在科目系列中的位置。例如，会计科目较多，"09"不够用，则应改用四位数编号"1101"现金，前两位"11"代表流动资产和货币资金，"01"代表现金本身。又如，"161"固定资产、"165"累计折旧、"166"固定资产清理、"169"在建工程均属固定资产类。现行的工业会计制度采用三位数字编号法。

（3）两位数字编号法。这种编号比顺序编号法（按科目数序排列 1、2、3…）多了一位。要求反映科目分组，但不列数字标志，第二位数字表示会计科目本身。例如，1962 年实施的《国营工业企业会计制度》会计科目共有 58 个，使用了两位数据编号法。例如，"01"固定资产，"02"固定资产折旧，"07"材料采购，"18"低值易耗品摊销，"21"委托加工材料，"58"库存现金。其原理是资产类按先固定后流动的原则。"02"～"07"为固定资产类编号留了机动空号；"18"～"21"为在库材料和物资类科目留了机动空号。这种编号法数字比三位数字编号法虽然少了一位，但分类不明，科目体系不清，科学性不强，逻辑性较差。

3．会计科目表

会计科目表就是根据会计科目名称编号和类别所列示的会计科目体系表式，为了解科目体系、开设会计账户、编制会计凭证、设计财务报表提供条件。

（1）会计科目表的内容。包括：顺序号、编号和科目名称三栏。顺序号只按会计科目列示，根据顺序号可以了解科目的数量，故不编科目类别的顺序号；"编号"栏列示会计科目的编号；"科目名称"栏列示会计科目的名称。

（2）企业会计准则下的会计科目一览表（见表 4-31）。

表 4-31 企业会计准则下的会计科目一览表

顺 序 号	编 号	会计科目名称
		（一）资产类
1	1001	库存现金

顺 序 号	编 号	会计科目名称
2	1002	银行存款
3	1003	存放中央银行款项
4	1011	存放同业
5	1012	其他货币资金
6	1021	结算备付金
7	1031	存出保证金
8	1101	交易性金融资产
9	1111	买入返售金融资产
10	1121	应收票据
11	1122	应收账款
12	1123	预付账款
13	1131	应收股利
14	1132	应收利息
15	1201	应收代位追偿款
16	1211	应收分保账款
17	1212	应收分保合同准备金
18	1221	其他应收款
19	1231	坏账准备
20	1301	贴现资产
21	1302	拆出资金
22	1303	贷款
23	1304	贷款损失准备
24	1311	代理兑付证券
25	1321	代理业务资产
26	1401	材料采购
27	1402	在途物资
28	1403	原材料
29	1404	材料成本差异
30	1405	库存商品
31	1406	发出商品
32	1407	商品进销差价
33	1408	委托加工物资
34	1411	周转材料
35	1421	消耗性生物资产
36	1431	贵金属
37	1441	抵债资产
38	1451	损余物资
39	1461	融资租赁资产

顺 序 号	编　　号	会计科目名称
40	1471	存货跌价准备
41	1501	持有至到期投资
42	1502	持有至到期投资减值准备
43	1503	可供出售金融资产
44	1511	长期股权投资
45	1512	长期股权投资减值准备
46	1521	投资性房地产
47	1531	长期应收款
48	1532	未实现融资收益
49	1541	存出资本保证金
50	1601	固定资产
51	1602	累计折旧
52	1603	固定资产减值准备
53	1604	在建工程
54	1605	工程物资
55	1606	固定资产清理
56	1611	未担保余值
57	1621	生产性生物资产
58	1622	生产性生物资产累计折旧
59	1623	公益性生物资产
60	1631	油气资产
61	1632	累计折耗
62	1701	无形资产
63	1702	累计摊销
64	1703	无形资产减值准备
65	1711	商誉
66	1801	长期待摊费用
67	1811	递延所得税资产
68	1821	独立账户资产
69	1901	待处理财产损溢
		（二）负债类
70	2001	短期借款
71	2002	存入保证金
72	2003	拆入资金
73	2004	向中央银行借款
74	2011	吸收存款
75	2012	同业存放
76	2021	贴现负债

顺 序 号	编 号	会计科目名称
77	2101	交易性金融负债
78	2111	卖出回购金融资产款
79	2201	应付票据
80	2202	应付账款
81	2203	预收账款
82	2211	应付职工薪酬
83	2221	应交税费
84	2231	应付利息
85	2232	应付股利
86	2241	其他应付款
87	2251	应付保单红利
88	2261	应付分保账款
89	2311	代理买卖证券款
90	2312	代理承销证券款
91	2313	代理兑付证券款
92	2314	代理业务负债
93	2401	递延收益
94	2501	长期借款
95	2502	应付债券
96	2601	未到期责任准备金
97	2602	保险责任准备金
98	2611	保户储金
99	2621	独立账户负债
100	2701	长期应付款
101	2702	未确认融资费用
102	2711	专项应付款
103	2801	预计负债
104	2901	递延所得税负债
		（三）共同类
105	3001	清算资金往来
106	3002	货币兑换
107	3101	衍生工具
108	3201	套期工具
109	3202	被套期项目
		（四）所有者权益类
110	4001	实收资本
111	4002	资本公积
112	4101	盈余公积

顺 序 号	编　　　号	会计科目名称
113	4102	一般风险准备
114	4103	本年利润
115	4104	利润分配
116	4201	库存股
		（五）成本类
117	5001	生产成本
118	5101	制造费用
119	5201	劳务成本
120	5301	研发支出
121	5401	工程施工
122	5402	工程结算
123	5403	机械作业
		（六）损益类
124	6001	主营业务收入
125	6011	利息收入
126	6021	手续费及佣金收入
127	6031	保费收入
128	6041	租赁收入
129	6051	其他业务收入
130	6061	汇兑损益
131	6101	公允价值变动损益
132	6111	投资收益
133	6201	摊回保险责任准备金
134	6202	摊回赔付支出
135	6203	摊回分保费用
136	6301	营业外收入
137	6401	主营业务成本
138	6402	其他业务成本
139	6403	营业税金及附加
140	6411	利息支出
141	6421	手续费及佣金支出
142	6501	提取未到期责任准备金
143	6502	提取保险责任准备金
144	6511	赔付支出
145	6521	保单红利支出
146	6531	退保金
147	6541	分出保费
148	6542	分保费用

顺 序 号	编 号	会计科目名称
149	6601	销售费用
150	6602	管理费用
151	6603	财务费用
152	6604	勘探费用
153	6701	资产减值损失
154	6711	营业外支出
155	6801	所得税费用
156	6901	以前年度损益调整

（八）企业年金基金会计科目的设计

企业年金基金，是指根据依法制定的企业年金计划筹集的资金及其投资运营收益形成的企业补充养老保险基金。

1．企业年金基金会计处理涉及的主要当事人

企业年金基金管理各方当事人包括委托人、受托人、账户管理人、托管人、投资管理人和中介服务机构等。受托人、托管人和投资管理人根据各自的职责，设置相应的会计科目和账户，对企业年金基金交易或事项进行会计处理。

（1）企业年金基金委托人。企业年金基金委托人，是指设立企业年金基金的企业及其职工。企业和职工是企业年金计划参与者，作为缴纳企业年金计划供款的主体，按规定缴纳企业年金供款，并作为委托人与受托人签订书面合同，将企业年金基金财产委托给受托人管理运作。

（2）企业年金基金受托人。企业年金基金受托人，是指受托管理企业年金基金的企业年金理事会或符合国家规定的养老金管理公司等法人受托机构，是编制企业年金基金财务报表的法定责任人。

受托人主要职责有：选择、监督、更换账户管理人、托管人、投资管理人以及中介服务机构；制定企业年金基金投资策略；编制企业年金基金管理和财务会计报告；根据合同对企业年金管理进行监督；根据合同收取企业和职工缴费，并向受益人支付企业年金待遇；接受委托人、受益人查询，定期向委托人、受益人和有关监管部门提供企业年金基金管理报告等。

（3）企业年金基金账户管理人。企业年金基金账户管理人，是指受托管理企业年金基金账户的专业机构。

账户管理人主要职责有：建立企业年金基金企业账户和个人账户；记录企业、职工缴费以及企业年金基金投资收益；及时与托管人核对缴费数据以及企业年金基金账户财产变化状况；计算企业年金待遇；提供企业年金基金企业账户和个人账户信息查询服务；定期向受托人和有关监管部门提交企业年金基金账户管理报告等。

（4）企业年金基金托管人。企业年金基金托管人，是指受托提供保管企业年金基金财产等服务的商业银行或专业机构。

托管人主要职责有：安全保管企业年金基金财产；以企业年金基金名义开设的资金账户和证券账户；根据受托人指令，向投资管理人分配企业年金基金财产；根据投资管理人投资指令，及时办理清算、交割事宜；负责企业年金基金会计核算和估值，复核、审查投资管理人计算的基金财产净值；及时与账户管理人、投资管理人核对有关数据，按照规定监督投资管理人的投资运作；定期向受托人提交企业年金基金托管报告和财务会计报告；定期向有关监管部门提交

企业年金基金托管报告；保存企业年金基金托管业务活动记录、账册、报表和其他资料等。

（5）企业年金基金投资管理人。企业年金基金投资管理人，是指受托管理企业年金基金投资的专业机构。

投资管理人主要职责有：对企业年金基金财产进行投资；及时与托管人核对企业年金基金会计核算和估值结果；建立企业年金基金投资管理风险准备金；定期向受托人和有关监管部门提交投资管理报告；保存企业年金基金会计凭证、会计账簿、年度财务会计报告和投资记录等。

（6）中介服务机构。企业年金基金中介服务机构，是指为企业年金基金管理提供服务的投资顾问公司、信用评估公司、精算咨询公司、会计师事务所、律师事务所等专业机构。

2．企业年金基金管理运作流程图（见图4-3）

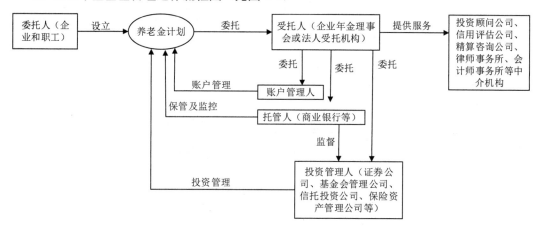

图4-3　企业年金基金管理运作流程图

3．企业年金基金是一个独立的会计主体

企业年金基金应当作为独立的会计主体进行确认、计量和列报。

委托人、受托人、托管人、账户管理人、投资管理人和其他为企业年金基金管理提供服务的主体，应当将企业年金基金与其固有资产和其他资产严格区分，确保企业年金基金的安全。

4．企业年金基金会计的主要流程

企业年金基金的唯一用途就是进行投资，企业年金基金会计核算的所有内容均由投资活动引起，投资的核算是企业年金基金会计核算的核心。例如，委托人缴费形成银行存款，用银行存款购买股票形成股票投资，购买债券形成债券投资，购买基金形成基金投资，购买的股票、债券和基金会取得投资收益（如股利收入、利息收入、基金红利收入等），出售时会形成差价收入（如股票差价收入、债券差价收入、基金差价收入等），应支付的受托人、账户管理人、托管人及投资人的报酬会形成企业年金基金的负债，同时形成企业年金基金的费用，企业年金基金收入与费用的差额再减去应支付的企业年金基金待遇就形成一定时期企业年金基金净资产的变动额，与企业年金基金期初净资产相加，即可求得企业年金基金的期末净资产，这就是企业年金基金会计的主要流程。

5．企业年金基金会计科目名称和编号

企业年金基金受托人、托管人、投资管理人应当根据各自的职责，按照企业年金基金准则及其应用指南的规定，设置相应会计科目和会计账簿，对企业年金基金发生的有关交易或者事项进行会计处理和报告。企业年金基金会计科目名称和编号如表4-32所示。

表 4-32　企业年金基金会计科目名称和编号

顺 序 号	编　　号	会计科目名称
		1. 资产类
1	101	银行存款
2	102	结算备付金
3	104	交易保证金
4	113	应收利息
5	114	应收股利
6	115	应收红利
7	118	买入返售证券
8	125	其他应收款
9	128	交易性金融资产
10	131	其他资产
		2. 负债类
11	201	应付受益人待遇
12	204	应付受托人管理费
13	205	应付托管人管理费
14	216	应付投资管理人管理费
15	216	应交税费
16	218	卖出回购证券款
17	221	应付利息
18	223	应付佣金
19	229	其他应付款
		3. 共同类
20	301	证券清算款
		4. 基金净值类
21	401	企业年金基金
		个人账户结余
		企业账户结余
		净收益
		个人账户转入
		个人账户转出
		支付受益人待遇
22	410	本期收益
		5. 损益类
23	501	存款利息收入
24	503	买入返售证券收入
25	505	公允价值变动收益
26	531	投资收益
27	533	其他收入

续表

顺 序 号	编 号	会计科目名称
28	534	交易费用
29	539	受托人管理费
30	540	托管人管理费
31	541	投资管理人管理费
32	552	卖出回购证券支出
33	566	其他费用
34	570	以前年度损益调整

二、会计账户

账户是根据会计科目设置的，具有一定格式和结构，用于分类反映会计要素各项目增减变动情况及其结果的载体。

（一）账户的基本结构

在设计账户结构时，一般应有三个基本部分：账户名称、账户方向、账户余额。其格式如图 4-4 所示。

左方	账户名称	右方
期初余额		期初余额
本期增加		本期减少
本期减少		本期增加
期末余额		期末余额

图 4-4　账户的基本结构

1. 账户名称

账户名称就是会计科目。给账户冠上名称后，就为账户所登记的经济内容做了规定，即只能登记规定范围以内的经济内容，不能登记规定范围以外的任何经济内容。只有这样，才能分门别类地、清晰地记录和归类反映企业发生的经济业务，提供有用的会计信息。这就像每个人为什么要有一个姓名一样，如果所有人都没有姓名，那么是无法区分、无法管理的。

2. 账户方向

账户方向是指在账户的什么地方记录经济业务增加和减少，也就是说，在账户中怎样反映经济业务的增加和减少。

在借贷记账法中，账户有借方和贷方。早在 1211 年，佛罗伦萨银行就设有两套会计账簿，现珍藏于佛罗伦萨梅迪切奥·劳伦齐阿图书馆。这两套会计账簿记账形式均为上下叙述式，每张账页分为上、下两部分，账页的上部为借方，账页的下部为贷方。随着会计的发展，现代会计的账户一般分为左方和右方。左方为借方，右方为贷方。究竟哪一方记录经济内容的减少，哪一方记录经济内容的增加，这要取决于账户的经济性质。账户按其经济性质一般分为资产类、负债类、权益类、费用类、收入类五大类账户。资产类账户和费用类账户的借方登记增加，贷方登记减少；负债类账户、权益类账户和收入类账户的借方登记减少，贷方登记增加。具体形式如图 4-5 所示。

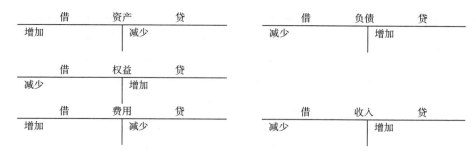

图 4-5 账户的借贷形式

我们可以用一个 T 形账户加以说明，如图 4-6 所示。

借	账户名称	贷
资产增加		资产减少
费用增加		费用减少
负债减少		负债增加
权益减少		权益增加
收入减少		收入增加

图 4-6 T 形账户

3. 账户余额

账户余额是指账户借方总金额与贷方总金额之间的差额。

如果账户期初借方余额加本期发生额大于本期贷方发生额，就称为借方余额。如果账户期初贷方余额加本期贷方发生额大于本期借方发生额，就称为贷方余额，一般情况下，资产类账户和费用类账户的期末余额在借方。相反，权益类账户、负债类账户的期末余额在贷方。

$$\text{资产账户期末借方余额} = \text{资产账户期初借方余额} + \text{资产账户本期借方发生额合计} - \text{资产账户本期贷方发生额合计}$$

$$\text{负债账户期末贷方余额} = \text{负债账户期初贷方余额} + \text{负债账户本期贷方发生额合计} - \text{负债账户本期借方发生额合计}$$

费用账户的余额与资产账户的余额计算相同，权益账户的余额与负债账户的余额计算相同。

表 4-33 的账户格式是实际工作中经常使用的。上端标明账户名称，如"固定资产""银行存款"一类名称；第一栏是年月日栏，记载登记账户的日期；第二栏是凭证号数栏，记载记账凭证种类号数；第三栏是摘要栏，用简洁的语言说明经济业务的内容，如"从银行提现备用""报销差旅费"一类内容；第四栏是借方金额栏，记载经济业务发生引起该账户借方发生额的数额；第五栏是贷方金额栏，记录经济业务发生引起该账户贷方发生额的数额；第六栏和第七栏作为余额栏之用，如果是借方余额，在第六栏写一个"借"字并将金额填在第七栏；如果是贷方余额，则在第六栏写一个"贷"字并将金额填入第七栏；如果借贷轧平没有余额，则在第六栏写一个"平"字，在第七栏余额栏画一个"0"。

表 4-33 账户名称

年		凭证号数	摘要	借方金额	贷方金额	借或贷	余额
月	日						

（二）会计科目与账户的关系

1. 联系

会计科目和账户的联系表现在：账户是根据会计科目设置的。会计科目是账户的名称，没有会计科目，就没有办法设置账户。即使设置了很多账页，没有冠上相应的会计科目，会计人员也无法按经济业务分门别类地进行记录和反映。就像图书馆有了许多书架，而书架上未标明应放和所放书籍的标志，图书管理人员将无法分门别类地将书摆在书架上，更难查到所要的书籍。但是，只有会计科目而没有账户，会计人员又无法把所发生的经济业务记录下来。就像图书馆有了各种分门别类的书种标志，但由于没有书架，图书管理人员无法将购回的大量书籍放起来一样。因此，会计科目和账户是相互依存、密切联系的，只有把会计科目和账户有机结合起来，才能完成记账的任务。

2. 区别

（1）两者的概念不同。会计科目是对会计要素进行分类的标志，账户是记录由于发生经济业务而引起会计要素的各项目增减变化的空间场地。它们之间的不同，就像门牌号码和房子的区别一样。

（2）两者的实物形态不同。会计科目仅仅是一个分类的标志，没有结构，不能记录和反映经济业务内容。账户有借方、贷方和余额，账户能记录和反映经济业务的增减变动情况及结果。除此之外，账户与会计科目的区别还表现在：设置账户是会计核算方法的重要方法之一，会计科目的设置则是会计制度的组成部分。

（三）账户的分类

1. 账户按用途和结构分类

账户按用途和结构可以分为盘存账户、资本账户、结算账户、调整账户、集合分配账户、成本计算账户、跨期摊配账户、汇转账户、财务成果账户、计价对比账户和暂记账户等十一类。

（1）盘存账户。盘存账户是用来核算和控制可以进行盘点核实的各项财产物资和货币资金增减变动及其实有数额的账户。企业在期末编制财务报表之前必须做到账实相符，为此，一方面需要通过财产清查，具体采用实地盘点和核对账目等方法来查明各项财产物资和货币资金的实存数，并与账簿记录进行核对，以查明盈亏情况；另一方面需要对清查中发现的各项财产物资和货币资金账实不符的盈亏数额及时调整，增加或冲减有关盘存账户的账面结存数额，使之与实存数额相符，以保证会计记录真实可靠。而正是由于盘存账户可以盘点核实确定实存数并可直接调整盘存账户账面数，故称盘存账户。在管理上，通过这类账户所提供的资料，可进一步据以控制各项财产物资和货币资金的安全完整。

盘存账户在性质上属于资产类账户，其借方登记财产物资和货币资金的增加数，贷方登记财产物资和货币资金的减少数，期末余额在借方，表示各项财产物资和货币资金的实存数额。盘存账户的结构如图4-7所示。

借方	盘存账户	贷方
期初余额:财产物资或货币资金期初实有数额		
本期发生额：财产物资或货币资金本期增加数	本期发生额:财产物资或货币资金本期减少数	
期末余额:财产物资或货币资金期末实有数额		

图 4-7　盘账户的结构

盘存账户的特点：

① 盘存账户所具体核算和控制的该项资产可通过实地盘点实物或双方核对账目方式进行查实，以确保账实相符。

② 盘存账户除"库存现金""银行存款"等货币资金账户外，其他盘存账户的明细分类核算应分别按实物量和价值量两种指标进行。

③ 盘存账户期末余额只可能在借方，出现贷方余额则账户记录肯定有错。

盘存账户是任何企业都必须设置的基本账户。在我国会计实务中，企业根据规定的会计科目而设置和适用的账户中，属于盘存账户的有"库存现金""银行存款""原材料""库存商品"和"固定资产"等账户。

（2）资本账户。资本账户是用来核算和控制企业投资者投入的资本和资本增值的增减变动及其实有数的账户。资本是投资者为开展生产经营活动而投入的资金。会计上的资本，专指所有者权益中的投入资本。但这里所述的资本账户并非仅指反映投资者投入资本的账户，还包括反映企业内部积累形成的公积金账户。资本是公司赖以生存和发展壮大的物质基础，也是公司承担其债务责任的基础。我国《公司法》规定，设立公司必须具有一定规模的自有资本，并实行注册资本制度，其主要目的是为了保障债权人利益，维护交易安全，促进公司稳健经营，稳定社会经济秩序。在企业管理上，通过这类账户所提供的资料，可进一步据以控制企业投资者投入资本和资本保值、增值情况。

资本账户在性质上属于所有者权益类账户，其贷方登记资本和公积金的增加数，借方登记资本和公积金的减少数，余额在贷方，表示资本和公积金的实有数。资本账户的结构如图 4-8 所示。

借方	资本账户	贷方
本期发生额：资本和公积金的本期减少数		期初余额：资本和公积金的期初实有数 本期发生额：资本和公积金的本期增加数
		期末余额：资本和公积金的期末实有数

图 4-8　资本账户的结构

资本账户的特点：

① 资本账户是核算和控制企业投资者投入的资本和企业内部积累形成的公积金账户。由于我国规定注册资本一般不能减少，增加也需批准，因此，对于反映投资者投入资本中形成注册资本的实收资本账户一般没有借方发生额，贷方发生额也极少发生，期末余额只可能在贷方且一般固定不变。对于反映投资者投入资本时超过注册资本的资本溢价等形成的资本公积账户、税后利润提取的盈余公积账户，由于资本公积、盈余公积用途上的规定或限制，反映这两部分内容的账户，期末也不会出现借方余额。

② 资本账户的明细分类核算只需按金额进行。资本账户是任何企业都必须设置的基本账户。在我国会计实务中，根据规定的会计科目而设置和适用的账户中，属于资本账户的有"实收资本""资本公积"和"盈余公积"等账户。

尽管盈余公积和资本公积有可能不是投资者对企业的投资，但它们最终都属于所有者权益，并且盈余公积和资本公积在用途上都可用来转增资本，以增强企业的经济实力。因此，将它们与实收资本归为同一类别。

（3）结算账户。结算账户是用来核算和控制企业同其他单位和个人以及内部各单位之间债权（应收和预付款项）、债务（借款、应付和预收款项以及应交款项）结算关系的账户。企业之间的债权、债务是在发生购销交易和其他经济往来关系中产生的，必须通过定期或不定期地核对账目查明实际状况，并予以及时结算，以确保经济关系清楚，购销交易和经济往来正常进行。由于企业的结算业务较为复杂，有时可能性质不定，因此，结算账户具体可分为债权结算账户、债务结算账户和债权债务结算账户三类。

1）债权结算账户。债权结算账户又称资产结算账户，是专门用来核算和控制企业同其他单位和个人以及内部各单位之间债权结算业务的账户。企业的债权包括应收款项和预付款项。应收款项是企业在销售商品或提供劳务以及在一些非购销活动中形成的债权，预付款项是企业在购货过程中因预付给供应单位款项而形成的债权。企业的债权作为企业一项重要的流动资产，它能否及时如数收回，直接影响企业资金的周转速度和企业资产的安全性，甚至关系到企业的生存与发展。因此，将其归为同一类别，便于企业管理上利用会计核算提供的这类资料来设计内部控制和核算方法，控制应收和预付款项的发生和无法收回的风险。

债权结算账户在性质上属于资产类账户，借方登记债权的增加数，贷方登记债权的减少数，期末余额一般在借方，表示期末尚未收回的债权实有数。债权结算账户的结构如图4-9所示。

借方	债权结算账户	贷方
期初余额：债权期初实有数		本期发生额：债权本期减少数
本期发生额：债权本期增加数		
期末余额：债权期末实有数		

图4-9 债权结算账户的结构

在我国会计实务中，根据规定的会计科目而设置和适用的账户中，属于债权结算账户的有"应收账款""预付账款"和"其他应收款"等账户。

2）债务结算账户。债务结算账户又称负债结算账户，是专门用来核算和控制企业同其他单位和个人以及内部各单位之间债务结算业务的账户。企业的债务包括各种长期借款、短期借款，应付款项和预收款项以及应交款项等。其中，长期借款、短期借款是企业向银行或其他金融机构借入的各种长期借款、短期借款；应付款项是企业在购买材料、商品和接受劳务以及在一些非购销活动中形成的债务；预收款项是企业在提供商品或劳务之前，根据购销合同预先向购货单位收取的部分货款而形成的债务；应交款项是企业应向国家缴纳的各种税金与规费。企业的债务能否及时足额偿还，一方面，会影响到债权人生产经营的正常运转；另一方面，会反映出债务人的财务状况与信用是否良好乃至影响到企业的生存和发展。因此，将其归为同一类别，便于企业管理上利用会计核算提供的这类资料，来合理地安排调度资金，及时足额偿还到期债务，树立良好的信用形象，取得投资者、债权人的信任，吸引更多投资者、债权人放心大胆地与其进行交易、合作。

债务结算账户在性质上属于负债类账户，贷方登记债务的增加数，借方登记债务的减少数，期末余额一般在贷方，表示期末尚未偿还的债务实有数。债务结算账户的结构如图4-10所示。

借方	债务结算账户	贷方
本期发生额：债务本期减少数		期初余额：债务期初实有数
		本期发生额：债务本期增加数
		期末余额：债务期末实有数

图4-10 债务结算账户的结构

在我国会计实务中，根据规定的会计科目而设置和适用的账户中，属于债务结算账户的有"短期借款""应付账款""预收账款""其他应付款""应付职工薪酬——职工工资""应付职工薪酬——福利费""应交税费""应付股利""长期借款""应付债券"和"长期应付款"等账户。

3）债权债务结算账户。债权债务结算账户又称资产负债结算账户，是用来核算和控制企业同其他单位和个人以及内部各单位之间账款的往来结算业务的账户。由于往来结算业务的性质经常发生变动，有时企业处于债权人的地位，有时企业处于债务人的地位。为了能在同一账户中反映本企业与其他单位或个人债权、债务的增减变化，借以简化核算手续，在借贷记账法下，可以设置债权债务结算账户。

债权债务结算账户属于双重性质的账户，它既可用来核算债权，又可用来核算债务，借方登记债权的增加数或债务的减少数，贷方登记债权的减少数或债务的增加数，期末余额在借方表示债权的实有数，余额在贷方表示债务的实有数。债权债务结算账户的结构如图 4-11 所示。

借方	债权债务结算账户	贷方
期初余额：债权大于债务的期初差额		期初余额：债务大于债权的期初差额
本期发生额：债权本期增加数或债务本期减少数		本期发生额：债权本期减少数或债务本期增加数
期末余额：债权大于债务的期末差额		期末余额：债务大于债权的期末差额

图 4-11　债权债务结算账户的结构

债权债务结算账户的特点：

① 余额方向不固定。总分类账户的余额如在借方，表示债权大于债务的差额；总分类账户的余额如在贷方，表示债务大于债权的差额；总分类账户的余额不能明确反映债权与债务的实有数。所属各明细账的余额有的在借方，表示尚未收回的债权；有的在贷方，表示尚未偿还的债务；明细账的余额能够明确反映债权与债务的实有数。所属各明细账的借方余额之和与贷方余额之和的差额一定与总分类账户的余额相等。

② 期末在编制资产负债表时要根据所属各明细账的余额进行分析计算填列，债权部分列于资产负债表的资产方，债务部分列于资产负债表的负债方，以明确反映债权、债务的实际状况。

在我国会计实务中，一些企业将其他应收款和其他应付款合并反映在一个"其他往来"账户中核算，"其他往来"账户就是一个债权债务结算账户。

所有结算账户的共同特点：

① 账户的性质要根据余额的方向来判别，当余额在借方时属于资产结算账户，当余额在贷方时属于负债结算账户。

② 结算账户一般应按结算的对方企业名称或个人姓名设置明细账进行明细分类核算，以便及时进行结算和核对账目，并且明细分类核算只需按金额进行。

（4）调整账户。调整账户是用来调整其他有关账户的数字而设置的账户。在会计核算中，因管理上需要等原因，对某些资产或权益，有时需要用两种不同的数字来记录和反映，此时就需要设置两个账户。一个账户用来反映资产或权益的原始数字，称为被调整账户；另一个账户则反映对原始数字的调整数，称为调整账户。将原始数字同调整数字相加或相减，可以求得目前实有数额。由于调整方式的不同，调整账户可以分为备抵调整账户、附加调整账户和备抵附加调整账户三类。

1）备抵调整账户。备抵调整账户又称抵减账户，是用来抵减有关资产或权益账户（被调整账户）的余额来求得目前实有数额的账户。

备抵调整账户与被调整账户在性质上是相同的，但记账方向却相反，因此，备抵调整账户与被调整账户的余额方向一定是相反的。其调整方式是以备抵调整账户的余额去抵销被调整账户的余额来求得调整后的实有数。调整方式可用如下公式表示：

被调整账户余额（A）－备抵调整账户余额（B）＝调整后目前实有数额（C）

在我国会计实务中，根据规定的会计科目而设置和适用的账户中，属于备抵调整账户的有"累计折旧""利润分配"和"坏账准备"等账户。

"累计折旧"账户是"固定资产"账户的备抵调整账户。"固定资产"账户反映固定资产的原始价值，折旧是固定资产价值的损耗，原应记入"固定资产"账户的贷方，但由于固定资产的使用年限较长，并且在使用过程中不改变其原有的实物形态，为了能随时掌握固定资产的原价，其账面应保持固定资产的原始价值。这样就需要设置"累计折旧"账户，通过"累计折旧"账户对"固定资产"账户的调整来反映固定资产的净值。"累计折旧"账户对"固定资产"账户的调整方式如图 4-12 所示。

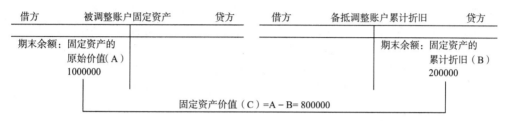

图 4-12 "累计折旧"账户对"固定资产"账户的调整方式

"利润分配"账户是"本年利润"账户的备抵调整账户。为了正确核算企业在一定期间内实现的净利润（或发生的亏损），需要设置"本年利润"账户；为了核算企业净利润的分配（或亏损的弥补）和历年分配（或弥补）后的情况，就需要设置"利润分配"账户。期末将"本年利润"账户的贷方余额，减去"利润分配"账户的借方余额，即未分配利润。"利润分配"账户对"本年利润"账户的调整方式如图 4-13 所示。

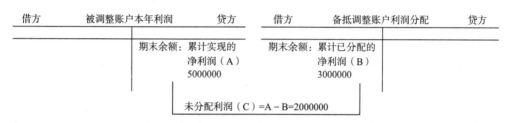

图 4-13 "利润分配"账户对"本年利润"账户的调整方式

"坏账准备"账户是"应收账款"账户的备抵调整账户。企业可能会发生无法收回的应收账款，由此而产生坏账损失。为了体现"谨慎性原则"，即合理核算可能发生的损失和费用，企业就要计提坏账准备作为应收账款的备抵调整数额，为此，需要设置"坏账准备"账户。通过"坏账准备"账户对"应收账款"账户的调整来反映期末应收账款的实有数额。"坏账准备"账户对"应收账款"账户的调整方式如图 4-14 所示。

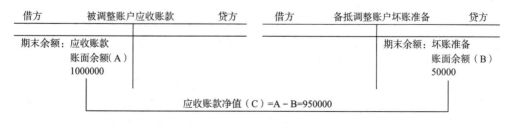

图 4-14 "坏账准备"账户对"应收账款"账户的调整方式

在上述账户中，"累计折旧"和"坏账准备"账户是用来抵减资产余额的备抵调整账户，"利润分配"账户是用来抵减权益余额的备抵调整账户。在企业日常经济活动中，当企业资产的市价发生大幅度下跌或企业经营所处的经济等环境以及资产所处的市场发生重大变化而对企业产生不利影响等致使企业发生资产减值的，应计提资产减值准备。

2）附加调整账户。附加调整账户是用来附加于有关资产或权益账户的余额来求得目前实有数额的账户。

附加调整账户与被调整账户在性质上是相同的，记账方向也相同，因此，附加调整账户与被调整账户的余额方向一定是相同的。其调整方式是以附加调整账户的余额去附加于被调整账户的余额，以求得调整后的实有数。调整方式可用如下公式表示：

被调整账户余额（A）+附加调整账户余额（B）=调整后目前实有数额（C）

在会计实务中，单纯的附加调整总分类账户是很少设置和运用的。属于明细分类账户的附加调整账户有"应付债券——债券溢价"等账户。"应付债券——债券溢价"账户是按溢价发行长期债券的企业的"应付债券——债券面值"账户的附加调整账户。"应付债券——债券溢价"账户对"应付债券——债券面值"账户的调整方式如图 4-15 所示。

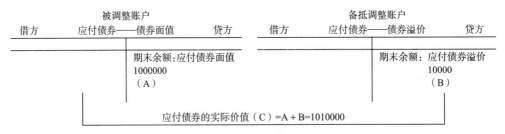

图 4-15　"应付债券——债券溢价"账户对"应付债券——债券面值"账户的调整方式

3）备抵附加调整账户。备抵附加调整账户是用来抵减、附加于有关资产或权益账户的余额来求得目前实有数额的账户。

备抵附加调整账户与被调整账户的记账方向和余额方向可能相同也可能相反。备抵附加调整账户兼有备抵账户和附加账户性质。当它的余额方向与被调整账户余额的方向相反时属于备抵调整账户，当它的余额方向与被调整账户余额的方向相同时属于附加调整账户。其调整方式为：当它的余额方向与被调整账户余额的方向相反时，以两者余额相减来求得调整后的实有数；当它的余额方向与被调整账户余额的方向相同时，以两者余额相加来求得调整后的实有数。调整方式可用如下公式表示：

被调整账户余额（A）± 备抵附加调整账户余额（B）=调整后目前实有数额（C）

在我国会计实务中，根据规定的会计科目而设置和适用的账户中，属于备抵附加调整账户的有"材料成本差异"账户，即在原材料日常收发采用计划成本核算的企业中，"材料成本差异"账户是"原材料"账户的备抵附加调整账户。

原材料日常收发采用计划成本核算下，为了反映实际成本与计划成本的差异，在账户设置上就要专门设置一个反映差异形成与差异结转的"材料成本差异"账户。日常核算上对于收发材料的计划成本通过"原材料"账户反映，而收入材料时实际成本大于计划成本的超支差异借记"材料成本差异"账户，实际成本小于计划成本的节约差异贷记"材料成本差异"账户，发出材料时应结转的差异均从"材料成本差异"账户的贷方转出（转出超支差异用蓝字，转出节约差异用红字），期末"原材料"账户的余额在借方，表示库存材料的计划成本。"材料成本差异"账户的期末余额在借方，表示库存材料负担的超支差异；期末余额在贷方，表示库存材料负担的节约差异。期末将"原材料"账户的借方余额加上"材料成本差异"账户的借方余额（或减去"材料成本差异"账户的贷方余额）即库存材料的实际成本。"材料成本差异"账户对"原材料"账户的调整方式如图 4-16 和图 4-17 所示。

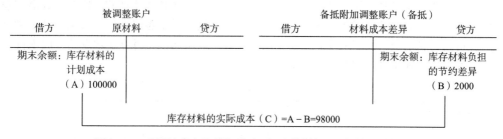

图 4-16　"材料成本差异"账户对"原材料"账户的调整方式

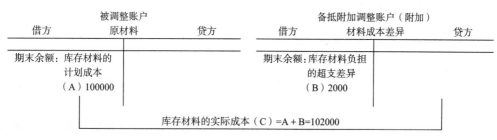

图 4-17　"材料成本差异"账户对"原材料"账户的调整方式

调整账户的特点：

① 调整账户与被调整账户的性质，即反映的经济内容相同，被调整账户反映原始数字，调整账户反映对原始数字的调整数字。因此，调整账户不能离开被调整账户而独立存在，有调整账户必有被调整账户。

② 调整账户对被调整账户的调整方式取决于双方余额的方向，当两者余额方向相同时相加；余额方向相反时相减。

（5）集合分配账户。集合分配账户是用来汇集生产经营过程中某个阶段所发生的某些费用，并按一定标准分配计入有关成本计算对象的账户。

集合分配账户的借方登记费用的发生额，贷方登记费用的分配额，期末一般无余额。集合分配账户的结构如图 4-18 所示。

图 4-18　集合分配账户的结构

集合分配账户的特点：

① 集合分配账户具有集合与分配两大作用，即借方起归集作用，贷方起分配作用。

② 集合分配账户期末应分配转出发生的全部费用，期末一般无余额。

为了便于考核分析费用的发生情况，集合分配账户的明细分类核算不仅要分别车间或部门，并且要分别费用项目进行，但其明细分类核算只需提供金额指标。

在我国会计实务中，根据规定的会计科目而设置和适用的账户中，属于集合分配账户的有"制造费用"等账户。

（6）成本计算账户。成本计算账户是用来核算和控制生产经营过程中某一阶段所发生的全部费用，并确定各个成本计算对象实际成本的账户。

成本计算账户从借贷方所要登记的内容来看，其性质属于成本类账户，因此，其借方登记某一阶段各成本计算对象所发生并应负担的全部费用；贷方登记各成本计算对象达到某种完成状况而应负担结转的成本，期末如有余额在借方，表示尚未达到某种完成状况的各成本计算对象应负担的成本。成本计算账户的结构如图 4-19 所示。

借方	成本计算账户	贷方
期初余额：未达到某种完成状况的各成本计算对象的成本		
本期发生额：登记某一阶段各成本计算对象所发生并应负担的全部费用	本期发生额：登记各成本计算对象达到某种完成状况而应负担结转的成本	
期末余额：尚未达到某种完成状况的各成本计算对象应负担的成本		

图 4-19　成本计算账户的结构

成本计算账户的特点：

① 成本计算账户应按照各个成本计算对象设置明细分类账户，账内按成本项目设专栏，进行明细分类核算。

② 成本计算账户的明细分类核算应按不同的成本计算对象分别实物量和价值量两种指标进行。

在我国会计实务中，对于制造企业来说，根据规定的会计科目而设置和适用的账户中，属于成本计算账户的有"生产成本"和"在建工程"等账户。

（7）跨期摊配账户。跨期摊配账户是在费用的支付期与受益期不相一致的情况下，用来反映费用的发生或支付以及正确摊配于各会计期间的账户。

设置跨期摊配账户的原因在于会计核算的权责发生制原则。在会计核算中有时会遇到企业的某些费用支付的数额较大，受益的期限又长达数月，在这种情况下按照权责发生制原则，需将这些费用分期摊配，以合理确定各个月份的成本、费用，正确计算各期的损益，这就需要设置跨期摊配账户。跨期摊配账户的借方登记费用的发生或支付数，贷方登记费用的摊配数，期末余额在借方表示已经支付尚未摊配的费用数；反之，期末贷方余额表示已经摊配但尚未支付的费用数。跨期摊配账户的结构如图 4-20 所示。

借方	跨期摊配账户	贷方
期初余额：已支付但尚未摊配的费用数	期初余额：已摊配但尚未支付的费用数	
本期发生额：本期实际支付的费用数	本期发生额：本期摊配的费用数	
期末余额：已支付但尚未摊配的费用数	期末余额：已摊配但尚未支付的费用数	

图 4-20　跨期摊配账户的结构

跨期摊配账户的特点：

① 当跨期摊配账户反映的某项费用的支付期先于受益期时，期末余额一般在借方，此时属于资产性质。当跨期摊配账户反映的某项费用受益期先于支付期时，期末余额一般在贷方，此时属于负债性质；但也有可能出现借方余额，此时属于资产性质。

② 跨期摊配账户的明细分类核算只需按金额进行。

在我国会计实务中，根据规定的会计科目而设置和适用的账户中，属于跨期摊配账户的有"待摊费用"和"预提费用"等账户。

新企业会计准则体系取消了"待摊费用"和"预提费用"科目，"待摊费用"科目余额应转入"预付账款"科目，"预提费用"科目余额应分别转入"应付利息""其他应付款"科目。

（8）汇转账户。汇转账户是用来汇集某一会计期间所发生的各种收入或费用并于期末结转的账户。汇转账户按汇集结转的具体内容不同可分为收入汇转账户和费用汇转账户两类。

1）收入汇转账户。收入汇转账户是用来核算和控制企业在一定时期内形成本期损益的各项收入的账户。收入汇转账户在性质上属于损益类账户，具体可归属于收入类账户，因此，在结构上贷方登记收入的增加数，借方登记收入的期末结转数，期末结转后无余额。收入汇转账户的结构如图 4-21 所示。

图 4-21　收入汇转账户的结构

收入汇转账户的特点：

① 收入汇转账户的借方汇集费用的发生数，期末将汇集的费用从相反方向结转至"本年利润"账户，经过这样处理后，账户期末一定无余额。

② 收入汇转账户的明细分类核算只需提供金额指标。

在我国会计实务中，根据规定的会计科目而设置和适用的账户中，属于收入汇转账户的有"主营业务收入""其他业务收入""营业外收入"和"投资收益"等账户。

2）费用汇转账户。费用汇转账户是用来核算和控制企业在一定时期内所发生的直接影响本期损益的各项费用的账户。

费用汇转账户在性质上属于损益类账户，具体归属于费用类账户，因此，在结构上借方登记费用的增加数，贷方登记费用的期末结转数，期末结转后无余额。费用汇转账户的结构如图 4-22 所示。

图 4-22　费用汇转账户的结构

费用汇转账户的特点：

① 费用汇转账户的借方汇集费用的发生数，期末将汇集的费用从相反方向结转至"本年利润"账户，经过这样处理后，账户期末一定无余额。

② 费用汇转账户的明细分类核算只需提供金额指标。

在我国会计实务中，根据规定的会计科目而设置和适用的账户中，属于费用汇转账户的有"主营业务成本""营业税金及附加""其他业务成本""销售费用""管理费用""财务费用""营业外支出"和"所得税费用"等账户。

汇转账户的主要特点：从账户的结构看，其一方进行汇集而另一方予以结转，因此，期末结转后一定无余额。

（9）财务成果账户。财务成果账户是用来核算和控制企业在一定时期内的最终财务成果即利润或亏损的账户。

　　财务成果账户的贷方登记各收入汇转账户转入的收入数，借方登记各费用汇转账户转入的费用数，平时（1—11月）期末余额在贷方，表示实现的净利润；若余额在借方，表示发生的净亏损。年末将全年实现的净利润从借方转出或将全年发生的净亏损从贷方转出，年末结转后账户无余额。财务成果账户的结构如图4-23所示。

借方	财务成果账户	贷方
本期发生额： ① 登记各费用汇转账户转入的费用数 　 年末结转全年实现的净利润		本期发生额： ① 登记各收入汇转账户转入的收入数 　 年末结转全年发生的净亏损
平时（1—11月）期末余额：表示累计发生的净亏损		平时（1—11月）期末余额：表示累计实现的净利润

图4-23　财务成果账户的结构

　　在我国会计实务中，根据规定的会计科目而设置和适用的账户中，属于财务成果账户的有"本年利润"账户。

　　财务成果账户的特点：财务成果账户贷方登记转入的各项收入和年末结转净亏损，借方登记转入的各项费用和年末结转净利润，经结转后年末无余额。

　　（10）计价对比账户。计价对比账户是用来核算和控制企业采用两种不同的计价标准对某项经济业务通过对比，借以确定其业务成果的账户。

　　计价对比账户的借方登记以某种计价标准反映的价值量，贷方登记以另一种计价标准反映的价值量，借贷双方两种不同计价标准对比的差额，就是该业务的成果。确定的成果应转出另行反映，因此，计价对比账户期末一般没有余额。计价对比账户的结构如图4-24所示。

借方	计价对比账户	贷方
本期发生额： ① 登记以某种（第一种）计价标准反映的价值量 　 第一种计价小于第二种计价的差额转出		本期发生额： ① 登记以另一种（第二种）计价标准反映的价值量 　 第一种计价大于第二种计价的差额转出

图4-24　计价对比账户的结构

　　在我国会计实务中，根据规定的会计科目而设置和适用的账户中，属于计价对比账户的有"材料采购"（原材料等存货日常核算采用计划成本的企业）账户。

　　在原材料日常核算采用计划成本的情况下，"材料采购"账户的借方登记采购材料的实际成本，贷方登记验收入库材料的计划成本，验收入库材料的实际成本大于计划成本的差额为超支差异，应从贷方转出；反之，为节约差异，应从借方转出。"材料采购"账户期末如有余额在借方，表示在途物资的实际成本。

　　计价对比账户的特点：借贷方计价标准不同，因此通过对比反映其差异来确定业务成果。

　　（11）暂记账户。暂记账户是用来核算和控制财产清查中发现的盘盈或盘亏、毁损在明确应记账户之前暂记，以保证账实相符的账户。

　　暂记账户的借方登记财产物资的盘亏、毁损数以及转销财产物资的盘盈数，贷方登记财产物资的盘盈数以及转销财产物资的盘亏、毁损数，期末转销后暂记账户无余额。暂记账户的结构如图4-25所示。

借方	暂记账户	贷方
本期发生额： ① 待处理财产物资的盘亏、毁损数 　 转销财产物资的盘盈数		本期发生额： ① 待处理财产物资的盘盈数 　 转销财产物资的盘亏、毁损数

图 4-25　暂记账户的结构

在我国会计实务中，根据规定的会计科目而设置和适用的账户中，属于暂记账户的有"待处理财产损溢"账户。

对于财产清查中发生的各项待处理财产物资的盘盈价值，在批准前记入"待处理财产损溢"账户的贷方，批准后反方向转销；各项待处理财产物资的盘亏、毁损价值，在批准前记入"待处理财产损溢"账户的借方，批准后反方向转销，因此，批准转销后账户无余额。各项财产物资的损溢，应于期末前查明原因，并根据企业的管理权限，经股东大会或董事会，或经理（厂长）会议或类似机构批准后，在期末结账前处理完毕。如果清查的各种财产的损溢，在期末结账前尚未经批准的，在对外提供财务会计报告时先按上述规定进行处理，并在会计报告附注中做出说明；如果其后批准处理的金额与已处理的金额不一致的，调整财务报表相关项目的年初数。

暂记账户的特点：暂记账户是临时性过渡账户，在盘盈或盘亏、毁损处理前暂记账户有余额；在盘盈或盘亏、毁损处理后暂记账户无余额。

综上所述，账户按用途和结构分类如图 4-26 所示。

2．账户按其他标志分类

（1）账户按经济内容分类。账户按经济内容分类具体可分为资产类账户、负债类账户、所有者权益类账户、成本类账户和损益类账户五大类。

1）资产类账户。资产类账户是用来反映企业各种资产增减变动情况及其结存数额的账户。资产可按流动性分为流动资产和非流动资产，因此资产类账户也分为反映流动资产的账户和反映非流动资产的账户两大类。反映流动资产的账户有"库存现金""银行存款""应收账款""预付账款""其他应收款""原材料""库存商品"等账户；反映非流动资产的账户有"固定资产""累计折旧""长期股权投资""持有至到期投资"和"无形资产"等账户。

2）负债类账户。负债类账户是用来反映企业各种债务增减变动情况及其结存额的账户。负债可按流动性分为流动负债和长期负债，因此负债类账户也分为反映流动负债的账户和反映长期负债的账户两大类。反映流动负债的账户有"短期借款""应付账款""其他应付款""应付职工薪酬——职工工资""应付职工薪酬——福利费""应交税费""应付股利"等账户；反映长期负债的账户有"长期借款""应付债券"和"长期应付款"等账户。

3）所有者权益类账户。所有者权益类账户是用来反映企业所有者权益增减变动情况及其结存额的账户。所有者权益按形成的原因可分为因投资者（所有者）投入资本形成的所有者权益和企业盈余分配积累形成的所有者权益，因此所有者权益类账户也分为反映投资者投入资本的账户和反映盈余分配积累的账户。反映投资者投入资本的账户有"实收资本"和"资本公积"账户；反映盈余分配积累的账户有"本年利润""利润分配"和"盈余公积"账户。

4）成本类账户。成本类账户是用来反映企业制造成本或劳务成本的发生和结转情况的账户。按照成本发生的内容不同，成本类账户可分为反映进行产品生产所发生的成本和对外提供劳务所发生的成本的账户。反映为进行产品生产所发生成本的账户有"生产成本"和"制造费用"账户；反映对外提供劳务所发生成本的账户有"劳务成本"账户。

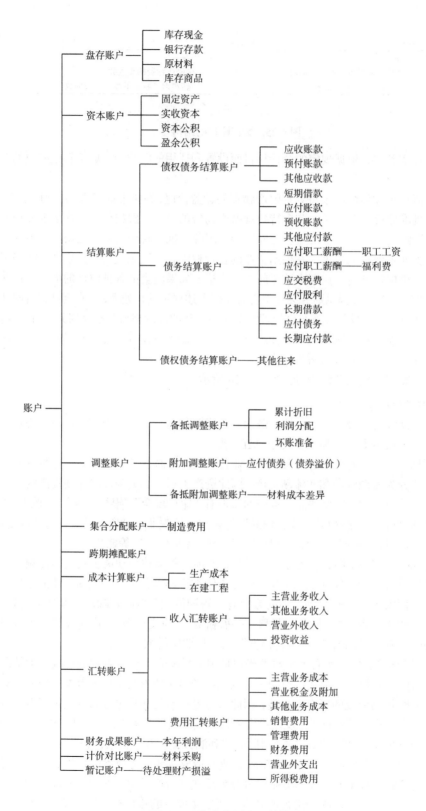

图 4-26　账户按用途和结构分类

5）损益类账户。损益类账户是用来反映企业在一定期间内损益情况的账户。损益类账户包括收入类和费用类账户两类。反映收入的账户有"主营业务收入"和"其他业务收入"等账户；反映费用的账户有"主营业务成本""营业税金及附加""其他业务成本""销售费用""管理费用"和"财务费用"等账户。

（2）账户按与财务报表的关系分类。账户按与财务报表的关系可分为资产负债表账户和利润表账户两类。

资产负债表账户所提供的数据是编制资产负债表的主要依据。资产负债表是反映企业在某一特定日期财务状况的财务报表，表内各项目反映的是企业在某一特定日期资产、负债和所有者权益实有数额，需根据资产类账户、负债类账户和所有者权益类账户的期末余额直接填列或分析计算填列。正是由于资产类账户、负债类账户和所有者权益类账户所提供的数据是编制资产负债表的主要依据，因此，会计上把资产类账户、负债类账户和所有者权益类账户称作资产负债表账户。

利润表账户所提供的数据是编制利润表的主要依据。利润表反映了企业在一定期间的经营成果，表内各项目反映的是企业在某一期间取得的收入和发生的费用以及实现的利润，需根据损益类账户的本期发生额分析填列。正是由于损益类账户所提供的数据是编制利润表的主要依据，因此，会计上把损益类账户称作利润表账户。

由于资产类、负债类和所有者权益类账户，在会计期末一般都有余额，其余额分别表示资产、负债和所有者权益的实存数，因此，资产负债表账户又可称为实账户。而损益类账户，经期末结转后没有余额，其发生额影响损益（利润或亏损）情况，因此，利润表账户又可称为虚账户。

账户按与财务报表的关系分类，不仅能体现账户所反映的经济内容，而且把账户分类与期末结账和编制财务报表联系起来，有助于进一步理解会计核算方法之间的关系和更熟练地利用账户所提供的数据正确编制财务报表。

（3）账户按统御与被统御的关系分类。账户按统御与被统御的关系可分为总分类账户和明细分类账户。

总分类账户是对会计对象的具体内容进行总括核算的账户，它能提供某一具体内容的总括数据资料，总分类账户又称总账账户或一级账户。明细分类账户是以总分类账户为基础，在总分类账户进行总括核算的基础上作进一步明细分类核算的账户，可提供某一具体内容的详细具体的数据资料。总分类账户和明细分类账户两者核算的内容是相同的，只是提供的数据资料的详细程度不同。因此，总分类账户提供的总括数据资料，对所属明细分类账户起统御作用，而明细分类账户提供详细具体的数据资料，对总分类账户起补充说明作用，并受到总分类账户的统御。账户按统御与被统御的关系进行分类，不仅能满足经营管理上要求提供详略有别的数据资料的需要和对外正确报告会计信息的需要，而且还能利用总分类账户和明细分类账户之间的平行登记关系与结果进行账账核对，及时发现账簿记录中的错误并加以纠正，使提供的数据正确、会计信息可靠。

在会计核算工作中，为了充分发挥会计的职能，全面提供经济管理所需要的总括会计资料和明细会计资料，既需要设置总分类账户据以进行总分类核算，又需要设置明细分类账户据以进行明细分类核算。

总分类账户与所属明细分类账户之间具有统御与被统御的关系，两者在会计核算工作中相互联系，共同发挥作用。具体而言，总分类账户是所属明细分类账户的统御账户，对所属明细分类账户起着控制作用；明细分类账户是特定总分类账户的从属账户，对其对应的总分类账户起着补充说明的作用。

总分类账户与所属明细分类账户核算的经济内容相同，只是提供资料的详细程度有所不同。因此，在会计核算工作中，应当对两者进行平行登记。所谓平行登记，是指对同一项经济业务，应当在同一会计期间内，既登记相应的总分类账户，又登记所属的有关明细分类账户，并做到两者的登记方向相同，金额相等。

1）平行登记的要点。具体而言，总分类账户和明细分类账户平行登记的要点主要有四个方面。

① 依据相同。对于同一项经济业务，应当由不同的会计人员根据相同的会计凭证分别登记总分类账户和明细分类账户，以便相互核对与控制。应当注意，不能根据总分类账户登记所属的明细分类账户；反之，也不能根据明细分类账户登记其总分类账户。

② 期间相同。对于同一项经济业务，应当在同一会计期间登记总分类账户与所属的明细分类账户，不能在一个会计期间仅登记总分类账户，而在另一个会计期间仅登记该总分类账户所属的明细分类账户。由于目前我国对外提供财务会计报告的会计期间至少是月度，因此，这里的同一会计期间，一般是指同一月份。应当注意，同一会计期间并非同一会计日期。在会计实务中，企业通常可以定期汇总登记总分类账户。例如，每隔 5 天或 10 天汇总登记一次。但是，对明细分类账户则应当随时逐笔进行日常登记。

③ 方向相同。对于同一项经济业务，应当在总分类账户与所属明细分类账户相同的方向进行登记。如果在总分类账户的借方进行了登记，其明细分类账户也应当登记在借方；反之，两者都应当在贷方进行登记。

④ 金额相等。对于同一项经济业务，登记在总分类账户的金额应当与登记在所属各明细分类账户的金额之和相等。

2）平行登记的方法。在一定的会计期间，平行登记的结果能够使得任何一个总分类账户的期初、期末余额和本期借方、贷方发生额，均分别与其所属的各个明细分类账户的期初、期末余额和本期借方、贷方发生额的合计数相等。利用这种相等的结果，可以检查总分类账户和明细分类账户的登记是否正确、完整；如不相等，则表明记账有错误，应当及时查明原因并予以更正。

值得说明的是，总分类账户和明细分类账户平行登记的依据虽然相同，但核算程序并不相同。因此，为了做到账账相符，以保证会计核算质量，应当经常对总分类账户和明细分类账户中登记的金额以及其他内容进行相互核对。

三、会计记账方法

记账方法是指运用特定的记账符号，按照一定的规则，使用文字和数字在相关账户中登记各项经济业务的一种专门方法。

（一）记账方法的种类

记账方法按其记录是否完整分为单式记账法和复式记账法。除单式记账法和复式记账法外，目前在会计理论界，尚有三式记账法和其他记账方法之说，但在会计实务中尚未得到人们的认同和采用。

1. 单式记账法

单式记账法是对发生的经济业务，只通过一个账户进行单方面的登记，它不要求做全面的、相互联系的登记。

由于单式记账法不能全面、完整地反映企业每项经济业务，因而它不适应经济活动比较复杂的企业要求，也难以满足不断提高经营管理水平的需要。

2. 复式记账法

复式记账法是指根据资产与负债和所有者权益的平衡原理，对于每项经济业务所引起的资金运动，都必须用相等的金额同时在两个或两个以上的相互联系的账户中进行全面登记的一种科学的记账方法。

由于科目分类、记账符号、记账规则和试算平衡等方面有所不同，可以将复式记账法分为不同种类，如图 4-27 所示。

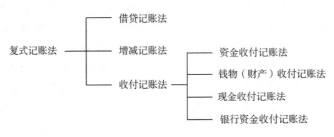

图 4-27　复式记账法的种类

（二）借贷记账法

借贷记账法是借贷复式记账法的简称。

借贷记账法以"借"和"贷"作为记账符号，以"有借必有贷，借贷必相等"作为记账规则，对每项经济业务，都在两个或两个以上账户中，以相等的金额、相反的方向，全面地、相互联系地记录经济业务。

1. 借贷记账法的记账规则

记账规则是指运用一定的记账方法对每项经济业务进行登记时所遵循的规律和原则。记账方法不同，记账规则也不相同。借贷记账法的记账规则，应当依据复式记账原理和借贷记账法下各类账户的结构而确立。

2. 借贷记账法的试算平衡

试算平衡，是指根据资产、负债和所有者权益的会计等式以及借贷记账法的记账规则，检查所有账户记录是否正确。它是通过编制总分类账户试算平衡表来进行的。

试算平衡有发生额试算平衡法和余额试算平衡法。

（1）发生额试算平衡法。发生额试算平衡法是根据本期所有账户借方发生额合计等于贷方发生额合计的恒等关系，检查本期发生额记录是否正确的方法。

计算公式为：

全部账户本期借方发生额合计=全部账户本期贷方发生额合计

（2）余额试算平衡法。余额试算平衡法是根据本期所有账户借方余额合计与贷方余额合计的恒等关系，检查本期账户记录是否正确的方法。

根据余额时间的不同，又分为期初余额平衡与期末余额平衡两种。期初余额平衡是期初所有账户借方余额合计与贷方余额合计相等。期末余额平衡是期末所有账户借方余额合计与贷方余额合计相等。

计算公式为：

全部账户的借方期初余额合计=全部账户的贷方期初余额合计

全部账户的借方期末余额合计=全部账户的贷方期末余额合计

3. 会计分录

会计分录简称分录，是指对每项经济业务指出其应登记的账户以及记账方向与金额的一种记录。

每项经济业务至少应当编制一笔会计分录。每笔会计分录都应当包括三个要素，即账户名称（会计科目）、记账方向和发生金额。会计分录通常具有一定的书写格式，借贷记账法下的书写格式一般为：借方科目及其金额写在上方且偏左，贷方科目及其金额写在下方且偏右。

会计分录按其反映经济业务内容的复杂程度，可分为简单会计分录和复合会计分录两类。简单会计分录是指一项经济业务发生后，只需在两个相互联系的账户中记录相关会计要素增减变化情况的会计分录。复合会计分录是指一项经济业务发生后，需要在两个以上相互联系的账户中记录相关会计要素增减变动情况的会计分录。这种会计分录往往是"一借多贷""多借一贷"或"多借多贷"。一笔复合会计分录往往可以分解成几笔相互联系的简单会计分录；反之，几笔相互联系的简单会计分录也可以合并为一笔复合会计分录。复合会计分录能够集中反映某项经济业务的全貌，并能简化记账工作，提高工作效率，但有时不能清晰地反映账户之间的对应关系。因此，应尽量避免编制"多借多贷"的复合会计分录。当然，也没有必要将所有的复合会计分录都人为地分解成简单会计分录。

借贷记账法下，正确编制会计分录通常包括如下步骤：

① 据某项经济业务的内容和性质，分析其对会计要素及其增减变动的影响情况。

② 断该项经济业务所涉及的账户名称及其所属类别。

③ 据各类账户的结构，将有关金额登记在相应账户的借方或贷方。

④ 用"有借必有贷，借贷必相等"的记账规则，检查编制的会计分录是否借贷金额相等。

四、账务处理程序

（一）账务处理程序概述

账务处理程序也称会计核算形式，是指账簿组织与记账程序有机结合的方式和步骤。其中，账簿组织是指记账凭证、账簿的种类和格式以及相互关系；记账程序是指采用一定的记账方法，从填制、审核会计凭证、登记账簿，直到编制财务报表的顺序和步骤。

1. 账务处理程序的种类

（1）记账凭证账务处理程序；

（2）科目汇总表账务处理程序；

（3）汇总记账凭证账务处理程序；

（4）多栏式日记账账务处理程序；

（5）日记总账账务处理程序等。

2. 确定账务处理程序的要求

（1）与本单位的性质、规模大小、经济业务的繁简等相适应，以保证会计核算的顺利进行。

（2）能正确、及时地提供本单位经济活动情况，以满足经营管理和国家综合平衡工作的需要。

（3）在保证核算资料正确、及时和完整的前提下，要力求提高会计工作的效率，节省核算费用。

（二）记账凭证账务处理程序

记账凭证账务处理程序是指对发生的经济业务，都要根据原始凭证或汇总原始凭证编制记账凭证，然后根据记账凭证直接登记总分类账的一种账务处理程序。

1. 记账凭证账务处理的一般程序

记账凭证账务处理的一般程序是：

① 根据原始凭证编制汇总原始凭证；

② 根据原始凭证或汇总原始凭证编制记账凭证；

③ 根据收款凭证、付款凭证逐笔登记库存现金日记账和银行存款日记账；

④ 根据原始凭证、汇总原始凭证和记账凭证登记各种明细分类账；

⑤ 根据记账凭证逐笔登记总分类账；

⑥ 期末，库存现金日记账、银行存款日记账和明细分类账的余额同有关总分类账的余额核对相符；

⑦ 期末，根据总分类账和明细分类账的记录，编制财务报表。

记账凭证账务处理程序如图 4-28 所示。

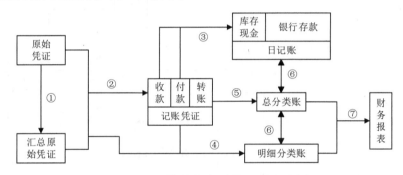

图 4-28　记账凭证账务处理程序

2. 记账凭证账务处理程序的优缺点及适应范围

优点：简单明了，易于理解，总分类账可以较详细地反映经济业务的发生情况。

缺点：登记总分类账的工作量较大。

适用范围：适用于规模较小、经济业务量较少的单位。

（三）科目汇总表账务处理程序

科目汇总表账务处理程序，又称记账凭证汇总表账务处理程序，是根据记账凭证定期编制科目汇总表，再根据科目汇总表登记总分类账的一种账务处理程序。

科目汇总表，又称记账凭证汇总表，是指根据记账凭证定期汇总编制，以表格形式列示有关总分类账户的本期发生额合计数，据以登记总分类账的一种汇总记账凭证。其格式如表 4-34 所示。

表 4-34　科目汇总表

年　　月　　日

会计科目	账　页	本期发生额		记账凭证起讫号数
		借方	贷方	

会计主管　　　　　会计　　　　　复核　　　　　制表

1. 科目汇总表账务处理的一般程序

科目汇总表账务处理的一般程序是：

① 根据原始凭证编制汇总原始凭证；

② 根据原始凭证或汇总原始凭证编制记账凭证；

③ 根据收款凭证、付款凭证逐笔登记库存现金日记账和银行存款日记账；

④ 根据原始凭证、汇总原始凭证和记账凭证登记各种明细分类账；

⑤ 根据各种记账凭证编制科目汇总表；

⑥ 根据科目汇总表登记总分类账；

⑦ 期末，库存现金日记账、银行存款日记账和明细分类账的余额同有关总分类账的余额核对相符；

⑧ 期末，根据总分类账和明细分类账的记录，编制财务报表。

科目汇总表账务处理程序如图 4-29 所示。

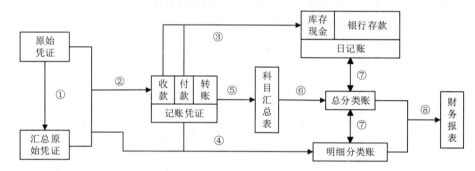

图 4-29 科目汇总表账务处理程序

2. 科目汇总表账务处理程序的优缺点及适用范围

优点：减轻了登记总分类账的工作量，并可做到试算平衡，简明易懂，方便易学。

缺点：科目汇总表不能反映账户对应关系，不便于查对账目。

适用范围：适用于经济业务较多的单位。

（四）汇总记账凭证账务处理程序

汇总记账凭证账务处理程序，是指根据原始凭证或原始凭证汇总表编制记账凭证，并定期根据记账凭证编制汇总记账凭证，据以登记总分类账的一定会计账务处理程序。

采用汇总记账凭证账务处理程序时，设置的主要账簿包括库存现金日记账、银行存款日记账、总分类账和各种明细分类账。

采用汇总记账凭证账务处理程序时，登记总账的依据是"汇总记账凭证"，而不是"记账凭证"。

汇总记账凭证是按照有关账户的借方或贷方设置记账凭证，根据记账凭证定期汇总各对应账户的发生额及月末余额，据以登记总分类账的汇总凭证。

1. 汇总记账凭证账务处理程序的特点

定期根据记账凭证分类编制汇总收款凭证、汇总付款凭证和汇总转账凭证，再根据汇总记账凭证登记总分类账。在这一程序中，除设置收款凭证、付款凭证和转账凭证外，还应设置汇总收款凭证、汇总付款凭证和汇总转账凭证，账簿的设置与记账凭证账务处理程序基本相同。

2．汇总记账凭证账务处理的一般程序

其一般程序是：

① 根据原始凭证编制汇总原始凭证；

② 根据原始凭证或汇总原始凭证编制记账凭证；

③ 根据收款凭证、付款凭证逐笔登记库存现金日记账和银行存款日记账；

④ 根据原始凭证、汇总原始凭证和记账凭证登记各种明细分类账；

⑤ 根据各种记账凭证编制有关汇总记账凭证；

⑥ 根据各种汇总记账凭证登记总分类账；

⑦ 期末，库存现金日记账、银行存款日记账和明细分类账的余额同有关总分类账的余额核对相符；

⑧ 期末，根据总分类账和明细分类账的记录编制财务报表。

汇总记账凭证账务处理程序如图 4-30 所示。

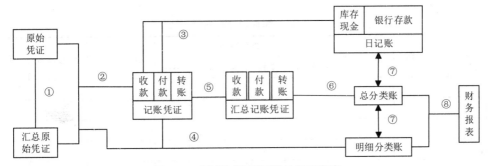

图 4-30　汇总记账凭证账务处理程序

3．汇总记账凭证账务处理程序的优缺点及适用范围

优点：汇总记账凭证账务处理程序减轻了登记总分类账的工作量，由于按照账户对应关系汇总编制记账凭证，便于了解账户之间的对应关系。

缺点：按每一贷方科目编制汇总转账凭证，不利于会计核算的日常分工，并且当转账凭证较多时，编制汇总转账凭证的工作量较大。

适用范围：适用于规模较大、经济业务较多的单位。

4．汇总记账凭证的编制及登账方法

（1）汇总收款凭证。按照库存现金和银行存款账户的借方分别设置，根据收款凭证按相同的贷方账户进行归类汇总。月终时结算出汇总收款凭证的合计数，据以分别记入库存现金、银行存款账户的借方以及各个对应账户的贷方。

（2）汇总付款凭证。按照库存现金和银行存款账户的贷方分别设置，根据付款凭证按相同的借方账户进行归类汇总。月终时结算出汇总付款凭证的合计数，据以分别记入库存现金、银行存款账户的贷方以及各个对应账户的借方。

（3）汇总转账凭证。一般是按照每一贷方账户分别设置，根据转账凭证按相同的借方账户进行归类汇总。月终时结算出汇总转账凭证的合计数，据以分别记入总分类账户中有关账户的借方和贷方。为了便于编制汇总转账凭证，平时在编制转账凭证时，只能是一个贷方账户同一个借方账户相对应，或者一个贷方账户同几个借方账户相对应（一贷一借或一贷多借）。

（五）多栏式日记账账务处理程序

多栏式日记账账务处理程序，是指根据多栏式库存现金日记账和多栏式银行存款日记账及转账凭证登记总分类账的一种账务处理程序。

采用这种账务处理程序时，应设置以下主要账簿：多栏式库存现金日记账和银行存款日记账、总分类账和明细分类账。总分类账一般采用三栏式，明细分类账的格式根据需要设置。

1. 多栏式日记账账务处理程序的特点

多栏式日记账的主要特点是，根据收款凭证和付款凭证逐笔登记多栏式库存现金和银行存款日记账，并根据它们汇总的数字登记总分类账，从而简化收款、付款业务的总账登记工作。对于转账业务，可以根据转账凭证逐笔登记总分类账，也可以根据转账凭证编制汇总转账凭证，再据以登记总账。

在这种账务处理程序下，其账簿组织与汇总记账凭证核算形式基本相同，只是日记账为多栏式，且分别按"库存现金收入日记账""库存现金支出日记账""银行存款收入日记账""银行存款支出日记账"设置。"库存现金收入日记账"和"库存现金支出日记账"的格式如表 4-35 和表 4-36 所示（银行存款日记账的格式同）。

表 4-35　库存现金收入日记账

年		凭证号数	摘　要	贷方账户			收入合计	支出合计	余额
月	日			其他应收款	银行存款	……			

表 4-36　库存现金支出日记账

年		凭证号数	摘　要	贷方账户				支出合计
月	日			其他应收款	管理费用	应付职工薪酬——职工工资	……	

2. 多栏式日记账账务处理的一般程序

多栏式日记账账务处理的一般程序是：

① 根据各种原始凭证或原始凭证汇总表编制记账凭证。

② 根据收款凭证和付款凭证登记多栏式库存现金日记账和多栏式银行存款。

③ 根据记账凭证及其所附的原始凭证或原始凭证汇总表登记各种明细账。

④ 根据多栏式库存现金日记账和多栏式银行存款日记账登记总分类账；根据转账凭证或转账凭证科目汇总表登记总账。

⑤ 将各种明细分类账的余额合计数，分别与相应的总分类账余额相核对。

⑥ 月终，根据总分类账和有关明细分类账的资料编制财务报表。

多栏式日记账账务处理程序如图 4-31 所示。

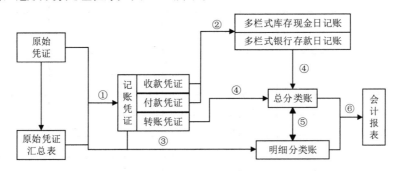

图 4-31　多栏式日记账账务处理程序

在这种账务处理下，由于库存现金日记账、银行存款日记账都按其对应账户设置专栏，具备了库存现金、银行存款收付款凭证汇总表的作用，在月终就可以直接根据这些日记账的本月收付发生额和各对应账户的发生额登记总分类账。登记时，应根据多栏式日记账收入合计栏的本月发生额，记入总分类账库存现金、银行存款账户的借方，根据贷方栏下各专栏的对应账户的本月发生额，记入总分类账各有关账户的贷方；同时，根据多栏式日记账付出合计栏的本月发生额，记入总分类账库存现金、银行存款账户的贷方，根据借方栏下各专栏的对应账户的本月发生额，记入总分类账各有关账户的借方。对于库存现金和银行存款之间的相互划转，因已分别包括在有关日记账的收入和付出合计栏的本月发生额之内，所以不需要再根据有关的对应账户专栏的合计数登记总分类账，以免重复。对于转账业务，则根据转账凭证或转账凭证汇总表逐笔登记总分类账。

3．多栏式日记账账务处理程序的优缺点及适应范围

优点：收款凭证和付款凭证通过多栏式日记账进行汇总，然后据以登记总分类账，这就简化了总分类账的记账工作，同时便于加强对货币资金收支的内部控制。

缺点：在业务较为繁杂的企业里，日记账的专栏栏次势必较多，账页庞大，因而不便于登记。

适用范围：这种核算形式一般适用于规模不是很大、收付业务又较多的企业和单位。

（六）日记总账账务处理程序

日记总账账务处理程序，又称序时总账账务处理程序，是指一切经济业务根据原始凭证或记账凭证在日记总账中同时进行序时和分类登记的一种会计账务处理程序。

1．日记总账账务处理程序的特点

采用这种核算形式，其记账凭证的设置没有特殊要求。账簿除要设置库存现金日记账、银行存款日记账和明细分类账外，还要设置日记总账，它是日记账兼分类账的联合账簿，其格式如表 4-37 所示。

表 4-37　日记总账

年　　月　　日　　　　　　　　　　　　　　　第　　页

年		凭证号数	摘要	库存现金		银行存款		应收账款		……		合　计	
月	日			借	贷	借	贷	借	贷	借	贷	借	贷

2. 日记总账账务处理的一般程序

日记总账账务处理程序是：

① 根据原始凭证、原始凭证汇总表编制记账凭证。

② 根据收款、付款凭证登记库存现金和银行存款日记账。

③ 根据原始凭证、原始凭证汇总表或记账凭证登记各种明细分类账。

④ 根据各种记账凭证登记日记总账。

⑤ 期末，将日记总账所有科目的借方发生额合计与贷方发生额合计核对；将所有科目借方发生额合计、贷方发生额合计分别与发生额栏合计相核对；将日记总账所有借方余额合计与贷方发生额合计相核对；将日记总账中库存现金、银行存款科目的余额分别与库存现金、银行存款日记账的余额相核对；将日记总账有关科目的余额与其所属明细分类账的余额相核对。

⑥ 期末，根据日记总账和明细分类账的资料编制财务报表。

3. 日记总账账务处理程序的优缺点及适应范围

优点：可以全面反映一个企业在一个定会计期间的全部经济活动。

缺点：如果企业的经济业务量大，账页会过长，不便于记账和查账。

适用范围：适用于规模较小、业务简单、使用会计科目少的企业或单位。

文案范本

账务处理工作程序

第一条 为规范企业会计账务处理程序，保证会计核算的真实、准确和完整，根据《企业会计准则》，结合本企业实际，特制定本程序。

第二条 会计科目及其明细科目的设置和使用。

依据《企业会计准则》，结合本企业实际，设置和使用会计科目及其明细科目。在填制会计凭证和登记会计账簿时，必须填写会计科目的名称，或者同时填列会计科目及编号。

第三条　会计凭证的审核要求。

会计凭证是记录经济业务发生和完成情况的局面证明，是记账的重要依据，分为原始凭证和记账凭证。

1. 原始凭证的审核要求。

（1）审核原始凭证所记载的经济业务内容是否符合财务制度、财经纪律、企业制定的有关规章制度和规定的开支标准。

（2）审核原始凭证填写的内容是否完整，手续是否完备。

（3）审核原始凭证的内容和数字是否真实，计算是否准确，大小写是否一致，有无刮擦、挖补、涂改和伪造的情况，对错误的更正是否符合规定，有关人员是否签名盖章等。

2. 记账凭证的审核要求。

（1）审核记账反映的经济业务是否合法、合理。

（2）审核记账凭证后是否附有原始凭证，记账凭证的摘要内容与原始凭证的内容是否相符、金额是否相等，记账凭证上填写的附件张数与原始凭证的张数是否一致，原始凭证是否经过审核。

（3）审核记账凭证所列会计分录是否正确。

（4）审核记账凭证中各项内容是否填写齐全，有关人员是否签章。

第四条　会计凭证的传递。

会计凭证的传递程序经过如下环节：审核原始凭证、出纳报销、制作记账凭证、记账、装订和归档保管。各种会计凭证应及时传递，不得积压。

第五条　会计核算形式。

企业采用科目汇总表核算形式进行财务处理。其具体程序如下。

1. 根据原始凭证和原始凭证汇总表编制记账凭证。

2. 根据记账凭证登记现金日记账和银行日记账。

3. 根据记账凭证登记明细账。

4. 根据记账凭证编制科目汇总表。

5. 在科目汇总表之间及科目汇总表与明细账、日记账之间进行核对并要求相符。

6. 根据科目汇总表和明细账编制会计报表。

7. 根据科目汇总表登记总账。

第六条　会计账簿的设置。

会计账簿的设置必须按照国家统一会计制度的规定和会计业务需要进行设置。会计账簿包括总分类账、明细分类账、日记账和备查账簿。

第七条　会计报表的编制要求。

1. 会计报表的编制做到数字真实、计算准确、内容完整、说明清楚、报送及时。

2. 会计报表之间、报表各项目之间，凡有对应关系的数字，做到相互一致。本期报表与上期报表之间有关的数字做到互相衔接。

3. 向外报送的财务报告应加有封面，装订成册，加盖公章，封面上注明企业名称、报表所属年度、月份、送出日期等，并经总经理、会计部负责人、制表会计签名或盖章。

第八条　本程序自颁布之日起实施。

日记账、总账账务处理流程

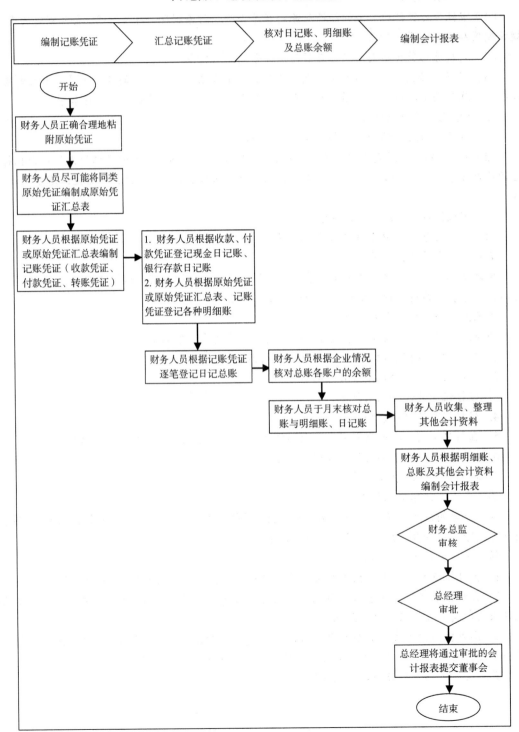

文案范本

科目汇总表格式

科目汇总表依据汇总天数而采用不同的格式，一般有两种格式。

科目汇总表（格式一）

年 月 日 至 日　　　　　　　　　　第 号

会计科目	账　页	本期发生额		记账凭证起讫号数
		借方	贷方	
合　计				

科目汇总表（格式二）

年 月 日

会计科目	账　页	1—10 日		11—20 日		21—30 日		本月合计	
		借方	贷方	借方	贷方	借方	贷方	借方	贷方
合　计									

　　格式二的科目汇总表适用于按旬汇总的企业，记账凭证按旬汇总后于月底编制一张科目汇总表；其他情况下科目汇总表多采用格式一定期汇总，每月编制若干张科目汇总表。

文案范本

科目汇总表核算工作流程

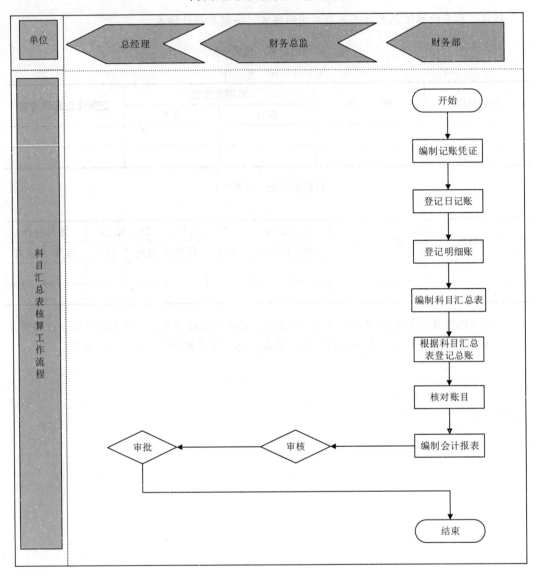

文案范本

科目汇总表核算组织流程

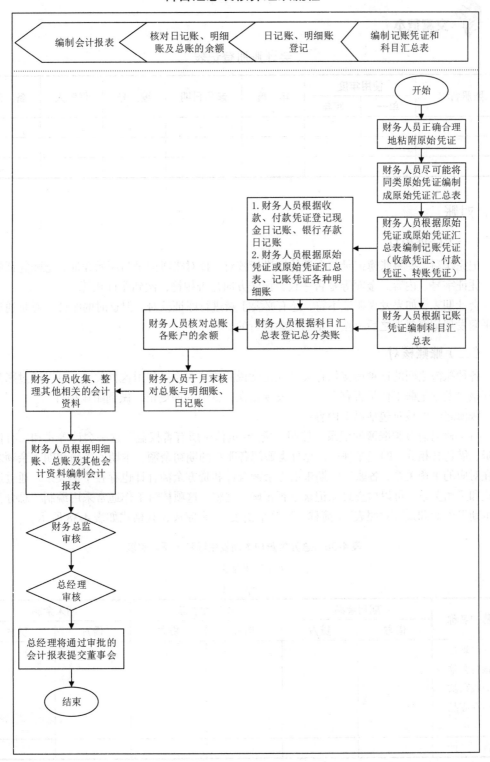

五、登账

请参阅如下相关文案范本。

 文案范本

会计账册登记表

账册名称	使用年度		年　度	起用日期	编　号	保管人	备　注
	单一	跨年					

六、对账

（一）账证相符

记完账后，要将账簿记录与会计凭证进行核对，核对账簿记录与原始凭证、记账凭证的时间、凭证字号、内容、金额等是否一致，记账方向是否相符，做到账证相符。

会计期末，如果发现账证不符，还有必要重新进行账证核对，但这时的账证核对是通过试算平衡发现记账错误之后再按一定的线索进行的。

（二）账账核对

各种账簿之间的这种衔接依存关系就是常说的钩稽关系。利用这种关系，可以通过账簿的相互核对发现记账工作是否有误。一旦发现错误，就应立即更正，做到账账相符。

账簿之间的核对包括以下内容：

（1）核对总分类账簿的记录。按照"资产=负债＋所有者权益"这一会计等式和"有借必有贷、借贷必相等"的记账规律，总分类账簿各账户的期初余额、本期发生额和期末余额之间存在对应的平衡关系，各账户的期末借方余额合计和贷方余额合计也存在平衡关系。通过这种等式和平衡关系，可以检查总账记录是否正确、完整。这项核对工作通常采用编制"总分类账户本期发生额和余额对照表"（简称"试算平衡表"）来完成，其格式如表4-38所示。

表4-38　总分类账户本期发生额和余额对照表

（试算平衡表）

年　　月

账户名称	期初余额		本期发生额		期末余额	
	借方	贷方	借方	贷方	借方	贷方
库存现金 银行存款 应收账款 库存商品 ……						
合　　计						

（2）总分类账簿与所属明细分类账簿核对。总分类账各账户的期末余额应与其所属的各明细分类账的期末余额之和核对相符。

（3）总分类账簿与序时账簿核对。我国企事业单位必须设置库存现金日记账和银行存款日记账。库存现金日记账必须每天与库存现金核对相符，银行存款日记账也必须定期与银行对账。在此基础上，还应检查库存现金总账和银行存款总账的期末余额，与库存现金日记账和银行存款日记账的期末余额是否相符。

（4）明细分类账簿之间的核对。例如，会计部门有关实物资产的明细账与财产物资保管部门或使用部门的明细账定期核对，以检查其余额是否相符。核对的方法一般是由财产物资保管部门或使用部门定期编制收发结存汇总表报会计部门核对。

（三）账实核对

账实核对是指各项财产物资、债权债务等账面余额与实有数额之间的核对。账实核对的内容主要有：

（1）库存现金日记账账面余额与库存现金数额是否相符；

（2）银行存款日记账账面余额与银行对账单的余额是否相符；

（3）各项财产物资明细账账面余额与财产物资的实有数额是否相符；

（4）有关债权债务明细账账面余额与对方单位的账面记录是否相符等。

造成账实不符的原因是多方面的，例如，财产物资保管过程中发生的自然损耗；财产收发过程中由于计量或检验不准，造成多收或少收的差错；由于管理不善、制度不严造成的财产损坏、丢失、被盗；在账簿记录中发生的重记、漏记、错记；由于有关凭证未到，形成未达账项，造成结算双方账实不符；以及发生意外灾害等。因此需要通过定期的财产清查来弥补漏洞，保证会计信息真实可靠，提高企业管理水平。

 **文案范本**

应收账款对账通知单

截止日期：　　年　　月　　日止　　　　　　　编号：

　　　　公司：

承蒙贵公司赐教，深表感谢。

兹送上贵行本月份应收账款明细账一份。

敬请查收核对。

业务发生日期		货名	数量	等级	单位	单价	金　额										备注
月	日						千	百	十	万	千	百	十	元	角	分	
合计																	

供应商往来对账管理方案

一、总体规划

（一）目的

为规范供应商往来账的对账工作行为，及时向供应商收回应收账款和清理应付账款，确保应收账、应付账明细表的准确性，企业财务管理中心经研究后，特制定本方案。

（二）适用范围

本方案可用来指导各下属单位财务部与供应商每月的对账工作。

二、供应商往来对账的准备

（一）供应商档案的管理

各下属单位财务部应建立健全供应商档案资料，其内容应包括供应商在系统中的编号、单位全称、单位简称、法定代表人、财务负责人、联系电话、联系人、联系地址、业务员姓名、主要经销品种等信息。如果供应商资料发生变更，各下属单位财务部应及时取得变更依据（工商证明等）并进行更新。

（二）合同条款执行的监控（涉及各种应收费用的确认、收取等）

各种应收费用的入账必须有书面依据（合同、协议等），应及时与供应商的相关业务员进行确认，并要求供应商及时入账。若有异议，请供应商及时与下属单位的采购部或财务部结算组协调处理。

三、往来对账过程管理

（一）应收、预付、应付科目明细账的核对

每月财务结账后，及时通知供应商前来核对应收应付账，并出具"对账余额调节表"，对于未达账项要及时查找原因，并通知相关人员调整。

1. 未达增值税发票：应及时查找未入账增值税发票的去向，及时处理或退票。若增值税发票中有而进货单中没有相应的型号数量，要求供应商提供我方的已验收证明，以便企业采购人员及时补订单；若型号或单价有误，可及时退换票。

2. 未开单据的折让部分，要求供应商及时开具。

往来对账调节表

截止日期：　　　年　　月　　日

甲方					乙方				
摘　要	制单人	金　额			摘　要	制单人	金　额		
		借方	贷方				借方	贷方	
小　计					小　计				
账面余额					账面余额				
调整金额					调整金额				
调整后金额					调整后金额				

确认	请贵单位财务人员对以上往来账进行核对，确定无误后，请贵单位财务经理（主管）签字，予以确认：我保证我单位提供的数据完整、准确、及时，并加盖公章。 财务经理（主管）：　　　　　　　　　　　　　　　　日期：　　年　　月　　日

编制说明：

① "摘要"栏需要注明日期、凭证号、具体经济业务内容。

② 甲方借方余额表示：乙方已经入账，甲方未达账。甲方贷方余额表示：甲方已经入账，乙方未达账。

③ 乙方借方余额表示：甲方已经入账，乙方未达账。乙方贷方余额表示：乙方已经入账，甲方未达账。

（二）各种应收费用的核对与确认

所有应收款项及未挂应收临时收回的款项应由供应商财务确认或由供应商财务授权委托的业务代表签字确认。

各下属单位财务部结算组负责与供应商确认合同、补充协议中规定的各项应收款项；采购部负责与供应商确认各项临时性的、无合同和补充协议的应收款项。

（三）货物采购明细账的核对与确认

每月查询货物采购明细账的账面余额，若出现借方余额，应及时查找原因。对于所有货物采购出现借方余额的必须编制原因说明并由财务经理签字归档保存；若是结大账，必须核对货物采购明细账。货物采购明细账贷方余额需要清理，货物采购明细账余额较大时，应查明是否因为供应商业务员没有及时把发票传递至相应的下属单位财务部。

当月所有的采购入库，仓库单据必须在两个工作日内全部流转到财务部，各下属单位财务部必须在两个工作日内在企业现行的财务系统中进行入账处理。

四、对账时间规定

各下属单位财务部必须加强与供应商的常规对账工作，并按下列规定的时间、频次进行操作。

1. 对业务往来较多的供应商每月对账一次，业务往来较少的每季度对账一次。

2. 各种应收费用必须每月与供应商核对一次，如果供应商业务员不及时将回函带回，我方将拒绝给对方付款。

3. 下属单位财务部应按时向供应商发出"供应商往来对账确认函"，要求供应商提供往来明细账及相关对账资料，合理地做好对账计划，确定责任人。

4. 每次对账完成后出具"供应商往来对账确认函"，并要求供应商加盖单位公章，及时处理对账工作中出现的问题，下属单位财务部无法处理的应及时上报总部财务管理中心。

五、各下属单位每月需向总部财务管理中心上报的资料明细

1. 往来对账进度表。

2. 新增供应商档案、供应商异动情况报告、供应商资信报告。

3. 应收账款账龄分析报告。

4. 欠款金额（供应商）前10名的名单、金额、净利率、欠款原因及付款计划。

5. 合同约定预付款的执行情况表。

6. 合作不愉快、操作不规范的供应商名单（黑名单）。

六、供应商往来对账的处罚规定

1. 没按规定的时间报送相关资料罚款30元。

2. 报表不全，或内容不真实的罚款30～60元。

3. 每月未按规定对账的罚款30元，对账内容不完整不真实的罚款60～100元并进行行政扣分，严重的建议有关部门对有关责任人员进行降职、撤职等处分。

4. 有关人员未按规定确认应收返利、应收费用就自行挂账的每次罚款30元，采购人员没有及时把各种应收费用的书面确认书上交下属单位财务部而导致企业无法收回相关的费用，一切责任由业务人员承担。

5. 有关人员未按合同规定挂账或账扣的或变通挂账给企业利益造成损失的，每次罚款30元，严重的要进行行政扣分。

6. 未及时清理商品采购借方余额，以及未能及时对预付款进行监控导致多打预付款的，要对往来账务会计及有关责任人员罚款每次150元，严重的给予行政扣分，建议有关部门对其进行降职、撤职等处分。

 **文案范本**

供应商往来对账确认函

尊敬的_____（供应商单位名称）：

从____年___月___日至____年___月___日，贵公司与我单位的业务往来账目情况反映如下。

一、财务往来账

1. 至截止日期，我单位向贵公司进货总额为：_____元。

2. 至截止日期，贵公司应开给消费者的税票为：_____元。

3. 至截止日期，我单位应付贵公司的货款为：_____元。

4. 至截止日期，我单位应扣的返利费用为：_____元。

5. 至截止日期，我单位有需退回的货物金额为：_____元。

综上所述，至截止日期，我单位应付贵公司货款为：_____元。

二、财务返利、费用账

1. 至截止日期，我单位应收贵公司返利金额为：_____元。
　 至截止日期，我单位已收贵公司返利金额为：_____元。

2. 至截止日期，我单位应收贵公司场地费金额为：_____元。
　 至截止日期，我单位已收贵公司场地费金额为：_____元。

3. 至截止日期，我单位应收贵公司广告费金额为：_____元。
　 至截止日期，我单位已收贵公司广告费金额为：_____元。

4. 至截止日期，我单位应收贵公司促销费金额为：_____元。
　 至截止日期，我单位已收贵公司促销费金额为：_____元。

5. 至截止日期，我单位应收贵公司展台费金额为：_____元。
　 至截止日期，我单位已收贵公司展台费金额为：_____元。

三、对账结果陈述

综上所述，至截止日期，我单位应收贵公司返利费用为：_____元。
　　　　　至截止日期，我单位已收贵公司返利费用为：_____元。
　　　　　至截止日期，我单位未收贵公司返利费用为：_____元。

财务部对账结果：至截止日期，我单位应付贵公司货款为：_____元。
　　　　　　　　至截止日期，我单位未收贵公司返利费用为：_____元。

至截止日期，我单位实际应付贵公司货款为：　　　元。

与客户对账业务管理流程

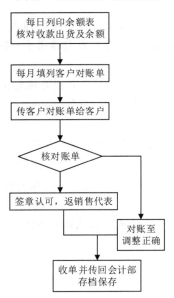

银行对账工作管理办法

第一章 总 则

第一条 为加强银行对账工作的规范性，保证银行对账工作的按时完成，财务部经研究特根据国家的相关法规和本企业开户银行的相关规定，特制定本办法。

第二章 银行存款对账

第二条 对账日期要求。

每月 5 日，财务部银行出纳应将企业上月银行存款明细账与银行对账单进行核对，并出具"银行存款余额调节表"。对于存在的未达账项企业应及时查找原因，并通知相关人员进行入账或调整。

第三条 对账方法。

1. "银行存款余额调节表"余额等式。

（1）企业方：银行存款余额+银行已收，企业未收金额-银行已付，企业未付金额。

（2）银行方：对账单余额+企业已收，银行未收金额-企业已付，银行未付金额。

2. 银行未达账存在的四种情况。

（1）银行已收、企业未收。财务部银行出纳应及时将银行入账企业户头的相关票据拿回企业，交相关人员进行账务处理；如发现其中相关款项来源不明的，应与银行进行联系，以查明此款项的来源。

（2）企业已收、银行未收。企业财务部应将企业收取的相关票据及时存入银行，并检查。

（3）银行已付、企业未付。对于银行已在企业户头划款支付的款项，银行出纳应及时从银行拿回相关单据核对后，交相关人员进行账务处理。

（4）企业已付、银行未付。对于企业已付款的银行票据，应及时交银行进行款项的划转。

第四条　差异调整办法。

1. 如果是银行方面原因造成未达账的，应要求银行进行调整，企业根据调整后的余额进行核对。

2. 如果是企业方面原因造成未达账的，应及时查明原因，进行相关账务处理。

第三章　银票对账与信用卡对账

第五条　银票对账。

对于银票保证金，银行出纳必须要求银行每月出具银票保证金流水记录，与银票辅助账、财务应付票据进行核对，有差异的注明原因。

第六条　信用卡对账。

银行出纳要建立信用卡辅助账簿，月末未收回的在途信用卡金额，必须有明细清单；对于超过一定期限的在途信用卡（一般为 3 天），必须要与银行取得联系，并确认在途原因。如果信用卡月末在途金额没有明细清单的，应对相关的责任人进行处罚。超过一定期限仍未到账的信用卡，所造成损失由责任人承担。

第四章　其他相关规定

第七条　每月需报送的相关资料。

1. 银行存款余额调节表。

2. 重要未达账项特别说明（没有的可不报）。

第八条　相关罚则规定。

1. 未及时编制银行存款余额调节表的，每次罚款___元。

2. 编制的"银行存款余额调节表"不准确或不真实的每次罚款___元，严重的要给予行政扣分，并追究相关人员的经济责任。

3. 未建立银票辅助账并与应付票据进行核对的，每次罚款___元。

4. 未建立信用卡辅助账并对信用卡月末在途资金进行必要监控的，每次罚款___元。

第五章　附　　则

第九条　本办法由财务部负责制定，呈报总经理核批后颁发执行。修订、废止时亦同。

第十条　本办法自颁发之日起生效，此前颁发的与本办法相抵触的规定自即日起废止。

　文案范本

银行对账单

账号：　　　　　　　　　户名：　　　　　　　　　上期余额：

日期	交易类型	凭证种类	凭证号	对方户名	摘要	借方发生额	贷方发生额	余额	记账信息

截止日期：　　　账户余额：　　　保留余额：　　　冻结余额：　　　可用余额：

七、结账

（1）将本期发生的经济业务全部登记入账，并保证其正确性。

（2）根据权责发生制的要求，调整有关账项，合理确定本期应计的收入和应计的费用。具体包括两类：

1）应计收入和应计费用的调整。应计收入是指那些已在本期实现、因款项未收而未登记入账的收入。企业发生的应计收入，主要是本期已经发生且符合收入确认标准，但尚未收到相应款项的商品或劳务。对于这类调整事项，应确认为本期收入，借记"应收账款"等科目，贷记"主营业务收入"等科目；待以后收妥款项时，借记"库存现金""银行存款"等科目，贷记"应收账款"等科目。

应计费用是指那些已在本期发生、因款项未付而未登记入账的费用。企业发生的应计费用，本期已经受益，如应付未付的借款利息等。由于这些费用已经发生，应当在本期确认为费用，借记"管理费用""财务费用"等科目，贷记"应付利息"等科目；待以后支付款项时，借记"应付利息"等科目，贷记"库存现金""银行存款"等科目。

2）收入分摊和成本分摊的调整。收入分摊是指企业已经收取有关款项，但未完成或未全部完成销售商品或提供劳务，需在期末按本期已完成的比例，分摊确认本期已实现收入的金额，并调整以前预收款项时形成的负债，如企业销售商品预收定金、提供劳务预收佣金。在收到预收收入时，应借记"银行存款"等科目，贷记"预收账款"等科目；在以后提供商品或劳务、确认本期收入时，进行期末账项调整，借记"预收账款"等科目，贷记"主营业务收入"等科目。

成本分摊是指企业的支出已经发生、能使若干个会计期间受益，为正确计算各个会计期间的盈亏，将这些支出在其受益的会计期间进行分配，如企业已经支出，但应由本期和以后各期负担的预付账款，应借记"预付账款"等科目，贷记"银行存款"等科目。在会计期末进行账项调整时，借记"制造费用"等科目，贷记"预付账款"等科目。

（3）将损益类科目转入"本年利润"科目，结平所有损益类科目。

（4）结算出资产、负债和所有者权益类科目的本期发生额和余额，并结转下期。

八、错账

（一）错账查找方法

在记账过程中，可能发生各种各样的差错，产生错账，如重记、漏记、数字颠倒、数字错位、数字记错、科目记错、借贷方向记反（反向）等，从而影响会计信息的准确性，应及时找出差错，并予以更正。错账查找的方法主要有以下几种。

1. 差数法

差数法是指按照错账的差数查找错账的方法。例如，在记账过程中只登记了会计分录的借方或贷方，漏记了另一方，从而形成试算平衡中借方合计与贷方合计不等。其表现形式是：借方金额遗漏，会使该金额在贷方超出；贷方金额遗漏，会使该金额在借方超出。对于这样的差错，可由会计人员通过回忆和与相关金额的记账核对来查找。

2. 尾数法

对于发生的角、分的差错可以只查找小数部分，以提高查错的效率。

3. 除 2 法

除 2 法是指以差数除以 2 来查找错账的方法。当某个借方金额错记入贷方（或相反）时，出现错账的差数表现为错误的 2 倍，将此差数用 2 去除，得出的商即反向的金额。例如，应记入"原材料——甲材料"科目借方的 4 000 元误记入贷方，则该明细科目的期末余额将小于其总分类科目期末余额 8 000 元，被 2 除的商 4 000 元即借贷方向反向的金额。同理，如果借方总额大于贷方 600 元，即应查找有无 300 元的贷方金额误记入借方。如非此类错误，则应另寻差错的原因。

4．除 9 法

除 9 法是指以差数除以 9 来查找错数的方法，适用于以下三种情况。

（1）将数字写小。例如，将 400 写为 40，错误数字小于正确数字 9 倍。查找的方法是：以差数除以 9 后得出的商即写错的数字，商乘以 10 即正确的数字。

（2）将数字写大。例如，将 50 写为 500，错误数字大于正确数字 9 倍。查找的方法是：以差数除以 9 得出的商为正确的数字，商乘以 10 后所得的积为错误数字。

（3）邻数颠倒。例如，将 78 写为 87，将 96 写为 69，将 36 写为 63 等。颠倒的两个数字之差最小为 1，最大为 8（9-1）。查找的方法是：将差数除以 9，得出的商连续加 11，直到找出颠倒的数字为止。例如，将 78 记为 87，其差数为 9。查找此错误的方法，将差数除 9 得 1，连加 11 后可能的结果为 12、23、34、45、56、67、78、89。当发现账簿记录中出现上述数字（本例为 78）时，则有可能正是颠倒的数字。参见表 4-39。

表 4-39　邻数颠倒示例

颠倒数字的差数	1		2		3		4		5		6		7		8	
颠倒的数字	12	21	13	31	14	41	15	51	16	61	17	71	18	81	19	91
	23	32	24	42	25	52	26	62	27	72	28	82	29	92		
	34	43	35	53	36	63	37	73	38	83	39	93				
	45	54	46	64	47	74	48	84	49	94						
	56	65	57	75	58	85	59	95								
	67	76	68	86	69	96										
	78	87	79	97												
	89	98														

（二）错账更正方法

对于账簿记录中所发生的错误，应采用正确的方法予以更正。

1．画线更正法

在结账前发现账簿记录有文字或数字错误，而记账凭证没有错误，可以采用画线更正法。更正时，可在错误的文字或数字上画一条红线，在红线的上方填写正确的文字或数字，并由记账及相关人员在更正处盖章，以明确责任。但应注意，更正时不得只划销错误数字。应将全部数字划销，并保持原有数字清晰可辨，以便审查。例如，将 3 684.00 元误记为 6 384.00 元，应先在 6 384.00 上画一条红线以示注销，然后在其上方空白处填写正确的数字，而不能只将前两位数字更正为"36"。

2．红字更正法

红字更正法适用于两种情况：

（1）记账后发现记账凭证中的应借、应贷会计科目有错误，从而引起记账错误。更正的方法是：用红字填写一张与原记账凭证完全相同的记账凭证，以示注销原记账凭证，然后用蓝字填写一张正确的记账凭证，并据以记账。

（2）记账后发现记账凭证和账簿记录中应借、应贷会计科目无误，只是所记金额大于应记金额。更正的方法是：按多记的金额用红字编制一张与原记账凭证应借、应贷科目完全相同的记账凭证，以冲销多记的金额，并据以记账。

3. 补充登记法（又称补充更正法）

记账后发现记账凭证和账簿记录中应借、应贷会计科目无误，只是所记金额小于应记金额。更正的方法是：按少记的金额用蓝字编制一张与原记账凭证应借、应贷科目完全相同的记账凭证，以补充少记的金额，并据以记账。

九、调账

请参阅如下相关文案范本。

文案范本

公司账务调整管理办法
第一章　总　　则

第一条　为了明确财务调整的相关责任人及相应的处理程序，避免发生账证不符、账账不符、账实不符的情形，特制定本办法。

第二条　本办法所指的账务调整主要是指按照会计制度规定，把存在错误的账务处理调整为正确的账务，账务调整的内容包括：

1. 由于会计政策变更引起的账务调整；
2. 由于会计估计变更引起的账务调整；
3. 由于前期差错更正引起的账务调整；
4. 由于资产负债表日后事项引起的账务调整；
5. 由于税务稽查引起的账务调整。

第三条　本办法适用于公司财务部。

第二章　由于会计政策变更引起的账务调整

第四条　公司采用的会计政策，在每一会计期间和前后各期应当保持一致，不得随意变更。但是，满足下列条件之一的，可以变更会计政策：

1. 法律、行政法规或者国家统一的会计制度等要求变更；
2. 会计政策变更能够提供更可靠、更相关的会计信息。

第五条　下列各项不属于会计政策变更：

1. 本期发生的交易或者事项与以前相比具有本质差别而采用新的会计政策；
2. 对初次发生的或不重要的交易或者事项采用新的会计政策。

第六条　根据法律、行政法规或者国家统一的会计制度等要求变更会计政策的，应当按照国家相关会计规定执行。

第七条　会计政策变更能够提供更可靠、更相关的会计信息的，应当采用追溯调整法处理，根据会计政策变更累积影响数调整列报前期最早期初留存收益，其他相关项目的期初余额和列报前期披露的其他比较数据也应当一并调整，但确定该项会计政策变更累积影响数不切实可行的除外。

第八条　追溯调整法，是指对某项交易或事项变更会计政策，视同该项交易或事项初次发生时即采用变更后的会计政策，并以此对财务报表相关项目进行调整的方法。

第九条　会计政策变更累积影响数，是指按照变更后的会计政策对以前各期追溯计算的列报前期最早期初留存收益应有金额与现有金额之间的差额。

第十条　确定会计政策变更对列报前期影响数不切实可行的，应当从可追溯调整的最早期间期初开始应用变更后的会计政策。

第十一条　在当期期初确定会计政策变更对以前各期累积影响数不切实可行的情况下，应当采用未来适用法处理。

第十二条　未来适用法，是指将变更后的会计政策应用于变更日及以后发生的交易或者事项，或者在会计估计变更当期和未来期间确认会计估计变更影响数的方法。

第三章　由于会计估计变更引起的账务调整

第十三条　会计估计变更，是指由于资产和负债的当前状况及预期经济利益和义务发生了变化，从而对资产或负债的账面价值或者资产的定期消耗金额进行调整。会计估计变更的依据应当真实、可靠。

第十四条　对会计估计变更应采用未来适用法处理。

第十五条　会计估计变更仅影响变更当期的，其影响数应当在变更当期予以确认；既影响变更当期又影响未来期间的，其影响数应当在变更当期和未来期间予以确认。

第十六条　难以对某项变更区分为会计政策变更或会计估计变更的，应当将其作为会计估计变更处理。

第四章　由于前期差错更正引起的账务调整

第十七条　前期差错，是指由于没有运用或错误运用下列两种信息，而对前期财务报表造成省略、漏掉或错报：

1. 编报前期财务报表时预期能够取得并加以考虑的可靠信息；

2. 前期财务报告批准报出时能够取得的可靠信息。

第十八条　前期差错通常包括计算错误、应用会计政策错误、疏忽或曲解事实、舞弊产生的影响以及存货、固定资产盘盈等。

第十九条　应采用追溯重述法更正重要的前期差错，但确定前期差错累积影响数不切实可行的除外。

第二十条　追溯重述法，是指在发现前期差错时，视同该项前期差错从未发生过，从而对财务报表相关项目进行更正的方法。

第二十一条　确定前期差错影响数不切实可行的，可以从可追溯重述的最早期间开始调整留存收益的期初余额，财务报表其他相关项目的期初余额也应当一并调整，也可以采用未来适用法。

第二十二条　应在重要的前期差错发现当期的财务报表中，调整前期比较数据。

第五章　由于资产负债表日后事项引起的账务调整

第二十三条　资产负债表日后的时期是指年度资产负债表日至财务报告批准报出日这一时段。财务报告批准报出日是指董事会批准财务报告报出的日期，即批准的日期。

第二十四条　正确区分调整事项和非调整事项的关键是看这些事项的主要情况出现的时间。

1. 凡主要情况出现或存在于资产负债表日之前，而在日后时期获得新的或进一步的证据证实，即原因出现或存在于资产负债表日之前，结果出现在日后时期的应作为调整事项。

2. 凡主要情况的出现和结果均在日后时期发生的事项，如日后时期发生的巨额对外投资，日后时期所持证券市价严重下跌等，因其发生和影响结果均在日后时期，则属非调整事项，应在报表附注中披露。

第二十五条　对于应调整的日后事项，应当如同资产负债表所属期间发生的事项一样进行账务处理，并对已编制会计报表的相关项目进行调整。由于上年度的账目已经结转，损益类科目也已无余额，因此对日后事项的调整有其特殊之处。

1. 对财务报告年度来说只调表不调账，即对报告年度的资产负债表、利润表、现金流量表、报表附注以及相关附表的相关项目进行调整，但对账项的账簿记录不做调整，反映在日后时期所属年度的账户中。

2. 调整时的科目使用分几种情况：涉及损益事项的所有损益类科目均通过"以前年度损益调整"科目核算；涉及利润分配的事项，直接在"利润分配——未分配利润"科目核算；既不涉及损益又不涉及利润分配的事项，直接调整各相关科目。

3. 分录中损益类科目调整与报表中损益类项目的调整存在不一致现象，均在"以前年度损益调整"科目中反映。但在调整利润表时，则应分别调整主营业务收入、主营业务成本、所得税等项目。

第六章　由于税务稽查引起的账务调整

第二十六条　本年度错漏账目的调整

1. 本年度发生的错漏账目，只影响本年度的税收，应按正常的会计核算程序和会计制度，调整与本年度相关的账目，以保证本年度应交税费和财务成果核算真实、正确。

2. 对商品及劳务税、财产税和其他各税检查的账务调整，一般不需要计算分摊，凡查补本年度的商品及劳务税、财产税和其他税，只需按照会计核算程序，调整本年度相关的账户即可。但对增值税一般纳税人，应设立"应交税费——增值税检查调整"专门账户核算应补（退）的增值税。需要调减账面进项税额、调增销项税额和进项税额转出的数额的，借记有关科目，贷记本科目；凡检查后应调增账面进项税额、调减销项税额和进项税额转出数额的，做与上述相反分录。全部调账事项入账后，应结转出本账户的余额，并对该余额进行处理。

第二十七条　以前年度错漏账目的调整

对属于以前年度的错漏问题，一般在当年的"以前年度损益调整"科目、盘存类延续性账目及相关的对应科目进行调整。若检查期和结算期之间时间间隔较长的，可直接调整"以前年度损益调整"和相关的对应科目，盘存类延续性账目可不再调整，以不影响当年的营业利润。对查补（退）的以前年度增值税，为不致混淆当年度的欠税和留抵税额，应直接通过"应交税费——未交增值税"科目进行调整。

第七章　附　　则

第二十八条　本制度由财务部会同公司其他有关部门解释。

第二十九条　本制度配套办法由财务部会同公司其他有关部门另行制定。

第三十条　本制度自＿＿＿＿年＿＿＿月＿＿＿日起实施。

第五章

财务报表管理操作实务

第一节　财务报表及设计综述

为了规范财务报表的列报，保证同一企业不同期间和同一期间不同企业的财务报表相互可比，根据《企业会计准则——基本准则》，财政部制定了《企业会计准则第 30 号——财务报表列报》（简称本准则），自 2014 年 7 月 1 日起施行（2014 年 1 月 26 日财会〔2014〕7 号，财会〔2014〕3 号中的《企业会计准则第 30 号——财务报表列报》同时废止）。

一、财务报表种类的设计

财务报表是按照报表使用者的要求设计的，为了满足信息使用者的不同要求，在实际工作中，报表的种类繁多，可按不同的标志分类如下。

（一）按报表是否对外报送或公告分类

1．对外报表

对外报表是反映企业的财务状况和经营成果的报表，包括资产负债表、利润表、现金流量表、所有者权益（或股东权益，下同）变动表、附注等。

2．对内报表

对内报表是反映成本核算、日常管理和财务管理等情况的报表，这些报表没有固定名称，应视企业需要而定。

（二）按编制时间分类

1．定期报表

定期报表是指按年、季、月等定期编制的报表。

2．非定期报表

非定期报表是指在报表编制时间上不固定的报表。

（三）按反映内容不同分类

1．动态报表

动态报表是反映一定期间内资金耗费及收回情况的报表，如利润表。

2．静态报表

静态报表是反映一定时点上企业的资产、负债和所有者权益状况的报表，如资产负债表。

（四）按主次程度不同分类

（1）主表，如资产负债表、利润表、所有者权益变动表和现金流量表。

（2）附注。

（3）其他应当在财务会计报告中披露的相关信息和资料。

（五）按编制单位分类

（1）汇总财务报表。

（2）合并财务报表。

（3）分部财务报表。

二、财务报表设计的原则

（一）报表指标体系要完整

在设计财务报表指标时，既要设计静态指标，以反映某一时点的财务状况，又要设计动态指标，以反映某一时期的经营成果。按这些指标设计的报表，又称为静态报表、动态报表以及动态与静态结合报表。

（二）统一性和灵活性相结合

设计财务报表内容首先要满足国家宏观管理要求。我国企业会计准则对财务报表作了原则性规定，会计准则应用指南对财务报表格式、项目做了详细规定。这些规定在设计企业财务报表时必须严格遵守，同时企业又可根据实际需要，设计其他财务报表（主要为内部报表），以满足不同信息使用者的需要。

（三）简明易懂，便于编制

设计的财务报表应当清晰易懂、层次性强，并且便于编制。为此，财务报表应做到表首清晰明了，项目分类明确，会计信息力求客观、统一和连贯。

三、财务报表列报的基本要求

（一）依据各项会计准则确认和计量的结果编制财务报表

企业应当根据实际发生的交易和事项，遵循《企业会计准则——基本准则》（简称"基本准则"）各项具体会计准则及解释的规定进行确认和计量，并在此基础上编制财务报表。

企业应当在附注中对这一情况做出声明，只有遵循了企业会计准则的所有规定时，财务报表才应当被称为"遵循了企业会计准则"。同时，企业不应以在附注中披露代替对交易和事项的确认和计量，也就是说，企业采用的不恰当的会计政策，不得通过在附注中披露等其他形式予以更正，企业应当对交易和事项进行正确的确认和计量。

此外，如果按照各项会计准则规定披露的信息不足以让报表使用者了解特定交易或事项对企业财务状况、经营成果和现金流量的影响时，企业还应当披露其他的必要信息。

（二）编制基础

企业应当以持续经营为基础编制财务报表。持续经营是会计的基本前提，也是会计确认、计量及编制财务报表的基础。在编制财务报表的过程中，企业管理层应当全面评估企业的持续经营能力。企业管理层在对企业持续经营能力进行评估时，应当利用其所有可获得的信息，评估涵盖的期间应包括企业自资产负债表日起至少 12 个月，评估需要考虑的因素包括宏观政策风险、市场经营风险、企业目前或长期的盈利能力、偿债能力、财务弹性以及企业管理层改变经营政策的意向等。评价结果表明对持续经营能力产生重大怀疑的，企业应当在附注中披露导致对持续经营能力产生重大怀疑的影响因素以及企业拟采取的改善措施。

企业在评估持续经营能力时应当结合考虑企业的具体情况。通常情况下，如果企业过去每年都有可观的净利润，并且易于获取所需的财务资源，则对持续经营能力的评估易于判断，这表明企业以持续经营为基础编制财务报表是合理的，而无须进行详细的分析。反之，如果企业过去多年有亏损的记录等情况，则需要通过考虑更加广泛的，相关因素来做出评价，如目前和预期未来的获利能力、债务清偿计划、替代融资的潜在来源等。

企业如果存在以下情况之一，则通常表明其处于非持续经营状态：

（1）企业已在当期进行清算或停止营业；

（2）企业已经正式决定在下一个会计期间进行清算或停止营业；

（3）企业已确定在当期或下一个会计期间没有其他可供选择的方案而将被迫进行清算或停止营业。

企业处于非持续经营状态时，应当采用清算价值等其他基础编制财务报表，如破产企业的资产采用可变现净值计量、负债按照其预计的结算金额计量等。在非持续经营情况下，企业应当在附注中声明财务报表未以持续经营为基础列报、披露未以持续经营为基础的原因以及财务报表的编制基础。

（三）编制原则

除现金流量表按照收付实现制编制外，企业应当按照权责发生制编制其他财务报表。在采用权责发生制会计的情况下，当项目符合基本准则中财务报表要素的定义和确认标准时，企业就应当确认相应的资产、负债、所有者权益、收入和费用，并在财务报表中加以反映。

（四）列报的一致性

可比性是会计信息质量的一项重要质量要求，目的是使同一企业不同期间和同一期间不同企业的财务报表相互可比。财务报表项目的列报应当在各个会计期间保持一致，不得随意变更。这一要求不仅只针对财务报表中的项目名称，还包括财务报表项目的分类、排列顺序等方面。

在下列情况下，企业可以变更财务报表项目的列报：

（1）会计准则要求改变财务报表项目的列报；

（2）企业经营业务的性质发生重大变化或对企业经营影响较大的交易或事项发生后，变更财务报表项目的列报能够提供更可靠、更相关的会计信息。企业变更财务报表项目列报的，应当根据《企业会计准则第 30 号——财务报表列报》的有关规定提供列报的比较信息。

（五）依据重要性原则单独或汇总列报项目

关于项目在财务报表中是单独列报还是汇总列报，应当依据重要性原则来判断。总的原则是，如果某项目单个看不具有重要性，则可将其与其他项目汇总列报；如果具有重要性，则应当单独列报。企业应当遵循如下规定：

（1）性质或功能不同的项目，一般应当在财务报表中单独列报，但是不具有重要性的项目可以汇总列报。例如，存货和固定资产在性质上和功能上都有本质差别，必须分别在资产负债表上单独列报。

（2）性质或功能类似的项目，一般可以汇总列报，但是对其具有重要性的类别应该单独列报。例如，原材料、低值易耗品等项目在性质上类似，均通过生产过程形成企业的产品存货，因此可以汇总列报，汇总之后的类别统称"存货"，在资产负债表上单独列报。

（3）项目单独列报的原则不仅适用于报表，还适用于附注。某些项目的重要性程度不足以在资产负债表、利润表、现金流量表或所有者权益变动表中单独列示，但对附注却具有重要性，在这种情况下应当在附注中单独披露。例如，对某制造业企业而言，原材料、在产品、库存商品等项目的重要性程度不足以在资产负债表上单独列示，因此在资产负债表上汇总列示，但是鉴于其对该制造业企业的重要性，应当在附注中单独披露。

（4）《企业会计准则第 30 号——财务报表列报》规定在财务报表中单独列报的项目，企业应当单独列报。其他会计准则规定单独列报的项目，企业应当增加单独列报项目。

重要性是判断财务报表项目是否单独列报的重要标准。重要性是指在合理预期下，如果财务报表某项目的省略或错报会影响使用者据此做出经济决策的，则该项目就具有重要性。企业在进行重要性判断时，应当根据所处环境，从项目的性质和金额大小两方面予以判断：一方面，应当考虑该项目的性质是否属于企业日常活动，是否显著影响企业的财务状况、经营成果和现金流量等因素；另一方面，判断项目金额大小的重要性，应当通过单项金额占资产总额、负债总额、所有者权益总额、营业收入总额、营业成本总额、净利润、综合收益总额等直接相关或所属报表单列项目金额的比重加以确定。企业对于各个项目的重要性判断标准一经确定，不得随意变更。

（六）财务报表项目金额间的相互抵销

财务报表项目应当以总额列报，资产和负债、收入和费用、直接计入当期利润的利得项目和损失项目的金额不能相互抵销，即不得以净额列报，但企业会计准则另有规定的除外。例如，企业欠客户的应付款不得与其他客户欠本企业的应收款相抵销，否则就掩盖了交易的实质。再如，收入和费用反映了企业投入和产出之间的关系，是企业经营成果的两个方面，为了更好地反映经济交易的实质、考核企业经营管理水平以及预测企业未来现金流量，收入和费用不得相互抵销。

以下三种情况不属于抵销。

（1）一组类似交易形成的利得和损失以净额列示的，不属于抵销。例如，汇兑损益应当以净额列报，为交易目的而持有的金融工具形成的利得和损失应当以净额列报。但是，如果相关的利得和损失具有重要性，则应当单独列报。

（2）资产或负债项目按扣除备抵项目后的净额列示，不属于抵销。例如，资产计提的减值准备，实质上意味着资产的价值确实发生了减损，资产项目应当按扣除减值准备后的净额列示，这样才反映了资产当时的真实价值。

（3）非日常活动产生的利得和损失，以同一交易形成的收益扣减相关费用后的净额列示更能反映交易实质的，不属于抵销。非日常活动并非企业主要的业务，非日常活动产生的损益以收入扣减费用后的净额列示，更能有利于报表使用者的理解。例如，非流动资产处置形成的利得或损失，应当按处置收入扣除该资产的账面金额和相关销售费用后的净额列报。

（七）比较信息的列报

企业在列报当期财务报表时，至少应当提供所有列报项目上一个可比会计期间的比较数据，以及与理解当期财务报表相关的说明，目的是向报表使用者提供对比数据，提高信息在会计期间的可比性。列报比较信息的这一要求适用于财务报表的所有组成部分，即既适用于四张报表，也适用于附注。

通常情况下，企业列报所有列报项目上一个可比会计期间的比较数据，至少包括两期各报表及相关附注。当企业追溯应用会计政策或追溯重述或者重新分类财务报表项目时，按照《企业会计准则第 28 号——会计政策、会计估计变更和差错更正》等的规定，企业应当在一套完整的财务报表中列报最早可比期间期初的财务报表，即应当至少列报三期资产负债表、两期其他各报表（利润表、现金流量表和所有者权益变动表）及相关附注。其中，列报的三期资产负债表分别指当期期末的资产负债表、上期期末（当期期初）的资产负债表以及上期期初的资产负债表。

企业根据《企业会计准则第 30 号——财务报表列报》的规定确需变更财务报表项目列报的，应当至少对可比期间的数据按照当期的列报要求进行调整，并在附注中披露调整的原因和性质以及调整的各项目金额。但是，在某些情况下，对可比期间比较数据进行调整是不切实可行的。例如，企业在以前期间可能没有按照可以进行重新分类的方式收集数据，并且重新生成这些信息是不切实可行的，则企业应当在附注中披露不能调整的原因，以及假设金额重新分类可能进行的调整的性质。

关于企业变更会计政策或更正差错时要求的对比较信息的调整，由《企业会计准则第 28 号——会计政策、会计估计变更和差错更正》规范。

（八）财务报表表首的列报要求

财务报表通常与其他信息（如企业年度报告等）一起公布，企业应当将按照企业会计准则编制的财务报告与一起公布的同一文件中的其他信息相区分。

企业在财务报表的显著位置（通常是表首部分）应当至少披露下列基本信息。

（1）编报企业的名称。如果企业名称在所属当期发生了变更的，还应明确标明。

（2）对资产负债表而言，应当披露资产负债表日；对利润表、现金流量表、所有者权益变动表而言，应当披露报表涵盖的会计期间。

（3）货币名称和单位。按照我国企业会计准则的规定，企业应当以人民币作为记账本位币列报，并标明金额单位，如人民币元、人民币万元等。

（4）财务报表是合并财务报表的，应当予以标明。

（九）报告期间

企业至少应当按年编制财务报表。根据《中华人民共和国会计法》的规定，会计年度自公历 1 月 1 日起至 12 月 31 日止。因此，企业在编制年度财务报表时，可能存在年度财务报表涵盖的期间短于一年的情况，如企业在年度中间（如 3 月 1 日）开始设立等。在这种情况下，企业应当披露年度财务报表的实际涵盖期间及其短于一年的原因，并应当说明由此引起财务报表项目与比较数据不具可比性这一事实。

（十）单独列报的项目

《企业会计准则第 30 号——财务报表列报》规定在财务报表中单独列报的项目，应当单独列报。其他会计准则规定单独列报的项目，应当增加单独列报项目。

四、报表指标体系的设计

合理设计财务报表指标体系，是报表设计的核心任务。

（一）报表指标的分类

报表指标从总体上可分为动态指标和静态指标两大类，相应构成两类不同的财务报表，设计时应注意静态报表与动态报表的彼此配合，相辅相成，以便从不同角度提供会计信息。报表指标从用途和内容上，可分为以下几类。

1．资产类指标

资产类指标主要反映资源分布与资产结构，按流动性可分为流动资产、长期投资、固定资产、无形资产及其他资产。

2．负债类指标

负债是企业资金的来源之一，是反映企业到期应偿付的债务指标，按偿还期分为流动负债和长期负债。

3．所有者（股东）权益类指标

所有者权益也是企业资金的重要来源之一，是投资者对企业净资产的所有权，包括资本金、留存收益两部分。

4．成本类指标

成本类指标是反映企业生产耗费、归集生产成本的指标。

5．损益类指标

损益类指标是按权责发生制原则确认的各项收入与费用，是计算财务成果的依据。

6．现金流量类指标

现金流量类指标主要反映经济活动、投资活动和筹资活动产生的现金净流量。

（二）报表指标的设计要求

（1）要根据报表的用途、编制日期不同，设计不同的经济指标。报表指标要求集中、稳定、扼要，指标之间的关系要求严谨；内部报表的指标则要求及时、灵活、具体和便于计算。

（2）要根据报告期的长短和编报要求设计经济指标，报告期较短的指标可粗一些，报告期较长的指标可以详细一些。

（3）在设计指标体系时，还要分主次，规定主要报表指标和报表附表指标。

（4）在设计指标时，应注意报表指标间的钩稽平衡关系，以反映报表之间的关系，便于检查报表数据的正确性。

（5）指标体系内容要完整、明确。

五、报表会计岗位管理

请参阅如下相关文案范本。

报表会计岗位职责

	基本要求	相关说明
任职资格	1．学历：本科及以上学历，财务会计等相关专业 2．专业经验：一年以上相关岗位工作经验 3．个人能力：要求熟悉统计报表的填报规则，熟悉国家财经法律法规和税收政策及相关账务的处理方法	1．具有会计从业资格 2．具有较强的学习能力、执行能力，具有高度的责任心 3．容易与他人人沟通、交流，熟练使用财务软件

续表

职责内容	1. 每月按时核算企业经营活动成果，编制财务报表，为高层领导的经营决策提供依据 2. 定期分析企业各项经营指标的完成情况，管理费用、销售费用、财务费用的支出情况，税金的实现和上缴情况，为企业持续改进管理提供依据 3. 负责企业管理费用、销售费用、财务费用的明细核算与控制 4. 负责登记主营业务收入、主营业务成本、营业税金及附加明细账，并核对手工账与财务计算机账并保证一致 5. 负责汇总并装订转账凭证、每月的财务报表，以及企业会计档案的管理、归档工作 6. 参与编制企业内部控制相关制度文件 7. 按时完成领导交办的其他相关工作		
	考核说明		**结果应用**
考核指引	1. 考核频率：月度、年度 2. 考核主体：总账会计、会计经理 3. 考核指标：财务报告出现核算误差的项目及项目数、重要信息遗失情况（否决性指标）、统计报表出现系统认可外的统计误差率、财务报表编制与报送及时率		1. 考核结果作为薪酬发放依据 2. 考核得分低于2分者，将受到口头警告处分 3. 考核得分高于4分（含4分）者，将获得"月度优秀员工"的荣誉称号

文案范本

报表会计职务说明书

岗位名称：报表会计	员工姓名：	
所属部门：财务部	到任本职日期：	
工资级别范围：　等　级　至　　等　级	目前工资级别：	
薪酬类型：	岗位分析日期：	
岗位编号：	岗位定员：	现有人数：
直接上级：成本组组长	直接下属部门/岗位：	

岗位设置目的：

负责公司财务会计报告的编制、报送等日常管理工作和财务成果的核算工作，正确反映及核算财务成果，及时传递财务信息

职责与工作任务：

	职责描述：负责起草相关会计核算工作规范，指导会计基础规范化，以规范会计核算工作		工作时间百分比：10%
职责一	工作任务	根据企业会计准则等相关法律法规和公司基本财务制度，拟定会计基础规范化工作方案，起草会计核算工作规范	频次：偶尔
		指导其他岗位和二级单位会计基础规范化工作，检查会计规范化执行情况	频次：日常
		针对业务部门开展的新业务，提出会计业务的处理办法，解答财务人员的有关业务咨询	频次：日常

续表

		职责描述：负责编制财务报表、财务会计报告	工作时间百分比：40%
职责二	工作任务	按统一的会计制度正确核算财务成果	频次：日常
		根据经过审核的会计账簿记录和有关资料，编制会计报表和合并会计报表，负责编制财务情况说明书、会计报表附注，做到会计报表数据真实、计算准确、内容完整	频次：每月一次
		编写对外披露的季、中、年报中的会计报表附注	频次：每季一次
		负责报表的管理及归档工作	频次：日常
职责三		职责描述：负责按规定对外报送财务会计报告及财务报表，对相关方面提供财务数据	工作时间百分比：10%
	工作任务	按时向各上级及相关单位报送报表及资料	频次：每月一次
		向省发改委报送价格等相关报表及资料	频次：每月一次
		向上海证券交易所报送报表及相关资料	频次：定期
		向国家有关部门提供财务数据	频次：不定期
		向本公司监事会提供财务报表及相关资料，并说明、解释财务核算办法	频次：定期
		向公司内各车间及职能部门提供部分所需分析资料	频次：不定期
职责四		职责描述：负责目标利润的预测工作，分析利润完成情况	工作时间百分比：10%
	工作任务	进行目标利润预测工作，及时提出财务建议	频次：每年一次
		分析目标利润完成情况，分析利润增减变动原因，形成书面报告	频次：不定期
		对分析结果提出建议和措施，形成书面报告	频次：不定期
职责五		职责描述：会计档案管理	工作时间百分比：10%
	工作任务	对已审核的原始凭证、记账凭证、各类账簿、财务报表，以及辅助资料进行装订、整理、立卷和归档	频次：日常
		保管会计档案，按要求办理会计档案的借阅、归还登记	频次：日常
		定期移交会计档案	频次：定期
		定期对超过档案管理期限的会计凭证和有关辅助资料进行清理，并按规定登记销毁	频次：定期
职责六		职责描述：负责指导、检查二级单位及控股子公司报表编制工作	工作时间百分比：10%
	工作任务	对公司二级单位的会计核算工作进行指导	频次：日常
		指导和检查二级单位报表编制、会计档案管理工作	频次：不定期
		与二级单位沟通、协调、处理相关问题	频次：不定期
		检查控股子公司报表，收集控股子公司生产经营情况及其他资料	频次：日常
职责七		职责描述：负责配合会计师事务所进行财务会计报告的审计工作	工作时间百分比：5%
职责八		职责描述：完成上级交办的其他工作	工作时间百分比：5%

相关权限：

会计基础工作规范的拟定权

有权要求有关人员提供报表所需一切会计资料和其他资料

对有关人员提供的会计资料和其他资料的审核权

对费用列支不符合规定的，有权提出纠正意见

对非上级主管部门或与公司业务无关的单位要求提供财务会计报告有权拒绝

对公司各单位执行财务、税收等方面的规章制度、基础工作情况的检查权

对会计账目的调整权

本领域（专业）获取信息、知识的工具的使用权

学习、研究权和接受再教育、培训的权利

办公工具和劳动工具的使用权

相关事情的知情权

汇报关系：

以上职责，向成本组组长汇报

工作协作关系：

公司内部：部门

公司外部：税务局、银行等相关部门与单位

工作环境：

一般工作环境

使用工具设备：

一般办公自动化设备

工作时间特征：

正常工作时间，偶尔加班

任职资格：

最低学历要求：

- 大学本科

所需学校专业背景：

- 财务会计相关专业

所需工作经验：

- 2 年以上相关工作经验

所需资格证书：

- 会计从业资格证书
- 会计师
- 会计电算化初级资格证

所需培训的科目：

- 财务管理、税法、金融

所需熟悉的知识面：

- 会计、财务管理、金融、经济法、税法、法律

所需工作技能：

- 判断能力
- 计划与执行能力
- 目标设置能力
- 流程管理能力

- 解决问题能力
  - 人际沟通技巧
  - 书面/口头表达能力
  - 时间管理能力
  - 计算机网络运用能力
  - 熟练使用财务软件和办公软件

个人素质要求：

- 团队合作
- 适应能力
- 充满自信
- 创新精神
- 正直诚实
- 知识分享

六、财务报表格式的设计

由于各种财务报表的用途不同，其指标内容和指标体系有较大的差异，但各种报表的格式基本相同。在设计财务报表格式时，应有表头、正表和报表附注三部分。

（一）表头

表头的内容包括报表名称、编号、编制单位名称、报表的计量单位和编报时间。

1. 报表名称和编号

报表名称反映报表所提供指标的经济内容，如"资产负债表"为报表的名称；报表的编号则是反映报表在整个报表体系中的排列位置和重要度，如股份制企业中资产负债表为"会企01表"，表示股份制企业中，该报表为第一报表。在设计时要把报表名称和编号放在显著位置。

2. 编制单位名称

报表设计时应注明报表的编制单位名称，以便界定所提供会计信息的空间范围。

3. 报表的计量单位

设计报表应标明每张报表所用的计量单位，如元、仟元或吨、件等，便于使用者理解报表内容。

4. 编表时间

编表时间指报表的填制日期和所包括的会计期间，借以指明财务报表所提供的各项指标内容的时间范围。

（二）正表

正表的内容是指财务报表中的各项经济指标，用于反映某一报表所要揭示的会计信息。

（三）报表附注

报表附注又称报表的补充资料。设计报表的补充资料是为帮助理解报表的内容而对报表的有关项目所作的解释。附注所反映的内容有：采用的主要会计处理方法；会计方法变更的情况，变更的原因，变更后对财务状况和经营成果的影响；非常项目的说明；财务报表有关重要项目的明细资料等。

七、财务报告编制

《企业财务通则》第六十四条规定："企业应当按照有关法律、行政法规和国家统一的会计制度的规定，按时编制财务会计报告，经营者或者投资者不得拖延、阻挠。"

 文案范本

财务报告编制管理制度

第一章　总　　则

第一条　为了科学、有序地编制财务会计报告，确保完整、准确、及时地为公司外界财务会计报告使用者提供正确的财务信息，为公司内部经营管理人员的领导决策提供可靠依据，特制定本制度。

第二条　公司本部及所属子公司、分公司编制财务报告时，应遵守本制度。

第二章　财务报告的内容

第三条　财务报告主要包括会计报表、会计报表附注及财务情况说明书。

第四条　会计报表的种类及内容。

1. 按照编制时期分为月报、季报、半年报和年报。

2. 按照服务对象分为外部会计报表和内部会计报表。

3. 按是否反映子公司的情况分为个别会计报表和合并会计报表。

4. 向投资者、债权人和政府部门提供的外部会计报表主表包括资产负债表、利润表、现金流量表及所有者权益（或股东权益）变动表。

第五条　会计报表附注至少应当包括下列九项内容。

1. 不符合基本会计假设的说明。

2. 重要会计政策和会计估计及其变更情况、变更原因及其财务状况和经营成果的影响。

3. 或有事项和资产负债表日后事项的说明。

4. 关联方关系及其交易的说明。

5. 重要资产转让及其出售情况。

6. 企业合并、分立。

7. 重大投资、融资活动。

8. 会计报表中重要项目的明细资料。

9. 有助于理解和分析会计报表而需说明的其他事项。

第六条　财务情况说明书至少应当对公司财务状况和经营成果的下列情况给予说明。

1. 企业生产经营的基本情况。

2. 利润实现和分配情况。

3. 资金增减和周转情况。

4. 各项财产物资变动情况。

5. 影响各项指标完成情况的主要原因。

6. 报表调整事项和需要说明的事项。

7. 对企业财务状况、经营成果和现金流量有重大影响的其他事项。

第三章 会计报表的编制

第七条 财务部负责编制各类会计报表。在编制之前,财务部门人员根据《财务报告编制准备管理制度》布置、落实编制工作。

第八条 财务部会计人员按照国家统一的会计准则制度规定的会计报表格式和内容,根据登记完整、核对无误的会计账簿记录和其他有关资料编制会计报表,做到内容完整、数字真实、计算准确,不得漏报或者任意取舍。

第九条 会计报表附注和财务情况说明书应当按照企业会计准则的规定,对会计报表中需要说明的事项做出真实、完整、清楚的说明。

第十条 财务部会计人员通过人工分析或计算机信息系统检查会计报表之间、会计报表各项目之间的钩稽关系是否正确,重点校验以下项目。

1. 会计报表内有关项目的对应关系。

2. 会计报表中本期与上期有关数字的衔接关系。

3. 会计报表与附表之间的平衡及钩稽关系。

第十一条 公司发生合并、分立情形时,按照国家统一的会计准则制度的规定,做出恰当的会计判断,选择合理的会计处理方法,编制相应的财务报告。

第十二条 公司终止营业时,按照编制年度财务会计报告的要求全面清查资产、核实债务、进行结账,并编制财务报告;在清算期间,按照国家统一的会计制度规定编制清算期间的财务会计报告。

第四章 合并会计报表的编制

第十三条 公司对所属子公司编制合并会计报表。在编制之前,财务部将确定合并会计报表的编制范围、方法以及发生变更的情况,并提交董事会及审计委员会审议。

第十四条 确定合并会计报表编制范围后,对所属编制范围内子公司的会计核算执行如下规定。

1. 统一执行公司财务部制定的会计政策和财务会计制度。

2. 对母子公司内部之间业务往来的会计处理严格贯彻权责发生制原则,相关的账务处理必须符合公司财务会计制度的规定。

3. 按照公司规定的时间和统一设定的合并会计报表工作底稿格式及有关明细表报送相关资料。

第十五条 财务部的会计核算及合并报表执行如下规定。

1. 公司对子公司进行权益性资本投资时采用权益法进行核算,并以此编制个别会计报表,为编制合并会计报表提供基础数据。

2. 对于设立在境外的子公司以外币表示的会计报表,将其折算为人民币并以折算为人民币的会计报表编制合并会计报表。

3. 合并会计报表必须按规定编制工作底稿,编制抵销分录后计算合并数据,计入合并会计报表。

第十六条 合并会计报表的附注应说明以下事项。

1. 纳入合并会计报表范围的公司名称、业务性质、母公司的持股比例。

2. 纳入合并会计报表的各公司财务数据的增减变动情况。

3. 未纳入合并会计报表范围的各公司。

4. 当母子公司会计政策不一致时在合并会计报表中的处理方法。

5. 其他事项。

第五章　附　则

第十七条　本制度由财务部制定,解释权、修改权归财务部。

第十八条　本制度自总裁审批之日起实施,修改时亦同。

文案范本

年度财务报告编制方案

一、年度财务报告构成

本公司年度财务会计报告由会计报表、会计报表附注和财务情况说明书组成。

1. 对外提供的会计报表包括资产负债表、利润表、现金流量表、所有者权益变动表等。

2. 对内提供的会计报表包括银行存款收支月报表、成本月报表、债权债务明细表等,内部财务报表的设计、编制、报送需经财务总监批准。

二、年度财务报告编制要求

(一)财务报表必须遵循的原则

1. 数字真实、计算准确、内容完整、说明清楚、编报及时;

2. 各种报表、项目之间的钩稽关系必须对应、准确;

3. 本期报表与上期报表之间的有关数据必须相互衔接;

4. 报表如发现错误应及时更正,除本公司留存报表外,还应同时通知接受报表的公司和个人。

(二)财务部必须按税务机关、银行及其他相关部门的要求报送财务报表

三、年度财务报告编制方法

(一)资产负债表的编制方法

1. 资产项目应根据资产类账户借方期末余额填列,负债及所有者权益类项目应根据负债类账户和所有者权益类账户的期末贷方余额填列。

2. 资产负债表上各项目均需同时填列年初和年末数。年初数是根据资产负债表上的期末数填列,年末数是根据本年年末各科目的余额填列,也可直接根据工作底稿中的资产负债表栏内各项目的金额填列。

(二)利润表的编制方法

1. 利润表的"本月数"栏反映各项目的本月实际发生额,根据各有关账户的本月发生额填列。在编制年度报表时填列上年全年累计发生数,并将"本月数"栏改成"上年数"栏。

2. "本年累计数栏"反映各项目年初至本月末止的累计实际发生额,应根据各有关账户的累计发生额分别填列。

(三)现金流量表的编制方法

1. 工作底稿法

① 将资产负债表的期初数和期末数过入工作底稿的期初数栏和期末数栏。

② 对当期业务进行分析并编制调整分录。

③ 将调整分录过入工作底稿中的相应部分。

④ 核对调整分录,借贷合计应当相等,资产负债表项目期初数加减调整分录中的借贷金额以后,应当等于期末数。

⑤ 根据工作底稿中的现金流量表项目部分编制正式的现金流量表。

2．T形账户法

① 为所有的非现金项目分别开设 T 形账户，并将各自的期末期初变动数过入各该科目。

② 开设一个大的"现金及现金等价物"T 形账户。

③ 以利润表项目为基础，结合资产负债表分析每一个非现金项目的增减变动，并据此编制调整分录。

④ 将调整分录过入各 T 形账户，并进行核对。

⑤ 根据大的"现金及现金等价物"T 形账户编制正式现金流量表。

四、年度财务报告会计调整政策

1．年度财务报告会计调整政策包括会计政策变更、会计估计变更、前期差错更正和资产负债表日后事项。

2．公司按照国家法律、行政法规和会计制度的要求，或者在特定情况下按照会计制度的规定对以上内容做调整必须经过审计委员会和董事会审议通过。

五、年度财务报告的各项计提方案

年度财务报告的计提方案包括：

1．对或有负债的计提；

2．对应收账款计提坏账准备；

3．长期股权投资减值准备；

4．非流动资产减值准备。

六、年度财务报告披露政策

年度财务报告披露的内容：

1．会计政策、会计估计变更和差错更正；

2．金融工具所产生的收益和风险信息；

3．关联方交易的披露；

4．分部信息的披露。

七、年度财务报告的时间要求

1．公司必须按照法律、行政法规的规定，每年在 2 月 15 日之前颁布年度财务报告。

2．资产负债表、利润表按月编制，现金流量表和利润分配表等表按年编制，各种附表和财务状况说明书按年报表的要求编制。

3．财务报告提供的信息有较强的时间性，财务部应及时编制和报送。

文案范本

年度财务报告编制流程

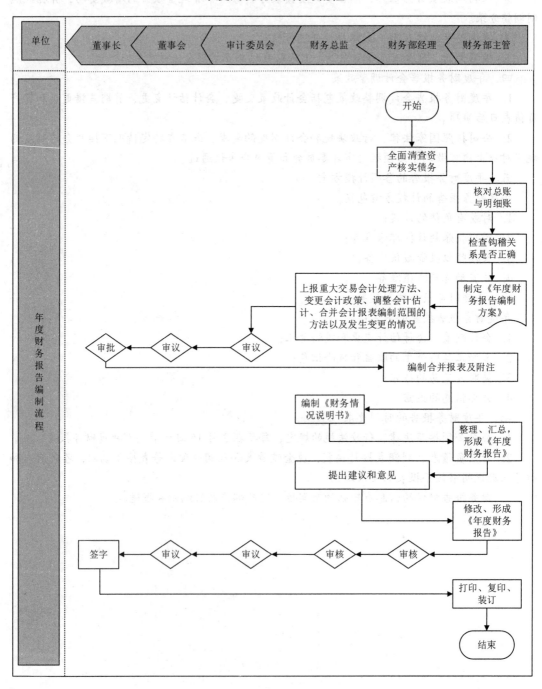

文案范本

财务报告编制工作流程

工作目标	知识准备	关键点控制	细化执行	流程图
按规定、按时、准确地编制企业财务会计报告	1. 了解企业财务会计报告的编制原则 2. 掌握企业财务会计报告的三大组成部分及其编制规定	**1. 账务处理** 财务部根据《企业会计准则》《股份有限公司会计制度》《会计基础工作规范》等规定对本公司的经济业务进行账务处理	《财务会计报告管理制度》	
		2. 全面清查资产、核实债务 在编制财务会计报告前，财务部应当按照相关规定，全面清查资产、核实债务	《财务会计报告管理制度》	1. 账务处理
		3. 核对总账与明细账 财务部根据《会计基础工作规范》对总账与明细账的科目余额进行仔细地核对，做到账账相符	《财务会计报告管理制度》	2. 全面清查资产、核实债务
		4. 编制会计报表及附注	《财务会计报告管理制度》	3. 核对总账与明细账
		4.1 财务部根据公司总账、明细账、会计科目余额、业务收支计算表等资料，按规定编制本公司的会计报表及附注	公司会计报表	4. 编制会计报表及附注
		4.2 本公司下属单位财务部应按《企业财务会计报告条例》编制本单位会计报表、会计报表附注及财务情况说明书，及时报送本公司财务部	下属单位会计报表	5. 编制合并会计报表及附注
		5. 编制合并会计报表及附注 财务部根据上述本公司、下属各单位的会计报表，按《合并会计报表暂行规定》等相关规定编制以本公司为母公司的合并会计报表及附注	《合并会计报表暂行规定》合并会计报表	6. 编写财务情况说明书
		6. 编写财务情况说明书 财务部按《企业财务会计报告条例》《股份有限公司会计制度》编写财务情况说明书	《财务会计报告管理制度》	7. 形成财务会计报告 8. 呈交相关领导审批
		7. 形成财务会计报告 综合公司会计报表及附注，以本公司为母公司的企业集团合并会计报表及附注、财务情况说明书，从而形成本公司的财务会计报告	中期或年度财务报告书	9. 打印、复印、装订、存档 10. 报送财务会计报告

工作目标	知识准备	关键点控制	细化执行	流程图
		8. 呈交相关领导审批 财务部将形成的财务会计报告呈报公司相关领导审批，并签字确认	中期或年度财务报告书	
		9. 打印、复印、装订、存档 财务部打印、复印财务会计报告，按规定装订、加盖相关印章，并将财务会计报告存档保管	中期或年度财务报告书	
		10. 报送财务会计报告 财务部按规定（年报经审计后）将财务会计报告报送有关领导及相关单位（如工商、税务、银行等单位），以供相关单位或人员按规定使用财务会计报告	中期或年度财务报告书	

文案范本

财务报告编制实施流程

业务流程	序号	责任部门/人	配合/支持部门	不相容职责	监督检查方法	相关制度
1. 进行财务报告编制准备工作	1	财务部			检查财务报表编制准备工作是否符合相关要求	《财务报告编制准备规范》
2. 上报重大交易会计处理方法	2	财务部		审核审批	检查重大交易会计处理方法是否符合相关要求	《财务报告编制管理制度》
3. 上报会计政策变更和会计估计调整	3	财务部		审核审批	检查会计政策变更和会计估计调整是否符合相关要求	《财务报告编制管理制度》
4. 上报合并会计报表编制范围及变更方法以及发生变更的情况	4	财务部		审核审批	检查合并会计报表编制范围及变更是否符合要求	《财务报告编制管理制度》
5. 编制会计报表及附注	5	财务部		审核审批	检查会计报表附注是否符合相关要求	《财务报告编制管理制度》
6. 编制财务情况说明书	6	财务部		审核审批	检查财务情况说明书是否经过相应审核审批	《财务报告编制管理制度》
7. 编制财务报告终稿并上报	7	财务部		审核审批	检查财务报告终稿是否存在问题	《财务报告编制管理制度》
8. 审核审批	8	总经理		报表编制	检查财务报告终稿是否经过审批	《财务报告编制管理制度》

文案范本

财务报告编制准备流程

业务流程	序号	责任部门/人	配合/支持部门	不相容职责	监督检查方法	相关制度
1. 财务部经理制订财务报告编制方案	1	财务部		审核审批	检查财务报表编制方案是否经财务总监审核	《财务报告编制准备规范》
2. 会计进行账项调整并上报	2	财务部		审核审批	检查账项调整是否符合相关要求	《财务报告编制准备规范》
3. 资产管理部经理组织进行清产核债	3	资产管理部		审核审批	检查清查资产、核实债务的工作是否彻底	《财务报告编制准备规范》
4. 财务部经理组织编制工作底稿	4	财务部		审核审批	检查财务报表工作底稿是否符合相关要求	《财务报告编制准备规范》
5. 会计进行对账和查账	5	财务部			检查会计账目是否账账相符	《财务报告编制准备规范》
6. 会计结账	6	财务部		审核审批	检查会计结账是否符合相关要求	《财务报告编制准备规范》

文案范本

财务报告编制准备控制流程

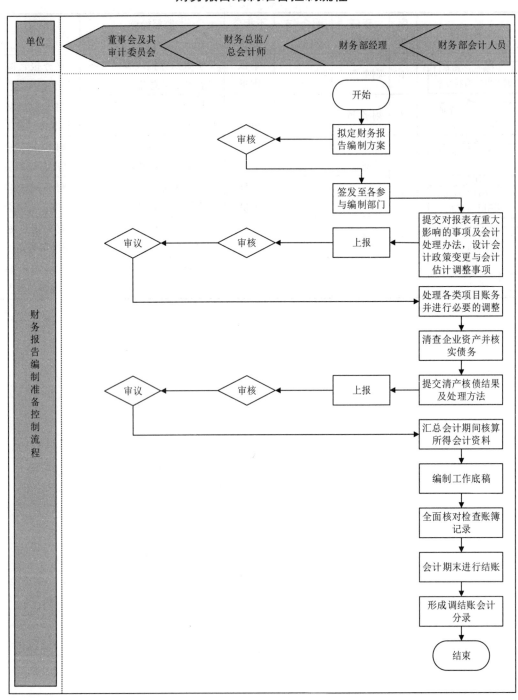

文案范本

年度财务报告编制流程

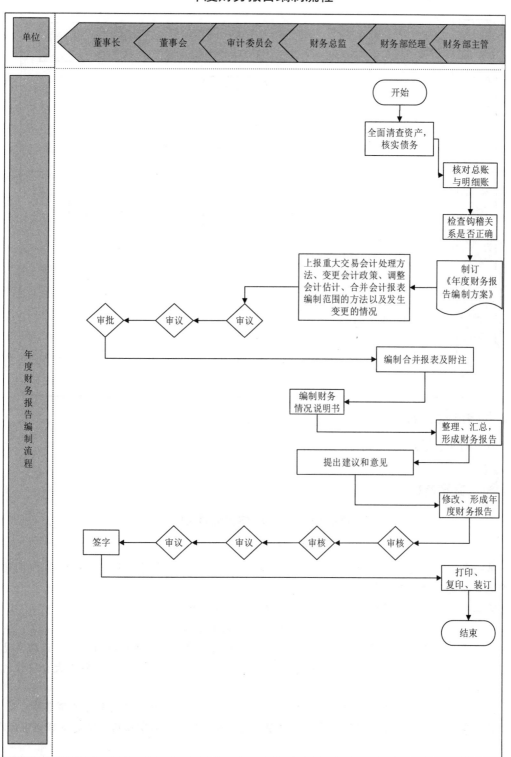

年度财务报告方案编制流程

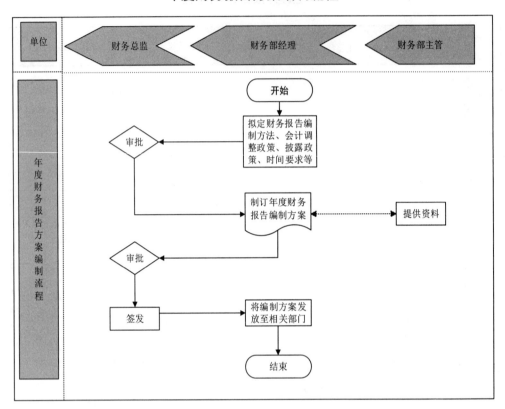

八、财务报告报送

请参阅如下相关文案范本。

财务报告报送与披露管理制度

第一章 总 则

第一条 为规范本企业的财务报告报送及披露工作,确保所有财务报告使用者同时、同质、公平地获取企业的经营信息,特制定本制度。

第二条 本制度适用于财务报告报送和披露工作的控制。

第二章 审计财务报告

第三条 企业财务部根据董事会和审计委员会对上年度会计师事务所的评价、选聘意见,确定本年度会计师事务所选聘标准和程序,报董事会及审计委员会审议,需经股东大会决议的,报经股东大会批准。

第四条 根据审议通过后的选聘标准和程序确定进行财务报告审计的会计师事务所。

第五条 会计师事务所制订审计工作方案,经财务总监、总裁审核后,提交董事会审计委员会审议。

第六条 企业本部、子公司、分公司财务部及有关部门，按照企业的相关规定和财务报表审计工作方案，配合会计师事务所做好审计工作，及时研究审计查出的问题。

第七条 会计师事务所出具初步审计意见交由企业财务总监和总裁审阅。财务总监及总裁及时与负责审计的注册会计师就有关意见进行沟通。沟通情况及初步审计意见交经财务总监、总裁签字确认后，提交董事会及审计委员会审议。

第八条 审计委员会审议会计师事务所正式出具的审计报告，评价本年度会计师事务所的审计工作情况，提出下一年度会计师事务所的选聘意见，审议、评价及选聘意见报送董事会审批。

第三章 报送、披露财务报告

第九条 经审计后，企业月度财务报告于月度终了后 6 日内对外提供；季度财务报告于季度终了后 15 日内对外提供；半年度中期财务报告于年度中期结束后 60 日内对外提供；年度财务报告于年度终了后 4 个月内对外提供；各子公司的各类报表均于次月 4 日前完成并报送财务部。

第十条 根据《中华人民共和国证券法》的规定，企业在规定时间内向国务院证券监督管理机构和证券交易所提交记载以下内容的年度报告，并予以公告。

1. 企业概括。
2. 企业财务会计报告和经营情况。
3. 董事、监事、经理、有关高级管理人员的简介及其持股情况。
4. 已发行的股票、债券情况，包括持有本企业股份最多的前 10 名股东的名单和持股数额。
5. 国务院证券监督管理机构规定的其他事项。

第十一条 企业对外提供的财务会计报告依次编订页数，加具封面，装订成册，加盖公章。封面上注明企业名称、企业统一代码、组织形式、地址、报表所属年度或者月份、报出日期，并由总裁、财务总监、会计师事务所负责人签字、盖章。

第十二条 企业向有关各方提供的财务报告，其编制基础、编制依据、编制原则和方法一致。不得提供上述事项不一致的财务报告。

第十三条 企业内部财务报表属于本企业的商业秘密，非经财务总监批准，一律不得对外提供；企业内部的使用人员由财务总监确定名单。

第四章 附 则

第十四条 本制度由财务部制定，解释权、修订权归属财务部。

第十五条 本制度自总裁审批之日起实施，修订时亦同。

文案范本

财务报告报送与披露控制流程

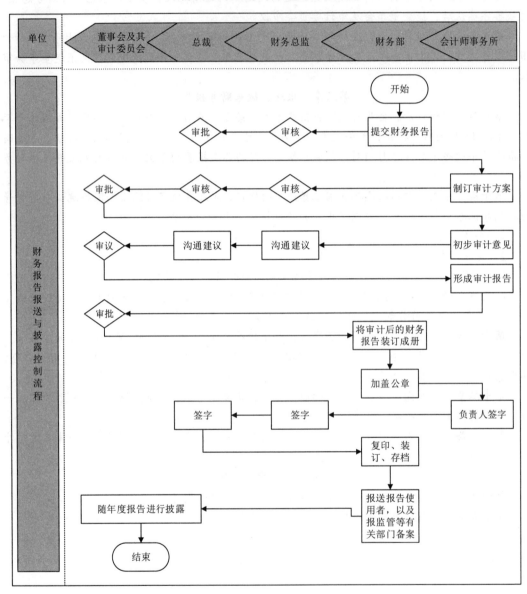

九、财务舞弊和造假行为投诉举报

请参阅如下相关文案范本。

文案范本

财务舞弊和造假行为投诉举报制度

第一章　总　则

第一条　为规范财务工作人员的职业行为，维护公司经济利益，确保会计信息真实准确，充分发挥员工的监督作用，杜绝财务舞弊和造假行为，特制定本制度。

第二条　财务舞弊的界定。

本制度所指的财务舞弊和造假主要是指故意的、有目的的、有预谋的、有针对性的财务造假和欺诈行为，相关人员通过舞弊行为获得不公平或非法的利益。

第三条　本制度适用于公司各职能部门及各子（分）公司所有员工。

第二章　财务舞弊和造假内容及方式

第四条　利用伪造与虚构进行财务舞弊。

1. 伪造、变造记录或凭证，隐匿或套改凭证，如发票造假、伪造单据、虚开和伪造增值税专用发票等。

2. 虚构业务、记录虚假的交易或事项。

第五条　利用计算机舞弊。

盗用公司计算机密码进行隐蔽的程序修改或暗藏程序，扰乱计算机程序，使其达到不法目的。

第六条　关联方交易舞弊。

利用关联方交易掩饰亏损，虚构利润，并且不在报表及附注中按规定做恰当充分的披露。

第七条　用不当的会计政策和会计估计舞弊。

选用不当的借款费用核算方法、股权投资核算方法，不当的合并政策、折旧方法、收入费用确认方法及选用不当的减值准备计提方法等。

第八条　掩饰交易或事实舞弊。

公司相关人员通过利用会计报表项目掩饰交易或事实真相，或者在报表附注中不完全披露交易真相。

第九条　财务部及其他部门相关人员在从事编制财务报告和信息披露工作时，有虚假记载、误导性陈述或重大遗漏等其他舞弊行为。

第十条　公司有关人员授意、指使、强令编制虚假或者隐瞒重要事实的财务报告。

第十一条　高级管理层或董事会成员在财务方面的其他不当行为。

第三章　投举报及处理程序

第十二条　公司启用反财务舞弊投诉举报电子邮箱为＿＿＿＿＿＿；启动反财务舞弊投诉举报匿名热线为＿＿＿＿＿＿＿＿。

第十三条　反财务舞弊投诉举报邮箱及匿名热线对公司内外公布，接受来自公司内部员工及与公司有相关联供应商/代理公司/固定客户的投诉、举报事宜，并配置专人对于投诉、举报的案件进行妥善的记录及保管。相关人员收到举报材料后3个工作日内，应将举报材料转交至受理部门。

第十四条　对于投诉、举报的案件，按照投诉人或被举报人在公司的岗位，公司中层以下管理人员由公司办公室/人力资源部直接调查处理，并经公司董事会及其审计委员会审批后予以处理。公司中层以上（含）管理人员由董事会及其审计委员会直接调查处理。

第十五条 公司对于任何投诉、举报，均采取保密措施，防范投诉人或举报人的人身、利益不受侵害。

1. 妥善保管和使用举报材料，不得私自摘抄、复制、扣压、销毁。

2. 严禁泄露举报人的姓名、部门、住址等情况；严禁将举报情况透露给被举报人或有可能对举报人产生不利后果的其他部门和员工。

3. 调查核实情况时，不得出示举报材料原件或复印件，不得暴露举报人的身份。

4. 对匿名的举报书信材料及电话录音，不得鉴定笔迹和声音。

第四章 附 则

第十六条 本制度由财务部会同公司其他有关部门解释。

第十七条 本制度配套办法由财务部会同公司其他有关部门另行制定。

第十八条 本制度自____年____月____日起实施。

十、会计师事务所选聘

请参阅如下相关文案范本。

 **文案范本**

会计师事务所选聘实施细则

第一章 总 则

第一条 目的

为了规范公司会计师事务所选聘（包括续聘和改聘，下同）行为，根据中国证监会的相关规定，制定本细则。

第二条 公司选聘进行财务报告审计等业务的会计师事务所，需遵照本细则的规定。

第二章 会计师事务所资质要求

第三条 公司选聘的会计师事务所应满足下列条件：

1. 取得财政部和中国证监会认可的"从事证券相关业务资格"；

2. 具有独立的法人资格；

3. 质量控制制度和内部管理制度健全；

4. 熟悉国家有关财务会计方面的法律、法规、规章和政策；

5. 拥有完成审计任务和确保审计质量的注册会计师；

6. 认真执行有关财务审计的法律、法规、规章和政策规定；

7. 具有良好的社会声誉和执业质量记录；

8. 最近3年未受到与证券期货业务相关的行政处罚；

9. 中国证监会规定的其他条件。

第三章 选聘会计师事务所流程及管理

第四条 公司选聘会计师事务所应经审计委员会审核后，报经董事会审议。公司不得在董事会审议前聘请会计师事务所开展审计活动。

第五条 审计委员会负责向董事会提交选聘会计师事务所的议案。审计委员会在选聘会计师事务所时承担的职责如下：

1. 审查应聘会计师事务所的资格；

2. 根据需要对拟聘会计师事务所调研；

3. 负责《审计业务约定书》履行情况的监督检查工作；

4. 处理选聘会计师事务所工作中的投诉事项；

5. 处理选聘会计师事务所工作的其他事项。

第六条　选聘会计师事务所可采用的方式

1. 公开选聘，指公司公开邀请具备执业资格、符合公司要求的所有会计师事务所参加竞聘的方式。

2. 邀请选聘，指公司邀请两个（含两个）以上具备特定条件的会计师事务所参加竞聘的方式。

3. 单一选聘，指审计委员会邀请某个具备规定资质条件的会计师事务所参加选聘。

第七条　选聘会计师事务所的一般程序

1. 审计委员会提出选聘会计师事务所的资质条件及要求，并通知财务部审计专员开展前期准备、调查、资料整理等工作。

2. 审计专员可以通过审阅相关会计师事务所执业质量资料、查阅公开信息或者向证券监管、财政、审计等部门及注册会计师协会查询等方式，调查有关会计师事务所的执业质量、诚信情况。

3. 参加选聘的会计师事务所应在规定时间内，将相关资料报送审计委员会指定的工作部门进行初步审查、整理，工作部门形成书面报告后提交审计委员会。

4. 审计委员会应对是否聘请相关会计师事务所形成书面审核意见。审计委员会审核同意聘请相关会计师事务所的，应提交董事会审议；审计委员会认为相关会计师事务所不符合公司选聘要求的，应说明原因。

5. 董事会对审计委员会审核同意的选聘会计师事务所议案进行审议，如获通过，公司应及时进行信息披露。

6. 公司与选聘的会计师事务所签订《审计业务合同》，聘期一年，可以续聘。

7. 受聘的会计师事务所应当按照《审计业务合同》的规定履行义务，在规定时间内完成审计任务。

第八条　审计委员会在续聘下一年度会计师事务所时，应对会计师完成本年度审计工作情况及其执业质量做出全面、客观的评价。

第九条　审计委员会达成肯定性意见的，提交董事会审议；形成否定性意见的，应改聘会计师事务所。

第四章　改聘会计师事务所的特别规定

第十条　审计委员会在审核改聘会计师事务所提案时，应约见前任和拟聘请的会计师事务所，对拟聘请的会计师事务所的执业质量情况认真调查，对双方的执业质量做出合理评价，并在对改聘理由的充分性做出判断的基础上发表审核意见。审计委员会审核同意改聘会计师事务所的，公司应在将相关议案提交董事会审议十个工作日前，向证券监管部门书面报备拟更换会计师事务所的理由、拟聘任会计师事务所名单及相关资料，并提供审计委员会书面意见和会议记录。

第十一条　董事会审议改聘会计师事务所议案时，独立董事应当明确发表意见。

第十二条　董事会审议通过改聘会计师事务所议案后书面通知前任会计师事务所和拟聘请的会计师事务所参会。前任会计师事务所可以在股东大会上陈述自己的意见，董事会应为前任会计师事务所在股东大会上陈述意见提供便利条件。

第十三条　除会计师事务所执业质量出现重大缺陷，审计人员和时间安排难以保障公司按期披露年度报告以及会计师事务所要求终止对公司的审计业务等情况外，公司不得在年报审计期间改聘执行年报审计业务的会计师事务所。

第十四条 公司拟改聘会计师事务所的，应在董事会决议公告中详细披露解聘会计师事务所的原因、被解聘会计师事务所的陈述意见、审计委员会和独立董事意见、最近一期年度财务报告的审计报告意见类型、公司是否与会计师事务所存在重要意见不一致的情况及具体内容、审计委员会对拟聘请会计师事务所执业质量的调查情况及审核意见、拟聘请会计师事务所近3年受到行政处罚的情况、前后任会计师事务所的业务收费情况等。

第十五条 会计师事务所主动要求终止对公司的审计业务的，审计委员会应向相关会计师事务所详细了解原因，并向董事会做出书面报告。公司按照上述规定履行改聘程序。

第十六条 审计委员会应对选聘的会计师事务所监督检查，其检查结果应涵盖在年度审计评价意见中。

1. 有关财务审计的法律、法规和政策的执行情况。

2. 有关会计师事务所选聘的标准、方式和程序是否符合国家和证券监督管理部门的有关规定。

3. 《审计业务约定书》的履行情况。

4. 其他应当监督检查的内容。

第十七条 审计委员会发现选聘会计师事务所存在违反本制度及相关规定并造成严重后果的，应及时报告董事会，并按以下规定进行处理：

1. 根据情节严重程度，由董事会对公司相关责任人予以通报批评；

2. 经股东大会决议，解聘会计师事务所造成的违约经济损失由直接责任人员承担；

3. 情节严重的，对相关责任人员给予相应的经济处罚或纪律处分。

第十八条 承担审计业务会计师事务所有下列行为之一且情节严重的，经董事会决议，公司不再选聘其承担审计工作：

1. 将所承担的审计项目分包或转包给其他机构的；

2. 审计报告不符合审计工作要求，存在明显审计质量问题的。

第十九条 依据本章规定实施的相关处罚，董事会应及时报告证券监管部门。

第五章 附　　则

第二十条 本细则由财务部会同公司其他有关部门负责解释。

第二十一条 本细则自＿＿＿年＿＿＿月＿＿＿日起实施。

十一、财务会计报告制度

请参阅如下相关文案范本。

财务会计报告制度

1. 目的

为了规范公司财务会计报告，保证财务会计报告的真实、完整，切实发挥财务报告在企业管理中的作用，为公司对下属产业经营考核提供考核依据，根据《企业会计准则》，结合本公司管理需要，特制定本制度。

2. 适用范围

适用于公司本部及所属分公司。

3. 管理规定

3.1 财务会计报告的构成。

财务会计报告分为快报，年度、半年度财务会计报告，季度和月度财务会计报告。

3.1.1 快报。

快报是企业每月在正式编制会计报表前，所提供的主要财务指标完成情况报告。通过快报可以及时地了解公司本月生产经营的完成情况，正确地采取有效措施，解决生产经营的问题。

（1）集团所属公司每月1日上午（节假日不顺延）必须将快报以电传和电子信箱形式上报集团公司财务部。不得迟报、漏报、谎报、瞒报，报表内的指标不得缺项，各项数据要真实、准确，与正式报表不得有较大误差。

（2）集团公司汇总快报，必须每月4日前报出，要保证各项数据的完整性、合理性。同时，要对快报进行简单的分析，以便向领导和有关部门提供合理的决策依据。

3.1.2 年度、半年度财务会计报告。

（1）年度、半年度财务会计报告应当包括会计报表、会计报表附注、财务情况说明书。

（2）会计报表应当包括资产负债表、利润表、现金流量表、所有者权益变动表及相关附表以及集团公司为管理需要增加的有关报表。

3.1.3 季度、月度财务会计报告。

季度、月度财务会计报告通常仅指会计报表，会计报表至少应当包括资产负债表和利润表。国家统一的会计制度规定季度、月度财务会计报告需要编制会计报表附注的，从其规定。

3.2 各项报表的编写要求。

年度、半年度财务会计报告至少应当反映两个年度或者相关两个期间的比较数据。

3.2.1 资产负债表。

资产负债表是反映企业在某一特定日期财务状况的报表。资产负债表应当按照资产、负债和所有者权益（或者股东权益，下同）分类分项列示。其中，资产、负债和所有者权益的定义及列示应当遵循下列规定：

（1）资产，是指过去的交易、事项形成并由企业拥有或者控制的资源，该资源预期会给企业带来经济利益。在资产负债表上，资产应当按照其流动性分类分项列示，包括流动资产和非流动资产。非银行金融机构的各项资产有特殊性的，按照其性质分类分项列示。

（2）负债，是指过去的交易、事项形成的现时义务，履行该义务预期会导致经济利益流出企业。在资产负债表上，负债应当按照其流动性分类分项列示，包括流动负债和非流动负债等。非银行金融机构的各项负债有特殊性的，按照其性质分类分项列示。

（3）所有者权益，是指所有者在企业资产中享有的经济利益，其金额为资产减去负债后的余额。在资产负债表上，所有者权益应当按照实收资本（或者股本）资本公积、盈余公积、未分配利润等项目分项列示。

3.2.2 利润表。

利润表是反映企业在一定会计期间经营成果的报表。利润表应当按照各项收入、费用以及构成利润的各个项目分类分项列示。其中，收入、费用和利润的定义及列示应当遵循下列规定：

（1）收入，是指企业在销售商品、提供劳务及让渡资产使用权等日常活动中所形成的经济利益的总流入。收入不包括为第三方或者客户代收的款项。在利润表上，收入应当按照其重要性分项列示。

（2）费用，是指企业为销售商品、提供劳务等日常活动所发生的经济利益的流出。在利润表上，费用应当按照其性质分项列示。

（3）利润，是指企业在一定会计期间的经营成果。在利润表上，利润应当按照营业利润、利润总额和净利润等利润的构成分类分项列示。

3.2.3 现金流量表。

现金流量表是反映企业一定会计期间现金和现金等价物（简称现金）流入和流出的报表。现金流量表应当按照经营活动、投资活动和筹资活动的现金流量分类分项列示。其中，经营活动、投资活动和筹资活动的定义及列示应当遵循下列规定：

（1）经营活动，是指企业投资活动和筹资活动以外的所有交易和事项。在现金流量表上，经营活动的现金流量应当按照其经营活动的现金流入和流出的性质分项列示；非银行金融机构的经营活动按照其经营活动特点分项列示。

（2）投资活动，是指企业长期资产的购建和不包括在现金等价物范围内的投资及其处置活动。在现金流量表上，投资活动的现金流量应当按照其投资活动的现金流入和流出的性质分项列示。

（3）筹资活动，是指导致企业资本及债务规模和构成发生变化的活动。在现金流量表上，筹资活动的现金流量应当按照其筹资活动的现金流入和流出的性质分项列示。

3.2.4 会计报表附注。

会计报表附注是为便于会计报表使用者理解会计报表的内容而对会计报表的编制基础、编制依据、编制原则和方法及主要项目等所作的解释。会计报表附注至少应当包括下列内容：

（1）不符合基本会计假设的说明。

（2）重要会计政策和会计估计及其变更情况、变更原因及其对财务状况和经营成果的影响。

（3）或有事项和资产负债表日后事项的说明。

（4）关联方关系及其交易的说明。

（5）重要资产转让及其出售情况。

（6）企业合并、分立。

（7）重大投资、融资活动。

（8）会计报表中重要项目的明细资料。

（9）有助于理解和分析会计报表需要说明的其他事项。

3.2.5 财务情况说明书。

财务情况说明书至少应当对下列情况做出说明：

（1）企业生产经营的基本情况。

（2）利润实现和分配情况。

（3）资金增减和周转情况。

（4）对企业财务状况、经营成果和现金流量有重大影响的其他事项。

3.3 财务会计报告的编制。

3.3.1 编制时间。

企业应当于年度终了编报年度财务会计报告。国家统一的会计制度规定企业应当编报半年度、季度和月度财务会计报告的，从其规定。

3.3.2 编制的基本原则。

（1）企业编制财务会计报告，应当根据真实的交易、事项以及完整、准确的账簿记录等资料，并按照国家统一的会计制度规定的编制基础、编制依据、编制原则和方法。

企业不得违反国家统一的会计制度规定，随意改变财务会计报告的编制基础、编制依据、编制原则和方法。

（2）任何组织或者个人不得授意、指使、强令企业违反国家统一的会计制度规定，改变财务会计报告的编制基础、编制依据、编制原则和方法。

（3）企业应当依照国家统一的会计制度规定，对会计报表中各项会计要素进行合理的确认和计量，不得随意改变会计要素的确认和计量标准。

（4）企业应当依照有关法律、行政法规和《企业会计准则》规定的结账日进行结账，不得提前或者延迟。年度结账日为公历年度每年的 12 月 31 日；半年度、季度、月度结账日分别为公历年度每半年、每季、每月的最后一天。

3.3.3　编制前的准备工作。

（1）全面清查资产、核实债务。企业在编制年度财务会计报告前，应当按照下列规定，全面清查资产、核实债务：

款项，包括应收款项、应付款项、应交税费等是否存在，与债务、债权单位的相应债务、债权金额是否一致。

在产品、自制半成品、库存商品等各项存货的实存数量与账面数量是否一致，是否有报废损失和积压物资等。

投资是否存在，投资收益是否按照国家统一的会计制度规定进行确认和计量。

建筑物、机器设备、运输工具等各项固定资产的实存数量与账面数量是否一致。

工程的实际发生额与账面记录是否一致。

清查、核实的其他内容。

企业通过前款规定的清查、核实，查明财产物资的实存数量与账面数量是否一致、各项结算款项的拖欠情况及其原因、材料物资的实际储备情况、各项投资是否达到预期目的、固定资产的使用情况及其完好程度等。

企业清查、核实后，应当将清查、核实的结果及其处理办法向企业的董事会或者相应机构报告，并根据国家统一的会计制度的规定进行相应的会计处理。

企业应当在年度中间根据具体情况，对各项财产物资和结算款项进行重点抽查、轮流清查或者定期清查。

（2）在编制财务会计报告前，除应当全面清查资产、核实债务外，还应当完成下列工作：

核对各会计账簿记录与会计凭证的内容、金额等是否一致，记账方向是否相符。

依照《企业会计准则》规定的结账日进行结账，结出有关会计账簿的余额和发生额，并核对各会计账簿之间的余额。

检查相关的会计核算是否按照国家统一的会计制度的规定进行。

对于国家统一的会计制度没有规定统一核算方法的交易、事项，检查其是否按照会计核算的一般原则进行确认和计量以及相关账务处理是否合理。

检查是否存在因会计差错、会计政策变更等原因需要调整前期或者本期相关项目。

在前款规定工作中发现问题的，应当按照国家统一的会计制度的规定进行处理。

3.3.4　会计报告的编写。

（1）编制年度和半年度财务会计报告时，对经查实后的资产、负债有变动的，应当按照资产、负债的确认和计量标准进行确认和计量，并按照国家统一的会计制度的规定进行相应的会计处理。

（2）应当按照国家统一的会计制度规定的会计报表格式和内容，根据登记完整、核对无误的会计账簿记录和其他有关资料编制会计报表，做到内容完整、数字真实、计算准确，不得漏报或者任意取合。

（3）会计报表之间、会计报表各项目之间，凡有对应关系的数字，应当相互一致；会计报表中本期与上期的有关数字应当相互衔接。

（4）会计报表附注和财务情况说明书应当按照本制度和国家统一的会计制度的规定，对会计报表中需要说明的事项做出真实、完整、清楚地说明。

（5）企业发生合并、分立情形的，应当按照国家统一的会计制度的规定编制相应的财务会计报告。

（6）企业终止营业的，应当在终止营业时按照编制年度财务会计报告的要求全面清查资产、核实债务、进行结账，并编制财务会计报告；在清算期间，应当按照国家统一的会计制度的规定编制清算期间的财务会计报告。

3.4 财务报告报送时间及使用制度。

3.4.1 上述报告报公司财务部三份，本部门经理一份，本部门其他人使用报告由本部门经理提供或经本部门经理同意后分管财务主管提供，月报次月6日前报公司财务部及本部门经理，半年报告于次月10日前报公司财务部及本部经理，年报于次月15日前报公司财务部及本部门经理，以上报告报送时间遇节假日前推一天。

3.4.2 报送总裁、董事会报告由公司财务部审核编报。

3.4.3 对外报告本着简化、适用、前后期口径统一、合法原则报出，财务分析仅供内部管理使用，不得对外提供。

3.4.4 违规责任。

（1）报告编报人对报告质量负责，报告有重大差错、遗漏，给予报告编制人元以下____元以上罚款。

（2）无异常原因，报告编报人未按规定时间报送报告，给予报告编制人____元以下____元以上罚款。

（3）报告编报人未按规定向规定人以外人员提供报告，违反保密制度，给予报告提供人____元以下元以上罚款。对公司造成不良影响及损失的给予行政处罚，性质严重的移交司法机关处理。

十二、企业违反财务会计报告制度的法律责任

《企业财务通则》第七十四条规定："企业和企业负有直接责任的主管人员和其他人员不按本通则第六十四条、第六十五条规定编制、报送财务会计报告等材料的，县级以上主管财政机关可以依照《公司法》《企业财务会计报告条例》的规定予以处罚。"

根据《企业财务通则》有关信息管理的规定，企业应当按照法律、行政法规和国家统一的会计制度的规定，按时编制财务会计报告；企业不得在报送的财务会计报告等材料上作虚假记载或者隐瞒重要事实，企业提供年度财务会计报告应当依法经过会计师事务所审计。因此，企业编报财务会计报告，要遵循及时、真实、全面、依法审计等要求，违反这些法定要求的，企业和企业负有直接责任的主管人员和其他人员应当承担相应的责任。

有关企业编报财务会计报告违法行为法律责任的规定，主要体现在《公司法》与《企业财务会计报告条例》中。《公司法》第二百零三条规定：公司在依法向有关主管部门提供的财务会计报告等材料上作虚假记载或者隐瞒重要事实的，由有关主管部门对直接负责的主管人员和其他直接责任人员处以3万元以上30万元以下的罚款。

《企业财务会计报告条例》第三十九条和第四十条对企业编报财务会计报告中的一些违规情形做出了规定，主要包括：

（1）随意改变会计要素的确认和计量标准；

（2）随意改变财务会计报告的编制基础、编制依据、编制原则和方法；

（3）提前或者延迟结账日结账；

（4）在编制年度财务会计报告前，未按规定全面清查资产、核实债务；

（5）拒绝财政部门和其他有关部门对财务会计报告依法进行的监督检查，或者不如实提供有关情况；

（6）企业编制、对外提供虚假的或者隐瞒重要事实的财务会计报告。对于企业的上述行为，财政部门可以责令限期改正，并对企业及相关人员处以一定金额的罚款。

第二节　对外报表的设计

一、资产负债表

《企业会计准则——基本准则》第四十五条规定：“资产负债表是指反映企业在某一特定日期的财务状况的会计报表。”

（一）资产负债表的格式（见表5-1）

表5-1　资产负债表

会企01表

编制单位：　　　　　　　　　年　月　日　　　　　　　　　　单位：元

资　产	期末余额	年初余额	负债和所有者权益（或股东权益）	期末余额	年初余额
流动资产：			流动负债：		
货币资金			短期借款		
交易性金融资产			交易性金融负债		
应收票据			应付票据		
应收账款			应付账款		
预付款项			预收款项		
应收利息			应付职工薪酬		
应收股利			应交税费		
其他应收款			应付利息		
存货			应付股利		
一年内到期的非流动资产			其他应付款		
其他流动资产			一年内到期的非流动负债		
流动资产合计			其他流动负债		
非流动资产：			流动负债合计		
可供出售金融资产			非流动负债：		
持有至到期投资			长期借款		
长期应收款			应付债券		

资　　产	期末余额	年初余额	负债和所有者权益（或股东权益）	期末余额	年初余额
长期股权投资			长期应付款		
投资性房地产			专项应付款		
固定资产			预计负债		
在建工程			递延所得税负债		
工程物资			其他非流动负债		
固定资产清理			非流动负债合计		
生产性生物资产			负债合计		
油气资产			所有者权益（或股东权益）：		
无形资产			实收资本（或股本）		
开发支出			资本公积		
商誉			减：库存股		
长期待摊费用			盈余公积		
递延所得税资产			未分配利润		
其他非流动资产			所有者权益（或股东权益）合计		
非流动资产合计					
资产总计			负债和所有者权益（或股东权益）总计		

（二）资产负债表列示说明

（1）本表反映企业一定日期全部资产、负债和所有者权益的情况。

（2）本表"年初余额"栏内各项数字，应根据上年末资产负债表"期末余额"栏内所列数字填列。如果上年度资产负债表规定的各个项目的名称和内容同本年度不相一致，应对上年年末资产负债表各项目的名称和数字按照本年度的规定进行调整，填入本表"年初余额"栏内。

（3）本表"期末余额"栏内各项数字，应当根据资产、负债和所有者权益期末情况填列。

1）"货币资金"项目，反映企业期末持有的库存现金、银行存款和其他货币资金等总额。

2）"交易性金融资产""应收票据""应收账款""预付款项""应收利息""应收股利""其他应收款""存货""可供出售金融资产""持有至到期投资""长期应收款""长期股权投资""投资性房地产""固定资产""在建工程""工程物资""固定资产清理""生产性生物资产""油气资产""无形资产""开发支出""商誉""长期待摊费用""递延所得税资产""其他非流动资产"等项目，反映企业期末持有的相应资产的账面余额扣减累计折旧（折耗）、累计摊销、累计减值准备后的账面价值。

3）"存货"项目还反映建造承包商的"工程施工"期末余额大于"工程结算"期末余额的差额。

4）"代理业务资产"减去"代理业务负债"后的余额也在"存货"项目反映。

5）企业待摊费用有期末余额的，应在"预付款项"项目中反映。

6）"一年内到期的非流动资产"项目，反映长期应收款、持有至到期投资、长期待摊费用等资产中将于一年内到期或摊销完毕的部分。

7）"其他非流动资产"项目，反映企业期末持有的"衍生工具""套期工具""被套期项目"等。

8）融资租赁出租方以及分期收款销售且实质上具有融资性质的"长期应收款"项目，反映扣减相应的"未实现融资收益"后的净额（折现值）。

9）有公益性生物资产的企业，应增设"公益性生物资产"项目，列在"生产性生物资产"项目之后。

10）"短期借款""交易性金融负债""应付票据""应付账款"、　"预收款项""应付职工薪酬""应交税费""应付利息""应付股利""其他应付款""其他流动负债""长期借款""应付债券""长期应付款""专项应付款""递延所得税负债""预计负债"等项目，通常反映企业期末尚未偿还的各项负债的账面余额。

11）"应付账款"项目还反映建造承包商的"工程施工"期末余额小于"工程结算"期末余额的差额。

12）企业预提费用有期末余额的，应在"预收款项"项目中反映。

13）"一年内到期的非流动负债"项目，反映长期应付款、长期借款、应付债券、预计负债等负债中将于一年内到期的部分。

14）"其他流动负债"项目，反映企业期末持有的"衍生工具""套期工具""被套期项目"以及"递延收益"中将于一年内到期的部分等。

15）"长期应付款"项目，反映企业除长期借款、应付债券外的其他各种长期应付款项。其中，融资租赁承租方以及分期付款购买固定资产且实质上具有融资性质的，反映扣减相应的"未实现融资费用"后的净额（折现值）。

16）"实收资本（或股本）""资本公积""库存股""盈余公积""未分配利润"等项目，通常应反映企业期末持有的接受投资者投入企业的实收资本、企业收购的尚未转让或注销的本公司股份金额、从净利润中提取的盈余公积余额等。

17）以人民币以外的货币作为记账本位币的企业，可以增设"外币报表折算差额"项目，列在"未分配利润"项目之后。

二、利润表

《企业会计准则——基本准则》第四十六条指出："利润表是指反映企业在一定会计期间的经营成果的会计报表。"

（一）利润表格式（见表 5-2）

表 5-2　利润表

会企 02 表

编制单位：　　　　　　　　　　　年　月　　　　　　　　　　单位：元

项　　目	本期金额	上期金额
一、营业收入		
减：营业成本		
营业税金及附加		
销售费用		
管理费用		
财务费用		
资产减值损失		

续表

项　目	本期金额	上期金额
加：公允价值变动收益（损失以"–"号填列）		
投资收益（损失以"–"号填列）		
其中：对联营企业和合营企业的投资收益		
二、营业利润（亏损以"–"号填列）		
加：营业外收入		
其中：非流动资产处置利得		
减：营业外支出		
其中：非流动资产处置损失		
三、利润总额（亏损总额以"–"号填列）		
减：所得税费用		
四、净利润（净亏损以"–"号填列）		
五、其他综合收益的税后净额		
（一）以后不能重分类进损益的其他综合收益		
1. 重新计量设定受益计划净负债或净资产的变动		
2. 权益法下在被投资单位不能重分类进损益的其他综合收益中享有的份额		
……		
（二）以后将重分类进损益的其他综合收益		
1. 权益法下在被投资单位以后将重分类进损益的其他综合收益中享有的份额		
2. 可供出售金融资产公允价值变动损益		
3. 持有至到期投资重分类为可供出售金融资产损益		
4. 现金流量套期损益的有效部分		
5. 外币财务报表折算差额		
……		
六、综合收益总额		
七、每股收益		
（一）基本每股收益		
（二）稀释每股收益		

（二）利润表列示说明

（1）本表反映企业在一定期间内利润（亏损）的实现情况。

（2）本表"上期金额"栏内各项数字，应根据上期利润表"本期金额"栏内所列数字填列。如果上期利润表规定的各个项目的名称和内容同本期不相一致，应对上期利润表各项目的名称和数字按本期的规定进行调整，填入本表"上期金额"栏内。

（3）本表"本期金额"栏内各项数字一般应当反映以下内容：

1）"营业收入"项目，反映企业经营主要业务和其他业务所确认的收入总额。

2）"营业成本"项目，反映企业经营主要业务和其他业务发生的实际成本总额。

3）"营业税金及附加"项目，反映企业经营业务应负担的营业税、消费税、城市维护建设税、资源税、土地增值税和教育费附加等。

4）"销售费用"项目，反映企业在销售商品过程中发生的包装费、广告费等费用和为销售本企业商品而专设的销售机构的职工薪酬、业务费等经营费用。

5）"管理费用"项目，反映企业为组织和管理生产经营发生的管理费用。

6）"财务费用"项目，反映企业筹集生产经营所需资金等而发生的筹资费用。

7）"资产减值损失"项目，反映企业各项资产发生的减值损失。

8）发生勘探费用的企业，应在"管理费用"和"财务费用"项目之间增设"勘探费用"项目。

9）"公允价值变动收益"项目，反映企业交易性金融资产、交易性金融负债，以及采用公允价值模式计量的投资性房地产等公允价值变动形成的应计入当期损益的利得或损失。

10）"投资收益"项目，反映企业以各种方式对外投资所取得的收益。其中，"对联营企业和合营企业的投资收益"项目，反映采用权益法核算的对联营企业和合营企业投资在被投资单位实现的净损益中应享有的份额（不包括处置投资形成的收益）。

11）"营业外收入""营业外支出"项目，反映企业发生的与其经营活动无直接关系的各项收入和支出。其中，处置非流动资产损失，应当单独列示。

12）"所得税费用"项目，反映企业根据所得税准则确认的应从当期利润总额中扣除的所得税费用。

13）综合收益的列报。综合收益，是指企业在某一期间除与所有者以其所有者身份进行的交易之外的其他交易或事项所引起的所有者权益变动。

综合收益总额项目反映净利润和其他综合收益扣除所得税影响后的净额相加后的合计金额。

其他综合收益，是指企业根据其他会计准则规定未在当期损益中确认的各项利得和损失。

企业应当以扣除相关所得税影响后的净额在利润表上单独列示各项其他综合收益项目，并且其他综合收益项目应当根据其他相关会计准则的规定分为下列两类列报。

① 以后会计期间不能重分类进损益的其他综合收益项目。主要包括：

第一，重新计量设定受益计划净负债或净资产导致的变动。根据《企业会计准则第 9 号——职工薪酬》，有设定受益计划形式离职后福利的企业应当将重新计量设定受益计划净负债或净资产导致的变动计入其他综合收益，并且在后续会计期间不允许转回至损益。

第二，按照权益法核算的在被投资单位不能重分类进损益的其他综合收益变动中所享有的份额。根据《企业会计准则第 2 号——长期股权投资》，投资方取得长期股权投资后，应当按照应享有或应分担的被投资单位其他综合收益的份额，确认其他综合收益，同时调整长期股权投资的账面价值。投资单位在确定应享有或应分担的被投资单位其他综合收益的份额时，该份额的性质取决于被投资单位的其他综合收益的性质，即如果被投资单位的其他综合收益属于"以后会计期间不能重分类进损益"类别，则投资方确认的份额也属于"以后会计期间不能重分类进损益"类别。

② 以后会计期间在满足规定条件时将重分类进损益的其他综合收益项目。主要包括：

第一，按照权益法核算的在被投资单位可重分类进损益的其他综合收益变动中所享有的份额。根据《企业会计准则第 2 号——长期股权投资》，投资方取得长期股权投资后，应当按照应享有或应分担的被投资单位其他综合收益的份额，确认其他综合收益，同时调整长期股权投资的账面价值。如果被投资单位的其他综合收益属于"以后会计期间在满足规定条件时将重分类进损益"类别，则投资方确认的份额也属于"以后会计期间在满足规定条件时将重分类进损益"类别。

第二，可供出售金融资产公允价值变动形成的利得或损失、持有至到期投资重分类为可供出售金融资产形成的利得或损失。根据《企业会计准则第 22 号——金融工具确认和计量》，可供出售金融资产公允价值变动形成的利得或损失，除减值损失和外币货币性金融资产形成的汇兑差额外，应当直接计入所有者权益（其他综合收益），在该金融资产终止确认时转出，计入当期损益；根据金融工具确认和计量准则规定将持有至到期投资重分类为可供出售金融资产的，在重分类日，该投资的账面价值与其公允价值之间的差额计入所有者权益（其他综合收益），在该可供出售金融资产发生减值或终止确认时转出，计入当期损益。

第三，现金流量套期工具产生的利得或损失中属于有效套期的部分。根据《企业会计准则第 24 号——套期保值》，现金流量套期利得或损失中属于有效套期的部分，应当直接确认为所有者权益（其他综合收益）；属于无效套期的部分，应当计入当期损益。对于前者，套期保值准则规定在一定的条件下，将原直接计入所有者权益中的套期工具利得或损失转出，计入当期损益。

第四，外币财务报表折算差额。根据《企业会计准则第 19 号——外币折算》，企业对境外经营的财务报表进行折算时，应当将外币财务报表折算差额在资产负债表中所有者权益项目下单独列示（其他综合收益）；企业在处置境外经营时，应当将资产负债表中所有者权益项目下列示的、与该境外经营相关的外币报表折算差额，自所有者权益项目转入处置当期损益，部分处置境外经营的，应当按处置的比例计算处置部分的外币财务报表折算差额，转入处置当期损益。

第五，根据相关会计准则规定的其他项目。例如，根据《企业会计准则第 3 号——投资性房地产》，自用房地产或作为存货的房地产转换为以公允价值模式计量的投资性房地产在转换日公允价值大于账面价值部分计入其他综合收益；待该投资性房地产处置时，将该部分转入当期损益等。

14）"基本每股收益"和"稀释每股收益"项目，应当反映根据每股收益准则的规定计算的金额。

三、现金流量表

现金流量，是指现金和现金等价物的流入和流出。一般来说，现金流入大于流出反映了企业现金流量的积极现象和趋势。现金流量信息能够表明企业经营状况是否良好，资金是否紧缺，企业偿付能力大小，从而为投资者、债权人、企业管理者等提供非常有用的信息。

必须注意的是，会计上所说的现金通常指企业的库存现金，而现金流量表中的"现金"不仅包括"库存现金"账户核算的库存现金，还包括企业"银行存款"账户核算的存入金融企业、可以随时用于支付的存款，也包括"其他货币资金"账户核算的银行汇票存款、银行本票存款、信用卡存款、信用证保证金存款和存出投资款等其他货币资金。

现金流量表，是反映企业一定会计期间现金和现金等价物流入和流出的报表。

现金流量表格式分别一般企业、商业银行、保险公司、证券公司等企业类型予以规定。企业应当根据其经营活动的性质，确定本企业适用的现金流量表格式。

政策性银行、信托投资公司、租赁公司、财务公司、典当公司应当执行商业银行现金流量表格式规定，如有特别需要，可以结合本企业的实际情况，进行必要调整和补充。

担保公司应当执行保险公司现金流量表格式规定，如有特别需要，可以结合本企业的实际情况，进行必要调整和补充。

资产管理公司、基金公司、期货公司应当执行证券公司现金流量表格式规定，如有特别需要，可以结合本企业的实际情况，进行必要调整和补充。

（一）现金流量表格式（见表 5-3）

表 5-3　现金流量表

会企 03 表

编制单位：　　　　　　　　　　年　月　　　　　　　　　　　单位：元

项　目	本期金额	上期金额
一、经营活动产生的现金流量：		
销售商品、提供劳务收到的现金		
收到的税费返还		
收到其他与经营活动有关的现金		
经营活动现金流入小计		
购买商品、接受劳务支付的现金		
支付给职工以及为职工支付的现金		
支付的各项税费		
支付其他与经营活动有关的现金		
经营活动现金流出小计		
经营活动产生的现金流量净额		
二、投资活动产生的现金流量：		
收回投资收到的现金		
取得投资收益收到的现金		
处置固定资产、无形资产和其他长期资产收回的现金净额		
处置子公司及其他营业单位收到的现金净额		
收到其他与投资活动有关的现金		
投资活动现金流入小计		
购建固定资产、无形资产和其他长期资产支付的现金		
投资支付的现金		
取得子公司及其他营业单位支付的现金净额		
支付其他与投资活动有关的现金		
投资活动现金流出小计		
投资活动产生的现金流量净额		
三、筹资活动产生的现金流量：		
吸收投资收到的现金		
取得借款收到的现金		
收到其他与筹资活动有关的现金		
筹资活动现金流入小计		
偿还债务支付的现金		
分配股利、利润或偿付利息支付的现金		
支付其他与筹资活动有关的现金		
筹资活动现金流出小计		
筹资活动产生的现金流量净额		

续表

项　目	本期金额	上期金额
四、汇率变动对现金及现金等价物的影响		
五、现金及现金等价物净增加额		
加：期初现金及现金等价物余额		
六、期末现金及现金等价物余额		

（二）现金流量表附注

现金流量表附注适用于一般企业、商业银行、保险公司、证券公司等各类企业。

（1）现金流量表补充资料披露格式。企业应当采用间接法在现金流量表附注中披露将净利润调节为经营活动现金流量的信息（见表5-4）。

表5-4　现金流量表补充资料的披露

补充资料	本期金额	上期金额
1. 将净利润调节为经营活动现金流量：		
净利润		
加：资产减值准备		
固定资产折旧、油气资产折耗、生产性生物资产折旧		
无形资产摊销		
长期待摊费用摊销		
处置固定资产、无形资产和其他长期资产的损失（收益以"－"号填列）		
固定资产报废损失（收益以"－"号填列）		
公允价值变动损失（收益以"－"号填列）		
财务费用（收益以"－"号填列）		
投资损失（收益以"－"号填列）		
递延所得税资产减少（增加以"－"号填列）		
递延所得税负债增加（减少以"－"号填列）		
存货的减少（增加以"－"号填列）		
经营性应收项目的减少（增加以"－"号填列）		
经营性应付项目的增加（减少以"－"号填列）		
其他		
经营活动产生的现金流量净额		
2. 不涉及现金收支的重大投资和筹资活动：		
债务转为资本		
一年内到期的可转换公司债券		
融资租入固定资产		
3. 现金及现金等价物净变动情况：		
现金的期末余额		
减：现金的期初余额		

续表

补充资料	本期金额	上期金额
加：现金等价物的期末余额		
减：现金等价物的期初余额		
现金及现金等价物净增加额		

（2）企业应当按表5-5所示的格式披露当期取得或处置子公司及其他营业单位的有关信息。

表5-5　企业当期取得或处置子公司及其他营业单位有关信息的披露

项　　目	金　　额
一、取得子公司及其他营业单位的有关信息：	
1. 取得子公司及其他营业单位的价格	
2. 取得子公司及其他营业单位支付的现金和现金等价物	
减：子公司及其他营业单位持有的现金和现金等价物	
3. 取得子公司及其他营业单位支付的现金净额	
4. 取得子公司的净资产	
流动资产	
非流动资产	
流动负债	
非流动负债	
二、处置子公司及其他营业单位的有关信息：	
1. 处置子公司及其他营业单位的价格	
2. 处置子公司及其他营业单位收到的现金和现金等价物	
减：子公司及其他营业单位持有的现金和现金等价物	
3. 处置子公司及其他营业单位收到的现金净额	
4. 处置子公司的净资产	
流动资产	
非流动资产	
流动负债	
非流动负债	

（3）现金和现金等价物的披露格式如表5-6所示。

表5-6　现金和现金等价物的披露

项　　目	本期金额	上期金额
一、现金		
其中：库存现金		
可随时用于支付的银行存款		
可随时用于支付的其他货币资金		
可用于支付的存放中央银行款项		
存放同业款项		
拆放同业款项		

项　目	本期金额	上期金额
二、现金等价物		
其中：三个月内到期的债券投资		
三、期末现金及现金等价物余额		
其中：母公司或集团内子公司使用受限制的现金和现金等价物		

四、所有者权益变动表

《企业会计准则第 30 号——财务报表列报》（2014 年 1 月 26 日修订，自 2014 年 7 月 1 日起在所有执行企业会计准则的企业范围内施行）第三十五条规定："所有者权益变动表应当反映构成所有者权益的各组成部分当期的增减变动情况。综合收益和与所有者（或股东，下同）的资本交易导致的所有者权益的变动，应当分别列示。

与所有者的资本交易，是指企业与所有者以其所有者身份进行的、导致企业所有者权益变动的交易。"

（一）所有者权益变动表的格式（见表 5-7）

（二）所有者权益变动表列示说明

（1）本表反映企业年末所有者权益（或股东权益）变动的情况。本表应在一定程度上体现企业综合收益的特点，除列示直接计入所有者权益的利得和损失外，同时包含最终属于所有者权益变动的净利润。

（2）本表各项目应当根据当期净利润、直接计入所有者权益的利得和损失项目、所有者投入资本和提取盈余公积、向所有者分配利润等情况分析填列。

五、会计报表附注

《企业会计准则第 30 号——财务报表列报》第三十七条规定："附注是对在资产负债表、利润表、现金流量表和所有者权益变动表等报表中列示项目的文字描述或明细资料，以及对未能在这些报表中列示项目的说明等。"

（一）附注披露的基本要求

《企业会计准则第 30 号——财务报表列报》规定：

"第三十八条　附注应当披露财务报表的编制基础，相关信息应当与资产负债表、利润表、现金流量表和所有者权益变动表等报表中列示的项目相互参照。

第三十九条　附注一般应当按照下列顺序至少披露：

（一）企业的基本情况。

1. 企业注册地、组织形式和总部地址。

2. 企业的业务性质和主要经营活动。

3. 母公司以及集团最终母公司的名称。

4. 财务报告的批准报出者和财务报告批准报出日，或者以签字人及其签字日期为准。

5. 营业期限有限的企业，还应当披露有关其营业期限的信息。

（二）财务报表的编制基础。

表5-7 所有者权益变动表

编制单位：

年度

会企 04 表

单位：元

项 目	本年金额						上年金额					
	实收资本（或股本）	资本公积	减：库存股	盈余公积	未分配利润	所有者权益合计	实收资本（或股本）	资本公积	减：库存股	盈余公积	未分配利润	所有者权益合计
一、上年年末余额												
加：会计政策变更												
前期差错更正												
二、本年年初余额												
三、本年增减变动金额（减少以"—"号填列）												
（一）净利润												
（二）直接计入所有者权益的利得和损失												
1. 可供出售金融资产公允价值变动净额												
2. 权益法下被投资单位其他所有者权益变动的影响												
3. 与计入所有者权益项目相关的所得税影响												
4. 其他												
上述（一）和（二）小计												
（三）所有者投入和减少资本												
1. 所有者投入资本												
2. 股份支付计入所有者权益的金额												
3. 其他												
（四）利润分配												
1. 提取盈余公积												

续表

项　　目	本年金额						上年金额					
	实收资本（或股本）	资本公积	减：库存股	盈余公积	未分配利润	所有者权益合计	实收资本（或股本）	资本公积	减：库存股	盈余公积	未分配利润	所有者权益合计
2. 对所有者（或股东）的分配												
3. 其他												
（五）所有者权益内部结转												
1. 资本公积转增资本（或股本）												
2. 盈余公积转增资本（或股本）												
3. 盈余公积弥补亏损												
4. 其他												
四、本年年末余额												

（三）遵循企业会计准则的声明。企业应当声明编制的财务报表符合企业会计准则的要求，真实、完整地反映了企业的财务状况、经营成果和现金流量等有关信息。

（四）重要会计政策和会计估计。重要会计政策的说明，包括财务报表项目的计量基础和在运用会计政策过程中所做的重要判断等。重要会计估计的说明，包括可能导致下一个会计期间内资产、负债账面价值重大调整的会计估计的确定依据等。

企业应当披露采用的重要会计政策和会计估计，并结合企业的具体实际披露其重要会计政策的确定依据和财务报表项目的计量基础，及其会计估计所采用的关键假设和不确定因素。

（五）会计政策和会计估计变更以及差错更正的说明。企业应当按照《企业会计准则第28号——会计政策、会计估计变更和差错更正》的规定，披露会计政策和会计估计变更以及差错更正的情况。

（六）报表重要项目的说明。企业应当按照资产负债表、利润表、现金流量表、所有者权益变动表及其项目列示的顺序，对报表重要项目的说明采用文字和数字描述相结合的方式进行披露。报表重要项目的明细金额合计，应当与报表项目金额相衔接。

企业应当在附注中披露费用按照性质分类的利润表补充资料，可将费用分为耗用的原材料、职工薪酬费用、折旧费用、摊销费用等。

（七）或有和承诺事项、资产负债表日后非调整事项、关联方关系及其交易等需要说明的事项。

（八）有助于财务报表使用者评价企业管理资本的目标、政策及程序的信息。

第四十条　企业应当在附注中披露下列关于其他综合收益各项目的信息：

（一）其他综合收益各项目及其所得税影响；

（二）其他综合收益各项目原计入其他综合收益、当期转出计入当期损益的金额；

（三）其他综合收益各项目的期初和期末余额及其调节情况。

第四十一条　企业应当在附注中披露终止经营的收入、费用、利润总额、所得税费用和净利润，以及归属于母公司所有者的终止经营利润。

第四十二条　终止经营，是指满足下列条件之一的已被企业处置或被企业划归为持有待售的、在经营和编制财务报表时能够单独区分的组成部分：

（一）该组成部分代表一项独立的主要业务或一个主要经营地区。

（二）该组成部分是拟对一项独立的主要业务或一个主要经营地区进行处置计划的一部分。

（三）该组成部分是仅仅为了再出售而取得的子公司。同时满足下列条件的企业组成部分（或非流动资产，下同）

应当确认为持有待售：该组成部分必须在其当前状况下仅根据出售此类组成部分的惯常条款即可立即出售；企业已经就处置该组成部分做出决议，如按规定需得到股东批准的，应当已经取得股东大会或相应权力机构的批准；企业已经与受让方签订了不可撤销的转让协议；该项转让将在一年内完成。

第四十三条　企业应当在附注中披露在资产负债表日后、财务报告批准报出日前提议或宣布发放的股利总额和每股股利金额（或向投资者分配的利润总额）。"

（二）各具体准则中的附注披露要求

1. 存货的披露

企业应当在附注中披露与存货有关的下列信息：

（1）各类存货的期初和期末账面价值。

（2）确定发出存货成本所采用的方法。

（3）存货可变现净值的确定依据，存货跌价准备的计提方法，当期计提的存货跌价准备的金额，当期转回的存货跌价准备的金额，以及计提和转回的有关情况。

（4）用于担保的存货账面价值。

2．长期股权投资的披露

投资企业应当在报表附注中披露与长期股权投资有关的下列信息：

（1）子公司、合营企业和联营企业清单，包括企业名称、注册地、业务性质、投资企业的持股比例和表决权比例。

（2）合营企业和联营企业当期的主要财务信息，包括资产、负债、收入、费用等的合计金额。

（3）被投资单位向投资企业转移资金的能力受到严格限制的情况。

（4）当期及累计未确认的投资损失的金额。

（5）与子公司、合营企业及联营企业投资相关的或有负债。

3．投资性房地产的披露

企业应当在附注中披露与投资性房地产有关的下列信息：

（1）投资性房地产的种类、金额和计量模式。

（2）采用成本模式的，投资性房地产的折旧或摊销，以及减值准备的计提情况。

（3）采用公允价值模式的，公允价值的确定依据和方法，以及公允价值变动对损益的影响。

（4）房地产转换情况、理由，以及对损益或所有者权益的影响。

（5）当期处置的投资性房地产及其对损益的影响。

4．固定资产的披露

企业应当在附注中披露与固定资产有关的下列信息：

（1）固定资产的确认条件、分类、计量基础和折旧方法。

（2）各类固定资产的使用寿命、预计净残值和折旧率。

（3）各类固定资产的期初和期末原价、累计折旧额及固定资产减值准备累计金额。

（4）当期确认的折旧费用。

（5）对固定资产所有权的限制及其金额和用于担保的固定资产账面价值。

（6）准备处置的固定资产名称、账面价值、公允价值、预计处置费用和预计处置时间等。

5．生物资产的披露

（1）企业应当在附注中披露与生物资产有关的下列信息：

1）生物资产的类别以及各类生物资产的实物数量和账面价值。

2）各类消耗性生物资产的跌价准备累计金额，以及各类生产性生物资产的使用寿命、预计净残值、折旧方法、累计折旧和减值准备累计金额。

3）天然起源生物资产的类别、取得方式和实物数量。

4）用于担保的生物资产的账面价值。

5）与生物资产相关的风险情况与管理措施。

（2）企业应当在附注中披露与生物资产增减变动有关的下列信息：

1）因购买而增加的生物资产；

2）因自行培育而增加的生物资产；

3）因出售而减少的生物资产；

4）因盘亏或死亡、毁损而减少的生物资产；

5）计提的折旧及计提的跌价准备或减值准备；

6）其他变动。

6．无形资产的披露

企业应当按照无形资产的类别在附注中披露与无形资产有关的下列信息：

（1）无形资产的期初和期末账面余额、累计摊销额及减值准备累计金额。

（2）使用寿命有限的无形资产，其使用寿命的估计情况；使用寿命不确定的无形资产，其使用寿命不确定的判断依据。

（3）无形资产的摊销方法。

（4）用于担保的无形资产账面价值、当期摊销额等情况。

（5）计入当期损益和确认为无形资产的研究开发支出金额。

7．非货币性资产交换的披露

企业应当在附注中披露与非货币性资产交换有关的下列信息：

（1）换入资产、换出资产的类别。

（2）换入资产成本的确定方式。

（3）换入资产、换出资产的公允价值以及换出资产的账面价值。

（4）非货币性资产交换确认的损益。

8．资产减值的披露

（1）企业应当在附注中披露与资产减值有关的下列信息：

1）当期确认的各项资产减值损失金额。

2）计提的各项资产减值准备累计金额。

3）提供分部报告信息的，应当披露每个报告分部当期确认的减值损失金额。

（2）发生重大资产减值损失的，应当在附注中披露导致每项重大资产减值损失的原因和当期确认的重大资产减值损失的金额。

1）发生重大减值损失的资产是单项资产的，应当披露该单项资产的性质。提供分部报告信息的，还应披露该项资产所属的主要报告分部。

2）发生重大减值损失的资产是资产组（或者资产组组合，下同）的，应当披露：

① 资产组的基本情况。

② 资产组中所包括的各项资产于当期确认的减值损失金额。

③ 资产组的组成与前期相比发生变化的，应当披露变化的原因以及前期和当期资产组组成情况。

（3）对于重大资产减值，应当在附注中披露资产（或者资产组，下同）可收回金额的确定方法。

1）可收回金额按资产的公允价值减去处置费用后的净额确定的，还应当披露公允价值减去处置费用后的净额的估计基础。

2）可收回金额按资产预计未来现金流量的现值确定的，还应当披露估计其现值时所采用的折现率，以及该资产前期可收回金额也按照其预计未来现金流量的现值确定的情况下，前期所采用的折现率。

（4）《资产减值》准则第二十六条（一）、（二）和第二十七条（二）第 2 项信息应当按照资产类别予以披露。资产类别应当以资产在企业生产经营活动中的性质或者功能是否相同或者相似为基础确定。

（5）分摊到某资产组的商誉（或者使用寿命不确定的无形资产，下同）的账面价值占商誉账面价值总额的比例重大的，应当在附注中披露下列信息：

1）分摊到该资产组的商誉的账面价值。

2）该资产组可收回金额的确定方法。

① 可收回金额按照资产组公允价值减去处置费用后的净额确定的，还应当披露确定公允价值减去处置费用后的净额的方法。资产组的公允价值减去处置费用后的净额不是按照市场价格确定的，应当披露：

A. 企业管理层在确定公允价值减去处置费用后的净额时所采用的各关键假设及其依据。

B. 企业管理层在确定各关键假设相关的价值时，是否与企业历史经验或者外部信息来源相一致；如不一致，应当说明理由。

② 可收回金额按照资产组预计未来现金流量的现值确定的，应当披露：

A. 企业管理层预计未来现金流量的各关键假设及其依据。

B. 企业管理层在确定各关键假设相关的价值时，是否与企业历史经验或者外部信息来源相一致；如不一致，应当说明理由。

C. 估计现值时所采用的折现率。

（6）商誉的全部或者部分账面价值分摊到多个资产组、且分摊到每个资产组的商誉的账面价值占商誉账面价值总额的比例不重大的，企业应当在附注中说明这一情况以及分摊到上述资产组的商誉合计金额。

商誉账面价值按照相同的关键假设分摊到上述多个资产组、且分摊的商誉合计金额占商誉账面价值总额的比例重大的，企业应当在附注中说明这一情况，并披露下列信息：

1）分摊到上述资产组的商誉的账面价值合计。

2）采用的关键假设及其依据。

3）企业管理层在确定各关键假设相关的价值时，是否与企业历史经验或者外部信息来源相一致；如不一致，应当说明理由。

9. 职工薪酬的披露

企业应当在附注中披露与职工薪酬有关的下列信息：

（1）应当支付给职工的工资、奖金、津贴和补贴，及其期末应付未付金额。

（2）应当为职工缴纳的医疗保险费、养老保险费、失业保险费、工伤保险费和生育保险费等社会保险费，及其期末应付未付金额。

（3）应当为职工缴存的住房公积金，及其期末应付未付金额。

（4）为职工提供的非货币性福利，及其计算依据。

（5）应当支付的因解除劳动关系给予的补偿，及其期末应付未付金额。

（6）其他职工薪酬。

因自愿接受裁减建议的职工数量、补偿标准等不确定而产生的或有负债，应当按照《企业会计准则第 13 号——或有事项》披露。

10. 企业年金基金的列报

附注应当披露下列信息：

（1）企业年金计划的主要内容及重大变化。

（2）投资种类、金额及公允价值的确定方法。

（3）各类投资占投资总额的比例。

（4）可能使投资价值受到重大影响的其他事项。

11．股份支付的披露

企业应当在附注中披露与股份支付有关的下列信息：

（1）当期授予、行权和失效的各项权益工具总额。

（2）期末发行在外的股份期权或其他权益工具行权价格的范围和合同剩余期限。

（3）当期行权的股份期权或其他权益工具以其行权日价格计算的加权平均价格。

（4）权益工具公允价值的确定方法。

企业对性质相似的股份支付信息可以合并披露。

企业应当在附注中披露股份支付交易对当期财务状况和经营成果的影响，至少包括下列信息：

1）当期因以权益结算的股份支付而确认的费用总额。

2）当期因以现金结算的股份支付而确认的费用总额。

3）当期以股份支付换取的职工服务总额及其他方服务总额。

12．债务重组的披露

（1）债务人应当在附注中披露与债务重组有关的下列信息：

1）债务重组方式。

2）确认的债务重组利得总额。

3）将债务转为资本所导致的股本（或者实收资本）增加额。

4）或有应付金额。

5）债务重组中转让的非现金资产的公允价值、由债务转成的股份的公允价值和修改其他债务条件后债务的公允价值的确定方法及依据。

（2）债权人应当在附注中披露与债务重组有关的下列信息：

1）债务重组方式。

2）确认的债务重组损失总额。

3）债权转为股份所导致的投资增加额及该投资占债务人股份总额的比例。

4）或有应收金额。

5）债务重组中受让的非现金资产的公允价值、由债权转成的股份的公允价值和修改其他债务条件后债权的公允价值的确定方法及依据。

13．或有事项的披露

企业应当在附注中披露与或有事项有关的下列信息：

（1）预计负债。

1）预计负债的种类、形成原因以及经济利益流出不确定性的说明。

2）各类预计负债的期初、期末余额和本期变动情况。

3）与预计负债有关的预期补偿金额和本期已确认的预期补偿金额。

（2）或有负债（不包括极小可能导致经济利益流出企业的或有负债）。

1）或有负债的种类及其形成原因，包括已贴现商业承兑汇票、未决诉讼、未决仲裁、对外提供担保等形成的或有负债。

2）经济利益流出不确定性的说明。

3）或有负债预计产生的财务影响，以及获得补偿的可能性；无法预计的，应当说明原因。

（3）企业通常不应当披露或有资产。但或有资产很可能会给企业带来经济利益的，应当披露其形成的原因、预计产生的财务影响等。

在涉及未决诉讼、未决仲裁的情况下，按照《企业会计准则第 13 号——或有事项》第十四条披露全部或部分信息预期对企业造成重大不利影响的，企业无须披露这些信息，但应当披露该未决诉讼、未决仲裁的性质，以及没有披露这些信息的事实和原因。

14. 收入的披露

企业应当在附注中披露与收入有关的下列信息：

（1）收入确认所采用的会计政策，包括确定提供劳务交易完工进度的方法。

（2）本期确认的销售商品收入、提供劳务收入、利息收入和使用费收入的金额。

15. 建造合同的披露

企业应当在附注中披露与建造合同有关的下列信息：

（1）各项合同总金额，以及确定合同完工进度的方法。

（2）各项合同累计已发生成本、累计已确认毛利（或亏损）。

（3）各项合同已办理结算的价款金额。

（4）当期预计损失的原因和金额。

16. 政府补助的披露

企业应当在附注中披露与政府补助有关的下列信息：

（1）政府补助的种类及金额。

（2）计入当期损益的政府补助金额。

（3）本期返还的政府补助金额及原因。

17. 借款费用的披露

企业应当在附注中披露与借款费用有关的下列信息：

（1）当期资本化的借款费用金额。

（2）当期用于计算确定借款费用资本化金额的资本化率。

18. 所得税的列报

企业应当在附注中披露与所得税有关的下列信息：

（1）所得税费用（收益）的主要组成部分。

（2）所得税费用（收益）与会计利润关系的说明。

（3）未确认递延所得税资产的可抵扣暂时性差异、可抵扣亏损的金额（如果存在到期日，还应披露到期日）。

（4）对每一类暂时性差异和可抵扣亏损，在列报期间确认的递延所得税资产或递延所得税负债的金额，确认递延所得税资产的依据。

（5）未确认递延所得税负债的，与对子公司、联营企业及合营企业投资相关的暂时性差异金额。

19. 外币折算的披露

企业应当在附注中披露与外币折算有关的下列信息：

（1）企业及其境外经营选定的记账本位币及选定的原因，记账本位币发生变更的，说明变更理由。

（2）采用近似汇率的，近似汇率的确定方法。

（3）计入当期损益的汇兑差额。

（4）处置境外经营对外币财务报表折算差额的影响。

20. 企业合并的披露

（1）企业合并发生当期的期末，合并方应当在附注中披露与同一控制下企业合并有关的下列信息：

1）参与合并企业的基本情况。

2）属于同一控制下企业合并的判断依据。

3）合并日的确定依据。

4）以支付现金、转让非现金资产以及承担债务作为合并对价的，所支付对价在合并日的账面价值；以发行权益性证券作为合并对价的，合并中发行权益性证券的数量及定价原则，以及参与合并各方交换有表决权股份的比例。

5）被合并方的资产、负债在上一会计期间资产负债表日及合并日的账面价值；被合并方自合并当期期初至合并日的收入、净利润、现金流量等情况。

6）合并合同或协议约定将承担被合并方或有负债的情况。

7）被合并方采用的会计政策与合并方不一致所作调整情况的说明。

8）合并后已处置或准备处置被合并方资产、负债的账面价值、处置价格等。

（2）企业合并发生当期的期末，购买方应当在附注中披露与非同一控制下企业合并有关的下列信息：

1）参与合并企业的基本情况。

2）购买日的确定依据。

3）合并成本的构成及其账面价值、公允价值及公允价值的确定方法。

4）被购买方各项可辨认资产、负债在上一会计期间资产负债表日及购买日的账面价值和公允价值。

5）合并合同或协议约定将承担被购买方或有负债的情况。

6）被购买方自购买日起至报告期期末的收入、净利润和现金流量等情况。

7）商誉的金额及其确定方法。

8）因合并成本小于合并中取得的被购买方可辨认净资产公允价值的份额计入当期损益的金额。

9）合并后已处置或准备处置被购买方资产、负债的账面价值、处置价格等。

21．租赁的列报

承租人应当在附注中披露与融资租赁有关的下列信息：

（1）各类租入固定资产的期初和期末原价、累计折旧额。

（2）资产负债表日后连续三个会计年度每年将支付的最低租赁付款额，以及以后年度将支付的最低租赁付款额总额。

（3）未确认融资费用的余额，以及分摊未确认融资费用所采用的方法。

出租人应当在资产负债表中，将应收融资租赁款减去未实现融资收益的差额，作为长期债权列示。

出租人应当在附注中披露与融资租赁有关的下列信息：

（1）资产负债表日后连续三个会计年度每年将收到的最低租赁收款额，以及以后年度将收到的最低租赁收款额总额。

（2）未实现融资收益的余额，以及分配未实现融资收益所采用的方法。

承租人对于重大的经营租赁，应当在附注中披露下列信息：

（1）资产负债表日后连续三个会计年度每年将支付的不可撤销经营租赁的最低租赁付款额。

（2）以后年度将支付的不可撤销经营租赁的最低租赁付款额总额。

出租人对经营租赁，应当披露各类租出资产的账面价值。

承租人和出租人应当披露各售后租回交易以及售后租回合同中的重要条款。

22．原保险合同的列报

保险人应当在附注中披露与原保险合同有关的下列信息：

（1）代位追偿款的有关情况。

（2）损余物资的有关情况。

（3）各项准备金的增减变动情况。

（4）提取各项准备金及进行准备金充足性测试的主要精算假设和方法。

23．再保险合同的列报

保险人应当在附注中披露与再保险合同有关的下列信息：

（1）分入业务各项分保准备金的增减变动情况。

（2）分入业务提取各项分保准备金及进行分保准备金充足性测试的主要精算假设和方法。

24．石油天然气开采的披露

企业应当在附注中披露与石油天然气开采活动有关的下列信息：

（1）拥有国内和国外的油气储量年初、年末数据。

（2）当期在国内和国外发生的矿区权益的取得、油气勘探和油气开发各项支出的总额。

（3）探明矿区权益、井及相关设施的账面原值，累计折耗和减值准备累计金额及其计提方法；与油气开采活动相关的辅助设备及设施的账面原价，累计折旧和减值准备累计金额及其计提方法。

25．会计政策、会计估计变更和差错更正的披露

（1）会计政策变更。企业应当在附注中披露与会计政策变更有关的下列信息：

1）会计政策变更的性质、内容和原因。

2）当期和各个列报前期财务报表中受影响的项目名称和调整金额。

3）无法进行追溯调整的，说明该事实和原因以及开始应用变更后的会计政策的时点、具体应用情况。

（2）会计估计变更。企业应当在附注中披露与会计估计变更有关的下列信息：

1）会计估计变更的内容和原因。

2）会计估计变更对当期和未来期间的影响数。

3）会计估计变更的影响数不能确定的，披露这一事实和原因。

（3）前期差错更正。企业应当在附注中披露与前期差错更正有关的下列信息：

1）前期差错的性质。

2）各个列报前期财务报表中受影响的项目名称和更正金额。

3）无法进行追溯重述的，说明该事实和原因以及对前期差错开始进行更正的时点、具体更正情况。

在以后期间的财务报表中，不需要重复披露在以前期间的附注中已披露的会计政策变更和前期差错更正的信息。

26．资产负债表日后事项的披露

企业应当在附注中披露与资产负债表日后事项有关的下列信息：

（1）财务报告的批准报出者和财务报告批准报出日。按照有关法律、行政法规等规定，企业所有者或其他方面有权对报出的财务报告进行修改的，应当披露这一情况。

（2）每项重要的资产负债表日后非调整事项的性质、内容，及其对财务状况和经营成果的

影响。无法做出估计的，应当说明原因。

企业在资产负债表日后取得了影响资产负债表日存在情况的新的或进一步的证据，应当调整与之相关的披露信息。

27．每股收益的列报

企业应当在附注中披露与每股收益有关的下列信息：

（1）基本每股收益和稀释每股收益分子、分母的计算过程。

（2）列报期间不具有稀释性但以后期间很可能具有稀释性的潜在普通股。

（3）在资产负债表日至财务报告批准报出日之间，企业发行在外普通股或潜在普通股股数发生重大变化的情况。

（三）报表附注

附注是财务报表的重要组成部分。企业应当按照规定披露附注信息，一般企业报表附注主要包括下列内容：

1．企业的基本情况

（1）企业注册地、组织形式和总部地址。

（2）企业的业务性质和主要经营活动。

（3）母公司以及集团最终母公司的名称。

（4）财务报告的批准报出者和财务报告批准报出日。

2．财务报表的编制基础

3．遵循企业会计准则的声明

企业应当声明编制的财务报表符合企业会计准则的要求，真实、完整地反映了企业的财务状况、经营成果和现金流量等有关信息。

4．重要会计政策和会计估计

企业应当披露采用的重要会计政策和会计估计，不重要的会计政策和会计估计可以不披露。在披露重要会计政策和会计估计时，应当披露重要会计政策的确定依据和财务报表项目的计量基础，以及会计估计中所采用的关键假设和不确定因素。

5．会计政策和会计估计变更以及差错更正的说明

企业应当按照《企业会计准则第 28 号——会计政策、会计估计变更和差错更正》及其应用指南的规定，披露会计政策和会计估计变更以及差错更正的有关情况。

6．报表重要项目的说明

企业对报表重要项目的说明，应当按照资产负债表、利润表、现金流量表、所有者权益变动表及其项目列示的顺序，采用文字和数字描述相结合的方式进行披露。报表重要项目的明细金额合计，应当与报表项目金额相衔接。

（1）交易性金融资产的披露格式（见表 5-8）。

表 5-8 交易性金融资产的披露格式

项　　目	期末公允价值	年初公允价值
1．交易性债券投资		
2．交易性权益工具投资		
3．指定为以公允价值计量且其变动计入当期损益的金融资产		

续表

项 目	期末公允价值	年初公允价值
4. 衍生金融资产		
5. 其他		
合 计		

（2）应收款项。

1）应收账款按账龄结构披露的格式（见表5-9）。

表 5-9 应收账款按账龄结构披露的格式

账龄结构	期末账面余额	年初账面余额
1 年以内（含1年）		
1 年至 2 年（含2年）		
2 年至 3 年（含3年）		
3 年以上		
合 计		

注：有应收票据、预付账款、长期应收款、其他应收款的，比照应收账款进行披露。

2）应收账款按客户类别披露的格式（见表5-10）

表 5-10 应收账款按客户类别披露的格式

客户类别	期末账面余额	年初账面余额
客户 1		
……		
其他客户		
合 计		

注：有应收票据、预付账款、长期应收款、其他应收款的，比照应收账款进行披露。

（3）存货。

1）存货的披露格式（见表5-11）

表 5-11 存货的披露格式

存货种类	年初账面余额	本期增加额	本期减少额	期末账面余额
1. 原材料				
2. 在产品				
3. 库存商品				
4. 周转材料				
5. 消耗性生物资产				
……				
合 计				

2）消耗性生物资产的期末实物数量披露格式（见表5-12）。

表 5-12　消耗性生物资产的期末实物数量

项　目	年初账面余额	本期增加额	本期减少额	期末账面余额
一、种植业				
1.				
……				
二、畜牧养殖业				
1.				
……				
三、林业				
1.				
……				
四、水产业				
1.				
……				
合　计				

3）存货跌价准备的披露格式（见表 5-13）。

表 5-13　存货跌价准备的披露格式

存货种类	年初账面余额	本期计提额	本期减少额		期末账面余额
			转　回	转　销	
1. 原材料					
2. 在产品					
3. 库存商品					
4. 周转材料					
5. 消耗性生物资产					
6. 建造合同形成的资产					
……					
合　计					

（4）其他流动资产的披露格式（见表 5-14）。

表 5-14　其他流动资产的披露格式

项　目	期末账面价值	年初账面价值
1.		
……		
合　计		

注：有长期待摊费用、其他非流动资产的，比照其他流动资产进行披露。

（5）可供出售金融资产的披露格式（见表 5-15）。

表 5-15 可供出售金融资产的披露格式

项 目	期末公允价值	年初公允价值
1. 可供出售债券		
2. 可供出售权益工具		
3. 其他		
合 计		

（6）持有至到期投资的披露格式（见表 5-16）。

表 5-16 持有至到期投资的披露格式

项 目	期末账面余额	年初账面余额
1.		
……		
合 计		

（7）长期股权投资。

1）长期股权投资的披露格式（见表 5-17）。

表 5-17 长期股权投资的披露格式

被投资单位	期末账面余额	年初账面余额
1.		
……		
合 计		

2）被投资单位由于所在国家或地区及其他方面的影响，其向投资企业转移资金的能力受到限制的，应当披露受限制的具体情况。

3）当期及累计未确认的投资损失金额。

（8）投资性房地产。

1）企业采用成本模式进行后续计量的披露格式（见表 5-18）。

表 5-18 投资性房地产的披露（采用成本模式进行后续计量的）

项 目	年初账面余额	本期增加额	本期减少额	期末账面余额
一、原价合计				
1. 房屋、建筑物				
2. 土地使用权				
二、累计折旧和累计摊销合计				
1. 房屋、建筑物				
2. 土地使用权				
三、投资性房地产减值准备累计金额合计				
1. 房屋、建筑物				
2. 土地使用权				

项 目	年初账面余额	本期增加额	本期减少额	期末账面余额
四、投资性房地产账面价值合计				
1. 房屋、建筑物				
2. 土地使用权				

2）企业采用公允价值模式进行后续计量的，应当披露投资性房地产公允价值的确定依据及公允价值金额的增减变动情况。

3）如有房地产转换的，应当说明房地产转换的原因及其影响。

（9）固定资产。

1）固定资产的披露格式（见表5-19）。

表5-19 固定资产的披露格式

项 目	年初账面余额	本期增加额	本期减少额	期末账面余额
一、原价合计				
其中：房屋、建筑物				
机器设备				
运输工具				
……				
二、累计折旧合计				
其中：房屋、建筑物				
机器设备				
运输工具				
……				
三、固定资产减值准备累计金额合计				
其中：房屋、建筑物				
机器设备				
运输工具				
……				
四、固定资产账面价值合计				
其中：房屋、建筑物				
机器设备				
运输工具				
……				

2）企业确有准备处置固定资产的，应当说明准备处置的固定资产名称、账面价值、公允价值、预计处置费用和预计处置时间等。

（10）生产性生物资产和公益性生物资产。

1）说明各类生物资产的期末实物数量的披露格式（见表5-20）。

表 5-20　生物资产的金额

项　目	年初账面价值	本期增加额	本期减少额	期末账面价值
一、种植业				
1.				
……				
二、畜牧养殖业				
1.				
……				
三、林业				
1.				
……				
四、水产业				
1.				
……				
合　计				

如有天然起源的生物资产，还应披露该资产的类别、取得方式和数量等。

2）各类生产性生物资产的预计使用寿命、预计净残值、折旧方法、累计折旧和减值准备累计金额。

3）与生物资产相关的风险情况与管理措施。

（11）油气资产。

1）当期在国内和国外发生的取得矿区权益、油气勘探和油气开发各项支出的总额。

2）油气资产的披露格式（见表 5-21）。

表 5-21　油气资产的披露格式

项　目	年初账面余额	本期增加额	本期减少额	期末账面余额
一、原价合计				
1. 探明矿区权益				
2. 未探明矿区权益				
3. 井及相关设施				
二、累计折耗合计				
1. 探明矿区权益				
2. 井及相关设施				
三、油气资产减值准备累计金额合计				
1. 探明矿区权益				
2. 未探明矿区权益				
3. 井及相关设施				
四、油气资产账面价值合计				
1. 探明矿区权益				
2. 未探明矿区权益				
3. 井及相关设施				

（12）无形资产。

1）各类无形资产的披露格式（见表 5-22）。

表 5-22 无形资产的披露格式

项　　目	年初账面余额	本期增加额	本期减少额	期末账面余额
一、原价合计				
1.				
……				
二、累计摊销额合计				
1.				
……				
三、无形资产减值准备累计金额合计				
1.				
……				
四、无形资产账面价值合计				
1.				
……				

2）计入当期损益和确认为无形资产的研究开发支出金额。

（13）商誉的形成来源、账面价值的增减变动情况。

（14）递延所得税资产和递延所得税负债。

1）已确认递延所得税资产和递延所得税负债的披露格式（见表 5-23）。

表 5-23 已确认递延所得税资产和递延所得税负债的披露格式

项　　目	期末账面余额	年初账面余额
一、递延所得税资产		
1.		
……		
合计		
二、递延所得税负债		
1.		
……		
合　计		

2）未确认递延所得税资产的可抵扣暂时性差异、可抵扣亏损等的金额（存在到期日的，还应披露到期日）。

（15）资产减值准备的披露格式（见表 5-24）。

表 5-24 资产减值准备的披露格式

项　　目	年初账面余额	本期计提额	本期减少额		期末账面余额
			转　回	转　销	
一、坏账准备					

续表

项　　目	年初账面余额	本期计提额	本期减少额		期末账面余额
			转　回	转　销	
二、存货跌价准备					
三、可供出售金融资产减值准备					
四、持有至到期投资减值准备					
五、长期股权投资减值准备					
六、投资性房地产减值准备					
七、固定资产减值准备					
八、工程物资减值准备					
九、在建工程减值准备					
十、生产性生物资产减值准备					
其中:成熟生产性生物资产减值准备					
十一、油气资产减值准备					
十二、无形资产减值准备					
十三、商誉减值准备					
十四、其他					
合　　计					

（16）所有权受到限制的资产。

1）资产所有权受到限制的原因。

2）所有权受到限制的资产金额披露格式（见表5-25）。

表5-25　　所有权受到限制的资产金额披露格式

所有权受到限制的资产类别	年初账面价值	本期增加额	本期减少额	期末账面价值
一、用于担保的资产				
1.				
……				
二、其他原因造成所有权受到限制的资产				
1.				
……				
合　　计				

（17）交易性金融负债的披露格式（见表5-26）。

表5-26　　交易性金融负债的披露格式

项　　目	期末公允价值	年初公允价值
1. 发行的交易性债券		
2. 指定为以公允价值计量且其变动计入当期损益的金融负债		
3. 衍生金融负债		
4. 其他		
合　　计		

（18）职工薪酬。

1）应付职工薪酬的披露格式（见表5-27）。

表5-27 应付职工薪酬的披露格式

项 目	年初账面余额	本期增加额	本期支付额	期末账面余额
一、工资、奖金、津贴和补贴				
二、职工福利费				
三、社会保险费				
其中：1. 医疗保险费				
2. 基本养老保险费				
3. 年金缴费				
4. 失业保险费				
5. 工伤保险费				
6. 生育保险费				
四、住房公积金				
五、工会经费和职工教育经费				
六、非货币性福利				
七、因解除劳动关系给予的补偿				
八、其他				
其中：以现金结算的股份支付				
合 计				

2）企业本期为职工提供的各项非货币性福利形式、金额及其计算依据。

（19）应交税费的披露格式（见表5-28）。

表5-28 应交税费的披露格式

税费项目	期末账面余额	年初账面余额
1. 增值税		
……		
合 计		

（20）其他流动负债的披露格式（见表5-29）。

表5-29 其他流动负债的披露格式

项 目	期末账面余额	年初账面余额
1.		
……		
合 计		

注：有预计负债、其他非流动负债的，比照其他流动负债进行披露。

（21）短期借款和长期借款。

1）借款的披露格式（见表5-30）。

表 5-30　借款的披露格式

项　　目	短期借款		长期借款	
	期末账面余额	年初账面余额	期末账面余额	年初账面余额
信用借款				
抵押借款				
质押借款				
保证借款				
合　　计				

2）对于期末逾期借款，应分别贷款单位、借款金额、逾期时间、年利率、逾期未偿还原因和预期还款期等进行披露。

（22）应付债券的披露格式（见表 5-31）。

表 5-31　应付债券的披露格式

项　　目	年初账面余额	本期增加额	本期减少额	期末账面余额
1.				
……				
合　　计				

（23）长期应付款的披露格式（见表 5-32）。

表 5-32　长期应付款的披露格式

项　　目	期末账面价值	年初账面价值
1.		
……		
合　　计		

（24）营业收入。

1）营业收入的披露格式（见表 5-33）。

表 5-33　营业收入的披露格式

项　　目	本期发生额	上期发生额
1. 主营业务收入		
2. 其他业务收入		
合　　计		

2）披露建造合同当期预计损失的原因和金额的披露格式（见表 5-34）。

表 5-34　建造合同当期预计损失的原因和金额

合同项目		总金额	累计已发生成本	累计已确认毛利（亏损以"-"号表示）	已办理结算的价款金额
固定造价合同	1.				
	……				
	合　计				

合同项目		总金额	累计已发生成本	累计已确认毛利（亏损以"-"号表示）	已办理结算的价款金额
成本加成合同	1.				
	……				
	合　计				

（25）公允价值变动收益的披露格式（见表 5-35）。

表 5-35　公允价值变动收益的披露格式

产生公允价值变动收益的来源	本期发生额	上期发生额
1.		
……		
合　计		

（26）投资收益。

1）投资收益的披露格式（见表 5-36）。

表 5-36　投资收益的披露格式

产生投资收益的来源	本期发生额	上期发生额
1.		
……		
合　计		

2）按照权益法核算的长期股权投资，直接以被投资单位的账面净损益计算确认投资损益的事实及原因。

（27）资产减值损失的披露格式（见表 5-37）。

表 5-37　资产减值损失的披露格式

项　目	本期发生额	上期发生额
一、坏账损失		
二、存货跌价损失		
三、可供出售金融资产减值损失		
四、持有至到期投资减值损失		
五、长期股权投资减值损失		
六、投资性房地产减值损失		
七、固定资产减值损失		
八、工程物资减值损失		
九、在建工程减值损失		
十、生产性生物资产减值损失		
十一、油气资产减值损失		
十二、无形资产减值损失		

项　　目	本期发生额	上期发生额
十三、商誉减值损失		
十四、其他		
合　　计		

（28）营业外收入的披露格式（见表5-38）。

表5-38　营业外收入的披露格式

项　　目	本期发生额	上期发生额
1. 非流动资产处置利得合计		
其中：固定资产处置利得		
无形资产处置利得		
……		
合　　计		

（29）营业外支出的披露格式（见表5-39）。

表5-39　营业外支出的披露格式

项　　目	本期发生额	上期发生额
1. 非流动资产处置损失合计		
其中：固定资产处置损失		
无形资产处置损失		
……		
合　　计		

（30）所得税费用。

1）所得税费用（收益）的组成，包括当期所得税、递延所得税。

2）所得税费用（收益）与会计利润的关系。

（31）企业应当披露取得政府补助的种类及金额。

（32）每股收益。

1）基本每股收益和稀释每股收益分子、分母的计算过程。

2）列报期间不具有稀释性但以后期间很可能具有稀释性的潜在普通股。

3）在资产负债表日至财务报告批准报出日之间，企业发行在外普通股或潜在普通股股数发生重大变化的情况，如股份发行、股份回购、潜在普通股发行、潜在普通股转换或行权等。

（33）企业可以按照费用的性质分类披露利润表。

（34）非货币性资产交换。

1）换入资产、换出资产的类别。

2）换入资产成本的确定方式。

3）换入资产、换出资产的公允价值及换出资产的账面价值。

（35）股份支付。

1）当期授予、行权和失效的各项权益工具总额。

2）期末发行在外股份期权或其他权益工具行权价的范围和合同剩余期限。

3）当期行权的股份期权或其他权益工具以其行权日价格计算的加权平均价格。

4）股份支付交易对当期财务状况和经营成果的影响。

（36）债务重组。按照《企业会计准则第 12 号——债务重组》第十四条或第十五条的相关规定进行披露。

（37）借款费用。

1）当期资本化的借款费用金额。

2）当期用于计算确定借款费用资本化金额的资本化率。

（38）外币折算。

1）计入当期损益的汇兑差额。

2）处置境外经营对外币财务报表折算差额的影响。

（39）企业合并企业合并发生当期的期末，合并方或购买方应当按照《企业会计准则第 20 号——企业合并》第十八条或第十九条的相关规定进行披露。

（40）租赁。

1）融资租赁出租人应当说明未实现融资收益的余额，并披露与融资租赁有关的信息（见表 5-40）。

表 5-40　与融资租赁有关的信息

剩余租赁期	最低租赁收款额
1 年以内（含 1 年）	
1 年以上 2 年以内（含 2 年）	
2 年以上 3 年以内（含 3 年）	
3 年以上	
合　计	

2）经营租赁出租人各类租出资产的披露格式（见表 5-41）。

表 5-41　经营租赁出租人各类租出资产的披露格式

经营租赁租出资产类别	期末账面价值	年初账面价值
1．机器设备		
2．运输工具		
……		
合　计		

3）融资租赁承租人应当说明未确认融资费用的余额，并披露与融资租赁有关的下列信息：

① 各类租入固定资产的年初和期末原价、累计折旧额、减值准备累计金额。

② 以后年度将支付的最低租赁付款额的披露格式。

以后年度将支付的最低租赁付款额的披露格式如表 5-42 所示。

表 5-42　以后年度将支付的最低租赁付款额的披露格式

剩余租赁期	最低租赁付款额
1 年以内（含 1 年）	
1 年以上 2 年以内（含 2 年）	

续表

剩余租赁期	最低租赁付款额
2 年以上 3 年以内（含 3 年）	
3 年以上	
合　计	

4）对于重大的经营租赁，经营租赁承租人应当披露的信息（见表 5-43）。

表 5-43　经营租赁承租人应当披露的信息（重大的经营租赁）

剩余租赁期	最低租赁付款额
1 年以内（含 1 年）	
1 年以上 2 年以内（含 2 年）	
2 年以上 3 年以内（含 3 年）	
3 年以上	
合　计	

5）披露各售后租回交易以及售后租回合同中的重要条款。

（41）终止经营的披露格式（见表 5-44）。

表 5-44　终止经营的披露格式

项　目	本期发生额	上期发生额
一、终止经营收入		
减：终止经营费用		
二、终止经营利润总额		
减：终止经营所得税费用		
三、终止经营净利润		

（42）分部报告。

1）主要报告形式是业务分部的披露格式（见表 5-45）。

表 5-45　主要报告形式是业务分部的披露格式

项　目	××业务		××业务		……	其他		抵销		合计	
	本期	上期	本期	上期		本期	上期	本期	上期	本期	上期
一、营业收入											
其中：对外交易收入											
分部间交易收入											
二、营业费用											
三、营业利润（亏损）											
四、资产总额											
五、负债总额											
六、补充信息											
1. 折旧和摊销费用											
2. 资本性支出											

续表

项 目	××业务		××业务		……	其他		抵销		合计	
	本期	上期	本期	上期		本期	上期	本期	上期	本期	上期
3. 折旧和摊销以外的非现金费用											

注：主要报告形式是地区分部的，比照业务分部格式进行披露。

2）在主要报告形式的基础上，对于次要报告形式，企业还应披露对外交易收入、分部资产总额。

7. 或有事项

按照《企业会计准则第 13 号——或有事项》第十四条和第十五条的相关规定进行披露。

8. 资产负债表日后事项

（1）每项重要的资产负债表日后非调整事项的性质、内容，及其对财务状况和经营成果的影响。无法做出估计的，应当说明原因。

（2）资产负债表日后，企业利润分配方案中拟分配的以及经审议批准宣告发放的股利或利润。

9. 关联方关系及其交易

（1）本企业的母公司有关信息披露格式（见表 5-46）。

表 5-46 本企业的母公司有关信息披露格式

母公司名称	注册地	业务性质	注册资本

母公司不是本企业最终控制方的，说明最终控制方名称。

母公司和最终控制方均不对外提供财务报表的，说明母公司之上与其最相近的对外提供财务报表的母公司名称。

（2）母公司对本企业的持股比例和表决权比例。

（3）本企业的子公司有关信息披露格式（见表 5-47）。

表 5-47 本企业的子公司有关信息披露格式

子公司名称	注册地	业务性质	注册资本	本企业合计持股比例	本企业合计享有的表决权比例
1.					
……					

（4）本企业的合营企业有关信息披露格式（见表 5-48）。

表 5-48 本企业的合营企业有关信息披露格式

被投资单位名称	注册地	业务性质	注册资本	本企业持股比例	本企业在被投资单位表决权比例	期末资产总额	期末负债总额	本期营业收入总额	本期净利润
1.									
……									

注：有联营企业的，比照合营企业进行披露。

（5）本企业与关联方发生交易的，分别说明各关联方关系的性质、交易类型及交易要素。交易要素至少应当包括：

1）交易的金额。

2）未结算项目的金额、条款和条件，以及有关提供或取得担保的信息。

3）未结算应收项目的坏账准备金额。

4）定价政策。

六、中期财务报告

中期财务报告，指以中期为基础编制的财务报告。中期，指短于一个完整的会计年度的报告期间，它可以是一个月、一个季度或者半年，也可以是其他短于一个会计年度的期间，如 1 月 1 日至 9 月 30 日的期间等。

（一）中期财务报告的编制要求

1. 企业应当在中期末根据《企业会计准则第 32 号——中期财务报告》的要求编制中期财务报告

企业应当根据《企业会计准则第 32 号——中期财务报告》规定的中期财务报告的内容和在编制中期财务报告时应当遵循的确认与计量原则编制中期财务报告。中期财务报告的内容应当能够真实、完整地反映企业的财务状况、经营成果和现金流量，不会对中期财务报告使用者产生误导。

2. 企业在编制中期财务报告时应当遵循及时性和重要性原则

编制中期财务报告的目的是为了向会计信息使用者提供比年度财务报告更加及时的信息，以提高会计信息的决策有用性。中期财务报告所涵盖的会计期间短于一个会计年度，其编报的时间通常也短于年度财务报告，所以，中期财务报告应当能够提供比年度财务报告更加及时的信息。

与此同时，企业在编制中期财务报告时，还应当遵循重要性原则，在中期财务报告中披露有助于理解企业在中期期末的财务状况、中期经营成果及其现金流量的所有重大交易或者事项。为了体现企业编制中期财务报告的及时性和重要性原则，中期财务报告一般可以比年度财务报告应用更多的会计估计。

强调中期财务报告编制的及时性和重要性原则，是由于企业在编制中期财务报告时需要对这两个原则加以特殊考虑。对于其他会计原则，如权责发生制基础、一贯性原则、可比性原则、划分收益性支出和资本性支出原则等，企业在编制中期财务报告时也应当像年度财务报告一样予以遵循。

3. 企业在编制中期财务报告时应当采用与年度财务报告相一致的会计政策和会计要素的确认与计量原则

企业在编制中期财务报告时，应当将中期视同为一个独立的会计期间，不仅所采用的会计政策应当与年度财务报表所采用的会计政策相一致，而且各会计要素的确认和计量原则也应当与年度财务报表相一致。企业在编制中期财务报告时不得随意变更会计政策和会计要素的确认与计量原则。

（二）中期财务报告的内容

《企业会计准则第 32 号——中期财务报告》规定了中期财务报表编制的一些基本要求，它包括中期财务报表的格式和内容、中期财务报表应否按照合并基础编报、应否提供母公司财务报表以及提供比较财务报表的要求等。

1．关于中期财务报告的组成

《企业会计准则第 32 号——中期财务报告》规定，中期财务报告至少应当包括以下组成部分：资产负债表、利润表、现金流量表、财务报表附注。

这一规定规范了企业编制的中期财务报告的最基本内容，它包括以下几层含义。

（1）企业中期财务报告的组成至少应当包括资产负债表、利润表、现金流量表和财务报表附注四个部分。

其中，资产负债表、利润表和现金流量表是三张基本报表，分别反映企业中期期末的财务状况、中期的经营成果和现金流量状况；财务报表附注则是对上述财务报表项目的说明或者有助于理解企业中期期末财务状况、中期经营成果和现金流量的补充披露，它应当包括编制财务报表所采用的会计政策，对资产负债表、利润表和现金流量表等表内项目的说明或者更详细的分析，同时也应当包括那些在表内没有反映但对于真实、完整反映企业财务状况、经营成果和现金流量却是必要的附加信息，如或有负债信息等。

（2）根据《企业会计准则第 32 号——中期财务报告》的规定，资产负债表、利润表、现金流量表和财务报表附注仅仅是企业在中期财务报告中至少应当披露的会计信息，因此，《企业会计准则第 32 号——中期财务报告》不反对也不禁止企业在中期财务报告中提供其他财务报表或者相关信息，如企业在中期财务报告中提供所有者权益（或者股东权益）变动表等也是允许的，但是这些财务报表或者其他相关信息一旦在中期财务报告中提供，就应当遵循《企业会计准则第 32 号——中期财务报告》关于中期财务报表的编制要求、会计政策的选择和其他有关确认、计量以及信息披露的规定。

（3）《企业会计准则第 32 号——中期财务报告》规定的中期财务报表附注并不要求企业提供像年度财务报表那样完整的附注信息，它相对于年度财务报表附注而言可以适当简化，因此，中期财务报表附注的编制可以是选择性的，但应当遵循重要性原则。如果某项信息没有在中期财务报表附注中披露，会影响到投资者等信息使用者对企业财务状况、经营成果和现金流量判断的正确性，那么就认为这一信息是重要的，企业应当在中期财务报表附注中予以披露。《企业会计准则第 32 号——中期财务报告》第八条规范了中期财务报表附注至少应当披露的信息。

2．关于中期财务报表的格式和内容

在中期财务报告中根据《企业会计准则第 32 号——中期财务报告》要求所提供的各财务报表应当是完整的财务报表，其格式和内容应当与上年度财务报表相一致。如果法律、行政法规或者规章（如当年新施行的会计准则）对当年财务报表的格式和内容进行了修改，则中期财务报表应当按照修改后的报表格式和内容编制，与此同时，根据《企业会计准则第 32 号——中期财务报告》的要求在中期财务报告中提供的上年度比较财务报表的格式和内容也应当做相应的调整。也就是说，企业在编制中期财务报表时，中期财务报表（包括资产负债表、利润表和现金流量表）各项目的名称、内容及其含义、各项目在报表中的列报顺序等，均应当与上年度财务报表保持一致，企业不得随意增删财务报表项目或者随意改变财务报表项目的名称和内涵。关于本项规定，还应当说明以下几点。

（1）自上一会计年度末到本年度中期期末期间，如果有新的会计准则或者有关法规对财务报表的格式和内容进行了修改并且生效，那么，中期财务报表的格式和内容就应当遵循新的会计准则或者有关法规的规定。在这种情况下，中期财务报表的格式和内容就有可能与上年度财务报表的格式和内容不相一致。为此，当企业在中期财务报告中提供上年度有关比较财务报表时，比较财务报表的格式和内容也应当按照新准则或者有关规定的要求进行相应调整。

（2）在中期财务报告中，如果企业自愿提供除资产负债表、利润表和现金流量表三张基本报表之外的其他报表，如所有者权益（或者股东权益）变动表、利润分配表等财务报表，则企业提供的这些财务报表格式和内容也应当与上年度有关财务报表的格式和内容相一致。

（3）在强调中期财务报表的格式和内容应当与上年度财务报表相一致的同时，各报表有关栏次应当按照中期财务报表的要求进行相应调整。例如，在编制中期资产负债表时，资产负债表中的"××××年 12 月 31 日"栏就应当改成中期期末日，即如果企业编制的是第 1 季度的财务报告，则该栏就应当改成"××××年 3 月 31 日"，如果企业编制的是第 2 季度的财务报告，则该栏就应当改成"××××年 6 月 30 日"等；在编制中期利润表时，利润表表头中有关报告期间就应当改成"××××年××中期（如××××年××季度）"，利润表表格中有关期间数的栏次应当改成相应的中期期间，即如果企业编制的是第 1 季度财务报告，则应当改成"××××年 1 月 1 日至 3 月 31 日"，如果企业编制的是第 2 季度财务报告，则应当改成两栏：一栏是"××××年 4 月 1 日至 6 月 30 日"（反映第 2 季度经营成果）；一栏是"××××年 1 月 1 日至 6 月 30 日"（反映年初至本季度未经营成果）等；在编制中期现金流量表时，现金流量表中的"本年数"栏就应当改成中期期间，即如果企业编制的是第 1 季度财务报告，则该栏就应当改成"××××年 1 月 1 日至 3 月 31 日"，如果企业编制的是第 2 季度财务报告，则该栏就应当改成"××××年 1 月 1 日至 6 月 30 日"。

3. 关于企业在中期财务报告中编制合并财务报表和提供母公司财务报表的要求

如果企业在上年度财务报告中编制的是合并财务报表，则企业在中期期末也应当编制合并财务报表；如果企业在上年度财务报告中还包括母公司财务报表，则企业在中期财务报告中也应当提供母公司财务报表。如果企业上年度财务报告中既包括了合并财务报表，也包括了母公司财务报表，但是在报告中期内，企业处置了所有纳入上年度合并财务报表编制范围的子公司，则企业在中期财务报告中只需要提供母公司财务报表，但是根据《企业会计准则第 32 号——中期财务报告》要求提供的上年度比较财务报表应当包括合并财务报表，除非上年度可比中期的财务报告没有提供合并财务报表。本规定具体包括以下内容。

（1）在上年度财务报告中编报合并财务报表的企业，其中期财务报表也应当按照合并基础编报，即企业在中期财务报告中也应当编制合并财务报表，而且合并财务报表的合并范围、合并原则、编制方法和合并财务报表的格式与内容等也应当与上年度合并财务报表相一致。如果在本会计年度有新的会计准则或者有关法规对合并财务报表的编制原则和方法等作了新的规范和要求，则企业应当按照新准则或者法规的规定编制中期合并财务报表。

（2）如果企业在中期发生了合并财务报表合并范围变化的情况，则应当区别情况进行处理。

1）在上一会计年度纳入合并财务报表合并范围的子公司在报告中期不再符合合并范围的要求。在这种情况下，企业在中期期末编制合并财务报表时，就不必将该子公司的个别财务报表纳入合并范围。需要说明的是，如果企业在报告中期内处置了所有纳入上年度合并财务报表编制范围的子公司，而且在报告中期又没有新增子公司，那么企业在其中期财务报告中就不必编制合并财务报表。尽管如此，企业根据《企业会计准则第 32 号——中期财务报告》要求提供的上年度比较财务报表仍然应当同时提供合并财务报表和母公司财务报表。除非在上年度可比中期期末，企业没有应纳入合并财务报表合并范围的子公司（上年度纳入合并财务报表合并范围的子公司是在上年度可比中期期末之后新增的），因而在上年度可比中期的财务报告中并没有编制有关合并财务报表，在这种情况下，上年度可比中期的财务报表（可比利润表和可比现金流量表）就不必提供合并财务报表了。

2）中期内新增符合合并财务报表合并范围要求的子公司。在这种情况下，企业在中期期末就需要将该子公司的个别财务报表纳入合并财务报表的合并范围中。

（3）对于应当编制合并财务报表的企业而言，如果企业在上年度财务报告中除了提供合并财务报表之外，还提供了母公司财务报表，那么在其中期财务报告中除了应当提供合并财务报表之外，还应当提供母公司财务报表。鉴于我国目前规定上市公司年度财务报告在提供合并财务报表的同时，必须提供母公司财务报表，企业没有选择性。因此，对于上市公司中期财务报告而言，应当同时提供合并财务报表和母公司财务报表。

4．关于比较财务报表的要求

企业在中期期末除了需要编制中期期末资产负债表、中期利润表和现金流量表之外，还应当提供前期比较财务报表，以提高财务报表信息的可比性和有用性。在中期财务报告中，企业应当提供以下财务报表：

（1）本中期期末的资产负债表和上年度末的资产负债表。

（2）本中期的利润表、年初至本中期期末的利润表以及上年度可比期间的利润表（上年度可比期间的利润表包括上年度可比中期的利润表和上年度年初至可比本中期期末的利润表）。

（3）年初至本中期期末的现金流量表和上年度年初至可比本中期期末的现金流量表。

需要说明的是，企业在中期财务报告中提供比较财务报表时，应当注意以下三点。

（1）企业在中期内如果由于新的会计准则或有关法规的要求，对财务报表项目的列报或分类进行了调整或者修订，或者企业出于便于报表使用者阅读和理解的需要，对财务报表项目作了调整，从而导致本年度中期财务报表项目及其分类与比较财务报表项目及其分类出现不同。在这种情况下，比较财务报表中的有关金额应当按照本年度中期财务报表的要求予以重新分类，以确保其与本年度中期财务报表的相应信息相互可比。同时，企业还应当在财务报表附注中说明财务报表项目重新分类的原因及其内容。

如果企业因原始数据收集、整理或者记录等方面的原因，导致无法对比较财务报表中的有关金额进行重新分类，在这种情况下，可以不对比较财务报表进行重新分类，但是，企业应当在本年度中期财务报表附注中说明不能进行重新分类的原因。

（2）企业在中期内如果发生了会计政策变更或者重大会计差错更正事项，则应当调整相关比较财务报表期间的净损益和其他有关项目，视同该项会计政策在比较财务报表期间一贯采用或者该重大会计差错在产生的当期已经得到了更正。对于比较财务报表可比期间以前的会计政策变更的累积影响数或者重大会计差错，应当根据规定调整比较财务报表最早期间的期初留存收益，财务报表其他相关项目的数字也应当一并调整。

（3）对于在本年度中期内发生的调整以前年度损益事项，企业应当调整本年度财务报表相关项目的年初数，同时，中期财务报告中相应的比较财务报表也应当为已经调整以前年度损益后的报表。

5．关于中期财务报表附注编制的基本要求和至少应当包括的内容

（1）中期财务报表附注编制的基本要求。财务报表附注是对财务报表信息的补充说明，目的是使财务报表信息对会计信息使用者的决策更加相关、有用，但同时又必须顾及成本效益原则。为此，《企业会计准则第 32 号——中期财务报告》规定了以下几点中期财务报表附注编制的基本要求。

1）中期财务报表附注应当提供比上年度财务报告更新的信息。《企业会计准则第 32 号——中期财务报告》规定，企业在其中期财务报表附注中应当重点披露自上年度资产负债表日之后发生的，有助于理解企业财务状况、经营成果和现金流量变化情况的重要事项或者交易。也就是说，中期财务报告应当提供相对于上年度财务报告而言更新的事项或者交易，无须重复披露

在上年度财务报告中已经披露过的、相对并不重要的信息。因为企业中期财务报告使用者一般都可以获得上年度财务报告信息，所以，在中期财务报表附注编制过程中，应当重点披露比上年度财务报告更新的信息。

2）中期财务报表附注应当遵循重要性原则。如前所述，重要性原则是中期会计确认、计量和披露的一项重要原则，同样地，中期财务报表附注的披露也应当遵循重要性原则，对于那些会影响中期财务报告信息使用者的决策但又未在中期财务报告的其他部分披露的重要信息，企业应当在财务报表附注中予以披露。

3）中期财务报表附注的编制应当以会计年度年初至本中期期末为基础。由于编制中期财务报告的目的是为了向报告使用者提供自上年度资产负债表日之后所发生的重要事项或者交易，因此，《企业会计准则第32号——中期财务报告》规定，中期财务报表附注的编制应当以"年初至本中期期末"为基础，而不应当仅仅只披露本中期所发生的重要事项或者交易。

4）中期财务报表附注还应当披露对于本中期重要的交易或者事项。《企业会计准则第32号——中期财务报告》在规定企业应当以"年初至本中期期末"为基础编制中期财务报表附注的同时，又规定，"对于理解本中期财务状况、经营成果和现金流量有关的重要事项或者交易，也应当在中期财务报表附注中予以披露"。也就是说，企业除了应当按照"年初至本中期期末"为基础的原则编制财务报表附注之外，还应当在财务报表附注中披露相对于本中期财务状况、经营成果和现金流量而言重要的交易或者事项。

（2）中期财务报表附注应当包括的内容。

1）中期财务报表附注至少应当包括的内容。中期财务报告中的附注至少应当包括下列信息：

① 中期财务报表所采用的会计政策与上年度财务报表相一致的声明。

会计政策发生变更的，应当说明会计政策变更的性质、内容、原因及其影响数；无法进行追溯调整的，应当说明原因。

② 会计估计变更的内容、原因及其影响数；影响数不能确定的，应当说明原因。

③ 前期差错的性质及其更正金额；无法进行追溯重述的，应当说明原因。

④ 企业经营的季节性或者周期性特征。

⑤ 存在控制关系的关联方发生变化的情况；关联方之间发生交易的，应当披露关联方关系的性质、交易类型和交易要素。

⑥ 合并财务报表的合并范围发生变化的情况。

⑦ 对性质特别或者金额异常的财务报表项目的说明。

⑧ 证券发行、回购和偿还情况。

⑨ 向所有者分配利润的情况，包括在中期内实施的利润分配和已提出或者已批准但尚未实施的利润分配情况。

⑩ 根据《企业会计准则第35号——分部报告》规定应当披露分部报告信息的，应当披露主要报告形式的分部收入与分部利润（亏损）。

⑪ 中期资产负债表日至中期财务报告批准报出日之间发生的非调整事项。

⑫ 上年度资产负债表日以后所发生的或有负债和或有资产的变化情况。

⑬ 企业结构变化情况，包括企业合并，对被投资单位具有重大影响、共同控制或者控制关系的长期股权投资的购买或者处置，终止经营等。

⑭ 其他重大交易或者事项，包括重大的长期资产转让及其出售情况、重大的固定资产和无形资产取得情况、重大的研究和开发支出、重大的资产减值损失情况等。

企业在提供上述⑤和⑩有关关联方交易、分部收入与分部利润（亏损）信息时，应当同时提供本中期（或者本中期期末）和本年度年初至本中期期末的数据，以及上年度可比本中期（或者可比期末）和可比年初至本中期期末的比较数据。

需要说明的是，上述内容只是企业至少应当在中期财务报表附注中披露的内容，并非是企业中期财务报表附注应当披露的全部内容。如果企业除了上述附注信息之外，还有对中期财务报告信息使用者决策有用的其他重要信息，也应当在中期财务报表附注中予以披露。另外，中期财务报表附注除了应当包括对在中期财务报告中披露的各财务报表项目所反映的金额进行说明和分析之外，还应当包括不在中期财务报表内列报的但对于真实、完整反映企业中期期末财务状况、中期经营成果和现金流量却是必要的附加信息，如或有负债信息等。当然，企业在中期财务报表附注中披露的信息都应当遵循前述的"提供比上年度财务报告更新的信息""重要性原则""以会计年度年初至本中期末为基础"和"披露对于本中期重要的交易或者事项"等要求。

2）中期财务报表附注至少应当包括的内容的说明及其举例。

① 关于会计政策的说明。企业应当在中期财务报表附注中披露编制中期财务报表所采用的会计政策，其应予披露的内容视在中期内有无发生会计政策变更或者是否因发生了新的交易或者事项而采用了新的会计政策而有所不同。

A. 在中期内没有发生会计政策变更的情况。如果企业在中期没有发生会计政策变更的情况，即说明企业在编制中期财务报表时采用的是与上年度财务报表相一致的会计政策，那么企业在中期财务报表附注中所披露的有关会计政策的信息就比较简单，只需对中期财务报表的编制采用了与上年度相一致的会计政策这一情况加以说明即可。

B. 在中期内发生会计政策变更的情况。企业如果在中期（包括在本中期和从年初至本中期期末的期间，下同）发生了会计政策变更，则应当按照《企业会计准则第 28 号——会计政策、会计估计变更和差错更正》的要求，在财务报表附注中披露以下内容。

a. 会计政策变更的内容和理由。包括对会计政策变更的简要表述、变更的日期、变更前采用的会计政策和变更后采用的新会计政策以及会计政策变更的原因。

b. 会计政策变更的影响数。包括：采用会计政策变更的追溯调整法时，计算出的会计政策变更累积影响数；会计政策变更对本中期、本会计年度年初至本中期期末的期间以及比较财务报表相关期间净损益的影响金额；比较财务报表最早期间期初留存收益的调整金额等。

c. 如果会计政策变更的累积影响数不能合理确定，应当说明其理由，同时，还应当说明由于会计政策变更对中期经营成果的影响金额。

C. 在中期内因发生了新的交易或者事项而采用新的会计政策的情况。企业如果在中期内发生了新的交易或者事项，因而采用了新的会计政策来对该交易或者事项进行会计处理，则企业应当在中期财务报表附注中披露该项会计政策的内容以及采用该项会计政策的原因。

② 关于会计估计变更的说明。企业如果在中期发生了会计估计变更，则应当按照《企业会计准则第 28 号——会计政策、会计估计变更和差错更正》的要求，在财务报表附注中披露以下内容。

A. 会计估计发生变更的内容和理由。包括会计估计变更内容的简要表述、会计估计变更的日期以及会计估计变更的原因等。

B. 会计估计变更的影响数。包括会计估计变更对本中期和本会计年度年初至本中期末损益的影响金额，以及对其他有关财务报表项目的影响金额。

C. 如果会计估计变更的影响数不能确定，应当说明不能确定的理由。

③ 关于重大会计差错的说明。企业如果在中期发现了以前年度的重大会计差错或者本年度以前中期的重大会计差错，则企业应当按照《企业会计准则第 28 号——会计政策、会计估计变更和差错更正》的要求，在财务报表附注中披露以下内容。

A. 重大会计差错的内容。包括重大会计差错的事项陈述、原因以及更正方法。

B. 重大会计差错的更正金额。包括重大会计差错对净损益的影响金额以及对其他财务报表项目的影响金额。

④ 关于企业经营的季节性或者周期性特征的说明。《企业会计准则第 32 号——中期财务报告》规定，如果企业的经营存在明显的季节性或者周期性特征。企业应当在财务报表附注中予以说明以下内容。

A. 关于企业经营的季节性特征的说明。对于企业的经营活动受季节性因素影响较大的企业，《企业会计准则第 32 号——中期财务报告》要求在中期财务报表附注中披露其经营的季节性特征。这里所指的企业经营的季节性特征，主要是指企业营业收入的取得或者营业成本的发生主要集中在全年度的某一季节或者某段期间内，即它会随着季节的变化而在会计年度内发生较大的波动。例如，供暖企业的营业收入主要来自冬季；冷饮企业的营业收入主要来自夏季；农业企业的营业收入则主要来自农作物的收获和销售季节（如秋季）等。为了避免中期财务报告信息使用者直接将中期经营成果用于估计全年经营成果、误导决策，所以，对于经营业务明显受季节因素影响的企业，应当在中期会计报表附注中对其经营的季节性特征做出说明，内容可以包括季节性经营的业务及其特征、相关的季节性收入及其对损益的影响等。

B. 关于企业经营的周期性特征的说明。对于企业经营活动受周期性因素影响较大的企业，《企业会计准则第 32 号——中期财务报告》要求在其中期财务报表附注中披露其经营的周期性特征。这里所指的企业经营的周期性特征，主要是指企业每隔一个周期就会稳定地取得一定的收入或者发生一定的成本的情况。例如，某房地产开发企业开发房地产通常需要一个周期，如需要 2~3 年才能完成开发，而该企业又不同时开发多个项目，这样在房地产开发完成并出售之前，企业不能确认收入，所发生的相关成本费用则作为房地产的开发成本，企业只有在将所开发完成的房地产对外出售之后才能确认收入，这类企业的经营就属于具有比较典型的周期性特征。这里周期的长短依据企业的经营特征或者有关合约、政策而定。由于这类企业的周期性收入（或者成本费用）通常在一个会计年度内发生次数较少，或者每隔几年才发生一次，因此，为了避免中期财务报告信息使用者直接将中期经营成果用于估计全年经营成果，误导决策，对于经营业务受周期性因素影响较大的企业，应当在中期财务报表附注中对其经营的周期性特征做出说明，内容可以包括周期性经营的业务及其特征，周期性收入（或者成本费用）的金额及其对损益的影响等情况。

⑤ 关于关联方披露。对于关联方关系及其交易，《企业会计准则第 32 号——中期财务报告》要求企业在中期财务报告中披露以下两方面的信息：一是存在控制关系的关联企业发生变化的信息；二是关联方交易的相关信息。

A. 关于存在控制关系的关联企业发生变化情况的披露。《企业会计准则第 32 号——中期财务报告》规定，企业应当在中期财务报表附注中披露"存在控制关系的关联企业发生变化的情况"，具体包含以下三层意。

a. 按照《企业会计准则第 36 号——关联方披露》的规定，在存在控制关系的情况下，关联方如为企业时，不论它们之间有无交易，都应当在年度财务报表附注中披露关联方关系的相关信息。但是在中期财务报表附注中，本着"提供比上年度财务报告更新信息"的原则，企业无须披露所有存在控制关系的关联企业情况，只要披露自上年度资产负债表日之后，企业存在控制关系的关联企业发生变化的情况。

b. 企业在中期财务报表附注中披露存在控制关系的关联企业自上年度资产负债表日之后所发生的变化情况时，其披露要求应当遵循《企业会计准则第 36 号——关联方披露》的规定，即应当披露以下事项：企业的经济性质或者类型、名称、法定代表人、注册地、注册资本及其变化；企业的主营业务；所持股份或权益及其变化。

需要说明的是，在会计年度年初至本中期期末期间，即使与关联企业的控制关系没有发生变化，但是该关联企业的经济性质或者类型、名称、法定代表人、注册地、注册资本、主营业务、所持股份或者权益等发生了变化的，也应当在中期财务报表附注中予以披露。

c. 如果自上年度资产负债表日之后，存在控制关系的关联企业没有发生任何变化，则企业需要在中期财务报表附注中对没有发生变化这一事实进行说明，不必再详细披露关联企业的有关内容。

B. 关于关联方交易的披露。根据《企业会计准则第 32 号——中期财务报告》的规定，关联方之间在中期发生交易的，应当披露关联方关系的性质、交易的类型和交易要素等。这里所指的交易要素一般包括交易的金额或者相应比例、未结算项目的金额或者相应比例，以及交易过程中的定价政策（包括没有金额或者只有象征性金额的交易）等。上述信息的具体披露要求应当遵循《企业会计准则第 36 号——关联方披露》的规定。需要说明的是，企业中期财务报告中披露关联方交易的金额或者相应比例时，还应当披露有关比较数据。如果所披露的关联方交易涉及利润表项目的，应当披露本中期和本会计年度年初至本中期期末的数据，以及上年度可比本中期和年初至可比本中期期末的比较数据；如果所披露的关联方交易涉及资产负债表项目的，应当披露本中期期末的数据和上年度末的比较数据。

⑥ 关于合并财务报表合并范围变化情况的说明。根据《企业会计准则第 32 号——中期财务报告》的规定，企业应当在财务报表附注中披露合并财务报表合并范围发生变化的情况。这里所指的合并财务报表合并范围发生变化的情况，主要指由于公司在中期内发生兼并、收购、对于公司增资，或者控股子公司在中期发生关停并转、宣告破产等原因，导致中期内应当纳入合并财务报表范围的子公司与上年度财务报告相比，发生增加或者减少的情况。需要强调的是，在判断中期合并范围是否发生增减变化时，是相对于上年度而言的，不是相对于本年度以前中期而言的，即应当以"年初至本中期期末"为基础。

企业合并财务报表的合并范围如果在中期内发生了增减变化，则应当在中期财务报表附注中披露合并范围发生变化的原因及其内容。

⑦ 对性质特别或者金额异常的财务报表项目的说明。《企业会计准则第 32 号——中期财务报告》规定，当企业编制的中期财务报表项目的性质特别或者金额异常时，企业应当在财务报表附注中予以说明。这里所指的财务报表项目既包括企业资产、负债、所有者权益（或者股东权益）、收入、费用和利润等资产负债表、利润表项目，也包括现金流量表项目。

对于应在财务报表附注中披露的性质特别项目需要根据具体情况而定。例如，某企业的总经理挪用公司资金占为己有造成公司损失，即使金额不大，但是暴露出公司管理问题，对投资者的决策有用，应当将其作为性质特别项目在财务报表附注中予以披露；某企业因生产产品造成环境污染而被处以罚款，尽管金额不大，但在环保意识日益增强的社会中，这一事项对于企业未来发展影响深远，因此也应当作为性质特别项目在财务报表附注中予以披露；企业收取承包经营费、受托经营其他企业资产、与知名高科技企业签订合作共同进行科研开发等，尽管这些收入或者费用在承包期、资产受托经营期或者合作开发期内都属于经常性项目，但是这些项目的性质较为特殊，对信息使用者的决策有用，企业也应当在财务报表附注中予以披露。当企业在中期财务报表附注中披露这些性质特别的项目时，应当对这些项目的内容、金额及其影响等进行具体说明。

与此同时，如果中期财务报表中披露的财务数据与上年末资产负债表数据或者上年度可比期间的财务报表数据相比变动幅度较大，而且金额较大，则应当作为发生金额异常项目，在中期财务报表附注中对该项目的内容、金额及其异常情况和金额发生异常的原因等做出说明。

另外，对于企业在中期内因那些明显区别于正常生产经营活动的、预期不会经常发生或者不再复发的交易或者事项等所产生的损益项目，如企业因地震或者其他自然灾害所造成的损失、企业资产被征用所产生的损失等，企业应当分别项目在财务报表附注中披露其内容及其金额。

⑧ 证券的发行、回购和偿还情况。当企业在中期存在发行、回购或者偿还债务性证券或者权益性证券等的交易或者事项时，企业应当在中期财务报表附注中披露中期发行、回购和偿还的证券的种类、日期、金额等相关信息。如果企业在中期内发生了资本公积转增资本（股本）情况，也视同企业增加了权益性证券，应当根据前述要求进行相应披露。

⑨ 关于向所有者分配利润情况的说明。《企业会计准则第 32 号——中期财务报告》规定，企业如果在中期内实施了向所有者分配利润的方案，或者在中期财务报告批准报出日之前提出或者批准了向所有者分配利润的预案但尚未实施的，企业均应当在中期财务报表附注中披露这一事项及其相关金额。这里所指的所有者在股份有限公司即为股东；向所有者分配的利润既包括向所有者分配的现金利润或者现金股利，也包括向所有者分配的股票股利；披露向所有者分配利润的相关金额则应当包括所分配的现金利润（或者现金股利）和股票股利的总额以及每股现金股利金额。

⑩ 关于资产负债表日后事项的披露。《企业会计准则第 32 号——中期财务报告》规定，当企业在中期资产负债表日至中期财务报告批准报出日之间发生《企业会计准则第 29 号——资产负债表日后事项》规定的需要披露的非调整事项时，企业应当根据《企业会计准则第 29 号——资产负债表日后事项》的要求在其中期财务报表附注中予以披露。这些事项主要包括在中期资产负债表日之后、中期财务报告批准报出日之前发生的，会影响到中期财务报告使用者做出正确估计和决策的重要事项，如股票和债券的发行、对一个企业的巨额投资、自然灾害导致的资产损失、外汇汇率发生较大变动等事项。企业在中期财务报表附注中披露这些事项时，应当说明这些事项的内容，估计会对企业财务状况、经营成果和现金流量产生的影响等。如果无法估计这些事项对中期财务报表数据的影响数，则应当在中期财务报表附注中说明其原因。

⑪ 关于或有事项的说明。根据《企业会计准则第 32 号——中期财务报告》的规定，企业应当在中期财务报表附注中披露自上年度资产负债表日以后所发生的或有负债或者或有资产的变化情况，具体包括以下三种情况：

A. 上年度资产负债表日已经存在的并且在上年度财务报告中已经披露的或有负债或者或有资产在中期所发生的变化，包括这些或有负债或者或有资产发生的可能性的变化、预计的财务影响的变化等。

B. 在报告中期内新发生的应予披露的或有负债和或有资产。

C. 在本年度以前中期新发生而且已经在以前中期财务报告中披露的或有负债和或有资产在本中期发生的变化，包括这些或有负债和或有资产发生的可能性的变化和预计的财务影响的变化等。

当企业在中期发生上述或有负债或者或有资产的变化事项时，应当在中期财务报表附注中予以披露，披露的内容和要求应当遵循《企业会计准则第 13 号——或有事项》。根据《企业会计准则第 13 号——或有事项》规定，企业对于应予披露的或有负债，应当披露或有负债形成的原因、或有负债预计产生的财务影响（如无法预计，应说明理由）和获得补偿的可能性。对于或有资产，当其很可能给企业带来经济利益时，应当在财务报表附注中披露其形成的原因；如果能够预计其产生的财务影响，还应当作相应披露。对于企业在中期发生的应予披露的或有负债和或有资产变化事项，企业应当据此在财务报表附注中作相关披露。

⑫ 关于企业结构变化情况的说明。根据《企业会计准则第32号——中期财务报告》的规定，如果在中期内企业结构发生了变化，应当在中期财务报表附注中对此予以说明。常见的企业结构变化的情况包括企业合并、对被投资单位具有重大影响、共同控制关系或者控制关系的长期股权投资的购买或者处置、终止营业等。对于这些事项，企业应当在中期财务报表附注中说明其内容和对企业财务状况、经营成果及现金流量的影响等。

⑬ 其他重大交易或者事项的说明。除了上述事项之外，《企业会计准则第32号——中期财务报告》还规定，企业应当在中期财务报表附注中对在中期内发生的其他重大交易或者事项予以说明。这些重大交易或者事项包括重大的长期资产转让及其出售情况、重大的固定资产和无形资产取得情况、重大的研究和开发支出、重大的资产减值损失情况等。这里所指的重大的长期资产转让及其出售情况主要是指重大的固定资产、无形资产等长期资产的转让或者出售，重大的固定资产、无形资产取得情况主要是指企业为了购建固定资产、无形资产所发生的资本性支出情况。

其他重大交易或者事项的说明：在实务中，上述有关财务报表附注的披露事项有可能出现重复，如企业结构变化的事项（如企业合并）可能既涉及合并财务报表合并范围发生变化的情况，也涉及关联方关系及其交易事项。对此类事项，企业在编制财务报表附注时，可以在首次涉及该交易事项时，予以详细披露，其他地方则可适当简化。

6. 关于在年度财务报表中的披露

《企业会计准则第32号——中期财务报告》规定，在同一会计年度内，如果以前中期财务报告中所披露的会计估计在最后一个中期发生了重大变更，而企业又不单独披露该最后中期的财务报告，则企业应当在其年度财务报表附注中披露该项会计估计变更的内容、理由及其影响金额。例如，某公司为一家需要编制季度财务报告的企业，但是无须单独披露第4季度财务报告，假设公司在第4季度里，对第1、2或3季度财务报表中所采用的会计估计（如固定资产折旧年限的估计、各项资产减值金额的估计、预计负债的估计、所得税的估计等）作了重大变更，则需要在其年度财务报表附注中对此事项作特别说明，说明的内容应当依据《企业会计准则第28号——会计政策、会计估计变更和差错更正》关于会计估计变更的规定。同样地，假如一家公司是需要编制半年度财务报告的企业，但不单独披露下半年的财务报告，则如果该公司对于上半年财务报告中所采用的会计估计在下半年作了重大变更，也应当在其年度财务报表附注中予以说明。

七、合并财务报表

合并财务报表，是指反映母公司和其全部子公司形成的企业集团整体财务状况、经营成果和现金流量的财务报表。其中，母公司，是指控制一个或一个以上主体（含企业、被投资单位中可分割的部分，以及企业所控制的结构化主体等，下同）的主体。子公司，是指被母公司控制的主体。

（一）合并报表格式

合并财务报表的格式及其各项目，涵盖了母公司和从事各类经济业务的子公司的情况，包括一般企业、商业银行、保险公司和证券公司等。合并资产负债表、合并利润表、合并现金流量表、合并所有者权益变动表的格式如表 5-49 至表 5-52 所示。

表 5-49　合并资产负债表

会合 01 表

编制单位：　　　　　　　　　　年　　月　　日　　　　　　　　　　单位：元

资　　产	期末余额	年初余额	负债和所有者权益（或股东权益）	期末余额	年初余额
流动资产：			流动负债：		
货币资金			短期借款		
结算备付金			向中央银行借款		
拆出资金			吸收存款及同业存放		
交易性金融资产			拆入资金		
应收票据			交易性金融负债		
应收账款			应付票据		
预付款项			应付账款		
应收保费			预收款项		
应收分保账款			卖出回购金融资产款		
应收分保合同准备金			应付手续费及佣金		
应收利息			应付职工薪酬		
其他应收款			应交税费		
买入返售金融资产			应付利息		
存货			其他应付款		
一年内到期的非流动资产			应付分保账款		
其他流动资产			保险合同准备金		
流动资产合计			代理买卖证券款		
非流动资产：			代理承销证券款		
发放贷款及垫款			一年内到期的非流动负债		
可供出售金融资产			其他流动负债		
持有至到期投资			流动负债合计		
长期应收款			非流动负债：		
长期股权投资			长期借款		
投资性房地产			应付债券		
固定资产			长期应付款		
在建工程			专项应付款		
工程物资			预计负债		
固定资产清理			递延所得税负债		
生产性生物资产			其他非流动负债		
油气资产			非流动负债合计		
无形资产			负债合计		
开发支出			所有者权益（或股东权益）：		
商誉			实收资本（或股本）		

续表

资　　产	期末余额	年初余额	负债和所有者权益（或股东权益）	期末余额	年初余额
长期待摊费用			资本公积		
递延所得税资产			减：库存股		
其他非流动资产			盈余公积		
非流动资产合计			一般风险准备		
			未分配利润		
			外币报表折算差额		
			归属于母公司所有者权益合计		
			少数股东权益		
			所有者权益合计		
资产总计			负债和所有者权益总计		

表 5-50　合并利润表

会合 02 表

编制单位：　　　　　　　　　　　年　　月　　　　　　　　　　　单位：元

项　　目	本期金额	上期金额
一、营业总收入		
其中：营业收入		
利息收入		
已赚保费		
手续费及佣金收入		
二、营业总成本		
其中：营业成本		
利息支出		
手续费及佣金支出		
退保金		
赔付支出净额		
提取保险合同准备金净额		
保单红利支出		
分保费用		
营业税金及附加		
销售费用		
管理费用		
财务费用		
资产减值损失		
加：公允价值变动收益（损失以"-"号填列）		
投资收益（损失以"-"号填列）		
其中：对联营企业和合营企业的投资收益		

续表

项　目	本期金额	上期金额
汇兑收益（损失以"－"号填列）		
三、营业利润（亏损以"－"号填列）		
加：营业外收入		
减：营业外支出		
其中：非流动资产处置损失		
四、利润总额（亏损总额以"－"号填列）		
减：所得税费用		
五、净利润（净亏损以"－"号填列）		
归属于母公司所有者的净利润		
少数股东损益		
六、每股收益：		
（一）基本每股收益		
（二）稀释每股收益		

注：（1）合并利润表收入、费用项目按照各类企业利润表的相同口径填列。

（2）同一控制下企业合并的当期，还应单独列示被合并方在合并前实现的净利润。

表 5-51　合并现金流量表

会合 03 表

编制单位：　　　　　　　　　　　年　　月　　　　　　　　　　单位：元

项　目	本期金额	上期金额
一、经营活动产生的现金流量：		
销售商品、提供劳务收到的现金		
客户存款和同业存放款项净增加额		
向中央银行借款净增加额		
向其他金融机构拆入资金净增加额		
收到原保险合同保费取得的现金		
收到再保险业务现金净额		
保户储金及投资款净增加额		
处置交易性金融资产净增加额		
收取利息、手续费及佣金的现金		
拆入资金净增加额		
回购业务资金净增加额		
收到的税费返还		
收到其他与经营活动有关的现金		
经营活动现金流入小计		
购买商品、接受劳务支付的现金		
客户贷款及垫款净增加额		
存放中央银行和同业款项净增加额		
支付原保险合同赔付款项的现金		

续表

项　目	本期金额	上期金额
支付利息、手续费及佣金的现金		
支付保单红利的现金		
支付给职工以及为职工支付的现金		
支付的各项税费		
支付其他与经营活动有关的现金		
经营活动现金流出小计		
经营活动产生的现金流量净额		
二、投资活动产生的现金流量：		
收回投资收到的现金		
取得投资收益收到的现金		
处置固定资产、无形资产和其他长期资产收回的现金净额		
处置子公司及其他营业单位收到的现金净额		
收到其他与投资活动有关的现金		
投资活动现金流入小计		
购建固定资产、无形资产和其他长期资产支付的现金		
投资支付的现金		
质押贷款净增加额		
取得子公司及其他营业单位支付的现金净额		
支付其他与投资活动有关的现金		
投资活动现金流出小计		
投资活动产生的现金流量净额		
三、筹资活动产生的现金流量：		
吸收投资收到的现金		
其中：子公司吸收少数股东投资收到的现金		
取得借款收到的现金		
发行债券收到的现金		
收到其他与筹资活动有关的现金		
筹资活动现金流入小计		
偿还债务支付的现金		
分配股利、利润或偿付利息支付的现金		
其中：子公司支付给少数股东的股利、利润		
支付其他与筹资活动有关的现金		
筹资活动现金流出小计		
筹资活动产生的现金流量净额		
四、汇率变动对现金及现金等价物的影响		
五、现金及现金等价物净增加额		
加：期初现金及现金等价物余额		
六、期末现金及现金等价物余额		

表 5-52 合并所有者权益变动表

合合:04表
单位:元

编制单位:　　　　　　　　年度

项目	本年金额									上年金额								
	归属于母公司所有者权益							少数股东权益	所有者权益合计	归属于母公司所有者权益							少数股东权益	所有者权益合计
	实收资本(或股本)	资本公积	减:库存股	盈余公积	一般风险准备	未分配利润	其他			实收资本(或股本)	资本公积	减:库存股	盈余公积	一般风险准备	未分配利润	其他		
一、上年末余额																		
加:会计政策变更																		
前期差错更正																		
二、本年初余额																		
三、本年增减变动金额(减少以"—"号填列)																		
(一)净利润																		
(二)直接计入所有者权益的利得和损失																		
1. 可供出售金融资产公允价值变动净额																		
2. 权益法下被投资单位其他所有者权益变动的影响																		
3. 与计入所有者权益项目相关的所得税影响																		
4. 其他																		
上述(一)和(二)小计																		

续表

项目	本年金额										上年金额									
	归属于母公司所有者权益							少数股东权益	所有者权益合计		归属于母公司所有者权益							少数股东权益	所有者权益合计	
	实收资本（或股本）	资本公积	减：库存股	盈余公积	一般风险准备	未分配利润	其他				实收资本（或股本）	资本公积	减：库存股	盈余公积	一般风险准备	未分配利润	其他			
（三）所有者投入和减少资本																				
1. 所有者投入资本																				
2. 股份支付计入所有者权益的额																				
3. 其他																				
（四）利润分配																				
1. 提取盈余公积																				
2. 提取一般风险准备																				
3. 对所有者（或股东）的分配																				
4. 其他																				
（五）所有者权益内部结转																				
1. 资本公积转增资本（或股本）																				
2. 盈余公积转增资本（或股本）																				
3. 盈余公积弥补亏损																				
4. 其他																				
四、本年年末余额																				

（二）合并报表附注

企业应当按照规定披露附注信息，主要包括下列内容：

（1）企业集团的基本情况。

（2）财务报表的编制基础。

（3）遵循企业会计准则的声明。

（4）重要会计政策和会计估计。

（5）会计政策和会计估计变更以及差错更正的说明。

（6）报表重要项目的说明。

（7）或有事项。

（8）资产负债表日后事项。

（9）关联方关系及其交易。

（10）风险管理。

以上（1）至（10）项，应当比照《企业会计准则第 30 号——财务报表列报》应用指南的相关规定进行披露。

合并现金流量表，还应遵循《企业会计准则第 31 号——现金流量表》应用指南的相关规定进行披露。

（11）母公司和子公司信息。

1）子公司有关信息的披露格式（见表 5-53）。

表 5-53　子公司有关信息的披露

子公司名称	注册地	业务性质	注册资本	本企业合计持股比例	本企业合计享有的表决权比例

2）母公司拥有被投资单位表决权不足半数但能对被投资单位形成控制的原因。

3）母公司直接或通过其他子公司间接拥有被投资单位半数以上的表决权但未能对其形成控制的原因。

4）子公司所采用的会计政策与母公司不一致的，母公司编制合并财务报表的处理方法。

5）子公司与母公司会计期间不一致的，母公司编制合并财务报表的处理方法。

6）本期不再纳入合并范围的原子公司，说明原子公司的名称、注册地、业务性质、母公司的持股比例和表决权比例，本期不再成为子公司的原因。

原子公司在处置日和上一会计期间资产负债表日资产、负债和所有者权益的金额以及本期期初至处置日的收入、费用和利润的金额。

7）子公司向母公司转移资金的能力受到严格限制的情况。

8）作为子公司纳入合并范围的特殊目的主体的业务性质、业务活动等。

八、分部报告

分部报告是指在企业的财务会计报告中，按照确定的企业内部组成部分提供的有关各组成部分收入、资产和负债等信息的报告。

（一）分部信息披露的基础

《企业会计准则第 35 号——分部报告》第三条规定："企业应当以对外提供的财务报表为基础披露分部信息。对外提供合并财务报表的企业，应当以合并财务报表为基础披露分部信息。"

分部报告通常是作为财务会计报告的一个组成部分予以披露的。在企业财务会计报告披露合并财务报表的情况下，分部报告的披露以该合并财务报表为基础列报；而在其财务会计报告仅披露个别财务报表的情况下，则其分部报告的披露以个别财务报表为基础列报。分部报告通常作为财务报表附注的一个组成部分予以披露。

（二）报告分部的确定

企业应当以内部组织结构、管理要求、内部报告制度为依据确定经营分部，以经营分部为基础确定报告分部，并按下列规定披露分部信息。原有关确定地区分部和业务分部以及按照主要报告形式、次要报告形式披露分部信息的规定不再执行。

在披露分部报告时，首先必须确定报告主体的分部。所谓分部，是指企业内部可区分的，专门用于向外部提供信息的一部分。

1. 重要性的标准——10%

一个分部是否作为报告分部，取决于其是否具有重要性。对于具有重要性的分部，则应将其作为报告分部。一般情况下，判断其重要性的主要依据是是否达到下列各项目中至少一项标准：

（1）一个分部的收入（包括对外交易收入和对其他分部的交易收入）达到企业分部收入总额的 10%以上。但当某一分部仅对内部其他分部提供产品和劳务，并不对外销售产品或提供劳务时，则不能将其作为报告分部对待。各分部从企业外部取得的利息收入，以及分部相互之间发生的应收款项（列入分部可辨认资产者）而取得的利息收入，应当将其作为分部收入处理。对其他分部预付款或贷款所发生的利息收入，则不能包括在分部收入中。但当企业内部设立有融资机构时，由于其主要业务为融资、贷款给其他部门，其贷款收入则应计入该融资分部的分部收入之中。

（2）一个分部的营业利润（或营业亏损），达到下列两项中绝对值较大者的 10%：所有盈利分部的分部利润合计额；所有亏损分部的分部营业亏损合计额。

在这里，分部利润（或营业亏损）是指分部收入扣除分部费用后的余额。其中，分部费用是指，分部从经营活动中产生的、可直接归属于该分部的费用，以及能按合理的基础分配给该分部的费用份额。

（3）分部资产达各分部资产总额的 10%以上。但当某一分部的交易收入、营业利润或营业亏损及其可辨认的资产，每项均达到全部分部合计数 90%以上时，则企业的合并财务报表即可以提供该分部在风险及经营业绩的会计信息。此时，只须在财务报表附注中予以说明即可，而没必要提供分部报告。

2. 报告分部75%的标准

《企业会计准则第 35 号——分部报告》第十条："报告分部的对外交易收入合计额占合并总收入或企业总收入的比重未达到 75%的，应当将其他的分部确定为报告分部，直到该比重达到 75%。"

在分部报告中披露的对外交易收入合计额必须达到合并总收入（或企业总收入）的 75%。如果未达到总收入的 75%的标准，则必须增加报告分部的数量，直到达到 75%的比例。

3．报告分部的数量不超过 10 个

作为报告分部的数量不宜过多，一般不得超过 10 个。因为如果将过多的分部作为报告分部，对其会计信息予以披露，则将导致披露的信息过多，使对外披露的会计信息流于琐碎，反而不利于会计信息使用者的使用。

除遵循上述标准外，某一分部确定是否应作为报告分部，还应当注意与其他会计期间的情况相比较，注意保持报告分部在不同会计期间的一贯性。对于某一分部，因某一会计年度特殊事项而导致其不符合上述标准时，在该会计年度仍然应当将其作为报告分部披露其会计信息。反之，在正常情况下不符合报告分部的定义，而由某一特殊事项而导致其达到 10%的标准时，在该会计年度也不应将其作为报告分部披露其会计信息。但是，当某一分部以前年度未达到报告分部的标准，但在本会计年度达到上述标准，并且预计在以后的会计年度也将达到上述标准的要求时，则应将该分部作为报告分部披露其相关的会计信息。在这种情况下，对该报告分部以前会计年度相关的分部信息应当予以重编，以便该报告分部相关信息的相互可比。

（三）分部会计信息的披露

企业在确定报告分部之后，应当按照确定的报告分部进行分部会计信息的披露。

1．分部的日常活动是金融性质的，利息收入和利息费用的披露

《企业会计准则第 35 号——分部报告》应用指南："第十五条　分部的日常活动是金融性质的，利息收入和利息费用应当作为分部收入和分部费用进行披露。"

2．与合并财务报表或企业财务报表中的总额信息衔接

《企业会计准则第 35 号——分部报告》应用指南："第十六条　企业披露的分部信息，应当与合并财务报表或企业财务报表中的总额信息相衔接。

分部收入应当与企业的对外交易收入（包括企业对外交易取得的、未包括在任何分部收入中的收入）相衔接；分部利润（亏损）应当与企业营业利润（亏损）和企业净利润（净亏损）相衔接；分部资产总额应当与企业资产总额相衔接；分部负债总额应当与企业负债总额相衔接。"

3．分部间转移交易的披露

《企业会计准则第 35 号——分部报告》应用指南："第十九条　分部间转移交易应当以实际交易价格为基础计量。转移价格的确定基础及其变更情况，应当予以披露。"

4．分部会计政策的披露

《企业会计准则第 35 号——分部报告》应用指南："第二十条　企业应当披露分部会计政策，但分部会计政策与合并财务报表或企业财务报表一致的除外。

分部会计政策变更影响重大的，应当按照《企业会计准则第 28 号——会计政策、会计估计变更和差错更正》进行披露，并提供相关比较数据。提供比较数据不切实可行的，应当说明原因。

企业改变分部的分类且提供比较数据不切实可行的，应当在改变分部分类的年度，分别披露改变前和改变后的报告分部信息。

分部会计政策，是指编制合并财务报表或企业财务报表时采用的会计政策，以及与分部报告特别相关的会计政策。与分部报告特别相关的会计政策包括分部的确定、分部间转移价格的确定方法，以及将收入和费用分配给分部的基础等。"

5．前期比较数据的提供

《企业会计准则第 35 号——分部报告》应用指南："第二十一条　企业在披露分部信息时，应当提供前期比较数据。

但是，提供比较数据不切实可行的除外。"

第三节　内部报表的设计

内部报表是为企业各管理部门提供的报表。其作用在于为企业管理提供必要的决策，分析所需要的会计信息。它是财务报表体系的重要组成部分。

一、内部报表的特点和设计原则

（一）内部报表的特点

与对外报表相比，内部财务报表的服务对象和使用对象不同，因此，报表的内容、种类、格式、编报的时间和对象也不同。

1. 报表内容有较强的针对性

对外报表的报送对象是外界信息使用者，为了适应不同信息使用者的需要，财务报表的内容具有普遍性。而内部报表的信息使用者是特定的企业，是特定的部门或人员，是为了特定的管理要求设计的，其内容具有较强的针对性。

2. 报表指标的多样性

在对外报表中，为了综合反映企业财务状况和经营成果，采用的指标都是价值指标。内部报表是为特定管理需要而设计的，偏重于分析和评价，因此，采用的指标不仅有价值指标，而且有实物指标；不仅有绝对指标，而且有相对指标；不仅有定量指标，而且有定性指标。

3. 报表期限的灵活性

对外报表都是要求定期对外报送的报表，具有报表报送的最后期限限制。而内部报表具有一定的机动性，既可按年、季、月定期编制，也可根据内部管理需要不定期随时编制。

（二）内部报表的设计原则

由于内部财务报表的特殊性，因此在设计报表时，除了要遵循财务报表设计的一般原则外，还需考虑以下几点。

1. 报表指标必须适用

在设计报表时，在指标内容上要求具有专题性和实用性，不要求全面系统，而要求按使用者的需要设计，做到针对性强，重点突出。

2. 报表内容力求简明扼要，便于分析

内部报表是直接为企业生产、经营和管理服务的，在格式和数据上要求简单、明了，有适用性，不需要统一的格式和绝对精确的数据。

3. 编报时间要求及时

内部报表要求及时提供信息，它可以是定期编制，也可以不定期编制，取决于企业经营和管理的需要。

二、日常管理报表的设计

企业日常管理，主要是货币资金管理、存货管理和销售管理。为了适应管理的需要，通常要编制货币资金、存货和销售的内部日报表，来反映经营情况、做出经营计划，并作为企业考

核的重要依据。

（一）银行存款和借款报表的设计

1. 货币资金变动情况表

货币资金变动情况表是反映企业银行存款及现金每日变动情况及其结余情况的报表。由出纳员在每日业务终了，根据银行存款日记账和其他材料编制，报送财会负责人和企业主要领导，以便及时掌握银行存款的变动情况，合理调配资金，并准确地做出货币资金使用决策。

为了全面地反映企业各项货币资金变动、结余和存放情况，便于资金调度，设计该表时应突出三方面内容：一是今日实际资金余额，通过昨日账面余额、本日增加金额和本日减少金额计算得出；二是本日增加金额的来源渠道和本日资金的运用情况；三是资金的存放地点和账户。其参考格式如表 5-54 所示。

表 5-54　货币资金变动情况表

编制单位：　　　　　　　　　　　　年　月　日　　　　　　　　　　单位：万元

项　　目	银行存款账号			现　金	凭证起讫号	合　计	备　注
	××	××	××				
昨日账面金额							
本日增加金额							
营业收入							
融资收入							
账款回收							
投资收回							
其他收进							
本日减少金额							
营业支出							
归还贷款							
归还账款							
投资支出							
其他支出							
本日账面余额							
未记账增加							
未记账减少							
本日实际余额							

会计：　　　　　主管：　　　　　出纳：　　　　　制表：

2. 银行借款表

银行借款表是对企业各种银行借款的借入归还和结欠情况进行反映的报表。一般由主管银行借款的人员在每月底编制并报送财会负责人，使其及时了解和掌握银行借款的增减变化情况，以便加强银行借款管理，合理有效地使用借入资金，并按期归还。参考格式如表 5-55 所示。

表 5-55 银行借款表

表 5-55 银行借款表

报送：	年 月 日			金额单位：
项 目	××银行	××银行	××银行	合 计
一、上月欠款总额				
其中：逾期未还数				
二、本月借款总额				
三、本月还款总额				
四、月末欠款总额				
其中：逾期未还数				

会计： 　　主管： 　　复核： 　　制表：

（二）存货的进销存报表设计

1. 存货表

存货表是反映企业某一特定日期存货余额及其质量情况的报表。为了便于对存货进行全面分析，应设置计划数和本期实际数和上期实际数三栏。主要内容包括：

（1）各种存货的上年实际数、本期计划数和本期实际数；

（2）各项存货在一定会计期间内平均余额；

（3）存货的质量状况和报损情况。

该表可根据企业的核算手段和管理要求，可按月编制或按年编制，也可能按每一种存货设计单独的报表。参考格式如表 5-56 所示。

2. 进货日报表

它是对企业每日材料或商品购进的详细情况进行反映的报表。一般由主管材料及应付款业务的人员在每日工作结束时编制并报送物资供应部门和其他部门，以便及时了解物资供应计划的执行情况，加强材料采购业务的管理。为了反映材料采购资金的结算情况，应将购入材料的金额按现购和赊购分别列示。参考格式如表 5-57 所示。

表 5-56 存货表

年 月 日

科 目	行 次	年末余额		
		本年计划	本年实际	上年实际
一、库存材料				
1. 原材料				
（1）原料及主要材料				
（2）辅助材料				
（3）外购半成品				
（4）修理用备件				
（5）燃料				
2. 包装物				
3. 低值易耗品				
二、在途材料				
三、委托加工材料				

续表

科 目	行 次	年末余额		
		本年计划	本年实际	上年实际
四、在产品				
五、自制半成品				
六、产成品				
合 计				

附注：

一、各项存货全年平均余额

1. 每百元销售占用的存货资金

2. 存货周转率

二、存货中包括

1. 已经提取变现损失准备的存货

2. 可变现值低于成本的存货

3. 待处理的存货（短缺及毁损）

4. 已批准进行处理的存货

会计：　　　　　主管：　　　　　复核：　　　　　制表：

表 5-57　进货日报表

报送：　　　　　　　　　　　　年　月　日　　　　　　　　　　金额单位：

品名及规格	计量单位	数 量	单 价	金 额			本月累计购进
				合 计	现 购	赊 购	
合 计							

负责人：　　　　　复核：　　　　　制表：

3. 销货日报表

销货日报表是对企业每日商品或产品销售的详细情况进行反映的报表。一般由主管销售及应收款业务的人员在每日工作结束时编制并报送有关部门，以便及时掌握产品销售计划的执行情况，发现问题，调整产品销售方式，改进销售办法，扩大销售额，提高回款速度。为了反映销货的结算情况，将现销和赊销分别列示。参考格式如表 5-58 所示。

表 5-58　销货日报表

报送：　　　　　　　　　　　　年　月　日　　　　　　　　　　金额单位：

品名及规格	计量单位	数 量	单 价	金 额			本月累计销售
				合 计	现 购	赊 购	
合 计							

负责人：　　　　　复核：　　　　　制表：

三、成本报表的设计

成本报表包括产品成本表、销售成本表以及与之相联系的生产成本销售收入和成本表。产品成本表包括工人工作效率表、材料成本表和制造费用内部报表等。

（一）工人工作效率表

工人工作效率是指工人在一定时间内完成的工作效果。提高工作效率，是降低人工成本，考核工人业绩的重要指标。工人工作效率表一般每月编制一次，以生产班组编制，单位并逐级汇总。它既是成本考核资料，又是工资计算依据。参考格式如表 5-59 所示。

表 5-59　工人工作效率表

工人姓名或工号	实际动用工时	完成定额工时	工作效率

复核：　　　　　　　　　　　　制表：

（二）材料成本表

企业考核材料成本主要用材料价格差异和材料耗用量两项指标。一般通过设计材料价格差异分析表、材料耗用月报表和材料耗用成本表来反映。

1. 材料价格差异分析表

它是材料成本表的一种。它可以反映采购部门的工作成果，通过对采购成本的考核，控制采购支出，降低材料成本。该表由财会部门按旬编制。参考格式如表 5-60 所示。

表 5-60　材料差异分析表

年　　月　　日至　　月　　日　　　　　　　　　　　金额单位：

采购单编号	进货单位	材料名称	计量单位	采购数量	实际成本		计划成本		差　异		
					单位成本	总成本	单位成本	总成本	单位成本	总成本	差异率

2. 材料耗用月报表

它是反映材料成本的内部报表，分别由仓库和财会部门填制，仓库主要反映材料消耗的数量，编制"材料耗用月报表"。其格式如表 5-61 所示。

表 5-61 材料耗用月报表

材料名称：　　　　　　　　　　　　　　　　年　　月　　　　　　　　　　　　　　　　单位：

日　期	本日数			本月累计数			本年累计数		
	实际用量	标准用量	差异数	实际用量	标准用量	差异数	实际用量	标准用量	差异数

负责人：　　　　　记账：　　　　　　复核：　　　　　　　　制表：

　　材料耗用月报表一般逐日编制。"实际用量"根据领料单汇总填制，"标准用量"按实际产量乘以消耗定额计算。差异数即实际用量与标准用量的差异，考核生产过程中某一材料的节约或超支数额。

3. 材料耗用成本表

　　它是财会部门根据班组、车间和各职能部门编制的，汇总反映各部门材料耗用金额，并与标准成本进行比较的报表，用于考核某一部门材料成本的节约或超支额。参考格式如表 5-62 所示。

表 5-62 材料耗用成本表

部　门	实际成本（实际用量×计划单价）	标准成本（标准用量×计划单价）	差异数	差异数
合　计				

记账：　　　　　　　　复核：　　　　　　　　　　　制表：

（三）制造费用内部报表

　　制造费用内部报表是主要反映企业制造费用发生以及制造费用预算执行情况的报表。

（四）产品生产情况及成本分析表

1. 产品生产情况表

　　产品生产情况表是反映一定期间整个企业或一个部门、一个车间或一种产品的生产数量和成本的报表。该表可采用成本和产量对比的方式进行成本控制，并按照每一种产品编制。一般每旬或半个月编制一次。其格式如表 5-63 所示。

表 5-63 产品生产情况表

车间：

产品名称：　　　　　　　　　　　　　　年　月　日　　　　　　　　　　　　　　单位：

日　期	摘　要	直接材料	直接人工	制造费用	合　计	生产数量		
						日　期	完工入库数	在产品数

负责人：　　　　　　　复核：　　　　　　　　　　　　　　制表：

2. 成本分析表

成本分析表是对影响成本升降的各个因素进行分析的报表，它是由会计部门根据成本核算资料做出分析之后编制的报告，主要报送给企业领导和生产部门。成本分析表包括对全部产品生产成本的分析以及对主要产品生产成本的分析。成本分析表提供的主要指标有：成本升降总额、产量对产品成本升降的影响、产品生产结构变动对成本的影响、单位成本变动对成本的影响。该表根据成本资料每月编制一次。格式如表 5-64 所示。

表 5-64 成本分析报表

年　　月

影响成本变动因素	全部产品成本变动		主要产品成本变动	
	金　额	占总金额比例	金　额	占总金额比例
成本升降总额				
产品变动影响				
产品结构变动影响				
单位成本变化影响				

复核：　　　　　　　　　　　　　　　制表：

四、期间费用报表的设计

企业需要设计期间费用表，反映本期实际费用数，本年累计费实际用数、费用计划数，上年累计实际费用数、完成费用计划的百分比，费用同期比的增减百分比等，以便发现费用管理中存在的问题，找出进一步控制费用的方法和措施。期间费用包括销售费用、管理费用和财务费用等。期间费用报表每月编制一次。以管理费用分析表为例，格式如表 5-65 所示。

表 5-65 管理费用分析表

报送：　　　　　　　　　　　　　年　　月　　　　　　　　　　　　单位：

项　目	本月数	本年累计	全年计划	上年累计	完成计划比例	同比增减比例
业务招待费						
办公费						
差旅费						
工资及福利费						
工会经费						
折旧费						
信息费						
会议费						
保险费						
……						
合　计						

负责人：　　　　　　　复核：　　　　　　　制表：

五、利润分析、预测和效绩评价表的设计

（一）利润分析表

利润分析表是根据利润表的有关材料，对利润计划的完成情况进行分析和考核的报表。利

用此表，可以反映利润实际数比计划数或上期数的增减变化情况及其各利润项目对利润总额变化的影响程度。利润分析表一般在月末编制。其参考格式如表 5-66 所示。

表 5-66　利润分析表

报送：　　　　　　　　　　　　　　　年　　月　　　　　　　　　　　　　金额单位：

项　　目	本年数				本年累计数			
	实际完成	上年同期	完成计划比例	同比增减比例	实际完成	上年同期	完成计划比例	同比增减比例
主营业务利润								
其他业务利润								
营业利润								
利润总额								
净利润								
销售利润率								
成本利润率								
费用利润率								
每股收益率								
……								

复核：　　　　　　　　　　制表：

（二）利润预测表

利润预测表是实行目标利润管理制度时必须编制的报表，它是向企业管理决策部门提供事前信息所使用的，并作为制订各种经营计划的基础或依据。利润预测表的格式如表 5-67 所示。

表 5-67　利润预测表

报送：　　　　　　　　　　　　　　　年　　月　　日　　　　　　　　　金额单位：

项　　目	总　　额	A 产品		B 产品		C 产品	
		金　　额	占总数比例	金　　额	占总数比例	金　　额	占总数比例
销售收入							
减：变动费用							
贡献毛益							
贡献毛益率							
减：固定费用							
净利润							
（亏损 "–" 表示）							

复核：　　　　　　　　　　制表：

（三）企业效绩评价表设计

企业效绩评价得分总表、企业效绩初步评价计分表、企业效绩基本评价计分表以及企业效绩评价计分汇总表，具体格式和内容分别如表 5-68 至表 5-71 所示。

表 5-68　企业效绩评价得分总表

企业名称：

标准值（行业、规模）：

评价内容	基本指标		基本分数	修正指标		修正系数（±）	修正后分数	评议指标（±）	评议分数	综合分数
	指标	权数		指标						
一、财务效益状况	净资产收益率			资本保值增值率				1. 领导班子基本素质		
	总资产报酬率			销售（营业）利润率				2. 产品市场占有能力（服务满意度）		
	×			成本费用利润率						
小　计	×			×				3. 基础管理比较水平		
二、资产营运状况	总资产周转率			存货周转率				4. 在岗员工素质状况		
				应收账款周转率				5. 技术装备更新水平（服务硬环境）		
	流动资产周转率			不良资产比率						
				资产损失比率				6. 行业或区域影响力		
小　计	×			×						
三、偿债能力状况	资产负债率			流动比率				7. 企业经营发展策略		
				速动比率						
	已获利息倍数			现金流动负债比率				8. 长期发展能力预测		
				长期资产适合率						
				经营亏损挂账比率						
小　计	×			×						
四、发展能力状况	销售（营业）增长率			总资产增长率						
				固定资产成新率						
	资本积累率			三年利润平均增长率						
				三年资本平均增长率						
小　计	×			×						
合　计	×			×			×		×	×

复核：　　　　　　　　　　　　　　　　　　　　　　　　　制表：

表 5-69 企业效绩初步评价计分表

企业名称：

项　目	指标实际值	本档标准值	上档标准值	本档标准系数	上当标准系数	权　数	基本指标得分		
							基础分	调整分	小　计
一、财务效益状况									
净资产收益率（%）									
总资产报酬率（%）									
二、资产营运状况									
总资产周转率（次）									
流动资产周转率（次）									
三、偿债能力状况									
资产负债率（%）									
已获利息倍数									
四、发展能力状况									
销售（营业）增长率（%）									
资本积累率（%）									
合　计									

复核：　　　　　制表：　　　　　评价日期：

表5-70　企业效绩基本评价计分表

企业名称：

项　目	指标实际值	本档标准值	上档标准值	基本修正系数	调整修正系数	单项修正指标权数	单项修正正系数	综合修正系数	基本指标分数	修正后分数	分析系数
一、财务效益状况											
资本保值增值率（%）											
销售（营业）利润率（%）											
成本费用利润率（%）											
二、资产营运状况											
存货周转率（次）											
应收账款周转率（次）											
不良资产比率（%）											
资产损失比率（%）											
三、偿债能力状况											
流动比率（%）											
速动比率（%）											
现金流动负债比率（%）											
长期资产适合率（%）											
经营亏损挂账比率（%）											
四、发展能力状况											
总资产增长率（%）											
固定资产成新率（%）											
三年利润平均增长率（%）											
三年资本平均增长率（%）											
合　计	×	×	×	×	×	×	×				

制表：　　　　　　　复核：　　　　　　　评价日期：

表5-71 企业效绩评价计分汇总表

企业名称：

指标及权数 姓名	领导班子基 本素质 20	产品市场 占有能力 18	基础管理 比较水平 20	在岗员工基 础状况 12	技术准备更新水 平（服务硬环境） 10	行业或区域 影响能力 5	企业经营 发展策略 5	长期发展 能力预测 10	分数合计 100
单项指标分数									

复核：　　　　　　　　　　　　　制表：　　　　　　　　　　　　　评价日期：

为了便于理解企业效绩评价表中的基本指标和修正指标含义，现将其含义和计算公式列示如下。

1．基本指标

（1）净资产收益率是指企业一定时间内的净利润同平均净资产的比率。计算公式为：

$$净资产收益率=净利润÷平均净资产×100\%$$

（2）总资产报酬率是指企业一定时间内获得的报酬总额同平均资产总额的比率。计算公式为：

$$总资产报酬率=（利润总额＋利息支出）÷平均资产总额×100\%$$

（3）总资产周转率是指企业一定时间内的营业收入净额同平均资产的比率。计算公式为：

$$总资产周转率=营业收入净额÷平均资产总额$$

（4）流动资产周转率是指企业一定时间内的营业收入净额同于均流动资产总额的比率。计算公式为：

$$流动资产周转率=营业收入净额÷平均流动资产总额$$

（5）资产负债率是指企业一定时间内的负债总额同资产总额的比率。计算公式为：

$$资产负债率=负债总额÷资产总额×100\%$$

（6）已获利息倍数是指企业一定时间内的息税利润同利息支出的比值。计算公式为：

$$已获利息倍数=息税前利润÷利息支出×100\%$$

（7）销售增长率是指企业本年销售收入增长额同上年销售收入总额的比率，计算公式为：

$$销售增长率=本年销售收入增长额÷上年销售收入总额×100\%$$

（8）资本积累率是指企业本年所有者权益增长额同年初所有者权益的比率。计算公式为：

$$资本积累率=本年所有者权益增长额÷年初所有者权益×100\%$$

2．修正指标

（1）资本保值增值率是指企业本年末所有者权益扣除客观因素后同年初所有者权益的比率。计算公式为：

$$资本保值增值率=扣除客观因素后的年末所有者权益÷年初所有者权益×100\%$$

（2）销售利润率是指企业一定时期销售利润同销售收入净额的比率。计算公式为：

$$销售利润率=销售利润额÷销售收入净额×100\%$$

（3）成本费用率是指企业一定时间企业利润总额同成本费用总额的比率。计算公式为：

$$成本费用率=利润总额÷成本费用总额×100\%$$

（4）存货周转率是指企业一定时期销售成本与平均存货的比率。计算公式为：

$$存货周转率=销售成本÷平均存货$$

（5）应收账款周转率是指企业一定时间销售收入净额同平均应收账款余额的比率。计算公式为：

$$应收账款周转率=销售收入净额÷平均应收账款余额$$

（6）不良资产比率是指企业年末不良资产占年末资产总率的比率。计算公式为：

$$不良资产比率=年末不良资产÷年末资产总额×100\%$$

（7）资产损失比率是指企业一定时间待处理资产净损失占资产总额的比重。计算公式为：

$$资产损失比率=待处理资产净损失÷资产总额×100\%$$

（8）流动比率是指企业一定时期内流动资产同流动负债的比率。计算公式为：

$$流动比率=流动资产÷流动负债×100\%$$

（9）速动比率是指企业一定时期内速动资产同流动负债的比率。计算公式为：

$$流动比率=速动资产÷流动负债×100\%$$

（10）现金流动比率是指企业一定时期内经营现金净流入同流动负债的比率，计算公式为：

$$流动比率=年经营性现金净流入÷流动负债×100\%$$

（11）长期资产适合率是指企业所有者权益与长期负债之和同固定资产与长期投资之和的比率。计算公式为：

$$长期资产适合率=（所有者权益+长期负债）÷（固定资产+长期投资）×100\%$$

（12）经营资产挂账率是指企业经营亏损挂账额与年末所有者权益的比率，计算公式为：

$$经营资产挂账率=经营亏损挂账额÷年末所有者权益×100\%$$

（13）总资产增长率是指企业总资产增长额同年末总资产的比率。计算公式如下：

$$总资产增长率=总资产增长额÷年初总资产×100\%$$

（14）固定资产成新率是指当期固定资产净额同固定资产原值的比率，计算公式为：

$$固定资产成新率=固定资产净额÷固定资产原值×100\%$$

（15）三年利润平均增长率表明企业利润连续三年增长情况。计算公式为：

$$三年利润平均增长率=\left(\sqrt[3]{\dfrac{年末利润总额}{三年前末利润总额}}-1\right)×100\%$$

（16）三年资本平均增长率表示企业资本连续三年和积累情况，体现企业发展水平和发展趋势。计算公式为：

$$三年资本平均增长率=\left(\sqrt[3]{\dfrac{年末所有者权益总额}{三年前末所有者权益总额}}-1\right)×100\%$$

第六章

资产方面管理操作实务

第一节　资产会计岗位管理

请参阅如下相关文案范本。

**文案范本**

资产管理会计岗位职责

<table>
<tr><th></th><th>基本要求</th><th>相关说明</th></tr>
<tr><td>任职
资格</td><td>1. 学历：大专及以上学历，会计、财务管理相关专业
2. 专业经验：两年以上资产管理及账务处理工作经验
3. 个人能力要求：熟悉国家相关财经制度、企业资产管理流程及关键控制点，熟练运用 Office 等办公软件</td><td>1. 具有会计从业资格
2. 具有良好的人际关系，能有效地与各级别的人员进行沟通
3. 具备善于发现问题及独立解决问题的能力</td></tr>
<tr><td rowspan="8">职责
内容</td><td colspan="2">1. 组织制定待处置资产管理机构设置原则、资产管理工作人员的任用标准</td></tr>
<tr><td colspan="2">2. 组织制定企业待处置资产管理工作制度，包括产权交易、损失核销、清算的政策、程序和方法等</td></tr>
<tr><td colspan="2">3. 组织编制企业待处置资产清理的工作规划、年度工作计划</td></tr>
<tr><td colspan="2">4. 负责企业固定资产、无形资产等资产的购进、折旧/摊销、转让、出售等事项的会计处理工作</td></tr>
<tr><td colspan="2">5. 不定期核查固定资产、在建工程的账目，并深入现场进行账实核实，确保账实相符</td></tr>
<tr><td colspan="2">6. 组织开展企业待处置资产的清理工作，审查待处置资产清理工作成果，并及时向主管领导和总经理提交审查意见</td></tr>
<tr><td colspan="2">7. 协调企业与政府资产管理机构、产权交易中心、律师事务所等机构的关系</td></tr>
<tr><td colspan="2">8. 按时完成领导交办的其他相关工作</td></tr>
<tr><td></td><td>考核说明</td><td>结果应用</td></tr>
<tr><td>考核
指引</td><td>1. 考核频率：月度、年度
2. 考核主体：会计经理
3. 考核指标：资产核算差错率、清产核资工作按时完成率、资产事项会计处理合理合规性、资产账实相符率</td><td>1. 考核结果作为薪酬发放依据
2. 考核得分低于 2 分者，将受到口头警告处分
3. 考核得分高于 4 分（含 4 分）者，将获得"月度优秀员工"的荣誉称号</td></tr>
</table>

 文案范本

资产会计岗位规范

<table>
<tr><td rowspan="4">基本情况</td><td>职位名称</td><td>资产会计</td><td>职位编号</td><td></td></tr>
<tr><td>所属部门</td><td>财务部</td><td>薪金级别</td><td></td></tr>
<tr><td>直接上级</td><td>账务主管</td><td>直接下属</td><td></td></tr>
<tr><td>设置目标</td><td colspan="3">为加强公司资产的有序管理，使资产不受损失</td></tr>
<tr><td rowspan="12">职责</td><td colspan="4">负责相关发票的签收：审核发票是否规范，手续是否齐全</td></tr>
<tr><td colspan="4">审核进口设备的成本费用清单，开具进口设备的固定资产验收单</td></tr>
<tr><td colspan="4">负责所辖科目内的凭证制作、输入</td></tr>
<tr><td colspan="4">负责每月的固定资产卡片录入，并根据固定资产的转移、报废、盘盈盘亏进行相应的处理</td></tr>
<tr><td colspan="4">负责固定资产及折旧的核算</td></tr>
<tr><td colspan="4">校对外销发票与仓库出库单是否有差异，并通知其改正</td></tr>
<tr><td colspan="4">整理录入进账合同及销售报表</td></tr>
<tr><td colspan="4">整理录入原始凭证，打印记账凭证并装订成册</td></tr>
<tr><td colspan="4">对核算项目进行预算分析和状况分析</td></tr>
<tr><td colspan="4">积极完成上级交办的其他工作</td></tr>
<tr><td>日常工作</td><td>凭证制作、输入</td><td>定期工作</td><td>月度账务处理，月度对账分析，月度工作总结和计划</td></tr>
<tr><td colspan="4"></td></tr>
<tr><td rowspan="2">职权</td><td colspan="4">对固定资产管理制度的建议权</td></tr>
<tr><td colspan="4">对固定资产原始凭证的审核权</td></tr>
<tr><td>工作条件</td><td colspan="4">办公室、计算机、电话</td></tr>
<tr><td rowspan="5">关键业绩指标（KPI）</td><td colspan="2">考核指标</td><td colspan="2">指标权重</td></tr>
<tr><td colspan="2">财务账表的准确性</td><td colspan="2"></td></tr>
<tr><td colspan="2">完成任务的及时性</td><td colspan="2"></td></tr>
<tr><td colspan="2">对公司各项规章制度的执行程度</td><td colspan="2"></td></tr>
<tr><td colspan="2">工作计划的完成率</td><td colspan="2"></td></tr>
</table>

工作关系	内部工作关系	汇报	定期向直接上级提交所辖工作的分析总结
			不定期向直接上级进行口头工作汇报
		督导	
		协调	
	外部工作关系		

续表

任职资格	学历	专科及以上			专业	财务	
	年龄	20~50 岁			性别	不限	
	性格	细心、耐心、尽责					
	工作经验	1 年以上财务工作经验					
	岗位所需知识	熟悉相关财务政策法规					
		掌握财务的相关知识					
	岗位技能要求	良好的沟通能力		岗位技能培训要求	科目名称		课时数
		熟练使用 Office 系统和 Internet			财务软件操作		半天
					岗位再教育培训		15 天
					ERP		根据公司
	职前培训	新员工入职培训					

职业发展	可晋升的职位	财务主管			
	可转换的职位	主办会计			

修订履历	修订时间	修订内容	修订者	审核者	审批者

文案范本

存货管理会计岗位职责

存货管理会计在资产管理主管的领导下，主要负责企业原材料、在途物资、库存商品、周转材料、包装物、低值易耗品等资产的管理控制和账务处理工作。

存货管理会计岗位职责

职责 1	参与拟定材料物资的核算与管理办法
职责 2	健全存货管理活动中会计核算的二、三级科目
职责 3	及时登记物资、库存商品核算明细账，并与总账进行核对
职责 4	对已验收入库尚未收到发票的物资，月终要估价入账
职责 5	审核并办理物资、库存商品的收、发、存手续
职责 6	参与库存盘点，处理清查账务
职责 7	会同归口管理部门分析存货储存情况，负责提供资料，并对呆滞积压的存货提出处理意见
职责 8	参与有关清产核资工作
职责 9	按时完成领导交办的其他相关工作

 文案范本

（材料核算主管）岗位规范

<table>
<tr><td rowspan="4">基本情况</td><td>职位名称</td><td>材料核算主管</td><td>职位编号</td><td></td></tr>
<tr><td>所属部门</td><td>财务部</td><td>薪金级别</td><td></td></tr>
<tr><td>直接上级</td><td>副经理</td><td>直接下属</td><td>材料核算员、材料会计、委外会计</td></tr>
<tr><td>设置目标</td><td colspan="3">完成公司材料核算及账务处理工作，推进并完善公司材料核算的优化，及时为公司提供各种有效数具。</td></tr>
<tr><td rowspan="11">职责</td><td colspan="4">负责核算材料账和分析</td></tr>
<tr><td colspan="4">负责指导核算员业务知识</td></tr>
<tr><td colspan="4">负责保税业务材料的核算和台账的建立</td></tr>
<tr><td colspan="4">负责核算委外加工材料</td></tr>
<tr><td colspan="4">负责督导委外核算的推动</td></tr>
<tr><td colspan="4">负责汇总各类材料报表并核对</td></tr>
<tr><td colspan="4">负责材料和加工发票的催收</td></tr>
<tr><td colspan="4">负责材料核算的管理工作</td></tr>
<tr><td colspan="4">负责审核材料凭证的审核</td></tr>
<tr><td colspan="4">积极完成上级交办的其他工作</td></tr>
<tr><td>日常工作</td><td colspan="2">1. 各核算交流沟通
2. 听取并吸纳各项合理性建议，督导各项工作推进
3. 不定期对各类成本项目进行抽查</td><td>定期工作</td><td>1. 月度材料的核算及账务处理
2. 月度的财务分析
3. 月度的材料账核对
4. 月度的发票的催收
5. 月度凭证的审核
6. 月度工作总结和计划</td></tr>
<tr><td rowspan="2">职权</td><td colspan="4">材料核算方法优化的建议权</td></tr>
<tr><td colspan="4">材料核算及存货的监督权</td></tr>
<tr><td>工作条件</td><td colspan="4">办公室、计算机、电话</td></tr>
<tr><td rowspan="5">关键业绩指标（KPI）</td><td colspan="3">考核指标</td><td>指标权重</td></tr>
<tr><td colspan="3">账务报表的及时性</td><td></td></tr>
<tr><td colspan="3">账务报表的准确性</td><td></td></tr>
<tr><td colspan="3">对公司各项规章制度的执行程度</td><td></td></tr>
<tr><td colspan="3">工作计划的完成率</td><td></td></tr>
<tr><td rowspan="7">工作关系</td><td rowspan="7">内部工作关系</td><td rowspan="3">汇报</td><td colspan="2">不定期向直接上级汇报各项工作进程</td></tr>
<tr><td colspan="2">定期向直接上级提供相关分析</td></tr>
<tr><td colspan="2">不定期向直接上级进行口头工作汇报</td></tr>
<tr><td>督导</td><td colspan="2">及时督导各核算员报表的准确性与及时性</td></tr>
<tr><td rowspan="3">协调</td><td colspan="2">与物流部就对账相关事宜进行协调和沟通</td></tr>
<tr><td colspan="2">与生产部就交库对账相关事宜进行协调和沟通</td></tr>
<tr><td colspan="2">与采购部就委托加工、材料对账进行协调和沟通</td></tr>
</table>

续表

工作关系	外部工作关系				
任职资格	学历	大专	专业	财务	
	年龄	25~40 岁	性别	不限	
	性格	细心、耐心			
	工作经验	3 年以上工作经验			
	岗位所需知识	熟悉国家税法			
		熟悉成本核算流程			
		掌握财务基本知识			
	岗位技能要求	良好的沟通能力	岗位技能培训要求	科目名称	课时数
		熟练使用 Office 系统		财务软件	半天
		熟练操作财务软件		岗位再教育培训	3 天
	职前培训	新员工入职培训			
		公司组织结构及成本管理现状培训			
职业发展	可晋升的职位	财务副经理			
	可转换的职位	主办会计岗位			
修订履历	修订时间	修订内容	修订者	审核者	审批者

 文案范本

材料、固定资产会计岗位职责

□ 管理层级

直接上级：分管副部长

□ 工作要求

负责公司材料账的核算工作，审核材料入库、领用单据的合法、有效性，及时、准确反映公司各种辅助材料、修理用备件、低值易耗品的库存量及资金占用情况，负责固定资产类别的正确划分。

□ 主要工作内容

一、审核材料采购员转来的材料入库单、仓库转来领用单的手续是否完整、正确。

根据审核无误的材料发票及入库单、出库单，及时进行账务处理，正确核算存货与应付账款。

二、根据已编会计凭证登记材料明细账，月底结出余额并与总账、仓库材料台账库存进行核对，参加月末仓库实地盘点，及时反映仓库盘盈盘亏情况，确保账账、账物相符。

三、负责材料物资运费的审核报销。

四、审核固定资产调出单据、报废申请报告。及时注销调出或报废的固定资产卡片，并按程序规定作相应账务处理。

五、对公司固定资产的购入、调出、报废及时进行核算和管理，正确划分在用、未使用、不需用固定资产，及时反映使用情况。定期组织检查，做到账、卡、物相符。每月按固定的折旧方法、计提固定资产折旧费用。年末组织进行固定资产盘点工作，编制固定资产盘点表，并出具分析报告。

六、每月对材料采购价格、采购成本、库存量变动情况进行分析。

七、负责材料增值税票的催收，以及与供应商的往来核对工作。

八、完成领导交办的其他工作。

□ 会计科目

原材料、低值易耗品、应付账款、预付账款、固定资产、累计折旧、工程物资、在建工程、固定资产清理、其他业务收入、其他业务成本等

 文案范本

材料会计职务说明书

岗位名称：材料会计		员工姓名：	
所属部门：财务部		到任本职日期：	
工资级别范围： 等 级至 等 级		目前工资级别：	
薪酬类型：		岗位分析日期：	
岗位编号：		岗位定员：	现有人数：
直接上级：材料组组长		直接下属部门/岗位：	
岗位设置目的：负责公司材料的日常会计核算与管理工作，控制储备资金定额，加强资金周转，提高资金利用率			
职责与工作任务：			

		职责描述：负责公司材料的日常会计核算	工作时间百分比：50%
职责一	工作任务	审核物资采购入库单证各项目的正确性，严格审查增值税票，及时处理外购材料的款项支付工作	频次：日常
		每月对材料入库单证进行核对及进行账务处理，对材料出库单证进行正确费用分配及账务处理	频次：日常
		对出库材料进行材料价差的正确分配及相关账务处理	频次：日常
		协助计划员对物资采购资金及质保金、预付账款进行查询及清理，合理控制存货采购成本	频次：不定期
		参与库存存货的清查、盘点及定期与库房保管员进行库存物资的数量和金额的核对	频次：定期

续表

		职责描述：负责公司工程项目各施工单位材料会计核算	工作时间百分比：10%
职责二	工作任务	审核各施工单位领料凭证	频次：日常
		控制各施工单位材料款项的领用	频次：日常
		每月对施工单位领用材料进行会计核算	频次：每月一次
		每月与各施工单位对其领用材料进行汇总对账	频次：每月一次
		对于各个施工单位领用材料情况，及时向公司工程管理部门和工程款拨付部门进行汇报	频次：日常
职责三		职责描述：负责公司各种外调物资及废旧物资的处理及会计核算	工作时间百分比：10%
	工作任务	参与公司废旧物资的处理办法的讨论并提出相关处理意见	频次：不定期
		对报废固定资产的变卖进行会计核算及税务处理	频次：不定期
		对公司各种外调物资进行账务处理	频次：日常
职责四		职责描述：负责公司材料单证的归档处理	工作时间百分比：5%
	工作任务	每月装订各种材料出库单证及报表、归档、编号	频次：定期
		年末对装订成册的材料单证移交至公司档案部门进行保管	频次：定期
职责五		职责描述：负责监督储备资金定额的执行，加强资金周转，提高资金利用率	工作时间百分比：10%
	工作任务	计算和提供储备资金余额，管理储备资金，提高资金利用率	频次：日常
		监督资金定额的执行，防止超额储备、储备不足或不储备	频次：日常
		执行存货定额管理，办理存货计量工作，完善存货流转的凭证与手续的处理工作	频次：日常
		定期对储备资金状况进行分析，做出分析报告，提出合理建议	频次：每季度一次
职责六		职责描述：参与库存存货的检查工作，确保库存材料核算准确，账实相符	工作时间百分比：5%
	工作任务	配合物资管理部门进行财产清查及盘点，参与库存存货的清查	频次：不定期
		监督、检查仓库保管员的账务处理，核对手续是否齐全、合法，监督材料的收发、领退和保管情况	频次：不定期
		对库存变化查明原因，提出合理化建议	频次：
职责七		职责描述：负责配合会计师事务所、外派监事会和税务部门的审计工作及税务稽查工作	工作时间百分比：5%
	工作任务	提供预付账款、应付账款科目的账龄分析表	频次：定期
		陪同审计人员到物资仓库对存货进行抽查盘点	频次：定期
		解释审计中提出的物资采购、出入库及工程进项税额转出等相关问题	频次：定期
		对税务部门不定期税务稽查中物资采购税金问题进行解释，提供相关凭证及资料	频次：不定期
		配合外派监事会对公司财务工作的监督检查，提供相关科目的表格及资料	频次：定期

职责 八	职责描述：完成上级交办的其他工作	工作时间百分比：5%

相关权限：

- 库存物资储备的审查权
- 财务预算编制权
- 对库存的盘点权
- 有权监督、检查仓库保管员账务处理工作
- 对收发材料手续不符合规定的有权拒绝办理
- 对材料采购不符合采购资金支付规定的，有权拒绝报销
- 本领域（专业）获取信息、知识的工具的使用权
- 学习、研究权和接受再教育、培训的权利
- 办公工具和劳动工具的使用权
- 相关事情的知情权

汇报关系：

- 以上职责，向材料组组长汇报

工作协作关系：

- 公司内部：部门
- 公司外部：银行、税务局、供应商等相关部门与单位

工作环境：

- 一般工作环境

使用工具设备：

- 一般办公自动化设备

工作时间特征：

- 正常工作时间，偶尔加班

任职资格：

最低学历要求：

- 大学专科

所需学校专业背景：

- 财务会计相关专业

所需工作经验：

- 年以上相关工作经验

所需资格证书：

- 会计从业资格证书
- 助理会计师
- 会计电算化初级资格证

所需培训的科目：

- 财务管理、税法、金融

所需熟悉的知识面：

- 会计、财务管理、金融、经济法、税法、法律

续表

所需工作技能：

- 判断能力
- 计划与执行能力
- 目标设置能力
- 预算管理能力
- 解决问题能力
- 人际沟通技巧
- 书面/口头表达能力
- 时间管理能力
- 计算机网络运用能力
- 熟练使用财务软件和办公软件

个人素质要求：

- 团队合作
- 适应能力
- 充满自信
- 创新精神
- 诚实敬业
- 知识分享

固定资产会计岗位职责

第一条 按有关制度规定，结合企业固定资产的配置情况，会同有关职能部门建立健全固定资产、在建工程、无形资产、长期待摊费用及其他资产的管理与核算办法，特制定本固定资产目录。

第二条 依照制度规定，设置固定资产登记簿，组织填写固定资产卡片，按固定资产类别、使用部门和每项固定资产进行明细核算。融资租入的固定资产要单设明细科目核算；临时租入的固定资产应专设备查簿，登记租入、使用和交还等情况。

第三条 按照国家统一规定，按取得固定资产的不同来源，正确计算和确定固定资产的原始价值，及时计价入账；除发生有明确规定的情况外，已入账的固定资产不得任意变动。

第四条 与有关职能部门共同完善固定资产管理的基础工作，建立严格的固定资产明细核算凭证传递手续，加强固定资产增减的日常核算与监督工作。

第五条 根据国家的有关规定选择固定资产折旧方法，掌握固定资产折旧范围，做到不错、不漏，准确计件折旧。

第六条 负责对在建工程的预决算管理。对自营工程、在建工程要严格审查工程预算；施工中要正确处理试运转所发生的收付业务；完工交付使用时要按规定编制竣工决算，并参与办理竣工验收和交接手续；对出包工程，要参与审查工程承包合同，按规定审批预付工程款；完工交付使用要认真审查工程决算，办理工程款清算。

第七条 负责对各种无形资产的计价进行核算，正确处理无形资产的转让和投资，并按规定确定各种无形资产的摊销期。

第八条 负责管理长期待摊费用、其他资产的价值；掌握各种长期待摊费用的分摊期；确保特储物资的专门用途，维护其安全与完整；对冻结银行存款和物资以及诉讼中的财产要依法解决，促使有关部门及当事人履行法律规定的义务，维护企业合法权益。

第九条 对被清理的固定资产，要分别按有偿转让、报废、毁损等不同情况进行账务处理。

第十条 会同有关部门定期进行固定资产清查盘点工作，汇总清查盘点结果；发现问题，应查明原因，及时妥善处理；并按规定的报批程序，办理固定资产盘盈、盘亏的审批手续，经批准后办理转销的账务处理。

第十一条 了解和掌握主要固定资产的使用情况，运用有关核算资料分析固定资产的利用效果，以不断完善固定资产的管理工作，并向公司提供有价值的会计信息或建议。

 文案范本

财产物资核算会计任职资格

基本条件	具体要求
职业道德	1. 客观公正：严格遵守各项财经法律、法规，在工作中，坚持原则，廉洁奉公 2. 对企业忠诚：除履行法律责任外，不得泄漏工作过程中所获得的任何机密资料；视企业利益高于个人利益，不做任何不利于企业发展的事情；自觉维护企业形象，为企业发展出谋划策 3. 忠于职守敬业爱岗：自觉、认真地履行各项职责，有强烈的事业心和责任感，不擅权越位，不掺杂私心，不渎职 4. 不断提高业务水平：加强业务学习，不断提高业务水平和工作能力，为企业的发展出谋献策
工作经验	持会计上岗证，两年以上工作经验
政策业务水平	熟悉国家的财经法律、法规、规章制度和方针、政策，掌握本行业业务管理的有关知识
组织能力	具有较强的组织能力，包括协调能力、综合分析能力等
身体条件	身体状况能够适应本职工作的要求

固定资产核算工作流程

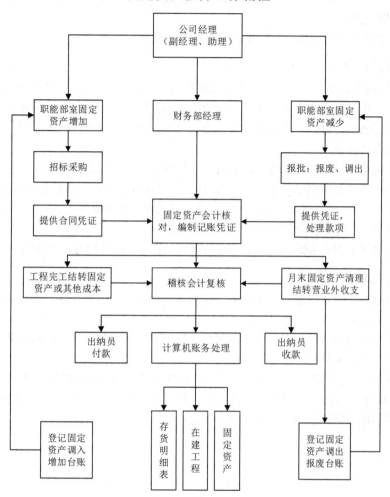

第二节 货币资金及应收、预付项目

一、货币资金

根据货币资金的存放地点及其用途的不同，货币资金分为库存现金、银行存款及其他货币资金。就会计核算而言，货币资金的核算并不复杂，但是，由于货币资金具有高度的流动性，在组织会计核算过程中，加强货币资金的管理和控制是至关重要的。

（一）库存现金

（1）本科目核算企业的库存现金。企业有内部周转使用备用金的，可以单独设置"备用金"科目。

（2）企业增加库存现金，借记本科目，贷记"银行存款"等科目；减少库存现金做相反的会计分录。

（3）企业应当设置"库存现金日记账"，根据收付款凭证，按照业务发生顺序逐笔登记。每日终了，应当计算当日的现金收入合计额、现金支出合计额和结余额，将结余额与实际库存额核对，做到账款相符。

（4）本科目期末借方余额，反映企业持有的库存现金。

（二）银行存款

（1）本科目核算企业存入银行或其他金融机构的各种款项。银行汇票存款、银行本票存款、信用卡存款、信用证保证金存款、存出投资款、外埠存款等，在"其他货币资金"科目核算。

（2）企业增加银行存款，借记本科目，贷记"库存现金""应收账款"等科目；减少银行存款做相反的会计分录。

（3）企业可按开户银行和其他金融机构、存款种类等设置"银行存款日记账"，根据收付款凭证，按照业务的发生顺序逐笔登记。每日终了，应结出余额。"银行存款日记账"应定期与"银行对账单"核对，至少每月核对一次。企业银行存款账面余额与银行对账单余额之间如有差额，应编制"银行存款余额调节表"调节相符。

（4）本科目期末借方余额，反映企业存在银行或其他金融机构的各种款项。

（三）其他货币资金

（1）本科目核算企业的银行汇票存款、银行本票存款、信用卡存款、信用证保证金存款、存出投资款、外埠存款等其他货币资金。

（2）企业增加其他货币资金，借记本科目，贷记"银行存款"科目；减少其他货币资金，借记有关科目，贷记本科目。

（3）本科目可按银行汇票或本票、信用证的收款单位，外埠存款的开户银行，分别"银行汇票""银行本票""信用卡""信用证保证金""存出投资款""外埠存款"等进行明细核算。

（4）本科目期末借方余额，反映企业持有的其他货币资金。

文案范本

货币资金核算流程

工作目标	知识准备	关键点控制	细化执行	流程图
1. 加强会计核算工作的规范化管理 2. 提高会计核算工作的精确度	1. 熟悉相关法律、法规 2. 熟练掌握最新会计准则 3. 了解企业货币资金的内容和管理要求 4. 掌握货币资金的核算方法	1. 编制货币资金管理制度 财务部门根据国家的相关规定,编制企业内部货币资金管理制度,并经财务总监、总经理审批通过后执行	《货币资金管理制度》	
		2. 收付款并填制原始凭证		
		2.1 办理企业日常现金收支业务,出纳人员应根据企业货币资金管理制度的要求及时填制原始凭证,作为现金收付款的书面证明和核算的依据	相关原始凭证	
		2.2 办理银行存款业务,出纳人员应根据不同的结算方式,填制或取得银行印发的收款或付款结算凭证	相关结算凭证	1. 编制货币资金管理制度
		3. 原始凭证审核 财务部门为确保会计资料真实、合理、合法,必须对原始凭证进行审核,审核内容包括原始凭证内容及填制是否符合要求、原始凭证反映的经济内容是否合法等	相关原始凭证	2. 收付款并填制原始凭证
				3. 原始凭证审核
		4. 填制记账凭证 财务人员根据审核过的原始凭证,按照规范会计科目的要求填制记账凭证	记账凭证	4. 填制记账凭证
		5. 记账并核算		5. 记账并核算
		5.1 货币资金的总分类核算由会计人员根据反映货币资金收付业务的记账凭证或根据其他会计核算形式所规定的登记总账的依据登记总账,以提供企业货币资金增减变动的总括性核算指标	《现金总账》《银行存款总账》	6. 汇总报表
		5.2 现金的序时核算由出纳人员依据反映货币资金收付款业务的记账凭证,按照经济业务发生的先后顺序逐日逐笔登记日记账,以提供企业货币资金增减变动的序时指标	《现金日记账》《银行存款日记账》	7. 会计报表分析
				8. 会计凭证装订成册并存档
		6. 汇总报表 财务人员定期对货币资金核算产生的各类报表进行汇总		
		7. 会计报表分析 财务人员按照相关部门的不同需求,通过对财务报表的分析形成不同的分析报告		
		8. 会计凭证装订成册并存档 财务人员定期将会计凭证装订成册,妥善保管,以备稽核		

现金管理办法

1. 现金的使用范围

根据国家现金管理制度和结算制度的规定，企业收支的各种款项必须按照国务院颁发的《现金管理暂行条例》的规定办理，在规定的范围内使用现金。允许企业使用现金结算的范围是：

（1）职工工资、津贴；

（2）个人劳务报酬；

（3）根据国家规定颁发给个人的科学技术、文化艺术、体育等各种奖金；

（4）各种劳保、福利费用以及国家规定的对个人的其他支出；

（5）向个人收购农副产品和其他物资的价款；

（6）出差人员必须随身携带的差旅费；

（7）零星支出；

（8）中国人民银行确定需要支付现金的其他支出。

属于上述现金结算范围的支出，企业可以根据需要向银行提取现金支付，不属于上述现金结算范围的款项支付一律通过银行进行转账结算。

2. 库存现金的限额

库存现金限额是指为保证各单位日常零星支出按规定允许留存的现金的最高数额。库存现金的限额，由开户银行根据开户单位的实际需要和距离银行远近等情况核定。其限额一般按照单位 3～5 天日常零星开支所需现金确定。远离银行或交通不便的企业，银行最多可以根据企业 15 天的正常开支需要量来核定库存现金的限额。正常开支需要量不包括企业每月发放工资和不定期差旅费等大额现金支出。库存限额一经核定，要求企业必须严格遵守，不能任意超过，超过限额的现金应及时存入银行；库存现金低于限额时，可以签发现金支票从银行提取现金，补足限额。

3. 不准坐支现金

企业在经营活动中，经常会发生一些现金收入，如收取不足转账起点的小额销售收入、销售给不能转账的集体或个人的销货款、职工交回的差旅费剩余款等。企业的现金收入，应及时送存银行，不得直接用于支付自己的支出。用收入的现金直接支付支出的，叫作"坐支"。企业如因特殊情况需要坐支现金的，应当事先报经开户银行审查批准，由开户银行核定坐支范围和限额。企业应定期向开户银行报送坐支金额和使用情况。未经银行批准，企业不得擅自坐支现金。为了加强银行的监督，企业向银行送存现金时，应在送款簿上注明款项的来源。从开户银行提取现金时，应当在现金支票上写明用途，由本单位财会部门负责人签字盖章，经开户银行审核后，予以支付现金。

 文案范本

备用金及借款管理流程

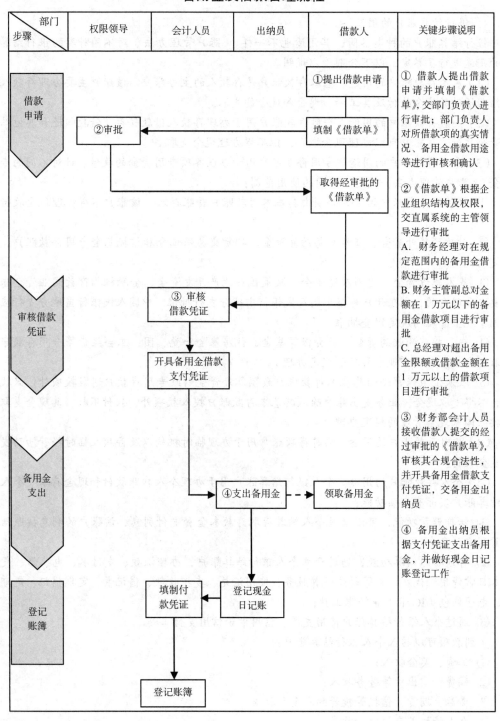

步骤\部门	权限领导	会计人员	出纳员	借款人	关键步骤说明
借款申请	②审批			①提出借款申请 填制《借款单》 取得经审批的《借款单》	① 借款人提出借款申请并填制《借款单》，交部门负责人进行审批；部门负责人对所借款项的真实情况、备用金借款用途等进行审核和确认 ②《借款单》根据企业组织结构及权限，交直属系统的主管领导进行审批 A.财务经理对在规定范围内的备用金借款进行审批 B.财务主管副总对金额在1万元以下的备用金借款项目进行审批 C.总经理对超出备用金限额或借款金额在1万元以上的借款项目进行审批
审核借款凭证		③审核借款凭证 开具备用金借款支付凭证			③ 财务部会计人员接收借款人提交的经过审批的《借款单》，审核其合规合法性，并开具备用金借款支付凭证，交备用金出纳员 ④ 备用金出纳员根据支付凭证支出备用金，并做好现金日记账登记工作
备用金支出			④支出备用金 → 领取备用金		
登记账簿		填制付款凭证 ← 登记现金日记账 登记账簿			

文案范本

银行结算账户的用途

1. 银行结算账户的用途

银行结算账户的种类不同，其用途也不一样。《账户管理办法》对不同种类的银行结算账户的用途进行了界定，以下分别予以说明。

（1）基本存款账户的用途。基本存款账户是存款人的主办账户。该账户主要办理存款人日常经营活动的资金收付及其工资、奖金和现金的支取。

（2）一般存款账户的用途。一般存款账户用于办理存款人借款转存、借款归还和其他结算的资金收付。该账户可以办理现金缴存，但不得办理现金支取。

（3）专用存款账户的用途。专用存款账户用于办理各项专用资金的收付。针对不同的专用资金，《账户管理办法》规定了不同的使用范围：

① 单位银行卡账户的资金必须由其基本存款账户转账存入。该账户不得办理现金收付业务。

② 财政预算外资金、证券交易结算资金、期货交易保证金和信托基金专用存款账户，不得支取现金。

③ 基本建设资金、更新改造资金、政策性房地产开发资金、金融机构存放同业资金账户需要支取现金的，应在开户时报中国人民银行当地分支行批准。中国人民银行当地分支行应根据国家现金管理的规定审查批准。

④ 粮、棉、油收购资金、社会保障基金、住房基金和党、团、工会经费等专用存款账户支取现金应按照国家现金管理的规定办理。

⑤ 收入汇缴账户除向其基本存款账户或预算外资金财政专用存款户划缴款项外，只收不付，不得支取现金。业务支出账户除从其基本存款账户拨入款项外，只付不收，其现金支取必须按照国家现金管理的规定办理。

（4）临时存款账户的用途。临时存款账户用于办理临时机构以及存款人临时经营活动发生的资金收付。

（5）个人存款账户的用途。个人银行结算账户用于办理个人转账收付和现金存取。个人银行结算账户实际有三项功能：

① 活期储蓄功能，可以通过个人结算存取存款本金和支付利息，该账户的利息按照活期储蓄利率计息；

② 普通转账结算功能，通过开立个人银行结算账户，办理汇款、支付水、电、话、气等基本日常费用、代发工资等转账结算服务，使用汇兑、委托收款、借记卡、定期借记、定期贷记、电子钱包（IC卡）等转账工具；

③ 通过个人银行结算账户使用支票、信用卡等信用支付工具。

下列款项可以转入个人银行结算账户：

① 工资、奖金收入；

② 稿费、演出费等劳务收入；

③ 债券、期货、信托等投资的本金和收益；

④ 个人债权或产权转让收益；

⑤ 个人贷款转存；

⑥ 证券交易结算资金和期货交易保证金；

⑦ 继承、赠予款项；

⑧ 保险理赔、保费退还等款项；

⑨ 纳税退还；

⑩ 农、副、矿产品销售收入；

⑪ 其他合法款项。

2. 银行结算账户使用过程中应当注意的事项

（1）存款人开立单位银行结算账户，自正式开立之日起3个工作日后，方可办理付款业务。但注册验资的临时存款账户转为基本存款账户和因借款转存开立的一般存款账户除外。

（2）银行应按规定与存款人核对账务。银行结算账户的存款人收到对账单或对账信息后，应及时核对账务并在规定期限内向银行发出对账回单或确认信息。

（3）存款人不得出租、出借银行结算账户，不得利用银行结算账户套取银行信用。

（4）对专用存款账户的专用资金使用，银行应按照相关规定和国家对粮、棉、油收购资金使用管理规定加强监督，对不符合规定的资金收付和现金支取，不得办理。但对其他专用资金的使用不负监督责任。

（5）临时存款账户在使用过程中，应当注意以下几点：

① 临时存款账户应根据有关开户证明文件确定的期限或存款人的需要确定其有效期限。存款人在账户的使用中需要延长期限的，应在有效期限内向开户银行提出申请，并由开户银行报中国人民银行当地分支行核准后办理展期。临时存款账户的有效期最长不得超过2年。

② 临时存款账户支取现金，应按照国家现金管理的规定办理。

③ 注册验资的临时存款账户在验资期间只收不付，注册验资资金的汇缴人应与出资人的名称一致。

（6）个人银行结算账户在使用过程中，应当注意以下几点：

① 单位从其银行结算账户支付给个人银行结算账户的款项，每笔超过5万元的，应向其开户银行提供下列付款依据：

A. 代发工资协议和收款人清单；

B. 奖励证明；

C. 新闻出版、演出主办等单位与收款人签订的劳务合同或支付给个人款项的证明；

D. 证券公司、期货公司、信托投资公司、奖券发行或承销部门支付或退还给自然人款项的证明；

E. 债权或产权转让协议；

F. 借款合同；

G. 保险公司的证明；

H. 税收征管部门的证明；

I. 农、副、矿产品购销合同；

J. 其他合法款项的证明。

② 从单位银行结算账户支付给个人银行结算账户的款项应纳税的，税收代扣单位付款时应向其开户银行提供完税证明。

③ 个人持出票人为单位的支票向开户银行委托收款，将款项转入其个人银行结算账户的，或者个人持申请人为单位的银行汇票和银行本票向开户银行提示付款，将款项转入其个人银行结算账户的，个人应当提供前述①所述的有关收款依据。

④ 单位银行结算账户支付给个人银行结算账户款项的，银行应按有关规定，认真审查付款依据或收款依据的原件，并留存复印件，按会计档案保管。未提供相关依据或相关依据不符合规定的，银行应拒绝办理。

⑤ 储蓄账户仅限于办理现金存取业务，不得办理转账结算。

二、应收票据

应收票据属于企业金融资产范畴，是指企业因销售商品或提供劳务而持有的尚未到期的商业票据，是一项债权凭证。票据包括支票、本票、汇票，但是，会计上作为应收票据核算的仅指商业汇票。

商业汇票是指由出票人签发的，委托付款人在指定日期无条件支付确定金额给收款人或持票人的票据。商业汇票按承兑人不同分为商业承兑汇票和银行承兑汇票；按是否计息可分为不带息商业汇票和带息商业汇票。

我国目前主要使用不带息商业汇票。不带息商业汇票是指商业汇票到期时，承兑人只按票面金额（面值）向收款人或被背书人支付款项的汇票。带息商业汇票是指商业汇票到期时，承兑人必须按票面金额加上应计利息向收款人或背书人支付票款的票据。

我国商业票据的期限一般较短（6个月），应收票据一般按其面值计价，但对于带息的应收票据，按照现行制度的规定，应于期末（中期期末和年度终了）按应收票据的票面价值和确定的利率计提利息，计提的利息应增加应收票据的账面价值。

相对于应收账款来讲，应收票据（尤其是银行承兑汇票）发生坏账的风险比较小，因此，一般不对应收票据计提坏账准备，超过承兑期收不回的应收票据应转作应收账款，对应收账款计提坏账准备。

（一）不带息应收票据

不带息应收票据的到期价值等于应收票据的面值。企业应当设立"应收票据"科目核算应收票据的票面金额，收到应收票据时，借记"应收票据"科目，贷记"应收账款""主营业务收入"等科目。应收票据到期收回票据金额，借记"银行存款"科目，贷记"应收票据"科目。商业承兑汇票到期，承兑人违约拒付或无力偿还票款，收款企业应将到期票据的票面金额转入"应收账款"科目。

（二）带息应收票据

带息票据是指根据票面金额和票面利息率计算到期利息的票据。

$$到期利息 = 应收票据面值 \times 利率 \times 时间$$

$$带息票据到期值 = 应收票据面值 \times （1 + 利率 \times 时间）$$

式中，利率一般指年利率，即票据所规定的利率；时间（期限）是指签发日至到期日的时间间隔（有效期）。

票据的期限有两种表示方法，即按日表示和按月表示。

按日表示，是指应从出票日起按实际日历天数计算，"算头不算尾"或"算尾不算头"。例如，一张出票日为5月6日、面值为100 000元、利率为10%、期限为90天的商业汇票，则"算尾不算头"到期日为8月4日，即5月25天（5月6日不计入）、6月30天、7月31天、8月4天（8月4日计入），共计90天。"算头不算尾"到期日为8月3日，即5月26天（5月6日计入）、6月30天、7月31天、8月3天（8月4日不计入），共计90天。

$$到期值=100\ 000+100\ 000×10\%÷360×90=102\ 500（元）$$

按月表示，是指应以到期月份中与出票日相同的那一天为到期日，而不论各月份实际日历天数为多少。

（三）应收票据贴现

应收票据贴现是指持票人将未到期的票据背书后转让给银行，由银行按票据的到期值扣除贴现日至票据到期日的利息后，将余额付给企业的一种融资行为，是企业与贴现银行之间就票据权利所作的一种转让。贴现业务中，企业付给银行的利息称为贴现利息，简称"贴息"，所用的利息率称为贴现率，它不一定等于市场利率，但总高于票据票面利率。

1. 带息票据

$$票据到期值=票据面值+票据面值×票面利率×期限$$

$$贴现利息=票据到期值×贴现率×贴现期$$

$$贴现所得=票据到期值－贴现利息$$

2. 不带息票据

$$贴现利息=票据到期值×贴现率×贴现期$$

$$贴现所得=票据到期值－贴现利息$$

式中，"票据到期值"即票据面值。

应收票据登记表

兑现日期：　　年　　月　　日

收票日期	发票人	银行名称	支票号码	金额	累计金额	转出记录	日期	收款人	银行账户	支票号码	金额	累计金额	备注
合计							合计						

应收票据处理登记表

票据类别	商业承兑汇票							
	原　　有		收　　入		存入银行		结　　存	
	张数	金额	张数	金额	张数	金额	张数	金额

续表

托收银行	原　　存		本日存入		本日兑现		本日退票		结　　存	
	张数	金额	张数	金额	张数	金额	张数	金额	张数	金额
合计										

（表上方居中）银行承兑汇票

负责人：　　　　　　会计：　　　　　　　　　出纳：

应收应付票据记录表

兑现日期：　　月　　日　　　　　　星期

收票日期	发票人	银行名称	支票号码	金额	累计金额	转出记录	日期	受款人	银行账户	支票号码	金额	累计金额	备注
合计							合计						

应收票据处理办法

第一章　总　　则

第一条　目的。

为确保企业权益，减少坏账损失，特制定本办法。

第二条　适用范围。

本办法可用来指导各营业部门销货时接收支票、退票操作等各项工作。

第二章　收受应收票据

第三条　各营业部门应依企业的相关规定办妥客户信用调查工作，并随时侦查客户信用的变化（可利用机会通过 A 客户调查 B 客户的信用情况），签注于客户资信调查表相关栏内。

第四条　各营业部门最迟应于出货日起＿＿＿日内收款。如超过上列期限，财务部就应依查得资料，就其未收款项详细列表，通告各营业部门主管核阅以督促加强催收，并将其转为呆账，自当月营业奖金中扣除，待日后收回票据时，再行冲回。

第五条　各营业部门所收的票据，自业务发生日起算，至票据兑现日止，以＿＿＿天为限。如超过这一期限者，财务部即依查得资料，就其超限部分的票据所编列明细表，通知营业部门加收利息费用，利息以月息的____%计算。

第六条　各营业部门赊售商品收受支票时，应注意下列事项。

1. 注意发票人有无权限签发支票。

2. 查明支票有效的必要记载事项如文字、金额、到期日、发票人盖章等是否齐全。

3. 注意非该商号或本人签发的支票，应要求交付支票人背书。

4. 注意所收支票账户与银行往来的期间、金额、退票记录情形（可直接向银行查明或请财务部协办）。

5. 注意所收支票账号号码越小，表示与该银行往来期间越长，信用越可靠（可直接向银行查明或请财务部协办）。

6. 注意支票记载何处不能修改（如大写金额），可更改者是否于更改处加盖原印鉴章，如有背书人时应同时盖章。

7. 注意支票上文字有无涂改、涂销或变更。

8. 注意支票是否已逾期1年（逾期1年失效），如有背书人，应注意支票提示日期是否超过第八条的规定。

9. 注意支票上的文字记载，如禁止背书转让字样。

10. 注意尽量利用机会通过A客户注意B客户支票（或客票）的信用。

第七条　本企业所收受的支票提示付款期限，最迟应于到期日后____日内予以办理。

第八条　本企业所收受的支票"到期日"与"兑现日"的计算如下。

1. 本埠支票到期日当日兑现。

2. 近郊支票到期日2日内兑现。

第三章　票据的兑换、换票与退票

第九条　所收的支票已缴交者，如退票或因客户存款不足或其他因素，要求退回兑现或换票时，各营业单位应填具《票据撤回申请书》，经部门主管签准后，送财务部办理。营业部门取回原支票后，必须先向客户取得相当于原支票金额的现金或担保商品，或新开支票，才能将原支票交付，但仍须依上述规定办理。

第十条　应收账款发生折让或发生销货退回时，应依下列两款办理。

1. 应收账款发生折让时，应填具《折让证明单》，并呈营业单位的相关主管批准后，方可送会计人员办理，其折让部分，应设销售折扣科目，不得直接由销货收入项下减除。

2. 遇有销货退回时，应于出货日起____日内将交寄货运收据及原始统一发票取回，送交会计人员办理，其退回部分，应设销货退回科目，不得直接由销货收入项下减除。

第十一条　财务部接到银行通知客户退票时，应即转告营业部门，营业部门对于退票无法换回现金或新票时，应即寄发存证信函通知发票人及背书人，并迅速拟订对策处理，并由营业部门填送《呆账（退票）处理报告》，随附支票正本（副本留营业部门供备忘催办）及退票理由单，送财务部依规定办理。

第十二条　营业部门对退票申诉案件送请财务部办理时须提供下列资料。

1. 发票人及背书人户籍所在地（先以电话告知财务部）。

2. 发票人及背书人财产。

（1）土地，应注明所有权人、地段、地号、面积、持分、设定抵押。

（2）建筑物（土地改良物），应注明所有权人、建号、建坪持分、设定抵押。

（3）其他财产，应注明名称、存放地点、现值等。

3. 其他投资事项。

第十三条 财务部接到《呆账（退票）处理报告》，经呈准后 2 日内应依法申诉，并随时将情况通知各有关部门。

第十四条 应收票据的款项确实无法收回时，相关营业部门应专案列表送财务部，并附原《呆账（退票）处理报告表》存根联及税务机关认可的合法凭证（如法院裁定书、当地派出所证明文件或邮政信函等）呈企业总经理核准后，才能冲销应收账款。

第十五条 依法申诉而无法收回的应收票据款项，应取得法院债权凭证，交财务部列册保管，事后发现债务人（利益偿还请求权，时效为 15 年内）有偿债能力时，应依上列有关规定申请法院执行。

第四章 附 则

第十六条 各营业单位的营业人员不依本办法的各项规定办理或有勾结行为，致使企业权益蒙受损失者，依人事管理规则议处，情节重大者移送法办。

第十七条 本办法经呈总经理批准后公布实施，修订时亦同。

应收账款票据日报表

年 月 日

	销售类别	应收账款昨日结余	本日销货	折让	转应收票据	今日结存	本月销货累计
应收账款							
	合计						
	说明	昨日结存	本日收票	退票	兑现	其他	本日结存
应收票据	本票						
	支票						
	本票						
	支票						

总经理： 主管： 填表：

应收账款与应收票据月报表

客户名称	应收账款			应收票据			合 计		
	本月	累计	比例（%）	本月	累计	比例（%）	本月	累计	比例（%）
合 计			100			100			100

文案范本

应收票据发生额表

编制部门：　　　　　　　　　　基准日：　　　　　　　　　　　单位：元

序号							合计
债务方名称							
与本企业关系							
账面数		1=sum（2~7）					
账面数按账龄划分	1 年内	2					
	1~2 年	3					
	2~3 年	4					
	3~4 年	5					
	4~5 年	6					
	5 年以上	7					
会计技术性差错		8					
基准数		9 = 1 - 8					
预计残值（预计可收回金额）		10					
清查出有问题资产数		11 = 17					
损失原因		12					
发生时间		13					
企业申报损失数	小计	14 = 15 + 16					
	列损益	15					
	核权益	16					
中介审核数	小计	17 = 18 + 19					
	列损益	18					
	核权益	19					
关键证据		20					
索引号		21					
清查值		22=9-10-11=sum（23~28）					
清查数按账龄划分	1 年内	23					
	1~2 年	24					
	2~3 年	25					
	3~4 年	26					
	4~5 年	27					
	5 年以上	28					
对方记录		29					
核对差异		30					
备注		31					

单位负责人：　　　　　　　　财务负责人：　　　　　　　　制表人：

填报日期

说明：1. 账面数按登记账填列。

2. 应收利息必须按规定函证或取得相应法律证据。

 文案范本

应收票据月发生额表

编制部门：　　　　　　　　　　基准日：　　　　　　　　　　　单位：元

序号						合计
票据种类						
出票单位						
与本企业关系						
出票日	1					
到期日	2					
账面数	3					
盘点面值	4					
票面利率	5					
期末账面应计数	6					
会计技术差错	7					
基准数	8 = 3 - 7					
预计残值（预计可收回金额）	9					
清查出有问题资产数	10 = 19					
损失原因	11					
发生日期	12					
关键证据	13					
索引号	14					
清查值	15 = 8 - 9 - 10					
企业申报损失数	小计	16 = 17 + 18					
	列损益	17					
	核权益	18					
中介审核数	小计	19 = 20 + 21					
	列损益	20					
	核权益	21					
备注	22					

单位负责人：　　　　财务负责人：　　　　制表人：　　　　　　填报日期：

说明：1. 票据种类包括商业承兑汇票和银行承兑汇票。

2. 账面数按登记账填列。

3. 应编制盘点表作为内部证据，由会计师提供格式。

4. 所有应收票据必须进行函证或取得相应法律证据。

文案范本

应收票据会计处理流程

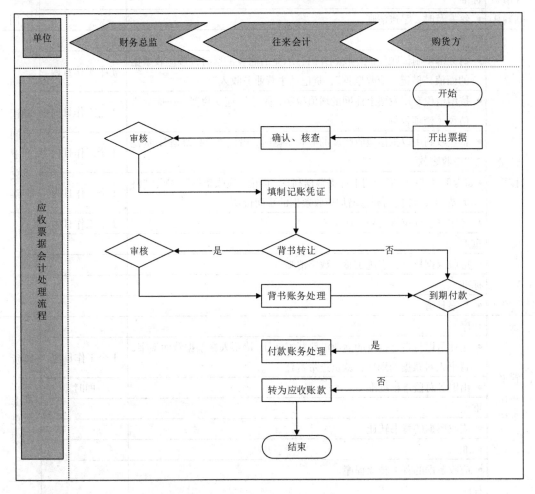

文案范本

应收票据账务处理工作标准

任务名称	任务程序、重点及标准	时限	相关资料
开出票据确认	程序		购销合同
	• 商品交易业务发生后，由购货方签发商业承兑汇票并承兑，我国目前主要使用不带息商业汇票	1个工作日内	
	• 企业收到汇票后，由财务部确认其面值及期限	即时	
	• 再由财务总监确认	即时	
	重点		
	• 应收票据的签发和确认		

任务 名称	任务程序、重点及标准	时限	相关 资料
开出票 据确认	标准		购销 合同
	• 签发及时，字迹清晰		
计量 核算	程序		购销 合同 商业 承兑 汇票 会计 制度
	• 财务部填制记账凭证，收到开出、承兑的商业汇票时，按应收票据 的面值，借记"应收票据"，贷记"主营业务收入"	1个工作日内	
	• 按增值税专用发票上注明的增值税额，贷记"应交税费——应交增 值税（销项税额）"	1个工作日内	
	• 企业收到用以抵偿应收账款的应收票据时，借记"应收票据"，贷记 "应收账款"	1个工作日内	
	• 如为带息票据，应于期末计提票据利息，借记"应收票据"，贷记"财 务费用"，计提的利息增加应收票据的账面价值	1个工作日内	
	• 经主管会计审核后登记明细账	1个工作日内	
	重点		
	• 应收票据核算，字迹工整，数字清晰		
	标准		
	• 日事日清		
背书 转让 审核	程序		购货 计划 商业 承兑 汇票
	• 企业可以将自己持有的商业汇票背书转让，持票人在票据背面签字， 背书人对票据的到期付款负连带责任	1个工作日内	
	• 由财务总监审核批准	即时	
	重点		
	• 应收票据的背书转让		
	标准		
	• 应收票据的背书转让程序		
账务 处理	程序		企业 会计 准则
	• 企业将持有的应收票据背书转让以取得所需物资时，财务部按审核 后的原始凭证填制记账凭证，按计入取得物资成本的价值，借记"材 料采购""原材料""库存商品"等账户，按增值税专用发票上注明 的增值税额，借记"应交税费——应交增值税（进项税额）"，按应 收票据的账面余额，贷记"应收票据"，如有差额借记或贷记"银 行存款"等账户，如为带息票据，还应按尚未计提的利息，贷记"财 务费用"	1个工作日内	
	• 记账凭证经主管会计审核后登记明细账	1个工作日内	
	重点		
	• 字迹工整，数字清晰		
	标准		
	• 日事日清		

续表

任务 名称	任务程序、重点及标准	时限	相关 资料
付款 账务 处理 审核	程序		企业 会计 准则
	• 应收票据到期收回款项时，编制记账凭证，借记"银行存款"，贷记"应收票据"，如为带息票据，还应贷记"财务费用"	1个工作日内	
	• 由主管会计审核后登记明细账、总账	1个工作日内	
	• 财务总监审核	即时	
	重点		
	• 字迹工整，数字清晰		
	标准		
	• 日事日清		
转为 应收 账款 审核	程序		企业 会计 制度
	• 商业承兑汇票到期，承兑人违约拒付或无力支付票款，企业收到银行退回的商业承兑汇票、委托收款凭证、未付款通知书或拒绝付款证明等，将到期票据的票面金额转入"应收账款"账户，借记"应收账款"，贷记"应收票据"	1个工作日内	
	• 如为带息票据，应按其账面余额转入"应收账款"账户核算，期末不再计提利息，其所包含的利息，在有关备查登记簿中进行登记，待实际收到时再冲减收到的当期的财务费用，编制记账凭证	1个工作日内	
	• 对应收账款计提坏账准备	1个工作日内	
	• 由主管会计审核后登记明细账、总账	1个工作日内	
	• 财务总监审核	即时	
	重点		
	• 字迹工整，数字清晰		
	标准		
	• 日事日清		

文案范本

应收票据功能分析表

年　　月　　日

自行保管票据									
票据 类别	原　有		收　入		存入银行		结　存	
	张　数	金　额	张　数	金　额	张　数	金　额	张　数	金　额
合　计								

托收银行	存入银行											
	原　　存		本日存入		本日兑现		本日退票		结　　存		
	张　数	金　额	张　数	金　额	张　数	金　额	张　数	金　额	张　数	金　额	
合　计											

单位负责人：　　　　财务负责人：　　　　　制表人：

三、应收账款

会计上所指的应收账款有其特定的范围。首先，应收账款是指因销售活动形成的债权，不包括应收职工欠款、应收债务人的利息等其他应收款；其次，应收账款是指流动资产性质的债权，不包括长期的债权，如购买的长期债券等；最后，应收账款是指本企业应收客户的款项，不包括本企业付出的各类存出保证金，如投标保证金和租入包装物保证金等。

应收账款应于收入实现时予以确认。

（一）应收账款的计价

应收账款通常应按实际发生额计价入账。计价时还需要考虑商业折扣和现金折扣等因素。

1. 商业折扣

商业折扣是指企业根据市场供需情况，或针对不同的顾客，在商品标价上给予的扣除。

商业折扣是企业最常用的促销手段。企业为了扩大销售、占领市场，对于批发商往往给予商业折扣，采用销量越多、价格越低的促销策略，即通常所说的"薄利多销"。对于季节性的商品，在销售的淡季，为了扩大销售，企业通常采用商业折扣的方式。但也并非完全如此，在市场竞争日益激烈的情况下，企业也往往利用人们的消费心理，即使在销售的旺季也把商业折扣作为一种常用的促销竞争手段。商业折扣一般在交易发生时即已确定，它仅仅是确定实际销售价格的一种手段，不需在买卖双方任何一方的账上反映，所以商业折扣对应收账款的入账价值没有什么实质性的影响。因此，在存在商业折扣的情况下，企业应收账款入账金额应按扣除商业折扣以后的实际售价确认。

2. 现金折扣

现金折扣是指债权人为鼓励债务人在规定的期限内付款，而向债务人提供的债务扣除。现金折扣通常发生在以赊销方式销售商品及提供劳务的交易中。企业为了鼓励客户提前偿付货款，通常与债务人达成协议，债务人在不同期限内付款可享受不同比例的折扣。现金折扣一般用符号"折扣/付款期限"表示。例如，买方在 10 天内付款可按售价给予 2%的折扣，用符号"2/10"表示；在 20 天内付款按售价给予 1%的折扣，用符号"1/20"表示；在 30 天内付款，则不给折扣，用符号"n/30"表示。

存在现金折扣的情况下，应收账款入账金额的确认有两种方法：一种是总价法，另一种是净价法。

总价法是将未减去现金折扣前的金额作为实际售价，记作应收账款的入账价值。现金折扣只有客户在折扣期内支付货款时，才予以确认。在这种方法下，销售方把给予客户的现金折扣视为融资的理财费用，会计上作为财务费用处理。我国的会计实务中通常采用此方法。

净价法是将扣减现金折扣后的金额作为实际售价，据以确认应收账款的入账价值。这种方法是把客户取得折扣视为正常现象，认为客户一般都会提前付款，而将由于客户超过折扣期限而多收入的金额，视为提供信贷获得的收入。

（二）应收账款的账务处理

1．会计科目

本科目核算企业因销售商品、提供劳务等经营活动应收取的款项。

企业（保险）按照原保险合同约定应向投保人收取的保费，可将本科目改为"1122 应收保费"科目，并按照投保人进行明细核算。

企业（金融）应收取的手续费和佣金，可将本科目改为"1124 应收手续费及佣金"科目，并按照债务人进行明细核算。

因销售商品、提供劳务等，采用递延方式收取合同或协议价款、实质上具有融资性质的，在"长期应收款"科目核算。

本科目期末借方余额，反映企业尚未收回的应收账款；期末如为贷方余额，反映企业预收的账款。

2．明细核算

本科目可按债务人进行明细核算。

3．主要账务处理

（1）企业发生应收账款，按应收金额，借记本科目，按确认的营业收入，贷记"主营业务收入""手续费及佣金收入""保费收入"等科目。收回应收账款时，借记"银行存款"等科目，贷记本科目。涉及增值税销项税额的，还应进行相应的处理。

代购货单位垫付的包装费、运杂费，借记本科目，贷记"银行存款"等科目。收回代垫费用时，借记"银行存款"科目，贷记本科目。

（2）企业与债务人进行债务重组，应当分别债务重组的不同方式进行处理。

1）收到债务人清偿债务的款项小于该项应收账款账面价值的，应按实际收到的金额，借记"银行存款"等科目，按重组债权已计提的坏账准备，借记"坏账准备"科目，按重组债权的账面余额，贷记本科目，按其差额，借记"营业外支出"科目。

收到债务人清偿债务的款项大于该项应收账款账面价值的，应按实际收到的金额，借记"银行存款"等科目，按重组债权已计提的坏账准备，借记"坏账准备"科目，按重组债权的账面余额，贷记本科目，按其差额，贷记"资产减值损失"科目。

以下债务重组涉及重组债权减值准备的，应当比照此规定进行处理。

2）接受债务人用于清偿债务的非现金资产，应按该项非现金资产的公允价值，借记"原材料""库存商品""固定资产""无形资产"等科目，按重组债权的账面余额，贷记本科目，按应支付的相关税费和其他费用，贷记"银行存款""应交税费"等科目，按其差额，借记"营业外支出"科目。涉及增值税进项税额的，还应进行相应的处理。

3）将债权转为投资，应按享有股份的公允价值，借记"长期股权投资"科目，按重组债权的账面余额，贷记本科目，按应支付的相关税费和其他费用，贷记"银行存款""应交税费"等科目，按其差额，借记"营业外支出"科目。

4）以修改其他债务条件进行清偿的，应按修改其他债务条件后债权的公允价值，借记本科目，按重组债权的账面余额，贷记本科目，按其差额，借记"营业外支出"科目。

（三）坏账及坏账损失

坏账是指企业无法收回或收回的可能性极小的应收款项。由于发生坏账而产生的损失，称为坏账损失。

1．坏账损失的确认

企业确认坏账时，应遵循财务报告的目标和会计核算的基本原则，具体分析各项应收款项的特性、金额的大小、信用期限、债务人的信誉和当时的经营情况等因素。一般来讲，企业的应收款项符合下列条件之一的，应确认为坏账：

（1）债务人死亡，以其遗产清偿后仍然无法收回。

（2）债务人破产，以其破产财产清偿后仍然无法收回。

（3）债务人较长时期内未履行其偿债义务，并有足够的证据表明无法收回或收回的可能性极小。

企业应当在期末对应收款项进行检查，并预计可能产生的坏账损失。对预计可能发生的坏账损失，计提坏账准备。企业计提坏账准备的方法由企业自行确定。企业应当制定计提坏账准备的政策，明确计提坏账准备的范围、提取方法、账龄的划分和提取比例，按照法律、行政法规的规定报有关各方备案，并备置于企业所在地。坏账准备的计提方法通常有账龄分析法、余额百分比法、个别认定法等。企业无论采用何种方法，或者根据情况分别采用不同的方法，都应当在制定的有关会计政策和会计估计目录中明确，不得随意变更。如需变更，应当按会计政策、会计估计变更的程序和方法进行处理并在会计报表附注中予以说明。

在确定坏账准备的计提比例时，企业应当根据以往的经验、债务单位的实际财务状况和现金流量等相关信息予以合理估计。除有确凿证据表明该项应收款项不能够收回或收回的可能性不大外（如债务单位已撤销、破产、资不抵债、现金流量严重不足、发生严重的自然灾害等导致停产而在短时间内无法偿付债务等，以及 3 年以上的应收款项），下列情况不能全额提取坏账准备：

（1）当年发生的应收款项；

（2）计划对应收款项进行重组；

（3）与关联方发生的应收款项；

（4）其他已逾期，但无确凿证据表明不能收回的应收款项。

需要特别说明的，上述规定并不意味着企业对与关联方之间发生的应收款项可以不计提坏账准备。企业与关联方之间发生的应收款项与其他应收款项一样，也应当在期末时分析其可收回性，并预计可能发生的坏账损失。对预计可能发生的坏账损失，计提相应的坏账准备。企业与关联方之间发生的应收款项一般不能全额计提坏账准备，但如果有确凿证据表明关联方（债务单位）已撤销、破产、资不抵债、现金流量严重不足等，并且不准备对应收款项进行重组或无其他收回方式的，则对预计无法收回的应收关联方的款项也可以全额计提坏账准备。

企业的预付账款如有确凿证据表明其不符合预付账款性质，或者因供货单位破产、撤销等原因已无望再收到所购货物的，应当将原计入预付账款的金额转入其他应收款，并按规定计提坏账准备。

企业持有的未到期应收票据，如有确凿证据证明不能够收回或收回的可能性不大时，应将其账面余额转入应收账款，并计提相应的坏账准备。

应当指出，对已确认为坏账的应收账款，并不意味着企业放弃了追索权，一旦重新收回，应及时入账。

2. 坏账损失的会计处理

坏账的核算方法一般有两种：直接转销法和备抵法。

（1）直接转销法。直接转销法是指在实际发生坏账时，确认坏账损失，计入期间费用，同时注销该笔应收款项。

直接转销法的优点是账务处理简单，但是，这种方法忽视了坏账损失与赊销 业务的联系，在转销坏账损失的前期，对于坏账的情况不做任何处理，显然不符合权责发生制及收入与费用相配比的会计原则，而且核销手续繁杂，致使企业发生大量陈账、呆账、长年挂账，得不到处理，虚增了利润，也夸大了前期资产负债表上应收款项的可实现价值。

（2）备抵法。备抵法是按期估计坏账损失，形成坏账准备，当某一应收款项全部或者部分被确认为坏账时，应根据其金额冲减坏账准备，同时转销相应的应收款项金额。

采用这种方法，一方面按期估计坏账损失计入管理费用；另一方面设置"坏账准备"科目，待实际发生坏账时冲销坏账准备和应收款项金额，使资产负债表上的应收款项反映扣减估计坏账后的净值。

备抵法的优点，一是预计不能收回的应收款项作为坏账损失及时计入费用，避免企业虚增利润；二是在报表上列示应收款项净额，使报表阅读者更能了解企业真实的财务情况；三是使应收款项实际占用资金接近实际，消除了虚列的应收款项，有利于加快企业资金周转，提高企业经济效益。

备抵法首先要按期估计坏账损失。估计坏账损失主要有四种方法，即余额百分比法、账龄分析法、赊销百分比法和个别认定法。

1）余额百分比法。采用余额百分比法，是根据会计期末应收款项的余额乘以估计坏账率即为当期应估计的坏账损失，据此提取坏账准备。估计坏账率可以按照以往的数据资料加以确定，也可根据规定的百分率计算。理论上讲，这一比例应按坏账占应收款项的概率计算，企业发生的坏账多，比例相应就高些；反之则低些。会计期末，企业应提取的坏账准备大于其账面余额的，按其差额提取；应提取的坏账准备小于其账面余额的，按其差额冲回坏账准备。

2）账龄分析法。账龄分析法是根据应收款项入账时间的长短来估计坏账损失的方法。虽然应收款项能否收回以及能收回多少，不一定完全取决于时间的长短，但一般来说，账款拖欠的时间越长，发生坏账的可能性就越大。

需要指出的是，采用账龄分析法计提坏账准备时，收到债务单位当期偿还的部分债务后，剩余的应收账款，不应改变其账龄，仍应按原账龄加上本期应增加的账龄确定；在存在多笔应收账款且各笔应收账款账龄不同的情况下，收到债务单位当期偿还的部分债务，应当逐笔认定收到的是哪一笔应收账款；如果确实无法认定的，按照先发生先收回的原则确定，剩余应收账款的账龄按上述同一原则确定。

3）赊销百分比法。赊销百分比法，就是根据当期赊销金额的一定百分比估计坏账损失的方法。

4）个别认定法。个别认定法，就是根据每一应收款项的情况来估计坏账损失的方法。

需要特别说明的是，在采用账龄分析法、余额百分比法等方法的同时，能否采用个别认定法，应当视具体情况而定。如果某项应收账款的可收回性与其他各项应收账款存在明显的差别（如债务单位所处的特定地区等），导致该项应收账款如果按照与其他各项应收账款同样的方法计提坏账准备，将无法真实地反映其可收回金额的，可对该项应收账款采用个别认定法计提坏账准备。企业应根据应收账款的实际可收回情况，合理计提坏账准备，不得多提或少提，否则应视为滥用会计估计，按照重大会计差错更正的方法进行会计处理。在同一会计期间内运用个别认定法的应收账款应从用其他方法计提坏账准备的应收账款中剔除。

3. 坏账准备会计科目及主要账务处理程序

（1）科目核算内容。企业应设置"坏账准备"科目核算企业应收款项的坏账准备。本科目期末贷方余额，反映企业已计提但尚未转销的坏账准备。

（2）明细核算。本科目可按应收款项的类别进行明细核算。

（3）坏账准备的主要账务处理。

1）资产负债表日，应收款项发生减值的，按应减记的金额，借记"资产减值损失"科目，贷记本科目。本期应计提的坏账准备大于其账面余额的，应按其差额计提；应计提的坏账准备小于其账面余额的差额做相反的会计分录。

2）对于确实无法收回的应收款项，按管理权限报经批准后作为坏账，转销应收款项，借记本科目，贷记"应收票据""应收账款""预付账款""应收分保账款""其他应收款""长期应收款"等科目。

3）已确认并转销的应收款项以后又收回的，应按实际收回的金额，借记"应收票据""应收账款""预付账款""应收分保账款""其他应收款""长期应收款"等科目，贷记本科目；同时，借记"银行存款"科目，贷记"应收票据""应收账款""预付账款""应收分保账款""其他应收款""长期应收款"等科目。

对于已确认并转销的应收款项以后又收回的，也可以按照实际收回的金额，借记"银行存款"科目，贷记本科目。

坏账损失估计表

单位：元

应收账款账龄	应收账款余额	估计损失率（%）	估计损失金额
尚未到期			
过期 1 个月			
过期 2 个月			
过期 3 个月			
过期 3 个月以上			
合　计			

坏账损失审批流程规范

1. 目的

为防止坏账损失管理中的差错和舞弊，减少坏账损失，规范坏账损失审批的操作程序，特制定本规范。

2. 适用范围

适用于公司的坏账损失审批。

3. 职责与权限

3.1　不相容岗位分离。坏账损失核销申请人与审批人分离；会计记录与申请人分离。

3.2　业务归口办理。坏账损失核销申请由业务经办部门提出；财务部门归口管理核销申请，并对申请进行审核；坏账损失核销审批，在每年第四季度办理。

3.3　审批权限。股东大会，负责单笔损失达到公司净资产 1%或年度累计金额达 5%及关联方的审批；董事会，除须经股东大会批准的事项和授权总经理批准的外，由董事会批准；总经理，单笔金额在 1 万元以内，或年度累计金额在 50 万元以内。

4.　确认坏账损失的条件和范围

4.1　确认条件

公司对符合下列标准的应收款项可确认为坏账：

4.1.1　债务人死亡，以其遗产清偿后，仍无法收回。

4.1.2　债务人破产，以其破产财产清偿后，仍无法收回。

4.1.3　债务人较长时期内未履行偿债义务，并有足够的证据表明无法收回或收回的可能性极小。

4.1.4　催收的最低成本大于应收款额的款项。

4.2　应收款项的范围

应收款项包括下列款项：

4.2.1　应收账款。

4.2.2　其他应收款。

4.2.3　确有证据表明其不符合预付款性质，或因供货单位破产、撤销等原因已无望再收到所购货物也无法收回已预付款额的公司预付账款（在确认坏账损失前先转入其他应收款）。

4.2.4　公司持有的未到期的，并有确凿证据证明不能收回的应收票据（在确认坏账损失前，先转入应收账款）。

5.　坏账损失核销审批程序及审批要求

5.1　核销审批程序

审批程序如下页图所示。

5.2　核销申请报告

5.2.1　收集证据。经济业务的承办部门（或承办人）应向债务人或有关部门获得下列证据：

● 债务人破产证明。

● 债务人死亡证明。

● 催收最低成本估算表。

● 具有明显特征能表明无法收回应收款的其他证明。

5.2.2　核销申请报告的内容。公司出现坏账损失时，在会计年度末，由经济业务承办部门（或承办人）向有关方获取有关证据，由承办部门提交书面核销申请报告。书面报告至少包括下列内容：

● 核销数据和相应的书面证明。

● 形成的过程及原因。

● 追踪催讨过程。

● 对相关责任人的处理建议。

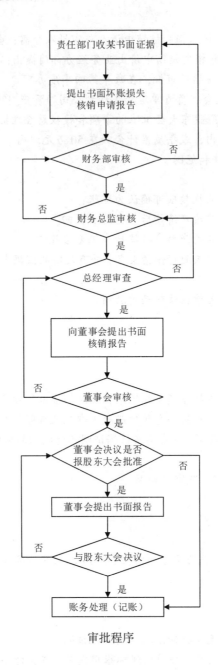

审批程序

5.3 核销审批流程

5.3.1 财务部汇总和审核。财务部对坏账损失的核销申请报告进行审核，并提出审核意见，并汇总连同汇总表报财务总监审查，财务部应对申请报告核销申请的金额、业务发生的时间、追踪催讨的过程和形成原因进行核实。

5.3.2 财务总监审查。财务总监对申请报告并财务部门的审核意见进行审查，并提出处理建议（包括对涉及相关部门与相关人员的处理建议），报公司总经理审查。

5.3.3 总经理审查和审批。公司总经理审查后并根据财务总监提出的处理建议，做出处理意见，在总经理授权范围内，经总经理办公会通过后，对申请报告签批；超过总经理授权范围的，经总经理办公会通过后，由公司总经理或公司总经理委托财务总监向董事会提交核销坏账损失的书面报告。书面报告至少包括以下内容：

- 核销数额和相应的书面证据。
- 坏账形成的过程及原因。
- 追踪催讨和改进措施。
- 对公司财务状况和经营成果的影响。
- 涉及的有关责任人员处理意见。
- 董事会认为必要的其他书面材料。

5.3.4 董事会和股东大会审批。在董事会授权范围内的坏账核销事项，董事会根据总经理或授权财务总监提交的书面报告，审议后逐项表决，表决通过后，由董事长签批后，财务部门按会计规定进行账务处理。

需经股东大会审批的坏账审批事项，在召开年度股东大会时，由公司董事会向股东大会提交核销坏账损失的书面报告。书面报告至少包括以下内容：

- 核销数额。
- 坏账形成的过程及原因。
- 追踪催讨和改进措施。
- 对公司财务状况和经营成果的影响。
- 对涉及的有关责任人员处理结果或意见。
- 核销坏账涉及的关联方偿付能力以及是否会损害其他股东利益的说明。

董事会的书面报告由股东大会逐项表决通过并形成决议。如股东大会决议与董事会决议不一致，财务部对决议不一致的坏账，按会计制度的规定进行会计调整。

公司监事会列席董事会审议核销坏账损失的会议，必要时，可要求公司内部审计部门就核销的坏账损失情况提供书面报告。监事会对董事会有关核销坏账损失的决议程序是否合法、依据是否充分等方面提出书面意见，并形成决议向股东大会报告。

6. 财务处理和核销后催收

6.1 财务处理

6.1.1 财务部根据董事会决议进行账务处理。

6.1.2 坏账损失如在会计年度末结账前尚未得到董事会批准的，由财务部按公司计提坏账损失准备的规定全额计提坏账准备。

6.1.3 坏账经批准核销后，财务部及时将审批资料报主管税务机关备案。

6.1.4 坏账核销后，财务部应将已核销的应收款项设立备查簿逐项进行登记，并及时向负有赔偿责任的有关责任人收取赔偿款。

6.2 核销后催收

除已破产的企业外，公司财务部门、经济业务承办部门和承办人，仍应继续对债务人的财务状况进行关注，发现债务人有偿还能力时及时催收。

 **文案范本**

企业应收款项管理制度

企业应收款项包括应收账款、应收票据、其他应收款和预付账款，是企业主要流动资产之一，其管理状况直接影响着企业的资产质量和资产营运能力。当前，企业存在应收款项数量较大、变现能力较差、周转速度较慢等问题，隐含着大量的坏账损失，影响了企业整体资产质量，导致企业虚盈实亏。为了加强企业内部控制，提高财务管理水平，根据《财政部关于印发〈企业国有资本与财务管理暂行办法〉的通知》（财企〔2001〕325号）的有关规定，企业应当切实加强应收款项的财务管理。

一、建立应收款项台账管理制度

企业应当按照客户设立应收款项台账，详细反映内部各业务部门以及各个客户应收款项的发生、增减变动、余额及其每笔账龄等财务信息，同时加强合同管理，对债务人执行合同情况进行跟踪分析，防止坏账风险的发生。

企业财务管理部门应当定期编制应收款项明细表，向企业管理人员和有关业务部门反映应收款项的余额和账龄等信息，及时分析应收款项管理情况，提请有关责任部门采取相应的措施，减少企业资产损失。

二、建立应收款项催收责任制度

企业应当依法理财，对到期的应收款项，应当及时提醒客户依约付款；对逾期的应收款项，应当采取多种方式进行催收；对重大的逾期应收款项，可以通过诉讼方式解决。

企业应当落实内部催收款项的责任，将应收款项的回收与内部各业务部门的绩效考核及其奖惩挂钩。对于造成逾期应收款项的业务部门和相关人员，企业应当在内部以恰当方式予以警示，接受员工的监督。对于造成坏账损失的业务部门和责任人员，企业应当按照内部管理制度扣减其奖励工资。

企业在追索逾期应收款项过程中，按照内部财务管理制度规定支付给专门收账的机构或人员的劳务费用、诉讼费用，作为当期费用处理，不得挂账。

企业为了减少坏账损失而与债务人协商，对逾期应收款项按一定比例折扣后收回的，根据企业董事会或者经理（厂长）办公会审议决定和债权债务双方签订的有效协议，可以将折扣部分作为损失处理。

三、建立应收款项年度清查制度

每年年终时，企业必须组织专人全面清查各项应收款项，并与债务人核对清楚，做到债权明确、账实相符、账账相符。

企业在清查应收款项时，相对应的应付款项应当一并清查。对既有债权又有债务的同一债务人，应付该债务人的款项，应当从应收款项中抵扣，以确认应收款项的真实数额。

企业对于债权人没有追索并超过诉讼时效的逾期应付款项，应当一并清查，并按照国家规定处理。

四、建立坏账核销管理制度

企业在清查核实的基础上，对确实不能收回的各种应收款项应当作为坏账损失，并及时进行处理。属于生产经营期间的，作为本期损益；属于清算期间的，应当作为清算损益。坏账损失处理后，应当依据税法的有关规定向主管税务机关申报，按照会计制度规定的方法进行核算。

企业坏账损失视不同情况按照以下方法确认：

（一）债务人被依法宣告破产、撤销的，应当取得破产宣告、注销工商登记或吊销执照的证明或者政府部门责令关闭的文件等有关资料，在扣除以债务人清算财产清偿的部分后，对仍不能收回的应收款项，作为坏账损失。

（二）债务人死亡或者依法被宣告失踪、死亡，其财产或者遗产不足清偿且没有继承人的应收款项，应当在取得相关法律文件后，作为坏账损失。

（三）涉诉的应收款项，已生效的人民法院判决书、裁定书判定、裁定其败诉的，或者虽然胜诉但因无法执行被裁定终止执行的，作为坏账损失。

（四）逾期 3 年的应收款项，具有企业依法催收磋商记录，并且能够确认 3 年内没有任何业务往来的，在扣除应付该债务人的各种款项和有关责任人员的赔偿后的余额，作为坏账损失。

（五）逾期 3 年的应收款项，债务人在境外及我国香港、澳门、台湾地区的，经依法催收仍未收回，且在 3 年内没有任何业务往来的，在取得境外中介机构出具的终止收款意见书，或者取得我国驻外使（领）馆商务机构出具的债务人逃亡、破产证明后，作为坏账损失。

企业集团内部单位互相拖欠的款项，债权人核销债权应当与债务人核销债务同等金额、同一时间进行，并签订书面协议，互相提供内部处理债权或者债务的财务资料。

五、严格坏账损失内部处理程序

企业清查出来的坏账损失，应当按照以下程序处理：

（一）企业内部有关责任部门经过取证，提出报告，阐明坏账损失的原因和事实。

（二）企业内部审计（监察）部门经过追查责任，提出结案意见。

（三）涉及诉讼的损失，企业应当委托律师出具法律意见书。

（四）企业财务管理部门经过审核后，对确认的坏账损失提出财务处理意见，按照企业内部管理制度提交董事会或者经理（厂长）办公会审定。

企业处理的坏账损失属于逾期 3 年应收款项的，应当实行账销案存，继续保留追索权，也可以划转企业国有资本持有单位管理，或者划转内部设立的专门机构追索。

企业处理的全部坏账损失，应当在财务会计报告中予以披露，注册会计师在审计企业财务会计报告时应当予以重点关注。

六、规范核销国有资本的行为

企业由于实行公司制改建、实施合并或者分立、依法整顿或者变更管理关系等行为，清查核实的坏账损失涉及核销所有者权益的，国有及国有控股企业应当在进行资产评估前，由企业国有资本持有单位按照《企业国有资本与财务管理暂行办法》第九条的规定履行相关手续；公司制企业按照《中华人民共和国公司法》以及公司章程等有关规定执行。

企业国有资本持有单位履行相关手续时，应当在按照企业内部程序处理之后提交书面申请，并附送以下资料：

（一）企业清查应收款项理由的说明，如经批准实行公司制改建等；

（二）企业内部审计（监察）部门的结案意见；

（三）企业董事会或者经理办公会研究做出的决议；

（四）注册会计师出具的审计报告。

七、加强企业应收款项管理的责任

企业内部管理制度不健全，导致应收款项管理混乱的，或者在生产经营中，恶意经营导致坏账损失的、通过关联交易转移企业财产的、随意核销应收款项给企业造成巨大损失的，或者在资产重组中，逃避应收款项追讨责任导致国有资产流失的、擅自核销国有资本的，各级主管财政机关以及企业国有资本持有人有权予以纠正；对于直接责任人员和其他有关责任人员，应当依照国家有关规定和企业内部管理制度追究责任。

 文案范本

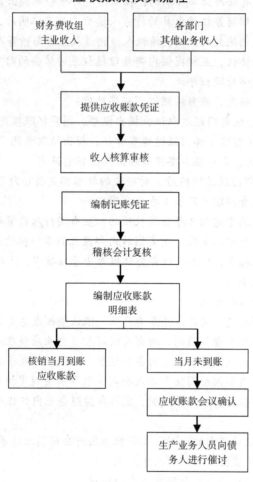

应收账款核算流程

应收款会计流程

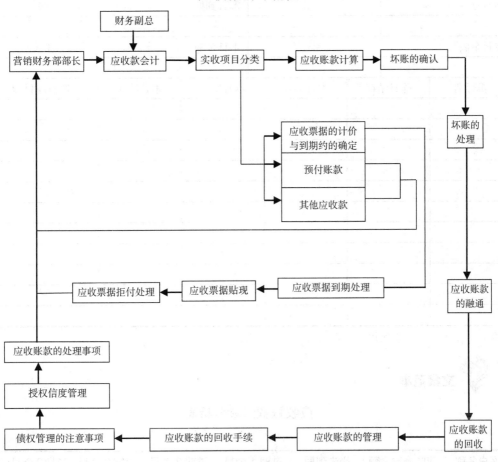

财务副总

营销财务部部长 → 应收款会计 → 实收项目分类 → 应收账款计算 → 坏账的确认

应收票据的计价
与到期约的确定

预付账款

其他应收款

坏账的处理

应收账款的融通

应收票据拒付处理 ← 应收票据贴现 ← 应收票据到期处理

应收账款的处理事项

授权信度管理

债权管理的注意事项 ← 应收账款的回收手续 ← 应收账款的管理 ← 应收账款的回收

应收应付款项状况控制表

年　　月　　日

应收账款：		应付账款：	
昨日余额	+	昨日余额	
本日销货	−	本日发票付账	+
本日退货折让	−	折让退回	+
现金销货	−	支付票据	−
货款收回		支付现金	−
本日余额		本日余额	
应收票据		应付票据	

续表

昨日余额		张	昨日余额	张
本日收入		＋张	本日支付票据	＋张
本日兑现		－张	本日到期	－张
本日余额		张	本日余额	张

银行别	昨日结存	本日存入	本日支出	本日结存	明日应付额

核准：　　　　复核：　　　　　　制表：

文案范本

应收账款账龄分析表

单位：元

客户名称	应收账款余额	尚未到期	过期 1 个月	过期 2 个月	过期 3 个月	过期 3 个月以上
合　计						

文案范本

应收应付账款月报表

月份

应收账款				应收票据				
销货日期	客　户	订单或凭证号码	金　额	收单	客户名称	银行名称		金　额
	合　计				合　计			

审核：　　　　　　　　　　　　　　　填表：

四、其他应收及预付项目

（一）预付账款

1. 科目核算内容

企业应设置"预付账款"科目核算企业按照合同规定预付的款项。预付款项情况不多的，也可以不设置本科目，将预付的款项直接记入"应付账款"科目。企业进行在建工程预付的工程价款，也在本科目核算。企业（保险）从事保险业务预先支付的赔付款，可将本科目改为"1123预付赔付款"科目，并按照保险人或受益人进行明细核算。

本科目期末借方余额，反映企业预付的款项；期末如为贷方余额，反映企业尚未补付的款项。

2. 明细核算

本科目可按供货单位进行明细核算。

3. 预付账款的主要账务处理

（1）企业因购货而预付的款项，借记本科目，贷记"银行存款"等科目。

收到所购物资，按应计入购入物资成本的金额，借记"材料采购"或"原材料""库存商品"等科目，按应支付的金额，贷记本科目。补付的款项，借记本科目，贷记"银行存款"等科目；退回多付的款项做相反的会计分录。涉及增值税进项税额的，还应进行相应的处理。

（2）企业进行在建工程预付的工程价款，借记本科目，贷记"银行存款"等科目。按工程进度结算工程价款，借记"在建工程"科目，贷记本科目、"银行存款"等科目。

（3）企业（保险）预付的赔付款，借记本科目，贷记"银行存款"等科目。转销预付的赔付款，借记"赔付支出""应付分保账款"等科目，贷记本科目。

（二）应收利息

1. 科目核算内容

企业应设置"应收利息"科目核算企业交易性金融资产、持有至到期投资、可供出售金融资产、发放贷款、存放中央银行款项、拆出资金、买入返售金融资产等应收取的利息。

企业购入的一次还本付息的持有至到期投资持有期间取得的利息，在"持有至到期投资"科目核算。

本科目期末借方余额，反映企业尚未收回的利息。

2. 明细核算

本科目可按借款人或被投资单位进行明细核算。

3. 应收利息的主要账务处理

（1）企业取得的交易性金融资产，按支付的价款中所包含的、已到付息期但尚未领取的利息，借记本科目，按交易性金融资产的公允价值，借记"交易性金融资产——成本"科目，按发生的交易费用，借记"投资收益"科目，按实际支付的金额，贷记"银行存款""存放中央银行款项""结算备付金"等科目。

（2）取得的持有至到期投资，应按该投资的面值，借记"持有至到期投资——成本"科目，按支付的价款中包含的、已到付息期但尚未领取的利息，借记本科目，按实际支付的金额，贷记"银行存款""存放中央银行款项""结算备付金"等科目，按其差额，借记或贷记"持有至到期投资——利息调整"科目。

资产负债表日，持有至到期投资为分期付息、一次还本债券投资的，应按票面利率计算确定的应收未收利息，借记本科目，按持有至到期投资摊余成本和实际利率计算确定的利息收入，贷记"投资收益"科目，按其差额，借记或贷记"持有至到期投资——利息调整"科目。

持有至到期投资为一次还本付息债券投资的，应于资产负债表日按票面利率计算确定的应收未收利息，借记"持有至到期投资——应计利息"科目，按持有至到期投资摊余成本和实际利率计算确定的利息收入，贷记"投资收益"科目，按其差额，借记或贷记"持有至到期投资——利息调整"科目。

（3）取得的可供出售债券投资，比照（2）的相关规定进行处理。

（4）发生减值的持有至到期投资、可供出售债券投资的利息收入，应当比照"贷款"科目相关规定进行处理。

（5）企业发放的贷款，应于资产负债表日按贷款的合同本金和合同利率计算确定的应收未收利息，借记本科目，按贷款的摊余成本和实际利率计算确定的利息收入，贷记"利息收入"科目，按其差额，借记或贷记"贷款——利息调整"科目。

（6）应收利息实际收到时，借记"银行存款""存放中央银行款项"等科目，贷记本科目。

（三）应收股利

1. 科目核算内容

本科目核算企业应收取的现金股利和应收取其他单位分配的利润。本科目期末借方余额，反映企业尚未收回的现金股利或利润。

2．明细核算

本科目可按被投资单位进行明细核算。

3．应收股利的主要账务处理

（1）企业取得交易性金融资产，按支付的价款中所包含的、已宣告但尚未发放的现金股利，借记本科目，按交易性金融资产的公允价值，借记"交易性金融资产——成本"科目，按发生的交易费用，借记"投资收益"科目，按实际支付的金额，贷记"银行存款""存放中央银行款项""结算备付金"等科目。

交易性金融资产持有期间被投资单位宣告发放的现金股利，按应享有的份额，借记本科目，贷记"投资收益"科目。

（2）取得长期股权投资，按支付的价款中所包含的、已宣告但尚未发放的现金股利，借记本科目，按确定的长期股权投资成本，借记"长期股权投资——成本"科目，按实际支付的金额，贷记"银行存款"等科目。

持有期间被投资单位宣告发放现金股利或利润的，按应享有的份额，借记本科目，贷记"投资收益"（成本法）或"长期股权投资——损益调整"科目（权益法）。

被投资单位宣告发放的现金股利或利润属于其在取得本企业投资前实现净利润的分配额，借记本科目，贷记"长期股权投资——成本"等科目。

（3）取得可供出售的金融资产，按支付的价款中所包含的、已宣告但尚未发放的现金股利，借记本科目，按可供出售金融资产的公允价值与交易费用之和，借记"可供出售金融资产——成本"科目，按实际支付的金额，贷记"银行存款""存放中央银行款项""结算备付金"等科目。

可供出售权益工具持有期间被投资单位宣告发放的现金股利，按应享有的份额，借记本科目，贷记"投资收益"科目。

（4）实际收到现金股利或利润，借记"银行存款"等科目，贷记本科目等。

五、其他应收款

1．科目核算内容

本科目核算企业除存出保证金、买入返售金融资产、应收票据、应收账款、预付账款、应收股利、应收利息、应收代位追偿款、应收分保账款、应收分保合同准备金、长期应收款等以外的其他各种应收及暂付款项。本科目期末借方余额，反映企业尚未收回的其他应收款项。

2．明细核算

本科目可按对方单位（或个人）进行明细核算。

3．主要账务处理

（1）采用售后回购方式融出资金的，应按实际支付的金额，借记本科目，贷记"银行存款"科目。销售价格与原购买价格之间的差额，应在售后回购期间内按期计提利息费用，借记本科目，贷记"财务费用"科目。按合同约定返售商品时，应按实际收到的金额，借记"银行存款"科目，贷记本科目。

（2）企业发生其他各种应收、暂付款项时，借记本科目，贷记"银行存款""固定资产清理"等科目；收回或转销各种款项时，借记"库存现金""银行存款"等科目，贷记本科目。

第三节 存货

一、存货的分类

存货分布于企业生产经营的各个环节，而且种类繁多、用途各异，为了加强存货的管理与核算，有必要对企业的存货进行适当的分类。

（一）按经济用途分类

（1）原材料，是指在生产过程中经过加工改变其形态或性质并构成产品实体的各种原料及主要材料、辅助材料、外购半成品（外购件）修理用备件（备品备件）包装材料、燃料等。

（2）在产品，是指仍处于生产过程中、尚未完工入库的生产物资，包括正处于各个生产工序尚未制造完工的在产品，以及虽已制造完工但尚未检验或虽已检验但尚未办理入库手续的产成品。

（3）半成品，是指经过一定生产过程并经检验合格交付半成品仓库保管，但尚未最终制造完成、仍需进一步加工的中间产品。半成品不包括从一个生产车间转给另一个生产车间继续加工的自制半成品以及不能单独计价的自制半成品。

（4）产成品，是指已经完成全部生产过程并验收入库，可以按照合同规定的条件送交订货单位，或者可以作为商品对外销售的产品。企业接受外来原材料加工制造的代制品和为外单位加工修理的代修品，制造和修理完成验收入库后，应视同企业的产成品。

（5）商品，是指可供销售的各种产品及商品。工业企业的商品包括用本企业自备原材料生产的产成品和对外销售的半成品等；商品流通企业的商品包括外购或委托加工完成验收入库用于销售的各种商品。

（6）周转材料，是指企业能够多次使用、逐渐转移其价值，但仍保持原有形态、不确认为固定资产的材料，如包装物和低值易耗品。其中，包装物是指为了包装本企业商品而储备的各种包装容器，如桶、箱、瓶、坛、袋等；低值易耗品是指单位价值相对较低、使用期限相对较短，或在使用过程中容易损坏，因而不能列入固定资产的各种用具物品，如工具、管理用具、玻璃器皿、劳动保护用品，以及在经营过程中周转使用的包装容器等。此外，建造承包商的钢模板、木模板、脚手架等也属于周转材料。需要注意的是，周转材料符合固定资产定义的，应当作为固定资产处理。

（7）委托代销商品，是指企业委托其他单位代销的商品，其所有权在商品售出前仍属于委托方，因此，属于委托方的存货。

（8）委托加工物资，是指企业委托其他单位进行加工的物资，委托加工物资的所有权仍属于委托企业，因此，作为委托方的存货。

（二）按存放地点分类

（1）库存存货，是指已经购进或生产完工并经验收入库的各种原材料、包装物、低值易耗品、半成品、产成品以及商品。

（2）在途存货，是指已经取得所有权但尚在运输途中或虽已运抵企业但尚未验收入库的各种材料物资及商品。

（3）在制存货，是指正处入本企业各生产工序加工制造过程中的在产品，以及委托外单位加工但尚未完工的材料物资。

（4）发出存货，是指已发运给购货方但货物所有权并未同时转移，因而仍应作为销货方存货的发出商品、委托代销商品等。

（三）按取得方式分类

存货按取得方式可以分为外购存货、自制存货、委托加工存货、投资者投入的存货、接受捐赠取得的存货、接受抵债取得的存货、非货币性交易换入的存货、盘盈的存货等。

**文案范本**

存货核算主要内容判断图

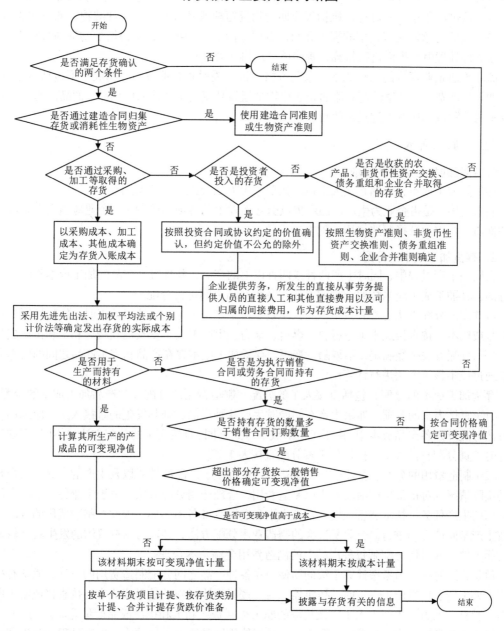

二、存货的初始计价（存货成本的内容）

存货成本包括采购成本、加工成本和其他成本。

（一）采购成本

存货的采购成本，包括购买价款、相关税费、运输费、装卸费、保险费以及其他可归属于存货采购成本的费用。

需要说明的是，对于采购过程中发生的物资毁损、短缺等，除合理的途耗应当作为存货的其他可直接归属于存货采购的费用计入采购成本外，应区别不同情况进行会计处理：

（1）从供应单位、外部运输机构等收回的物资短缺或其他赔款，应冲减物资的采购成本；

（2）因遭受意外灾害发生的损失和尚待查明原因的途中损耗，不得增加物资的采购成本，应暂作为待处理财产损溢进行核算，查明原因后再作处理。

商品流通企业存货的采购成本由采购价格、进口关税和其他税金等构成，不包括运输费、装卸费等其他费用。这里的商品流通企业存货是指商品流通企业购入的商品，商品流通企业其他存货的采购成本比照上述规定执行。

（二）加工成本

1. 存货的加工成本的组成

存货的加工成本，包括直接人工以及按照一定方法分配的制造费用。

制造费用，是指企业为生产产品和提供劳务而发生的各项间接费用。企业应当根据制造费用的性质，合理地选择制造费用分配方法。

2. 存货加工成本的分配

在同一生产过程中，同时生产两种或两种以上的产品，并且每种产品的加工成本不能直接区分的，其加工成本应当按照合理的方法在各种产品之间进行分配。

可选用的分配方法通常有按生产工人工资、按生产工人工时、按机器工时、按耗用原材料的数量或成本、按直接成本（原材料、燃料、动力、生产工人工资及福利费之和）和按产成品产量等。分配方法一经确定，不得随意变更。存货加工成本在在产品和完工产品之间的成本分配应通过成本核算方法进行计算确定。

存货加工成本的分配，包括直接人工的分配、制造费用的分配和联产品加工成本的分配。

（1）直接人工的分配。如果生产车间同时生产几种产品，则其发生的直接人工，应采用一定方法分配计入各产品成本中。由于工资形成的方式不同，直接人工的分配方法也不同。例如，按计时工资分配直接人工，按计件工资分配直接人工。

（2）制造费用的分配。企业应根据制造费用的性质、产品的性质以及生产的方式，结合自身的实际情况，对正常生产活动发生的制造费用，合理选用分配方法。由于企业各个生产车间或部门的生产任务、技术装备程度、管理水平和费用水准各不相同，因此，制造费用的分配一般按生产车间或部门进行。企业所选择的制造费用分配方法，必须与制造费用的发生具有较密切的相关性，并且使分配到每种产品上的制造费用金额基本合理。

但是，同时应适当考虑计算手续的简便。在各种产品之间分配制造费用的方法，通常有按生产工人工资、按生产工人工时、按机器工时、按耗用原材料的数量或成本、按直接成本（原材料、燃料、动力、生产工人工资及提取的职工福利费之和）和按产成品产量等。

（3）联产品加工成本的分配。联产品，是指使用同种原料，经过同一生产过程同时生产出来的两种或两种以上的主要产品。在分离点以前发生的成本，称为联合成本。"分离点"，是指在联产品生产中，投入相同原料，经过同一生产过程，分离为各种联产品的时点。分离后的联产品，有的可以直接销售，有的还需进一步加工才可供销售。

联产品成本的计算，通常分为两个阶段进行：

① 联产品分离前发生的生产费用即联合成本，可按一个成本核算对象设置一个成本明细账进行归集，然后将其总额按一定分配方法，如售价法、实物数量法等，在各联产品之间进行分配。

② 分离后按各种产品分别设置明细账，归集其分离后所发生的加工成本。

此外，需要说明的是，在分配主产品和副产品的加工成本时，通常先确定副产品的加工成本，将其差额确定为主产品的加工成本。副产品，是指在同一生产过程中，使用同种原料，在生产主要产品的同时附带生产出来的非主要产品。它的产量取决于主产品的产量，随主产品产量的变动而变动，由于副产品价值相对较低，而且在全部产品生产中所占的比重较小，因而可以采用简化的方法确定其成本；然后从总成本中扣除，其余额就是主产品的成本。

（三）其他成本

存货的其他成本，是指除采购成本、加工成本以外的，使存货达到目前场所和状态所发生的其他支出。

例如，为特定客户设计产品所发生的设计费用等。企业设计产品发生的设计费用通常应计入当期损益，但是为特定客户设计产品所发生的、可直接确定的设计费用应计入存货的成本。

三、发出存货的计价

（一）存货成本流转的假设

存货流入减去存货流出等于期末存货，即下期期初存货，用下期期初存货加上下期存货流入减去下期存货流出，等于下期期末存货……以此向后循环，就形成了存货流转。

存货流转包括实物流转和成本流转两部分。从理论上讲，存货的实物流转和成本流转应该一致。但是，在实际工作中，由于存货品种繁多，流进流出数量很大，而且同一存货因不同时间、地点、方式取得而单位成本各异，很难保证存货的成本流转与实物流转完全一致。因此，会计上一般采用的简化处理方法是，按照一个假定的成本流转方式来确定发出存货的成本，而不强求存货的成本流转与实物流转相一致，即成本的流转顺序与实物的流转顺序可以分离，只要按不同的成本流转顺序确定已发出存货的成本和库存存货的成本即可，这样，就出现了存货成本的流转假设。

采用某种成本流转的假设，在期末存货与发出存货之间分配成本，就产生了不同的存货成本分配方法，即发出存货的计价方法。

（二）发出存货的计价方法

发出存货的计价方法主要有先进先出法、加权平均法和个别计价法。

1. 先进先出法

先进先出法是以先入库的存货先发出这样一种存货实物流转假设为前提，对先发出的存货按先入库的存货单价计价，后发出的存货按后入库的存货单价计价，据以确定本期发出存货和期末结存存货成本的一种方法。

采用先进先出法，可以随时确定发出存货成本，从而保证了产品生产成本及销售成本计算的及时性，并且期末存货成本是按最近购货成本计算的，比较接近现行的市场价值。另外，这种方法也使企业不能随意挑选存货计价以调整当期利润。但是，该计价方法核算工作量比较大，对于存货进出比较频繁的企业更是如此，而且当物价上涨时，会高估企业当期利润和库存存货的价值；反之，会低估企业存货价值和当期利润。

2．加权平均法

加权平均法也称全月一次加权平均法，是指以本月全部存货数量为权数，计算本月存货的加权平均单价，据以确定本月发出存货成本和期末结存存货成本的一种方法。其计算公式如下：

加权平均单价=（月初结存存货成本+本月购进存货成本）÷（月初结存存货数量+本月购进存货数量）

月末库存存货成本=月末库存存货数量×加权平均单价

本月发出存货成本=本月发出存货数量×加权平均单价

或 =期初存货成本+本月购进存货成本−期末存货成本

由于加权平均单价的计算往往不能除尽，为了保证期末存货的数量、单位成本与总成本的一致性，一般采用倒挤法，即先求月末库存存货成本，然后倒减出本月发出存货成本，将计算尾差计入发出存货成本。

采用加权平均法，月末一次计算加权平均单价，比较简单，而且在市场价格上涨或下跌时所计算出来的单位成本平均化，对存货成本的分摊较为折中。但是，采用这种方法，平时存货明细账上只登记购入存货的数量、单价、金额以及发出存货和结存存货的数量，无法在账面上提供发出和结存存货的单价和金额，不利于加强对存货的管理。

3．个别计价法

个别计价法也称个别认定法、具体辨认法、分批实际法，这一方法是假定存货的成本流转与实物流转相一致，按照各种存货，逐一辨认各批发出存货和期末存货所属的购进批次和生产批次，分别按其购入或生产时所确定的单位成本作为计算各批发出存货和期末存货成本的一种方法。其计算公式如下：

发出存货的实际成本=各批（次）存货发出数量×该批次存货实际进货单价

这种方法能比较合理、准确地计算出发出存货和期末存货的成本，但采用该方法的前提是要有详细的存货收、发、存记录，需要对发出和结存存货的批次进行具体辨认，因而日常操作非常繁琐，所以，对于不能替代使用的存货、为特定项目专门购入或制造的存货以及提供的劳务，通常采用个别计价法确定发出存货的成本。

四、存货的盘存方法

（一）实地盘存制

1．实地盘存制的基本原理

实地盘存制也称定期盘存制，是指在会计期末对企业全部存货进行实地盘点，以确定期末存货的结存数量，然后分别乘以各项存货的盘存单价，计算出期末存货的总金额，计入各有关存货项目，倒挤出本期已耗用或已销售的存货成本。这种方法的实质就是"盘存计销"或"以存计耗"。

基本计算公式为：

期初存货+本期购货=本期耗用或销售存货+期末存货

本期耗用或销货成本=期初存货成本+本期购货成本−期末存货成本

其中： 期末存货成本=期末存货数量×存货单价

期末存货数量=盘存数量－已销未提数量+已提未销数量

上述公式中，期初存货成本和本期购货成本均可从账簿记录中取得，关键问题是确定期末存货成本，而要确定期末存货成本，则首先必须确定期末存货的实际数量。

2．优点

（1）平时对销售或发出的结存数量可以不作明细记录；

（2）存货只需分成大类或根本不分类，并据以设置明细账，进行存货计价；

（3）简便易行。

3．缺点

（1）不能随时反映存货收入、发出和结存的动态，管理不严密；

（2）由于以存计销或以存计耗，倒挤销货成本，易掩盖管理上存在的问题；

（3）适用范围有限，它只适用于定期结转销货成本，而不能随时结转销货成本；

（4）实地盘存费时费力，且易出错。

实地盘存制的适用范围：价值较低、进出频繁的存货。

（二）永续盘存制

1．永续盘存制的基本原理

永续盘存制也称账面盘存制，是指根据企业存货的品名、规格、等级等分别设置相应的明细账，逐笔逐日登记存货的收、发数量及金额，并随时结算出存货结存数量及金额的一种盘存方法。在存货保管无误的情况下，存货账户的结存金额应该与实际库存相符。在连续经营前提下，企业存货结存金额始终都能从账簿记录中取得，故该方法因此而得名。

2．优点

（1）在存货明细账上，可以随时反映出每种存货的收、发、存情况，从而有利于存货管理；

（2）存货明细账的结存数量，可通过盘点随时与实存数量相核对，以保证账实相符。

3．缺点

存货明细记录工作量较大，而且由于自然和人为的原因，也可能发生账实不符，故采用永续盘存制的单位，仍需对财产物资进行实地盘点。在实际工作中，大多数单位均采用永续盘存制。

文案范本

存货核算办法

第一章 总 则

第一条 目的。为加强对企业存货的管理，规范存货核算行为，根据相关规定，特制定本办法。

第二条 存货的核算范围。

1．各类原材料、辅助材料、在产品、半成品、产成品、商品以及包装物、低值易耗品、委托代销商品、受托代销商品。

2．在途物资，包括购货方已收到但尚未收到销货方结算发票的物资以及购货方已经确认为购进（如已付款）但尚未到达或入库的物资。

第二章　存货核算体制

第三条　财务中心进行存货的总分类核算和二级明细分类核算，存货仓库进行存货的三级明细核算。

第四条　财务中心设置总账和明细分类账，各存货仓库设置数量、金额的存货明细账，并按照存货的品名、规格反映收入、发出和结存情况。

第五条　财务中心的存货核算人员定期对仓库存货收、发、存账目进行稽核、划价，稽核划价后加盖本人印章。

第六条　仓库保管员每月向财务中心和其他有关部门报送"存货收发存明细表"和"存货耗用明细表"。财会人员与仓库保管员相互配合，保证做到仓库存货明细账与财务中心存货明细分类账相符。

第三章　存货入账价值的确定

第七条　存货应当按其成本入账。这里所指的成本是存货的历史成本或实际成本，包括采购成本、加工成本和其他成本。

1. 存货的采购成本一般包括采购价格、进口关税和其他税金、运输费、装卸费、保险费以及其他可直接归属于存货采购的费用。商品流通企业存货的采购成本包括采购价格、进口关税和其他税金等。

2. 存货的加工成本包括直接人工以及按照一定方法分配的制造费用。

3. 其他成本是指除采购成本、加工成本以外的，使存货达到目前场所和状态所发生的其他支出，如为特定客户设计产品所发生的设计费用等。

第八条　对于不同方式取得存货的成本按以下规定确认。

1. 购入的存货，按买价加运输费、装卸费、保险费、包装费、仓储费等费用，运输途中的合理损耗、入库前的挑选整理费用和按规定应计入成本的税金以及其他费用等作为实际成本。

2. 自制的存货，以制造过程中发生的各项实际费用作为实际成本。

3. 委托外单位加工完成的存货，以实际耗用的原材料或者半成品及其加工费、运输费、装卸费和保险费等费用，以及按规定应计入成本的税金作为实际成本。

4. 投资者投入的存货，以投资各方确认的价值作为实际成本。

5. 接受捐赠的存货，按以下顺序确定其实际成本。

（1）捐赠方提供了有关凭据（如发票、报关单、有关协议）的，以凭据上标明的金额加上应支付的相关税费作为实际成本。

（2）捐赠方没有提供有关凭据的，为同类存货的市价。

第九条　盘盈的存货，以同类或类似存货的市场价格作为实际成本。

第四章　入库核算管理

第十条　采购物资运抵企业后，首先应由企业的质量检验部对此批物资进行质量验收和检测，检验合格填写"验收单"，并签名盖章。仓库办理验收入库手续。仓库保管员应依据上述单据重点对物资的实际查收数量、品种、规格进行查验，并将查收情况填写在企业统一印制的"材料入库单"上。

第十一条　采购人员应将收集到的、审批齐全的"材料入库单"、《购销合同》、"验收单"及合法的商业发票等相关资料送交财务部门办理付款手续，财务部门按照企业内部付款审批手续，要求采购人员在办理好相关的审批手续后再接受单证进行审核付款。

第十二条　财务部应对采购人员提交的原始凭证（《购销合同》、"验收单""材料入库单"、合法的商业发票等）进行财务审核，主要审核相关的审批手续是否齐全、单证是否完整、发票是否合法、金额是否正确、数量是否一致等，核对发票的正确性；应将发票上所记载的品名、规格、数量、条件及运费与《购销合同》、"采购单""验收单""材料入库单"等资料进行核对。审核无误后再办理付款手续。

第十三条　财务部在收集到采购单据齐全的情况下，应及时、准确地编制记账凭证，并将原始凭证附在记账凭证的后面，如资料较多，也可另外装订成册，注明索引号后存档。每月应根据记账凭证准确、及时地登记入"存货"及"货币资金""应付账款"分类明细账中。

第十四条　仓库根据质量管理部门签发的《质量检测报告》和生产部门移送来的产成品或半成品，在清点数量和计量无误的情况下，应办理验收入库手续，并填制"产品入库单"。

第十五条　财务部应将每月各生产部门所耗用的材料和产出的产品或半成品，按照财务核算的规定及时、准确地进行相关的财务处理，登记"存货"及相关的会计科目的明细账，并依据仓库提供的资料和财务核算的结果，编制"存货分类汇总表"给各生产部门，并与生产部门进行核对，以便发现问题和考核生产部门的产出耗材比率。

第五章　出库核算管理

第十六条　企业生产环节需要领用存货物资时，应先由领用部门填写企业统一印制的"领料单"，将需要领用的物资品种、规格、数量等信息填写齐备后，送交生产部经理审批，凭生产部经理审批同意并签名的"领料单"到仓库管理部门办理领用手续。

第十七条　仓库保管人员核实"领料单"并办理材料出库，同时登记"保管台账"，每月末仓库须对"领料单"进行汇总并编制"领料单汇总表"，汇总后将"领料单汇总表"和所有领料单一齐报财务部。

第十八条　每月财务部门根据仓库提供的相关原始凭证（"领料单汇总表"、所有"领料单"及相关的采购、入库凭证等）按照成本核算的方法编制记账凭证，及时将各材料的耗用情况登记到"存货"及"生产成本"明细账上，并将原始凭证作为记账凭证的附件装订成册予以保管。

第十九条　仓库发货部门应依据经过销售部签字盖章的"销售提货单"进行发货，在发货完成后仓库应签发"销售发货单"。

第二十条　财务部应依据"销售提货单"和"销售发货单"及时进行财务核算，编制会计凭证、登记"存货"及相关会计科目账册，于月末及时结算出"存货"的结存数量和结存金额，以备实物盘点时核对使用。

第六章　存货清查

第二十一条　为了加强存货的监督和管理，保证做到账实相符，必须建立健全存货的清查盘点制度。对存货的盘点采用"永续盘存制"的办法，存货仓库每年年终进行一次全面的清查盘点，月底或季度进行轮流盘点，对主要存货和贵重物品每月要进行一次盘点。

第二十二条　对于存货的盘盈、盘亏以及过时、变质、毁损等需要报废处理的要及时查明原因，写出书面报告，并编制"存货、盘盈、盘亏报告表"，按规定程序上报审查，由财务中心按照财务制度的规定进行账务处理。

文案范本

存货盘点核算制度

第一章　总　则

第一条　为了规范公司存货管理，确保存货的安全性、完整性和准确性，及时、真实地反映公司存货资产的结存及使用情况，为公司制订采购计划、销售计划、生产计划及财务成本核算提供依据，特制定本制度。

第二条 本制度适用于公司外购存货、自制存货及代管、代销、暂存、受托加工存货的盘点及核算。

第二章 定义与分工

第三条 盘点分类

1. 月度盘点，每月××日进行，遇节假日顺延。由仓管员对存货自行盘点，仓库主管监盘，做到账实相符，并于次日上午10:00前将盘点数据上报财务部。

2. 季度盘点，每年3月、6月、9月的××日进行，遇节假日顺延。由仓储部、生产部指定相关人员组成盘点小组，生产部经理任盘点小组组长，财务部负责监盘。

3. 年度盘点，每年12月××日进行，遇节假日顺延。由仓储部、财务部、生产部指定相关人员组成盘点小组，主管副总任盘点小组组长，对存货开展全面盘点清查。

第四条 责任分工

1. 仓储部负责存货盘点的具体实施、统计确认及上报。

2. 财务部负责存货盘点的协调、指导工作，并对存货管理全过程进行财务核算。

3. 生产、采购部及相关部门负责存货盘点工作的协助、配合。

第五条 工作目标

1. 存货卡与存货实物相符。

2. 仓库账与存货实物相符。

2. 仓库账与财务账相符。

第三章 存货盘点

第六条 仓储部制订详细的盘点计划，合理安排月度盘点、季度盘点及年终盘点的具体实施工作。

第七条 仓储部应做好如下存货盘点前的准备工作：

1. 盘存工作所需用具、盘存表格预先准备妥当。

2. 仓库内存货应分别码放，并置标识牌。

3. 各项存货明细账应于盘存前登记完毕，如特殊情况未能登记完毕的，应将尚未入账的有关单据通过"结存调整表"，调整为正确的账面结存数送交财务部。

4. 盘存期间除紧急用料外，暂停收发料。

第八条 存货盘点时必须以各项存货目录规定的名称规格为标准，查明各项存货的名称、规格，然后再盘点数量检查质量。

第九条 盘点期间，各项存货的保管人员必须在场。各盘点人员不准离开现场，特殊情况确需离开的，应经盘存小组组长同意。

第十条 所有盘点数据必须进行现场填写，不得以猜想数据、伪造数据记录于盘点表中。

季度盘点、年度盘点的程序，如下所示。

1. 初盘

（1）初盘人员领取"盘点表"，对存货进行实物盘点。

（2）初盘人员核对盘点结果与"盘点表"结存数，出现不符的，查找原因，确认差异。

（3）初盘人员在"盘点表"上签字后，盘点小组组长审核。

（4）仓库主管对盘点确认的差异，填写"盘点盈亏明细表"，填列差异原因，送交财务部。

2. 初盘

（1）复盘人员在初盘人员陪同下进入盘点区域盘点，复盘比例不低于初盘存货的××%。

（2）复盘与初盘结果有差异的，复盘人员须与初盘人员进行盘点确认。

（3）复盘、初盘人员均须在"盘点表"中"复盘数量"栏签字，盘点小组组长审核。

（4）复盘存货种类差错率超过××%的，报告部门负责人处理，必要时进行重新盘点。

3. 抽盘

（1）抽盘人员在复盘人员、初盘人员的陪同下对存货随机抽样，抽查比例不低于初盘存货的××%。

（2）抽盘结果记录于"盘点表"，结果有差异的，抽盘人员须与复盘人员进行盘点确认。

（3）抽盘、复盘人员均须在"盘点表"中"抽盘数量"栏签字，盘点小组组长审核。

（4）抽盘存货种类差错率超过××%的，报告部门负责人处理，必要时进行重新盘点。

第十一条　盘点结束后×个工作日内，财务部根据"盘点表""盘点盈亏明细表"编制"盘点报告"。"盘点报告"应至少包含以下内容：

1. 盘点工作基本情况说明。

2. 存货盘点盈亏情况说明。

3. 存货盘点盈亏处理建议。

4. 相关责任人的奖惩建议。

"盘点报告"经主管副总、总经理审核批准后，一份交仓储部留存，一份交财务部作为调账的依据。

第十二条　仓储部应通过盘点、清查、检查等方式全面掌握存货的状况，及时发现存货的毁损、冷背呆滞等情况，并与财务部、生产部共同提出有效的处理方式，主管副总审批后做出相应的处置。

第十三条　盘点期间相关资料、单据的数据和文字应当书写工整，同时应当归档管理。

第四章　盘点账务处理

第十四条　对于存货的盘盈，应及时办理存货的入账手续，按盘盈存货的计划成本或估计成本，调整存货账面数，记入"待处理财产损溢"科目。

第十五条　盘盈的存货，通常是由日常收发计量或计算上的差错所造成的，经查明原因和有关领导批准后，冲减当期的管理费用。

第十六条　对于盘亏的存货，根据不同情况报有关领导批准后应作如下会计处理：

1. 对于入库的残料价值，记入"原材料"科目。

2. 对于应由保险公司或过失责任人的赔款，记入"其他应收款"科目。

3. 对于扣除残料价值、由保险公司、过失责任人赔款后的净损失，属于一般经营损失的部分，记入"管理费用"科目，属于非常损失的部分，记入"营业外支出"科目。

第五章　附　　则

第十七条　本制度自公布之日起实施。

第十八条　本制度由仓储部、财务部负责解释。

 文案范本

存货核算明细表

货号： 单位： 存放地点：

年		单号	摘要	单价	进 货		出 货		结 存	
月	日				数量	金额	数量	金额	数量	金额

文案范本

存货月报表

类别： 月份

存货名称	期初存货		本期进货		本期出库		本期结存	
	数量	金额	数量	金额	数量	金额	数量	金额
合 计								

审核： 填表：

存货核算流程

工作目标	知识准备	关键点控制	细化执行	流程图
1. 加强存货的管理和核算 2. 确保存货成本费用核算正确 3. 保证公司会计核算的顺利进行	1. 熟悉财务相关规定 2. 了解存货核算和管理 3. 熟悉会计核算工作	**1. 存货出入库**		
		1.1 采购部门进行原材料、物料的采购，生产部门进行原材料等的领用，产成品出入库等，必须由相关责任部门填写相应的单据，交仓库保管人员	1. 材料入库单 2. 产品入库单	
		1.2 仓库保管人员根据相关业务部门交来的单据办理存货出入库，并登记仓库出入库保管台账，办理出入库手续	保管台账	
		2. 上报原始凭证 采购、生产和仓库等部门定期整理并上报相关原始凭证（各种出入库单据、发票、验收单等），原始凭证一定要整齐、有序、无遗漏	1. 材料入库单 2. 领料单等	1. 存货出入库
		3. 审核原始凭证		2. 上报原始凭证
		3.1 财务人员对上报的原始凭证根据材料和产品的不同，进行分类汇总，并审核原始凭证是否准确无误		3. 审核原始凭证
		3.2 审核原始凭证应当按照国家统一的会计制度的规定进行，购买实物的原始凭证必须附有验收证明，以确认实物已经验收入库		4. 编制记账凭证
		3.3 财务人员对不真实、不合法的原始凭证有权不予接受，并向公司负责人报告，请求查明原因，追究有关当事人的责任		5. 登记日记账 6. 登记明细账
		3.4 对记载不准确、不完整的原始凭证予以退回，并要求经办人按照国家统一的会计制度的规定更正、补充		7. 登记总分类账 8. 账目核对
		4. 编制记账凭证	存货相关的记账凭证	
		4.1 财务人员根据审核无误的原始凭证，按照经济业务事项的内容加以归类，并据以确定会计分录后所编制的记账凭证		
		4.2 记账凭证确定了存货应借、应贷的会计科目及其金额，将原始凭证中的一般数据转化为会计语言		
		4.3 记账凭证是介于原始凭证与账簿之间的中间环节，是登记明细分类账户和总分类账户的依据		

续表

工作目标	知识准备	关键点控制	细化执行	流程图
		5. 登记日记账 根据收付款凭证、转账凭证等结算凭证，按照业务发生顺序逐笔登记现金日记账和银行存款日记账	现金日记账 银行存款日记账	
		6. 登记明细账 根据记账凭证及原始凭证，定期登记存货明细账，明细账一般分为原材料、库存商品、低值易耗品、包装物、生产成本等明细账	存货核算管理明细表 相关存货的明细账	
		7. 登记总分类账	总分类账	
		7.1 根据记账凭证的一级科目登记总分类账（总账）		
		7.2 在登记总账时，一般应在摘要栏填写"上年结转""本月合计""本年累计"等，除此之外，还应填写凭证汇总的起止号		
		8. 账目核对 定期盘点存货，将会计账簿记录与实物、余额款项及有关资料相互核对，保证账证相符、账账相符、账实相符	存货核算管理制度	

材料库存日报表

仓库名称： 填表日期： 年 月 日

材料编号	材料名称和规格	单位	昨日结存	本日进库	本日出库	本日结存	备注

材料验收日报表

年 月 日

受理号码	订购号码	交货厂商	品名	规格	数量	合格品		不合格品		摘要
						数量	受领者	数量	处置	

文案范本

材料收发存月报表

编号：　　　　　　　　　　　　　　年　　月　　　　　　　　　　金额单位：元

类别	品名	规格	期初结存			本期入库			本期出库			本期结存		
			单价	数量	金额	单价	数量	金额	单价	数量	金额	单价	数量	金额

审核：　　　　　　　　　　制表：

第四节　长期股权投资

长期股权投资包括企业持有的对其子公司、合营企业及联营企业的权益性投资以及企业持有的对被投资单位不具有控制、共同控制或重大影响，且在活跃市场中没有报价、公允价值不能可靠计量的权益性投资。

企业能够对被投资单位实施控制的，被投资单位为本企业的子公司。控制，是指有权决定一个企业的财务和经营政策，并能据以从该企业的经营活动中获取利益。

企业与其他方对被投资单位实施共同控制的，被投资单位为本企业的合营企业。共同控制，是指按照合同约定对某项经济活动所共有的控制，仅在与该项经济活动相关的重要财务和经营决策需要分享控制权的投资方一致同意时存在。

企业能够对被投资单位施加重大影响的，被投资单位为本企业的联营企业。重大影响，是指对一个企业的财务和经营政策有参与决策的权力，但并不能够控制或者与其他方一起共同控制这些政策的制定。

一、长期股权投资的核算方法

长期股权投资的核算方法有两种：一是成本法；二是权益法。

1. 成本法核算的长期股权投资的范围

（1）企业能够对被投资单位实施控制的长期股权投资，即企业对子公司的长期股权投资。

企业对子公司的长期股权投资应当采用成本法核算，编制合并财务报表时按照权益法进行调整。

（2）企业对被投资单位不具有控制、共同控制或重大影响，且在活跃市场中没有报价、公允价值不能可靠计量的长期股权投资。

2．权益法核算的长期股权投资的范围

企业对被投资单位具有共同控制或者重大影响时，长期股权投资应当采用权益法核算。

（1）企业对被投资单位具有共同控制的长期股权投资，即企业对其合营企业的长期股权投资。

（2）企业对被投资单位具有重大影响的长期股权投资，即企业对其联营企业的长期股权投资。

为了核算企业的长期股权投资，企业应当设置"长期股权投资""投资收益"等科目。

"长期股权投资"科目核算企业持有的采用成本法和权益法核算的长期股权投资，借方登记长期股权投资取得时的成本以及采用权益法核算时按被投资企业实现的净利润计算的应分享的份额，贷方登记收回长期股权投资的价值或采用权益法核算时被投资单位宣告分派现金股利或利润时企业按持股比例计算应享有的份额，以及按被投资单位发生的净亏损计算的应分担的份额，期末借方余额，反映企业持有的长期股权投资的价值。

二、采用成本法核算的长期股权投资

（一）长期股权投资初始投资成本的确定

除企业合并形成的长期股权投资以外，以支付现金取得的长期股权投资，应当按照实际支付的购买价款作为初始投资成本。企业所发生的与取得长期股权投资直接相关的费用、税金及其他必要。支出应计入长期股权投资的初始投资成本。此外，企业取得长期股权投资，实际支付的价款或对价中包含的已宣告但尚未发放的现金股利或利润，作为应收项目处理，不构成长期股权投资的成本。

（二）取得长期股权投资

取得长期股权投资时，应按照初始投资成本计价。除企业合并形成的长期股权投资以外，以支付现金、非现金资产等其他方式取得的长期股权投资，应按照上述规定确定的长期股权投资初始投资成本，借记"长期股权投资"科目，贷记"银行存款"等科目。如果实际支付的价款中包含有已宣告但尚未发放的现金股利或利润，借记"应收股利"科目，贷记"长期股权投资"科目。

（三）长期股权投资持有期间被投资单位宣告发放现金股利或利润

长期股权投资持有期间被投资单位宣告发放现金股利或利润时，企业按应享有的部分确认为投资收益，借记"应收股利"科目，贷记"投资收益"科目。属于被投资单位在取得本企业投资前实现净利润的分配额，应作为投资成本的收回，借记"应收股利"科目，贷记"长期股权投资"科目。

（四）长期股权投资的处置

处置长期股权投资时，按实际取得的价款与长期股权投资账面价值的差额确认为投资损益，并应同时结转已计提的长期股权投资减值准备。其会计处理是：企业处置长期股权投资时，应按实际收到的金额，借记"银行存款"等科目，按原已计提的减值准备，借记"长期股权投资减值准备"科目，按该项长期股权投资的账面余额，贷记"长期股权投资"科目，按尚未领取的现金股利或利润，贷记"应收股利"科目，按其差额，贷记或借记"投资收益"科目。

三、采用权益法核算的长期股权投资

（一）取得长期股权投资

取得长期股权投资，长期股权投资的初始投资成本大于投资时应享有被投资单位可辨认净资产公允价值份额的，不调整已确认的初始投资成本，借记"长期股权投资——成本"科目，贷记"银行存款"等科目。长期股权投资的初始投资成本小于投资时应享有被投资单位可辨认净资产公允价值份额的，借记"长期股权投资——成本"科目，贷记"银行存款"等科目，按其差额，贷记"营业外收入"科目。

（二）持有长期股权投资期间被投资单位实现净利润或发生净亏损

根据被投资单位实现的净利润计算应享有的份额，借记"长期股权投资——损益调整"科目，贷记"投资收益"科目。被投资单位发生净亏损作相反的会计分录，但以本科目的账面价值减记至零为限，借记"投资收益"科目，贷记"长期股权投资——损益调整"科目。

被投资单位以后宣告发放现金股利或利润时，企业计算应分得的部分，借记"应收股利"科目，贷记"长期股权投资——损益调整"科目。收到被投资单位宣告发放的股票股利，不进行账务处理，但应在备查簿中登记。

（三）持有长期股权投资期间被投资单位所有者权益的其他变动

在持股比例不变的情况下，被投资单位除净损益以外所有者权益的其他变动，企业按持股比例计算应享有的份额，借记或贷记"长期股权投资——其他权益变动"科目，贷记或借记"资本公积——其他资本公积"科目。

（四）长期股权投资的处置

处置长期股权投资时，按实际取得的价款与长期股权投资账面价值的差额确认为投资损益，并应同时结转已计提的长期股权投资减值准备。其会计处理是：企业处置长期股权投资时，应按实际收到的金额，借记"银行存款"等科目，按原已计提的减值准备，借记"长期股权投资减值准备"科目，按该长期股权投资的账面余额，贷记"长期股权投资"科目，按尚未领取的现金股利或利润，贷记"应收股利"科目，按其差额，贷记或借记"投资收益"科目。

同时，还应结转原记入资本公积的相关金额，借记或贷记"资本公积——其他资本公积"科目，贷记或借记"投资收益"科目。

四、长期股权投资减值

（一）长期股权投资减值金额的确定

1. 企业对子公司、合营企业及联营企业的长期股权投资

企业对子公司、合营企业及联营企业的长期股权投资在资产负债表日存在可能发生减值的迹象时，其可收回金额低于账面价值的，应当将该长期股权投资的账面价值减记至可收回金额，减记的金额确认为减值损失，计入当期损益，同时计提相应的资产减值准备。

2. 企业对被投资单位不具有控制、共同控制或重大影响且在活跃市场中没有报价、公允价值不能可靠计量的长期股权投资

企业对被投资单位不具有控制、共同控制或重大影响且在活跃市场中没有报价、公允价值不能可靠计量的长期股权投资，应当将该长期股权投资在资产负债表日的账面价值，与按照类似金融资产当时市场收益率对未来现金流量折现确定的现值之间的差额，确认为减值损失，计

入当期损益。

（二）长期股权投资减值的会计处理

企业计提长期股权投资减值准备，应当设置"长期股权投资减值准备"科目核算。企业按应减记的金额，借记"资产减值损失——计提的长期股权投资减值准备"科目，贷记"长期股权投资减值准备"科目。

第五节　投资性房地产

投资性房地产，是指为赚取租金或资本增值，或两者兼有而持有的房地产。投资性房地产应当能够单独计量和出售。

一、投资性房地产的确认和计量

（一）确认条件

投资性房地产同时满足下列条件的，才能予以确认：

（1）与该投资性房地产有关的经济利益很可能流入企业；

（2）该投资性房地产的成本能够可靠地计量。

该确认条件与企业的一般资产的确认条件相同，并无特别之处。

（二）初始计量

投资性房地产应当按照成本进行初始计量。

（1）一般性原则：历史成本原则。即企业取得投资性房地产时，应当按照取得时的实际成本进行初始计量，这与普通资产的核算标准相同。

（2）不同取得渠道下，投资性房地产的入账成本的构成有所不同。

1）外购投资性房地产的成本，包括购买价款、相关税费和可直接归属于该资产的其他支出。

2）自行建造投资性房地产的成本，由建造该项资产达到预定可使用状态前所发生的必要支出构成。

3）以其他方式取得的投资性房地产的成本，按照相关会计准则的规定确定。

（三）与投资性房地产有关的后续支出

与投资性房地产有关的后续支出，满足投资性房地产准则第六条规定的确认条件的，应当计入投资性房地产成本；不满足投资性房地产准则第六条规定的确认条件的，应当在发生时计入当期损益。

二、投资性房地产的后续计量

（一）计量模式的选择

企业应于会计期末采用成本模式对投资性房地产进行后续计量；如果有确凿证据表明投资性房地产的公允价值能够持续可靠地取得，应当采用公允价值模式。

我国会计准则规定投资性房地产后续计量优选模式是成本模式，而公允价值模式须满足规定条件方可选择。

　　企业对投资性房地产的计量模式一经确定，不得随意变更。因为公允价值模式的采用就意味着期末投资性房地产账面价值总是处于变动状态，而且准则规定因公允价值变动产生的价值调整要计入当期损益，这就为企业操纵利润提供了运作空间。为避免这种情况的发生，投资性房地产准则规定其核算模式一经确定不得随意更改，这与我们会计政策变更的相关规定是一致的。

1. 企业通常应当采用成本模式对投资性房地产进行计量

　　在成本模式下，应当按照《企业会计准则第 4 号——固定资产》和《企业会计准则第 6 号——无形资产》对已出租的建筑物或土地使用权进行计量，并计提折旧或摊销；如果存在减值迹象的，应当按照《企业会计准则第 8 号——资产减值》进行减值测试，计提相应的减值准备。投资性房地产的计量模式一经确定，不得随意变更，只有存在确凿证据表明其公允价值能够持续可靠取得的，才允许采用公允价值计量模式。

2. 采用公允价值模式计量的投资性房地产应当同时满足的条件

　　（1）投资性房地产所在地有活跃的房地产交易市场，意味着投资性房地产可以在房地产交易市场中直接交易。

　　所在地，通常是指投资性房地产所在的城市。对于大中城市，应当具体化为投资性房地产所在的城区。

　　活跃市场，是指同时具有下列特征的市场：

　　1）市场内交易对象具有同质性；

　　2）可随时找到自愿交易的买方和卖方；

　　3）市场价格信息是公开的。

　　（2）企业能够从房地产交易市场上取得同类或类似房地产的市场价格及其他相关信息，从而对投资性房地产的公允价值做出科学合理的估计。

　　同类或类似的房地产，对建筑物而言，是指所处地理位置和地理环境相同、性质相同、结构类型相同或相近、新旧程度相同或相近、可使用状况相同或相近的建筑物；对于土地使用权而言，是指同一城区、同一位置区域、所处地理环境相同或相近、可使用状况相同或相近的土地。

（二）采用成本模式计量

　　企业应当在资产负债表日采用成本模式对投资性房地产进行后续计量，但投资性房地产准则第十条规定的除外。

　　（1）采用成本模式计量的建筑物的后续计量，适用《企业会计准则第 4 号——固定资产》。

　　（2）采用成本模式计量的土地使用权的后续计量，适用《企业会计准则第 6 号——无形资产》。

（三）采用公允价值模式计量

1. 条件

　　有确凿证据表明投资性房地产的公允价值能够持续可靠取得的，可以对投资性房地产采用公允价值模式进行后续计量。采用公允价值模式计量的，应当同时满足下列条件：

　　（1）投资性房地产所在地有活跃的房地产交易市场；

　　（2）企业能够从房地产交易市场上取得同类或类似房地产的市场价格及其他相关信息，从而对投资性房地产的公允价值做出合理的估计。

2．资产负债表日账面价值的调整

采用公允价值模式计量的，不对投资性房地产计提折旧或进行摊销，应当以资产负债表日投资性房地产的公允价值为基础调整其账面价值，公允价值与原账面价值之间的差额计入当期损益。

（四）计量模式的变更

企业对投资性房地产的计量模式一经确定，不得随意变更。成本模式转为公允价值模式的，应当作为会计政策变更，按照《企业会计准则第 28 号——会计政策、会计估计变更和差错更正》处理。已采用公允价值模式计量的投资性房地产，不得从公允价值模式转为成本模式。

三、投资性房地产的转换

（一）转换的条件

企业有确凿证据表明房地产用途发生改变，满足下列条件之一的，应当将投资性房地产转换为其他资产或者将其他资产转换为投资性房地产：

（1）投资性房地产开始自用。

（2）作为存货的房地产，改为出租。

（3）自用土地使用权停止自用，用于赚取租金或资本增值。

（4）自用建筑物停止自用，改为出租。

（二）转换日的确定

（1）投资性房地产开始自用，转换日是指地产达到自用状态，企业开始将房地产用于生产商品、提供劳务或者经营管理的日期。

（2）作为存货的房地产改为出租，或者自用建筑物或土地使用权停止自用改为出租，转换日应当为租赁期开始日。租赁期开始日是指承租人有权行使其使用租赁资产权利的日期。

（3）自用土地使用权停止自用，改为用于资本增值，转换日是指停止将该项土地使用权用于生产商品、提供劳务或经营管理，且该土地使用权能够单独计量和转让的日期。

（三）在成本模式下

在成本模式下，应当将房地产转换前的账面价值作为转换后的入账价值。

（四）在公允模式下

（1）采用公允价值模式计量的投资性房地产转换为自用房地产时，应当以其转换当日的公允价值作为自用房地产的账面价值，公允价值与原账面价值的差额计入当期损益。

（2）自用房地产或存货转换为采用公允价值模式计量的投资性房地产时，投资性房地产按照转换当日的公允价值计价，转换当日的公允价值小于原账面价值的，其差额计入当期损益；转换当日的公允价值大于原账面价值的，其差额计入所有者权益。

（五）自用房地产或存货转换为采用公允价值模式计量的投资性房地产

自用房地产或存货转换为采用公允价值模式计量的投资性房地产，投资性房地产应当按照转换当日的公允价值计量。

转换当日的公允价值小于原账面价值的，其差额作为投资损失，计入当期损益。

转换当日的公允价值大于原账面价值的，其差额作为资本公积（其他资本公积），计入所有者权益。处置该项投资性房地产时，原计入所有者权益的部分应当转入处置当期的投资收益。

四、投资性房地产的处置

（一）终止确认

当投资性房地产被处置，或者永久退出使用且预计不能从其处置中取得经济利益时，应当终止确认该项投资性房地产。

（二）处置收益

企业出售、转让、报废投资性房地产或者发生投资性房地产毁损，应当将处置收入扣除其账面价值和相关税费后的金额计入当期损益。

企业在出售采用公允价值模式计量的投资性房地产时，应当按照收到的款项，借记"银行存款"等科目，按照投资性房地产的账面原价，贷记"投资性房地产"科目，按照出售过程中发生的相关税费，贷记"应交税费""其他应付款"等科目，按照借贷双方之间的差额，借记"营业外支出"科目或贷记"营业外收入"科目。

五、企业报表投资性房地产附注

（1）企业采用成本模式进行后续计量的，应当披露的信息如表 6-1 所示。

表 6-1　企业采用成本模式进行后续计量的信息披露

项　　目	年初账面余额	本期增加额	本期减少额	期末账面余额
一、原价合计				
1. 房屋、建筑物				
2. 土地使用权				
二、累计折旧和累计摊销合计				
1. 房屋、建筑物				
2. 土地使用权				
三、投资性房地产减值准备累计金额合计				
1. 房屋、建筑物				
2. 土地使用权				
四、投资性房地产账面价值合计				
1. 房屋、建筑物				
2. 土地使用权				

（2）企业采用公允价值模式进行后续计量的，应当披露投资性房地产公允价值的确定依据及公允价值金额的增减变动情况。

（3）如有房地产转换的，应当说明房地产转换的原因及其影响。

第六节　固定资产

一、固定资产的确认

固定资产，是指同时具有下列特征的有形资产：为生产商品、提供劳务、出租或经营管理而持有的；使用寿命超过一个会计年度。

使用寿命，是指企业使用固定资产的预计期间，或者该固定资产所能生产产品或提供劳务的数量。

其中，"出租"不包括作为投资性房地产的以经营租赁方式租出的建筑物。备品备件和维修设备通常确认为存货，但某些备品备件和维修设备需要与相关固定资产组合发挥效用，如民用航空运输企业的高价周转件，应当确认为固定资产。

企业应当根据固定资产准则，结合本单位的实际情况，制定固定资产目录，包括每类或每项固定资产的使用寿命、预计净残值、折旧方法等并编制成册，经股东大会或董事会、经理（厂长）会议或类似机构批准，按照法律、行政法规等的规定报送有关各方备案。

固定资产目录一经确定不得随意变更。如需变更，仍应履行上述程序，并按《企业会计准则第 28 号——会计政策、会计估计变更和差错更正》处理。

（一）固定资产的确认条件

固定资产同时满足下列条件的，才能予以确认：

（1）与该固定资产有关的经济利益很可能流入企业；

（2）该固定资产的成本能够可靠地计量。

（二）关于固定资产的各组成部分确认为单项固定资产

固定资产的各组成部分具有不同使用寿命或者以不同方式为企业提供经济利益，适用不同折旧率或折旧方法的，应当分别将各组成部分确认为单项固定资产。

（三）与固定资产有关的后续支出

固定资产的后续支出是指固定资产在使用过程中发生的更新改造支出、修理费用等。

固定资产的更新改造等后续支出，满足《企业会计准则第 4 号——固定资产》（本节简称本准则）第四条规定确认条件的，应当计入固定资产成本，如有被替换的部分，应扣除其账面价值；不满足本准则第四条规定确认条件的固定资产修理费用等，应当在发生时计入当期损益。

二、固定资产的初始计量

固定资产应当按照成本进行初始计量。确定固定资产成本时，应当考虑预计弃置费用因素。

弃置费用仅适用于特定行业的特定固定资产，如石油天然气企业油气水井及相关设施的弃置、核电站核废料的处置等。一般企业固定资产成本不应预计弃置费用。

弃置费用的义务通常有国家法律和行政法规、国际公约等有关规定约束，如国家法律、行政法规要求企业的环境保护和生态环境恢复的义务等。弃置费用的金额通常较大。企业应当根据《企业会计准则第 13 号——或有事项》，按照现值计算确定应计入固定资产原价的金额和相应的预计负债。

一般企业固定资产的报废清理费，应在实际发生时作为固定资产清理费用处理，不属于固定资产准则规范的弃置费用。

文案范本

固定资产计价处理原则判断流程

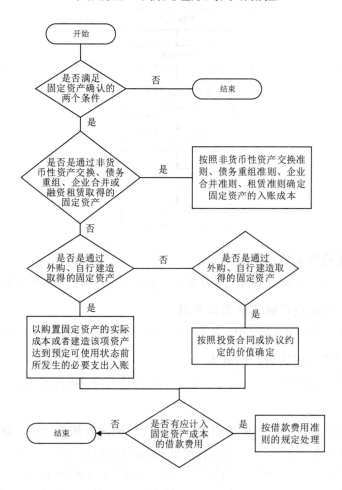

（一）外购固定资产的成本

外购固定资产的成本，包括购买价款、相关税费、使固定资产达到预定可使用状态前所发生的可归属于该项资产的运输费、装卸费、安装费和专业人员服务费等。不以一笔款项购入多项没有单独标价的固定资产，应当按照各项固定资产公允价值比例对总成本进行分配，分别确定各项固定资产的成本。

购买固定资产的价款超过正常信用条件延期支付，实质上具有融资性质的，固定资产的成本以购买价款的现值为基础确定。实际支付的价款与购买价款的现值之间的差额，除按照《企业会计准则第17号——借款费用》应予资本化的以外，应当在信用期间内计入当期损益。

 文案范本

固定资产购进核算流程

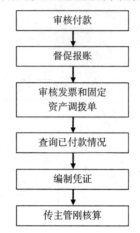

```
审核付款
   ↓
督促报账
   ↓
审核发票和固定
资产调拨单
   ↓
查询已付款情况
   ↓
编制凭证
   ↓
传主管刚核算
```

（二）自行建造固定资产的成本

自行建造固定资产的成本，由建造该项资产达到预定可使用状态前所发生的必要支出构成。

（三）应计入固定资产成本的借款费用

应计入固定资产成本的借款费用，按照《企业会计准则第 17 号——借款费用》处理。

（四）投资者投入固定资产的成本

投资者投入固定资产的成本，应当按照投资合同或协议约定的价值确定，但合同或协议约定价值不公允的除外。

（五）非货币性资产交换、债务重组、企业合并和融资租赁取得的固定资产的成本

非货币性资产交换、债务重组、企业合并和融资租赁取得的固定资产的成本，应当分别按照《企业会计准则第 7 号——非货币性资产交换》《企业会计准则第 12 号——债务重组》《企业会计准则第 20 号——企业合并》和《企业会计准则第 21 号——租赁》确定。

三、固定资产的后续计量

（一）折旧及相关概念

折旧，是指在固定资产使用寿命内，按照确定的方法对应计折旧额进行系统分摊。

应计折旧额，是指应当计提折旧的固定资产的原价扣除其预计净残值后的金额。已计提减值准备的固定资产，还应当扣除已计提的固定资产减值准备累计金额。

预计净残值，是指假定固定资产预计使用寿命已满并处于使用寿命终了时的预期状态，企业目前从该项资产处置中获得的扣除预计处置费用后的金额。

（二）折旧范围

企业应当对所有固定资产计提折旧。但是，已提足折旧仍继续使用的固定资产和单独计价入账的土地除外。

固定资产提取折旧核算工作流程

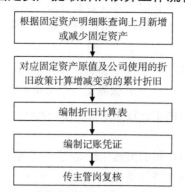

（三）固定资产的使用寿命和预计净残值

企业应当根据固定资产的性质和使用情况，合理确定固定资产的使用寿命和预计净残值。

固定资产的使用寿命、预计净残值一经确定，不得随意变更。但是，符合固定资产准则第十九条规定的除外。

企业确定固定资产使用寿命，应当考虑下列因素：

（1）预计生产能力或实物产量；

（2）预计有形损耗和无形损耗；

（3）法律或者类似规定对资产使用的限制。

（四）固定资产的折旧方法

企业应当根据与固定资产有关的经济利益的预期实现方式，合理选择固定资产折旧方法。可选用的折旧方法包括年限平均法、工作量法、双倍余额递减法和年数总和法等。

固定资产的折旧方法一经确定，不得随意变更。但是，符合固定资产准则第十九条规定的除外。

固定资产应当按月计提折旧，并根据用途计入相关资产的成本或者当期损益。

1. 年限平均法

年限平均法又称直线法，是将固定资产的折旧均衡地分摊到各期的一种方法。采用这种方法计算的每期折旧额均是相等的。计算公式如下：

$$年折旧率 = \frac{1 - 预计净残值率}{预计使用年限} \times 100\%$$

$$月折旧率 = 年折旧率 \div 12$$

$$月折旧额 = 固定资产原价 \times 月折旧率$$

上述计算的折旧率是按个别固定资产单独计算的，称为个别折旧率，即某项固定资产在一定期间的折旧额与该项固定资产原价的比率。此外，还有分类折旧率和综合折旧率。

分类折旧率是指固定资产分类折旧额与该类固定资产原价的比率。采用这种方法，应先把性质、结构和使用年限接近的固定资产归为一类，再按类计算平均折旧率，用该类折旧率对该类固定资产计提折旧。例如，将房屋建筑物划分为一类，将机械设备划分为一类等。分类折旧率的计算公式如下：

$$\frac{某类固定资产}{年分类折旧率} = \frac{该类固定资产年折旧额之和}{该类固定资产原价之和} \times 100\%$$

采用分类折旧率计算固定资产折旧，其优点是计算方法简单，但准确性不如个别折旧率。

综合折旧率是指某一期间企业全部固定资产折旧额与全部固定资产原价的比率。计算公式如下：

$$\frac{固定资产年}{综合折旧率} = \frac{各项固定资产年折旧额之和}{各项固定资产原价之和} \times 100\%$$

与采用个别折旧率和分类折旧率计算固定资产折旧相比，采用综合折旧率计算固定资产折旧，其计算结果的准确性较差。

采用年限平均法计算固定资产折旧虽然比较简便，但它也存在着一些明显的局限性。首先，固定资产在不同使用年限提供的经济效益是不同的。一般来讲，固定资产在其使用前期工作效率相对较高，所带来的经济利益也就多；而在其使用后期，工作效率一般呈下降趋势，因而，所带来的经济利益也就逐渐减少。年限平均法不考虑这一事实，明显是不合理的。其次，固定资产在不同的使用年限发生的维修费用也不一样。固定资产的维修费用将随着其使用时间的延长而不断增大，而年限平均法也没有考虑这一因素。

当固定资产各期的负荷程度相同时，各期应分摊相同的折旧费，这时采用年限平均法计算折旧是合理的。但是，若固定资产各期负荷程度不同，采用年限平均法计算折旧时，则不能反映固定资产的实际使用情况，提取的折旧数与固定资产的损耗程度也不相符。

2．工作量法

工作量法是根据实际工作量计提折旧额的一种方法。这种方法弥补年限平均法只重使用时间，不考虑使用强度的缺点。计算公式为：

每一工作量折旧额=固定资产原价×（1－净残值率）÷预计总工作量

某项固定资产月折旧额=该项固定资产当月工作量×每一工作量折旧额

3．加速折旧法

加速折旧法也称快速折旧法或递减折旧法，其特点是在固定资产有效使用年限的前期多提折旧，后期则少提折旧，从而相对加快折旧的速度，以使固定资产成本在有效使用年限中加快得到补偿。

加速折旧的计提方法有多种，常用的有以下两种。

（1）双倍余额递减法。双倍余额递减法是在不考虑固定资产残值的情况下，根据每期期初固定资产账面余额和双倍的直线法折旧率计算固定资产折旧的一种方法。计算公式为：

$$年折旧率 = \frac{2}{预计的折旧年限} \times 100\% \times 100\%$$

月折旧率=年折旧率÷12

月折旧额=固定资产账面净值×月折旧率

由于双倍余额递减法不考虑固定资产的预计净残值，因此，在应用这种方法时必须注意不能使固定资产的账面折余价值降低到它的预计净残值以下，即实行双倍余额递减法计提折旧的固定资产，应当在其固定资产折旧年限到期以前两年内，将固定资产净值扣除预计净残值后的余额平均摊销。

（2）年数总和法。年数总和法又称合计年限法，是将固定资产的原值减去净残值后的净额乘以一个逐年递减的分数计算每年的折旧额，这个分数的分子代表固定资产尚可使用的年数，分母代表使用年数的逐年数字总和。计算公式如下：

$$年折旧率=尚可使用年数÷预计使用年限的年数总和$$

或者

$$年折旧率=（预计使用年限-已使用年限）÷[预计使用年限×（预计使用年限+1）÷2]×100\%$$

$$月折旧率=年折旧率÷12$$

$$月折旧额=（固定资产原值-预计净残值）×月折旧率$$

采用加速折旧法后，在固定资产使用的早期多提折旧，后期少提折旧，其递减的速度逐年加快。加快折旧速度，目的是使固定资产成本在估计耐用年限内加快得到补偿。

文案范本

采用年数总和法计算的各年折旧额表

年 份	尚可使用年限（年）	原值-净残值（元）	变动折旧率	每年折旧额（元）	累计折旧（元）

文案范本

固定资产折旧计算表（年数总和法）

年 份	尚可使用年数（年）	原值-净残值（元）	年折旧率	年折旧额（元）	累计折旧（元）
1					
2					
3					
4					
5					

（五）固定资产的使用寿命、预计净残值和折旧方法的复核

企业至少应当于每年年度终了，对固定资产的使用寿命、预计净残值和折旧方法进行复核。

使用寿命预计数与原先估计数有差异的，应当调整固定资产使用寿命。

预计净残值预计数与原先估计数有差异的，应当调整预计净残值。

与固定资产有关的经济利益预期实现方式有重大改变的，应当改变固定资产折旧方法。固定资产使用寿命、预计净残值和折旧方法的改变应当作为会计估计变更。

（六）固定资产的减值

固定资产的减值，应当按照《企业会计准则第 8 号——资产减值》处理。

 **文案范本**

固定资产减值准备计算表

固定资产名称	原　值	已提折旧	账面净值	可收回金额	差　额
合　计					

四、固定资产的处置

（一）固定资产的终止确认

固定资产满足下列条件之一的，应当予以终止确认：

（1）该固定资产处于处置状态。

（2）该固定资产预期通过使用或处置不能产生经济利益。

企业持有待售的固定资产，应当对其预计净残值进行调整。

企业根据固定资产准则第六条的规定，将发生的固定资产后续支出计入固定资产成本的，应当终止确认被替换部分的账面价值。

（二）固定资产的处置收益（损失）

"处置"包括固定资产的出售、转让、报废和毁损、对外投资、非货币性资产交换、债务重组等。

持有待售的固定资产，是指在当前状况下仅根据出售同类固定资产的惯例就可以直接出售且极可能出售的固定资产，如已经与买主签订了不可撤销的销售协议等。企业对于持有待售的固定资产，应当调整该项固定资产的预计净残值，使该项固定资产的预计净残值能够反映其公允价值减去处置费用后的金额，但不得超过符合持有待售条件时该项固定资产的原账面价值，原账面价值高于预计净残值的差额，应作为资产减值损失计入当期损益。

持有待售的固定资产从划归为持有待售之日起停止计提折旧和减值测试。

1. 出售、转让、报废、毁损

企业出售、转让、报废固定资产或发生固定资产毁损，应当将处置收入扣除账面价值和相关税费后的金额计入当期损益。固定资产的账面价值是固定资产成本扣减累计折旧和累计减值准备后的金额。

文案范本

固定资产清理报废核算工作流程

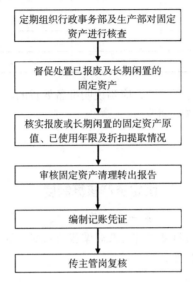

定期组织行政事务部及生产部对固定资产进行核查

↓

督促处置已报废及长期闲置的固定资产

↓

核实报废或长期闲置的固定资产原值、已使用年限及折扣提取情况

↓

审核固定资产清理转出报告

↓

编制记账凭证

↓

传主管岗复核

2. 盘亏

固定资产盘亏造成的损失，应当计入当期损益。

五、企业报表固定资产附注

（1）固定资产的披露格式（见表6-2）。

表6-2　固定资产的披露格式

项　目	年初账面余额	本期增加额	本期减少额	期末账面余额
一、原价合计				
其中：房屋、建筑物				
机器设备				
运输工具				
……				
二、累计折旧合计				
其中：房屋、建筑物				
机器设备				
运输工具				
……				
三、固定资产减值准备累计金额合计				
其中：房屋、建筑物				
机器设备				
运输工具				
……				

续表

项　目	年初账面余额	本期增加额	本期减少额	期末账面余额
四、固定资产账面价值合计				
其中：房屋、建筑物				
机器设备				
运输工具				
……				

（2）企业确有准备处置固定资产的，应当说明准备处置的固定资产名称、账面价值、公允价值、预计处置费用和预计处置时间等。

文案范本

固定资产核算制度

第一章　总　　则

第一条　为加强固定资产的核算工作，及时掌握企业固定资产的构成与使用状况，保证企业财产核算的准确，特制定本制度。

第二条　固定资产确定的标准。

（1）一般设备单位价值在＿＿＿＿元以上，使用年限在一年以上的，属于固定资产核算的起点。

（2）单价虽不满＿＿＿＿元，但使用年限在一年以上的价值＿＿＿＿元以上的大批同类物资，也作为固定资产进行核算管理。

第二章　固定资产增加的核算

第三条　按固定资产增加的来源不同分为购入、自行建造、改建扩建、投资转让、融资租入、盘盈、接受捐赠和国家拨款建造的固定资产。

第四条　固定资产价值的计算。

1. 购入新的固定资产，按照买价加上支付的运输费、保险费、包装费、安装成本和交纳的税金等计价。

2. 自行建造的，按照建造过程中实际发生的全部支出计价。

3. 投资者投入的，按照评估确认或者合同、协议约定的价值计价。

4. 融资租入的，按照租赁协议或确定的价款加运输费、保险费、安装调试费等支出作为原价。

5. 接受捐赠的按照同类资产的市场价值估计作为原值，或根据捐赠者提供的该项固定资产有关凭据中所标明的价值作为原值，并将发生的运输、保险、安装等费用一同计入固定资产的原值。

6. 在原有固定资产基础上进行改建、扩建的，按照固定资产原价，加上改、扩建发生的支出，减去改、扩建过程中发生的固定资产变价收入后的余额计价。

7. 盘盈的固定资产，按照同类固定资产的重置完全价值计价。

8. 基建工程竣工交付使用的固定资产，按照建设单位交付使用财产清册中所确定的价值计价。

9. 已投入使用尚未办理移交手续的固定资产，可先按估计价值记账，待确定实际价值后，再行调整。

10. 有偿调入的固定资产，按现行调拨价或双方协议价加上包装费、运杂费、安装费后的价值计价。

第三章　固定资产的折旧计提

第五条　固定资产计提折旧的范围。

1. 房屋和建筑物。

2. 在用的机器设备、仪器仪表、运输工具。

3. 季节性停用、大修理停用的设备。

4. 融资租入和以经营租赁方式租出的固定资产。

第六条　根据计提折旧的有关规定编制折旧计划，按月（季）计提固定资产折旧，不得多提、少提、漏提或重提，同时做好固定资产折旧的费用分配。

第七条　固定资产计提折旧的方法采用平均年限法，扣除_____%净残值计算。

第八条　当月增加的固定资产，当月不计提折旧。当月减少的固定资产，当月照提折旧。

第四章　固定资产的期末清查

第九条　每年在编制决算报表之前，对固定资产进行一次全面清查，以保证报表指标的真实可靠，在清查时发现固定资产毁损和盘盈、盘亏，要查明原因，报经董事会或经理会议批准后，在期末结账前处理。

第十条　对固定资产期末清查的核算根据固定资产减少的方式进行，通过固定资产清理科目进行最后核算，主要包括以下六种情况。

1. 固定资产的正常报废

财务部依据报废固定资产的原始凭证复印件、鉴定资料和有关证明进行记账。若出现维护或改扩建等支出，应在发生的当时一次性计入当期费用。

2. 固定资产的毁损

若属自然灾害造成的固定资产毁损，事前_____已向保险公司投保，要核算来自保险公司的赔款；若属人为造成固定资产毁损，要追查责任人的经济责任，责令其赔偿部分损失，财务部根据赔偿款如实记账。

3. 无偿调出和对外捐赠的固定资产

财务部根据固定资产原有价值进行记账处理。

4. 出售固定资产

财务部根据评估后的拍卖交易价记账。

5. 向其他单位投资的固定资产

财务部根据评估价或合同、协议价、账面价记账。

6. 盘亏的固定资产

财务部根据接收到的"固定资产盘盈盘亏情况表"进行记账。

 文案范本

固定资产核算流程

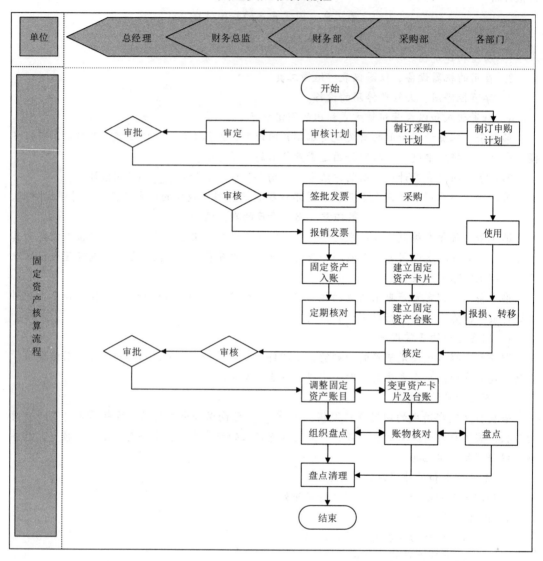

第七节　生物资产

　　生物资产，是指有生命的动物和植物。生物资产是与农业生产相关的有生命的动物和植物，其中涵盖收获时点的农产品。所称"农业"，包括种植业、畜牧养殖业、林业和水产业等行业。

一、生物资产的分类

（一）消耗性生物资产

消耗性生物资产，是指为出售而持有的、或在将来收获为农产品的生物资产，包括生长中的大田作物、蔬菜、用材林以及存栏待售的牲畜等。

消耗性生物资产类似企业的存货，如农田中的小麦作物可以收获为农产品小麦，农田中的蔬菜可用于出售，用材林是以生产木材为主要目的的林木，薪炭林是以生产燃料为目的的林木，存栏待售的牲畜可以屠宰出售。消耗性生物资产与企业一般存货显著不同的是它们是有生命的资产。

（二）生产性生物资产

生产性生物资产，是指为产出农产品、提供劳务或出租等目的而持有的生物资产，包括经济林、薪炭林、产畜和役畜等。

生产性生物资产具备自我生长性，属于有生命的劳动手段，类似企业的固定资产。例如，经济林可生产果品、食用油料、饮料、工业原料和药材，产畜能提供仔畜、畜产品，役畜可供人役使进行田间作业、运输作业。

与消耗性生物资产相比较，生产性生物资产最大的不同点在于其持有目的。消耗性生物资产持有的目的是为了出售（如用材林）或者是即将收获为农产品（如玉米、大豆等农作物），而生产性生物资产持有的目的则是为了在生产经营中长期地、多次反复地使用，利用其进行繁殖（如产畜、种畜），或者不断产出农产品（如果树、橡胶树、奶牛），或者长期役用（如役畜）。

（三）公益性生物资产

公益性生物资产，是指以防护、环境保护为主要目的的生物资产，包括防风固沙林、水土保持林和水源涵养林等。

公益性生物资产不能直接为企业带来经济利益，但具有服务潜能，有助于企业从相关资产获得经济利益。例如，防风固沙林和水土保持林能带来防风固沙、保持水土的效能，风景林有美化环境、休息游览的效能。

二、生物资产的计量（见表 6-3）

表 6-3　生物资产的计量

	初始计量	后续支出	摊　销	减值准备
消耗性生物资产	按取得时的实际成本计量	某些情形下确认为当期费用；某些情形下予以资本化（准则第六条）	不计提折旧	减值测试,计提跌价准备
生产性生物资产	按取得时的实际成本计量	某些情形下确认为当期费用；某些情形下（达到预定生产经营目的后）予以资本化（准则第十四条）	对进入正常生产期、可以多年连续收获或连续提供劳务的计提折旧	减值测试,计提减值准备
公益性生物资产	按取得时的实际成本计量	达到预定公益目的后发生的管护费用等后续支出,确认为当期费用	不计提折旧	不计提减值准备

三、生物资产初始计量实际成本的确定（见表6-4）

表6-4　生物资产初始计量实际成本的确定

	外　购	自行营造	天然起源
消耗性生物资产	购买价格、相关税费、运输费、保险费及其他可直接归属于购买该资产的其他支出	自行栽培大田作物和蔬菜：收获前发生的必要支出 自行营造林木类消耗性生物资产：郁闭成林前的必要支出 自行繁殖育肥畜：出售前发生的必要支出 水产养殖动植物：出售或入库前发生的必要支出	参照人工培育的同类消耗性生物资产的实际成本确定
生产性生物资产	购买价格、相关税费、运输费、保险费及其他可直接归属于购买该资产的其他支出	自行营造的林木类生产性生物资产：达到预定生产经营目的前发生的必要支出 自行繁殖的产畜和役畜：成龄前发生的必要支出	无规定
公益性生物资产	购买价格、相关税费、运输费、保险费及其他可直接归属于购买该资产的其他支出	自行营造的林木类公益性生物资产：达到预定公益目的前发生的必要支出	参照人工培育的同类公益性生物资产的实际成本确定

四、生物资产的收获与处置

（一）结转成本

（1）消耗性生物资产。对于消耗性生物资产，应当在收获或出售时，按照其账面价值结转成本。结转成本的方法包括加权平均法、个别计价法、蓄积量比例法、轮伐期年限法等。

（2）生产性生物资产。生产性生物资产收获的农产品成本，按照产出或采收过程中发生的材料费、人工费和应分摊的间接费用等必要支出计算确定，并采用加权平均法、个别计价法、蓄积量比例法、轮伐期年限法等方法，将其账面价值结转为农产品成本。收获之后的农产品，应当按照《企业会计准则第1号——存货》处理。

（二）改变用途

生物资产改变用途后的成本，应当按照改变用途时的账面价值确定。

（三）处置收益

生物资产出售、盘亏或死亡、毁损时，应当将处置收入扣除其账面价值和相关税费后的余额计入当期损益。

未来现金流量现值计算表

年　　度	预计未来现金流量（元）	折现率	现值系数	预计未来现金流量现值（元）
合　计				

第八节 无形资产

一、无形资产的确认

无形资产同时满足下列条件的，才能予以确认：

（1）与该无形资产有关的经济利益很可能流入企业。

（2）该无形资产的成本能够可靠地计量。

企业在判断无形资产产生的经济利益是否很可能流入时，应当对无形资产在预计使用寿命内可能存在的各种经济因素做出合理估计，并且应当有明确证据支持。

二、无形资产的内容

无形资产一般包括专利权、非专利技术、商标权、著作权、特许权和土地使用权等。

（一）专利权

专利权是指国家专利主管机关依法授予发明创造专利申请人，对其发明创造在法定期限内所享有的专有权利，包括发明专利权、实用新型专利权和外观设计专利权。并不是所有的专利权都能给持有者带来经济利益，有的专利可能没有经济价值或只具有很小的经济价值；有的专利会被另外更有经济价值的专利所淘汰等。因此，企业不应将其所拥有的一切专利权予以资本化，作为无形资产核算。只有那些能够给企业带来较大经济价值，且企业为此花费了支出的专利才能作为无形资产核算。

（二）非专利技术

非专利技术，也称专有技术，是指不为外界所知、在生产经营活动中已采用了的、不享有法律保护的、可以带来经济效益的各种技术和诀窍。

非专利技术一般包括三类：一是工业专有技术，即在生产经营活动中已经采用，仅为少数人所掌握但不享有专利权或发明权的生产、装配、修理、工艺或加工方法等方面的技术知识；二是商业贸易专有技术，即具有保密性质的市场情报、原材料价格情报以及用户、竞争对手的情况和有关知识等；三是管理专有技术，即生产组织的经营方式、管理方法、培训职工方法等方面的保密知识。非专利技术可以用蓝图、配方、技术记录、操作方法的说明等具体资料表现出来，也可以通过向买方派出技术人员进行指导，或接受买方人员进行技术实习等手段来实现。

非专利技术一般具有经济性、机密性和动态性等特点。

（三）商标权

商标是用来辨认特定的商品或劳务的标记。商标权指专门在某类指定的商品或产品上使用特定的名称或图案的权利。商标权的内容包括独占使用权和禁止使用权两个方面。所谓独占使用权，是指商标权享有人在商标注册的范围内独家使用其商标的权利，这种权利是商标权具有独占性的法律表现；所谓禁止使用权，是指商标权享有人排除和禁止他人对商标使用权进行侵犯的权利，这种权利是商标具有排他性的法律表现。商标权的价值在于企业拥有信誉卓著的驰名商标，可以为企业带来超额利润，如"可口可乐""海尔""麦当劳"等商标权，都是相关行业优质产品的代名词。尤其是拥有著名商标通常能为企业带来巨大的经济利益，其带来的价值甚至超过企业的有形资产。

商标权以申请注册的时间先后为审批依据，而不以使用时间为审批依据，按照我国《商标法》的规定，商标权的有效期限为10年，期满可申请延期。

（四）著作权

著作权又称版权，是指作者对其创作的文学、科学和艺术作品依法享有的某些特殊权利。著作权包括作品署名权、发表权、修改权和保护作品完整权，还包括复制权、发行权、出租权、展览权、表演权、放映权、广播权、信息网络传播权、摄制权、改编权、翻译权、汇编权以及应当由著作权人享有的其他权利。非经作者和出版商（社）的共同授权，著作或艺术品不得私自翻印或复制。

（五）特许权

特许权，又称经营特许权、专营权，是指企业在某一地区经营或销售某种特定商品的权利或是一家企业接受另一家企业使用其商标、商号、技术秘密等的权利。特许权一般有两种形式：一种是由政府机构授权，准许企业使用或在一定地区享有经营某种业务的特权，如公共交通、电力、电信、自来水等专营权，烟草专卖权等；另一种指企业间依照签订的合同，有限期或无限期使用另一家企业的商标、专利、专有技术等的权利，如连锁店分店使用总店的名称等。

（六）土地使用权

在我国，土地所有权归国家，任何企业或者个人对土地只有使用权而无所有权。土地使用权是指国家准许某企业在一定期间内对国有土地享有开发、利用、经营的权利。企业取得土地使用权的方式主要有以下几种：行政划拨取得、外购取得及投资者投资取得。

国际会计准则中无形资产的内容包括：企业在科学或技术知识、新工艺或系统的设计和完成、许可证、知识产权、市场知识和商标等无形资源的获得、开发、维护和提高方面所涉及的一些项目，如计算机软件、专利权、版权、电影片、客户名单、抵押服务权、捕捞许可证、进口配额、特许权、客户或供应商的关系、客户的信赖、市场份额和销售权等，凡是符合无形资产定义要求的均为无形资产。可见，国际会计准则关于无形资产的内容比我国要广泛一些。

三、无形资产的初始计量

无形资产应当按照成本进行初始计量。

（一）外购无形资产的成本

外购无形资产的成本，包括购买价款、相关税费以及直接归属于使该项资产达到预定用途所发生的其他支出。

购买无形资产的价款超过正常信用条件延期支付，实质上具有融资性质的，无形资产的成本以购买价款的现值为基础确定。实际支付的价款与购买价款的现值之间的差额，除按照《企业会计准则第17号——借款费用》应予资本化的以外，应当在信用期间内计入当期损益。

（二）自行开发的无形资产

自行开发的无形资产，成本包括自满足本准则第四条和第九条规定后至达到预定用途前所发生的支出总额，但是对于以前期间已经费用化的支出不再调整。

（三）投资者投入无形资产的成本

投资者投入无形资产的成本，应当按照投资合同或协议约定的价值确定，但合同或协议约定价值不公允的除外。

（四）非货币性资产交换、债务重组、政府补助和企业合并取得的无形资产的成本

非货币性资产交换、债务重组、政府补助和企业合并取得的无形资产的成本，应当分别按

照《企业会计准则第 7 号——非货币性资产交换》《企业会计准则第 12 号——债务重组》《企业会计准则第 16 号——政府补助》和《企业会计准则第 20 号——企业合并》确定。

文案范本

无形资产初始计量判断流程

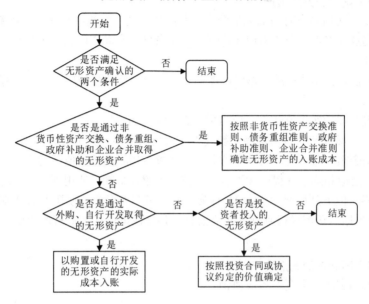

四、无形资产的后续计量

无形资产的后续计量包括无形资产的摊销、减值、复核、处置和报废。

（一）摊销

企业应当于取得无形资产时分析判断其使用寿命。

无形资产的使用寿命为有限的，应当估计该使用寿命的年限或者构成使用寿命的产量等类似计量单位数量；无法预见无形资产为企业带来经济利益期限的，应当视为使用寿命不确定的无形资产。

1. 估计无形资产使用寿命应当考虑的相关因素

根据《企业会计准则第 6 号——无形资产》第十七条规定，使用寿命有限的无形资产应当摊销，使用寿命不确定的无形资产不予摊销。

（1）企业持有的无形资产，通常源于合同性权利或其他法定权利，而且合同规定或法律规定有明确的使用年限。源于合同性权利或其他法定权利的无形资产，其使用寿命不应超过合同性权利或其他法定权利的期限；如果合同性权利或其他法定权利能够在到期时因续约等延续，且有证据表明企业续约不需要付出大额成本，续约期应当计入使用寿命。

合同或法律没有规定使用寿命的，企业应当综合各方面情况，聘请相关专家进行论证，或与同行业的情况进行比较，以及参考历史经验等，确定无形资产为企业带来未来经济的期限。

经过上述努力仍无法合理确定无形资产为企业带来经济利益期限的，才能将其作为使用寿命不确定的无形资产。

（2）企业确定无形资产的使用寿命，应当考虑以下因素：① 该资产通常的产品寿命周期、

可获得的类似资产使用寿命的信息。② 技术、工艺等方面的现实情况及对未来发展的估计。③ 以该资产生产的产品或服务的市场需求情况。④ 现在或潜在的竞争者预期采取的行动。⑤ 为维持该资产产生未来经济利益的能力预期的维护支出，以及企业预计支付有关支出的能力。⑥ 对该资产的控制期限，使用的法律或类似限制，如特许使用期间、租赁期间等。⑦ 与企业持有的其他资产使用寿命的关联性等。

2．使用寿命确定的无形资产

（1）摊销期。使用寿命有限的无形资产，其应摊销金额应当在使用寿命内系统合理摊销。

（2）摊销起点与终点。企业摊销无形资产，应当自无形资产可供使用时起，至不再作为无形资产确认时止。

（3）摊销方法。企业选择的无形资产摊销方法，应当反映与该项无形资产有关的经济利益的预期实现方式。

无法可靠确定预期实现方式的，应当采用直线法摊销。

（4）计入。无形资产的摊销金额一般应当计入当期损益，其他会计准则另有规定的除外。

（5）应摊销金额。无形资产的应摊销金额为其成本扣除预计残值后的金额。已计提减值准备的无形资产，还应扣除已计提的无形资产减值准备累计金额。使用寿命有限的无形资产，其残值应当视为零，但下列情况除外：① 有第三方承诺在无形资产使用寿命结束时购买该无形资产。② 可以根据活跃市场得到预计残值信息，并且该市场在无形资产使用寿命结束时很可能存在。

3．使用寿命不确定的无形资产

使用寿命不确定的无形资产不应摊销。

（二）减值

无形资产的减值，应当按照《企业会计准则第 8 号——资产减值》处理。

（三）复核

企业至少应当于每年年度终了，对使用寿命有限的无形资产的使用寿命及摊销方法进行复核。无形资产的使用寿命及摊销方法与以前估计不同的，应当改变摊销期限和摊销方法。

企业应当在每个会计期间对使用寿命不确定的无形资产的使用寿命进行复核。如果有证据表明无形资产的使用寿命是有限的，应当估计其使用寿命，并按本准则规定处理。

（四）处置和报废

企业出售无形资产，应当将取得的价款与该无形资产账面价值的差额计入当期损益。

无形资产预期不能为企业带来经济利益的，应当将该无形资产的账面价值予以转销。

五、无形资产出租核算方案

企业出租的无形资产，应当按照企业有关收入确认原则确认所取得的租金收入；同时，确认出租无形资产的相关费用。

企业出租无形资产时，其租金收入，应作为营业外收入贷记"营业外收入——出租无形资产收入"科目；由于企业仍拥有其产权，应继续作为无形资产进行核算，只将履行合同所发生的费用（如派出技术服务人员的工资等）及按有效使用年限摊销的无形资产价值，作为出租无形资产的成本，借记"营业外支出——出租无形资产支出"。

六、企业报表无形资产附注

（1）各类无形资产的披露格式（见表 6-5）。

表 6-5　各类无形资产的披露格式

项　　目	年初账面余额	本期增加额	本期减少额	期末账面余额
一、原价合计				
1.				
……				
二、累计摊销额合计				
1.				
……				
三、无形资产减值准备累计金额合计				
1.				
……				
四、无形资产账面价值合计				
1.				
……				

（2）计入当期损益和确认为无形资产的研究开发支出金额。

第九节　交易性金融资产

交易性金融资产主要是指企业为了近期内出售而持有的金融资产，如企业以赚取差价为目的从二级市场购入的股票、债券、基金等。为了核算交易性金融资产的取得、收取现金股利或利息、处置等业务，企业应当设置"交易性金融资产""公允价值变动损益""投资收益"等科目。

"交易性金融资产"科目核算企业为交易目的所持有的债券投资、股票投资、基金投资等交易性金融资产的公允价值。企业持有的直接指定为以公允价值计量且其变动计入当期损益的金融资产也在"交易性金融资产"科目核算。"交易性金融资产"科目的借方登记交易性金融资产的取得成本、资产负债表日其公允价值高于账面余额的差额等；贷方登记资产负债表日其公允价值低于账面余额的差额，以及企业出售交易性金融资产时结转的成本和公允价值变动损益。企业应当按照交易性金融资产的类别和品种，分别设置"成本""公允价值变动"等明细科目进行核算。

"公允价值变动损益"科目核算企业交易性金融资产等公允价值变动而形成的应计入当期损益的利得或损失，贷方登记资产负债表日企业持有的交易性金融资产等的公允价值高于账面余额的差额；借方登记资产负债表日企业持有的交易性金融资产等的公允价值低于账面余额的差额。

"投资收益"科目核算企业持有交易性金融资产等期间取得的投资收益以及处置交易性金融资产等实现的投资收益或投资损失，贷方登记企业出售交易性金融资产等实现的投资收益；借方登记企业出售交易性金融资产等发生的投资损失。

1. 交易性金融资产的取得

企业取得交易性金融资产时，应当按照该金融资产取得时的公允价值作为其初始确认金额，记入"交易性金融资产——成本"科目。取得交易性金融资产所支付价款中包含了已宣告但尚未发放的现金股利或已到付息期但尚未领取的债券利息的，应当单独确认为应收项目，记入"应收股利"或"应收利息"科目。

取得交易性金融资产所发生的相关交易费用应当在发生时计入投资收益。交易费用是指可直接归属于购买、发行或处置金融工具新增的外部费用，包括支付给代理机构、咨询公司、券商等的手续费和佣金及其他必要支出。

2. 交易性金融资产的现金股利和利息

企业持有交易性金融资产期间对于被投资单位宣告发放的现金股利或企业在资产负债表日按分期付息、一次还本债券投资的票面利率计算的利息收入，应当确认为应收项目，记入"应收股利"或"应收利息"科目，并计入投资收益。

3. 交易性金融资产的期末计量

资产负债表日，交易性金融资产应当按照公允价值计量，公允价值与账面余额之间的差额计入当期损益。企业应当在资产负债表日按照交易性金融资产公允价值与其账面余额的差额，借记或贷记"交易性金融资产——公允价值变动"科目，贷记或借记"公允价值变动损益"科目。

4. 交易性金融资产的处置

出售交易性金融资产时，应当将该金融资产出售时的公允价值与其初始入账金额之间的差额确认为投资收益，同时调整公允价值变动损益。

企业应按实际收到的金额，借记"银行存款"等科目，按该金融资产的账面余额，贷记"交易性金融资产"科目，按其差额，贷记或借记"投资收益"科目。同时，将原计入该金融资产的公允价值变动转出，借记或贷记"公允价值变动损益"科目，贷记或借记"投资收益"科目。

第七章

负债方面管理操作实务

第一节　流动负债

一、应付票据

应付票据是由出票人出票，委托付款人在指定日期无条件支付确定的金额给收款人或者持票人的票据。应付票据也是委托付款人允诺在一定时期内支付一定款额的书面证明。

应付票据与应付账款不同，虽然都是由于交易而引起的流动负债，但应付账款是尚未结清的债务，而应付票据是一种期票，是延期付款的证明，有承诺付款的票据作为凭据。

为了反映企业购买材料、商品和接受劳务等而开出承兑商业汇票的情况，企业应设置"应付票据"科目。该科目贷方登记开出的商业汇票面值，借方登记支付票据的款项，期末贷方余额反映企业开出的尚未到期的应付票据的票面金额。

（1）企业开出承兑商业汇票或以承兑商业汇票抵付货款、应付账款时，借记"材料采购""在途物资""库存商品""应付账款""应交税费——应交增值税（进项税额）"等科目，贷记"应付票据"科目。

（2）支付银行承兑汇票的手续费，借记"财务费用"科目，贷记"银行存款"科目。收到银行支付到期票据的付款通知，借记"应付票据"科目，贷记"银行存款"科目。

（3）应付票据到期，如企业无力支付票款，按应付票据的账面余额，借记"应付票据"科目，贷记"应付账款"科目（如为银行承兑汇票，则贷记"短期借款"科目）。

企业应当设置"应付票据备查簿"，详细登记每一应付票据的种类、号数、签发日期、到期日、票面金额、票面利率、合同交易号、收款人姓名或单位名称，以及付款日期和金额等资料。应付票据到期结清时，应当在备查簿内逐笔注销。

文案范本

应付票据管理办法

第一章　总　　则

第一条　目的

为加强对应付票据业务的管理，合理控制负债规模，根据国家相关规定并结合公司实际情况，特制定本办法。

第二条　适用范围

本办法所涉及的票据主要包括银行承兑票据和商业承兑票据。

第二章 应付票据的管理

第三条 应付票据的签发

本公司在材料、设备采购付款过程中需要签发应付票据的，必须经财务部经理及相关主管领导审批。财务部设置应付票据登记簿（如下表所示），签发的票据要定期与订货单、验货单、发票进行核对。

应付票据登记簿

日　期	受款人	银行账户	支票号码	金　额	累计金额	备　注
合　计						

第四条 应付票据的计价

无论是带息的票据还是不带息的票据，财务人员进行核算时均以面值对应付票据进行计价。

第五条 应付票据的到期处理

应付票据到期结清时，财务人员应当在备查簿内逐笔注销。

第六条 应付票据的到期贴现

应付票据贴现应在票据的一年续存期内分期转作利息费用，通常采用直线法进行摊销。

第三章 "应付票据"科目的核算

第七条 应付票据的发生

对于发生的应付商业承兑汇票，应借记"原材料"或"应付账款"等科目，贷记"应付票据"科目。对于发生的银行承兑汇票，在按面值的万分之五向承兑银行交纳手续费时，应当作为财务费用处理，借记"财务费用"科目，贷记"银行存款"科目。

第八条 应付票据利息的计算

商业汇票分为带息票据和不带息票据。带息票据的票面金额仅表示本金，票据到期时除按面值支付外，还应根据票面利率另行计算和支付利息。对于计算支付的应付票据利息，应当计入财务费用。

第九条 偿付应付票据

应付票据到期全额偿付票款时，借记"应付票据""财务费用"科目，贷记"银行存款"科目。如果企业不能按期足额付款，对于商业承兑汇票应转入"应付账款"科目；对于银行承兑汇票，应转入"短期借款"科目。

第四章 附　则

第十条 本办法将随国家会计制度法规的修改和公司实际情况的需要而修改。

第十一条 本办法由财务管理部负责制定、解释及修改。

第十二条 本办法报总经办审议批准后，自颁发之日起执行。

应收应付票据记录表

兑现日期： 月 日 星期

收票日期	发票人	银行名称	支票号码	金额	累计金额	转出记录	日期	收款人	银行账户	支票号码	金额	累计金额	备注
合 计						合 计							

应付票据备查簿模板

编号： 编制日期： 年 月 日

票据类别	编号	户名（结算对象）	出票日期	到期日	票面余额	利息率	付息条件	抵押品名	数量	金额

审查人： 编制人：

应付票据明细表

票据类别	票据关系人			合同号	出票日期	票面金额	已计利息	到期日期	利息率	到期应计利息	付息条件	备注
	出票人	承兑人	收款人									

编制说明：

（1）票据类别应按商业承兑汇票、银行承兑汇票分别列示。

（2）与收款人是否存在关联关系，在"备注"栏中说明。

（3）如果涉及非记账本位币的应付票据，应注明外币金额和折算汇率。

二、应付账款

（一）应付账款的确认与计量

应付账款指因购买材料、商品或接受劳务供应等而发生的债务。这是买卖双方在购销活动中由于取得物资与支付货款在时间上不一致而产生的负债。

应付账款入账时间的确定，应以所购买物资的所有权转移或接受劳务已发生为标志。但在实际工作中，应区别两种情况分别进行处理。

（1）在物资和发票账单同时到达的情况下，要区分两种情况处理：如果物资验收入库的同时支付货款，则不通过"应付账款"科目核算；如果物资验收入库后仍未付款，则按发票账单登记入账。按发票账单登记入账主要是为了确认所购入的物资是否在质量、数量和品种上都与合同上定明的条件相符。

（2）在物资和发票账单不是同时到达的情况下，也要区分两种情况处理：在发票账单已到，物资未到的情况下，应当直接根据发票账单支付物资价款和运杂费，计入有关物资的成本和"应付账款"（未能及时支付货款时），不需要按照应付债务估计入账；在物资已到，发票账单未到也无法确定实际成本的情况下，在月度终了，需要按照所购物资和应付债务估计入账，待下月初作相反的会计分录予以冲回。

应付账款一般按应付金额入账，而不按到期应付金额的现值入账。如果购入的资产在形成一笔应付账款时是带有现金折扣的，应付账款入账金额按发票上记载的应付金额的总值（不扣除折扣）确定。在这种方法下，应按发票上记载的全部应付金额，借记有关科目，贷记"应付账款"科目；现金折扣实际获得时，冲减财务费用。

应付账款一般在较短期限内支付，但有时应付账款由于债权单位撤销或其他原因而无法支付，无法支付的应付款项直接转入营业外收入。

（二）应付账款的核算

为了总括反映和监督企业因购买材料、商品和接受劳务供应等产生的债务及其偿还情况，企业应设置"应付账款"科目。该科目贷方登记企业购买材料、商品、接受劳务的应付而未付的款项；借方登记偿还的应付账款以及用商业汇票抵付的应付账款；期末贷方余额反映尚未支付的应付账款余额。该科目应按债权人设置明细账进行明细核算。

企业购入材料、商品等时，若货款尚未支付，根据有关凭证（发票账单、随货同行发票上记载的实际价款或暂估价值），借记"材料采购""在途物资"等科目，按可抵扣的增值税额，借记"应交税费——应交增值税（进项税额）"等科目，按应付的款项，贷记"应付账款"科目。

企业接受供应单位提供劳务而发生的应付未付款项，根据供应单位的发票账单，借记"生产成本"、"管理费用"等科目，贷记"应付账款"科目。

企业开出承兑商业汇票抵付应付账款，借记"应付账款"科目，贷记"应付票据"科目。企业偿付应付款时，借记"应付账款"科目，贷记"银行存款"等科目。

企业的应付账款确实无法支付时，应按其账面余额，借记"应付账款"科目，贷记"营业外收入——其他"科目。

文案范本

应付账款管理办法

第一章　总　　则

第一条　为了加强企业及所属单位的应付账款管理，提高企业内部控制水平，结合本企业生产经营特点和管理要求，特制定本办法。

第二条　本办法适用于本企业及所属单位。

第二章　应付账款的确认

第三条　应付账款是指企业因购买材料、商品或接受劳务供应等而应付给供应单位的款项。

第四条　企业应付账款入账时间的确定，应以与所购物资的所有权有关的风险和报酬已经转移或劳务已经接受为标志。

第三章　"应付账款"科目核算内容

第五条　企业购入材料、商品等验收入库，但货款尚未支付，根据有关凭证（发票账单、随货同行发票上记载的实际价款或暂估价值），借记"材料采购""在途物资"等科目，按应付款项，贷记"应付账款"。

第六条　企业接受供应单位提供劳务而发生的应付未付款项，根据供应单位的发票账单、发票上的实际价款等凭证，借记"生产成本""管理费用"等科目，贷记"应付账款"。支付时，借记"应付账款"，贷记"银行存款"等科目。

第七条　企业与债权人进行债务重组，应当按债务重组的不同方式进行处理。

1. 以低于重组债务账面价值的款项清偿债务的，应按应付账款的账面余额，借记"应付账款"，按实际支付的金额，贷记"银行存款"科目，按其差额，贷记"营业外收入——债务重组利得"科目。

2. 以非现金资产清偿债务的，应按应付账款的账面余额，借记"应付账款"，按用于清偿债务的非现金资产的公允价值，贷记"主营业务收入""其他业务收入""固定资产清理""无形资产""长期股权投资"等科目，按应支付的相关税费和其他费用，贷记"应交税费""银行存款"等科目，按其差额，贷记"营业外收入——债务重组利得"科目。

抵债资产为存货的，还应同时结转成本，记入"主营业务成本""其他业务成本"等科目；抵债资产为固定资产、无形资产的，其公允价值和账面价值的差额，记入"营业外收入——处置非流动资产利得"或"营业外支出——处置非流动资产损失"科目；抵债资产为可供出售金融资产、持有至到期投资、长期股权投资等的，其公允价值和账面价值的差额，记入"投资收益"科目。

3. 以债务转为资本，应按应付账款的账面余额，借记"应付账款"，按债权人因放弃债权而享有股权的公允价值，贷记"实收资本"或"股本""资本公积——资本溢价或股本溢价"科目；按其差额，贷记"营业外收入——债务重组利得"科目。

4. 以修改其他债务条件进行清偿的，应将重组债务的账面余额与重组后债务的公允价值的差额，借记"应付账款"，贷记"营业外收入——债务重组利得"科目。

第八条　应付账款一般在较短时间内支付。有些应付账款由于债权单位撤销或其他原因而无法支付，或者将应付账款转给关联方等其他企业的，无法支付的或无需支付的应付款项，应直接转入资本公积，借记"应付账款"科目，贷记"资本公积（其他资本公积）"科目。

第九条　企业根据合同规定预付给供应商购货定金或部分货款，也可以通过"应付账款"科目核算。在编制资产负债表时则需认真分辨"应付账款"科目各明细账的余额性质，如为借方余额，则属预付账款性质，应作为"预付账款"项目填列于资产负债表流动资产项目中。

第十条　"应付账款"科目期末贷方余额，反映企业尚未支付的应付账款。

第十一条　企业应当按照供应商设立应付账款台账，详细反映内部各业务部门以及各个供应商应付款项的发生、增减变动、余额及其每笔账龄等财务信息。

第十二条　企业财务管理部门应当定期编制应付款项明细表，向企业管理人员和有关业务部门反映应付款项的余额和账龄等信息，及时分析应付款项管理情况。

文案范本

应付账款管理制度

第一条　应付账款是企业因购买原材料、商品、物资或接受劳务等而应付给供应商的款项。

第二条　应付账款必须由财务部应付账款会计管理

1. 应付账款的管理和记录必须由独立于请购、采购、验收付款职能以外的财务部的应付账款会计专门负责。

2. 按付款日期、折扣条件等项规定管理应付账款，以保证采购付款内部控制的有效实施。

第三条　应付账款的确认和计量应真实和可靠

1. 应付账款的确认和计量必须根据审核无误的各种必要的原始凭证。

2. 这些凭证主要是供应商开具的发票、质量管理部门的验收证明、银行转来的结算凭证等。

3. 应付账款会计须审核这些原始凭证的真实性、合法性、完整性、合规性及正确性。

第四条　应付账款必须及时登记到应付账款账簿

1. 应付账款会计应当根据审核无误的原始凭证及时登记应付账款明细账。

2. 应付账款明细账应该分别按照供应商进行明细核算，在此基础上还可以进一步按购货合同进行明细核算。

第五条　及时冲抵预付账款

财务部收到供应商开具的发票以后，应该及时冲抵预付账款。

第六条　正确确认、计量和记录折扣

财务部将可享受的折扣按规定条件加以确认、计量和记录，以确定实际支付的款项。

第七条　应付账款的授权支付

财务部接到已到期的应付账款应及时支付，经财务部经理审核、总经理按权限审批后才能办理结算与支付。

第八条　应付账款的结转

财务部应该按照应付账款总分类账和明细分类账按月结账，并相互核对，出现差异时，应编制调节表进行调节。

第九条　应付账款的检查

1. 财务部按月从供应方取得对账单、与应付账款明细账或未付凭单明细表互相核对，若有差异应查明差异产生的原因。

2. 如果追查结果表明无会计记录错误，则应及时与债权人取得联系，以便调整差异。

3. 财务部相关负责人应定期从供应商处取得对账单，并进行核对、调节工作。

第十条 同应付账款相关的应付票据的签发必须经财务部审核，由财务总监和总经理按权限批准。

第十一条 财务部设置应付票据账簿，并认真做好应付票据的核算工作，票据的登记人员不得兼管票据的签发。

第十二条 财务部门应付账款会计管理空白、作废的、已付讫退回的商业汇票。

第十三条 财务部应该定期核对应付票据，并复核票据的利息核算。

第十四条 应付票据要定期与订货单、验收单、发票进行核对。

第十五条 应付票据要按照号码顺序及时进行保存。

 **文案范本**

应付账款登记表

年度： 年

日 期		科 目	厂商名称	摘要	金额	冲转日期		采购单号码	进库单号码	备注
月	日					月	日			

 **文案范本**

应付账款付款登记表

付款期： 第 页

验收单号	企业名称	摘 要	支付金额	付款日期	领款签章	备 注
本页合计						

 文案范本

应付账款分类汇总表

项　目	金　额		其中：期末余额						
	期初	期末	1个月以内（应付票据填列）	3个月以上	3～6个月	6个月～1年	1～2年	2～3年	3年以上
一、应付票据小计									
二、应付账款小计									
公司所属单位									
1.									
2.									
关联单位									
1.									
2.									
其他外部单位									
三、其他应付款单位									
公司所属单位									
1.									
2.									
关联单位									
1.									
2.									
其他外部单位									
四、预收账款小计									
公司所属单位									
1.									
2.									
关联单位									
1.									
2.									
其他外部单位									
五、应付内部单位款小计									
1.									
2.									

 **文案范本**

应付账款函证情况表

序号	收款单位	函证金额	第一次发函日期	第二次发函日期	回函日期	回函结果	未回函是否执行替代程序	索引号
1								
2								
3								
4								
5								
	合　计							

审计说明：

函证金额：　　　　　　占未审金额的比例：　　%

回函金额：　　　　　　占未审金额的比例：　　%

 **文案范本**

应收应付账款月报表

应收账款				应收票据			
销货日期	客　户	订单或凭证号码	金额	收单日期	客户名称	银行名称	金　额
合　计				合　计			

审核：　　　　　　　　　　填表：

 **文案范本**

应付账款明细账模板

日期		科　目	厂商名称	摘要	金额	冲转日期		采购单号码	进库单号码	备　注
月	日					月	日			

应付账款支付程序规范

1. 目的

为了管理好公司的应付账款，并为资金周转计划做好准备，特制定本程序。

2. 适用范围

适用于公司付款的全部过程。

3. 定义

3.1 现结：货到验收后付款，付清当批款项。

3.2 批结：指收到第一批货物验收合格后进仓暂时不办理付款，等采购第二批货物到货时验收合格后进仓结清第一批款项。

3.3 月结：本月发生的应付账款下月在规定的时间付款。

4. 职责

由财务部负责执行，采购部给予积极配合。

5. 内容

5.1 现结。

5.1.1 采购部必须在货到前三天以联络单的方式通知财务所需付款项目的金额。

5.1.2 货到时采购部通知仓管员（填写报检单，指原材料）按"采购管理程序"和《仓库管理办法》执行。

5.1.3 采购核对好进仓数量、单价填写"支付证明单"，交部门经理签字，交财务部复核（复核单据是否齐全、单据是否有效等），副总签字，总经理批准。

5.1.4 出纳核对金额后办理付款。

5.2 批结。

5.2.1 采购部在第二批货物到货的前三天通知财务第一批货款所付的金额。

5.2.2 货到时，采购部通知仓管员（填写报检单，指原材料），按"采购管理程序"和《仓库管理办法》执行。

5.2.3 采购与财务核对好第一批进货数量、单价填写"支付申请单"，交部门经理签字，交财务部复核（复核单据是否齐全、单据是否有效等），副总签字，总经理批准。

5.2.4 出纳核对金额后办理付款。

5.3 月结。

5.3.1 每月5日前客户传上月对账单，10日前财务核对后，并经财务部经理审核确认无误后，回传给供应厂商。

5.3.2 经双方共同确认无误后为实际应付账款。

5.3.3 采购部于每月23日前做好应付账款计划申请，经财务经理、总经理批准后，填写好付款通知单及"应付账款明细表"。

5.3.4 付款时间为2天（25日、26日），若厂商不在规定的时间结款，以后不给予办理，必须等到下月的付款时间才能结款。

5.3.5 确认付款金额后财务在25日前填写所有安排付款厂商的"支付证明单"。

5.3.6 出纳付款时必须有本单位的付款通知单、支付证明单与付款计划明细表相符，付款通知单必须有财务部经理、总经理签字，并且有厂商收据或者发票同时盖有厂商公章，方可付款或转账，否则出纳有权拒绝付款或转账。

5.4 其他报销参照5.1现结程序执行。

三、短期借款

短期借款是指企业向银行或其他金融机构等借入的期限在一年以下（含一年）的各种款项。短期借款应当按照借款本金和确定的利率按期计提利息，计入当期损益。

企业应设置"短期借款"科目核算借入的各种短期借款，贷方登记取得的各种短期借款，借方登记归还的各种借款，期末贷方余额反映企业尚未偿还的短期借款。该科目应按借款种类、贷款人和币种进行明细核算。

企业按规定借入的各种短期借款，借记"银行存款"科目，贷记"短期借款"科目。资产负债表日，应按用实际利率计算确定的短期借款利息的金额，借记"财务费用"等科目，贷记"银行存款""应付利息"等科目。实际利率与合同约定的名义利率差异很小的，也可以采用合同约定的名义利率计算确定利息费用。企业归还借款本金时，借记"短期借款"科目，贷记"银行存款"科目。

在以应收债权取得质押借款的情况下，与应收债权有关的风险和报酬并未转移，企业自行承担应收债权可能产生的风险，企业应按照实际收到的款项，借记"银行存款"科目，按实际支付的手续费，借记"财务费用"科目，按银行贷款本金并考虑借款期限，贷记"短期借款"等科目。企业应设置备查簿，详细记录质押的应收债权的账面金额、质押期限及回款情况等。

企业在出售应收债权的过程中如附有追索权，即在有关应收债权到期无法从债务人处收回时，银行或其他单位有权力向出售应收债权的企业追偿，或按照协议约定，企业有义务按照约定金额自银行等金融机构回购应收债权，应收债权的坏账风险由售出应收债权的企业负担。在这种情况下，企业不应终止确认应收债权，而应按以应收债权为质押取得借款的会计处理原则进行处理。

四、预收账款

预收账款是指企业按照合同规定，向购货方预收的款项。这项负债要用以后的商品或劳务偿付。预收账款应按实际收到的金额入账。

为了核算企业的预收账款，在预收账款业务较多的企业，一般应设置"预收账款"科目。该科目贷方登记预收的款项以及购货单位补付的款项；借方登记销售实现时结转的款项和退回多收的余额。期末贷方余额反映企业向购货单位预收的款项；期末如为借方余额，反映企业应向购货单位补收的款项。该科目按购货单位设置明细账进行明细核算。

企业向购货单位预收款项时，借记"银行存款"等科目，贷记"预收账款"科目；销售实现时，按实现的收入和应交的增值税销项税额，借记"预收账款"科目，按实现的营业收入，贷记"主营业务收入"科目，按应交的增值税额，贷记"应交税费——应交增值税（销项税额）"科目。购货单位补付的款项，借记"银行存款"等科目，贷记"预收账款"科目；退回多付的款项，做相反会计分录。

如果企业的预收账款业务不多，也可以不设"预收账款"科目，而是将预收的款项直接记入"应收账款"科目的贷方。

文案范本

预收账款核算办法

第一章　总　　则

第一条　为了合理控制预收账款的规模、明确预收账款的核算办法，确保企业流动负债处于合理范围内，特制定本办法。

第二条　预收账款的核算要求。

1. 正确反映预收账款的情况。

2. 及时用有关的产品或劳务清偿债务。

3. 按期结清预收账款

第三条　预收账款核算使用的科目。

企业设置"预收账款"科目，属于负债类，其贷方登记已预收的货款和购货单位已补付的货款，其借方登记产品销售实现时应收的货款税款和已退回购货单位多付的货款。

第二章　预收账款的核算

第四条　企业在向购货单位预收货款时，借记"银行存款"科目，贷记"预收账款"科目。

第五条　产品销售实现时，按售价，借记"预收账款"科目，贷记"主营业务收入"科目。

第六条　购货单位补付货款时，借记"银行存款"科目，贷记"预收账款"科目。

第七条　退回购货单位多付的货款时，借记"预收账款"科目，贷记"银行存款"科目。

文案范本

预收账款发生额表

科目代码及名称	方向	期初余额	本期借累计	本期贷累计	期末余额	审计调整	审定数
合　计							

文案范本

预收账款明细表

公司名称	日　期	内　容	金　额	占应收总额比例	备　注
合　计					

预收账款明细账模板

编制单位：　　　　　　　　日期：　　年　月　　　　　　　　　单位：元

序号	客户单位名称	期初余额	本期发生		累计发生		期末余额
			借方发生	贷方发生	借方发生	贷方发生	
合　计							

五、代销商品款

代销商品款是指企业接受代销商品的价款（包括代销国外商品的价款）。企业应设置"受托代销商品款"科目核算，并应按委托单位设置明细账进行明细核算。该科目的期末贷方余额反映企业尚未销售的接受代销商品的价款。

同时，企业应设置"受托代销商品"科目核算企业接受代销商品的进价（接受价）或售价，并应按照委托单位设置明细账进行明细核算。该科目的期末借方余额反映企业尚未销售的接受代销商品的进价或售价。

企业收到受托代销商品时，采用进价核算的，按接收价，借记"受托代销商品"科目，贷记"受托代销商品款"科目。采用售价核算的，按售价，借记"受托代销商品"科目，按接收价，贷记"受托代销商品款"科目，按售价与接收价之间的差额，贷记"商品进销差价"科目。采取收取手续费方式代销的商品，售出受托代销商品后，按售价和应收的增值税额，借记"银行存款""应收账款"等科目，按应交的增值税额，贷记"应交税费——应交增值税（销项税额）"科目，按应付委托单位的款项，贷记"应付账款——××委托代销单位"科目。收到委托单位开来的票据时，按可抵扣的增值税额，借记"应交税费——应交增值税（进项税额）"科目，贷记"应付账款——××委托代销单位"科目；同时，按接收价，借记"受托代销商品款"科目，按接收价或售价，贷记"受托代销商品"科目，按接收价与售价的差额，借记"商品进销差价"科目。计算代销手续费等收入时，借记"应付账款——××委托代销单位"科目，贷记"其他业务收入"科目。付款时，按实际支付给委托单位的代销款项，借记"应付账款——××委托代销单位"科目，贷记"银行存款"等科目。

不采取收取手续费方式代销的商品，售出受托代销商品后，按售价和应收的增值税，借记"银行存款"、"应收账款"等科目，按实现的营业收入，贷记"主营业务收入"等科目，按应交的增值税额，贷记"应交税费——应交增值税（销项税额）"科目；结转营业成本时，采用进价核算的，按接收价，借记"主营业务成本"等科目，贷记"受托代销商品"科目，同时，按接收价，借记"受托代销商品款"科目，按收到的专用发票上注明的增值税额，借记"应交税费——应交增值税（进项税额）"科目，按应付委托单位的款项，贷记"应付账款——××委托代销单位"科目；采用售价核算的，按售价，借记"主营业务成本"等科目，贷记"受托代销商品"科目。同时，按接收价，借记"受托代销商品款"科目，按收到的专用发票上注明的增值税额，借记"应交税费——应交增值税（进项税额）"科目，贷记"应付账款——××委托代销单位"科目。月末应分摊已销代销商品的进销差价并调整当期的主营业务成本。

六、应付职工薪酬

职工薪酬是指企业为获得职工提供的服务而给予各种形式的报酬以及其他相关支出。也就是说，职工薪酬是指企业在职工在职期间和离职后提供的全部货币性薪酬和非货币性福利，包括提供给职工本人的薪酬，以及提供给职工配偶、子女或其他被赡养人的福利等。

（一）职工薪酬的分类

职工薪酬通常可分为：

（1）职工工资、奖金、津贴和补贴；

（2）职工福利费；

（3）医疗保险费、养老保险费、失业保险费、工伤保险费和生育保险费等社会保险费；

（4）住房公积金；

（5）工会经费和职工教育经费；

（6）非货币性福利；

（7）因解除与职工的劳动关系给予的补偿；

（8）其他与获得职工提供的服务相关的支出。

上述"职工"是指与企业订立劳动合同的所有人员，含全职、兼职和临时职工；也包括虽未与企业订立劳动合同但由企业正式任命的人员，如董事会成员、监事会成员等；还包括在企业的计划和控制下，虽与企业未订立劳动合同或企业未正式任命，但为企业提供与职工类似服务的人员。

上述"养老保险费"包括根据国家规定的标准向社会保险经办机构缴纳的基本养老保险费，以及根据企业年金计划向企业年金基金相关管理人缴纳的补充养老保险费。职工个人储蓄性养老保险，属于其个人行为，与企业无关，不属于职工薪酬核算的范围。企业按规定缴费后形成的企业年金基金的核算，应执行《企业会计准则第10号——企业年金基金》。

上述"非货币性福利"包括企业以自产产品或外购商品发放给职工作为福利、将企业拥有的资产无偿提供给职工使用、为职工无偿提供医疗保健服务等。

上述"因解除与职工的劳动关系给予的补偿"包括两个方面的内容：

（1）在职工劳动合同尚未到期前，不论职工本人是否愿意，企业决定解除与职工的劳动关系而给予的补偿；

（2）在职工劳动合同尚未到期前，为鼓励职工自愿接受裁减而给予的补偿，职工有权利选择继续在职或接受补偿离职。

因解除与职工的劳动关系给予的补偿通常采取在解除劳动关系时一次性支付补偿的方式，也有通过提高退休后养老金或其他离职后福利标准的方式，或者将职工薪酬的工资部分支付到辞退后未来某一期间。

企业以购买商业保险形式提供给职工的各种保险待遇亦属于职工薪酬。

企业对职工的股份支付也属于职工薪酬，但应执行《企业会计准则第11号——股份支付》。

（二）应付职工薪酬的确认和计量

企业职工薪酬按下列办法确认和计量：

（1）企业在职工为其提供服务的会计期间，除解除劳动关系补偿（亦称辞退福利）全部计入当期费用以外，其他职工薪酬均应根据职工提供服务的受益对象，将应确认的职工薪酬（包括货币性薪酬和非货币性福利）计入相关资产成本或当期费用，同时确认为应付职工薪酬负债。其中：

　　1）应由生产产品、提供劳务负担的职工薪酬，计入产品成本或劳务成本。

　　2）应由在建工程、无形资产负担的职工薪酬，计入建造固定资产或无形资产成本。

　　3）上述1）和2）之外的其他职工薪酬，计入当期损益。

（2）企业为职工缴纳的医疗保险费、养老保险费、失业保险费、工伤保险费、生育保险费等社会保险费和住房公积金，应当在职工为其提供服务的会计期间，根据工资总额的一定比例计算，并按照上述第（1）条的办法处理。

　　在企业应付给职工的各种薪酬中，国家有规定计提基础和计提比例的，应当按照国家规定的标准计提。例如，应向社会保险经办机构等缴纳的医疗保险费、养老保险费（包括根据企业年金计划向企业年金基金相关管理人缴纳的补充养老保险费）、失业保险费、工伤保险费、生育保险费等社会保险费，应向住房公积金管理机构缴存的住房公积金，以及工会经费和职工教育经费等。国家没有规定计提基础和计提比例但应当在当期确认有关薪酬的，企业应当根据历史经验数据和实际情况合理预计。当期实际发生金额大于预计金额的，应当补提应付职工薪酬；当期实际发生金额小于预计金额的，应当冲回多提的应付职工薪酬。在资产负债表日至财务报告批准报出日期间，如有确凿证据表明需要调整资产负债表日原确认的应付职工薪酬的，应当按照《企业会计准则第29号——资产负债表日后事项》处理。

　　对于应在职工提供服务的会计期末以后一年以上支付的应付职工薪酬，企业应当选择与该应付职工薪酬期限和币种相匹配的国债或活跃市场上的高质量公司债券的市场收益率确定，以应付职工薪酬折现后金额，计入相关资产成本或当期费用；应付职工薪酬金额与其折现后金额相差不大的，也可以以未折现金额计入相关资产成本或当期费用。

（3）企业在职工劳动合同到期之前解除与职工的劳动关系，或者为鼓励职工自愿接受裁减而提出给予补偿的建议，同时满足下列条件的，应当确认因解除与职工的劳动关系给予补偿而产生的应付职工薪酬（预计负债），同时计入当期损益。

　　1）企业已经制订正式的解除劳动关系计划或提出自愿裁减建议，并即将实施。该计划或建议应包括拟解除劳动关系或裁减的职工所在部门、职位及数量；根据有关规定按工作类别或职位确定的解除劳动关系或裁减补偿金额；拟解除劳动关系或裁减的时间。正式的辞退计划或建议应当由企业与职工代表大会或工会组织达成一致意见后，经过董事会或类似权力机构批准。辞退工作一般应当在一年内实施完毕，但因付款程序等原因使部分付款推迟至一年后支付的，视为符合应付职工薪酬（辞退福利）的确认条件。

　　2）企业不能单方面撤回解除劳动关系计划或裁减建议。企业应严格按照正式的解除劳动关系计划条款的规定，根据拟解除劳动关系的职工数量、每一职位的补偿等，合理预计并计提解除职工劳动关系产生的应付职工薪酬，预计数与实际发生数差额较大的，应当在附注中披露产生差额较大的原因。

　　对于自愿接受裁减的建议，因接受裁减的职工数量不确定，企业应当预计将会接受裁减建议的职工数量，根据预计的职工数量和每一职位的辞退补偿等，按照《企业会计准则第13号——或有事项》规定，合理预计并计提应付职工薪酬。

　　职工虽然没有与企业解除劳动合同，但未来不再为企业带来经济利益，企业承诺提供实质上具有辞退福利性质的经济补偿，比照解除劳动关系补偿处理。

对于符合规定的应付职工薪酬（辞退福利）确认条件、实质性辞退工作在一年内完成、但付款时间超过一年的，企业应当以折现后的金额计量辞退福利。

（三）应付职工薪酬的核算

企业应设置"应付职工薪酬"科目核算企业根据有关规定应付给职工的各种薪酬，贷方登记本月实际发生的应付职工薪酬总额，即应付职工薪酬的分配数，借方登记本月实际支付的各种应付职工薪酬，期末贷方余额反映企业应付未付的职工薪酬。该科目应当按照"工资""职工福利""社会保险费""住房公积金""工会经费""职工教育经费""非货币性福利""辞退福利""股份支付"等应付职工薪酬项目进行明细核算。

外商投资企业按规定从净利润中提取的职工奖励及福利基金，也在"应付职工薪酬"科目核算。外商投资企业按规定从净利润中提取的职工奖励及福利基金，借记"利润分配——提取的职工奖励及福利基金"科目，贷记"应付职工薪酬"科目。

（1）企业支付应付职工薪酬时，应作如下账务处理。

企业按照有关规定向职工支付工资、奖金、津贴、福利费等，借记"应付职工薪酬"科目，贷记"银行存款""库存现金"等科目。

企业从应付职工薪酬中扣还的各种款项（代垫的家属药费、个人所得税等），借记"应付职工薪酬"科目，贷记"其他应收款""应交税费——应交个人所得税"科目。

企业支付工会经费和职工教育经费用于工会活动和职工培训，借记"应付职工薪酬"科目，贷记"银行存款"等科目。

企业按照国家有关规定缴纳社会保险费和住房公积金，借记"应付职工薪酬"科目，贷记"银行存款"科目。

企业因解除与职工的劳动关系给予职工的补偿，借记"应付职工薪酬"科目，贷记"银行存款""库存现金"等科目。

企业因租赁住房等资产供职工无偿使用所发生的租金支出，借记"应付职工薪酬"科目，贷记"银行存款"等科目。

（2）企业应当根据职工提供服务的受益对象，对发生的职工薪酬分别以下情况进行处理。

生产部门人员的职工薪酬，借记"生产成本""制造费用""劳务成本"等科目，贷记"应付职工薪酬"科目。

管理部门人员的职工薪酬，借记"管理费用"科目，贷记"应付职工薪酬"科目。销售人员的职工薪酬，借记"销售费用"科目，贷记"应付职工薪酬"科目。

应由在建工程、研发支出负担的职工薪酬，借记"在建工程""研发支出"等科目，贷记"应付职工薪酬"科目。

因解除与职工的劳动关系给予的补偿，借记"管理费用"科目，贷记"应付职工薪酬"科目。

无偿向职工提供住房等固定资产使用的，按应计提的折旧额，借记"管理费用""生产成本""制造费用"等科目，贷记"应付职工薪酬"科目；同时，借记"应付职工薪酬"科目，贷记"累计折旧"科目。

租赁住房等资产供职工无偿使用的，每期应支付的租金，借记"管理费用""生产成本""制造费用"等科目，贷记"应付职工薪酬"科目。

（四）非货币性福利的处理方法

（1）企业以其自产产品或外购商品作为非货币性福利发放给职工的，应当根据受益对象，按照该产品或商品的公允价值和相关税费，计入相关资产成本或当期损益，同时确认应付职工薪酬。

企业以其自产产品或外购商品发给职工作为职工薪酬的，借记"管理费用""生产成本""制造费用"等科目，贷记"应付职工薪酬"科目。

企业以其自产产品发放给职工的，按销售产品处理，借记"应付职工薪酬"科目，贷记"主营业务收入"科目，同时，还应结转产成品的成本。涉及增值税销项税额的，还应进行相应的处理。企业以外购商品发放给职工的，在借记"应付职工薪酬"科目的同时，应结转外购商品的成本，涉及增值税进项税额转出的，还应进行相应的处理。

（2）将企业拥有的住房等资产无偿提供给职工使用的，应当根据受益对象，将该住房每期应计提的折旧计入相关资产成本或费用，同时确认应付职工薪酬。租赁住房等资产供职工无偿使用的，应当根据受益对象，将每期应付的租金计入相关资产成本或费用，并确认应付职工薪酬。难以认定受益对象的非货币性福利，直接计入管理费用和应付职工薪酬。

（3）企业有时以低于取得成本的价格向职工提供商品或服务，其实质是企业向职工提供补贴。对此，企业应根据出售商品或服务合同条款的规定分别情况加以处理。如果合同规定职工在取得住房等商品或服务后至少应提供服务的年限，企业应将出售商品或服务的价格与其成本间的差额，作为长期待摊费用处理，在合同规定的服务年限内平均摊销，根据受益对象分别计入相关资产成本或当期损益；如果合同没有规定职工在取得住房等商品或服务后至少应提供服务的年限，则企业应将出售商品或服务的价格的成本的差额，作为对职工过去提供服务的一种补偿，直接计入向职工出售商品或服务当期的损益。

（五）以现金结算的股份支付形成的应付职工薪酬的核算

股份支付是指企业为获取职工和其他方提供服务而授予权益工具或者承担以权益工具为基础确定的负债的交易。股份支付分为以权益结算的股份支付和以现金结算的股份支付。

以现金结算的股份支付，是指企业为获取服务承担以股份或其他权益工具（仅指企业自身权益工具）为基础计算确定的交付现金或其他资产义务的交易。

股份支付的确认和计量，应当以真实、完整、有效的股份支付协议为基础。

以现金结算的股份支付，应当按照企业承担的以股份或其他权益工具为基础计算确定的负债的公允价值计量。

授予后立即可行权的以现金结算的股份支付，应当在授予日以企业承担负债的公允价值计入相关成本或费用，相应增加负债。

完成等待期内的服务或达到规定业绩条件以后才可行权的以现金结算的股份支付，在等待期内的每个资产负债表日，应当以对可行权情况的最佳估计为基础，按照企业承担负债的公允价值金额，将当期取得的服务计入成本或费用和相应的负债。

在资产负债表日，后续信息表明企业当期承担债务的公允价值与以前估计不同的，应当进行调整，并在可行权日调整至实际可行权水平。

企业在可行权日之后不再确认由换入服务引起的成本费用增加，但应当在相关负债结算前的每个资产负债表日以及结算日，对负债的公允价值重新计量，其变动计入当期损益（公允价值变动损益）。

企业对于以现金结算的股份支付形成的负债，应在"应付职工薪酬"科目下设置"股份支付"二级科目核算。

文案范本

应付职工薪酬明细表

编号：   金额单位：元

项　　目	应付工资						应付福利费	
	上年同期数	本期实际数					上年同期数	本期实际数
		小计	基本工资	奖金	房屋津贴	其他津贴		
一、年初余额								
二、本期增加额								
（一）提取数								
（1）生产成本								
（2）劳务成本								
（3）辅助生产成本								
（4）制造费用								
（5）管理费用								
（6）销售费用								
（7）在建工程								
（8）其他								
（二）主管部门拨入								
（三）其他增加								
三、本期减少额								
（一）支付职工工资								
（二）人员福利工资								
（三）医药费支出								
其中：医疗保险费								
（四）职工困难补助								
（五）补充养老保险								
（六）其他减少								
四、期末金额								
其中：工资结余								

文案范本

应付职工薪酬的业务流程

（一）职工薪酬的业务流程

职工薪酬发放	对于集中发放的职工薪酬、奖金等，为简化手续，可先由出纳岗位凭支出证明单付款，再将付款单据汇总后传递到薪酬核算岗填制记账凭证
职工薪酬分配	根据月末打印当月应付职工薪酬明细汇总表编制职工薪酬分配表，并根据职工薪酬分配表和人力资源部门提供的车间产量职工薪酬情况编制记账凭证
福利支出	审核行政事务部门签批的托幼费、学杂费、医药费及党群部门签批的困难补助等支出，编制记账凭证
管理性工作	及时编制职工薪酬表，保证职工薪酬按时准确发放；及时清理其他应付款，保证代扣代缴到位

（二）社会保险费的核算流程

缴纳社会保险费	当期缴纳各项社会保险费时，由单位承担的部分计入当期管理费用，由职工个人承担的部分计入其他应收款
职工薪酬扣除	发放职工薪酬时，应该把单位代职工个人缴纳的各项社会保险费收回，从应付职工薪酬中扣除
社会保险金支取时	社会保险金支取时，如企业职工报销医药费，扣除应付职工薪酬，同时减少企业的银行存款或现金

（三）非货币性职工薪酬的业务流程

住房公积金的缴纳	住房公积金是按职工工资的一定比例缴存到住房公积金管理机构的，其中单位承担一部分，个人承担一部分，个人承担的部分由单位代扣代交，一般在当期缴纳，因此，在缴纳时职工应交的那部分有单位先垫付
职工薪酬扣除	发放职工薪酬时，把单位代交的部分收回，从职工薪酬中扣回
公积金退领及转移	审核人力资源部门开具的公积金提取申请表，填写公积金支取或公积金转移凭证，交银行加盖银行印签，再传递给公积金提取（或转移人）

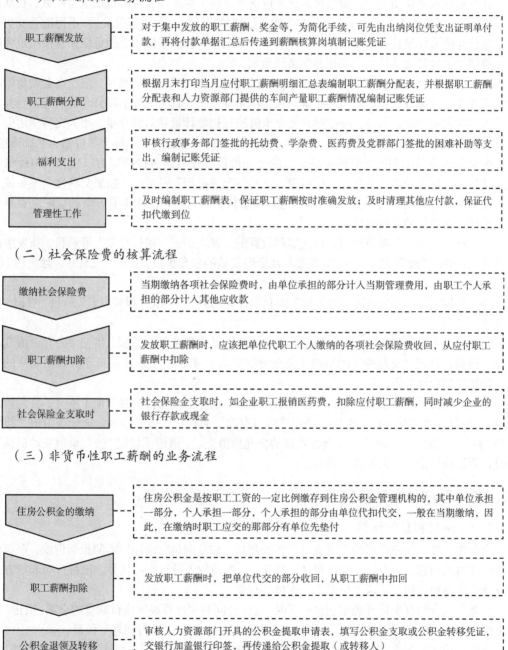

七、以公允价值计量且其变动计入当期损益的金融负债

金融负债是负债的组成部分，主要包括短期借款、应付票据、应付债券、长期借款等。企业应当结合自身业务特点和风险管理要求，将承担的金融负债在初始确认时分为以下两类：以公允价值计量且其变动计入当期损益的金融负债；其他金融负债，即没有划分为以公允价值计量且其变动计入当期损益的金融负债，通常包括企业购买商品或服务形成的应付账款、长期借款、商业银行吸收的客户存款等。企业在金融负债初始确认时对其进行分类后，不得随意变更。

以公允价值计量且其变动计入当期损益的金融负债，包括交易性金融负债和直接指定为以公允价值计量且其变动计入当期损益的金融负债。

企业应当在成为金融工具合同的一方并承担相应义务时确认金融负债，应当在金融负债的现时义务全部或部分已经解除时终止确认该金融负债或其一部分。对于以公允价值计量且其变动计入当期损益的金融负债，应按照其公允价值进行初始计量和后续计量，相关交易费用应当在发生时直接计入当期损益。其中，金融负债的公允价值一般应当以市场交易价格为基础确定。

企业为核算其承担的交易性金融负债的公允价值和持有的直接指定为以公允价值计量且其变动计入当期损益的金融负债，应设置"交易性金融负债"科目，并按照交易性金融负债类别，分别通过"本金""公允价值变动"进行明细核算。该科目的期末贷方余额反映企业承担的交易性金融负债的公允价值。

企业承担交易性金融负债时，应按实际收到的金额，借记"银行存款"等科目，按发生的交易费用，借记"投资收益"科目，按交易性金融负债的公允价值，贷记"交易性金融负债（本金）"科目。

资产负债表日，按交易性金融负债票面利率计算的利息，借记"投资收益"科目，贷记"应付利息"科目。

资产负债表日，交易性金融负债的公允价值高于其账面余额的差额，借记"公允价值变动损益"科目，贷记"交易性金融负债（公允价值变动）"科目；公允价值低于其账面余额的差额，做相反的会计分录。

企业处置交易性金融负债时，应按其账面余额，借记"交易性金融负债（本金、公允价值变动）"科目，按实际支付的金额，贷记"银行存款"等科目，按其差额，贷记或借记"投资收益"科目。同时，按该项交易性金融负债的公允价值变动，借记或贷记"公允价值变动损益"科目，贷记或借记"投资收益"科目。

八、应付利息和应付股利

（一）应付利息的核算

企业为核算其按照合同约定应支付的各类利息，如分期付息到期还本的长期借款、企业债券等应支付的利息，应设置"应付利息"科目，并按债权人进行明细核算。该科目期末贷方余额反映企业按照合同约定应支付但尚未支付的利息。

企业采用合同利率计算确定利息费用时，应按合同利率计算确定应付利息的金额，借记"在建工程""制造费用""财务费用""研发支出"等科目，贷记"应付利息"科目。

企业采用实际利率计算确定利息费用时，应按摊余成本和实际利率计算确定的利息费用，借记"在建工程""制造费用""财务费用""研发支出"等科目，按合同利率计算确定的应付未付利息的金额，贷记"应付利息"科目，按其差额，借记或贷记"长期借款——利息调整"等科目。

合同利率与实际利率差额较小的，也可以采用合同利率计算确定利息费用。实际支付利息时，借记"应付利息"科目，贷记"银行存款"等科目。

（二）应付股利的核算

企业为核算其分配的现金股利或利润，应设置"应付股利"科目，并按投资者进行明细核算。该科目期末贷方余额反映企业应付未付的现金股利或利润。

企业根据股东大会或类似机构审议批准的利润分配方案，按应支付的现金股利或利润，借记"利润分配"科目，贷记"应付股利"科目。实际支付现金股利或利润时，借记"应付股利"科目，贷记"银行存款"等科目。董事会或类似机构通过的利润分配方案中拟分配的现金股利或利润，不做账务处理，但应在报表附注中披露。

文案范本

应付股利明细表

填表日期：　　　年　月　日　　　　　　　　　　　　　　　金额单位：元

序　号	项　　目	年初余额	本期应付	本期已付	期末余额
1	应付公司总部				
2	应付公司其他所属单位				
3	应付其他关联方				
4	应付其他单位				

九、应交税费

企业作为商品生产和经营者，必须按照国家规定履行纳税义务，对其经营所得依法缴纳各种税费。这些应交的税费应按权责发生制原则进行确认、计提，在尚未缴纳之前暂时留在企业，形成一项负债。

为了总括地反映和监督企业应交税费的计算和缴纳情况，应设置"应交税费"科目，并按具体应交的税费项目设置明细科目进行明细核算。该科目的贷方登记应缴纳的各种税费，借方登记已缴纳的各种税费，期末贷方余额反映尚未缴纳的税费；期末如为借方余额，反映多交或尚未抵扣的税费。"应交税费"科目核算的税费项目包括增值税、消费税、资源税、土地增值税、城市维护建设税、房产税、城镇土地使用税、车船税、教育费附加、矿产资源补偿费、企业所得税、个人所得税等。印花税、耕地占用税、车辆购置税无须通过该科目核算。

（一）增值税

1. 一般纳税企业的账务处理

（1）扣税和记账依据。按照《增值税暂行条例》规定，一般纳税企业购进货物或接受应税劳务支付的增值税（简称"进项税额"），可以从销售货物或提供应税劳务按规定收取的增值税（简称"销项税额"）中抵扣。下列进项税额准予从销项税额中抵扣：

1）从销售方取得的增值税专用发票上注明的增值税额。

2）从海关取得的海关进口增值税专用缴款书上注明的增值税额。

3）购进农产品除取得增值税专用发票或者海关进口增值税专用缴款书外，按照农产品收购发票或者销售发票上注明的农产品买价和13%的扣除率计算的进项税额。买价包括纳税人购进农产品在农产品收购发票或销售发票上注明的价款（含价外补贴）和按规定缴纳的烟叶税。

　　4）购进或者销售货物以及在生产经营过程中支付运输费用的，按照运输费用结算单据（普通发票）上注明的运费金额和7%的扣除率计算的进项税额。纳税人所取得的运费结算单据上注明的运费金额所包括的具体明细内容必须符合税法的规定。

　　纳税人购进货物或者应税劳务，取得的增值税扣税凭证不符合法律、行政法规或者国务院税务主管部门有关规定的，其进项税额不得从销项税额中抵扣，只能计入购进货物或接受应税劳务的成本。

　　（2）科目设置。一般纳税企业应交的增值税，在"应交税费"科目下设置"应交增值税"和"未交增值税"两个明细科目进行核算。

　　"应交增值税"明细科目的借方发生额，反映企业购进货物或接受应税劳务支付的进项税额、实际已缴纳的增值税额和月终转出的当月应交未交的增值税额；贷方发生额，反映企业销售货物或提供应税劳务收取的销项税额、出口企业收到的出口退税以及进项税额转出数和转出多交增值税；期末借方余额反映企业尚未抵扣的增值税。

　　"未交增值税"明细科目的借方发生额，反映企业月终转入的多交的增值税；贷方发生额，反映企业月终转入的当月发生的应交未交增值税；期末借方余额反映多交的增值税，贷方余额反映未交的增值税。

　　为了详细核算企业应缴纳增值税的计算和解缴、抵扣等情况，企业应在"应交增值税"明细科目下设置"进项税额""已交税金""减免税款""出口抵减内销产品应纳税额""转出未交增值税""销项税额""出口退税""进项税额转出""转出多交增值税"等专栏。

　　"进项税额"专栏，记录企业购入货物或接受应税劳务而支付的、按规定准予从销项税额中抵扣的增值税额。企业购入货物或接受应税劳务支付的进项税额，用蓝字登记；退回所购货物应冲销的进项税额，用红字登记。

　　"已交税金"专栏，记录企业本月已缴纳的增值税额。企业本月已缴纳的增值税额用蓝字登记；退回本月多交的增值税额用红字登记。

　　"减免税款"专栏，记录企业按规定享受直接减免的增值税款。

　　"出口抵减内销产品应纳税额"专栏，记录企业按规定的退税率计算的出口货物的当期抵免税额。

　　"转出未交增值税"专栏，记录企业月终转出应交未交的增值税。月终，企业转出当月发生的应交未交的增值税额用蓝字登记。

　　"销项税额"专栏，记录企业销售货物或提供应税劳务应收取的增值税额。企业销售货物或提供应税劳务应收取的销项税额，用蓝字登记；退回销售货物应冲销的销项税额，用红字登记。

　　"出口退税"专栏，记录企业出口货物按规定计算的当期免抵退税额或按规定直接计算的应收出口退税额；出口货物办理退税后发生退货或者退关而补交已退的税款，用红字登记。

　　"进项税额转出"专栏，记录企业的购进货物、在产品、产成品等发生非正常损失以及其他原因而不应从销项税额中抵扣，按规定转出的进项税额。

　　"转出多交增值税"专栏，记录企业月终转出本月多交的增值税。月终，企业转出本月多交的增值税额用蓝字登记；收到退回本月多交的增值税额用红字登记。

　　根据《国家税务总局关于增值税日常稽查办法的通知》，增值税一般纳税人在税务机关对其增值税纳税情况进行检查后，凡涉及应交增值税账务调整的，应设立"应交税费——增值税检查调整"专门账户。凡检查后应调减账面进项税额或调增销项税额和进项税额转出的，借记有关科目，贷记"应交税费——增值税检查调整"；凡检查后应调增账面进项税额或调减销项税额和进项税额转出的，借记"应交税费——增值税检查调整"，贷记有关科目；全部调账事项入账后，应对该账户的余额进行处理，处理后，该账户无余额。

（3）账务处理。

1）一般购销业务的账务处理。

① 企业采购货物、接受应税劳务等要进行增值税进项税额的核算。即按增值税专用发票（或海关进口增值税专用缴款书）上注明的增值税额，借记"应交税费——应交增值税（进项税额）"科目，按发票上记载的应计入采购成本或加工修理等货物成本的金额，借记"材料采购""在途物资"或"原材料""库存商品""生产成本""管理费用""委托加工物资"等科目，按应付或实际支付的金额，贷记"应付账款""应付票据""银行存款"等科目。购入货物发生退货时作相反的会计分录。企业采购货物、接受应税劳务等取得的增值税专用发票或海关进口增值税专用缴款书上注明的增值税额最终能否申报抵扣，应按增值税法规的有关规定进行认证、审核。对于最终经认定不得申报抵扣的进项税额，应转入或直接计入购进货物或接受应税劳务的成本。

② 企业销售货物或提供应税劳务等要进行增值税销项税额的核算。即按实现的营业收入（不含增值税）和应收增值税额，借记"应收账款""应收票据""银行存款"等科目，按实现的营业收入贷记"主营业务收入""其他业务收入"等科目，按实现的营业收入和规定的税率计算出的应收增值税额，贷记"应交税费——应交增值税（销项税额）"科目。如发生销售退回和折让，则作相反的会计分录。

2）购入免税农产品的账务处理。购入免税农产品可以按买价和规定的扣除率计算进项税额，并准予从销项税额中扣除。这里的买价是指企业购进免税农产品支付给农业生产者的价款。按购进免税农产品使用的经主管税务机关批准的收购凭证上注明的金额（买价），扣除依规定的扣除率计算的进项税额，作为购进农产品的成本，借记"材料采购""库存商品"等科目；按计算的进项税额，借记"应交税费——应交增值税（进项税额）"科目；按应付或实际支付的价款，贷记"银行存款""应付账款""应付票据"等科目。

3）外购或销售货物支付运费金额的账务处理。根据规定，一般纳税企业外购货物所支付的运输费用及建设基金，以及一般纳税企业销售货物所支付的运输费用（不包括代垫运费），可按取得的货物运输发票所列运费金额，依规定的扣除率计算进项税额予以抵扣。账务处理比照2）进行。

4）进货退回与进货折让的账务处理。企业购进货物后，由于各种原因，可能会发生全部退货、部分退货与进货折让等事项。对此，应分别不同情况进行账务处理。

① 企业进货后尚未入账就发生退货或折让的，无论货物是否入库，必须将取得的扣税凭证主动退还给销售方注销或重新开具。无须作任何会计处理。

② 企业进货后已作会计处理，发生退货或索取折让时，若专用发票的发票联和抵扣联无法退还，企业必须向当地主管税务机关申请开具"进货退出或索取折让证明单"送交销售方，作为销售方开具红字专用发票的合法依据。企业收到销售方开来的红字专用发票时，按发票上注明的增值税额，红字借记"应交税费——应交增值税（进项税额）"科目，按发票上注明的价款，红字借记"原材料"等科目，按价税合计数，红字贷记"应付账款""银行存款"等科目。

5）购进的货物及相关的应税劳务、在产品、产成品及相关的应税劳务发生非正常损失的账务处理。企业购进的货物及相关的应税劳务、在产品、产成品及相关的应税劳务发生非正常损失，其进项税额应相应转入有关科目，借记"待处理财产损溢"等科目，贷记"应交税费——

应交增值税（进项税额转出）"科目。属于转作待处理财产损失的部分，应与遭受非正常损失的购进货物及相关的应税劳务、在产品、产成品及相关的应税劳务成本一并处理。

6）不予抵扣项目的账务处理。对于按规定不予抵扣的进项税额，账务处理上采用不同的方法。

① 购入货物时即能认定其进项税额不能抵扣的，如购进国务院财政、税务主管部门规定的纳税人自用消费品，购入货物直接用于免税项目，或者直接用于非增值税应税项目，或者直接用于集体福利和个人消费的，其增值税专用发票上注明的增值税额，直接计入购入货物及接受应税劳务的成本。

② 购入货物时不能直接认定其进项税额能否抵扣的，其增值税专用发票上注明的增值税额，记入"应交税费——应交增值税（进项税额）"科目。如果这部分购入货物以后用于按规定不得抵扣进项税额项目的，应将原已计入进项税额并已支付的增值税转入有关的承担者予以承担，通过"应交税费——应交增值税（进项税额转出）"科目转入有关的"在建工程""生产成本""管理费用""待处理财产损溢"等科目。如无法准确划分不得抵扣的进项税额的，应按增值税法规规定的方法和公式进行计算。

上述5）和6）规定的购进货物的运费金额和销售免税货物的运费金额，不得计算进项税额。

7）视同销售的账务处理。在具体会计处理上，不同的视同销售行为采取不同的方法。

① 企业将自产、委托加工或购买的货物用于非货币性资产交换、抵偿债务的，按换出资产的公允价值和规定的税率计算销项税额，并按非货币性资产交换和债务重组业务进行账务处理。

② 企业将自产、委托加工的货物用于非增值税应税项目。按照视同销售计算出的销项税额和货物的成本，借记"在建工程""生产成本""管理费用"等科目，贷记"应交税费——应交增值税（销项税额）""库存商品"等科目。

③ 企业将自产、委托加工或购买的货物无偿赠送其他单位或者个人，或用于实物折扣，根据按视同销售计算出的销项税额和货物的成本，借记"销售费用""营业外支出"等科目，贷记"应交税费——应交增值税（销项税额）""库存商品"等科目。

8）出口货物的账务处理。

① 实行"免、抵、退"办法的生产企业自营或委托外贸企业代理出口自产货物时，按规定计算的当期出口货物免抵退税不得免征和抵扣税额，计入出口货物成本，借记"主营业务成本"科目，贷记"应交税费——应交增值税（进项税额转出）"科目；按规定计算的当期免抵税额，借记"应交税费——应交增值税（出口抵减内销产品应纳税额）"科目，贷记"应交税费——应交增值税（出口退税）"科目；按规定计算的当期应退税额，借记"其他应收款"科目，贷记"应交税费——应交增值税（出口退税）"科目；收到退回的税款，借记"银行存款"科目，贷记"其他应收款"科目。

如果企业在计算免抵退税不得免征和抵扣税额时，未考虑出口货物中所含的免税购进原材料价格，企业应在收到主管税务机关出具的《生产企业进料加工贸易免税证明》等资料后，按证明上注明的"不得抵扣税额抵减额"，用红字贷记"应交税费——应交增值税（进项税额转出）"科目，借记"主营业务成本"科目。

② 未实行"免、抵、退"办法的企业出口货物时，按当期出口货物应收的款项，借记"应收账款"等科目，按规定计算的应收出口退税，借记"其他应收款"科目，按规定计算的不予退回的税金，借记"主营业务成本"科目，按当期出口货物实现的营业收入，贷记"主营业务收入"科目，按规定计算的增值税，贷记"应交税费——应交增值税（销项税额）"科目。收

到退回的税款，借记"银行存款"科目，贷记"其他应收款"科目。

9）上交增值税的账务处理。企业按规定期限申报缴纳的增值税，在收到银行退回的税收缴款书后，借记"应交税费——应交增值税（已交税金）"科目，贷记"银行存款"科目。

10）月终未交和多交增值税的结转。月份终了，企业应将当月发生的应交未交增值税税额，借记"应交税费——应交增值税（转出未交增值税）"科目，贷记"应交税费——未交增值税"科目；或将当月多交的增值税额，借记"应交税费——未交增值税"科目，贷记"应交税费——应交增值税（转出多交增值税）"科目。

未交增值税在以后月份上交时，借记"应交税费——未交增值税"科目，贷记"银行存款"科目；多交的增值税在以后月份退回或抵交当月应交增值税时，借记"银行存款"科目或"应交税费——应交增值税（已交税金）"科目，贷记"应交税费——未交增值税"科目。

11）一般纳税人纳税辅导期内进项税额的账务处理。辅导期纳税人应在"应交税费"科目下增设"待抵扣进项税额"明细科目，核算尚未交叉稽核比对的专用发票抵扣联等增值税扣税凭证上注明或者计算的进项税额。

纳税人取得增值税扣税凭证后，借记"应交税费——待抵扣进项税额"科目，贷记相关科目；交叉稽核比对无误后，借记"应交税费——应交增值税（进项税额）"科目，贷记"应交税费——待抵扣进项税额"科目；经核实不得抵扣的进项税额，红字借记"应交税费——待抵扣进项税额"科目，红字贷记相关科目。

2．小规模纳税企业的账务处理

小规模纳税企业仍然使用"应交税费——应交增值税"账户，仍沿用三栏式账户，不需要在"应交增值税"账户中设置专栏。

3．纳税人初次购买增值税税控系统专用设备支付的费用、纳税人缴纳的技术维护费的账务处理

自2011年12月1日起，纳税人初次购买增值税税控系统专用设备（包括分开票机）支付的费用、纳税人缴纳的技术维护费，按规定可在增值税应纳税额中全额抵扣（抵减额为价税合计款），其账务处理可比照《营业税改征增值税试点有关企业会计处理规定》中的第四条进行。

4．营业税改征增值税试点有关企业会计处理规定

为配合营业税改征增值税试点工作，根据《财政部、国家税务总局关于印发〈营业税改征增值税试点方案〉的通知》（财税〔2011〕110号）等相关规定，财政部制定了《营业税改征增值税试点有关企业会计处理规定》（财会〔2012〕13号），现将相关内容介绍如下。

（1）试点纳税人差额征税的会计处理。

1）一般纳税人的会计处理。一般纳税人提供应税服务，试点期间按照营业税改征增值税有关规定允许从销售额中扣除其支付给非试点纳税人价款的，应在"应交税费——应交增值税"科目下增设"营改增抵减的销项税额"专栏，用于记录该企业因按规定扣减销售额而减少的销项税额；同时，"主营业务收入""主营业务成本"等相关科目应按经营业务的种类进行明细核算。

企业接受应税服务时，按规定允许扣减销售额而减少的销项税额，借记"应交税费——应交增值税（营改增抵减的销项税额）"科目，按实际支付或应付的金额与上述增值税额的差额，借记"主营业务成本"等科目，按实际支付或应付的金额，贷记"银行存款""应付账款"等科目。

对于期末一次性进行账务处理的企业，期末，按规定当期允许扣减销售额而减少的销项税额，借记"应交税费——应交增值税（营改增抵减的销项税额）"科目，贷记"主营业务成本"

等科目。

2）小规模纳税人的会计处理。小规模纳税人提供应税服务，试点期间按照营业税改征增值税有关规定允许从销售额中扣除其支付给非试点纳税人价款的，按规定扣减销售额而减少的应交增值税应直接冲减"应交税费——应交增值税"科目。

企业接受应税服务时，按规定允许扣减销售额而减少的应交增值税，借记"应交税费——应交增值税"科目，按实际支付或应付的金额与上述增值税额的差额，借记"主营业务成本"等科目，按实际支付或应付的金额，贷记"银行存款""应付账款"等科目。

对于期末一次性进行账务处理的企业，期末，按规定当期允许扣减销售额而减少的应交增值税，借记"应交税费——应交增值税"科目，贷记"主营业务成本"等科目。

（2）增值税期末留抵税额的会计处理。试点地区兼有应税服务的原增值税一般纳税人，截至开始试点当月月初的增值税留抵税额按照营业税改征增值税有关规定不得从应税服务的销项税额中抵扣的，应在"应交税费"科目下增设"增值税留抵税额"明细科目。

开始试点当月月初，企业应按不得从应税服务的销项税额中抵扣的增值税留抵税额，借记"应交税费——增值税留抵税额"科目，贷记"应交税费——应交增值税（进项税额转出）"科目。待以后期间允许抵扣时，按允许抵扣的金额，借记"应交税费——应交增值税（进项税额）"科目，贷记"应交税费——增值税留抵税额"科目。

"应交税费——增值税留抵税额"科目期末余额应根据其流动性在资产负债表中的"其他流动资产"项目或"其他非流动资产"项目列示。

（3）取得过渡性财政扶持资金的会计处理。试点纳税人在新老税制转换期间因实际税负增加而向财税部门申请取得财政扶持资金的，期末有确凿证据表明企业能够符合财政扶持政策规定的相关条件且预计能够收到财政扶持资金时，按应收的金额，借记"其他应收款"等科目，贷记"营业外收入"科目。待实际收到财政扶持资金时，按实际收到的金额，借记"银行存款"等科目，贷记"其他应收款"等科目。

（4）增值税税控系统专用设备和技术维护费用抵减增值税额的会计处理。

1）增值税一般纳税人的会计处理。按税法有关规定，增值税一般纳税人初次购买增值税税控系统专用设备支付的费用以及缴纳的技术维护费允许在增值税应纳税额中全额抵减的，应在"应交税费——应交增值税"科目下增设"减免税款"专栏，用于记录该企业按规定抵减的增值税应纳税额。

企业购入增值税税控系统专用设备，按实际支付或应付的金额，借记"固定资产"科目，贷记"银行存款""应付账款"等科目。按规定抵减的增值税应纳税额，借记"应交税费——应交增值税（减免税款）"科目，贷记"递延收益"科目。按期计提折旧，借记"管理费用"等科目，贷记"累计折旧"科目；同时，借记"递延收益"科目，贷记"管理费用"等科目。

企业发生技术维护费，按实际支付或应付的金额，借记"管理费用"等科目，贷记"银行存款"等科目。按规定抵减的增值税应纳税额，借记"应交税费——应交增值税（减免税款）"科目，贷记"管理费用"等科目。

2）小规模纳税人的会计处理。按税法有关规定，小规模纳税人初次购买增值税税控系统专用设备支付的费用以及缴纳的技术维护费允许在增值税应纳税额中全额抵减的，按规定抵减的增值税应纳税额直接冲减"应交税费——应交增值税"科目。

企业购入增值税税控系统专用设备，按实际支付或应付的金额，借记"固定资产"科目，贷记"银行存款""应付账款"等科目。按规定抵减的增值税应纳税额，借记"应交税费——应交增值税"科目，贷记"递延收益"科目。按期计提折旧，借记"管理费用"等科目，贷记

"累计折旧"科目；同时，借记"递延收益"科目，贷记"管理费用"等科目。

企业发生技术维护费，按实际支付或应付的金额，借记"管理费用"等科目，贷记"银行存款"等科目。按规定抵减的增值税应纳税额，借记"应交税费——应交增值税"科目，贷记"管理费用"等科目。

"应交税费——应交增值税"科目期末如为借方余额，应根据其流动性在资产负债表中的"其他流动资产"项目或"其他非流动资产"项目列示；如为贷方余额，应在资产负债表中的"应交税费"项目列示。

（二）消费税

1．科目设置

消费税实行价内征收，企业（包括有金银首饰批发、销售业务的企业）按规定应交的消费税，在"应交税费"科目下设置"应交消费税"明细科目核算。"应交消费税"明细科目的借方发生额反映企业实际缴纳的消费税和待抵扣的消费税；贷方发生额反映企业按规定应交的消费税；期末贷方余额反映尚未缴纳的消费税；期末借方余额反映多交或待抵扣的消费税。

2．产品销售的账务处理

企业销售产品按规定计算出应缴纳的消费税，借记"营业税金及附加"等科目，贷记"应交税费——应交消费税"科目。退税时做相反的会计分录。

3．将自产应税消费品用于非货币性资产交换、债务重组、在建工程、非应税项目、非生产机构、管理部门、提供劳务以及用于馈赠、赞助、集资、广告、样品、职工福利、奖励等方面的账务处理

企业对按规定计算的应交消费税，借记"固定资产""在建工程""营业外支出""管理费用""应付职工薪酬""生产成本""销售费用"等科目，贷记"应交税费——应交消费税"科目。

4．包装物销售的会计处理

企业随同产品出售但单独计价的包装物，按规定应缴纳的消费税，借记"营业税金及附加"科目，贷记"应交税费——应交消费税"科目。

企业收取的除啤酒、黄酒以外酒类产品的包装物押金，按规定应缴纳的消费税，借记"营业税金及附加"科目，贷记"应交税费——应交消费税"科目；企业逾期未收回包装物不再退还的包装物押金和已收取一年以上的包装物押金，按规定应缴纳的消费税，借记"其他应付款"等科目，贷记"应交税费——应交消费税"科目。

5．委托加工应税消费品和外购应税消费品的账务处理

（1）委托加工的应税消费品。受托方将按规定计算的应扣税款金额借记"应收账款""银行存款"等科目，贷记"应交税费——应交消费税"科目（受托加工或翻新改制金银首饰的企业除外）。委托方将委托加工应税消费品收回后，直接用于对外销售或用于其他方面的，委托方应将代收代缴的消费税计入委托加工的应税消费品成本，借记"委托加工物资"等科目，贷记"应付账款""银行存款"等科目；用于连续生产应税消费品的，按规定准予抵扣的，委托方应按代收代缴的消费税款，借记"应交税费——应交消费税"科目，贷记"应付账款""银行存款"等科目。

委托加工收回的应税消费品在连续生产应税消费品的过程中，如改变用途，应将改变用途的部分所负担的消费税从"应交消费税"科目的借方转出。

（2）外购（含进口）应税消费品用于生产应税消费品。按所含税额，借记"应交税费——

应交消费税"科目，贷记"银行存款"等科目；用于其他方面或直接对外销售的，不得抵扣，计入其成本。

外购（含进口）应税消费品在生产应税消费品的过程中，改变用途的，如用于非货币性资产交换、债务重组、在建工程等，应将改变用途的部分所负担的消费税从"应交税费——应交消费税"科目的借方转出。

（3）因非货币性资产交换、债务重组而换入应税消费品的账务处理比照上述规定执行。

（4）纳税人用委托加工收回的或外购的已税珠宝玉石生产的改在零售环节征收消费税的金银首饰，在计税时一律不得扣除在委托加工或外购环节已纳的税款。

（5）企业因受托加工或翻新改制金银首饰按规定应缴纳的消费税，于企业向委托方交货时，借记"营业税金及附加"科目，贷记"应交税费——应交消费税"科目。

6. 出口产品的账务处理

免征消费税的出口应税消费品分别以不同情况进行会计处理。

（1）属于生产企业直接出口应税消费品或通过外贸企业出口应税消费品，按规定直接予以免税的，可不计算应交消费税。出口后如发生退关或退货，经所在地主管税务机关批准，可暂不办理补税，待其转为国内销售时，再计缴消费税。

（2）通过外贸企业出口应税消费品时，如按规定实行先征后退办法的：

1）属于委托外贸企业代理出口应税消费品的生产企业，应在计算消费税时，按应交消费税额，借记"应收账款"科目，贷记"应交税费——应交消费税"科目。应税消费品出口收到外贸企业退回的税金，借记"银行存款"科目，贷记"应收账款"科目。发生退关、退货而补交已退的消费税，做相反的会计分录。

代理出口应税消费品的外贸企业将应税消费品出口后，收到税务部门退回生产企业缴纳的消费税，借记"银行存款"科目，贷记"应付账款"科目。将此项税金退还企业时，借记"应付账款"科目，贷记"银行存款"科目。发生退关、退货而补交已退的消费税，借记"应收账款——应收生产企业消费税"科目，贷记"银行存款"科目，收到生产企业退还的税款，做相反的会计分录。

2）属于企业将应税消费品销售给外贸企业，由外贸企业自营出口的，其缴纳的消费税视同一般销售业务处理。自营出口应税消费品的外贸企业，应在应税消费品报关出口后申请出口退税时，借记"其他应收款"科目，贷记"主营业务成本"科目。实际收到出口应税消费品退回的税金，借记"银行存款"科目，贷记"其他应收款"科目。发生退关或退货而补交已退的消费税，做相反的会计分录。

7. 金银首饰零售业务等的账务处理

有金银首饰零售业务的以及采用以旧换新方式销售金银首饰的企业，在营业收入实现时，接应交消费税额，借记"营业税金及附加"等科目，贷记"应交税费——应交消费税"科目。有金银首饰零售业务的企业因受托代销金银首饰按规定应缴纳的消费税，应分别不同情况处理：以收取手续费方式代销金银首饰的，其应交的消费税，借记"营业税金及附加"等科目，贷记"应交税费——应交消费税"科目；以其他方式代销首饰的，其缴纳的消费税等，借记"营业税金及附加"等科目，贷记"应交税费——应交消费税"科目。

有金银首饰批发、零售业务的企业将金银首饰用于馈赠、赞助、广告、职工福利、奖励等方面的，应于移送时，按应缴纳的消费税，借记"营业外支出""销售费用"等科目，贷记"应交税费——应交消费税"科目。

随同金银首饰出售但单独计价的包装物，按规定应缴纳的消费税，借记"营业税金及附加"

科目，贷记"应交税费——应交消费税"科目。

8. 上交消费税及退税的账务处理

企业按期缴纳消费税时，借记"应交税费——应交消费税"科目，贷记"银行存款"科目。

（三）资源税

企业按规定应交的资源税，在"应交税费"科目下设置"应交资源税"明细科目核算。"应交资源税"明细科目的借方发生额，反映企业已交的或按规定允许抵扣的资源税；贷方发生额，反映应交的资源税；期末借方余额反映多交或尚未抵扣的资源税，期末贷方余额反映尚未缴纳的资源税。

企业销售应税产品按规定应缴纳的资源税，借记"营业税金及附加"科目，贷记"应交税费——应交资源税"科目；企业自产自用或非货币性资产交换、抵偿债务、对外捐赠等转出应税产品应缴纳的资源税，借记"生产成本""制造费用"等科目，贷记"应交税费——应交资源税"科目；企业收购未税矿产品，按实际支付的收购款，借记"材料采购"等科目，贷记"银行存款"等科目，按代扣代缴的资源税，借记"材料采购"等科目，贷记"应交税费——应交资源税"科目。

企业外购液体盐加工固体盐的，在购入液体盐时，按所允许抵扣的资源税，借记"应交税费——应交资源税"科目，按外购价款扣除允许抵扣资源税后的数额，借记"材料采购"等科目，按应支付的全部价款，贷记"银行存款""应付账款"等科目；企业加工成固体盐后，在销售时，按计算出的销售固体盐应交的资源税，借记"营业税金及附加"科目，贷记"应交税费——应交资源税"科目；将销售固体盐应纳资源税扣抵液体盐已纳资源税后的差额上交时，借记"应交税费——应交资源税"科目，贷记"银行存款"科目。

企业按规定上交资源税时，借记"应交税费——应交资源税"科目，贷记"银行存款"科目。

（四）土地增值税

企业缴纳的土地增值税通过"应交税费——应交土地增值税"科目核算。

主营房地产业务的企业，应由当期营业收入负担的土地增值税，借记"营业税金及附加"科目，贷记"应交税费——应交土地增值税"科目。

兼营房地产业务的工业企业，应由当期营业收入负担的土地增值税，借记"营业税金及附加"科目，贷记"应交税费——应交土地增值税"科目。

企业在项目交付使用前转让房地产取得的收入，按税法规定预交的土地增值税，借记"应交税费——应交土地增值税"科目，贷记"银行存款"科目；待该房地产营业收入实现时，再按上述营业业务的会计处理方法进行处理。该项目全部交付使用后进行清算，收到退回多交的土地增值税，借记"银行存款"科目，贷记"应交税费——应交土地增值税"科目；补交的土地增值税做相反的会计分录。

企业转让土地使用权应交的土地增值税，若土地使用权连同地上建筑物及其他附着物一并在"固定资产"或"在建工程"等科目核算的，借记"固定资产清理""在建工程"等科目，贷记"应交税费——应交土地增值税"科目；若土地使用权在"无形资产"科目核算的，按实际收到的金额，借记"银行存款"科目，按应交的土地增值税，贷记"应交税费——应交土地增值税"科目，同时冲销土地使用权账面价值，贷记"无形资产"科目，按其差额，借记"营业外支出"科目或贷记"营业外收入"科目。若涉及增值税和累计摊销的，还应进行相应的处理。

企业缴纳土地增值税时，借记"应交税费——应交土地增值税"科目，贷记"银行存款"科目。

（五）其他税费

（1）企业按规定应交的城市维护建设税，借记"营业税金及附加"科目，贷记"应交税费——应交城建税"科目；上交时，借记"应交税费——应交城市维护建设税"科目，贷记"银行存款"科目。

（2）企业按规定应交的房产税、土地使用税、车船税，借记"管理费用"科目，贷记"应交税费——应交房产税""应交税费——应交土地使用税""应交税费——应交车船税"科目；上交时，借记"应交税费——应交房产税""应交税费——应交土地使用税""应交税费——应交车船税"科目，贷记"银行存款"科目。

（3）企业按规定计算应代扣代缴的职工个人所得税，借记"应付职工薪酬"科目，贷记"应交税费——应交个人所得税"科目；上交时，借记"应交税费——应交个人所得税"科目，贷记"银行存款"科目。

（4）企业按规定计算应交的教育费附加、矿产资源补偿费，分别借记"营业税金及附加""管理费用"等科目，贷记"应交税费——应交教育费附加""应交税费——应交矿产资源补偿费"科目。上交时，借记"应交税费——应交教育费附加""应交税费——应交矿产资源补偿费"科目，贷记"银行存款"等科目。

（5）企业缴纳的印花税，借记"管理费用"科目，贷记"银行存款"科目。企业按规定缴纳的耕地占用税，借记"在建工程"科目，贷记"银行存款"科目。企业购置应税车辆，按规定缴纳的车辆购置税；以及购置的减税、免税车辆改制后用途发生变化的，按规定应补交的车辆购置税，借记"固定资产"科目，贷记"银行存款"科目。

 文案范本

应交税费明细账模板

明细科目：

年		凭 证		摘 要	借 方	贷 方	借或贷	余 额
月	日	种类	号数					

十、其他应付款

企业除了应付票据、应付账款、应交税费、短期借款、预收账款、应付职工薪酬、交易性金融负债、应付利息、应付股利、长期应付款等以外，还会发生一些经营活动以外的其他各项应付、暂收其他单位或个人的款项，包括应付经营租入固定资产和包装物租金（含预付的租金）；存入保证金（如收取的包装物押金等）；应付、暂收所属单位、个人的款项。

企业应设置"其他应付款"科目核算应付、暂收其他单位或个人的款项，贷方登记应付或暂收其他单位或个人的款项，借方登记已经偿还给其他单位或个人的款项，期末贷方余额反映企业尚未支付的其他应付款项；期末余额如为借方余额，反映企业尚未收回的其他应收款项。本科目应按其他应付款的项目和对子单位（或个人）设置明细账，进行明细核算。

企业发生其他各种应付、暂收款项时，借记"银行存款""管理费用"等科目，贷记"其他应付款"科目；支付的其他各种应付、暂收款项，借记"其他应付款"科目，贷记"银行存款"等科目。

企业采用售后回购方式融资的，在发出商品等资产后，应按实际收到的金额，借记"银行存款"科目，按专用发票上注明的增值税税额，贷记"应交税费——应交增值税（销项税额）"科目，按其差额，贷记"其他应付款"科目。回购价格与原销售价格之间的差额，应在售后回购期间内按期计提利息费用，借记"财务费用"科目，贷记"其他应付款"科目。按照合同约定购回该项商品等时，应按回购商品等的价款，借记"其他应付款"科目，按可抵扣的增值税税额，借记"应交税费——应交增值税（进项税额）"科目，按实际支付的金额，贷记"银行存款"科目。

第二节　非流动负债

一、长期借款

长期借款是指企业向银行或其他金融机构借入的期限在一年以上（不含一年）的各种借款，一般用于固定资产的购建、改扩建工程、大修理工程、对外投资以及为了保持长期经营能力等方面。它是企业长期负债的重要组成部分，必须加强管理与核算。

由于长期借款的使用关系到企业的生产经营规模和效益，企业除了要遵守有关的贷款规定、编制借款计划并要有不同形式的担保外，还应监督借款的使用、按期支付长期借款的利息以及按规定的期限归还借款本金等。因此，长期借款会计处理的基本要求是反映和监督企业长期借款的借入、借款利息的结算和借款本息的归还情况，促使企业遵守信贷纪律、提高信用等级，同时也要确保长期借款发挥效益。

企业应通过"长期借款"科目，核算长期借款的借入、归还等情况。该科目可按照贷款单位和贷款种类设置明细账，分别"本金""利息调整"等进行明细核算。该科目的贷方登记长期借款本息的增加额，借方登记本息的减少额，贷方余额表示企业尚未偿还的长期借款。

1. 取得长期借款

企业借入长期借款，应按实际收到的金额，借记"银行存款"科目，贷记"长期借款——本金"科目；如存在差额，还应借记"长期借款——利息调整"科目。

2. 长期借款的利息

长期借款利息费用应当在资产负债表日按照实际利率法计算确定，实际利率与合同利率差异较小的，也可以采用合同利率计算确定利息费用。长期借款计算确定的利息费用，应当按以下原则计入有关成本、费用：属于筹建期间的，计入管理费用；属于生产经营期间的，计入财务费用。如果长期借款用于购建固定资产的，在固定资产尚未达到预定可使用状态前，所发生的应当资本化的利息支出数，计入在建工程成本；固定资产达到预定可使用状态后发生的利息支出，以及按规定不予资本化的利息支出，计入财务费用。长期借款按合同利率计算确定的应付未付利息，记入"应付利息"科目，借记"在建工程""制造费用""财务费用""研发支出"等科目，贷记"应付利息"科目。

3. 归还长期借款

企业归还长期借款的本金时，应按归还的金额，借记"长期借款——本金"科目，贷记"银行存款"科目；按归还的利息，借记"应付利息"科目，贷记"银行存款"科目。

二、应付债券

（一）应付债券的种类（见图7-1）

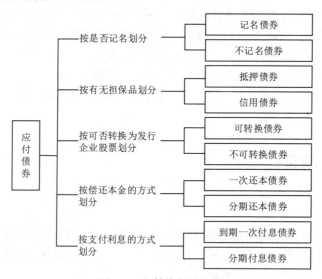

图 7-1　应付债券的种类

（二）债券的账务处理

1. 债券发行的账务处理

公司债券的发行方式有三种，即面值发行、溢价发行、折价发行。假设其他条件不变，债券的票面利率高于同期市场利率时，可按超过债券票面价值的价格发行，称为溢价发行。溢价是企业以后各期多付利息而事先得到的补偿；如果债券的票面利率低于同期市场利率，可按低于债券面值的价格发行，称为折价发行。折价是企业以后各期少付利息而预先给投资者的补偿。如果债券的票面利率与同期市场利率相同，可按票面价格发行，称为面值发行。溢价或折价是发行债券企业在债券存续期间内对利息费用的一种调整。

无论是按面值发行，还是溢价发行或折价发行，均按债券面值记入"应付债券"科目的"面值"明细科目，实际收到的款项与面值的差额，记入"利息调整"明细科目。企业发行债券时，按实际收到的款项，借记"银行存款""库存现金"等科目，按债券票面价值，贷记"应付债券——面值"科目，按实际收到的款项与票面价值之间的差额，贷记或借记"应付债券——利息调整"科目。

2. 应付债券利息费用的账务处理

对于分期付息、一次还本的债券，应按摊余成本和实际利率计算确定的债券利息费用，借记"在建工程""制造费用""财务费用""研发支出"等科目，按票面利率计算确定的应付未付利息，贷记"应付利息"科目，按其差额，借记或贷记"应付债券——利息调整"科目。对于一次还本付息的债券，应于资产负债表日按摊余成本和实际利率计算确定的债券利息费用，借记"在建工程""制造费用""财务费用""研发支出"等科目，按票面利率计算确定的应付未付利息，贷记"应付债券——应计利息"科目，按其差额，借记或贷记"应付债券——利息调整"科目。

实际利率与票面利率差异较小的，也可以采用票面利率计算确定利息费用。

3. 应付债券偿还的账务处理

采用一次还本付息方式的，企业应于债券到期支付债券本息时，借记"应付债券——面值""应付债券——应计利息"科目，贷记"银行存款"科目。采用分期付息、一次还本方式的，在每期支付利息时，借记"应付利息"科目，贷记"银行存款"科目；债券到期偿还本金并支付最后一期利息时，借记"应付债券——面值""在建工程""财务费用""制造费用"等科目，贷记"银行存款"科目，按借贷双方之间的差额，借记或贷记"应付债券——利息调整"科目。

4. 应付可转换公司债券的账务处理

我国发行可转换公司债券采取记名式无纸化发行方式，债券最短期限为 3 年，最长期限为 5 年。企业发行的可转换公司债券在"应付债券"科目下设置"可转换公司债券"明细科目核算。

可转换公司债券，属于混合金融工具，对于发行方而言，既有负债性质，又有权益工具性质，应当在初始确认该金融工具时将负债和权益成分进行分拆。将负债成分确认为应付债券，将权益成分确认为资本公积。在进行分拆时，应当采用未来现金流量折现法确定负债成分的初始入账价值，再按该金融工具的发行价格扣除负债成分初始入账价值后的金额确定权益成分的初始入账价值。

发行可转换公司债券时，应按实际收到的金额，借记"银行存款"等科目，按该项可转换公司债券包含的负债成分的面值，贷记"应付债券——可转换公司债券（面值）"科目，按权益成分的公允价值，贷记"资本公积——其他资本公积"科目，按其差额，借记或贷记"应付债券——可转换公司债券（利息调整）"科目。

可转换公司债券在转换为股票之前，其所包含的负债成分，应当比照上述一般长期债券进行处理。

当可转换公司债券持有人行使转换权利，将其持有的债券转换为股票，按可转换公司债券的余额，借记"应付债券——可转换公司债券（面值、利息调整）"科目，按其权益成分的金额，借记"资本公积——其他资本公积"科目，按股票面值和转换的股数计算的股票面值总额，贷记"股本"科目，按其差额，贷记"资本公积——股本溢价"科目。如用现金支付不可转换股票的部分，还应贷记"银行存款"等科目。

未转换股份的可转换公司债券到期还本付息，应当比照上述一般长期债券进行处理。

应付债券备查簿模板

序号	债券编号	发行日期	票面金额	债券票面利率	还本付息期限	付息方式	发行总额	委托代收单位	转换股份

应付债券明细表

年度：　　　　年

债券名称	发行日期	到期日	票面年利率（%）	发行债券目的/原因	抵押资产账面价值	担保人	面值	发行余额

债券面值				溢（折）价				应计利息				期末市值	一年内到期余额		备注
年初余额	本期新增	本期减少	期末余额	年初余额	本期新增	本期减少	期末余额	年初余额	本期新增	本期减少	期末余额		年初	期末	

三、长期应付款

长期应付款是指除长期借款和应付债券以外的其他各种长期应付款项，包括以分期付款方式购入固定资产和无形资产发生的应付账款、应付融资租入固定资产的租赁费等。

为了核算企业各种长期应付款，应设置"长期应付款"科目，该科目应按其种类和债权人进行明细核算。该科目期末贷方余额，反映企业应付未付的长期应付款项。

（一）具有融资性质的延期付款购买资产

企业购入有关资产超过正常信用条件延期支付价款，实质上具有融资性质的，应按购买价款的现值，借记"固定资产""在建工程""无形资产""研发支出"等科目，按应支付的金额，贷记"长期应付款"科目，按其差额，借记"未确认融资费用"科目。

按期支付价款时，借记"长期应付款"科目，贷记"银行存款"科目。同时，企业应当采用实际利率法计算确定当期的利息费用，借记"财务费用""在建工程""研发支出"科目，贷记"未确认融资费用"科目。

（二）应付融资租赁款

通过融资租赁方式租入固定资产是企业取得固定资产的重要途径。因融资租入固定资产而发生的应付融资租赁费，形成企业的一笔非流动负债。

企业融资租入固定资产时，应当在租赁开始日，按租赁开始日租赁资产公允价值与最低租赁付款额的现值两者中的较低者作为入账价值，借记"在建工程"或"固定资产"科目，按最低租赁付款额，贷记"长期应付款"，按发生的初始直接费用，贷记"银行存款"等科目，按其差额，借记"未确认融资费用"科目。

按期支付融资租赁费时，借记"长期应付款"科目，贷记"银行存款"科目。同时，采用实际利率法计算确定的当期利息费用，借记"财务费用"或"在建工程"科目，贷记"未确认融资费用"科目。

企业在计算最低租赁付款额的现值时，如果能够取得出租人的租赁内含利率，应当采用出租人的租赁内含利率作为折现率；否则，应当采用租赁合同规定的利率作为折现率。如果无法取得出租人的租赁内含利率且租赁合同没有规定利率的，应当采用同期银行贷款利率作为折现率。

企业采用实际利率法分摊未确认融资费用，应当根据租赁期开始日租入资产入账价值的不同情况，对未确认融资费用采用不同的分摊率：

（1）以出租人的租赁内含利率为折现率将最低租赁付款额折现，且以该现值作为租入资产入账价值的，应当将租赁内含利率作为未确认融资费用的分摊率。

（2）以合同规定利率为折现率将最低租赁付款额折现，且以该现值作为租入资产入账价值的，应当将合同规定利率作为未确认融资费用的分摊率。

（3）以银行同期贷款利率为折现率将最低租赁付款额折现，且以该现值作为租入资产入账价值的，应当将银行同期贷款利率作为未确认融资费用的分摊率。

（4）以租赁资产公允价值为入账价值的，应当重新计算分摊率。该分摊率是使最低租赁付款额的现值等于租赁资产公允价值的折现率。

四、专项应付款

专项应付款是指企业取得的国家指定为资本性投入的具有专项或特定用途的款项，如属于工程项目的资本性拨款等。该科目应当按照拨入资本性投资项目的种类进行明细核算。企业收到资本性拨款时，借记"银行存款"科目，贷记"专项应付款"科目。

将专项或特定用途的拨款用于工程项目，借记"在建工程""公益性生物资产"等科目，贷记"银行存款""应付职工薪酬"等科目。

工程项目完工，形成固定资产或公益性生物资产的部分，借记"专项应付款"科目，贷记"资本公积——资本溢价"科目；对未形成固定资产需要核销的部分，借记"专项应付款"科目，贷记"在建工程"等科目；拨款结余需要返还的，借记"专项应付款"科目，贷记"银行存款"科目。

企业因城镇整体规划、库区建设、棚户区改造、沉陷区治理等公共利益进行搬迁，收到政府从财政预算直接拨付的搬迁补偿款，应作为专项应付款处理。收到时借记"银行存款"科目，贷记"专项应付款"科目，其中：

第一，属于对企业在搬迁和重建过程中发生的固定资产和无形资产损失进行补偿的，应从"专项应付款"科目转入"递延收益"科目。待固定资产清理完毕时，再转入"固定资产清理"科目，借记"递延收益"科目，贷记"固定资产清理"科目；无形资产转销时转入"营业外支出"科目，借记"递延收益"科目，贷记"营业外支出"科目。

第二，属于对搬迁过程中的费用性支出和停工损失进行补偿的，应从"专项应付款"科目转入"递延收益"科目，并作为与收益相关的政府补助计入营业外收入，借记"递延收益"科目，贷记"营业外收入"科目。

第三，属于对搬迁后拟新建资产进行补偿的，应从"专项应付款"科目转入"递延收益"科目，并作为与资产相关的政府补助，在相关资产使用寿命内平均分摊，分期计入当期损益，借记"递延收益"科目，贷记"营业外收入"科目。相关资产在使用寿命结束时或结束前被处置（出售、转让、报废等），尚未分摊的"递延收益"科目余额应当一次性转入"营业外收入"科目。

第四，企业取得的搬迁补偿款扣除转入递延收益的金额后的结余，应当作为资本公积处理，借记"专项应付款"科目，贷记"资本公积"科目。

五、预计负债

（一）或有事项及其特征

或有事项是指过去的交易或者事项形成的，其结果须由某些未来事项的发生或不发生才能决定的不确定事项。常见的或有事项主要包括未决诉讼或仲裁、债务担保、产品质量保证（含产品安全保证）承诺、亏损合同、重组义务、环境污染整治、修改其他债务条件方式的债务重组等。

或有事项与不确定性联系在一起，但在会计处理过程中存在的不确定性并不都形成或有事项。例如，固定资产折旧虽然存在固定资产使用年限和残值等不确定性，但由于固定资产的原价本身是确定的，其价值最终转移到产品中去也是确定的，因而固定资产折旧不是或有事项。其他的如固定资产大修理、正常维护，以及计提坏账准备等，均不属于或有事项。

或有事项具有以下基本特征。

（1）由过去交易或事项形成，是指或有事项的现存状况是过去交易或事项引起的客观存在。

例如，未决诉讼虽然是正在进行中的诉讼，但该诉讼是企业因过去的经济行为导致起诉其他单位或被其他单位起诉。这是现存的一种状况而不是未来将要发生的事项。未来可能发生的自然灾害、交通事故、经营亏损等，不属于或有事项。

（2）结果具有不确定性，是指或有事项的结果是否发生具有不确定性，或者或有事项的结果预计将会发生，但发生的具体时间或金额具有不确定性。

例如，债务担保事项的担保方到期是否承担和履行连带责任，需要根据被担保方债务到期时能否按时还款加以确定。这一事项的结果在担保协议达成时具有不确定性。

（3）由未来事项决定，是指或有事项的结果只能由未来不确定事项的发生或不发生才能决定。

例如，债务担保事项只有在被担保方到期无力还款时，企业（担保方）才履行连带责任。

（二）预计负债的核算

1．预计负债的确认

根据或有事项准则的规定，与或有事项相关的义务同时满足下列三个条件的，应当确认为预计负债：

（1）该义务是企业承担的现时义务。

（2）履行该义务很可能导致经济利益流出企业。

（3）该义务的金额能够可靠地计量。

"该义务是企业承担的现时义务"是指与或有事项相关的义务是在企业当前条件下已承担的义务，而非潜在义务。企业没有其他现实的选择，只能履行该义务，如法律要求企业履行、有关各方合理预期企业应当履行等。

"履行该义务很可能导致经济利益流出企业"是指履行与或有事项相关的现时义务时，导致经济利益流出企业的可能性超过50%。

履行或有事项相关义务导致经济利益流出企业的可能性，通常应当结合下列情况加以判断：

结果的可能性	对应的概率区间
基本确定	大于95%但小于100%
很可能	大于50%但小于或等于95%
可能	大于5%但小于或等于50%
极小可能	大于0但小于或等于5%

"该义务的金额能够可靠地计量"是指与或有事项相关的现时义务的金额能够合理地估计。企业通常应当考虑下列情况，计量预计负债的金额：

（1）充分考虑与或有事项有关的风险和不确定性，在此基础上按照最佳估计数确定预计负债的金额。

（2）预计负债的金额通常等于未来应支付的金额，但未来应支付金额与其现值相差较大的，如油井或核电站的弃置费用等，应当按照未来应支付金额的现值确定。

（3）有确凿证据表明相关未来事项将会发生的，如未来技术进步、相关法规出台等，确定预计负债金额时应考虑相关未来事项的影响。

（4）确定预计负债的金额不应考虑预期处置相关资产形成的利得。

在实务中，企业应当注意以下两点：

（1）不应当就未来经营亏损确认预计负债。

（2）不应当确认或有负债和或有资产。

或有负债，是指过去的交易或者事项形成的潜在义务，其存在须通过未来不确定事项的发生或不发生予以证实；或过去的交易或者事项形成的现时义务，履行该义务不是很可能导致经济利益流出企业或该义务的金额不能可靠计量。

或有资产，是指过去的交易或者事项形成的潜在资产，其存在须通过未来不确定事项的发生或不发生予以证实。

2．预计负债的计量

预计负债的计量包括初始计量和后续计量。

（1）预计负债的初始计量。预计负债应当按照履行相关现时义务所需支出的最佳估计数进行初始计量。

最佳估计数的确定分两种情况考虑。第一，如果所需支出存在一个连续范围（或区间，下同），且该范围内各种结果发生的可能性相同的，最佳估计数应当按照该范围内的中间值确定，即最佳估计数应按该范围的上、下限金额的平均数确定。第二，当企业清偿预计负债所需支出全部或部分预期由第三方补偿的，补偿金额只有在基本确定能够收到时才能作为资产单独确认，而且确认的补偿金额不应当超过预计负债的账面价值。例如，发生交通事故等情况时，可以从保险公司获得合理的补偿；在某些索赔诉讼中，企业可以通过反诉的方式对索赔人或第三方另行提出赔偿要求；在债务担保业务中，企业履行担保义务的同时，通常可以向被担保企业提出额外追偿要求。

（2）预计负债的后续计量。企业应当在资产负债表日对预计负债的账面价值进行复核。有确凿证据表明该账面价值不能真实反映当前最佳估计数的，应当按照当前最佳估计数对该账面价值进行调整。但属于会计差错的，应当根据会计政策、会计估计变更和会计差错更正准则进行处理。

企业对已经确认的预计负债在实际支出发生时，应当仅限于最初为之确定该预计负债的支出。也就是说，只有与该预计负债有关的支出才能冲减预计负债，否则将混淆不同预计负债确认事项的影响。

3．预计负债的会计处理

为了正确核算和披露预计负债，并区别于其他负债项目，企业应设置"预计负债"科目，该科目借方反映实际发生的费用以及预计负债的冲销额，如支付产品维修费用、因败诉而支付的赔偿款等；贷方反映确认的预计负债金额；期末贷方余额反映企业已预计尚未清偿的债务金额。同时企业应在"预计负债"科目下分别不同性质设置"预计产品质量保证损失""预计未决诉讼损失""预计担保损失""预计重组损失"等明细科目，进行明细核算。

（1）产品质量保证。产品质量保证是企业为了树立信誉、扩大销售、提高市场竞争能力所采取的对于出售的产品附有的各种各样的质量保证，如对售出产品实行"三包"，即包退、包换和包修等措施。由于产品的质量问题通常在所难免，所以伴随企业对售出产品的质量保证而发生的费用，如修理费用等，其发生的可能性是肯定的，其发生的金额往往也可以根据以往经验合理预计，所以产品质量保证通常可以确认为一项预计负债。通常可以在产品售出后，根据产品质量保证条款的规定、产品的销售额以及预计质量保证费用的最佳估计数确认产品质量保证负债金额，在确认时，应借记"销售费用——预计产品质量保证损失"科目，贷记"预计负债——预计产品质量保证损失"科目；平时，实际发生产品质量保证费用时，应借记"预计负债——预计产品质量保证损失"科目，贷记"银行存款"等科目。

产品质量保证负债核算时还应注意：如果发现保证费用的实际发生额与预计数相差较大，应及时对预计比例进行调整；企业针对特定批次产品确认预计负债，在保修期结束时，应将"预计负债——预计产品质量保证损失"余额冲销，不留余额；已对其确认预计负债的产品，如企业不再生产，则应在相应的产品质量保证期满后，将"预计负债——预计产品质量保证损失"余额冲销，不留余额。

（2）未决诉讼。企业在经营活动中经常会涉及经济诉讼、仲裁等案件，但这些审理中的诉讼、仲裁事项将对企业的财务状况和经营成果产生多大影响，企业因此要承担多大风险，具有不确定性。如果这些未决诉讼引起的相关义务符合预计负债确认条件、预计败诉的可能性属于"很可能"、要发生的诉讼等费用也能可靠预计，则企业应将预计要发生的支出确认为预计负债，借记"营业外支出""管理费用"等科目，贷记"预计负债——预计未决诉讼损失"科目；因败诉实际支付诉讼等费用时，应借记"预计负债——预计未决诉讼损失"科目，贷记"银行存款"等科目。

（3）对外担保事项。企业对外提供担保可能产生的负债，如果符合预计负债的确认条件，应当确认为预计负债。

1）在担保涉及诉讼的情况下，如果企业已被判决败诉，则应当按照法院判决的应承担的损失金额，确认为预计负债，并计入当期营业外支出（不含诉讼费，实际发生的诉讼费应计入当期的"管理费用"，下同）；如果已判决败诉，但企业正在上诉，或者经上一级法院裁定暂缓执行，或者由上一级法院发回重审等，企业应当在资产负债表日，根据已有判决结果合理估计可能产生的损失金额，确认为预计负债，并计入当期营业外支出；如果法院尚未判决，企业应向其律师或法律顾问等咨询，估计败诉的可能性，以及败诉后可能发生的损失金额，并取得有关书面意见。如果败诉的可能性大于胜诉的可能性，并且损失金额能够合理估计的，应当在资产负债表日将预计担保损失金额，确认为预计负债，并计入当期营业外支出。

2）企业当期实际发生的担保诉讼损失金额与已计提的相关预计负债之间的差额，应分别情况处理：

① 企业在前期资产负债表日，依据当时实际情况和所掌握的证据，合理预计了预计负债，应当将当期实际发生的担保诉讼损失金额与已计提的相关预计负债之间的差额，直接计入当期营业外支出或营业外收入。

② 企业在前期资产负债表日，依据当时实际情况和所掌握的证据，本应当能够合理估计并确认和计量因担保诉讼所产生的损失，但企业所作的估计却与当时的事实严重不符（如未合理预计损失或不恰当地多计或少计损失），应当视为滥用会计估计，按照重大会计差错更正的方法进行会计处理。

③ 企业在前期资产负债表日，依据当时实际情况和所掌握的证据，确实无法合理确认和计量因担保诉讼所产生的损失，因而未确认预计负债的，则在该项损失实际发生的当期，直接计入当期营业外支出。

3）资产负债表日后至财务报告批准报出日之间发生的需要调整或说明的担保诉讼事项，按照资产负债表日后事项准则的有关规定进行会计处理。

（4）待执行合同变成亏损合同事项。待执行合同，是指合同各方尚未履行任何合同义务，或部分地履行了同等义务的合同。企业与其他方签订的尚未履行或部分履行了同等义务的合同，如商品买卖合同、劳务合同、租赁合同等，均属于待执行合同。

亏损合同，是指履行合同义务不可避免会发生的成本超过预期经济利益的合同。

根据或有事项准则的规定，待执行合同变成亏损合同的，该亏损合同产生的义务满足规定条件的，应当确认为预计负债。预计负债的计量反映了退出该合同的最低净成本，即履行该合同的成本与未能履行该合同而发生的补偿或处罚两者之中的较低者。

企业在履行合同义务过程中，如发生的成本预期将超过与合同相关的未来流入的经济利益的，待执行合同即变成了亏损合同，此时，如果与该合同相关的义务无须支付任何补偿即可撤销，通常不存在现时义务，不应确认预计负债。如果与该合同相关的义务不可撤销，企业就存在了现时义务，同时满足该义务很可能导致经济利益流出企业和金额能够可靠地计量的，通常应当确认预计负债。

待执行合同变成亏损合同时，企业拥有合同标的资产的，应当先对标的资产进行减值测试并按规定确认减值损失，如预计亏损超过该减值损失，应将超过部分确认为预计负债。企业没有合同标的资产的，亏损合同相关义务满足规定条件时，应当确认为预计负债。

（5）重组事项。重组是指企业制定和控制的，将显著改变企业组织形式、经营范围或经营方式的计划实施行为。属于重组的事项主要包括：

1）出售或终止企业的部分经营业务；

2）对企业的组织结构进行较大调整；

3）关闭企业的部分营业场所，或将营业活动由一个国家或地区迁移到其他国家或地区。

重组不同于企业合并和债务重组。重组通常是企业内部资源的调整和组合，谋求现有资产效能的最大化；企业合并是在不同企业之间的资本重组和规模扩张；债务重组是债权人对债务人做出让步，债务人减轻债务负担，债权人尽可能减少损失。

根据或有事项准则的规定，同时存在下列情况时，表明企业承担了重组义务：

1）有详细、正式的重组计划，包括重组涉及的业务、主要地点、需要补偿的职工人数及其岗位性质、预计重组支出、计划实施时间等。

2）该重组计划已对外公告，重组计划已开始实施，或已向受其影响的各方通告了该计划的主要内容，从而使各方形成了对该企业将实施重组的合理预期。

根据或有事项准则的规定，企业承担的重组义务满足规定条件的，应当确认为预计负债。

企业应当按照与重组有关的直接支出确定预计负债金额，计入当期损益。直接支出不包括留用职工岗前培训、市场推广、新系统和营销网络投入等支出。

由于企业在计量预计负债时不应当考虑预期处置相关资产的利得或损失，在计量与重组义务相关的预计负债时，不考虑处置相关资产（厂房、店面，有时是一个事业部整体）可能形成的利得或损失，即使资产的出售构成重组的一部分也是如此。这些利得或损失应当单独确认。

第三节　其他综合文案

一、负债核算综合文案

请参阅如下相关文案范本。

××公司负债核算管理制度

第一章　总　则

第一条　目的。

为了对本公司负债核算过程进行规范化的管理，提高负债的核算效率，降低负债核算过程中错误的发生率，根据《企业会计准则》的相关规定，结合公司实际情况，特制定本制度。

第二条　适用范围。

本制度适用于对公司负债包括流动负债和非流动负债的核算管理工作。

第三条　相关术语解释。

1. 负债

本制度所称的负债，是指由公司过去的交易或者事项形成的、预期会导致经济利益流出公司的现时义务。

2. 流动负债

本制度所称的流动负债，是指将在一年（含一年）或者一个营业周期内偿还的债务，包括短期借款、应付票据、应付账款、应付职工薪酬、应交税费等。

3. 非流动负债

本制度所称的非流动负债，是指偿还期在一年或者超过一年的一个营业周期以上的债务，包括长期借款和长期应付款。

4. 现时义务

本制度所称的现时义务，是指公司在现行条件下已承担的义务。未来发生的交易或者事项形成的义务不属于现时义务，不应当确认为负债。

第二章　短期借款的核算

第四条　短期借款核算有关规定。

1. 短期借款应按实际发生额入账，即按取得短期借款的本金核算。

2. 如果短期借款属于本公司为购建固定资产而借入的款项，那么其利息按照借款费用的规定进行处理。

3. 资产负债表日，应按实际利率计算确定短期借款的利息费用。实际利率与合同约定的名义利率差异不大的，也可以采用合同约定的名义利率计算确定利息费用。

第五条　短期借款有关业务核算。

"短期借款"科目贷方核算借入短期借款的本金，借方核算归还的短期借款，期末余额在贷方，反映公司尚未偿还的短期借款的本金。

1. 短期借款的取得与归还。

（1）公司借入的各种短期借款，借记"银行存款"科目，贷记"短期借款"科目；归还借款时，借记"短期借款"科目，贷记"银行存款"科目。

（2）资产负债表日，应按计算确定的短期借款利息费用，借记"财务费用""利息支出"等科目，贷记"银行存款""应付利息"等科目。

2. 采取质押方式取得的短期借款。

（1）在以应收债权取得质押借款的情况下，公司应按照实际收到的款项，借记"银行存款"科目，按银行贷款本金，贷记"短期借款"等科目。按实际支付的手续费，借记"财务费用"科目，贷记"银行存款"科目。

（2）公司在收到客户偿还的款项时，借记"银行存款"等科目，贷记"应收账款"科目。

（3）公司发生的借款利息及向银行等金融机构偿付借入款项本息时的会计处理，应按照关于借款的相关规定执行。

第三章　应付票据的核算

第六条　应付票据核算有关规定。

应付票据是指公司购买材料、商品和接受劳务供应而开出、承兑的商业汇票，包括商业承兑汇票和银行承兑汇票。应付票据应按以下规定核算。

1. 公司购买材料物资和接受劳务供应而开出、承兑的商业汇票，无论是否带息，会计人员均应按照开出票据的面值入账。

2. 公司财务部应当设置"应付票据备查簿"，详细登记每一张商业汇票的种类、号数和出票日期、到期日、票面余额、交易合同号、收款人姓名或单位名称，以及付款日期和金额等资料。应付票据到期结清时，应当在备查簿内逐笔注销。

第七条　应付票据有关业务核算。

"应付票据"科目贷方核算公司应付的商业承兑汇票或银行承兑汇票，借方核算到期实际支付的应付票据款或票据到期无力支付而转入"应付账款"的票据款，期末余额在贷方，反映公司持有的尚未到期的应付票据本息。

1. 公司开出商业汇票

（1）公司开出商业汇票或以商业承兑汇票抵付货款或应付账款时，借记"在途物资""库存商品""应付账款""应交税费——应交增值税（进项税额）"等科目，贷记"应付票据"科目。

（2）支付银行承兑汇票的手续费，借记"财务费用"科目，贷记"银行存款"科目。收到银行支付到期票据的付款通知，支付款项时，借记"应付票据"科目，贷记"银行存款"科目。

2. 应付票据到期

（1）应付票据到期支付本息时，按应付票据账面余额，借记"应付票据"科目，按未计提的利息，借记"财务费用"科目，按实际支付的金额，贷记"银行存款"科目。

（2）银行承兑汇票到期，若公司无力支付，则按应付票据的账面价值，借记"应付票据"科目，贷记"短期借款"科目。

第四章　应付账款的核算

第八条　应付账款核算有关规定。

应付账款是指公司因购买材料、商品和接受劳务供应等经营活动应支付的款项。应付账款应按以下规定核算。

1. 公司在采购材料物资、接受劳务供应时，购销双方协议采用现金折扣方法，应付账款采用总价法核算，以应付给供货商的全部款项入账，公司实际享受的现金折扣冲减当期财务费用。

2. 公司与债权人进行债务重组时，应按以下规定处理。

（1）以现金清偿债务的，支付的现金小于应付债务账面价值的差额，计入营业外收入。

（2）以非现金资产清偿债务的，应按应付债务的账面价值结转。应付债务的账面价值与用于抵偿债务的非现金资产公允价值和应支付的相关税费的差额，作为营业外收入，或者作为损失计入当期营业外支出。

（3）以债务转为资本的，应按债权人放弃债权而享有股份的公允价值作为资本，按应付债务账面价值与转作股本的金额的差额，作为营业外收入。

（4）以修改其他债务条件进行债务重组的，债务重组前应付债务的账面金额与债务重组后的公允价值的差额，计入营业外收入。

3. 非现金资产公允价值与账面价值的差额，应当区别不同情况进行处理。

（1）非现金资产为存货的，应当视同销售处理，按非现金资产的公允价值确认收入，同时结转相应的成本。

（2）非现金资产为固定资产、无形资产的，其公允价值和账面价值的差额，计入营业外收入或营业外支出。

（3）非现金资产为长期股权投资的，其公允价值和账面价值的差额，计入投资损益。

4. 以修改其他债务条件进行债务重组涉及或有应付金额，该或有应付金额符合有关预计负债确认条件的，债务人应将该或有应付金额确认为预计负债。或有应付金额在随后会计期间没有发生的，公司应当冲销已确认的预计负债，同时确认营业外收入。

第九条　应付账款有关业务核算。

1. "应付账款"科目贷方核算公司因购买材料、商品、接受劳务供应等而应付给供应单位的款项，借方核算实际支付给供应单位的应付款项以及与债权人进行债务重组和确实无法支付而转为营业外收入的应付账款等，期末余额在贷方，反映公司尚未支付的应付账款。

2. 公司按规定预付的款项应通过"预付账款"科目核算，不在本科目核算。

3. 公司购入材料、商品等验收入库，但货款尚未支付，根据有关凭证（发票账单、随货同行发票上记载的实际价款或暂估价值），借记"在途物资"等科目，按专用发票上注明的增值税税额，借记"应交税费——应交增值税（进项税额）"等科目，按应付的价款，贷记"应付账款"科目。

4. 公司接受供应单位提供劳务而发生的应付未付款项，根据供应单位的发票账单，借记"生产成本""管理费用"等科目，贷记"应付账款"科目。支付时，借记"应付账款"科目，贷记"银行存款"等科目。

第五章　应付职工薪酬的核算

第十条　职工薪酬的范围。

本公司职工薪酬的范围包括以下内容。

1. 职工工资、奖金、津贴和补贴。

2. 职工福利费。

3. 医疗保险费、养老保险费、失业保险费、工伤保险费和生育保险费等社会保险费。

4. 住房公积金。

第十一条　职工薪酬的确认和计量。

1. 财务部应当在职工为公司提供服务的会计期间，将应付的职工薪酬确认为负债，除因解除与职工的劳动关系给予的补偿外，应当根据职工提供服务的受益对象，区别情况处理。

（1）应由生产产品、提供劳务负担的职工薪酬，计入产品成本或劳务成本。

（2）应由在建工程、无形资产负担的职工薪酬，计入产品成本或劳务成本。

（3）上述（1）和（2）之外的其他职工薪酬，计入当期损益。

2. 公司为职工缴纳的医疗保险费、养老保险费、失业保险费、工伤保险费、生育保险费等社会保险费和住房公积金，应当在职工为公司提供服务的会计期间，根据工资总额的一定比例处理。

3. 公司在职工的劳动合同到期之前解除与职工的劳动关系，或者为鼓励职工自愿接受裁减而提出给予补偿的建议，应当确认因解除与职工的劳动关系给予补偿而产生的预计负债，同时计入当期损益。

第十二条　应付职工薪酬有关业务核算。

1. 生产部门人员的职工薪酬，借记"生产成本""制造费用""劳务成本"等科目，贷记"应付职工薪酬"科目。

2. 应由在建工程、研发支出负担的职工薪酬，借记"在建工程""研发支出"等科目，贷记"应付职工薪酬"科目。

3. 管理部门人员、销售人员的职工薪酬，借记"管理费用""销售费用"科目，贷记"应付职工薪酬"科目。

第六章　应交税费的核算

第十三条　应交税费核算的有关规定。

1. "应交税费"科目贷方核算按规定应予缴纳的税费，借方核算实际缴纳和需要抵扣的税费，期末余额在贷方，反映公司尚未缴纳的税费，期末如为借方余额，反映公司多缴或尚未抵扣的税费。

2. 公司缴纳的印花税及其他不需要预计应交数的税费，不在"应交税费"科目核算。

第十四条　应交税费有关业务核算。

1. 国内采购的物资，按专用发票上注明的增值税，借记"应交税费——应交增值税（进项税额）"科目，专用发票上记载的应计入采购成本的金额，借记"在途物资"等科目，按应付或实际支付的金额，贷记"应付账款""应付票据""银行存款"等科目。购入物资发生的退货，做相反会计分录。

2. 销售物资或提供应税劳务，按实现的营业收入和按规定收取的增值税税额，借记"应收账款""应收票据"科目，按专用发票上注明的增值税税额，贷记"应交税费——应交增值税（销项税额）"科目，按实现的营业收入，贷记"主营业务收入""其他业务收入"等科目。发生的销售退回，做相反的会计分录。

第七章　长期借款的核算

第十五条　长期借款核算有关规定。

长期借款是指公司向银行或其他金融机构借入的期限在一年以上（不含一年）的各项借款，长期借款应按以下规定核算。

1. 资产负债表日，应按摊余成本和实际利率计算确定的长期借款的利息费用，实际利率与合同约定的名义利率差异不大的，也可以采用合同约定的名义利率计算确定利息费用。

2. 公司与债权人进行债务重组，比照应付账款核算有关规定进行处理。

3. 长期借款所发生的利息支出，应计入在建工程或计入当期财务费用，长期借款专门用于购建固定资产的，则按借款费用的规定进行处理。

第十六条　长期借款有关业务核算。

1. 长期借款的借入与使用

（1）公司借入长期借款，应按实际收到的金额，借记"银行存款"科目，贷记"长期借款（本金）"科目。

（2）资产负债表日，应按摊余成本和实际利率计算确定的长期借款的利息费用，借记"在建工程""制造费用""财务费用"等科目，按合同约定的名义利率计算确定的应付利息金额，贷记"应付利息——长期借款利息"科目，按其差额，贷记"长期借款（利息调整）"科目。

2. 长期借款的归还

（1）归还长期借款本金时，借记"长期借款（本金）"科目，贷记"银行存款"科目。

（2）按应转销的利息调整、应计利息金额，借记"应付利息——长期借款利息""在建工程""制造费用""财务费用"等科目，贷记或借记"长期借款（利息调整）"科目。

第八章　长期应付款的核算

第十七条　长期应付款核算有关规定。

1. "长期应付款"科目贷方核算购入有关资产超过正常信用条件延期支付价款、实质上具有融资性质的购买价款和融资租入固定资产的应付融资租赁款，借方核算按期支付的购买价款以及按期支付的融资租赁费，期末余额在贷方，反映尚未支付的各种长期应付款。

2. "未确认融资费用"科目贷方核算公司采用实际利率法计算确定当期的利息费用，借方核算以分期付款方式购入固定资产和无形资产以及融资租入固定资产产生的未确认融资费用，期末余额在借方，反映公司未确认融资费用的摊余价值。

第十八条　长期应付款有关业务核算。

1. 公司购入具有融资性质的资产，应按购买价款的现值，借记"固定资产""在建工程""研发支出"等科目，按应支付的金额，贷记"长期应付款"科目，按其差额，借记"未确定融资费用"科目。

2. 融资租入固定资产，在租赁期开始日，应按租赁准则确定的应计入固定资产成本的金额，借记"在建工程"或"固定资产"科目，按最低租赁付款额，贷记"长期应付款——应付融资租入固定资产租赁费"科目，按发生的初始直接费用，贷记"银行存款"等科目，按其差额，借记"未确认融资费用"科目。

3. 按期支付融资租赁费时，借记"长期应付款——应付融资租入固定资产租赁费"科目，贷记"银行存款"科目。

第九章 附　则

第十九条　本制度由财务部负责制定、修改和解释。

第二十条　本制度经总经理批准后颁布施行，修改时亦同。

 文案范本

负债核算流程

工作目标	知识准备	关键点控制	细化执行	流程
1. 提高负债核算各类事项规范化管理的水平　2. 确保负债账务数据的准确性和凭证的全面性、真实性　3. 合理使用会计报表	1. 熟悉国家相关会计法律法规　2. 掌握负债账务处理的原则和技巧	1. 产生负债　公司根据经营目标和日常管理的需要产生各类负债		
		2. 提供债务发生原始凭证		
		2.1 公司负债产生后，相关人员制作、形成负债的原始凭证并提供给财务人员	相关原始凭证	1. 产生负债
		2.2 公司财务人员整理、汇总相关人员送交的负债原始凭证		2. 提供债务发生原始凭证
		3. 审核负债原始凭证　公司财务人员从会计管理的角度和公司内部控制的角度进行审核		3. 审核负债原始凭证
		4. 编制负债记账凭证　公司财务人员根据原始凭证编制记账凭证，记账凭证分为收款凭证、付款凭证和转账凭证三种格式	相关记账凭证	4. 编制负债记账凭证
		5. 编制日记账　公司财务人员根据原始凭证和记账凭证编制现金日记账和银行日记账	现金日记账银行存款日记账	5. 编制日记账
		6. 编制明细账　公司财务人员根据负债的种类记入分类明细账，负债的会计科目一般包括流动负债和长期负债		6. 编制明细账
		7. 编制总分类账　公司财务人员根据原始凭证和记账凭证编制总分类账		7. 编制总分类账
		8. 账目核对　公司财务人员对原始凭证、记账凭证以及明细账和总分类账进行复核，确保账务处理的准确性		8. 账目核对
		9. 形成会计报表　公司财务人员根据明细账和总分类账编制各类负债的会计报表		9. 形成会计报表
				10. 会计报表的使用

续表

工作目标	知识准备	关键点控制	细化执行	流程
		10. 会计报表的使用 公司财务人员根据公司和国家相关会计要求公布、披露会计报表或在公司内部相关部门间公开或供公司领导者查阅和进行决策参考		

二、借款

请参阅如下相关文案范本。

借款申请书

××小额贷款有限公司：

本公司因＿＿＿＿＿＿＿＿＿＿＿＿＿＿的需要，拟向贵公司申请借款人民币＿＿＿万元（大写：＿＿＿＿），期限为＿＿＿天，用于＿＿＿＿＿＿＿＿＿，还款资金来源为＿＿＿＿＿＿＿＿。随同本申请一并提交的相关资料（详见附件）供贵公司决策时参考，请审核，并随时欢迎贵公司派人前来进行调查。

本公司在此郑重承诺：

1. 本公司提供的资料均合法、真实、有效，如果提供的资料失真，那么产生的一切后果由本公司承担；

2. 本公司可以在第一时间提供其他所需资料；

3. 无论贵公司是否同意为本公司提供贷款，本公司均同意提供的一切资料（除特别声明外）留存贵公司存档，不必退回。

特此申请！

附件明细：（略）

申请单位：（公章）
法人代表：（签字）
日　　期：　年　月　日

企业借款申请表

编号：　　　　　　　　　　　　　　　　　　　申请日期：　年　月　日

企业名称		开户银行和账号	
年、季度借款计		已借金额	
申请借款金额		借款用途	
借款种类		借款期限	

续表

借款原因		
还款计划		
主管部门意见	（盖章）	借款单位公章 法人代表章

银行审查意见	批准金额（大写）		批准期限	
	法人代表章　经办人章 日期：　　年　月　日			

文案范本

借款单

借款人		借款日期	
借款事由			
借款金额	大写：		
预计还款期	我将于　　年　月　日之前还款		领导审批意见
借款说明			

文案范本

借款记录表

银行名称：　　　　　　　　　　　　　　　　　　　账户：

约定偿还			摘要	借款种类	抵押品内容	借款金额	偿还记录						备注
年	月	日					日期	金额	未偿额	日期	金额	未偿额	

银行借款登记卡

银行名称									
借款名称							卡号		
日 期			摘 要	抵押品名称	借款额度	借款偿还金额	未偿还金额	未用额度	
年	月	日							

借款明细分类账

银行名称：　　　　　　　　　　　　　　　　　　　　　　　　　　　金额单位：元

日 期			凭证号码	摘要	借款种类	抵押品内容	约定偿还日期	记号		利率	借款金额	偿还金额	结余金额	备注
年	月	日						借	贷					

短期借款账务处理工作标准

任务名称	任务程序、重点及标准	时　限	相关资料
取得借款凭证审核审批	程序		
	● 财务部办理短期借款并取得短期借款原始凭证、结算凭证并进行核对	1个工作日内	
	● 原始凭证送交财务总监审核	即时	
	● 送交总经理审批	即时	原始凭证
	重点		
	● 原始凭证规范齐全		
	标准		
	● 原始凭证的签审手续		

任务 名称	任务程序、重点及标准		时　限	相关资料
短期 借款 核算	程序			原始凭证 收款凭证
	• 借款时应按原始凭证，编制收款凭证，借记"银行存款"账户，贷记"短期借款"账户并签章		1个工作日内	
	• 稽核员或指定人员复核记账凭证及所附结算凭证、原始凭证，审核无误后签字盖章		1个工作日内	
	• "短期借款"账户按债权人设置明细账		1个工作日内	
	重点			
	• 明细账科目分类方法			
	标准			
	• 日事日清			
登记 账簿	程序			记账凭证 相关账簿
	• 出纳员、分管会计人员和总账会计分别登记银行存款日记账、明细分类账、总分类账		1个工作日内	
	• 由记账人员在收款凭证上签章		1个工作日内	
	重点			
	• 字迹工整，数字清晰			
	标准			
	• 日清月结，规范清晰			
计提 利息 支付 利息 核算	程序			我国会计 实务
	• 短期借款利息一律计入财务费用账户		1个工作日内	
	• 利息直接支付不预提的，付款时，借记"财务费用"账户，贷记"银行存款"账户		1个工作日内	
	重点			
	• 短期借款利息计提方式			
	标准			
	• 日事日清			
取得 还款 凭证 审核 审批	程序			还款凭证
	• 企业到期还本付息时，取得还款凭证并进行核对		1个工作日内	
	• 送交财务总监和总经理签审		即时	
	重点			
	• 原始凭证规范清晰			
	标准			
	• 原始凭证的签审手续			
还款 核算	程序			原始凭证 付款凭证
	• 归还短期借款本金时，借记"短期借款"账户，贷记"银行存款"账户，归还利息时，借记"财务费用"账户，贷记"银行存款"账户		1个工作日内	

续表

任务名称	任务程序、重点及标准	时　限	相关资料
还款核算	• 填制人在付款凭证上签章	1个工作日内	原始凭证付款凭证
	• 稽核员或指定人员复核记账凭证及所附结算凭证、原始凭证，审核无误后签字盖章	1个工作日内	
	重点		
	• 字迹工整，数字清晰，证证相符		
	标准		
	• 日事日清		
登记账簿	程序		记账凭证相关账簿
	• 出纳员、分管会计人员和总账会计分别登记银行存款日记账、明细分类账、总分类账	1个工作日内	
	• 由记账人员在付款凭证上签章	1个工作日内	
	重点		
	• 字迹工整，数字清晰		
	标准		
	• 日清月结，规范清晰		
账证账账账单核对	程序		相关账簿银行对账单
	• 由稽核人员或指定人员定期进行账证核对、账单核对、账账核对，发现误差报经批准后予以处理	3个工作日内	
	• 核对完毕交财务总监审核通过	即时	
	• 报总经理审批	即时	
	重点		
	• 账证相符、账单相符、账账相符		
	标准		
	• 银行存款的核对、审查制度		

文案范本

银行短期借款明细表

编制单位（部门）：　　　　　　截止日期：　　年　　月　　日　　　　　　单位：千元

序号	贷款银行	贷款种类	贷款额度	利息年率	期限	已动用额度	尚可动用额度	备注

审核：　　　　　制表：

短期借款明细账

填写日期：　　年　月　日　　　　　　　　　　　　　　　　金额单位：元

贷款银行	贷款种类	借入时间	金额				利率（%）	已用额度	可用额度	期限	还款方式	备注
			期初数		期末数							
			本金	利息	本金	利息						
合　计												

短期借款账务处理工作流程

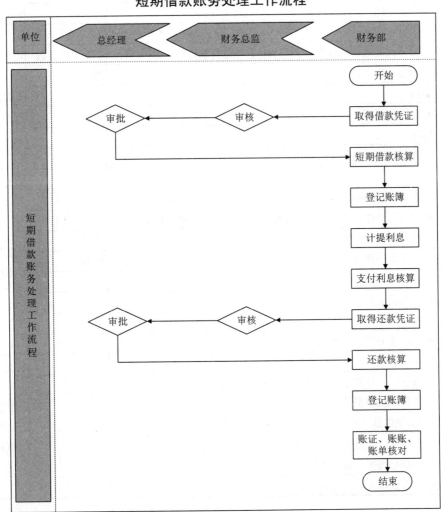

文案范本

长期借款工作标准

任务名称	任务程序、重点及标准	时　限	相关资料
提出借款申请报经银行审查	程序		借款申请书
	● 企业财务部向银行提出借款申请，说明借款的种类、用途、金额、还款计划等	1个工作日内	
	● 报经银行或金融机构审查	1个工作日内	
	● 银行或金融机构对借款人的资格、投资项目的前景进行分析调查后，决定贷款与否，以及贷款数额的多少	根据企业情况	
	重点		
	● 借款手续的办理		
	标准		
	● 借款手续		
签订合同审批	程序		借款合同
	● 银行或金融机构批准后，与企业财务总监签订借款合同	1个工作日内	
	● 报总经理审批	即时	
	重点		
	● 合同的签订		
	标准		
	● 借款合同的签订审批程序		
办理借款取得借款凭证审核审批	程序		借款合同原始凭证
	● 企业财务部向银行或金融机构办理借款，银行发放贷款	1个工作日内	
	● 财务部经办人员取得其全的借款原始凭证，并进行核对	1个工作日内	
	● 送交财务总监审核	即时	
	● 送交总经理审批	即时	
	重点		
	● 原始凭证规范齐全		
	标准		
	● 原始凭证的审核手续		
借款的核算登记账簿	程序		原始凭证记账凭证相关账簿
	● 借款时，按原始凭证编制收款凭证，借记"银行存款"账户，贷记"长期借款"账户	1个工作日内	
	● "长期借款"账户按借款单位和种类设置明细账	1个工作日内	
	● 出纳员、分管会计人员和总账会计分别登记银行存款日记账、明细分类账、总分类账	1个工作日内	
	● 并由记账人员在收款凭证上签章	1个工作日内	

任务 名称	任务程序、重点及标准	时　限	相关资料
借款的 核算登 记账簿	**重点**		原始凭证 记账凭证 相关账簿
	• 字迹工整，数字清晰		
	标准		
	• 日清月结，规范清晰		
筹建 期间 利息 计提	**程序**		我国会计 实务
	• 计提长期借款发生的利息支出等借款费用时，属于筹建期间的，借记"长期待摊费用"账户，贷记"长期借款"账户	1个工作日内	
	• 属于与构建固定资产有关的，按照借款费用资本化的原则处理，在固定资产达到预定可使用状态之前并符合资本化条件的，计入有关固定资产的购建成本，借记"在建工程"账户，贷记"长期借款"账户	1个工作日内	
	重点		
	• 长期借款利息的分类		
	标准		
	• 会计原则		
与生 产经 营有 关的 利息 计提	**程序**		我国会计 实务
	• 属于为生产经营借入的，借记"财务费用"账户，贷记"长期借款"账户	1个工作日内	
	• 属于与构建固定资产有关的，在固定资产达到预定可使用状态后以及按规定不能予以资本化的，直接计入当期财务费用，借记"财务费用"账户，贷记"长期借款"账户	1个工作日内	
	重点		
	• 长期借款利息的分类		
	标准		
	• 会计原则		
办理 还款 取得 还款 凭证 审核 审批	**程序**		借款合同 原始凭证
	• 财务部按还款计划办理还款	1个工作日内	
	• 取得还款原始凭证并核对一致	1个工作日内	
	• 送交财务总监审核	即时	
	• 送交总经理审批	即时	
	重点		
	• 原始凭证规范清晰		
	标准		
	• 原始凭证的签审手续		

续表

任务名称	任务程序、重点及标准	时限	相关资料
还款的核算登记账簿	**程序**		原始凭证 记账凭证 相关账簿
	• 归还长期借款本息时，按原始凭证编制付款凭证，借记"长期借款"账户，贷记"银行存款"账户	1个工作日内	
	• 出纳人员、分管会计人员、总账会计分别登记银行存款日记账、明细分类账、总分类账	1个工作日内	
	• 由记账人员在付款凭证上签章		
	重点		
	• 字迹工整，数字清晰		
	标准		
	• 日清月结，规范清晰		
账证 账账 账单 核对	**程序**		相关账簿 银行对账单
	• 由稽核人员或指定人员定期进行账证核对、账单核对、账账核对，发现误差报经批准后予以处理	3个工作日内	
	• 核对完毕交财务总监审核通过	即时	
	• 报总经理审批	即时	
	重点		
	• 账证相符、账单相符、账账相符		
	标准		
	• 银行存款的核对、审查制度		

文案范本

长期借款明细表

名　称	长期借款明细表	编　码		版　本	
		页　次		修改状态	

借款单位名称	借款方式（抵押/质押/担保/信用）	期初金额	期末金额
合　计			

相关说明					
编制人员		审核人员		批准人员	
编制日期		审核日期		批准日期	

长期借款明细账

填写日期： 年 月 日 金额单位：元

借款单位	金额				利率（%）	借入时间	期限	还本付息方式	下年需还
	年初数		年末数						
	本金	利息	本金	利息					
合　计									

长期借款工作流程

提出借款申请	财务部门向银行提出借款申请，说明借款种类、用途、金额等
报经银行审查	银行对企业的资质、投资项目的前景进行分析调查后，决定贷款与否，以及贷款数额的多少
签订借款合同	经银行审核通过后，由企业主管领导负责与银行订立借款合同
办理借款	财务人员负责向银行办理借款手续，银行依据合同的约定发放贷款
取得借款凭证	财务部经办人员取得齐全的借款原始凭证，并进行核对
借款的核算	借款时，按原始凭证编制收款凭证，借记"银行存款"账户，贷记"长期借款"账户
登记账簿	1. 财务人员将"长期借款"账户按借款单位和种类设置明细账 2. 出纳人员、分管会计和总账会计分别登记银行存款日记账、明细分类账、总分类账等
利息计提	1. 计提长期借款利息，属于筹建期间的借记"长期待摊费用"账户，贷记"长期借款"账户 2. 为生产经营借入的，借记"财务费用"账户，贷记"长期借款"账户
办理还款	财务部按照还款计划办理还款事宜
取得还款凭证	财务部取得还款原始凭证并进行核对，核对一致后送主管领导审批
还款的核算	归还长期借款本息时，按原始凭证编制付款凭证，借记"长期借款"账户，贷记"银行存款"账户
登记账簿	出纳人员、分管会计人员、总账会计分别登记银行存款日记账、明细分类账、总分类账
账证、账账、账单核对	由稽核人员或制定人员定期进行账证核对、账单核对、账账核对，发现误差及时报请主管领导予以处理

文案范本

借出款项审批流程

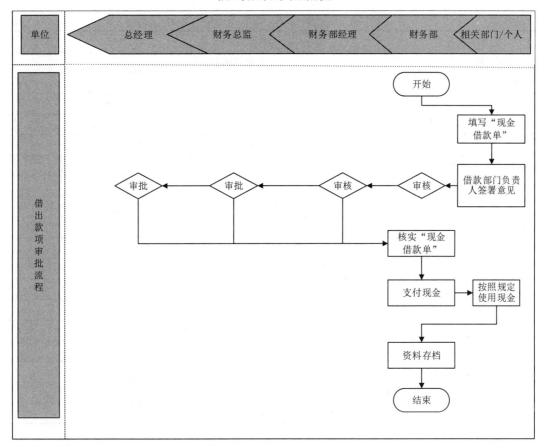

| 单位 | 总经理 | 财务总监 | 财务部经理 | 财务部 | 相关部门/个人 |

借出款项审批流程

开始

填写"现金借款单"

借款部门负责人签署意见

审批　←　审批　←　审核　←　审核

核实"现金借款单"

支付现金　→　按照规定使用现金

资料存档

结束

三、付款

请参阅如下相关文案范本。

文案范本

付款登记表

验收单号	企业名称	摘　要	支付金额	领取日期	领款人	备注

制表：　　　　　　　　　　　主管：

文案范本

分包商付款审批表

项目名称： 申请日期： 年 月 日

1. 付款基本情况

分包商名称：	本单编号：
合同名称：	合同编号：
合同总额：	本期付款为该合同下第 次付款
合同形式：□固定价 □固定单价 □其他	付款方式：□支票 □电汇 □其他
付款形式：□一次性付款 □多次付款 □其他	收款人开户银行
付款性质：□预付款 □进度款 □尾款 □保修款	收款人开户行账号

2. 付款统计情况

数据类别	序号	数据内容	金额	备注
本期应付款	1	本期完成合同内付款		
	2	本期完成合同外付款		
累计应付款	3	至本期止累计应付款		
本期扣款	4			
	5			
累计扣款	6	至本期止累计扣款合计		
累计已付款	8			
累计未付款	9			
本次计划付款金额	大写：			

3. 付款审批

审批人员	签名	签字日期	审批意见
商务经理			
项目经理			
商务合约部			
工程技术部			
财务部			
副总经理			
总经理			

4. 实际付款记录

财务负责人			
本次实际付款金额	大写：	支票号	

付款流程

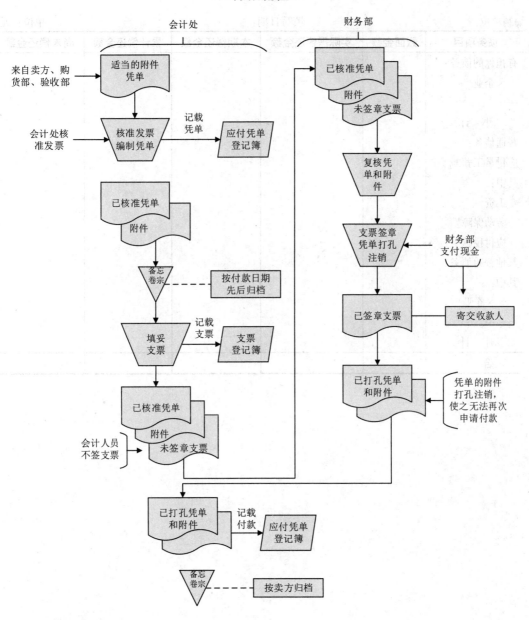

四、债务清偿

请参阅如下相关文案范本。

 文案范本

企业债务清偿表

编制单位：　　　　　　　　填写日期：　　　　　　　　　　　单位：元

债务项目	账面金额	实际需偿还金额	本期偿还金额	累计偿还金额	尚未偿还金额
有担保的债务：					
××企业					
……					
小　计					
普通债务：					
应付员工薪酬					
其中：					
工资					
劳动保障费					
应付税款					
其他普通债务：					
其中：					
××企业					
……					
小　计					
合　计					

第八章

所有者权益方面管理操作实务

所有者权益是指企业资产扣除负债后由所有者享有的剩余权益。

 **小资料**

所有者权益的分类

所有者权益可按不同的标志进行分类，在公司组织中，结合我国实际，主要可按所有者权益的形成来源和投资主体分类。

（一）按形成来源不同

所有者权益按形成来源不同，可分为投入资本、直接计入所有者权益的利得和损失及留存收益。

投入资本为所有者初始和追加投入的资本。利得是指由企业非日常活动形成的，会导致所有者权益增加的，与所有者投入资本无关的经济利益的流入。损失是指由企业非日常活动所发生的，会导致所有者权益减少的，与向投资者分配利润无关的经济利益的流出。留存收益是企业经营活动所得税后利润的留存部分。所有者权益的进一步分类，通常是基于法律上的规定。这种分类的目的有两个：一是让股东和债权人知道，公司付给股东的款项是利润分配还是投入资本的返还；二是让股东用累计利润来判断管理人员的称职程度。

（二）按投资主体分类

所有者权益按投资主体不同，可分为国家股、法人股、个人股及外资股四种。

国家股为有权代表国家投资的政府部门或机构，以国有资产投入公司所形成的股份。法人股为企业法人以其依法可支配的资产投入公司形成的股份，或具有法人资格的事业单位和社会团体，以国家允许用于经营的资产，以向公司投资的形式形成的股份。个人股为社会个人或本公司内部职工，以个人合法财产投入公司形成的股份。

以上三种股份都为国内投资主体所拥有，简称 A 股。

外资股为外国投资者以及我国香港、澳门、台湾地区投资者，以购买人民币特种股票形式，向公司投资形成的股份，又称 B 股。

我国有些公司的股份已经开始在中国香港等境外地区或国家证券交易所公开上市流通，称为 H 股。

这种分类的主要目的在于反映在企业里不同性质的股份所占比重，便于国家进行宏观调控。

上述各种性质的股份持有者，对企业所有者权益享有同等的权利，即按持有的股份数比例分享所有者权益。

第一节　实收资本

一、实收资本概述

实收资本是指企业按照章程规定或合同、协议约定，接受投资者投入企业的资本。

实收资本的构成比例即投资者的出资比例或股东的股权比例，是确定所有者在企业所有者权益中份额的基础，也是企业进行利润或股利分配的主要依据。

二、实收资本的核算

（一）一般企业的实收资本

为了对投入资本进行核算，除股份有限公司以外，其他各类企业应设置"实收资本"账户。"实收资本"账户属于所有者权益类账户，用来核算企业实际收到投资者投入的资本增减变动情况及结果。该账户的贷方登记实收资本的增加数额，借方登记实收资本的减少数额，期末余额在贷方，反映企业期末实收资本的实有数额。该账户应按投资者设置明细账，进行明细分类核算。

1. 接受现金资产投资

企业收到投资者以现金投入的资本时，借记"库存现金"或"银行存款"账户，按投资者在企业注册资本中所占的份额，贷记"实收资本"账户。对于实际投入的金额超过投资者在企业注册资本中所占份额的部分，应记入"资本公积"账户。

2. 接受非现金资产投资

（1）接受投入固定资产。企业接受投资者作价投入的房屋、建筑物、机器设备等固定资产，应按照投资合同或协议约定的价值确定固定资产的价值，但投资合同或协议约定价值不公允的除外。在进行会计处理时，按照投资合同或协议约定的价值，借记"固定资产"账户，按投资者在企业注册资本中应享有的份额，贷记"实收资本"账户。如果投资合同或协议约定的价值大于投资者在企业注册资本中应享有的份额，应将其差额记入"资本公积"账户。

（2）接受投入材料物资。企业接受投资者作价投入的材料物资，应按照投资合同或协议约定的价值确定材料物资的价值，但投资合同或协议约定价值不公允的除外。在进行会计处理时，应按照投资合同或协议约定的价值，借记"原材料"账户，按增值税专用发票上注明的增值税额，借记"应交税费——应交增值税（进项税额）"账户，按投资者在企业注册资本中应享有的份额，贷记"实收资本"账户，按其差额贷记"资本公积"账户。

（3）接受投入无形资产。企业接受投资者以无形资产方式投入的资本，应按照投资合同或协议约定的价值确定无形资产的价值，但投资合同或协议约定价值不公允的除外。在进行会计处理时，应按照投资合同或协议约定的价值，借记"无形资产"账户，按投资者在企业注册资本中应享有的份额，贷记"实收资本"账户。如果投资合同或协议约定的价值大于投资者在企业注册资本中应享有的份额，应将其差额记入"资本公积"账户。

（二）股份有限公司的股本

1. 发起设立

股份有限公司在收到发起人的出资时，应借记"银行存款"等科目，贷记"股本"等科目。

2. 募集设立

公司发行股票一般需要经过股东认购、实收股款、发行股票等阶段。公司在发行股票时，需要确定股票的发行价格。受发行时资本市场供求关系的影响，股票的发行价格可能有面值发行、溢价发行及折价发行，但我国不存在折价发行。发行有面值股票时，无论发行价格与面值是否一致，记入"股本"账户的金额总是股票面值。

实收资本（股本）明细表

股东名称	期初余额		本期增加		本期减少		期末余额	
	外币	人民币	外币	人民币	外币	人民币	外币	人民币
合　计								

实收资本明细账

年		凭　证		摘　要	页　数	借　方	贷　方	借或贷	余　额
月	日	种类	号数						

实收资本核算流程

序　号	步　骤	内　容
1	实收资本投入	1. 企业股东或企业所有人按照企业章程、协议的约定将资本存入企业银行账户 2. 投入资产的形式包括现金资产、固定资产和无形资产
2	汇总、审核原始凭证	财务人员根据企业章程、合同或协议汇总收到的资本存入账户的凭证，并对凭证的真实性进行审核
3	制作记账凭证	财务人员根据原始凭证制作存款记账凭证
4	账务处理	1. 财务人员根据企业账务处理的规定和制度，登记日记账、明细账和汇总账 2. 财务人员以实际收到的金额为准，借记"银行存款"，贷记"实收资本"
5	账目核对	财务人员对原始凭证、记账凭证以及明细账和总分类账进行复核，确保账证相符、账实相符、账账相符
6	编制相关报表	财务人员根据实收资本的情况，编制相关财务报表，送相关人员和主管领导审阅

第二节　资本公积

一、资本公积概述

（一）资本公积的来源及用途

资本公积是企业收到投资者出资额超出其在注册资本（或股本）中所占份额的部分，以及直接计入所有者权益的利得和损失等。

资本公积包括资本溢价（或股本溢价）和直接计入所有者权益的利得和损失等。形成资本溢价（或股本溢价）的原因有溢价发行股票、投资者超额缴入资本等。直接计入所有者权益的利得和损失是指不应计入当期损益、会导致所有者权益发生增减变动的、与所有者投入资本或者向所有者分配利润无关的利得和损失，如企业的长期股权投资采用权益法核算时，因被投资单位除净损益以外所有者权益的其他变动，投资企业按应享有份额而增加或减少的资本公积。

资本公积主要用于转增资本，即在办理增资手续后用于资本公积转增实收资本，按所有者原有的比例增加投资人的实收资本。

（二）资本公积与实收资本（或股本）的区别

在所有者权益中，资本公积与实收资本（或股本）的区别主要表现在以下几个方面。

1. 从来源和性质看

实收资本（或股本）是指投资者按照企业章程或合同、协议的约定，实际投入企业并依法进行注册的资本，它体现了企业所有者对企业的基本产权关系。资本公积是投资者的出资中超出其在注册资本中所占份额的部分，以及直接计入所有者权益的利得和损失，它不直接表明所有者对企业的基本产权关系。

2. 从用途看

实收资本（或股本）的构成比例是确定所有者参与企业财务经营决策的基础，也是企业进行利润分配或股利分配的依据，同时还是企业清算时确定所有者对净资产的要求权的依据。资本公积主要用来转增资本（或股本），它不体现各所有者的占有比例，也不能作为所有者参与企业财务经营决策或进行利润分配（或股利分配）的依据。

二、资本公积的核算

企业应通过"资本公积"账户核算资本公积的增减变动情况，并分别通过"资本溢价（股本溢价）""其他资本公积"账户进行明细核算。

资本公积核算账务处理工作流程

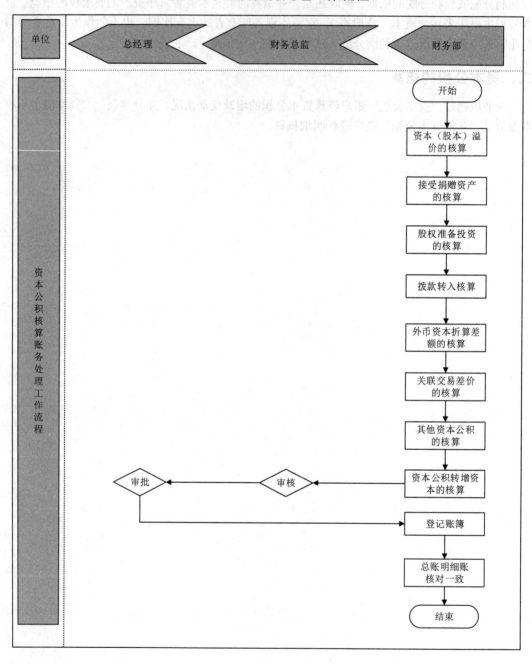

文案范本

资本公积核算流程

序 号	步 骤	内 容
1	产生资本公积金	1. 企业因资本、资产本身或其他原因产生资本公积 2. 资本公积金主要源于溢价收入、接收的赠予、资产增值等
2	收集、审核原始凭证	财务人员收集并审核各类资本（资金）投入的原始凭证，重点审核原始凭证的准确性和真实性
3	编制记账凭证	财务人员根据原始凭证编制记账凭证，记账凭证包括付款凭证、收款凭证和转账凭证等
4	账务处理	1. 财务人员根据国家和企业财务规定的会计科目进行资本公积的会计分录，包括日记账、明细账和总分类账的登记等 2. 资本公积科目以"资本溢价"和"其他资本公积"进行核算
5	账目核对	根据企业财务稽核制度，对账目进行核对，确保账证相符、账实相符

第三节　留存收益

留存收益（或称留存利润）是股东权益的另一个组成部分，它是指企业从历年实现的利润中提取或形成的留存于企业的内部积累。

留存收益与投资者投入的资本同属于股东权益（资本），但它有别于投入资本，投入资本是投资者从外部投入公司的，它是股东权益的基本组成部分，而留存收益不是由投资者从外部投入的，而是从经营活动赚取的利润而来的。公司经营得好坏直接关系到留存收益的大小，公司经营得好，利润表会表现出盈利，同时导致资产负债表的股东权益部分增加；而公司经营得差，利润表会表现出亏损，同时导致资产负债表的股东权益部分减少。可见，留存收益是资产负债表与利润表之间的桥梁。

一、留存收益的构成

留存收益是国际上较为流行的提法，在我国，与留存收益对应的概念是盈余公积和未分配利润。盈余公积包括法定盈余公积、任意盈余公积，它们属于拨定的留存收益，而未分配利润属于未拨定的留存收益。

二、盈余公积

（一）盈余公积的形成

企业要生存、要发展，必然要不断地扩大规模，向社会提供适销对路的产品或劳务，履行社会义务，承担社会责任。因此，有必要把税后利润的一部分留存企业，重新投入生产经营，参加周转。这部分留存于企业的利润，称为盈余公积，是从盈余中而来的，属于企业的所有者。

盈余公积包括的具体内容如下。

1. 法定盈余公积

法定盈余公积即企业按公司法规定必须从税后利润中提取，留存于企业，用以扩大生产经营的资本。企业必须提取法定盈余公积，其目的是确保企业不断积累资本，固本培元，自我壮大实力。我国《公司法》规定，公司制企业的法定盈余公积按照税后利润的 10% 提取，计提的法定盈余公积累计金额达到注册资本的 50% 时，可以不再提取；非公司制企业可按照超过 10% 的比例提取。

2. 任意盈余公积

任意盈余公积是公司出于实际需要或采取审慎经营策略，从税后利润中提取的一部分留存利润。如果公司有优先股，必须在支付优先股股利之后，才可提取任意盈余公积。

任意盈余公积和法定盈余公积的区别在于各自计提的依据不同，法定盈余公积是以国家法律或法规为依据而提取的，而任意盈余公积是企业自行决定提取的，其数额也视经营情况而定。

提取任意盈余公积的原因很多，如可能需要偿还一笔长期负债，也可能是为了控制本期股利的分派不致过多。总之，任意盈余公积是压低当年股利率的一种手段，是企业管理部门对发放股利施加的限制。可见，提取任意盈余公积的目的仅仅在于限制可供分派股利的留存利润，从而为企业积蓄财力，以供偿还长期债务之用，但它不会使留存利润发生增减变动。

（二）盈余公积的用途

根据有关规定，企业提取的盈余公积主要可以用于以下几个方面。

1. 弥补亏损

企业发生亏损时，应由企业自行弥补。弥补亏损的渠道主要有三条：一是用以后年度税前利润弥补。按照有关法规的规定，企业发生亏损时，可以用以后 5 年内实现的税前会计利润弥补，也就是说，税前利润弥补亏损的期限为 5 年。二是用以后年度税后利润弥补。企业发生的亏损经过 5 年期限未足额弥补的，应用所得税后的利润弥补。三是用盈余公积弥补。当企业发生的亏损在所得税后利润仍不足弥补的，可用提取的盈余公积加以弥补。但是，用盈余公积弥补亏损时，应由董事会提议，并经股东大会批准后方可实施。

2. 转增资本

当企业提取的盈余公积累积比较多时，可以将盈余公积转增资本，但必须经过股东大会的批准。按照公司法的规定，用盈余公积转增资本后，留存的盈余公积不得少于注册资本的 25%，而且，当将盈余公积转增资本时，要按照股东的原持股比例进行结转。

3. 发放现金股利或利润

根据有关规定，在特殊情况下，当企业累积的盈余公积比较多，而未分配利润又比较少时，为维护企业的形象，给投资者以合理的回报，对于符合规定条件的企业，可以用盈余公积分派现金股利或利润。

盈余公积的提取实际上是企业当期实现的净利润向投资者分配的一种限制。提取盈余公积本身就属于利润分配的一部分，企业提取盈余公积相对应的资金，一经提取形成盈余公积后，在一般情况下不得用于向投资者分派股利或利润。企业提取的盈余公积，无论是用于弥补亏损，还是用于转增资本，都是在企业所有者权益内部结构的转换，并不引起企业所有者权益总额的变化。

（三）盈余公积的会计处理

为了反映盈余公积的形成和使用情况，企业应设置"盈余公积"账户。该账户属于所有者权益账户，贷方登记按规定从净利润中提取而形成的盈余公积数额，借方登记企业将盈余公积用于弥补亏损、转增资本以及分派现金股利或利润的减少数额，期末贷方余额反映企业提取尚未转出的盈余公积数额。本账户应按其种类设置明细，分别进行明细核算。

1. 提取盈余公积

企业按照规定从净利润中提取各项盈余公积时，借记"利润分配"（提取法定盈余公积、提取任意盈余公积）科目，贷记"盈余公积"（法定盈余公积、任意盈余公积）科目。

2. 盈余公积补亏

企业用盈余公积弥补亏损，应当按照当期弥补亏损的数额，借记"盈余公积"科目，贷记"利润分配——盈余公积补亏"科目。

3. 盈余公积转增资本

一般企业用提取的盈余公积转增资本时，应按照批准的转增资本数额，借记"盈余公积"科目，贷记"实收资本"科目。

股份有限公司经过股东大会决议，用盈余公积派送红股转增股本时，应借记"盈余公积"科目，贷记"股本"科目。如果两者之间有差额，应贷记"股本溢价"科目。

4. 盈余公积分派现金股利或利润

企业经过股东大会或类似机构决议，用盈余公积分派现金股利或利润时，应当借记"盈余公积"科目，贷记"应付股利或应付利润"科目。

三、未分配利润

未分配利润是企业留待以后年度进行分配的结存利润，也是企业所有者权益的组成部分。

相对于所有者权益的其他部分来说，企业对于未分配利润的使用分配有较大的自主权。从数量上来说，未分配利润是期初未分配利润，加上本期实现的净利润，减去提取的各种盈余公积和分出利润后的余额。未分配利润有两层含义：一是留待以后年度处理的利润；二是未指定特定用途的利润。

企业未分配利润应通过"利润分配"科目进行核算。年度终了，企业应将全年实现的净利润，自"本年利润"科目转入"利润分配——未分配利润"科目，并将"利润分配"科目下的其他有关明细科目的余额，转入"未分配利润"明细科目。结转后，"未分配利润"明细科目的贷方余额，就是累积未分配的利润数额。如出现借方余额，则表示累积未弥补的亏损数额。对于未弥补亏损，可以用以后年度实现的税前利润进行弥补，但弥补期限不得超过 5 年。

四、股票分割

股票分割，是通过成比例地降低股票面值而增加普通股的数量，它是一种将面额较大的股票转换成面额较小股票的行为。股票分割后，由于普通股数量增加，普通股面值相应降低。

（一）股票分割与股票股利

股票分割与股票股利非常相似，两者都是增加股票数量，但不向股东分配资产，股东的持股比例保持不变，因而公司的资产总额、股东权益都保持不变。但两者有明显的区别，具体表现在：股票分割不影响公司的留存收益及股本总额，仅使每股面值降低；而股票股利将使股本总额扩大，公司留存收益减少，但每股面值不变。

（二）股票分割的会计处理

股票分割时，虽然股票股数增加、面值变小，但股本的面值总额及其他股东权益并不因之发生任何增减变化，故不需要进行会计处理。但这并不是说股票分割完全不会对公司的财务数据产生影响，事实上，与股票股利相似，股票分割同样会使每股收益由于普通数量的增加而降低。

（三）股票分割的意义

既然股票分割除了使每股收益和每股面值、每股股价发生变化外，似乎没有产生任何实质性的经济影响，公司为何还要进行股票分割呢？原因有三点：

（1）股票分割可使公司股票市价降低，从而可以吸引更多的投资者入市，促进股票的流通和交易。

（2）股票分割一般被认为是成长中公司的行为，因而能提高投资者对公司的信心，在一定程度上可稳定甚至提高股票的价格。

（3）股票分割有助于并购政策的实施，能增加对被并购方的吸引力。

文案范本

盈余公积核算账务处理工作流程

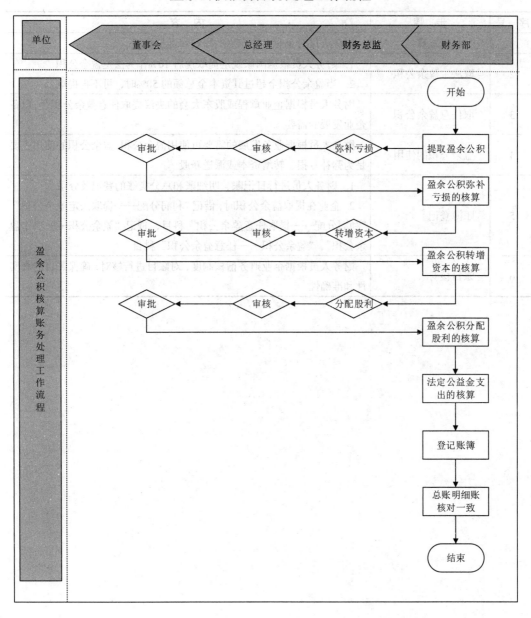

 文案范本

盈余公积核算流程

序　号	步　骤	内　容
1	净利润核算	财务人员对企业本期产生的净利润进行核算
2	取法定盈余公积	1. 财务人员根据国家规定提取税后 10%作为法定盈余公积 2. 当盈余公积金超过其资本金总额的 50%时，可不再提取
3	取任意盈余公积	财务人员根据企业章程或股东大会的决议提取任意盈余公积金，以备企业发展的需要
4	盈余公积的使用	财务人员根据业务发展的需要可使用盈余公积，盈余公积的使用主要是为弥补亏损、转增资本或派送新股
5	账簿登记	1. 财务人员进行日记账、明细账和总分类账的登记及分录 2. 企业在提取盈余公积时，借记"利润分配——提取法定盈余公积"、"利润分配——提取任意盈余公积"科目，贷记"盈余公积——法定盈余公积"、"盈余公积——任意盈余公积"科目
6	账目核对	财务人员根据企业财务稽核制度，对账目进行核对，确保账目的真实性和准确性

第九章

收入方面管理操作实务

收入，是指企业在日常活动中形成的、会导致所有者权益增加的、与所有者投入资本无关的经济利益的总流入。

《企业会计准则第 14 号——收入》所涉及的收入，包括销售商品收入、提供劳务收入和让渡资产使用权收入。长期股权投资、建造合同、租赁、原保险合同、再保险合同等形成的收入，适用其他相关会计准则。

企业代第三方收取的款项，应当作为负债处理，不应当确认为收入。

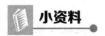 **小资料**

收入的披露

（一）《企业会计准则第 14 号——收入》的规定

企业应当在附注中披露与收入有关的下列信息：

1. 收入确认所采用的会计政策，包括确定提供劳务交易完工进度的方法。

2. 本期确认的销售商品收入、提供劳务收入、利息收入和使用费收入的金额。

（二）《企业会计准则第 30 号——财务报表列报应用指南》的规定

一般企业报表附注——营业收入：

（1）营业收入的披露格式：

项　　目	本期发生额	上期发生额
1. 主营业务收入		
2. 其他业务收入		
合　　计		

……

第一节　销售商品收入

一、销售商品收入的确认条件

销售商品收入同时满足下列条件的，才能予以确认：

（1）企业已将商品所有权上的主要风险和报酬转移给购货方。

企业已将商品所有权上的主要风险和报酬转移给购货方，构成确认销售商品收入的重要条件。

1）企业已将商品所有权上的主要风险和报酬转移给购货方，是指与商品所有权有关的主要风险和报酬同时转移。与商品所有权有关的风险，是指商品可能发生减值或毁损等形成的损失；与商品所有权有关的报酬，是指商品价值增值或通过使用商品等产生的经济利益。

2）判断企业是否已将商品所有权上的主要风险和报酬转移给购货方，应当关注交易的实质，并结合所有权凭证的转移进行判断。通常情况下，转移商品所有权凭证并交付实物后，商品所有权上的主要风险和报酬随之转移，如大多数零售商品。某些情况下，转移商品所有权凭证但未交付实物，商品所有权上的主要风险和报酬随之转移，企业只保留了次要风险和报酬，如交款提货方式销售商品。有时，已交付实物但未转移商品所有权凭证，商品所有权上的主要风险和报酬未随之转移，如采用支付手续费方式委托代销的商品。

（2）企业既没有保留通常与所有权相联系的继续管理权，也没有对已售出的商品实施有效控制。

（3）收入的金额能够可靠地计量。

（4）相关的经济利益很可能流入企业。

（5）相关的已发生或将发生的成本能够可靠地计量。

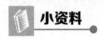

销售商品收入确认条件的具体应用

（一）下列商品销售，通常按规定的时点确认为收入，有证据表明不满足收入确认条件的除外：

1. 销售商品采用托收承付方式的，在办妥托收手续时确认收入。

2. 销售商品采用预收款方式的，在发出商品时确认收入，预收的货款应确认为负债。

3. 销售商品需要安装和检验的，在购买方接受商品以及安装和检验完毕前，不确认收入，待安装和检验完毕时确认收入。如果安装程序比较简单，可在发出商品时确认收入。

4. 销售商品采用以旧换新方式的，销售的商品应当按照销售商品收入确认条件确认收入，回收的商品作为购进商品处理。

5. 销售商品采用支付手续费方式委托代销的，在收到代销清单时确认收入。

（二）采用售后回购方式销售商品的，收到的款项应确认为负债；回购价格大于原售价的，差额应在回购期间按期计提利息，计入财务费用。有确凿证据表明售后回购交易满足销售商品收入确认条件的，销售的商品按售价确认收入，回购的商品作为购进商品处理。

（三）采用售后租回方式销售商品的，收到的款项应确认为负债；售价与资产账面价值之间的差额，应当采用合理的方法进行分摊，作为折旧费用或租金费用的调整。有确凿证据表明认定为经营租赁的售后租回交易是按照公允价值达成的，销售的商品按售价确认收入，并按账面价值结转成本。

二、销售商品收入金额的确定

企业销售商品满足收入确认条件时，应当按照已收或应收合同或协议价款的公允价值确定销售商品收入金额。

从购货方已收或应收的合同或协议价款，通常为公允价值。某些情况下，合同或协议明确规定销售商品需要延期收取价款，如分期收款销售商品，实质上具有融资性质的，应当按照应收的合同或协议价款的现值确定其公允价值。应收的合同或协议价款与其公允价值之间的差额，应当在合同或协议期间内，按照应收款项的摊余成本和实际利率计算确定的摊销金额，冲减财务费用。

三、特殊情况

（一）现金折扣

现金折扣，是指债权人为鼓励债务人在规定的期限内付款而向债务人提供的债务扣除。

销售商品涉及现金折扣的，应当按照扣除现金折扣前的金额确定销售商品收入金额。现金折扣在实际发生时计入当期损益。

（二）商业折扣

商业折扣，是指企业为促进商品销售而在商品标价上给予的价格扣除。

销售商品涉及商业折扣的，应当按照扣除商业折扣后的金额确定销售商品收入金额。

（三）销售折让

销售折让，是指企业因售出商品的质量不合格等原因而在售价上给予的减让。

企业已经确认销售商品收入的售出商品发生销售折让的，应当在发生时冲减当期销售商品收入。

销售折让属于资产负债表日后事项的，适用《企业会计准则第 29 号——资产负债表日后事项》。

（四）销售退回

销售退回，是指企业售出的商品由于质量、品种不符合要求等原因而发生的退货。

企业已经确认销售商品收入的售出商品发生销售退回的，应当在发生时冲减当期销售商品收入。

销售退回属于资产负债表日后事项的，适用《企业会计准则第 29 号——资产负债表日后事项》。

在特殊情况下，即在资产负债表日及之前售出的商品在资产负债表日至财务报告批准报出日之间发生退回的，应作为资产负债表日后调整事项处理，调整报告年度的收入、成本等。如果该项销售在资产负债表日及之前已经发生现金折扣的，还应同时冲减报告年度的现金折扣。

（五）具有融资性质的分期收款销售商品的处理

企业销售商品，有时会采取分期收款的方式，如分期收款发出商品，即商品已经交付，货款分期收回（通常为超过 3 年）。如果延期收取的货款具有融资性质，其实质是企业向购货方提供信贷时，企业应当按照应收的合同或协议价款的公允价值确定收入金额。应收的合同或协议价款的公允价值，通常应当按照其未来现金流量现值或商品现销价格计算确定。

应收的合同或协议价款与其公允价值之间的差额，应当在合同或协议期间内，按照应收款项的摊余成本和实际利率计算确定的金额进行摊销，作为财务费用的抵减处理。其中，实际利率是指具有类似信用等级的企业发行类似工具的现时利率，或者将应收的合同或协议价款折现为商品现销价格时的折现率等。

应收的合同或协议价款与其公允价值之间的差额，按照实际利率法摊销与直线法摊销结果相差不大的，也可以采用直线法进行摊销。

第二节　提供劳务收入

一、提供劳务收入确认条件的具体应用

下列提供劳务满足收入确认条件的，应按规定确认收入：

（1）安装费，在资产负债表日根据安装的完工进度确认收入。安装工作是商品销售附带条件的，安装费在确认商品销售实现时确认收入。

（2）宣传媒介的收费，在相关的广告或商业行为开始出现于公众面前时确认收入。广告的制作费，在资产负债表日根据制作广告的完工进度确认收入。

（3）为特定客户开发软件的收费，在资产负债表日根据开发的完工进度确认收入。

（4）包括在商品售价内可区分的服务费，在提供服务的期间内分期确认收入。

（5）艺术表演、招待宴会和其他特殊活动的收费，在相关活动发生时确认收入。收费涉及几项活动的，预收的款项应合理分配给每项活动，分别确认收入。

（6）申请入会费和会员费只允许取得会籍，所有其他服务或商品都要另行收费的，在款项收回不存在重大不确定性时确认收入。申请入会费和会员费能使会员在会员期内得到各种服务或商品，或者以低于非会员的价格销售商品或提供服务的，在整个受益期内分期确认收入。

（7）属于提供设备和其他有形资产的特许权费，在交付资产或转移资产所有权时确认收入；属于提供初始及后续服务的特许权费，在提供服务时确认收入。

（8）长期为客户提供重复的劳务收取的劳务费，在相关劳务活动发生时确认收入。

二、在资产负债表日提供劳务交易的结果能够可靠估计的

企业在资产负债表日提供劳务交易的结果能够可靠估计的，应当采用完工百分比法确认提供劳务收入。完工百分比法，是指按照提供劳务交易的完工进度确认收入与费用的方法。

提供劳务交易的结果能够可靠估计，是指同时满足下列条件：

（1）收入的金额能够可靠地计量；

（2）相关的经济利益很可能流入企业；

（3）交易的完工进度能够可靠地确定；

（4）交易中已发生和将发生的成本能够可靠地计量。

企业确定提供劳务交易的完工进度，可以选用下列方法：

（1）已完工作的测量。

（2）已经提供的劳务占应提供劳务总量的比例。

（3）已经发生的成本占估计总成本的比例。

企业应当按照从接受劳务方已收或应收的合同或协议价款确定提供劳务收入总额，但已收或应收的合同或协议价款不公允的除外。

企业应当在资产负债表日按照提供劳务收入总额乘以完工进度扣除以前会计期间累计已确认提供劳务收入后的金额，确认当期提供劳务收入；同时，按照提供劳务估计总成本乘以完工进度扣除以前会计期间累计已确认劳务成本后的金额，结转当期劳务成本。

三、在资产负债表日提供劳务交易结果不能够可靠估计的

企业在资产负债表日提供劳务交易结果不能够可靠估计的，应当分别下列情况处理：

（1）已经发生的劳务成本预计能够得到补偿的，按照已经发生的劳务成本金额确认提供劳务收入，并按相同金额结转劳务成本。

（2）已经发生的劳务成本预计不能够得到补偿的，应当将已经发生的劳务成本计入当期损益，不确认提供劳务收入。

四、合同或协议包括销售商品和提供劳务时的处理

企业与其他企业签订的合同或协议包括销售商品和提供劳务时，销售商品部分和提供劳务部分能够区分且能够单独计量的，应当将销售商品的部分作为销售商品处理，将提供劳务的部分作为提供劳务处理。

销售商品部分和提供劳务部分不能够区分，或虽能区分但不能够单独计量的，应当将销售商品部分和提供劳务部分全部作为销售商品处理。

第三节　让渡资产使用权收入

一、让渡资产使用权收入的组成

让渡资产使用权收入包括利息收入、使用费收入等。

二、让渡资产使用权收入的确认条件

让渡资产使用权收入同时满足下列条件的，才能予以确认：
（1）相关的经济利益很可能流入企业；
（2）收入的金额能够可靠地计量。

三、让渡资产使用权收入的金额确定

企业应当分别下列情况确定让渡资产使用权收入金额：
（1）利息收入金额，按照他人使用本企业货币资金的时间和实际利率计算确定。
（2）使用费收入金额，按照有关合同或协议约定的收费时间和方法计算确定。

 文案范本

（销售会计）岗位规范

基本情况	职位名称	销售会计		职位编号	
	所属部门	财务部		薪金级别	
	直接上级	账务主管		直接下属	
	设置目标				
职责	负责费用报销发票的审核				
	负责日常销售账务的处理，保证账务系统的连续性				
	负责日常销售凭证的装订、整理工作				
	日常工作	1. 负责销售凭证的输入 2. 负责报销发票的审核 3. 保证日常账务信息的有效性和准确性 4. 完成主管临时交办事项		定期工作	1. 负责销售账务的检查和账表输出 2. 对日常工作的总结

续表

职权	根据销售账务处理需要，要求有关部门提供必要的制证原始资料					
	对科目的设置提出合理化建议					
工作条件	办公室、计算机、电话					
关键业绩指标（KPI）	考核指标				指标权重	
	财务账上的准确性					
	完成任务的及时性					
	报表数据的差错率					
	提供数据的及时性					
工作关系	内部工作关系	汇报	定期上交工作总结			
			提出工作疑问			
		督导	督导公司人员按报销制度进行报销			
			督导各责任部门按预算进行费用考核			
		协调				
	外部工作关系					
任职资格	学历		专科以上	专业	会计专业	
	年龄		25~35 岁	性别		
	性格		工作仔细、耐心尽责			
	工作经验		3 年以上同等岗位经历			
	岗位所需知识		会计准则、财务制度、国家财税政策			
			会计实物操作，电算化应用			
	岗位技能要求		熟悉公司财务报销制度	岗位技能培训要求	科目名称	课时数
			工作主动性强，有一定账务分析能力		财务软件	半天
					岗位再教育培训	15
					ERP	根据公司情况
	职前培训		新员工入职培训			
职业发展	可晋升的职位		财务主管			
	可转换的职位		主办会计			

续表

修订履历	修订时间	修订内容	修订者	审核者	审批者

文案范本

销售确认、系统管理会计岗位职责

□管理层级

直接上级：分管副部长

□工作要求

根据安装公司上报的形象进度进行收入确认，登记合同执行情况台账；负责集团和各分、子公司浪潮软件的系统管理；负责部门计算机硬件、软件维护工作，保证财务电算化系统正常运行。

□主要工作内容

一、根据单项工程已发生成本占预算成本比例，结合安装公司的形象进度进行审核，并据以确认当月收入，进行账务处理，登记销售合同明细台账。

二、根据确认的收入，正确计提销项税金和营业税金及附加，合理结转销售成本。

三、每月4日前提供各工程项目基本情况报表，包括工程合同号、合同价、工程进度，已开票及已作销售处理等内容。

四、每月6日前结转销售收入、销售成本及其他损益类会计科目。

五、负责财务系统的会计分工和权限管理，包括新增客户编码、新增二级会计科目等。

六、负责整个集团财务系统数据备份，负责年末账务结转工作。

七、编制本年度完工合同盈亏情况表，每月对收入及销售毛利情况及时进行分析。

八、负责财务部计算机软件、硬件维护，负责财务软件用户授权及管理工作，负责日常数据备份及系统安全。

九、税务会计不在时，负责销售及建安发票的开具。

十、每月及时和应收账款管理会计核对相关账务。

十一、完成领导交办的其他工作。

□会计科目

主营业务收入、主营业务成本、劳务成本、工程结算、应收账款。

文案范本

销售核算会计岗位职责

	基本要求	相关说明
任职资格	1. 学历：本科及以上学历，财务、会计等相关专业 2. 专业经验：1年以上相关工作经验 3. 个人能力要求：具有较强的财务管理能力、会计核算能力、财务监察能力、独立分析解决问题的能力	1. 具有会计从业资格证书 2. 熟练应用Office办公软件 3. 工作细致，责任感强，具有良好的沟通能力和团队协作精神
职责内容	1. 负责产品发票的录入，并将收到的支票及时送存银行，编制记账凭证，并对凭证的准确性进行审核 2. 负责储运中心和销售部门运费的支出控制，对已发生的运费进行相应账务处理，确保及时入账、金额准确 3. 检查、核对销售折扣折让是否符合企业的销售政策规定，手续是否齐全 4. 负责有关营销支持和应收账款抵账业务的核算及销售费用的核算、分析和考核工作 5. 负责销售系统内部应收账款的整理与催收，每月做好与销售人员的对账工作 6. 盘点日对库存产品进行实物盘点，月底负责产品出库、入库及库存的核对，每季度末根据库存盘点表填报资产清查表相关项目 7. 负责产品销售相关凭证、账簿、报表的整理、打印、装订工作 8. 按时完成领导交办的其他相关工作	
	考核说明	结果应用
考核指引	1. 考核频率：月度、年度 2. 考核主体：会计经理 3. 考核指标：销售发票准确审核率、运费账务处理及时率、应收账款按时对账率、销售费用核算准确率、主营业务成本及时结转率、产品清查表按时编制率	1. 考核结果作为薪酬发放依据 2. 考核得分低于2分者，将受到口头警告处分 3. 考核得分高于4分（含4分）者，将获得"月度优秀员工"的荣誉称号

文案范本

销售会计岗位描述

岗位名称：销售会计

直接上级：会计部经理

本职工作：往来账目处理和税务办理

工作责任：

1. 认真执行公司各项规章制度和工作程序，服从直接上级指挥和有关人员的监督检查，保质保量按时完成工作任务。

2. 审核外来原始凭证，进行记账凭证的编制，登记销售、往来明细账及应交税费明细账。

3. 按照单位和个人进行往来明细核算。

4. 定期与往来单位、个人对账，出具对账单；月末填制应收、应付款报表。

5. 月末与营销中心进行账务核对，掌握销售回款情况，月末下达应收账款通知单。

6. 按规定清偿应付、预收款项，控制债务账务的偿付情况。

7. 汇总、编制公司各类税务报表，月初在税务部门规定时间内申报纳税。

8. 办理税务年检、发票认购等有关税务手续。

9. 负责购买普通发票、增值税发票，开具发票并收取销售发票记账联。

10. 参与纳税筹划方案的制订，按照既定方案实施。

11. 参加税务部门有关会议，解释公司有关部门（单位）提出的税务问题，传达税务新政策。

12. 保守公司秘密。

13. 积极参加培训活动，努力钻研本职工作，主动提出合理化建议。

14. 做好业务记录以及记录的保管或移交工作。

15. 定期向会计部经理述职，完成会计部经理交办的其他工作任务并及时复命。

 文案范本

销售会计职务说明书

岗位名称：销售会计		员工姓名：	
所属部门：财务部		到任本职日期：	
工资级别范围： 等 级至 等 级		目前工资级别：	
薪酬类型：		岗位分析日期： 年 月	
岗位编号：		岗位定员：	现有人数：
直接上级： 成本组组长		直接下属部门/岗位：	

岗位设置目的：

负责销售业务的核算，清收应收账款，参与产品销售分析和销售价格的制定，维护外部相关合作关系，负责增值税专用发票和普通发票的开具、保管及统计工作

职责与工作任务：

	职责描述：负责销售业务的核算，按会计准则及公司规定计算各项收入		工作时间百分比：30%
职责一	工作任务	填制各项销售凭证，及时提供真实、完整、准确的销售情况	频次：日常
		审核销售发票内容填制是否完整、数字是否真实、金额是否正确	频次：日常
		登记销售台账，确保销售数量无误	频次：日常
		填制销售月报表	频次：每月一次
职责二	工作任务	职责描述：负责增值税专用发票及普通发票的开具、统计、保管	工作时间百分比：35%
		开具出合格的增值税专用发票，确保开具的发票准确及时	频次：日常
		开具普通销售发票	频次：日常
		收取1万元以下销售现金，并对开具的销售发票进行登记	频次：日常
		保证各种发票的安全性，每日将增值税专用发票存入金库保管	频次：日常
		及时整理装订增值税专用发票存根联	频次：不定期
		办理普通发票的领用登记、核销和工作	频次：日常

续表

		职责描述：参与销售管理，进行销售分析	工作时间百分比：10%
职责三	工作任务	进行销售业务预算，掌握销售动向	频次：定期
		负责销售费用的日常核算，会同××××加强销售费用的管理，对销售费用进行分析，严格控制费用开支	频次：日常
		参与核对销售业务，确保账实相符	频次：定期
		定期进行产成品库存量的核对	频次：定期
		参加有关销售工作会议，参与产品价格的确定	频次：定期
		对销售业务进行分析	频次：定期
职责四	工作任务	职责描述：负责应收账款的管理工作	工作时间百分比：10%
		负责应收账款明细的管理，记录账务及装订账本	频次：每年/每月一次
		清理往来货款，通过电话及传真等形式及时与客户核对账务	频次：日常
		制作客户账面余额明细，报送××××公司拟订发货计划	频次：不定期
		催收或退付款项，督促有关人员加速货款回笼	频次：日常
		协助对外报送报表及各种稽查工作，提供相关购销合同等资料	频次：不定期
职责五	工作任务	职责描述：负责维护与内外部有关方面良好的合作关系	工作时间百分比：10%
		为公司提供客户资信材料，建立完整的客户往来台账	频次：日常
		与铁路部门接洽货运有关事宜，及时支付运费	频次：日常
		与邮政部门联系客户发票邮寄等事宜	频次：日常
		与银行核对货款到账情况，办理汇票转交和认证工作	频次：日常
职责六	职责描述：完成上级交办的其他工作		工作时间百分比：5%

相关权限：

- 销售价格的建议权
- 对不符合会计制度的业务，有权拒绝受理
- 销售费用开支的审核权
- 对销售范围内的事项及问题有权处理
- 增值税专用发票及普通发票的开具权
- 对开票范围内的事项的处理权
- 对违反会计核算和税收管理规定的行为有制止权
- 办公工具和劳动工具的使用权
- 本领域（专业）获取信息、知识的工具的使用权
- 学习、研究权和接受再教育、培训的权利
- 办公工具和劳动工具的使用权
- 相关事情的知情权

汇报关系：

- 以上职责，向成本组组长汇报

工作协作关系：

- 公司内部：无
- 公司外部：××××公司、铁路、商业银行、邮局等相关部门与单位

工作环境：

- 一般工作环境

使用工具设备：

- 一般办公自动化设备

工作时间特征：

- 正常工作时间，偶尔加班

任职资格：

最低学历要求：

- 大学专科

所需学校专业背景：

- 财务会计相关专业

所需工作经验：

- 1 年以上相关工作经验

所需资格证书：

- 会计从业资格证书
- 助理会计师
- 会计电算化初级资格证

所需培训的科目：

- 财务管理、会计、税法

所需熟悉的知识面：

- 财务管理、会计、税法、销售知识

所需工作技能：

- 判断能力
- 计划与执行能力
- 流程管理能力
- 预算管理能力
- 解决问题能力
- 人际沟通技巧
- 书面/口头表达能力
- 时间管理能力

个人素质要求：

- 人际敏感性
- 团队合作
- 适应能力
- 充满自信
- 创新精神
- 正直诚实
- 创业精神

收入核算员岗位职责细化

一、岗位名称：收入核算员

二、岗位职责：

1. 负责主营业务收入、其他业务收入核算。

2. 负责应收账款、应收票据管理。

3. 负责计提、申报、缴纳各项税金及附加。

4. 负责缴纳港建、港务费及编制港建费报表。

5. 负责主营业务收入保险费的计提、缴纳。

6. 负责购买、印制发票。

7. 完成领导交办各项工作。

三、岗位职责实施细则（另附样式）

四、岗位工作业务流程（图表说明）

五、参照文件及台账资料：

（一）参照文件

1.《中华人民共和国会计法》。

2.《会计基础规范》。

……

（二）台账资料

1. 应收账款台账

2. 应收票据台账

3. 预收账款台账

六、岗位须具备的业务技术和培训要求（另附）

收入明细账会计岗位职责

	基本要求	相关说明
任职资格	1. 学历：本科及以上学历，财务、会计等相关专业 2. 专业经验：1 年以上相关工作经验 3. 个人能力要求：具有较强的财务管理能力、会计核算能力、财务监察能力、独立分析解决问题的能力	1. 具有会计从业资格证书 2. 熟练应用 Office 办公软件 3. 工作细致，责任感强，具有良好的沟通能力和团队协作精神
职责内容	1. 负责产品发票的录入，并将收到的支票及时送存银行，编制记账凭证，并对凭证的准确性进行审核 2. 负责储运中心和销售部门运费的支出控制，对已发生的运费进行相应账务处理，确保及时入账、金额准确 3. 检查、核对销售折扣折让是否符合企业的销售政策规定，手续是否齐全 4. 负责有关营销支持和应收账款抵账业务的核算及销售费用的核算、分析和考核工作	

	基本要求	相关说明
职责内容	5. 负责销售系统内部应收账款的整理与催收，每月做好与销售人员的对账工作 6. 盘点日对库存产品进行实物盘点，月底负责产品出库、入库及库存的核对，每季度末根据库存盘点表填报资产清查表相关项目 7. 负责产品销售相关凭证、账簿、报表的整理、打印、装订工作 8. 按时完成领导交办的其他相关工作	
	考核说明	结果应用
考核指引	1. 考核频率：月度、年度 2. 考核主体：会计经理 3. 考核指标：销售发票准确审核率、运费账务处理及时率、应收账款按时对账率、销售费用核算准确率、主营业务成本及时结转率、产品清查表按时编制率	1. 考核结果作为薪酬发放依据 2. 考核得分低于 2 分者，将受到口头警告处分 3. 考核得分高于 4 分（含 4 分）者，将获得"月度优秀员工"的荣誉称号

第十章

成本核算方面管理操作实务

第一节　成本核算制度设计

　　企业必须设计相应的成本核算制度，以保证成本核算工作的正常进行，促进成本管理水平的提高。

一、成本核算制度设计的内容

　　成本核算制度是指根据国家的有关会计法规制度，针对成本计算对象并对其成本进行归集、分配、计算和报告等方面的制度。

　　为了做好成本会计工作，企业必须有针对性地设计成本核算制度。这些制度的内容主要包括：

　　（1）成本开支范围的确定。

　　（2）成本计算对象、成本计算期、成本项目的确定。

　　（3）生产费用的归集和分配程序的规划。

　　（4）成本计算方法的选择和确定。

　　（5）成本报表的编制和报送制度。

　　（6）其他有关成本核算的规定。

　　上述各项制度，企业应在会计准则等会计法规制度的指导下结合自己的实际情况自行制定。其中，对于国家有统一要求和规定的部分，企业应当严格执行并制定相应的配套制度。

二、成本核算制度设计的原则

（一）符合国家有关财会法规制度的规定

　　《企业财务通则》《金融企业财务规则》《企业会计准则》《企业产品成本核算制度（试行）》等会计法规制度对企业的成本计算制度、成本开支范围等均作了明确的规定，它们是企业设计成本核算制度的依据和准绳。各企业在设计成本核算制度时，必须严格贯彻、执行，不得与此相抵触。

（二）适应企业生产特点和管理要求

　　由于各企业生产的产品不同，生产组织和工艺过程不同，成本管理的要求也不同，因此，设计成本核算制度必须在强调统一性的同时应体现各企业的生产特点和管理要求，以适用于各企业的具体情况，使成本核算制度更加科学合理。例如，成本计算是采用品种法还是分批法、分步法，是否计算联、副产品等，都必须根据产品的生产工艺过程以及生产组织等特点来确定。当然，这些情况都必须在事先项目调查时调查清楚，以便根据各企业的实际特点来设计其成本核算制度。

（三）结合其他成本管理职能

成本管理的职能很多，包括成本预测、成本决策、成本计划、成本控制、成本核算、成本分析及成本考核等。这些职能是相互联系、相互制约、相互促进的。其中，成本核算是最基本的职能。因此，成本核算制度的设计必须注意结合其他职能的要求，以利于其他成本管理职能的发挥，共同促进成本管理工作的改善。例如，成本计算方法的设计就应注意和成本控制中责任成本控制的要求相衔接，尽量使产品成本核算与责任成本核算结合，以减少重复劳动；成本核算指标的设计与成本计划、考核、分析等指标的口径应保持一致。

（四）合理简化成本核算手续

成本核算的内容比较多，情况复杂，要正确归集和分配生产费用，计算出产品的总成本以及单位成本，必须具有严密、完整的成本核算制度。但为了保证成本资料的及时性，简化会计核算工作，提高工作效率，在设计成本核算制度时，除满足管理需要和科学地反映企业生产组织与工艺特点的基础上，也要注意和贯彻成本原则即实用性，要避免有关程序和方法的复杂化，能用一张表格来反映的就不要设计两张表格，能采用简便的分配方法而不影响成本核算质量的就不要设计成复杂的分配方法，以节约人力、物力和财力。

三、成本核算基础制度的设计

企业应设计和健全以下各方面的成本核算基础制度。

（一）制定先进可行的消耗定额

定额是企业根据技术、设备和组织水平，充分考虑企业内部潜力所规定的，在产量、质量，以及人力、物力、财力的配备、消耗和利用等诸方面应达到的标准，主要包括有关劳动消耗的定额（如工时定额、产量定额等）。先进而可行的定额，是对产品成本进行控制和考核的依据，根据定额计算的定额耗用量或定额费用通常被作为分配实际成本（或费用）的标准。成本会计人员应积极配合生产技术、劳动工资、设备动力等部门制定各种消耗定额，参与测算，使定额成为企业实际良好经济效益的有效手段。企业还应根据生产的发展、技术的进步、劳动生产率的提高，不断修订定额，以保持定额的先进、可行，充分发挥定额管理的作用。

（二）完善物资的计量、交接和盘存制度

建立和健全物资的计量、交接和盘存制度，是正确计算产品成本的首要环节。一切物资（包括可利用的废料）的进出，都要经过计量、交接。为做好计量工作，要配备齐全各种计量设备、工具和仪表，并指定专职机构或专人经常校正和维修。对仓库、车间、班组内的物资，包括材料、在产品、半成品等应按规定进行清查盘点，以取得可靠的会计核算资料。做好这些工作，不仅有利于正确计算产品成本，而且有利于加强生产管理和物资管理。

（三）建立健全原始记录体系

健全的原始记录体系是指在企业内部各部门和各生产环节中，发生人力、物力、财力的耗费、转移活动，都要建立准确的计量记录制度和按规定及时传递的流程。产品成本的正确核算离不开可靠的原始记录和凭证。产品生产过程中材料及动力的消耗、工时的消耗、设备的运转、

费用的开支、在产品的内部转移、废品的发生与返修、产成品及自制半成品的送检与入库等，都必须有原始记录和填制必要的原始凭证，并制定原始记录与凭证的合理传递流程，及时为产品成本核算提供可靠的依据。采用的各种原始记录应讲求实效，并容易操作。原始凭证传递流程的内容，应包括它们传递所流经的部门，以及有关部门及人员对它们的处理程序与期限等。合理的成本核算凭证传递流程不仅是成本核算工作重要的组成内容，而且是加强企业内部控制的有效手段。成本会计人员应会同生产技术、劳动工资、设备动力、材料供应等部门，根据企业生产类型和内部管理的需要，制定与成本核算有关的原始凭证传递流程，便于执行和检查。

（四）制定费用的开支标准，明确费用的审批权限

成本核算不仅是事后的记录和计算，而且应当在费用发生之前和发生过程之中对其加强审核与控制。企业必须事先制定各项经常性费用的开支标准，并规定对各项费用的审批权限，使费用发生有人把关，费用审核有章可循，费用分析便于追究责任，这样才能有效控制成本。

（五）确定合适的企业内部结算价格

企业内部各单位之间在生产经营过程中常会相互提供产品、劳务等，如加工部门将产出的半成品转移到下一步骤继续加工，修理、运输部门向其他生产单位、管理部门提供劳务等。由于相互提供产品、劳务等，企业内部各责任单位之间进行相互结算或相互转账所选用的计价标准，称为内部结算价格。

企业内部各单位应以预计成本（如计划成本等）或预计分配率作为内部结算价格，月末再按一定方法调整或由厂部汇总后集中处理。这样，有利于划清内部各单位的经济责任，也有利于考核和分析它们执行成本计划、预算的业绩，同时，也可以适当简化日常的核算工作。

四、成本核算程序

（一）确定成本核算对象

成本核算的最终目的是要将企业发生的成本费用归集到一定的成本核算对象上，核算出该对象的总成本和单位成本。因此，要进行成本核算，首先必须确定成本核算对象。由于企业的生产工艺特点、管理水平和管理要求、企业规模大小不同，成本核算对象也不相同。对于制造企业，成本核算对象有产品品种、产品批别、产品生产步骤三种。企业应根据自身的生产经营特点和管理要求选择适合本企业的成本核算对象。

（二）确定成本项目

成本项目是指费用按经济用途划分成的若干项目。它可以反映产品生产过程中各种资金的耗费情况，便于分析各项费用的支出是否节约、合理。因此，企业在成本核算中，应根据自身的特点和管理的要求，确定成本项目。一般可确定直接材料、直接工资及福利费、制造费用三个成本项目。如果需要，可作适当调整，还可单设废品损失、停工损失等成本项目。

（三）确定成本计算期

成本计算期是指每次计算成本的间隔期间，即多长时间计算一次成本。企业应根据产品生产组织的特点确定各成本对象的成本计算期。成本计算期分为定期和不定期两种。通常在大量、大批生产的情况下，每月都有一定的产品完工，应定期按月计算产品成本，即成本计算期与会计核算期一致。在成批、单件生产的情况下，一般不要求定期按月计算产品成本，而是等一批产品完工才计算该批产品成本，所以成本计算期与生产周期一致。

（四）归集和分配生产费用

确定成本计算对象、成本项目和成本计算期后，企业要按成本计算对象设置明细账，明细账中按成本项目设专栏，按成本计算期归集、分配和计算产品成本。

归集和分配生产费用时，首先，必须对支出的费用进行审核和控制，确定各项费用是否应该开支，已开支的费用是否应该计入产品成本。其次，确定应计入本月产品成本的费用。本月支付的生产费用，不一定都计入本月产品成本；属于本月产品成本负担的，也不一定都是本月支付的费用。企业应根据权责发生制原则和配比原则的要求，分清各项费用特别是跨期摊配费用的归属期：本月支付应由本月负担的生产费用，计入本月产品成本；以前月份支付应由本月负担的生产费用，分配摊入本月产品成本；应由本月负担而以后月份支付的生产费用，预先计入本月产品成本。最后，将应计入本月产品成本的原材料、燃料、动力、工资、折旧费等各种要素费用在各有关产品之间，按照成本项目进行归集和分配。对于为生产某种产品直接发生的生产费用，能分清成本计算对象的，直接计入该产品成本；对于由几种产品共同负担的，或为产品生产服务发生的间接费用，可先按发生地点和用途进行归集汇总，然后分配计入各受益产品。可见，产品成本的计算过程也就是生产费用的归集、汇总和分配过程。

（五）计算完工产品成本和月末在产品成本

将生产费用计入各成本计算对象后，对于既有完工产品又有月末在产品的产品，应采用适当的方法，把生产费用在其完工产品和月末在产品之间进行分配，求出完工产品和月末在产品的成本。

（六）编制成本计算单，计算完工产品总成本和单位成本

在产品成本的过程中，企业应编制成本计算单，将各完工产品成本从其明细账中转入成本计算单，并计算出单位成本。这样，成本计算单上就汇集了本月所有完工产品的总成本和单位成本。

五、确定产品成本核算对象

成本核算对象可以概括为：各行业企业生产经营业务的成本和有关的经营管理费用，简称成本、费用。现代成本会计的对象，应该包括各行业企业生产经营业务成本、有关的经营管理费用和各种专项成本。

（一）产品成本核算对象的确定原则

1. 产品成本核算对象应当根据企业生产的类型结合成本管理的要求来确定

以制造企业为例，生产类型如按生产组织来划分，可以分为大量生产、分批生产、单件生产三大类。大量生产是指不断地重复生产同品种产品的生产，如一般的纺织生产、冶金生产等。分批生产是指按照购买单位的订货或事先规定的产品批别和数量进行的生产，同品种的产品要隔一段时期才可能重复生产，如一般的纺织生产、冶金生产等。单件生产是指根据有关部门及单位的要求，生产个别的、品种不同的产品的生产，同品种的产品很少重复生产，如重型机器制造和造船等。生产类型如按工艺技术过程来划分，可分为简单生产和复杂生产两大类。简单生产是指整个工艺技术只有一个阶段，或者虽有几个阶段，但阶段之间是不能分隔的，如发电和采掘等。复杂生产是指整个工艺技术过程由若干个生产阶段所组成，并且阶段之间是可以分隔的。复杂生产按照加工方式，还可以分为连续式复杂生产和装配式复杂生产两种。连续式复杂生产，是原材料在加工成为产品之前，要经过若干个连续生产步骤，如纺织、造纸等。装配

式复杂生产,通常是将各种原材料平行地进行加工,制成多种零、部件,然后再装配成产成品,如机床制造、汽车制造等。

2. 产品成本核算对象的确定还应当结合成本管理的要求

例如,当企业的工艺特点是简单生产时,成本核算对象就是每种产品;当企业的工艺特点虽是复杂生产,但企业在管理上不需要计算及分析半成品成本或零部件成本时,成本核算对象也是每种产品,成本核算单按每种产品来设置;当企业的工艺特点为复杂生产,且企业在管理上需要计算及分析半成品成本或零部件成本时,成本核算对象应是各加工步骤的半成品、零部件及每种产品,成本核算单也要分别按半成品、零部件和各种产品来设置。

(二)制造企业产品成本核算对象的确定

由于企业的生产特点(包括生产组织、工艺过程、产品种类等)有所不同,管理上的需要(管理上要求的粗细程度)有所不同,不是在所有情况下,都能直接以每种产品为成本核算对象,在某些情况下,要先以另外一些成本核算对象为过渡,最后再以每种产品为成本核算对象,分别计算其总成本和单位成本。

制造企业一般按照产品品种、批次订单或生产步骤等确定产品成本核算对象。制造企业常用的上述品种法、分步法和分批法,是在按照产品品种、批次订单或生产步骤确定成本核算对象的基础上,进行成本核算的三种最基本的方法。

(三)其他行业企业产品成本核算对象的确定

1. 农业企业

农业通常可以分为种植业、畜牧养殖业、林业和渔业四个分行业,农业企业可以根据以上分行业的特点分别确定成本核算对象。

(1)种植业成本核算对象。种植业的成本核算对象是种植作物产品。企业可以按照种植作物的品种、作物成长期或者种植的棵数确定成本核算对象。

(2)畜牧养殖业成本核算对象。畜牧养殖业的成本核算对象是畜(禽)群及其产品。畜(禽)饲养可以实行分群饲养,也可以实行混群饲养。实行分群饲养的主要畜(禽)群按类别可以划分为基本畜(禽)群、幼畜(禽)和育肥幼畜(禽)。其中,针对幼畜(禽),企业可以根据幼畜(禽)的成长期的长短进行细分。

(3)林业成本核算对象。林业的成本核算对象是林业作物及其产品。企业可以按照种子、苗木、木材的树种、批别、播种的年份或者林木的成长期确定成本核算对象。

(4)渔业成本核算对象。渔业的成本核算对象是水产品。企业通常以水产品的品种为成本核算对象。另外,企业可以根据自身实际情况,按照水产品的养殖面、水产品的捕捞期确定成本核算对象。例如,渔业企业原则上按产品品种、养殖过程实行分水面、分品种核算,以鱼种、成鱼分别作为成本核算对象,混养塘(套养)以单池水面作为成本核算对象。

值得注意的是,为了适应成本管理的需要和简化核算手续,在进行农业产品的成本核算时,农业企业应当区分主要产品(作物)与次要产品(作物)。对主要产品,应当以每个种类为成本核算对象,单独核算其产品成本;对于次要产品,可以合并类别作为成本核算对象,先计算总成本,再按一定标准确定各种次要产品的产品成本。对不同收获期的同一种产品必须分别核算。从事农产品加工以及农产品制造的企业,在国民经济分类标准中,属于制造业范畴,应参照制造业进行产品成本核算。

2. 批发零售企业

批发企业,是指向生产企业或其他企业购进商品,供应给零售企业或其他批发企业用以转售，或供应给其他企业用以加工的商品流通企业。零售企业，是指从批发企业或生产企业购进商品销售给个人消费者，或销售给企事业单位等用于生产和非生产消费的商品流通企业，直接为人民生活服务。也就是说，批发与零售企业经营活动的主要内容是商品购销活动，低价购进商品、高价出售商品，以此方式实现商品进销差价，并以进销差价弥补企业在经营过程中的各项费用和税金，从而获得利润。

实务中，零售商业企业主要的经营方式包括经销和联销。经销是传统的低价购进商品，高价卖出商品。联销模式下，零售商和供应商采取合作经营的方式，供应商提供商品在商店指定区域设立品牌专柜由零售商的营业员及供应商的销售人员共同负责销售。在商品尚未售出的情况下，该商品仍属供应商所有，零售商不承担该商品的跌价损失及其他风险，零售商的营业收入按照实际销售商品的金额以及事先约定好的分成比例来确定。虽然零售商会向商品的购买方按实际销售商品的金额开具销售发票，而供应商同样要向零售商按售价扣除约定的分成比例后的金额开具发票，但很显然这些都只反映了上述交易的表象，零售商向商品的购买方收取的销售商品的款项，不代表零售商的收入，零售商按约定的分成比例支付给供应商的款项，也并不代表零售商的营业成本。

通常情况下，批发与零售企业（经销）以采购的商品作为成本核算对象，需要核算商品采购成本。但值得注意的是，目前零售商业企业的这种经销业务所占比重不大，联销业务在零售业所占的份额最大，由于联销的商品不属于零售企业，所以，零售企业不需对其采购，因而就不涉及其采购成本核算的问题。

3. 建筑企业

按照订立的单项合同确定成本核算对象。单项合同包括建造多项资产的，应当按照《企业会计准则》规定的合同分立原则，确定成本核算对象。为建造一项或数项而签订一组合同的，按照合同合并的原则确定成本核算对象。以上规定与《企业会计准则第 15 号——建造合同》的有关规定基本一致。

建筑工程项目的单件性（或多样性）、流动性等特点，决定了其成本核算方法类似于制造企业产品生产成本计算的分批法。单件性主要表现在三个方面：一是不能按同一图纸、同一施工工艺、同一生产设备进行批量重复生产；二是施工生产组织及机构变动频繁，生产经营的"一次性"特征特别突出；三是生产过程中试验性研究课题多。流动性主要表现在两个方面：一是施工机构随着建筑物或构筑物坐落位置的变化而整个地转移生产地点；二是在一个工程的施工过程中施工人员和各种机械、电气设备随着施工部位的不同而沿着施工对象上下左右流动，不断转移操作场所。因此，在实务中，建筑企业应根据施工工程项目的地点、用途、结构、施工组织、工程价款结算办法等因素，确定成本核算对象。

由于建筑企业或建筑承包商承接每一建设施工项目都必须签订建造合同（或施工合同），建造合同甲方（建设单位或客户）通常总是事先按合同编制工程预算，建造合同乙方（施工单位或建筑承包商）也总是按合同规定的工程价款、结算方式、进度与甲方结算工程价款，因此建造合同与工程成本核算对象有着密切的关系，一般情况下，建筑企业应以所签订的单项建造合同为成本核算对象，或者，以每一独立编制的设计概（预）算或每一独立的施工图预算所列单项工程为成本核算对象。这样，不仅有利于分析工程概（预）算和施工合同的完成情况，也有利于准确核算施工合同的成本与损益。同时，值得注意的是，规模大、工期长的单位工程，也可以将一项合同分立为多个成本核算对象；同一建设项目，同一施工单位在同一施工地点，开竣工时间接近，可将同一结构类型的若干个合同合为一个成本核算对象。

4．房地产企业

房地产开发经营活动存在自建和外包两种组织方式。对于自建的开发经营项目，应当参照建筑企业进行成本核算，《企业产品成本核算制度（试行）》仅针对外包的组织方式规范相关成本核算。

房地产企业的任何一项开发建设费用都是为特定的开发项目发生的，都有其物质承担者。由于各种土地和房屋的具体用途不同，开发建设的具体内容也不相同，每个开发项目都是按特定的设计图纸开发建设的，因此，具有单件性的特点。房地产开发建设的单件性特点，决定了成本核算对象应是具有独立的设计文件、可以独立地组织施工的开发建设项目。在上述原则基础上，产品成本核算对象主要表现形式有以下几种：

（1）以整个开发项目为成本核算对象。对于开发规模小、开发周期短、一次性全部开发的房地产项目，可以整个开发项目为成本核算对象。特点是成本核算对象的唯一性，不存在成本费用的分配，成本核算周期同项目开发周期一致。

（2）以开发期数为成本核算对象。对于开发规模较大、开发周期较长、分期开发的房地产项目，可以按开发期数为成本核算对象。特点是成本核算对象的多样性，成本费用需要归集和分配。

（3）以开发产品形态为成本核算对象。对于开发产品形态多样的房地产项目，可以各种开发产品形态为成本核算对象。特点是成本核算对象的多样性，成本费用需要归集和分配。

5．采矿企业

采矿企业可以参照制造企业确定产品成本核算对象。实务中，企业通常以所采掘的各种产品作为最终生产成本核算对象。

对煤炭企业而言，产品成本核算对象主要包括原（选）煤、洗煤和配煤。

（1）原（选）煤，指煤矿生产出来的经过人工拣矸和筛选加工的煤炭产品。包括天然焦及劣质煤，不包括低热值煤等。按其炭化程度可划分为泥煤、褐煤、烟煤、无烟煤。

（2）洗煤，指矿井原（选）煤输送到洗煤厂后，经过破碎、洗选、脱水等生产过程，除去煤中大部分矿物杂质后生产出来的煤炭产品。洗煤分离前成本以分离前产品作为计算对象，分离后成本应以洗后各品种等级煤分别作为计算对象。

（3）配煤，指根据用户的特定需求将外购或自制的不同品质的煤炭混合加工后直接对外销售的煤炭产品。

6．交通运输企业

交通运输企业包括从事远洋、沿海、内河、公路运输企业，海河港口，仓储企业，外轮代理企业，以及城市公共汽（电）车、出租汽车、轮渡等企业。

与制造业企业相比，运输企业的生产经营过程具有较显著的特点，主要表现在：产品是旅客和货物的位移，不产生新的实物形态的产品；产品的生产过程和消费过程同时进行，当运输过程结束时，满足了运输对象的要求，也就完成了其消费过程；生产过程具有流动性、分散性，运输生产过程始终在一个广阔的空间内不断流动，且运动方向很分散，线长点多；各种运输方式之间替代性较强，铁路、公路、水路、航空等各种运输方式具有不同的特点和优势，具有明显的替代性；结算工作量大，由于地点分散、流动性强、横向跨度大，因此产生大量的国内、国际的结算工作。

与上述生产经营特点相适应，运输企业在产品成本核算对象方面具有多样性。运输企业营运过程的直接结果是转移客货的空间位置以及与此相关的业务，不存在对生产对象的直接加工、生产出各种具体产品。因此，运输企业的成本核算对象是其经营的各类业务，以及构成各类业务的具体业务项目。另外，运输企业的运输工具及设备，由于厂牌、型号、吨位不同，以及运行线路、航次等不同，对成本水平会产生较大影响。为了加强成本管理，寻求降低成本的途径，除以前述各类业务作为成本核算对象外，还要以运输工具及其运行情况等作为成本核算对象，这是运输企业成本核算对象上的特点。

营运成本构成中，不存在劳动对象方面的消耗。

可见，交通运输业的生产，对于工作条件与运输、装卸的要求各不相同，差异很大，对于不同的运输对象、运输方式、运输手段、运输线路、运输距离、港口或场站位置等，完成同一生产量的耗费是不同的，存在着很大差别。为此，应根据成本控制的需要，综合考虑为运价、费率的制定提供依据的需要，来确定成本核算对象。除核算旅客周转量成本、货物周转量成本、装卸量成本之外，尚需核算货种运输成本、航线运输成本、航次运输成本、单车（或单船、单机）运输成本、分作业过程运输成本、分货种分操作过程装卸成本等。交通运输企业根据以上管理需要确定成本核算对象。

交通运输企业以运输工具从事货物、旅客运输的，一般按照航线、航次、单船（机）基层站段等确定成本核算对象；从事货物等装卸业务的，可以按照货物、成本责任部门、作业场所等确定成本核算对象；从事仓储、堆存、港务管理业务的，一般按照码头、仓库、堆场、油罐、筒仓、货棚或主要货物的种类、成本责任部门等确定成本核算对象。

7. 信息传输企业

信息传输与一般制造企业相比较为特殊。它的生产活动主要是利用电信网络为用户提供各类媒体信息的传递条件，通过迅速可靠地传送信息来完成对用户的服务。在这个生产过程中，没有实物产品，生产和消费是同步的，不可分割，生产的过程也是用户消费的过程。

电信业务经营范围已涵盖固网语音、移动、宽带、增值业务、综合信息服务等，客户包括政企客户和公众客户等。不同业务和客户可以组合成不同的套餐，即使对于同类客户使用同种服务，有的客户需要大量标准服务而很少特殊要求，有的客户则需要定制差异化的服务，由此构成复杂的业务、客户和需求组合，需要制定多种定价策略，因此，需要多元化的成本信息。在成本核算方面体现出多样化的特点。

信息传输企业一般按照基础电信业务、电信增值业务、其他信息传输业务等主要业务类型来确定成本核算对象。

其中，基础电信业务，是指提供公共网络基础设施、公共数据传送和基本话音通信服务的业务。具体包括以下九种：

（1）固定网络国内长途及本地电话业务；

（2）移动网络电话和数据业务；

（3）卫星通信及卫星移动通信业务；

（4）互联网及其他公共数据传送业务；

（5）带宽、波长、光纤、光缆、管道及其他网络元素出租、出售业务；

（6）网络承载、接入及网络外包等业务；

（7）国际通信基础设施、国际电信业务；

（8）无线寻呼业务；

（9）转售的基础电信业务。

电信增值业务，是指凭借公用电信网的资源和其他通信设备而开发的附加通信业务，其实现的价值使原有网路的经济效益或功能价值增高，有时称为增强型业务。增值业务广义上分成两大类：一是以增值网（VAN）方式出现的业务，如租用高速信息组成的传真存储转发网、会议电视网、专用分组交换网、虚拟专用网（VPN）等；二是以增值业务方式出现的业务，如数据检索、数据处理、电子数据互换、电子信箱、电子查号、电子文件传输等等业务。

实务中，企业通常根据经营管理需要，将固网语音、移动语音、互联网接入、资源出租、互联网类信息服务、增值业务、号百信息服务、IT 服务及应用等有关业务作为成本核算对象。

8．软件及信息技术服务企业

按照国际惯例，软件产业包括软件产品和软件服务两大部分。计算机软件产品是能被计算机存储和读入并指示计算机从事特定工作的编码程序，主要包括系统软件、支撑软件、应用软件等；计算机软件服务是指与计算机软件相关的服务内容，主要包括信息系统集成、动态服务器页面（Active Server Page， ASP）、信息系统运行与维护服务、数据中心与资源外包服务、数据加工与处理服务、信息系统咨询与评估服务、信息系统工程监理、软件与信息系统管理人才工程化培训等。软件产品的特殊性主要表现为：一方面，软件产品工作流程的关键是母版的研制过程，通常具有开发成本很高、产品复制的边际成本很低，沉没成本很高、付现成本很低、人工成本很高、材料成本很低等特点。另一方面，软件产品的子版批量复制过程周期短、工艺简单，类似于制造企业的批量生产过程。为此，软件及信息技术服务企业的科研设计与软件开发等人工成本比重较高的，一般按照科研课题、承接的单项合同项目、开发项目、技术服务客户等确定成本核算对象。

9．文化企业

根据我国国家统计局的划分，文化、体育和娱乐业主要包括：新闻和出版业；广播、电视、电影和影视录音制作业；文化艺术业（文艺创作与表演、艺术表演场馆等）。新闻出版业包括出版单位、发行企业、报业单位和印刷、复制及印刷物资供应企业等。相应地，文化企业应当根据其制作的产品特点，确定产品成本核算对象。

（1）出版单位的成本核算对象。出版物的类型比较多，成本核算对象也应该分别确定。其中，图书应按品种分版（印）次核算；期刊按单一品种分期次核算；音像制品、电子出版物及投影片（含缩微制品）按品种分批次核算。

上述对成本核算对象的确定，实际上是同时涉及了品种法和分批法两种成本核算方法。按品种强调了单品种核算，分印（期、批）次则强调了核算每个品种不同印（期、批）次的成本。

（2）报业单位的成本核算对象。报业单位的产品主要是报纸。报纸在生产过程中耗费的主要材料是新闻纸，同时，还需要有 PS 版及软片等材料。排版、制版、印刷的过程是在印刷机构进行的。因此，报纸的成本及费用组成除纸张等原辅材料外，还包括印制成本，同时，构成报纸成本的还有报纸编辑业务所发生的费用。

报纸成本构成的项目可分为纸张材料费、排版费、印制费、采编费用以及应当包含在报纸生产中的其他直接费用。

报纸生产一般是以销定产，其销售数量通常在前一年末已基本确定，产品有日报或周报等形式。当期发生的费用都能确认为当期成本，并全部转入库存商品中，没有在产品。

（3）书刊、报纸印刷企业的成本核算对象。书刊、报纸印刷具有连续、多品种生产和分阶段结算产品的特点，要求印刷产品成本核算采用分类与分批相结合的方法。在实际工作中，一般按产品类别、订单、批量等作为成本核算对象。在分批核算成本的基础上，也可按"本""件""张"计算成本。

（4）音像电子出版企业的成本核算对象。音像电子出版物的复制，是将母带、母盘上的信息进行批量翻录的生产活动，要求企业按产品载体形式（产品品种）归集产品生产费用，一般将母带、子带、CD 母盘、CD 子盘、DVD 母盘、DVD 子盘等品种作为产品成本的核算对象。

企业可按上述分类产品分别核算产品成本。

（5）电影制片、洗印企业的成本核算对象。一般来说，制片企业各片种影片成本（包括总成本和单位成本）的核算，均应以影视片剧目的片名为成本核算对象。如果为简化核算手续，采用彩色、黑白影片或者采用 35mm、16mm 影片毫别等其他划分成本核算对象的，仍应当按照片名进行成本考核。洗印企业生产印刷发行拷贝属于单品种的批量生产，应当按影片节目分批、分规格（如影片毫别等）核算总成本，然后再计算每个拷贝的单位成本。对于单一的校正拷贝、标准拷贝、翻正、翻底、国际声带等素材，可以按照产品的品名和规格作为成本核算对象。

六、费用要素与成本项目

（一）生产费用及其与支出和产品成本的关系

生产费用是指一定时期内企业为生产产品、提供劳务而发生的物化劳动和活劳动的货币表现。而支出是指企业的一切开支及耗费。它包括资本性支出、收益性支出、所得税支出、营业外支出、利润分配性支出。故生产费用仅仅是指与企业生产经营有关的支出，它包含于支出当中。

企业在生产经营过程中，伴随着各项生产费用的发生和产品的不断加工制造，直到产成品的产出或者为消费者提供各种劳务，逐步形成了企业产品成本。所以，生产费用的发生过程也就是企业产品成本的形成过程。但生产费用并不等于产品成本，二者既有联系又有区别。

支出、费用和产品成本之间的相互关系如图 10-1 所示。

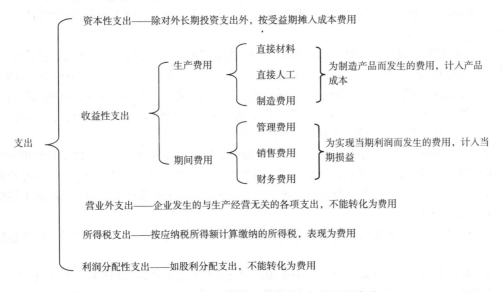

图 10-1　支出、费用和产品成之间的相互关系

生产费用与产品成本首先具有相同的经济内涵。因为生产费用和产品成本都是从生产经营投入到完工产出（或完成劳务活动）的角度，采用价值指标反映生产经营过程中的物化劳动与必要活劳动的耗费，生产费用是产品成本的基础，产品成本是对象化的生产费用。也就是说，某产品或劳务的总成本是该种产品或劳务在各生产经营过程中应负担的各项生产费用的总和。换句话说，为生产某一种产品的生产费用即该产品成本。其次生产费用与产品成本两者的范围不同。生产费用是指一定时期内企业为生产产品、提供劳务而发生的物化劳动和活劳动的货币表现，而企业产品成本是指为生产某种产品所发生的各种耗费。故生产费用的范围要大于产品成本的范围。最后生产费用是以"会计结算期"为核算基础，反映企业在一定时期（月、季、

半年、年）内实际发生的为从事生产经营活动而投入的全部费用。不必考虑产品是否完工、劳务是否完成，以及有多少产品完工。企业产品成本则是以"成本核算对象"为计算基础，反映企业为生产某种产品（或提供某种劳务）而应计入该产品（或劳务）成本的全部费用。生产性企业就必须考虑在一定的成本计算期内有多少产品完工，以及在期末还有多少产品未完工，因为本期投产的产品不一定当期全部完工，而当期完工的产品中也可能包括有前期投产而在本期继续加工完成的，故本期计入产品成本的生产费用必须调整计算在产品、自制半成品的期初、期末余额，才能得到完工产品成本。所以，本期发生的生产费用并不一定记入本期产品成本；而记入本期产品成本的生产费用并不一定是本期发生的。

（二）费用要素

就工业企业来说，形成产品成本的费用要素主要是生产资料的耗费以及劳动力的耗费。其中，生产资料的耗费又分成劳动资料的耗费与劳动对象的耗费，它们体现了物化劳动的耗费；而劳动力的耗费则体现了必要劳动的耗费。因此，企业生产费用要素按其经济内容，首先可以分为劳动资料方面的费用、劳动对象方面的费用和劳动力方面的费用三大类。企业生产费用最终要具体化到各种产品身上，所以，产品成本的经济构成要素从大类上分也是以上三种费用要素。但是在实际工作中，形成产品成本的费用要素在经济内容上与理论成本的范畴可能会发生一些背离，并且在费用要素的构成上要比上述三大类费用的划分更为具体。

（1）外购材料，是指企业为进行生产经营而耗用的一切从外部购进的原料及主要材料、半成品、辅助材料、包装物、修理用备件和低值易耗品等，不包括为在建工程和福利部门耗用的材料。

（2）外购燃料，是指企业为进行生产经营而耗用的一切从外部购进的各种燃料，包括固体、液体和气体燃料。一般情况下，燃料应单独列作一个要素进行核算，但对于燃料耗用不多的企业，可将其包括在外购材料中，不单独考核。外购燃料中不包括在建工程和福利部门耗用的燃料。

（3）外购动力，是指企业为进行生产经营而耗用的一切从外部购进的各种动力，如电力、热力（蒸汽）等，不包括在建工程和福利部门耗用的动力。

（4）职工薪酬，是指企业为获得职工提供的服务而给予的各种形式的报酬以及其他相关支出，包括职工工资、奖金、津贴和补贴、职工福利费、社会保险费、住房公积金、工会经费和职工教育经费、非货币性福利、因解除与职工的劳动关系给予的补偿以及其他与获得职工提供的服务相关的支出。

（5）折旧费，是指企业按照规定计提的固定资产折旧费和无形资产等的摊销费，但不包括出租固定资产折旧费用。

（6）利息费用，是指企业应计入财务费用的银行借款利息费用减去利息收入后的净额。

（7）税金，是指企业应缴纳并计入管理费用的各种税金，包括房产税、车船税、印花税、土地使用税等。

（8）其他费用，是指企业发生的应计入成本、费用的其他支出，及不属于以上各要素的费用，如邮电费、办公费、差旅费、租赁费、外部加工费、保险费和诉讼费等。

工业企业费用的这种分类也有不足之外，主要表现在这种分类只能反映各费用要素的支出形态，说明企业在生产活动中支付哪些费用，不能说明费用发生与企业成本之间的关系，故而不利于成本分析和考核。所以，对企业的生产费用，在此分类的基础上，还必须进一步按其经济用途进行分类。

（三）成本项目

根据生产特点和管理要求，工业企业一般可以设立以下五个成本项目：

（1）原材料，亦称直接材料，是指企业生产经营过程中直接用于产品生产、构成产品实体的原料、主要材料以及有助于产品形成的辅助材料。

（2）燃料和动力，是指企业为生产产品所发生的各种燃料和动力费用。在当今高科技时代，生产过程的机械化和自动化都要消耗大量的燃料和电力。为了正确地计算和考核产品生产过程中所消耗的燃料和动力，有必要将生产过程中消耗的燃料和动力成本单独作为一个成本项目反映。

（3）职工薪酬，亦称直接人工，是指企业直接参与产品生产的人员的工人工资、奖金、津贴和补贴、福利费、社会保险费、工会经费和职工教育经费、住房公积金等。

（4）制造费用，是指企业内部生产经营单位（分厂、车间）为组织和管理生产经营活动而发生的各项费用，包括间接用于产品生产的各项费用（如机物料消耗、车间厂房折旧费等），以及虽直接用于产品生产，但不便于直接计入产品成本，因而没有专设成本项目的费用，如机器设备的折旧费等。

（5）废品损失，是指企业在生产过程中，产出了不符合产品质量要求的废品所产生的损失，包括可修复废品发生的修复费、不可修复废品的全部生产成本。这一损失是应由当期生产的合格品负担的，所以废品损失也构成了合格品产品生产成本的一个项目。通过废品损失的单独核算，有利于促进企业提高产品生产质量，降低产品成本。

根据生产特点和成本管理要求，成本项目可作适当的增减，在确定或调整成本项目时，应考虑以下几个因素：① 费用在管理上有无单独反映、控制和考核的需要；② 费用在产品成本中所占比重的大小；③ 为某种费用专设成本项目所增加的核算工作量的大小。对于管理上需要单独反映、控制和考核的费用，以及在产品成本所占比重较大的费用，应该专设成本项目反映；反之，为了简化核算工作，不必专设成本项目。例如，我国的能源比较紧张，因而一般按产品制定工艺用燃料和动力的消耗定额，并且专设"燃料和动力"成本项目，以便单独进行反映、控制和考核。但如果工艺上耗用的燃料和动力不多，为了简化核算工作，也可以将工艺燃料费用并入"原材料"成本项目，将工艺用动力费用并入"制造费用"成本项目。

如果企业在生产过程中发生的废品损失占产品成本的比重较大，需要作为一项重点费用进行核算和管理上需要单独反映就增设"废品损失"成本项目；如果没有废品，或有的企业在生产过程中产生的废品较少，发生的废品损失占产品成本的比重也较小，就不必单独设立"废品损失"成本项目。采用逐步结转分步法计算产品成本的企业，为了计算和考核半成品成本，可增设"半成品"成本项目等。

由此可见，成本项目的设置，应根据企业的生产特点和成本管理的要求来决定。但是同行业的成本项目应尽可能一致，便于比较。

另外，工业企业的期间费用按照经济用途可分为销售费用、管理费用和财务费用。

（四）费用要素与成本项目的关系

费用要素与成本项目是成本会计中两个非常重要的基本概念，它们之间既有联系，又有区别。

从联系上看，费用要素与成本项目都是对企业某一特定的费用所作的分类，有些费用要素与成本项目的名称也非常类似，如材料、工资等，它们都反映了企业的耗费。另外，就核算程序而言，成本项目的金额总是由费用要素转化而来的，费用要素中生产费用要素形态都将转化并归属到不同的成本项目中。当然，这里的费用要素与成本项目间的对应关系，既可能是一对一，也可能是一对几的关系。

费用要素与成本项目间的区别主要表现在以下几点。

1．分类的标准不同

这是两者最根本的区别。费用要素的分类标准只是经济内容而不论用途；成本项目的分类标准只是经济用途而不论内容。即所谓费用要素，就是指具有相同经济内容的各不同用途的耗费之和，而成本项目是指具有相同经济用途的各不同内容的生产耗费之和。正因为费用要素与成本项目的分类标准不同，因此，也导致了两者间的对应关系有时变得错综复杂：同一费用要素，可能有多种经济用途，从而与多个成本项目相对应；同一成本项目，也许包含了多种不同的费用内容，从而又与多个费用要素相对应。

2．被分类的费用不同

费用要素是对总费用进行分类，而成本项目只是对总费用中的生产费用进行分类。若将生产费用按经济内容为依据进行划分所得到的若干类别便称为生产费用要素。

3．费用所属的时期不同

费用要素只反映本期发生的费用，而成本项目可能包括本期和以前几个时期发生的费用。即费用要素反映的费用具有时期性的特征，而成本项目反映的费用具有对象性的要求。

此外，费用要素与成本项目在具体的划分类别及各自的作用等方面也存在着区别。

七、产品成本核算具体项目和范围

传统成本核算偏重于直接材料、直接人工和制造费用三大类，且内容不够全面，具体体现在：重实物资产，轻无形资产；重内部消耗，轻环境成本；人工成本归集不完整等。随着社会经济的发展，企业管理要求的提高，成本概念和内涵都在不断地发展、变化，成本范围逐渐地扩大，传统成本定位已经不能满足当前经济社会可持续发展的需要。企业会计准则发布后，产品成本核算从理念、内涵到具体内容都产生了较大的变化。例如，对固定资产进行初始确认时考虑弃置费用因素，从而通过折旧将环保责任引入了产品成本；考虑到技术创新在生产经营中日益重要的地位，允许符合条件的无形资产摊销金额计入相关存货的成本；明确符合条件的各类职工薪酬应当计入资产成本，完整计量人工成本等。可见，企业会计准则体系下的产品成本内涵更加丰富，能够更完整地反映企业为取得产品而发生的人、财、物以及自然资源等全方位的耗费。

（一）制造企业的产品成本核算项目和范围的确定

《企业产品成本核算制度（试行）》按照生产费用的经济用途，划分了制造企业产品成本核算项目。

1．直接材料

直接材料包括企业生产过程中实际消耗的原材料、辅助材料、设备配件、外购半成品、包装物以及其他直接材料。

2．燃料和动力

燃料和动力是指直接用于产品生产的燃料和动力。制造企业生产过程中耗费的燃料和动力较少或其他原因，也可以不单独设立此项目，而在直接材料项目中核算。

3．直接人工

直接人工包括企业直接从事产品生产人员的工资薪酬、福利费以及各项社会保险、住房公积金等职工薪酬。

4．制造费用

制造费用是指企业为生产产品和提供劳务而发生的各项间接费用。包括生产部门（车间、分厂等）为组织和管理生产发生的间接费用，和一部分不便于直接计入产品成本，而没有专设成本项目的直接费用，如生产部门所发生的水电费、管理人员的职工薪酬、固定资产折旧、无形资产摊销、机物料消耗、低值易耗品摊销、取暖费、办公费、劳保费、国家规定的有关环保费用、季节性和修理期间内的停工损失、废品损失、运输费、保险费等。

在《企业产品成本核算制度（试行）》规定的以上四个主要成本核算项目之外，制造企业还可以根据生产特点和企业管理的要求适当增加一些项目，如"废品损失""停工损失"等项目。此外，企业也可以按照生产要素的经济内容或其他方式，确定成本核算项目。

值得注意的是，关于制造费用的范围是企业产品成本核算合规性的重点和难点。例如：

（1）停工损失。停工损失是指企业的生产车间在停工期间发生的各种费用支出。企业的停工可以分为正常停工和非正常停工。正常停工包括季节性停工、正常生产周期内的修理期间的停工损失、计划内减产停工等；非正常停工包括原材料或工具等短缺停工、设备故障停工、电力中断停工、自然灾害停工等。季节性停工、修理期间的正常停工费用在产品成本核算范围内，应计入产品成本。非正常停工费用应计入企业当期损益。

（2）废品损失。废品损失是指因产生废品而造成的损失。废品损失主要包括可修复废品的修复费用和不可修复废品的成本减去废品残值后的报废损失。对正常废品范围内的废品损失，计入制造费用；对于超过正常废品范围的废品损失，计入管理费用。

（二）农业企业的产品成本核算项目和范围的确定

农业企业一般按照行业分别设置"农业生产成本""畜牧养殖业生产成本"和"林业生产成本""渔业生产成本"一级科目，核算农产品发生的实际成本。在"农业生产成本""畜牧养殖业生产成本"和"林业生产成本""渔业生产成本"下再设立"直接材料""职工薪酬""机械作业费""其他直接费用""间接费用"等项目，从而进行成本核算。

其中，值得注意的是：农业企业的"机械作业费"项目，是指种植业生产过程中农用机械进行耕耙、播种、施肥、除草、喷药、收割、脱粒等机械作业所发生的费用，实务中通常还包括机械作业过程中的直接耗用的燃料、润滑油等、机务人员的职工薪酬以及农机具折旧费等。"其他直接费用"项目，实务中通常包括种植业生产过程中的灌溉费，畜牧养殖业生产过程中的饲养家禽直接耗用的燃料、动力费、禽畜防治病害的医药费、畜禽专用固定资产的折旧费以及渔业生产过程中的清塘费等。"间接费用"类似于制造费用，通常包括有关生产部门发生的管理人员的职工薪酬、固定资产的折旧费、机物料消耗、低值易耗品摊销、劳动保护费、水电费、办公费、保险费、正常停工损失等费用。

（三）批发零售企业的产品成本核算项目和范围的确定

批发与零售企业以采购的商品作为成本核算对象，需要核算商品采购成本。商品采购成本是企业因购进商品而发生的各项支出，包括进货成本、按规定应计入成本的税金和采购费，成本核算项目相对单一。其中，关于进货成本，应按照进货渠道，分别国内购进商品进价成本和国外购进商品进价成本进行计算。国内购进商品进价成本，其采购成本为进货原价或进价。国外购进商品进价成本，其采购成本包括进价、进口关税、消费税、委托代理进口费用等。

（四）建筑企业的产品成本核算项目和范围的确定

建筑企业一般设立直接人工、直接材料、机械使用费、其他直接费、间接费用等成本项目。

1. 直接人工

直接人工核算的内容，包括按照国家规定支付给施工过程中直接从事建筑安装工程施工的工人以及在施工现场直接为工程制作构件和运料、配料等工人的职工薪酬。

2. 直接材料

直接材料核算的内容，包括在施工过程中所耗用的、构成工程实体的材料、结构件和有助于工程形成的其他材料以及周转材料的摊销费和租赁费。具体来说，主要包括材料原价、采购及保管费、周转材料的摊销费和租赁费、材料检验试验费、材料运杂费、运输损耗费等。

3. 机械使用费

机械使用费核算的内容，包括施工过程中使用自有施工机械所发生的机械使用费，使用外单位施工机械的租赁费，以及按照规定支付的施工机械进出场费。具体来说，主要包括折旧费、正常生产周期内的大修理费、安装费及场外运费、燃料动力费、养路费及车船费等。

4. 其他直接费

其他直接费核算的内容，包括施工过程中发生的材料二次搬运费、临时设施摊销费、生产工具用具使用费、检验试验费、工程定位复测费、场地清理费等。因订立合同而发生的有关费用，能够单独区分和可靠计量且合同很可能订立的，应当予以归集，待取得合同时计入合同成本，未满足上述条件的，计入当期损益。

5. 间接费用

间接费用，是指企业各施工单位为组织和管理工程施工所发生的全部支出，包括施工单位管理人员职工薪酬、行政管理用固定资产折旧费、物料消耗、低值易耗品摊销、取暖费、水电费、办公费、差旅费、财产保险费、检验试验费、工程保修费、劳动保护费、排污费及其他费用。值得注意的是，企业行政管理部门为组织和管理施工生产经营活动而发生的管理费用和财务费用应当作为期间费用，直接计入当期损益。工程项目现场发生的管理费用一般应计入产品成本。此外，由于与工程项目直接相关且正常建造周期内可预见的原因，工程项目自身原因（如因业主和其他第三方单方面原因导致的不可预见的等待检验期间）造成的停工损失和其他损失，季节性的正常停工损失以及因业主原因导致的停工损失和其他损失，一般应计入该工程项目的成本，由于本单位管理等原因造成的损失，应计入当期损益。

（五）房地产企业的产品成本核算项目和范围的确定

《企业产品成本核算制度（试行）》结合现行有效做法，规定房地产企业的成本核算项目主要包括以下几项。

1. 土地征用及拆迁补偿费

土地征用及拆迁补偿费是指为取得土地开发使用权而发生的各项费用。在实务中，通常可以按照管理要求进一步分为以下几类：

（1）土地买价及市政配套费，包括支付的土地出让金、向政府部门缴纳的大市政配套费、契税、土地使用费、耕地占用税、土地变更用途和超面积补交的地价等。

（2）合作款项，包括补偿合作方地价、合作项目建房转入分给合作方的房屋成本、相应税金等。

（3）红线外市政设施费，包括红线外道路、水、电、气、通信等建造费、管线铺设费、接口补偿费。

（4）拆迁补偿费，包括有关地上、地下建筑物或附着物的拆迁补偿净支出，安置及动迁支出，农作物补偿费，危房补偿费等。

2．前期工程费

前期工程费是指项目开发前期的政府许可费、招标代理费、水文地质勘察、测绘、规划、设计、可行性研究、筹建等费用。在实务中，通常可以按照管理要求进一步分为以下几类：

（1）勘察设计费，包括勘测丈量费、规划设计费、建筑研究用房费等，体现为水文、地质、文物和地基勘察费，沉降观测费，日照测试费，拨地钉桩验线费，复线费，定线费，施工放线费，建筑面积丈量，方案招标费，规划设计模型制作费，方案评审费，效果图设计费，总体规划设计费，施工图设计费，修改设计费，环境景观设计费，可行性研究费，制图、晒图、赶图费，样品制作费等。

（2）报批报建增容费，包括报批报建费（安检费、质检费、标底编制费、交易中心手续费、人防报建费、消防配套设施费、散装水泥集资费、白蚁防治费、墙改基金、建筑面积丈量费、路口开设费、规划管理费、新材料基金或墙改专项基金、教师住宅基金或中小学教师住宅补贴费、拆迁管理费、招投标管理费等）、项目整体性报批报建费。

（3）"三通一平"费，包括临时道路的设计、建造费用，临时用电（接通红线外施工用临时用电规划设计费，临时管线铺设、改造、迁移、临时变压器安装及拆除费用），临时用水（接通红线外施工用临时给排水设施的设计、建造、管线铺设、改造、迁移等费用），场地平整费（基础开挖前的场地平整、场地清运、旧房拆除等费用）。

（4）临时设施费，包括临时围墙的设计建造装饰费用、临时办公室的租金以及建造装饰费用、临时场地占用费（施工用临时占道费、临时借用空地租费等）、临时围板的设计建造装饰费用等。

3．建筑安装工程费

建筑安装工程费是指开发项目在开发过程中发生的各项主体建筑的建筑工程费、安装工程费及精装修费等。

其中，关于建筑工程费，在实务中，通常可以按照管理要求进一步分为以下几类：

（1）基础造价，主要包括土石方、桩基、护壁（坡）工程费、基础处理费、桩基咨询及检测费等。

（2）结构及粗装修造价，主要包括砼框架（含独立柱基和条基等浅基础）砌体、找平及抹灰、防水、垂直运输、脚手架、超高补贴、散水、沉降缝、伸缩缝、底层花园砌体（高层建筑的裙楼有架空层，原则上架空层结构列入裙楼，有转换层结构并入塔楼）。

（3）门窗工程，主要包括单元门、入户门、户内门、外墙门窗、防火门的费用。

（4）公共部位精装修费，主要包括大堂、电梯厅、楼梯间、屋面、外立面及雨蓬的精装修费用。

（5）户内精装修费，主要包括厨房、卫生间、厅房、阳台、露台的精装修费用。

关于安装工程费，在实务中，通常可以按照管理要求进一步分为以下几类：

（1）室内水暖气电管线设备费，主要包括室内给排水系统费、室内采暖系统费、室内燃气系统费、室内电气工程费等。

（2）室内设备及其安装费，主要包括通风空调系统费、电梯及其安装费、发电机及其安装费、消防系统费、人防设备及安装费等。

（3）弱电系统费，主要包括居家防盗系统费（阳台及室内红外探测防盗、门磁、紧急按扭等）、对讲系统费用、水电气远程抄表系统费用、有线电视费用（有线电视、卫星电视主体内外布线及终端插座费用）、电话系统内外布线及终端插座费用、宽带网内外布线及终端插座费用等。

4．基础设施建设费

基础设施建设费是指开发项目在开发过程中发生的道路、供水、供电、供气、供暖等社区管网工程费和环境卫生、园林绿化等园林、景观环境工程费用等。

其中，关于社区管网工程费，在实务中，通常可以按照管理要求进一步分为以下几类：

（1）室外给排水系统费，主要包括室外给水系统费（小区内给水管道、检查井、水泵房设备及外接的消火栓等费用）、雨污水系统费用等。

（2）室外采暖系统费，主要包括管道系统、热交换站、锅炉房费用等。

（3）室外燃气系统费，主要包括管道系统、调压站等费用。

（4）室外电气及高低压设备费，主要包括高低压配电设备及安装费用、室外强电管道及电缆敷设费用、室外弱电管道埋设等费用。

（5）室外智能化系统费，主要包括停车管理系统费用、小区闭路监控系统费用、周界红外防越系统费用、小区门禁系统费用、电子巡更系统费用、电子公告屏费用等。

关于园林环境工程费，主要包括：

（1）绿化建设费。

（2）建筑小品费，如雕塑、水景、环廊、假山等费用。

（3）道路、广场建造费。

（4）围墙建造。

（5）室外照明费，如路灯、草坪灯等。

（6）室外背景音乐费。

（7）室外零星设施费（儿童游乐设施、各种指示牌、标识牌、示意图、垃圾桶、座椅、阳伞等）。

5．公共配套设施费

公共配套设施费是指开发项目内发生的、独立的、非营利性的且产权属于全体业务的，或无偿赠予地方政府、政府公共事业的公共配套设施费用等。在房地产的开发过程中，根据有关法规，产权及收益权不属于开发商，开发商不能有偿转让也不能转作自留固定资产的公共配套设施支出，主要包括以下几类：

（1）在开发小区内发生的不会产生经营收入的不可经营性公共配套设施支出，包括居委会、派出所、岗亭、儿童乐园、自行车棚等。

（2）在开发小区内发生的根据法规或经营惯例，其经营收入归于经营者或业委会的可经营性公共配套设施的支出，如建造幼托、邮局、图书馆、阅览室、健身房、游泳池、球场等设施的支出。

（3）开发小区内城市规划中规定的大配套设施项目不能有偿转让和取得经营收益权时，发生的没有投资来源的费用。

（4）对于产权、收入归属情况较为复杂的地下室、车位等设施，应根据当地政府法规、开发商的销售承诺等具体情况确定是否摊入本成本项目。如开发商通过补交地价或人防工程费等措施，得到政府部门认可，取得了该配套设施的产权，则应作为经营性项目独立核算。

6．开发间接费

开发间接费是指企业为直接组织和管理开发项目所发生的，且不能将其直接归属于成本核算对象的工程监理费、造价审核费、结算审核费、工程保险费等。在实务中，通常可以按照管理要求进一步分为以下几类：

（1）工程管理费，主要包括工程监理费、支付给造价咨询公司的预结算编制、审核费用、直接从事项目开发的部门人员的职工薪酬及直接从事项目开发的部门的行政费用、施工合同外奖金，支付给建设主管部门的质监费、安全监督费和工程保险费。

（2）营销设施建造费，主要包括广告设施及发布费、销售环境改造费（会所、销售区域销售期间的现场设计、工程、装饰费）、临时销售通道的工程费用、售楼处装修装饰费、样板间费用等。

（3）物业管理完善费，主要包括按规定应由开发商承担的由物业管理公司代管的物业管理基金、公建维修基金或其他专项基金，以及小区入住前投入的物业管理费用。

7. 借款费用

借款费用是指符合企业会计准则所规定的资本化条件的借款费用，主要包括直接用于项目开发所借入资金的利息支出、折价或溢价摊销和辅助费用（包括手续费），以及因外币专门借款而发生汇兑差额等。

（六）采矿企业的产品成本核算项目和范围的确定

采矿企业的产品成本核算范围和项目一直是近年来备受关注的问题。由于其生产资料（矿产资源）具有不可再生的特点，其产品成本一般包括以下方面。

1. 构成产品的实体矿物质的资源价款

不同于一般工业生产，采矿企业地下矿藏资源的取得是第一位的约束条件。与矿产资源的取得，包括勘探、规划、设计等项活动相关的必要费用支出，构成了煤炭产品生产的必要成本，如油气资产折耗（摊销）。

2. 为取得矿产品的实体矿物质而耗费的生产资料的价格

一般工业企业基本建设完成后就可以外购原材料进行连续生产。采矿企业则不同，建矿完成后，在开采过程中还需要不断地向外围扩展或向深层延伸，以开辟新的作业场所。采矿基建投资的持续性要求在生产经营过程中必须及时、足额地补偿维持简单再生产的费用，从而使得生产经营能够正常维持下去，应当计入产品成本。

3. 产品生产过程的生态保护与环境治理所耗费的必要支出

采矿开采通常在空中、地表、地下三个层面立体地破坏着生态环境，是引起环境污染的重要原因之一。因此，在整个生产过程中，必须不断地投入资金保护环境，治理污染。这部分费用应当在成本构成中得到体现。值得注意的是，根据《企业会计准则第 4 号——固定资产》应用指南的规定，弃置费用通常是企业在购置固定资产时或者在特定期间内出于生产存货以外的其他目的而使用有关固定资产时所产生的如拆卸、搬运和场地清理义务等支出。企业应当根据《企业会计准则第 13 号——或有事项》的规定，按照现值计算确定应计入固定资产成本的金额和相应的预计负债。有关资产的弃置费用，应当按照《企业会计准则第 27 号——石油天然气开采》的规定处理。企业在特定期间内由于使用有关固定资产生产存货而发生相关支出的，不属于弃置费用，应当计入生产当期的生产成本或期间费用。

4. 产品生产全过程所使用劳动力价值的补偿费用

劳动力的再生产规律，要求在产品成本构成中要包括生产全过程所耗费的劳动力的价值，在现实中表现为职工薪酬。随着社会生产力的发展，再生产劳动力所要的生活资料和劳务的数量在不断增加，在产品成本中应充分得到体现和补偿。

5. 产品运销过程中所发生的生产性费用

采矿企业的生产具有系统性，从开始勘探、建矿，到生产、销售，直至闭井，构成了一个系统产业链条。在这一完整的生产过程中，为组织和管理厂（矿）采掘生产所发生的有关支出也应计入产品生产成本。

综上，《企业产品成本核算制度（试行）》将以上生产要素基本都纳入了成本范围，并规定采矿企业一般设置直接材料、燃料和动力、直接人工、间接费用等成本项目。

（七）交通运输企业的产品成本核算项目和范围的确定

与制造企业相比，交通运输企业的生产经营过程具有其明显的特征：制造企业的生产经营过程包括供应、生产和销售三个环节，而交通运输企业的经营过程主要包括供应过程和营运过程，没有与生产过程相脱离而独立存在的销售过程。

在产品成本核算范围和项目方面，主要体现为：企业为了完成运输生产需要发生各项运营支出，形成营运成本。在企业营运成本的构成中，没有像工业产品成本那样具有构成产品实体并占相当高的比重的原材料和主要材料，而多是与运输工具使用有关的费用，如燃料、折旧等支出；同时，集装箱运输、码头等水运类企业属于资本密集型企业，固定资产折旧和无形资产（主要是土地使用权）摊销占据了产品成本相当大的比重。

需要注意的是，在交通运输业的成本费用中，固定资产折旧费、保险费，以及其他为保持运载工具与设施正常营运状态而发生的费用等设备性费用相对较多，这些设备性费用以及一些生产人员如船员的职工薪酬等，都属于与生产量没有直接关系的固定性费用。即使营运过程中的燃材料消耗，也不是与生产量直接相关的变动性费用。例如，航运企业船舶运输耗用的燃料，仅属于与航次相关的变动性费用，而不属于与运输量直接相关的变动费用；并且船舶在港发生的吨税、船舶港务费、灯塔费、引航费、拖轮费、码头费、系缆费、停泊费、检疫费等港口使费，都是属于与航次相关的变动性费用，而与运输量并不直接相关。在交通运输业的成本费用中，与生产量直接相关的变动性费用相对较少，这与工业产品的成本费用结构具有较大差别。

因此，交通运输企业通常应按照经济用途设置营运费用、运输工具固定费用与非营运期间费用等成本项目，反映有关成本要素。

营运费用，是指企业在货物或旅客运输、装卸、堆存过程中发生的营运费用，包括货物费、港口费、起降及停机费、中转费、过桥过路费、燃料和动力、航次租船费、安全救生费、护航费、装卸整理费、堆存费等。铁路运输企业的营运费用还包括线路等相关设施的维护费等。

运输工具固定费用，是指运输工具的固定费用和共同费用等，包括检验检疫费、车船税、劳动保护费、固定资产折旧、租赁费、备件配件、保险费、驾驶及相关操作人员薪酬及其伙食费等。共同费用，是指为企业所有运输工具共同受益，但不能分别运输工具直接负担，需经过分配由各运输工具负担的费用。

非营运期间费用，是指受不可抗力制约或行业惯例等原因暂停营运期间发生的有关费用等。

1. 铁路、汽车、水运、民航等企业

（1）铁路运输企业。铁路运输成本是指企业直接为运输旅客、货物发生的耗费。费用是指企业一定期间生产经营管理活动所发生的经济利益的流出。铁路运输成本、费用实行中国铁道总公司、铁路运输企业、基层站段分级管理责任制。

铁路运输生产经营过程中发生的各种耗费，按其经济用途划分为主营业务成本、期间费用（包括管理费用、财务费用）和营业外支出，共同构成运输总支出。

（2）汽车运输企业。汽车运输企业的成本项目应当主要包括以下内容：

① 从事营运活动人员的职工薪酬；

② 营运过程中实际耗用的燃料、材料、润料、动力及照明、备品配件、轮胎、各种物料和低值易耗品等支出；

③ 营运过程中使用的各种固定资产折旧费、租入的参加营运的固定资产租赁费等；

④ 营运过程中发生的行车杂费、车辆牌照检验费、车辆清洗费、车辆冬季预热费、养路费、公路运输管理费、过路费、过桥费、过隧道费、过渡费，司机途中宿费、取暖费，季节性、修理期间的停工损失，事故净损失等支出。

（3）水运企业。

1）海洋运输业务的成本项目主要包括以下内容：

① 航次运行费用，是指船舶在运输生产过程中发生的直接归属于航次负担的费用。航次运行费用一般包括燃料费、港口费、货物费、集装箱货物费、中转费、客运费、垫隔材料费、速遣费、事故损失费、航次其他运行费用等明细项目。

② 船舶固定费用，是指为保持船舶适航状态所发生的费用。船舶固定费用一般包括直接人工、润料、物料、船舶折旧费、保险费、税金、船舶非营运期间费用、船舶共同费用、其他船舶固定费用等明细项目。其中，润料是指船舶耗用的各种润滑油剂。

③ 船舶租赁费、舱（箱）位租赁费，是指企业租入运输船舶或舱（箱）位营运，按规定应支付给出租人的租赁费。船舶租赁费或舱（箱）位租赁费一般包括期租赁费、程（航次）租赁费、光租赁费、舱（箱）位租赁费等明细项目。

④ 集装箱固定费用，是指企业自有或租入的集装箱及其底盘车在营运过程中发生的固定费用。集装箱固定费用按集装箱费用和底盘车费用两部分，分别设置明细项目。

2）内河运输业务的成本项目主要包括以下内容：

① 船舶直接费用，是指运输船舶在航行中和为保持船舶适航状态所发生的费用。船舶直接费用一般包括直接人工、燃料、润料、物料、港口费、航养费、过闸、翻坝费、运输管理费、折旧费、保险费、租赁费、税金、劳动保护费、事故损失费、其他费用等明细项目。

② 船舶维护费用，是指有封冻、枯水等非通航期的企业在非通航期发生，但应由通航期运输成本负担的船舶维护费用。船舶维护费用一般包括人工、燃料、材料、保卫费、破冰费、其他费用等明细项目。其中，破冰费是指为保护船舶免受流冰损坏和清除船上冰雪所发生的费用。

③ 集装箱固定费用，是指按规定办法分配应由本期运输成本负担的集装箱固定费用，一般包括折旧费、保管费、保险费、租赁费、其他费用等明细项目。

④ 营运间接费用，包括企业实行内部独立核算单位的船队费用、自营港埠费用与船舶基地费用。

（4）民用航空企业。民用航空企业的成本项目一般包括运输成本、通用航空成本、间接营运费用等，以综合反映航空公司在执行航空运输业务过程中发生的与航班生产有关的各项成本。

运输成本中，一般包括直接营运费，运输负担的职工薪酬，航空油料消耗，航材消耗件消耗，高价周转件摊销，飞机、发动机折旧费，飞机、发动机保险费，国内/外机场起降服务费，国内/外航线餐食供应品费，飞行训练费，客舱服务费，行李，货物，邮件赔偿费等项目。其中，"直接营运费"项目，是指报告期内航空公司在执行航空运输业务过程中发生的能直接计入某一特定机型成本的费用。"航空油料消耗"项目，指飞机在飞行中（含地面滑行）或地面检修试车时所消耗的航空煤油、航空汽油和航空润滑油。"高价周转件摊销"项目，指按规定年限摊销的高价周转件的价值。"客舱服务费"项目，指航空公司在飞机上提供各种服务用品、清洁用品、娱乐用品等所耗费的支出。

通用航空成本，按机型综合反映航空公司在执行通用航空业务过程中所发生的与生产作业直接有关的各项成本及单位飞行小时成本。

间接营运费用，指航空公司在执行运输业务过程中所发生的不能直接计入机型成本，需按一定标准在各机型间进行分摊的各项间接成本。

2．装卸、堆存、港务管理、仓储业务

（1）装卸业务的成本项目。

1）装卸直接费用，是指在装卸生产过程中发生的直接归属于装卸业务负担的费用。装卸直接费用分设职工薪酬、材料、燃料、动力及照明、低值易耗品、折旧费、租赁费、保险费、外付劳务费、税金、事故损失费、其他装卸直接费用等明细项目，归集有关营运支出。

2）营运间接费用，是指应由装卸业务成本负担的营运间接费用，包括作业区间接费用和企业间接费用。其中，作业区间接费用是指按规定方法分配由装卸业务成本负担的作业区间接费用；企业间接费用，是指按规定方法分配由装卸业务成本负担的企业间接费用。

（2）堆存业务的成本项目。堆存业务成本的项目可比照装卸业务进行设置，包括堆存直接费用和营运间接费用，并分设明细项目，归集有关支出。

（3）港务管理业务成本的项目。

1）港务管理直接费用，是指在港务管理过程中发生的直接归属于港务管理业务负担的费用。港务管理直接费用分设直接人工、材料、燃料、动力及照明、低值易耗品、折旧费、租赁费、保险费、外付劳务费、税金、事故损失费、防台风、防汛措施费、疏浚费、其他港务管理直接费用等明细项目，归集有关营运支出。

其中，防台风、防汛措施费，是指企业采取防台、防汛措施所发生的费用。疏浚费，是指港池、锚地进港航道等的维护性挖泥所发生的费用。航道、泊位、港池、锚地的测量费用也应包括在本项目中。

2）营运间接费用，是指应由港务管理成本负担的营运间接费用。

（4）仓储业务的成本项目。仓储业务成本包括企业附属仓库中发生的转库搬运、检验、挑选整理、修复、维修保养、包装费、库存物资损耗，以及职工薪酬等开支。

（八）信息传输企业的产品成本核算项目和范围的确定

与制造企业相比，信息传输企业的成本项目和范围特点是基本没有原材料耗费项目、固定成本相对比重较大。从消耗的主要资源类型上看，除了与制造企业一样都涉及人力、设备、无形资产等方面的消耗外，还会发生行业特有的支出，如业务费、电路及网元租赁费等特定支出。

（九）软件及信息技术服务企业的产品成本核算项目和范围的确定

软件企业的核心竞争力在于研发费用，在研发上的投入最终形成了软件产品的成本。软件与硬件不同，在成本构成上的差异非常明显。硬件的成本构成相当清晰，主要有作为转移价值的材料和固定资产折旧；有人工价值的职工薪酬；有为生产产品而必须付出的各项费用。软件产品的成本中，基本没有材料成本，也很少有折旧。在研发阶段，主要是智力投入的人工费用；在后期市场阶段，主要是许多附加的测试、维护、服务费用等。

从软件研发的步骤来看，具体包括以下方面。具体如图10-2所示。

① 可行性调查，包括市场可行性调查、经济可行性和技术可行性调查等前期工作。

② 系统分析，主要任务是给出系统说明书，确定软件的主要功能等事项。

③ 系统设计，其主要任务是决定系统的模块结构，确定模块的功能、接口和实现方法。

④ 程序设计，即由程序员编写程序，建立相应文档。

⑤ 系统测试，即检查和揭露程序的错漏偏差以便修正和排除。

⑥ 撰写系统说明书及指导书、申请专利、维护等。

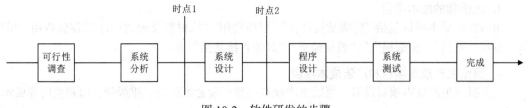

图 10-2　软件研发的步骤

在以上各步骤中，人工费用占主要部分。从各步骤费用发生的比例来看（暂不考虑软件产品的差异性因素影响），国内外软件企业的人工费用在研发各步骤中的分布却存在较大差异。总的来说，步骤①、②、③发生的费用支出比例最大。

国外企业有着深厚的技术积累或者企业之间的专利共享，研究时能进行更全面的调查，而且所需费用较少，而大部分国内企业的技术研究则存在更大的风险。企业产品成本核算课题的研究结果表明，国内大多数软件企业在研发过程中自主创新能力较弱，大多属于模仿性创新。因此，它们在进行可行性调查（步骤①）和系统分析（步骤②）的实际操作过程中往往投入的人工费用并不多，大量的研发人员集中在系统设计（步骤③）和程序设计（步骤④）过程中。

如上所述，软件开发成本中人工费用占主要部分，但如何对人工费用予以资本化并进行合理分配是软件成本会计处理中的一个难题。诸如，软件设计人员可能同时设计多个项目，也可能处于学习新知识的阶段因此并未工作，那么其工资应该如何分配？企业会计准则对于如何区分研究与开发阶段做了规定，即在开发阶段，判断可以将有关支出资本化确认为无形资产，必须同时满足下列条件：

（1）完成该无形资产以使其能够使用或出售在技术上具有可行性。

（2）具有完成该无形资产并使用或出售的意图。

（3）无形资产产生经济利益的方式，包括能够证明运用该无形资产生产的产品。

（4）有足够的技术、财务资源和其他资源支持，以完成该无形资产的开发，并有能力使用或出售该无形资产。

（5）归属于该无形资产开发阶段的支出能够可靠地计量。

（十）文化企业的产品成本核算项目和范围的确定

文化企业现行的专门会计核算办法包括《电影企业会计核算办法》和《新闻出版业会计核算办法》。《企业产品成本核算制度（试行）》基于文化企业的成本核算实践，与以上办法进行了有效衔接，主要体现在成本核算项目和范围方面。文化企业一般设置开发成本和制作成本等成本项目。

1．开发成本

文化企业产品开发是指从选题策划开始到正式生产制作所经历的一系列过程，包括信息收集、策划、市场调研、选题论证、立项等阶段。开发成本包括信息收集费、调研交通费、通信费、组稿费、专题会议费、广告宣传费等。随着出版决策对市场信息的倚重程度越来越高，开发成本在文化（新闻出版）业的成本中所占的比重将逐渐增加。

2．制作成本

制作过程是文化企业成本产生的主要环节，对文化企业成本产生重要影响。其成本可分为购买产品内容的成本和对内容进行物质形态制作的成本。前者即通常所说的固定成本，属一次性支付，如稿酬（版税制除外）、审稿费、编校排印费、设计费等；后者通常也称为变动成本，其费用随产品的增加而相应增加，如纸张费、印工费等。

3．出版物的成本项目

出版物的成本项目包括"稿酬及校订费""租型费用""原材料及辅助材料""制版费用""印装（制作）费用""出版损失""编录经费""其他直接费用"等。

4．报纸生产成本项目和广告成本项目

（1）报纸生产成本项目设置。报纸生产成本一般可设置纸张费、排版费、印制费用等成本项目。

（2）广告成本项目设置。广告成本项目主要有职工薪酬、办公费、差旅费、设计制作费、组稿费、广告业务费、加张广告费、其他等项目。

5．印刷产品生产成本项目设置

应设置原材料、印刷用纸、燃料和动力、职工薪酬、废品损失、制造费用、委托外加工等成本项目。

6．音像电子出版物产品的成本项目设置

应设置原材料、委托加工母盘、动力、职工薪酬、制造费用等成本项目。

7．电影制片企业的成本项目设置

生产过程中，应设置剧本费及酬金、基本人员工资及劳务、演员劳务及酬金、临时协助人员费、食宿费、差旅费、胶片、磁片及磁带、化妆费、服装费、道具费、布景费、烟火枪械费、车辆运输费、场租费、摄影费、录音费、剪接费、照明费、常规特技费、数码特技费、音乐费、放映费、剧照费、字幕费、洗印费、军事费、剧杂费、赔偿费、其他费用等成本项目。

8．电影洗印企业的成本项目设置

在影片洗印等生产过程中，应设置职工薪酬、胶片及磁带、药料、燃料及动力、制造费用等成本项目。

八、归集、分配和结转产品成本

（一）归集、分配和结转产品成本综述

成本计算的过程实际上是成本的归集和分配过程，生产经营成本通过多次的归集和分配，最终计算出产品总成本和单位成本。

1．成本的归集、分配的概念

成本的归集，是指通过一定的企业会计准则规定以有序的方式进行成本数据的收集或汇总。收集某类成本的聚集环节，称为成本归集点或成本集合。例如，制造费用是按车间归集的，所有间接制造费，包括折旧、间接材料、间接人工等都聚集在一起。以后分配时不再区分这些项目，而是统一按一个分配基础，分配给产品。

成本的分配，是指将归集的间接成本分配给成本对象的过程，也叫间接成本的分摊或分派。

成本分配要使用某种参数作为成本分配基础。成本分配基础是指能联系成本对象和成本的参数。可供选择的分配基础有许多，如人工工时、机器台时、占用面积、直接人工工资、订货次数、采购价值、品种数、直接材料成本、直接材料数量等。

2．企业产品成本归集、分配和结转的基本原则

（1）企业的产品成本归集、分配和结转的总体原则。企业所发生的费用，能确定由某一成

本核算对象负担的，都应当按照所对应的产品成本项目类别，直接计入产品成本核算对象的生产成本；由几个成本核算对象共同负担的，应当选择合理的分配标准分配计入。

（2）确定企业的产品成本分配标准的原则。由于行业和产品之间的特点，生产经营中有关耗费的发生形式及其对产品发挥作用的方式等差异较大，企业间在分配标准方面体现出较大的差异。企业应当根据生产经营特点，以正常生产能力水平为基础，按照资源耗费方式确定合理的分配标准。实务中，体现为按照以下原则确定分配标准：

1）受益性原则。受益性原则可以概括为两句话，即谁受益、谁负担；负担多少，视受益程度而定。这一原则，要求选用的分配标准能够反映受益者受益的程度。

2）及时性原则。及时性原则是指要及时将各项成本费用分配给受益对象，不应将本应在上期或下期分配的成本费用分配给本期。

3）成本效益性原则。成本分配也要讲究成本效益比，即成本分配本身也是有成本的，而成本分配所带来的效益要远大于成本分配的成本才行。

4）基础性原则。成本分配要以完整的、准确的原始记录为依据。

5）管理性原则。成本分配要有利于企事业单位加强成本管理。成本是一个综合性指标，既可以用它来进行经济预测和决策，又可以用它来编制成本计划，考核各部门的业绩，因此提高成本分配的科学性，对提高成本管理水平是有利的。

（3）企业产品成本结转的原则。成本结转，是指在归集产品生产费用的基础上，计算确定本期完工产品成本和销售产品成本的会计处理。企业应当按照权责发生制的原则，根据产品的生产特点和管理要求结转成本。

材料费用核算的基本程序

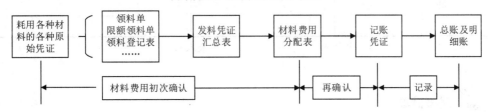

材料采购成本计算表

年　　月　　日

成本项目	A 材料		B 材料	
	总成本	单位成本	总成本	单位成本
买价				
运费				
合计				

部门负责人：　　　　　复核人：　　　　　制表人：

材料采购成本汇总表

原料		采购地区		原料价格		进口	运输方式		取得成本		付款
名称	代号	国别	制造厂商	内销	外销	费用	金额	方式	内销	外销	条件与方式

材料运输费用分配表

年 月 日

分配对象	分配标准（材料重量）	分配率	分配金额
合 计			

部门负责人： 复核人： 制表人：

每百件产品直接材料消耗定额

产品名称及规格： 预算期间： 单位：元

1. 材料名称	2. 计量单位	3. 理论消耗量	4.损耗率%	5. 实际消耗量	6. 材料单价	7. 消耗定额	8. 每件产品消耗定额

编制： 审批：

物料耗用汇总表

年　　月　　日起至　　月　　日止　　　　　厂别

名称及规格	单位	单位	A		B		C		合　计	
			数量	金额	数量	金额	数量	金额	数量	金额
变动成本										
固定成本										
合　计										

复核签章：　　　　　　　　制表人签章：

材料成本明细表

	理论成本						实际成本						目标成本					
	材料名称	用料比例	数量	单价	金额	结构比例	材料名称	用料比例	数量	单价	金额	结构比例	材料名称	用料比例	数量	单价	金额	结构比例
使用材料																		
	小计						小计						小计					

产品原料成本明细表

理 论 值						现　状						目　标					
材料名称	用料比例	数量	单价	金额	结构比例	材料名称	用料比例	数量	单价	金额	结构比例	材料名称	用料比例	数量	单价	金额	结构比例
小计						小计						小计					
损耗						损耗						损耗					
净重	千克					净重	千克					净重	千克				
金额	元					金额	元					金额	元				

考勤簿

车间或部门：　　　　　　　　　　生产小组：　　　　　　　　　考勤员：

编号	姓名	工资等级	出勤与缺勤情况					出勤类别			缺勤类别								到或早退	备注
			1日	2日	3日	合计		计时工作	加班工作	夜班工作	工伤	公假	病假	探亲假	婚假	旷工	事假	其他		
						出勤	缺勤													
合计																				

工作通知单

生产车间：　　　　　　　　　　编号：　　　　　　　　　　姓名与工号：

设备名称及编号：　　　　　　　签发日期：　　　　　　　　等级：

产品或订单号	零件编号	工序名称	计量单位	数量	定额工时		开工时间	完工时间	实用工时	交验数量	合格品数量	返修数量	工废数量	料废数量	短缺数量	废品通知单编号	计件工资			合计
					单位定额工时	总定额工时											计件单价	合格品工资	废品工资	

产量明细表

年　　月　　日

生产车间：　　　　　　　　　　产品型号：

生产小组：　　　　　　　　　　班别：　　　　　　　　零件编号：

序号	设备编号	工人		产量定额	全班作业			每件定额工时（分）	检验结果				工时		计件工资			合计
		工号	姓名		工作班开始前结余（件）	交接件数	工作班结束时结余（件）		合格品数量	返修数量	工废数量	料废数量	短缺数量	定额工时	实际工时	计件单价	合格品工资	废品工资	
	合计																		

A．工作班开始前结余：　　　　　　　　　D．工作班结束时结余：

B．本班投产：　　　　　　　　　　　　　E．短缺损失：

C．废品：　　　　　　　　　　　　　　　F．合格品数量：

计划调度员：　　　生产班组长：　　　定额制定员：　　　检验员：　　　会计：

废品通知单

车间：　　　　　　　　　　工程：　　　　　　　　　　　编号：

生产班组：　　　　　　　　机床：　　　　　　　　　　开发日期：

原工作通知单或订单号	零件		工序	计量单位	定额工时（分）	加工单价（元）	废品数量			实际工时（分）	应负担的工资
	名称	编号					工废	料废	返修		

废品原因　A. 工废工件：

　　　　　B. 返修工件：

责任者			追偿废品			备注
姓名	工种	工号	数量	单价	金额	

检验员：　　　　　　　　生产班组长：

工资结算单

车间：　　　　　　　　　　　　　　　年　月　　　　　　　　　　　单位：元

班组	姓名	级别	应付职工薪酬												应付职工薪酬合计	代发款项	代扣款项			实发工资	领款人签字
			月标准工资	日标准工资	计件工资	奖金	津贴和补贴		扣缺勤工资							上下班交通补贴	住房公积金	房租	合计		
							工龄津贴	夜班补贴	病假			事假									
									天数	百分比	金额	天数	金额								
生产工人小计																					
管理人员小计																					
合　计																					

文案范本

工资结算汇总表

单位：元

车间或部门	工种类别	应付职工薪酬									代发款项	代扣款项			实发工资
		月标准工资	计件工资	奖金	津贴和补贴		扣缺勤工资		应付职工薪酬合计		上下班交通补贴	住房公积金	房租	合计	
					津贴	补贴	病假	事假							
第一基本生产车间	生产工人														
第二基本生产车间	生产工人														
小　计															
第一基本生产车间	管理人员														
第二基本生产车间	管理人员														
小　计															
辅助生产	生产工人														
行政管理	管理人员														
在建工程															
合　计															

文案范本

直接工资费用分配明细表

年　月

应借账户	成本（费用）项目	应付职工薪酬		
		实际生产工时（小时）	分配率（元/小时）	分配计入直接工资费用（元）
基本生产成本				

文案范本

"直接人工"基本核算程序

企业从应付职工薪酬的结算到工资费用的分配直至计入受益产品制造成本明细账中"直接人工"成本项目的基本核算程序如下：

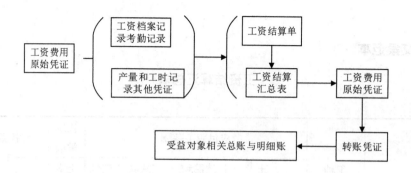

外购动力费分配表

年 月 单位：元

应借账户			成本（费用）项目	应付账款		
				实际耗用量	单位电价	动力费用合计
工艺用动力	基本生产成本					
		小　计				
传动用动力	制造费用					
组织和管理用动力	辅助生产成本	机修				
	管理费用					
	在建工程					
合　计						

电费分配表

年 月 日

项　目		用电量（度）	单　价	金　额
总账科目	明细科目			
生产成本	甲产品			
生产成本	乙产品			
制造费用				
管理费用				
合　计				

部门负责人：　　　　　　复核人：　　　　　　　　制表人：

年度动力费用统计表

月份 动力费	1	2	3	4	5	6	7	8	9	10	11	12	合计
煤气费													
燃油费													
电力费													
电网费													
动力费合计													
总产量													
单位产量													
动力量													
单位产量动力费													
说明													

固定资产折旧费用汇总表

年　月

应借账户		成本（费用）项目	累计折旧				汇总计入折旧费用（元）	折旧费用合计（元）
			直接计入折旧费用（元）	分配计入折旧费用				
				生产工时（小时）	分配率（元/小时）	分配额（元）		
基本生产成本								
		小计						
辅助生产成本	机修	折旧费用						
		小计						
制造费用		折旧费用						
管理费用		折旧费用						
在建工程		折旧费用						
合　计								

文案范本

辅助生产费用分配表

（直接分配法）

年　月

辅助生产车间名称			修理车间	运输部门	合　计
待分配辅助生产费用					
供应辅助生产以外单位的劳务数量					
费用分配率（单位成本）					
基本生产车间耗用	应借"制造费用"科目	第一车间 耗用数量			
		第一车间 分配金额			
		第二车间 耗用数量			
		第二车间 分配金额			
	分配金额小计				
行政管理部门耗用	应借"管理费用"科目	耗用数量			
		分配金额			
分配金额合计					

文案范本

辅助生产费用分配表

（顺序分配法）

年　月

会计科目 车间部门	辅助生产成本						制造费用				管理费用		分配金额合计
	运输部门			修理车间			第一车间		第二车间				
	劳务数量	待分配费用	分配率	劳务数量	待分配费用	分配率	耗用数量	分配金额	耗用数量	分配金额	耗用数量	分配金额	
分配运输费用													
修理费用合计													
分配修理费用													
分配金额合计													

文案范本

辅助生产费用分配表

（交互分配法）

年　月

项　　目			交互分配			对外分配		
			修理	运输	合计	修理	运输	合计
辅助生产车间名称								
待分配辅助生产费用								
供应劳务数量								
费用分配率（单位成本）								
辅助生产车间耗用	应借"辅助生产成本"科目	修理车间	耗用量数					
			分配金额					
		运输车间	耗用量数					
			分配金额					
		分配金额小计						
基本生产车间耗用	应借"制造费用"科目	第一车间	耗用量数					
			分配金额					
		第二车间	耗用量数					
			分配金额					
		分配金额小计						
行政管理部门耗用	应借"管理费用"科目		耗用量数					
			分配金额					
分配金额合计								

文案范本

辅助生产费用分配表

（代数分配法）

年　月

辅助生产车间名称			修理车间	运输部门	合　计
待分配辅助生产费用					
劳务供应数量					
用代数算出的实际单位成本					
辅助生产车间耗用	应借"辅助生产成本"科目	修理车间	耗用量数		
			分配金额		
		运输车间	耗用量数		
			分配金额		
		分配金额小计			

续表

辅助生产车间名称			修理车间	运输部门	合　计
基本生产车间耗用	应借"制造费用"科目	第一车间	耗用量数			
			分配金额			
		第二车间	耗用量数			
			分配金额			
		分配金额小计				
行政管理部门耗用	应借"管理费用"科目		耗用量数			
			分配金额			
分配金额合计						

 文案范本

辅助生产费用分配表

（计划成本分配法）

年　　月

辅助生产车间名称			修理车间	运输部门	合　计
待分配辅助生产费用					
劳务供应数量					
计划单位成本					
辅助生产车间耗用	应借"辅助生产成本"科目	修理车间	耗用量数			
			分配金额			
		运输车间	耗用量数			
			分配金额			
		分配金额小计				
基本生产车间耗用	应借"制造费用科目"	第一车间	耗用量数			
			分配金额			
		第二车间	耗用量数			
			分配金额			
		分配金额小计				
行政管理部门耗用	应借"管理费用"科目		耗用量数			
			分配金额			
按计划成本分配金额合计						
辅助生产实际成本						
辅助生产成本差异						

文案范本

辅助生产费用归集的总账核算的账户流程

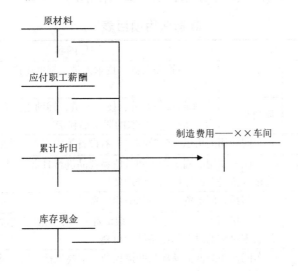

文案范本

制造费用明细账

车间名称：基本生产　　　　　　　　　　　年　月　　　　　　　　　单位：元

年		凭证号数	摘　要	明细项目					合计
月	日			材料费	工资费	折旧费	动力费	辅助生产费用转入	
		略	材料费用分配表						
			工资费用分配表						
			固定资产折旧费用汇总表						
			外购动力费用分配表						
			辅助生产费用分配表						
			合　计						
			分配转出						

文案范本

制造费用管理制度

第一章　总　则

第一条　本着下列两个目的，特制定本制度。

1. 确保制造费用的正确、及时、规范的核算。

2. 降低制造费用支出，加强生产成本费用管理。

第二条 定义。制造费用是指公司各生产车间为生产产品和提供劳务而发生的各项间接费用，本项目不包括公司行政管理部门为管理和组织生产经营活动而发生的费用。

第二章 制造费用项目

第三条 制造费用的项目具体可分为17种，如下表所示。

制造费用项目表

序号	项 目		项目内容
1	人员费用	工资	车间管理人员、技术人员、辅助生产人员及勤杂服务人员的工资
		福利费	车间管理人员、技术人员、辅助生产人员及勤杂服务人员工资总额___%提取的职工福利费
2	折旧费		车间使用的房屋、建筑物、机器设备等固定资产按照规定计提的折旧费
3	修理费		车间所使用的固定资产和低值易耗品进行日常修理所耗用的各种费用，以及按规定提取或摊销的大修理费用
4	租赁费		车间租入固定资产所支付的租金费
5	机物料消耗		非直接用于产品、劳务的一般消耗材料，包括工艺过程中不能制定消耗定额的零星辅助材料和设备维护材料
6	低值易耗品摊销		车间使用的低值易耗品的摊销费，主要包括工装、模具、仪器、办公家具等的耗损及摊销费
7	水电费		车间日常管理中发生的水、电费用
8	办公费		车间耗用的文具、印刷、邮电、办公用品等费用
9	差旅费		车间人员因公外出而发生的差旅费
10	运输费		车间为组织生产，装运部件、产品而发生的运输费用，包括分厂、车间自备运输车辆所发生的费用
11	保险费		车间的固定资产、流动资产进行财产保险所支付的保险费用
12	技术资料费		车间为改进工艺、提高质量与劳动生产率、节约原材料而进行的小型技术改造措施所发生的设计费和制图等费用，包括分厂生产设计部门的日常经费
13	试验检验费		车间对材料、产品进行分析、化验、试验、检验、检测等发生的费用
14	劳动保护费		车间发生的诸如工作服、工作鞋、清凉饮料以及不构成固定资产的安全装置、卫生设备、通风装备等方面的费用和各项劳动保护装置的维护费
15	在产品盘亏和毁损		车间发生的材料、半成品等在产品的盘亏、毁损，在产品盘盈也在本科目核算
16	停工损失		车间因季节性生产和大修理期间停工所发生的损失
17	其他费用		车间发生的不属于以上项目的其他间接费用

第三章 制造费用的归集

第四条 制造费用实行公司和各分厂的二级核算管理。

第五条 财务部设置"制造费用"科目进行制造费用总分类核算，同时按分厂设置二级科目、按17个项目设置三级科目进行明细分类核算。

第六条 各分厂会计设置"制造费用"科目进行制造费用的总分类核算，同时按车间设置二级科目、17个项目设置三级科目进行明细分类核算。

第七条 各分厂发生的办公费、差旅费、试验检验费、技术资料费等费用，凭分厂会计开具的"内部资金结算单"到财务部报销，由分厂会计和财务部分别归集计入"制造费用"账户。

第八条　各分厂发生的机物料消耗、劳动保护费等费用，月末以材料核算组编制的"材料消耗汇总表"和分厂会计开具的"内部资金结算单"为依据，由分厂会计和财务部分别归集计入"制造费用"账户。

第九条　各分厂发生的折旧费、水电费、工资、福利费等费用，以财务部开具"特种转账传票"或分厂会计开具的"内部资金结算单"为依据，由分厂会计和财务部分别归集计入"制造费用"账户。

第四章　制造费用的分配

第十条　制造费用按分厂、车间或工段归集后，应由各分厂、车间或工段生产的全部产品或劳务来负担。根据本公司产品生产特点和成本计算的方法，分厂选择下列两种方法中的一种进行制造费用的分配。

1. 生产工人工时比例法

这是一种以各种产品、部件所耗用的生产工人工时比例分配制造费用的方法。计算公式如下：

制造费用分配率＝制造费用总额÷各种产品实际（或定额）生产工人工时总和

某产品分配的制造费用＝该产品实际（定额）生产工人工时×费用分配率

2. 生产工人工资比例法

这是一种以各种产品、部件的生产工人工资比例分配制造费用的方法。计算公式如下：

制造费用分配率＝制造费用总额÷各种产品实际（或定额）生产工人工资总和

某产品分配的制造费用＝该产品实际（或定额）生产工人工资×费用分配率

第十一条　财务部月末根据各分厂传递过来的"产品成本计算单"将"制造费用"分配到各种完工产品。

第十二条　"制造费用"科目期末无余额，全部由完工产品承担。

第十三条　每月 5 日前，财务部负责制造费用核算的会计和分厂会计分别编制出"制造费用明细表"，并进行简要费用分析。

第五章　附　　则

第十四条　本制度由财务部制定、解释和修改。

第十五条　本制度自颁布之日起施行。

 文案范本

制造费用分配表

年　　月　　日　　　　　　　　　　　　单位：元

分配对象	分配标准（生产工时）	分　配　率	分配金额
甲产品			
乙产品			
合　计			

部门负责人：　　　　　　　　复核人：　　　　　　　　　　　制表人：

文案范本

部门制造费用分摊表

月份

费用类别	分摊方式及标准	金额	%	金额	%	金额	%	金额	%	金额	%
合　计											

文案范本

制造费用分摊表

　年　月　日起至　月　日止　　　厂别：

费用项目	辅助车间应分摊的费用					生产车间分摊的费用				合　计
	加工车间	维　修	供　电	供　水	……	一车间	二车间	三车间	四车间	
间接人工										
物料										
燃料										
运输费用										
修理费用										
福利费										
招待费										
差旅费										
租金										
保险费										
折旧										
低值易耗品										
研究试验费										
其他费用										
合　计										

 文案范本

直接人工及制造费用定额与实际比较表

科　目	实　际	定　额	比较差异	单位成本	说　明
直接人工					
变动制造费用					
高压热水					
冷却水					
电力费					
折旧					
机械修护费					
消耗品					
业务费用					
摊销费用					
其他费用					
制造费用合计					
生产成本合计					
工作时间（分）					
每分钟成本					
每分钟分摊的固定成本					

 文案范本

制造费用明细表

项　目	本年计划数	上年同期实际数	本月实际数	本年累计实际数
人工费				
折旧费				
办公费				
水电费				
机物料消耗				
低值易耗品摊销				
劳动保护费				
保　险　费				
停工损失				
其他				
合　计				

产品制造费用明细表

年　月　日　　　　　　　　　　　　　单位：元

制造费用	1月		2月		3月		4月		5月		6月		合计		平均	
	金额	%	金额	%	金额	%	金额	%	金额	%	金额	%	金额	%	金额	%
间接人工																
间接材料																
福利费																
邮电费																
水电费																
动力费																
租金																
保险费																
折旧																
低值易耗品摊销																
修缮费																
杂费																
合　计		100		100		100		100		100		100		100		100

不可修复废品损失计算表

（按实际成本计算）

车间：　　　　产品：　　　　　　年　月

项　目	数量（件）	原材料	生产工时	工资及福利费	制造费用	成本合计
合格品和废品生产费用						
费用分配率						
废品生产成本						
减：残料价值						
废品损失						

不可修复废品损失计算表

（按定额成本计算）

车间：　　　　　　产品：　　　　　废品数量：50件　　　　　年　月

项　目	原材料	定额工时	工资及福利费	制造费用	成本合计
每件或每小时费用定额					
废品定额成本					
减：残料价值					
废品报废损失					

（二）各行业成本归集、分配和结转

1. 制造企业的产品成本归集、分配和结转

《企业产品成本核算制度（试行）》规定的制造企业产品成本归集、分配和结转，继承了《国有工业企业产品成本核算办法》现行有效的做法。

（1）直接费用的归集。直接材料、直接人工，一般情况下应当直接计入成本核算对象。

（2）间接费用的归集与分配。上述间接费用，是指制造企业除了能够直接计入成本核算对象的直接材料、直接人工以外的其他相关费用。间接费用通常应当按照以下原则处理：

1）企业应结合生产特点和管理需要采用简化而合理的分配方法，将间接费用在成本核算对象之间进行分配。

2）辅助生产成本可以参照生产成本的计量简化处理。企业应结合生产特点和管理需要，采用合理的分配方法，如直接法、顺序分配法、一次交互分配法、代数法、计划分配率法等，将辅助生产成本（或外购燃料与动力）在各成本核算对象之间进行分配。

3）制造费用应结合生产特点和管理需要，采用合理的分配标准，如机器工时法、人工工时法、计划分配率法等，将制造费用在成本核算对象之间进行分配。企业可以具备在信息化条件的基础上，采用作业成本法，或者参照作业成本法的原理对制造费用进行分配。

① 人工工时法。人工工时法，是以各种产品所消耗的生产工人实际（或定额）工时数作为分配标准分配制造费用的一种方法。计算公式为：

制造费用分配率=制造费用总额÷各种产品实际（或定额）生产工时之和

某种产品应分配的制造费用=该种产品实际（或定额）生产工时×制造费用分配率

采用这种方法分配制造费用，工人工时数据相对容易取得，核算工作简便，但是在企业生产机械化程度较高的情况下，人工费在成本中所占的比重较小，会影响到制造费用分配的合理性。因此，这种方法适用于机械化程度不高的企业。

② 机器工时法。机器工时法，是以各种产品生产时所耗用的机器运转的时间作为分配标准分配制造费用的方法。计算公式为：

制造费用分配率=制造费用总额÷各种产品耗用的机器工时总额

某种产品应负担的制造费用=该种产品耗用的机器工时×制造费用分配率

这种方法适用于产品生产的机械化程度较高的车间、部门。在这种车间、部门里，必须具备各种产品所用机器工时的原始记录，以保证机器工时的准确性和可靠性。

③ 计划分配率法。计划分配率法，是按照年度开始前确定的全年度使用的计划分配率分配制造费用的方法。以定额工时作为分配标准，计算公式为：

年度制造费用计划分配率=年度制造费用计划总额÷年度各种产品计划产量的定额工时

某月某种产品应负担的制造费用=该月该种产品实际产量定额工时×年度制造费用计划分配率

采用年度计划分配率分配法，省略了每月计算费用分配率的手续，在一定程度上简化了制造费用的分配工作，提高了企业成本核算工作的及时性，并能及时反映制造费用预算数与实际数的差异，有利于分析成本预算执行情况，适用于机械化生产的企业以及季节性生产企业。但采用这种方法，必须有较高的计划管理水平，否则计划分配额与实际发生额差异过大，就会影响制造费用分配的准确性。

（3）期末完工产品与期末在产品之间的成本分配。在产品也称"在制品"，是指企业已经投入生产，但是尚未最后完工，不能作为商品销售的产品。企业应结合生产特点和管理需要采用合理的分配方法，实务中存在以下七种做法，较为常用的是约当产量法、定额比例法、原材料成本扣除法等。

1）不计成本法。成本全部由完工产品负担，在产品不负担，适用于期末无在产品或在产品数量很少的企业。例如，某电子厂在期末尽量做到无在产品，月结前将所有工单做完关闭，显然对于生产周期长不可能做到无在产品。此外，也适用于在产品数量少而稳定的企业，如采煤业，计算或不计算在产品成本，对完工产品成本影响很小时，为了简化核算，可考虑采用这种方法。

2）按固定成本计价法。年内各月的在产品成本都按年初在产品成本计算，固定不变。每月发生的生产费用仍然是该月完工产品的成本。年末，根据盘点数重新确定年末在产品成本，作为次年在产品计价的依据，适用于在产品各月份之间变化不大的企业。理由是，月初在产品与月末在产品的差额较小，该方法有助于简化产品成本计算工作。

3）原材料成本扣除法。期末在产品只计算应承担的材料成本，其他成本全部由本期完工产品承担的一种方法，主要适用于材料成本在全部产品成本中占比相当大且在开工时一次投入，各月末在产品数量较大，数量变化也大的企业，如酿酒、造纸、纺织等企业。

4）在产品成本按完工产品成本计价法。将在产品视同完工产品计算、分配生产费用，适用于月末在产品已接近完工，或产品已经加工完毕但尚未验收或包装入库的产品。

5）按定额成本计价法。月末在产品成本，按其数量和单位定额成本计算。产品的月初在产品成本加本月生产费用，减月末在产品的定额成本，其余额作为完工产品成本。每月生产费用脱离定额的差异，全部由完工产品负担，适用于定额管理基础较好，各项消耗定额或费用定额比较准确、稳定，而且各月在产品数量变动不大的产品。有关计算公式如下：

期末在产品成本=期末在产品数量×在产品单位定额成本

完工产品成本=期初在产品成本+本期生产费用-期末在产品成本

6）约当产量法。月末在产品数量按其完工程度折算为相当于完工产品的数量，从而分配计算完工产品成本与月末在产品成本的方法，也有人称之为完工百分比法。只要在正确统计月末在产品结存数量和正确估计月末在产品完工程度的前提下，就可以比较客观简便地划分完工产品与月末在产品的成本，适用于月末在产品数量较大，各月末在产品数量变化也较大，产品成本中原材料费和人工费等加工费用所占的比重相差不多的产品。有关计算公式如下：

在产品约当产量=在产品数量×完工程度（或投料程度）

费用分配率=（月初在产品成本+本月生产费用）÷（完工产品数量+在产品约当产量）

完工产品费用分配额=完工产品数量×费用分配率

月末在产品费用分配额=在产品约当产量×费用分配率

7）定额比例法。按照完工产品和月末在产品的定额消耗量或定额费用的比例，分配计算完工产品和月末在产品成本的一种方法，适用于各项消耗定额或费用定额比较准确、稳定，各月末在产品数量变化较大的产品。有关计算公式如下：

直接材料费用分配率=（月初在产品直接材料成本+本月直接材料费用）÷［完工产品直接材料定额消耗量（费用）+月末在产品直接材料定额消耗量（费用）］

完工产品直接材料费用=完工产品直接材料定消耗量（或费用）×直接材料费用分配率

月末在产品直接材料费用=月末在产品直接材料定额消耗量（或费用）×直接材料费用分配率

直接人工（制造费用）分配率=［月初在产品直接人工（制造费用）成本+本月直接人工（制造费用）费用］÷（完工产品定额工时+月末在产品定额工时）

完工产品直接人工（制造费用）费用=完工产品定额工时×直接人工（制造费用）分配率

月末在产品直接人工（制造费用）费用=月末在产品定额工时×直接人工（制造费用）分配率

值得注意的是，关于约当产量比例和定额比例，企业应有明确的技术认定方法和相应的盘存制度。

（4）发出的材料成本计价。制造企业在生产过程中发出的材料成本，可以根据实物流转方式、管理要求、实物性质等实际情况，采用先进先出法、加权平均法、个别计价法等方法计算。

1）先进先出法，是以先购入或制成的材料应该先发出这样一种材料实物流转假设为前提，对发出材料进行计价的一种方法。市场经济环境下，各种商品的价格总是有所波动的，在物价上涨过快的前提下，由于物价快速上涨，先购进的存货成本相对较低，而后购进的存货成本就偏高。这样发出存货的价值就低于市场价值，产品销售成本偏低，而期末存货成本偏高。

2）移动加权平均法，是指本次收到材料的成本加原库存材料的成本，除以本次材料的数量加原有原材料的数量，据以计算加权单价，并对发出材料进行计价的一种方法。计算公式如下：

$$移动加权平均单价（动态）=总成本÷总数量=\frac{本批购入前结存成本+本批购入成本}{本批购入前结存量+本批购入量}$$

由于移动加权平均法的工作量较大，实务中，有些企业采用月末一次加权平均法。月末一次加权平均法，是指以本月全部收货数加月初材料数量作为权数，去除本月全部收料成本加上月初材料成本，计算出存货的加权平均成本，从而确定存货的发出和库存成本。计算公式如下：

$$月末一次加权平均单价=总成本÷总数量=\frac{期初库存成本+本期购入成本}{期初库存量+本期购入量}$$

3）个别计价法，是指成本流转与实物流转一致，即材料收、发、存均按原来的实际单位成本反映，最准确，但也最不现实，适用于体积较大、金额较高、数量较少、容易辨认的材料。计算公式如下：

每次（批）发出存货成本=该次（批）存货发出数量×该次（批）存货实际购入的单位成本

（5）特殊项目的核算。

1）企业应结合生产特点和管理需要设定正常废品率。对正常废品率范围内的废品损失，计入制造费用；对于超过正常废品率范围的废品损失，计入管理费用。

2）企业应结合生产特点和管理需要设定正常停工期。对正常停工期范围内的停工损失，计入制造费用；对超过正常停工期的停工损失，计入管理费用。

3）企业应结合生产特点和管理需要设定联产品和副产品的划分标准。

① 联产品。联产品，是指使用同种原材料，经过同一生产过程，同时生产出几种具有同等地位、不同用途的主要产品。

在联产品的生产过程中，投入相同原材料，经过同一生产过程，在某一个"点"上分离，这个"点"称"分离点"。分离后的联产品，有的可以直接进入市场销售，有的需经过进一步加工成为另一种用途的产品，在分离前发生的加工成本称为联合成本，在分离后发生的加工成本，由于可以分辨其承担主体，所以称为可归属成本。联产品的成本计算关键是联合成本的分配。企业应结合生产特点和管理需要，采用合理的分配方法，如相对销售价格法、分离点可变现净值法、产量法、毛利率法等，将生产成本在联产品之间进行分配。

以相对销售价格法为例，是指联合成本按分离点时每种产品的销售价格比例进行分配。采用这种方法，要求每种产品在分离点时的销售价格有可靠的计量基础。如果联产品在分离点上可以销售，则可采用市场价格或销售价格进行分摊；如果这些产品尚需进一步加工后才可销售，则需要对分离点上的产品的销售价格进行估计，如果估计销售价格有一定困难，企业可采用可变现净值进行分摊。

② 副产品。副产品，是指经过同一生产过程，使用同种原材料，在生产出主要产品的同时，附带生产出的一些非主要产品，或利用生产中的废料加工而成的产品。副产品不是企业的主要产品，价值一般较低，具有一定的经济价值。在成本计算时，可将副产品按一定标准作价，从分离前的联合成本中扣除，副产品成本计算的关键是副产品的计价。对于分离后不再加工的副产品，如果价值很小，可不负担联合成本，销售后作为其他业务收入处理；如果价值较大，按照售价减去销售费用、销售税金后，作为副产品应负担的成本从联合成本中扣除。

4）通常情况下，与企业生产经营和管理活动有关的费用往往是在一个会计年度的各个中期内均匀发生的，各中期之间发生的费用不会有较大差异。但是，对于一些费用，如员工培训费等，往往集中在会计年度的个别中期内。对于这些会计年度中不均匀发生的费用，企业应当在发生时予以确认和计量，不应当在中期财务报表中予以预提或者待摊。

5）企业应当根据《企业会计准则第 13 号——或有事项》，结合生产特点，对有关支出进行会计处理，并计入产品成本。

2．农业企业的产品成本归集、分配和结转

《企业产品成本核算制度（试行）》规定农业企业应当比照制造企业对产品成本进行归集、分配和结转。以下就农业企业产品成本在归集、分配和结转方面，与制造企业的区别之处进行简要说明。

（1）关于间接费用的分配。农业企业的间接费用类似于制造费用，同时，由于现有的农业产品成本中，人工成本占比重较高，因此，农业企业参照制造企业有关分配标准进行处理，通常包括但不限于以下三种：

1）直接人工工时。根据各受益对象所耗的生产工人工时总数（实际工时或者定额工时）确认分配率，依照各种产品耗用的工时比例进行分配。其计算公式如下：

$$分配率=间接费用总额÷各产品直接耗用工时之和$$

$$某产品应分配的间接费用=该产品直接耗用工时数×分配率$$

2）直接人工成本。依照各受益对象所发生的直接人工成本数，按各产品的生产工人工资比例进行分配，适用于各种产品生产过程的机械化程度基本相同的部门、车间。其计算公式如下：

$$分配率=间接费用总额÷各产品生产工人职工薪酬之和$$

$$某产品应分配的间接费用=该产品生产工人职工薪酬×分配率$$

3）直接成本法。依照各种产品的直接消耗的料工费合计额的比例来进行分配，适用于机械化程度不平衡的单位和部门。其计算公式如下：

$$分配率=间接费用总额÷各产品实际直接成本之和$$

$$某产品应分配的间接费用=该产品的实际直接成本×分配率$$

另外，企业也可以根据自身特点按照农产品的产量等作为分配标准进行分配。

例如，渔业企业通过混养塘养殖方式进行生产的，将各月发生的成本按生产成本项目进行归集，在年终计算出总成本后，再按各品种当年以销售价格计算出的成本比重，进行分配和计算单位生产成本。其计算公式如下：

① 按当年分品种的产量和销售单位计算的全部产量销售额等于各单个品种产量与该品种全年平均销售单价的乘积之和。

② 计算各品种销售额占总产量销售额的比重：

$$单个品种销售额占总产量销售额的比重=\frac{单个品种销售额}{总产量销售额}×100\%$$

③ 计算单个品种的生产成本：

$$单个品种的生产成本总额=该品种占总产量销售额的比重×总成本$$

④ 计算单位成本：

$$单个品种单位成本=\frac{该品种生产成本总额}{该品种总产量}$$

（2）关于主产品和副产品之间的成本分配。以种植业为例，农作物在完成生产过程时，一般可以产出主产品和副产品两种产品，必须将生产费用在两种产品之间进行分配。现行分配方法包括估计法和比率法等。

估价法，是指对副产品按市场价格估价，以此作为副产品成本，生产费用扣除副产品价值即可得到主产品成本。

比率法，是指先求出生产费用实际额与计划额之比，再分别以主产品和副产品的计划成本乘以这一比率，即可计算出主产品和副产品的实际成本。

3. 批发零售业的产品成本归集、分配和结转

《企业产品成本核算制度（试行）》规定了批发零售企业发生的进货成本、相关税金、采购费的处理，以及产品成本的结转方法。关于采购费的分配标准和产品成本的结转方法，是批发零售企业在成本核算中尤为关注的问题，以下进行简要说明。

（1）关于采购费的分配标准。存销商品应分摊的采购费一般可以按以下方法计算：

$$分配率=（期初采购费金额+本期采购费发生额）÷（期初结存商品成本金额+$$
$$本期进货成本金额）×100\%$$

$$本期结存商品应分摊的采购费金额=期末结存商品成本金额×分配率$$

（2）关于产品成本的结转。批发零售企业产品成本结转，可以根据实物流转方式、管理要求、实物性质等实际情况，采用先进先出法、加权平均法、个别计价法、毛利率法等方法结转产品成本，以上方法与制造企业发出材料的成本计价方法原则一致。此外，实务中，批发零售企业，尤其是零售企业，出于销售管理的目的，通常还采取以下方法。

1）按照进价金额核算。这种方法又称为"进价记账、盘存记销"。其主要特点如下：

① 建立实物负责制，库存商品明细账都按实物负责人分户。

② 库存商品的总账和明细账都按商品进价记账，只记进价金额，不记数量。

③ 商品销售后按实收销货款登记销售收入，平时不计算结转商品销售成本，也不注销库存商品。

④对于商品的升溢、损耗和所发生的价格变动，平时不作账务处理。

⑤ 定期进行实地盘点商品，期末按盘存商品的数量乘最后一次进货单价或原进价求出期末结存商品金额，再用"以存记销"的方法倒计出商品销售成本并据以转账。

这种方法主要适用于经营鲜活商品的零售企业。其优点是平日对商品购销业务的会计处理非常简单，但对于商品所发生的损溢都挤入商品销售成本而平时不予反映，也易为出现漏洞。

2）按照数量进价金额核算。其主要特点如下：

① 库存商品的总账和明细账都按商品的原购进价格记账。

② 库存商品明细账按商品的品名分户，分别核算各种商品收进、付出及结存的数量和金额。

这种方法主要适用于大中型批发企业、农副产品收购企业及经营品种单纯的专业商店和经营贵重商品的商店。其优点是能够同时提供各种商品的数量指标和金额指标，便于加强商品管理；缺点是要按品种逐笔登记商品明细账，核算工作量较大。

3）售价金额核算法。这种方法又称售价记账、实物负责制，是在建立实物负责制的基础上按售价对库存商品进行核算的方法。其主要特点如下：

① 建立实物负责制，企业将所经营的全部商品按品种、类别及管理的需要划分为若干实物负责小组，确定实物负责人，实行实物负责制度。实物负责人对其所经营的商品负全部经济责任。

② 售价记账、金额控制，库存商品总账和明细账都按商品的销售价格记账，库存商品明细账按实物负责人或小组分户，只记售价金额，不记实物数量。

③ 设置"商品进销差价"科目，由于库存商品是按售价记账，对于库存商品售价与进价之间的差额应设置"商品进销差价"科目来核算，并在期末计算和分摊已售商品的进销差价。

④ 定期实地盘点商品，实行售价金额核算必须加强商品的实地盘点制度，通过实地盘点，对库存商品的数量及价值进行核算，并对实物和负责人履行经济责任的情况进行检查。

这种方法主要适用于零售企业，优点是把大量按各种不同品种开设的库存商品明细账归并为按实物负责人来分户的少量的明细账，从而简化了核算工作。

4）按照数量售价金额核算。其主要特点如下：

① 库存商品的总账和明细账都按商品的销售价格记账，并同时核算商品实物数量和售价金额。

② 对于库存商品购进价与销售价之间的差额需设置"商品进销差价"科目进行调整，便于计算商品销售成本。

这种方法的优点是与进价数量金额相似，不用盘点，随时可知道销售数量，从而计算出销售成本。

4. 建筑企业的产品成本归集、分配和结转

建筑企业对施工过程中发生的各项工程成本,应先按其用途和发生的地点进行归集。其中,直接费用可以直接计入受益的各个成本核算对象的成本中;间接费用则通常先按照发生地点进行归集,然后再按照一定的方法分配计入受益的各个成本核算对象的成本中。在此基础上,计算当期已完工程或已竣工工程的实际成本。相对于制造企业,建筑企业在产品间接成本的分配标准和产品成本结转方面具有鲜明的特点。以下就建筑企业在上述方面需要注意的问题进行简要说明。

(1)关于直接人工。生产工人的计件工资,直接计入有关成本核算对象;计时工资应按实际工时或定额工时进行分配,计入有关成本核算对象。工资性津贴和按照规定应计入成本的其他职工薪酬,比照计件和计时工资的分配方法,直接计入或分配计入有关的成本核算对象。企业应当根据劳资部门提供的工资单等分别按受益对象进行分配。

(2)关于直接材料。直接用于工程施工的各种材料,凡能够确定受益成本核算对象的,应直接计入受益的成本核算对象;由几个成本核算对象共同使用的材料,应确定合理的分配标准,在受益的成本核算对象之间进行分配。租用周转材料的租赁费,应直接计入受益的成本核算对象。使用自有周转材料的摊销价值,应按规定的摊销方法一次或分次计入受益的成本核算对象。自有周转材料的摊销价值在计入成本核算对象时,企业可以在一次摊销法、五五摊销法等方法中进行选择。

(3)关于机械使用费。自有机械使用费一般先归集,然后按照合理的方式分配进入成本核算对象。通常情况下,可以采用台班分配法、预算分配法和作业量分配法等分配标准。

(4)关于其他直接费用。其他直接费用的分配方法主要包括直接分配法、一次交互分配法和顺序分配法。

(5)关于间接费用。在"工程施工——合同成本"科目下设"间接费用"明细核算。如果一个项目部管理两个以上项目,项目部发生的费用应通过"工程施工——间接费用"归集,期(月)末,再将间接费用按合同项目分配至"工程施工——合同成本——间接费用"有关明细科目。

(6)分包成本。属于自主分包形式的,在核算上与自营工程相同,其成本费用以对分包单位计价结算金额为基准,按照预算标准比例分配到相应的成本核算对象中。属于业主指定分包的工程,一般不作为自行完成工作量,也不做成本核算,不计算盈亏,通过过渡性科目进行处理。发生的分包费用,通常在"工程施工——合同成本"科目下设"分包成本"科目进行明细核算。

5. 房地产企业的产品成本归集、分配和结转

房地产企业在成本归集、分配和结转方面应注意的问题,主要在于土地成本、公共设施、可资本化的借款费用等间接费用的分配标准方面。几种通用的分配方法如下。

(1)占地面积法,指按已动工开发成本对象占地面积占开发用地总面积的比例进行分配。

1)一次性开发的,按某一成本对象占地面积占全部成本对象占地总面积的比例进行分配。

2)分期开发的,首先按本期全部成本对象占地面积占开发用地总面积的比例进行分配,然后再按某一成本对象占地面积占期内全部成本对象占地总面积的比例进行分配。

(2)建筑面积法,指按已动工开发成本对象建筑面积占开发用地总建筑面积的比例进行分配。

1)一次性开发的,按某一成本对象建筑面积占全部成本对象建筑面积的比例进行分配。

2)分期开发的,首先按期内成本对象建筑面积占开发用地计划建筑面积的比例进行分配,然后再按某一成本对象建筑面积占期内成本对象总建筑面积的比例进行分配。

（3）直接成本法，指按期内某一成本对象的直接开发成本占期内全部成本对象直接开发成本的比例进行分配。

（4）预算造价法，指按期内某一成本对象预算造价占期内全部成本对象预算造价的比例进行分配。下列成本应按以下方法进行分配：

1）土地成本，一般按占地面积法进行分配。如果确需结合其他方法进行分配的，应商税务机关同意。

2）土地开发同时连接房地产开发的，属于一次性取得土地分期开发房地产的情况，其土地开发成本经商税务机关同意后可先按土地整体预算成本进行分配，待土地整体开发完毕再行调整。

3）借款费用属于不同成本对象共同负担的，按直接成本法、预算造价法或其他合理的方法进行分配。

4）其他成本项目的分配法由企业自行确定。

实务中，在房地产产品成本的分配分摊问题上，主要存在的困难在于土地成本和借款费用这两个方面，在其他共同费用的处理上，以上处理与企业会计准则的有关规定原则一致。

6. 采矿企业的产品成本归集、分配和结转

采矿企业应当比照制造企业对产品成本进行归集、分配和结转。有关内容请见制造企业部分。

7. 交通运输企业的产品成本归集、分配和结转

交通运输企业发生的营运费用，应当按照成本核算对象归集。交通运输企业发生的运输工具固定费用，能确定由某一成本核算对象负担的，应当直接计入成本核算对象的成本；由多个成本核算对象共同负担的，应当选择营运时间等符合经营特点的、科学合理的分配标准分配计入各成本核算对象的成本。交通运输企业发生的非营运期间费用，比照制造业季节性生产企业处理。其中，交通运输企业在运输工具固定费用分配方面具有较为鲜明的特点。

企业应当根据需要分配的费用与分配标准之间的相关性来确定分配标准。例如，对于运输业务，可以根据运输周转量（吨公里）、订单处理次数（次）、运输货物的价值（元）等来确定分配标准；对于仓储业务，可以根据仓储面积天数（平方米天）、仓储量天数（如吨天数、箱天数）、订单处理次数、仓储货物的价值等来确定分配标准；对于装卸业务，可以根据装卸作业量（吨）、装卸作业工时（工时）等来确定分配业务；对于配送业务，可以根据配送的人工作业小时、机械作业工时或订单处理次数等来确定分配标准；对于代理业务，可以根据代理的业务金额、代理的订单处理次数等来确定分配标准。

（1）铁路、汽车、水运、民航等企业。

1）铁路运输企业。铁路运输企业应当通过主营业务成本核算企业提供旅客、货物运输以及相关服务等日常活动而发生的实际成本。铁路运输企业主营业务成本分类确定的原则是：能够直接归属到相应成本类别的，全额列入该类成本；不能直接归属成本类别的，按照规定的工作量指标分配列入相应类别。分配比例根据本单位正常运输生产情况测算确定。单位须在季度决策报告中说明分配比例确定的方法及调整依据。

一般而言，在实务中，运输生产领用材料、燃料、低值易耗品，借记"主营业务成本"科目，贷记"原材料""低值易耗品"等科目。支付生产人员工资，借记"主营业务成本"科目，贷记"应付职工薪酬"科目。支付生产用水、用电等其他费用，借记"主营业务成本"科目，贷记"银行存款"等科目。按规定计提固定资产折旧费，借记"主营业务成本"科目，贷记"累

计折旧"科目。其他业务应分摊的间接费用，借记"其他业务成本"科目，贷记"主营业务成本"科目。支付相关服务费，借记"主营业务成本"科目，贷记"银行存款"等科目。

期末，应将主营业务成本的余额转入"本年利润"科目，结转后主营业务成本科目应无余额。

主营业务成本中的工务、电务支出分运行区间、编组贴、非编组贴核算，电气化铁路供电支出分运行区间核算。核算原则是：正线（含与正线连接的道岔）支出归集到相应运行区间成本，站线支出归集到编组站和非编组站成本；能直接归属运行区间、编组站、非编组站的支出，全额列入相应运行区间和编组站、非编组站成本核算中；不能直接确定归属的共性支出，采用分配方法分摊列入相应运行区间的编组站、非编组站成本中。

成本、费用按要素分为职工薪酬、材料、燃料、电力、折旧、外购劳务、其他。各项成本、费用均应分要素核算。各要素核算内容和要求为：

① 职工薪酬，生产人员职工薪酬按工作岗位、作业地点、作业对象进行分类归集。

② 材料，指运输生产经营过程中所耗费的材料、配件、油脂（含清洗用柴油、汽油）、工具备品、劳动保护用品等有实物形态的物品。材料支出的核算应严格执行定向定量制度。已领未用的材料应在月末办理盘点退料手续，不得发生账外料。存放在铁路沿线的线上料应加强管理，采取分存制进账，不得一次出账。低值易耗品领用后一次列销，建立保管台账实行数量动态管理。材料、配件修旧利废所发生的支出在运输总支出中核算。

③ 燃料，指运输设备运用所消耗的固体、液体、气体等燃料支出。燃料支出应根据燃料消耗报表及有关记录、按用途归集到相关支出科目。

④ 电力，指铁路运输设备运用、修理过程中的动力、照明及其他用电。电力支出应按用途归集到相关支出科目。

⑤ 折旧，指按《铁路运输企业固定资产管理办法》规定的固定资产分类折旧率及应计折旧固定资产价值计提的折旧支出。

⑥ 外购劳务，指支付给与本单位签订劳务合同的外请劳务的支出。

⑦ 其他，指不属于以上各要素的支出，主要包括差旅费、事故费用、付费支出及其他支出。

2）汽车运输企业。汽车运输企业营运成本核算时，一般主要设置"运输支出""装卸支出""营运间接费用""辅助营运费用"等科目。

汽车运输费用是指企业经营旅客、货物运输业务所发生的各项费用。凡是能直接计入成本的直接营运费用，根据实际发生额借记"运输支出"账户，贷记"材料""应付职工薪酬"等账户，对于发生的营运间接费用等，则借记"营运间接费用""辅助营运费用"，然后采用一定的方法分配计入"运输支出""装卸支出"账户。

① 职工薪酬的归集和分配。汽车运输企业每月发生的工资支出应先在"应付职工薪酬"科目归集，每月再按人员分类分别计入有关的成本中。

② 燃料费用的归集和分配。汽车运输成本中燃料消耗占重要比重。一般大、中型运输企业多设有专为本企业加油的加油站，也有些企业在石油供应企业的加油站加油，经营长途汽车运输的企业还常常在外地加油站加油。汽车运输企业消耗燃料应按实际耗用数计入各分类成本。

③ 轮胎费用的归集和分配。汽车轮胎分为外胎、内胎和垫带三部分。领用轮胎可以在领用（投入周转使用）时一次计入成本"运输支出"。一次更换轮胎影响成本较大时，可在一年内分摊计入成本，可以按行驶胎公里摊销额计入"运输支出"账户。

④ 折旧的归集和分配。汽车运输企业车辆折旧一般是按工作量计提，即按实际行驶千车公里核算折旧额。

⑤ 养路费的归集和分配。汽车运输企业交纳的养路费是由企业直接按客、货运收入的一定比例核算的。运输企业每月按交纳的养路费应计入运输成本。

⑥ 辅助营运费用的归集和分配。辅助营运费用主要是企业不进行独立核算的辅助生产部门为车队等生产部门提供保养、修理等辅助劳务而发生的辅助生产费用。其核算方法可参照制造业成本的辅助生产费用分配方法。

3）水运企业。

① 海洋运输业务。

A. 企业可以按照每一运输船舶、每一营运航次，分别设置航次成本明细账或明细卡。企业如租入外单位船舶或舱（箱）位营运，也可以为在租用期内的每一航次，设置成本明细账。

航次内发生的各项运行费用直接记入该航次成本明细账，各项分配性费用于航次结束时按规定分配记入。已完航次的航次成本明细账，应及时结算，核算出航次总成本和单位成本，以备随时提供。

B. 各项分配性费用的分配应根据分配程序按一定分配方法进行。

对于营运间接费用，按照每一船队、自营港埠或船舶基地设置明细账，归集和核算有关营运支出，每月结算后，将当月实际入账数结转"船舶共同费用——营运间接费用"项目。

对于船舶共同费用，设置明细账归集和核算有关营运支出。船舶共同费用发生时，应根据有关记账凭证和费用汇总表，按照费用发生的先后记入"船舶共同费用"，并按规定费用项目设立费用明细账进行归集登记。船舶共同费用在月度终了，通常按各船的营运舱天、吨天或其他比例分摊编制"船舶共同费用分配表"，分配记入各船的"船舶固定费用——船舶共同费用"科目。

对于船舶非营运期费用，在发生时根据原始凭证或成本核算表编制记账凭证，直接记入本船固定费用；或先将不包括非营运期费用的船舶固定费用按日历天比例分配记入船舶各航次成本、出租成本和本船非营运期费用，然后核算全部非营运期费用（燃料、港口费用、其他非营运期费用和分配记入的本船固定费用之和），按当年营运天数分配记入本船各航次成本和出租成本。

对于船舶固定费用，按每一在册船舶设置明细账，归集和核算有关营运支出，按月结算。如果企业租入按合同需要负担固定费用的船舶，应视同自有船舶，设置明细账，归集有关营运支出并结算。

企业通过为每一在册船舶（包括租出船舶）编制年度固定费用预算（包括分配记入固定费用的各项分配性费用），并按该船全年计划营运天数，核算出每营运天固定费用，作为计划分配率。船舶每一航次结束，或出租届临月终，根据该航次实际营运天数、当月出租天数，按照计划分配率核算应列入航次成本或出租成本的固定费用。

如果企业出租部分舱（箱）位，应按出租舱（箱）位占该船舱（箱）位总数的比例，核算舱（箱）位出租成本应负担的固定费用。

年终时，企业按各船实际发生的固定费用数和实际营运天数，调整原已列入各船有关航次的计划分配数。

年末未完航次也应按年度内实际营运天数分摊当年固定费用。

船舶固定费用经过年终按实际数分配调整后，不保留余额。

对于船舶租赁费，程租赁费按船舶航次记入航次结束月度的单船成本，期租赁费按航次日历天数分摊记入有关航次成本。

对于舱（箱）位租赁费，应按租入的每批同属一船的舱（箱）位设置明细账，核算所支付的租金和记入运输业务成本的租赁费。

对于集装箱固定费用，企业应按集装箱和底盘车存放的港口、地区或国家分别设置集装箱费用和底盘车费用明细账，归集和核算有关营运支出，按月结算。集装箱的租金、折旧等不能直接按港口、地区或国家归集的费用应作为集装箱共同费用统一核算归集，每月分配记入各港口、地区和国家的集装箱固定费用。

C. 在核算运输成本时，必须扣除与运输无关费用，记入"其他业务成本"或"营业外支出"等有关科目中。

D. 在会计报告期内尚未完成运输业务的各船各营运航次已经发生的费用，包括该未完航次运行费用、已分配记入的船舶固定费用，作为未完航次成本，结转至下一会计报告期。

② 内河运输业务。内河运输业务费用可以按以下程序与方法进行归集与分配。

A. 船舶直接费用可以按照客轮、客货轮、货轮、油轮、拖（推）轮、驳船等船舶类型在"主营业务成本——运输支出"科目设置明细分类账，按规定的成本项目设置专栏。也可根据本单位成本管理的需要，按航次、航线和单船设置成本明细分类账。

企业运输船舶所发生的船舶直接费用应根据原始凭证和费用分配表直接记入运输成本明细分类账的有关项目，船舶临时从事非运输工作（如救援、临时出租、短期征用等）所发生的船舶直接费用，仍在有关船舶的成本明细账内归集，在核算运输成本时予以扣除。

企业的交通工作船舶、供应船舶、流动修理船舶以及自营港埠的港作船舶、趸船等应分别在"辅助营运费用"和"营运间接费用"中设立明细账，登记并汇集所发生的费用，不得直接记入运输成本。

客货轮的船舶直接费用可以按下列办法在客货轮客运和客货轮货运之间分摊：客货轮的船舶直接费用中可以直接由客运和货运成本负担的费用，分别直接记入客货轮客运和客货轮货运成本；客货轮费用中不能直接记入客运或货运成本的共同性费用，按客货运换算周转量的比例分摊；企业拖驳运输（包括分节驳顶推运输）若拖（推）轮和驳船固定搭配使用，搭配使用的拖（推）轮和驳船的船舶费用可合并归集，在核算拖驳运输成本时不再进行分配。如临时使用其他船舶生产营运，可按上述办法核算分配。

企业各类运输船舶的船舶直接费用，在核算运输成本时，应扣除与运输成本无关的费用（临时从事非运输工作所应负担的船舶直接费用）。其中，客轮、客货轮、货轮、油轮、驳船应按每营运吨天的船舶直接费用和船舶从事非运输工作营运吨天核算。拖（推）轮应按每营运千瓦天船舶直接费用和船舶从事非运输工作营运千瓦天核算。

企业可以将各运输种类负担的船舶直接费用，按月编制"船舶直接费用分配表"据以记入各运输种类成本。

B. 有封冻、枯水等非通航期的企业通常设置"船舶维护费用"明细分类账，并按规定的费用项目设置专栏进行明细核算（非通航期的内河运输企业船舶维护费用，可按航期前、航期后分别设立明细分类账），会计人员应根据有关记账凭证和费用汇总表；按照费用发生的先后，序时登记入账，归集实际发生的船舶维护费用。

年度终了，企业应将全年的船舶维护费用实际发生数与分配数的差额，调整当年的运输成本。

C. 企业可以应按集装箱类型设置"集装箱固定费用"明细分类账，按规定的费用项目设置专栏进行明细核算。所发生的集装箱固定费用，能直接记入营运成本的则直接记入，不能直接记入的需按一定比例分摊记入。由运输成本负担的集装箱固定费用，可按各运输种类船舶直接费用的比例分摊记入各运输种类成本。

D. 企业所发生的下属船队日常管理费用、企业自营港埠费用与船员基地费用等不能直接记入成本核算对象的营运间接费用，可以按照各种业务的直接费用的比例分配记入有关业务成本。

内河运输业务总成本和单位成本，以会计期（年、季、月度）内实际发生的成本为核算基础。企业全部运输船舶所发生的船舶直接费用及分配由运输成本负担的船舶维护费用、集装箱固定费用和营运间接费用，扣除与运输成本无关的费用，即为企业的运输总成本。

企业各类船舶所发生的并按运输种类归集、分配的船舶直接费用和分配由各运输种类成本负担的船舶维护费用、集装箱固定费用及营运间接费用，扣除与该类运输成本无关的费用，即为各运输种类的总成本，各运输种类总成本按客、货运汇集就是企业客运和货运总成本。

4）民用航空企业。民用航空企业可以按照拥有的机型、航线等，对运输成本进行归集，并填列运输成本、运输飞行小时、运输总周转量和单位成本等信息。

民用航空企业在执行运输业务或通用航空作业过程中所发生的不能直接计入机型成本，需按一定标准在各机型间进行分摊的各项间接成本，在间接营运费用中进行归集。

通用航空成本通常根据不同机型经营数据及"主营业务成本""通用航空成本"等科目有关明细账户的发生额，以及对间接费用运用适当方法进行分摊，经分析核算后填列。分摊的标准可以是生产量指标、飞机起飞合重等，也可采用飞机起飞全重与飞行小时之乘积。

每飞行小时成本，指每运输飞行小时所发生的运输成本。根据各机型运输成本、运输飞行小时核算。

每吨公里成本，指每吨公里运输周转量所发生的运输成本。根据各机型运输成本、运输总周转量核算。

每飞行小时耗油量，指每运输飞行小时所消耗的航油数量。根据各机型耗油量、运输飞行小时核算。

国际以及我国大陆、香港、澳门航线的运输成本按照运输成本项目的总额除以运输飞行总周转量再乘以不同航线的运输周转量分摊到各航线的相应成本中。

（2）装卸、堆存、港务管理、仓储业务。

1）装卸业务。

① 装卸直接费用一般按以下方法进行归集。

以货物装卸业务为成本核算对象的企业，应设置多栏式"主营业务成本——装卸支出"明细分类账，按规定的成本项目设置专栏归集有关费用。

以主要货种的装卸业务为成本核算对象的企业，可按货种设"主营业务成本——装卸支出"明细账，并按成本项目设专栏归集有关费用。

以货种和操作过程的装卸业务为成本核算对象的企业，可参照以上办法设置"主营业务成本——装卸支出"明细账归集有关费用。

以成本责任部门的装卸业务为成本核算对象的企业，可按装卸队、机械队、工具队等装卸作业部门设置"主营业务成本——装卸支出"明细账，并按成本项目设置专栏归集有关费用；对难以归口到责任部门的装卸直接费用，另设"主营业务成本——装卸支出"明细账，按成本项目设置专栏归集有关费用。

以码头、泊位等作业场所的装卸业务作为成本核算对象的企业，应按作业区和专业码头设置"主营业务成本——装卸支出"明细账，按成本项目设置专栏归集有关费用。

② 企业装卸队、机械队、工具队等装卸生产部门从事另有收费来源的杂项作业（如机械出租等），应根据非装卸作业的工时记录、机械台时记录、工具领用记录和规定的单位费用或

结算价格，据以扣除与装卸业务无关支出，结转由其他业务成本负担。为简化核算工作，也可按所取得的非装卸收入的一定比例作为扣除标准。

③ 货种装卸成本一般年终一次核算。月度按专业码头、泊位或其他成本责任部门归集装卸直接费用，分配营运间接费用，年末核算货种的装卸总成本和单位成本。

非专业码头从事多种货物装卸作业，一般根据按责任部门归集的直接费用，分别按以下方式核算货种装卸成本：装卸队的费用按实际从事货种装卸作业的工时比例分摊到有关货种；机械队的费用可按实际从事各货种装卸作业的机械台时比例分摊到有关货种；工具队的费用应分成两部分。工具的采购、制造成本可根据统计资料先分摊到相关货种，工具队的其他费用按各货种分摊的工具采购、制造费用的比例分摊；事故费用、劳动保护费等无法直接记入有关责任部门费用按上述记入货种成本的装卸队、机械队、工具队的直接费用的比例分摊；应扣除的与装卸成本无关的费用参照上述事故费用、劳动保护费用的分摊方法按比例扣除。

财务部门根据各单位上报的分货种装卸成本汇总资料，按各货种成本项目费用比例分摊直接支付的装卸支出，并编制年度装卸成本核算表。

专业化码头临时兼营其他货物装卸业务，也视同专业码头货种核算。非专业码头经营的货物装卸业务，如果某种货物的数量较少，可忽略不计，按从属多数的方法，归并到其他货种核算。

航运业务成本的核算单位为：

① 运输综合成本核算单位为"千吨公里"；

② 客运成本核算单位为"千人公里"；

③ 货运成本核算单位为"千吨公里"；

④ 集装箱运输业务的成本核算单位为"千 TEU 公里"。

2）堆存业务。企业对于堆存业务支出，一般设置多栏式"主营业务成本——堆存支出"明细分类账，按成本责任部门（各库场队）或仓库、油罐、粮仓等设置账页，按规定的成本项目设置专栏。

企业归集的堆存直接费用，在核算堆存成本时，应扣除堆存无关支出。企业应根据业务部门提供的仓库（堆场）堆存设备的出租资料，将无关支出结转到"其他业务成本"科目。经过归集、分配和扣除无关支出而汇集的全部堆存直接费用和分摊记入堆存成本的营运间接费用，即为企业的堆存总成本。

3）港务管理业务。企业对于港务管理支出，一般设置"主营业务成本——港务管理支出"总分类账和明细分类账。"主营业务成本——港务管理支出"明细分类账可按单项管理业务或责任部门设置账页，按规定的港务管理业务成本项目设置专栏。港务管理成本可采用与装卸成本类同的核算程序。

4）仓储业务。仓储业务成本分配时，可选择按照各类仓储物资销售收入的比例分摊或者按照各类物资平均储存额（量）比例计算分摊。

8. 信息传输企业、软件及信息技术服务企业的产品成本归集、分配和结转

以电信企业为代表的信息传输企业在成本归集、分配和结转方面的情况如下：

间接成本占比大、全程全网联合作业是电信企业经营的主要特点，间接成本占有相当高的比例，只有少数的直接费用可以指向业务（或客户），其他费用都需要根据设定的规则和相应的动因数据，经过分摊分配处理后，才能归集到业务（或客户）。鉴于企业的成本构成特点，基于科目的传统成本核算模式无法支撑企业成本管理目标，需要创新成本核算及分析体系，促进企业不断提升成本管理水平。尽管作业成本法源于制造业，但从服务业间接成本占较大比例的特点来看，它在生产性服务业中应有相当大的实施空间。电信网络的特殊性决定了电信产品的多样性和复杂性。例如，多种电信业务使用同一个网络，使得网络成本分摊困难；电信业存在的规模经济性和范围经济性，使电话网各业务之间的共用成本很高；网络利用率和用户量是影响电信产品单位成本极其重要的相关因素；等等。所有这些因素决定了理清电信单位业务成本和单位客户成本十分困难。作业成本法能更加准确和多维地进行成本核算，提供大量详细的中间成本信息，从而更好地进行电信成本的核算。目前，作业成本法是解决上述电信成本核算困难的有效方案之一。从实践上来看，许多电信企业运用作业成本法已经取得了良好的效果。

9. 文化企业的产品成本归集、分配和结转

文化企业发生的有关成本项目费用，由某一成本核算对象负担的，应当直接计入成本核算对象成本；由几个成本核算对象共同负担的，应当选择人员比例、工时比例、材料耗用比例等合理的分配标准分配计入成本核算对象成本。

以上规定表明，文化企业应按照企业产品成本归集、分配和结转的原则进行会计处理，同时，在确定有关费用的分配标准时，应当体现自身生产经营特点和管理要求。

（1）出版单位成本、费用的归集和分配。出版单位在编辑加工出版物时，发生的"稿酬及校订费""租型费用""原材料及辅助材料""制版费用""印装（制作）费用""出版损失""编录经费""其他直接费用"等费用，属于直接生产费用，在费用发生时，根据原始凭证直接计入某种出版物成本中，称"直接成本"；编录经费属于间接成本，无法直接计入某一种出版物成本中，需要通过分摊计入每种出版物的成本中。

编录经费是指编录部门所发生的、无法直接计入某一种出版物成本的各项间接生产费用，包括编录人员的各项人工成本、办公费、差旅费、会议费、业务费、资料费、摄影费、编录用品购置或摊销等。编录经费作为间接成本，应按照因果原则、受益原则、公平原则，采取比较科学和大体合理的方法，将其分摊到每一种出版物的成本中。

1）传统方法。传统的方法是将全部间接成本按照事先确定的、根据单一要素计算的间接成本率分摊到出版物成本中。

2）按编录部门归集分摊。编录部门通常情况下按分工设置。

3）组合分摊。

4）定额分摊。

出版单位具体采用何种分配方法，由出版单位自行决定。分配方法一经确定，不得随意变更。

（2）书刊、报纸印刷企业成本、费用的归集和分配。企业进行印刷产品加工生产，应按生产过程中各项生产费用的用途予以归集。

1）原材料成本的归集与分配。企业生产过程中耗用的原材料，应按车间、部门、工段和用途归集的"材料耗用汇总表"，据以登记"生产成本""制造费用"等有关明细账。基本生产车间一个基本工段生产两类或两类以上的产品，且耗用同一种原材料，应尽可能分别统计各类产品的实耗数，并按实耗数计入产品成本；如不能划分而又必须分配的，可按实物产量、工时比例或产值比例进行分配，计入有关产品成本。

2）人工成本的归集与分配。基本生产车间的工资及福利费，应按车间、部门的"工资汇总表"，据以登记"生产成本——基本生产成本""生产成本——辅助生产成本"和"制造费用"等有关明细账。基本生产车间的一个基本工段生产两类或两类以上产品，各类产品的人工成本，可按该工段的实耗工时（或实物产量）工资率乘各类产品的实耗工时数（或实物产量）计算后求得。计算公式如下：

基本工段实耗工时（或实物产量）工资率=工资及福利费总额÷实耗工时（或实物产量）总数

基本生产车间的几个基本工段共同完成的同一类产品，其人工成本应按各工段的实耗工时（或实物产量）工资率乘各工段实耗工时数（或实物产量），分段计算各个工段成本，经加总后计入该类产品成本。

基本生产车间辅助工段的工资及福利费，按各受益工段的受益程度采取定额法比例分配。

辅助工段发生对外供应劳务收入，不得直接冲减基本生产成本；对外供应劳务应负担的工资和福利费，可以根据实耗工时及工时工资率或定额成本进行分配。

3）燃料和动力成本的归集与分配。基本生产车间生产耗用的燃料和动力，按使用车间、部门的仪表记录数的比例进行分配。没有仪表记录的，燃气按所用设备每小时耗用量计算耗用数分配；基本生产车间的一个基本工段生产两类或两类以上的产品，其燃料和动力直接记入受益产品；如不能直接记入的，可按实物产量或工时比例进行分配。

4）其他直接费用的归集与分配。企业生产过程中，为生产产品和提供劳务而发生的其他直接费用，直接计入产品成本。

① 印刷用纸张和委托外加工发生费用，直接计入产品成本。

② 固定资产折旧和低值易耗品摊销，分别按使用车间、部门编制的"应计折旧明细表"和"低值易耗品摊销明细表"，将应由各受益的车间、部门负担数，分别记入"生产成本——辅助生产成本""制造费用"和"管理费用"等有关明细账；对应由基本生产车间负担的部分，还应按各受益的基本工段分别归集登记，尽可能直接计入受益产品成本。

③ 照明电和水，应按使用车间、部门的照明电表和水表的记录数的比例分配。如无仪表记录，照明电按使用灯光的千瓦数与使用小时数的比例分配，水按每小时耗用量或人员比例分配。

④ 机器和房屋租赁费，能直接按使用车间、部门划分的，应直接记入"制造费用""生产成本——辅助生产成本"和"管理费用"等有关明细账；不能划分的，应按受益车间、部门的使用工时或使用面积的比例进行分配。

⑤ 基本生产过程中发生的废品损失，应在同类产品已完工产成品之间进行分配，不得将报损的废品支出，列入其他成本项目。

5）共同费用的归集与分配。企业生产过程中，为生产产品和提供劳务而发生的各项间接费用，按一定标准分配计入产品成本。

① 辅助生产车间成本的分配。辅助生产车间有商品制造任务或对外供应劳务的，应根据有关的施工单和用料、耗料记录，按其应负担的实际成本计算。辅助生产车间为企业内部提供劳务而发生的各项支出，应按该辅助生产车间为之服务而实际耗用的原材料和人工实耗工时数乘以工时成本率计算。

② 制造费用的分配。基本生产车间发生的制造费用，按实物产量、工时比例分配于该车间的基本工段。

6）月末，企业应根据"生产成本——基本生产成本""生产成本——辅助生产成本"和"制造费用"等有关明细账和各种材料、费用分配表，及其他有关的单据，进行成本核算与分配，求得如下各种成本：

① 各辅助车间当月各项目成本和总成本；

② 各基本生产车间及其所属工段当月各项目成本和总成本；

③ 各类产成品的各项目成本、总成本和单位成本；

④ 各类在产品的各项目成本和总成本；

⑤ 各批产品的分批成本和单位成本。

7）完工产品与在产品成本的划分界线。

① 计算机照排产品以出菲林片为产成品，未出菲林片为在产品。

② 胶印照相制版产品以打样签准为产成品，未签准为在产品。

③ 印刷产品以印制单规定的产量印刷检查完毕后可供销售，或可移交下一工段为产成品，在此以前为在产品。

④ 装订产品以装订、检查、包扎好可供销售为产成品，在此以前为在产品。

⑤ 其他产品，以加工完毕可以单独向客户结价收款的为产成品；不能单独结价收款的，以可移交下一工段加工的为产成品，在此以前均为在产品。

8）完工产品与在产品成本的分配标准。

① 材料成本：凡能按产品批别建立用料记录的，均按分批记录计算产品的用料成本；如不能按批建立分批产品用料记录，可按实物产量、约当产量或产值比例进行分配。

② 人工及费用成本（工资及福利费、燃料和动力、制造费用），一律按在产品与产成品所消耗的工时、产量比例或约当产量进行分配。

9）完工产品与在产品成本的核算。

① 企业必须如实核算完工产品与在产品成本，对由基本生产车间的几个基本工段，多步骤加工完成的分类产品，可以按工段计算在产品成本。

② 企业核算各分类在产品和产成品应负担的单位生产成本时，应将上期结转在产品成本与本期各同类产品的生产费用发生额合并后计算。公式如下：

材料成本计算：

本期产成品和期末在产品应负担的单位生产成本（指实物产量或产值）=（期初在产品成本+本期生产费用发生额）÷（本期产成品实物产量或产值+期末在产品实物产量或产值或约当产量）

人工及费用成本计算：

本期产成品和期末在产品应负担的单位生产费用数（实耗工时或实物产量）=（期初在产品成本+本期生产费用发生额）÷（期初在产品工时数或实物产量+本期发生工时数或实物产量）

（3）音像电子出版物产品的复制成本、费用的归集和分配。音像电子出版复制企业生产过程中发生的各项生产费用，按照生产步骤进行归集，分别按成本项目设置专栏进行归集登记。生产步骤一般包括母盘（带）制作、子盘（带）复制、盘面印刷、包装装潢等。

1）原材料的归集与分配。产品生产耗用的原材料，应根据各生产步骤的领料凭证和"材料耗用汇总表"直接计入该产品的生产成本；如不能直接计入的，可按各产品的产量、重量、定额消耗量或定额费用比例等确定分配标准，分配计入各有关产品成本。

2）委托加工的归集与分配。企业应根据委托购入母盘的实际成本，直接计入该产品的生产成本。

3）动力费用的归集与分配。实际发生的动力费用，应根据仪表记录耗用动力的数量以及动力的平均单价计算，直接计入该产品成本项目；如没有仪表记录的，可按生产实物产量和工时比例、机器功率时数（机器功率×机器时数）比例，或定额消耗量比例等确定分配标准，分配计入各个有关产品成本。

4）人工费用的归集与分配。计件工资，应根据工资结算凭证和"工资分配表"，直接计入产品生产成本；计时工资，应根据人工工种的不同，按不同工种生产各类产品的生产工时（实际工时）比例，分配计入各生产步骤的有关生产成本。奖金、津贴、补贴和计提职工福利费，以及特殊情况下支付的工资等，应按计入的工资额比例或生产工时比例，分配计入各生产步骤的有关生产成本。

5）制造费用的归集与分配。根据车间、部门分别设立制造费用明细账进行归集与分配。按车间、部门受益情况分别核算，不得将各车间、部门的制造费用汇总后统一分配。月末，根据各类费用的项目性质和特点，确定制造费用的分配方法。计算后将制造费用分配记入各有关产品成本。

常用的分配方法有生产工人工时比例分配法、生产工人工资比例分配法、机器工时比例分配法和年度计划分配率法等。

6）月末，企业根据"生产成本——基本生产成本"等有关明细账和费用分配表以及各类单据，进行复制成本的计算与分配。

① 每个步骤产品完工经检验合格后，由车间填制完工产品转移通知单，分别作为财会部门成本计算的依据和下道工序或仓库接收的凭证，以及车间产品转移记录的备查单据。

② 财会部门依据最终产品车间送来的完工产品转移通知单、仓库产品入库单、产品成本明细账和有关原始凭证资料，选用移动平均法等产品计价方法，编制产品成本计算表，据以计算产成品的单位成本和总成本。

③ 根据复制企业的生产特点，一般不计算各步骤在产品成本。月末，如有在产品及可回收废品，可按其完工程度折合成约当产量，并结合已完工产品产量，与总生产成本相配比，最终计算在产品成本和可回收废品的成本。

10. 其他企业的产品成本归集、分配和结转

除《企业产品成本核算制度（试行）》已明确规定的以外，其他行业企业应当比照以上类似行业的企业对产品成本进行归集、分配和结转。

《企业产品成本核算制度（试行）》以制造企业为蓝本，明确了企业产品成本核算的总体要求和一般原则，企业通常情况下应当据此进行产品成本核算；另外，《企业产品成本核算制度（试行）》还兼顾其他行业特点做出了有关规定，如成本核算项目按经济用途、生产要素的经济内容、成本性态等方式确定的方法，又如不能直接归集到成本核算对象上的费用的多种分配方法，以及多种成本结转方法，涵盖了企业产品成本核算的各个方面，基本能够满足企业产品成本核算的一般要求。因此，《企业产品成本核算制度（试行）》未明确规定的企业，应当根据自身生产经营特点和管理要求，判断相对类似于《企业产品成本核算制度（试行）》所规定的哪种企业，并比照进行成本核算。

九、计划成本会计制度设计

（一）计划成本会计制度概述

计划成本会计制度是指事前根据产品生产所需料、工、费的数量、金额与计划计算出计划成本，并将其与会计核算相结合形成的一种产品成本核算制度。

计划成本会计制度包括标准成本会计制度和定额成本会计制度两种具体产品成本核算会计制度。

标准成本会计制度最早产生于 20 世纪二三十年代的西方，是以泰罗的科学管理学说为基础，在原有成本管理与成本核算制度的基础上逐步发展起来的一种成本控制制度。我国从苏联引进的定额成本会计制度本来就是借鉴了西方的标准成本会计制度的。

定额成本会计制度与标准成本会计制度的不同点主要表现在：前者虽然把定额成本引进了成本核算系统，但并没有反映在复式记账的账户系统内，无论是"库存商品"账户还是"生产

成本"账户，其余额仍然按产品成本计算单中算出的实际成本反映；而后者不仅把标准成本引进成本核算系统，而且把它反映在复式记账的账户系统内，从而也把成本差异的综合分析反映在账户系统之内。有鉴于此，此处只说明标准成本会计制度的设计方法。

（二）标准成本会计制度设计

1. 标准成本制度的实施条件与步骤

标准成本会计制度是将产品生产成本的计划、控制、计算和分析相结合的一种产品成本核算与成本控制系统。它既适用于制造成本会计和变动成本会计等任何一种会计模式，也可与品种法、分批法和分步法等任何一种成本计算方法相结合。标准成本会计制度的实施步骤如下：

（1）正确制定成本标准；

（2）揭示实际消耗与成本标准的差异；

（3）积累实际成本资料并计算实际成本；

（4）计算实际产量的标准成本；

（5）比较标准成本和实际成本，分析成本差异的原因；

（6）进行成本差异的账务处理。

2. 标准成本会计制度设计的内容

（1）制定标准成本。标准成本也称目标成本，是在认真调查、分析的基础上经过技术测定制定的。它是从单位产品的直接材料、直接人工和制造费用三个方面的标准消耗量结合可行的标准价格制定的。标准成本——经确定即可作为企业控制成本开支、评价实际成本与考核评价工作业绩的标准尺度。企业标准成本的制定必须结合企业的实际生产经营条件，做到既先进又切实可行。随着生产条件、工作效率和市场价格等影响产品标准成本的因素的不断变化，企业对业已制定的标准成本必须及时进行修订。只有这样才能发挥标准成本在成本控制中的作用。

（2）标准成本差异的计算与分析。标准成本差异是指实际成本与标准成本的差异。组织标准成本差异的核算是标准成本会计制度的一个重要特征。为了充分揭示产品的标准成本差异，企业应从产品成本构成的直接材料、直接人工和制造费用三个方面着手，细化其成本差异。通过细化各种成本差异，可以分析发生成本差异的部门或环节，研究解决的办法并制定相应的改进方案。

1）直接材料成本差异。直接材料成本差异的计算公式为：

直接材料成本差异=直接材料实际成本 - 直接材料标准成本

如果差额为正数，表明直接材料成本超支；如果差额为负数，则表明直接材料成本节约。直接材料成本差异是由直接材料用量差异和直接材料价格差异两个方面构成的。

直接材料用量差异=（直接材料实际用量 - 直接材料标准用量）×直接材料标准单价

公式中的直接材料标准用量是按实际产量计算的。

直接材料价格差异=（直接材料实际单价 - 直接材料标准单价）×直接材料实际用量

2）直接人工成本差异。直接人工成本差异是指生产过程中实际发生的直接人工成本与直接人工标准成本之间的差异。其计算公式为：

直接人工成本差异=直接人工实际成本 - 直接人工标准成本

直接人工成本差异是由直接人工效率差异和直接人工工资率差异构成的。

直接人工效率差异=（实际工时 - 标准工时）×标准工资率

直接人工工资率差异=（实际工资率－标准工资率）×实际工时

3）制造费用差异。制造费用差异包括变动性制造费用差异和固定性制造费用差异两种。

① 变动性制造费用差异。变动性制造费用差异是指变动性制造费用实际发生额与变动性制造费用标准成本之间的差额。其计算公式为：

变动性制造费用差异=变动性制造费用实际发生额－变动性制造费用标准成本

变动性制造费用差异可分解为变动性制造费用效率差异和变动性制造费用分配率差异两项。

变动性制造费用效率差异，是指由于实际工时脱离标准工时对变动性制造费用产生的影响。其计算公式为：

变动性制造费用效率差异=（实际工时－标准工时）×变动性制造费用标准分配率

变动性制造费用分配率差异，是指由于变动性制造费用的实际分配率偏离于标准分配率而对变动性制造费用产生的影响。其计算公式为：

变动性制造费用分配率差异=（变动性制造费用实际分配率－变动性制造费用标准分配率）×实际工时

② 固定性制造费用差异。固定性制造费用差异是指固定性制造费用实际发生额与固定性制造费用标准成本之间的差额。其计算公式为：

固定性制造费用差异=固定性制造费用实际发生额－固定性制造费用标准成本

固定性制造费用差异包括固定性制造费用预算差异和固定性制造费用能量差异两个方面。

固定性制造费用预算差异=固定性制造费用实际发生额－固定性制造费用预算发生额

=实际产量所耗实际工时×固定性制造费用实际分配率－预算产量标准工时×固定性制造费用标准分配率

固定性制造费用能量差异=固定性制造费用预算总额－实际产量计算固定性制造费用标准发生额

固定性制造费用标准分配率=标准工时－（预算产量标准工时－实际产量标准工时）

（3）成本差异的账务处理程序。在标准成本会计制度下，"生产成本"和"库存商品"账户都是按标准成本反映的。在发生各项费用时，"生产成本"账户的借方按标准成本反映，有关费用账户的贷方按实际成本记账，将成本差异分别计入有关差异账户。这些差异账户应按前述的差异内容，分别设置为"直接材料用量差异""直接材料价格差异"；"直接人工效率差异""直接人工工资率差异"；"变动性制造费用效率差异""变动性制造费用分配率差异""固定性制造费用预算差异""固定性制造费用能量差异"。各差异账户的借方反映超支数，贷方反映节约数。相应地应将"制造费用"账户分解设置为"变动性制造费用"和"固定性制造费用"两个一级账户。当产品完工从"生产成本"账户转入"库存商品"账户时，也要按标准成本结转。产成品销售时从"库存商品"账户结转"主营业务成本"时也按标准成本。期末，再将各差异账户转入"主营业务成本"或"主营业务成本"（下同）账户。这样，"生产成本"账户和"库存商品"账户的结存额也都是标准成本。

成本差异的账务处理程序

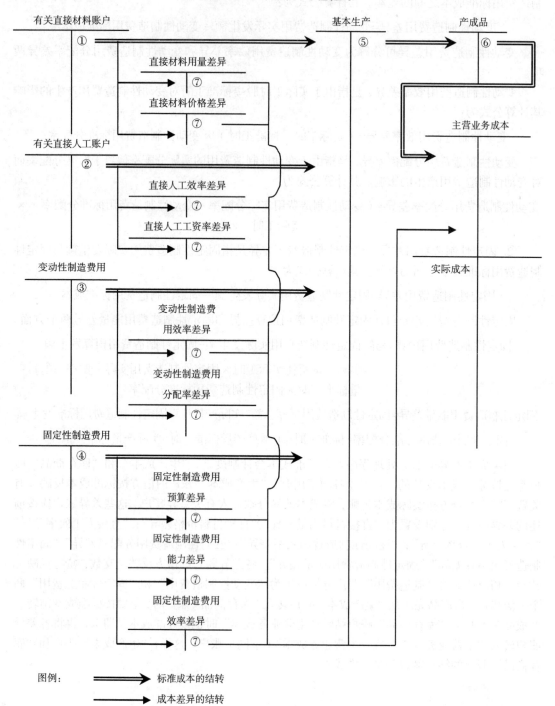

成本差异汇总表

生产通知号码	产品名称	生产数量	原料成本			物料成本		人工成本		生产摊费		售价	毛利	
			计划	实际	差异(%)	计划	实际	计划	实际	计划	实际		计划	实际
合　计														

制表：　　　　　　　　　　　主管：

第二节　成本会计岗位职责、说明

成本会计主管岗位职责

职责 1	协助财务经理拟订公司各部门成本核算实施细则，报上级批准后组织执行
职责 2	对公司重大项目、产品等进行成本预算，编制项目成本计划
职责 3	监督、调查各部门执行成本计划情况，出现问题及时上报
职责 4	登记、保管各种明细账、总分类账
职责 5	定期对账，如发现差异，查明差异原因，处理结账时有关账务的调整事宜
职责 6	设计、修订会计制度和会计表单，分析财务结构，编制会计报告、报表
职责 7	做好相关成本资料的整理、归档以及数据库建立、查询、更新工作
职责 8	执行资金预算及控制预算内的经费支出
职责 9	管理往来账、应收账、应付款、固定资产、无形资产
职责 10	每月计提核算税金、费用、折旧等费用项目
职责 11	完成财务经理交办的其他工作

文案范本

（成本核算主管）岗位规范

<table>
<tr><td rowspan="5">基本情况</td><td>职位名称</td><td>成本核算主管</td><td>职位编号</td><td></td></tr>
<tr><td>所属部门</td><td>财务部</td><td>薪金级别</td><td></td></tr>
<tr><td>直接上级</td><td>副经理</td><td>直接下属</td><td>成本核算员、成本会计</td></tr>
<tr><td>设置目标</td><td colspan="3">完成公司成本核算，对公司的计划成本进行维护、更新及监督；推进并完善公司成本核算的优化，及时为公司提供各种有效数据</td></tr>
</table>

<table>
<tr><td rowspan="13">职责</td><td colspan="4">1. 负责计划成本数据的维护、更新及监督</td></tr>
<tr><td colspan="4">2. 负责一年两次广交会产品定额成本的收集、整理及上报</td></tr>
<tr><td colspan="4">3. 负责核算成本账</td></tr>
<tr><td colspan="4">4. 负责指导核算员业务知识</td></tr>
<tr><td colspan="4">5. 负责自制产品实际成本的核算</td></tr>
<tr><td colspan="4">6. 负责汇总各类成本报表和核对</td></tr>
<tr><td colspan="4">7. 配合副经理进行生产系统考核工作的组织及核算</td></tr>
<tr><td colspan="4">8. 负责定额成本的回顾与稽核</td></tr>
<tr><td colspan="4">9. 负责编制成本分析</td></tr>
<tr><td colspan="4">10. 负责成本核算的管理工作</td></tr>
<tr><td colspan="4">11. 负责成本凭证的审核</td></tr>
<tr><td colspan="4">12. 积极完成上级交办的其他工作</td></tr>
<tr><td>日常工作</td><td>1. 听取并吸纳各项合理性建议，督导各项工作推进
2. 不定期对各类成本项目进行抽查</td><td>定期工作</td><td>1. 标准计划成本的维护、更新及监督
2. 一年两次的广交会产品定额成本的测算工作
3. 月度成本的核算及账务处理
4. 月度的财务成本分析
5. 月度的成本账核对
6. 定期存货盘点数据的汇总
7. 月度定额成本与实际成本的考核
8. 定期的定额成本维护与监控
9. 月度工作总结和计划</td></tr>
</table>

<table>
<tr><td rowspan="5">职权</td><td>1. 计划成本优化的建议权</td></tr>
<tr><td>2. 计划成本执行情况的监督、反映、建议权</td></tr>
<tr><td>3. 成本核算方法优化的建议权</td></tr>
<tr><td>4. 成本考核结果的建议权</td></tr>
<tr><td>5. 成本核算及考核的监督权</td></tr>
</table>

<table>
<tr><td>工作条件</td><td colspan="2">办公室、计算机、电话</td></tr>
<tr><td rowspan="5">关键业绩
指标
（KPI）</td><td>考核指标</td><td>指标权重</td></tr>
<tr><td>账务报表的及时性</td><td></td></tr>
<tr><td>账务报表的准确性</td><td></td></tr>
<tr><td>对公司各项规章制度的执行程度</td><td></td></tr>
<tr><td>工作计划的完成率</td><td></td></tr>
</table>

工作关系	内部工作关系	汇报	不定期向直接上级汇报各项工作进程			
			定期向直接上级提供相关分析			
			不定期向直接上级进行口头工作汇报			
		督导	及时督导各核算员报表的准确性与及时性			
		协调	与各相关部门就成本核算工作进行协调和沟通			
			与物流部就对账相关事宜进行协调和沟通			
			与生产部就交库对账相关事宜进行协调和沟通			
	外部工作关系					
任职资格	学历		大专	专业	财务	
	年龄		25~40 岁	性别	不限	
	性格		细心、耐心			
	工作经验		3 年以上工作经验			
	岗位所需知识		熟悉国家税法			
			熟悉成本核算流程			
			掌握财务基本知识			
	岗位技能要求		良好的沟通能力	岗位技能培训要求	科目名称	课时数
			熟练使用 Office 系统		财务软件	半天
			熟练操作财务软件		岗位再教育培训	3 天
	职前培训		新员工入职培训			
			公司组织结构及成本管理现状培训			
职业发展	可晋升的职位		副经理			
	可转换的职位		主办会计岗位、综合账务主管、资金主管、材料核算主管			
修订履历	修订时间		修订内容	修订者	审核者	审批者

成本会计岗位说明书

职位名称	成本会计		所属部门	财务部
直属上级	会计主管			
直属下级	无			
职务宗旨	负责本企业的成本核算和成本控制工作			
岗位职责	<ul><li>在会计主管的领导下，按照国家财会法规、公司财会制度和成本管理的有关规定，结合企业的生产经营特点，会同有关职能部门，拟定成本核算办法和成本控制、考核制度</li><li>组织核算企业的成本核算工作，建立并登记相关台账，编制产品生产成本计算表</li><li>加强成本管理基础工作，协助有关部门建立健全各项原始记录</li><li>参与产品盘点工作，及时处理产品清查账务，并定期对账</li><li>组织编制或修订产品生产消耗定额，协助各部门编制成本计划</li><li>监督各部门执行成本计划情况，组织推行成本控制考核</li><li>编制成本费用报告，进行成本费用的分析和考核</li><li>参与公司产品价格的制定、管理</li><li>严格控制成本开支范围和开支标准，定期分析成本计划执行情况和成本升降原因，并结合实际调查研究，找出问题，提出改进意见和措施，为改进管理、降低成本提供准确可靠的依据</li><li>学习、掌握先进的成本管理和成本核算方法，提出降低成本的控制措施和建议</li><li>完成上级领导交办的其他工作任务</li></ul>			
任职资格	<ul><li>会计、财务或相关专业本科以上学历，或具有中级会计师以上职称</li><li>具有全面的财务专业知识，熟悉会计准则以及相关的财务、税务等法律法规</li><li>精通成本核算流程和成本分配方法，对主管的成本工作全面了解</li><li>熟悉成本控制和成本考核方法及流程</li><li>熟练操作计算机，熟练操作财务软件</li><li>熟悉企业生产流程，了解企业生产经营特点</li><li>良好的组织协调和沟通能力</li><li>忠于职守，廉洁奉公</li><li>作风严谨，工作认真仔细</li><li>富有团队合作精神</li></ul>			

文案范本

产品成本会计岗位职责

	基本要求	相关说明
任职资格	1. 学历：大专及以上学历，会计、财务管理类相关专业 2. 专业经验：一年以上财务相关工作经验 3. 个人能力要求：熟悉财会专业实务知识，熟悉国家有关财会、税收政策和法规，能熟练运用常用财务软件	1. 具有会计从业资格 2. 良好的品德修养、高度的责任心、工作热情和团队合作精神
职责内容	1. 负责编制企业产品成本核算方案，并定期组织产品成本核算工作 2. 汇集各批产品当月成本，编制当月各批产品的实际成本核算表 3. 根据各批产品的成本核算表登记成本明细账 4. 月末根据车间各批产成品转移单和销售分企业成品库的验收入库单及时结转产成品，保证成本明细账余额与总账月末账面余额保持一致 5. 登记产成品明细账，月末与销售分企业成品库核对，保证账实一致 6. 登记半成品明细账，月末与半成品库核对，保证账实一致 7. 定期核对产成品、半成品明细账的余额和总分类账的余额 8. 根据各批产品实际成本和目标成本编制产品成本分析表，为分析产品成本升降的原因提供参考依据 9. 组织做好各车间统计员和仓库保管员的培训工作	
	考核说明	结果应用
考核指引	1. 考核频率：月度、年度 2. 考核主体：会计经理 3. 考核指标：成本核算工作按时完成率，成本明细账登记差错率，产成品明细账、半成品明细账与总分类账的账账相符率，产品成本分析表提交及时率	1. 考核结果作为薪酬发放依据 2. 考核得分低于2分者，将受到口头警告处分 3. 考核得分高于4分（含4分）者，将获得"月度优秀员工"的荣誉称号

文案范本

成本核算及分析岗位职责

□ 管理层级

直接上级：分管副部长

□ 工作要求

负责公司成本核算工作，单项合同材料成本管理和预算控制；审核各车间材料收、发、存管理，监督制造部、仓库各项材料入库和发出单据的及时录入；核算月度工资费用分配。要把公司单项工程生产成本分析工作作为重点。

每月对产品成本变动情况及影响因素进行认真细致的分析，为领导对成本费用控制提供参考依据。

□ 主要工作内容

一、根据生产经营特点和管理需要设计成本计算方法和单据传递流程。不断探讨运用科学的方法，在保证有效监控和满足核算的前提下，简化成本核算工作量。

二、根据制造部、仓库报送的材料投放表，汇总编制辅助材料等材料的领用会计凭证，正确划分各部门费用、成本以及往来单位款项。

三、审核各车间、仓库报送资料的真实性、完整性、准确性，进行实时监控，每月及时归集、分配各项费用，正确计算当月成本。

四、负责安装公司安装劳务相关费用的审核、入账；负责成本费用相关科目凭证编制、记账和查询工作；向部门分管领导、综合分析岗位提供各项成本分析资料。

五、建立实物负责制，督促实物归口管理部门（仓库、车间）定期盘点，做到账账相符、账实相符，履行监督职责。

六、配合分管领导对分子公司仓库管理、成本核算、财务报表指导和监督。

七、月末对库存商品进行抽查，负责成本核算结转工作。熟悉企业各个生产环节的成本费用，掌握企业制造安装过程中原辅材料的消耗定额，了解原辅材料市场价格，发现问题及时向领导报告。

八、负责编制商品产品成本表、产品单位成本表，每月对成本变动情况对照预算及上年度同期数据进行分析比较。

九、及时编制单项工程成本预算表，对完工单项工程项目实际成本节约超支情况进行分析，同时对预算成本及时调整。

十、及时核付工资并进行分配核算，及时计提工会经费、职工教育经费等工资性费用。

十一、根据权责发生制原则正确摊、提各项相关费用。

十二、完成领导交办的其他工作。

□ 会计科目

生产成本、工程施工、劳务成本、制造费用、原材料（主要材料）应付职工薪酬等。

 文案范本

成本会计岗位描述

岗位名称：成本会计

直接上级：会计部经理

本职工作：成本核算

工作责任：

- 认真执行公司各项规章制度和工作程序，服从直接上级指挥和有关人员的监督检查，保质保量按时完成工作任务。
- 参与拟订切实可行的成本核算办法。
- 拟订各类成本定额。
- 核算产品成本，编报成本报表说明。
- 审核材料、成品的出入库凭证，编制成本、费用类会计凭证，报会计部经理审核后登账。
- 配合库管部对库存储备与周转分析，参与库存盘点。
- 指导部门、车间、班组开展经济核算并进行监督检查。
- 编制公司基建项目成本计划，提供有关的成本资料。

- 负责固定资产和低值易耗品核算。
- 登记固定资产、低值易耗品的明细账，月末与总账核对，保证账账相符。
- 负责统计工作。
- 积极参加培训活动，努力钻研本职工作，主动提出合理化建议。
- 保守公司秘密。
- 做好业务记录以及记录的保管或移交工作。
- 完成直接上级交办的其他工作任务并及时复命。

 文案范本

费用会计职位说明书

职位名称	费用会计	所属部门	财务部
直属上级	会计主管		
直属下级	无		
职务宗旨	负责企业的费用报销业务及费用核算工作		
岗位职责	<ul><li>在会计主管的领导下，拟定集团公司费用报销管理办法</li><li>负责审核与报销集团公司各部门所发生的费用支出</li><li>负责登记相关的费用和明细账、台账，编制各种费用报表</li><li>每月按时支付水费、电费等各项费用</li><li>按照会计核算的"权责发生制"原则，如实反映记录受益期内的长期待摊费用等会计业务，及时做出会计处理</li><li>负责对递延费用及费用账户进行检查，保证月终各账户余额同总账余额相符</li><li>监督集团公司各部门的管理费用支出情况，发现问题及时上报</li><li>完成上级领导交办的其他工作任务</li></ul>		
任职资格	<ul><li>会计、财务或相关专业本科以上学历，或具有中级会计师以上职称</li><li>具有全面的财务专业知识，谙熟国际和国内会计准则以及相关的财务、税务等法律法规</li><li>熟练操作计算机，熟练操作财务软件</li><li>良好的人际沟通能力</li><li>良好的判断和分析能力</li><li>坚持原则，责任心强</li><li>忠于职守，廉洁奉公</li><li>作风严谨，工作认真仔细</li><li>富有团队合作精神</li></ul>		

 文案范本

成本会计专员岗位职责

职责1	整理各项费用并进行归集和分配，做好记账凭证并登账，月末对费用进行核算
职责2	撰写公司成本分析报告
职责3	负责每月提取折旧，负责固定资产报废、清理的账务登记

续表

职责 4	汇总总账，进行试算平衡
职责 5	负责应付账款往来核算
职责 6	负责应收账款往来业务核算
职责 7	负责有关报表的报送工作
职责 8	进行现金与支票管理
职责 9	财务档案的整理、装订
职责 10	完成财务经理委派的其他任务

成本会计职务说明书

岗位名称：成本会计		员工姓名：	
所属部门：财务部		到任本职日期：	
工资级别范围：　　等　级至　　等　级		目前工资级别：	
薪酬类型：		岗位分析日期：　　年　月	
岗位编号：		岗位定员：	现有人数：
直接上级：成本组组长		直接下属部门/岗位：	

岗位设置目的：

负责公司的成本核算工作，对各单位成本核算管理进行检查和指导，以正确反映和控制成本

职责与工作任务：

职责一	职责描述：负责提出成本核算修订办法，健全成本核算体系		工作时间百分比：5%
	工作任务	1. 发现成本核算过程中不合理的方法，提出成本核算修订办法，完善成本核算体系	频次：偶尔
		2. 定期检查成本费用中漏算误算数据，及时提出完善建议	频次：日常
职责二	职责描述：负责公司的成本核算		工作时间百分比：50%
	工作任务	1. 掌握国家规定的成本开支范围和费用开支标准	频次：日常
		2. 核算产品成本，准确反映生产过程中发生的各种产品的消耗，费用发生情况	频次：日常
		3. 与供气、供电结算天然气、电力款项及核对余额	频次：定期
		4. 参与车间二级仓库物资的盘存、产成品盘存	频次：不定期
		5. 及时编制产品成本报表	频次：每月一次
		6. 协调二级单位成本费用的结算	频次：定期
职责三	职责描述：负责工资及相关费用核算		工作时间百分比：10%
	工作任务	1. 熟悉相关政策，核算工资、资金等费用	频次：日常
		2. 办理职工养老金、失业保险金的核算及交纳	频次：日常
		3. 进行工会经费、职工教育经费、福利费的核算	频次：日常
		4. 向劳动和社会保障部门报送资料	频次：日常
		5. 负责工资档案装订、保管工作	频次：日常

续表

职责四	职责描述：负责成本分析工作		工作时间百分比：10%
	工作任务	1. 分析成本费用执行情况、变动趋势及其原因，对产品成本进行预测分析，对成本控制提出建议方案	频次：定期
		2. 写出成本分析书面报告	频次：定期
		3. 参与编制财务情况说明书	频次：定期
职责五	职责描述：参与编制年度财务预算，负责跟踪了解成本、费用预算执行情况		工作时间百分比：10%
	工作任务	1. 参与建立各项原始记录、定额管理制度	频次：不定期
		2. 编制年度产品、在产品的成本预算、管理费用预算，汇总报告管理会计岗位汇编财务预算	频次：每年一次
		3. 监督各项消耗定额和费用的执行	频次：日常
		4. 检查成本计划完成情况	频次：日常
		5. 分析成本预算执行情况，提出改进及调整建议	频次：日常
职责六	职责描述：负责指导、检查车间的成本核算工作		工作时间百分比：10%
	工作任务	1. 会同有关部门建立各项原始记录、定额管理的制度，为准确计算成本、加强成本管理提供可靠依据	频次：不定期
		2. 监督各车间各项消耗定额和费用定额的执行，检查成本计划完成情况	频次：日常
职责七	职责描述：完成上级交办的其他工作		工作时间百分比：5%

相关权限：

- 产品主要消耗定额的审查权
- 成本费用预算编制权
- 对成本管理中的各项工作的检查、监督权
- 对生产费用支出的检查权、建议权
- 对违反成本管理问题的调查权、处理的建议权
- 本领域（专业）获取信息、知识的工具的使用权
- 学习、研究权和接受再教育、培训的权利
- 办公工具和劳动工具的使用权
- 相关事情的知情权

汇报关系：

- 以上职责，向成本组组长汇报

工作协作关系：

- 公司内部：各车间和部门
- 公司外部：银行、供应商等相关部门与单位

工作环境：

- 一般工作环境

使用工具设备：

- 一般办公自动化设备

工作时间特征：

- 正常工作时间，偶尔加班

任职资格：

最低学历要求：

- 大学专科

所需学校专业背景：

- 财务会计相关专业

所需工作经验：

- 2 年以上相关工作经验

所需资格证书：

- 会计从业资格证书
- 助理会计师
- 会计电算化初级资格证

所需培训的科目：

- 财务管理

所需熟悉的知识面：

- 会计、财务管理、税法、法律

所需工作技能：

- 判断能力
- 计划与执行能力
- 目标设置能力
- 流程管理能力
- 预算管理能力
- 解决问题能力
- 化解冲突能力
- 人际沟通技巧
- 书面/口头表达能力
- 时间管理能力
- 计算机网络运用能力
- 熟练使用财务软件和办公软件

个人素质要求：

- 团队合作
- 适应能力
- 充满自信
- 创新精神
- 正直诚实
- 知识分享

成本核算岗位工作流程

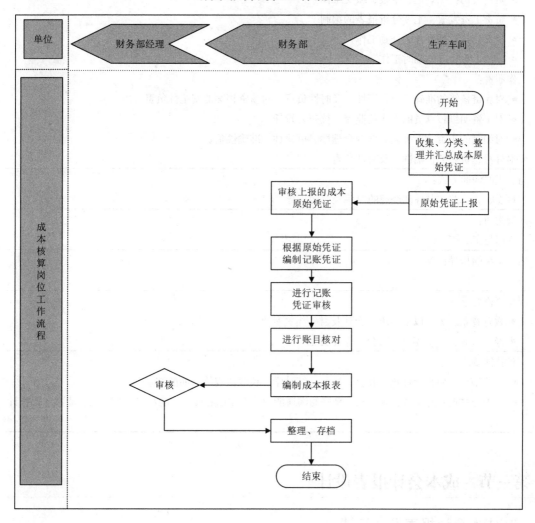

工资会计岗位说明书

岗位名称	工资会计	岗位编号	AE-ACC-012
直属上级	成本会计主管	所属部门	财务部
工资级别		直接管理人数	
岗位目的	工资核算，工资表编报与工资发放，会计对外事务的外勤工作		

工作内容：

- 负责公司管理层的薪资核算与薪资档案的保管
- 负责工资核算文员工作的监督与核查

- 负责公司个人所得税申报
- 负责银行代发工资资料的报送，以及银行工资卡的发放管理
- 负责公司社保登记、申报、缴交工作
- 负责工资发放，工资分析报表的编制
- 负责会计对外事务的外勤工作
- 完成上级交办的临时工作

工作职责：

- 对薪资核算的准确性、保密性、及时性负责，对薪资档案的安全性负责
- 对工资明细核算员的工作负监督、核查之责任
- 对编制的工资分析报表数据的合理性、可比性、准确性负责
- 对外报送资料的正确性、及时性负责

与上级的沟通方式：

接受财务总监和财务部经理的口头及书面指导

同级沟通：

部门员工

给予下级的指导：

岗位资格要求：

- 教育背景：大专以上学历，会计及财务相关专业
- 经　　验：____年以上财会工作经验

岗位技能要求：

- 专业知识：熟悉会计核算和会计法规、统计学、税收法规等方面的知识
- 能力与技能：有工资核算经验，良好的沟通能力，工作细心谨慎，能承受工作压力，能熟练操作计算机

第三节　成本会计报表设计

一、成本会计报表设计综述

《企业产品成本核算制度（试行）》第七条规定："企业一般应当按月编制产品成本报表，全面反映企业生产成本、成本计划执行情况、产品成本及其变动情况等。"

（一）成本报表的种类

成本报表属于内部报表，其编制的目的主要是为了满足企业内部经营管理的需要，不对外报送或公布。因此，成本报表的种类、项目、格式和编制方法、编报日期、具体报送对象，国家都不作统一规定，由企业自行确定。主管企业的上级机构为了对本系统所属企业的成本管理工作进行指导，为了给国民经济管理部门提供所需的成本数据资料，也可以要求企业将其成本报表作为会计报表的附表上报。在这种情况下，企业成本报表的种类、项目、格式和编制方法以及具体报送对象等，也可以由主管企业的上级机构会同企业共同制定。

1．按报送对象分类

（1）对外成本报表，是指企业向外部单位，如上级主管部门和联营单位等报送的成本报表。

在社会主义市场经济条件下，成本报表一般被认为是企业内部管理用的报表，为了保守商业秘密，按惯例不对外公开，但在我国国有企业和集体企业占比重较大的情况下，为了管理上的需要，企业都仍然有分管和托管的主管部门。这些主管部门为了监督和控制成本费用，了解目标成本的完成情况，进行同行业的分析对比，并为成本预测和决策提供依据，以及满足投资者了解企业经营状况和经营成果的需要，都要求企业提供成本数据资料。实际上，这仍然是一种内部报表，只不过是一种扩大范围的内部报表。

（2）对内成本报表，是指为了企业内部经营管理需要而编制的成本报表。

此类报表由于不对外报送，所以，其内容、种类、格式、编制程序和方法、编制时间和报送对象，均由企业根据自己生产经营和管理的需要自行确定。内部成本报表编制的目的，主要在于让企业领导和职工了解企业日常成本费用计划、预算执行的情况，以便调动各方面的积极性，控制费用的发生，降低产品成本，提高企业经济效益。同时，为企业领导、管理人员和投资者提供成本信息资料，以便进行决策和采取有效措施，不断降低成本费用。

2．按编报时间分类

（1）定期编报的成本报表，根据管理上的要求一般又可分为月报、季报、年报，其主要目的是定期反映一定时期的成本水平及其构成情况，以满足企业定期考核、分析成本计划完成情况的需要。

此外，为了满足企业内部管理的特殊需要，也可以按旬、按周、按日，甚至按工作班组编报，其目的在于及时提供成本核算数据资料，服务于企业生产经营的全过程，充分发挥成本核算及时指导生产的作用，满足日常成本管理的需要。

（2）不定期编报的成本报表，是企业为了满足临时的、特殊的需要而向有关部门和人员编报的成本报表。

例如，企业为了将成本管理与技术管理相结合，分析企业产品成本升降的具体原因，进一步寻求降低成本的途径和方法，而将成本指标与技术经济指标结合起来，不定期地向有关部门和人员编报的技术经济指标变动对产品成本影响情况的报表等。不定期报表可以及时反映和反馈成本信息，揭示存在的问题，促使有关部门和人员及时采取措施，改进工作，提高效率，控制费用的发生，达到节约费用支出、降低成本的目的。

3．按反映的经济内容分类

（1）反映成本执行情况的报表，这类报表主要有产品生产成本表和主要产品单位成本表，主要反映报告期内企业各种产品的实际成本水平。

通过本期实际成本与前期平均成本、本期计划成本的比较，可以了解企业成本计划的完成情况。

（2）反映费用支出情况的报表，这类报表主要有制造费用明细表等，主要反映企业在报告期内某些费用支出的总额及其构成情况。

通过这类报表可以分析费用支出的合理程度及变化趋势，有利于企业制定费用预算，考核费用预算的实际完成情况。

（3）反映生产经营情况的报表，这类报表属于反映企业某项专项成本、费用情况或成本管理中某些专题情况的报表，通常设置的有生产情况表、材料耗用成本表、材料价格差异分析表等，主要反映企业在报告期内某些费用、成本的具体支出的总额及其构成情况。

通过对此类信息的分析，有利于采取针对性措施加强企业成本管理。

4．按编制的范围分类

成本报表按编制的范围，可分为全厂成本报表、车间成本报表和班组成本报表等。

一般地，产品生产成本表、主要产品单位成本表等都是全厂成本报表，制造费用明细表、生产情况表既可以是全厂成本报表，也可以是车间成本报表。

（二）编制成本报表的依据

编制成本报表的主要依据：一是报告期的成本账簿资料；二是本期成本计划及费用预算等资料；三是以前年度的会计报表资料；四是企业有关的统计资料和其他资料等。

（三）编制成本报表的要求

1．数字准确

数字准确，是指报表中的各项数据必须真实可靠。因此，企业在编制报表前，应将所有的经济业务登记入账，并核对各种账簿之间的记录，做到账账相符；清查财产、物资，做到账实相符。

2．计算正确

计算正确，是指在编制成本报表的过程中，表内各项指标数据的计算必须准确无误。如果成本报表在填列过程中产生错误，或者账、证等资料中出现计算错误，则据以编制的报表同样不准确，也就不能客观、真实地反映企业在一定时期内的费用、成本水平。

3．内容完整

内容完整，是指在编制成本报表时，报表种类必须齐全，表内的指标、项目、报表补充资料必须填列完整。

4．编报及时

编报及时，是指企业按规定的时间编制并报送各种成本报表，及时进行成本信息资料的传递、反馈。

5．内容实用，不拘泥于形式

成本报表的格式和内容、种类的设计应根据各企业的生产经营特点和管理要求进行，在满足管理需要的前提下尽可能简化，并且注重报表内容的实用性。

报表格式和明细项目的设置应充分考虑成本报表的专题性、指标的实用性和报表格式的针对性。

二、产品生产成本报表

产品生产成本表是反映工业企业在报告期内生产的全部产品的总成本的报表。

（一）产品生产成本表（按成本项目反映）

该表是按成本项目汇总反映工业企业在报告期内生产的全部产品总成本的报表。

1．产品生产成本表（按成本项目反映）的结构

该表可以分为生产费用和产品生产成本两部分。

表中生产费用部分按照成本项目反映报告期内发生的各项生产费用及其合计数；产品生产成本部分是在生产费用合计基础上，加上在产品和自制半成品的期初余额，减去在产品和自制半成品的期末余额，算出产品生产成本合计数。各项费用和成本，还可以按上年实际数、本年计划数、本月实际数和本年累计实际数分栏反映。

文案范本

产品生产成本表（按成本项目反映）

编报单位：智董工厂　　　　　　　　　　年　月

项　　目	上年实际	本年计划	本年实际	本年累计实际
生产费用：				
直接材料费用				
直接人工费用				
制造费用				
生产费用合计				
加：在产品、自制半成品期初余额				
减：在产品、自制半成品期末余额				
产品生产成本合计				

2. 产品生产成本表（按成本项目反映）的编制

在产品生产成本表（按成本项目反映）中，上年实际数应根据上年 12 月份本表的本年累计实际数填列；本年计划数应根据成本计划有关资料填列；本年累计实际数应根据本月实际数，加上上月份本表的本年累计实际数计算填列。

（二）产品生产成本表（按产品种类反映）

按产品种类反映的产品生产成本表，是按产品种类汇总反映工业企业在报告期内生产的全部产品的单位成本和总成本的报表。

1. 产品生产成本表（按产品种类反映）的结构

该表可以分为实际产量、单位成本、本月总成本和本年累计总成本四部分。表中按照产品种类分别反映本月产量、本年累计产量，以及上年实际成本、本年计划成本、本月实际成本和本年累计实际成本。

文案范本

产品生产成本表（按产品种类反映）

编报单位：智董工厂　　　　　　　　　　年　月

产品名称	计量单位	实际产量		单位成本				本月总成本			本年累计总成本		
		本月	本年累计	上年实际平均	本年计划	本月实际	本年累计实际平均	按上年实际平均单位成本计算	按本年计划单位成本计算	本月实际	按上年实际平均单位成本计算	按本年计划单位成本计算	本年实际
合计		×	×	×	×	×	×						

2. 产品生产成本（按产品种类反映）表的编制

在该表中，各种产品的本月实际产量，应根据相应的产品成本明细账填列。本年累计实际产量，应根据本月实际产量，加上上月本表的本年累计实际产量计算填列。上年实际平均单位成本，应根据上年度本表所列全年累计实际平均单位成本填列；本年计划单位成本，应根据本年度成本计划填列；本月实际单位成本，应根据表中本月实际总成本除以本月实际产量计算填列。如果在产品成本明细账或产成品成本汇总表中有着现成的本月产品实际的产量、总成本和单位成本，表中这些项目都可以根据产品成本明细账或产成品成本汇总表填列。表中本年累计实际平均单位成本，应根据表中本年累计实际总成本除以本年累计实际产量计算填列。按上年实际平均单位成本计算的本月总成本和本年累计总成本，应根据本月实际产量和本年累计实际产量，乘以上年实际平均单位成本计算填列。按本年计划单位成本计算的本月总成本和本年累计总成本，应根据本月实际产量和本年累计实际产量，乘以本年计划单位成本计算填列。本月实际总成本，应根据产品成本明细账或产成品成本汇总表填列。本年累计实际总成本，应根据产品成本明细账或产成品成本汇总表本年各月产成品成本计算填列。如果有不合格品，应单列一行，并注明"不合格品"字样，不应与合格产品合并填列。

对于可比产品，如果企业或上级机构规定有本年成本比上年成本的降低额或降低率的计划指标，还应根据该表资料计算成本的实际降低额或降低率，作为表的补充资料填列在表的下端。

可比产品成本的降低额和降低率的计算公式如下：

$$\text{可比产品成本降低额} = \text{可比产品按上年实际平均单位成本计算的本年累计总成本} - \text{本年累计实际总成本}$$

$$\text{可比产品成本降低额} = \frac{\text{可比产品成本降低额}}{\text{可比产品按上年实际平均单位成本计算的本年累计总成本}} \times 100\%$$

（三）按成本性态反映的产品成本表

这种格式的产品成本表，其基本结构是按成本性态分别变动成本和固定成本列示的产品总成本，并按上年实际数、本年计划数、本月实际数、本年实际数，分项分栏进行反映。

 文案范本

产品生产成本表（按成本性态反映）

年　月　　　　　　　　　　　　　　　　　　单位：千元

成本项目	上年实际成本	本年计划成本	本月实际成本	本年实际成本
变动成本：				
直接材料				
直接人工				
变动制造费用				
小　计				
固定成本：				
固定制造费用				
产品生产成本				

（四）商品产品成本表

商品产品成本表是反映企业在报告期内生产的全部商品产品（包括可比产品和不可比产品）的总成本和各种主要商品产品单位成本和总成本的报表。

企业编制商品产品成本表的目的，是为了利用该表所反映的资料，考核全部商品产品和主要商品产品成本计划的执行结果和各种可比产品成本降低任务的完成情况，分析成本增减变化的原因，指出进一步降低产品成本的途径。

商品产品成本表由基本报表和补充资料两部分组成。在基本报表中，一般将全部商品产品划分为可比产品和不可比产品两大类，并分别列出它们的单位成本、本月总成本、本年累计总成本等栏目。

 文案范本

商品产品成本表

编报单位：智董公司　　　　　　　　　　　年　　月　　　　　　　　　　单位：元

产品名称		可比产品				不可比产品			全部商品产品生产成本
					合计			合计	
规格									
实际产量（件）	本月								
	本年累计								
单位成本	上年实际平均								
	本年计划								
	本月实际								
	本年累计实际平均								
本月总成本	按上年实际平均单位成本计算								
	按本年计划单位成本计算								
	本月实际								
本年累计总成本	按上年实际平均单位成本计算								
	按本年计划单位成本计算								
	本年实际								

补充资料：（1）可比产品成本减低额为＿＿＿＿＿＿元。（2）可比产品成本降低率为＿＿＿％。

可比产品是指企业过去正式生产过并拥有完备的成本资料的产品，而不可比产品则是指企业过去没有生产过，或过去仅是试制而并未正式生产的产品，由于它们缺乏可比的成本资料，所以称为不可比产品。

对于可比产品的单位成本、本月总成本和本年累计总成本，均应分别列出上年实际平均数、本年计划数、本月实际数和本年累计平均数。这样做，便于分析可比产品成本降低任务的完成情况。对于不可比产品的单位成本、本月总成本和本年累计总成本，以及全部商品产品的总成本，则应同时列出本年计划数、本月实际数和本年累计实际平均数。这样做，有利于考核不可比产品以及全部商品产品成本计划的执行情况。

商品产品成本表的填列方法如下：

（1）"产品名称"项目应填列主要的"可比产品"与"不可比产品"的名称，对主要商品产品的品种，要按规定注明其名称、规格和计量单位。

（2）"实际产量"项目反映本月和从年初起至本月末止各种主要商品产品的实际产量，要依据成本计算单或产成品明细账的记录计算填列。

（3）"单位成本"项目内，"上年实际平均"栏反映各种主要可比产品的上年实际平均单位成本，应分别根据上年度本表所列各种可比产品的全年实际平均单位成本填列；"本年计划"栏反映各种主要商品产品的本年计划单位成本，应根据年度成本计划的有关数字填列；"本月实际"栏和"本年累计实际平均"栏分别反映本月和自年初起至本月末止企业生产的各种商品产品的实际总成本，应根据成本计算单的有关数字，并分别按下列公式计算填列：

$$\frac{某产品本月实际单位成本}{} = \frac{该产品本月实际总成本}{该产品本月实际产量}$$

$$\frac{某产品本年累计实际平均单位成本}{} = \frac{该产品本年累计实际总成本}{该产品本年累计实际产量}$$

（4）"本月总成本"项目内，"按上年实际平均单位成本计算"栏根据本月实际产量乘以上年实际平均单位成本计算填列；"按本年计划单位成本计算"栏根据本月实际产量乘以本年计划单位成本计算填列；"本月实际"栏根据本月产品成本计算单的资料填列。

（5）"本年累计总成本"项目内，"按上年实际平均单位成本计算"栏根据本年累计实际产量乘以上年实际平均单位成本计算填列；"按本年计划单位成本计算"栏根据本年累计实际产量乘以本年计划单位成本计算填列；"本年实际"栏根据本年成本计算单的资料填列。

（6）"补充资料"是商品产品成本表不可缺少的组成部分，是为了完整反映企业成本管理状况而提供补充成本信息，一般包括"可比产品成本降低额"与"可比产品成本降低率"两个指标。

$$可比产品成本降低额 = \sum\left[\left(\begin{matrix}上年实际平\\均单位成本\end{matrix} - \begin{matrix}本年实际平\\均单位成本\end{matrix}\right) \times \begin{matrix}本年实\\际产量\end{matrix}\right]$$

$$可比产品成本降低率 = \frac{可比产品成本降低额}{\sum\left(\begin{matrix}上年实际平\\均单位成本\end{matrix} \times \begin{matrix}本年实\\际产量\end{matrix}\right)} \times 100\%$$

三、主要产品单位成本表

主要产品单位成本表是反映企业在月份和年度内生产各种主要产品的单位成本的构成及其变动情况的会计报表。由于在商品产品成本表中各种主要产品的成本只列示总数，无法据此分析构成情况，因此要编制本表作为商品产品成本表的补充报表。

（一）主要产品单位成本的特点

本表主要特点是，按产品成本项目，分别反映产品单位成本及各成本项目的历史先进水平、上年实际平均、本年计划、本月实际和本年累计实际平均的成本资料。本表分为两个部分：第一部分为本表的基本部分，是分别按每一种主要产品进行编制的，表中除反映产品名称、规格、计量单位、产量、售价之外，主要是按成本项目反映单位成本的构成和水平；第二部分为本表的补充资料，反映上年和本年的几项经济指标，为分析、考核提供简便的资料。

（二）主要产品单位成本表的编制结构

主要产品单位成本表分为表首、基本部分（正表）和补充资料三大部分。

文案范本

主要产品单位成本表（范本1）

年　　月

编制单位：　　　　　　　本月实际产量：　　件　　　　　　　单位售价：元

产品名称：　　　　　　　本年累计实际产量：　　件　　　　　金额单位：元

成本项目	行次	历史先进水平（××××年）	上年实际平均	本年计划	本月实际	本年累计实际平均
单位产品生产成本	1					
其中：直接材料	2					
直接人工	3					
制造费用	4					
主要技术经济指标	计量	耗用量	耗用量	耗用量	耗用量	耗用量
1. A材料	公斤					
2. B材料	公斤					

补充资料：可以出售的不合格品产量_____。

　　　　　主要产品的不合格品率_____。

（1）表首部分：主要列示报表名称、编制单位、编报时间、产品名称、计量单位、单位销价、本月实际产量和本年累计实际产量等资料。

（2）基本部分：主要按成本项目反映各种主要产品单位成本的构成情况和水平，以及主要技术经济指标的完成情况。

（3）补充资料部分：提供主要产品的不合格品率等资料。

主要产品单位成本表实质上是对商品产品成本表中主要产品"单位成本"栏的补充说明，以更加完整地反映产品单位成本状况。

（三）主要产品单位成本表的编制方法

1. 表首有关项目的填列

产品名称，指主要产品的名称。所谓主要产品，是指企业经常性生产且在全部产品中所占比重较大，能从主要方面反映企业生产经营面貌的那些产品。

本月实际产量，反映企业本月生产的各种主要产品的合格品的产量，不包括可以出售的不合格品的产量。本栏目根据产品成本计算单填列。

本年累计实际产量，反映从年初至本月末止的累计实际产量。本栏目根据产品成本计算单计算填列。

2. 基本部分有关项目的填列

成本项目应按有关制度规定的项目填列。现行制度规定的成本项目一般包括直接材料、直接人工和制造费用三项。

历史先进水平，是指企业历史上同种产品单位成本最低的实际平均成本水平，应根据本企

业同种产品单位成本最低的有关资料按成本项目分别填列。

上年实际平均,是指企业上年实际平均单位成本,应根据企业上年度本表的有关资料填列。

本年计划,应根据企业本年度单位成本计划填列。

本月实际,是指企业本月生产的各种主要产品的实际单位成本水平,应根据企业本月产品成本计算单的有关资料填列。

本年累计实际平均,是指从年初至本月末止各种主要产品的实际平均单位成本,应根据自年初至本月末止的完工产品成本计算单的有关资料加权平均计算后填列。

主要技术经济指标应根据有关规定和统计资料填列。

3. 补充资料的计算填列

可以出售的不合格品产量,由于在会计核算上仍包括在商品产品范围内,因而应作为补充资料单独反映。该指标应根据产品成本计算单的有关资料计算填列,并加上从年初至本月末止的累计实际产量。

主要产品的不合格品率,反映企业所生产的不合格品的比例,它从另一个角度反映企业产品的合格率。该指标根据不合格品的产量除以该种产品的产量计算填列。

 文案范本

主要产品单位成本表(范本2)

年　　月

产品名称：　　　　　　　　　　　　　　　　　　　　　　　　本月实际产量：

规格：　　　　　　　　　　　　　　　　　　　　　　　　　　本年累计实际产量：

计量单位：件　　　　　　　　　　　　　　　　　　　　　　　　　　　单位：元

成本项目	历史先进水平	上年实际平均	本年计划	本年实际	本年累计实际平均
直接成本					
直接人工					
制造费用					
产品生产成本					
补充资料：					
1. 成本利润率（%）					
2. 资金利税率（%）					
3. 产品销售率（%）					
4. 净产值率（%）					
5. 实际利税总额					
6. 职工工资总额					
7. 年末职工人数					
8. 全年平均职工人数					

本表的填列方法如下：

（1）各成本项目的历史先进水平的数字，根据成本历史资料填列。

（2）各成本项目的上年实际平均单位成本的数字，根据上年度的成本资料填列。

（3）各成本项目的本年计划单位成本的数字，根据本年计划资料填列。

（4）各成本项目的本期实际单位成本的数字，根据实际成本资料填列。

（5）各成本项目的本年累计实际平均单位成本的数字，根据本年1月至本期为止该种产品的各该项目总成本除以累计产量后的商数填列。

在补充资料中，有关指标的计算公式如下：

$$成本利润率=产品销售利润÷产品销售成本×100\%$$

$$资金利税率=实际利税总额÷资金×100\%$$

$$产品销售率=产品销售利润÷产品销售收入×100\%$$

$$净产值率=工业净产值÷产品销售收入×100\%$$

四、其他成本报表

企业除按时编制商品产品成本表、主要产品单位成本表和制造费用明细表等成本报表外，还要按特定的生产工艺特点和成本管理要求，设置其他成本报表，如生产情况表、材料成本考核表、人工成本考核表等。其他成本报表具有较大的灵活性、多样性和及时性，产品成本水平的细微变化，一般都可以通过这些报表及时显现出来。合理设置和充分利用这些报表就为有效的成本控制打下了坚实的基础。

其他成本报表根据管理需要设置，形式多样，难以一一罗列，这里只能介绍一些常用的格式。

（一）成本及产量情况表

成本及产量情况表是反映一定期间整个企业、一个部门、一个车间或一种产品的生产数量和成本的报表。本表可由财会部门编制，采用成本和产量对比方式，以加强对产品成本的控制。本表按照每种产品编制，可每隔五日、一旬或半月编报一次。

文案范本

成本及产量情况表

车间：

产品名称：　　　　　　　　　　年　　月　　　　　　　　　　单位：元

日期	摘　要	直接材料	直接人工	制造费用	其他	合计	生产数量		
							日期	完工入库数	产品数

如果要按整个企业或部门编制成本及产量情况表，则该表可按产品品种汇总，只要将表中的日期和摘要栏改为产品名称栏即可。表内的各项成本数可以根据领料单，生产工时统计和单位工资率编列，完工入库数可根据产成品入库单计算，在产品数可根据"期初数+投产数——完工数——废品数"推算，或根据产成品台账填列。

在实行经济责任制的情况下，成本可按照权责的划分进行分层控制和考核。例如，可以分别按各个班组、车间或部门、厂部来进行分级控制。

实际及预算成本报表

部门：　　　　　　　　　　　　年　　月

项　目	预　算　数	实　际　数	差　异　数
直接材料			
直接人工			
间接人工			
停工损失			
加班津贴			
低值易耗品			
物料用品			
管理人员工资			
折旧			
合　　计			

本表可由车间或职能部门编制，用以进行成本控制。表内项目只包括由该部门主管负责并控制的成本部分，不属本部门主管负责的成本不在本表内反映。如果该表由厂部编制，则项目栏可按各个部门的成本合计数编制，以便对各部门实施控制。

（二）主要材料成本考核表

反映材料成本的内部报表可分别由仓库部门和财会部门编制，主要反映重要的材料消耗的数量，一般逐日编制。其实际用量根据领料单汇总，标准用量以实际产量乘消耗定额求得，二者之间的差额记入差异数栏，节约用负号表示。

材料耗用量月报表

材料名称：甲　　　　　　　　　　年　　月　　　　　　　　　　单位：千克

日期	本日数				本月累计数				本年累计数			
	实际用量	标准用量	差异数	差异率	实际用量	标准用量	差异数	差异率	实际用量	标准用量	差异数	差异率
1												
2												
3												

文案范本

材料耗用成本

年　月　日至　月　日　　　　　　　　　　单位：元

部门	实际成本（实际用量×计划单价）	标准成本（标准用量×计划单价）	差异数	差异率
甲部门				
乙部门				
丙部门				
合　计				

文案范本

　　材料价格差异分析表也是材料成本表的一种，用于分析材料采购成本。通过本表可以了解各个采购渠道的经济效益，为进一步降低单位产品成本中的原材料成本提供可能。本表由财会部门或材料核算部门编制，每旬或每五日编制一次。

材料价格差异分析表

年　　月　　日至　月　　日

采购单编号	供货单位	材料名称	计量单位	采购数量	实际成本		计划成本		差　异		
					单位成本	总成本	单位成本	总成本	单位成本	总成本	差异数

（三）人工成本考核表

　　人工成本的考核可采取多种不同形式进行，人工成本考核表主要用于分析工人在生产时间内的工作效率。本表可由生产班组编制并逐级汇总，不仅可用作成本考核的资料，也可用作发放劳动报酬的依据之一。

文案范本

工人工作效率月报表

班组：　　　　　　　　　　　　　年　　月　　日

工人姓名或工号	实际动用工时	完成定额工时	工作效率

五、费用明细表

各种费用是指一定时期在生产经营过程中，各个车间、部门为进行产品生产和销售，以及组织和管理生产经营活动和筹集生产经营资金等所发生的制造费用、销售费用、管理费用和财务费用。前者属于产品成本的组成部分，后三项属于期间费用。

企业应定期编制制造费用明细表、销售费用明细表、管理费用明细表和财务费用明细表。

通过上述费用报表，可以反映企业各种费用计划（预算）的执行情况，了解企业在一定期间内各种费用支出总额及其构成情况，据以分析各种费用支出的合理性及其变动趋势，并为正确编制下期费用计划（预算）、控制费用支出、明确各有关部门和人员的经济责任提供依据。

（一）制造费用明细表

制造费用明细表是反映工业企业在报告期内发生的制造费用及其构成情况的报表。

由于辅助生产车间的制造费用已通过辅助生产费用的分配转入基本生产车间制造费用、管理费用等有关的成本、费用项目，因而该表的制造费用只反映基本生产车间制造费用，不包括辅助生产车间制造费用，以免重复反映。

1. 制造费用明细表的结构

该表一般按照制造费用的费用项目分别反映各该费用的本年计划数、上年同期实际数、本月实际数和本年累计实际数。

文案范本

制造费用明细表

单位：智董工厂 　　　　　　　　年　　月

费用项目	本年计划数	上年同期实际数	本月实际数	本年累计实际数
工资及福利费				
折旧费				
修理费				
办公费				
水电费				
机、物、料消耗				
劳动保护费				
在产品盘亏、毁损				
停工损失				
其他				
合　计				

2. 制造费用明细表的编制

该表的本年计划数应根据本年制造费用计划填列；上年同期实际数应根据上年同期本表的本月实际数填列；本月实际数应根据"制造费用"总账科目所属各基本生产车间制造费用明细账的本月合计数汇总计算填列；本年累计实际数应根据这些制造费用明细账本月末的累计数汇总计算填列。如果需要，也可以根据制造费用的分月计划，在表中加列本月计划数。

（二）销售费用明细表

销售费用明细表是反映工业企业销售部门在报告期内为销售产品所发生的各项费用及其构成情况的报表。

销售费用明细表一般按照销售费用的费用项目分别反映各该费用的本年计划数、上年同期实际数、本月实际数和本年累计实际数。

1. 销售费用明细表的格式

 文案范本

销售费用明细表

单位：智董工厂　　　　　　　　　　年　月　　　　　　　　　　单位：元

项　　目	本年计划数	上年同期实际数	本月实际数	本年累计实际数
工资				
职工福利费				
业务费				
运输费				
装卸费				
包装费				
保险费				
展览费				
广告费				
差旅费				
租赁费				
机物料消耗				
低值易耗品摊销				
折旧费				
修理费				
其他				
销售费用合计				

2. 销售费用明细表的填列方法

（1）本年计划数应根据本年度销售费用计划填列。

（2）上年同期实际数应根据上年同期本表的本月实际数或本年累计实际数填列。

（3）本月实际数应根据销售费用明细账的本月合计数填列。

（4）本年累计实际数应根据销售费用明细账本月末的累计数填列。

（三）财务费用明细表

财务费用明细表是反映工业企业在报告期内为筹集生产经营资金所发生的各项费用及其构成情况的报表。

财务费用明细表一般按照财务费用的费用项目分别反映各该费用的本年计划数、上年同期实际数、本月实际数和本年累计实际数。

1. 财务费用明细表的格式

 文案范本

财务费用明细表

单位：智董工厂   年　月   单位：元

项　目	本年计划数	上年同期实际数	本月实际数	本年累计实际数
利息支出（减利息收入）				
汇兑损失（减汇兑损益）				
调剂外汇手续费				
金融机构手续费				
其他筹资费用				
财务费用合计				

2. 财务费用明细表的填列方法

（1）本年计划数应根据本年度财务费用计划填列。

（2）上年同期实际数应根据上年同期本表的本月实际数或本年累计实际数填列。

（3）本月实际数应根据财务费用明细账的本月末的合计数填列。

（4）本年累计实际数应根据财务费用明细账的本月末的累计数填列。

（四）管理费用明细表

管理费用明细表是反映企业管理部门在报告期内为组织和管理企业生产所发生的各项费用及其构成情况的报表。

管理费用明细表一般按照管理费用的费用项目分别反映各该费用的本年计划数、上年同期实际数、本月实际数和本年累计实际数。

1. 管理费用明细表的格式

 文案范本

管理费用明细表

单位：智董工厂   年　月   单位：元

项　目	本年计划数	上年同期实际数	本月实际数	本年累计实际数
工资				
职工福利费				
折旧费				
修理费				
办公费				
差旅费				
运输费				
保险费				
租赁费				

续表

项　　目	本年计划数	上年同期实际数	本月实际数	本年累计实际数
咨询费				
诉讼费				
排污费				
绿化费				
机物料消耗				
低值易耗品摊销				
无形资产摊销				
长期费用摊销				
坏账损失				
研究开发费				
技术转让费				
业务招待费				
工会经费				
职工教育经费				
劳动保护费				
待业保险费				
税金				
存货盘亏和毁损（减盘盈）				
其他				
管理费用合计				

2．管理费用明细表的填列方法

（1）本年计划数应根据本年度管理费用计划填列。

（2）上年同期实际数应根据上年同期本表的本月实际数或本年累计实际数填列。

（3）本月实际数应根据管理费用明细账的本月合计数填列。

（4）本年累计实际数应根据管理费用明细账的本月末的累计数填列。

六、期中成本预报

期中成本预报是指在成本计划执行过程中，在前期成本计划完成情况分析的基础上，对后期的成本水平进行预测分析，借以预计成本计划能否完成和超额完成，以预报的形式报出，敦促有关车间、部门及早采取有效措施，发扬有利因素，克服不利因素，保证成本计划的完成。

期中成本预报可以根据实际需要定期或不定期进行。一般月度成本预报是在中旬末进行；季度预报是在第二个月月末进行；年度预报是在第三季度末进行。

现以年度预报为例，说明进行成本预报的步骤和方法：

（1）根据第四季度的生产计划和成本计划，计算第四季度产品计划总成本和各项费用支出计划总额。

（2）对前三个季度的成本计划完成情况进行分析，找出影响成本升降的主要因素，并检查这些因素对第四季度成本水平是否继续存在影响。如果有影响，程度有多大。

（3）深入生产实际和有关部门，调查了解第四季度可能出现的新的因素和新的情况，包括有利的和不利的因素和情况，了解这些因素产生的原因和责任部门，并估算它们对第四季度成本水平的影响程度。

（4）汇总上述各项有利的和不利的因素以及对第四季度成本水平的影响，预计第四季度成本计划的完成情况。

（5）总结推广先进经验，针对存在的问题提出建议，发扬有利因素，克服不利因素，以保证成本计划的完成和超额完成。

上述方法也可用于某项降低产品成本或费用支出措施效果的预计分析。

七、责任成本报表

责任成本报表是根据成本责任中心（或单位）的日常责任成本核算资料定期进行编制，用以反映和考核责任成本预算完成情况的内部成本报表。

所谓责任成本，是指责任者的可控成本，是根据成本管理责任制的要求，按成本划分责任进行管理的成本。责任成本报表应以责任单位（如车间、部门等）逐级按月进行编报，主要的责任成本项目还可以按月或按旬进行编报，其资料来源于责任成本计划和责任成本核算。因此，编制这一张报表的前提是有进行责任成本计划和核算的企业。

（一）责任成本表的内容

责任成本报表的编报内容取决于各成本中心（车间和部门）控制成本的责任范围。责任范围大的成本中心，其报告可涉及成本若干项内容，责任范围小的成本中心，其报告内容可能只涉及某项用料、用工标准的执行情况。责任成本报表内容的详简程度应服从于各级成本管理人员的信息需求。在一般的情况下，越低层次的报告越详细，越高层次的报告越概括。成本中心的责任成本报表，一般只按该中心可控成本的明细项目列示其计划数（责任预算）、实际数和差异。其指标可用金额、实物或时间量度表示。

该表报告的核心内容是差异的揭示，是考核成本中心对责任成本控制的业绩。如果计划数大于实际数，称为"有利差异"，通常在差异后用符号 F 表示，表示可控成本为节约；如果出现计划数小于实际数，称为"不利差异"，通常在差异后用符号 U 表示，表明可控成本为超支。对于成本中心的不可控成本，在报告中可以不予列示，以突出重点或者作为参考资料列示，让管理机关了解该成本中心一定时期发生消耗的全貌，并便于考察责任成本信息与产品信息相互印证。

（二）责任成本表的编制

责任成本表是反映各责任单位在报告期内实际发生的责任成本及其与责任成本预算差异情况的报表。其结构和格式可由企业根据内部管理的需要自行设计。

现按生产车间、供应部门、管理部门分述如下。

1. 生产车间责任成本表的编制

（1）企业采用制造成本法计算产品成本的情况下，其责任成本表可按成本项目列示，反映各项目计划责任成本、实际责任成本和差异。

 **文案范本**

生产车间责任成本表（制造成本法）

责任单位：加工车间 　　　　　　　　年　月　　　　　　　　单位：元

成本项目	本月责任成本					累计责任成本		
	计 划	全部费用	不可控费用	实 际	差 异	计 划	实 际	差 异
	①	②	③	④=②－③	⑤=①－④	⑥	⑦	⑧=⑥－⑦
直接材料								
直接人工								
制造费用								
合 计								

表中各栏数字的填列方法如下：

1）本月计划责任成本（第①栏）应分别根据当月生产的各种产品的定额消耗量乘以单位消耗计划成本汇总计算填列。其中，直接材料项目本月计划责任成本，应根据当月生产的各种产品的各种材料的定额消耗量分别乘以各该种材料的计划单位成本汇总计算填列；其他项目本月计划责任成本，应根据当月加工各种产品消耗的定额工时之和分别乘以单位工时各项目费用计划计算填列。

2）全部费用（第②栏）为当月生产各种产品实际发生的费用，应根据各种产品成本计算单的各成本项目本月费用汇总计算填列。如果月初在产品在本月加工中发生不可修复废品，其废品损失应计入本月费用。

3）不可控费用（第③栏）应根据当月实际发生的不可控费用计算填列。

4）本月实际责任成本（第④栏）应根据本月全部费用减去不可控费用计算填列。

5）差异（第⑤栏）应根据计划责任成本减去实际责任成本计算填列。其有利差异用 F 表示，不利差异用 U 表示。

6）累计责任成本各栏目均应根据上月责任成本表的累计责任成本加上本月责任成本表的本月责任成本计算填列。

（2）企业采用变动成本法计算产品成本的情况下，其责任成本表应分为变动责任成本和固定责任成本两部分。变动责任成本可以按成本项目分别列示，固定责任成本可以按费用项目分别列示。该表也分别反映各项目的计划责任成本、实际责任成本和差异。

 **文案范本**

生产车间责任成本表（变动成本法）

责任单位：加工车间 　　　　　　　　年　月　　　　　　　　单位：元

成本性态	成本或费用项目	本月责任成本			累计责任成本		
		计划	实际	差异	计划	实际	差异
变动成本	直接材料						
	直接人工						
	变动性制造费用						

续表

成本性态	成本或费用项目	本月责任成本			累计责任成本		
		计划	实际	差异	计划	实际	差异
变动成本	小　计						
固定成本	工资及福利费						
	办公费						
	折旧费						
	劳动保护费						
	水电费						
	其他						
	小　计						
合　计							

表中各栏数字的填列方法如下：

1）本月计划变动责任成本各项目，应分别根据各种产品各项定额消耗量和单位消耗量计划成本汇总计算填列。

2）本月实际变动责任成本各项目，应根据各种产品成本计算单中本月费用汇总计算填列。

3）本月变动责任成本差异各项目，应根据计划变动责任成本减去实际责任成本计算填列。如为有利差异用 F 表示，如为不利差异用 U 表示。

4）本月计划固定责任成本各项目，应根据可控固定费用计划数填列。

5）本月实际固定责任成本各项目，应根据责任单位可控固定费用明细分类账本月发生额填列。

6）本月固定责任成本差异各项目，应根据计划固定责任成本减去实际固定责任成本计算填列。如为有利差异用 F 表示，如为不利差异用 U 表示。

7）累计责任成本各项目，应根据上月止累计责任成本加本月责任成本计算填列。

2. 供应部门责任成本表的编制

供应部门责任成本表分为材料采购成本、管理费用和其他费用三部分，分别反映其计划责任成本、实际责任成本和差异。其中，材料采购成本按材料类别分别列示，管理费用按费用项目分别列示，其他费用是指由其他责任单位转入由本责任单位承担的损失性费用，也按费用项目分别列示。

文案范本

供应部责任成本表

责任单位：供应部　　　　　　　　　　　　年　月　　　　　　　　　　单位：元

成本性态	成本或费用项目	本月责任成本			累计责任成本		
		计划	实际	差异	计划	实际	差异
外购材料成本	原材料						
	包装物						
	低值易耗品						
	小　计						

续表

成本性态	成本或费用项目	本月责任成本			累计责任成本		
		计划	实际	差异	计划	实际	差异
管理成本	办公费 差旅费 水电费 运输费 其他						
	小 计						
其他费用	料废损失 代用材料损失						
	小 计						
合 计							

表中各栏数字的填列方法如下：

（1）外购材料本月计划责任成本，应根据各种材料采购明细分类账当月入库材料计划成本汇总计算填列；本月实际责任成本，应根据各种材料采购明细分类账当月入库材料实际成本汇总计算填列；差异应根据本月计划责任成本减去本月实际责任成本计算填列，有利差异用 F 表示，不利差异用 U 表示。

（2）管理费用本月计划责任成本，应根据可控费用计划填列；本月实际责任成本，应根据本部门当月实际发生的可控费用填列；差异应根据本月计划责任成本减去本月实际责任成本计算填列，有利差异用 F 表示，不利差异用 U 表示。

（3）其他费用是指其他责任单位发生的不可控而供应部门可控的费用。由于它属于一种损失性费用，所以不列计划责任成本数，因而实际发生的责任成本即差异数，均为不利差异。其他费用可以采用责任转账的方式转入，也可以采用费用转移通知单的方式转入。如为前者，其本月实际责任成本应根据有关明细分类账的发生额填列；如为后者，则应根据费用转移通知单填列。

（4）累计责任成本各栏应根据上月止累计责任成本加本月责任成本计算填列。

3. 其他管理部门责任成本表的编制

其他管理部门责任成本表一般分为管理费用和其他费用两部分，也分别反映其本月计划责任成本、本月实际责任成本和差异。其填列方法与供应部门责任成本表的管理费用和其他费用的填列方法相同，不再赘述。

责任成本表应逐级上报和逐级汇总编制，下一级的成本中心编制的责任成本表应定期向上一级成本中心报送，上一级成本中心收到其下属所有的成本中心报来的责任成本表后，应予汇总，再加上直接属于自身的可控成本，编制本成本中心的责任成本表，并再向更高层次的成本中心报送，直至最后汇编出整个企业的责任成本表，通过责任成本表的逐级上报汇编形成整个企业的连锁责任。

 **文案范本**

制造部责任成本表

责任单位：制造部　　　　　　　　　　　年　月　　　　　　　　　　单位：元

项　　目	本月责任成本			累计责任成本		
	计　划	实　际	差　异	计　划	实　际	差　异
制造部管理费						
铸造车间责任成本						
加工车间责任成本						
装配车间责任成本						
可控成本合计						

 **文案范本**

公司总部责任成本表

责任单位：公司总部　　　　　　　　　　年　月　　　　　　　　　　单位：元

项　　目	本月责任成本			累计责任成本		
	计　划	实　际	差　异	计　划	实　际	差　异
公司总部管理费						
制造部责任成本						
供应部责任成本						
销售部责任成本						
可控成本合计						

八、质量成本表

质量成本表是按质量成本项目反映企业在报告期内实际发生的质量成本及其与质量成本预算差异情况的报表。

质量成本是指企业在生产经营过程中，为了保证和提高产品质量所支出的一切费用以及未达到质量标准而产生的损失费用。质量成本表反映的内容包括故障成本、鉴定成本和预防成本。

故障成本，即质量损失，它分内部故障成本和外部故障成本。内部故障成本是指产品在出厂以前因质量不合格而发生的损失和处理费用，包括废品损失、不合格品返修费用、返修产品复检费、因质量事故造成的停工损失等。外部事故成本是指产品出售后由质量问题而发生的损失和支付一些费用，如退换损失、折价损失、保管和修理费用等。

鉴定成本，是指检验和评定产品质量而发生的各种费用，包括产品检验费、产品生产工序检查费、进料检验费以及各种检测设备的维修费等。

预防成本，是指为了维护和保证产品质量，使它达到设计标准而发生的一切费用，包括质量控制的技术和管理费用、工序控制费用、质量管理培训费、质量改进措施费等。

（一）质量成本表的内容

质量成本信息发生在生产经营过程的各个环节中，在每个环节控制质量成本需要解决的问题，可能涉及许多部门，这就需要确定追踪和控制质量成本的网点。根据质量管理的内部分工，通常内部故障成本由生产部门负责，外部故障成本由销售部门负责，鉴定成本由检验部门负责，预防成本由质量管理部门负责，质量总成本由财会部门与质量管理部门共同负责。质量成本表的内容是根据各网点追踪和控制质量成本的具体内容和对质量管理分工的要求来确定的。各网点的质量成本表和汇总的质量成本表，都应反映质量成本有关项目的预算控制数、实际数和差异数。

（二）质量成本表的编制依据

质量成本表编制的依据主要有：

（1）表中质量成本的实际数一般源于原始记录和原始凭证。例如，废品通知单、返修单、检验工时报告单、质量事故减产损失计算表及各种台账的统计数等。质量管理各网点的核算人员，应负责收集原始资料，进行登记、汇总，并据以编制质量成本表。

（2）表中质量成本的预算控制数，应根据计划年度企业制定的质量成本预算控制数逐项填列。

（3）表中的差异数应根据质量成本实际数与预算控制数逐项计算填列。

差异栏中用金额表示的差异应等于实际数减去预算控制数，用百分比表示的差异应等于差异额除以预算控制数求得的。

（三）质量成本表的编制方法

质量成本报表是根据质量成本的日常核算资料进行编制的。进行质量成本核算时，必须搞好统计工作，及时、准确地统计因发生废品而损失的材料、工时等，为正确进行质量成本核算提供可靠的原始资料。质量成本有显见成本与隐含成本之分，显见成本可用会计方法进行核算，对未实际支出的隐含成本，如质量事故的停工损失、产品降级损失、产品降价损失等，很难用会计方法进行核算，只能用统计方法计算确定。因此，质量成本的核算以会计核算为主，统计核算为辅，相互配合，才能全面、正确、及时地反映质量成本。根据日常核算的资料进行质量成本报表的编制，质量成本表可分为两类：一类汇总反映全厂质量成本预算的执行情况；另一类分别反映各个责任层次的质量成本预算的执行情况。分责任层次的内部质量成本表编制时，应分别按责任单位（分级归口单位），分车间、科室进行编报。

文案范本

责任单位质量成本表

年 月 单位：元

类 别		项 目	预算控制数 ①	实际数 ②	差 异	
					金额 ③=②-①	% ④=③÷①
故障成本	内部故障成本	1. 不合格品返修费 2. 返修产品复检费 3. 废品损失 4. 质量事故造成停工损失费用 5. 降级损失				

续表

类　别		项　目	预算控制数①	实际数②	差　异	
					金额 ③=②-①	% ④=③÷①
故障成本	内部故障成本	小　计				
	外部故障成本	1.　折价损失				
		2.　赔偿费用				
		3.　保修费用				
		4.　"三包"管理费				
		5.　退货损失				
		小　计				
鉴定成本		1.　进料检验费				
		2.　工序检查费				
		3.　产品检验费				
		4.　检测手段维护费				
		小　计				
预防成本		1.　质量管理培训费				
		2.　质量管理活动费				
		3.　质量管理文件制定费				
		4.　质量改进措施费				
		小　计				
质量成本合计						
本期产品生产总成本质量成本率（百元）						

文案范本

车间质量成本表

车间：　　　　　　　　　　　　　　年　月

类　别	项　目	预算数	实际数	差异数		差异原因
				金　额	%	
内部故障成本	1.　不合格品返修费					
	2.　返修产品复检费					
	3.　废品损失					
	4.　质量事故造成停工损失费用					
	5.　降级损失					
	小　计					
预防成本	1.　质量管理培训费					
	2.　质量管理活动费					
	3.　质量管理文件制定费					
	4.　质量改进措施费					
	小　计					

续表

类 别	项 目	预算数	实际数	差异数		差异原因
				金 额	%	
鉴定成本	1. 进料检验费					
	2. 工序检查费					
	3. 产品检验费					
	4. 检测手段维护费					
	小 计					
合 计						

科室质量成本报告

科室：　　　　　　　　　　　　　年　月

类 别	项 目	预算数	实际数	差异数		差异原因
				金 额	%	
外部故障成本	1. 折旧损失					
	2. 赔偿费用					
	3. 保修费用					
	4. "三包"管理费					
	5. 退货损失					
	小 计					
内部故障成本	1. 不合格品返修费					
	2. 返修产品复检费					
	3. 废品损失					
	4. 质量事故造成停工损失费用					
	5. 降级损失					
	小 计					
合 计						

九、成本报表相关范本

成本明细表

单位：万元

公司名称		制表时间	
执行日期			

成本项目基本信息							差异分析					摘要
类别	编号	名称	规格型号	单位	单价	金额	预计		实际		差异率（%）	
							单位用量	金额	单位用量	金额		
原料成本												
	合计											
物料成本												
	合计											
制造成本												
	合计											
人工成本												
	合计											
总计												
备注												

文案范本

成本计算表

制造命令			设备器具名称				数量		
制造方式					设计者		负责人		

	材料名称规格	预计用量	单价	实际用量	金额	材料名称规格	预计用量	单价	实际用量	金额
材料成本记录										

	日期	说明	工资	人数	天数	工资	日期	说明	工资	人数	天数	工资
人工成本记录												

动力成本	（1）电力	
	（2）压缩空气	
	（3）	
合计		

经理：　　　会计：　　　账务：　　　审核：　　　记录：

文案范本

成本费用利润率计算表

金额单位：万元

项　　目	20×6 年	20×7 年
营业成本		
营业税金及附加		
销售费用		
管理费用		
财务费用		
成本费用总额		
利润总额		
成本费用利润率		

边际资金成本计算表

序号	筹资总额范围（元）	筹资方式	目标资本结构（%）	个别资金成本（%）	边际资金成本（%）
1		长期债务			
		普通股权益			
		第一个范围的边际资金成本 =　　%			
2		长期债务			
		普通股权益			
		第二个范围的边际资金成本 =　　%			
3		长期债务			
		普通股权益			
		第三个范围的边际资金成本 =　　%			
4		长期债务			
		普通股权益			
		第四个范围的边际资金成本 =　　%			
5		长期债务			
		普通股权益			
		第五个范围的边际资金成本 =　　%			

第四节　成本会计相关制度、表格、流程范本

一、相关制度、办法

成本费用核算制度

第一章　总　　则

第一条　本着下列两个目的，特制定本制度。

1. 规范企业成本费用核算工作，保证成本信息真实、完整。

2. 加强企业成本管理，降低成本费用，提高企业经济效益。

第二条　成本费用核算依据。

1. 国家《企业会计准则》《企业内部会计制度》。

2. 有关的消耗定额、开支标准和开支范围的政策文件。

3. 充分考虑企业内部的经营特点和经营的内外部环境的要求。

第二章　成本费用核算对象、方法和项目

第三条　成本核算对象。

1. 产成品：已经完成生产过程，并已经验收合格入库可供出售的产品。

2. 在制品：月终尚未完工或虽已完工但尚需等待检验等原因，不具备入库条件的各种形态在制品。

3. 对耗用同一种原料生产出两种以上分类产品应分别列为成本核算对象。

第四条　成本核算方法。

1. 对能直接归属某个成本核算对象的成本费用直接列入相应成本对象的成本中。

2. 对涉及两个及两个以上成本核算对象的成本费用采用分配办法归集，分别根据具体情况按人员比例、工作量比例分摊。

第五条　成本核算项目。

1. 原材料：指经过加工构成产品实体的各种原材料及主要材料。

2. 动力：生产耗用的水、电、汽、风等。

3. 燃料：产品生产过程中直接耗用的各种固体、液体、气体燃料。

4. 辅助材料：生产过程中投入的有助于产品形成的材料，如各种助剂、添加剂、生产过程中使用的包装物等。

5. 制造费用：包括企业下属生产车间、部门为组织和管理生产所发生的各项间接生产费用。

6. 直接职工薪酬：包括企业直接从事产品生产人员的职工薪酬，具体包括工资（含奖金、津贴、补贴）、社会保险费、住房公积金、非货币福利费以及工会经费和职工教育经费等。

第三章　成本费用核算程序

第六条　通用程序。

1. 按成本费用发生项目进行归集，归集过程中保持成本核算与实际生产经营进程的一致性。

2. 正确划分生产经营用、非生产用，按权责发生制进行核算。凡应由本期负担的支出，均应全部计入本期成本费用；凡应分摊负担的支出，通过"长期待摊费用"等科目进行核算。

第七条　生产成本核算。

1. 根据各部门统计资料和原始记录，收集、确定各种产品的生产量、入库量、自制半成品、在产品盘存量以及材料、工时、动力消耗等数据，应确保数据的准确性、规范性和有效性。

2. 根据基本生产车间、辅助生产车间和规定的成本费用项目对发生的一切生产费用进行归集。

3. 将归集的费用予以结算和分配，能够确定由某一成本核算对象负担的，直接记入该成本核算对象；由几个成本核算对象共同负担的，按照产量等合理的分配标准，在有关成本核算对象之间进行分配。

4. 期末有在制品产品的，应将归集起来的生产成本按产值在完工产品和在制品之间分配，从而计算出完工产品的总成本和单位成本。

第八条　材料成本核算。

1. 材料成本主要包括材料购买价格、运杂费、装卸费、定额内的合理损耗、入库前的加工、整理及挑选费用等。

2. 材料采用实际成本核算，按加权平均法计算出库成本。

3. 凡直接用于产品生产的材料和自制半成品，直接计入各产品成本；不能直接认定的，按产值进行分配。

第九条　燃料和动力成本核算。

燃料及动力按实际成本计入产品成本，能直接认定用于产品生产的燃料及动力的，直接计入各产品成本；不能直接认定的，按产值分配。

第十条 直接职工薪酬成本核算。

直接从事产品生产人员的职工薪酬，直接计入各产品成本；不能直接认定的，按产值进行合理分配。

第十一条 制造费用核算。

企业为生产产品和提供劳务而发生的各项间接生产费用，通过"制造费用"科目归集，凡能直接认定用于产品生产的制造费用，直接计入各产品成本；不能直接认定的，按产值进行合理分配。

第十二条 辅助生产成本的核算。

1. 核算原则：企业的辅助生产车间（部门，下同）应单独核算成本并进行分配。

2. 核算办法：辅助生产车间（部门）生产的水、电、汽及提供的劳务等发生的各项间接费用（包括材料、燃料及动力、直接职工薪酬、制造费用），通过相对应的成本要素或成本中心归集。

第十三条 在制品成本的核算。

1. 对于各月之间变动不大、在制品数量较少、生产周期较短的情况，不计算在制品成本。

2. 对于各月之间变动较大、在制品数量较多、生产周期较长的情况，计算在制品的原材料成本。

第四章 成本费用核算分析

第十四条 成本费用核算分析的内容。

1. 根据成本费用目标检查和评估实际执行情况，分析成本费用差异的原因。

2. 找出影响成本费用的因素和降低途径，提出改进建议挖掘潜力，提高经济效益。

第十五条 成本费用分析的方法。

1. 通过分析收入利润率、成本费用利润率等指标，评估成本费用的现实情况。

2. 根据工资、材料、燃料、电力、折旧以及其他各要素费用的变化情况，通过同主要消耗定额和开支标准进行对比，计算各因素的影响程度。

3. 通过将实际成本与计划成本比较，检查计划执行程度。

4. 通过将本年成本主要指标与去年同期和历史最好水平比较，观察成本变动趋势。

第十六条 成本费用分析的实施。

成本费用分析采取日常的、定期的、专项的、动态的等多种分析形式。

1. 日常分析主要用于控制支出进度。

2. 定期分析主要用于较全面的分析，为下一步改进管理提供信息资料。

3. 专题分析主要用于针对成本费用某项突出问题进行调查，分析研究，及时扭转偏差；动态分析主要用于分析任务等因素变化对成本的影响及变动趋势。

第五章 注意事项

第十七条 严格遵守开支范围、开支标准、有关消耗定额标准。

第十八条 成本核算的资料必须准确、完整、真实、合法，记载、编制必须及时。

第十九条 遵循权责发生制原则、收支配比原则。根据计算期内完成的实际工作量、实际消耗、实际价格进行核算。

第二十条 确定成本支出范围，划清成本界限。

划清基建、大修、更新改造、专项款等资本性支出与成本费用的界限；划清本单位成本负担的支出和不由本单位成本负担的支出界限；划清营业成本与营业外支出的界限；划清本期与前、后期支出的界限。

第六章 附 则

第二十一条 本制度由财务部负责解释和修改。

第二十二条 本制度自发布之日起实施。

成本费用核算与管理办法

第一章 总 则

第一条 为了贯彻企业财务通则和企业会计准则，建立健全企业财务管理和会计核算体系，满足企业参与市场竞争的需要，进一步统一和规范本企业成本核算方法，不断提高企业经济效益，特制定本办法。

第二条 本办法是严格遵守制造成本法的核算原则，结合本企业的具体情况，并依照财政部新颁发的企业会计准则和企业财务通则制定的。

第三条 本办法适用于本企业所属核心层、紧密层和半紧密层企业，及其内部独立核算单位。

第四条 各企业进行成本核算，组织成本管理的基本任务是：

1. 开展成本预测，参与经营决策；

2. 制订成本计划，实施成本控制；

3. 组织成本核算，反映经营成果；

4. 考核成本水平，落实责任成本；

5. 分析盈亏原因，挖掘成本潜力，提高经济效益。

第五条 企业应更新自己的成本管理观念，不断汲取和借鉴先进的、科学的成本管理技术和方法，使之与企业生产力的提高以及社会的发展保持一致。

第六条 各企业在不违反本办法的前提下，可结合本单位的实际情况，制定成本核算与管理实施细则，并上报总企业备案。

第二章 成本费用管理责任制

第七条 企业实行成本管理责任制，应根据企业内部机构和人员分工，建立全面的成本管理责任制度，形成纵横配套的管理网络，调动全体职工的积极性。对企业成本、费用进行预测和控制，加强成本管理，提高经济效益。具体职责如下：

1. 企业经理（厂长）对成本管理的职责

（1）遵守国家的财经法律、法规和制度，贯彻执行国家的方针政策，制止一切侵占国家收入，以及铺张浪费等损害国家利益的行为，对企业生产经营的经济效果负完全责任。

（2）组织各职能部门和所属内部独立核算单位，建立各级成本管理责任制，督促财会部门将成本、费用指标分解下达到各职能部门和所属内部独立核算单位，实行分级归口管理。

（3）组织和领导各职能部门和所属内部独立核算单位，努力增产、节约，提高质量，缩短工期，降低成本，完成各自的成本（或费用）计划。

（4）定期组织经营成果分析，检查成本计划执行情况，并针对薄弱环节，采取有效措施，改进经营管理。

2. 企业总会计师或行使总会计师职权的企业领导人对成本管理的职责

（1）协助经理组织领导本企业的成本管理工作，组织编制执行成本计划，控制成本支出，健全成本核算，开展成本预测和分析工作，并对企业的财务成果负责。

（2）组织本单位执行国家有关财经法律、法规、方针、政策和制度，保护国家财产，参与本单位重要经济事项的分析与决策。

（3）定期检查各职能部门、内部独立核算单位成本计划执行情况，及时组织有关部门、单位解决存在的问题。

（4）协调各职能部门、内部独立核算单位与财会部门的关系。

3．企业总工程师对成本管理的职责

协助经理在挖潜革新改造，采用新技术、新工艺、新材料，改善劳动组织，保证工程质量，加速工程进度等方面讲求经济效益。做到技术先进、合理，经济上节约、有实效，对各项技术组织措施的经济效果负责。

4．企业总经济师对成本管理的职责

协助经理在投标报价、经营管理的决策中选择最优方案，使企业取得最佳经济效益，对企业的经济效果负责。

5．企业各职能部门对成本管理的职责

（1）财会部门对成本管理的职责

① 制定企业的成本管理制度。

② 参与制定内部各项费用定额、储备定额和工料消耗定额。

③ 参与制定内部计划价格。

④ 汇总编制企业的财务成本计划，并负责将成本费用指标分解落实到各职能部门和内部独立核算单位。

⑤ 检查、考核成本计划执行情况。

⑥ 组织成本核算，指导内部独立核算单位的成本管理和成本核算。

⑦ 汇编各种成本报表，及时反映经营成果。

⑧ 进行成本预测、控制，开展成本分析。

企业要在财会部门内设置专门岗位，负责成本管理工作。

（2）生产计划部门对成本管理的职责

① 负责组织编制和落实施工生产计划、施工组织设计。

② 加强施工生产调度，确保均衡生产，减少停、窝工损失。

③ 负责制定统计、核算细则，做好原始记录，建立健全各种统计台账，严格执行统计规定，及时准确提供生产统计资料，并对所提供的数据负责。

④ 按照单位工程建立健全统计台账，正确记录当月每一单位工程分部分项的实物完成量和工作量，及时核对设计预算和增减账，做到当月已完工程的洽商预算，当月反映完成工作量。

⑤ 向财会部门提供当期工程分部分项完成实物量、工作量，并提供已完工程的预算成本。

⑥ 对报告期内分项工程，未完成预算定额规定工序内容的项目，按统计规定折报工作量，并提供财会部门作为确定未完施工的依据。

⑦ 控制搭建临时设施的标准、面积和造价。

⑧ 及时组织办理各项技术经济签证资料。

（3）技术部门对成本管理的职责

① 负责组织制订和落实技术组织措施计划，采用先进的生产工艺与科学的技术组织措施方案，从施工技术上保证工程质量，加速施工进度，降低物化劳动和劳动消耗。

② 及时办理各种工程变更洽商，做到随变更，随洽商，先办理，后施工。

③ 定期对技术组织措施计划执行情况进行检查，并计算其执行后的经济效果；组织技术更新成果效益核算，按期提供技术措施计划执行情况等有关资料。

（4）质量安全部门对成本管理的职责

① 贯彻执行国家有关安全和质量法规规章，负责全面质量管理工作。组织制定实施保证工程质量和安全生产的措施，做好质量评定和竣工工程的质量验收工作。

② 提供质量数据，负责搞好质量成本的业务核算。

③ 指导班组进行质量自检、互检和交接检，防止事故和返工损失。

（5）预算部门对成本管理的职责

① 负责办理签订工程合同、协议。

② 编制和核定施工图预算，制定工程投标标价，正确确定工程收入，做好单价分析和单位工程施工图预算的工料分析。

③ 根据施工详图，会同材料员、劳动定额员，结合图纸不可预见的工程项目和施工方案、技术措施，根据分工原则编制施工预算，以满足各种形式的承包责任制的核算需要。

④ 检查工程合同的执行情况，根据当月洽商记录当月办理增减账预算；工程竣工后及时提出工程结算书，协助财会部门办理工程价款结算。

⑤ 组织指导有关人员学习新定额及有关文件，做到预决算数据及时准确。

（6）劳动工资部门对成本管理的职责

① 加强劳动力管理，改善劳动组织，严格控制非生产用工和无产值用工。

② 加强劳动定额管理，严格执行劳动定额，指导和协助施工员（工长）签发工程任务单，坚持按预算的工程量和定额工日发包和下达任务，控制附加用工；正确计算劳动效率和发放奖金，不断提高出勤率和劳动生产率。

③ 区别用工对象，搞好工日利用台账记录，按人工成本核算口径，提供人工成本核算所需要的用工对象记录，归口负责降低人工成本，分析出勤缺勤、生产用工、非生产用工、无产值用工、辅助用工、定额用工、实际用工（包括估工用工）的使用情况。

④ 负责工资基金管理，进行合理分配，为财务部门提供含量工资管理有关数据。

（7）材料供应部门对成本管理的职责

① 负责编制和落实材料、工具，采购供应计划，合理组织采购、运输和储备工作，采取一切措施降低采购成本。

② 加强材料管理，执行材料消耗定额，减少损耗和搬运，严防短缺。建立健全材料的验收、领退、盘点制度，做到来料有验收、发料有手续、耗料有定额、定期有盘点。

③ 建立健全单位工程主要材料消耗台账，限额发料，加强材料核算，计算和提供单位工程材料消耗数据。

④ 加强周转材料和低值易耗品的管理核算，建立内部专门管理机构，实行统一管理，统一核算。

⑤ 对甲方供料按规定及时办理验收入库手续，登记台账，并配合财务部门及时结算。

⑥ 归口负责材料费成本降低计划的完成，控制材料采购费用和仓库保管费用的开支，分析定额执行情况及降低材料消耗的主要措施。

（8）机械动力部门对成本管理的职责

① 负责机械设备管理和维护保养，编制和执行设备修理计划，提高设备完好率，严格按施工组织设计方案配备大中型机械，降低使用和修理成本。

② 加强设备调度，执行设备使用定额和燃料动力消耗定额，提高设备利用率和生产率。

③ 建立健全机械使用台账，按期提供机械设备运转记录和使用费核算资料。

④ 归口负责机械使用费成本降低计划的完成。

⑤ 加强小型机具的管理，负责组织开展单机、单车等不同形式的核算，有条件的企业可以成立内部"小型机具租赁站"，对一些小型机具实行统一核算，集中管理。

（9）行政管理部门对成本管理的职责

① 负责制定和执行有关行政管理费用的计划和节约措施，实行以收定支，指标分管。

② 节约非生产性费用开支，严格区分企业内部基建、修缮、人防、临建、福利和正式工程的用工用料。

③ 归口负责行政管理费降低成本计划的完成。

第八条 企业应做好有关成本管理的各项基础工作

1. 加强定额管理

按照规定管理和使用工资基金。严格执行国家和主管机关制定的劳动定额和建筑安装工程预算定额，不得擅自提高工料消耗定额的费用标准。企业要对各种物资的储备和消耗、工时利用、设备利用、资金占用以及费用开支等，制定先进合理的内部定额，并随着生产技术管理水平的提高，定期进行修订，定额的制定和修订要经过科学测定。

2. 健全物资的计量、收发领退和盘点制度

要将各种计量设备、工具和仪表配备齐全，指定专职机构或专人经常进行校正和维修，保证准确无误。

3. 健全企业内部计划价格制度

对各种主要材料、结构件、机械配件、其他材料、低值易耗品、周转材料、动力、劳务等，制定内部的统一计划价格。

4. 健全原始记录

在施工生产过程中，应该对工时利用、材料消耗、物资收发和领退、设备利用、已完未完工程盘点、产量、质量等做好完整准确的原始记录。

第三章　成本费用开支范围

第九条 成本费用开支范围是国家维护其合法利益不受侵害和规范企业核算制度的重要手段。企业在组织成本核算时，必须严格执行国家规定的成本费用开支范围，正确归集和分配成本费用。

第十条 制造成本开支的范围

1. 施工过程中所耗用的构成工程实体或有助于工程形成的各种主要材料、结构件、机械配件、其他材料、周转材料、燃料、动力、低值易耗品的原价、运杂费和库储保管费，列入成本。

机械作业过程中所消耗的燃料、动力、润滑材料、擦拭材料、替换工具及部件、低值易耗品的原价、运杂费和库储保管费，列入成本。

运输作业过程中所消耗的燃料、润滑材料、其他材料、机械配件、轮胎、低值易耗品的原价、运杂费和采购保管费，列入成本。

回收的边角余料、下脚料、废料以及包装物（交存押金的按有关规定办理）等，凡是有利用价值的，应当估价入账，并分别冲减有关的成本费用。

2. 生产单位（工程处、分企业或车间，下同）发生的固定资产折旧及修理费，列入成本。

3. 生产单位发生的固定资产租赁费和施工机械的安装拆卸和进出场费，以及固定资产融

资租赁所发生的费用，列入成本。

4. 生产单位人员的标准工资、岗位工资、加班加点工资、计件工资和各种工资性质的津贴（以国家规定为限，下同）奖金，列入成本。

5. 生产单位人员的福利费，列入成本。

6. 生产单位发生的返工损失、废品损失、停工损失（非季节性和非修理期间的停工损失，不包括在内）、窝工损失，列入成本。但收回的过失者赔偿金和废品残值冲销成本。

7. 生产单位发生的取暖费、水电费、办公费、差旅交通费、财产保险费、检验试验费、劳动保护费、工程保修费、排污费等，列入成本。

8. 施工生产过程中发生的材料二次搬运费、生产工具用具使用费、工程定位复测费、工程点交费、场地清理费、冬雨季施工费等，列入成本。

9. 施工现场发生的临时设施摊销费，列入成本。

10. 使用外包工发生的结算款以及配合施工的外单位工人的工资奖金，列入成本。

第十一条　期间费用开支的范围

期间费用包括管理费用、财务费用和销售费用。其具体开支范围详见本办法第五章"成本费用核算"。

第十二条　不在制造成本和期间费用中列支的项目

1. 营业外支出中列支的项目

（1）固定资产的盘亏、毁损、报废清理出售净损失。

（2）非季节性和非修理期间的停工损失。

（3）固定资产的存货非常损失。

（4）临时设施报废清理净损失。

（5）自办技工学校、职工子弟学校经费。

（6）公益性支出（如敬老院、残疾人、修道路、搞绿化等）。

（7）救济性支出（如救灾、扶贫等）。

（8）捐赠。

（9）赔偿金。

（10）违约金。

2. 从其他渠道列支的项目

（1）被没收的各种财物损失、支付各项税收的滞纳金和罚款，从企业税后利润中列支。

（2）用于职工医药卫生费用、职工困难补助和其他福利费用，以及应付的医务、福利人员工资等，由应付职工薪酬——职工福利列支。

（3）为购置和建造固定资产、无形资产和其他资产的支出，应计入相应的资产价值中。

（4）对外投资的支出，应记入相关会计科目进行核算，不得列入成本和费用。

（5）其他没有基金的支出，都要由基金列支，不得挤入成本和期间费用。

第四章　成本费用的预测、计划与控制

第十三条　成本费用预测

成本费用预测是进行成本费用决策和编制成本费用计划的基础，是企业成本费用管理的第一个环节，也是企业加强成本费用管理和降低成本费用消耗的重要措施。为此，集团所属各企业必须定期进行成本费用预测，克服成本费用管理中的盲目性，提高预见性。

1. 成本费用预测要以增加成本费用收入，降低成本费用消耗，提高经济效益为中心。要与改进施工技术组织措施，施工生产部署，施工场地平面图设计，以及各项行政管理措施相结合，建立在准确可靠的基础上。

2. 成本费用预测的基本程序

（1）确定预测目标；

（2）收集、整理和分析有关的资料和数据，掌握市场信息；

（3）确定预测模型，进行科学的推理计算，得出预测结果；

（4）对预测结果进行分析评价，考虑各种变化因素，找出预测误差；

（5）对预测结果进行修正，选出最佳值，作为成本费用决策和编制成本费用计划的依据。

3. 成本费用预测的基本内容

（1）投资工程的预测；

（2）新投资项目和新产品项目预测；

（3）企业报告期保本点的预测；

（4）单位工程保本点的预测；

（5）降低成本水平以及完成利润目标的预测等。

4. 成本费用预测的方法很多，根据预测的对象、期限不同，可以采用不同的预测方法。

（1）可以用过去的资料来预测未来成本；

（2）可以按影响成本的诸因素变化的原因，找出原因与结果之间的联系，据以预测未来的成本；

（3）也可以靠人的经验和综合分析能力来预测未来成本。

可以采用几种简便易行的预测方法：

① 高低点分析法

高低点分析法是以企业历史成本资料中产量最高和最低两个时期的成本数据为代表，借以推算出成本的固定部分和变动部分，进而推算出产品的单位成本和总成本。计算方法为：

$$产品成本总额=固定成本总额 + 变动成本总额$$
$$=固定成本总额 + 单位产品变动成本×产量（工作量）$$

$$单位产品变动成本=\frac{最高产量期的总成本-最低产量期的总成本}{最高产量-最低产量}$$

单位变动成本计算出来后，即可计算出固定成本总额。固定成本总额可根据单位变动成本的最高产量期（或最低产量期）的总成本计算。

$$固定成本总额=总成本-单位产品变动成本×产量（工作量）$$

$$计划期单位产品成本=\frac{固定成本总额+单位产品变动成本×计划期预测产量（工作量）}{计划期预计产量(工作量)}$$

$$计划期产品成本总额=计划期单位产品成本×计划期预计产量（工作量）$$

② 目标成本预测

目标成本是企业在一定时期内努力达到的成本水平，它必须比已经达到的实际成本要低。预测目标成本，首先应确定目标成本盈利率，目标成本盈利率的大小，可参照国内外同类企业的利润率水平确定。计算方法为：

$$单位目标成本=\frac{产品预测销售价格}{1+目标成本盈利率}=产品的预测销售价格×（1-目标销售收入盈利率）$$

单位目标成本确定后，要对目标成本进行分解，具体分配落实到每一成本和费用项目，以保证目标成本和目标利润的实现。

③ 保本点的预测

保本点亦称盈亏分界点或损益平衡点，是指企业处于不亏不盈状态时的某一点，在这点上，企业的利润等于零，即企业点交工程量与费用总额相等。计算方法如下：

$$保本点 = \frac{固定成本}{边际收益率}$$

边际收益率的确定：

A. 从前期有关资料中分析计算出全部固定成本。

B. 按下列公式计算前期实际综合边际收益率：

$$综合边际收益率 = \frac{全部固定成本 + 实现的利润（或减亏损）}{业务量（工作量）}$$

C. 以前期实际综合边际收益率为基数，加减计划期变动因素，从而确定计划期的综合边际收益率。

5. 对成本预测的要求

各项预测都要建立在客观、科学、实事求是的基础上，要重视调查研究，详细占有各种信息，借以提高预测的质量，为成本决策提供可靠资料，对于成本预测得出的目标值必须考核分析具体执行结果，注意信息反馈，及时纠正其误差。

第十四条　成本费用计划

成本费用计划是企业开展经济核算，控制生产费用，建立成本管理责任制，实行成本费用目标管理的基础。集团所属各企业及其内部独立核算单位，都要在成本预测的基础上，按要求定期编制成本费用降低计划。

1. 降低成本计划

企业（厂、院、校、所）要按年编制；施工处（分企业、车间）要按季编制；施工队（项目经理部）按月编制。编制完成的降低成本费用计划是成本分析考核的重要依据，降低成本费用计划要按时逐级上报，以便对计划的完成情况进行考核，要坚决贯彻执行计划内容。

2. 降低成本计划的编制依据，应该是根据本企业的生产任务和消耗水平、定额水平，在确保完成上级下达的利润指标和降低成本费用指标的前提下进行编制。

3. 降低成本费用计划的编制内容主要包括降低成本计划汇总表、降低成本技术组织措施计划表、材料采购降低成本计划表和期间费用降低计划表等。

4. 降低成本费用计划编制分工，应按照成本管理责任制的规定分级归口进行编制。

（1）基层单位编制单位工程（或产品）降低成本计划；

（2）生产技术部门编制降低成本技术组织措施计划；

（3）材料供应部门编制材料采购降低成本计划；

（4）财务部门编制期间费用控制计划，并负责汇总编制企业的降低成本计划。

5. 降低成本费用计划的要求

（1）降低成本费用计划既要先进，又要有充分的依据，要有切实可行的措施作保证，必须注意节约的原则，讲求经济效果；

（2）要与其他计划保持衔接。

第十五条　成本费用控制

成本费用计划中确定的成本费用降低任务能否实现，主要决定于成本费用日常控制工作，所以，各企业在施工生产经营过程中，必须对成本形成的每项经营活动进行监督和调整，使成本费用被限制在降低成本费用计划的范围内。

1. 企业成本费用控制的基本依据是计划成本

随着投标、招标制度的进一步推行，企业必须根据本身的能力、水平，科学地制定建筑产品的标准成本，并据此进行成本费用控制。进行成本控制还应当以预算成本、降低成本费用计划、各种费用总定额、费用开支标准、成本费用开支范围，以及有关的财经法规、政策为准绳。

2. 施工生产经营过程的成本费用控制包括事前的技术组织措施计划、材料供应、劳动力配备、施工机械使用、能源的消耗、各种期间费用的开支等全过程、全方位的控制。

（1）技术组织措施计划必须以降低成本计划为目标，制定出具体实施细则，在施工生产过程中，严格施工技术操作规程和安全生产，保证其目标成本的实现。

（2）要对物资采购供应消耗过程的成本控制进行比质、比价、比运距的"三比较"活动，控制采购成本，加强计划管理，实行定额储备；采用限额领料，把好领料关，把好投料关，控制材料消耗量，要积极回收和利用废料、边角余料、下脚料等，做到变废为宝、物尽其用。

（3）对劳动力消耗的控制，要科学配备劳动力，改善劳动组织；要加强劳动定额的管理，减少估工定额；要减少非生产用工和无产值用工；要严格外包队工资结算制度；加强任务书的下达、验收制度；要认真执行各种工期定额。

（4）对施工机械费用控制，要提高施工机械的完好率、利用率；要合理地配置，防止功能过剩，空转率过高。

（5）对生产过程中的能源消耗控制，要将生活用和生产用能源区分开来，燃料及其低值易耗品的消耗要严格按照规定的标准执行，不要搞铺张浪费，杜绝长明灯、长流水现象。

（6）要加强对工具、用具的管理，减少材料的二次倒运。要强化现场管理，做到文明施工。

（7）要控制期间费用，严格按计划开支，分级分口负责，按定额承包，包干使用；严格控制开支范围和开支标准，定期分析计划执行情况。

（8）要与本企业的承包责任制相结合，开展责任成本核算。有条件的企业可以开展质量成本核算，使企业的成本管理水平不断提高。

（9）要建立健全成本检查制度，分季或半年进行。但每年12月底以前必须进行一次全面的成本核实工作。对工作量、预算增减账、材料以及财务账面的债权债务等，进行彻底的核实盘点，以确保本年度内成本的真实性。

第五章　成本费用核算

第十六条　成本费用核算的组织形式及其职责范围

企业应当根据成本管理和内部经济责任制的要求，建立适合企业内部管理要求的成本费用核算组织体系，加强对成本费用核算工作的领导，配备必要的成本费用核算人员，并且明确其职责范围，认真开展成本费用核算工作，实行成本费用核算责任制。

1. 成本费用核算的组织形式

（1）实行企业、工程处（或分企业，下同）、施工队三级成本核算的企业，施工队（或车间，下同）根据工程处下达的成本费用指标，结合施工生产过程的特点和经济责任制的要求，核算本队所承担的工程、产品、作业的制造成本和发生的管理费用、财务费用等，按月向工程处结转实际成本；工程处汇总核算工程、产品、作业的制造成本及工程处发生的期间费用，并编报成本报表；企业汇总核算全部工程、产品、作业的制造成本和期间费用，确定经营成果。

（2）实行企业、项目经理部两级成本核算的企业，项目经理负责核算该工程、产品、作业的制造成本和期间费用，按月向企业编报成本报表；企业汇总核算全部工程、产品、作业的制造成本和期间费用，并确定企业经营成果。

2. 成本费用核算的职责范围

（1）企业为一级的成本费用核算职责范围

① 企业为独立的经济核算单位，负责全面领导所属单位的成本费用核算和管理工作，认真贯彻执行国家的财政方针政策，指导所属单位建立和健全成本费用管理制度和贯彻执行成本费用核算办法。

② 负责制定企业成本费用核算组织程序、成本费用核算办法，下达利润和成本费用指标，组织编制降低成本技术组织措施，检查指导成本费用核算工作，组织企业机关期间费用的核算，汇总所属单位的成本费用报表，为企业领导提供有关成本费用资料。

③ 总结成本核算的先进经验，全面进行企业成本分析，促进组织交流。

（2）工程处为一级的成本费用核算职责及范围

① 工程处为企业内部独立核算单位，全面核算各项技术经济指标的经济效果，对承担的生产任务负全面的经济责任，发生亏损要向企业报告原因。

② 编制季度降低成本费用计划，下达所属施工队降低成本费用指标。组织本工程处降低成本费用技术组织措施的编制，办理工程价款结算和产品作业结算。

③ 集中核算工程处发生的期间费用，编制年、季度管理费用开支计划，并实施控制；汇编各施工队的各种成本费用报表；开展成本分析；考核和检查所属施工队降低成本费用任务的完成情况。

（3）施工队为一级的成本费用核算职责及范围

① 施工队为企业的基层核算单位，负责工程制造成本以及发生的期间费用的核算。

② 贯彻执行降低成本费用计划和反映计划执行结果，积极组织开展班组核算。

③ 按月向工程处结转工程实际成本；建立各种成本费用管理与核算台账，进行月度成本分析，考核成本费用降低任务的完成情况；编制成本报表。

（4）项目经理部的成本费用核算职责及范围

① 项目经理部是以一个单独栋号或一个工程项目为成本核算对象，向企业全面负责其各项技术经济指标的相对独立的基层施工管理组织。负责一个栋号或一个项目的全部制造成本和期间费用的核算工作。

② 预测本项目的目标成本，编制降低成本费用计划和施工技术组织措施计划，办理工程价款结算和产品、作业销售结算。

③ 按月分析工程成本费用的升降情况，并编制各种成本费用报表。

第十七条　建筑安装工程成本核算

1. 成本核算对象

（1）企业应根据承包工程的实际情况，从本企业组织施工核算的特点出发，合理确定成本核算对象。

（2）建筑安装工程成本核算对象确定的原则是：

① 一般以独立编制施工图概算的单位工程为成本核算对象。

② 同一“建筑安装工程合同”所包括的多项单位工程或主体工程与附属工程可列为同一成本核算对象。

③ 同一施工地点、开竣工时间相近的若干单位工程，可合并为一个成本核算对象。具备单位工程承包管理条件的，应以单位工程作为成本核算对象。

④ 一个单位工程由几个施工单位共同施工时，各施工单位都应以同一个单位工程为成本

核算对象，各自核算自行完成的部分。

⑤ 可将开竣工时间相近的一批改建、扩建、修缮、装饰的零星工程，合并为一个成本核算对象。

⑥ 规模很大、工期很长，或者列为建筑技术科研项目的工程，可按工程的分阶段或分部位，作为成本核算对象。

⑦ 可根据实际情况和管理需要，将土石方、打桩工程以一个单位工程或合并若干单位工程为成本核算对象。

⑧ 安装、结构、水电、装饰等专业分包施工单位应与土建施工单位确定的成本核算对象保持一致。

（3）成本核算对象一经确定，不得任意变更。企业各部门必须在各项业务工作中按统一确定的成本核算对象提供原始记录和核算资料，以保证成本核算的一致性和准确性。

2. 成本项目

（1）建筑安装工程成本由直接成本和间接成本两部分构成。

（2）直接成本项目包括：

① 人工费：包括建筑安装施工人员的工资、奖金、福利费、工资性津贴、劳动保护费等。

② 材料费：包括构成工程实体的原材料、构配件、零件、辅助材料、半成品和周转材料的摊销及租赁费。

③ 机械使用费：包括使用自有施工机械所发生的机械使用费，支付的机械租赁费以及施工机械的安装、拆卸和进出场费。

④ 其他直接费：包括施工过程中发生的材料二次搬运费、工程水电费、临时设施摊销费、检验试验费、工程定位复测费、生产工具使用费、工程点交费及场地清理费等。

（3）间接成本项目即间接费用：包括企业内部各施工单位（工程处、施工队、项目经理部等）为组织管理施工所发生的全部费用。

3. 预算收入的划分

（1）工程成本预算收入应以"建筑安装工程施工合同"和施工图概算为依据，全部工程的预算收入，应与经工程造价管理部门审定的工程总造价一致。

（2）报告期营业收入的确定，应以发包单位签订的"工程价款结算账单"为依据。按照已完成部分项工程统计资料，逐项分解，确定工程预算成本和各项预算收入取费。

（3）预算收入划分应与《××建设工程概算定额》保持同一口径。其划分内容包括人工费、材料费、机械使用费及其他直接费、间接费用、管理费用、劳动保险费、职工养老保险、住房积累基金、计划利润、两税一费、建材发展补充基金、行业劳保统筹基金。

① 已完工程按概算定额计取的工、料、机直接费，分别列入"人工费""材料费""机械使用费"预算成本。

② 概算定额计取的"其他直接费"按下列方法进行收入划分。

二次搬运费、工程水电费、生产工具使用费、检验试验费、临时设施费用、排污费、工程定位复测、点交及清理费列入"其他直接费"预算成本。

高层建筑超高费，按收入的 30%列入"机械使用费"，70%列入"人工费"预算成本。大型垂直运输机械使用费、中小型机械使用费列入"机械使用费"预算成本。厂站搅拌混凝土增加费列入"材料费"预算成本。

③ 按概算定额作为其他直接费项目计取的现场经费，列入"间接费用"预算成本。

④ 按概算定额计取的"企业经营费"，其中属"劳动保险费"的部分，列作"劳动保险资

金"预算收入；属"职工养老保险"的部分，列入"职工养老保险"预算收入；属"住房积累基金"部分，列作"住房积累基金"预算收入；其余部分均作为"管理费用"预算收入。

"劳动保险费"和"管理费用"预算收入，列作企业实现利润。"职工养老保险"和"住房积累基金"由企业按专用基金管理，不得挪作他用。

⑤ 计取的材料调价，列入"材料费"预算成本。

⑥ 计取的"计划利润""两税一费"列入各自的预算收入项目。

⑦ 计取的"建材发展补充基金""行业劳保统筹基金"不报工作量，直接由"应收账款"中转入"其他应付款"，不在"工程结算收入"中反映。

⑧ 概算包干工程计取的不可预见费，按预算成本费用项目的原收入比例进行划分。

⑨ 为抢工期或因施工条件困难而列入概算的"措施费"，按 5 : 2 : 3 的比例列入人工费、材料费、机械使用费预算成本（合同另有规定的从其规定）。

⑩ 概算结算削减额，按工程全部收入的原比例划分后逐项抵减，削减单独项目的，从其结算条款。

⑪ 概算定额调整时，上列工程预算收入的划分应与定额保持一致。

4. 实际成本的核算

实际成本是在工程施工中实际发生的并按一定的成本核算对象和成本项目归集的生产费用支出。实际成本包括的内容、范围如下：

（1）人工费

① 建筑安装工人的岗位工资、加班加点工资、计件工资、奖金、工资性津贴。

② 建筑安装工人的职工福利费和辅助工资，包括计提的职工福利费，生产工人开会、学习、调动、社会公共义务、病假（六个月内）工资，探亲、婚、丧、产、哺乳假期工资，气候及客观影响停工工资。

③ 施工生产使用的外包工 50% 工资；配合施工的外单位工人的工资、奖金。

④ 为施工生产所投入的其他各类直接用工工资，包括场地平整、清理、信号、修补、成品保护等项用工工资。

⑤ 生产工人的劳动保护费支出，市内交通补助费。

（2）材料费

① 施工过程中耗用的构成工程实体或有助于工程形成的原材料、构备件、零件、半成品和辅助材料，主要包括：

A. 主要材料，包括黑色及有色金属，水泥，玻璃，砖、瓦、灰、砂、石，石料制品，五金制品，焊接材料，煤炭及石油制品，油漆及化工材料，橡胶及制品，塑料制品，石棉制品，耐火材料，保温制品，混凝土管、缸瓦管及零件，电器及水暖材料，木材。

B. 结构件，包括金属构件、混凝土构件和木制品。

C. 其他材料，包括燃料和各种辅助材料。

D. 设备，指纳入工程合同价款的工程设备。

E. 商品混凝土（含其运输费用）。

② 工程使用周转材料的摊销费和租赁费：

A. 周转材料，包括模板（大钢模、滑模、定型小钢模、木楼板和专用异型模板）、脚手架（钢管脚手架、脚手板、吊栏、门式架、桥式架、安全网等）、其他周转材料（钢支柱、卡具等）。

B. 租入的周转材料，按当月租赁费列入材料费实际成本。

C. 采用摊销方式核算的周转材料，可以采用以下方法计算摊销额：

a. 定额摊销法：依据概算定额中规定的摊销量换算。

$$月摊销额=月实际完成工作量×周转材料消耗定额$$

b. 分期摊销法：按计划使用周转材料期限加以平均计算。

$$月摊销额=\frac{周转材料原值-预计残值}{计划使用月数}$$

c. 分次摊销法：按周转材料在工程中计划周转次数，计算出每次摊销额，然后根据报告期实际周转次数，计算报告期应计摊销额。

$$每一次摊销额=\frac{周转材料原值-预计残值}{计划周转次数}$$

D. 周转材料在工程上使用结束，应核实残值调整已提摊销额。

E. 实际发生的周转材料运费列入材料费成本。

F. 木模板回收价值按不同规格，依据概算材料价格确定：

4m 以上：70%　　　3～4m：60%　　　2～3m：40%

1～2m：20%　　　1m 以下：10%

③ 现场型零星材料加工、修旧利废、钢模清刷、改制发生的费用，钢筋加工成型发生的人工、机械、运费，列入材料费实际成本。

④ 就地取材发生的费用列入材料费实际成本。

（3）机械使用费

① 工程所租用的大、中、小型机械的租用费。

② 大型机械进出场费。

③ 自有施工机械在工程期间发生的折旧、修理、燃料、机上人员工资、奖金替换设备及辅料等项支出。

④ 余土外运、回填购土所发生的运输费。

（4）其他直接费

① 施工现场发生的二次搬运费。

② 工程支付的水电费。

③ 因季节性施工（冬施、雨施）而发生的各种工料和其他费用，包括冬施采暖设备的租赁、摊销费用等。

④ 生产工具使用费，采用租赁方式的，按租赁费实际支付额列入。自有生产工具可采用以下摊销法列入成本：

A. 一次摊销：出库领用时 100%摊销。

B. 五五摊销：出库领用时摊销 50%，报损时补提摊销 50%。

C. 分期摊销：根据大型工具的预计使用期限计算每期摊销额。

$$每期摊销额=\frac{大型工具原值-预计残值}{计划使用期}×100\%$$

为工程特殊工艺而配备的专用工具，随工程工期分次全额摊销。

⑤ 检验试验费，包括送出检验支付的费用，现场检验和自设试验室所发生的材料、试剂、用工损失等费用。

⑥ 临时设施摊销及为维护临时设施正常使用发生的各项费用。

⑦ 工程支付的排污费、工程定位复测费以及工程点交时清理所支付的费用。

（5）间接费用

间接费用是指企业各施工单位为组织和管理施工所发生的全部支出费用，包括以下内容：

① 管理人员工资及奖金，包括直接从事管理工作的各部门管理干部、聘用人员以及维持施工单位管理机构运行的服务性工作者，如司机、话务员、打字员、消防员、警卫、行政、后勤等人员的工资、工资性津贴、物价补贴、辅助工资和奖金。

② 管理人员福利费，包括上列人员和由福利费列支工资的管理人员的职工福利费。

③ 固定资产折旧，指施工单位不能直接列入工程成本的各类固定资产折旧，如房屋、运输设备、仪器仪表等。

④ 物料消耗，指施工单位从事组织、管理活动耗用的材料物资。

⑤ 低值易耗品。

⑥ 检验试验费，需统一进行不易划分工程对象的检验试验费以及新工艺、新材料的研究试验费用。

⑦ 工程保修费，指工程竣工后，按合同要求在保修期内支付的维修费用。

⑧ 劳动保护费，按规定发给管理人员的劳动保护用品购置费用、防暑降温费用等。

⑨ 排污费，指支付的不能列入工程直接成本的排污费。

⑩ 外包工管理费，指外包工结算额的 50% 部分。

⑪ 其他费用，如修理费（固定资产修理支出）、取暖费、水电费、办公费、差旅费、财产保险费等。

5. 生产费用的归集与分配

（1）人工费

① 企业要对工资、奖金支出的原始凭证（工资单、奖金单、单位工程月报、工时记录、施工任务书等）审核、汇总，按成本核算对象将生产工人的工资、奖金在月度进行分配。

② 对外包工工资，依据外包工工程单的用工记录和外包工结算单，按成本核算对象进行分配。

③ 对结合施工进度实行各类人工费承包的工程，按报告期应结算金额列入成本核算对象。

④ 对当月支付的辅助工资和计提的职工福利费，先通过有关账户归集，用按企业选定的分配方法计入成本核算对象。

⑤ 自有施工人员在各工程中的用工分配，可以采用平均工资和平均奖金的方法。实行"两层分离"的劳务层对项目经理部提供劳务，项目经理部按实际结算额列入工程工资。

⑥ 人工核算要以预算工日和定额单价为依据，要严格施工任务书和各类承包、计件、实物量计酬的管理，实事求是地做好用工记录，区别生产用工、非生产用工和不同单位工程的用工。

⑦ 在人工工资归集与分配中，应注意将不属于人工成本项目的工资、奖金、福利费等类支出加以区分，按规定计入应计的项目。

⑧ 实行"百元产值工资含量包干"和"复合指标挂钩"办法的企业，应将企业自有职工工资、奖金及外包工工资（外包工结算总额的 50%）在费用归集分配过程中，列销工资指标。

⑨ 已用工未付款的外包工工资，应做好预提，计入当期人工费。

（2）材料费

① 必须依据其验收发放、耗用、盘点的原始记录，对直接用于工程实体或有助于工程形成的各种材料，正确进行数量与金额的核算，能分清成本核算对象的按成本核算对象编制工程

"耗料表"，确定应计入材料费成本的数额。

② 企业应对由几个成本核算对象共同使用的材料确定合理的分配标准，在报告期进行分配。

③ 周转材料的租赁费、摊销费，直接计入受益的成本核算对象。集中支付需几个成本核算对象共同负担的，应确定适当的方法，合理分配。

④ 材料的消耗应依据定额，队组用料执行"限额领料单"。月度单位工程材料耗料应与账册反映的材料验收、盘点、耗料及调出的情况一致。成本核算对象所归集的月度材料应与工程进度一致。

⑤ 必须对结构件、设备和其他加工订货包括建设单位供料，按规格、数量、质量标准认真验收。核对设计，建立保管台账，月度按实际安装进度计算耗料。

⑥ 应将已供货未付款未结算的材料物资，暂估入账，按材料管理、核算的正常手续办理验收领耗，付款后按实际结算数调整差额。

⑦ 采用计划成本进行材料计价核算的企业，应将耗用材料的计划成本调整为实际成本，即计算耗用材料应分配的材料成本差异。按材料的品种类别计算材料成本差异率。其公式为：

$$材料成本差异率=\frac{期初库存材料成本差异+本期收入材料成本差异}{期初库存材料计划成本+本期收入材料计划成本} \times 100\%$$

$$耗用材料应负担的材料成本差异=耗用材料计划成本 \times 材料成本差异率$$

⑧ 应对工程竣工后的剩余材料办理退料手续，已耗料的按退料金额冲减材料费成本，未耗料的按存货转移处理。

⑨ 周转材料的摊销费，可选用定额摊销、分期摊销、分次摊销等方法计算和分配。

⑩ 凡采用实际成本进行材料计价核算的企业，在领用和发出时可选用先进先出法、加权平均法、移动加权平均法、后进先出法等，不得随意变更计价方法。

⑪ 按××市造价管理部门规定执行竣工期材料调价系数，五金建材调价、地材调价等方法的工程和实行议价供料的工程，在材料费归集时，要区别列入调价范围的材料品种、供应价格和预算价格，计算报告期已列入材料费实际成本的价差额。基层单位应设置台账并收集供货原始凭证，以便履行有关调价手续，使材料费核算达到收付相互匹配。

（3）机械费

① 按租用的工程对象直接将租用外单位或本单位机械专管部门的施工机械，列入机械使用费成本。由几个单位工程公用的机械，能划清每工程台班、台时的，按台班记录分配计入，不能划清的可按实物工程量或产值分配计入。

② 自有机械应将每月发生的实际使用费，如折旧、修理、燃料、动力、辅料、配件、运输、机工工资、安装、拆卸费等，全部归集后，计入工程机械使用费。

③ 未实行内部租赁制的，企业统管的机械也应建立各工程使用台班记录，将全部使用机械费分配计入各受益成本核算对象。

④ 打桩、挖土、吊装等机械施工分包项目，按实际结算的机械费用列入工程机械使用费（结算中的计取其他费用项目列入对应项目的支出）。

⑤ 工程施工需要购置机械设备，均按固定资产购置核算，不得将机械设备价款直接列入工程机械使用费。

（4）其他直接费

① 按工程对象支付的各类其他直接支出，如水电费、临时设施摊销及维护费、二次搬运费、定位复测费、点交清理费等，直接列入受益对象。

② 生产工具使用费，采用租赁和能分清受益对象的，可直接计入。统管的大型工具，采用摊销方式的，分摊计入。

③ 将各工程共同受益的检验试验费用，分别计入。

（5）间接费用

① 各内部核算单位发生的间接费用均全部通过"间接费用"账户进行归集、分配。

② 能划清受益对象的通过"间接费用"归集后转入受益对象，不能划清受益对象的共同费用，在报告期末分配转入各成本核算工程对象。分企业机关间接费用可直接纳入分企业机关间接成本，并随之编报分企业机关成本表。

③ 报告期末，间接费用应无余额。

（6）支付分包单位的工程款

按规定属于总包单位上报施工产值的，按支出总额的各项构成内容，分别列入对应的成本项目。

6．成本与费用在报告期的结算

（1）企业必须将未完施工、已完工程和竣工工程的实际成本按照规定的成本报告期计算。

（2）企业应在报告期末对未完施工进行盘点，确定未完施工和已完工程成本。

① 未完成概算定额规定的工作内容的工序，统计部门应折报等成品产值。凡已折报等成品产值并符合营业收入确定条件的应作为已完工程。

② 未折报等成品产值，未形成收入的应列作"未完施工"。

③ 因概预算未定、增减洽商未定、材料调价收入未定等原因，期末未能报告产值并确定营业收入的项目，应依据实际核算资料，将未作收入部分所对应的实际支出额列作未完施工。

④ 工程合同规定在工程完工后应做调整的暂估项目、材料参考价格项目，其应调整的差额在报告期可列作未完施工。

⑤ 已投入工料，但未安装到工程上去，不具备报产值、作收入条件的实际成本支出。例如，暖气片除锈、组装、试压，灯具组装，钢筋调直切断，油漆调配等，可列作未完施工。

⑥ 实际成本集中发生，而概算收入陆续报出的费用项目，如"不同预见费""技术措施费""抢工费"等，可依据收支配比的原则，在报告期末合理确定未完施工。

（3）要由单位领导主持未完施工的确定，各部门提供依据，实行会审会签，填报"未完施工计算表"，据以留存未完施工。各项目经理部、施工队、分企业均不得违反规定，以多留或少留未完施工调节成本盈亏。

（4）根据期初未完施工成本、本期实际发生的生产费用和期末未完施工成本，计算本期已完工程实际成本。

（5）工程竣工后，应根据预算合同部门确定的工程结算书和合同总造价，计算工程竣工收入，根据成本记录汇集各项生产费用，核算自开工起至竣工止的全部工程实际成本，编制工程竣工决算。编制工程竣工决算时，土建施工单位应将水电、分包单位的竣工决算资料进行汇总上报。

第十八条 分包工程成本核算

分包工程成本核算内容包括施工企业之间的分包核算、施工企业内部独立核算单位之间的分包核算、施工企业与外包队之间的分包核算。

1．施工企业之间的分包核算

土建施工企业为总包，结构、安装、装饰等专业施工公司为分包。工程价款的结算由总包与发包单位进行，分包向总包单位结算分包工程价款。分包单位负责上报分包工程的工作量，核算分包工程成本，其成本核算对象应与总包单位的成本核算对象一致，成本核算方法同上。

2. 施工企业内部独立核算单位之间的分包核算

一般以土建施工单位为总包单位，其工作量如何上报由企业内部确定。企业要结合承包责任制的特点，理顺、协调好内部核算关系，防止出现漏报、重报、超报工作量的现象。成本核算对象必须统一，口径必须一致。

3. 施工单位与外包队的分包核算

一般采用"包工不包料"的形式，这部分工程的工作量都由施工单位上报（总包单位），由施工企业按照支付的各项分包工程价款分别计入有关的成本核算对象，并负责全面的工程成本核算。

与外包队的工程价款结算，要按照双方签订的"分包工程合同书"中规定的条款定期进行，报告量要与成本报告期相一致，严禁超期不计入成本或超前计入工程成本。

第十九条 其他业务成本的核算

1. 工业产品的成本核算

（1）工业产品生产的成本核算适用于企业内部独立核算的预制构件厂、木材加工厂、铁活加工厂、商品混凝土搅拌站、机械厂等工业生产单位（集团所属工业性质的企业亦可参照执行）。

（2）工业产品生产的成本核算应根据工业生产的特点和成本管理的要求，按照下列方法确定成本对象：

① 生产一种或几种产品的可按产品品种为成本核算对象。

② 产品规格繁多，可将产品结构、耗用原材料和工艺过程基本相同的产品适当合并作为一个成本核算对象。

③ 分批、单件生产的产品，可根据管理的需要以每件或每批产品为成本核算对象。

④ 多步骤连续加工的产品，可以每个生产步骤的半成品作为成本核算对象。

（3）内部独立核算的工业生产，一般应设置人工费、材料费、燃料及动力、折旧及修理、废品损失、其他直接费、间接成本七个成本项目。

① 人工费，包括直接从事产品生产的生产工人的基本工资、辅助工资、工资性津贴、奖金和职工福利费。

② 材料费，包括构成产品实体的主要材料和有助于产品形成的其他材料以及周转材料的摊销费。

③ 燃料及动力，包括机械设备所耗用的油、燃料的动力费用。

④ 折旧及修理，包括机械设备的折旧费、修理费用、租赁费用等。

⑤ 废品损失，包括生产过程中发生的废品损失。

⑥ 其他直接费，包括不能列入人工、材料等以上五种费用的其他生产费用。

⑦ 间接成本，参照施工企业间接成本内容。

（4）工业产品预算收入应区分以下两种情况进行划分：

① 执行概算定额的产品

A. 按照工厂制品定额出厂价格的构成，划分出人工费、材料费、燃料及动力、折旧及修理、废品损失、其他直接费、间接成本管理费用、财务费用、计划利润、税金、行业劳保统筹基金等项目。

B. 收取的计划利润单独列项，收取的技术装备费列入计划利润。

C. 收取的劳动保险基金列入管理费用。

D. 收取的税金和行业劳保统筹基金单独列项。

E. 收取的管理费60%作为间接费用，40%作为管理费用。

以上预算收入的划分，以××××年概算定额为基础，待新的取费标准实施后，按新的规定进行划分。

② 不执行概算定额，经批准企业自定产品价格的，按产品价格构成划分预算收入。

（5）生产费用的归集与分配，可按照建安工程成本核算的有关规定办理。

（6）工业生产单位可根据不同情况确定期末在产品。

① 在产品数量很少，可不予计算；

② 在产品数量较多但各月变化不大的，月度可按年初在产品数量计算，年底根据在产品实际盘存数计算；

③ 在产品数量较多而且各月之间变动较大，应逐月根据在产品实际盘存数计算。

（7）在产品实际盘存数的计算方法

① 约当产量法：可按在产品的完工程度，折合约当产量，再根据约当产量与完工产品数量的比例，计算出在产品成本。

② 定额比例法：管理比较健全的单位，可将产品的生产费用按完工产品和月末在产品之间按照两者的定额消耗或定额比例加以分配，计算在产品成本。

（8）在产品成本确定后，应按下列公式，结算本期已完工产品的实际成本：

报告期完工产品成本＝期初在产品成本＋本期产品实际成本－期末在产品成本

（9）采用计划成本核算的企业，应设置"产成品成本差异"科目，核算产成品实际成本与计划成本的差异。并应按月将产品成本差异按照存销比例进行分配，将售出产成品的计划成本调整为实际成本。

$$产成品差异率=\frac{期初结存产成品差异＋本期发生的产成品差异}{期初结存产成品计划价格＋本期发生的产成品计划价格}$$

$$期末产品差异留存额=期末结存产成品计划价格×产品成本差异率$$

（10）工业生产单位承包的通风工程，按规定不报施工产值的，按照上述办法核算。报施工产值的，按照"建筑安装工程成本核算"办理。

2. 机械作业的成本核算

（1）机械作业成本核算适用于从事机械作业的企业和内部独立核算的机械施工单位和运输单位。

（2）机械作业，一般应以施工机械、运输设备的种类或单机、机组为成本核算对象。

（3）机械作业，一般设置人工费、材料费、燃料及动力、折旧及修理、替换工具及部件、其他直接费、间接成本七个成本项目。

① 人工费，包括驾驶人员、操作人员的基本工资、辅助工资、工资性津贴、奖金、职工福利费等。

② 材料费，包括机械作业过程中发生的各种材料费用。

③ 燃料及动力，包括施工机械和运输设备运转所耗用的燃料及动力等费用。

④ 折旧及修理，包括机械设备发生的折旧和修理费用。

⑤ 替换工具及部件，包括机械设备维修保养过程中发生的替换工具、部件费用。

⑥ 其他直接费，包括不在以上五项费用中列支的其他生产支出。

⑦ 间接成本，参照施工企业间接成本内容。

（4）根据《××市建设工程机械台班费用定额》的台班价格构成划分预算收入，包括人工费、材料费、燃料及动力、折旧及修理、替换工具及部件、其他直接费、间接成本、管理费用、财务费用、计划利润、税金等预算收入项目。

① 收取的车船税列入管理费预算收入。

② 收取的养路费、公路运输管理费列入其他直接费。

③ 收取的计划利润和收取的税金单独列项反映。

④ 收取的5%机械管理费，3%列入间接费用收入，2%列入管理费用收入。

以上预算收入的划分，以××××年概算定额为基础，待新的取费标准实施后，按新的规定进行划分。

（5）各机械施工和运输作业的生产费用应按照建安工程成本核算的有关规定，按照规定的成本项目和成本核算对象归集和分配，以计算各成本核算对象的实际成本。

（6）根据各成本核算对象的实际成本和实际完成的作业量计算作业的单位成本。

① 机械施工作业以台班为单位计算单位成本。

② 运输作业以台班或吨/公里计算单位成本。

（7）分包单位工程的机械施工、运输作业（如吊装、土方运输等），按规定不报施工产值的，按上述办法核算；报施工产值的，按照"建筑安装工程成本核算"办理。

3. 劳务作业的成本核算

（1）劳务作业成本核算适用于内部独立核算的劳务企业、劳务队等劳务作业单位。

（2）劳务企业、劳务队应以劳务合同或工程项目作为成本核算对象，也可将作业承包队、承包班组作为成本核算对象。

（3）劳务作业成本核算一般可设人工费、材料费、机械使用费、其他直接费、间接费用五个成本项目。成本项目的核算内容参照建安工程成本项目的核算内容。

（4）劳务作业收入划分应按劳务合同收取的劳务费列入人工费预算成本，收取的劳务管理费和其他费用，按其计费构成列入相关预算成本。

（5）各项劳务作业的生产费用应比照建安工程成本核算的有关规定，根据各劳务核算对象的成本项目进行归集和分配。

（6）编制汇总成本报表时应根据劳务费用的收支，将劳务成本盈亏全部列在工程成本表人工费"实际成本"项目内。

（7）企业所属劳务企业对外包工进行进场培训、组织管理，所收取的外包工管理费，应单独核算。

4. 材料采购成本的核算

（1）材料成本的核算适用于内部独立核算的材料采购供应部门和工程处所属材料采购供应部门。

（2）按照下列方法确定材料成本核算对象：

① 比重大、价值高的材料，以材料的种类或规格为成本核算对象。

② 品种繁多、价值较低，而且比重很小的材料，可与不同类别的材料适当合并作为成本核算对象。

③ 根据以上原则，施工企业材料采购一般可按照钢材、木材、水泥、地材、结构件、加工设备、五金制品、水暖、电气、油漆化工、低值品、钢化工具、燃料、其他杂品等项核算。

（3）根据《××市建设工程材料预算价格》的价格构成，材料供应部门应设置买价、运杂费、采购保管费三个成本项目。

① 买价，包括购入的原价和供销部门手续费。

② 运杂费，包括自购买地运至工地（施工现场堆存材料的地点）或仓库所发生的包装、

运输、装卸及合理的运输损耗等费用。

③ 采购保管费，包括采购保管人员的工资奖金、工资附加费、办公费、差旅交通费、固定资产费、工具用具费、劳动保险费、检验试验费（减检验试验收入）、材料整理及零星运费。

（4）材料供应部门在组织材料采购、供应和保管过程中，所发生的费用应按照规定的成本项目和成本核算对象进行归集和分配，计算各种材料的实际成本。

（5）材料的买价（含供销部门手续费），应按材料的类别、规格直接计入"材料采购"。

（6）各种运杂费，由某一种类别、规格材料负担的，应直接计入；由几种类别、规格材料共同负担的，应按材料的重量、体积或买价的比例分配计入。

（7）采购数量不大或按实际成本进行日常核算的单位，可不设"材料采购"科目，发生的采购成本直接计入"库存材料"科目。

（8）报告期发生的采购保管费可按下列方法分摊计入各类购入材料的实际成本：

① 计划分配率法：

$$计划分配率=\frac{全年计划采购保管费}{全年计划采购材料的计划成本}\times100\%$$

本月领用材料分配额=本月购入材料买价和运杂费×计划分配率

按计划分配率分配的采购保管费与实际发生采购保管费的差额，月度在资产负债表中做待摊预提处理，在报告期末全部计入采购成本，不留余额。

② 直接分配法：

采用实际成本进行材料日常核算的单位，采购保管费可直接分配计入当月各用料对象。分配方法如下：

$$本月采购保管费分配率=\frac{采购保管费月初余额+采购保管费本月发生余额}{月初结存材料的买价和运杂费+本月购入材料的买价和运杂费}\times100\%$$

本月领用材料应分配额=本月领用材料的买价和运杂费×本月分配率

（9）材料成本差异的核算：

① 采用计划成本进行材料采购日常核算的企业必须核算材料成本差异。材料计划成本与实际成本的差异，应按照材料类别进行核算，不能将所有材料都使用一个综合差异率。计算材料差异的类别，应与材料采购成本核算对象的类别一致。

② 材料成本差异应按报告期在发出材料和库存材料间分配，不得年末一次计算。

$$材料成本差异率=\frac{期初结存材料的成本差异+本期收料（采购）成本差异}{期初结存材料的计划成本+本期收料（采购）计划成本}\times100\%$$

期末材料成本差异留存额=期末结存材料计划成本×材料成本差异率

（10）材料供应部门在编制上报的成本报表时，以供销机构盈亏额列在"工程成本"表材料费成本项目内。

第二十条　期间费用的核算

1. 期间费用的核算范围

（1）期间费用是企业行政管理部门为组织和管理生产经营活动而发生的管理费用、财务费用和销售费用。

（2）企业内部独立核算单位如有直接发生除企业经费以外的期间费用时，仍应作为期间费用按"谁发生谁核算"的原则办理。

（3）采用各种承包方式单独核算的项目也比照上款处理。

2. 期间费用的预算收入与实际成本

（1）管理费用

分别按照建筑安装工程成本核算及其他业务核算中的有关划分规定办理管理费用的预算收入。

管理费用的实际成本包括以下内容：

① 企业经费，包括后勤人员工资、奖金、福利费、差旅交通费、办公费、固定资产折旧、修理费用、物料消耗、低值易耗品摊销、劳动保险费、财产保险费。

② 工会经费，指按工资总额2%计提拨交工会的经费。

③ 职工教育经费：专项用于企业职工的后续职业教育和职业培训。

④ 咨询费，指企业向有关咨询机构进行科学、技术、经营管理咨询所支付的费用，包括聘请经济技术顾问、法律顾问所支付的费用。

⑤ 诉讼费，指企业起诉或应诉发生的费用。

⑥ 业务招待费，业务招待费指企业对业务经营需要而支付的招待费用，应在规定的限额内据实列入管理费用。

⑦ 税金，包括房产税、车船税、土地使用税、印花税等按国家规定计入费用和各种税金。

⑧ 技术开发费，指企业研究开发新产品、新技术、新工艺所发生的新产品设计费、工艺规程制定费、设备调试费、原材料及半成品试验费、技术图书资料费、未纳入国家计划的中间试验费、研究人员的工资、研究设备的折旧、与新产品试制、技术研究有关的其他经费，委托其他单位进行的科研试制费用，以及试制失败发生的损失。

⑨ 技术转让费，指企业按照非专利技术转让合同的约定，使用非专利技术而支付给非专利技术所有人的费用。

⑩ 无形资产摊销，指专利权、商标权、著作权、土地使用权、非专利技术等无形资产的摊销。

无形资产的摊销应按照《企业会计准则》的规定。

⑪ 长期待摊费用的摊销应按照《企业会计准则》的规定。

⑫ 存货盘亏、毁损（减盘盈），指由于施工期企业、生产单位在施工生产过程中管理不善等原因造成的存货盘亏、毁损和报废损失在扣除过失人或保险企业赔款和残料价值后的净损失。发生的存货盘盈，冲减该项费用。

⑬ 劳动保险费，指企业支付离退休职工的退休金（包括企业参加离退休统筹按规定提取的离退休统筹基金）、各种价格补贴、医药费（包括企业支付离退休人员参加医疗保险的费用）；退职职工的退职金；6个月以上病假人员的工资；职工死亡丧葬补助费、抚恤费；按规定支付给离病休职工的各项经费。

⑭ 坏账损失，对于经确认无法收回的坏账所形成的损失（包括实行坏账准备金制度的企业按规定标准计提的坏账准备金），按规定计入费用。

建立坏账准备金，按年末应收账款余额的1%提取（采用"应收账款、预收账款"两方对摆数据，核算工程款结算的单位必须用应收账款抵减预收账款后的净额作为提取基数）。

⑮ 检验试验费，行政管理部门的检验、试验、测绘等费用。

⑯ 上级管理费，上交上级单位及总企业的管理费。

⑰ 待业保险费，按国家规定交纳的待业保险基金。

⑱ 党委宣传经费，按企业职工工资总额 1.5% 掌握开支。

⑲ 其他，包括除上述内容外的定额编制费、测定费、概预算编制、工程投标、民兵训练等其他费用。

（2）财务费用

因企业为筹集资金而发生的各项费用称为财务费用。包括：

① 利息支出，指付给银行的流动资金借款利息支出。商业承兑汇票的贴息支出等流动负债的利息支出（扣除利息收入）。

② 汇兑净损失，发生的汇兑损失减去汇兑收益后的净额，在企业的经营期间，列入当期费用，如在筹建期间，在不短于 5 年的期限内平均摊销。汇兑损益的确认应依据：

A. 期末将外币现金、外币存款、债权债务等外币账户的余额按国家外汇牌价折合的记账本位币金额与账面本位币金额之间的差额为汇兑损益；

B. 在调剂市场卖出的外汇收入人民币与按国家牌价计算的数额之差，为汇兑损益；

C. 买入外汇的汇兑损益，应视不同情况分别摊入有关成本费用科目。

③ 金融机构手续费：企业为办理筹资向银行等金融机构交纳的手续费用。

④ 调剂外汇手续费：在外汇市场进行外汇调剂买卖活动所缴纳的手续费。

⑤ 其他：企业为进行生产经营活动筹集资金而发生的其他支出。

（3）销售费用

企业在销售产品或者提供劳务的过程中发生的各项费用，以及专设销售机构的各项费用称为销售费用。包括应由企业负担的运输费、装卸费、包装费、保险费、维修费、展览费、差旅费、广告费、代销手续费、销售服务费以及专设销售机构的服务人员工资、奖金、福利费、折旧费、修理费、物料消耗以及其他经费。

（4）不得列入期间费用的支出

① 因购置资产借款而支付的利息支出以及外币借款的汇兑差额，在未交付或已投入使用但未办理竣工决算前的。

② 企业以融资租赁方式租入固定资产发生的手续费及其投入后的利息支出。

③ 企业发行股票的手续费。

④ 凡是在企业筹建期间发生的费用支出、利息支出、汇兑损益。

⑤ 凡是在清算期间发生的收益、损失与费用，均应列入清算收益进行处理。

3. 期间费用的核算方法

（1）期间费用的预算收入，计入工程结算收入和其他业务收入。

（2）发生的费用按"谁发生、谁负担、谁核算"的原则办理，并按实际支出额在报告期末编制管理费用表、财务费用表和销售费用表上列示。

（3）报告期末，所发生的全部期间费用转入当期损益。

第六章 成本费用的考核与分析

第二十一条 成本费用的考核

成本费用的考核就是在报告期终了，把成本费用指标的完成结果与计划、定额、预算进行对比，对报告期成本费用目标值的实际情况全面进行评价，集团所属各企业要定期对所属单位实施考核。

1. 企业成本费用考核应遵循的原则为：

（1）以国家的法律、法规、政策、制度为依据。

（2）以企业制定的成本费用计划为标准。

（3）以完整可靠的资料、指标为基础，通过对成本费用资料及其所计算的指标进行全面的调查和核实，才能做出恰如其分的考核评价。

（4）以提高经济效益为目标。

2. 成本费用考核的内容包括：年、季、月计划成本的完成情况；百元产值成本率，百元产值管理费用率，企业人均支出的管理费用，竣工工程成本降低额；竣工工程"三材"用量和用工量，百元产值发生的临时设施摊销费；百元产值发生的间接成本及费用等。

3. 成本费用考核可以根据企业分级归口下达的降低成本费用任务，对工程处（分企业）、工程队（项目经理部）以及各职能部门分别进行。

第二十二条　成本费用的分析

成本费用的分析是在成本费用形成过程中，对工程（产品）成本费用进行的对比评价和剖析总结工作，成本费用分析应贯穿于成本管理的全过程。

1. 集团所属各企业都要定期组织开展成本费用分析工作，原则上集团总企业每年进行一次，企业事业部每季进行一次，工程处（分企业）以下单位每月进行一次，亦可根据需要随时召开，可以采取各种不同形式和分析不同的内容。要召开综合分析会，定期对前期经营成果进行全面的分析评价，也要召开专题分析会，对典型单位、典型工程（产品）或某项费用展开分析。

2. 成本费用分析是一项涉及企业方方面面、上上下下综合性很强的工作，企业各职能部门应依据自己在成本管理中的分工，向财务部门提供真实可靠的分析资料，由财务部门综合汇总，供领导在召开会议时分析研究。

3. 成本费用分析的内容主要包括分析降低成本的来源，各项消耗定额的执行情况，降低成本费用计划的执行情况，成本费用升降和盈亏的主客观原因或通过分析找出企业存在的各种问题和矛盾，并提出解决这些矛盾和问题的切实可行的措施和方法。

4. 成本费用分析的方法和步骤。

（1）进行成本费用综合分析，主要采用比较分析法，按总成本进行分析对比或按成本费用项目进行分析对比。具体是：预算成本与实际成本比较，计划成本与实际成本比较，计划费用与实际费用比较，所属单位之间进行比较，与上年同期进行比较，与本企业历史最高水平比较，与同行业先进水平比较，单位工程成本费用之间进行比较。

（2）综合分析后，再按单位或工程（产品）项目作进一步深入的分析，分析导致成本项目及其费用盈亏的原因。

5. 基层单位的月度报表，要对成本费用盈亏原因作简要分析。各企业要随季度报表向总企业报送本季度分析资料。

第七章　成本费用报表

第二十三条　本企业所属各企业应在总企业要求的基础上，根据本企业的特点，建立和完善自己的成本报表体系，使企业的成本费用状况得以完整全面的反映。

第二十四条　成本费用报表的种类

为了全面准确地反映企业成本费用情况，本企业所属各企业必须按期编制以下成本费用报表：工程成本表、产品成本表、作业成本表、单位工程成本表、竣工工程成本表、竣工工程成本报告表、间接费用表、管理费用表、财务费用表、销售费用表。

第二十五条　成本费用报表编制要求

1. "工程成本表""产品成本表""作业成本表""管理费用表"为财政部门规定的报表，各单位要按季编制上报集团总企业和政府有关部门。

2. "竣工工程成本表"为城建集团规定报表，该报表按年编制，与其他会计报表一并上报集团总企业。

3. "单位工程成本表""竣工工程成本报告表""间接费用表""财务费用表""销售费用表"为城建集团规定的企业内部管理报表。以上五种报表填列后由各单位自己留存，作为分析的资料，为领导决策提供依据。

第二十六条　成本费用报表编制说明

1. 工程成本表

工程成本表为施工生产单位（包括机械施工企业、设备安装企业）反映工程成本情况的报表，编制工程成本表是为了反映全部工程成本构成及节超情况。

工程成本表由工程项目负责人直接填制，并逐级汇总上级。

实行内部独立核算的劳务队、劳务企业也要填制工程成本表，盈亏并入企业报表人工费栏中，实行内部独立核算的材料部门也应填报工程成本表，其盈亏数并入企业报表材料费栏中，并填入"材料费"空栏内，注意以上两项在汇总时只汇总盈亏总额。

"预算成本"为已经向建设单位办理工程价款结算工程的预算收入，收入划分按本办法规定办理。

"实际成本"是指已经办理工程价款结算的工程所发生的实际成本。

本期已完工程实际成本＝本期实际发生的工程费用＋期初未完工程成本－期末未完工程成本

实行三级核算的单位，工程项目发生的间接费用列入"间接成本"行内，工程处（分公司）发生的间接费用，在汇总时在"间接成本——分企业"行内反映。

$$降低额=预算成本-实际成本$$

如为负数，即成本超支。

$$降低率=降低额÷预算成本×100\%$$

各成本项目按有关财务制度填列。

2. 产品成本表

产品成本表由从事构件、混凝土、木材加工、钢筋加工、铁活加工等产品生产的企业和企业内部独立核算单位填报。

填报内容及方法，以及对应关系请参照工程成本表。

3. 作业成本表

作业成本表由从事机械、运输、作业服务的企业和企业内部独立核算单位填报。

填报内容及方法，以及对应关系请参照工程成本表。

4. 单位工程成本表

单位工程成本表由从事施工生产的内部独立核算单位按工程项目填报，单位工程成本表主要反映单位工程发生的完全成本和累计实现利润情况，填制内容和方法与工程成本表一致。由于该表反映的是完全成本，所以，填报单位应将本单位发生的管理费用、财务费用在单位工程进行分配，列作该单位工程管理费用和财务费用的支出。

5. 竣工工程成本表

在日常按成本核算对象积累成本核算资料的基础上按年编制。竣工工程成本表反映在本年度内已经竣工工程的累计工作量、预算成本、实际成本、降低额、降低率，以及年度竣工工程占在施工程的比重，列入本表的竣工项目和统计部门上报竣工的项目一致。

其计算公式为：

$$竞工率=\frac{竞工工程预算总成本-上年结转的竞工工程预算成本}{本年工程总预算成本}$$

6. 竞工工程成本报告表

竞工工程成本报告表反映已经全部完成工程设计文件所规定内容，并已向建设单位办理移交手续和竞工决算手续工程的全部成本，是为了全面完整地考核每一单位工程完全成本的节超情况。

竞工工程成本报告表表头的各项经济技术指标需填写完整数字准确。

竞工工程成本报告表左侧各栏数字均按该项工程自开工始至竞工止的全部预算收入、实际成本的累计发生额填报，具体填报方法同"单位工程成本表"。为了能按要求填报此表，基层成本核算要注意日常成本资料的积累，建立健全各种成本管理台账。

本表反映的有关数字，应与"竞工工程成本表"一致，按单位工程编制的此表，汇总后应等于"竞工工程成本表"。

7. 间接费用表

间接费用表反映企业内部独立核算单位为管理组织施工生产所发生的间接费用实际支出额，通过与上年同期进行比较，揭示该单位间接费用的升降变化。

间接费用表数字源于本单位"间接费用"科目各明细子目的实际发生额。

间接费用表各栏合计分别等于工程成本表、产品成本表、作业成本表中间接费用"实际成本"。

8. 管理费用表

管理费用表为财政规定对外报表，适用于本企业所属全部企业及内部独立核算单位和发生核算管理费用的单位。

（1）管理费用表反映企业及所属内部独立核算单位自年初至报告期末所发生的管理费用数额，便于分析考核管理费用构成和支出水平。

（2）管理费用表按"施工单位""工业生产""机械作业""企业机关"分栏填报，具体划分与"间接费用表"相同。其中，"企业机关"由各企业（厂）填报。

管理费用表按照"管理费用"科目明细子目实际发生额分别填报。其中，"企业经费"仅反映企业机关行政经费的实际情况，由企业机关填报。其余各费用项目哪一级发生，哪一级填报。

"存货盘亏毁损"，应反映存货盘盈和扣减赔偿、材料价值后的净额。

对应关系：

管理费用表"管理费用合计"=利润表"管理费用"

9. 财务费用表

财务费用表为企业内部报表，适用于集团所属全部企业及内部独立核算单位，本表按照"财务费用"科目明细子目实际发生栏填写。其中，"利息支出"和"汇兑损益"按照减去利息收入和汇兑收益后的净额填写。

对应关系：

财务费用表"财务费用合计"=利润表"财务费用"

10. 销售费用表

销售费用表由有产品销售并发生销售费用的企业填制，本表合计数应与利润表的"销售费用"一致。

第八章　监督与制裁

第二十七条　集团总企业对集团所属企业的成本核算与管理进行下列监督：

1. 进行经常性的检查、督促，促进改善经营管理，努力降低成本。

2. 按期汇审企业的报表，提出审核意见。

3. 对一切违法行为，及时制止，单独或会同财政机关进行检查处理。

第二十八条　集团总企业对总企业所属的核心企业除执行以上三条外，还进行如下监督：

1. 审查各企业年度降低成本计划、费用控制计划，并提出具体的审查意见和建议。

2. 对企业的成本费用预测、成本费用计划、成本费用控制、成本费用核算等成本管理的各环节进行监督。

3. 参与企业成本费用分析，并对企业成本费用计划的完成结果进行考核。

第二十九条　企业经理（厂长）、总会计师负责对企业的成本管理进行监督。

1. 审查成本费用计划。

2. 定期召开成本费用分析会议，解决存在的问题。

3. 监督执行成本费用开支范围和成本费用核算的规定。

4. 执行行政机关和上级对违法行为的处分决定。

5. 审核成本费用报表，签署上报。

第三十条　企业在接受监督和检查时，必须如实反映情况，提供有关检查资料。

第三十一条　对违反成本管理制度，并有下列行为之一的企业，应按照财务和税收的有关规定处理。

1. 违反成本管理制度的主要行为有：

（1）擅自提高开支标准，扩大开支范围。

（2）随意摊提成本费用，挤占国家收入。

（3）弄虚作假，成本严重不实。

（4）高估冒算工程造价。

（5）经营管理不善，造成工程大量返工或其他严重损失浪费。

（6）损公肥私，挥霍国家资财，增加成本费用开支。

2. 对违反上述所列行为之一的企业，按情节轻重分别做出下列处理和处罚：

（1）责令限期改正。

（2）处以相当侵占国家收入金额30%～100%的罚款。

3. 对违反上述所列1中（1）、（2）、（3）（4）行为之一的企业领导人和直接责任人，分别作如下处分：

（1）情节较轻，认错态度较好，给予批评教育。

（2）情节严重，但认错态度较好的，处以本人1个月标准工资以内的罚款。

（3）情节严重，确属明知故犯的，处以本人3个月标准工资以内的罚款，并给予适当的行政处分。

4. 对违反上述所列1中（5）、（6）行为之一的企业领导人和直接责任人，处以本人3个月标准工资以内罚款，并给予行政处分。

5. 对违反上述所列行为之一的个人，情节严重，触犯刑律的，报请司法机关依法追究刑事责任。

6. 企业总会计师，或行使总会计师职权的企业领导人及财务人员，对明知违法行为不抵制、不揭发的，应与违法行为直接责任人同时受到处罚。

7. 对下列人员将从重处罚：

（1）强迫或指使他人违反本制度的。

（2）执法犯法的。

（3）打击报复揭发检举人的。

第三十二条 企业或个人对上级给予处罚如有异议的，在接到处罚通知之日起 15 日内可申请上一级复议裁决，逾期不申请的按通知执行。

第三十三条 对坚持国家政策、揭发检举违法行为人员，给予适当奖励，有特殊贡献的，报上级给予表扬或奖励。

第九章 附 则

第三十四条 本办法操作细则由总企业财务部负责解释。

第三十五条 本办法经总经理核准后实施，修改时亦同。

（附表略）

成本费用核算实施办法

第一章 总 则

第一条 目的

为达到以下目的，特制定本办法。

1. 规范企业成本费用核算工作，保证成本信息真实、完整。

2. 加强企业成本管理，降低成本费用，提高企业经济效益。

第二条 成本费用核算依据

1. 国家《企业会计准则》《企业内部会计制度》。

2. 有关的消耗定额、开支标准和开支范围的政策文件。

3. 企业内部的经营特点以及经营的内外部环境要求。

第三条 成本费用的归集、分配要求

1. 成本费用应当分期核算。

2. 成本费用的核算方法应当前后一致。

3. 成本费用核算应当为企业未来决策提供有用信息。

4. 成本的确认和计量应当符合国家统一的会计准则制度的规定。

5. 一定期间的成本费用与相应的收入应当配比。

6. 成本费用归集、分配、核算应当考虑重要性原则。

7. 成本费用核算应与客观经济事项相一致，以实际发生的金额计价，不得人为降低或提高成本。

第四条 合理确定消耗定额

进行成本费用核算的前提就是制定企业各项消耗定额，具体包括以下四个方面。

1. 企业的材料消耗定额，包括原材料、燃料、动力等消耗定额。

2. 劳动定额，包括产品生产工时、消耗定额、产品产量、劳动生产率、停工率等定额。

3. 设备利用定额，包括各种机器设备的利用率等。

4. 费用消耗定额，包括各种制造费用的消耗定额。

第二章　成本费用核算组织体系

第五条　集中核算形式

本企业采用集中核算形式，财务部集中负责成本费用的核算工作，各部门负责登记、整理有关原始资料，填报有关原始凭证，并进行初步审核、整理和汇总。

第六条　成本费用核算总裁负责制

本企业实行成本费用核算的总裁负责制，财务部经理受总裁委托具体组织开展各项成本费用的核算工作，成本核算会计在财务部经理的直接领导下，具体负责成本费用核算的账务处理及相关事宜。

第七条　专人核算

1. 企业各部门根据本部门开展业务的需要，设置专职成本核算员或指定专人兼任，以开展本部门的成本费用核算业务。

2. 各部门具体负责本部门的成本核算工作，健全原始记录，制定并修订各项定额，对上报财务部的成本费用核算数据全面负责，并配合财务部开展各项财务核算管理工作。

第八条　工作内容

成本费用核算内容主要包括以下两个方面。

1. 按照规定设置成本核算项目，做到结构合理、项目齐全。

2. 收集、整理成本核算数据，按规定项目、程序、方法和时限要求，准确计算、编报、分析、预测和控制成本费用。

第三章　成本费用核算对象、方法和项目

第九条　成本核算对象

成本核算对象包括生产成本和制造费用。

第十条　费用核算对象

三大期间费用：销售费用、管理费用和财务费用。

第十一条　成本费用核算方法

1. 将能直接归属某个成本核算对象的成本费用直接列入相应成本对象的成本中。

2. 对涉及两个及两个以上成本费用核算对象的成本费用采用分配的办法进行归集，分别根据具体情况按人员比例、工作量比例予以分摊。

3. 本企业采用品种法为成本费用计算方法，品种法是以产品品种为成本计算对象的一种成本计算方法，特点包括以下四个方面。

（1）以"品种"为对象开设生产成本明细账、成本计算单。

（2）成本计算期一般采用"会计期间"。

（3）以"品种"为对象归集和分配费用。

（4）以"品种"为主要对象进行成本分析。

4. 成本费用计算方法的变更必须经财务总监审批后方可进行。

第四章　生产成本核算

第十二条　据实核算

根据实际产量和实际消耗的材料、人工、费用计算产品的实际成本。

第十三条　生产成本核算要求

1. 采用计划成本、定额成本进行日常核算，不得以计划成本、定额成本代替实际成本。

2. 划定本期产品成本和下期产品成本的界限，不得任意待摊和预提费用。

3. 划清在产品成本、产成品成本和不可比产品成本的界限，不得虚报可比产品成本降

低额。

4. 凡是规定不准列入成本的开支，都不得进入产品成本。

5. 按成本费用发生项目进行归集，归集过程中保持成本核算与实际生产经营进程的一致性。

第十四条 生产成本核算程序

生产成本的核算应按照以下程序进行。

1. 根据各部门统计资料和原始记录，收集、确定各种产品的生产量，入库量，自制半成品、在产品的盘存量以及材料、工时、动力消耗等数据，确保数据的准确性、规范性和有效性。

2. 根据基本生产车间、辅助生产车间和规定的成本费用项目对发生的费用进行归集。

3. 将归集的费用予以结算和分配，能够确定由某一成本核算对象负担的，直接计入该成本核算对象；由几个成本核算对象共同负担的，按照产量等合理的分配标准，在有关成本核算对象之间进行分配。

4. 对于期末有在制品产品，应将归集起来的生产成本按产值在完工产品和在制品之间分配，从而计算出完工产品的总成本和单位成本。

第十五条 材料成本核算

1. 材料成本包括材料购买价格，运杂费，装卸费，定额内的合理损耗，入库前的加工、整理及挑选费用等。

2. 材料采用实际成本核算，按加权平均法计算出库成本。

3. 凡直接用于产品生产的材料和自制半成品，直接计入各产品成本。

不能直接认定的，按产值进行分配。

第十六条 燃料和动力成本核算

燃料和动力按实际成本计入产品成本，能直接认定为用于产品生产的燃料及动力，直接计入各产品成本；不能直接认定的，按产值进行分配。

第十七条 直接职工薪酬成本核算

直接从事产品生产人员的职工薪酬，直接计入各产品成本；不能直接认定的，按产值进行合理分配。

第十八条 辅助生产成本的核算

1. 核算原则：企业的辅助生产车间（部门，下同）应单独核算成本并进行分配。

2. 核算办法：辅助生产车间生产所用的水、电、气及劳务等发生的各项间接费用（包括材料、燃料及动力、直接职工薪酬、制造费用），通过相应的成本要素或成本中心归集。

第十九条 在制品成本的核算

1. 对于各月之间变动不大、在制品数量较少、生产周期较短的情况，不计算在制品成本。

2. 对于各月之间变动较大、在制品数量较多、生产周期较长的情况，计算在制品的原材料成本。

第五章　制造费用核算

第二十条 核算要求

企业为生产产品和提供劳务而发生的各项间接生产费用，通过"制造费用"科目归集。凡能直接认定用于产品生产的制造费用，直接计入相应的产品成本；不能直接认定的，按产值进行合理分配。

第二十一条 核算内容

制造费用核算的具体内容包括折旧费、物料消耗、运输费、设计制图费、租赁费、财产保险费、低值易耗品摊销、水电费、取暖费、办公费、差旅费、职工薪酬、劳动保护费、印刷费、环保费用、车辆使用费以及生产部门不能列入以上各项目的其他间接生产费用。

第六章　期间费用核算

第二十二条　期间费用内容

期间费用包括销售费用、管理费用和财务费用三类费用。

第二十三条　销售费用

1. 销售费用主要用于核算对外销售商品和提供劳务等过程中发生的各项费用以及专设销售机构的各项经费。

2. 销售费用的具体内容包括销售部门在开展业务过程中产生的职工薪酬、劳动保护费、固定资产折旧费、修理费、租赁费、财产保险费、低值易耗品摊销、物料消耗、水电费、取暖费、办公费、差旅费、会议费、通信费、印刷费、销货运杂费、其他运杂费、装卸费、包装费、商品损耗（减溢余）展览费、广告费、业务宣传费、销售服务费、无形资产摊销、长期待摊费用摊销及其他费用支出。

第二十四条　管理费用

1. 管理费用主要核算分（子）企业为组织和管理生产经营所发生的行政管理费用以及管理部门在经营管理中发生的，或者应由企业统一负担的企业经费等。

2. 管理费用的具体内容包括企业管理部门的职工薪酬、劳动保护费、折旧费、修理费、租赁费、财产保险费、低值易耗品摊销、物料消耗、水电费、取暖费、办公费、差旅费、会议费、通信费、印刷费、图书资料费、业务招待费、外宾招待费、车辆使用费、运输费、土地租金、文化教育费、医疗卫生费、社区服务费、无形资产摊销、长期待摊费用摊销、技术使用费、土地（海域）使用及损失补偿费、房产税、车船税、土地使用税、印花税、出国人员经费、咨询费、诉讼费、董事会会费、信息系统运行维护费、招投标费、环境卫生费、外部加工费及其他不能列入以上各项目的其他各种管理费用。

第二十五条　财务费用

1. 财务费用是指企业为筹集生产经营所需资金等而发生的费用。

2. 财务费用核算的内容包括利息支出（减利息收入）、汇兑损失（减汇兑收益）、金融机构手续费、筹集生产经营资金发生的其他手续费等，不包括应当资本化的一般借款费用。

3. 财务费用核算的具体内容。

（1）利息支出包括企业向国内外银行及其他金融机构支付的借款利息（包括长期借款利息和短期借款利息）、应付债券利息、汇票贴现利息、应付票据利息、融资性应付款利息支出及逾期贷款银行加息（不含滞纳金、罚息）。为购建资产发生的借款利息支出，符合资本化条件的，应计入有关资产的价值，不在本项目核算。利息支出设"国内长期借款利息支出""外资长期借款利息支出""应付债券利息""短期借款利息支出""融资性应付款利息支出""预计弃置费用利息"及其他利息支出项目进行明细核算。

（2）企业存款利息收入，包括银行存款利息、应收票据到期贴息收入等。企业购买国债、其他债券取得的利息收入，列入"投资收益"项目核算。

（3）因汇率变动而发生的外币兑换差额。本项目设"汇兑损失"和"汇兑收益"两个细目，分别核算经营活动中发生的外币兑换损失及收益。

第七章　其他成本和费用核算

第二十六条　其他业务成本

其他业务成本，指反映企业除主营业务活动以外的其他经营活动所发生的成本，包括销售材料与包装物的成本、技术转让与技术服务成本、代购代销手续费、出租固定资产计提折旧、出租无形资产的累计摊销、出租包装物的成本或摊销额、转供动力支出、来料加工支出、处置投资性房地产成本及采用成本模式计量投资性房地产计提的折旧额或摊销额等。

第二十七条　营业外支出

企业发生各项营业外支出，包括处置非流动资产损失、资产报废毁损损失、非货币性资产交换损失、债务重组损失、罚款支出、捐赠支出、资产盘亏损失、预计担保损失、预计未决诉讼损失以及预计重组损失等。

第八章　成本费用会计凭证管理

第二十八条　原始凭证要求

财务部工作人员对不真实、不合法成本费用的原始凭证不予受理；对记载不准确、不完整成本费用的原始凭证予以退回，并要求及时进行更正和补充。

第二十九条　记账凭证要求

财务部工作人员办理成本费用核算事项时必须填制或取得原始凭证，并根据审核后的原始凭证编制记账凭证。会计、出纳员记账时必须在记账凭证的相应位置签字。

第三十条　会计报表

财务部工作人员应根据成本费用账簿记录编制成本费用会计报表并上报总裁及报送有关部门。会计报表每月由会计编制并上报一次。会计报表须由会计签字或盖章。

第三十一条　账簿问题处理

财务部工作人员发现成本费用的账簿记录与实物、款项不符时，应及时向总裁报告，并请求查明原因，做出处理。

第三十二条　会计档案管理

根据企业会计档案管理规定，对于需要归档保存的会计凭证，应及时送专管档案的会计人员入档保存。

第九章　附　　则

第三十三条　成本费用的核算严格遵守开支范围、开支标准、有关消耗定额标准。

第三十四条　成本核算的资料必须准确、完整、真实、合法，记载、编制必须及时。

第三十五条　本办法由财务部负责拟定、解释和修改，经总裁签字后正式实施。

第三十六条　本办法自发布之日起实施。

 文案范本

成本核算管理准则

第一章　总　　则

**第一条　**公司成本会计事务处理准则及程序，除普通会计事务处理准则及程序和法令、公司章程另有规定外，悉依本准则及程序处理。

**第二条　**公司的成本会计事务由财务部成本会计处理。

**第三条　**公司成本计算采用分步成本制，每月底计算成本一次。

**第四条　**准则所称成本，系指以产品生产过程中的所有一切支出为限，包括直接材料、直接人工及制造费用。

**第五条　**公司各类成本或费用，以权责发生制为依据。

**第六条　**成本单位视实际需要设置各种辅助账，包括原物料明细分类账、在制品明细分类

账、制成品明细分类账与制造费用明细分类账。

第七条 公司产品数量与成本金额的计算，一律算至小数点以后二位为止，第三位四舍五入。

第八条 公司生产过程中的损坏部分，应依其性质分别按下列方式办理：

1. 生产过程中，不能完全避免的损坏，其损坏部分的成本，悉由完好产品负担。

2. 生产过程中，如因意外事故发生的损坏，其所耗用的成本，以非正常损失处理。

<h3 align="center">第二章 材 料</h3>

第九条 材料的请购、订购、领用、保管、退料、盘盈（亏）及废料等的处理，依公司材料管理办法办理。

第十条 成本科根据请购单、收料单及进货发票编制传票。

第十一条 各单位在领用材料时，应填发"领用单"（略），注明领料单位、品名、规格、用途，并经主管签章后，方能向仓库领料。只要发料数量不超过核准的数量，仓库即可根据领用单发料。

第十二条 领用单应一式三联，第一联领料单位存查，第二联仓库留存，第三联送交成本室。成本科根据领用单统计汇编"材料领用汇总表"，同时编制传票。

第十三条 材料领用的计价方法，根据账面成本采用加权平均法。

第十四条 计入产品成本的材料分为：

1. 直接材料，凡直接供给产品制造所需，而能直接计入产品成本的原料。

2. 间接材料，凡间接用于产品制造，但并非形成产品本身；或虽形成产品本身，但所占成本比例甚微，或不便计入产品成本的物料。

第十五条 材料盘点采用不定期盘点的办法，由成本科会同仓储室人员共同进行。盘点时应该填制"盘点单"三联，第一联仓储室留存，第二联成本科留存，第三联挂置于材料存放处所。成本科应在盘点后 15 日内，编制"材料差异报告表"共三联，第一联送仓储室，第二联成本科留存，第三联为编制传票的凭证，并登录"材料明细分类账"。

第十六条 材料盘损应由仓储室负责出具报告，说明短少原因，并由上级主管追究责任。

第十七条 "材料明细分类账"与"总分类账"的材料统御科目，平时数额可不相等。但在月底，成本科应与会计室对账核符后，才可以开始结算材料的单位成本。

<h3 align="center">第三章 人 工</h3>

第十八条 人工是指直接或间接参加生产而支付的一切报酬。管理及推销部门的人员，属管理及推销费用，不在人工的范围内。

第十九条 计入产品成本的人工可分为：

1. 直接人工，从事直接生产员工的报酬，可以直接计入该产品成本者。

2. 间接人工，从事厂务、研究等工作，以及不直接从事生产的员工报酬，及不能或不便计入产品成本者。

第二十条 公司总务部应设置"出勤卡"，每人每月一张，由人力资源部负责管理统计。

第二十一条 成本科根据薪金表，计算各生产部门及服务部门的直接人工和间接人工成本，并编制传票。

<h3 align="center">第四章 制造费用</h3>

第二十二条 制造费用指在生产过程中，除直接原料、直接人工外，所发生的一切其他费用，其中包括间接材料、间接人工及其他费用等。

第二十三条 为了便于计算产品成本，制造费用应该分为直接费用与分摊费用。凡公司总务部及技术部的制造费用，一概依据特定的分摊基础及方法，将其分摊于各生产中心。各生产中心摊列的费用，称为分摊费用。凡生产部本身直接发生的费用，则称为直接费用。

第二十四条 制造费用发生时，应详细加以分析其发生的原因及用途，并由相应部门负担。当能确定其归属部门时，应于传票中注明其成本中心；如属共同性的费用时，应按合理的分摊基础，分摊至各该产品中。

第二十五条 凡非按月发生，而其效用及于全年；或者按实际发生金额计算成本，明显属不合理的费用，成本科应予合理分摊，并计算该月份应摊列的金额，同时列入制造费用项下。

第二十六条 费用分摊的基础依下列方式办理。

1. 供电费用：按各成本中心实际的耗用电度分摊。
2. 给水费用：按各成本中心实际的耗用水量分摊。
3. 供汽费用：按各成本中心实际的耗用蒸汽量分摊。
4. 动力费用：按各成本中心机器使用的空气气压量分摊。
5. 公司总务部及其他辅助部门的费用：按各成本中心员工人数分摊。

 文案范本

成本费用内部结算办法

第一条 为正确评价公司内部各单位之间的工作业绩，分清各自的经济责任，特制定本办法。

第二条 本办法结算的范围主要是指公司内部各单位之间，在生产经营过程中，发生互相提供产品、材料或劳务等经济事项。例如，生产部门之间转移半成品，辅助生产部门为基本生产部门提供劳务，管理部门为生产部门提供服务等。

第三条 成本费用结算的原则

1. 既要考虑公司产品成本的价值补偿，又要考虑公司的经营状况和实际支付能力。

2. 公司应按照权责发生制原则进行结算，严格划清成本开支的界限，凡不属于本期产品承担的费用，不论款项是否已经支付，都不能计入本期产品生产成本。

3. 成本费用的结算应符合国家《企业会计准则》《公司内部会计制度》和公司内部经营特点以及经营的内外环境的要求。

第四条 成本费用内部结算价格的制定

1. 内部转移的材料物质

由物资供应部门以当时国家统一规定的出厂价格、物资供应价格或市场零售价格为基础，加上运杂费和正常的途中损耗制定内部计划价格，编制价格目录，经财务部门审核后，作为内部结算价格。

2. 公司辅助部门的劳务供应

可以以市场价格为基础，由公司主管职能部门根据实际成本情况审定结算价格。

3. 公司生产的零部件、半成品

公司可以采用定额成本作为转移价格，编制全部产品的零部件及整台机械的定额成本。

4. 其他内部结算价格的制定

公司应本着"公平合理、利益兼顾、有利于管理"的原则，在公司领导下由各有关部门协作制定，经批准后实施。

第五条 成本费用结算的方式

一般以支票形式结算，也可由公司根据其具体情况自行决定。

第六条　成本费用结算的组织

1. 在财务部设立结算中心，主要负责内部各部门之间的往来结算，核算工作比较简单。

2. 通过公司内银行进行结算，主要负责结算、信贷、控制等职能，核算工作较复杂。

第七条　成本费用结算的方法

1. 据实支付

对于成本费用在预算范围内的，由公司财务部据实审核支付。

2. 审批结算

对于成本费用数额较大的，超出预算范围的，应由总经理审批通过后，财务部按照有关规定支付。

3. 总额包干结算

公司每年一次性核全年生产费用，按进度分月或分季支付，实行总额包干、节余留用、亏欠自补。

第八条　成本费用结算的资金和票据

1. 公司财务部编制的按照人数核拨的定额补贴。

2. 预算外收入中可用于成本费用的经费。

3. 财务部工作人员对不真实、不合法成本费用的原始凭证不予受理；对记载不准确、不完整成本费用的原始凭证，予以退回，并要求及时进行更正和补充。

4. 财务部工作人员办理成本费用的核算事项必须填制或取得原始凭证，并根据审核后的原始凭证编制记账凭证。会计、出纳记账，都必须在记账凭证的相应位置签字。

5. 财务部工作人员应根据成本费用账簿记录编制成本费用会计报表并上报总经理及报送有关部门。

会计报表每月由会计编制并上报一次。会计报表须有会计签名或盖章。

第九条　成本费用结算的监督管理

1. 公司要做到量入为出，降低成本费用的支出。

2. 各部门要根据服务合同中确定的结算标准和结算方式，及时与公司财务部进行结算，不得拖欠、挤占应支付的成本费用。

3. 公司财务部的各项收入一律纳入财务统一核算，不得截留收入，私设"小金库"。

4. 公司财务部要建立健全财务管理和成本核算制度，及时向公司报送有关会计报表和统计资料，并自觉接受公司和审计部门的监督。

第十条　本办法由财务部会同公司其他有关部门解释。

第十一条　本办法自_____年_____月_____日起实施。

文案范本

商贸企业成本费用核算办法

第一章　总　　则

第一条　为加强商贸企业的生产经营管理，降低成本费用，提高经济效益，根据企业财务通则和本企业具体情况，特制定本办法。

第二条　本办法适用于商品流通企业、旅游、饮食服务企业。

第三条　成本管理的基本任务是：通过预测、计划、控制、核算、分析和考核，反映企业生产经营成果，挖掘降低成本的潜力，努力降低成本。

第四条 企业在成本管理中，必须遵守财经纪律、法规，贯彻执行国家的有关方针、政策。

第五条 企业实行成本管理责任制。厂长（经理）对本企业生产经营的经济效果负完全责任。

商贸企业财务负责人、主管会计协助经理组织领导本企业的成本管理，正确执行成本计划，准确核算成本。

第六条 各商贸企业管理部门负责所属商贸企业的成本指导、监督、管理。

第七条 企业的成本和费用指企业在经济活动中发生的与经营活动有关的支出，包括商品进价、直接材料、旅行社代收代付的费用和为经营（含提供劳务）而发生的费用。

第二章 成本开支的范围和内容

第八条 商品进价成本分为国内购进商品进价成本和国外购进商品进价成本。

1. 国内购进商品进价成本

凡是在中华人民共和国境内购进用于国内销售或出口的商品称为国内购进商品。包括：

（1）国内购进商品的原始进价。国内购进商品的原始进价是指按照国家规定价格或市场价格等实际支付给供货单位的进货价款。

（2）购入环节交纳的税金。企业在购入环节交纳的税金是指在收购不含税农副产品时所支付的税金。

（3）企业在国内购进并已用于出口的商品所收的退税款，即出口退税款，应冲减当期出口商品进价成本。

2. 国外购进商品进价成本

凡是在中华人民共和国境外采取自营进口、国家调拨进口、代理进口以及用其他方法购进的商品，称为国外购进商品。其进价成本是指进口商品在到达目的港口以前发生的各种支出，包括：

（1）进价。进价是指进口商品按对外承付货款之日银行公布牌价结算的到岸价（C.I.F）。如进口合同价格不是到岸价，在商品到达目的港口以前由企业以外汇支付的运费、保险费、佣金等，加入进价。

（2）进口税金。即商品进口报关时应缴纳的税金。

（3）企业委托其他单位代理进口的商品，其商品进价成本还应包括支付给受托单位的有关费用，即实际支付给代理单位的进口合同价格之外的海外运保费、佣金等。企业支付给代理单位的代理手续费、检验费、银行财务费、外运劳务费、代垫资金利息等，分别计入经营（营业）费用和财务费用。

3. 购进商品进价成本调整

企业在购进商品过程中供货方给的折扣、退回和折让及购进商品发生的经营确认的索赔收入冲减商品进价成本。发生的进口佣金调增商品进价成本。

第九条 直接材料耗费计入营业成本

旅游、饮食服务企业在经营过程中直接耗用的原材料、调料、配料、辅料、燃料等直接材料计入营业成本，包括：

（1）饭店餐饮部和餐馆耗用的食品、饮料及原材料、调料、配料成本。

（2）餐馆、浴池耗用的燃料成本。

（3）饭店、洗衣房、照相馆、洗染店、修理店耗用的原材料、辅料成本。

第十条 旅游企业中旅行社已计入营业收入总额，但属于代收代付的有关费用是直接用于旅游者的，应作为企业的直接支出，计入营业成本。这部分成本共有 14 项，分别为：

1. 签证费：指为海外旅游者代办签证所支付的费用。

2. 保险费：指为旅游者支付的人身保险费用。

3. 餐费：指为旅游者支付的餐费、风味餐费、餐差费、退餐损失、旅游途中饮料费。

4. 房费：指为旅游者支付的房费、夜房费、房差费、退房损失费。

5. 票务费：指支付给交通部门的订票手续费、包车费用、退票损失等。

6. 行李托运费（搬运费）：指为旅游者托运和搬运行李而支付给交通部门或其他部门的费用。

7. 文娱费：指旅游者观看文艺节目、参加娱乐活动而支付给文化或其他部门的费用。

8. 门票费：指旅游者参观风景旅游点所支付的费用。

9. 交通费：指为旅游者支付的市内和市郊车船费、超公里费、游江游湖费等。

10. 机场费：指为旅游者支付的机场费用。

11. 劳务费：指借调聘用翻译导游人员的劳务报酬。

12. 专业活动费：指旅游者参观工厂、学校等而支付的费用。

13. 宣传费：指按规定上交旅游主管部门的宣传费。

14. 陪同费：指陪同人员的房费、交通费、伙食补贴、邮电费等。

第十一条　其他成本

其他成本是指除以上各项外的其他直接支出，如企业出售无形资产，出售除商品以外的存货的实际成本。旅游、饮食服务企业主要以提供劳务为主，人工费用理应计入营业成本，为便于操作，这类费用直接计入销售费用。

第三章　商品流通企业存货的计价原则和方法

第十二条　存货计价原则。凡为销售而储备的商品按取得时的实际成本即商品进价成本计价；材料物资、低值易耗品、包装物等按其取得时的实际进价成本加由企业负担的可直接认定的运杂费等计价。

第十三条　存货的计价方法。企业可选用先进先出法、加权平均法、移动平均法、个别计价法、后进先出法、毛利率法等确定各类存货的成本。

第四章　费用开支的范围和内容

第十四条　企业为管理和组织经营活动所发生的商品流通企业经营费用及旅游饮食服务企业销售费用、管理费用和财务费用，直接计入当期损益。

第十五条　经营（营业）费用是指各经营（营业）部门在经营中发生的各项费用，主要包括：

1. 运输费：指在经营过程中使用各种运输工具所支付的运费和运输过程中发生的搬运费以及同运输有关的各种杂费，凡商品流通企业在当地购进的商品和从外地购进商品由销货方负担的运费，不能在运输费项目中列支。内部不独立核算的车队发生的燃料费、养路费，也计入运输费。

2. 装卸费：指由车站、码头、仓库、货场发生付给装卸单位的费用。

3. 整理费：指用于专门进行挑选整理商品，如商品的分类、分等和其他整理工作所雇用的临时工的工资、修理用材料、工具消耗费用及其他零星费用。

4. 包装费：是指为商品调拨、储存而支付的有关合理费用。

（1）下列费用列入包装费：包装或改变包装所支付的包装用品费（如麻袋、油桶、酒桶、木箱、瓶子、纸箱、纸盒、纸袋、包装纸、塑料袋、捆扎用绳、用布、竹板等）。包装物折损

（一次使用即废弃的草袋等）与修理费。包装物挑选、整理、洗刷、修补费。包装用品租用费以及不能列入包装物进价的运杂费。委托外单位改进商品包装装潢的设计费，采用外单位设计商品包装装潢分摊的合理费用。

（2）下列费用不列入包装费：商品加工支付的包装费，购进或调出包装用品支付的运费、装卸搬运费，包装物押金及专为储存商品而购置的包装物的开支费用，本企业开展装潢设计业务发生的支出。

（3）出租包装物的租赁收入及回收包装物的收入，冲减包装费。

5. 保险费：指企业向保险企业投保商品和固定资产等而支付的保险费。保险赔偿收入用于弥补保险财产的损失，不足的差额列入营业外支出，多余的差额冲减保险费支出。财产保险和运输保险按照实际交纳保险费数额列入保险费，保险企业给予企业的保险费优待，应冲减保险费支出。

6. 展览费：指企业为开展促销活动或宣传商品等举办商品展览、展销会所支出的各项费用。

7. 保管费：指商品在储存过程中所支付的保管费用。包括倒库、晾晒、冷藏、保暖、消防、护仓、照明用品、委托保管费、养护商品、劳动保护所购置的物品以及仓库保管人员的工资等费用。

8. 检验费：指企业按规定支付给商品检验局检验时所收取的检验费、鉴定费、委托化验或自行化验商品的化验费和进出口商品的签订费。

9. 中转费：指商品中转、企业中转商品时所发生的费用。包括中转商品入库后在保管、分拨过程中所发生的费用。

10. 劳务手续费：指企业为向社会宣传商品而设置的宣传栏、橱窗、板报，印刷宣传资料和购置适量宣传品，在报刊、电台、电视台刊登，广播业务广告，以及经国家批准的专项业务宣传事项所支付的费用。

11. 商品损耗：指商品在运输、保管（含代保管）、销售过程中所发生的自然损耗。

12. 差旅费：指企业按规定支付给因业务、工作需要出差人员的住宿费、交通费、伙食补助等费用。

13. 进出口商品累计佣金：指买方或卖方的代理人因介绍买卖而取得的报酬，把不能直接认定到某个商品上的佣金累计起来叫累计佣金。能够直接认定到某个商品上的佣金，作调整商品的进价处理。

14. 水电暖气费：指营业部门耗用的水费、电费、取暖费、液化天然气费。规模较小企业行政管理部门发生的水电暖气费可计入经营（营业）费用。

15. 洗涤费：指营业部门洗涤工作服和日常用品（如针棉织品与餐具、塑料制品、卫生用品等）而发生的洗涤费。

16. 低值易耗品摊销：指旅游、饮食服务企业营业部门领用低值易耗品的摊销费用。

17. 物料消耗：指企业营业部门领用物料用品而发生的费用。物料用品主要包括日常用品（如针棉织品、餐具、塑料制品、卫生用品、印刷品等）、办公用品（如办公用具、纸张等）、包装物品、日常维修用材料、零配件等。

18. 工作餐费：指旅游饭店按规定为职工提供工作餐而支付的费用。

19. 服装费：指旅游企业按规定为职工制作工作服而支付的费用。

20. 经营人员的工资：是指企业支付给直接从事经营人员的工资（不包括列入运输费、保管费、包装费、修理费的部分）。

21. 经营人员福利费：按国家规定执行。

第十六条　管理费用是指企业为组织管理经营活动而发生的费用以及由企业统一负担公共性的费用。主要包括：

1. 管理人员的工资：指企业从事管理和组织经营人员的工资。

2. 管理人员福利费：指按国家规定执行。

3. 业务招待费：指企业为业务经营的合理需要而支付的有关业务交际费用。

4. 技术开发费：指企业研究开发新技术、新产品所发生的费用。

5. 董事会会费：指企业最高权力机构（如董事会）及其成员为履行职能而发生的各项费用，包括差旅费、会议费等。

6. 工会经费：工会经费按职工工资总额的2%计提。

7. 职工教育经费：职工教育经费专项用于企业职工的后续职业教育和职业培训。

8. 劳动保险费：指离退休人员的离退休金、价格补贴（不含财政负担的7.5元）、医药费（含离退休人员参加医疗保险的医疗保险基金）、易地安家补助费、职工退休金、抚恤金、按规定支付给离休干部的各项经费以及实行统筹办法的企业按规定提取的退休统筹基金。

9. 涉外费：指企业按国家规定支付的因业务需要必须列支的有关费用，包括人员出国费用、接待外宾费用和驻外代表及驻外机构办公费用等开支。

10. 租赁费：指企业租赁办公用房、经营用房、仓库、场地、低值易耗品租赁费用。

11. 咨询费：指企业向有关咨询机构进行科学技术、经营管理等咨询时按有关规定所支付的费用。具体包括聘请经济技术顾问、律师以及为取得咨询服务等支付的费用。

12. 诉讼费：指企业因经济纠纷起诉或应诉而发生的各项费用。

13. 商标注册费：指企业为了取得某种商标的专利权，在国家工商行政管理局登记注册时所支付的费用。

14. 技术转让费：指企业使用非专利技术时而支付的费用。包括以技术转让为前提的技术咨询、技术服务、技术培训过程中发生的有关开支等。

15. 低值易耗品摊销：指企业按规定的标准和摊销办法的摊销（不含旅游、饮食服务企业营业部门所领用的低值易耗品）、低值易耗品费用。低值易耗品摊销原则上实行一次性摊销法，数额较大的可实行分期摊销法。

16. 折旧费：指企业按规定资产（包括经营性和非经营性）价值和规定的分类折旧率计算提取的折旧。

17. 无形资产摊销：指企业购置无形资产按照规定计算的摊销额：无形资产有规定使用（或受益）年限的，可以按照规定的使用（或受益）年限分期摊销，没有规定使用（或受益）年限的，摊销期限不得少于10年。

18. 长期待摊费用摊销：指企业不能全部计入当年损益，应在以后年度内分期摊销的各项费用。

开办费用摊销，是指企业按规定期限摊销的因企业设立分支机构的筹建期间所发生的有关支出。企业开办费的摊销期限不得低于5年。

19. 水电暖费：指除营业部分之外的其他部门开支的水费、电费、取暖费。

20. 修理费：指企业为修理固定资产和低值易耗品等财产时所支出的费用。

21. 上交上级管理费：指企业按规定计提的上级管理机构经费。

22. 职工待业保险金：指企业按国家规定交纳的职工待业保险金。

23. 土地使用费：指企业使用土地时按规定支付的费用。

24. 绿化费：指企业进行绿化而发生的零星绿化费用。

25. 房产税：指企业按国家规定缴纳的房产税。

26. 土地使用税：指企业按照国家规定缴纳的土地使用税。

27. 印花税：指企业应按照国家规定交纳的印花税。

28. 车船税：指企业应按照国家规定交纳的车船税。

29. 审计费：指企业聘请中国注册会计师进行查账验资以及进行资产评估等发生的各项费用。

30. 坏账准备金：指企业用于抵补无法收回应收账款所造成的损失而提取的费用。

第十七条　财务费用是指企业为筹集资金而发生的各项费用，包括企业经营期间发生的利息净支出、外汇调剂手续费、加息、支付给金融机构的手续费等。

1. 利息净支出：指企业支付流动负债和经营期间长期负债应计的利息。

（1）下列费用开支可列入利息净支出：短期借款利息（也称经营性借款利息）。主要包括：短期银行借款利息，即企业向银行借入和各种短期借款支付的利息；其他借款利息、应付票据贴现利息，包括商业汇票贴现利息、应付债券利息等。实行银行存贷款分户管理的企业，存款的利息收入，应冲减银行借款利息支出；实行存贷合户管理的企业，应按利息净支出列入该项目。

（2）企业下列利息支出，应区别情况分别处理：企业用自筹资金代理进口时，自对外付款之日起至委托进口单位付款止，按银行规定的贷款利率计算的利息，应由委托方支付。企业外贸业务开出结算凭证后，因委托进口单位没有按合同协议规定付款而支付银行的利息、加息和罚息，应由委托进口单位承担。因有关银行未执行国家有关结算纪律，而造成的利息、加息和罚息，应由有关银行承担支付。企业如采取向委托进口单位预收资金进口的，自收到之日起至对外付款止收到银行支付给的存款利息应返还给委托进口单位。企业发行的可转换债券，在转换为股本之前只付利息；在转换成股本之后，只付股利（股利在税后利润中列支），不再计付利息。

2. 加息：指企业逾期归还银行贷款时，银行在国家规定的正常贷款利率基础上加收利息。

3. 支付给金融机构的手续费：指企业与金融机构往来过程中发生的有关费用。主要包括企业通过金融机构以银行汇票、商业汇票、汇兑、银行本票、支票、定额支票、委托收款、托收承付等方式结算以及为保证所需资金委托银行或其他金融机构代理发行债券时，按国家规定向银行或受托印制债券的银行和其他金融机构支付的有关费用。

第五章　成本与费用和其他开支的界限

第十八条　为保证成本核算的真实性，防止和杜绝乱挤和乱摊成本、费用现象发生，企业的一切成本、费用开支都应以国家规定的成本、费用开支范围和标准作为控制的准则。属于成本、费用开支范围的，均应计入企业的成本或费用，不应少计、漏计；不属于成本、费用开支范围的支出，不得计入成本、费用。

企业的下列开支不得列入成本、费用：

1. 为购置、自行研制、建造固定资产、无形资产和其他资产发生的支出。

2. 对外投资的支出及分配给投资者的利润。

3. 赞助和捐赠支出。企业自愿对社会公益、教育、福利设施等项目的赞助和捐赠。

4. 支付的赔偿金、违约金、罚款、滞纳金等，是指企业因违反合同和违反国家财政、税收、金融、物价、工商行政、海关、商检等政策规定被处罚时所支付的有关开支。

5. 被没收的财产，是指公安机关、检察机关、人民法院、海关、工商行政管理机关、税务机关等依法处理的罚没财物。

6. 按国家规定不得列入成本、费用的其他支出。

第六章　成本核算原则

第十九条　企业的成本费用核算必须按权责发生制原则，严格区分本期成本费用与下期成本费用的界限、直接费用与间接费用的界限。

1. 成本费用核算应按权责发生制原则核算。凡是应由本期负担的费用，不论款项是否收付，均应计入当期成本费用；凡是不应由本期负担的费用即使款项已经收付，也不应计入当期成本费用。

2. 划清本期成本费用与下期成本费用的界限，应由本期负担而尚未支出的费用，应预提计入当期成本费用；凡已经支出，但应由本期和以后各期负担的费用，应通过一定的方法分期摊销计入以后各期成本费用中去。

3. 划分直接费用与间接费用的界限。能直接计入有关成本核算对象中去，而不能直接认定的费用，采用一定的方法分配计入有关成本核算对象中。

第七章　附　　则

第二十条　本办法由总企业财务部负责解释。

第二十一条　本办法自××××年×月×日起开始实行。

二、相关标准

成本核算账务处理工作标准

任务 名称	任务程序、重点及标准	时　　限	相关资料
确定 成本 开支 范围	程序		
	● 进行成本核算之前，应根据有关规定，制定企业的成本开支范围	根据企业情况	一、企业成本管 理制度 二、企业财务通 则
	● 明确规定哪些费用可以计入成本，哪些费用不可以计入成本		
	重点		
	● 明确成本范围		
	标准		
	● 企业财务通则		
确定 成本 项目	程序		
	● 确定产品成本计算的对象	根据企业情况	一、企业有关规 定
	● 确定产品成本计算的方法		
	重点		
	● 结合企业实际		
	标准		
	● 成本计算对象的确定原则		

任务名称	任务程序、重点及标准	时　限	相关资料
原始记录	程序		一、相关资料
	● 各部门提供原始记录，如生产情况记录等	根据企业情况	
	重点		
	● 各种原始记录、凭证		
	标准		
	● 相关资料		
生产费用的归集和分配	程序		一、各种费用分配表
	● 生产费用计入各成本对象	根据企业情况	
	● 制定相应分配表		
	重点		
	● 将生产费用归集到各成本计算对象当中	根据企业情况	
	标准		
	● 按用途进行归类		
审批	程序		一、成本管理制度
	● 财务总监对所发生的费用进行审核	2个工作日内	
	重点		
	● 合理性		
	标准		
	● 相关凭证		
登记有关明细账	程序		一、相关明细账
	● 根据费用分配表登记有关明细账		
	重点		
	● 账证相符、账账相符		
	标准		
	● 原始凭证及其他有关资料		
确定成本计算方法	程序		一、成本管理制度
	● 根据企业特点，制定成本计算方法	根据企业情况	
	重点		
	● 结合实际		
	标准		
	● 成本计算方法		
在产品与产成品的分配	程序		一、有关规定
	● 生产费用在产成品与在产品之间的归集与分配	根据企业情况	
	● 按照制定的成本计算方法进行分配		
	重点		
	● 在产品与产成品之间的费用分配		

任务 名称	任务程序、重点及标准	时　限	相关资料
	标准		
	● 企业成本管理制度		一、企业会计准则
计算 总成 本和 单位 成本	程序		
	● 计算产品总成本和单位成本	根据企业情况	二、企业财务通则
	● 将完工产品成本转入产成品明细账		三、企业成本核算制度
	重点		
	● 核算产品的总成本和单位成本		
	标准		
	● 相关明细账、制度		

 文案范本

产品成本核算管理工作标准

任务 名称	任务程序、重点及标准	时　限	相关资料
下达 产品 成本 计划	程序		
	● 下达经总经理审批的财务成本计划	1个工作日内	
	● 抄送考核单位	1个工作日内	一、各单位的成本计划
	重点		
	● 纳入公司的目标管理体系		
	标准		
	● 产品成本计划汇总表		
执行 公司 下达 的成 本计 划	程序		
	● 分解成本指标	1个工作日内	
	● 制定成本控制办法	1个工作日内	
	● 参与制定单位的考核、奖惩制度		一、产品成本计划汇总表
	重点		
	● 纳入目标管理体系		
	标准		
	● 制定成本执行情况的跟踪检查措施		
料工 费标 准	程序		
	● 根据领料单、工时记录、产量记录编制月报表	1个工作日内	
	● 仓库管理员月底汇总报送：库存原材料月报表、材料盘存表、库存半成品月报表、库存产成品月报表、库存低值易耗品月报表	1个工作日内	一、各种财务报表
	● 车间核算，每月月底汇总报送：产品领用原材料盘点表、产品原材料消耗计算表	1个工作日内	

任务 名称	任务程序、重点及标准	时　　限	相关资料
料工 费标 准	重点		一、成本管理制 度
	• 报表的准确及时		
	标准		
	• 各种财务报表		
制造 成本 核算	程序		
	• 各单位分配人工费用及制造费用并编制月报表	1 个工作日内	
	重点		
	• 报表的准确率和及时性		
	标准		
	• 计划执行情况月报（每月 30 日前）；产品成本月报（每月 5 日前）；自制半成品月报（每月 5 日前）；支出明细月报表（每月 5 日前）；产品成本差异因素分析表；产品成本计划表（年度分月）；制造费用明细预算表（年度分月）		
单位 产品 成本	程序		一、各种报表
	• 各单位产品成本完成情况报公司财务部审核	1 个工作日内	
	重点		
	• 各种消耗定额的完成情况		
	标准		
	• 成本完成情况汇总表		
成本 差异 分析	程序		一、单位成本完 成情况
	• 对单位产品成本进行分析	1 个工作日内	
	• 报财务部审核		
	重点		
	• 对比成本计划目标		
	标准		
	• 找出成本变动的原因		
审核	程序		一、成本分析报 告
	• 财务部审核无误后汇总所有产品成本	1 个工作日内	
	• 报公司财务总监审核		
	重点		
	• 对照公司的经营目标进行检查		
	标准		
	• 公司财务报表		

三、相关流程

成本费用核算流程

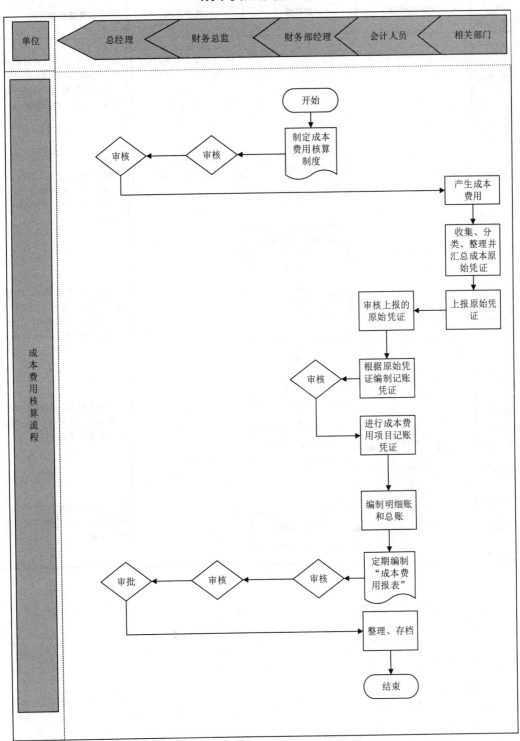

文案范本

成本核算工作流程

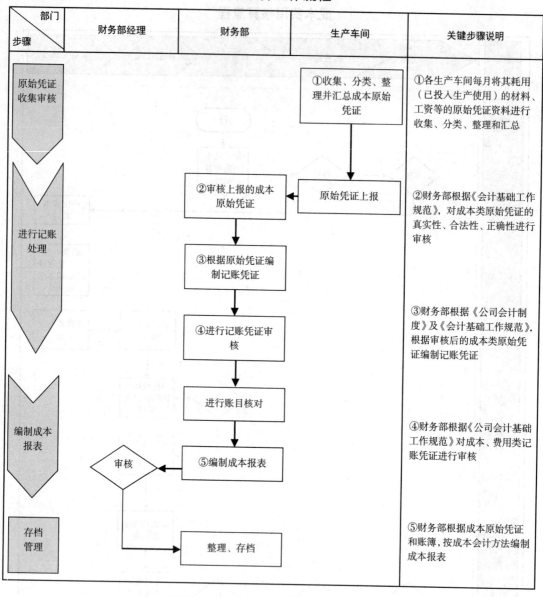

部门 步骤	财务部经理	财务部	生产车间	关键步骤说明
原始凭证收集审核			①收集、分类、整理并汇总成本原始凭证	①各生产车间每月将其耗用（已投入生产使用）的材料、工资等的原始凭证资料进行收集、分类、整理和汇总
进行记账处理		②审核上报的成本原始凭证 ← 原始凭证上报 ③根据原始凭证编制记账凭证 ④进行记账凭证审核 进行账目核对		②财务部根据《会计基础工作规范》，对成本类原始凭证的真实性、合法性、正确性进行审核 ③财务部根据《公司会计制度》及《会计基础工作规范》，根据审核后的成本类原始凭证编制记账凭证
编制成本报表	审核	⑤编制成本报表		④财务部根据《公司会计基础工作规范》对成本、费用类记账凭证进行审核
存档管理		整理、存档		⑤财务部根据成本原始凭证和账簿，按成本会计方法编制成本报表

产品成本会计核算管理流程

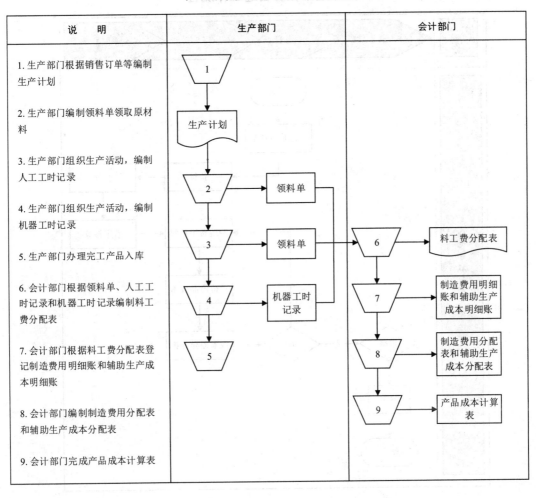

说　　明	生产部门	会计部门
1. 生产部门根据销售订单等编制生产计划		
2. 生产部门编制领料单领取原材料		
3. 生产部门组织生产活动，编制人工工时记录		
4. 生产部门组织生产活动，编制机器工时记录		
5. 生产部门办理完工产品入库		
6. 会计部门根据领料单、人工工时记录和机器工时记录编制料工费分配表		
7. 会计部门根据料工费分配表登记制造费用明细账和辅助生产成本明细账		
8. 会计部门编制制造费用分配表和辅助生产成本分配表		
9. 会计部门完成产品成本计算表		

产品成本核算管理工作流程

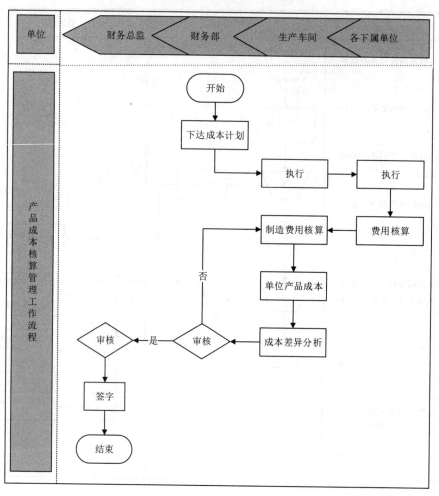

文案范本

部门日常费用核算工作流程

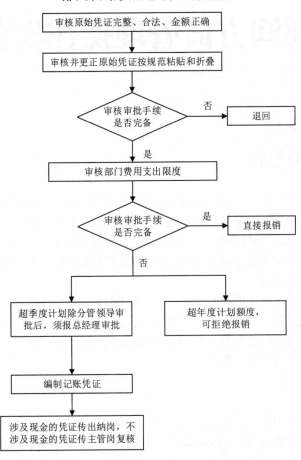

第十一章

利润方面管理操作实务

第一节 利润的形成

利润，更准确地应该称为收益，它是企业在一定会计期间的经营成果。

会计利润的确定目前普遍采用的是利润表法，即通过配比的方式，将当期的全部收入（广义的收入）与当期全部成本费用损失（广义的费用）等进行配比，以形成当期的财务成果。企业经营成果的形成和确定是投资者最为关注的，企业盈利的大小在很大程度上反映了企业生产经营的经济效益和经营能力。

从利润的构成看，既有从生产经营活动和投资活动中取得的净收益，又包括企业所处的客观经济环境因素变化的影响。利润会导致企业所有者权益的增加（亏损则相反），但经营期间内所有者权益的增加并非都是利润。企业所有者在期间内的增资或减资，以及向所有者分配利润而流出的资产与利润或亏损无关。

一、利润的构成

利润包括收入减去费用后的净额、直接计入当期利润的利得和损失等。

其中，直接计入当期利润的利得和损失，是指应当计入当期损益、会导致所有者权益发生增减变动的、与所有者投入资本或者向所有者分配利润无关的利得或者损失。

利润分为营业利润、利润总额和净利润。相关的计算公式如下。

（一）营业利润

营业利润=营业收入–营业成本–营业税金及附加–销售费用–管理费用–财务费用–资产减值损失+（公允价值变动收益–公允价值变动损失）+（投资收益–投资损失）

其中，营业收入是指企业经营业务所确定的收入总额，包括主营业务收入和其他业务收入。营业成本是指企业经营业务所发生的实际成本总额，包括主营业务成本和其他业务成本。资产减值损失是指企业计提各项资产减值准备所形成的损失。

公允价值变动收益（或损失）是指企业交易性金融资产等公允价值变动形成的应计入当期损益的利得（或损失）。

投资收益（或损失）是指企业以各种方式对外投资所取得的收益（或发生的损失）。

（二）利润总额

利润总额=营业利润+营业外收入–营业外支出

其中，营业外收入（或支出）是指企业发生的、与日常经营活动无直接关系的各项利得（或损失）。

（三）净利润

净利润=利润总额-所得税费用

所得税费用是指根据《企业会计准则》的要求确认的应从当期利润总额中扣除的所得税费用，包括当期所得税和递延所得税费用（或收益），用公式表示如下：

所得税费用=当期所得税+递延所得税费用（-递延所得税收益）

其中，递延所得税费用（或收益）=递延所得税负债-递延所得税资产

由于所得税法和《企业会计准则》是基于不同目的、遵循不同原则分别制定的，二者在资产与负债的计量标准、收入与费用的确认原则等诸多方面存在着一定的分歧，导致企业一定期间按税法规定计算的当期所得税往往不等于按《企业会计准则》的要求确认的所得税费用。

当期所得税是指根据所得税法的要求，按一定期间的应纳税所得额和适用税率计算的当期应交所得税，用公式表示如下：

当期所得税=当期应纳税所得额×适用税率

其中，应纳税所得额是指以一定期间税法规定的应税收入减去税法允许扣除项目后的余额。

二、营业外收支

营业外收支是指企业发生的、与日常经营活动无直接关系的各项收支。

（一）营业外收入

营业外收入是指企业取得的、与日常生产经营活动没有直接关系的各项利得。

营业外收入并不是由企业经营资金耗费所产生的，不需要企业付出代价，实际上是一种纯收入，不可能也不需要与有关费用进行配比。因此，在会计核算上应严格区分营业外收入和营业外支出的界限。

营业外收入主要包括处置非流动资产利得、非货币性资产交换利得、债务重组利得、罚没利得、政府补助利得、确实无法支付而按规定程序经批准后转作营业外收入的应付款项、捐赠利得、盘盈利得等。

（1）处置非流动资产利得，主要包括处置固定资产利得和出售无形资产利得。其中，处置固定资产利得是指企业出售固定资产所取得的价款或报废固定资产的材料价值和变价收入等，扣除固定资产账面价值、清理费用、处置相关税费后的净收益；出售无形资产利得是指企业出售无形资产所取得的价款扣除无形资产账面价值以及相关税费后的净收益。

（2）非货币性资产交换利得，是指在非货币性资产交换中换出资产为固定资产或无形资产的，换入资产的公允价值大于换出资产账面价值的差额，扣除相关费用后计入营业外收入的金额。

（3）债务重组利得，是指重组债务的账面价值超过清偿债务的现金、非现金资产的公允价值、所转股份的公允价值或者重组后债务账面价值之间的差额。

（4）罚没利得，是指企业收取的滞纳金、违约金以及其他形式的罚款，在弥补了由于对方违约而造成的经济损失后的净收益。

（5）政府补助利得，是指企业从政府无偿取得货币性资产或非货币性资产形成的利得。

（6）无法支付的应付款项，是指由于债权单位撤销或其他原因而无法支付，或者将应付款项划转给关联方等其他企业而无法支付或无须支付，按规定程序报经批准后转入当期损益的应付款项。

（7）捐赠利得，是指企业接受外部现金和非现金资产捐赠而获得的利得。

（8）盘盈利得，是指企业对于现金等清查盘点中盘盈的现金等，报经批准后计入营业外收入的金额。

企业应当通过"营业外收入"科目，核算营业外收入的取得和结转情况。该科目可按营业外收入项目进行明细核算。期末，应将该科目余额转入"本年利润"科目，结转后该科目无余额。

（二）营业外支出

营业外支出是指企业发生的、与日常经营活动无直接关系的各项损失。

营业外支出主要包括非流动资产处置损失、非货币性资产交换损失、债务重组损失、公益性捐赠支出、非常损失、盘亏损失等。

（1）非流动资产处置损失，包括固定资产处置损失和无形资产出售损失。固定资产处置损失指企业出售固定资产所取得价款或报废固定资产的材料价值和变价收入等，不足抵补处置固定资产的账面价值、清理费用、处置相关税费后的净损失；无形资产出售损失指企业出售无形资产所取得价款，不足抵补出售无形资产的账面价值及相关税费的净损失。

（2）非货币性资产交换损失，是指在非货币性资产交换中换出资产为固定资产、无形资产的，换入资产公允价值小于换出资产账面价值的差额，扣除相关费用后计入营业外支出的金额。

（3）债务重组损失，是指重组债权的账面余额与受让资产的公允价值、所转股份的公允价值或者重组后债权的账面价值之间的差额。

（4）公益性捐赠支出，是指企业对外进行公益性捐赠发生的支出。

（5）罚款支出，是指企业由于违反合同、违法经营、偷税漏税、拖欠税款等而支付的违约金、罚款、滞纳金等支出。

（6）非常损失，是指企业对于因客观因素（如自然灾害等）造成的损失，在扣除保险公司赔偿后计入营业外支出的净损失。

（7）盘亏损失，是指企业在财产清查中发现的固定资产实存数量少于账面数量而发生的资产短缺损失。

企业应通过"营业外支出"科目，核算营业外支出的发生及结转情况。该科目可按营业外支出项目进行明细核算。期末，应将该科目余额转入"本年利润"科目，结转后该科目无余额。

营业外收入和营业外支出所包括的收支项目互不相关，不存在配比关系，因此，通常不能以营业外支出直接冲减营业外收入，也不得以营业外收入抵补营业外支出，二者的发生金额应当分别核算。

三、利润结转

请参阅如下相关文案范本。

文案范本

利润结转工作流程

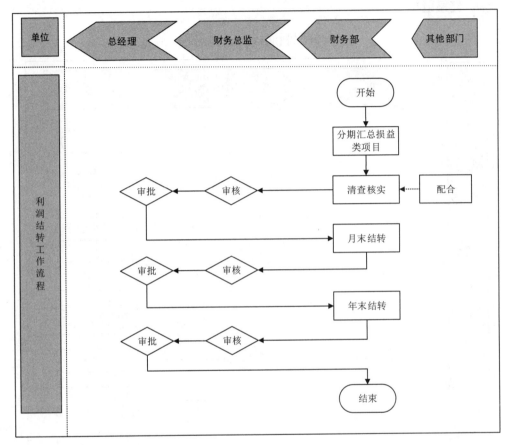

四、本年利润

企业应设置"本年利润"科目，核算企业当期实现的净利润（或发生的净亏损）。

企业期（月）末结转利润时，应将各损益类科目的金额转入本科目，结平各损益类科目。结转时，应将收入类科目贷方余额转入本科目的贷方登记，借记"主营业务收入""其他业务收入""营业外收入"等科目，贷记"本年利润"科目；将支出类科目借方余额转入本科目的借方登记，借记"本年利润"科目，贷记"主营业务成本""营业税金及附加""其他业务成本""销售费用""管理费用""财务费用""资产减值损失""营业外支出""所得税费用"等科目。"公允价值变动损益""投资收益"科目如为净收益，应借记"公允价值变动损益""投资收益"科目，贷记"本年利润"科目；如为净损失，应借记"本年利润"科目，贷记"公允价值变动损益""投资收益"科目。

结转后"本年利润"科目的贷方余额为当期实现的净利润,借方余额为当期发生的净亏损。

年度终了,应将本年收入和支出相抵后结出的本年实现的净利润,转入"利润分配"科目,借记本科目,贷记"利润分配——未分配利润"科目;如为净亏损,则作相反的会计分录。结转后本科目应无余额。

五、未分配利润

请参阅如下相关文案范本。

 文案范本

未分配利润核算工作流程

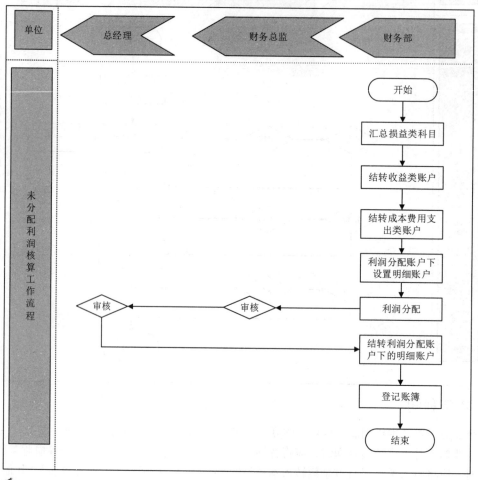

 文案范本

未分配利润核算流程

序　号	步　骤	内　容
1	上年未分配利润结转	财务人员将上一年度未分配利润的余额结转到本年度相关会计科目
2	损益类科目汇总	财务人员汇总本年度损益类科目的各类余额
3	本年净利润结算	会计期末财务人员将本年度收入和支出相抵后结算出的本年实现的净利润，转入"利润分配"科目，借记"本年利润"科目，贷记"利润分配——未分配利润"科目

序　号	步　骤	内　容
4	形成可分配利润	企业将当期实现的净利润与上年初未分配利润（或减去年初未弥补亏损）和其他转入后的余额
5	利润分配	1. 财务人员根据国家或企业会计核算要求，在可供分配的利润中提取法定盈余公积、任意盈余公积并进行相应的股本转赠 2. 未分配利润可留待以后年度进行分配
6	登记账簿	财务人员在明细账和总分类账中进行未分配利润的账务处理
7	账目核对	财务人员根据企业财务稽核制度，对账目进行核对，确保账目的真实性和准确性

第二节　利润的分配

一、利润分配的政策与顺序

（一）利润分配的项目

按照我国《公司法》的规定，公司利润分配的项目包括以下部分：

1. 法定公积金

法定公积金从净利润中提取形成，用于弥补公司亏欠、扩大公司生产经营或者转为增加公司资本。公司分配当年税后利润时应当按照10%的比例提取法定公积金；当公积金累计额达到公司注册资本的50%时，可不再继续提取。任意公积金的提取由股东会根据需要决定。

2. 股利（向投资者分配的利润）

公司向股东（投资者）支付股利（分配利润），要在提取公积金之后，股利（利润）的分配应以各股东（投资者）持有股份（投资额）的数额为依据，每一股东（投资者）取得的股利（分得的利润）与其持有的股份数额（投资额）成正比。股份有限公司原则上应从累计盈利中分派股利，无盈利不得支付股利，即所谓"无利不分"的原则。但若公司用公积金抵补亏损以后，为维持其股票信誉，经股东大会特别决议，也可用公积金支付股利，不过这样支付股利后留存的法定公积金不得低于转增前公司注册资本的25%。

（二）利润分配的政策

我国《公司法》规定：

"第一百六十七条　公司分配当年税后利润时，应当提取利润的百分之十列入公司法定公积金。公司法定公积金累计额为公司注册资本的百分之五十以上的，可以不再提取。

公司的法定公积金不足以弥补以前年度亏损的，在依照前款规定提取法定公积金之前，应当先用当年利润弥补亏损。

公司从税后利润中提取法定公积金后，经股东会或者股东大会决议，还可以从税后利润中提取任意公积金。

公司弥补亏损和提取公积金后所余税后利润，有限责任公司依照本法第三十五条的规定分配；股份有限公司按照股东持有的股份比例分配，但股份有限公司章程规定不按持股比例分配的除外。

股东会、股东大会或者董事会违反前款规定，在公司弥补亏损和提取法定公积金之前向股东分配利润的，股东必须将违反规定分配的利润退还公司。

公司持有的本公司股份不得分配利润。"

《关于取消外商投资企业预分利润审批事项的通知》（财企〔2004〕133号）规定："我部1993年颁发的《外商投资企业执行新企业财务制度的补充规定》〔（93）财工字第474号〕第二十四条规定，外商投资企业效益较好，无到期债务，按规定预缴所得税后仍有较多利润的，经主管财政机关批准，可预分一部分利润。经研究决定，财政机关不再对外商投资企业预分利润事项进行审批。《外商投资企业执行新企业财务制度的补充规定》〔（93）财工字第474号〕第二十四条以及其他外商投资企业预分利润审批的有关规定相应废止。本通知自发布之日起施行。"

《关于〈公司法〉施行后有关企业财务处理问题的通知》（财企〔2006〕67号）："从2006年1月1日起，按照《公司法》组建的企业根据《公司法》第一百六十七条进行利润分配，不再提取公益金；同时，为了保持企业间财务政策的一致性，国有企业以及其他企业一并停止实行公益金制度。企业对2005年12月31日的公益金结余，转作盈余公积金管理使用；公益金赤字，依次以盈余公积金、资本公积金、以前年度未分配利润弥补，仍有赤字的，结转未分配利润账户，用以后年度实现的税后利润弥补。

企业经批准实施住房制度改革，应当严格按照财政部《关于企业住房制度改革中有关财务处理问题的通知》（财企〔2000〕295号）及财政部《关于企业住房制度改革中有关财务处理问题的补充通知》（财企〔2000〕878号）的相关规定执行。企业按照国家统一规定实行住房分配货币化改革后，不得再为职工购建住房，盈余公积金不得列支相关支出。

尚未实行分离办社会职能或者主辅分离、辅业改制的企业，原属于公益金使用范围的内设职工食堂、医务室、托儿所等集体福利机构所需固定资产购建支出，应当严格履行企业内部财务制度规定的程序和权限进行审批，并按照企业生产经营资产的相关管理制度执行。

企业停止实行公益金制度以后，外商投资企业的职工奖励及福利基金，经董事会确定继续提取的，应当明确用途、使用条件和程序，作为负债管理。

……

本通知自2006年4月1日起施行。"

 文案范本

利润分配管理制度

第一章 总　则

第一条　目的。

为强化公司利润分配管理工作，确保在法定的原则下维护国家、股东和职工的权益，根据国家有关规定，结合公司实际情况，特制定本制度。

第二条　适用范围。

本制度用于公司利润分配的具体管理工作。

第二章　利润构成

第三条　公司利润总额包括营业利润、投资净收益和营业外净收益。

第四条　营业利润是指营业收入扣除营业成本、营业税金及附加后，再扣除管理费用、销售费用及财务费用的差额。

第五条　投资净收益是指投资收益扣除投资损失后的差额。

第六条 营业外净收益是指营业外收入扣除营业外支出后的差额。

第三章 利润分配

第七条 公司集中统一进行利润分配,各分公司无权进行利润分配。

第八条 公司年度利润分配方案应由董事会制定,报股东大会审议批准。公司董事会应在每年年底结账后,根据当年缴纳所得税后的利润,提出年度利润分配方案。

第九条 公司缴纳所得税后的利润,应按照下列顺序进行分配。

1. 没收的财物损失,支付各项税收的滞纳金和罚款。

2. 弥补以前年度亏损。

3. 提取法定盈余公积金。法定盈余公积金按照税后利润扣除前两项后的 10%提取,法定盈余公积金达到注册资金50%时可不再提取。

4. 提取任意盈余公积金。任意盈余公积金按照公司章程或者股东会决议提取和使用。

5. 支付股东股利。

第十条 公司使用公积金(包括法定盈余公积金、任意盈余公积金)必须符合规定用途并经董事会批准。

第十一条 法定盈余公积金和任意盈余公积金可用于弥补亏损、转增资本,但必须符合有关法律、法规的规定。

第十二条 公司用公积金转增资本必须经股东大会批准,并依法办理增资手续,取得合法的增资文件。

第十三条 公司用公积金弥补亏损必须按董事会批准的数额转账。

第十四条 公司应根据宏观经济形势、公司发展规划和近几年的盈利状况制定适当的股利政策。公司可选择的股利政策主要有剩余股利政策、固定股利支付率政策、固定或持续增长的股利政策、低正常股利加额外股利政策。

第十五条 股利政策应由董事会制定,报股东大会审议通过。

第四章 附 则

第十六条 本制度由财务部负责制定、修改和解释。

第十七条 本制度经总经理签字确认后方可生效。

利润分配方案

一、目的

为对××集团公司 20__年度利润进行合理分配,确保股东合法收入权利,保障公司资金正常运转,特制定本方案。

二、适用范围

本方案适用于××集团公司 20__年利润分配时间的公布、确定分配对象、具体实施步骤等工作。

三、20__年度利润分配内容

根据公司 20__年度财务决算报告和会计师事务所审计报告确定的 20__年度净利润为___万元,按净利润的10%提取法定盈余公积____万元后,可供股东分配的利润金额为____万元,向全体股东每____股派发现金____万元(含税)。总计派发现金____万元(含税),剩余利润作为未分配利润留存。20__年度利润分配不送红股,20__年度不进行资本公积转增股本。

四、股东红利代扣事项

根据国家税法的有关规定，对于个入股东，公司按照＿＿％的税率代扣现金红利个人所得税，扣税后，实际发放现金红利＿＿元/股；其他股东所得税自行缴纳，实际派发现金红利为＿＿元/股。

五、年度利润分配具体实施日期

1. 股权登记日：20＿年＿月＿日。

2. 除息日：20＿年＿月＿日。

3. 红利发放日：20＿年＿月＿日。

六、利润分配对象

截至20＿年＿月＿日下午××证券交易所收市,在××证券登记结算有限责任公司××分公司登记在册的公司全体股东。

七、年度利润分配具体实施办法

（一）有限售条件的流通股股东

有限售条件的流通股股东的现金红利由公司按照有关规定直接发放。

（二）无限售条件的流通股股东

1. 无限售条件的流通股股东的红利，公司委托××证券登记结算有限责任公司通过其资金清算系统向股权登记日登记在册并在××证券交易所各会员部门办理了指定交易的股东派发。

2. 已办理全面指定交易的投资者可于红利发放日在其指定的证券营业部领取现金红利，未办理指定交易的股东红利暂由中国证券登记结算有限责任公司上海分公司保管，待办理指定交易后再进行派发。

八、备查文件

1. 公司20＿年度股东大会决议和公告。

2. 公司20＿年度财务报告。

3. 公司与××证券登记结算有限责任公司××分公司签订的有关委托实施送股分红的协议和文件。

文案范本

企业利润分配表

编制单位：　　　　　　　　　　年度：　　　　　　　　　　金额单位：万元

项　　目	本　期　数	上年同期数
一、利润总额		
减：所得税费用		
少数股东损益		
加：未确认投资损失		
二、净利润		
加：年初未分配利润		
其他转入		
外币未分配利润折算差		
三、可供分配的利润		

续表

项　目	本期数	上年同期数
减：提取法定盈余公积		
四、可供股东分配的利润		
减：应付优先股股利		
提取任意盈余公积金		
应付普通股股利		
五、未分配利润		

 文案范本

合并利润及利润分配表

编制单位：　　　　　　　　　　　年　月　日　　　　　　　　　　金额单位：元

项　目	行次	本月数	本期累计数	上年同期数
1. 营业总收入	1			
其中：营业收入	2			
利息收入	3			
已赚保费	4			
手续费及佣金收入	5			
2. 营业总成本	6			
其中：营业成本	7			
利息支出	8			
手续费及佣金支出	9			
退保金	10			
赔付支出净额	11			
提取保险合同准备金净额	12			
保单红利支出	13			
分保费用	14			
营业税金及附加	15			
销售费用	16			
管理费用	17			
财务费用	18			
资产减值损失	19			
加：公允价值变动收益（损失以"－"号填列）	20			
投资收益（损失以"－"号填列）	21			
其中：对联营企业和合营企业的投资收益	22			
汇兑收益（损失以"－"号填列）	23			
3. 营业利润（亏损以"－"号填列）	24			
加：营业外收入	25			
减：营业外支出	26			

续表

项　目	行次	本月数	本期累计数	上年同期数
其中：非流动资产处置损失	27			
4.利润总额（亏损总额以"－"号填列）	28			
减：所得税费用	29			
5.净利润（净亏损以"－"号填列）	30			
归属于母公司所有者的净利润	31			
少数股东损益	32			
6.每股收益	33			
（1）基本每股收益	34			
（2）稀释每股收益	35			

注：（1）合并利润表收入、费用项目按照各类企业利润表的相同口径填列。

　　（2）同一控制下企业合并的当期，还应单独列示被合并方在合并前实现的净利润。

文案范本

合计利润分配表

项　目	行　次	母　公　司	子　公　司
一、净利润			
加：年初未分配利润			
二、可供分配利润			
减：提取盈余分积			
三、可供投资者分配利润			
减：应付利润			
四、未分配利润			

（三）利润分配的顺序

公司向股东（投资者）分派股利（分配利润），应按一定的顺序进行。

1．计算可供分配的利润

将本年净利润（或亏损）与年初未分配利润（或亏损）合并，计算出可供分配的利润。如果可供分配的利润为负数（亏损），则不能进行后续分配；如果可供分配利润为正数（本年累计盈利），则进行后续分配。

2．计提法定公积金

按抵减年初累计亏损后的本年净利润计提法定公积金。提取公积金的基数，不一定是可供分配的利润，也不一定是本年的税后利润。只有不存在年初累计亏损时，才能按本年税后利润计算应提取数。这种"补亏"是按账面数字进行的，与所得税法的亏损后转无关，关键在于不能用资本发放股利，也不能在没有累计盈余的情况下提取公积金。

3．计提任意公积金

4．向股东（投资者）支付股利（分配利润）

公司股东会或董事会违反上述利润分配顺序，在抵补亏损和提取法定公积金之前向股东分

配利润的，必须将违反规定发放的利润退还公司。

 **文案范本**

利润分配工作流程

序　号	步　骤	内　容
1	计算可供分配的利润	会计人员计算本年度可供分配的利润，若计算结果为负数，则不能进行后续分配；若计算结果为正数，则可进行后续分配
2	计提法定公积金	会计人员按照抵减年初累计亏损后的本年净利润计提 10%的法定公积金，企业法定公积金累计额为企业注册资本的 50%以上的，可以不再提取
3	计提任意公积金	企业经股东会决议，从税后利润中提取任意公积金，计提比例由公司自行决定
4	向股东支付股利	企业董事会通过股利宣告、股权登记以及股利支付等方式，向企业股东（投资者）支付股利

二、股利的支付

（一）股利支付的方式

1．现金股利

现金股利是以现金支付的股利，是股利支付的主要方式。公司支付现金股利除了要有累计盈余（特殊情况下可用弥补亏损后的盈余公积金支付）外，还要有足够的现金，因此公司在支付现金股利前需筹备充足的现金。

2．财产股利

财产股利是以现金以外的资产支付的股利，主要是以公司所拥有的其他企业的有价证券，如债券、股票，作为股利支付给股东。

3．负债股利

负债股利是公司以负债支付的股利，通常以公司的应付票据支付给股东，在不得已的情况下也有发行公司债券抵付股利的。财产股利和负债股利实际上是现金股利的替代。这两种股利方式目前在我国公司实务中很少使用，但并非法律所禁止。

4．股票股利

股票股利是公司以增发的股票作为股利的支付方式。

（二）股利支付的程序

股份有限公司向股东支付股利，其过程主要经历股利宣告日、股权登记日和股利支付日。

股利宣告日：公司董事会将股利支付情况予以公告的日期。公告中将宣布每股支付的股利、股权登记期限、股利支付日期等事项。

股权登记日：有权领取股利的股东有资格登记截止日期。只有在股权登记日前在公司股东名册上登记的股东，才有权分享股利。

股利支付日：向股东发放股利的日期。

股利发放管理流程

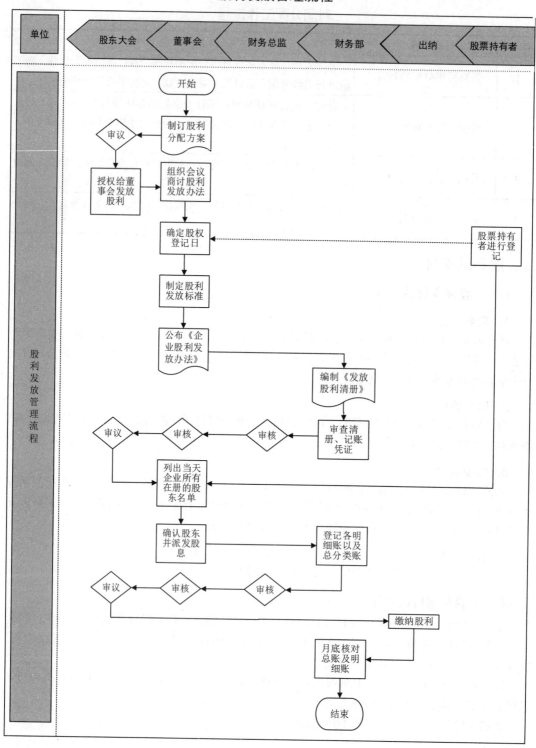

第三节　每股收益

每股收益（Eamings Per Share，EPS）是指普通股股东每持有一股所能享有的企业利润或需承担的企业亏损。

每股收益通常被用于反映企业的经营成果，衡量普通股的获利水平及投资风险，是投资者、债权人等信息使用者据以评价企业盈利能力、预测企业成长潜力，进而做出相关经济决策的重要财务指标之一。

在进行财务分析时，每股收益指标既可用于不同企业间的业绩比较，以评价某企业的相对盈利能力；也可用于企业不同会计期间的业绩比较，以了解该企业盈利能力的变化趋势；此外，还可用于企业经营实绩与盈利预测的比较，以掌握企业的管理能力。

在计算每股净收益时，通常要区分简单资本结构和复杂资本结构。简单资本结构是指公司没有发行可能稀释普通股每股收益的任何证券，如可更换的优先股、可转换的公司债券和认股权证等。如果公司发行了这类可能冲淡普通股每股净收益的证券，就属复杂资本结构。不同的资本结构，要求提供的普通股每股净收益不同，通常包括基本每股收益和稀释每股收益。基本每股收益仅考虑当期实际发行在外的普通股股份，而稀释每股收益的计算和列报主要是为了避免每股收益虚增可能带来的信息误导。普通股或潜在普通股已公开交易的企业，以及正处于公开发行普通股或潜在普通股过程中的企业，应当计算每股收益指标，并在招股说明书、年度财务报告、中期财务报告等公开披露信息中予以列报。

一、基本每股收益的计算

企业应当按照属于普通股股东的当期净利润，除以发行在外普通股的加权平均数计算基本每股收益。应归属于普通股的净利润，是从当期净利润中扣除不属于普通股股东的优先股股利后的净利润。计算公式为：

每股收益=（净收益−优先股应享股利）÷发行在外普通股的加权平均数

由于股数是时点数，在报告期不同的时点上存在变化，因此计算当期发行在外普通股股数的加权平均数要取得一个平均值，通常以时间天数为计算权重。其计算公式为：

发行在外普通股加权平均数=期初发行在外普通股股数+当期新发行普通股股数×已发行时间÷报告期时间−当期回购普通股股数×已回购时间÷报告期时间

为了简化计算，在影响很小的情况下，时间可以用月数为权重计算，但要注意上述报告期期间要与净利润的期间相配比。

新发行普通股股数应当根据发行合同的具体条款，从应收对价之日（一般为股票发行日）起计算确定。通常包括下列情况：

（1）为收取现金而发行的普通股股数，从应收现金之日起计算。

（2）因债务转资本而发行的普通股股数，从停计债务利息之日或结算日起计算。

（3）非同一控制下的企业合并，作为对价发行的普通股股数，从购买日起计算；同一控制下的企业合并，作为对价发行的普通股股数，应当计入各列报期间普通股的加权平均数。

（4）为收购非现金资产而发行的普通股股数，从确认收购之日起计算。

二、稀释每股收益的计算

当公司具有复杂资本结构时，那些可更换为普通股的证券及可履行认购普通股的证券一旦转换或履行认购，通常会冲淡（稀释）普通股每股净收益。一般来说，投资者使用稀释后的每股收益来判断公司股票业绩和评价公司股票的价值。为此一些国家规定若稀释影响超过一定限度，公司应对普通股每股收益作双重表述。如美国，稀释若对每股收益的影响超过 3%时，则要求公司对每股收益作双重表述：一是基本每股净收益；二是稀释每股净收益。我国会计准则也规定，企业存在稀释性潜在普通股的，应当分别调整归属于普通股股东的当期净利润和发行在外普通股的加权平均数，并据以计算稀释每股收益。

（一）潜在普通股和稀释性潜在普通股

潜在普通股是指赋予其持有者在报告期或以后期间享有取得普通股权利的一种金融工具或其他合同。目前，我国企业发行的潜在普通股主要有可转换公司债券、认股权证、股份期权等，潜在普通股通常对每股收益具有稀释的可能性。稀释性潜在普通股是指假设当期转换为普通股会减少每股收益的潜在普通股。计算稀释每股收益时，只考虑稀释性潜在普通股的影响，而不考虑不具有稀释性的潜在普通股。

这里需要指出的是，潜在普通股是否具有稀释性的判断标准是看其对持续经营每股收益的影响。也就是说，假定潜在普通股当期转换为普通股，如果会减少持续经营每股收益或增加持续经营每股亏损，表明其具有稀释性；否则，具有反稀释性。一般情况下，每股收益是按照企业当期归属于普通股股东的全部净利润计算而得，但如果企业存在终止经营的情况，应当按照扣除终止经营净利润以后的当期归属于普通股股东的持续经营净利润进行计算。

（二）分子和分母的调整

稀释每股收益是以基本每股收益为基础，假定企业所有发行在外的稀释性潜在普通股均已转换为普通股，从而分别调整归属于普通股股东的当期净利润以及发行在外的普通股加权平均数计算的每股收益。在计算稀释每股收益时，在原先的每股净收益的基础上，分子、分母都应进行相应的调整。

1．分子的调整

计算稀释每股收益时，应当根据下列事项对归属于普通股股东的当期净利润进行调整：

（1）当期已确认为费用的稀释性潜在普通股的利息；

（2）稀释性潜在普通股转换时将产生的收益或费用。

上述调整应当考虑相关的所得税影响，即按照税后影响金额进行调整。对于包含负债和权益成分的金融工具，仅需调整属于金融负债部分的相关利息、利得或损失。

2．分母的调整

计算稀释每股收益时，当期发行在外普通股的加权平均数应当为计算基本每股收益时普通股的加权平均数与假定稀释性潜在普通股转换为已发行普通股而增加的普通股股数的加权平均数之和。

假定稀释性潜在普通股转换为已发行普通股而增加的普通股股数，应当根据潜在普通股的条件确定。当存在不止一种转换基础时，应当假定会采取从潜在普通股持有者角度看最有利的转换率或执行价格。

假定稀释性潜在普通股转换为已发行普通股而增加的普通股股数应当按照其发行在外时间进行加权平均。以前期间发行的稀释性潜在普通股，应当假设在当期期初转换为普通股；当期发行的稀释性潜在普通股，应当假设在发行日转换为普通股；当期被注销或终止的稀释性潜在普通股，应当按照当期发行在外的时间加权平均计入稀释每股收益；当期被转换或行权的稀释性潜在普通股，应当从当期期初至转换日（或行权日）计入稀释每股收益中，从转换日（或行权日）起所转换的普通股则计入基本每股收益中。

（三）可转换公司债券

可转换公司债券是指发行公司依法发行、在一定期间内依据约定的条件可以转换成股份的公司债券。对于可转换公司债券，可以采用假设转换法判断其稀释性，并计算稀释每股收益。首先，假定这部分可转换公司债券在当期期初（或发行日）即已转换成普通股，从而一方面增加了发行在外的普通股股数；另一方面节约了公司债券的利息费用，增加了归属于普通股股东的当期净利润。然后，用增加的净利润除以增加的普通股股数，得出增量股的每股收益，与原来的每股收益比较。如果增量股的每股收益小于原每股收益，则说明该可转换公司债券具有稀释作用，应当计入稀释每股收益的计算中。

计算稀释每股收益时，以基本每股收益为基础，分子的调整项目为可转换公司债券当期已确认为费用的利息等的税后影响额；分母的调整项目为假定可转换公司债券当期期初（或发行日）转换为普通股的股数加权平均数。

（四）认股权证和股份期权

认股权证是指公司发行的、约定持有人有权在履约期间内或特定到期日按约定价格向本公司购买新股的有价证券。股份期权是指公司授予持有人在未来一定期限内以预先确定的价格和条件购买本公司一定数量股份的权利。股份期权持有人对于其享有的股份期权，可以在规定的期间内以预先确定的价格和条件购买公司一定数量的股份，也可以放弃该种权利。

对于盈利企业，认股权证、股份期权等的行权价格低于当期普通股平均市场价格时，具有稀释性。对于亏损企业，认股权证、股份期权的假设行权一般不影响净亏损，但增加普通股股数，从而导致每股亏损金额减少，实际上产生了反稀释作用，因此，在这种情况下，不应当计算稀释每股收益。

对于稀释性认股权证、股份期权，计算稀释每股收益时，一般无须调整分子净利润金额，只需要按照下列步骤调整分母普通股加权平均数：

（1）假设这些认股权证、股份期权在当期期初（或发行日）已经行权，计算按约定行权价格发行普通股将取得的股款金额。

（2）假设按照当期普通股平均市场价格发行股票，计算需发行多少普通股能够带来上述相同的股款金额。

（3）比较行使股份期权、认股权证将发行的普通股股数与按照平均市场价格发行的普通股股数，差额部分相当于无对价发行的普通股，作为发行在外普通股股数的净增加。也就是说，认股权证、股份期权行权时发行的普通股可以看成两部分：一部分是按照平均市场价格发行的普通股，这部分普通股由于是按照市价发行，导致企业经济资源流入与普通股股数同比例增加，既没有稀释作用也没有反稀释作用，不影响每股收益金额；另一部分是无对价发行的普通股，这部分普通股由于是无对价发行，企业可利用的经济资源没有增加，但发行在外普通股股数增加了，因此具有稀释性，应当计入稀释每股收益中。

$$增加的普通股股数=拟行权时转换的普通股股数－行权价格×拟行权时转换的普通股股数÷当期普通股平均市场价格$$

其中，普通股平均市场价格的计算，理论上应当包括该普通股每次交易的价格，但实务操作中通常对每周或每月具有代表性的股票交易价格进行简单算术平均即可。股票价格比较平稳的情况下，可以采用每周或每月股票的收盘价作为代表性价格；股票价格波动较大的情况下，可以采用每周或每月股票最高价与最低价的平均值作为代表性价格。无论采用何种方法计算平均市场价格，一经确定，不得随意变更，除非有确凿证据表明原计算方法不再适用。当期发行认股权证或股份期权的，普通股平均市场价格应当自认股权证或股份期权的发行日起计算。

（4）将净增加的普通股股数乘以其假设发行在外的时间权数，据此调整稀释每股收益的计算分母。

（五）企业承诺将回购其股份的合同

企业承诺将回购其股份的合同中规定的回购价格高于当期普通股平均市场价格时，应当考虑其稀释性。在计算稀释每股收益时，与前面认股权证、股份期权的计算思路恰好相反，具体步骤为：

（1）假设企业于期初按照当期普通股平均市场价格发行普通股，以募集足够的资金来履行回购合同；合同日晚于期初的，则假设企业于合同日按照自合同日至期末的普通股平均市场价格发行足量的普通股。在该假设前提下，由于是按照市价发行普通股，导致企业经济资源流入与普通股股数同比例增加，每股收益金额不变。

（2）假设回购合同已于当期期初（或合同日）履行，按照约定的行权价格回购本企业股票。

（3）比较假设发行的普通股股数与假设回购的普通股股数，差额部分作为净增加的发行在外普通股股数，再乘以相应的时间权数，据此调整稀释每股收益的计算分母数。

增加的普通股股数=回购价格×承诺回购的普通股股数÷当期普通股平均市场价格

（六）多项潜在普通股

企业对外发行不同潜在普通股的，单独考察其中某潜在普通股可能具有稀释作用，但如果和其他潜在普通股一并考察时，可能恰恰变为反稀释作用。

为了反映潜在普通股最大的稀释作用，应当按照各潜在普通股的稀释程度从大到小的顺序计入稀释每股收益，直至稀释每股收益达到最小值。稀释程度根据增量股的每股收益衡量，即假定稀释性潜在普通股转换为普通股的情况下，将增加的归属于普通股股东的当期净利润除以增加的普通股股数的金额。需要强调的是，企业每次发行的潜在普通股应当视作不同的潜在普通股，分别判断其稀释性，而不能将其作为一个总体考虑。通常情况下，股份期权和认股权证排在前面计算，因为其假设行权一般不影响净利润。

对外发行多项潜在普通股的企业，应当按照下列步骤计算稀释每股收益：

（1）列出企业在外发行的各潜在普通股。

（2）假设各潜在普通股已于当期期初（或发行日）转换为普通股，确定其对归属于普通股股东当期净利润的影响金额。可转换公司债券的假设转换一般会增加当期净利润金额；股份期权和认股权证的假设行权一般不影响当期净利润。

（3）确定各潜在普通股假设转换后将增加的普通股股数。

值得注意的是，稀释性股份期权和认股权证假设行权后，计算增加的普通股股数不是发行的全部普通股股数，而应当是其中无对价发行部分的普通股股数。

（4）计算各潜在普通股的增量股每股收益，判断其稀释性。增量股每股收益越小的潜在普通股稀释程度越大。

（5）按照潜在普通股稀释程度从大到小的顺序，将各稀释性潜在普通股分别计入稀释每股收益中。分步计算过程中，如果下一步得出的每股收益小于上一步得出的每股收益，表明新计入的潜在普通股具有稀释作用，应当计入稀释每股收益中；反之，则表明具有反稀释作用，不计入稀释每股收益中。

（6）最后得出的最小每股收益金额即为稀释每股收益。

（七）子公司、合营企业或联营企业发行的潜在普通股

子公司、合营企业、联营企业发行能够转换成其普通股的稀释性潜在普通股，不仅应当包括在其稀释每股收益的计算中，而且应当包括在合并稀释每股收益以及投资者稀释每股收益的计算中。

三、每股收益的重新计算

（一）派发股票股利、公积金转增资本、拆股和并股

企业派发股票股利、公积金转增资本、拆股或并股等，会增加或减少其发行在外普通股或潜在普通股的数量，但并不影响所有者权益金额，这既不影响企业所拥有或控制的经济资源，也不改变企业的盈利能力，即意味着同样的损益现在要由扩大或缩小了的股份规模来享有或分担。因此，为了保持会计指标的前后期可比性，企业应当在相关报批手续全部完成后，按调整后的股数重新计算各列报期间的每股收益。上述变化发生于资产负债表日至财务报告批准报出日之间的，应当以调整后的股数重新计算各列报期间的每股收益。

（二）配股

配股在计算每股收益时比较特殊，因为它是向全部现有股东以低于当前股票市价的价格发行普通股，实际上可以理解为按市价发行股票和无对价送股的混合体。也就是说，配股中包含的送股因素具有与股票股利相同的效果，导致发行在外普通股股数增加的同时，却没有相应的经济资源流入。因此，在计算基本每股收益时，应当考虑配股中的送股因素，将这部分无对价的送股（不是全部配发的普通股）视同列报最早期间期初就已发行在外，并据以调整各列报期间发行在外普通股的加权平均数，计算各列报期间的每股收益。为此，企业首先应当计算出一个调整系数，再用配股前发行在外普通股的股数乘以该调整系数，得出计算每股收益时应采用的普通股股数。

每股理论除权价格=（行权前发行在外普通股的公允价值总额+配股收到的款项）÷
行权后发行在外的普通股股数

调整系数=行权前发行在外普通股的每股公允价值÷每股理论除权价格

因配股重新计算的上年度基本每股收益=上年度基本每股收益÷调整系数

本年度基本每股收益=归属于普通股股东的当期净利润÷（配股前发行在外普通股股数×
调整系数×配股前普通股发行在外的时间权重+配股后发行在外普通股加权平均数）

需要说明的是，企业向特定对象以低于当前市价的价格发行股票的，不考虑送股因素，虽然它与配股具有相似的特征，即发行价格低于市价。后者属于向非特定对象增发股票；而前者往往是企业出于某种战略考虑或其他动机向特定对象以较低的价格发行股票，或者特定对象除认购股份以外还需以其他形式予以补偿。因此，倘若综合这些因素，向特定对象发行股票的行为可以视为不存在送股因素，视同发行新股处理。

第四节　文案范本

一、会计岗位

请参阅如下相关文案范本。

文案范本

损益会计岗位职责

第一条 执行有关损益核算的规定，并坚持依法理财原则、成本效益原则、节约原则。会同营销部建立健全销售业务内部控制制度，制定销售及销售退回、销售折让、折扣管理办法；会同有关部门拟定期间费用预算开支标准、预算管理办法、利润计划编制基本程序等，以提高公司的盈利能力。

第二条 根据企业总经营的目标，会同营销部，采用各种适当的方法，收集市场信息，定期进行销售预测；负责编制期间费用预算、产品销售利润计划、其他销售利润计划、投资收益计划和营业外收支计划，并提出有效措施，以确保目标销售收入、目标利润的实现。

第三条 参与审查销售合同或协议的有关财务条款；积极组织销售收入，依规定确认销售的实现，负责办理销售结算业务。

第四条 负责损益类科目的总分类核算和明细核算，设置和经管有关损益的各科目明细账；按规定处理销售退回、销售折让和折扣，严格审查有关凭证，及时冲减有关账项；协同销售部门催收货款和处理销售业务发生的纠纷。

第五条 依照税法规定，按期计算应负担的各种销售税金及附加，及时缴纳税款；正确处理出口产品退税和减免税退回的税金。

第六条 负责处理投资收益和投资损失，按规定核算对外投资所得的利润和债券利息；及时处理投资到期收回或者中途转让有关股权等投资增减的有关事宜。

第七条 参与财产清查的落实工作，及时处理报经批准转销的和待处理财产损溢；认真确定营业收入，严格按规定控制营业外支出。

第八条 按制度规定的时间，及时编报利润表和主营业务收支明细表，定期检查费用预算和目标利润的实现情况，并对两表内容做出评价与分析。

第九条 本规定经总经理审核后批准实施。

文案范本

财务成果会计岗位任职条件与职责

（一）财务成果会计岗位任职的任职条件

基本要求	相关说明
1. 学历方面：本科或本科上学历，会计学、财务管理学或审计学专业 2. 专业经验：具有两年或两年以上会计工作经验，熟悉财务成果核算的会计理论和实务知识，熟悉会计法、会计基础工作规范、相关的会计准则及其指南、会计解释、税法等财经法规 3. 个人能力要求：能够熟练运用会计学的基本原理和方法进行会计核算，具有良好的组织协调能力、公文报告编写能力、报表分析能力	1. 持有会计从业资格证，具有初级会计师或以上职称，能熟练应用相关会计核算软件和办公自动化软件 2. 爱岗敬业、责任心强、作风严谨、坚持原则 3. 纪律性强、富有团队意识和开拓创新精神

（二）财务成果会计岗位的职责

1. 参与企业财务成果内部会计制度的拟定；

2. 负责年度及期间内收入、期间费用与利润计划的编制；

3. 参与资产减值损失的测试与减值损失的认定工作；

4. 在不单独设置税务会计时，负责各种营业税金及附加、所得税的核算；

5. 负责收入、期间费用和利润的明细核算，正确计算财务成果；

6. 按章程规定和股东会或股东大会决议，负责利润分配的明细核算；

7. 编制收入和利润等相关财务报表，进行收入、费用、利润分析和考核，积极挖潜节支，提出改进建议和措施，努力提高利润水平；

8. 协助有关部门对产成品进行清查盘点；

9. 按时完成领导交办的其他相关工作。

二、利润管理

请参阅如下相关文案范本。

利润管理制度

第一章　总　　则

第一条　目的。

为了规范公司的利润核算及分配行为，正确反映公司经营成果，根据国家有关财务会计政策法规，结合公司实际情况及管理要求，特制定本制度。

第二条　公司实行目标利润分管责任制，各分管单位在规定的期限内完成目标利润。

第三条　利润及利润分配管理的内容。

1. 制订公司年度及月度利润计划。

2. 落实利润目标的责任归属。

3. 开展利润预测与利润分析。

4. 正确核算公司生产经营成果。

5. 正确计算和缴纳企业所得税。

6. 明确利润分配的先后顺序。

7. 明确公积金提取比例及批准程序。

第四条　公司财务部负责利润及利润分配的管理。

第二章　利润计划编制

第五条　年度利润计划编制。

1. 每年 11 月 25 日前，财务部负责制定下一年利润计划草案，包括下一年的利润目标、利润分配任务等，并将利润计划草案交公司办公会议讨论研究。

2. 每年 12 月 10 日前，公司总经理负责召集专门会议，讨论研究下一年利润计划草案，将利润计划初步分解、落实到有关责任部门。

3. 每年 12 月 20 日前，公司董事会审议通过下一年度公司利润计划。

4. 每年 12 月 20 日前，总经理与公司有关责任部门签订下一年度利润目标完成责任合同书，并正式下达公司下一年度的利润计划。

第六条 月度利润计划编制。

1. 每月 24 日前，财务部负责将下月份利润计划草案制定完毕，呈交公司办公会议讨论研究。

2. 每月 26 日前，公司总经理负责召集专门会议，审议通过下月份的利润计划，将利润计划初步分解、落实到有关责任部门。

3. 每月 30 日前，正式下达公司下月份的利润计划。

第三章 利润分析

第七条 利润分析的内容。

1. 利润总额的分析。

2. 利润总额计划完成情况的分析。

3. 利润各组成项目变动及与同期比较变动情况分析。

第八条 利润分析的方法和依据。

利润分析主要依据利润表的资料，采用指标对比的方法进行分析，即将公司当期的实际利润与上年利润或计划利润进行比较。

第九条 主营业务收入的分析指标主要包括产品销售数量、产品品种结构、单位销售价格、单位销售税金、单位变动成本、全部固定成本等。

第十条 各利润指标责任归口管理部门季度、年度终了都要进行利润分析，找出影响产品销售利润的有利因素和不利因素，分清影响产品销售利润的主观因素和客观因素。

第四章 利润的构成与核算

第十一条 利润是企业在一定会计期间的经营成果，包括营业利润、利润总额和净利润。

1. 营业利润是企业日常生产经营活动的经营成果。计算公式如下：

$$营业利润=营业收入-营业成本-营业税金及附加-（销售费用+管理费用+财务费用）-$$
$$资产减值损失+公允价值变动收益+投资收益$$

其中，投资收益是指企业以各种方式对外投资所取得的收益，应根据"投资收益"科目的发生额分析计算。如为投资损失，则为负数计算。

2. 利润总额是企业所有经营活动、投资活动的经营成果。计算公式如下：

$$利润总额=营业利润+营业外收入-营业外支出$$

（1）营业外收入是指企业发生的与其经营业务无直接关系的各项收入，包括非流动资产处置利得、非货币性资产交换利得、债务重组利得、政府补助、盘盈利得、捐赠利得等。

（2）营业外支出是指企业发生的与其经营业务无直接关系的各项支出，包括盘亏损失、非流动资产处置损失、非货币性资产交换损失、债务重组损失、公益性捐赠支出、非常损失等。

3. 净利润是指企业利润总额减去应上交所得税后的余额。计算公式如下：

$$净利润=利润总额-所得税费用$$

第十二条 财务部要按照《企业会计准则》的规定，科学设置有关利润核算的会计科目，正确核算公司的营业利润、利润总额和净利润。

第十三条 营业外收入和营业外支出应当按照具体收入和支出设置明细项目，进行明细核算，并在利润表中分列项目反映。

第五章 利润考核与奖惩

第十四条 每月 10 日前，财务部负责将上月份各部门利润完成情况考核完毕，并简要分析利润计划的完成情况。

第十五条　每月 15 日前，公司根据财务部利润考核结果，兑现月度利润奖惩方案。

第十六条　下年度 1 月 15 日前，财务部将上年度各部门利润完成情况考核完毕，并简要分析利润计划的完成情况。

第十七条　下年度 1 月 20 日前，公司根据财务部利润考核结果，兑现年度利润奖惩方案。

第六章　附　　则

第十八条　本制度由公司财务部负责制定与修订工作，其解释权归本公司所有。

第十九条　本制度经总经理办公会审议通过后，自颁发之日起生效实施。

文案范本

利润核算流程

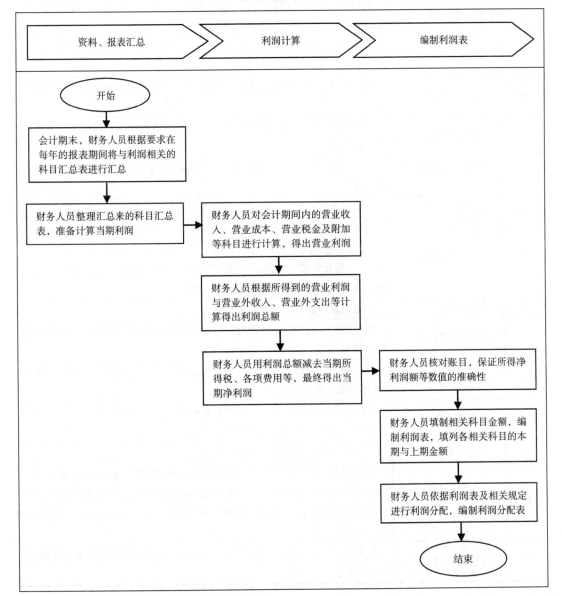

 文案范本

利润业务流程

序　号	步　　骤	内　　容
1	结转营业收入	会计期末，把"主营业务收入"和"其他业务收入"的本期贷方发生额，结转至"本年利润"账户贷方
2	结转营业成本	会计期末，把"主营业务成本"和"其他业务成本"的本期借方发生额，结转至"本年利润"账户借方
3	结转营业税金及附加	会计期末，把"营业税金及附加"的本期借方发生额，结转至"本年利润"账户借方
4	结转销售费用	会计期末，把"销售费用"的本期借方发生额，结转至"本年利润"账户借方
5	结转管理费用	会计期末，把"管理费用"的本期借方发生额，结转至"本年利润"账户借方
6	结转财务费用	会计期末，把"财务费用"的本期借方发生额，结转至"本年利润"账户借方
7	结转资产减值损失	会计期末，把"资产减值损失"的本期借方发生额，结转至"本年利润"账户借方
8	结转公允价值变动损益	会计期末，把"公允价值变动损益"的本期发生额，结转至"本年利润"账户
9	结转投资收益	会计期末，把"投资收益"的本期发生额，结转至"本年利润"账户
10	计算营业利润	根据"主营业务收入""其他业务收入""主营业务成本""其他业务成本""营业税金及附加""销售费用""管理费用""财务费用""资产价值损失""公允价值变动损益""投资收益"等科目的发生额，计算营业利润，并将计算结果在利润表中予以列报
11	营业利润	金额根据营业利润业务流程计算得出
12	结转营业外收入	会计期末，把"营业外收入"的本期借方发生额，结转至"本年利润"账户借方
13	结转营业外支出	会计期末，会计人员根据"营业外收入"的本期贷方发生额，结转至"本年利润"账户贷方
14	计算营业利润	根据计算出的营业利润，和"营业外收入""营业外支出"的发生额，计算利润总额，并将计算结果在利润表中予以列报
15	利润总额	金额根据利润总额业务流程计算得出
16	计算并结转所得税费用	会计期末，根据利润总额，加上纳税调整增加额，减去纳税调整减少额，计算本期应交所得税。本期应交所得税加上递延所得税费用（或减去递延所得税收益），确认本期所得税费用，并把当期所得税费用结转至"本年利润"账户
17	计算净利润	根据利润总额减去"所得税费用"，计算出净利润，并将结果在利润表中予以列报

年度利润核算流程

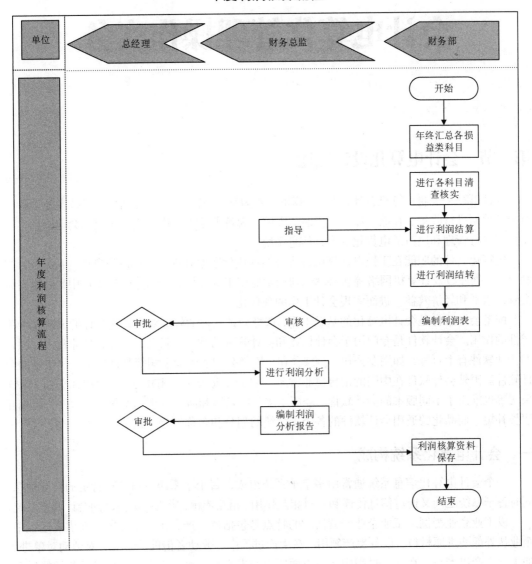

第十二章

会计电算化管理操作实务

第一节　会计电算化设计综述

会计电算化也叫计算机会计,是以计算机技术为基础,融合系统工程学、电子技术等学科,对会计数据进行收集、存储、加工、传递、维护,为各类相关使用者输出相应的会计信息,以支持其进行管理和决策的电算化的会计信息系统。

电算化会计的职能在于把以计算机为代表的现代化数据处理工具和以信息论、系统论、控制论、数据库以及计算机网络等新兴理论和技术应用于会计核算和财务管理工作中,以提高财会管理水平和经济效益,进而实现会计工作的现代化。

配备会计软件是会计电算化的基础工作,选择会计软件的好坏对电算化会计的成败起着关键性的作用。会计软件是专门用于会计核算和会计管理的软件。目前,会计软件非常多,国内的会计软件有上百种,如用友公司、金蝶公司、安易公司、浪潮公司等都推出了不同版本的会计软件。国外会计软件在中国的销售也非常多,如 Oracle 公司、JDE 公司、D&B 公司、SAP公司等也推出了不同版本的会计软件。经历了多年的发展和激烈的市场竞争,各软件公司相互取长补短。商品化的通用会计软件的各个子系统的划分和名称渐趋一致。

一、会计电算化系统构成

一个会计电算化信息系统通常由多个子系统组成,每个子系统各自处理特定的会计信息,同时各子系统之间又通过信息传递和核对相互作用、相互依赖,形成一个完整的会计信息系统。

以工业企业为例,工业企业经营活动的特点是包括供、产、销三个环节。在供应过程中,企业从外部购进原材料,以备生产领用。在生产过程中,劳动者借助劳动工具对劳动对象进行加工、生产出产品。在这个过程中,一方面要生产出产品,另一方面要发生各种各样的耗费,包括原材料的耗费、人力的耗费、机器设备和厂房等固定资产的损耗等。在销售过程中,企业将生产出的产品销售出去并收回货款。因此,工业企业的会计信息子系统的划分,必须能够反映工业企业经营活动的特点。对于工业企业来说,计算机会计信息系统一般划分为账务处理、工资、固定资产、采购和应付账款、存货、销售与应收账款、成本、报表、财务分析与领导查询等子系统。

文案范本

会计电算化系统账务处理流程

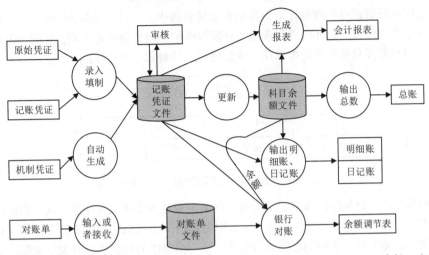

（1）由录入员通过键盘输入凭证，或通过自动转账生成机制凭证，输入的凭证经检查无误后，写入记账凭证文件。

（2）对记账凭证中未审核的凭证进行审核。

（3）随时用记账凭证文件更新科目余额文件，以便随机查询任意会计科目的当前借方发生额、贷方发生额及期末余额。

（4）根据科目余额文件和记账凭证文件，编辑输出现金日记账和银行存款日记账以及其他各种明细分类账。

（5）根据记账凭证文件和对账单文件中的银行业务进行对账，能将对账单文件中的已达账项删除。

（6）根据科目余额文件编辑输出总账。

文案范本

会计电算化信息系统的基本结构

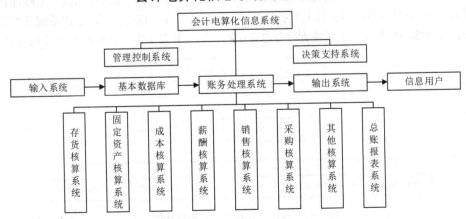

二、会计电算化系统组织结构设计

会计电算化系统的组织结构通常有以下几种形式。

（一）财务部与信息中心（计算机中心）并列的形式

在总经理或分管副总经理领导下设置信息系统管理中心、财务部等各职能部门。财务部与信息中心处于并列位置，会计电算化系统的开发与维护都由信息中心负责，在财务部内设有微机或终端，但财务部只负责会计电算化系统的使用。这种形式如图12-1所示。

图12-1　会计电算化系统组织结构图一

在这种情况下，财务部内部组织结构或不作多少变动或要作较大调整，这主要由计算机的应用程度决定。如果计算机处理的业务不多，财务部内部组织结构与手工核算体系下相比基本无大的变化，只是下属专业组的职能有所变化，要与信息中心提供的信息发生关联。如果会计核算工作基本上都由计算机来处理，就必须对财务部的内部组织结构作较大调整，图12-2就是一种常见的组织结构。在该结构中，数据准备组负责会计电算化系统所需数据的组织、整理工作；数据处理组负责会计电算化系统的运行工作；财务管理组主要负责会计信息的分析、整理、参与决策等工作；档案管理组主要负责管理各种打印输出资料、备份数据的工作。这种组织结构一般适用于大中型企业。

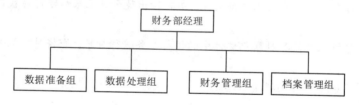

图12-2　会计电算化系统组织结构图二

（二）财务部内下设计算机应用组的形式

总部不设置信息系统管理中心，而由各个业务部门独立设置计算机应用组（又称计算机室或计算机房），各计算机应用组负责本业务部门的电算化工作，在会计部门常以系统开发组的形式出现，与其他小组平级，主要负责会计电算化的规划、开发工作。这种形式如图12-3所示。

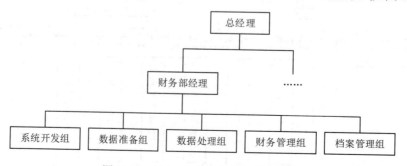

图12-3　会计电算化系统组织结构图三

这种组织结构有利于根据财务部的需要确定开发步骤和项目，系统的实用性强，也有利于开发人员与会计人员的相互学习、共同搞好会计电算化工作。但不利于满足单位的总体信息需求，不利于单位对计算机应用进行统一领导、规划、组织，容易造成重复开发，共享性差，也不利于财务部与其他业务部门的协调。从长远来看，这种方式只能作为一种过渡形式。

（三）单位没有独立的信息部门，财务部内仅配以专职维护员、操作员，以运行已建立的会计电算化系统

这种形式主要适用于小型企事业单位，它们配置专门的软件开发人员、设置专门的信息部门显得不划算，而主要靠购买商品化会计软件或聘请软件开发公司帮助其建立会计电算化系统。

实际工作中，有些单位的会计电算化系统组织结构可能是以上常见形式的组合。例如，有的单位既在总部设置信息中心，也在各个业务部门设置计算机应用组，计算机应用组在业务上受信息中心指导，行政上受业务部门领导，因而会计电算化系统组织结构中有系统开发组，但它同时也受信息中心的指导。会计电算化后，各单位应根据自身的特点和实际需要，合理设计会计电算化系统的组织结构。

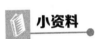
小资料

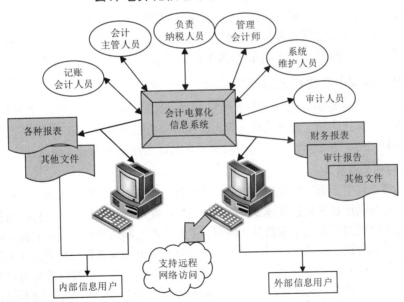

三、会计电算化制度设计的基本内容

（一）会计电算化信息系统内部控制制度的设计

会计电算化信息系统内部控制制度，是指为确保会计信息计算处理结果的准确性、处理过程的一贯性和自动性、处理环境的稳定性和安全性，而建立起来的对会计电算化系统的管理组织和应用过程进行相互牵制、相互联系的一系列具有控制职能的措施和规定的总称。

这个系统创造了良好运行环境，保证其运行安全、可靠。计算机会计信息系统的内部控制制度，从计算机会计系统的建立和运行过程来看，其设计可分为对系统开发和实施的系统发展控制、对计算机会计系统各个部门的管理控制、对计算机会计系统日常运行过程的控制。

（二）会计电算化信息系统作业制度的设计

会计电算化信息系统作业方面的制度，包括会计软件每个子系统的初始化和日常处理以及各个子系统之间的数据连接、共享等。

会计电算化信息系统作业制度设计主要有以下内容。

1. 会计软件各子系统初始化设计

系统初始化主要包括系统参数设置、科目设置、输入账户余额、输入银行往来账余额、输入客户往来账余额以及科目类型设置功能。

2. 会计软件各子系统日常处理的设计

在初始化账务子系统之后，接着就可以进行日常账务处理了。日常账务处理以会计月份为基本单位。一个会计月份处理完毕（结账之后），便可以输入和处理下一个会计月份的记账凭证信息。日常账务处理过程设计如下：

（1）输入和修改记账凭证。

（2）凭证复核。

（3）科目汇总、记账。

（4）月末处理，包括月末转账、试算平衡、对账、结账等处理。

（5）打印账簿和报表。

（6）银行对账。

在日常账务处理设计中，凭证复核、凭证记账、结账是三个关键性操作。为了使系统处理具有较大的灵活性，允许在凭证复核、记账、结账之后，取消复核、取消记账和取消结账，分别恢复到凭证、凭证记账之前或者结账之前的状态，但只能由专人进行这些操作。

（三）会计核算电算化系统的设计

会计核算系统设计是会计电算化系统开发中的一项重要内容，主要包括会计科目、凭证、账簿、报表等的电算化问题。会计核算电算化的本质和功能仍与手工会计相同，只是其形式和使用有一些不同之处。在设计这些内容时既要满足会计工作的要求，又要符合计算机的特点。

1. 会计科目的设计

在手工核算条件下，为了简化记账工作，明细科目的设置不宜分得太细。而在实行电算化的条件下，可充分利用计算机运算速度快、存储量大、存取方便的特点，将科目划分得更细一些，以便及时提供管理所需的详细信息。例如，工业企业的制造费用，在手工核算条件下，往往是根据生产车间分设二级明细科目。这种二级反映无法提供制造费用构成的详细信息，不利于加强管理。在会计电算化条件下，可在二级科目的基础上，进一步按制造费用的用途设置三级明细科目，并在软件中设置检索汇总功能，从而一定期间就可利用计算机按不同的要求分别检索汇总，分别提供各产品成本计算和分析费用预算执行情况的资料。

在建立综合信息系统的条件下，为使计算机能综合提供各种信息，对于那些虽然不属于会计核算数据，但是其他管理部门所需的数据，也可设置一定的项目进行分类归集汇总，以提高整个信息系统的使用价值。例如，在工资核算中，除在工资文件中列有职工姓名、基本工资、岗位津贴、各种补贴福利、各种扣款及实发工资等数据外，还可增加年龄、职务等有关人事管理资料，以满足人事管理部门的需要。这些资料虽不属于会计科目的范围，但都可作为数据项列入。同理，如果其他管理子系统中已经具有会计所需的资料时，就可直接从该子系统中调用，不必另行存储或核算。因此，在会计电算化条件下设计所需的会计科目时，应根据上述这些特点来增加或减少设置某些会计科目的明细科目。

会计科目设计的另一个重要问题是编码。会计科目编码在计算机系统中，不仅是帮助记忆、查找数据的线索，而且是计算机运行时识别的标志，是电算化数据处理的必要前提，是科学地描述数据库结构、合理组织数据的重要环节，具有重要作用。

会计科目的编码方法很多，有顺序编号法、位数编号法等。在会计电算化条件下，仍应以国家制定的统一会计科目编号为依据，在此基础上再后缀一定的数码组，构成群码，分别代表总账科目及其所属的明细科目。若某会计科目有二级、三级明细分类科目，在最后一级明细科目编码中要考虑体现二级、三级分类，便于计算机处理，防止重复输入信息。由于企业的生产经营活动有时会发生调整，设计明细科目编码时还应考虑三种不同情况。

（1）固定明细科目，即《企业会计准则》中规定的明细科目，如资本公积、利润分配等科目的下设明细科目都是统一规定的，明细项目也不很多，可采用顺序编码。

（2）半变动明细科目，如资产类科目中，固定资产、库存材料、产成品等科目下的明细科目会有增减变动，但变动不频繁，尚有规律可循。可按分组编码法，或按其业务核算的内容编码，如材料明细科目可按类别、品种、规格编码。

（3）变动的明细科目，如应收、应付款类科目，变化较为频繁，无规律可循。若采用编码会增大工作量，而且容易导致输入时出错，故不宜采用数字代码，使用汉字较好。

2．会计凭证的设计

（1）自制原始凭证的设计。在会计电算化系统中，可充分利用原始凭证代替记账凭证，直接根据原始凭证输入计算机，既节约工作时间又确保输入数据的可靠性；也可保留记账凭证，根据记账凭证将会计数据输入计算机。在后一种情况下，原始凭证的设计与手工核算系统下的没多少区别。这里主要讲在前一种情况下，设计自制原始凭证时，要考虑到数据输入计算机的方法，增加相应的内容。数据输入计算机通常有以下两种方法：

1）操作人员根据原始凭证的内容将数据通过键盘输入到计算机中。在这种方法下，原始凭证的清楚完整是很重要的。由于是利用原始凭证代替记账凭证，在原始凭证中，除应具备原始凭证的基本内容外，还需具有记账凭证的内容，如应借应贷的会计科目名称及其编码。某些经济业务应用的会计科目是固定的，可在原始凭证中先印好。为了减少输入错误，可将凭证中的各类编码（包括凭证编号、客户代码、科目编码等）用粗线或双线框上，从而显得更加明显清楚。

2）将数据通过一定的机器可读媒体输入计算机。这种方法是使用机器设备编制原始凭证的同时，将数据收集在机器可读的媒体上，再通过机器可读媒体输入计算机，从而省去许多数据输入前的准备工作。采用这种方法，要使用某些专用设备，如电子收款机、销售点记录机以及数据终端等。在这种方法下，机器设备所编制的原始凭证，主要是对经济业务的发生起书面证明作用。因而，便于审核监督是设计时应考虑的重要因素。例如，业务完成的时间可具体到分、秒，即×年×月×日×时×分×秒。

（2）记账凭证的设计。在电算化条件下，由于计算机是集中核算，一次输入即可分别记入有关的各个账簿文件中，不存在记账工作的分工问题。而对于会计分录的审核和日后的查账，也可通过对原始凭证的审核或由计算机打印输出已登记的凭证等方式来解决。因此，记账凭证已没有存在的必要性。但为保存序时、完整、系统的会计分录资料和便于原始凭证的归类保管，也可保留记账凭证。在这种情况下，需要对记账凭证的格式内容规范统一，以满足计算机的要求。

记账凭证有单式和复式之分。单式记账凭证的采用主要是在手工作业条件下便于分工记账，而在电算化条件下，已不存在这种必要性。而且若采用单式记账凭证，编制、输入和保管的工作量都比较大，因此，应采用复式记账凭证。

记账凭证上的原始数据要完整，应包括某项经济业务所要求处理的全部内容，从而根据这张凭证就可登记日记账、总分类账和明细分类账。而不应像手工处理那样，根据记账凭证结合原始凭证的内容登记日记账和明细分类账。例如，为登记日记账需要，涉及银行存款的记账凭证上应注明银行结算凭证号码，而不应在数据输入时再找凭证存根的号码。会计科目、凭证号、客户号等都应采取代码的方式，因此，在设计记账凭证时，应比照前述原始凭证的方法，相应地增加有关代码的内容，并把这些代码框出来。

记账凭证的编制，既可用手工编制，也可由计算机编制。后者往往是计算机在处理经济业务的同时，根据指令对原始凭证输入数据进行逻辑判断后，确定应借应贷会计科目名称和金额，除打印输出备查外，也将金额记入有关账簿文件中。也可同时采用以上两种方法，即对某些不包括在专业核算系统内的业务，或一些零星发生的业务，采用手工编制的方法；凡包括在专业核算系统内的业务，如材料的收发、产品的销售等业务，采取由计算机编制记账凭证的方法。

在会计电算化系统中，需要特别注意任何会计凭证在记账以前都必须经过严格的审核，避免"输入错误，输出必定错误"的情况发生。

3. 会计账簿的设计

会计电算化系统中，会计账簿设计与手工系统有较大不同，这主要是因核算工具不同所致。在会计电算化系统中，账簿按文件形式建立，是长期保存的文件，其建立、更新、修改都是通过一定的程序指挥计算机来完成的，不再使用纸制的账簿，只有在打印输出时才用到纸张。因会计电算化系统的"一次输入，多次记账"的特点，手工系统下的"账账核对"已失去其控制意义。因此，会计电算化系统中的账簿不一定非要按手工系统中的账簿来设置，而主要取决于企业的信息需求量和管理水平，同时也受到企业拥有的计算机硬件和软件的先进程度及人员业务能力的影响。既可按手工系统中的账簿设置，也可采取综合核算的方法，将各种账簿结合起来设置。考虑到人们的习惯性，多数单位基本上仍是按手工系统中的账簿来设置，并适当地作一些合并。因此，这里仍然按总账、明细账和日记账进行说明。

（1）总账文件的设计。总账文件仍像传统总分类账一样，按总账科目开设账户，对总账科目的经济内容进行总括核算，提供总括性指标。但在电算化条件下，其设置与建立可有不同的方法，进而其格式也可进行不同的设计。在电算化系统中，账簿文件资料一般以记录的形式存储在数据库文件中。总账文件可单独设置，也可和明细文件或日记文件合并设置。无论是哪种设置情况，根据企业经济业务的特点和管理的要求，总账文件的建立可选择以下两种方式中的一种。

1）建立期末余额数据库文件。由于总账是反映总括指标，一般只反映各科目当期期末余额即可。其处理方法是：当经济业务发生后，根据该项业务所涉及的借方或贷方科目代码，从总账文件中将其上期期末数调出，加或减该科目的本期发生额后，计算出本期的期末余额，以此余额去更新总账文件中原来的余额。

2）建立全部记录数据库文件。这是在总账文件中同时反映各科目的期初余额、本期借方发生额、本期贷方发生额和期末余额等项。其中，本期发生额既可逐笔登记，也可累计登记借或贷方发生额的累加数。

在不同的设置和建立方法下，总账的输出格式也要进行不同的设计。在建立全部记录文件，并采取逐笔登记的方法下，可采用"三栏式"的账簿格式，或者采用"日记总账"的格式；在建立全部记录文件，并采取累计登记的方法下，可采用"棋盘式"的账簿格式；在仅建立期末余额文件的方法下，其输出格式就可更为简化，仅需设置会计科目代码、期末余额（分借、贷方）即可。

文案范本

三栏式总分类账文件

年 月

代 码	会计科目	期初余额		本期发生额		期末余额	
		借方	贷方	借方	贷方	借方	贷方

棋盘式总分类账文件

年 月

借方科目＼贷方科目	××科目	××科目		××科目	贷方合计
××科目					
××科目					
借方合计					

（2）明细账文件的设计。企业应根据管理需要和各科目内容的特点设置不同内容的明细账文件。有些明细账只需了解其借贷方发生额和本期余额即可，可累计登记，如固定资产、产成品、材料等明细账。在设置文件时，可按一级总账科目设文件名，以其所属的每一个明细科目代码设置记录。有些明细账要求提供本期发生额每一次登记的业务的详细资料及当前余额，需要逐笔登记，如制造费用、管理费用等费用类明细账。在设置文件时，可与建立全部记录的总账文件设置在一起，逐笔登记，并按明细科目代码建立数据库检索文件。有些明细科目经常变动，如应收款、应付款类明细科目，不便编号。在设置文件时，可按一级总账科目设文件名，以明细科目汉字代码为标志分类记录，并建立检索文件。

一个明细账文件包括若干个记录，每个记录包括若干个数据项，根据不同的科目反映不同的经济内容的特点，设置不同的数据项，可参考手工系统下明细账的不同栏目。但是，有一些数据项是电算化系统中独有的，如科目代码、业务代码。明细账文件的输出格式也要考虑文件记录长度的限制和打印机宽度的限制来进行设计。

（3）日记账文件的设计。日记账经济业务要按其发生时间先后顺序逐笔登记，因此，可采用顺序文件形式来建立。对于现金和银行存款日记账文件，为了便于及时了解现金和银行存款的收支及结存情况，一般都按月设置、按日打印输出。打印输出的日记账文件，顺序装订成册，就构成了完整的日记账簿。格式中的栏次标题可写在相关程序中，用以在显示器上显示或打印输出。文件中只需包括各项目的内容。摘要栏根据需要可将汉字输入机内，也可用业务代码。会计科目在输入计算机时采用代码，打印或显示时再由计算机转换为汉字。

4. 会计报表的设计

会计报表主要用于提供会计信息，其设计应符合所需要信息的要求，尤其应注意以下几点。

（1）报表设计要与账簿文件设计联系起来进行。编制报表的资料源于账簿文件，不同的会计报表，其数据有不同的来源。为方便编制报表，有些账簿文件记录中可加入报表资料累计栏，也可建立报表资料辅助账簿文件。可设置各种报表文件，将各种数据从相关账簿文件中调入，加工处理后存在报表文件中，然后根据文件中的数据打印出各种报表。所有这些必须通盘考虑，并应根据会计制度的规定做出详细的说明，提供给程序设计人员据以设计程序。

（2）报表的输出格式应考虑计算机设备的条件。由于打印机的宽度和打印字符数有一定的限制，因而会计报表格式的尺寸要符合计算机配置的打印机要求。设计报表的栏次不可过多，以防超过打印机规定的列数，也可考虑将报表横向栏次适当减少，增加行数。例如，账户式的资产负债表，如果横行的宽度超过了所使用打印机的宽度时，可设计为报告式的资产负债表。又如，某些明细表，如果数据项太多，超过打印机宽度时，可将某些明细内容合并为一综合的数据项，以减少栏次，然后另外设置附表反映各明细内容。

（3）企业内部报表可适当地增加种类和报送的次数。电算化条件下，由于计算机运算速度快，系统内所有数据的层次较分明，只要及时输入各项原始数据，就能随时按需要编制出各种会计报表。即使一个企业所属的单位较多，只要各所属单位都有终端设备与企业主机联结起来，也可随时通过网络而调用所属单位的数据，及时编制出全企业范围的各种会计报表。"实时报告""在线报告"已成为可能。因此，在设计会计报表时，应根据管理的需要，适当增加一些内部报表的种类和报送频率。例如，可设计提供经过复杂处理的分析报表和预测报表。

（4）企业内部报表的内容可适当地详细一些。这主要是为了便于了解和分析各项经济活动和财务收支情况，满足各方面管理的需要。尤其是基层单位所需的内部报表，可打破传统会计报表内容的界限，必要时可将账簿中所包括的非财务信息，如销售文件中的客户名称及地址等资料，一并包括在报表的内容中。

（5）报表文件格式和编法应做出统一规定。同一个企业范围内应统一会计报表的项目、格式和编制方法，统一报表文件的名称、存取方式、记录形式等，以便会计信息的传递和再加工。

（6）建立报表的审核制度。所有打印输出的会计报表，会计部门必须根据有关账簿文件和计划中的数据进行审核，在确认无误后，再盖章或签字送出。这应在会计制度中做出具体规定。

四、会计电算化岗位责任制度设计

1. 会计电算化主管

会计电算化主管又称会计电算化系统管理员。会计电算化主管负责协调整个会计电算化系统的运行工作，应该具备会计和计算机相应知识以及相关的会计电算化组织管理的经验。电算化主管可由会计主管兼任。采用中小型计算机和计算机网络会计软件的单位，应设立此岗位。

会计电算化主管的主要责任是：

（1）领导本单位会计电算化工作，拟定会计电算化中长期发展规划，制定会计电算化日常管理制度。

（2）根据所用软件的特点和本单位会计核算的实际情况来建立本单位的会计电算化体系和核算方式。会计科目的设置必须符合会计制度与本单位核算管理的要求，报表数据格式必须符合财政部门和其他有关部门的要求。定期或不定期组织有关岗位人员对会计应用软件进行系统分析，并根据会计电算化运行现状，提出修订或开发会计核算软件的意向。

（3）总体负责会计电算化系统的日常管理工作，包括计算机硬件、软件的运行工作。提出有关硬件、软件的更新、维护和安全保密的方案；挖掘硬件、软件的显在和潜在的作用，充分发挥会计电算化在生产经营管理过程中的作用。保证和监督系统的有效、安全和正常运转，发生故障应及时查明原因，及时纠正，及时恢复正常运转。

（4）负责上机人员的使用权限，协调系统内各类人员之间的工作关系。定期或不定期对会计电算化岗位工作进行检查考核，并指导各岗位人员完成会计电算化工作任务。做到各司其职、奖罚分明，以促进整体电算会计岗位责任制的运行。提出培养会计电算化人才的目标、方案和实施步骤。通过对会计电算化人员的培养锻炼和考核，使本单位形成不同技术层次的（程序员、维护员、操作员等）会计电算化人才格局。保证会计电算化工作沿着全面、持续、稳定、高效率的方向发展。

（5）负责组织监督系统运行环境的建立和完善以及系统建立时的各项初始化工作。负责整个会计电算化系统操作的安全性、正确性和及时性的检查，做好上机记录的整理工作，按规定及时归档。做好系统运行情况的总结，提出更新软件或修改软件的需求报告。

2. 系统操作员

系统操作员是指有权进入当前运行的会计电算化系统的全部或部分功能的人员。系统操作员负责输入记账凭证和原始凭证等会计数据，输出记账凭证、会计账簿、报表，进行会计数据备份。系统操作员应具备会计核算软件操作知识，达到会计电算化初级知识培训的水平，各单位应鼓励基本会计岗位的会计人员兼任系统操作员的工作。

操作员的主要责任是：

（1）具体负责本单位会计核算软件操作运行。负责系统日常会计数据、会计信息的汇集、输入、处理、输出、打印和储存。备份的操作运行，保证会计数据、会计信息的及时性、准确性和完整性。

（2）严格遵守会计电算化有关制度，包括：开停机制度；上下岗操作记录制度；操作过程中发现故障应及时报告会计电算化系统主管，并做好故障记录；坚持防病毒制度；会计数据、会计信息检查审核制度的储存安全保密制度等。

操作员岗位职责可根据企业规模大小、企业业务量多少、会计电算化发展状况（应用程度）等具体事宜确定。具体地说，操作员可以一人一岗，也可以一岗多人。系统操作员岗位可以细分为数据录入员、账务系统输出操作员、专项模块操作员、报表系统操作员、数据分析员。

3. 数据审核记账员

数据审核记账员负责对输入计算机的会计数据（记账凭证和原始凭证等）进行审核，操作会计核算软件登记机内账簿，对打印输出的账簿、报表进行确认。此岗位要求具备会计和计算机知识，达到会计电算化初级知识培训的水平，可由会计主管兼任。

数据审核员的主要责任是：

（1）具体负责各种会计数据的审核工作。可以由原负责审核的专业稽核员担任。按照所审核数据的环节，审核可以分为：

① 事先审核，即会计数据在输入计算机前进行的检查审核。

② 事中审核，即在记账凭证录入系统后进行的检查审核。

③ 事后审核，即在处理会计数据、会计信息完毕，依据会计核算软件检索功能检查审核。

一般情况下可由录入员进行事先检查审核，由专职审核员进行事中、事后审核。打印输出的会计凭证、会计账簿、财务报表必须由审核员检查审核。审核员的工作范围既包括审核会计凭证，又包括审核会计账簿、财务报表；既包括审核会计内部数据，又包括审核会计外来数据及网络数据；既包括审核各类代码的合法性、正确性，又包括审核摘要的规范性等。

（2）按照审核员的工作质量确定，必须严格检查审核各项会计数据，确保数据的完整和准确无误。还要特别严格注意防范计算机病毒的侵蚀。对于不符合要求的凭证和不正确的输出数据，审核人员应拒绝签字并及时报告有关人员。

4. 硬件维护员

会计电算化系统的硬件设备是指专门用于会计业务的计算机及其配套设备，包括计算机主机、显示器、打印机、电源等。会计电算化系统硬件维护人员负责保证计算机硬件的正常运行。此岗位要求具备计算机和会计知识，经过会计电算化中级知识培训。采用大中小型计算机和计算机网络会计软件的单位，需设立此岗位，此岗在大中型企业应由专职人员担任。

硬件维护员的主要责任是：

（1）负责会计电算化系统硬件的安装和调试工作。严格执行硬件维护保养制度，保证硬件的正常运行。硬件维护员的职责按维护任务性质，可以划分为：对硬件适宜经济性运行的维护保养，即保证在一定条件下（如确定适宜的运行时间，创造良好的卫生环境及温度、湿度等空气质量条件）的经济性运行；对硬件进行物理性维护保养，包括对硬件进行定期或不定期的检查，根据零部件使用生命周期和磨损程度更新更换，保证计算机硬件系统组成零部件运转正常。

（2）制订和维护规划方案和日常维护工作计划，履行硬件检查制度，定期或不定期检查硬件运行情况，进行维护保养工作，按期编制零部件、工具、用具使用和采购计划，保证日常维护更换和使用需要。具体如组织操作人员对计算机、键盘和打印机进行日常清洗；定期进行设备的全面检查；随时整理工作台上的打印纸；调整监视机房的调温设备是否正常，温度是否合适等。

（3）严格执行机房管理制度，对硬件的安全摆放、移动和运行进行监控，保证硬件在静态和动态环境下的安全性。进行的维护工作需登记"维护登记表"。较大的维护工作须向系统管理员和部门领导作系统维护报告。

5．软件维护员

会计电算化系统软件维护人员负责保证计算机软件的正常运行，管理机内会计数据。此岗位要求具备计算机和会计知识，经过会计电算化中级知识培训。采用大中小型计算机和计算机网络会计软件的单位，需设立此岗位，此岗在大中型企业应由专职人员担任。

软件维护员的主要责任是：负责会计电算化系统软件的安装和调试工作。严格执行软件维护保养制度，保证软件的正常运行。软件维护员的职责按维护任务性质可划分为对会计核算软件的功能性维护、对会计核算软件适应性维护。其中，对会计核算软件的功能性维护，即对会计核算软件在运行中发生的功能错误进行维护，也就是排除会计核算软件在运行中发生的功能错误，恢复会计核算软件原来的功能。对会计核算软件适应性维护，也就是由于企业机构的变更、经营环境的变化，所引起的会计业务、会计流程的变动，以及由于上级主管部门对会计业务处理方式、财务报表的内容及格式的变动、对会计核算软件进行一系列修改及维护，使其适应变化的情况。根据上下岗操作记录和软件运行报告，编制日常维护计划，保证会计核算软件各项功能的正常运行；熟悉会计核算软件运行的特点及薄弱点，熟练掌握会计核算软件维护技能，做好临时性维护和技能性维护任务，确保会计核算软件发挥原有功能。如发现软件的原设计功能未能正常运行时，应作详细记录并与软件供应商联系解决。

软件维护人员除实施数据维护外，不允许随意打开系统数据库进行操作，实施数据维护时不准修改数据库结构，其他上机人员一律不准进行直接对数据库的操作。会计软件的升级应由系统主管报告部门领导批准，由系统主管组织，软件维护人员具体实施，并编写升级报告，形成文档进入档案。

许多情况下，系统软件维护岗位和硬件维护岗位可以合并。

6．档案员

会计电算化系统运行的目标是为企业管理提供财务信息。档案员应按照有关规章制度保管这些信息和系统本身的资料。

档案员的主要责任是：负责以磁盘、磁带或激光盘等介质存储的程序文件和数据文件的档案管理工作。会计报告期终了（月份、季度、年度），有关会计电算化岗位操作员应向档案员办理归档交接手续；使用中的所有软件，应由有关会计电算化岗位程序员、维护员向档案员办理归档注册手续，要保证磁盘、磁带或激光盘等介质存储的程序文件和数据文件的档案完整齐全并与会计电算化系统实际运行的程序文件和数据文件相一致。

档案员对磁性介质会计档案的管理，要做到：

（1）定期或不定期进行检查和备份工作，防止磁盘损坏没有及时备份而丢失文件。

（2）以磁盘、磁带或激光盘等介质存储的程序文件和数据文件保管的会计档案，要注意完善防盗、防磁、防热、防辐射等措施。

（3）磁盘化会计档案的保管期限，应按照有关会计档案管理制度办理。档案员不得随意违章销毁。对会计核算的年度资料，应复制三份，分别存放在不同地点，以防意外。

按档案管理要求移交档案，填写档案移交单。

7．系统分析设计员

系统分析设计员是整个会计电算化系统的设计师，处于举足轻重的地位。但在许多单位中，这往往是一个被忽视的岗位。

系统分析设计员的主要责任是：具体负责本单位会计核算软件运行分析工作。根据本单位确定的会计电算化中长期发展规划，制定具体的系统分析实施方案，并遵循科学系统的分析步骤、内容和方法，定期或不定期对会计核算软件开展运行状况分析，做到扬长避短，促进会计电算化处于良性循环状态。

分析的工作内容应重点掌握三方面工作：

（1）分析原有功能发挥情况如何。

（2）会计核算软件运行过程中存在什么问题，并分清主要和次要问题。

（3）综观企业内外计算机发展水平和核算状况，开展本单位会计电算化系统的需求分析。

根据开展系统分析所调查的资料，提出系统分析报告。在报告中，应遵循科学的思想与方法，处理好近期与长远、充实与提高、会计信息系统与企业内外信息系统、预期值与实际值等方面的关系，保证系统分析报告的可行性。

在中小企事业单位，系统分析员一般由会计电算化主管兼任或临时聘请专家担任。

8．程序员

程序员的主要责任是：

（1）具体负责本单位会计核算软件的开发工作。根据本单位确定的会计电算化中长期发展规划和分析员提出的分析资料，制订具体的实施方案和步骤，保证本单位的会计核算软件具备一定的规模与水平。

（2）调查研究国内外计算机发展状况与核算水平，并结合本单位实际，在一般情况下，分一年、三年、五年为不同的开发阶段，对会计核算软件进行部分开发或总体开发，形成循序渐进，阶梯式的发展模式。

（3）开发的会计核算软件必须符合财政部有关《会计核算软件评审办法》的规定，必须经相应一级的主管部门评审通过，并具有一定的先进性、具备一定的安全性、通用性和可操作性。

（4）评审通过的会计核算软件，经编译后，应拷贝一式四份，分别移交有关岗位（一份程序留存；一份操作员使用；一份维护备用；一份档案员存档），必须按规定进行维护和管理。

9．电算审查员

电算审查员负责监督计算机及会计软件的运行，防止利用计算机进行舞弊。要求电算审查员具备会计和计算机知识，达到会计电算化中级知识培训的水平。此岗位可由会计稽核人员兼任。采用大中小型计算机和计算机网络会计软件的单位，需设立此岗位。

10．网络员

网络员的主要责任是：负责本单位会计信息网络系统的采集、传递，即负责对所属单位、上级主管部门的会计信息网络系统数据的采集、传递、储存，负责企业内部信息的采集、传递，将上述采集、传递的信息转存移交于有关操作岗位。网络员采集、传递、储存信息的职责，应做到及时准确并保证通用性（如使用的软件不兼容，应由维护员做技术处理，达到一致方能运行）。

按照操作技术规范采集、传递信息，严格检查出入口信息，并采取相应防病毒手段措施，严防计算机病毒侵蚀会计信息网络系统。

五、会计电算化系统操作运行的管理

会计电算化系统的操作运行必须要有个严密的操作行为规范。通常，实行会计电算化的单位，一般配备两台或若干台计算机，上机人员包括会计人员和计算机专业人员。由于介入操作的人员数量多，构成复杂，客观上也会产生不同人的行为方式。因此，制定统一的操作行为规范，使其达到预期的目的，是会计电算化操作运行的客观需要。另外，在会计电算化系统中，会计信息以集中处理为主，任何一个岗位的差错，都会影响到整个系统的安全。

会计电算化系统操作运行的管理包括对操作人员的管理，对操作过程的规范，以及审核、备份及操作日志等方面的管理。这些方面构成会计电算化系统操作运行的管理。

1．对操作人员的管理

对操作人员的管理一般分为操作人员资格的认定和赋权两个方面。

（1）操作人员资格的认定。操作人员资格认定办法一般应由企业财务会计部门制定。会计人员（包括计算机专业人员）因工作需要上机操作，必须经财政部门考核组考核合格，颁发"计算机操作证"或"会计电算化操作证"，持证上机操作。考核不合格或无证者不准上机操作。进行操作人员资格认定是从根本上保证上机操作人员的技术水平，保证系统正常运行的措施，能有效防止上机操作人员因操作技术不合格、不具有一定水平的技能而误操作造成差错、损失。

（2）赋权。根据《会计电算化管理办法》的有关规定，软件应具有防止非指定人员擅自使用和对指定操作人员实行使用权限控制的功能。在实际工作中，除在会计核算软件技术上加密外，还应在管理上进行分工，分别对系统管理员、数据录入员、审核记账员、财务报表编制人员、会计账簿打印输出操作员、各专项功能模块操作员和其他会计业务操作员的操作权限给予界定，防止越权操作所引起的数据丢失、紊乱和泄密现象出现。

2．操作规范管理

操作规范必须严格按照《会计电算化系统工作流程》完成各项工作。必须以自己的真实姓名进入会计电算化系统，按要求填写日期。操作员口令、操作内容、操作起止时间和运行情况，根据指定操作人权限的指令进行操作，不得进行违反规范的操作。所有上机操作人员必须登记所有上机操作情况。在操作过程中发现问题应及时向系统管理员报告。问题的现象、处理过程、处理方法、处理结果等都应有明确记录。对于严重或重大运行故障，除应按规定登记外，还应向单位负责人报告。工作完毕后应及时退出系统，以免他人利用系统进行其他操作。不得将自己的口令泄露给他人，并定期修改自己的口令。启动系统时按要求顺序开机，结束工作后按规定顺序关机。

会计电算化系统的硬件设备和软件由财务部门统一管理和使用，其他部门人员一般不得使用，确需使用时必须经财务部门有关负责人批准，并确认不影响会计电算化的正常工作一经批准的其他部门人员操作时必须进行操作登记，并在上机登记表上注明批准人姓名和批准时间。任何人不得玩计算机游戏，不得用于对外服务。为了避免计算机染上病毒，所有磁盘必须进行病毒检测，若有病毒杀毒后才可进行其他操作。为了保证硬件安全，不得带电拔插任何接口线路，包括打印电缆线插头、显示器、电缆线、键盘插头等。不得进行未作登记记录的硬件或软件维护工作。

3. 审核

（1）输入前审核。审核原始凭证的合理、合法性，即是否有经办人、验收人、主管领导签字。采用手工编制记账凭证的，要审核手工凭证是否符合会计制度要求，借贷关系是否平衡，未经审核的记账凭证不准输入；其他会计业务及数据应事先预审。

（2）输入后审核。不论是采用直接在计算机上编制记账凭证，还是经审核输入的手工编制记账凭证，在打印记账凭证之前，审核员对机内的记账凭证必须严格审核，确保与手工记账凭证或原始凭证完全一致，审核无误后签章。在打印输出记账凭证后，审核员仍要对记账凭证的日期、业务内容及摘要、借贷分录、金额、数量等严格把关，无论何时，发现不合法的或出现差错的凭证应及时退回经办人员妥当处理。

每周对所有凭证、报表等进行一次复查，确保数据正确无误。

4. 备份

备份在手工会计中，所有会计资料如会计凭证、会计账簿和财务报表等均是以文字的形式存放在纸介质中的。由于纸介质中存放的信息具有较高的安全性和稳定性，另外把纸介质中的信息制作副本也非常费时费力，因此为了保证会计信息的安全，通常采用的方法是加强对纸介质中的信息的保护，很少采用制作副本（备份）的方法。在会计电算化系统中，由于会计信息存储的介质主要是磁盘等磁性介质，而磁性介质中存放的信息相对不稳定，安全性较差；另外，磁性介质中存放的信息可以非常方便地制作副本，也就是备份，所以实现会计电算化以后，对会计档案进行备份就成为常规的，也是必要的管理手段了。

备份时间，也称备份时间间隔。备份的目的是防止会计档案的意外丢失。由此，备份分为永久性备份和临时备份。永久性备份是指备份产生的副本需长期保存。临时性备份是指备份产生的副本只是暂时保存。永久性备份主要在每个会计期间核算完成时进行，一般应制作两到三个副本，存放在不同的地方，以防意外。临时备份通常在每天或每段工作完成时进行。临时备份可采用 A、B 备份法。所谓 A、B 备份法，是指按需备份数据量准备两组磁盘，分别标为 A 组和 B 组。第一次用 A 组磁盘备份；第二次用 B 组磁盘备份；第三次再用 A 组磁盘备份；第四次用 B 组磁盘备份……依次类推。这种方法的优点是在不增加备份工作量的情况下提高了备份数据的安全性。备份的磁盘应存放在安全地点，一般应具备防盗、防磁、防潮、防热、防污染等功能。

5. 操作日志

操作日志一般包括开机时间、操作内容、调用功能、硬件运行状况、软件运行状况、关机时间和操作人签字等。通过操作日志，除了可以掌握会计电算化系统的运行状况，培养增强操作人员的责任心，更重要的是，通过操作日志反映一定时期计算机硬件与软件使用情况，为计算机维护人员提供第一手资料，以便制订维护计划及措施。

六、电子计算机和会计软件的配备

（一）电子计算机的配备

各单位应根据实际情况和财力状况，选择与本单位会计电算化工作规划相适应的计算机机种、机型和系统软件及有关配套设备。实行垂直领导的行业、大型企业集团，在选择计算机机种、机型和系统软件及有关配套设备时，应尽量做到统一，为实现网络化打好基础。

具备一定硬件基础和技术力量的单位，可充分利用现有的计算机设备建立计算机网络，做到信息资源共享和会计数据实时处理。客户机/服务器体系具有可扩充性强、性能/价格比高、应用软件开发周期短等特点，大中型企事业单位可逐步建立客户机/服务器网络结构；采用终端/主机结构的单位，也可根据自身情况，结合运用客户机/服务器结构。

由于财务会计部门处理的数据量大、数据结构复杂、处理方法要求严格和安全性要求高，各单位用于会计电算化工作的电子计算机设备，应由财务会计部门管理，硬件设备比较多的单位，财务会计部门可单独设立计算机室。

（二）会计软件的选用

配备会计软件主要有选择通用会计软件、定点开发、通用与定点开发会计软件相结合三种方式，各单位应根据实际需要和自身的技术力量选择配备会计软件的方式。

（1）各单位开展会计电算化初期应尽量选择通用会计软件。选择通用会计软件的投资少、见效快，在软件开发或服务单位的协助下易于应用成功。选择通用会计软件应注意软件的合法性、安全性、正确性、可扩充性和满足审计要求等方面的问题，以及软件服务的便利，软件的功能应该满足本单位当前的实际需要，并考虑到今后工作发展的要求。

各单位应选择通过财政部或省、自治区、直辖市以及通过财政部批准具有商品化会计软件评审权的计划单列市财政厅（局）评审的商品化会计软件，在本行业内也可选择国务院业务主管部门推广应用的会计软件。小型企业、事业单位和行政机关的会计业务相对比较简单，应以选择投资较少的微机通用会计软件为主。

（2）定点开发会计软件包括本单位自行开发、委托其他单位开发和联合开发三种形式。大中型企业、事业单位会计业务一般都有其特殊需要，在取得一定会计电算化工作经验以后，也可根据实际工作需要选择定点开发的形式开发会计软件，以满足本单位的特殊需要。

（3）会计电算化初期选择通用会计软件，会计电算化工作深入后，通用会计软件不能完全满足其特殊需要的单位，可根据实际工作需要适时配合通用会计软件定点开发配套的会计软件，选择通用会计软件与定点开发会计软件相结合的方式。

（4）配套会计软件要与计算机硬件的配置相适应，可逐步从微机单用户会计软件，向网络会计软件、客户机/服务器会计软件发展。

配备的会计软件应达到财政部《会计核算软件基本功能规范》的要求，满足本单位的实际工作需要。

会计核算电算化成功的单位，应充分利用现有数据进行会计分析和预测，除了选择通用会计分析软件，或定点开发会计分析软件外，还可选择通用表处理软件对数据进行分析。

部分需要选用外国会计软件的外商投资企业或其他单位，可选用通过财政部评审的外国商品化会计软件。选用未通过财政部评审在我国试用的外国会计软件，应确认其符合我国会计准则、会计制度和有关规章制度，具有中文界面和操作使用手册，能够按照我国统一会计制度要求，打印输出中文会计账证表，符合我国会计人员工作习惯，其经销单位具有售后服务能力。

七、实施会计电算化的要求

（1）会计电算化是一项系统工程，涉及单位内部各个方面，各单位负责人或总会计师应当亲自组织领导会计电算化工作，主持拟定本单位会计电算化工作规划，协调单位内各部门共同搞好会计电算化工作。各单位的财务会计部门，是会计电算化工作的主要承担者，在各部门的配合下，财务会计部门负责和承担会计电算化的具体组织实施工作，负责提出实现本单位会计电算化的具体方案。

（2）各单位开展会计电算化工作，可根据本单位具体情况，按照循序渐进、逐步提高的原则进行。例如，可先实现账务处理、报表编制、应收应付账款核算、工资核算等工作电算化，然后实现固定资产核算、存货核算、成本核算、销售核算等工作电算化，再进一步实现财务分析和财务管理工作电算化；在技术上，可先采用微机单机运行，然后逐步实现网络化；还可根据单位实际情况，先实现工作量大、重复劳动多、见效快项目的电算化，然后逐步向其他项目发展。

（3）各单位要积极支持和组织本单位会计人员分期分批进行会计电算化知识培训，逐步使多数会计人员掌握会计软件的基本操作技能；具备条件的单位，使一部分会计人员能够负责会计软件的维护，并培养部分会计人员逐步掌握会计电算化系统分析和系统设计工作。

（4）会计电算化工作应当讲求成本效益原则，处理好及时采用新技术和新设备与勤俭节约的关系，既不要盲目追求采用最新技术和先进设备，也不要忽视技术的发展趋势，造成设备很快陈旧过时。对于一些投资大的会计电算化项目，有关部门应当加强监督指导。

（5）各级财政部门应加强对基层单位会计电算化工作的指导，在硬软件选择、建立会计电算化内部管理制度方面，积极提出建议，帮助基层单位解决工作中遇到的困难，使会计电算化工作顺利进行。

（6）会计电算化工作取得一定成果的单位，要研究并逐步开展其他管理工作电算化或与其他管理信息系统联网工作，逐步建立以会计电算化为核心的单位计算机管理信息系统，做到单位内部信息资源共享，充分发挥会计电算化在单位经营管理中的作用。

八、会计电算化系统设计步骤

1. 提出系统开发要求

当企业对原有的会计信息系统（手工的或计算机的）感到不能令人满意时，就会提出开发新的信息系统的要求，这是会计电算化系统开发的起点。

2. 初步调查

会计电算化系统设计的负责人在接受设计任务后，应对企业情况进行初步调查，以判断企业的开发要求是否可行，为下阶段的可行性分析提供资料。初步调查的可行性分析的难度较大，主要凭个人的经验。初步调查的内容包括企业的目标和任务、企业概况、外部环境、现行系统的概况、新系统的开发条件、对新系统的要求与意见等。

3. 可行性分析

在初步调查的基础上，将分析结果写成可行性研究报告。可行性研究报告将由企业组织一定的人员进行审定。可行性审核如果获得通过，则项目可以正式进行，如果否定，则项目就此停止。如果经审定认为，需要对系统目标作某些修改或等待某些条件满足后，该项目才能正式进行。

4．详细调查

可行性论证通过后，系统开发进入实质性阶段。此时首先应对企业进行详细调查，以便掌握现行信息系统详细情况，包括企业的组织机构、管理职能、业务处理过程以及信息处理流程等。

5．系统逻辑设计

在对该系统的现状及存在的问题已经调查清楚的基础上，就可以针对现行系统存在的问题以及用户的要求来设计新系统的逻辑模型。逻辑模型是从信息处理的角度对系统的一种抽象设计，是指对系统能干什么、具有什么样的管理功能以及为完成这些功能所需要的信息进行处理等内容的设计。

6．系统的物理设计

在系统逻辑模型已经得到用户认可的基础上，即可开始考虑所要求的逻辑功能和信息处理流程的具体实现方案，如应用软件采用什么样的总体结构、数据如何组织、计算机如何配置等。这种实现系统逻辑模型的具体技术方案称为系统的物理模型，确定物理模型的过程称为物理设计。

7．系统实施

在此之前，系统开发一直停留在计划、讨论上，系统设计报告通过后，即可投入大量的人力、物力和财力，按照既定的方案来具体实现这个系统：计算机的购置及安装调试、大量应用程序的编写与调试、原始数据的输入、人员培训等。

8．系统的运行与维护

系统投入实际运行后，由于种种原因，仍要不断地进行修改，包括修正错误、扩展功能和适应环境的变化。

会计电算化系统设计流程

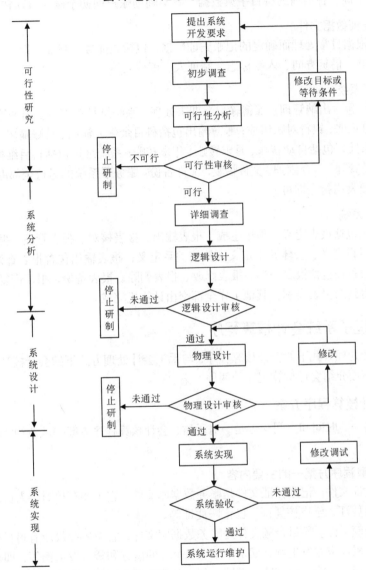

九、会计电算化核算形式记账程序

1. 初始处理

指根据会计账户信息对系统进行初始化设置，是系统正式运行之前的操作。初始处理包括设置会计科目、凭证类型、初始余额装入、其他设置等功能模块。该处理是整个会计电算化核算系统的基础。这一步的处理需要会计人员手工设置。

2. 日常处理

指根据原始凭证进行凭证处理，包括凭证的输入、修改、审核、查询、入账与打印。需要注意的是，在输入凭证之前需要会计人员手工收集和审核原始凭证，确保输入数据的准确性。

这一处理需要会计人员手工录入和维护。

3．会计账户基础数据文件

用来存储根据初始处理而确定的会计账户基础数据，包括账套参数、会计科目字典数据、会计账户期初余额、各类辅助科目字典数据、各类辅助账户期初余额、自动转账凭证定义等。

4．记账凭证数据文件

用来存储根据日常处理而确定的记账凭证数据，包括凭证号、制证日期、会计科目码、原始凭单号、金额、借贷方向、入账标志、制证人、审核人等。

5．账务子系统

账务子系统包含出纳管理、账簿输出、期末处理、系统维护等部分。出纳管理由库存现金日记账、银行日记账、银行对账组成；账簿输出包括科目余额表输出、总账输出、明细账输出、综合查询；期末处理包括自动转账、月末转账、年末转账；系统维护包括科目维护、币别维护、账套维护、人员管理、口令维护、文件恢复、文件备份。账务子系统的运行全部由计算机完成，会计人员只需要发出指令即可。

6．报表子系统

报表子系统包括报表定义、报表生成、报表输出、报表核对、报表管理。报表定义包含新表登记、报表栏目定义、表体元素定义、钩稽关系定义；报表输出包含报表查询、报表打印、报表传输；报表管理包括报表归档、报表修改、报表删除、报表备份、报表恢复。会计人员只需要选择想要得到的报表类别，其他工作全部交由计算机完成。

十、账务处理子系统会计核算程序

计算机会计处理方式下的会计核算程序，与手工会计处理方式下的会计核算程序的数据流程显著不同。下面介绍会计核算程序的两种方案。

（一）会计核算程序方案一

计算机环境下，时间和空间永远是一对矛盾，会计核算程序方案一从节约空间的角度进行设计。

1．会计核算程序方案一的主要内容

（1）记账凭证文件。记账凭证文件是账务数据库文件，它主要存放财会人员录入的所有凭证，包括未审核凭证、已审核凭证、已记账凭证等。

（2）科目余额文件。科目余额文件是账务数据库文件，它主要存放所有科目的年初数、累计借方发生额、累计贷方发生额、期末余额、每个月的借方和贷方发生额等，即对所有科目的汇总描述。在进行日记账、明细账、总账、报表处理和输出时都需要大量使用这些数据。

（3）对账单文件。对账单文件也是专门为对账设计的辅助数据库文件，主要用于存放银行给单位的对账单。一旦和单位银行对账文件中的业务对上账，就可以删除。

平时根据已输入的记账凭证按会计科目严格更新科目余额文件。需要输出库存现金日记账、银行存款日记账和其他明细分类账时，临时从记账凭证文件中挑选、加工而成。

2．会计核算程序方案一的工作步骤

（1）由录入人员通过键盘（或自动转账）输入记账凭证。

（2）输入的记账凭证经检测无误后，写入记账凭证文件。

（3）随时用记账凭证文件更新科目余额文件，以便随机查询任意会计科目的当前借方发生

额、贷方发生额和期末余额。

（4）根据科目余额文件和记账凭证文件编辑输出库存现金日记账、银行存款日记账和其他各种明细分类账。

（5）根据科目余额文件编辑输出总账。

（6）根据科目余额文件生成报表数据文件。

（7）根据财务报表数据文件编辑输出各种财务报表。

（二）会计核算程序方案二

会计核算程序方案二从时间和空间两个角度进行设计。

1. 会计核算程序方案二的主要内容

会计核算程序方案二对处理过程中输入、收集和计算出的数据，都是以表格的形式存放于数据库文件中的，因此，在数据流程中要建立临时、账务、辅助数据库文件等。

（1）临时凭证文件。临时凭证文件又称临时凭证数据库文件或凭证输入文件，其主要作用是用于存放已经录入但未审核的所有凭证。当凭证存于此文件时，属于非正式会计档案，可以对其进行修改。记账凭证一经记账，就被转移到记账凭证文件中，所以任何一张凭证都不可能永久在此文件中存储。

（2）汇总文件。汇总文件主要存放所有科目的年初数、累计借方发生额、累计贷方发生额、期末余额、每月借方发生额、每月贷方发生额等，即所有科目的发生额、余额表文件。在进行日记账、明细账、总账、报表处理和输出时都需要大量使用这些数据。

（3）历史凭证文件。历史凭证文件主要存放已经记账的所有凭证，存于该文件中的凭证是正式会计档案，不能直接修改。

（4）单位银行对账文件。单位银行对账文件是辅助数据库文件，专门为银行对账设计的，用于存放单位没有与银行对上账的银行业务。历史凭证文件中有关银行业务的凭证需要永久保存，不能删除。而单位银行对账文件中登记的银行业务是最新发生的未达账，一旦与对账单文件中的业务对上账，就可以删除。

（5）对账单文件。对账单文件也是专门为对账设计的辅助数据库文件，主要用于存放银行给单位的对账单。一旦和单位银行对账文件中的业务对上账，就可以删除。

平时通过录入模块将凭证送入临时凭证文件库，并对其进行审核，记账模块从临时凭证文件中挑出已审核的凭证进行记账，分别对汇总文件、记账凭证文件、单位银行对账文件进行处理，需要输出库存现金日记账、银行存款日记账和其他明细分类账时，根据余额文件和历史凭证文件进行加工即可。

2. 会计核算程序方案二的工作步骤

（1）由录入人员通过键盘输入记账凭证、原始凭证，或通过期末处理自动生成机制凭证，输入的凭证经检查无误后，写入临时凭证文件。

（2）对临时凭证文件中未审核的凭证进行审核。

（3）根据临时凭证文件中已审核的凭证进行记账，分别更新科目余额文件、记账凭证文件、单位银行对账文件，并将临时凭证文件中已记账的文件删除。

（4）根据单位银行对账文件和对账单文件中的银行业务进行对账，并将已对账的记录从两个文件中删除。

（5）根据汇总文件和历史凭证文件生成库存现金日记账、银行存款日记账和其他各种明细分类账。

（6）根据汇总文件编辑输出总账。

（7）根据汇总文件和历史凭证文件编辑输出各种财务报表。

十一、会计电算化内部管理制度的设计

（一）会计电算化岗位责任制

建立会计电算化岗位责任制，要明确各个工作岗位的职责范围，切实做到事事有人管，人人有专责，办事有要求，工作有检查。会计电算化的工作岗位可分为基本会计岗位和电算化会计岗位。基本会计岗位包括会计主管、出纳、会计核算各岗、稽核、会计档案管理等工作岗位。电算化会计岗位包括直接管理、操作、维护计算机及会计软件系统的工作岗位。

（二）电算化会计岗位和工作职责的划分

1. 电算化主管

负责协调计算机及会计软件系统的运行工作，要求具备会计和计算机知识，以及相关的会计电算化组织管理的经验。电算化主管可由会计主管兼任，采用中小型计算机和计算机网络会计软件的单位，应设立此岗位。

2. 软件操作

负责输入记账凭证和原始凭证等会计数据，输出记账凭证、会计账簿、报表和进行部分会计数据处理工作，要求具备会计软件操作知识，达到会计电算化初级知识培训的水平；各单位应鼓励基本会计岗位的会计人员兼任软件操作岗位的工作。

3. 审核记账

负责对输入计算机的会计数据（记账凭证和原始凭证等）进行审核，操作会计软件登记机内账簿，对打印输出的账簿、报表进行确认；此岗要求具备会计和计算机知识，达到会计电算化初级知识培训的水平，可由主管会计兼任。

4. 电算化维护

负责保证计算机硬件、软件的正常运行，管理机内会计数据；此岗要求具备计算机和会计知识，经过会计电算化中级知识培训；采用大型、小型计算机和计算机网络会计软件的单位，应设立此岗位，此岗在大中型企业中应由专职人员担任。

5. 电算化审查

负责监督计算机及会计软件系统的运行，防止利用计算机进行舞弊；要求具备会计和计算机知识，达到会计电算化中级知识培训的水平，此岗可由会计稽核人员兼任；采用大型、小型计算机和大型会计软件的单位，可设立此岗位。

6. 数据分析

负责对计算机内的会计数据进行分析，要求具备计算机和会计知识，达到会计电算化中级知识培训的水平；采用大型、小型计算机和计算机网络会计软件的单位，可设立此岗位，由主管会计兼任。

（三）建立会计电算化操作管理制度

（1）明确规定上机操作人员对会计软件的操作工作内容和权限，对操作密码要严格管理，指定专人定期更换密码，杜绝未经授权人员操作会计软件。

（2）预防已输入计算机的原始凭证和记账凭证等会计数据未经审核而登记机内账簿。

（3）操作人员离开机房前，应执行相应命令退出会计软件。

（4）根据本单位实际情况，由专人保存必要的上机操作记录，记录操作人、操作时间、操作内容、故障情况等内容。

（四）建立计算机硬件、软件和数据管理制度

（1）保证机房设备安全和计算机正常运行是进行会计电算化的前提条件，要经常对有关设备进行保养，保持机房和设备的整洁，防止意外事故的发生。

（2）确保会计数据和会计软件的安全保密，防止对数据和软件的非法修改和删除；对磁性介质存放的数据要进行双备份。

（3）对正在使用的会计核算软件进行修改、对通用会计软件进行升版和对计算机硬件设备进行更换等工作，要有一定的审批手续；在软件修改、升版和硬件更换过程中，要保证实际会计数据的连续和安全，并由有关人员进行监督。

（4）健全计算机硬件和软件出现故障时进行排除的管理措施，保证会计数据的完整性。

（5）健全必要的防治计算机病毒的措施。

（五）建立电算化会计档案管理制度

（1）电算化会计档案，包括存储在计算机硬盘中的会计数据、以其他磁性介质或光盘存储的会计数据和计算机打印出来的书面等形式的会计数据；会计数据是指记账凭证、会计账簿、财务报表（包括报表格式和计算公式）等数据。

（2）电算化会计档案管理是重要的会计基础工作，要严格按照财政部有关规定的要求对会计档案进行管理，由专人负责。

（3）对电算化会计档案管理要做好防磁、防火、防潮和防尘工作，重要会计档案应准备双份，存放在两个不同的地点。

（4）采用磁性介质保存会计档案，要定期进行检查，定期进行复制，防止由于磁性介质损坏，而使会计档案丢失。

（5）通用会计软件、定点开发会计软件、通用与定点开发相结合会计软件的全套文档资料以及会计软件程序，视同会计档案保管，保管期截至该软件停止使用或有重大更改之后的五年。

十二、会计电算化下货币资金的管理

（一）货币资金收支计划及其完成情况

货币资金收支计划主要是现金收支计划，它是企业加强货币资金管理的有效形式。现金是流动性最强但收益性最弱的资产，过多持有现金会削弱企业资产的增值能力；现金短缺又会影响企业经营活动的正常运转。因此，根据企业财务收支计划、业务需要以及它们之间的相互影响关系来编制现金收支计划是确定现金持有量的基本方法。出纳人员应严格按照现金收支计划收付现金，随时查阅现金日记账并监控收支计划的完成情况，及时汇报情况给有关管理当局，积极参与现金的管理并提出合理的建议，以加快货币资金周转速度，保证企业经营活动的正常进行，提高企业的经济效益。同时，每日下班后，出纳员应定时清点现金数量以确保与现金日记账上的金额一致。

（二）货币资金内部控制

1. 钱账分管制度

钱账分管制度就是管钱的不管账，管账的不管钱。非出纳员不得经营现金收付业务和现金保管业务；出纳员不得兼任稽核、会计档案保管和收入、支出、费用、债权债务账目的登记工

作；单位不得由一人办理货币资金业务的全过程。单位办理货币资金业务应当配备合格的人员，并根据单位具体情况进行岗位轮换。建立钱账分管制度，可以使出纳员与会计员相互牵制、相互监督。

2. 货币资金开支审批制度

单位应当对货币资金业务建立严格的授权批准制度，明确审批人对货币资金业务的授权批准方式、权限、程序、责任和相关控制措施，规定经办人办理货币资金业务的职责范围和工作要求。审批人应当在授权范围内进行审批，经办人应当在职责范围内按照审批人的批准意见办理货币资金业务。经办人必须熟悉审批人的审批范围，如果审批人越权进行审批，经办人应在第一时间内进行阻止，不予支付现金，并向有关管理人员反映情况。当然，经办人更不可与审批人串通来骗取企业的现金。

3. 货币资金检查制度

单位应当建立对货币资金业务的检查制度，定期和不定期地抽调专人进行库存现金核查，看现金、银行存款是否安全完整，有价证券是否齐全，货币资金类别是否符实。如有不符，应及时查明原因并追究有关经办人员的责任。

（三）货币资金收支的实时反映与分析

对货币资金的收支进行实时反映可以达到实时监控的目的，也就可以防范贪污、侵占、挪用货币资金等违法行为的发生。会计电算化为货币资金的实时核算、实时反映、实时监控提供了可能。所谓实时反映，就是指只要出纳员输入有关凭证，计算机就能立即自动生成日记账，反馈给出纳员现金的收付信息。实时监控则是指在实时反映的基础上有关人员随时查阅货币资金账以确保货币资金的安全，从而达到监控的目的。电算化下，出纳人员或会计人员只需利用查询功能便可随时查阅最新的现金日记账和银行存款日记账，跟踪货币资金收支情况，通过一些指标的计算，分析货币资金周转情况、支付能力，并积极参与货币资金收支计划的编制和修改，提高企业经济效益。

十三、会计电算化内部控制系统设计

（一）会计电算化内部控制系统的目标设计

1. 会计电算化系统对内部控制的特殊要求

（1）计算机的使用改变了企业会计核算的环境。企业使用计算机处理会计和财务数据后，企业的会计核算环境发生了很大的变化，会计部门的组成人员从原来由财务、会计专业人员组成，转变为由财务、会计专业人员和计算机数据处理系统的管理人员及计算机专家组成。会计部门不仅利用计算机完成基本的会计业务，还能利用计算机完成各种原先没有的或由其他部门完成的更为复杂的业务活动，如销售预测、人力资源规划等。

随着远程通信技术的发展，会计信息的网上实时处理成为可能，业务事项可以在远离企业的某个终端机上瞬间完成数据处理工作，原先应由会计人员处理的有关业务事项，现在可能由其他业务人员在终端机上一次完成；原先应由几个部门按预定的步骤完成的业务事项，现在可能集中在一个部门甚至一个人完成。因此，要保证企业财产物资的安全完整、保证会计系统对企业经济活动反映的正确和可靠、达到企业管理的目标，企业内部控制制度的建立和完善就显得更为重要，内部控制制度的范围和控制程序较之手工会计系统更加广泛、更加复杂。

（2）会计电算化系统改变了会计凭证的形式。在会计电算化系统中，会计和财务的业务处理方法和处理程序发生了很大的变化，各类会计凭证和报表的生成方式、会计信息的储存方式和储存媒介也发生了很大的变化。会计电算化系统出现后,以书面形式反映会计和财务处理过程的各种原始凭证、记账凭证、汇总表、分配表、工作底稿等基本会计资料减少了,有些甚至消失了。由于电子商务、网上交易、无纸化交易等的推行,每项交易发生时,有关该项交易的有关信息由业务人员直接输入计算机,并由计算机自动记录,原先使用的每项交易必备的各种凭证、单据被部分地取消了,原来在核算过程中进行的各种必要的核对、审核等工作有相当一部分变为由计算机自动完成了。

原来书面形式的各类会计凭证转变为以文件、记录形式储存在磁性介质上,因此,会计电算化系统的内部控制与手工会计系统的内部控制制度有着很大的不同,控制的重点由对人的控制为主转变为对人、机控制为主,控制的程序也应当与计算机处理程序相一致。

(3)计算机的使用提高了控制舞弊、犯罪的难度。随着计算机使用范围的扩大,利用计算机进行的贪污、舞弊、诈骗等犯罪活动也有所增加。由于储存在计算机磁性媒介上的数据容易被篡改,有时甚至能不留痕迹地篡改,数据库技术的提高使数据高度集中,未经授权的人员有可能通过计算机和网络浏览全部数据文件,复制、伪造、销毁企业重要的数据。

计算机犯罪具有很大的隐蔽性和危害性,发现计算机舞弊和犯罪的难度较之手工会计系统更大,计算机舞弊和犯罪造成的危害和损失可能比手工会计系统更大,因此,会计电算化系统的内部控制不仅难度大、复杂,而且要有各种控制的计算机技术手段。

由此可见,计算机会计系统的内部控制制度与手工会计系统的内部控制制度相比较,计算机会计系统的内部控制是范围大、控制程序复杂的综合性控制,是控制的重点为职能部门和计算机数据处理部门并重的全面控制,是人工控制和计算机自动控制相结合的多方位控制。

2. 会计电算化系统的目标设计

(1)责任控制目标设计。它着重于组织、批准、权限及保护措施责任的控制,使电算化系统的运行建立在可控、合法、合理的基础上。

(2)防错控制目标设计。它着重于财产安全、数据处理防错的检测,避免舞弊,正确查找信息和传递信息等方面的控制,使电算化系统的运行建立在可靠、可信的基础上。

(3)效率控制目标设计。它着重于充分协调会计电算化系统内的结构和组织,发挥系统效能,使电算化建立在高效率运行的基础上。

(4)环境控制目标设计。它着重于系统软件使用方面的安全保密、自然环境的正常化和科学化、硬件检测的维护等方面的控制,使电算化系统建立在安全进行的基础上。

(二)会计电算化内部控制系统的内容设计

1. 会计电算化内部控制系统的分类

会计电算化与它的内容控制系统是相互作用和相互影响的。会计电算化的应用程度和应用效果,取决于它的内部控制系统所能达到的程度,取决于这些内部控制的应用范围和应用效果。因此,不同控制级别的会计电算化有不同的特征,具有明显不同的控制要求。手工会计中那种职权分离、互相牵制的控制方法不能有效地控制会计电算化系统的内部控制风险,必须重新建立一系列完善的会计电算化系统的内部控制体系。这一内部控制体系主要是从组织形式和会计软件的功能两个方面来实现的,分为常规控制和应用控制两类。具体包括以下几个方面的主要内容。

(1)组织控制制度。它是指会计电算化系统在组织结构和职责分离方面建立的内部质量控制制度和保护性措施,它主要包括组织机构的划分、技术人员与用户的职能分离、技术人员之间的职能分离等。

（2）操作控制制度。它是指系统在操作制度方面建立的各种质量控制措施，通过制定和执行标准操作规程来保证系统运行的规范化、制度化以及操作人员的合法化。它主要包括岗位责任制度、系统操作规程、系统环境控制、系统接触控制、系统后备控制、控制台记录规程、操作时间记录、系统文档控制标准等。

（3）开发与维护控制制度。它是指系统在开发维护阶段建立的各种强有力的控制措施，包括需求分析控制、系统设计控制、系统测试控制、系统试运行控制、系统运行与维护控制等。

（4）输入控制制度。会计电算化系统中输入的数据量一般较大，有效的输入控制可以使错误的数据输入比较容易发现并及时得以纠正，一般可以通过确定输入数据的范围、两次键入法、复核输入法、校验码控制输入法等多种方法来保证输入数据的正确，会计电算化系统在设计时常将这几种输入控制法综合使用。

（5）处理控制制度。处理控制多为程序化的控制，主要通过系统内部控制程序的运行来自动保证数据处理的正确性，一般通过程序设计和数据结构设计的方法来实现。

（6）输出控制制度。它是对会计电算化系统输出环节的控制，包括以下几个方面的主要内容：第一，对输出结果的正确性进行检查；第二，对输出结果接受者的合法身份进行检查，防止重要经济信息的非法泄露；第三，对输出结果的及时性和输出结果传递过程的准确性进行检查，以保证输出的会计信息准确、真实、可靠。

2．会计电算化系统的常规控制设计

会计电算化系统的一般控制（又称管理控制或总体控制），是以软件系统存在和外在环境控制为主的控制。它包括组织控制、运行安全控制、工作环境控制、软件质量控制、文件档案控制等方面的具体内容。它不涉及软件系统对数据的装载、处理和传递。可见，一般控制是对整个会计电算化信息系统所采取的一系列控制方法、程序和手段，它是会计电算化控制系统的核心和重点，是应用控制的基础。

（1）组织控制，是对组织机构设置、人员配置、职权授受、权限规定和内部牵制等方面的控制。组织控制的设计包括以下几方面的内容。

① 组织机构设置控制。建立了会计电算化信息系统以后，通常会产生一个或几个新部门和机构。目前，一般是按照会计电算化系统的功能，将有关职责和权限分开，并设立相应的组织机构，如财务审核部、计算机部、会计档案部等。

由于出现组织机构方面的变化，便直接产生许多管理与协调上的问题，如各机构的职责权限、工作范围、相互关系、效率等问题。这些问题的核心在于如何建立和完善相应的组织控制。然而，不论如何设置部门机构，从内部控制考虑，在会计电算化内部控制系统中，应特别注重职权的分割，必须贯彻不相容职务分离的原则。

② 职责与权限控制。职责与权限控制的重点是职能分隔和权限规定，既要有利于保证会计信息系统和资产的安全，又要能从专业角度提高工作效率。

一般来说，职能、职责的分离和权限的规定包括业务事项的发生、业务事项的执行、业务事项的记录、直接的资产保护等。这样划分的目的在于避免业务工作集中于一个人或一个部门，使各业务部门和各工作人员之间相互制约、相互监督，防止产生舞弊行为。

③ 人员配置。实行会计电算化后，业务人员的变化很大。会计电算化系统下的人员主要包括会计人员、计算机操作人员、系统设计人员和系统维护人员等。按照内部牵制的原则，这些人员在执行有关职责时，应实行业务分割和职务分离。

A．会计人员与操作人员的职务分离。单独的操作人员必须迅速处理来自单独会计人员给定的信息。如果二者一旦结合，完全有可能给系统输入和输出的真实性造成严重的威胁。

B．系统设计人员与操作人员的职务分离。系统设计人员通晓系统软件的详细情况，有能力修改系统软件，因此，系统的设计和系统的操作必须由不同的人员去完成。

C．系统设计人员和会计人员的职务分离。如果这两项职务由一人担任，有可能导致兼任系统设计的会计人员事先在系统设计中留下可作弊的接口，也容易掩盖系统存在的缺陷和问题，更有可能的是会计人员为了达到某一非法目的去改系统软件。

（2）运行安全控制，是对会计电算化系统的软件系统在使用方面的安全保密控制。会计电算化系统能安全可靠地运行，很大程度上取决于系统的运行安全控制。

运行安全控制设计包括以下内容：

1）系统文件的安全控制设计。在建立和设计系统过程中，会产生一系列关于系统运行的文件，这些文件一般要有专门的磁盘和建立专门的目录以供寄存。这些磁盘和记录在系统运行时将被逐一调用，它是系统能否安全运行的关键。

系统文件安全控制设计应包括以下内容：

① 系统文件由专人保管、使用和修改。凡与系统无关的人员，以及按规定不得接触文件的人员，不得使用这些文件，也不得接触这些文件。

② 系统文件设计上的自行维护。在设计系统时，产生的系统文件个数很多，所占磁盘空间也较大。为了允许系统的合法转移，设计者往往设计出一些有规律的转移指令，以防止系统转移时造成个别文件的遗漏；对于非法转移，从保护系统出版人权益的角度考虑，设计者往往在他人非法转移所用指令中，连接一些系统文件自行破坏命令，使得非法转移的系统文件不具完全性和可操作性。

2）系统操作的安全控制设计。大多数的操作安全措施，在设计时被固化在系统软件中，其功能是防止非法用户对系统进行操作。控制方式有：用户级别控制，采用分级设定密码口令的方式，控制各用户使用资格和权限；操作记录控制，即采用系统自动生成操作记录簿的办法，对操作人、时间、工作项目进行序时记录和控制；软件保密控制，采用对系统软件编译和采用一定方式加密的方法，控制和防止非法人员打开程序或数据库；数据安全控制，采用对数据加以分类，分别以操作口令方式加以控制，对特别重要的数据和文件，可采用密码存储方式，以防被盗和被损。以上四种方式通常可以被同时运用于同一软件系统中。

（3）工作环境控制，是指为保证电算化系统的正常工作条件而实施的控制。尽管工作环境并不寓于软件系统内部，但是它的好坏会对会计电算化系统的安全产生直接影响。

工作环境控制设计包括以下内容：

1）硬件工作状况控制。会计电算化系统需要较多的硬件设备，如主机、键盘、显示器、上网硬件等。为保证系统正常安全运行，应建立对各类硬件设备的定期维修制度，对关键设备要定期检测和维护，保证其处于良好的工作状态。

2）自然环境控制。计算机工作时，要求外界自然环境达到一定的标准。越是性能先进的计算机，对工作环境条件的要求越高。这类控制具体包括：机房环境控制，即要求机房的温度、湿度、防尘、防火等达到一定的条件；磁场环境控制，磁场的存在是看不见摸不清的，但它在瞬间就可以破坏系统工作，尤其是损毁储存的各种数据，因此必须在没有磁场的空间建立会计电算化系统；形成环境控制制度，包括建立防火制度、防空制度、防磁制度、出入登记制度、机房财产保管制度等。

（4）软件质量控制，是指软件开发和使用过程中，为保证基本质量而实施的控制。

软件质量控制设计的内容包括以下两个方面：

1）软件开发质量控制。即要求软件开发者按软件开发规范来研究和开发标准化的会计软件。

2）软件使用质量控制。关键在于软件维护的控制，包括正常使用过程中的软件维护工作，以及随着经营情况的变化而对软件做相应修改和完善的工作。对系统软件的维护，必须经过一定的审批手续，按照规定的工作程序由指定的人员进行。

（5）文件档案控制，是指对会计文件档案的建立、保管、使用、复制、修改和销毁等方面的控制。文件档案控制设计包括以下内容：

1）非书面输出的文档控制，即其副本应如何拷贝、保管和使用。

2）书面输出的文档控制，即应规定输出文档的内容、件数、管理人和使用人的登记制度，并在系统中实行输出文档的自动连续编号。

3）文档查阅控制，无论输出何种文档，只要源于系统内部，都应建立登记查阅制度，确保文档资料的安全保密。

4）文档销毁控制，一些到期按规定可以销毁的文档，对已经输出的书面文档，可以直接销毁；而其保留在计算机内的信息，则应通过专人，按指定内容和范围进行删除；还应建立包括销毁人、销毁时间、件数、内容、审批等在内的销毁控制。

3. 会计电算化系统的应用控制设计

会计电算化系统的应用控制，是指对系统进行数据处理这一选定功能的控制。它包括数据输入控制、数据处理控制和数据输出控制三个基本内容。这是按照会计电算化应用时，计算机对数据资料进行处理的过程来划分的。

应用控制设计的目标是：预防、检查和纠正暴露在系统应用方面的问题；确保各种授权的、已发生的业务事项和数据在电算系统中完整地一次处理；确保业务事项在电算系统中得以准确处理；确保电算系统可以持续地发挥效用。

（1）数据输入控制，是指为保证输入电算化系统内的业务数据正确、真实和合法而设置的各种控制。数据输入是电算化系统数据处理的基础，如果对输入的业务事项和数据不加以控制和校验，就会产生"输入垃圾、输出垃圾"的混乱局面，既影响计算机信息处理质量，又影响有关人员对数据结果的分析和评价。

数据输入控制的形式较多，主要有以下几种。

1）多重输入校验，就是将数据多次输入计算机（一般采用两次输入），由计算机对输入的数据进行比较。如果不相符，机器就会提示操作者做相应的修改。例如，输入现金支出业务，先将"应收账款"科目和对应科目及其科目编号输入，操作者按原方式再次输入该业务和数据，如果不相符，计算机会提醒操作人员予以修改，直到相互符合为止。但是，这种校验方式大大增加了输入的工作量，妨碍工作效率的提高，但在保证数据输入的准确性方面是绝对可靠的。

2）逻辑校验，即按数据本身所具备的逻辑关系进行输入控制，检查记录的数值是否超过事先允许的界限和量级。逻辑校验法一般要求事先在系统中设置逻辑值。这种校验方式会增加在设计方面的工作量和难度，但对用户来说则是很方便的。

3）顺序校验，就是对一批业务数据是否按预定顺序排列而进行的控制。例如，输入职工工资一般按职工编号顺序输入等。在现行的会计电算化软件中，这种校验方法运用不多。相反，在信息输出时，往往会要求按一定顺序排列输出。

4）字段类型校验，就是检验一个字段中的字符号是否属于该字段的类型。例如，输入的成本费用一般是数值型，它不接受字符型字段内容；在字符型字段中输入逻辑字段的内容，也是计算机所不允许的。通过字段查验，可以有效控制字段存储发生错误。

5）符号校验，即校验一个字段中算术符号的正确或错误。例如，发生的成本费用金额一般都是正数，财产物资的结余金额一般应大于或等于零，一旦出现负数，就应提示出错信息，让用户进行修改。

6）校验码控制，是将数值型的代码末尾附加一位校验数字，用来校验输入代码是否正确。

7）总计控制，先将一批业务量的总数（一般是合计数）输入计算机，然后再将该批业务各数据逐一输入，并由计算机汇总，若与事先输入的总量不符，则表明输入数据有误。

8）钩稽校验，是根据经济业务数据的平衡关系进行控制。

（2）数据处理控制，主要是为保证数据处理的正确性而设置的控制。在一般情况下，数据处理控制应在系统设计时固化在系统软件中。在设置这类控制时，应注意数据处理控制不仅应包括对设备操作和程序的控制，而且包括对原始数据的准备、换转、输出和使用中人的错误的控制。系统设计时，应考虑适用地系统的整套控制，以及它们的适用组织环境和适用管理环境。它包括合理性控制、钩稽关系控制和有效性控制等。

1）合理性控制，是指检查一项输入记录和其有关文件记录上的数据之间关系的逻辑性控制。

2）钩稽关系控制，是根据业务事项内容各项目的运算关系进行数据处理控制。这在会计电算化系统中是极为常见的控制方式，也是实现会计处理电算化的主要途径。

利润钩稽关系校验的重要表现：一个合法的原始数据输入计算机后，便在计算机会计系统内部自动执行从凭证到账簿，再到财务报表相互联系的处理。这种钩稽关系在会计中通常是指账、证、表之间的数据对应关系，但在会计电算化内部控制中，还包括数据与数据之间的运算关系。

3）有效性控制，即将一个鉴别号和经济业务代码同一个经过审定的鉴别号和经济业务代码加以比较，从而判断其是否有效，是否要被计算机调用处理。这种控制通常应用于数据的有条件存取，如查询、打印等。

（3）数据输出控制，是指为保证合法、正确地输出各种会计信息而进行的控制。一般在计算机数据输出时，人们要做好以下检查：将输出数据，尤其是输出总量和控制总量与以前确立的、在处理循环的输入阶段得出的数字相核对；检验输出数据的合理性和格式的适当性；及时将输出报告送交给用户。

从输出控制的内容来看，它包括两个部分：一是储存性输出控制，即在储存数据时作必要的检测和控制，以保证输出数据合理有效的控制方式；二是报告性输出控制，即将输出的报告与有关信息进行核对，并及时传递和保管输出报告。输出控制的方法有两种：一是输出控制总数与输入控制总数相核对。这种方法用于账、证、表的输出控制。二是系统抽样检验。为了确保输出信息的正确性，往往要由数据输入部门或审计部门，对会计电算化系统内部的数据进行抽样测试。抽样测试的入口可以通过查询子系统进行，也可以是重新输入抽样数据进行校对。进行抽样检测时，应注意抽样预计差错率的计算。

输出控制的最终目的，是确定数据处理过程中是否发生任何未经授权的，由计算机操作部门进行的数据变换，输出结果是否正确、合理。

依据控制实施的范围，可将电算化会计系统内部控制分为一般控制和应用控制。一般控制有时也称管理控制，是对会计电算化系统的组织、开发、应用环境等方面进行的控制。应用控制是对会计电算化系统中具体的数据处理功能的控制。一般控制是应用控制的基础，应用控制是一般控制的深化。

第二节 会计电算化文案范本

电算室部门职能

部门名称：电算室

上级部门：会计部

下属岗位：电算员

部门本职：公司财务电算化

主要职能：

1. 贯彻实施公司财务核算办法、财务管理制度。

2. 按统一核算办法设置会计科目。

3. 财务账目计算机查询。

4. 会计凭证的录入。

5. 出会计报表。

6. 进行财务电算化分析。

7. 部门内物品的安全管理。

电算会计岗位说明书

岗位名称	电算会计	岗位编号	AE-ACC-010
直属上级	财务会计主管	所属部门	财务部
工资级别		直接管理人数	
岗位目的	定期编报对外报表，用友软件凭证录入及报表生成，登记及分管存货账簿		

工作内容：

1. 按规定定期向有关部门报送相关报表（如统计报表、外资报表）与资料；

2. 负责公司用友财务软件的科目设置、记账凭证的录入；

3. 负责公司财务账目的计算机查询，电算化资料的备份和保管；

4. 负责公司原材料、生产成本、产成品等存货账簿的登记与保管；

5. 负责公司免抵退税申报系统的操作；

6. 完成上级交办的其他事项。

工作职责：

1. 对外报表编制的准确性、及时性负责；

2. 对电算化资料的安全性负责；

3. 对分管账簿登记工作的正确性、完整性、及时性负责。

与上级的沟通方式：

接受财务总监和财务部经理的口头及书面指导。

同级沟通：

部门员工

续表

给予下级的指导:
岗位资格要求:
教育背景：中专以上学历，会计及财务相关专业。 　　经验：3年以上财会工作经验。
岗位技能要求:
专业知识：熟悉国家会计法规、税务相关政策。 　　能力与技能：良好的沟通能力与学习能力，很强的责任心，工作踏实，做事细致认真，能够承受一定的压力；熟练使用财务软件及办公软件。

 文案范本

电算化下会计岗位设置及职责

第一章　电算化会计岗位的划分

第一条　会计电算化后的会计岗位可分为基本会计岗位和电算化会计岗位。基本会计岗位包括会计主管、出纳、会计核算各岗、稽核、会计档案管理等岗位。电算化会计岗位包括直接管理、操作、维护计算机及会计软件系统的工作岗位。在保证会计数据安全的前提下，基本会计岗位和电算化会计岗位可交叉设置；中小型单位和使用较小型的会计软件的单位，在符合内部牵制制度的情况下，许多岗位可以由一人担任（具体如何分工，还要根据单位的具体情况和使用的会计电算化软件确定）。

第二条　电算化会计岗位可分为：

（一）系统管理员（电算化主管），主要负责计划协调、管理计算机及会计软件系统的建立运行、账务数据系统安全等工作。系统管理员一般可由财务部门的负责人或会计主管担任。

（二）系统操作员，负责输入、处理、输出会计数据，如凭证录入、记账、打印账簿和报表等日常会计业务处理工作，要求具备会计业务知识，能熟练进行计算机会计软件的操作。

（三）凭证审核员，负责对输入计算机的记账凭证的审核工作，以确保凭证的合法、准确；对打印输出的账簿、报表进行确认。此岗位可由会计主管兼任。

（四）系统维护员，负责保证计算机硬件、软件的正常运行，要求精通计算机相关业务，采用大中型计算机和大型会计软件的单位应设立此岗位。系统维护员工作范围一般不涉及实际会计业务的操作。

（五）会计档案资料保管员，负责保存计算机会计数据（数据备份磁盘）、软件系统、已打印的各种账表、凭证及其他有关的会计档案资料。通常可由系统操作人员（如会计）兼任。

第三条　建立了会计电算化岗位，还需进一步明确岗位的职责，对每一岗位的工作职责、权限进行详尽的规定，使会计电算化工作进一步具体化。

第二章　系统管理员职责

第四条　负责协调、管理电算化系统的日常管理工作、会计软件系统的建立运行，保障电算化会计系统正常运行等。

第五条　负责电算化会计系统有关数据的安全性、完整性等的检查和维护工作。

第六条　负责电算化会计系统各有关资源（软件资源和硬件资源）的调配、修改和制定更新计划。

第七条 负责电算化会计系统内各类人员工作之间的协调。

第八条 制定并完善单位各项会计电算管理制度。

第三章 系统操作员职责

第九条 负责电算化会计软件的操作，以实现其规定的功能。

第十条 负责会计数据的输入、数据备份和输出。

第十一条 对审核后的凭证数据，及时进行登记入账。

第十二条 应保证输入的会计数据的安全，根据具体情况，及时做好数据备份，选择适当的备份数据载体（硬盘及光盘等），并妥善保管。

第十三条 操作过程中发现问题，应及时向系统管理员报告，并将情况记录下来，供系统维护服务人员参考。

第四章 凭证审核员职责

第十四条 负责对已输入计算机系统内记账凭证的审核，包括摘要是否规范、数据是否正确等。

第十五条 对于不符合会计操作规范的凭证，审核员应向有关人员指出，待更正后再进行审核。

第五章 系统维护员职责

第十六条 定期检查软件、硬件的运行情况。

第十七条 负责电算化会计软件系统的安装和调试工作。

第十八条 按照电算化会计系统的有关维护管理说明，利用系统内或其他软件工具，对系统进行功能完善、缺欠改正等，以使系统更加适合本单位的会计业务工作要求。

第六章 会计档案资料管理员职责

第十九条 按照会计档案管理的有关规定进行正常的档案管理工作。

第二十条 负责电算化会计系统各类数据光盘、系统程序以及账表、凭证、资料的存档工作。

第二十一条 依据有关规定，做好存档资料的安全保密工作。

第二十二条 对于按规定借出的数据、账表等资料，要及时收回。

文案范本

会计电算化岗位责任制度

一、电算系统人员分工

为适应实行会计电算化后会计工作重点的转移和岗位的变动，需要对财会人员的工作内容和任务以及相互分工做出调整。会计人员工作岗位划分为会计主管、电算化负责人、系统管理员、系统操作员、数据审核员、会计档案管理员、出纳。电算化负责人不得兼管出纳工作，出纳人员不得兼任系统操作员。

二、电算系统人员组成

电算系统由会计主管、电算化负责人、系统管理员、系统操作员、数据审核员、会计档案管理员和出纳组成。

1. 电算化负责人：负责本单位的电算化统筹工作。负责总公司有关财务方面管理制度的制定和调整；负责电算化初期准备工作，组织协调系统的日常运行操作，提出软件修改的意见，及时纠正数据差错；负责检查和督促系统各类人员工作；负责会计数据档案管理工作；负责系统的安全保密工作。一般为本单位财务部门负责人。

2.　系统管理员：负责电算会计系统的建立；负责对系统硬件、软件的检查及故障处理工作，确保系统的正常运行；负责数据及程序的正确性和适应性的维护；发生不可处理的错误，应及时与技术开发公司或有关部门取得联系，及时解决发生的问题。一般由具有相当计算机专业知识的人员担任。

3.　系统操作员：负责所分管的财会工作，做好分管的原始凭证的汇集、记账、编制及预处理工作。负责审核输入凭证的预处理，整理输入凭证，编制记账凭证，进行核算工作。负责系统的操作运行；负责数据登录，打印各种账表数据，严格遵守操作规程；负责数据正确性的校核，发现故障应及时报告电算化负责人；可协同财务负责人进行会计数据备份工作。由持有电算化培训合格证的会计人员担任。

4.　数据审核员：负责对输入凭证的代码及数据的完整性和正确性的审核，保证输出账表数据的完整性和正确性。由非凭证录入员的另一会计人员担任。

5.　会计档案管理员：负责存档数据磁盘、程序磁盘、账表、凭证和各种资料的保管工作；做好软件、数据及资料的安全保密工作；做好会计数据的定时备份工作。

6.　会计主管和出纳的职责与手工方式下的职责一样，区别在于必须对会计电算化比较了解，并充分利用会计电算化提供的各种会计资料。

三、会计电算化系统各类人员岗位责任制

1.　电算化负责人责任制

（1）负责会计电算化系统的日常管理工作，监督并保证系统的正常运行，做到合法、安全、可靠、可审计等要求。在系统发生故障时，应及时到场并组织有关人员尽快恢复正常运行。

（2）协调本系统各类人员之间的工作关系。

（3）检查会计凭证的预处理工作，确保各类输入数据符合系统的要求。

（4）负责计算机输出账表、凭证数据的正确性和及时性检查工作。

（5）负责本系统各有关资源（包括数据及文档资料等）的调用、修改和更新的审批手续。

（6）负责本系统运行的安全性、正确性、及时性检查工作。

（7）做好本系统操作运行情况总结工作，并提出更新软件及修改软件的需求建议。

（8）负责本系统各类人员的工作质量考评。

（9）完善现有的管理制度，并制定岗位责任考核制度。

2.　系统管理员责任制

（1）负责系统运行环境的建立、维护；负责排除系统软、硬件的故障，保证系统的正常运行。

（2）负责系统软件及数据正确性的维护。

（3）负责与软件公司联系，及时解决运行过程中所发生的问题；向软件公司提出软件修改或升级要求。

（4）负责检查数据备份工作。

3.　系统操作员责任制

（1）负责本系统的数据登录、数据备份和输出账表的打印工作。严格按照原始凭证做好数据输入操作，输入完毕进行自检核对工作，核对无误后交审核员复核；在输入操作中，如发现输入凭证有疑问或错误时，应及时向电算化负责人或专职会计员反映，不得擅自作废或修改；发现输入数据与凭证不符时，应按凭证数据予以修正。

（2）严格按照系统操作说明进行操作。

（3）当天的日记账数据，做到当天登录。登录后即打印当天的账表，做到当日记账当日清，在月末应将核对无误的明细账和科目汇总表打印输出。

（4）按需要打印系统所有的明细账、总分类账、会计报表和自动转账凭证。

（5）每次操作完毕，应及时做好各类备份数据和存档数据。

（6）注意安全保密，各自的操作口令不得随意泄露，备份数据应妥善保管。

（7）系统操作过程中发现故障，应及时向电算化负责人报告，并做好故障记录和上机记录等事项。

4. 审核员责任制

（1）负责凭证数据的审核工作，包括各类代码的合法性、摘要的规范性和数据的正确性。

（2）负责输出数据正确性的审核工作。

（3）对不真实、不合法、不完整、不规范的凭证，应退还各有关人员更正、补齐后再行审核。

（4）对于不符合要求的凭证和不正确的输出账表数据不予签章确认。

5. 会计档案管理员责任制

（1）负责本系统各类数据盘及各类账表、凭证资料的备份和存档保管工作。

（2）做好各类数据、资料、凭证的安全保密工作，不得擅自出借。

（3）按规定期限，向各类有关人员催交备份数据和存档数据。

 文案范本

系统管理员岗位职责

	基本要求	相关说明
任职资格	1. 学历：大专及以上学历，会计电算化、计算机等相关专业 2. 专业经验：一年以上相关工作经验 3. 个人能力：要求具有良好的抽象思维能力和资料编写能力，或具有将界面以及操作方式有机结合的能力	1. 有较强的沟通协调能力，具有团队合作精神及压力环境下的适应能力 2. 责任心强，工作细心，有良好的服务意识和工作习惯
职责内容	1. 在会计电算化系统的运行阶段，设置岗位权限范围内的操作口令并进行财务分工，对有关人员的操作权限进行设置和调整 2. 负责电算化系统的日常维护和管理，监督并保证本系统的正常运行，在系统发生故障时，应及时到场并组织有关人员恢复正常运行 3. 培训、指导系统操作员，帮助系统操作员熟练掌握软件的操作技能 4. 负责计算机输出的账表、凭证的数据正确性和及时性 5. 检查各操作员操作日志记载情况，对计算机开机、关机和运行情况进行检查，防止非法调用和操作 6. 负责本系统各有关资源（硬件资源和软件资源）的调用、修改和更新的审核工作	
	考核说明	结果应用
考核指引	1. 考核频率：月度、年度 2. 考核主体：会计经理 3. 考核指标：会计电算化系统故障次数、电算化系统故障处理及时率、电算化账表输出准确率、电算化系统操作日志的检查	1. 考核结果作为薪酬发放依据 2. 考核得分低于2分者，将受到口头警告处分 3. 考核得分高于4分（含4分）者，将获得"月度优秀员工"的荣誉称号

文案范本

系统操作员岗位职责

	基本要求	相关说明
任职资格	1. 学历：大专及以上学历，会计电算化、计算机等相关专业 2. 专业经验：一年以上相关工作经验 3. 个人能力要求：系统掌握会计核算知识，熟悉会计准则，熟悉企业会计核算及财务管理工作	1. 具备本行业电算化财务经验者优先考虑 2. 责任心强，工作细心，有良好的服务意识和工作习惯 3. 熟练掌握相关财务软件和办公自动化软件
职责内容	1. 负责将经过审核的原始凭证或记账凭证及时、准确地录入计算机，对于未经审核的会计凭证不得录入计算机 2. 数据输出完毕，进行自检核对，核对无误后交数据审核员复核 3. 根据数据审核员核实过的会计数据进行记账，并打印出有关的账表 4. 每天数据操作结束后，应及时做好数据备份工作 5. 注意安全保密，各自的操作口令不得随意泄露，备份数据应妥善保管 6. 操作过程中发现问题，应记录故障情况并及时向系统管理员报告	
	考核说明	结果应用
考核指引	1. 考核频率：月度、年度 2. 考核主体：会计经理 3. 考核指标：凭证录入及时率、凭证录入差错率、会计账表按时打印率、数据备份工作按时完成率、系统故障上报及时率、违反系统操作规程的次数	1. 考核结果作为薪酬发放依据 2. 考核得分低于2分者，将受到口头警告处分 3. 考核得分高于4分（含4分）者，将获得"月度优秀员工"的荣誉称号

文案范本

电算化内部控制制度

第一条 加强程序操作控制。为了保证信息处理质量，减少产生差错和事故的概率，制定上机守则与操作规程的办法如下。

1. 无关人员不能随便进入机房。

2. 各种录入的数据均需经过严格的审批并具有完整、真实的原始凭证。

3. 数据录入员对输入数据有疑问，应及时核对，不能擅自修改。

4. 机房工作人员不能擅自向任何人提供任何资料和数据。

5. 不准把外来的磁盘带进机房。

6. 发生输入内容有误的，需按系统提供的功能加以改正，如编制补充登记或负数冲正的凭证加以改正。

7. 开机后，操作人员不能擅自离开工作现场。

8. 要做好日备份数据，同时还要有周备份、月备份。

第二条 加强人员职能控制。企业必须制定相应的组织和管理控制，明确职责分工，加强组织控制。

第三条 加强系统安全控制。主要包括接触控制和环境保护、安全控制。主要的控制措施包括：

1. 禁止非计算机操作人员操作公司计算机。

2. 设置操作权限限制。

3. 数据存储和处理相隔离。

4. 设置接触与操作的日志控制。

5. 注意环境保护控制，注重机房环境保护，配备保护性设备，以及安全供电系统的安装等。

第四条 加强内部审计。

1. 对会计资料定期进行审计。

2. 审查机内数据与书面资料的一致性。

3. 监督数据保存方式的安全、合法性，防止发生非法修改历史数据的现象。

4. 对系统运行各环节进行审查，防止存在漏洞。

 **文案范本**

会计信息化控制流程

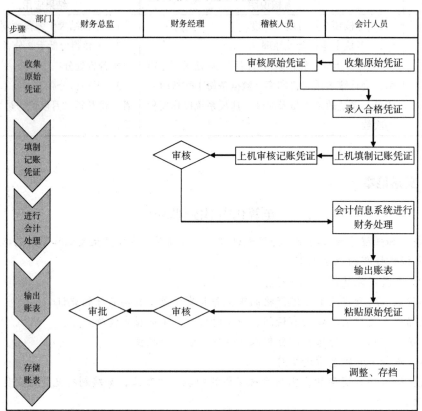

会计信息系统软、硬件管理制度

第一章　总　　则

第一条　为了加强对会计信息系统软硬件的管理，确保会计信息系统的安全与稳定，最大程度上降低会计信息化带来的风险，特制定本制度。

第二条　本制度所指的会计信息化是指利用计算机信息技术代替人工进行财务信息处理，以及替代部分由人工完成的对会计信息进行分析和判断的过程。

第二章　会计信息系统的软件维护

第三条　软件维护是指保证财务软件的程序修正、参数修正、会计数据更正与恢复等功能的正常实现。

第四条　操作人员对正在使用的会计核算软件进行修改，对通用会计软件进行升级时，应严格按"财会人员提出申请→会计信息主管（或会计主管）审核→财务部经理复核→财务总监审批"的流程进行审核审批后，方可实施修改或升级操作。

第五条　会计信息系统软件维护工作的主要内容包括以下五个方面。

1. 建立账务系统，设置会计科目体系进行账务初始化工作，由会计信息主管（或会计主管）负责。

2. 恢复遭到破坏的财务数据，由电算审查人员（或计算机操作人员）负责。

3. 对财务系统中的会计数据进行备份；最好能有三份，主机中一份，服务器上一份，会计信息主管（或会计主管）一份。

4. 电算审查人员（或计算机操作人员）负责对财务系统中的会计数据进行保存、管理。

5. 如有记账错误，可通过更改凭证或冲账等方式处理，坚决不允许进入数据库修改数据，以维护软件的安全运行。

第三章　信息系统的硬件维护

第六条　计算机硬件设备是实施会计电算化的物质基础，是会计核算的工具，其日常维护是会计信息化工作的重要保证。

第七条　装有会计信息系统的计算机须专机专用，不得与其他部门共用。

第八条　硬件设备要求本人使用、本人维护，并严格执行计算机操作规程和计算机用机管理制度。

第九条　计算机管理人员负责一周对计算机硬件系统进行一次全面检查，并做好检查记录。

第十条　在系统运行过程中，若出现硬件故障，应及时进行故障分析，并做好检查维修记录。

第十一条　在设备更新、扩充、修复后，系统管理员与维护员共同研究决定，并由系统维护人员实施安装和调试。

第四章　附　　则

第十二条　本制度由财务部制定，解释权、修改权归属财务部。

第十三条　本制度自总裁审批之日起实施，修改时亦同。

 **文案范本**

会计信息化操作管理办法

第一条 为了提高财务部门的工作效率，减少会计信息化带来的风险，特制定本办法。

第二条 本办法适用于财务部门所有人员。

第三条 本办法所指的会计信息化是指利用计算机信息技术代替人工进行财务信息处理，以及替代部分由人工完成的对会计信息进行分析和判断的过程。

第四条 本办法所指的信息化会计档案是指存储在磁性介质或光盘介质的会计数据和计算机打印出来的书面等形式的会计数据，包括记账凭证、会计账簿、会计报表（包括报表格式和计算公式）等数据。

第五条 财务部的计算机只允许用作企业的会计、财务工作，禁止在计算机上聊天、打游戏等。

第六条 财务部的计算机专人专用，禁止交叉使用。

第七条 企业会计信息的录入由专人负责，被指派人员保管好自己的账号与密码，严防泄露。

第八条 会计收集的原始凭证在录入计算机之前必须经由审核人员审核，审核人员做好审核记录。

第九条 会计在计算机上编制好记账凭证时，由审核人员上机审核并做好审核记录。

第十条 会计打印处的账表由财务部经理负责审核，定期报送财务总监审核。

第十一条 财务每次使用计算机时必须使用不间断的电源，防止因断电导致核心数据丢失。

第十二条 财务人员在每次下班前需将系统备份，防止数据丢失。

第十三条 财务人员经过授权后定期将系统中的会计信息备份，存储于其他介质中保存好。

第十四条 未经授权不得对会计软件进行修改、升级或更换硬件，否则造成的后果由当事人承担。

第十五条 负责保管信息化会计档案的人员需定期检查，做好防火、防尘和防潮工作，防止存储介质损坏导致会计档案丢失。

第十六条 本办法由财务部会同公司其他有关部门进行解释。

第十七条 本办法的配套办法由财务部会同公司其他有关部门另行制定。

第十八条 本办法自_____年_____月_____日起实施。

 **文案范本**

会计电算化系统日常操作制度

1. 硬件安排与调试

（1）阅读随机资料及用户安装作用手册等；

（2）核查硬件数量、特制附属设备、附件、备件数量；

（3）按安装要求进行安装；

（4）进行必要的测试和运行；

（5）按设备验收统一要求填制验收单；

（6）建立设备卡片，注明备件、附件及附属设备、随机工具等；

（7）由系统管理员、开发人员及有关厂家服务人员参与。

2. 软件安装与调试

（1）学习操作手册，及有关开发文档；

（2）对软件进行备份，原软件及必要文档交数据管理员；

（3）对备份软件进行安装与调试；

（4）填写安装调试记录，内容包括人员、时间、软件名称、内容备份等情况；

（5）由数据维护员及系统管理人员验收调试记录；

（6）将安装调试后软件及硬件交付数据维护员。

3. 各类操作人员操作基本规定

（1）上机必须输入口令；

（2）操作运行中离开工作现场必须退出系统；

（3）妥善保密口令；

（4）不得使用来历不明的软件、游戏软件和非数据维护人员发放的磁盘；

（5）每次上机必须填写上机记录；

（6）每次操作完毕必须退出系统，并做好备份；

（7）不得越权操作，出现故障及时报告。

4. 编码口令设置与初始化

（1）首先应经系统管理员批准设口令，包括自身口令；

（2）口令只能由系统管理员、数据维护员和各自操作人员掌握；

（3）进入新的会计制度，更换数据维护员，操作人员口令必须更换；

（4）其口令必须能标识操作人员姓名；

（5）共享公共代码，必须由数据维护员设置，如一级科目代码；

（6）公共代码维护只能由数据维护员进行，其他任何人无权修改；

（7）代码应打印出代码簿，交付有关使用人员并归档；

（8）可以增加代码，已使用的代码，除重新开发软件外，不得删除修改；

（9）初次使用由数据维护员输入有关初始数据，如期初余额；

（10）一定的会计期间，月、季、年末应检查数据处理正确性和备份情况；

（11）在新会计年度开始，在检查完整、备份正确的基础上，可以清理工作磁盘并转入新的初始数据。

5. 数据准备

（1）填制、取得审核原始凭证经济业务；

（2）填制记账凭证；

（3）正确更正记账凭证错误。

6. 人工审核

（1）审核原始凭证；

（2）审核原始凭证与记账凭证是否相符；

（3）摘要是否规范、正确、简明；

（4）分录是否正确；

（5）代码是否正确；

（6）其他内容是否齐全；

（7）经审核无误的凭证由审核人员签章后交付数据输入员；

（8）不真实、不合法的凭证拒绝受理；

（9）不正确、不完整、不符合要求的凭证退回补填或更正。

7. 数据输入

（1）严格执行第三条各类操作人员基本规定；

（2）必须经审核员审核（手工审核与机器输入审核合并除外）并由有关人员签章，制单、审核、经办人、出纳等签章后方可输入；

（3）按软件提供的输入项目和要求输入，收付款凭证必须每日输入，其他凭证视情况选择输入日期，但每月必须全部输入；

（4）每项业务输入后必须自审一次，保证与手工凭证严格一致方可结束此次输入，再进入下一次输入；

（5）输入完成后在输入手工凭证上鉴章并交付机器输入审核员；

（6）不允许对手工凭证做任何更改，发现错误可停止输，退回审核员或准备人员，或按错误输入告之审核员；

（7）输入后必须自作备份留存和必要的打印输出；

（8）打印机制记账凭证并签字，同手工凭证一样附原始凭证传递保管。

8. 机器输入数据审核

（1）严格执行各类操作基本规定；

（2）重要数据进行二次输入；

（3）机器进行自动逻辑检查并进行揭示；

（4）显示对照检查，正确无误后加上审核标志；

（5）打印必要的审核记录，如科目汇总表、错误凭证通知等；

（6）正确凭证交还数据准备人员；

（7）凭证输入错误退还输人员，手工凭证错误退还数据准备人员；

（8）科目汇总表一式二份，一份附凭证之前装订成册，一份交加操作人员。

9. 计算机计算、转录查询

（1）严格执行各类操作人员具体规定；

（2）对上次加工操作备份数据进行复核；

（3）对输入数据的审核进行检查，机内数据是否有审核标志、科目汇总数是否与打印汇总表一致；

（4）计算、转录必须按规定程序进行，日记账每日计算一次，月底前必须全部处理完毕所有业务；

（5）查询必须符合查询范围，不得扩大查询范围；

（6）可以进行局部代码和数据维护操作，必须在授权范围内；

（7）每次操作后必须进行备份。

会计信息管理人员操作流程

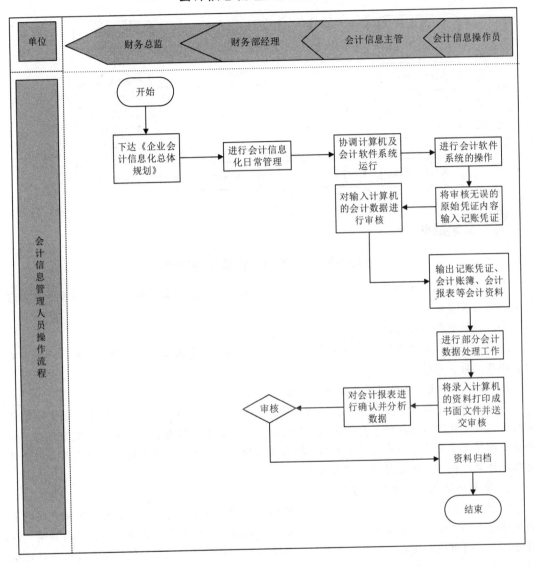

电算化会计信息系统数据处理的基本流程

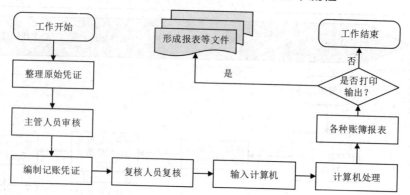

会计电算化系统会计档案管理制度

单位的会计档案包括储存在磁盘上的会计文件和会计凭证、会计账簿、会计报表等书面形式的会计核算资料。

一、数据资料管理与保密

机内数据文件及其备份和作为会计档案资料打印输出的各种凭证、账册、报表，应按有关财会制度使用、保管。

1. 现金记账凭证及日记账的输出及保管

现金收付业务要做到当日业务当日清。现金记账凭证一律由专职会计人员手工做记账凭证，审核无误后当日输入计算机并打印出现金日记账页，审核后交现金出纳人员核对现金库存，相符后出纳员及主管负责人在账页上盖章，按月编页码装订成册，加盖封印，年终将各月现金日记账顺序装订成册，加盖封印，妥为保管。

2. 银行记账凭证、账册的输出与保管

银行记账凭证分机制凭证和手编记账凭证两种。有关财务人员必须及时把经审核无误的原始凭证或手编凭证，当日输入计算机并打印银行日记账，以保证银行出纳当日业务当日清。银行账页经出纳审核无误后，出纳和主管会计签字盖章，按日装订成册，年终将各月银行日记账顺序装订成册，并加盖封印，妥为保管。

现金、银行记账凭证可采取汇总的方式，装订成册，妥为保管。

3. 转账凭证的输入、输出与保管

转账凭证包括手编凭证和机制凭证两种。有关会计人员应及时将审核无误的原始凭证或手工编制的记账凭证，输入计算机。机制凭证在输入计算机后要打印输出，并与手编凭证同样装订成册，妥为保管。

4. 科目汇总表、账簿打印时间

（1）现金、银行日记账每天打印。

（2）银行余额调整表每月打印一次。

（3）总分类账和各种明细分类账每月打印一次。

（4）现金、银行存款、转账记账凭证的科目汇总表每本打印一次，并同该本记账凭证一起装订。

（5）会计报表、计算表、分析表，按管理要求和时间打印输出，经有关财会人员审核无误后签字生效。

5. 其他

由机器打印输出的会计档案发生缺损时，必须补充打印，并要求操作人员在打印输出的账页上签字盖章，财务主管签字盖章认可。

二、数据备份管理

1. 由于会计核算数据的重要性，必须经常进行备份工作。

2. 在日常工作中，准备三套磁盘循环使用，隔日进行备份，以避免意外和人为错误造成对工作的干扰。

3. 需要做备份的包括系统设置文件、科目代码文件、期初余额文件、本月账务文件、报表文件及其他核算子系统的数据文件。

4. 机内凭证及总分类账、明细分类账、报表，应视同会计资料按月做两套磁盘备份，交会计档案保管员分别放置在不同地方妥为保管。

三、会计档案管理

1. 会计档案存档手续：打印输出的凭证、账册、报表，必须有会计主管的签章才能存档保管。

2. 为保证备份数据的安全，备份磁盘必须存放在安全、洁净、防热、防潮、防磁的场所。

3. 由打印输出的凭证、账册、报表等书面形式的会计档案按《会计档案管理办法》规定的保管期限和管理办法管理。

4. 随计算机配置而来的操作系统、各类应用程序软件以及购买的商品化会计核算系统软件，和以上软件的备份磁盘，作为会计档案保管。

5. 各类会计档案的出借，均必须经过会计主管审批同意并签章，如果对备份磁盘的操作可能危及该备份磁盘的完整性，应制作该备份磁盘的复制件，使用复制件进行操作。

6. 必须加强会计档案的保密工作，任何人如有伪造、非法涂改变更、故意毁坏数据文件、账册、备份磁盘等的行为，将受到行政处分，情节严重者，将追究其法律责任。

反侵权盗版声明

电子工业出版社依法对本作品享有专有出版权。任何未经权利人书面许可，复制、销售或通过信息网络传播本作品的行为；歪曲、篡改、剽窃本作品的行为，均违反《中华人民共和国著作权法》，其行为人应承担相应的民事责任和行政责任，构成犯罪的，将被依法追究刑事责任。

为了维护市场秩序，保护权利人的合法权益，我社将依法查处和打击侵权盗版的单位和个人。欢迎社会各界人士积极举报侵权盗版行为，本社将奖励举报有功人员，并保证举报人的信息不被泄露。

举报电话：（010）88254396；（010）88258888

传　　真：（010）88254397

E-mail： dbqq@phei.com.cn

通信地址：北京市万寿路 173 信箱

　　　　　电子工业出版社总编办公室

邮　　编：100036